破产审判手册

第二版

深圳破产法庭　编
万国营　主编

Handbook of Bankruptcy Trial

法律出版社
LAW PRESS·CHINA
北京

图书在版编目(CIP)数据

破产审判手册 / 万国营主编 ；深圳破产法庭编. --
2 版. -- 北京 ：法律出版社，2019(2024.3 重印)
ISBN 978-7-5197-3518-0

Ⅰ. ①破… Ⅱ. ①万… ②深… Ⅲ. ①破产－审判－
中国－手册 Ⅳ. ①D922.291.92-62

中国版本图书馆 CIP 数据核字(2019)第 098020 号

破产审判手册(第二版)
POCHAN SHENPAN SHOUCE
(DI-ER BAN)

万国营 主编
深圳破产法庭 编

责任编辑 蒋 橙 朱海波
装帧设计 汪奇峰

出版发行 法律出版社
编辑统筹 法律应用出版分社
责任校对 李景美
责任印制 刘晓伟
经　　销 新华书店

开本 710 毫米×1000 毫米 1/16
印张 78.25 **字数** 1400 千
版本 2019 年 10 月第 2 版
印次 2024 年 3 月第 5 次印刷
印刷 天津嘉恒印务有限公司

地址：北京市丰台区莲花池西里 7 号(100073)
网址：www.lawpress.com.cn
投稿邮箱：info@lawpress.com.cn
举报盗版邮箱：jbwq@lawpress.com.cn
销售电话：010-83938349
客服电话：010-83938350
咨询电话：010-63939796

书号：ISBN 978-7-5197-3518-0
定价：218.00 元
凡购买本社图书，如有印装错误，我社负责退换。电话：010-83938349

编 委 会

出版说明

本书系我国第一部破产办案专题工具书，首次出版即受到破产实务界和理论界的普遍欢迎和好评，面世以来多次售罄重印。

近年来，为服务和保障供给侧结构性改革，最高人民法院、国家有关部委针对企业破产问题相继制定了一系列司法解释性文件和政策指导性文件；各地法院也适应新形势、新变化，对破产审理制度进行了修改完善，破产法律制度环境明显优化。本次再版修订主要是对这些新文件、新制度在归集、梳理的基础上进行整合、归类，以适应破产办案和理论研究需要。本次修订后的书籍突出以下特点：

一是内容更全面。对 1990 年以来全部破产法律法规、司法解释和规范性、指导性文件进行再次收集甄别，新增最高人民法院批复、部委规范性文件等内容。全书辑录国家和各地破产法律和其他制度性、政策性文件等共计 180 余件，努力做到一书在手、应有尽有。

二是分类更科学。在保持第一版国家篇、地方篇、破产相关法律篇和破产文书篇的基础上，对国家篇部分按照法律、最高人民法院司法解释和规范性文件、个案批复、部委规范性文件等四个层次，对全国人大常委会、最高人民法院和国家部委颁布的破产法律、司法解释及其他制度性、政策性文件进行重新归类，努力做到主次分明、一目了然。

三是更加新颖实用。各地法院破产审判制度均为各地最近制定或者修订、具有重要参考价值的办案指引;辑录的破产文书也按照准确、规范、庄重、简洁的原则进行了修订或文字订正,努力做到与时俱进、方便好用。

破产法律制度涉及市场主体救治和退出诸多事务的法律安排和政策安排,内容复杂繁多。编辑出版一部面向新时代,常用常新、简明便捷的破产工具书,是我们的心愿。本书将根据最新的破产法律法规和各地法院的破产审判新制度、新指引,不断修订再版,确保时效性。

深圳市中级人民法院万国营院长担任本次修订主编。再版编辑体例由万国营院长审定。

虽尽心竭力,亦难免疏漏,恳请读者多提宝贵意见。

编　者

二〇一九年九月

目　　录

第一篇　法律法规、司法解释和规范性文件

一、破产法律

二、司法解释和规范性文件

① 如无特别说明,该日期为文件实施日期。注明修正或修订的,为修正或修订的日期。

第二篇　地方性规定

一、广东省有关企业破产与强制清算的规定

目录

第三篇 其他相关法律法规、规章、司法解释及规范性文件

一、民事部分

三、刑事部分

第四篇 破产程序法律文书样式

一、人民法院破产程序法律文书样式

(一)通用类文书

(二)破产清算程序用文书

第一篇　法律法规、司法解释和规范性文件

一、破产法律

中华人民共和国企业破产法

（2006年8月27日第十届全国人民代表大会常务委员会第二十三次会议通过
2006年8月27日中华人民共和国主席令第54号公布　自2007年6月1日起施行）

目　录

第一章　总　　则

第一条　为规范企业破产程序,公平清理债权债务,保护债权人和债务人的合法权益,维护社会主义市场经济秩序,制定本法。

第二条　企业法人不能清偿到期债务,并且资产不足以清偿全部债务或者明显缺乏清偿能力的,依照本法规定清理债务。

企业法人有前款规定情形,或者有明显丧失清偿能力可能的,可以依照本法规定进行重整。

第三条　破产案件由债务人住所地人民法院管辖。

第四条　破产案件审理程序,本法没有规定的,适用民事诉讼法的有关规定。

第五条　依照本法开始的破产程序,对债务人在中华人民共和国领域外的财产发生效力。

对外国法院作出的发生法律效力的破产案件的判决、裁定,涉及债务人在中华人民共和国领域内的财产,申请或者请求人民法院承认和执行的,人民法院依照中华人民共和国缔结或者参加的国际条约,或者按照互惠原则进行审查,认为不违反中华人民共和国法律的基本原则,不损害国家主权、安全和社会公共利益,不损害中华人民共和国领域内债权人的合法权益的,裁定承认和执行。

第六条　人民法院审理破产案件,应当依法保障企业职工的合法权益,依法追究破产企业经营管理人员的法律责任。

第二章　申请和受理

第一节　申　　请

第七条　债务人有本法第二条规定的情形,可以向人民法院提出重整、和解或者破产清算申请。

债务人不能清偿到期债务,债权人可以向人民法院提出对债务人进行重整或者破产清算的申请。

企业法人已解散但未清算或者未清算完毕,资产不足以清偿债务的,依法负有清算责任的人应当向人民法院申请破产清算。

第八条　向人民法院提出破产申请,应当提交破产申请书和有关证据。

破产申请书应当载明下列事项:

(一)申请人、被申请人的基本情况;

（二）申请目的；

（三）申请的事实和理由；

（四）人民法院认为应当载明的其他事项。

债务人提出申请的，还应当向人民法院提交财产状况说明、债务清册、债权清册、有关财务会计报告、职工安置预案以及职工工资的支付和社会保险费用的缴纳情况。

第九条　人民法院受理破产申请前，申请人可以请求撤回申请。

第二节　受　　理

第十条　债权人提出破产申请的，人民法院应当自收到申请之日起五日内通知债务人。债务人对申请有异议的，应当自收到人民法院的通知之日起七日内向人民法院提出。人民法院应当自异议期满之日起十日内裁定是否受理。

除前款规定的情形外，人民法院应当自收到破产申请之日起十五日内裁定是否受理。

有特殊情况需要延长前两款规定的裁定受理期限的，经上一级人民法院批准，可以延长十五日。

第十一条　人民法院受理破产申请的，应当自裁定作出之日起五日内送达申请人。

债权人提出申请的，人民法院应当自裁定作出之日起五日内送达债务人。债务人应当自裁定送达之日起十五日内，向人民法院提交财产状况说明、债务清册、债权清册、有关财务会计报告以及职工工资的支付和社会保险费用的缴纳情况。

第十二条　人民法院裁定不受理破产申请的，应当自裁定作出之日起五日内送达申请人并说明理由。申请人对裁定不服的，可以自裁定送达之日起十日内向上一级人民法院提起上诉。

人民法院受理破产申请后至破产宣告前，经审查发现债务人不符合本法第二条规定情形的，可以裁定驳回申请。申请人对裁定不服的，可以自裁定送达之日起十日内向上一级人民法院提起上诉。

第十三条　人民法院裁定受理破产申请的，应当同时指定管理人。

第十四条　人民法院应当自裁定受理破产申请之日起二十五日内通知已知债权人，并予以公告。

通知和公告应当载明下列事项：

（一）申请人、被申请人的名称或者姓名；

（二）人民法院受理破产申请的时间；

（三）申报债权的期限、地点和注意事项；

(四)管理人的名称或者姓名及其处理事务的地址；

(五)债务人的债务人或者财产持有人应当向管理人清偿债务或者交付财产的要求；

(六)第一次债权人会议召开的时间和地点；

(七)人民法院认为应当通知和公告的其他事项。

第十五条　自人民法院受理破产申请的裁定送达债务人之日起至破产程序终结之日,债务人的有关人员承担下列义务:

(一)妥善保管其占有和管理的财产、印章和账簿、文书等资料；

(二)根据人民法院、管理人的要求进行工作,并如实回答询问；

(三)列席债权人会议并如实回答债权人的询问；

(四)未经人民法院许可,不得离开住所地；

(五)不得新任其他企业的董事、监事、高级管理人员。

前款所称有关人员,是指企业的法定代表人;经人民法院决定,可以包括企业的财务管理人员和其他经营管理人员。

第十六条　人民法院受理破产申请后,债务人对个别债权人的债务清偿无效。

第十七条　人民法院受理破产申请后,债务人的债务人或者财产持有人应当向管理人清偿债务或者交付财产。

债务人的债务人或者财产持有人故意违反前款规定向债务人清偿债务或者交付财产,使债权人受到损失的,不免除其清偿债务或者交付财产的义务。

第十八条　人民法院受理破产申请后,管理人对破产申请受理前成立而债务人和对方当事人均未履行完毕的合同有权决定解除或者继续履行,并通知对方当事人。管理人自破产申请受理之日起二个月内未通知对方当事人,或者自收到对方当事人催告之日起三十日内未答复的,视为解除合同。

管理人决定继续履行合同的,对方当事人应当履行;但是,对方当事人有权要求管理人提供担保。管理人不提供担保的,视为解除合同。

第十九条　人民法院受理破产申请后,有关债务人财产的保全措施应当解除,执行程序应当中止。

第二十条　人民法院受理破产申请后,已经开始而尚未终结的有关债务人的民事诉讼或者仲裁应当中止;在管理人接管债务人的财产后,该诉讼或者仲裁继续进行。

第二十一条　人民法院受理破产申请后,有关债务人的民事诉讼,只能向受理破产申请的人民法院提起。

第三章　管　理　人

第二十二条　管理人由人民法院指定。

债权人会议认为管理人不能依法、公正执行职务或者有其他不能胜任职务情形的，可以申请人民法院予以更换。

指定管理人和确定管理人报酬的办法，由最高人民法院规定。

第二十三条　管理人依照本法规定执行职务，向人民法院报告工作，并接受债权人会议和债权人委员会的监督。

管理人应当列席债权人会议，向债权人会议报告职务执行情况，并回答询问。

第二十四条　管理人可以由有关部门、机构的人员组成的清算组或者依法设立的律师事务所、会计师事务所、破产清算事务所等社会中介机构担任。

人民法院根据债务人的实际情况，可以在征询有关社会中介机构的意见后，指定该机构具备相关专业知识并取得执业资格的人员担任管理人。

有下列情形之一的，不得担任管理人：

（一）因故意犯罪受过刑事处罚；

（二）曾被吊销相关专业执业证书；

（三）与本案有利害关系；

（四）人民法院认为不宜担任管理人的其他情形。

个人担任管理人的，应当参加执业责任保险。

第二十五条　管理人履行下列职责：

（一）接管债务人的财产、印章和账簿、文书等资料；

（二）调查债务人财产状况，制作财产状况报告；

（三）决定债务人的内部管理事务；

（四）决定债务人的日常开支和其他必要开支；

（五）在第一次债权人会议召开之前，决定继续或者停止债务人的营业；

（六）管理和处分债务人的财产；

（七）代表债务人参加诉讼、仲裁或者其他法律程序；

（八）提议召开债权人会议；

（九）人民法院认为管理人应当履行的其他职责。

本法对管理人的职责另有规定的，适用其规定。

第二十六条　在第一次债权人会议召开之前，管理人决定继续或者停止债务人的营业或者有本法第六十九条规定行为之一的，应当经人民法院许可。

第二十七条　管理人应当勤勉尽责，忠实执行职务。

第二十八条　管理人经人民法院许可，可以聘用必要的工作人员。

管理人的报酬由人民法院确定。债权人会议对管理人的报酬有异议的，有权向人民法院提出。

第二十九条　管理人没有正当理由不得辞去职务。管理人辞去职务应当经人民法院许可。

第四章 债务人财产

第三十条 破产申请受理时属于债务人的全部财产,以及破产申请受理后至破产程序终结前债务人取得的财产,为债务人财产。

第三十一条 人民法院受理破产申请前一年内,涉及债务人财产的下列行为,管理人有权请求人民法院予以撤销:

(一)无偿转让财产的;

(二)以明显不合理的价格进行交易的;

(三)对没有财产担保的债务提供财产担保的;

(四)对未到期的债务提前清偿的;

(五)放弃债权的。

第三十二条 人民法院受理破产申请前六个月内,债务人有本法第二条第一款规定的情形,仍对个别债权人进行清偿的,管理人有权请求人民法院予以撤销。但是,个别清偿使债务人财产受益的除外。

第三十三条 涉及债务人财产的下列行为无效:

(一)为逃避债务而隐匿、转移财产的;

(二)虚构债务或者承认不真实的债务的。

第三十四条 因本法第三十一条、第三十二条或者第三十三条规定的行为而取得的债务人的财产,管理人有权追回。

第三十五条 人民法院受理破产申请后,债务人的出资人尚未完全履行出资义务的,管理人应当要求该出资人缴纳所认缴的出资,而不受出资期限的限制。

第三十六条 债务人的董事、监事和高级管理人员利用职权从企业获取的非正常收入和侵占的企业财产,管理人应当追回。

第三十七条 人民法院受理破产申请后,管理人可以通过清偿债务或者提供为债权人接受的担保,取回质物、留置物。

前款规定的债务清偿或者替代担保,在质物或者留置物的价值低于被担保的债权额时,以该质物或者留置物当时的市场价值为限。

第三十八条 人民法院受理破产申请后,债务人占有的不属于债务人的财产,该财产的权利人可以通过管理人取回。但是,本法另有规定的除外。

第三十九条 人民法院受理破产申请时,出卖人已将买卖标的物向作为买受人的债务人发运,债务人尚未收到且未付清全部价款的,出卖人可以取回在运途中的标的物。但是,管理人可以支付全部价款,请求出卖人交付标的物。

第四十条 债权人在破产申请受理前对债务人负有债务的,可以向管理人主

张抵销。但是,有下列情形之一的,不得抵销:

(一)债务人的债务人在破产申请受理后取得他人对债务人的债权的;

(二)债权人已知债务人有不能清偿到期债务或者破产申请的事实,对债务人负担债务的;但是,债权人因为法律规定或者有破产申请一年前所发生的原因而负担债务的除外;

(三)债务人的债务人已知债务人有不能清偿到期债务或者破产申请的事实,对债务人取得债权的;但是,债务人的债务人因为法律规定或者有破产申请一年前所发生的原因而取得债权的除外。

第五章　破产费用和共益债务

第四十一条　人民法院受理破产申请后发生的下列费用,为破产费用:

(一)破产案件的诉讼费用;

(二)管理、变价和分配债务人财产的费用;

(三)管理人执行职务的费用、报酬和聘用工作人员的费用。

第四十二条　人民法院受理破产申请后发生的下列债务,为共益债务:

(一)因管理人或者债务人请求对方当事人履行双方均未履行完毕的合同所产生的债务;

(二)债务人财产受无因管理所产生的债务;

(三)因债务人不当得利所产生的债务;

(四)为债务人继续营业而应支付的劳动报酬和社会保险费用以及由此产生的其他债务;

(五)管理人或者相关人员执行职务致人损害所产生的债务;

(六)债务人财产致人损害所产生的债务。

第四十三条　破产费用和共益债务由债务人财产随时清偿。

债务人财产不足以清偿所有破产费用和共益债务的,先行清偿破产费用。

债务人财产不足以清偿所有破产费用或者共益债务的,按照比例清偿。

债务人财产不足以清偿破产费用的,管理人应当提请人民法院终结破产程序。人民法院应当自收到请求之日起十五日内裁定终结破产程序,并予以公告。

第六章　债 权 申 报

第四十四条　人民法院受理破产申请时对债务人享有债权的债权人,依照本法规定的程序行使权利。

第四十五条　人民法院受理破产申请后,应当确定债权人申报债权的期限。债权申报期限自人民法院发布受理破产申请公告之日起计算,最短不得少于三十日,最长不得超过三个月。

第四十六条 未到期的债权,在破产申请受理时视为到期。

附利息的债权自破产申请受理时起停止计息。

第四十七条 附条件、附期限的债权和诉讼、仲裁未决的债权,债权人可以申报。

第四十八条 债权人应当在人民法院确定的债权申报期限内向管理人申报债权。

债务人所欠职工的工资和医疗、伤残补助、抚恤费用,所欠的应当划入职工个人账户的基本养老保险、基本医疗保险费用,以及法律、行政法规规定应当支付给职工的补偿金,不必申报,由管理人调查后列出清单并予以公示。职工对清单记载有异议的,可以要求管理人更正;管理人不予更正的,职工可以向人民法院提起诉讼。

第四十九条 债权人申报债权时,应当书面说明债权的数额和有无财产担保,并提交有关证据。申报的债权是连带债权的,应当说明。

第五十条 连带债权人可以由其中一人代表全体连带债权人申报债权,也可以共同申报债权。

第五十一条 债务人的保证人或者其他连带债务人已经代替债务人清偿债务的,以其对债务人的求偿权申报债权。

债务人的保证人或者其他连带债务人尚未代替债务人清偿债务的,以其对债务人的将来求偿权申报债权。但是,债权人已经向管理人申报全部债权的除外。

第五十二条 连带债务人数人被裁定适用本法规定的程序的,其债权人有权就全部债权分别在各破产案件中申报债权。

第五十三条 管理人或者债务人依照本法规定解除合同的,对方当事人以因合同解除所产生的损害赔偿请求权申报债权。

第五十四条 债务人是委托合同的委托人,被裁定适用本法规定的程序,受托人不知该事实,继续处理委托事务的,受托人以由此产生的请求权申报债权。

第五十五条 债务人是票据的出票人,被裁定适用本法规定的程序,该票据的付款人继续付款或者承兑的,付款人以由此产生的请求权申报债权。

第五十六条 在人民法院确定的债权申报期限内,债权人未申报债权的,可以在破产财产最后分配前补充申报;但是,此前已进行的分配,不再对其补充分配。为审查和确认补充申报债权的费用,由补充申报人承担。

债权人未依照本法规定申报债权的,不得依照本法规定的程序行使权利。

第五十七条 管理人收到债权申报材料后,应当登记造册,对申报的债权进行审查,并编制债权表。

债权表和债权申报材料由管理人保存，供利害关系人查阅。

第五十八条　依照本法第五十七条规定编制的债权表，应当提交第一次债权人会议核查。

债务人、债权人对债权表记载的债权无异议的，由人民法院裁定确认。

债务人、债权人对债权表记载的债权有异议的，可以向受理破产申请的人民法院提起诉讼。

第七章　债权人会议

第一节　一般规定

第五十九条　依法申报债权的债权人为债权人会议的成员，有权参加债权人会议，享有表决权。

债权尚未确定的债权人，除人民法院能够为其行使表决权而临时确定债权额的外，不得行使表决权。

对债务人的特定财产享有担保权的债权人，未放弃优先受偿权利的，对于本法第六十一条第一款第七项、第十项规定的事项不享有表决权。

债权人可以委托代理人出席债权人会议，行使表决权。代理人出席债权人会议，应当向人民法院或者债权人会议主席提交债权人的授权委托书。

债权人会议应当有债务人的职工和工会的代表参加，对有关事项发表意见。

第六十条　债权人会议设主席一人，由人民法院从有表决权的债权人中指定。

债权人会议主席主持债权人会议。

第六十一条　债权人会议行使下列职权：

（一）核查债权；

（二）申请人民法院更换管理人，审查管理人的费用和报酬；

（三）监督管理人；

（四）选任和更换债权人委员会成员；

（五）决定继续或者停止债务人的营业；

（六）通过重整计划；

（七）通过和解协议；

（八）通过债务人财产的管理方案；

（九）通过破产财产的变价方案；

（十）通过破产财产的分配方案；

（十一）人民法院认为应当由债权人会议行使的其他职权。

债权人会议应当对所议事项的决议作成会议记录。

第六十二条 第一次债权人会议由人民法院召集,自债权申报期限届满之日起十五日内召开。

以后的债权人会议,在人民法院认为必要时,或者管理人、债权人委员会、占债权总额四分之一以上的债权人向债权人会议主席提议时召开。

第六十三条 召开债权人会议,管理人应当提前十五日通知已知的债权人。

第六十四条 债权人会议的决议,由出席会议的有表决权的债权人过半数通过,并且其所代表的债权额占无财产担保债权总额的二分之一以上。但是,本法另有规定的除外。

债权人认为债权人会议的决议违反法律规定,损害其利益的,可以自债权人会议作出决议之日起十五日内,请求人民法院裁定撤销该决议,责令债权人会议依法重新作出决议。

债权人会议的决议,对于全体债权人均有约束力。

第六十五条 本法第六十一条第一款第八项、第九项所列事项,经债权人会议表决未通过的,由人民法院裁定。

本法第六十一条第一款第十项所列事项,经债权人会议二次表决仍未通过的,由人民法院裁定。

对前两款规定的裁定,人民法院可以在债权人会议上宣布或者另行通知债权人。

第六十六条 债权人对人民法院依照本法第六十五条第一款作出的裁定不服的,债权额占无财产担保债权总额二分之一以上的债权人对人民法院依照本法第六十五条第二款作出的裁定不服的,可以自裁定宣布之日或者收到通知之日起十五日内向该人民法院申请复议。复议期间不停止裁定的执行。

第二节 债权人委员会

第六十七条 债权人会议可以决定设立债权人委员会。债权人委员会由债权人会议选任的债权人代表和一名债务人的职工代表或者工会代表组成。债权人委员会成员不得超过九人。

债权人委员会成员应当经人民法院书面决定认可。

第六十八条 债权人委员会行使下列职权:

(一)监督债务人财产的管理和处分;

(二)监督破产财产分配;

(三)提议召开债权人会议;

(四)债权人会议委托的其他职权。

债权人委员会执行职务时,有权要求管理人、债务人的有关人员对其职权范围内的事务作出说明或者提供有关文件。

管理人、债务人的有关人员违反本法规定拒绝接受监督的，债权人委员会有权就监督事项请求人民法院作出决定；人民法院应当在五日内作出决定。

第六十九条　管理人实施下列行为，应当及时报告债权人委员会：

（一）涉及土地、房屋等不动产权益的转让；

（二）探矿权、采矿权、知识产权等财产权的转让；

（三）全部库存或者营业的转让；

（四）借款；

（五）设定财产担保；

（六）债权和有价证券的转让；

（七）履行债务人和对方当事人均未履行完毕的合同；

（八）放弃权利；

（九）担保物的取回；

（十）对债权人利益有重大影响的其他财产处分行为。

未设立债权人委员会的，管理人实施前款规定的行为应当及时报告人民法院。

第八章　重　　整

第一节　重整申请和重整期间

第七十条　债务人或者债权人可以依照本法规定，直接向人民法院申请对债务人进行重整。

债权人申请对债务人进行破产清算的，在人民法院受理破产申请后、宣告债务人破产前，债务人或者出资额占债务人注册资本十分之一以上的出资人，可以向人民法院申请重整。

第七十一条　人民法院经审查认为重整申请符合本法规定的，应当裁定债务人重整，并予以公告。

第七十二条　自人民法院裁定债务人重整之日起至重整程序终止，为重整期间。

第七十三条　在重整期间，经债务人申请，人民法院批准，债务人可以在管理人的监督下自行管理财产和营业事务。

有前款规定情形的，依照本法规定已接管债务人财产和营业事务的管理人应当向债务人移交财产和营业事务，本法规定的管理人的职权由债务人行使。

第七十四条　管理人负责管理财产和营业事务的，可以聘任债务人的经营管理人员负责营业事务。

第七十五条 在重整期间,对债务人的特定财产享有的担保权暂停行使。但是,担保物有损坏或者价值明显减少的可能,足以危害担保权人权利的,担保权人可以向人民法院请求恢复行使担保权。

在重整期间,债务人或者管理人为继续营业而借款的,可以为该借款设定担保。

第七十六条 债务人合法占有的他人财产,该财产的权利人在重整期间要求取回的,应当符合事先约定的条件。

第七十七条 在重整期间,债务人的出资人不得请求投资收益分配。

在重整期间,债务人的董事、监事、高级管理人员不得向第三人转让其持有的债务人的股权。但是,经人民法院同意的除外。

第七十八条 在重整期间,有下列情形之一的,经管理人或者利害关系人请求,人民法院应当裁定终止重整程序,并宣告债务人破产:

(一)债务人的经营状况和财产状况继续恶化,缺乏挽救的可能性;

(二)债务人有欺诈、恶意减少债务人财产或者其他显著不利于债权人的行为;

(三)由于债务人的行为致使管理人无法执行职务。

第二节 重整计划的制定和批准

第七十九条 债务人或者管理人应当自人民法院裁定债务人重整之日起六个月内,同时向人民法院和债权人会议提交重整计划草案。

前款规定的期限届满,经债务人或者管理人请求,有正当理由的,人民法院可以裁定延期三个月。

债务人或者管理人未按期提出重整计划草案的,人民法院应当裁定终止重整程序,并宣告债务人破产。

第八十条 债务人自行管理财产和营业事务的,由债务人制作重整计划草案。

管理人负责管理财产和营业事务的,由管理人制作重整计划草案。

第八十一条 重整计划草案应当包括下列内容:

(一)债务人的经营方案;

(二)债权分类;

(三)债权调整方案;

(四)债权受偿方案;

(五)重整计划的执行期限;

(六)重整计划执行的监督期限;

(七)有利于债务人重整的其他方案。

第八十二条 下列各类债权的债权人参加讨论重整计划草案的债权人会议,

依照下列债权分类，分组对重整计划草案进行表决：

（一）对债务人的特定财产享有担保权的债权；

（二）债务人所欠职工的工资和医疗、伤残补助、抚恤费用，所欠的应当划入职工个人账户的基本养老保险、基本医疗保险费用，以及法律、行政法规规定应当支付给职工的补偿金；

（三）债务人所欠税款；

（四）普通债权。

人民法院在必要时可以决定在普通债权组中设小额债权组对重整计划草案进行表决。

第八十三条　重整计划不得规定减免债务人欠缴的本法第八十二条第一款第二项规定以外的社会保险费用；该项费用的债权人不参加重整计划草案的表决。

第八十四条　人民法院应当自收到重整计划草案之日起三十日内召开债权人会议，对重整计划草案进行表决。

出席会议的同一表决组的债权人过半数同意重整计划草案，并且其所代表的债权额占该组债权总额的三分之二以上的，即为该组通过重整计划草案。

债务人或者管理人应当向债权人会议就重整计划草案作出说明，并回答询问。

第八十五条　债务人的出资人代表可以列席讨论重整计划草案的债权人会议。

重整计划草案涉及出资人权益调整事项的，应当设出资人组，对该事项进行表决。

第八十六条　各表决组均通过重整计划草案时，重整计划即为通过。

自重整计划通过之日起十日内，债务人或者管理人应当向人民法院提出批准重整计划的申请。人民法院经审查认为符合本法规定的，应当自收到申请之日起三十日内裁定批准，终止重整程序，并予以公告。

第八十七条　部分表决组未通过重整计划草案的，债务人或者管理人可以同未通过重整计划草案的表决组协商。该表决组可以在协商后再表决一次。双方协商的结果不得损害其他表决组的利益。

未通过重整计划草案的表决组拒绝再次表决或者再次表决仍未通过重整计划草案，但重整计划草案符合下列条件的，债务人或者管理人可以申请人民法院批准重整计划草案：

（一）按照重整计划草案，本法第八十二条第一款第一项所列债权就该特定财产将获得全额清偿，其因延期清偿所受的损失将得到公平补偿，并且其担保权未受到实质性损害，或者该表决组已经通过重整计划草案；

（二）按照重整计划草案，本法第八十二条第一款第二项、第三项所列债权将获得全额清偿，或者相应表决组已经通过重整计划草案；

(三)按照重整计划草案,普通债权所获得的清偿比例,不低于其在重整计划草案被提请批准时依照破产清算程序所能获得的清偿比例,或者该表决组已经通过重整计划草案;

(四)重整计划草案对出资人权益的调整公平、公正,或者出资人组已经通过重整计划草案;

(五)重整计划草案公平对待同一表决组的成员,并且所规定的债权清偿顺序不违反本法第一百一十三条的规定;

(六)债务人的经营方案具有可行性。

人民法院经审查认为重整计划草案符合前款规定的,应当自收到申请之日起三十日内裁定批准,终止重整程序,并予以公告。

第八十八条　重整计划草案未获得通过且未依照本法第八十七条的规定获得批准,或者已通过的重整计划未获得批准的,人民法院应当裁定终止重整程序,并宣告债务人破产。

第三节　重整计划的执行

第八十九条　重整计划由债务人负责执行。

人民法院裁定批准重整计划后,已接管财产和营业事务的管理人应当向债务人移交财产和营业事务。

第九十条　自人民法院裁定批准重整计划之日起,在重整计划规定的监督期内,由管理人监督重整计划的执行。

在监督期内,债务人应当向管理人报告重整计划执行情况和债务人财务状况。

第九十一条　监督期届满时,管理人应当向人民法院提交监督报告。自监督报告提交之日起,管理人的监督职责终止。

管理人向人民法院提交的监督报告,重整计划的利害关系人有权查阅。

经管理人申请,人民法院可以裁定延长重整计划执行的监督期限。

第九十二条　经人民法院裁定批准的重整计划,对债务人和全体债权人均有约束力。

债权人未依照本法规定申报债权的,在重整计划执行期间不得行使权利;在重整计划执行完毕后,可以按照重整计划规定的同类债权的清偿条件行使权利。

债权人对债务人的保证人和其他连带债务人所享有的权利,不受重整计划的影响。

第九十三条　债务人不能执行或者不执行重整计划的,人民法院经管理人或者利害关系人请求,应当裁定终止重整计划的执行,并宣告债务人破产。

人民法院裁定终止重整计划执行的,债权人在重整计划中作出的债权调整的承诺失去效力。债权人因执行重整计划所受的清偿仍然有效，债权未受清偿的部分作为破产债权。

前款规定的债权人，只有在其他同顺位债权人同自己所受的清偿达到同一比例时，才能继续接受分配。

有本条第一款规定情形的，为重整计划的执行提供的担保继续有效。

第九十四条　按照重整计划减免的债务，自重整计划执行完毕时起，债务人不再承担清偿责任。

第九章　和　　解

第九十五条　债务人可以依照本法规定，直接向人民法院申请和解；也可以在人民法院受理破产申请后、宣告债务人破产前，向人民法院申请和解。

债务人申请和解，应当提出和解协议草案。

第九十六条　人民法院经审查认为和解申请符合本法规定的，应当裁定和解，予以公告，并召集债权人会议讨论和解协议草案。

对债务人的特定财产享有担保权的权利人，自人民法院裁定和解之日起可以行使权利。

第九十七条　债权人会议通过和解协议的决议，由出席会议的有表决权的债权人过半数同意，并且其所代表的债权额占无财产担保债权总额的三分之二以上。

第九十八条　债权人会议通过和解协议的，由人民法院裁定认可，终止和解程序，并予以公告。管理人应当向债务人移交财产和营业事务，并向人民法院提交执行职务的报告。

第九十九条　和解协议草案经债权人会议表决未获得通过，或者已经债权人会议通过的和解协议未获得人民法院认可的，人民法院应当裁定终止和解程序，并宣告债务人破产。

第一百条　经人民法院裁定认可的和解协议，对债务人和全体和解债权人均有约束力。

和解债权人是指人民法院受理破产申请时对债务人享有无财产担保债权的人。

和解债权人未依照本法规定申报债权的，在和解协议执行期间不得行使权利；在和解协议执行完毕后，可以按照和解协议规定的清偿条件行使权利。

第一百零一条　和解债权人对债务人的保证人和其他连带债务人所享有的权利，不受和解协议的影响。

第一百零二条　债务人应当按照和解协议规定的条件清偿债务。

第一百零三条　因债务人的欺诈或者其他违法行为而成立的和解协议，人民法院应当裁定无效,并宣告债务人破产。

有前款规定情形的,和解债权人因执行和解协议所受的清偿,在其他债权人所受清偿同等比例的范围内,不予返还。

第一百零四条　债务人不能执行或者不执行和解协议的,人民法院经和解债权人请求,应当裁定终止和解协议的执行,并宣告债务人破产。

人民法院裁定终止和解协议执行的,和解债权人在和解协议中作出的债权调整的承诺失去效力。和解债权人因执行和解协议所受的清偿仍然有效,和解债权未受清偿的部分作为破产债权。

前款规定的债权人,只有在其他债权人同自己所受的清偿达到同一比例时,才能继续接受分配。

有本条第一款规定情形的,为和解协议的执行提供的担保继续有效。

第一百零五条　人民法院受理破产申请后,债务人与全体债权人就债权债务的处理自行达成协议的,可以请求人民法院裁定认可,并终结破产程序。

第一百零六条　按照和解协议减免的债务,自和解协议执行完毕时起,债务人不再承担清偿责任。

第十章　破 产 清 算

第一节　破 产 宣 告

第一百零七条　人民法院依照本法规定宣告债务人破产的,应当自裁定作出之日起五日内送达债务人和管理人,自裁定作出之日起十日内通知已知债权人,并予以公告。

债务人被宣告破产后,债务人称为破产人,债务人财产称为破产财产,人民法院受理破产申请时对债务人享有的债权称为破产债权。

第一百零八条　破产宣告前,有下列情形之一的,人民法院应当裁定终结破产程序,并予以公告:

(一)第三人为债务人提供足额担保或者为债务人清偿全部到期债务的;

(二)债务人已清偿全部到期债务的。

第一百零九条　对破产人的特定财产享有担保权的权利人,对该特定财产享有优先受偿的权利。

第一百一十条　享有本法第一百零九条规定权利的债权人行使优先受偿权利未能完全受偿的,其未受偿的债权作为普通债权;放弃优先受偿权利的,其债权作为普通债权。

第二节　变价和分配

第一百一十一条　管理人应当及时拟订破产财产变价方案，提交债权人会议讨论。

管理人应当按照债权人会议通过的或者人民法院依照本法第六十五条第一款规定裁定的破产财产变价方案，适时变价出售破产财产。

第一百一十二条　变价出售破产财产应当通过拍卖进行。但是，债权人会议另有决议的除外。

破产企业可以全部或者部分变价出售。企业变价出售时，可以将其中的无形资产和其他财产单独变价出售。

按照国家规定不能拍卖或者限制转让的财产，应当按照国家规定的方式处理。

第一百一十三条　破产财产在优先清偿破产费用和共益债务后，依照下列顺序清偿：

（一）破产人所欠职工的工资和医疗、伤残补助、抚恤费用，所欠的应当划入职工个人账户的基本养老保险、基本医疗保险费用，以及法律、行政法规规定应当支付给职工的补偿金；

（二）破产人欠缴的除前项规定以外的社会保险费用和破产人所欠税款；

（三）普通破产债权。

破产财产不足以清偿同一顺序的清偿要求的，按照比例分配。

破产企业的董事、监事和高级管理人员的工资按照该企业职工的平均工资计算。

第一百一十四条　破产财产的分配应当以货币分配方式进行。但是，债权人会议另有决议的除外。

第一百一十五条　管理人应当及时拟订破产财产分配方案，提交债权人会议讨论。

破产财产分配方案应当载明下列事项：

（一）参加破产财产分配的债权人名称或者姓名、住所；

（二）参加破产财产分配的债权额；

（三）可供分配的破产财产数额；

（四）破产财产分配的顺序、比例及数额；

（五）实施破产财产分配的方法。

债权人会议通过破产财产分配方案后，由管理人将该方案提请人民法院裁定认可。

第一百一十六条　破产财产分配方案经人民法院裁定认可后，由管理人执行。

管理人按照破产财产分配方案实施多次分配的,应当公告本次分配的财产额和债权额。管理人实施最后分配的,应当在公告中指明,并载明本法第一百一十七条第二款规定的事项。

第一百一十七条 对于附生效条件或者解除条件的债权,管理人应当将其分配额提存。

管理人依照前款规定提存的分配额,在最后分配公告日,生效条件未成就或者解除条件成就的,应当分配给其他债权人;在最后分配公告日,生效条件成就或者解除条件未成就的,应当交付给债权人。

第一百一十八条 债权人未受领的破产财产分配额,管理人应当提存。债权人自最后分配公告之日起满二个月仍不领取的,视为放弃受领分配的权利,管理人或者人民法院应当将提存的分配额分配给其他债权人。

第一百一十九条 破产财产分配时,对于诉讼或者仲裁未决的债权,管理人应当将其分配额提存。自破产程序终结之日起满二年仍不能受领分配的,人民法院应当将提存的分配额分配给其他债权人。

第三节 破产程序的终结

第一百二十条 破产人无财产可供分配的,管理人应当请求人民法院裁定终结破产程序。

管理人在最后分配完结后,应当及时向人民法院提交破产财产分配报告,并提请人民法院裁定终结破产程序。

人民法院应当自收到管理人终结破产程序的请求之日起十五日内作出是否终结破产程序的裁定。裁定终结的,应当予以公告。

第一百二十一条 管理人应当自破产程序终结之日起十日内,持人民法院终结破产程序的裁定,向破产人的原登记机关办理注销登记。

第一百二十二条 管理人于办理注销登记完毕的次日终止执行职务。但是,存在诉讼或者仲裁未决情况的除外。

第一百二十三条 自破产程序依照本法第四十三条第四款或者第一百二十条的规定终结之日起二年内,有下列情形之一的,债权人可以请求人民法院按照破产财产分配方案进行追加分配:

(一)发现有依照本法第三十一条、第三十二条、第三十三条、第三十六条规定应当追回的财产的;

(二)发现破产人有应当供分配的其他财产的。

有前款规定情形,但财产数量不足以支付分配费用的,不再进行追加分配,由人民法院将其上交国库。

第一百二十四条　破产人的保证人和其他连带债务人，在破产程序终结后，对债权人依照破产清算程序未受清偿的债权，依法继续承担清偿责任。

第十一章　法律责任

第一百二十五条　企业董事、监事或者高级管理人员违反忠实义务、勤勉义务，致使所在企业破产的，依法承担民事责任。

有前款规定情形的人员，自破产程序终结之日起三年内不得担任任何企业的董事、监事、高级管理人员。

第一百二十六条　有义务列席债权人会议的债务人的有关人员，经人民法院传唤，无正当理由拒不列席债权人会议的，人民法院可以拘传，并依法处以罚款。债务人的有关人员违反本法规定，拒不陈述、回答，或者作虚假陈述、回答的，人民法院可以依法处以罚款。

第一百二十七条　债务人违反本法规定，拒不向人民法院提交或者提交不真实的财产状况说明、债务清册、债权清册、有关财务会计报告以及职工工资的支付情况和社会保险费用的缴纳情况的，人民法院可以对直接责任人员依法处以罚款。

债务人违反本法规定，拒不向管理人移交财产、印章和账簿、文书等资料的，或者伪造、销毁有关财产证据材料而使财产状况不明的，人民法院可以对直接责任人员依法处以罚款。

第一百二十八条　债务人有本法第三十一条、第三十二条、第三十三条规定的行为，损害债权人利益的，债务人的法定代表人和其他直接责任人员依法承担赔偿责任。

第一百二十九条　债务人的有关人员违反本法规定，擅自离开住所地的，人民法院可以予以训诫、拘留，可以依法并处罚款。

第一百三十条　管理人未依照本法规定勤勉尽责，忠实执行职务的，人民法院可以依法处以罚款；给债权人、债务人或者第三人造成损失的，依法承担赔偿责任。

第一百三十一条　违反本法规定，构成犯罪的，依法追究刑事责任。

第十二章　附　　则

第一百三十二条　本法施行后，破产人在本法公布之日前所欠职工的工资和医疗、伤残补助、抚恤费用，所欠的应当划入职工个人账户的基本养老保险、基本医疗保险费用，以及法律、行政法规规定应当支付给职工的补偿金，依照本法第一百一十三条的规定清偿后不足以清偿的部分，以本法第一百零九条规定的特定财产优先于对该特定财产享有担保权的权利人受偿。

第一百三十三条　在本法施行前国务院规定的期限和范围内的国有企业实施

破产的特殊事宜,按照国务院有关规定办理。

第一百三十四条 商业银行、证券公司、保险公司等金融机构有本法第二条规定情形的,国务院金融监督管理机构可以向人民法院提出对该金融机构进行重整或者破产清算的申请。国务院金融监督管理机构依法对出现重大经营风险的金融机构采取接管、托管等措施的,可以向人民法院申请中止以该金融机构为被告或者被执行人的民事诉讼程序或者执行程序。

金融机构实施破产的,国务院可以依据本法和其他有关法律的规定制定实施办法。

第一百三十五条 其他法律规定企业法人以外的组织的清算,属于破产清算的,参照适用本法规定的程序。

第一百三十六条 本法自2007年6月1日起施行,《中华人民共和国企业破产法(试行)》同时废止。

中华人民共和国公司法

(1993年12月29日第八届全国人民代表大会常务委员会第五次会议通过
根据1999年12月25日第九届全国人民代表大会常务委员会第十三次会议
《关于修改〈中华人民共和国公司法〉的决定》第一次修正
根据2004年8月28日第十届全国人民代表大会常务委员会第十一次会议
《关于修改〈中华人民共和国公司法〉的决定》第二次修正
2005年10月27日第十届全国人民代表大会常务委员会第十八次会议第一次修订
根据2013年12月28日第十二届全国人民代表大会常务委员会第六次会议
《关于修改〈中华人民共和国海洋环境保护法〉等七部法律的决定》第三次修正
根据2018年10月26日第十三届全国人民代表大会常务委员会第六次会议
《关于修改〈中华人民共和国公司法〉的决定》第四次修正
2023年12月29日第十四届全国人民代表大会常务委员会第七次会议第二次修订)

目　　录

第一章 总 则

第一条 为了规范公司的组织和行为，保护公司、股东、职工和债权人的合法权益，完善中国特色现代企业制度，弘扬企业家精神，维护社会经济秩序，促进社会主义市场经济的发展，根据宪法，制定本法。

第二条 本法所称公司，是指依照本法在中华人民共和国境内设立的有限责任公司和股份有限公司。

第三条 公司是企业法人，有独立的法人财产，享有法人财产权。公司以其全部财产对公司的债务承担责任。

公司的合法权益受法律保护，不受侵犯。

第四条 有限责任公司的股东以其认缴的出资额为限对公司承担责任；股份有限公司的股东以其认购的股份为限对公司承担责任。

公司股东对公司依法享有资产收益、参与重大决策和选择管理者等权利。

第五条 设立公司应当依法制定公司章程。公司章程对公司、股东、董事、监事、高级管理人员具有约束力。

第六条 公司应当有自己的名称。公司名称应当符合国家有关规定。

公司的名称权受法律保护。

第七条 依照本法设立的有限责任公司,应当在公司名称中标明有限责任公司或者有限公司字样。

依照本法设立的股份有限公司,应当在公司名称中标明股份有限公司或者股份公司字样。

第八条 公司以其主要办事机构所在地为住所。

第九条 公司的经营范围由公司章程规定。公司可以修改公司章程,变更经营范围。

公司的经营范围中属于法律、行政法规规定须经批准的项目,应当依法经过批准。

第十条 公司的法定代表人按照公司章程的规定,由代表公司执行公司事务的董事或者经理担任。

担任法定代表人的董事或者经理辞任的,视为同时辞去法定代表人。

法定代表人辞任的,公司应当在法定代表人辞任之日起三十日内确定新的法定代表人。

第十一条 法定代表人以公司名义从事的民事活动,其法律后果由公司承受。

公司章程或者股东会对法定代表人职权的限制,不得对抗善意相对人。

法定代表人因执行职务造成他人损害的,由公司承担民事责任。公司承担民事责任后,依照法律或者公司章程的规定,可以向有过错的法定代表人追偿。

第十二条 有限责任公司变更为股份有限公司,应当符合本法规定的股份有限公司的条件。股份有限公司变更为有限责任公司,应当符合本法规定的有限责任公司的条件。

有限责任公司变更为股份有限公司的,或者股份有限公司变更为有限责任公司的,公司变更前的债权、债务由变更后的公司承继。

第十三条 公司可以设立子公司。子公司具有法人资格,依法独立承担民事责任。

公司可以设立分公司。分公司不具有法人资格,其民事责任由公司承担。

第十四条 公司可以向其他企业投资。

法律规定公司不得成为对所投资企业的债务承担连带责任的出资人的,从其规定。

第十五条 公司向其他企业投资或者为他人提供担保,按照公司章程的规定,由董事会或者股东会决议;公司章程对投资或者担保的总额及单项投资或者担保的数额有限额规定的,不得超过规定的限额。

公司为公司股东或者实际控制人提供担保的,应当经股东会决议。

前款规定的股东或者受前款规定的实际控制人支配的股东，不得参加前款规定事项的表决。该项表决由出席会议的其他股东所持表决权的过半数通过。

第十六条　公司应当保护职工的合法权益，依法与职工签订劳动合同，参加社会保险，加强劳动保护，实现安全生产。

公司应当采用多种形式，加强公司职工的职业教育和岗位培训，提高职工素质。

第十七条　公司职工依照《中华人民共和国工会法》组织工会，开展工会活动，维护职工合法权益。公司应当为本公司工会提供必要的活动条件。公司工会代表职工就职工的劳动报酬、工作时间、休息休假、劳动安全卫生和保险福利等事项依法与公司签订集体合同。

公司依照宪法和有关法律的规定，建立健全以职工代表大会为基本形式的民主管理制度，通过职工代表大会或者其他形式，实行民主管理。

公司研究决定改制、解散、申请破产以及经营方面的重大问题、制定重要的规章制度时，应当听取公司工会的意见，并通过职工代表大会或者其他形式听取职工的意见和建议。

第十八条　在公司中，根据中国共产党章程的规定，设立中国共产党的组织，开展党的活动。公司应当为党组织的活动提供必要条件。

第十九条　公司从事经营活动，应当遵守法律法规，遵守社会公德、商业道德，诚实守信，接受政府和社会公众的监督。

第二十条　公司从事经营活动，应当充分考虑公司职工、消费者等利益相关者的利益以及生态环境保护等社会公共利益，承担社会责任。

国家鼓励公司参与社会公益活动，公布社会责任报告。

第二十一条　公司股东应当遵守法律、行政法规和公司章程，依法行使股东权利，不得滥用股东权利损害公司或者其他股东的利益。

公司股东滥用股东权利给公司或者其他股东造成损失的，应当承担赔偿责任。

第二十二条　公司的控股股东、实际控制人、董事、监事、高级管理人员不得利用关联关系损害公司利益。

违反前款规定，给公司造成损失的，应当承担赔偿责任。

第二十三条　公司股东滥用公司法人独立地位和股东有限责任，逃避债务，严重损害公司债权人利益的，应当对公司债务承担连带责任。

股东利用其控制的两个以上公司实施前款规定行为的，各公司应当对任一公司的债务承担连带责任。

只有一个股东的公司，股东不能证明公司财产独立于股东自己的财产的，应当对公司债务承担连带责任。

第二十四条　公司股东会、董事会、监事会召开会议和表决可以采用电子通信方式,公司章程另有规定的除外。

第二十五条　公司股东会、董事会的决议内容违反法律、行政法规的无效。

第二十六条　公司股东会、董事会的会议召集程序、表决方式违反法律、行政法规或者公司章程,或者决议内容违反公司章程的,股东自决议作出之日起六十日内,可以请求人民法院撤销。但是,股东会、董事会的会议召集程序或者表决方式仅有轻微瑕疵,对决议未产生实质影响的除外。

未被通知参加股东会会议的股东自知道或者应当知道股东会决议作出之日起六十日内,可以请求人民法院撤销;自决议作出之日起一年内没有行使撤销权的,撤销权消灭。

第二十七条　有下列情形之一的,公司股东会、董事会的决议不成立:

(一)未召开股东会、董事会会议作出决议;

(二)股东会、董事会会议未对决议事项进行表决;

(三)出席会议的人数或者所持表决权数未达到本法或者公司章程规定的人数或者所持表决权数;

(四)同意决议事项的人数或者所持表决权数未达到本法或者公司章程规定的人数或者所持表决权数。

第二十八条　公司股东会、董事会决议被人民法院宣告无效、撤销或者确认不成立的,公司应当向公司登记机关申请撤销根据该决议已办理的登记。

股东会、董事会决议被人民法院宣告无效、撤销或者确认不成立的,公司根据该决议与善意相对人形成的民事法律关系不受影响。

第二章　公司登记

第二十九条　设立公司,应当依法向公司登记机关申请设立登记。

法律、行政法规规定设立公司必须报经批准的,应当在公司登记前依法办理批准手续。

第三十条　申请设立公司,应当提交设立登记申请书、公司章程等文件,提交的相关材料应当真实、合法和有效。

申请材料不齐全或者不符合法定形式的,公司登记机关应当一次性告知需要补正的材料。

第三十一条　申请设立公司,符合本法规定的设立条件的,由公司登记机关分别登记为有限责任公司或者股份有限公司;不符合本法规定的设立条件的,不得登记为有限责任公司或者股份有限公司。

第三十二条　公司登记事项包括:

（一）名称；

（二）住所；

（三）注册资本；

（四）经营范围；

（五）法定代表人的姓名；

（六）有限责任公司股东、股份有限公司发起人的姓名或者名称。

公司登记机关应当将前款规定的公司登记事项通过国家企业信用信息公示系统向社会公示。

第三十三条　依法设立的公司，由公司登记机关发给公司营业执照。公司营业执照签发日期为公司成立日期。

公司营业执照应当载明公司的名称、住所、注册资本、经营范围、法定代表人姓名等事项。

公司登记机关可以发给电子营业执照。电子营业执照与纸质营业执照具有同等法律效力。

第三十四条　公司登记事项发生变更的，应当依法办理变更登记。

公司登记事项未经登记或者未经变更登记，不得对抗善意相对人。

第三十五条　公司申请变更登记，应当向公司登记机关提交公司法定代表人签署的变更登记申请书、依法作出的变更决议或者决定等文件。

公司变更登记事项涉及修改公司章程的，应当提交修改后的公司章程。

公司变更法定代表人的，变更登记申请书由变更后的法定代表人签署。

第三十六条　公司营业执照记载的事项发生变更的，公司办理变更登记后，由公司登记机关换发营业执照。

第三十七条　公司因解散、被宣告破产或者其他法定事由需要终止的，应当依法向公司登记机关申请注销登记，由公司登记机关公告公司终止。

第三十八条　公司设立分公司，应当向公司登记机关申请登记，领取营业执照。

第三十九条　虚报注册资本、提交虚假材料或者采取其他欺诈手段隐瞒重要事实取得公司设立登记的，公司登记机关应当依照法律、行政法规的规定予以撤销。

第四十条　公司应当按照规定通过国家企业信用信息公示系统公示下列事项：

（一）有限责任公司股东认缴和实缴的出资额、出资方式和出资日期，股份有限公司发起人认购的股份数；

（二）有限责任公司股东、股份有限公司发起人的股权、股份变更信息；

(三)行政许可取得、变更、注销等信息;

(四)法律、行政法规规定的其他信息。

公司应当确保前款公示信息真实、准确、完整。

第四十一条 公司登记机关应当优化公司登记办理流程,提高公司登记效率,加强信息化建设,推行网上办理等便捷方式,提升公司登记便利化水平。

国务院市场监督管理部门根据本法和有关法律、行政法规的规定,制定公司登记注册的具体办法。

第三章 有限责任公司的设立和组织机构

第一节 设 立

第四十二条 有限责任公司由一个以上五十个以下股东出资设立。

第四十三条 有限责任公司设立时的股东可以签订设立协议,明确各自在公司设立过程中的权利和义务。

第四十四条 有限责任公司设立时的股东为设立公司从事的民事活动,其法律后果由公司承受。

公司未成立的,其法律后果由公司设立时的股东承受;设立时的股东为二人以上的,享有连带债权,承担连带债务。

设立时的股东为设立公司以自己的名义从事民事活动产生的民事责任,第三人有权选择请求公司或者公司设立时的股东承担。

设立时的股东因履行公司设立职责造成他人损害的,公司或者无过错的股东承担赔偿责任后,可以向有过错的股东追偿。

第四十五条 设立有限责任公司,应当由股东共同制定公司章程。

第四十六条 有限责任公司章程应当载明下列事项:

(一)公司名称和住所;

(二)公司经营范围;

(三)公司注册资本;

(四)股东的姓名或者名称;

(五)股东的出资额、出资方式和出资日期;

(六)公司的机构及其产生办法、职权、议事规则;

(七)公司法定代表人的产生、变更办法;

(八)股东会认为需要规定的其他事项。

股东应当在公司章程上签名或者盖章。

第四十七条 有限责任公司的注册资本为在公司登记机关登记的全体股东认

缴的出资额。全体股东认缴的出资额由股东按照公司章程的规定自公司成立之日起五年内缴足。

法律、行政法规以及国务院决定对有限责任公司注册资本实缴、注册资本最低限额、股东出资期限另有规定的,从其规定。

第四十八条　股东可以用货币出资,也可以用实物、知识产权、土地使用权、股权、债权等可以用货币估价并可以依法转让的非货币财产作价出资;但是,法律、行政法规规定不得作为出资的财产除外。

对作为出资的非货币财产应当评估作价,核实财产,不得高估或者低估作价。法律、行政法规对评估作价有规定的,从其规定。

第四十九条　股东应当按期足额缴纳公司章程规定的各自所认缴的出资额。

股东以货币出资的,应当将货币出资足额存入有限责任公司在银行开设的账户;以非货币财产出资的,应当依法办理其财产权的转移手续。

股东未按期足额缴纳出资的,除应当向公司足额缴纳外,还应当对给公司造成的损失承担赔偿责任。

第五十条　有限责任公司设立时,股东未按照公司章程规定实际缴纳出资,或者实际出资的非货币财产的实际价额显著低于所认缴的出资额的,设立时的其他股东与该股东在出资不足的范围内承担连带责任。

第五十一条　有限责任公司成立后,董事会应当对股东的出资情况进行核查,发现股东未按期足额缴纳公司章程规定的出资的,应当由公司向该股东发出书面催缴书,催缴出资。

未及时履行前款规定的义务,给公司造成损失的,负有责任的董事应当承担赔偿责任。

第五十二条　股东未按照公司章程规定的出资日期缴纳出资,公司依照前条第一款规定发出书面催缴书催缴出资的,可以载明缴纳出资的宽限期;宽限期自公司发出催缴书之日起,不得少于六十日。宽限期届满,股东仍未履行出资义务的,公司经董事会决议可以向该股东发出失权通知,通知应当以书面形式发出。自通知发出之日起,该股东丧失其未缴纳出资的股权。

依照前款规定丧失的股权应当依法转让,或者相应减少注册资本并注销该股权;六个月内未转让或者注销的,由公司其他股东按照其出资比例足额缴纳相应出资。

股东对失权有异议的,应当自接到失权通知之日起三十日内,向人民法院提起诉讼。

第五十三条　公司成立后,股东不得抽逃出资。

违反前款规定的,股东应当返还抽逃的出资;给公司造成损失的,负有责任的董事、监事、高级管理人员应当与该股东承担连带赔偿责任。

第五十四条 公司不能清偿到期债务的,公司或者已到期债权的债权人有权要求已认缴出资但未届出资期限的股东提前缴纳出资。

第五十五条 有限责任公司成立后,应当向股东签发出资证明书,记载下列事项:

(一)公司名称;

(二)公司成立日期;

(三)公司注册资本;

(四)股东的姓名或者名称、认缴和实缴的出资额、出资方式和出资日期;

(五)出资证明书的编号和核发日期。

出资证明书由法定代表人签名,并由公司盖章。

第五十六条 有限责任公司应当置备股东名册,记载下列事项:

(一)股东的姓名或者名称及住所;

(二)股东认缴和实缴的出资额、出资方式和出资日期;

(三)出资证明书编号;

(四)取得和丧失股东资格的日期。

记载于股东名册的股东,可以依股东名册主张行使股东权利。

第五十七条 股东有权查阅、复制公司章程、股东名册、股东会会议记录、董事会会议决议、监事会会议决议和财务会计报告。

股东可以要求查阅公司会计账簿、会计凭证。股东要求查阅公司会计账簿、会计凭证的,应当向公司提出书面请求,说明目的。公司有合理根据认为股东查阅会计账簿、会计凭证有不正当目的,可能损害公司合法利益的,可以拒绝提供查阅,并应当自股东提出书面请求之日起十五日内书面答复股东并说明理由。公司拒绝提供查阅的,股东可以向人民法院提起诉讼。

股东查阅前款规定的材料,可以委托会计师事务所、律师事务所等中介机构进行。

股东及其委托的会计师事务所、律师事务所等中介机构查阅、复制有关材料,应当遵守有关保护国家秘密、商业秘密、个人隐私、个人信息等法律、行政法规的规定。

股东要求查阅、复制公司全资子公司相关材料的,适用前四款的规定。

第二节 组织机构

第五十八条 有限责任公司股东会由全体股东组成。股东会是公司的权力机构,依照本法行使职权。

第五十九条　股东会行使下列职权：

(一)选举和更换董事、监事，决定有关董事、监事的报酬事项；

(二)审议批准董事会的报告；

(三)审议批准监事会的报告；

(四)审议批准公司的利润分配方案和弥补亏损方案；

(五)对公司增加或者减少注册资本作出决议；

(六)对发行公司债券作出决议；

(七)对公司合并、分立、解散、清算或者变更公司形式作出决议；

(八)修改公司章程；

(九)公司章程规定的其他职权。

股东会可以授权董事会对发行公司债券作出决议。

对本条第一款所列事项股东以书面形式一致表示同意的，可以不召开股东会会议，直接作出决定，并由全体股东在决定文件上签名或者盖章。

第六十条　只有一个股东的有限责任公司不设股东会。股东作出前条第一款所列事项的决定时，应当采用书面形式，并由股东签名或者盖章后置备于公司。

第六十一条　首次股东会会议由出资最多的股东召集和主持，依照本法规定行使职权。

第六十二条　股东会会议分为定期会议和临时会议。

定期会议应当按照公司章程的规定按时召开。代表十分之一以上表决权的股东、三分之一以上的董事或者监事会提议召开临时会议的，应当召开临时会议。

第六十三条　股东会会议由董事会召集，董事长主持；董事长不能履行职务或者不履行职务的，由副董事长主持；副董事长不能履行职务或者不履行职务的，由过半数的董事共同推举一名董事主持。

董事会不能履行或者不履行召集股东会会议职责的，由监事会召集和主持；监事会不召集和主持的，代表十分之一以上表决权的股东可以自行召集和主持。

第六十四条　召开股东会会议，应当于会议召开十五日前通知全体股东；但是，公司章程另有规定或者全体股东另有约定的除外。

股东会应当对所议事项的决定作成会议记录，出席会议的股东应当在会议记录上签名或者盖章。

第六十五条　股东会会议由股东按照出资比例行使表决权；但是，公司章程另有规定的除外。

第六十六条　股东会的议事方式和表决程序，除本法有规定的外，由公司章程规定。

股东会作出决议，应当经代表过半数表决权的股东通过。

股东会作出修改公司章程、增加或者减少注册资本的决议,以及公司合并、分立、解散或者变更公司形式的决议,应当经代表三分之二以上表决权的股东通过。

第六十七条 有限责任公司设董事会,本法第七十五条另有规定的除外。

董事会行使下列职权:

(一)召集股东会会议,并向股东会报告工作;

(二)执行股东会的决议;

(三)决定公司的经营计划和投资方案;

(四)制订公司的利润分配方案和弥补亏损方案;

(五)制订公司增加或者减少注册资本以及发行公司债券的方案;

(六)制订公司合并、分立、解散或者变更公司形式的方案;

(七)决定公司内部管理机构的设置;

(八)决定聘任或者解聘公司经理及其报酬事项,并根据经理的提名决定聘任或者解聘公司副经理、财务负责人及其报酬事项;

(九)制定公司的基本管理制度;

(十)公司章程规定或者股东会授予的其他职权。

公司章程对董事会职权的限制不得对抗善意相对人。

第六十八条 有限责任公司董事会成员为三人以上,其成员中可以有公司职工代表。职工人数三百人以上的有限责任公司,除依法设监事会并有公司职工代表的外,其董事会成员中应当有公司职工代表。董事会中的职工代表由公司职工通过职工代表大会、职工大会或者其他形式民主选举产生。

董事会设董事长一人,可以设副董事长。董事长、副董事长的产生办法由公司章程规定。

第六十九条 有限责任公司可以按照公司章程的规定在董事会中设置由董事组成的审计委员会,行使本法规定的监事会的职权,不设监事会或者监事。公司董事会成员中的职工代表可以成为审计委员会成员。

第七十条 董事任期由公司章程规定,但每届任期不得超过三年。董事任期届满,连选可以连任。

董事任期届满未及时改选,或者董事在任期内辞任导致董事会成员低于法定人数的,在改选出的董事就任前,原董事仍应当依照法律、行政法规和公司章程的规定,履行董事职务。

董事辞任的,应当以书面形式通知公司,公司收到通知之日辞任生效,但存在前款规定情形的,董事应当继续履行职务。

第七十一条 股东会可以决议解任董事,决议作出之日解任生效。

无正当理由,在任期届满前解任董事的,该董事可以要求公司予以赔偿。

第七十二条 董事会会议由董事长召集和主持;董事长不能履行职务或者不履行职务的,由副董事长召集和主持;副董事长不能履行职务或者不履行职务的,由过半数的董事共同推举一名董事召集和主持。

第七十三条 董事会的议事方式和表决程序,除本法有规定的外,由公司章程规定。

董事会会议应当有过半数的董事出席方可举行。董事会作出决议,应当经全体董事的过半数通过。

董事会决议的表决,应当一人一票。

董事会应当对所议事项的决定作成会议记录,出席会议的董事应当在会议记录上签名。

第七十四条 有限责任公司可以设经理,由董事会决定聘任或者解聘。

经理对董事会负责,根据公司章程的规定或者董事会的授权行使职权。经理列席董事会会议。

第七十五条 规模较小或者股东人数较少的有限责任公司,可以不设董事会,设一名董事,行使本法规定的董事会的职权。该董事可以兼任公司经理。

第七十六条 有限责任公司设监事会,本法第六十九条、第八十三条另有规定的除外。

监事会成员为三人以上。监事会成员应当包括股东代表和适当比例的公司职工代表,其中职工代表的比例不得低于三分之一,具体比例由公司章程规定。监事会中的职工代表由公司职工通过职工代表大会、职工大会或者其他形式民主选举产生。

监事会设主席一人,由全体监事过半数选举产生。监事会主席召集和主持监事会会议;监事会主席不能履行职务或者不履行职务的,由过半数的监事共同推举一名监事召集和主持监事会会议。

董事、高级管理人员不得兼任监事。

第七十七条 监事的任期每届为三年。监事任期届满,连选可以连任。

监事任期届满未及时改选,或者监事在任期内辞任导致监事会成员低于法定人数的,在改选出的监事就任前,原监事仍应当依照法律、行政法规和公司章程的规定,履行监事职务。

第七十八条 监事会行使下列职权:

(一)检查公司财务;

(二)对董事、高级管理人员执行职务的行为进行监督,对违反法律、行政法规、公司章程或者股东会决议的董事、高级管理人员提出解任的建议;

(三)当董事、高级管理人员的行为损害公司的利益时,要求董事、高级管理人员予以纠正;

(四)提议召开临时股东会会议,在董事会不履行本法规定的召集和主持股东会会议职责时召集和主持股东会会议;

(五)向股东会会议提出提案;

(六)依照本法第一百八十九条的规定,对董事、高级管理人员提起诉讼;

(七)公司章程规定的其他职权。

第七十九条 监事可以列席董事会会议,并对董事会决议事项提出质询或者建议。

监事会发现公司经营情况异常,可以进行调查;必要时,可以聘请会计师事务所等协助其工作,费用由公司承担。

第八十条 监事会可以要求董事、高级管理人员提交执行职务的报告。

董事、高级管理人员应当如实向监事会提供有关情况和资料,不得妨碍监事会或者监事行使职权。

第八十一条 监事会每年度至少召开一次会议,监事可以提议召开临时监事会会议。

监事会的议事方式和表决程序,除本法有规定的外,由公司章程规定。

监事会决议应当经全体监事的过半数通过。

监事会决议的表决,应当一人一票。

监事会应当对所议事项的决定作成会议记录,出席会议的监事应当在会议记录上签名。

第八十二条 监事会行使职权所必需的费用,由公司承担。

第八十三条 规模较小或者股东人数较少的有限责任公司,可以不设监事会,设一名监事,行使本法规定的监事会的职权;经全体股东一致同意,也可以不设监事。

第四章 有限责任公司的股权转让

第八十四条 有限责任公司的股东之间可以相互转让其全部或者部分股权。

股东向股东以外的人转让股权的,应当将股权转让的数量、价格、支付方式和期限等事项书面通知其他股东,其他股东在同等条件下有优先购买权。股东自接到书面通知之日起三十日内未答复的,视为放弃优先购买权。两个以上股东行使优先购买权的,协商确定各自的购买比例;协商不成的,按照转让时各自的出资比例行使优先购买权。

公司章程对股权转让另有规定的，从其规定。

第八十五条　人民法院依照法律规定的强制执行程序转让股东的股权时，应当通知公司及全体股东，其他股东在同等条件下有优先购买权。其他股东自人民法院通知之日起满二十日不行使优先购买权的，视为放弃优先购买权。

第八十六条　股东转让股权的，应当书面通知公司，请求变更股东名册；需要办理变更登记的，并请求公司向公司登记机关办理变更登记。公司拒绝或者在合理期限内不予答复的，转让人、受让人可以依法向人民法院提起诉讼。

股权转让的，受让人自记载于股东名册时起可以向公司主张行使股东权利。

第八十七条　依照本法转让股权后，公司应当及时注销原股东的出资证明书，向新股东签发出资证明书，并相应修改公司章程和股东名册中有关股东及其出资额的记载。对公司章程的该项修改不需再由股东会表决。

第八十八条　股东转让已认缴出资但未届出资期限的股权的，由受让人承担缴纳该出资的义务；受让人未按期足额缴纳出资的，转让人对受让人未按期缴纳的出资承担补充责任。

未按照公司章程规定的出资日期缴纳出资或者作为出资的非货币财产的实际价额显著低于所认缴的出资额的股东转让股权的，转让人与受让人在出资不足的范围内承担连带责任；受让人不知道且不应当知道存在上述情形的，由转让人承担责任。

第八十九条　有下列情形之一的，对股东会该项决议投反对票的股东可以请求公司按照合理的价格收购其股权：

（一）公司连续五年不向股东分配利润，而公司该五年连续盈利，并且符合本法规定的分配利润条件；

（二）公司合并、分立、转让主要财产；

（三）公司章程规定的营业期限届满或者章程规定的其他解散事由出现，股东会通过决议修改章程使公司存续。

自股东会决议作出之日起六十日内，股东与公司不能达成股权收购协议的，股东可以自股东会决议作出之日起九十日内向人民法院提起诉讼。

公司的控股股东滥用股东权利，严重损害公司或者其他股东利益的，其他股东有权请求公司按照合理的价格收购其股权。

公司因本条第一款、第三款规定的情形收购的本公司股权，应当在六个月内依法转让或者注销。

第九十条　自然人股东死亡后，其合法继承人可以继承股东资格；但是，公司章程另有规定的除外。

第五章 股份有限公司的设立和组织机构

第一节 设 立

第九十一条 设立股份有限公司,可以采取发起设立或者募集设立的方式。

发起设立,是指由发起人认购设立公司时应发行的全部股份而设立公司。

募集设立,是指由发起人认购设立公司时应发行股份的一部分,其余股份向特定对象募集或者向社会公开募集而设立公司。

第九十二条 设立股份有限公司,应当有一人以上二百人以下为发起人,其中应当有半数以上的发起人在中华人民共和国境内有住所。

第九十三条 股份有限公司发起人承担公司筹办事务。

发起人应当签订发起人协议,明确各自在公司设立过程中的权利和义务。

第九十四条 设立股份有限公司,应当由发起人共同制订公司章程。

第九十五条 股份有限公司章程应当载明下列事项:

(一)公司名称和住所;

(二)公司经营范围;

(三)公司设立方式;

(四)公司注册资本、已发行的股份数和设立时发行的股份数,面额股的每股金额;

(五)发行类别股的,每一类别股的股份数及其权利和义务;

(六)发起人的姓名或者名称、认购的股份数、出资方式;

(七)董事会的组成、职权和议事规则;

(八)公司法定代表人的产生、变更办法;

(九)监事会的组成、职权和议事规则;

(十)公司利润分配办法;

(十一)公司的解散事由与清算办法;

(十二)公司的通知和公告办法;

(十三)股东会认为需要规定的其他事项。

第九十六条 股份有限公司的注册资本为在公司登记机关登记的已发行股份的股本总额。在发起人认购的股份缴足前,不得向他人募集股份。

法律、行政法规以及国务院决定对股份有限公司注册资本最低限额另有规定的,从其规定。

第九十七条 以发起设立方式设立股份有限公司的,发起人应当认足公司章程规定的公司设立时应发行的股份。

以募集设立方式设立股份有限公司的，发起人认购的股份不得少于公司章程规定的公司设立时应发行股份总数的百分之三十五；但是，法律、行政法规另有规定的，从其规定。

第九十八条　发起人应当在公司成立前按照其认购的股份全额缴纳股款。

发起人的出资，适用本法第四十八条、第四十九条第二款关于有限责任公司股东出资的规定。

第九十九条　发起人不按照其认购的股份缴纳股款，或者作为出资的非货币财产的实际价额显著低于所认购的股份的，其他发起人与该发起人在出资不足的范围内承担连带责任。

第一百条　发起人向社会公开募集股份，应当公告招股说明书，并制作认股书。认股书应当载明本法第一百五十四条第二款、第三款所列事项，由认股人填写认购的股份数、金额、住所，并签名或者盖章。认股人应当按照所认购股份足额缴纳股款。

第一百零一条　向社会公开募集股份的股款缴足后，应当经依法设立的验资机构验资并出具证明。

第一百零二条　股份有限公司应当制作股东名册并置备于公司。股东名册应当记载下列事项：

（一）股东的姓名或者名称及住所；

（二）各股东所认购的股份种类及股份数；

（三）发行纸面形式的股票的，股票的编号；

（四）各股东取得股份的日期。

第一百零三条　募集设立股份有限公司的发起人应当自公司设立时应发行股份的股款缴足之日起三十日内召开公司成立大会。发起人应当在成立大会召开十五日前将会议日期通知各认股人或者予以公告。成立大会应当有持有表决权过半数的认股人出席，方可举行。

以发起设立方式设立股份有限公司成立大会的召开和表决程序由公司章程或者发起人协议规定。

第一百零四条　公司成立大会行使下列职权：

（一）审议发起人关于公司筹办情况的报告；

（二）通过公司章程；

（三）选举董事、监事；

（四）对公司的设立费用进行审核；

（五）对发起人非货币财产出资的作价进行审核；

（六）发生不可抗力或者经营条件发生重大变化直接影响公司设立的，可以作出不设立公司的决议。

成立大会对前款所列事项作出决议,应当经出席会议的认股人所持表决权过半数通过。

第一百零五条 公司设立时应发行的股份未募足,或者发行股份的股款缴足后,发起人在三十日内未召开成立大会的,认股人可以按照所缴股款并加算银行同期存款利息,要求发起人返还。

发起人、认股人缴纳股款或者交付非货币财产出资后,除未按期募足股份、发起人未按期召开成立大会或者成立大会决议不设立公司的情形外,不得抽回其股本。

第一百零六条 董事会应当授权代表,于公司成立大会结束后三十日内向公司登记机关申请设立登记。

第一百零七条 本法第四十四条、第四十九条第三款、第五十一条、第五十二条、第五十三条的规定,适用于股份有限公司。

第一百零八条 有限责任公司变更为股份有限公司时,折合的实收股本总额不得高于公司净资产额。有限责任公司变更为股份有限公司,为增加注册资本公开发行股份时,应当依法办理。

第一百零九条 股份有限公司应当将公司章程、股东名册、股东会会议记录、董事会会议记录、监事会会议记录、财务会计报告、债券持有人名册置备于本公司。

第一百一十条 股东有权查阅、复制公司章程、股东名册、股东会会议记录、董事会会议决议、监事会会议决议、财务会计报告,对公司的经营提出建议或者质询。

连续一百八十日以上单独或者合计持有公司百分之三以上股份的股东要求查阅公司的会计账簿、会计凭证的,适用本法第五十七条第二款、第三款、第四款的规定。公司章程对持股比例有较低规定的,从其规定。

股东要求查阅、复制公司全资子公司相关材料的,适用前两款的规定。

上市公司股东查阅、复制相关材料的,应当遵守《中华人民共和国证券法》等法律、行政法规的规定。

第二节 股 东 会

第一百一十一条 股份有限公司股东会由全体股东组成。股东会是公司的权力机构,依照本法行使职权。

第一百一十二条 本法第五十九条第一款、第二款关于有限责任公司股东会职权的规定,适用于股份有限公司股东会。

本法第六十条关于只有一个股东的有限责任公司不设股东会的规定,适用于只有一个股东的股份有限公司。

第一百一十三条　股东会应当每年召开一次年会。有下列情形之一的,应当在两个月内召开临时股东会会议:

(一)董事人数不足本法规定人数或者公司章程所定人数的三分之二时;

(二)公司未弥补的亏损达股本总额三分之一时;

(三)单独或者合计持有公司百分之十以上股份的股东请求时;

(四)董事会认为必要时;

(五)监事会提议召开时;

(六)公司章程规定的其他情形。

第一百一十四条　股东会会议由董事会召集,董事长主持;董事长不能履行职务或者不履行职务的,由副董事长主持;副董事长不能履行职务或者不履行职务的,由过半数的董事共同推举一名董事主持。

董事会不能履行或者不履行召集股东会会议职责的,监事会应当及时召集和主持;监事会不召集和主持的,连续九十日以上单独或者合计持有公司百分之十以上股份的股东可以自行召集和主持。

单独或者合计持有公司百分之十以上股份的股东请求召开临时股东会会议的,董事会、监事会应当在收到请求之日起十日内作出是否召开临时股东会会议的决定,并书面答复股东。

第一百一十五条　召开股东会会议,应当将会议召开的时间、地点和审议的事项于会议召开二十日前通知各股东;临时股东会会议应当于会议召开十五日前通知各股东。

单独或者合计持有公司百分之一以上股份的股东,可以在股东会会议召开十日前提出临时提案并书面提交董事会。临时提案应当有明确议题和具体决议事项。董事会应当在收到提案后二日内通知其他股东,并将该临时提案提交股东会审议;但临时提案违反法律、行政法规或者公司章程的规定,或者不属于股东会职权范围的除外。公司不得提高提出临时提案股东的持股比例。

公开发行股份的公司,应当以公告方式作出前两款规定的通知。

股东会不得对通知中未列明的事项作出决议。

第一百一十六条　股东出席股东会会议,所持每一股份有一表决权,类别股股东除外。公司持有的本公司股份没有表决权。

股东会作出决议,应当经出席会议的股东所持表决权过半数通过。

股东会作出修改公司章程、增加或者减少注册资本的决议,以及公司合并、分立、解散或者变更公司形式的决议,应当经出席会议的股东所持表决权的三分之二以上通过。

第一百一十七条　股东会选举董事、监事,可以按照公司章程的规定或者股东会的决议,实行累积投票制。

本法所称累积投票制,是指股东会选举董事或者监事时,每一股份拥有与应选董事或者监事人数相同的表决权,股东拥有的表决权可以集中使用。

第一百一十八条 股东委托代理人出席股东会会议的,应当明确代理人代理的事项、权限和期限;代理人应当向公司提交股东授权委托书,并在授权范围内行使表决权。

第一百一十九条 股东会应当对所议事项的决定作成会议记录,主持人、出席会议的董事应当在会议记录上签名。会议记录应当与出席股东的签名册及代理出席的委托书一并保存。

第三节 董事会、经理

第一百二十条 股份有限公司设董事会,本法第一百二十八条另有规定的除外。

本法第六十七条、第六十八条第一款、第七十条、第七十一条的规定,适用于股份有限公司。

第一百二十一条 股份有限公司可以按照公司章程的规定在董事会中设置由董事组成的审计委员会,行使本法规定的监事会的职权,不设监事会或者监事。

审计委员会成员为三名以上,过半数成员不得在公司担任除董事以外的其他职务,且不得与公司存在任何可能影响其独立客观判断的关系。公司董事会成员中的职工代表可以成为审计委员会成员。

审计委员会作出决议,应当经审计委员会成员的过半数通过。

审计委员会决议的表决,应当一人一票。

审计委员会的议事方式和表决程序,除本法有规定的外,由公司章程规定。

公司可以按照公司章程的规定在董事会中设置其他委员会。

第一百二十二条 董事会设董事长一人,可以设副董事长。董事长和副董事长由董事会以全体董事的过半数选举产生。

董事长召集和主持董事会会议,检查董事会决议的实施情况。副董事长协助董事长工作,董事长不能履行职务或者不履行职务的,由副董事长履行职务;副董事长不能履行职务或者不履行职务的,由过半数的董事共同推举一名董事履行职务。

第一百二十三条 董事会每年度至少召开两次会议,每次会议应当于会议召开十日前通知全体董事和监事。

代表十分之一以上表决权的股东、三分之一以上董事或者监事会,可以提议召开临时董事会会议。董事长应当自接到提议后十日内,召集和主持董事会会议。

董事会召开临时会议，可以另定召集董事会的通知方式和通知时限。

第一百二十四条　董事会会议应当有过半数的董事出席方可举行。董事会作出决议，应当经全体董事的过半数通过。

董事会决议的表决，应当一人一票。

董事会应当对所议事项的决定作成会议记录，出席会议的董事应当在会议记录上签名。

第一百二十五条　董事会会议，应当由董事本人出席；董事因故不能出席，可以书面委托其他董事代为出席，委托书应当载明授权范围。

董事应当对董事会的决议承担责任。董事会的决议违反法律、行政法规或者公司章程、股东会决议，给公司造成严重损失的，参与决议的董事对公司负赔偿责任；经证明在表决时曾表明异议并记载于会议记录的，该董事可以免除责任。

第一百二十六条　股份有限公司设经理，由董事会决定聘任或者解聘。

经理对董事会负责，根据公司章程的规定或者董事会的授权行使职权。经理列席董事会会议。

第一百二十七条　公司董事会可以决定由董事会成员兼任经理。

第一百二十八条　规模较小或者股东人数较少的股份有限公司，可以不设董事会，设一名董事，行使本法规定的董事会的职权。该董事可以兼任公司经理。

第一百二十九条　公司应当定期向股东披露董事、监事、高级管理人员从公司获得报酬的情况。

第四节　监　事　会

第一百三十条　股份有限公司设监事会，本法第一百二十一条第一款、第一百三十三条另有规定的除外。

监事会成员为三人以上。监事会成员应当包括股东代表和适当比例的公司职工代表，其中职工代表的比例不得低于三分之一，具体比例由公司章程规定。监事会中的职工代表由公司职工通过职工代表大会、职工大会或者其他形式民主选举产生。

监事会设主席一人，可以设副主席。监事会主席和副主席由全体监事过半数选举产生。监事会主席召集和主持监事会会议；监事会主席不能履行职务或者不履行职务的，由监事会副主席召集和主持监事会会议；监事会副主席不能履行职务或者不履行职务的，由过半数的监事共同推举一名监事召集和主持监事会会议。

董事、高级管理人员不得兼任监事。

本法第七十七条关于有限责任公司监事任期的规定，适用于股份有限公司监事。

第一百三十一条 本法第七十八条至第八十条的规定,适用于股份有限公司监事会。

监事会行使职权所必需的费用,由公司承担。

第一百三十二条 监事会每六个月至少召开一次会议。监事可以提议召开临时监事会会议。

监事会的议事方式和表决程序,除本法有规定的外,由公司章程规定。

监事会决议应当经全体监事的过半数通过。

监事会决议的表决,应当一人一票。

监事会应当对所议事项的决定作成会议记录,出席会议的监事应当在会议记录上签名。

第一百三十三条 规模较小或者股东人数较少的股份有限公司,可以不设监事会,设一名监事,行使本法规定的监事会的职权。

第五节 上市公司组织机构的特别规定

第一百三十四条 本法所称上市公司,是指其股票在证券交易所上市交易的股份有限公司。

第一百三十五条 上市公司在一年内购买、出售重大资产或者向他人提供担保的金额超过公司资产总额百分之三十的,应当由股东会作出决议,并经出席会议的股东所持表决权的三分之二以上通过。

第一百三十六条 上市公司设独立董事,具体管理办法由国务院证券监督管理机构规定。

上市公司的公司章程除载明本法第九十五条规定的事项外,还应当依照法律、行政法规的规定载明董事会专门委员会的组成、职权以及董事、监事、高级管理人员薪酬考核机制等事项。

第一百三十七条 上市公司在董事会中设置审计委员会的,董事会对下列事项作出决议前应当经审计委员会全体成员过半数通过:

(一)聘用、解聘承办公司审计业务的会计师事务所;

(二)聘任、解聘财务负责人;

(三)披露财务会计报告;

(四)国务院证券监督管理机构规定的其他事项。

第一百三十八条 上市公司设董事会秘书,负责公司股东会和董事会会议的筹备、文件保管以及公司股东资料的管理,办理信息披露事务等事宜。

第一百三十九条 上市公司董事与董事会会议决议事项所涉及的企业或者个人有关联关系的,该董事应当及时向董事会书面报告。有关联关系的董事不得对该项决议行使表决权,也不得代理其他董事行使表决权。该董事会会议由过半数的无关联关系董事出席即可举行,董事会会议所作决议须经无关联关系董事过半数通过。出席董事会会议的无关联关系董事人数不足三人的,应当将该事项提交上市公司股东会审议。

第一百四十条　上市公司应当依法披露股东、实际控制人的信息,相关信息应当真实、准确、完整。

禁止违反法律、行政法规的规定代持上市公司股票。

第一百四十一条　上市公司控股子公司不得取得该上市公司的股份。

上市公司控股子公司因公司合并、质权行使等原因持有上市公司股份的,不得行使所持股份对应的表决权,并应当及时处分相关上市公司股份。

第六章　股份有限公司的股份发行和转让

第一节　股份发行

第一百四十二条　公司的资本划分为股份。公司的全部股份,根据公司章程的规定择一采用面额股或者无面额股。采用面额股的,每一股的金额相等。

公司可以根据公司章程的规定将已发行的面额股全部转换为无面额股或者将无面额股全部转换为面额股。

采用无面额股的,应当将发行股份所得股款的二分之一以上计入注册资本。

第一百四十三条　股份的发行,实行公平、公正的原则,同类别的每一股份应当具有同等权利。

同次发行的同类别股份,每股的发行条件和价格应当相同;认购人所认购的股份,每股应当支付相同价额。

第一百四十四条　公司可以按照公司章程的规定发行下列与普通股权利不同的类别股:

(一)优先或者劣后分配利润或者剩余财产的股份;

(二)每一股的表决权数多于或者少于普通股的股份;

(三)转让须经公司同意等转让受限的股份;

(四)国务院规定的其他类别股。

公开发行股份的公司不得发行前款第二项、第三项规定的类别股;公开发行前已发行的除外。

公司发行本条第一款第二项规定的类别股的,对于监事或者审计委员会成员的选举和更换,类别股与普通股每一股的表决权数相同。

第一百四十五条　发行类别股的公司,应当在公司章程中载明以下事项:

(一)类别股分配利润或者剩余财产的顺序；

(二)类别股的表决权数；

(三)类别股的转让限制；

(四)保护中小股东权益的措施；

(五)股东会认为需要规定的其他事项。

第一百四十六条 发行类别股的公司,有本法第一百一十六条第三款规定的事项等可能影响类别股股东权利的,除应当依照第一百一十六条第三款的规定经股东会决议外,还应当经出席类别股股东会议的股东所持表决权的三分之二以上通过。

公司章程可以对需经类别股股东会议决议的其他事项作出规定。

第一百四十七条 公司的股份采取股票的形式。股票是公司签发的证明股东所持股份的凭证。

公司发行的股票,应当为记名股票。

第一百四十八条 面额股股票的发行价格可以按票面金额,也可以超过票面金额,但不得低于票面金额。

第一百四十九条 股票采用纸面形式或者国务院证券监督管理机构规定的其他形式。

股票采用纸面形式的,应当载明下列主要事项:

(一)公司名称；

(二)公司成立日期或者股票发行的时间；

(三)股票种类、票面金额及代表的股份数,发行无面额股的,股票代表的股份数。

股票采用纸面形式的,还应当载明股票的编号,由法定代表人签名,公司盖章。

发起人股票采用纸面形式的,应当标明发起人股票字样。

第一百五十条 股份有限公司成立后,即向股东正式交付股票。公司成立前不得向股东交付股票。

第一百五十一条 公司发行新股,股东会应当对下列事项作出决议:

(一)新股种类及数额；

(二)新股发行价格；

(三)新股发行的起止日期；

(四)向原有股东发行新股的种类及数额；

(五)发行无面额股的,新股发行所得股款计入注册资本的金额。

公司发行新股,可以根据公司经营情况和财务状况,确定其作价方案。

第一百五十二条 公司章程或者股东会可以授权董事会在三年内决定发行不

超过已发行股份百分之五十的股份。但以非货币财产作价出资的应当经股东会决议。

董事会依照前款规定决定发行股份导致公司注册资本、已发行股份数发生变化的,对公司章程该项记载事项的修改不需再由股东会表决。

第一百五十三条 公司章程或者股东会授权董事会决定发行新股的,董事会决议应当经全体董事三分之二以上通过。

第一百五十四条 公司向社会公开募集股份,应当经国务院证券监督管理机构注册,公告招股说明书。

招股说明书应当附有公司章程,并载明下列事项:

(一)发行的股份总数;

(二)面额股的票面金额和发行价格或者无面额股的发行价格;

(三)募集资金的用途;

(四)认股人的权利和义务;

(五)股份种类及其权利和义务;

(六)本次募股的起止日期及逾期未募足时认股人可以撤回所认股份的说明。

公司设立时发行股份的,还应当载明发起人认购的股份数。

第一百五十五条 公司向社会公开募集股份,应当由依法设立的证券公司承销,签订承销协议。

第一百五十六条 公司向社会公开募集股份,应当同银行签订代收股款协议。

代收股款的银行应当按照协议代收和保存股款,向缴纳股款的认股人出具收款单据,并负有向有关部门出具收款证明的义务。

公司发行股份募足股款后,应予公告。

第二节 股份转让

第一百五十七条 股份有限公司的股东持有的股份可以向其他股东转让,也可以向股东以外的人转让;公司章程对股份转让有限制的,其转让按照公司章程的规定进行。

第一百五十八条 股东转让其股份,应当在依法设立的证券交易场所进行或者按照国务院规定的其他方式进行。

第一百五十九条 股票的转让,由股东以背书方式或者法律、行政法规规定的其他方式进行;转让后由公司将受让人的姓名或者名称及住所记载于股东名册。

股东会会议召开前二十日内或者公司决定分配股利的基准日前五日内,不得变更股东名册。法律、行政法规或者国务院证券监督管理机构对上市公司股东名册变更另有规定的,从其规定。

第一百六十条 公司公开发行股份前已发行的股份,自公司股票在证券交易所上市交易之日起一年内不得转让。法律、行政法规或者国务院证券监督管理机构对上市公司的股东、实际控制人转让其所持有的本公司股份另有规定的,从其规定。

公司董事、监事、高级管理人员应当向公司申报所持有的本公司的股份及其变动情况,在就任时确定的任职期间每年转让的股份不得超过其所持有本公司股份总数的百分之二十五;所持本公司股份自公司股票上市交易之日起一年内不得转让。上述人员离职后半年内,不得转让其所持有的本公司股份。公司章程可以对公司董事、监事、高级管理人员转让其所持有的本公司股份作出其他限制性规定。

股份在法律、行政法规规定的限制转让期限内出质的,质权人不得在限制转让期限内行使质权。

第一百六十一条 有下列情形之一的,对股东会该项决议投反对票的股东可以请求公司按照合理的价格收购其股份,公开发行股份的公司除外:

(一)公司连续五年不向股东分配利润,而公司该五年连续盈利,并且符合本法规定的分配利润条件;

(二)公司转让主要财产;

(三)公司章程规定的营业期限届满或者章程规定的其他解散事由出现,股东会通过决议修改章程使公司存续。

自股东会决议作出之日起六十日内,股东与公司不能达成股份收购协议的,股东可以自股东会决议作出之日起九十日内向人民法院提起诉讼。

公司因本条第一款规定的情形收购的本公司股份,应当在六个月内依法转让或者注销。

第一百六十二条 公司不得收购本公司股份。但是,有下列情形之一的除外:

(一)减少公司注册资本;

(二)与持有本公司股份的其他公司合并;

(三)将股份用于员工持股计划或者股权激励;

(四)股东因对股东会作出的公司合并、分立决议持异议,要求公司收购其股份;

(五)将股份用于转换公司发行的可转换为股票的公司债券;

(六)上市公司为维护公司价值及股东权益所必需。

公司因前款第一项、第二项规定的情形收购本公司股份的,应当经股东会决议;公司因前款第三项、第五项、第六项规定的情形收购本公司股份的,可以按照公司章程或者股东会的授权,经三分之二以上董事出席的董事会会议决议。

公司依照本条第一款规定收购本公司股份后,属于第一项情形的,应当自收购之日起十日内注销；属于第二项、第四项情形的，应当在六个月内转让或者注销；属于第三项、第五项、第六项情形的，公司合计持有的本公司股份数不得超过本公司已发行股份总数的百分之十，并应当在三年内转让或者注销。

上市公司收购本公司股份的，应当依照《中华人民共和国证券法》的规定履行信息披露义务。上市公司因本条第一款第三项、第五项、第六项规定的情形收购本公司股份的，应当通过公开的集中交易方式进行。

公司不得接受本公司的股份作为质权的标的。

第一百六十三条　公司不得为他人取得本公司或者其母公司的股份提供赠与、借款、担保以及其他财务资助，公司实施员工持股计划的除外。

为公司利益，经股东会决议，或者董事会按照公司章程或者股东会的授权作出决议，公司可以为他人取得本公司或者其母公司的股份提供财务资助，但财务资助的累计总额不得超过已发行股本总额的百分之十。董事会作出决议应当经全体董事的三分之二以上通过。

违反前两款规定，给公司造成损失的，负有责任的董事、监事、高级管理人员应当承担赔偿责任。

第一百六十四条　股票被盗、遗失或者灭失，股东可以依照《中华人民共和国民事诉讼法》规定的公示催告程序，请求人民法院宣告该股票失效。人民法院宣告该股票失效后，股东可以向公司申请补发股票。

第一百六十五条　上市公司的股票，依照有关法律、行政法规及证券交易所交易规则上市交易。

第一百六十六条　上市公司应当依照法律、行政法规的规定披露相关信息。

第一百六十七条　自然人股东死亡后，其合法继承人可以继承股东资格；但是，股份转让受限的股份有限公司的章程另有规定的除外。

第七章　国家出资公司组织机构的特别规定

第一百六十八条　国家出资公司的组织机构，适用本章规定；本章没有规定的，适用本法其他规定。

本法所称国家出资公司，是指国家出资的国有独资公司、国有资本控股公司，包括国家出资的有限责任公司、股份有限公司。

第一百六十九条　国家出资公司，由国务院或者地方人民政府分别代表国家依法履行出资人职责，享有出资人权益。国务院或者地方人民政府可以授权国有资产监督管理机构或者其他部门、机构代表本级人民政府对国家出资公司履行出资人职责。

代表本级人民政府履行出资人职责的机构、部门，以下统称为履行出资人职责的机构。

第一百七十条 国家出资公司中中国共产党的组织,按照中国共产党章程的规定发挥领导作用,研究讨论公司重大经营管理事项,支持公司的组织机构依法行使职权。

第一百七十一条 国有独资公司章程由履行出资人职责的机构制定。

第一百七十二条 国有独资公司不设股东会,由履行出资人职责的机构行使股东会职权。履行出资人职责的机构可以授权公司董事会行使股东会的部分职权,但公司章程的制定和修改,公司的合并、分立、解散、申请破产,增加或者减少注册资本,分配利润,应当由履行出资人职责的机构决定。

第一百七十三条 国有独资公司的董事会依照本法规定行使职权。

国有独资公司的董事会成员中,应当过半数为外部董事,并应当有公司职工代表。

董事会成员由履行出资人职责的机构委派;但是,董事会成员中的职工代表由公司职工代表大会选举产生。

董事会设董事长一人,可以设副董事长。董事长、副董事长由履行出资人职责的机构从董事会成员中指定。

第一百七十四条 国有独资公司的经理由董事会聘任或者解聘。

经履行出资人职责的机构同意,董事会成员可以兼任经理。

第一百七十五条 国有独资公司的董事、高级管理人员,未经履行出资人职责的机构同意,不得在其他有限责任公司、股份有限公司或者其他经济组织兼职。

第一百七十六条 国有独资公司在董事会中设置由董事组成的审计委员会行使本法规定的监事会职权的,不设监事会或者监事。

第一百七十七条 国家出资公司应当依法建立健全内部监督管理和风险控制制度,加强内部合规管理。

第八章 公司董事、监事、高级管理人员的资格和义务

第一百七十八条 有下列情形之一的,不得担任公司的董事、监事、高级管理人员:

(一)无民事行为能力或者限制民事行为能力;

(二)因贪污、贿赂、侵占财产、挪用财产或者破坏社会主义市场经济秩序,被判处刑罚,或者因犯罪被剥夺政治权利,执行期满未逾五年,被宣告缓刑的,自缓刑考验期满之日起未逾二年;

(三)担任破产清算的公司、企业的董事或者厂长、经理,对该公司、企业的破产负有个人责任的,自该公司、企业破产清算完结之日起未逾三年;

（四）担任因违法被吊销营业执照、责令关闭的公司、企业的法定代表人，并负有个人责任的，自该公司、企业被吊销营业执照、责令关闭之日起未逾三年；

（五）个人因所负数额较大债务到期未清偿被人民法院列为失信被执行人。

违反前款规定选举、委派董事、监事或者聘任高级管理人员的，该选举、委派或者聘任无效。

董事、监事、高级管理人员在任职期间出现本条第一款所列情形的，公司应当解除其职务。

第一百七十九条　董事、监事、高级管理人员应当遵守法律、行政法规和公司章程。

第一百八十条　董事、监事、高级管理人员对公司负有忠实义务，应当采取措施避免自身利益与公司利益冲突，不得利用职权牟取不正当利益。

董事、监事、高级管理人员对公司负有勤勉义务，执行职务应当为公司的最大利益尽到管理者通常应有的合理注意。

公司的控股股东、实际控制人不担任公司董事但实际执行公司事务的，适用前两款规定。

第一百八十一条　董事、监事、高级管理人员不得有下列行为：

（一）侵占公司财产、挪用公司资金；

（二）将公司资金以其个人名义或者以其他个人名义开立账户存储；

（三）利用职权贿赂或者收受其他非法收入；

（四）接受他人与公司交易的佣金归为己有；

（五）擅自披露公司秘密；

（六）违反对公司忠实义务的其他行为。

第一百八十二条　董事、监事、高级管理人员，直接或者间接与本公司订立合同或者进行交易，应当就与订立合同或者进行交易有关的事项向董事会或者股东会报告，并按照公司章程的规定经董事会或者股东会决议通过。

董事、监事、高级管理人员的近亲属，董事、监事、高级管理人员或者其近亲属直接或者间接控制的企业，以及与董事、监事、高级管理人员有其他关联关系的关联人，与公司订立合同或者进行交易，适用前款规定。

第一百八十三条　董事、监事、高级管理人员，不得利用职务便利为自己或者他人谋取属于公司的商业机会。但是，有下列情形之一的除外：

（一）向董事会或者股东会报告，并按照公司章程的规定经董事会或者股东会决议通过；

（二）根据法律、行政法规或者公司章程的规定，公司不能利用该商业机会。

第一百八十四条　董事、监事、高级管理人员未向董事会或者股东会报告，并按照公司章程的规定经董事会或者股东会决议通过,不得自营或者为他人经营与其任职公司同类的业务。

第一百八十五条 董事会对本法第一百八十二条至第一百八十四条规定的事项决议时,关联董事不得参与表决,其表决权不计入表决权总数。出席董事会会议的无关联关系董事人数不足三人的,应当将该事项提交股东会审议。

第一百八十六条 董事、监事、高级管理人员违反本法第一百八十一条至第一百八十四条规定所得的收入应当归公司所有。

第一百八十七条 股东会要求董事、监事、高级管理人员列席会议的,董事、监事、高级管理人员应当列席并接受股东的质询。

第一百八十八条 董事、监事、高级管理人员执行职务违反法律、行政法规或者公司章程的规定,给公司造成损失的,应当承担赔偿责任。

第一百八十九条 董事、高级管理人员有前条规定的情形的,有限责任公司的股东、股份有限公司连续一百八十日以上单独或者合计持有公司百分之一以上股份的股东,可以书面请求监事会向人民法院提起诉讼;监事有前条规定的情形的,前述股东可以书面请求董事会向人民法院提起诉讼。

监事会或者董事会收到前款规定的股东书面请求后拒绝提起诉讼,或者自收到请求之日起三十日内未提起诉讼,或者情况紧急、不立即提起诉讼将会使公司利益受到难以弥补的损害的,前款规定的股东有权为公司利益以自己的名义直接向人民法院提起诉讼。

他人侵犯公司合法权益,给公司造成损失的,本条第一款规定的股东可以依照前两款的规定向人民法院提起诉讼。

公司全资子公司的董事、监事、高级管理人员有前条规定情形,或者他人侵犯公司全资子公司合法权益造成损失的,有限责任公司的股东、股份有限公司连续一百八十日以上单独或者合计持有公司百分之一以上股份的股东,可以依照前三款规定书面请求全资子公司的监事会、董事会向人民法院提起诉讼或者以自己的名义直接向人民法院提起诉讼。

第一百九十条 董事、高级管理人员违反法律、行政法规或者公司章程的规定,损害股东利益的,股东可以向人民法院提起诉讼。

第一百九十一条 董事、高级管理人员执行职务,给他人造成损害的,公司应当承担赔偿责任;董事、高级管理人员存在故意或者重大过失的,也应当承担赔偿责任。

第一百九十二条 公司的控股股东、实际控制人指示董事、高级管理人员从事损害公司或者股东利益的行为的,与该董事、高级管理人员承担连带责任。

第一百九十三条 公司可以在董事任职期间为董事因执行公司职务承担的赔

偿责任投保责任保险。

公司为董事投保责任保险或者续保后,董事会应当向股东会报告责任保险的投保金额、承保范围及保险费率等内容。

第九章 公司债券

第一百九十四条 本法所称公司债券,是指公司发行的约定按期还本付息的有价证券。

公司债券可以公开发行,也可以非公开发行。

公司债券的发行和交易应当符合《中华人民共和国证券法》等法律、行政法规的规定。

第一百九十五条 公开发行公司债券,应当经国务院证券监督管理机构注册,公告公司债券募集办法。

公司债券募集办法应当载明下列主要事项:

(一)公司名称;

(二)债券募集资金的用途;

(三)债券总额和债券的票面金额;

(四)债券利率的确定方式;

(五)还本付息的期限和方式;

(六)债券担保情况;

(七)债券的发行价格、发行的起止日期;

(八)公司净资产额;

(九)已发行的尚未到期的公司债券总额;

(十)公司债券的承销机构。

第一百九十六条 公司以纸面形式发行公司债券的,应当在债券上载明公司名称、债券票面金额、利率、偿还期限等事项,并由法定代表人签名,公司盖章。

第一百九十七条 公司债券应当为记名债券。

第一百九十八条 公司发行公司债券应当置备公司债券持有人名册。

发行公司债券的,应当在公司债券持有人名册上载明下列事项:

(一)债券持有人的姓名或者名称及住所;

(二)债券持有人取得债券的日期及债券的编号;

(三)债券总额,债券的票面金额、利率、还本付息的期限和方式;

(四)债券的发行日期。

第一百九十九条 公司债券的登记结算机构应当建立债券登记、存管、付息、兑付等相关制度。

第二百条 公司债券可以转让,转让价格由转让人与受让人约定。

公司债券的转让应当符合法律、行政法规的规定。

第二百零一条 公司债券由债券持有人以背书方式或者法律、行政法规规定的其他方式转让;转让后由公司将受让人的姓名或者名称及住所记载于公司债券持有人名册。

第二百零二条 股份有限公司经股东会决议,或者经公司章程、股东会授权由董事会决议,可以发行可转换为股票的公司债券,并规定具体的转换办法。上市公司发行可转换为股票的公司债券,应当经国务院证券监督管理机构注册。

发行可转换为股票的公司债券,应当在债券上标明可转换公司债券字样,并在公司债券持有人名册上载明可转换公司债券的数额。

第二百零三条 发行可转换为股票的公司债券的,公司应当按照其转换办法向债券持有人换发股票,但债券持有人对转换股票或者不转换股票有选择权。法律、行政法规另有规定的除外。

第二百零四条 公开发行公司债券的,应当为同期债券持有人设立债券持有人会议,并在债券募集办法中对债券持有人会议的召集程序、会议规则和其他重要事项作出规定。债券持有人会议可以对与债券持有人有利害关系的事项作出决议。

除公司债券募集办法另有约定外,债券持有人会议决议对同期全体债券持有人发生效力。

第二百零五条 公开发行公司债券的,发行人应当为债券持有人聘请债券受托管理人,由其为债券持有人办理受领清偿、债权保全、与债券相关的诉讼以及参与债务人破产程序等事项。

第二百零六条 债券受托管理人应当勤勉尽责,公正履行受托管理职责,不得损害债券持有人利益。

受托管理人与债券持有人存在利益冲突可能损害债券持有人利益的,债券持有人会议可以决议变更债券受托管理人。

债券受托管理人违反法律、行政法规或者债券持有人会议决议,损害债券持有人利益的,应当承担赔偿责任。

第十章　公司财务、会计

第二百零七条 公司应当依照法律、行政法规和国务院财政部门的规定建立本公司的财务、会计制度。

第二百零八条 公司应当在每一会计年度终了时编制财务会计报告,并依法经会计师事务所审计。

财务会计报告应当依照法律、行政法规和国务院财政部门的规定制作。

第二百零九条 有限责任公司应当按照公司章程规定的期限将财务会计报告送交各股东。

股份有限公司的财务会计报告应当在召开股东会年会的二十日前置备于本公司,供股东查阅;公开发行股份的股份有限公司应当公告其财务会计报告。

第二百一十条 公司分配当年税后利润时,应当提取利润的百分之十列入公司法定公积金。公司法定公积金累计额为公司注册资本的百分之五十以上的,可以不再提取。

公司的法定公积金不足以弥补以前年度亏损的,在依照前款规定提取法定公积金之前,应当先用当年利润弥补亏损。

公司从税后利润中提取法定公积金后,经股东会决议,还可以从税后利润中提取任意公积金。

公司弥补亏损和提取公积金后所余税后利润,有限责任公司按照股东实缴的出资比例分配利润,全体股东约定不按照出资比例分配利润的除外;股份有限公司按照股东所持有的股份比例分配利润,公司章程另有规定的除外。

公司持有的本公司股份不得分配利润。

第二百一十一条 公司违反本法规定向股东分配利润的,股东应当将违反规定分配的利润退还公司;给公司造成损失的,股东及负有责任的董事、监事、高级管理人员应当承担赔偿责任。

第二百一十二条 股东会作出分配利润的决议的,董事会应当在股东会决议作出之日起六个月内进行分配。

第二百一十三条 公司以超过股票票面金额的发行价格发行股份所得的溢价款、发行无面额股所得股款未计入注册资本的金额以及国务院财政部门规定列入资本公积金的其他项目,应当列为公司资本公积金。

第二百一十四条 公司的公积金用于弥补公司的亏损、扩大公司生产经营或者转为增加公司注册资本。

公积金弥补公司亏损,应当先使用任意公积金和法定公积金;仍不能弥补的,可以按照规定使用资本公积金。

法定公积金转为增加注册资本时,所留存的该项公积金不得少于转增前公司注册资本的百分之二十五。

第二百一十五条 公司聘用、解聘承办公司审计业务的会计师事务所,按照公司章程的规定,由股东会、董事会或者监事会决定。

公司股东会、董事会或者监事会就解聘会计师事务所进行表决时,应当允许会计师事务所陈述意见。

第二百一十六条 公司应当向聘用的会计师事务所提供真实、完整的会计凭证、会计账簿、财务会计报告及其他会计资料,不得拒绝、隐匿、谎报。

第二百一十七条 公司除法定的会计账簿外,不得另立会计账簿。

对公司资金,不得以任何个人名义开立账户存储。

第十一章 公司合并、分立、增资、减资

第二百一十八条 公司合并可以采取吸收合并或者新设合并。

一个公司吸收其他公司为吸收合并,被吸收的公司解散。两个以上公司合并设立一个新的公司为新设合并,合并各方解散。

第二百一十九条 公司与其持股百分之九十以上的公司合并,被合并的公司不需经股东会决议,但应当通知其他股东,其他股东有权请求公司按照合理的价格收购其股权或者股份。

公司合并支付的价款不超过本公司净资产百分之十的,可以不经股东会决议;但是,公司章程另有规定的除外。

公司依照前两款规定合并不经股东会决议的,应当经董事会决议。

第二百二十条 公司合并,应当由合并各方签订合并协议,并编制资产负债表及财产清单。公司应当自作出合并决议之日起十日内通知债权人,并于三十日内在报纸上或者国家企业信用信息公示系统公告。债权人自接到通知之日起三十日内,未接到通知的自公告之日起四十五日内,可以要求公司清偿债务或者提供相应的担保。

第二百二十一条 公司合并时,合并各方的债权、债务,应当由合并后存续的公司或者新设的公司承继。

第二百二十二条 公司分立,其财产作相应的分割。

公司分立,应当编制资产负债表及财产清单。公司应当自作出分立决议之日起十日内通知债权人,并于三十日内在报纸上或者国家企业信用信息公示系统公告。

第二百二十三条 公司分立前的债务由分立后的公司承担连带责任。但是,公司在分立前与债权人就债务清偿达成的书面协议另有约定的除外。

第二百二十四条 公司减少注册资本,应当编制资产负债表及财产清单。

公司应当自股东会作出减少注册资本决议之日起十日内通知债权人,并于三十日内在报纸上或者国家企业信用信息公示系统公告。债权人自接到通知之日起三十日内,未接到通知的自公告之日起四十五日内,有权要求公司清偿债务或者提供相应的担保。

公司减少注册资本,应当按照股东出资或者持有股份的比例相应减少出资额

或者股份，法律另有规定、有限责任公司全体股东另有约定或者股份有限公司章程另有规定的除外。

第二百二十五条　公司依照本法第二百一十四条第二款的规定弥补亏损后，仍有亏损的，可以减少注册资本弥补亏损。减少注册资本弥补亏损的，公司不得向股东分配，也不得免除股东缴纳出资或者股款的义务。

依照前款规定减少注册资本的，不适用前条第二款的规定，但应当自股东会作出减少注册资本决议之日起三十日内在报纸上或者国家企业信用信息公示系统公告。

公司依照前两款的规定减少注册资本后，在法定公积金和任意公积金累计额达到公司注册资本百分之五十前，不得分配利润。

第二百二十六条　违反本法规定减少注册资本的，股东应当退还其收到的资金，减免股东出资的应当恢复原状；给公司造成损失的，股东及负有责任的董事、监事、高级管理人员应当承担赔偿责任。

第二百二十七条　有限责任公司增加注册资本时，股东在同等条件下有权优先按照实缴的出资比例认缴出资。但是，全体股东约定不按照出资比例优先认缴出资的除外。

股份有限公司为增加注册资本发行新股时，股东不享有优先认购权，公司章程另有规定或者股东会决议决定股东享有优先认购权的除外。

第二百二十八条　有限责任公司增加注册资本时，股东认缴新增资本的出资，依照本法设立有限责任公司缴纳出资的有关规定执行。

股份有限公司为增加注册资本发行新股时，股东认购新股，依照本法设立股份有限公司缴纳股款的有关规定执行。

第十二章　公司解散和清算

第二百二十九条　公司因下列原因解散：

（一）公司章程规定的营业期限届满或者公司章程规定的其他解散事由出现；

（二）股东会决议解散；

（三）因公司合并或者分立需要解散；

（四）依法被吊销营业执照、责令关闭或者被撤销；

（五）人民法院依照本法第二百三十一条的规定予以解散。

公司出现前款规定的解散事由，应当在十日内将解散事由通过国家企业信用信息公示系统予以公示。

第二百三十条　公司有前条第一款第一项、第二项情形，且尚未向股东分配财产的，可以通过修改公司章程或者经股东会决议而存续。

依照前款规定修改公司章程或者经股东会决议,有限责任公司须经持有三分之二以上表决权的股东通过,股份有限公司须经出席股东会会议的股东所持表决权的三分之二以上通过。

第二百三十一条 公司经营管理发生严重困难,继续存续会使股东利益受到重大损失,通过其他途径不能解决的,持有公司百分之十以上表决权的股东,可以请求人民法院解散公司。

第二百三十二条 公司因本法第二百二十九条第一款第一项、第二项、第四项、第五项规定而解散的,应当清算。董事为公司清算义务人,应当在解散事由出现之日起十五日内组成清算组进行清算。

清算组由董事组成,但是公司章程另有规定或者股东会决议另选他人的除外。

清算义务人未及时履行清算义务,给公司或者债权人造成损失的,应当承担赔偿责任。

第二百三十三条 公司依照前条第一款的规定应当清算,逾期不成立清算组进行清算或者成立清算组后不清算的,利害关系人可以申请人民法院指定有关人员组成清算组进行清算。人民法院应当受理该申请,并及时组织清算组进行清算。

公司因本法第二百二十九条第一款第四项的规定而解散的,作出吊销营业执照、责令关闭或者撤销决定的部门或者公司登记机关,可以申请人民法院指定有关人员组成清算组进行清算。

第二百三十四条 清算组在清算期间行使下列职权:

(一)清理公司财产,分别编制资产负债表和财产清单;

(二)通知、公告债权人;

(三)处理与清算有关的公司未了结的业务;

(四)清缴所欠税款以及清算过程中产生的税款;

(五)清理债权、债务;

(六)分配公司清偿债务后的剩余财产;

(七)代表公司参与民事诉讼活动。

第二百三十五条 清算组应当自成立之日起十日内通知债权人,并于六十日内在报纸上或者国家企业信用信息公示系统公告。债权人应当自接到通知之日起三十日内,未接到通知的自公告之日起四十五日内,向清算组申报其债权。

债权人申报债权,应当说明债权的有关事项,并提供证明材料。清算组应当对债权进行登记。

在申报债权期间,清算组不得对债权人进行清偿。

第二百三十六条 清算组在清理公司财产、编制资产负债表和财产清单后,应当制订清算方案,并报股东会或者人民法院确认。

公司财产在分别支付清算费用、职工的工资、社会保险费用和法定补偿金，缴纳所欠税款，清偿公司债务后的剩余财产，有限责任公司按照股东的出资比例分配，股份有限公司按照股东持有的股份比例分配。

清算期间，公司存续，但不得开展与清算无关的经营活动。公司财产在未依照前款规定清偿前，不得分配给股东。

第二百三十七条　清算组在清理公司财产、编制资产负债表和财产清单后，发现公司财产不足清偿债务的，应当依法向人民法院申请破产清算。

人民法院受理破产申请后，清算组应当将清算事务移交给人民法院指定的破产管理人。

第二百三十八条　清算组成员履行清算职责，负有忠实义务和勤勉义务。

清算组成员怠于履行清算职责，给公司造成损失的，应当承担赔偿责任；因故意或者重大过失给债权人造成损失的，应当承担赔偿责任。

第二百三十九条　公司清算结束后，清算组应当制作清算报告，报股东会或者人民法院确认，并报送公司登记机关，申请注销公司登记。

第二百四十条　公司在存续期间未产生债务，或者已清偿全部债务的，经全体股东承诺，可以按照规定通过简易程序注销公司登记。

通过简易程序注销公司登记，应当通过国家企业信用信息公示系统予以公告，公告期限不少于二十日。公告期限届满后，未有异议的，公司可以在二十日内向公司登记机关申请注销公司登记。

公司通过简易程序注销公司登记，股东对本条第一款规定的内容承诺不实的，应当对注销登记前的债务承担连带责任。

第二百四十一条　公司被吊销营业执照、责令关闭或者被撤销，满三年未向公司登记机关申请注销公司登记的，公司登记机关可以通过国家企业信用信息公示系统予以公告，公告期限不少于六十日。公告期限届满后，未有异议的，公司登记机关可以注销公司登记。

依照前款规定注销公司登记的，原公司股东、清算义务人的责任不受影响。

第二百四十二条　公司被依法宣告破产的，依照有关企业破产的法律实施破产清算。

第十三章　外国公司的分支机构

第二百四十三条　本法所称外国公司，是指依照外国法律在中华人民共和国境外设立的公司。

第二百四十四条　外国公司在中华人民共和国境内设立分支机构，应当向中国主管机关提出申请，并提交其公司章程、所属国的公司登记证书等有关文件，经批准后,向公司登记机关依法办理登记,领取营业执照。

外国公司分支机构的审批办法由国务院另行规定。

第二百四十五条 外国公司在中华人民共和国境内设立分支机构,应当在中华人民共和国境内指定负责该分支机构的代表人或者代理人,并向该分支机构拨付与其所从事的经营活动相适应的资金。

对外国公司分支机构的经营资金需要规定最低限额的,由国务院另行规定。

第二百四十六条 外国公司的分支机构应当在其名称中标明该外国公司的国籍及责任形式。

外国公司的分支机构应当在本机构中置备该外国公司章程。

第二百四十七条 外国公司在中华人民共和国境内设立的分支机构不具有中国法人资格。

外国公司对其分支机构在中华人民共和国境内进行经营活动承担民事责任。

第二百四十八条 经批准设立的外国公司分支机构,在中华人民共和国境内从事业务活动,应当遵守中国的法律,不得损害中国的社会公共利益,其合法权益受中国法律保护。

第二百四十九条 外国公司撤销其在中华人民共和国境内的分支机构时,应当依法清偿债务,依照本法有关公司清算程序的规定进行清算。未清偿债务之前,不得将其分支机构的财产转移至中华人民共和国境外。

第十四章 法律责任

第二百五十条 违反本法规定,虚报注册资本、提交虚假材料或者采取其他欺诈手段隐瞒重要事实取得公司登记的,由公司登记机关责令改正,对虚报注册资本的公司,处以虚报注册资本金额百分之五以上百分之十五以下的罚款;对提交虚假材料或者采取其他欺诈手段隐瞒重要事实的公司,处以五万元以上二百万元以下的罚款;情节严重的,吊销营业执照;对直接负责的主管人员和其他直接责任人员处以三万元以上三十万元以下的罚款。

第二百五十一条 公司未依照本法第四十条规定公示有关信息或者不如实公示有关信息的,由公司登记机关责令改正,可以处以一万元以上五万元以下的罚款。情节严重的,处以五万元以上二十万元以下的罚款;对直接负责的主管人员和其他直接责任人员处以一万元以上十万元以下的罚款。

第二百五十二条 公司的发起人、股东虚假出资,未交付或者未按期交付作为出资的货币或者非货币财产的,由公司登记机关责令改正,可以处以五万元以上二十万元以下的罚款;情节严重的,处以虚假出资或者未出资金额百分之五以上百分之十五以下的罚款;对直接负责的主管人员和其他直接责任人员处以一万元以上十万元以下的罚款。

第二百五十三条　公司的发起人、股东在公司成立后，抽逃其出资的，由公司登记机关责令改正，处以所抽逃出资金额百分之五以上百分之十五以下的罚款；对直接负责的主管人员和其他直接责任人员处以三万元以上三十万元以下的罚款。

第二百五十四条　有下列行为之一的，由县级以上人民政府财政部门依照《中华人民共和国会计法》等法律、行政法规的规定处罚：

（一）在法定的会计账簿以外另立会计账簿；

（二）提供存在虚假记载或者隐瞒重要事实的财务会计报告。

第二百五十五条　公司在合并、分立、减少注册资本或者进行清算时，不依照本法规定通知或者公告债权人的，由公司登记机关责令改正，对公司处以一万元以上十万元以下的罚款。

第二百五十六条　公司在进行清算时，隐匿财产，对资产负债表或者财产清单作虚假记载，或者在未清偿债务前分配公司财产的，由公司登记机关责令改正，对公司处以隐匿财产或者未清偿债务前分配公司财产金额百分之五以上百分之十以下的罚款；对直接负责的主管人员和其他直接责任人员处以一万元以上十万元以下的罚款。

第二百五十七条　承担资产评估、验资或者验证的机构提供虚假材料或者提供有重大遗漏的报告的，由有关部门依照《中华人民共和国资产评估法》、《中华人民共和国注册会计师法》等法律、行政法规的规定处罚。

承担资产评估、验资或者验证的机构因其出具的评估结果、验资或者验证证明不实，给公司债权人造成损失的，除能够证明自己没有过错的外，在其评估或者证明不实的金额范围内承担赔偿责任。

第二百五十八条　公司登记机关违反法律、行政法规规定未履行职责或者履行职责不当的，对负有责任的领导人员和直接责任人员依法给予政务处分。

第二百五十九条　未依法登记为有限责任公司或者股份有限公司，而冒用有限责任公司或者股份有限公司名义的，或者未依法登记为有限责任公司或者股份有限公司的分公司，而冒用有限责任公司或者股份有限公司的分公司名义的，由公司登记机关责令改正或者予以取缔，可以并处十万元以下的罚款。

第二百六十条　公司成立后无正当理由超过六个月未开业的，或者开业后自行停业连续六个月以上的，公司登记机关可以吊销营业执照，但公司依法办理歇业的除外。

公司登记事项发生变更时，未依照本法规定办理有关变更登记的，由公司登记机关责令限期登记；逾期不登记的，处以一万元以上十万元以下的罚款。

第二百六十一条　外国公司违反本法规定，擅自在中华人民共和国境内设立分支机构的,由公司登记机关责令改正或者关闭,可以并处五万元以上二十万元以下的罚款。

第二百六十二条　利用公司名义从事危害国家安全、社会公共利益的严重违法行为的,吊销营业执照。

第二百六十三条　公司违反本法规定,应当承担民事赔偿责任和缴纳罚款、罚金的,其财产不足以支付时,先承担民事赔偿责任。

第二百六十四条　违反本法规定,构成犯罪的,依法追究刑事责任。

第十五章　附　　则

第二百六十五条　本法下列用语的含义:

(一)高级管理人员,是指公司的经理、副经理、财务负责人,上市公司董事会秘书和公司章程规定的其他人员。

(二)控股股东,是指其出资额占有限责任公司资本总额超过百分之五十或者其持有的股份占股份有限公司股本总额超过百分之五十的股东;出资额或者持有股份的比例虽然低于百分之五十,但依其出资额或者持有的股份所享有的表决权已足以对股东会的决议产生重大影响的股东。

(三)实际控制人,是指通过投资关系、协议或者其他安排,能够实际支配公司行为的人。

(四)关联关系,是指公司控股股东、实际控制人、董事、监事、高级管理人员与其直接或者间接控制的企业之间的关系,以及可能导致公司利益转移的其他关系。但是,国家控股的企业之间不仅因为同受国家控股而具有关联关系。

第二百六十六条　本法自2024年7月1日起施行。

本法施行前已登记设立的公司,出资期限超过本法规定的期限的,除法律、行政法规或者国务院另有规定外,应当逐步调整至本法规定的期限以内;对于出资期限、出资额明显异常的,公司登记机关可以依法要求其及时调整。具体实施办法由国务院规定。

二、司法解释和规范性文件

最高人民法院关于适用《中华人民共和国企业破产法》若干问题的规定（一）

（2011年8月29日最高人民法院审判委员会第1527次会议通过
2011年9月9日公布　法释〔2011〕22号　自2011年9月26日起施行）

为正确适用《中华人民共和国企业破产法》，结合审判实践，就人民法院依法受理企业破产案件适用法律问题作出如下规定。

第一条　债务人不能清偿到期债务并且具有下列情形之一的，人民法院应当认定其具备破产原因：

（一）资产不足以清偿全部债务；

（二）明显缺乏清偿能力。

相关当事人以对债务人的债务负有连带责任的人未丧失清偿能力为由，主张债务人不具备破产原因的，人民法院应不予支持。

第二条　下列情形同时存在的，人民法院应当认定债务人不能清偿到期债务：

（一）债权债务关系依法成立；

（二）债务履行期限已经届满；

（三）债务人未完全清偿债务。

第三条　债务人的资产负债表，或者审计报告、资产评估报告等显示其全部资产不足以偿付全部负债的，人民法院应当认定债务人资产不足以清偿全部债务，但有相反证据足以证明债务人资产能够偿付全部负债的除外。

第四条　债务人账面资产虽大于负债，但存在下列情形之一的，人民法院应当认定其明显缺乏清偿能力：

（一）因资金严重不足或者财产不能变现等原因，无法清偿债务；

（二）法定代表人下落不明且无其他人员负责管理财产，无法清偿债务；

（三）经人民法院强制执行，无法清偿债务；

（四）长期亏损且经营扭亏困难，无法清偿债务；

(五)导致债务人丧失清偿能力的其他情形。

第五条　企业法人已解散但未清算或者未在合理期限内清算完毕,债权人申请债务人破产清算的,除债务人在法定异议期限内举证证明其未出现破产原因外,人民法院应当受理。

第六条　债权人申请债务人破产的,应当提交债务人不能清偿到期债务的有关证据。债务人对债权人的申请未在法定期限内向人民法院提出异议,或者异议不成立的,人民法院应当依法裁定受理破产申请。

受理破产申请后,人民法院应当责令债务人依法提交其财产状况说明、债务清册、债权清册、财务会计报告等有关材料,债务人拒不提交的,人民法院可以对债务人的直接责任人员采取罚款等强制措施。

第七条　人民法院收到破产申请时,应当向申请人出具收到申请及所附证据的书面凭证。

人民法院收到破产申请后应当及时对申请人的主体资格、债务人的主体资格和破产原因,以及有关材料和证据等进行审查,并依据企业破产法第十条的规定作出是否受理的裁定。

人民法院认为申请人应当补充、补正相关材料的,应当自收到破产申请之日起五日内告知申请人。当事人补充、补正相关材料的期间不计入企业破产法第十条规定的期限。

第八条　破产案件的诉讼费用,应根据企业破产法第四十三条的规定,从债务人财产中拨付。相关当事人以申请人未预先交纳诉讼费用为由,对破产申请提出异议的,人民法院不予支持。

第九条　申请人向人民法院提出破产申请,人民法院未接收其申请,或者未按本规定第七条执行的,申请人可以向上一级人民法院提出破产申请。

上一级人民法院接到破产申请后,应当责令下级法院依法审查并及时作出是否受理的裁定;下级法院仍不作出是否受理裁定的,上一级人民法院可以径行作出裁定。

上一级人民法院裁定受理破产申请的,可以同时指令下级人民法院审理该案件。

最高人民法院关于适用《中华人民共和国企业破产法》若干问题的规定(二)

(2013年7月29日最高人民法院审判委员会第1586次会议通过
2013年9月5日公布　法释〔2013〕22号　自2013年9月16日起施行)

根据《中华人民共和国企业破产法》《中华人民共和国物权法》《中华人民共和

国合同法》等相关法律，结合审判实践，就人民法院审理企业破产案件中认定债务人财产相关的法律适用问题，制定本规定。

第一条　除债务人所有的货币、实物外，债务人依法享有的可以用货币估价并可以依法转让的债权、股权、知识产权、用益物权等财产和财产权益，人民法院均应认定为债务人财产。

第二条　下列财产不应认定为债务人财产：

（一）债务人基于仓储、保管、承揽、代销、借用、寄存、租赁等合同或者其他法律关系占有、使用的他人财产；

（二）债务人在所有权保留买卖中尚未取得所有权的财产；

（三）所有权专属于国家且不得转让的财产；

（四）其他依照法律、行政法规不属于债务人的财产。

第三条　债务人已依法设定担保物权的特定财产，人民法院应当认定为债务人财产。

对债务人的特定财产在担保物权消灭或者实现担保物权后的剩余部分，在破产程序中可用以清偿破产费用、共益债务和其他破产债权。

第四条　债务人对按份享有所有权的共有财产的相关份额，或者共同享有所有权的共有财产的相应财产权利，以及依法分割共有财产所得部分，人民法院均应认定为债务人财产。

人民法院宣告债务人破产清算，属于共有财产分割的法定事由。人民法院裁定债务人重整或者和解的，共有财产的分割应当依据物权法第九十九条的规定进行；基于重整或者和解的需要必须分割共有财产，管理人请求分割的，人民法院应予准许。

因分割共有财产导致其他共有人损害产生的债务，其他共有人请求作为共益债务清偿的，人民法院应予支持。

第五条　破产申请受理后，有关债务人财产的执行程序未依照企业破产法第十九条的规定中止的，采取执行措施的相关单位应当依法予以纠正。依法执行回转的财产，人民法院应当认定为债务人财产。

第六条　破产申请受理后，对于可能因有关利益相关人的行为或者其他原因，影响破产程序依法进行的，受理破产申请的人民法院可以根据管理人的申请或者依职权，对债务人的全部或者部分财产采取保全措施。

第七条　对债务人财产已采取保全措施的相关单位，在知悉人民法院已裁定受理有关债务人的破产申请后，应当依照企业破产法第十九条的规定及时解除对债务人财产的保全措施。

第八条　人民法院受理破产申请后至破产宣告前裁定驳回破产申请，或者依据企业破产法第一百零八条的规定裁定终结破产程序的,应当及时通知原已采取保全措施并已依法解除保全措施的单位按照原保全顺位恢复相关保全措施。

在已依法解除保全的单位恢复保全措施或者表示不再恢复之前,受理破产申请的人民法院不得解除对债务人财产的保全措施。

第九条 管理人依据企业破产法第三十一条和第三十二条的规定提起诉讼,请求撤销涉及债务人财产的相关行为并由相对人返还债务人财产的,人民法院应予支持。

管理人因过错未依法行使撤销权导致债务人财产不当减损,债权人提起诉讼主张管理人对其损失承担相应赔偿责任的,人民法院应予支持。

第十条 债务人经过行政清理程序转入破产程序的,企业破产法第三十一条和第三十二条规定的可撤销行为的起算点,为行政监管机构作出撤销决定之日。

债务人经过强制清算程序转入破产程序的,企业破产法第三十一条和第三十二条规定的可撤销行为的起算点,为人民法院裁定受理强制清算申请之日。

第十一条 人民法院根据管理人的请求撤销涉及债务人财产的以明显不合理价格进行的交易的,买卖双方应当依法返还从对方获取的财产或者价款。

因撤销该交易,对于债务人应返还受让人已支付价款所产生的债务,受让人请求作为共益债务清偿的,人民法院应予支持。

第十二条 破产申请受理前一年内债务人提前清偿的未到期债务,在破产申请受理前已经到期,管理人请求撤销该清偿行为的,人民法院不予支持。但是,该清偿行为发生在破产申请受理前六个月内且债务人有企业破产法第二条第一款规定情形的除外。

第十三条 破产申请受理后,管理人未依据企业破产法第三十一条的规定请求撤销债务人无偿转让财产、以明显不合理价格交易、放弃债权行为的,债权人依据合同法第七十四条等规定提起诉讼,请求撤销债务人上述行为并将因此追回的财产归入债务人财产的,人民法院应予受理。

相对人以债权人行使撤销权的范围超出债权人的债权抗辩的,人民法院不予支持。

第十四条 债务人对以自有财产设定担保物权的债权进行的个别清偿,管理人依据企业破产法第三十二条的规定请求撤销的,人民法院不予支持。但是,债务清偿时担保财产的价值低于债权额的除外。

第十五条 债务人经诉讼、仲裁、执行程序对债权人进行的个别清偿,管理人依据企业破产法第三十二条的规定请求撤销的,人民法院不予支持。但是,债务人与债权人恶意串通损害其他债权人利益的除外。

第十六条 债务人对债权人进行的以下个别清偿,管理人依据企业破产法第三十二条的规定请求撤销的，人民法院不予支持：

（一）债务人为维系基本生产需要而支付水费、电费等的；

（二）债务人支付劳动报酬、人身损害赔偿金的；

（三）使债务人财产受益的其他个别清偿。

第十七条　管理人依据企业破产法第三十三条的规定提起诉讼，主张被隐匿、转移财产的实际占有人返还债务人财产，或者主张债务人虚构债务或者承认不真实债务的行为无效并返还债务人财产的，人民法院应予支持。

第十八条　管理人代表债务人依据企业破产法第一百二十八条的规定，以债务人的法定代表人和其他直接责任人员对所涉债务人财产的相关行为存在故意或者重大过失，造成债务人财产损失为由提起诉讼，主张上述责任人员承担相应赔偿责任的，人民法院应予支持。

第十九条　债务人对外享有债权的诉讼时效，自人民法院受理破产申请之日起中断。

债务人无正当理由未对其到期债权及时行使权利，导致其对外债权在破产申请受理前一年内超过诉讼时效期间的，人民法院受理破产申请之日起重新计算上述债权的诉讼时效期间。

第二十条　管理人代表债务人提起诉讼，主张出资人向债务人依法缴付未履行的出资或者返还抽逃的出资本息，出资人以认缴出资尚未届至公司章程规定的缴纳期限或者违反出资义务已经超过诉讼时效为由抗辩的，人民法院不予支持。

管理人依据公司法的相关规定代表债务人提起诉讼，主张公司的发起人和负有监督股东履行出资义务的董事、高级管理人员，或者协助抽逃出资的其他股东、董事、高级管理人员、实际控制人等，对股东违反出资义务或者抽逃出资承担相应责任，并将财产归入债务人财产的，人民法院应予支持。

第二十一条　破产申请受理前，债权人就债务人财产提起下列诉讼，破产申请受理时案件尚未审结的，人民法院应当中止审理：

（一）主张次债务人代替债务人直接向其偿还债务的；

（二）主张债务人的出资人、发起人和负有监督股东履行出资义务的董事、高级管理人员，或者协助抽逃出资的其他股东、董事、高级管理人员、实际控制人等直接向其承担出资不实或者抽逃出资责任的；

（三）以债务人的股东与债务人法人人格严重混同为由，主张债务人的股东直接向其偿还债务人对其所负债务的；

（四）其他就债务人财产提起的个别清偿诉讼。

债务人破产宣告后，人民法院应当依照企业破产法第四十四条的规定判决驳回债权人的诉讼请求。但是，债权人一审中变更其诉讼请求为追收的相关财产归入债务人财产的除外。

债务人破产宣告前,人民法院依据企业破产法第十二条或者第一百零八条的规定裁定驳回破产申请或者终结破产程序的,上述中止审理的案件应当依法恢复审理。

第二十二条 破产申请受理前,债权人就债务人财产向人民法院提起本规定第二十一条第一款所列诉讼,人民法院已经作出生效民事判决书或者调解书但尚未执行完毕的,破产申请受理后,相关执行行为应当依据企业破产法第十九条的规定中止,债权人应当依法向管理人申报相关债权。

第二十三条 破产申请受理后,债权人就债务人财产向人民法院提起本规定第二十一条第一款所列诉讼的,人民法院不予受理。

债权人通过债权人会议或者债权人委员会,要求管理人依法向次债务人、债务人的出资人等追收债务人财产,管理人无正当理由拒绝追收,债权人会议依据企业破产法第二十二条的规定,申请人民法院更换管理人的,人民法院应予支持。

管理人不予追收,个别债权人代表全体债权人提起相关诉讼,主张次债务人或者债务人的出资人等向债务人清偿或者返还债务人财产,或者依法申请合并破产的,人民法院应予受理。

第二十四条 债务人有企业破产法第二条第一款规定的情形时,债务人的董事、监事和高级管理人员利用职权获取的以下收入,人民法院应当认定为企业破产法第三十六条规定的非正常收入:

(一)绩效奖金;

(二)普遍拖欠职工工资情况下获取的工资性收入;

(三)其他非正常收入。

债务人的董事、监事和高级管理人员拒不向管理人返还上述债务人财产,管理人主张上述人员予以返还的,人民法院应予支持。

债务人的董事、监事和高级管理人员因返还第一款第(一)项、第(三)项非正常收入形成的债权,可以作为普通破产债权清偿。因返还第一款第(二)项非正常收入形成的债权,依据企业破产法第一百一十三条第三款的规定,按照该企业职工平均工资计算的部分作为拖欠职工工资清偿;高出该企业职工平均工资计算的部分,可以作为普通破产债权清偿。

第二十五条 管理人拟通过清偿债务或者提供担保取回质物、留置物,或者与质权人、留置权人协议以质物、留置物折价清偿债务等方式,进行对债权人利益有重大影响的财产处分行为的,应当及时报告债权人委员会。未设立债权人委员会的,管理人应当及时报告人民法院。

第二十六条 权利人依据企业破产法第三十八条的规定行使取回权,应当在破产财产变价方案或者和解协议、重整计划草案提交债权人会议表决前向管理人提出。权利人在上述期限后主张取回相关财产的，应当承担延迟行使取回权增加的相关费用。

第二十七条　权利人依据企业破产法第三十八条的规定向管理人主张取回相关财产，管理人不予认可，权利人以债务人为被告向人民法院提起诉讼请求行使取回权的，人民法院应予受理。

权利人依据人民法院或者仲裁机关的相关生效法律文书向管理人主张取回所涉争议财产，管理人以生效法律文书错误为由拒绝其行使取回权的，人民法院不予支持。

第二十八条　权利人行使取回权时未依法向管理人支付相关的加工费、保管费、托运费、委托费、代销费等费用，管理人拒绝其取回相关财产的，人民法院应予支持。

第二十九条　对债务人占有的权属不清的鲜活易腐等不易保管的财产或者不及时变现价值将严重贬损的财产，管理人及时变价并提存变价款后，有关权利人就该变价款行使取回权的，人民法院应予支持。

第三十条　债务人占有的他人财产被违法转让给第三人，依据物权法第一百零六条的规定第三人已善意取得财产所有权，原权利人无法取回该财产的，人民法院应当按照以下规定处理：

（一）转让行为发生在破产申请受理前的，原权利人因财产损失形成的债权，作为普通破产债权清偿；

（二）转让行为发生在破产申请受理后的，因管理人或者相关人员执行职务导致原权利人损害产生的债务，作为共益债务清偿。

第三十一条　债务人占有的他人财产被违法转让给第三人，第三人已向债务人支付了转让价款，但依据物权法第一百零六条的规定未取得财产所有权，原权利人依法追回转让财产的，对因第三人已支付对价而产生的债务，人民法院应当按照以下规定处理：

（一）转让行为发生在破产申请受理前的，作为普通破产债权清偿；

（二）转让行为发生在破产申请受理后的，作为共益债务清偿。

第三十二条　债务人占有的他人财产毁损、灭失，因此获得的保险金、赔偿金、代偿物尚未交付给债务人，或者代偿物虽已交付给债务人但能与债务人财产予以区分的，权利人主张取回就此获得的保险金、赔偿金、代偿物的，人民法院应予支持。

保险金、赔偿金已经交付给债务人，或者代偿物已经交付给债务人且不能与债务人财产予以区分的，人民法院应当按照以下规定处理：

(一)财产毁损、灭失发生在破产申请受理前的,权利人因财产损失形成的债权,作为普通破产债权清偿;

(二)财产毁损、灭失发生在破产申请受理后的,因管理人或者相关人员执行职务导致权利人损害产生的债务,作为共益债务清偿。

债务人占有的他人财产毁损、灭失,没有获得相应的保险金、赔偿金、代偿物,或者保险金、赔偿物、代偿物不足以弥补其损失的部分,人民法院应当按照本条第二款的规定处理。

第三十三条 管理人或者相关人员在执行职务过程中,因故意或者重大过失不当转让他人财产或者造成他人财产毁损、灭失,导致他人损害产生的债务作为共益债务,由债务人财产随时清偿不足弥补损失,权利人向管理人或者相关人员主张承担补充赔偿责任的,人民法院应予支持。

上述债务作为共益债务由债务人财产随时清偿后,债权人以管理人或者相关人员执行职务不当导致债务人财产减少给其造成损失为由提起诉讼,主张管理人或者相关人员承担相应赔偿责任的,人民法院应予支持。

第三十四条 买卖合同双方当事人在合同中约定标的物所有权保留,在标的物所有权未依法转移给买受人前,一方当事人破产的,该买卖合同属于双方均未履行完毕的合同,管理人有权依据企业破产法第十八条的规定决定解除或者继续履行合同。

第三十五条 出卖人破产,其管理人决定继续履行所有权保留买卖合同的,买受人应当按照原买卖合同的约定支付价款或者履行其他义务。

买受人未依约支付价款或者履行完毕其他义务,或者将标的物出卖、出质或者作出其他不当处分,给出卖人造成损害,出卖人管理人依法主张取回标的物的,人民法院应予支持。但是,买受人已经支付标的物总价款百分之七十五以上或者第三人善意取得标的物所有权或者其他物权的除外。

因本条第二款规定未能取回标的物,出卖人管理人依法主张买受人继续支付价款、履行完毕其他义务,以及承担相应赔偿责任的,人民法院应予支持。

第三十六条 出卖人破产,其管理人决定解除所有权保留买卖合同,并依据企业破产法第十七条的规定要求买受人向其交付买卖标的物的,人民法院应予支持。

买受人以其不存在未依约支付价款或者履行完毕其他义务,或者将标的物出卖、出质或者作出其他不当处分情形抗辩的,人民法院不予支持。

买受人依法履行合同义务并依据本条第一款将买卖标的物交付出卖人管理人后,买受人已支付价款损失形成的债权作为共益债务清偿。但是,买受人违反合同约定,出卖人管理人主张上述债权作为普通破产债权清偿的,人民法院应予支持。

第三十七条 买受人破产,其管理人决定继续履行所有权保留买卖合同的,原买卖合同中约定的买受人支付价款或者履行其他义务的期限在破产申请受理时视为到期，买受人管理人应当及时向出卖人支付价款或者履行其他义务。

买受人管理人无正当理由未及时支付价款或者履行完毕其他义务，或者将标的物出卖、出质或者作出其他不当处分，给出卖人造成损害，出卖人依据合同法第一百三十四条等规定主张取回标的物的，人民法院应予支持。但是，买受人已支付标的物总价款百分之七十五以上或者第三人善意取得标的物所有权或者其他物权的除外。

因本条第二款规定未能取回标的物，出卖人依法主张买受人继续支付价款、履行完毕其他义务，以及承担相应赔偿责任的，人民法院应予支持。对因买受人未支付价款或者未履行完毕其他义务，以及买受人管理人将标的物出卖、出质或者作出其他不当处分导致出卖人损害产生的债务，出卖人主张作为共益债务清偿的，人民法院应予支持。

第三十八条　买受人破产，其管理人决定解除所有权保留买卖合同，出卖人依据企业破产法第三十八条的规定主张取回买卖标的物的，人民法院应予支持。

出卖人取回买卖标的物，买受人管理人主张出卖人返还已支付价款的，人民法院应予支持。取回的标的物价值明显减少给出卖人造成损失的，出卖人可从买受人已支付价款中优先予以抵扣后，将剩余部分返还给买受人；对买受人已支付价款不足以弥补出卖人标的物价值减损损失形成的债权，出卖人主张作为共益债务清偿的，人民法院应予支持。

第三十九条　出卖人依据企业破产法第三十九条的规定，通过通知承运人或者实际占有人中止运输、返还货物、变更到达地，或者将货物交给其他收货人等方式，对在运途中标的物主张了取回权但未能实现，或者在货物未达管理人前已向管理人主张取回在运途中标的物，在买卖标的物到达管理人后，出卖人向管理人主张取回的，管理人应予准许。

出卖人对在运途中标的物未及时行使取回权，在买卖标的物到达管理人后向管理人行使在运途中标的物取回权的，管理人不应准许。

第四十条　债务人重整期间，权利人要求取回债务人合法占有的权利人的财产，不符合双方事先约定条件的，人民法院不予支持。但是，因管理人或者自行管理的债务人违反约定，可能导致取回物被转让、毁损、灭失或者价值明显减少的除外。

第四十一条　债权人依据企业破产法第四十条的规定行使抵销权，应当向管理人提出抵销主张。

管理人不得主动抵销债务人与债权人的互负债务，但抵销使债务人财产受益的除外。

第四十二条 管理人收到债权人提出的主张债务抵销的通知后,经审查无异议的,抵销自管理人收到通知之日起生效。

管理人对抵销主张有异议的,应当在约定的异议期限内或者自收到主张债务抵销的通知之日起三个月内向人民法院提起诉讼。无正当理由逾期提起的,人民法院不予支持。

人民法院判决驳回管理人提起的抵销无效诉讼请求的,该抵销自管理人收到主张债务抵销的通知之日起生效。

第四十三条 债权人主张抵销,管理人以下列理由提出异议的,人民法院不予支持:

(一)破产申请受理时,债务人对债权人负有的债务尚未到期;

(二)破产申请受理时,债权人对债务人负有的债务尚未到期;

(三)双方互负债务标的物种类、品质不同。

第四十四条 破产申请受理前六个月内,债务人有企业破产法第二条第一款规定的情形,债务人与个别债权人以抵销方式对个别债权人清偿,其抵销的债权债务属于企业破产法第四十条第(二)、(三)项规定的情形之一,管理人在破产申请受理之日起三个月内向人民法院提起诉讼,主张该抵销无效的,人民法院应予支持。

第四十五条 企业破产法第四十条所列不得抵销情形的债权人,主张以其对债务人特定财产享有优先受偿权的债权,与债务人对其不享有优先受偿权的债权抵销,债务人管理人以抵销存在企业破产法第四十条规定的情形提出异议的,人民法院不予支持。但是,用以抵销的债权大于债权人享有优先受偿权财产价值的除外。

第四十六条 债务人的股东主张以下列债务与债务人对其负有的债务抵销,债务人管理人提出异议的,人民法院应予支持:

(一)债务人股东因欠缴债务人的出资或者抽逃出资对债务人所负的债务;

(二)债务人股东滥用股东权利或者关联关系损害公司利益对债务人所负的债务。

第四十七条 人民法院受理破产申请后,当事人提起的有关债务人的民事诉讼案件,应当依据企业破产法第二十一条的规定,由受理破产申请的人民法院管辖。

受理破产申请的人民法院管辖的有关债务人的第一审民事案件,可以依据民事诉讼法第三十八条的规定,由上级人民法院提审,或者报请上级人民法院批准后交下级人民法院审理。

受理破产申请的人民法院,如对有关债务人的海事纠纷、专利纠纷、证券市场因虚假陈述引发的民事赔偿纠纷等案件不能行使管辖权的，可以依据民事诉讼法第三十七条的规定，由上级人民法院指定管辖。

第四十八条　本规定施行前本院发布的有关企业破产的司法解释，与本规定相抵触的，自本规定施行之日起不再适用。

最高人民法院关于适用《中华人民共和国企业破产法》若干问题的规定（三）

（2019年2月25日最高人民法院审判委员会第1762次会议通过
法释〔2019〕3号　自2019年3月28日起施行）

为正确适用《中华人民共和国企业破产法》，结合审判实践，就人民法院审理企业破产案件中有关债权人权利行使等相关法律适用问题，制定本规定。

第一条　人民法院裁定受理破产申请的，此前债务人尚未支付的公司强制清算费用、未终结的执行程序中产生的评估费、公告费、保管费等执行费用，可以参照企业破产法关于破产费用的规定，由债务人财产随时清偿。

此前债务人尚未支付的案件受理费、执行申请费，可以作为破产债权清偿。

第二条　破产申请受理后，经债权人会议决议通过，或者第一次债权人会议召开前经人民法院许可，管理人或者自行管理的债务人可以为债务人继续营业而借款。提供借款的债权人主张参照企业破产法第四十二条第四项的规定优先于普通破产债权清偿的，人民法院应予支持，但其主张优先于此前已就债务人特定财产享有担保的债权清偿的，人民法院不予支持。

管理人或者自行管理的债务人可以为前述借款设定抵押担保，抵押物在破产申请受理前已为其他债权人设定抵押的，债权人主张按照物权法第一百九十九条规定的顺序清偿，人民法院应予支持。

第三条　破产申请受理后，债务人欠缴款项产生的滞纳金，包括债务人未履行生效法律文书应当加倍支付的迟延利息和劳动保险金的滞纳金，债权人作为破产债权申报的，人民法院不予确认。

第四条　保证人被裁定进入破产程序的，债权人有权申报其对保证人的保证债权。

主债务未到期的，保证债权在保证人破产申请受理时视为到期。一般保证的保证人主张行使先诉抗辩权的，人民法院不予支持，但债权人在一般保证人破产程序中的分配额应予提存，待一般保证人应承担的保证责任确定后再按照破产清偿比例予以分配。

保证人被确定应当承担保证责任的,保证人的管理人可以就保证人实际承担的清偿额向主债务人或其他债务人行使求偿权。

第五条 债务人、保证人均被裁定进入破产程序的,债权人有权向债务人、保证人分别申报债权。

债权人向债务人、保证人均申报全部债权的,从一方破产程序中获得清偿后,其对另一方的债权额不作调整,但债权人的受偿额不得超出其债权总额。保证人履行保证责任后不再享有求偿权。

第六条 管理人应当依照企业破产法第五十七条的规定对所申报的债权进行登记造册,详尽记载申报人的姓名、单位、代理人、申报债权额、担保情况、证据、联系方式等事项,形成债权申报登记册。

管理人应当依照企业破产法第五十七条的规定对债权的性质、数额、担保财产、是否超过诉讼时效期间、是否超过强制执行期间等情况进行审查、编制债权表并提交债权人会议核查。

债权表、债权申报登记册及债权申报材料在破产期间由管理人保管,债权人、债务人、债务人职工及其他利害关系人有权查阅。

第七条 已经生效法律文书确定的债权,管理人应当予以确认。

管理人认为债权人据以申报债权的生效法律文书确定的债权错误,或者有证据证明债权人与债务人恶意通过诉讼、仲裁或者公证机关赋予强制执行力公证文书的形式虚构债权债务的,应当依法通过审判监督程序向作出该判决、裁定、调解书的人民法院或者上一级人民法院申请撤销生效法律文书,或者向受理破产申请的人民法院申请撤销或者不予执行仲裁裁决、不予执行公证债权文书后,重新确定债权。

第八条 债务人、债权人对债权表记载的债权有异议的,应当说明理由和法律依据。经管理人解释或调整后,异议人仍然不服的,或者管理人不予解释或调整的,异议人应当在债权人会议核查结束后十五日内向人民法院提起债权确认的诉讼。当事人之间在破产申请受理前订立有仲裁条款或仲裁协议的,应当向选定的仲裁机构申请确认债权债务关系。

第九条 债务人对债权表记载的债权有异议向人民法院提起诉讼的,应将被异议债权人列为被告。债权人对债权表记载的他人债权有异议的,应将被异议债权人列为被告;债权人对债权表记载的本人债权有异议的,应将债务人列为被告。

对同一笔债权存在多个异议人,其他异议人申请参加诉讼的,应当列为共同原告。

第十条 单个债权人有权查阅债务人财产状况报告、债权人会议决议、债权人委员会决议、管理人监督报告等参与破产程序所必需的债务人财务和经营信息资料。管理人无正当理由不予提供的，债权人可以请求人民法院作出决定；人民法院应当在五日内作出决定。

上述信息资料涉及商业秘密的，债权人应当依法承担保密义务或者签署保密协议；涉及国家秘密的应当依照相关法律规定处理。

第十一条　债权人会议的决议除现场表决外，可以由管理人事先将相关决议事项告知债权人，采取通信、网络投票等非现场方式进行表决。采取非现场方式进行表决的，管理人应当在债权人会议召开后的三日内，以信函、电子邮件、公告等方式将表决结果告知参与表决的债权人。

根据企业破产法第八十二条规定，对重整计划草案进行分组表决时，权益因重整计划草案受到调整或者影响的债权人或者股东，有权参加表决；权益未受到调整或者影响的债权人或者股东，参照企业破产法第八十三条的规定，不参加重整计划草案的表决。

第十二条　债权人会议的决议具有以下情形之一，损害债权人利益，债权人申请撤销的，人民法院应予支持：

（一）债权人会议的召开违反法定程序；

（二）债权人会议的表决违反法定程序；

（三）债权人会议的决议内容违法；

（四）债权人会议的决议超出债权人会议的职权范围。

人民法院可以裁定撤销全部或者部分事项决议，责令债权人会议依法重新作出决议。

债权人申请撤销债权人会议决议的，应当提出书面申请。债权人会议采取通信、网络投票等非现场方式进行表决的，债权人申请撤销的期限自债权人收到通知之日起算。

第十三条　债权人会议可以依照企业破产法第六十八条第一款第四项的规定，委托债权人委员会行使企业破产法第六十一条第一款第二、三、五项规定的债权人会议职权。债权人会议不得作出概括性授权，委托其行使债权人会议所有职权。

第十四条　债权人委员会决定所议事项应获得全体成员过半数通过，并作成议事记录。债权人委员会成员对所议事项的决议有不同意见的，应当在记录中载明。

债权人委员会行使职权应当接受债权人会议的监督，以适当的方式向债权人会议及时汇报工作，并接受人民法院的指导。

第十五条　管理人处分企业破产法第六十九条规定的债务人重大财产的，应当事先制作财产管理或者变价方案并提交债权人会议进行表决，债权人会议表决未通过的,管理人不得处分。

管理人实施处分前,应当根据企业破产法第六十九条的规定,提前十日书面报告债权人委员会或者人民法院。债权人委员会可以依照企业破产法第六十八条第二款的规定,要求管理人对处分行为作出相应说明或者提供有关文件依据。

债权人委员会认为管理人实施的处分行为不符合债权人会议通过的财产管理或变价方案的,有权要求管理人纠正。管理人拒绝纠正的,债权人委员会可以请求人民法院作出决定。

人民法院认为管理人实施的处分行为不符合债权人会议通过的财产管理或变价方案的,应当责令管理人停止处分行为。管理人应当予以纠正,或者提交债权人会议重新表决通过后实施。

第十六条 本规定自2019年3月28日起实施。

实施前本院发布的有关企业破产的司法解释,与本规定相抵触的,自本规定实施之日起不再适用。

最高人民法院关于审理
企业破产案件若干问题的规定

(2002年7月18日最高人民法院审判委员会第1232次会议通过
2002年7月30日公布 法释〔2002〕23号 自2002年9月1日起施行)

为正确适用《中华人民共和国企业破产法(试行)》(以下简称企业破产法)、《中华人民共和国民事诉讼法》(以下简称民事诉讼法),规范对企业破产案件的审理,结合人民法院审理企业破产案件的实际情况,特制定以下规定。

一、关于企业破产案件管辖

第一条 企业破产案件由债务人住所地人民法院管辖。债务人住所地指债务人的主要办事机构所在地。债务人无办事机构的,由其注册地人民法院管辖。

第二条 基层人民法院一般管辖县、县级市或者区的工商行政管理机关核准登记企业的破产案件;中级人民法院一般管辖地区、地级市(含本级)以上的工商行政管理机关核准登记企业的破产案件;纳入国家计划调整的企业破产案件,由中级人民法院管辖。

第三条 上级人民法院审理下级人民法院管辖的企业破产案件,或者将本院管辖的企业破产案件移交下级人民法院审理,以及下级人民法院需要将自己管辖的企业破产案件交由上级人民法院审理的,依照民事诉讼法第三十九条的规定办理；省、自治区、直辖市范围内因特殊情况需对个别企业破产案件的地域管辖作调整的，须经共同上级人民法院批准。

二、关于破产申请与受理

第四条　申请（被申请）破产的债务人应当具备法人资格，不具备法人资格的企业、个体工商户、合伙组织、农村承包经营户不具备破产主体资格。

第五条　国有企业向人民法院申请破产时，应当提交其上级主管部门同意其破产的文件；其他企业应当提供其开办人或者股东会议决定企业破产的文件。

第六条　债务人申请破产，应当向人民法院提交下列材料：

（一）书面破产申请；

（二）企业主体资格证明；

（三）企业法定代表人与主要负责人名单；

（四）企业职工情况和安置预案；

（五）企业亏损情况的书面说明，并附审计报告；

（六）企业至破产申请日的资产状况明细表，包括有形资产、无形资产和企业投资情况等；

（七）企业在金融机构开设账户的详细情况，包括开户审批材料、账号、资金等；

（八）企业债权情况表，列明企业的债务人名称、住所、债务数额、发生时间和催讨偿还情况；

（九）企业债务情况表，列明企业的债权人名称、住所、债权数额、发生时间；

（十）企业涉及的担保情况；

（十一）企业已发生的诉讼情况；

（十二）人民法院认为应当提交的其他材料。

第七条　债权人申请债务人破产，应当向人民法院提交下列材料：

（一）债权发生的事实与证据；

（二）债权性质、数额、有无担保，并附证据；

（三）债务人不能清偿到期债务的证据。

第八条　债权人申请债务人破产，人民法院可以通知债务人核对以下情况：

（一）债权的真实性；

（二）债权在债务人不能偿还的到期债务中所占的比例；

（三）债务人是否存在不能清偿到期债务的情况。

第九条　债权人申请债务人破产，债务人对债权人的债权提出异议，人民法院认为异议成立的，应当告知债权人先行提起民事诉讼。破产申请不予受理。

第十条　人民法院收到破产申请后，应当在七日内决定是否立案；破产申请人提交的材料需要更正、补充的,人民法院可以责令申请人限期更正、补充。按期更正、补充材料的,人民法院自收到更正补充材料之日起七日内决定是否立案;未按期更正、补充的,视为撤回申请。

人民法院决定受理企业破产案件的,应当制作案件受理通知书,并送达申请人和债务人。通知书作出时间为破产案件受理时间。

第十一条 在人民法院决定受理企业破产案件前,破产申请人可以请求撤回破产申请。

人民法院准许申请人撤回破产申请的,在撤回破产申请之前已经支出的费用由破产申请人承担。

第十二条 人民法院经审查发现有下列情况的,破产申请不予受理:

(一)债务人有隐匿、转移财产等行为,为了逃避债务而申请破产的;

(二)债权人借破产申请毁损债务人商业信誉,意图损害公平竞争的。

第十三条 人民法院对破产申请不予受理的,应当作出裁定。

破产申请人对不予受理破产申请的裁定不服的,可以在裁定送达之日起十日内向上一级人民法院提起上诉。

第十四条 人民法院受理企业破产案件后,发现不符合法律规定的受理条件或者有本规定第十二条所列情形的,应当裁定驳回破产申请。

人民法院受理债务人的破产申请后,发现债务人巨额财产下落不明且不能合理解释财产去向的,应当裁定驳回破产申请。

破产申请人对驳回破产申请的裁定不服的,可以在裁定送达之日起十日内向上一级人民法院提起上诉。

第十五条 人民法院决定受理企业破产案件后,应当组成合议庭,并在十日内完成下列工作:

(一)将合议庭组成人员情况书面通知破产申请人和被申请人,并在法院公告栏张贴企业破产受理公告。公告内容应当写明:破产申请受理时间、债务人名称,申报债权的期限、地点和逾期未申报债权的法律后果、第一次债权人会议召开的日期、地点;

(二)在债务人企业发布公告,要求保护好企业财产,不得擅自处理企业的账册、文书、资料、印章,不得隐匿、私分、转让、出售企业财产;

(三)通知债务人立即停止清偿债务,非经人民法院许可不得支付任何费用;

(四)通知债务人的开户银行停止债务人的结算活动,并不得扣划债务人款项抵扣债务。但经人民法院依法许可的除外。

第十六条 人民法院受理债权人提出的企业破产案件后,应当通知债务人在十五日内向人民法院提交有关会计报表、债权债务清册、企业资产清册以及人民法院认为应当提交的资料。

第十七条　人民法院受理企业破产案件后，除应当按照企业破产法第九条的规定通知已知的债权人外，还应当于三十日内在国家、地方有影响的报纸上刊登公告，公告内容同第十五条第（一）项的规定。

第十八条　人民法院受理企业破产案件后，除可以随即进行破产宣告成立清算组的外，在企业原管理组织不能正常履行管理职责的情况下，可以成立企业监管组。企业监管组成员从企业上级主管部门或者股东会议代表、企业原管理人员、主要债权人中产生，也可以聘请会计师、律师等中介机构参加。企业监管组主要负责处理以下事务：

（一）清点、保管企业财产；

（二）核查企业债权；

（三）为企业利益而进行的必要的经营活动；

（四）支付人民法院许可的必要支出；

（五）人民法院许可的其他工作。

企业监管组向人民法院负责，接受人民法院的指导、监督。

第十九条　人民法院受理企业破产案件后，以债务人为原告的其他民事纠纷案件尚在一审程序的，受诉人民法院应当将案件移送受理破产案件的人民法院；案件已进行到二审程序的，受诉人民法院应当继续审理。

第二十条　人民法院受理企业破产案件后，对债务人财产的其他民事执行程序应当中止。

以债务人为被告的其他债务纠纷案件，根据下列不同情况分别处理：

（一）已经审结但未执行完毕的，应当中止执行，由债权人凭生效的法律文书向受理破产案件的人民法院申报债权。

（二）尚未审结且无其他被告和无独立请求权的第三人的，应当中止诉讼，由债权人向受理破产案件的人民法院申报债权。在企业被宣告破产后，终结诉讼。

（三）尚未审结并有其他被告或者无独立请求权的第三人的，应当中止诉讼，由债权人向受理破产案件的人民法院申报债权。待破产程序终结后，恢复审理。

（四）债务人系从债务人的债务纠纷案件继续审理。

三、关于债权申报

第二十一条　债权人申报债权应当提交债权证明和合法有效的身份证明；代理申报人应当提交委托人的有效身份证明、授权委托书和债权证明。

申报的债权有财产担保的，应当提交证明财产担保的证据。

第二十二条　人民法院在登记申报的债权时，应当记明债权人名称、住所、开户银行、申报债权数额、申报债权的证据、财产担保情况、申报时间、联系方式以及其他必要的情况。

已经成立清算组的,由清算组进行上述债权登记工作。

第二十三条　连带债务人之一或者数人破产的,债权人可就全部债权向该债务人或者各债务人行使权利,申报债权。债权人未申报债权的,其他连带债务人可就将来可能承担的债务申报债权。

第二十四条　债权人虽未在法定期间申报债权,但有民事诉讼法第七十六条规定情形的,在破产财产分配前可向清算组申报债权。清算组负责审查其申报的债权,并由人民法院审查确定。债权人会议对人民法院同意该债权人参加破产财产分配有异议的,可以向人民法院申请复议。

四、关于破产和解与破产企业整顿

第二十五条　人民法院受理企业破产案件后,在破产程序终结前,债务人可以向人民法院申请和解。人民法院在破产案件审理过程中,可以根据债权人、债务人具体情况向双方提出和解建议。

人民法院作出破产宣告裁定前,债权人会议与债务人达成和解协议并经人民法院裁定认可的,由人民法院发布公告,中止破产程序。

人民法院作出破产宣告裁定后,债权人会议与债务人达成和解协议并经人民法院裁定认可,由人民法院裁定中止执行破产宣告裁定,并公告中止破产程序。

第二十六条　债务人不按和解协议规定的内容清偿全部债务的,相关债权人可以申请人民法院强制执行。

第二十七条　债务人不履行或者不能履行和解协议的,经债权人申请,人民法院应当裁定恢复破产程序。和解协议系在破产宣告前达成的,人民法院应当在裁定恢复破产程序的同时裁定宣告债务人破产。

第二十八条　企业由债权人申请破产的,如被申请破产的企业系国有企业,依照企业破产法第四章的规定,其上级主管部门可以申请对该企业进行整顿。整顿申请应当在债务人被宣告破产前提出。

企业无上级主管部门的,企业股东会议可以通过决议并以股东会议名义申请对企业进行整顿。整顿工作由股东会议指定人员负责。

第二十九条　企业整顿期间,企业的上级主管部门或者负责实施整顿方案的人员应当定期向债权人会议和人民法院报告整顿情况、和解协议执行情况。

第三十条　企业整顿期间,对于债务人财产的执行仍适用企业破产法第十一条的规定。

五、关于破产宣告

第三十一条 企业破产法第三条第一款规定的“不能清偿到期债务”是指:

(一)债务的履行期限已届满;

(二)债务人明显缺乏清偿债务的能力。

债务人停止清偿到期债务并呈连续状态,如无相反证据,可推定为“不能清偿到期债务”。

第三十二条 人民法院受理债务人破产案件后,有下列情形之一的,应当裁定宣告债务人破产:

(一)债务人不能清偿债务且与债权人不能达成和解协议的;

(二)债务人不履行或者不能履行和解协议的;

(三)债务人在整顿期间有企业破产法第二十一条规定情形的;

(四)债务人在整顿期满后有企业破产法第二十二条第二款规定情形的。

宣告债务人破产应当公开进行。由债权人提出破产申请的,破产宣告时应当通知债务人到庭。

第三十三条 债务人自破产宣告之日起停止生产经营活动。为债权人利益确有必要继续生产经营的,须经人民法院许可。

第三十四条 人民法院宣告债务人破产后,应当通知债务人的开户银行,限定其银行账户只能由清算组使用。人民法院通知开户银行时应当附破产宣告裁定书。

第三十五条 人民法院裁定宣告债务人破产后应当发布公告,公告内容包括债务人亏损情况、资产负债状况、破产宣告时间、破产宣告理由和法律依据以及对债务人的财产、账册、文书、资料和印章的保护等内容。

第三十六条 破产宣告后,破产企业的财产在其他民事诉讼程序中被查封、扣押、冻结的,受理破产案件的人民法院应当立即通知采取查封、扣押、冻结措施的人民法院予以解除,并向受理破产案件的人民法院办理移交手续。

第三十七条 企业被宣告破产后,人民法院应当指定必要的留守人员。破产企业的法定代表人、财会、财产保管人员必须留守。

第三十八条 破产宣告后,债权人或者债务人对破产宣告有异议的,可以在人民法院宣告企业破产之日起十日内,向上一级人民法院申诉。上一级人民法院应当组成合议庭进行审理,并在三十日内作出裁定。

六、关于债权人会议

第三十九条 债权人会议由申报债权的债权人组成。

债权人会议主席由人民法院在有表决权的债权人中指定。必要时,人民法院可以指定多名债权人会议主席,成立债权人会议主席委员会。

少数债权人拒绝参加债权人会议,不影响会议的召开。但债权人会议不得作出剥夺其对破产财产受偿的机会或者不利于其受偿的决议。

第四十条 第一次债权人会议应当在人民法院受理破产案件公告三个月期满后召开。除债务人的财产不足以支付破产费用,破产程序提前终结外,不得以一般债权的清偿率为零为理由取消债权人会议。

第四十一条 第一次债权人会议由人民法院召集并主持。人民法院除完成本规定第十七条确定的工作外,还应当做好以下准备工作:

(一)拟订第一次债权人会议议程;

(二)向债务人的法定代表人或者负责人发出通知,要求其必须到会;

(三)向债务人的上级主管部门、开办人或者股东会议代表发出通知,要求其派员列席会议;

(四)通知破产清算组成员列席会议;

(五)通知审计、评估人员参加会议;

(六)需要提前准备的其他工作。

第四十二条 债权人会议一般包括以下内容:

(一)宣布债权人会议职权和其他有关事项;

(二)宣布债权人资格审查结果;

(三)指定并宣布债权人会议主席;

(四)安排债务人法定代表人或者负责人接受债权人询问;

(五)由清算组通报债务人的生产经营、财产、债务情况并作清算工作报告和提出财产处理方案及分配方案;

(六)讨论并审查债权的证明材料、债权的财产担保情况及数额、讨论通过和解协议、审阅清算组的清算报告、讨论通过破产财产的处理方案与分配方案等。讨论内容应当记明笔录。债权人对人民法院或者清算组登记的债权提出异议的,人民法院应当及时审查并作出裁定;

(七)根据讨论情况,依照企业破产法第十六条的规定进行表决。

以上第(五)至(七)项议程内的工作在本次债权人会议上无法完成的,交由下次债权人会议继续进行。

第四十三条 债权人认为债权人会议决议违反法律规定或者侵害其合法权益的,可以在债权人会议作出决议后七日内向人民法院提出,由人民法院依法裁定。

第四十四条 清算组财产分配方案经债权人会议两次讨论未获通过的,由人民法院依法裁定。

对前款裁定，占无财产担保债权总额半数以上债权的债权人有异议的，可以在人民法院作出裁定之日起十日内向上一级人民法院申诉。上一级人民法院应当组成合议庭进行审理，并在三十日内作出裁定。

第四十五条　债权人可以委托代理人出席债权人会议，并可以授权代理人行使表决权。代理人应当向人民法院或者债权人会议主席提交授权委托书。

第四十六条　第一次债权人会议后又召开债权人会议的，债权人会议主席应当在发出会议通知前三日报告人民法院，并由会议召集人在开会前十五日将会议时间、地点、内容、目的等事项通知债权人。

七、关于清算组

第四十七条　人民法院应当自裁定宣告企业破产之日起十五日内成立清算组。

第四十八条　清算组成员可以从破产企业上级主管部门、清算中介机构以及会计、律师中产生，也可以从政府财政、工商管理、计委、经委、审计、税务、物价、劳动、社会保险、土地管理、国有资产管理、人事等部门中指定。人民银行分（支）行可以按照有关规定派人参加清算组。

第四十九条　清算组经人民法院同意可以聘请破产清算机构、律师事务所、会计事务所等中介机构承担一定的破产清算工作。中介机构就清算工作向清算组负责。

第五十条　清算组的主要职责是：

（一）接管破产企业。向破产企业原法定代表人及留守人员接收原登记造册的资产明细表、有形资产清册，接管所有财产、账册、文书档案、印章、证照和有关资料。破产宣告前成立企业监管组的，由企业监管组和企业原法定代表人向清算组进行移交；

（二）清理破产企业财产，编制财产明细表和资产负债表，编制债权债务清册，组织破产财产的评估、拍卖、变现；

（三）回收破产企业的财产，向破产企业的债务人、财产持有人依法行使财产权利；

（四）管理、处分破产财产，决定是否履行合同和在清算范围内进行经营活动。确认别除权、抵销权、取回权；

（五）进行破产财产的委托评估、拍卖及其他变现工作；

（六）依法提出并执行破产财产处理和分配方案；

（七）提交清算报告；

（八）代表破产企业参加诉讼和仲裁活动；

(九)办理企业注销登记等破产终结事宜;

(十)完成人民法院依法指定的其他事项。

第五十一条　清算组对人民法院负责并且报告工作,接受人民法院的监督。人民法院应当及时指导清算组的工作,明确清算组的职权与责任,帮助清算组拟订工作计划,听取清算组汇报工作。

清算组有损害债权人利益的行为或者其他违法行为的,人民法院可以根据债权人的申请或者依职权予以纠正。

人民法院可以根据债权人的申请或者依职权更换不称职的清算组成员。

第五十二条　清算组应当列席债权人会议,接受债权人会议的询问。债权人有权查阅有关资料、询问有关事项;清算组的决定违背债权人利益的,债权人可以申请人民法院裁定撤销该决定。

第五十三条　清算组对破产财产应当及时登记、清理、审计、评估、变价。必要时,可以请求人民法院对破产企业财产进行保全。

第五十四条　清算组应当采取有效措施保护破产企业的财产。债务人的财产权利如不依法登记或者及时行使将丧失权利的,应当及时予以登记或者行使;对易损、易腐、跌价或者保管费用较高的财产应当及时变卖。

八、关于破产债权

第五十五条　下列债权属于破产债权:

(一)破产宣告前发生的无财产担保的债权;

(二)破产宣告前发生的虽有财产担保但是债权人放弃优先受偿的债权;

(三)破产宣告前发生的虽有财产担保但是债权数额超过担保物价值部分的债权;

(四)票据出票人被宣告破产,付款人或者承兑人不知其事实而向持票人付款或者承兑所产生的债权;

(五)清算组解除合同,对方当事人依法或者依照合同约定产生的对债务人可以用货币计算的债权;

(六)债务人的受托人在债务人破产后,为债务人的利益处理委托事务所发生的债权;

(七)债务人发行债券形成的债权;

(八)债务人的保证人代替债务人清偿债务后依法可以向债务人追偿的债权;

(九)债务人的保证人按照《中华人民共和国担保法》第三十二条的规定预先行使追偿权而申报的债权;

(十)债务人为保证人的,在破产宣告前已经被生效的法律文书确定承担的保证责任；

（十一）债务人在破产宣告前因侵权、违约给他人造成财产损失而产生的赔偿责任；

（十二）人民法院认可的其他债权。

以上第（五）项债权以实际损失为计算原则。违约金不作为破产债权，定金不再适用定金罚则。

第五十六条　因企业破产解除劳动合同，劳动者依法或者依据劳动合同对企业享有的补偿金请求权，参照企业破产法第三十七条第二款第（一）项规定的顺序清偿。

第五十七条　债务人所欠非正式职工（含短期劳动工）的劳动报酬，参照企业破产法第三十七条第二款第（一）项规定的顺序清偿。

第五十八条　债务人所欠企业职工集资款，参照企业破产法第三十七条第二款第（一）项规定的顺序清偿。但对违反法律规定的高额利息部分不予保护。

职工向企业的投资，不属于破产债权。

第五十九条　债务人退出联营应当对该联营企业的债务承担责任的，联营企业的债权人对该债务人享有的债权属于破产债权。

第六十条　与债务人互负债权债务的债权人可以向清算组请求行使抵销权，抵销权的行使应当具备以下条件：

（一）债权人的债权已经得到确认；

（二）主张抵销的债权债务均发生在破产宣告之前。

经确认的破产债权可以转让。受让人以受让的债权抵销其所欠债务人债务的，人民法院不予支持。

第六十一条　下列债权不属于破产债权：

（一）行政、司法机关对破产企业的罚款、罚金以及其他有关费用；

（二）人民法院受理破产案件后债务人未支付应付款项的滞纳金，包括债务人未执行生效法律文书应当加倍支付的迟延利息和劳动保险金的滞纳金；

（三）破产宣告后的债务利息；

（四）债权人参加破产程序所支出的费用；

（五）破产企业的股权、股票持有人在股权、股票上的权利；

（六）破产财产分配开始后向清算组申报的债权；

（七）超过诉讼时效的债权；

（八）债务人开办单位对债务人未收取的管理费、承包费。

上述不属于破产债权的权利，人民法院或者清算组也应当对当事人的申报进行登记。

第六十二条 政府无偿拨付给债务人的资金不属于破产债权。但财政、扶贫、科技管理等行政部门通过签订合同,按有偿使用、定期归还原则发放的款项,可以作为破产债权。

第六十三条 债权人对清算组确认或者否认的债权有异议的,可以向清算组提出。债权人对清算组的处理仍有异议的,可以向人民法院提出。人民法院应当在查明事实的基础上依法作出裁决。

九、关于破产财产

第六十四条 破产财产由下列财产构成:

(一)债务人在破产宣告时所有的或者经营管理的全部财产;

(二)债务人在破产宣告后至破产程序终结前取得的财产;

(三)应当由债务人行使的其他财产权利。

第六十五条 债务人与他人共有的物、债权、知识产权等财产或者财产权,应当在破产清算中予以分割,债务人分割所得属于破产财产;不能分割的,应当就其应得部分转让,转让所得属于破产财产。

第六十六条 债务人的开办人注册资金投入不足的,应当由该开办人予以补足,补足部分属于破产财产。

第六十七条 企业破产前受让他人财产并依法取得所有权或者土地使用权的,即便未支付或者未完全支付对价,该财产仍属于破产财产。

第六十八条 债务人的财产被采取民事诉讼执行措施的,在受理破产案件后尚未执行的或者未执行完毕的剩余部分,在该企业被宣告破产后列入破产财产。因错误执行应当执行回转的财产,在执行回转后列入破产财产。

第六十九条 债务人依照法律规定取得代位求偿权的,依该代位求偿权享有的债权属于破产财产。

第七十条 债务人在被宣告破产时未到期的债权视为已到期,属于破产财产,但应当减去未到期的利息。

第七十一条 下列财产不属于破产财产:

(一)债务人基于仓储、保管、加工承揽、委托交易、代销、借用、寄存、租赁等法律关系占有、使用的他人财产;

(二)抵押物、留置物、出质物,但权利人放弃优先受偿权的或者优先偿付被担保债权剩余的部分除外;

(三)担保物灭失后产生的保险金、补偿金、赔偿金等代位物;

(四)依照法律规定存在优先权的财产,但权利人放弃优先受偿权或者优先偿付特定债权剩余的部分除外;

(五)特定物买卖中,尚未转移占有但相对人已完全支付对价的特定物;

(六)尚未办理产权证或者产权过户手续但已向买方交付的财产;

(七)债务人在所有权保留买卖中尚未取得所有权的财产;

(八)所有权专属于国家且不得转让的财产;

(九)破产企业工会所有的财产。

第七十二条　本规定第七十一条第(一)项所列的财产,财产权利人有权取回。

前款财产在破产宣告前已经毁损灭失的,财产权利人仅能以直接损失额为限申报债权;在破产宣告后因清算组的责任毁损灭失的,财产权利人有权获得等值赔偿。

债务人转让上述财产获利的,财产权利人有权要求债务人等值赔偿。

十、关于破产财产的收回、处理和变现

第七十三条　清算组应当向破产企业的债务人和财产持有人发出书面通知,要求债务人和财产持有人于限定的时间向清算组清偿债务或者交付财产。

破产企业的债务人和财产持有人有异议的,应当在收到通知后的七日内提出,由人民法院作出裁定。

破产企业的债务人和财产持有人在收到通知后既不向清算组清偿债务或者交付财产,又没有正当理由不在规定的异议期内提出异议的,由清算组向人民法院提出申请,经人民法院裁定后强制执行。

破产企业在境外的财产,由清算组予以收回。

第七十四条　债务人享有的债权,其诉讼时效自人民法院受理债务人的破产申请之日起,适用《中华人民共和国民法通则》第一百四十条关于诉讼时效中断的规定。债务人与债权人达成和解协议,中止破产程序的,诉讼时效自人民法院中止破产程序裁定之日起重新计算。

第七十五条　经人民法院同意,清算组可以聘用律师或者其他中介机构的人员追收债权。

第七十六条　债务人设立的分支机构和没有法人资格的全资机构的财产,应当一并纳入破产程序进行清理。

第七十七条　债务人在其开办的全资企业中的投资权益应当予以追收。

全资企业资不抵债的,清算组停止追收。

第七十八条　债务人对外投资形成的股权及其收益应当予以追收。对该股权可以出售或者转让,出售、转让所得列入破产财产进行分配。

股权价值为负值的,清算组停止追收。

第七十九条　债务人开办的全资企业,以及由其参股、控股的企业不能清偿到期债务,需要进行破产还债的,应当另行提出破产申请。

第八十条 清算组处理集体所有土地使用权时,应当遵守相关法律规定。未办理土地征用手续的集体所有土地使用权,应当在该集体范围内转让。

第八十一条 破产企业的职工住房,已经签订合同、交付房款,进行房改给个人的,不属于破产财产。未进行房改的,可由清算组向有关部门申请办理房改事项,向职工出售。按照国家规定不具备房改条件,或者职工在房改中不购买住房的,由清算组根据实际情况处理。

第八十二条 债务人的幼儿园、学校、医院等公益福利性设施,按国家有关规定处理,不作为破产财产分配。

第八十三条 处理破产财产前,可以确定有相应评估资质的评估机构对破产财产进行评估,债权人会议、清算组对破产财产的评估结论、评估费用有异议的,参照最高人民法院《关于民事诉讼证据的若干规定》第二十七条的规定处理。

第八十四条 债权人会议对破产财产的市场价格无异议的,经人民法院同意后,可以不进行评估。但是国有资产除外。

第八十五条 破产财产的变现应当以拍卖方式进行。由清算组负责委托有拍卖资格的拍卖机构进行拍卖。

依法不得拍卖或者拍卖所得不足以支付拍卖所需费用的,不进行拍卖。

前款不进行拍卖或者拍卖不成的破产财产,可以在破产分配时进行实物分配或者作价变卖。债权人对清算组在实物分配或者作价变卖中对破产财产的估价有异议的,可以请求人民法院进行审查。

第八十六条 破产财产中的成套设备,一般应当整体出售。

第八十七条 依法属于限制流通的破产财产,应当由国家指定的部门收购或者按照有关法律规定处理。

十一、关于破产费用

第八十八条 破产费用包括:

(一)破产财产的管理、变卖、分配所需要的费用;

(二)破产案件的受理费;

(三)债权人会议费用;

(四)催收债务所需费用;

(五)为债权人的共同利益而在破产程序中支付的其他费用。

第八十九条 人民法院受理企业破产案件可以按照《人民法院诉讼收费办法补充规定》预收案件受理费。

破产宣告前发生的经人民法院认可的必要支出,从债务人财产中拨付。债务人财产不足以支付的,如系债权人申请破产的,由债权人支付。

第九十条 清算期间职工生活费、医疗费可以从破产财产中优先拨付。

第九十一条 破产费用可随时支付,破产财产不足以支付破产费用的,人民法院根据清算组的申请裁定终结破产程序。

十二、关于破产财产的分配

第九十二条 破产财产分配方案经债权人会议通过后,由清算组负责执行。财产分配可以一次分配,也可以多次分配。

第九十三条 破产财产分配方案应当包括以下内容:

(一)可供破产分配的财产种类、总值,已经变现的财产和未变现的财产;

(二)债权清偿顺序、各顺序的种类与数额,包括破产企业所欠职工工资、劳动保险费用和破产企业所欠税款的数额和计算依据,纳入国家计划调整的企业破产,还应当说明职工安置费的数额和计算依据;

(三)破产债权总额和清偿比例;

(四)破产分配的方式、时间;

(五)对将来能够追回的财产拟进行追加分配的说明。

第九十四条 列入破产财产的债权,可以进行债权分配。债权分配以便于债权人实现债权为原则。

将人民法院已经确认的债权分配给债权人的,由清算组向债权人出具债权分配书,债权人可以凭债权分配书向债务人要求履行。债务人拒不履行的,债权人可以申请人民法院强制执行。

第九十五条 债权人未在指定期限内领取分配的财产的,对该财产可以进行提存或者变卖后提存价款,并由清算组向债权人发出催领通知书。债权人在收到催领通知书一个月后或者在清算组发出催领通知书两个月后,债权人仍未领取的,清算组应当对该部分财产进行追加分配。

十三、关于破产终结

第九十六条 破产财产分配完毕,由清算组向人民法院报告分配情况,并申请人民法院终结破产程序。

人民法院在收到清算组的报告和终结破产程序申请后,认为符合破产程序终结规定的,应当在七日内裁定终结破产程序。

第九十七条 破产程序终结后,由清算组向破产企业原登记机关办理企业注销登记。

破产程序终结后仍有可以追收的破产财产、追加分配等善后事宜需要处理的,经人民法院同意,可以保留清算组或者保留部分清算组成员。

第九十八条　破产程序终结后出现可供分配的财产的,应当追加分配。追加分配的财产,除企业破产法第四十条规定的由人民法院追回的财产外,还包括破产程序中因纠正错误支出收回的款项,因权利被承认追回的财产,债权人放弃的财产和破产程序终结后实现的财产权利等。

第九十九条　破产程序终结后,破产企业的账册、文书等卷宗材料由清算组移交破产企业上级主管机关保存;无上级主管机关的,由破产企业的开办人或者股东保存。

十四、其　　他

第一百条　人民法院在审理企业破产案件中,发现破产企业的原法定代表人或者直接责任人员有企业破产法第三十五条所列行为的,应当向有关部门建议,对该法定代表人或者直接责任人员给予行政处分;涉嫌犯罪的,应当将有关材料移送相关国家机关处理。

第一百零一条　破产企业有企业破产法第三十五条所列行为,致使企业财产无法收回,造成实际损失的,清算组可以对破产企业的原法定代表人、直接责任人员提起民事诉讼,要求其承担民事赔偿责任。

第一百零二条　人民法院受理企业破产案件后,发现企业有巨额财产下落不明的,应当将有关涉嫌犯罪的情况和材料,移送相关国家机关处理。

第一百零三条　人民法院可以建议有关部门对破产企业的主要责任人员限制其再行开办企业,在法定期限内禁止其担任公司的董事、监事、经理。

第一百零四条　最高人民法院发现各级人民法院,或者上级人民法院发现下级人民法院在破产程序中作出的裁定确有错误的,应当通知其纠正;不予纠正的,可以裁定指令下级人民法院重新作出裁定。

第一百零五条　纳入国家计划调整的企业破产案件,除适用本规定外,还应当适用国家有关企业破产的相关规定。

第一百零六条　本规定自二〇〇二年九月一日起施行。在本规定发布前制定的有关审理企业破产案件的司法解释,与本规定相抵触的,不再适用。

全国法院破产审判工作会议纪要

(2018年3月4日公布并实施　法〔2018〕53号)

为落实党的十九大报告提出的贯彻新发展理念、建设现代化经济体系的要求,紧紧围绕高质量发展这条主线，服务和保障供给侧结构性改革，充分发挥人民法院破产审判工作在完善社会主义市场经济主体拯救和退出机制中的积极作用，为决胜全面建成小康社会提供更加有力的司法保障，2017年12月25日，最高人民法院在广东省深圳市召开了全国法院破产审判工作会议。各省、自治区、直辖市高级人民法院、设立破产审判庭的市中级人民法院的代表参加了会议。与会代表经认真讨论，对人民法院破产审判涉及的主要问题达成共识。现纪要如下：

一、破产审判的总体要求

会议认为，人民法院要坚持以习近平新时代中国特色社会主义经济思想为指导，深刻认识破产法治对决胜全面建成小康社会的重要意义，以更加有力的举措开展破产审判工作，为经济社会持续健康发展提供更加有力的司法保障。当前和今后一个时期，破产审判工作总的要求是：

一要发挥破产审判功能，助推建设现代化经济体系。人民法院要通过破产工作实现资源重新配置，用好企业破产中权益、经营管理、资产、技术等重大调整的有利契机，对不同企业分类处置，把科技、资本、劳动力和人力资源等生产要素调动好、配置好、协同好，促进实体经济和产业体系优质高效。

二要着力服务构建新的经济体制，完善市场主体救治和退出机制。要充分运用重整、和解法律手段实现市场主体的有效救治，帮助企业提质增效；运用清算手段促使丧失经营价值的企业和产能及时退出市场，实现优胜劣汰，从而完善社会主义市场主体的救治和退出机制。

三要健全破产审判工作机制，最大限度释放破产审判的价值。要进一步完善破产重整企业识别、政府与法院协调、案件信息沟通、合法有序的利益衡平四项破产审判工作机制，推动破产审判工作良性运行，彰显破产审判工作的制度价值和社会责任。

四要完善执行与破产工作的有序衔接，推动解决"执行难"。要将破产审判作为与立案、审判、执行既相互衔接、又相对独立的一个重要环节，充分发挥破产审判对化解执行积案的促进功能，消除执行转破产的障碍，从司法工作机制上探索解决"执行难"的有效途径。

二、破产审判的专业化建设

审判专业化是破产审判工作取得实质性进展的关键环节。各级法院要大力加强破产审判专业化建设，努力实现审判机构专业化、审判队伍专业化、审判程序规范化、裁判规则标准化、绩效考评科学化。

1. 推进破产审判机构专业化建设。省会城市、副省级城市所在地中级人民法院要根据最高人民法院《关于在中级人民法院设立清算与破产审判庭的工作方案》（法〔2016〕209号），抓紧设立清算与破产审判庭。其他各级法院可根据本地工作实际需求决定设立清算与破产审判庭或专门的合议庭,培养熟悉清算与破产审判的专业法官,以适应破产审判工作的需求。

2. 合理配置审判任务。要根据破产案件数量、案件难易程度、审判力量等情况,合理分配各级法院的审判任务。对于债权债务关系复杂、审理难度大的破产案件,高级人民法院可以探索实行中级人民法院集中管辖为原则、基层人民法院管辖为例外的管辖制度;对于债权债务关系简单、审理难度不大的破产案件,可以主要由基层人民法院管辖,通过快速审理程序高效审结。

3. 建立科学的绩效考评体系。要尽快完善清算与破产审判工作绩效考评体系,在充分尊重司法规律的基础上确定绩效考评标准,避免将办理清算破产案件与普通案件简单对比、等量齐观、同等考核。

三、管理人制度的完善

管理人是破产程序的主要推动者和破产事务的具体执行者。管理人的能力和素质不仅影响破产审判工作的质量,还关系到破产企业的命运与未来发展。要加快完善管理人制度,大力提升管理人职业素养和执业能力,强化对管理人的履职保障和有效监督,为改善企业经营、优化产业结构提供有力制度保障。

4. 完善管理人队伍结构。人民法院要指导编入管理人名册的中介机构采取适当方式吸收具有专业技术知识、企业经营能力的人员充实到管理人队伍中来,促进管理人队伍内在结构更加合理,充分发挥和提升管理人在企业病因诊断、资源整合等方面的重要作用。

5. 探索管理人跨区域执业。除从本地名册选择管理人外,各地法院还可以探索从外省、市管理人名册中选任管理人,确保重大破产案件能够遴选出最佳管理人。两家以上具备资质的中介机构请求联合担任同一破产案件管理人的,人民法院经审查符合自愿协商、优势互补、权责一致要求且确有必要的,可以准许。

6. 实行管理人分级管理。高级人民法院或者自行编制管理人名册的中级人民法院可以综合考虑管理人的专业水准、工作经验、执业操守、工作绩效、勤勉程度等因素,合理确定管理人等级,对管理人实行分级管理、定期考评。对债务人财产数量不多、债权债务关系简单的破产案件,可以在相应等级的管理人中采取轮候、抽签、摇号等随机方式指定管理人。

7. 建立竞争选定管理人工作机制。破产案件中可以引入竞争机制选任管理人,提升破产管理质量。上市公司破产案件、在本地有重大影响的破产案件或者债权债务关系复杂,涉及债权人、职工以及利害关系人人数较多的破产案件,在指定管理人时,一般应当通过竞争方式依法选定。

8. 合理划分法院和管理人的职能范围。人民法院应当支持和保障管理人依法履行职责,不得代替管理人作出本应由管理人自己作出的决定。管理人应当依法管理和处分债务人财产，审慎决定债务人内部管理事务，不得将自己的职责全部或者部分转让给他人。

9. 进一步落实管理人职责。在债务人自行管理的重整程序中，人民法院要督促管理人制订监督债务人的具体制度。在重整计划规定的监督期内，管理人应当代表债务人参加监督期开始前已经启动而尚未终结的诉讼、仲裁活动。重整程序、和解程序转入破产清算程序后，管理人应当按照破产清算程序继续履行管理人职责。

10. 发挥管理人报酬的激励和约束作用。人民法院可以根据破产案件的不同情况确定管理人报酬的支付方式，发挥管理人报酬在激励、约束管理人勤勉履职方面的积极作用。管理人报酬原则上应当根据破产案件审理进度和管理人履职情况分期支付。案情简单、耗时较短的破产案件，可以在破产程序终结后一次性向管理人支付报酬。

11. 管理人聘用其他人员费用负担的规制。管理人经人民法院许可聘用企业经营管理人员，或者管理人确有必要聘请其他社会中介机构或人员处理重大诉讼、仲裁、执行或审计等专业性较强工作，如所需费用需要列入破产费用的，应当经债权人会议同意。

12. 推动建立破产费用的综合保障制度。各地法院要积极争取财政部门支持，或采取从其他破产案件管理人报酬中提取一定比例等方式，推动设立破产费用保障资金，建立破产费用保障长效机制，解决因债务人财产不足以支付破产费用而影响破产程序启动的问题。

13. 支持和引导成立管理人协会。人民法院应当支持、引导、推动本辖区范围内管理人名册中的社会中介机构、个人成立管理人协会，加强对管理人的管理和约束，维护管理人的合法权益，逐步形成规范、稳定和自律的行业组织，确保管理人队伍既充满活力又规范有序发展。

四、破产重整

会议认为，重整制度集中体现了破产法的拯救功能，代表了现代破产法的发展趋势，全国各级法院要高度重视重整工作，妥善审理企业重整案件，通过市场化、法治化途径挽救困境企业，不断完善社会主义市场主体救治机制。

14. 重整企业的识别审查。破产重整的对象应当是具有挽救价值和可能的困境企业；对于僵尸企业，应通过破产清算，果断实现市场出清。人民法院在审查重整申请时，根据债务人的资产状况、技术工艺、生产销售、行业前景等因素，能够认定债务人明显不具备重整价值以及拯救可能性的，应裁定不予受理。

15. 重整案件的听证程序。对于债权债务关系复杂、债务规模较大，或者涉及上市公司重整的案件，人民法院在审查重整申请时，可以组织申请人、被申请人听证。债权人、出资人、重整投资人等利害关系人经人民法院准许，也可以参加听证。

听证期间不计入重整申请审查期限。

16.重整计划的制定及沟通协调。人民法院要加强与管理人或债务人的沟通,引导其分析债务人陷于困境的原因,有针对性地制定重整计划草案,促使企业重新获得盈利能力,提高重整成功率。人民法院要与政府建立沟通协调机制,帮助管理人或债务人解决重整计划草案制定中的困难和问题。

17.重整计划的审查与批准。重整不限于债务减免和财务调整,重整的重点是维持企业的营运价值。人民法院在审查重整计划时,除合法性审查外,还应审查其中的经营方案是否具有可行性。重整计划中关于企业重新获得盈利能力的经营方案具有可行性、表决程序合法、内容不损害各表决组中反对者的清偿利益的,人民法院应当自收到申请之日起三十日内裁定批准重整计划。

18.重整计划草案强制批准的条件。人民法院应当审慎适用企业破产法第八十七条第二款,不得滥用强制批准权。确需强制批准重整计划草案的,重整计划草案除应当符合企业破产法第八十七条第二款规定外,如债权人分多组的,还应当至少有一组已经通过重整计划草案,且各表决组中反对者能够获得的清偿利益不低于依照破产清算程序所能获得的利益。

19.重整计划执行中的变更条件和程序。债务人应严格执行重整计划,但因出现国家政策调整、法律修改变化等特殊情况,导致原重整计划无法执行的,债务人或管理人可以申请变更重整计划一次。债权人会议决议同意变更重整计划的,应自决议通过之日起十日内提请人民法院批准。债权人会议决议不同意或者人民法院不批准变更申请的,人民法院经管理人或者利害关系人请求,应当裁定终止重整计划的执行,并宣告债务人破产。

20.重整计划变更后的重新表决与裁定批准。人民法院裁定同意变更重整计划的,债务人或者管理人应当在六个月内提出新的重整计划。变更后的重整计划应提交给因重整计划变更而遭受不利影响的债权人组和出资人组进行表决。表决、申请人民法院批准以及人民法院裁定是否批准的程序与原重整计划的相同。

21.重整后企业正常生产经营的保障。企业重整后,投资主体、股权结构、公司治理模式、经营方式等与原企业相比,往往发生了根本变化,人民法院要通过加强与政府的沟通协调,帮助重整企业修复信用记录,依法获取税收优惠,以利于重整企业恢复正常生产经营。

22.探索推行庭外重组与庭内重整制度的衔接。在企业进入重整程序之前,可以先由债权人与债务人、出资人等利害关系人通过庭外商业谈判,拟定重组方案。重整程序启动后,可以重组方案为依据拟定重整计划草案提交人民法院依法审查批准。

五、破产清算

会议认为,破产清算作为破产制度的重要组成部分,具有淘汰落后产能、优化市场资源配置的直接作用。对于缺乏拯救价值和可能性的债务人，要及时通过破产清算程序对债权债务关系进行全面清理，重新配置社会资源，提升社会有效供给的质量和水平，增强企业破产法对市场经济发展的引领作用。

23. 破产宣告的条件。人民法院受理破产清算申请后，第一次债权人会议上无人提出重整或和解申请的，管理人应当在债权审核确认和必要的审计、资产评估后，及时向人民法院提出宣告破产的申请。人民法院受理破产和解或重整申请后，债务人出现应当宣告破产的法定原因时，人民法院应当依法宣告债务人破产。

24. 破产宣告的程序及转换限制。相关主体向人民法院提出宣告破产申请的，人民法院应当自收到申请之日起七日内作出破产宣告裁定并进行公告。债务人被宣告破产后，不得再转入重整程序或和解程序。

25. 担保权人权利的行使与限制。在破产清算和破产和解程序中，对债务人特定财产享有担保权的债权人可以随时向管理人主张就该特定财产变价处置行使优先受偿权，管理人应及时变价处置，不得以须经债权人会议决议等为由拒绝。但因单独处置担保财产会降低其他破产财产的价值而应整体处置的除外。

26. 破产财产的处置。破产财产处置应当以价值最大化为原则，兼顾处置效率。人民法院要积极探索更为有效的破产财产处置方式和渠道，最大限度提升破产财产变价率。采用拍卖方式进行处置的，拍卖所得预计不足以支付评估拍卖费用，或者拍卖不成的，经债权人会议决议，可以采取作价变卖或实物分配方式。变卖或实物分配的方案经债权人会议两次表决仍未通过的，由人民法院裁定处理。

27. 企业破产与职工权益保护。破产程序中要依法妥善处理劳动关系，推动完善职工欠薪保障机制，依法保护职工生存权。由第三方垫付的职工债权，原则上按照垫付的职工债权性质进行清偿；由欠薪保障基金垫付的，应按照企业破产法第一百一十三条第一款第二项的顺序清偿。债务人欠缴的住房公积金，按照债务人拖欠的职工工资性质清偿。

28. 破产债权的清偿原则和顺序。对于法律没有明确规定清偿顺序的债权，人民法院可以按照人身损害赔偿债权优先于财产性债权、私法债权优先于公法债权、补偿性债权优先于惩罚性债权的原则合理确定清偿顺序。因债务人侵权行为造成的人身损害赔偿，可以参照企业破产法第一百一十三条第一款第一项规定的顺序清偿，但其中涉及的惩罚性赔偿除外。破产财产依照企业破产法第一百一十三条规定的顺序清偿后仍有剩余的，可依次用于清偿破产受理前产生的民事惩罚性赔偿金、行政罚款、刑事罚金等惩罚性债权。

29. 建立破产案件审理的繁简分流机制。人民法院审理破产案件应当提升审判效率，在确保利害关系人程序和实体权利不受损害的前提下，建立破产案件审理的繁简分流机制。对于债权债务关系明确、债务人财产状况清楚的破产案件，可以通过缩短程序时间、简化流程等方式加快案件审理进程,但不得突破法律规定的最低期限。

30. 破产清算程序的终结。人民法院终结破产清算程序应当以查明债务人财产状况、明确债务人财产的分配方案、确保破产债权获得依法清偿为基础。破产申请受理后,经管理人调查,债务人财产不足以清偿破产费用且无人代为清偿或垫付的,人民法院应当依管理人申请宣告破产并裁定终结破产清算程序。

31. 保证人的清偿责任和求偿权的限制。破产程序终结前,已向债权人承担了保证责任的保证人,可以要求债务人向其转付已申报债权的债权人在破产程序中应得清偿部分。破产程序终结后,债权人就破产程序中未受清偿部分要求保证人承担保证责任的,应在破产程序终结后六个月内提出。保证人承担保证责任后,不得再向和解或重整后的债务人行使求偿权。

六、关联企业破产

会议认为,人民法院审理关联企业破产案件时,要立足于破产关联企业之间的具体关系模式,采取不同方式予以处理。既要通过实质合并审理方式处理法人人格高度混同的关联关系,确保全体债权人公平清偿,也要避免不当采用实质合并审理方式损害相关利益主体的合法权益。

32. 关联企业实质合并破产的审慎适用。人民法院在审理企业破产案件时,应当尊重企业法人人格的独立性,以对关联企业成员的破产原因进行单独判断并适用单个破产程序为基本原则。当关联企业成员之间存在法人人格高度混同、区分各关联企业成员财产的成本过高、严重损害债权人公平清偿利益时,可例外适用关联企业实质合并破产方式进行审理。

33. 实质合并申请的审查。人民法院收到实质合并申请后,应当及时通知相关利害关系人并组织听证,听证时间不计入审查时间。人民法院在审查实质合并申请过程中,可以综合考虑关联企业之间资产的混同程序及其持续时间、各企业之间的利益关系、债权人整体清偿利益、增加企业重整的可能性等因素,在收到申请之日起三十日内作出是否实质合并审理的裁定。

34. 裁定实质合并时利害关系人的权利救济。相关利害关系人对受理法院作出的实质合并审理裁定不服的,可以自裁定书送达之日起十五日内向受理法院的上一级人民法院申请复议。

35. 实质合并审理的管辖原则与冲突解决。采用实质合并方式审理关联企业破产案件的,应由关联企业中的核心控制企业住所地人民法院管辖。核心控制企业不明确的,由关联企业主要财产所在地人民法院管辖。多个法院之间对管辖权发生争议的,应当报请共同的上级人民法院指定管辖。

36. 实质合并审理的法律后果。人民法院裁定采用实质合并方式审理破产案件的,各关联企业成员之间的债权债务归于消灭,各成员的财产作为合并后统一的破产财产,由各成员的债权人在同一程序中按照法定顺序公平受偿。采用实质合并方式进行重整的,重整计划草案中应当制定统一的债权分类、债权调整和债权受偿方案。

37. 实质合并审理后的企业成员存续。适用实质合并规则进行破产清算的,破产程序终结后各关联企业成员均应予以注销。适用实质合并规则进行和解或重整的,各关联企业原则上应当合并为一个企业。根据和解协议或重整计划,确有需要保持个别企业独立的,应当依照企业分立的有关规则单独处理。

38. 关联企业破产案件的协调审理与管辖原则。多个关联企业成员均存在破产原因但不符合实质合并条件的,人民法院可根据相关主体的申请对多个破产程序进行协调审理,并可根据程序协调的需要,综合考虑破产案件审理的效率、破产申请的先后顺序、成员负债规模大小、核心控制企业住所地等因素,由共同的上级法院确定一家法院集中管辖。

39. 协调审理的法律后果。协调审理不消灭关联企业成员之间的债权债务关系,不对关联企业成员的财产进行合并,各关联企业成员的债权人仍以该企业成员财产为限依法获得清偿。但关联企业成员之间不当利用关联关系形成的债权,应当劣后于其他普通债权顺序清偿,且该劣后债权人不得就其他关联企业成员提供的特定财产优先受偿。

七、执行程序与破产程序的衔接

执行程序与破产程序的有效衔接是全面推进破产审判工作的有力抓手,也是破解“执行难”的重要举措。全国各级法院要深刻认识执行转破产工作的重要意义,大力推动符合破产条件的执行案件,包括执行不能案件进入破产程序,充分发挥破产程序的制度价值。

40. 执行法院的审查告知、释明义务和移送职责。执行部门要高度重视执行与破产的衔接工作,推动符合条件的执行案件向破产程序移转。执行法院发现作为被执行人的企业法人符合企业破产法第二条规定的,应当及时询问当事人是否同意将案件移送破产审查并释明法律后果。执行法院作出移送决定后,应当书面通知所有已知执行法院,执行法院均应中止对被执行人的执行程序。

41. 执行转破产案件的移送和接收。执行法院与受移送法院应加强移送环节的协调配合,提升工作实效。执行法院移送案件时,应当确保材料完备,内容、形式符合规定。受移送法院应当认真审核并及时反馈意见,不得无故不予接收或暂缓立案。

42. 破产案件受理后查封措施的解除或查封财产的移送。执行法院收到破产受理裁定后,应当解除对债务人财产的查封、扣押、冻结措施;或者根据破产受理法院的要求,出具函件将查封、扣押、冻结财产的处置权交破产受理法院。破产受理法院可以持执行法院的移送处置函件进行续行查封、扣押、冻结,解除查封、扣押、冻结,或者予以处置。

执行法院收到破产受理裁定拒不解除查封、扣押、冻结措施的,破产受理法院可以请求执行法院的上级法院依法予以纠正。

43. 破产审判部门与执行部门的信息共享。破产受理法院可以利用执行查控系统查控债务人财产,提高破产审判工作效率,执行部门应予以配合。

各地法院要树立线上线下法律程序同步化的观念,逐步实现符合移送条件的执行案件网上移送,提升移送工作的透明度,提高案件移送、通知、送达、沟通协调等相关工作的效率。

44. 强化执行转破产工作的考核与管理。各级法院要结合工作实际建立执行转破产工作考核机制,科学设置考核指标,推动执行转破产工作开展。对应当征询当事人意见不征询、应当提交移送审查不提交、受移送法院违反相关规定拒不接收执行转破产材料或者拒绝立案的,除应当纳入绩效考核和业绩考评体系外,还应当公开通报和严肃追究相关人员的责任。

八、破产信息化建设

会议认为,全国法院要进一步加强破产审判的信息化建设,提升破产案件审理的透明度和公信力,增进破产案件审理质效,促进企业重整再生。

45. 充分发挥破产重整案件信息平台对破产审判工作的推动作用。各级法院要按照最高人民法院相关规定,通过破产重整案件信息平台规范破产案件审理,全程公开、步步留痕。要进一步强化信息网的数据统计、数据检索等功能,分析研判企业破产案件情况,及时发现新情况,解决新问题,提升破产案件审判水平。

46. 不断加大破产重整案件的信息公开力度。要增加对债务人企业信息的公开内容,吸引潜在投资者,促进资本、技术、管理能力等要素自由流动和有效配置,帮助企业重整再生。要确保债权人等利害关系人及时、充分了解案件进程和债务人相关财务、重整计划草案、重整计划执行等情况,维护债权人等利害关系人的知情权、程序参与权。

47. 运用信息化手段提高破产案件处理的质量与效率。要适应信息化发展趋势,积极引导以网络拍卖方式处置破产财产,提升破产财产处置效益。鼓励和规范通过网络方式召开债权人会议,提高效率,降低破产费用,确保债权人等主体参与破产程序的权利。

48. 进一步发挥人民法院破产重整案件信息网的枢纽作用。要不断完善和推广使用破产重整案件信息网,在确保增量数据及时录入信息网的同时,加快填充有关存量数据,确立信息网在企业破产大数据方面的枢纽地位,发挥信息网的宣传、交流功能，扩大各方运用信息网的积极性。

九、跨境破产

49. 对跨境破产与互惠原则。人民法院在处理跨境破产案件时，要妥善解决跨境破产中的法律冲突与矛盾，合理确定跨境破产案件中的管辖权。在坚持同类债权平等保护的原则下，协调好外国债权人利益与我国债权人利益的平衡，合理保护我国境内职工债权、税收债权等优先权的清偿利益。积极参与、推动跨境破产国际条约的协商与签订，探索互惠原则适用的新方式，加强我国法院和管理人在跨境破产领域的合作，推进国际投资健康有序发展。

50. 跨境破产案件中的权利保护与利益平衡。依照企业破产法第五条的规定，开展跨境破产协作。人民法院认可外国法院作出的破产案件的判决、裁定后，债务人在中华人民共和国境内的财产在全额清偿境内的担保权人、职工债权和社会保险费用、所欠税款等优先权后，剩余财产可以按照该外国法院的规定进行分配。

最高人民法院关于《中华人民共和国企业破产法》施行时尚未审结的企业破产案件适用法律若干问题的规定

（2007年4月23日最高人民法院审判委员会第1425次会议通过
2007年4月25日公布　法释〔2007〕10号　自2007年6月1日起施行）

为正确适用《中华人民共和国企业破产法》，对人民法院审理企业破产法施行前受理的、施行时尚未审结的企业破产案件具体适用法律问题，规定如下：

第一条　债权人、债务人或者出资人向人民法院提出重整或者和解申请，符合下列条件之一的，人民法院应予受理：

（一）债权人申请破产清算的案件，债务人或者出资人于债务人被宣告破产前提出重整申请，且符合企业破产法第七十条第二款的规定；

（二）债权人申请破产清算的案件，债权人于债务人被宣告破产前提出重整申请，且符合企业破产法关于债权人直接向人民法院申请重整的规定；

（三）债务人申请破产清算的案件，债务人于被宣告破产前提出重整申请，且符合企业破产法关于债务人直接向人民法院申请重整的规定；

（四）债务人依据企业破产法第九十五条的规定申请和解。

第二条　清算组在企业破产法施行前未通知或者答复未履行完毕合同的对方当事人解除或者继续履行合同的，从企业破产法施行之日起计算，在该法第十八条第一款规定的期限内未通知或者答复的,视为解除合同。

第三条 已经成立清算组的,企业破产法施行后,人民法院可以指定该清算组为管理人。

尚未成立清算组的,人民法院应当依照企业破产法和《最高人民法院关于审理企业破产案件指定管理人的规定》及时指定管理人。

第四条 债权人主张对债权债务抵销的,应当符合企业破产法第四十条规定的情形;但企业破产法施行前,已经依据有关法律规定抵销的除外。

第五条 对于尚未清偿的破产费用,应当按企业破产法第四十一条和第四十二条的规定区分破产费用和共益债务,并依据企业破产法第四十三条的规定清偿。

第六条 人民法院尚未宣告债务人破产的,应当适用企业破产法第四十六条的规定确认债权利息;已经宣告破产的,依据企业破产法施行前的法律规定确认债权利息。

第七条 债权人已经向人民法院申报债权的,由人民法院将相关申报材料移交给管理人;尚未申报的,债权人应当直接向管理人申报。

第八条 债权人未在人民法院确定的债权申报期内向人民法院申报债权的,可以依据企业破产法第五十六条的规定补充申报。

第九条 债权人对债权表记载债权有异议,向受理破产申请的人民法院提起诉讼的,人民法院应当依据企业破产法第二十一条和第五十八条的规定予以受理。但人民法院对异议债权已经作出裁决的除外。

债权人就争议债权起诉债务人,要求其承担偿还责任的,人民法院应当告知该债权人变更其诉讼请求为确认债权。

第十条 债务人的职工就清单记载有异议,向受理破产申请的人民法院提起诉讼的,人民法院应当依据企业破产法第二十一条和第四十八条的规定予以受理。但人民法院对异议债权已经作出裁决的除外。

第十一条 有财产担保的债权人未放弃优先受偿权利的,对于企业破产法第六十一条第一款第七项、第十项规定以外的事项享有表决权。但该债权人对于企业破产法施行前已经表决的事项主张行使表决权,或者以其未行使表决权为由请求撤销债权人会议决议的,人民法院不予支持。

第十二条 债权人认为债权人会议的决议违反法律规定,损害其利益,向人民法院请求撤销该决议,裁定尚未作出的,人民法院应当依据企业破产法第六十四条的规定作出裁定。

第十三条 债权人对于财产分配方案的裁定不服,已经申诉的,由上一级人民法院依据申诉程序继续审理;企业破产法施行后提起申诉的,人民法院应当告知其依据企业破产法第六十六条的规定申请复议。

债权人对于人民法院作出的债务人财产管理方案的裁定或者破产财产变价方案的裁定不服,向受理破产申请的人民法院申请复议的,人民法院应当依据企业破产法第六十六条的规定予以受理。

债权人或者债务人对破产宣告裁定有异议,已经申诉的,由上一级人民法院依据申诉程序继续审理;企业破产法施行后提起申诉的,人民法院不予受理。

第十四条 企业破产法施行后,破产人的职工依据企业破产法第一百三十二条的规定主张权利的,人民法院应予支持。

第十五条 破产人所欠董事、监事和高级管理人员的工资,应当依据企业破产法第一百一十三条第三款的规定予以调整。

第十六条 本规定施行前本院作出的有关司法解释与本规定相抵触的,人民法院审理尚未审结的企业破产案件不再适用。

最高人民法院
关于执行案件移送破产审查若干问题的指导意见

(2017年1月20日公布并实施 法发〔2017〕2号)

推进执行案件移送破产审查工作,有利于健全市场主体救治和退出机制,有利于完善司法工作机制,有利于化解执行积案,是人民法院贯彻中央供给侧结构性改革部署的重要举措,是当前和今后一段时期人民法院服务经济社会发展大局的重要任务。为促进和规范执行案件移送破产审查工作,保障执行程序与破产程序的有序衔接,根据《中华人民共和国企业破产法》《中华人民共和国民事诉讼法》《最高人民法院关于适用〈中华人民共和国民事诉讼法〉的解释》等规定,现对执行案件移送破产审查的若干问题提出以下意见。

一、执行案件移送破产审查的工作原则、条件与管辖

1. 执行案件移送破产审查工作,涉及执行程序与破产程序之间的转换衔接,不同法院之间,同一法院内部执行部门、立案部门、破产审判部门之间,应坚持依法有序、协调配合、高效便捷的工作原则,防止推诿扯皮,影响司法效率,损害当事人合法权益。

2. 执行案件移送破产审查,应同时符合下列条件:

(1)被执行人为企业法人;

(2)被执行人或者有关被执行人的任何一个执行案件的申请执行人书面同意将执行案件移送破产审查;

(3)被执行人不能清偿到期债务,并且资产不足以清偿全部债务或者明显缺乏清偿能力。

3. 执行案件移送破产审查,由被执行人住所地人民法院管辖。在级别管辖上,为适应破产审判专业化建设的要求,合理分配审判任务,实行以中级人民法院管辖为原则、基层人民法院管辖为例外的管辖制度。中级人民法院经高级人民法院批准,也可以将案件交由具备审理条件的基层人民法院审理。

二、执行法院的征询、决定程序

4. 执行法院在执行程序中应加强对执行案件移送破产审查有关事宜的告知和征询工作。执行法院采取财产调查措施后,发现作为被执行人的企业法人符合破产法第二条规定的,应当及时询问申请执行人、被执行人是否同意将案件移送破产审查。申请执行人、被执行人均不同意移送且无人申请破产的,执行法院应当按照《最高人民法院关于适用〈中华人民共和国民事诉讼法〉的解释》第五百一十六条的规定处理,企业法人的其他已经取得执行依据的债权人申请参与分配的,人民法院不予支持。

5. 执行部门应严格遵守执行案件移送破产审查的内部决定程序。承办人认为执行案件符合移送破产审查条件的,应提出审查意见,经合议庭评议同意后,由执行法院院长签署移送决定。

6. 为减少异地法院之间移送的随意性,基层人民法院拟将执行案件移送异地中级人民法院进行破产审查的,在作出移送决定前,应先报请其所在地中级人民法院执行部门审核同意。

7. 执行法院作出移送决定后,应当于五日内送达申请执行人和被执行人。申请执行人或被执行人对决定有异议的,可以在受移送法院破产审查期间提出,由受移送法院一并处理。

8. 执行法院作出移送决定后,应当书面通知所有已知执行法院,执行法院均应中止对被执行人的执行程序。但是,对被执行人的季节性商品、鲜活、易腐烂变质以及其他不宜长期保存的物品,执行法院应当及时变价处置,处置的价款不作分配。受移送法院裁定受理破产案件的,执行法院应当在收到裁定书之日起七日内,将该价款移交受理破产案件的法院。

案件符合终结本次执行程序条件的,执行法院可以同时裁定终结本次执行程序。

9. 确保对被执行人财产的查封、扣押、冻结措施的连续性,执行法院决定移送后、受移送法院裁定受理破产案件之前,对被执行人的查封、扣押、冻结措施不解除。查封、扣押、冻结期限在破产审查期间届满的,申请执行人可以向执行法院申请延长期限,由执行法院负责办理。

三、移送材料及受移送法院的接收义务

10. 执行法院作出移送决定后,应当向受移送法院移送下列材料:

(1)执行案件移送破产审查决定书;

(2)申请执行人或被执行人同意移送的书面材料;

(3)执行法院采取财产调查措施查明的被执行人的财产状况,已查封、扣押、冻结财产清单及相关材料;

(4)执行法院已分配财产清单及相关材料;

(5)被执行人债务清单;

(6)其他应当移送的材料。

11. 移送的材料不完备或内容错误,影响受移送法院认定破产原因是否具备的,受移送法院可以要求执行法院补齐、补正,执行法院应于十日内补齐、补正。该期间不计入受移送法院破产审查的期间。

受移送法院需要查阅执行程序中的其他案件材料,或者依法委托执行法院办理财产处置等事项的,执行法院应予协助配合。

12. 执行法院移送破产审查的材料,由受移送法院立案部门负责接收。受移送法院不得以材料不完备等为由拒绝接收。立案部门经审核认为移送材料完备的,应以"破申"作为案件类型代字编制案号登记立案,并及时将案件移送破产审判部门进行破产审查。破产审判部门在审查过程中发现本院对案件不具有管辖权的,应当按照《中华人民共和国民事诉讼法》第三十六条的规定处理。

四、受移送法院破产审查与受理

13. 受移送法院的破产审判部门应当自收到移送的材料之日起三十日内作出是否受理的裁定。受移送法院作出裁定后,应当在五日内送达申请执行人、被执行人,并送交执行法院。

14. 申请执行人申请或同意移送破产审查的,裁定书中以该申请执行人为申请人,被执行人为被申请人;被执行人申请或同意移送破产审查的,裁定书中以该被执行人为申请人;申请执行人、被执行人均同意移送破产审查的,双方均为申请人。

15. 受移送法院裁定受理破产案件的,在此前的执行程序中产生的评估费、公告费、保管费等执行费用,可以参照破产费用的规定,从债务人财产中随时清偿。

16. 执行法院收到受移送法院受理裁定后,应当于七日内将已经扣划到账的银行存款、实际扣押的动产、有价证券等被执行人财产移交给受理破产案件的法院或管理人。

17. 执行法院收到受移送法院受理裁定时,已通过拍卖程序处置且成交裁定已送达买受人的拍卖财产,通过以物抵债偿还债务且抵债裁定已送达债权人的抵债财产,已完成转账、汇款、现金交付的执行款,因财产所有权已经发生变动,不属于被执行人的财产,不再移交。

五、受移送法院不予受理或驳回申请的处理

18. 受移送法院做出不予受理或驳回申请裁定的,应当在裁定生效后七日内将接收的材料、被执行人的财产退回执行法院,执行法院应当恢复对被执行人的执行。

19. 受移送法院作出不予受理或驳回申请的裁定后,人民法院不得重复启动执行案件移送破产审查程序。申请执行人或被执行人以有新证据足以证明被执行人已经具备了破产原因为由,再次要求将执行案件移送破产审查的,人民法院不予支持。但是,申请执行人或被执行人可以直接向具有管辖权的法院提出破产申请。

20. 受移送法院裁定宣告被执行人破产或裁定终止和解程序、重整程序的,应当自裁定作出之日起五日内送交执行法院,执行法院应当裁定终结对被执行人的执行。

六、执行案件移送破产审查的监督

21. 受移送法院拒绝接收移送的材料,或者收到移送的材料后不按规定的期限作出是否受理裁定的,执行法院可函请受移送法院的上一级法院进行监督。上一级法院收到函件后应当指令受移送法院在十日内接收材料或作出是否受理的裁定。

受移送法院收到上级法院的通知后,十日内仍不接收材料或不作出是否受理裁定的,上一级法院可以径行对移送破产审查的案件行使管辖权。上一级法院裁定受理破产案件的,可以指令受移送法院审理。

最高人民法院关于审理上市公司破产重整案件工作座谈会纪要

(2012年10月29日公布并实施　法〔2012〕261号)

《企业破产法》施行以来,人民法院依法审理了部分上市公司破产重整案件,最大限度地减少了因上市公司破产清算给社会造成的不良影响,实现了法律效果和社会效果的统一。上市公司破产重整案件的审理不仅涉及到《企业破产法》、《证券法》、《公司法》等法律的适用,还涉及司法程序与行政程序的衔接问题,有必要进一步明确该类案件的审理原则,细化有关程序和实体规定,更好地规范相关主体的权利义务,以充分保护债权人、广大投资者和上市公司的合法权益,优化配置社会资源,促进资本市场健康发展。为此,最高人民法院会同中国证券监督管理委员会，于2012年3月22日在海南省万宁市召开了审理上市公司破产重整案件工作座谈会。与会同志通过认真讨论，就审理上市公司破产重整案件的若干重要问题取得了共识。现纪要如下：

一、关于上市公司破产重整案件的审理原则

会议认为，上市公司破产重整案件事关资本市场的健康发展，事关广大投资者的利益保护，事关职工权益保障和社会稳定。因此，人民法院应当高度重视此类案件，并在审理中注意坚持以下原则：

（一）依法公正审理原则。上市公司破产重整案件参与主体众多，涉及利益关系复杂，人民法院审理上市公司破产重整案件，既要有利于化解上市公司的债务和经营危机，提高上市公司质量，保护债权人和投资者的合法权益，维护证券市场和社会的稳定，又要防止没有再生希望的上市公司利用破产重整程序逃废债务，滥用司法资源和社会资源；既要保护债权人利益，又要兼顾职工利益、出资人利益和社会利益，妥善处理好各方利益的冲突。上市公司重整计划草案未获批准或重整计划执行不能的，人民法院应当及时宣告债务人破产清算。

（二）挽救危困企业原则。充分发挥上市公司破产重整制度的作用，为尚有挽救希望的危困企业提供获得新生的机会，有利于上市公司、债权人、出资人、关联企业等各方主体实现共赢，有利于社会资源的有效利用。对于具有重整可能的企业，努力推动重整成功，可以促进就业，优化资源配置，促进产业结构的调整和升级换代，减少上市公司破产清算对社会带来的不利影响。

（三）维护社会稳定原则。上市公司进入破产重整程序后，因涉及债权人、上市公司、出资人、企业职工等相关当事人的利益，各方矛盾比较集中和突出，如果处理不当，极易引发群体性、突发性事件，影响社会稳定。人民法院审理上市公司破产重整案件，要充分发挥地方政府的风险预警、部门联动、资金保障等协调机制的作用，积极配合政府做好上市公司重整中的维稳工作，并根据上市公司的特点，加强与证券监管机构的沟通协调。

二、关于上市公司破产重整案件的管辖

会议认为，上市公司破产重整案件应当由上市公司住所地的人民法院，即上市公司主要办事机构所在地法院管辖；上市公司主要办事机构所在地不明确、存在争议的，由上市公司注册登记地人民法院管辖。由于上市公司破产重整案件涉及法律关系复杂，影响面广，对专业知识和综合能力要求较高，人力物力投入较多，上市公司破产重整案件一般应由中级人民法院管辖。

三、关于上市公司破产重整的申请

会议认为，上市公司不能清偿到期债务，并且资产不足以清偿全部债务或者明显缺乏清偿能力，或者有明显丧失清偿能力可能的，上市公司或者上市公司的债权人、出资额占上市公司注册资本十分之一以上的出资人可以向人民法院申请对上市公司进行破产重整。

申请人申请上市公司破产重整的,除提交《企业破产法》第八条规定的材料外,还应当提交关于上市公司具有重整可行性的报告、上市公司住所地省级人民政府向证券监督管理部门的通报情况材料以及证券监督管理部门的意见、上市公司住所地人民政府出具的维稳预案等。上市公司自行申请破产重整的,还应当提交切实可行的职工安置方案。

四、关于对上市公司破产重整申请的审查

会议认为,债权人提出重整申请,上市公司在法律规定的时间内提出异议,或者债权人、上市公司、出资人分别向人民法院提出破产清算申请和重整申请的,人民法院应当组织召开听证会。

人民法院召开听证会的,应当于听证会召开前通知申请人、被申请人,并送达相关申请材料。公司债权人、出资人、实际控制人等利害关系人申请参加听证的,人民法院应当予以准许。人民法院应当就申请人是否具备申请资格、上市公司是否已经发生重整事由、上市公司是否具有重整可行性等内容进行听证。

鉴于上市公司破产重整案件较为敏感,不仅涉及企业职工和二级市场众多投资者的利益安排,还涉及与地方政府和证券监管机构的沟通协调。因此,目前人民法院在裁定受理上市公司破产重整申请前,应当将相关材料逐级报送最高人民法院审查。

五、关于对破产重整上市公司的信息保密和披露

会议认为,对于股票仍在正常交易的上市公司,在上市公司破产重整申请相关信息披露前,上市公司及其债权人、出资人等利害关系人应当按照法律、行政法规、证券监管机构的部门规章及证券交易所上市规则做好信息保密工作。

上市公司的债权人提出破产重整申请的,人民法院应当要求债权人提供其已就此告知上市公司的有关证据。上市公司应当按照相关规则及时履行信息披露义务。

上市公司进入破产重整程序后,由管理人履行相关法律、行政法规、部门规章和公司章程规定的原上市公司董事会、董事和高级管理人员承担的职责和义务,上市公司自行管理财产和营业事务的除外。管理人在上市公司破产重整程序中存在信息披露违法违规行为的,应当依法承担相应的责任。

六、关于上市公司破产重整计划草案的制定

会议认为,上市公司或者管理人制定的上市公司重整计划草案应当包括详细的经营方案。有关经营方案涉及并购重组等行政许可审批事项的,上市公司或管理人应当聘请经证券监管机构核准的财务顾问机构、律师事务所以及具有证券期货业务资格的会计师事务所、资产评估机构等证券服务机构按照证券监管机构的有关要求及格式编制相关材料，并作为重整计划草案及其经营方案的必备文件。

控股股东、实际控制人及其关联方在上市公司破产重整程序前因违规占用、担保等行为对上市公司造成损害的，制定重整计划草案时应当根据其过错对控股股东及实际控制人支配的股东的股权作相应调整。

七、关于上市公司破产重整中出资人组的表决

会议认为，出资人组对重整计划草案中涉及出资人权益调整事项的表决，经参与表决的出资人所持表决权三分之二以上通过的，即为该组通过重整计划草案。

考虑到出席表决会议需要耗费一定的人力物力，一些中小投资者可能放弃参加表决会议的权利。为最大限度地保护中小投资者的合法权益，上市公司或者管理人应当提供网络表决的方式，为出资人行使表决权提供便利。关于网络表决权行使的具体方式，可以参照适用中国证券监督管理委员会发布的有关规定。

八、关于上市公司重整计划草案的会商机制

会议认为，重整计划草案涉及证券监管机构行政许可事项的，受理案件的人民法院应当通过最高人民法院，启动与中国证券监督管理委员会的会商机制。即由最高人民法院将有关材料函送中国证券监督管理委员会，中国证券监督管理委员会安排并购重组专家咨询委员会对会商案件进行研究。并购重组专家咨询委员会应当按照与并购重组审核委员会相同的审核标准，对提起会商的行政许可事项进行研究并出具专家咨询意见。人民法院应当参考专家咨询意见，作出是否批准重整计划草案的裁定。

九、关于上市公司重整计划涉及行政许可部分的执行

会议认为，人民法院裁定批准重整计划后，重整计划内容涉及证券监管机构并购重组行政许可事项的，上市公司应当按照相关规定履行行政许可核准程序。重整计划草案提交出资人组表决且经人民法院裁定批准后，上市公司无须再行召开股东大会，可以直接向证券监管机构提交出资人组表决结果及人民法院裁定书，以申请并购重组许可申请。并购重组审核委员会审核工作应当充分考虑并购重组专家咨询委员会提交的专家咨询意见。并购重组申请事项获得证券监管机构行政许可后，应当在重整计划的执行期限内实施完成。

会议还认为，鉴于上市公司破产重整案件涉及的法律关系复杂，利益主体众多，社会影响较大，人民法院对于审判实践中发现的新情况、新问题，要及时上报。上级人民法院要加强对此类案件的监督指导，加强调查研究，及时总结审判经验，确保依法妥善审理好此类案件。

最高人民法院关于个人独资企业清算是否可以参照适用企业破产法规定的破产清算程序的批复

(2012 年 12 月 10 日最高人民法院审判委员会第 1563 次会议通过
法释〔2012〕16 号　2012 年 12 月 11 日公布　自 2012 年 12 月 18 日起施行)

贵州省高级人民法院:

你院《关于个人独资企业清算是否可以参照适用破产清算程序的请示》(〔2012〕黔高研请字第 2 号)收悉。经研究,批复如下:

根据《中华人民共和国企业破产法》第一百三十五条的规定,在个人独资企业不能清偿到期债务,并且资产不足以清偿全部债务或者明显缺乏清偿能力的情况下,可以参照适用企业破产法规定的破产清算程序进行清算。

根据《中华人民共和国个人独资企业法》第三十一条的规定,人民法院参照适用破产清算程序裁定终结个人独资企业的清算程序后,个人独资企业的债权人仍然可以就其未获清偿的部分向投资人主张权利。

最高人民法院关于税务机关就破产企业欠缴税款产生的滞纳金提起的债权确认之诉应否受理问题的批复

(2012 年 6 月 4 日最高人民法院审判委员会第 1548 次会议通过
法释〔2012〕9 号　自 2012 年 7 月 12 日起施行)

青海省高级人民法院:

你院《关于税务机关就税款滞纳金提起债权确认之诉应否受理问题的请示》(青民他字〔2011〕1 号)收悉。经研究,答复如下:

税务机关就破产企业欠缴税款产生的滞纳金提起的债权确认之诉,人民法院应依法受理。依照企业破产法、税收征收管理法的有关规定,破产企业在破产案件受理前因欠缴税款产生的滞纳金属于普通破产债权。对于破产案件受理后因欠缴税款产生的滞纳金,人民法院应当依照《最高人民法院关于审理企业破产案件若干问题的规定》第六十一条规定处理。

此复。

最高人民法院关于对因资不抵债无法继续办学被终止的民办学校如何组织清算问题的批复

（2010年12月16日最高人民法院审判委员会第1506次会议通过
2010年12月29日公布　法释〔2010〕20号　自2010年12月31日起施行）

贵州省高级人民法院：

你院《关于遵义县中山中学被终止后人民法院如何受理"组织清算"的请示》（〔2010〕黔高研请字第1号）收悉。经研究，答复如下：

依照《中华人民共和国民办教育促进法》第九条批准设立的民办学校因资不抵债无法继续办学被终止，当事人依照《中华人民共和国民办教育促进法》第五十八条第二款规定向人民法院申请清算的，人民法院应当依法受理。人民法院组织民办学校破产清算，参照适用《中华人民共和国企业破产法》规定的程序，并依照《中华人民共和国民办教育促进法》第五十九条规定的顺序清偿。

最高人民法院关于债权人对人员下落不明或者财产状况不清的债务人申请破产清算案件如何处理的批复

（2008年8月4日最高人民法院审判委员会第1450次会议通过
2008年8月7日公布　法释〔2008〕10号　自2008年8月18日起施行）

贵州省高级人民法院：

你院《关于企业法人被吊销营业执照后，依法负有清算责任的人未向法院申请破产，债权人是否可以申请被吊销营业执照的企业破产的请示》（〔2007〕黔高民二破请终字1号）收悉。经研究，批复如下：

债权人对人员下落不明或者财产状况不清的债务人申请破产清算，符合企业破产法规定的，人民法院应依法予以受理。债务人能否依据企业破产法第十一条第二款的规定向人民法院提交财产状况说明、债权债务清册等相关材料，并不影响对债权人申请的受理。

人民法院受理上述破产案件后，应当依据企业破产法的有关规定指定管理人追收债务人财产；经依法清算，债务人确无财产可供分配的，应当宣告债务人破产并终结破产程序;破产程序终结后二年内发现有依法应当追回的财产或者有应当供分配的其他财产的,债权人可以请求人民法院追加分配。

债务人的有关人员不履行法定义务,人民法院可依据有关法律规定追究其相应法律责任;其行为导致无法清算或者造成损失,有关权利人起诉请求其承担相应民事责任的,人民法院应依法予以支持。

此复。

最高人民法院关于审理企业破产案件确定管理人报酬的规定

(2007 年 4 月 4 日最高人民法院审判委员会第 1422 次会议通过
2007 年 4 月 12 日公布　法释〔2007〕9 号　自 2007 年 6 月 1 日起施行)

为公正、高效审理企业破产案件,规范人民法院确定管理人报酬工作,根据《中华人民共和国企业破产法》的规定,制定本规定。

第一条　管理人履行企业破产法第二十五条规定的职责,有权获得相应报酬。

管理人报酬由审理企业破产案件的人民法院依据本规定确定。

第二条　人民法院应根据债务人最终清偿的财产价值总额,在以下比例限制范围内分段确定管理人报酬:

(一)不超过一百万元(含本数,下同)的,在 12%以下确定;

(二)超过一百万元至五百万元的部分,在 10%以下确定;

(三)超过五百万元至一千万元的部分,在 8%以下确定;

(四)超过一千万元至五千万元的部分,在 6%以下确定;

(五)超过五千万元至一亿元的部分,在 3%以下确定;

(六)超过一亿元至五亿元的部分,在 1%以下确定;

(七)超过五亿元的部分,在 0.5%以下确定。

担保权人优先受偿的担保物价值,不计入前款规定的财产价值总额。

高级人民法院认为有必要的,可以参照上述比例在 30%的浮动范围内制定符合当地实际情况的管理人报酬比例限制范围,并通过当地有影响的媒体公告,同时报最高人民法院备案。

第三条　人民法院可以根据破产案件的实际情况,确定管理人分期或者最后一次性收取报酬。

第四条　人民法院受理企业破产申请后,应当对债务人可供清偿的财产价值和管理人的工作量作出预测,初步确定管理人报酬方案。管理人报酬方案应当包括管理人报酬比例和收取时间。

第五条　人民法院采取公开竞争方式指定管理人的，可以根据社会中介机构提出的报价确定管理人报酬方案，但报酬比例不得超出本规定第二条规定的限制范围。

上述报酬方案一般不予调整，但债权人会议异议成立的除外。

第六条　人民法院应当自确定管理人报酬方案之日起三日内，书面通知管理人。

管理人应当在第一次债权人会议上报告管理人报酬方案内容。

第七条　管理人、债权人会议对管理人报酬方案有意见的，可以进行协商。双方就调整管理人报酬方案内容协商一致的，管理人应向人民法院书面提出具体的请求和理由，并附相应的债权人会议决议。

人民法院经审查认为上述请求和理由不违反法律和行政法规强制性规定，且不损害他人合法权益的，应当按照双方协商的结果调整管理人报酬方案。

第八条　人民法院确定管理人报酬方案后，可以根据破产案件和管理人履行职责的实际情况进行调整。

人民法院应当自调整管理人报酬方案之日起三日内，书面通知管理人。管理人应当自收到上述通知之日起三日内，向债权人委员会或者债权人会议主席报告管理人报酬方案调整内容。

第九条　人民法院确定或者调整管理人报酬方案时，应当考虑以下因素：

（一）破产案件的复杂性；

（二）管理人的勤勉程度；

（三）管理人为重整、和解工作做出的实际贡献；

（四）管理人承担的风险和责任；

（五）债务人住所地居民可支配收入及物价水平；

（六）其他影响管理人报酬的情况。

第十条　最终确定的管理人报酬及收取情况，应列入破产财产分配方案。在和解、重整程序中，管理人报酬方案内容应列入和解协议草案或重整计划草案。

第十一条　管理人收取报酬，应当向人民法院提出书面申请。申请书应当包括以下内容：

（一）可供支付报酬的债务人财产情况；

（二）申请收取报酬的时间和数额；

（三）管理人履行职责的情况。

人民法院应当自收到上述申请书之日起十日内，确定支付管理人的报酬数额。

第十二条　管理人报酬从债务人财产中优先支付。

债务人财产不足以支付管理人报酬和管理人执行职务费用的,管理人应当提请人民法院终结破产程序。但债权人、管理人、债务人的出资人或者其他利害关系人愿意垫付上述报酬和费用的,破产程序可以继续进行。

上述垫付款项作为破产费用从债务人财产中向垫付人随时清偿。

第十三条 管理人对担保物的维护、变现、交付等管理工作付出合理劳动的,有权向担保权人收取适当的报酬。管理人与担保权人就上述报酬数额不能协商一致的,人民法院应当参照本规定第二条规定的方法确定,但报酬比例不得超出该条规定限制范围的10%。

第十四条 律师事务所、会计师事务所通过聘请本专业的其他社会中介机构或者人员协助履行管理人职责的,所需费用从其报酬中支付。

破产清算事务所通过聘请其他社会中介机构或者人员协助履行管理人职责的,所需费用从其报酬中支付。

第十五条 清算组中有关政府部门派出的工作人员参与工作的不收取报酬。其他机构或人员的报酬根据其履行职责的情况确定。

第十六条 管理人发生更换的,人民法院应当分别确定更换前后的管理人报酬。其报酬比例总和不得超出本规定第二条规定的限制范围。

第十七条 债权人会议对管理人报酬有异议的,应当向人民法院书面提出具体的请求和理由。异议书应当附有相应的债权人会议决议。

第十八条 人民法院应当自收到债权人会议异议书之日起三日内通知管理人。管理人应当自收到通知之日起三日内作出书面说明。

人民法院认为有必要的,可以举行听证会,听取当事人意见。

人民法院应当自收到债权人会议异议书之日起十日内,就是否调整管理人报酬问题书面通知管理人、债权人委员会或者债权人会议主席。

最高人民法院关于审理企业破产案件指定管理人的规定

(2007年4月4日最高人民法院审判委员会第1422次会议通过
2007年4月12日公布 法释〔2007〕8号 自2007年6月1日起施行)

为公平、公正审理企业破产案件,保证破产审判工作依法顺利进行,促进管理人制度的完善和发展,根据《中华人民共和国企业破产法》的规定,制定本规定。

一、管理人名册的编制

第一条　人民法院审理企业破产案件应当指定管理人。除企业破产法和本规定另有规定外，管理人应当从管理人名册中指定。

第二条　高级人民法院应当根据本辖区律师事务所、会计师事务所、破产清算事务所等社会中介机构及专职从业人员数量和企业破产案件数量，确定由本院或者所辖中级人民法院编制管理人名册。

人民法院应当分别编制社会中介机构管理人名册和个人管理人名册。由直辖市以外的高级人民法院编制的管理人名册中，应当注明社会中介机构和个人所属中级人民法院辖区。

第三条　符合企业破产法规定条件的社会中介机构及其具备相关专业知识并取得执业资格的人员，均可申请编入管理人名册。已被编入机构管理人名册的社会中介机构中，具备相关专业知识并取得执业资格的人员，可以申请编入个人管理人名册。

第四条　社会中介机构及个人申请编入管理人名册的，应当向所在地区编制管理人名册的人民法院提出，由该人民法院予以审定。

人民法院不受理异地申请，但异地社会中介机构在本辖区内设立的分支机构提出申请的除外。

第五条　人民法院应当通过本辖区有影响的媒体就编制管理人名册的有关事项进行公告。公告应当包括以下内容：

（一）管理人申报条件；

（二）应当提交的材料；

（三）评定标准、程序；

（四）管理人的职责以及相应的法律责任；

（五）提交申报材料的截止时间；

（六）人民法院认为应当公告的其他事项。

第六条　律师事务所、会计师事务所申请编入管理人名册的，应当提供下列材料：

（一）执业证书、依法批准设立文件或者营业执照；

（二）章程；

（三）本单位专职从业人员名单及其执业资格证书复印件；

（四）业务和业绩材料；

（五）行业自律组织对所提供材料真实性以及有无被行政处罚或者纪律处分情况的证明；

(六)人民法院要求的其他材料。

第七条 破产清算事务所申请编入管理人名册的,应当提供以下材料:

(一)营业执照或者依法批准设立的文件;

(二)本单位专职从业人员的法律或者注册会计师资格证书,或者经营管理经历的证明材料;

(三)业务和业绩材料;

(四)能够独立承担民事责任的证明材料;

(五)行业自律组织对所提供材料真实性以及有无被行政处罚或者纪律处分情况的证明,或者申请人就上述情况所作的真实性声明;

(六)人民法院要求的其他材料。

第八条 个人申请编入管理人名册的,应当提供下列材料:

(一)律师或者注册会计师执业证书复印件以及执业年限证明;

(二)所在社会中介机构同意其担任管理人的函件;

(三)业务专长及相关业绩材料;

(四)执业责任保险证明;

(五)行业自律组织对所提供材料真实性以及有无被行政处罚或者纪律处分情况的证明;

(六)人民法院要求的其他材料。

第九条 社会中介机构及个人具有下列情形之一的,人民法院可以适用企业破产法第二十四条第三款第四项的规定:

(一)因执业、经营中故意或者重大过失行为,受到行政机关、监管机构或者行业自律组织行政处罚或者纪律处分之日起未逾三年;

(二)因涉嫌违法行为正被相关部门调查;

(三)因不适当履行职务或者拒绝接受人民法院指定等原因,被人民法院从管理人名册除名之日起未逾三年;

(四)缺乏担任管理人所应具备的专业能力;

(五)缺乏承担民事责任的能力;

(六)人民法院认为可能影响履行管理人职责的其他情形。

第十条 编制管理人名册的人民法院应当组成专门的评审委员会,决定编入管理人名册的社会中介机构和个人名单。评审委员会成员应不少于七人。

人民法院应当根据本辖区社会中介机构以及社会中介机构中个人的实际情况,结合其执业业绩、能力、专业水准、社会中介机构的规模、办理企业破产案件的经验等因素制定管理人评定标准,由评审委员会根据申报人的具体情况评定其综合分数。

人民法院根据评审委员会评审结果，确定管理人初审名册。

第十一条　人民法院应当将管理人初审名册通过本辖区有影响的媒体进行公示，公示期为十日。

对于针对编入初审名册的社会中介机构和个人提出的异议，人民法院应当进行审查。异议成立、申请人确不宜担任管理人的，人民法院应将该社会中介机构或者个人从管理人初审名册中删除。

第十二条　公示期满后，人民法院应审定管理人名册，并通过全国有影响的媒体公布，同时逐级报最高人民法院备案。

第十三条　人民法院可以根据本辖区的实际情况，分批确定编入管理人名册的社会中介机构及个人。

编制管理人名册的全部资料应当建立档案备查。

第十四条　人民法院可以根据企业破产案件受理情况、管理人履行职务以及管理人资格变化等因素，对管理人名册适时进行调整。新编入管理人名册的社会中介机构和个人应当按照本规定的程序办理。

人民法院发现社会中介机构或者个人有企业破产法第二十四条第三款规定情形的，应当将其从管理人名册中除名。

二、管理人的指定

第十五条　受理企业破产案件的人民法院指定管理人，一般应从本地管理人名册中指定。

对于商业银行、证券公司、保险公司等金融机构以及在全国范围内有重大影响、法律关系复杂、债务人财产分散的企业破产案件，人民法院可以从所在地区高级人民法院编制的管理人名册列明的其他地区管理人或者异地人民法院编制的管理人名册中指定管理人。

第十六条　受理企业破产案件的人民法院，一般应指定管理人名册中的社会中介机构担任管理人。

第十七条　对于事实清楚、债权债务关系简单、债务人财产相对集中的企业破产案件，人民法院可以指定管理人名册中的个人为管理人。

第十八条　企业破产案件有下列情形之一的，人民法院可以指定清算组为管理人：

（一）破产申请受理前，根据有关规定已经成立清算组，人民法院认为符合本规定第十九条的规定；

（二）审理企业破产法第一百三十三条规定的案件；

（三）有关法律规定企业破产时成立清算组；

(四)人民法院认为可以指定清算组为管理人的其他情形。

第十九条　清算组为管理人的,人民法院可以从政府有关部门、编入管理人名册的社会中介机构、金融资产管理公司中指定清算组成员,人民银行及金融监督管理机构可以按照有关法律和行政法规的规定派人参加清算组。

第二十条　人民法院一般应当按照管理人名册所列名单采取轮候、抽签、摇号等随机方式公开指定管理人。

第二十一条　对于商业银行、证券公司、保险公司等金融机构或者在全国范围有重大影响、法律关系复杂、债务人财产分散的企业破产案件,人民法院可以采取公告的方式,邀请编入各地人民法院管理人名册中的社会中介机构参与竞争,从参与竞争的社会中介机构中指定管理人。参与竞争的社会中介机构不得少于三家。

采取竞争方式指定管理人的,人民法院应当组成专门的评审委员会。

评审委员会应当结合案件的特点,综合考量社会中介机构的专业水准、经验、机构规模、初步报价等因素,从参与竞争的社会中介机构中择优指定管理人。被指定为管理人的社会中介机构应经评审委员会成员二分之一以上通过。

采取竞争方式指定管理人的,人民法院应当确定一至两名备选社会中介机构,作为需要更换管理人时的接替人选。

第二十二条　对于经过行政清理、清算的商业银行、证券公司、保险公司等金融机构的破产案件,人民法院除可以按照本规定第十八条第一项的规定指定管理人外,也可以在金融监督管理机构推荐的已编入管理人名册的社会中介机构中指定管理人。

第二十三条　社会中介机构、清算组成员有下列情形之一,可能影响其忠实履行管理人职责的,人民法院可以认定为企业破产法第二十四条第三款第三项规定的利害关系:

(一)与债务人、债权人有未了结的债权债务关系;

(二)在人民法院受理破产申请前三年内,曾为债务人提供相对固定的中介服务;

(三)现在是或者在人民法院受理破产申请前三年内曾经是债务人、债权人的控股股东或者实际控制人;

(四)现在担任或者在人民法院受理破产申请前三年内曾经担任债务人、债权人的财务顾问、法律顾问;

(五)人民法院认为可能影响其忠实履行管理人职责的其他情形。

第二十四条　清算组成员的派出人员、社会中介机构的派出人员、个人管理人有下列情形之一,可能影响其忠实履行管理人职责的,可以认定为企业破产法第二十四条第三款第三项规定的利害关系:

（一）具有本规定第二十三条规定情形；

（二）现在担任或者在人民法院受理破产申请前三年内曾经担任债务人、债权人的董事、监事、高级管理人员；

（三）与债权人或者债务人的控股股东、董事、监事、高级管理人员存在夫妻、直系血亲、三代以内旁系血亲或者近姻亲关系；

（四）人民法院认为可能影响其公正履行管理人职责的其他情形。

第二十五条　在进入指定管理人程序后，社会中介机构或者个人发现与本案有利害关系的，应主动申请回避并向人民法院书面说明情况。人民法院认为社会中介机构或者个人与本案有利害关系的，不应指定该社会中介机构或者个人为本案管理人。

第二十六条　社会中介机构或者个人有重大债务纠纷或者因涉嫌违法行为正被相关部门调查的，人民法院不应指定该社会中介机构或者个人为本案管理人。

第二十七条　人民法院指定管理人应当制作决定书，并向被指定为管理人的社会中介机构或者个人、破产申请人、债务人、债务人的企业登记机关送达。决定书应与受理破产申请的民事裁定书一并公告。

第二十八条　管理人无正当理由，不得拒绝人民法院的指定。

管理人一经指定，不得以任何形式将管理人应当履行的职责全部或者部分转给其他社会中介机构或者个人。

第二十九条　管理人凭指定管理人决定书按照国家有关规定刻制管理人印章，并交人民法院封样备案后启用。

管理人印章只能用于所涉破产事务。管理人根据企业破产法第一百二十二条规定终止执行职务后，应当将管理人印章交公安机关销毁，并将销毁的证明送交人民法院。

第三十条　受理企业破产案件的人民法院应当将指定管理人过程中形成的材料存入企业破产案件卷宗，债权人会议或者债权人委员会有权查阅。

三、管理人的更换

第三十一条　债权人会议根据企业破产法第二十二条第二款的规定申请更换管理人的，应由债权人会议作出决议并向人民法院提出书面申请。

人民法院在收到债权人会议的申请后，应当通知管理人在两日内作出书面说明。

第三十二条　人民法院认为申请理由不成立的，应当自收到管理人书面说明之日起十日内作出驳回申请的决定。

人民法院认为申请更换管理人的理由成立的，应当自收到管理人书面说明之日起十日内作出更换管理人的决定。

第三十三条 社会中介机构管理人有下列情形之一的,人民法院可以根据债权人会议的申请或者依职权径行决定更换管理人:

(一)执业许可证或者营业执照被吊销或者注销;

(二)出现解散、破产事由或者丧失承担执业责任风险的能力;

(三)与本案有利害关系;

(四)履行职务时,因故意或者重大过失导致债权人利益受到损害;

(五)有本规定第二十六条规定的情形。

清算组成员参照适用前款规定。

第三十四条 个人管理人有下列情形之一的,人民法院可以根据债权人会议的申请或者依职权径行决定更换管理人:

(一)执业资格被取消、吊销;

(二)与本案有利害关系;

(三)履行职务时,因故意或者重大过失导致债权人利益受到损害;

(四)失踪、死亡或者丧失民事行为能力;

(五)因健康原因无法履行职务;

(六)执业责任保险失效;

(七)有本规定第二十六条规定的情形。

清算组成员的派出人员、社会中介机构的派出人员参照适用前款规定。

第三十五条 管理人无正当理由申请辞去职务的,人民法院不予许可。正当理由的认定,可参照适用本规定第三十三条、第三十四条规定的情形。

第三十六条 人民法院对管理人申请辞去职务未予许可,管理人仍坚持辞去职务并不再履行管理人职责的,人民法院应当决定更换管理人。

第三十七条 人民法院决定更换管理人的,原管理人应当自收到决定书之次日起,在人民法院监督下向新任管理人移交全部资料、财产、营业事务及管理人印章,并及时向新任管理人书面说明工作进展情况。原管理人不能履行上述职责的,新任管理人可以直接接管相关事务。

在破产程序终结前,原管理人应当随时接受新任管理人、债权人会议、人民法院关于其履行管理人职责情况的询问。

第三十八条 人民法院决定更换管理人的,应将决定书送达原管理人、新任管理人、破产申请人、债务人以及债务人的企业登记机关,并予公告。

第三十九条 管理人申请辞去职务未获人民法院许可,但仍坚持辞职并不再履行管理人职责,或者人民法院决定更换管理人后,原管理人拒不向新任管理人移交相关事务,人民法院可以根据企业破产法第一百三十条的规定和具体情况,决定对管理人罚款。对社会中介机构为管理人的罚款5万元至20万元人民币，对个人为管理人的罚款1万元至5万元人民币。

管理人有前款规定行为或者无正当理由拒绝人民法院指定的，编制管理人名册的人民法院可以决定停止其担任管理人一年至三年，或者将其从管理人名册中除名。

第四十条　管理人不服罚款决定的，可以向上一级人民法院申请复议，上级人民法院应在收到复议申请后五日内作出决定，并将复议结果通知下级人民法院和当事人。

最高人民法院关于破产企业国有划拨土地使用权应否列入破产财产等问题的批复

（2002年10月11日最高人民法院审判委员会第1245次会议通过
2003年4月16日公布　法释〔2003〕6号　自2003年4月18日起施行）

湖北省高级人民法院：

你院鄂高法〔2002〕158号《关于破产企业国有划拨土地使用权应否列入破产财产以及有关抵押效力认定等问题的请示》收悉。经研究，答复如下：

一、根据《中华人民共和国土地管理法》第五十八条第一款第（四）项及《城镇国有土地使用权出让和转让暂行条例》第四十七条的规定，破产企业以划拨方式取得的国有土地使用权不属于破产财产，在企业破产时，有关人民政府可以予以收回，并依法处置。纳入国家兼并破产计划的国有企业，其依法取得的国有土地使用权，应依据国务院有关文件规定办理。

二、企业对其以划拨方式取得的国有土地使用权无处分权，以该土地使用权为标的物设定抵押，除依法办理抵押登记手续外，还应经具有审批权限的人民政府或土地行政管理部门批准。否则，应认定抵押无效。如果企业对以划拨方式取得的国有土地使用权设定抵押时，履行了法定的审批手续，并依法办理了抵押登记，应认定抵押有效。根据《中华人民共和国城市房地产管理法》第五十条和《中华人民共和国担保法》第五十六条的规定，抵押权人只有在以抵押标的物折价或拍卖、变卖所得价款缴纳相当于土地使用权出让金的款项后，对剩余部分方可享有优先受偿权。但纳入国家兼并破产计划的国有企业，其用以划拨方式取得的国有土地使用权设定抵押的，应依据国务院有关文件规定办理。

三、国有企业以关键设备、成套设备、厂房设定抵押的效力问题，应依据法释〔2002〕14号《关于国有工业企业以机器设备等财产为抵押物与债权人签订的抵押合同的法律效力问题的批复》办理。

国有企业以建筑物设定抵押的效力问题,应区分两种情况处理:如果建筑物附着于以划拨方式取得的国有土地使用权之上,将该建筑物与土地使用权一并设定抵押的,对土地使用权的抵押需履行法定的审批手续,否则,应认定抵押无效;如果建筑物附着于以出让、转让方式取得的国有土地使用权之上,将该建筑物与土地使用权一并设定抵押的,即使未经有关主管部门批准,亦应认定抵押有效。

本批复自公布之日起施行,正在审理或者尚未审理的案件,适用本批复,但对提起再审的判决、裁定已经发生法律效力的案件除外。

此复。

最高人民法院关于人民法院确定财产处置参考价若干问题的规定

(2018年6月4日最高人民法院审判委员会第1741次会议通过
2018年8月28日公布 法释〔2018〕15号 自2018年9月1日起施行)

为公平、公正、高效确定财产处置参考价,维护当事人、利害关系人的合法权益,根据《中华人民共和国民事诉讼法》等法律规定,结合人民法院工作实际,制定本规定。

第一条 人民法院查封、扣押、冻结财产后,对需要拍卖、变卖的财产,应当在三十日内启动确定财产处置参考价程序。

第二条 人民法院确定财产处置参考价,可以采取当事人议价、定向询价、网络询价、委托评估等方式。

第三条 人民法院确定参考价前,应当查明财产的权属、权利负担、占有使用、欠缴税费、质量瑕疵等事项。

人民法院查明前款规定事项需要当事人、有关单位或者个人提供相关资料的,可以通知其提交;拒不提交的,可以强制提取;对妨碍强制提取的,参照民事诉讼法第一百一十一条、第一百一十四条的规定处理。

查明本条 第一款规定事项需要审计、鉴定的,人民法院可以先行审计、鉴定。

第四条 采取当事人议价方式确定参考价的,除一方当事人拒绝议价或者下落不明外,人民法院应当以适当的方式通知或者组织当事人进行协商,当事人应当在指定期限内提交议价结果。

双方当事人提交的议价结果一致,且不损害他人合法权益的,议价结果为参考价。

第五条 当事人议价不能或者不成,且财产有计税基准价、政府定价或者政府指导价的，人民法院应当向确定参考价时财产所在地的有关机构进行定向询价。

双方当事人一致要求直接进行定向询价，且财产有计税基准价、政府定价或者政府指导价的，人民法院应当准许。

第六条　采取定向询价方式确定参考价的，人民法院应当向有关机构出具询价函，询价函应当载明询价要求、完成期限等内容。

接受定向询价的机构在指定期限内出具的询价结果为参考价。

第七条　定向询价不能或者不成，财产无需由专业人员现场勘验或者鉴定，且具备网络询价条件的，人民法院应当通过司法网络询价平台进行网络询价。

双方当事人一致要求或者同意直接进行网络询价，财产无需由专业人员现场勘验或者鉴定，且具备网络询价条件的，人民法院应当准许。

第八条　最高人民法院建立全国性司法网络询价平台名单库。

司法网络询价平台应当同时符合下列条件：

（一）具备能够依法开展互联网信息服务工作的资质；

（二）能够合法获取并整合全国各地区同种类财产一定时期的既往成交价、政府定价、政府指导价或者市场公开交易价等不少于三类价格数据，并保证数据真实、准确；

（三）能够根据数据化财产特征，运用一定的运算规则对市场既往交易价格、交易趋势予以分析；

（四）程序运行规范、系统安全高效、服务质优价廉；

（五）能够全程记载数据的分析过程，将形成的电子数据完整保存不少于十年，但法律、行政法规、司法解释另有规定的除外。

第九条　最高人民法院组成专门的评审委员会，负责司法网络询价平台的选定、评审和除名。每年引入权威第三方对已纳入和新申请纳入名单库的司法网络询价平台予以评审并公布结果。

司法网络询价平台具有下列情形之一的，应当将其从名单库中除名：

（一）无正当理由拒绝进行网络询价；

（二）无正当理由一年内累计五次未按期完成网络询价；

（三）存在恶意串通、弄虚作假、泄露保密信息等行为；

（四）经权威第三方评审认定不符合提供网络询价服务条件；

（五）存在其他违反询价规则以及法律、行政法规、司法解释规定的情形。

司法网络询价平台被除名后，五年内不得被纳入名单库。

第十条　采取网络询价方式确定参考价的，人民法院应当同时向名单库中的全部司法网络询价平台发出网络询价委托书。网络询价委托书应当载明财产名称、物理特征、规格数量、目的要求、完成期限以及其他需要明确的内容等。

第十一条 司法网络询价平台应当在收到人民法院网络询价委托书之日起三日内出具网络询价报告。网络询价报告应当载明财产的基本情况、参照样本、计算方法、询价结果及有效期等内容。

司法网络询价平台不能在期限内完成询价的,应当在期限届满前申请延长期限。全部司法网络询价平台均未能在期限内出具询价结果的,人民法院应当根据各司法网络询价平台的延期申请延期三日;部分司法网络询价平台在期限内出具网络询价结果的,人民法院对其他司法网络询价平台的延期申请不予准许。

全部司法网络询价平台均未在期限内出具或者补正网络询价报告,且未按照规定申请延长期限的,人民法院应当委托评估机构进行评估。

人民法院未在网络询价结果有效期内发布一拍拍卖公告或者直接进入变卖程序的,应当通知司法网络询价平台在三日内重新出具网络询价报告。

第十二条 人民法院应当对网络询价报告进行审查。网络询价报告均存在财产基本信息错误、超出财产范围或者遗漏财产等情形的,应当通知司法网络询价平台在三日内予以补正;部分网络询价报告不存在上述情形的,无需通知其他司法网络询价平台补正。

第十三条 全部司法网络询价平台均在期限内出具询价结果或者补正结果的,人民法院应当以全部司法网络询价平台出具结果的平均值为参考价;部分司法网络询价平台在期限内出具询价结果或者补正结果的,人民法院应当以该部分司法网络询价平台出具结果的平均值为参考价。

当事人、利害关系人依据本规定第二十二条的规定对全部网络询价报告均提出异议,且所提异议被驳回或者司法网络询价平台已作出补正的,人民法院应当以异议被驳回或者已作出补正的各司法网络询价平台出具结果的平均值为参考价;对部分网络询价报告提出异议的,人民法院应当以网络询价报告未被提出异议的各司法网络询价平台出具结果的平均值为参考价。

第十四条 法律、行政法规规定必须委托评估、双方当事人要求委托评估或者网络询价不能或不成的,人民法院应当委托评估机构进行评估。

第十五条 最高人民法院根据全国性评估行业协会推荐的评估机构名单建立人民法院司法评估机构名单库。按评估专业领域和评估机构的执业范围建立名单分库,在分库下根据行政区划设省、市两级名单子库。

评估机构无正当理由拒绝进行司法评估或者存在弄虚作假等情形的,最高人民法院可以商全国性评估行业协会将其从名单库中除名;除名后五年内不得被纳入名单库。

第十六条 采取委托评估方式确定参考价的,人民法院应当通知双方当事人在指定期限内从名单分库中协商确定三家评估机构以及顺序;双方当事人在指定期限内协商不成或者一方当事人下落不明的，采取摇号方式在名单分库或者财产所在地的名单子库中随机确定三家评估机构以及顺序。双方当事人一致要求在同一名单子库中随机确定的，人民法院应当准许。

第十七条 人民法院应当向顺序在先的评估机构出具评估委托书，评估委托书应当载明财产名称、物理特征、规格数量、目的要求、完成期限以及其他需要明确的内容等，同时应当将查明的财产情况及相关材料一并移交给评估机构。

评估机构应当出具评估报告，评估报告应当载明评估财产的基本情况、评估方法、评估标准、评估结果及有效期等内容。

第十八条 评估需要进行现场勘验的，人民法院应当通知当事人到场；当事人不到场的，不影响勘验的进行，但应当有见证人见证。现场勘验需要当事人、协助义务人配合的，人民法院依法责令其配合；不予配合的，可以依法强制进行。

第十九条 评估机构应当在三十日内出具评估报告。人民法院决定暂缓或者裁定中止执行的期间，应当从前述期限中扣除。

评估机构不能在期限内出具评估报告的，应当在期限届满五日前书面向人民法院申请延长期限。人民法院决定延长期限的，延期次数不超过两次，每次不超过十五日。

评估机构未在期限内出具评估报告、补正说明，且未按照规定申请延长期限的，人民法院应当通知该评估机构三日内将人民法院委托评估时移交的材料退回，另行委托下一顺序的评估机构重新进行评估。

人民法院未在评估结果有效期内发布一拍拍卖公告或者直接进入变卖程序的，应当通知原评估机构在十五日内重新出具评估报告。

第二十条 人民法院应当对评估报告进行审查。具有下列情形之一的，应当责令评估机构在三日内予以书面说明或者补正：

（一）财产基本信息错误；

（二）超出财产范围或者遗漏财产；

（三）选定的评估机构与评估报告上签章的评估机构不符；

（四）评估人员执业资格证明与评估报告上署名的人员不符；

（五）具有其他应当书面说明或者补正的情形。

第二十一条 人民法院收到定向询价、网络询价、委托评估、说明补正等报告后，应当在三日内发送给当事人及利害关系人。

当事人、利害关系人已提供有效送达地址的，人民法院应当将报告以直接送达、留置送达、委托送达、邮寄送达或者电子送达的方式送达；当事人、利害关系人下落不明或者无法获取其有效送达地址，人民法院无法按照前述规定送达的，应当在中国执行信息公开网上予以公示，公示满十五日即视为收到。

第二十二条 当事人、利害关系人认为网络询价报告或者评估报告具有下列情形之一的,可以在收到报告后五日内提出书面异议:

(一)财产基本信息错误;

(二)超出财产范围或者遗漏财产;

(三)评估机构或者评估人员不具备相应评估资质;

(四)评估程序严重违法。

对当事人、利害关系人依据前款规定提出的书面异议,人民法院应当参照民事诉讼法第二百二十五条的规定处理。

第二十三条 当事人、利害关系人收到评估报告后五日内对评估报告的参照标准、计算方法或者评估结果等提出书面异议的,人民法院应当在三日内交评估机构予以书面说明。评估机构在五日内未作说明或者当事人、利害关系人对作出的说明仍有异议的,人民法院应当交由相关行业协会在指定期限内组织专业技术评审,并根据专业技术评审出具的结论认定评估结果或者责令原评估机构予以补正。

当事人、利害关系人提出前款异议,同时涉及本规定第二十二条第一款第一、二项情形的,按照前款规定处理;同时涉及本规定第二十二条第一款第三、四项情形的,按照本规定第二十二条第二款先对第三、四项情形审查,异议成立的,应当通知评估机构三日内将人民法院委托评估时移交的材料退回,另行委托下一顺序的评估机构重新进行评估;异议不成立的,按照前款规定处理。

第二十四条 当事人、利害关系人未在本规定第二十二条、第二十三条规定的期限内提出异议或者对网络询价平台、评估机构、行业协会按照本规定第二十二条、第二十三条所作的补正说明、专业技术评审结论提出异议的,人民法院不予受理。

当事人、利害关系人对议价或者定向询价提出异议的,人民法院不予受理。

第二十五条 当事人、利害关系人有证据证明具有下列情形之一,且在发布一拍拍卖公告或者直接进入变卖程序之前提出异议的,人民法院应当按照执行监督程序进行审查处理:

(一)议价中存在欺诈、胁迫情形;

(二)恶意串通损害第三人利益;

(三)有关机构出具虚假定向询价结果;

(四)依照本规定第二十二条、第二十三条作出的处理结果确有错误。

第二十六条 当事人、利害关系人对评估报告未提出异议、所提异议被驳回或者评估机构已作出补正的,人民法院应当以评估结果或者补正结果为参考价;当事人、利害关系人对评估报告提出的异议成立的,人民法院应当以评估机构作出的补正结果或者重新作出的评估结果为参考价。专业技术评审对评估报告未作出否定结论的,人民法院应当以该评估结果为参考价。

第二十七条　司法网络询价平台、评估机构应当确定网络询价或者委托评估结果的有效期，有效期最长不得超过一年。

当事人议价的，可以自行协商确定议价结果的有效期，但不得超过前款规定的期限；定向询价结果的有效期，参照前款规定确定。

人民法院在议价、询价、评估结果有效期内发布一拍拍卖公告或者直接进入变卖程序，拍卖、变卖时未超过有效期六个月的，无需重新确定参考价，但法律、行政法规、司法解释另有规定的除外。

第二十八条　具有下列情形之一的，人民法院应当决定暂缓网络询价或者委托评估：

（一）案件暂缓执行或者中止执行；

（二）评估材料与事实严重不符，可能影响评估结果，需要重新调查核实；

（三）人民法院认为应当暂缓的其他情形。

第二十九条　具有下列情形之一的，人民法院应当撤回网络询价或者委托评估：

（一）申请执行人撤回执行申请；

（二）生效法律文书确定的义务已全部执行完毕；

（三）据以执行的生效法律文书被撤销或者被裁定不予执行；

（四）人民法院认为应当撤回的其他情形。

人民法院决定网络询价或者委托评估后，双方当事人议价确定参考价或者协商不再对财产进行变价处理的，人民法院可以撤回网络询价或者委托评估。

第三十条　人民法院应当在参考价确定后十日内启动财产变价程序。拍卖的，参照参考价确定起拍价；直接变卖的，参照参考价确定变卖价。

第三十一条　人民法院委托司法网络询价平台进行网络询价的，网络询价费用应当按次计付给出具网络询价结果与财产处置成交价最接近的司法网络询价平台；多家司法网络询价平台出具的网络询价结果相同或者与财产处置成交价差距相同的，网络询价费用平均分配。

人民法院依照本规定第十一条第三款规定委托评估机构进行评估或者依照本规定第二十九条规定撤回网络询价的，对司法网络询价平台不计付费用。

第三十二条　人民法院委托评估机构进行评估，财产处置未成交的，按照评估机构合理的实际支出计付费用；财产处置成交价高于评估价的，以评估价为基准计付费用；财产处置成交价低于评估价的，以财产处置成交价为基准计付费用。

人民法院依照本规定第二十九条规定撤回委托评估的，按照评估机构合理的实际支出计付费用；人民法院依照本规定通知原评估机构重新出具评估报告的，按照前款规定的百分之三十计付费用。

人民法院依照本规定另行委托评估机构重新进行评估的，对原评估机构不计付费用。

第三十三条 网络询价费及委托评估费由申请执行人先行垫付,由被执行人负担。

申请执行人通过签订保险合同的方式垫付网络询价费或者委托评估费的,保险人应当向人民法院出具担保书。担保书应当载明因申请执行人未垫付网络询价费或者委托评估费由保险人支付等内容,并附相关证据材料。

第三十四条 最高人民法院建设全国法院询价评估系统。询价评估系统与定向询价机构、司法网络询价平台、全国性评估行业协会的系统对接,实现数据共享。

询价评估系统应当具有记载当事人议价、定向询价、网络询价、委托评估、摇号过程等功能,并形成固化数据,长期保存、随案备查。

第三十五条 本规定自2018年9月1日起施行。

最高人民法院此前公布的司法解释及规范性文件与本规定不一致的,以本规定为准。

最高人民法院关于适用《中华人民共和国公司法》若干问题的规定(二)

(2008年5月5日最高人民法院审判委员会第1447次会议通过
2008年5月12日公布 法释〔2008〕6号
根据2014年2月20日最高人民法院《关于修改关于适用〈中华人民共和国公司法〉若干问题的规定的决定》修正 法释〔2014〕2号)

为正确适用《中华人民共和国公司法》,结合审判实践,就人民法院审理公司解散和清算案件适用法律问题作出如下规定。

第一条 单独或者合计持有公司全部股东表决权百分之十以上的股东,以下列事由之一提起解散公司诉讼,并符合公司法第一百八十二条规定的,人民法院应予受理:

(一)公司持续两年以上无法召开股东会或者股东大会,公司经营管理发生严重困难的;

(二)股东表决时无法达到法定或者公司章程规定的比例,持续两年以上不能做出有效的股东会或者股东大会决议,公司经营管理发生严重困难的;

(三)公司董事长期冲突,且无法通过股东会或者股东大会解决,公司经营管理发生严重困难的;

(四)经营管理发生其他严重困难,公司继续存续会使股东利益受到重大损失的情形。

股东以知情权、利润分配请求权等权益受到损害，或者公司亏损、财产不足以偿还全部债务，以及公司被吊销企业法人营业执照未进行清算等为由，提起解散公司诉讼的，人民法院不予受理。

第二条 股东提起解散公司诉讼，同时又申请人民法院对公司进行清算的，人民法院对其提出的清算申请不予受理。人民法院可以告知原告，在人民法院判决解散公司后，依据公司法第一百八十三条和本规定第七条的规定，自行组织清算或者另行申请人民法院对公司进行清算。

第三条 股东提起解散公司诉讼时，向人民法院申请财产保全或者证据保全的，在股东提供担保且不影响公司正常经营的情形下，人民法院可予以保全。

第四条 股东提起解散公司诉讼应当以公司为被告。

原告以其他股东为被告一并提起诉讼的，人民法院应当告知原告将其他股东变更为第三人；原告坚持不予变更的，人民法院应当驳回原告对其他股东的起诉。

原告提起解散公司诉讼应当告知其他股东，或者由人民法院通知其参加诉讼。其他股东或者有关利害关系人申请以共同原告或者第三人身份参加诉讼的，人民法院应予准许。

第五条 人民法院审理解散公司诉讼案件，应当注重调解。当事人协商同意由公司或者股东收购股份，或者以减资等方式使公司存续，且不违反法律、行政法规强制性规定的，人民法院应予支持。当事人不能协商一致使公司存续的，人民法院应当及时判决。

经人民法院调解公司收购原告股份的，公司应当自调解书生效之日起六个月内将股份转让或者注销。股份转让或者注销之前，原告不得以公司收购其股份为由对抗公司债权人。

第六条 人民法院关于解散公司诉讼作出的判决，对公司全体股东具有法律约束力。

人民法院判决驳回解散公司诉讼请求后，提起该诉讼的股东或者其他股东又以同一事实和理由提起解散公司诉讼的，人民法院不予受理。

第七条 公司应当依照公司法第一百八十三条的规定，在解散事由出现之日起十五日内成立清算组，开始自行清算。

有下列情形之一，债权人申请人民法院指定清算组进行清算的，人民法院应予受理：

（一）公司解散逾期不成立清算组进行清算的；

（二）虽然成立清算组但故意拖延清算的；

（三）违法清算可能严重损害债权人或者股东利益的。

具有本条第二款所列情形,而债权人未提起清算申请,公司股东申请人民法院指定清算组对公司进行清算的,人民法院应予受理。

第八条 人民法院受理公司清算案件,应当及时指定有关人员组成清算组。

清算组成员可以从下列人员或者机构中产生:

(一)公司股东、董事、监事、高级管理人员;

(二)依法设立的律师事务所、会计师事务所、破产清算事务所等社会中介机构;

(三)依法设立的律师事务所、会计师事务所、破产清算事务所等社会中介机构中具备相关专业知识并取得执业资格的人员。

第九条 人民法院指定的清算组成员有下列情形之一的,人民法院可以根据债权人、股东的申请,或者依职权更换清算组成员:

(一)有违反法律或者行政法规的行为;

(二)丧失执业能力或者民事行为能力;

(三)有严重损害公司或者债权人利益的行为。

第十条 公司依法清算结束并办理注销登记前,有关公司的民事诉讼,应当以公司的名义进行。

公司成立清算组的,由清算组负责人代表公司参加诉讼;尚未成立清算组的,由原法定代表人代表公司参加诉讼。

第十一条 公司清算时,清算组应当按照公司法第一百八十五条的规定,将公司解散清算事宜书面通知全体已知债权人,并根据公司规模和营业地域范围在全国或者公司注册登记地省级有影响的报纸上进行公告。

清算组未按照前款规定履行通知和公告义务,导致债权人未及时申报债权而未获清偿,债权人主张清算组成员对因此造成的损失承担赔偿责任的,人民法院应依法予以支持。

第十二条 公司清算时,债权人对清算组核定的债权有异议的,可以要求清算组重新核定。清算组不予重新核定,或者债权人对重新核定的债权仍有异议,债权人以公司为被告向人民法院提起诉讼请求确认的,人民法院应予受理。

第十三条 债权人在规定的期限内未申报债权,在公司清算程序终结前补充申报的,清算组应予登记。

公司清算程序终结,是指清算报告经股东会、股东大会或者人民法院确认完毕。

第十四条 债权人补充申报的债权,可以在公司尚未分配财产中依法清偿。公司尚未分配财产不能全额清偿,债权人主张股东以其在剩余财产分配中已经取得的财产予以清偿的,人民法院应予支持;但债权人因重大过错未在规定期限内申报债权的除外。

债权人或者清算组，以公司尚未分配财产和股东在剩余财产分配中已经取得的财产，不能全额清偿补充申报的债权为由，向人民法院提出破产清算申请的，人民法院不予受理。

第十五条　公司自行清算的，清算方案应当报股东会或者股东大会决议确认；人民法院组织清算的，清算方案应当报人民法院确认。未经确认的清算方案，清算组不得执行。

执行未经确认的清算方案给公司或者债权人造成损失，公司、股东或者债权人主张清算组成员承担赔偿责任的，人民法院应依法予以支持。

第十六条　人民法院组织清算的，清算组应当自成立之日起六个月内清算完毕。

因特殊情况无法在六个月内完成清算的，清算组应当向人民法院申请延长。

第十七条　人民法院指定的清算组在清理公司财产、编制资产负债表和财产清单时，发现公司财产不足清偿债务的，可以与债权人协商制作有关债务清偿方案。

债务清偿方案经全体债权人确认且不损害其他利害关系人利益的，人民法院可依清算组的申请裁定予以认可。清算组依据该清偿方案清偿债务后，应当向人民法院申请裁定终结清算程序。

债权人对债务清偿方案不予确认或者人民法院不予认可的，清算组应当依法向人民法院申请宣告破产。

第十八条　有限责任公司的股东、股份有限公司的董事和控股股东未在法定期限内成立清算组开始清算，导致公司财产贬值、流失、毁损或者灭失，债权人主张其在造成损失范围内对公司债务承担赔偿责任的，人民法院应依法予以支持。

有限责任公司的股东、股份有限公司的董事和控股股东因怠于履行义务，导致公司主要财产、账册、重要文件等灭失，无法进行清算，债权人主张其对公司债务承担连带清偿责任的，人民法院应依法予以支持。

上述情形系实际控制人原因造成，债权人主张实际控制人对公司债务承担相应民事责任的，人民法院应依法予以支持。

第十九条　有限责任公司的股东、股份有限公司的董事和控股股东，以及公司的实际控制人在公司解散后，恶意处置公司财产给债权人造成损失，或者未经依法清算，以虚假的清算报告骗取公司登记机关办理法人注销登记，债权人主张其对公司债务承担相应赔偿责任的，人民法院应依法予以支持。

第二十条　公司解散应当在依法清算完毕后，申请办理注销登记。公司未经清算即办理注销登记，导致公司无法进行清算，债权人主张有限责任公司的股东、股份有限公司的董事和控股股东,以及公司的实际控制人对公司债务承担清偿责任的,人民法院应依法予以支持。

公司未经依法清算即办理注销登记,股东或者第三人在公司登记机关办理注销登记时承诺对公司债务承担责任,债权人主张其对公司债务承担相应民事责任的,人民法院应依法予以支持。

第二十一条 有限责任公司的股东、股份有限公司的董事和控股股东,以及公司的实际控制人为二人以上的,其中一人或者数人按照本规定第十八条和第二十条第一款的规定承担民事责任后,主张其他人员按照过错大小分担责任的,人民法院应依法予以支持。

第二十二条 公司解散时,股东尚未缴纳的出资均应作为清算财产。股东尚未缴纳的出资,包括到期应缴未缴的出资,以及依照公司法第二十六条和第八十条的规定分期缴纳尚未届满缴纳期限的出资。

公司财产不足以清偿债务时,债权人主张未缴出资股东,以及公司设立时的其他股东或者发起人在未缴出资范围内对公司债务承担连带清偿责任的,人民法院应依法予以支持。

第二十三条 清算组成员从事清算事务时,违反法律、行政法规或者公司章程给公司或者债权人造成损失,公司或者债权人主张其承担赔偿责任的,人民法院应依法予以支持。

有限责任公司的股东、股份有限公司连续一百八十日以上单独或者合计持有公司百分之一以上股份的股东,依据公司法第一百五十一条第三款的规定,以清算组成员有前款所述行为为由向人民法院提起诉讼的,人民法院应予受理。

公司已经清算完毕注销,上述股东参照公司法第一百五十一条第三款的规定,直接以清算组成员为被告、其他股东为第三人向人民法院提起诉讼的,人民法院应予受理。

第二十四条 解散公司诉讼案件和公司清算案件由公司住所地人民法院管辖。公司住所地是指公司主要办事机构所在地。公司办事机构所在地不明确的,由其注册地人民法院管辖。

基层人民法院管辖县、县级市或者区的公司登记机关核准登记公司的解散诉讼案件和公司清算案件;中级人民法院管辖地区、地级市以上的公司登记机关核准登记公司的解散诉讼案件和公司清算案件。

最高人民法院关于适用《中华人民共和国公司法》若干问题的规定(三)

(2010年12月6日最高人民法院审判委员会第1504次会议通过
2011年1月27日公布　法释〔2011〕3号
根据2014年2月20日最高人民法院《关于修改关于适用〈中华人民共和国公司法〉若干问题的规定的决定》修正　法释〔2014〕2号)

为正确适用《中华人民共和国公司法》,结合审判实践,就人民法院审理公司设立、出资、股权确认等纠纷案件适用法律问题作出如下规定。

第一条　为设立公司而签署公司章程、向公司认购出资或者股份并履行公司设立职责的人,应当认定为公司的发起人,包括有限责任公司设立时的股东。

第二条　发起人为设立公司以自己名义对外签订合同,合同相对人请求该发起人承担合同责任的,人民法院应予支持。

公司成立后对前款规定的合同予以确认,或者已经实际享有合同权利或者履行合同义务,合同相对人请求公司承担合同责任的,人民法院应予支持。

第三条　发起人以设立中公司名义对外签订合同,公司成立后合同相对人请求公司承担合同责任的,人民法院应予支持。

公司成立后有证据证明发起人利用设立中公司的名义为自己的利益与相对人签订合同,公司以此为由主张不承担合同责任的,人民法院应予支持,但相对人为善意的除外。

第四条　公司因故未成立,债权人请求全体或者部分发起人对设立公司行为所产生的费用和债务承担连带清偿责任的,人民法院应予支持。

部分发起人依照前款规定承担责任后,请求其他发起人分担的,人民法院应当判令其他发起人按照约定的责任承担比例分担责任;没有约定责任承担比例的,按照约定的出资比例分担责任;没有约定出资比例的,按照均等份额分担责任。

因部分发起人的过错导致公司未成立,其他发起人主张其承担设立行为所产生的费用和债务的,人民法院应当根据过错情况,确定过错一方的责任范围。

第五条　发起人因履行公司设立职责造成他人损害,公司成立后受害人请求公司承担侵权赔偿责任的,人民法院应予支持;公司未成立,受害人请求全体发起人承担连带赔偿责任的,人民法院应予支持。

公司或者无过错的发起人承担赔偿责任后,可以向有过错的发起人追偿。

第六条　股份有限公司的认股人未按期缴纳所认股份的股款,经公司发起人催缴后在合理期间内仍未缴纳,公司发起人对该股份另行募集的,人民法院应当认定该募集行为有效。认股人延期缴纳股款给公司造成损失,公司请求该认股人承担赔偿责任的,人民法院应予支持。

第七条　出资人以不享有处分权的财产出资,当事人之间对于出资行为效力产生争议的,人民法院可以参照物权法第一百零六条的规定予以认定。

以贪污、受贿、侵占、挪用等违法犯罪所得的货币出资后取得股权的,对违法犯罪行为予以追究、处罚时,应当采取拍卖或者变卖的方式处置其股权。

第八条　出资人以划拨土地使用权出资,或者以设定权利负担的土地使用权出资,公司、其他股东或者公司债权人主张认定出资人未履行出资义务的,人民法院应当责令当事人在指定的合理期间内办理土地变更手续或者解除权利负担;逾期未办理或者未解除的,人民法院应当认定出资人未依法全面履行出资义务。

第九条　出资人以非货币财产出资,未依法评估作价,公司、其他股东或者公司债权人请求认定出资人未履行出资义务的,人民法院应当委托具有合法资格的评估机构对该财产评估作价。评估确定的价额显著低于公司章程所定价额的,人民法院应当认定出资人未依法全面履行出资义务。

第十条　出资人以房屋、土地使用权或者需要办理权属登记的知识产权等财产出资,已经交付公司使用但未办理权属变更手续,公司、其他股东或者公司债权人主张认定出资人未履行出资义务的,人民法院应当责令当事人在指定的合理期间内办理权属变更手续;在前述期间内办理了权属变更手续的,人民法院应当认定其已经履行了出资义务;出资人主张自其实际交付财产给公司使用时享有相应股东权利的,人民法院应予支持。

出资人以前款规定的财产出资,已经办理权属变更手续但未交付给公司使用,公司或者其他股东主张其向公司交付、并在实际交付之前不享有相应股东权利的,人民法院应予支持。

第十一条　出资人以其他公司股权出资,符合下列条件的,人民法院应当认定出资人已履行出资义务:

(一)出资的股权由出资人合法持有并依法可以转让;

(二)出资的股权无权利瑕疵或者权利负担;

(三)出资人已履行关于股权转让的法定手续;

(四)出资的股权已依法进行了价值评估。

股权出资不符合前款第(一)、(二)、(三)项的规定,公司、其他股东或者公司债权人请求认定出资人未履行出资义务的,人民法院应当责令该出资人在指定的合理期间内采取补正措施,以符合上述条件;逾期未补正的,人民法院应当认定其未依法全面履行出资义务。

股权出资不符合本条第一款第（四）项的规定，公司、其他股东或者公司债权人请求认定出资人未履行出资义务的，人民法院应当按照本规定第九条的规定处理。

第十二条　公司成立后，公司、股东或者公司债权人以相关股东的行为符合下列情形之一且损害公司权益为由，请求认定该股东抽逃出资的，人民法院应予支持：

（一）制作虚假财务会计报表虚增利润进行分配；

（二）通过虚构债权债务关系将其出资转出；

（三）利用关联交易将出资转出；

（四）其他未经法定程序将出资抽回的行为。

第十三条　股东未履行或者未全面履行出资义务，公司或者其他股东请求其向公司依法全面履行出资义务的，人民法院应予支持。

公司债权人请求未履行或者未全面履行出资义务的股东在未出资本息范围内对公司债务不能清偿的部分承担补充赔偿责任的，人民法院应予支持；未履行或者未全面履行出资义务的股东已经承担上述责任，其他债权人提出相同请求的，人民法院不予支持。

股东在公司设立时未履行或者未全面履行出资义务，依照本条第一款或者第二款提起诉讼的原告，请求公司的发起人与被告股东承担连带责任的，人民法院应予支持；公司的发起人承担责任后，可以向被告股东追偿。

股东在公司增资时未履行或者未全面履行出资义务，依照本条第一款或者第二款提起诉讼的原告，请求未尽公司法第一百四十七条第一款规定的义务而使出资未缴足的董事、高级管理人员承担相应责任的，人民法院应予支持；董事、高级管理人员承担责任后，可以向被告股东追偿。

第十四条　股东抽逃出资，公司或者其他股东请求其向公司返还出资本息、协助抽逃出资的其他股东、董事、高级管理人员或者实际控制人对此承担连带责任的，人民法院应予支持。

公司债权人请求抽逃出资的股东在抽逃出资本息范围内对公司债务不能清偿的部分承担补充赔偿责任、协助抽逃出资的其他股东、董事、高级管理人员或者实际控制人对此承担连带责任的，人民法院应予支持；抽逃出资的股东已经承担上述责任，其他债权人提出相同请求的，人民法院不予支持。

第十五条　出资人以符合法定条件的非货币财产出资后，因市场变化或者其他客观因素导致出资财产贬值，公司、其他股东或者公司债权人请求该出资人承担补足出资责任的，人民法院不予支持。但是，当事人另有约定的除外。

第十六条　股东未履行或者未全面履行出资义务或者抽逃出资，公司根据公司章程或者股东会决议对其利润分配请求权、新股优先认购权、剩余财产分配请求权等股东权利作出相应的合理限制,该股东请求认定该限制无效的,人民法院不予支持。

第十七条　有限责任公司的股东未履行出资义务或者抽逃全部出资,经公司催告缴纳或者返还,其在合理期间内仍未缴纳或者返还出资,公司以股东会决议解除该股东的股东资格,该股东请求确认该解除行为无效的,人民法院不予支持。

在前款规定的情形下,人民法院在判决时应当释明,公司应当及时办理法定减资程序或者由其他股东或者第三人缴纳相应的出资。在办理法定减资程序或者其他股东或者第三人缴纳相应的出资之前,公司债权人依照本规定第十三条或者第十四条请求相关当事人承担相应责任的,人民法院应予支持。

第十八条　有限责任公司的股东未履行或者未全面履行出资义务即转让股权,受让人对此知道或者应当知道,公司请求该股东履行出资义务、受让人对此承担连带责任的,人民法院应予支持;公司债权人依照本规定第十三条第二款向该股东提起诉讼,同时请求前述受让人对此承担连带责任的,人民法院应予支持。

受让人根据前款规定承担责任后,向该未履行或者未全面履行出资义务的股东追偿的,人民法院应予支持。但是,当事人另有约定的除外。

第十九条　公司股东未履行或者未全面履行出资义务或者抽逃出资,公司或者其他股东请求其向公司全面履行出资义务或者返还出资,被告股东以诉讼时效为由进行抗辩的,人民法院不予支持。

公司债权人的债权未过诉讼时效期间,其依照本规定第十三条第二款、第十四条第二款的规定请求未履行或者未全面履行出资义务或者抽逃出资的股东承担赔偿责任,被告股东以出资义务或者返还出资义务超过诉讼时效期间为由进行抗辩的,人民法院不予支持。

第二十条　当事人之间对是否已履行出资义务发生争议,原告提供对股东履行出资义务产生合理怀疑证据的,被告股东应当就其已履行出资义务承担举证责任。

第二十一条　当事人向人民法院起诉请求确认其股东资格的,应当以公司为被告,与案件争议股权有利害关系的人作为第三人参加诉讼。

第二十二条　当事人之间对股权归属发生争议,一方请求人民法院确认其享有股权的,应当证明以下事实之一:

(一)已经依法向公司出资或者认缴出资,且不违反法律法规强制性规定;

(二)已经受让或者以其他形式继受公司股权,且不违反法律法规强制性规定。

第二十三条　当事人依法履行出资义务或者依法继受取得股权后,公司未根据公司法第三十一条、第三十二条的规定签发出资证明书、记载于股东名册并办理公司登记机关登记,当事人请求公司履行上述义务的,人民法院应予支持。

第二十四条　有限责任公司的实际出资人与名义出资人订立合同，约定由实际出资人出资并享有投资权益，以名义出资人为名义股东，实际出资人与名义股东对该合同效力发生争议的，如无合同法第五十二条规定的情形，人民法院应当认定该合同有效。

前款规定的实际出资人与名义股东因投资权益的归属发生争议，实际出资人以其实际履行了出资义务为由向名义股东主张权利的，人民法院应予支持。名义股东以公司股东名册记载、公司登记机关登记为由否认实际出资人权利的，人民法院不予支持。

实际出资人未经公司其他股东半数以上同意，请求公司变更股东、签发出资证明书、记载于股东名册、记载于公司章程并办理公司登记机关登记的，人民法院不予支持。

第二十五条　名义股东将登记于其名下的股权转让、质押或者以其他方式处分，实际出资人以其对于股权享有实际权利为由，请求认定处分股权行为无效的，人民法院可以参照物权法第一百零六条的规定处理。

名义股东处分股权造成实际出资人损失，实际出资人请求名义股东承担赔偿责任的，人民法院应予支持。

第二十六条　公司债权人以登记于公司登记机关的股东未履行出资义务为由，请求其对公司债务不能清偿的部分在未出资本息范围内承担补充赔偿责任，股东以其仅为名义股东而非实际出资人为由进行抗辩的，人民法院不予支持。

名义股东根据前款规定承担赔偿责任后，向实际出资人追偿的，人民法院应予支持。

第二十七条　股权转让后尚未向公司登记机关办理变更登记，原股东将仍登记于其名下的股权转让、质押或者以其他方式处分，受让股东以其对于股权享有实际权利为由，请求认定处分股权行为无效的，人民法院可以参照物权法第一百零六条的规定处理。

原股东处分股权造成受让股东损失，受让股东请求原股东承担赔偿责任、对于未及时办理变更登记有过错的董事、高级管理人员或者实际控制人承担相应责任的，人民法院应予支持；受让股东对于未及时办理变更登记也有过错的，可以适当减轻上述董事、高级管理人员或者实际控制人的责任。

第二十八条　冒用他人名义出资并将该他人作为股东在公司登记机关登记的，冒名登记行为人应当承担相应责任；公司、其他股东或者公司债权人以未履行出资义务为由，请求被冒名登记为股东的承担补足出资责任或者对公司债务不能清偿部分的赔偿责任的，人民法院不予支持。

最高人民法院关于适用《中华人民共和国公司法》若干问题的规定(四)

(2016年12月5日最高人民法院审判委员会第1702次会议通过
2017年8月25日公布 法释〔2017〕16号 自2017年9月1日起施行)

为正确适用《中华人民共和国公司法》,结合人民法院审判实践,现就公司决议效力、股东知情权、利润分配权、优先购买权和股东代表诉讼等案件适用法律问题作出如下规定。

第一条 公司股东、董事、监事等请求确认股东会或者股东大会、董事会决议无效或者不成立的,人民法院应当依法予以受理。

第二条 依据公司法第二十二条第二款请求撤销股东会或者股东大会、董事会决议的原告,应当在起诉时具有公司股东资格。

第三条 原告请求确认股东会或者股东大会、董事会决议不成立、无效或者撤销决议的案件,应当列公司为被告。对决议涉及的其他利害关系人,可以依法列为第三人。

一审法庭辩论终结前,其他有原告资格的人以相同的诉讼请求申请参加前款规定诉讼的,可以列为共同原告。

第四条 股东请求撤销股东会或者股东大会、董事会决议,符合公司法第二十二条第二款规定的,人民法院应当予以支持,但会议召集程序或者表决方式仅有轻微瑕疵,且对决议未产生实质影响的,人民法院不予支持。

第五条 股东会或者股东大会、董事会决议存在下列情形之一,当事人主张决议不成立的,人民法院应当予以支持:

(一)公司未召开会议的,但依据公司法第三十七条第二款或者公司章程规定可以不召开股东会或者股东大会而直接作出决定,并由全体股东在决定文件上签名、盖章的除外;

(二)会议未对决议事项进行表决的;

(三)出席会议的人数或者股东所持表决权不符合公司法或者公司章程规定的;

(四)会议的表决结果未达到公司法或者公司章程规定的通过比例的;

(五)导致决议不成立的其他情形。

第六条 股东会或者股东大会、董事会决议被人民法院判决确认无效或者撤销的,公司依据该决议与善意相对人形成的民事法律关系不受影响。

第七条 股东依据公司法第三十三条、第九十七条或者公司章程的规定,起诉请求查阅或者复制公司特定文件材料的，人民法院应当依法予以受理。

公司有证据证明前款规定的原告在起诉时不具有公司股东资格的，人民法院应当驳回起诉，但原告有初步证据证明在持股期间其合法权益受到损害，请求依法查阅或者复制其持股期间的公司特定文件材料的除外。

第八条　有限责任公司有证据证明股东存在下列情形之一的，人民法院应当认定股东有公司法第三十三条第二款规定的“不正当目的”：

（一）股东自营或者为他人经营与公司主营业务有实质性竞争关系业务的，但公司章程另有规定或者全体股东另有约定的除外；

（二）股东为了向他人通报有关信息查阅公司会计账簿，可能损害公司合法利益的；

（三）股东在向公司提出查阅请求之日前的三年内，曾通过查阅公司会计账簿，向他人通报有关信息损害公司合法利益的；

（四）股东有不正当目的的其他情形。

第九条　公司章程、股东之间的协议等实质性剥夺股东依据公司法第三十三条、第九十七条规定查阅或者复制公司文件材料的权利，公司以此为由拒绝股东查阅或者复制的，人民法院不予支持。

第十条　人民法院审理股东请求查阅或者复制公司特定文件材料的案件，对原告诉讼请求予以支持的，应当在判决中明确查阅或者复制公司特定文件材料的时间、地点和特定文件材料的名录。

股东依据人民法院生效判决查阅公司文件材料的，在该股东在场的情况下，可以由会计师、律师等依法或者依据执业行为规范负有保密义务的中介机构执业人员辅助进行。

第十一条　股东行使知情权后泄露公司商业秘密导致公司合法利益受到损害，公司请求该股东赔偿相关损失的，人民法院应当予以支持。

根据本规定第十条辅助股东查阅公司文件材料的会计师、律师等泄露公司商业秘密导致公司合法利益受到损害，公司请求其赔偿相关损失的，人民法院应当予以支持。

第十二条　公司董事、高级管理人员等未依法履行职责，导致公司未依法制作或者保存公司法第三十三条、第九十七条规定的公司文件材料，给股东造成损失，股东依法请求负有相应责任的公司董事、高级管理人员承担民事赔偿责任的，人民法院应当予以支持。

第十三条　股东请求公司分配利润案件，应当列公司为被告。

一审法庭辩论终结前，其他股东基于同一分配方案请求分配利润并申请参加诉讼的，应当列为共同原告。

第十四条　股东提交载明具体分配方案的股东会或者股东大会的有效决议,请求公司分配利润,公司拒绝分配利润且其关于无法执行决议的抗辩理由不成立的,人民法院应当判决公司按照决议载明的具体分配方案向股东分配利润。

第十五条　股东未提交载明具体分配方案的股东会或者股东大会决议,请求公司分配利润的,人民法院应当驳回其诉讼请求,但违反法律规定滥用股东权利导致公司不分配利润,给其他股东造成损失的除外。

第十六条　有限责任公司的自然人股东因继承发生变化时,其他股东主张依据公司法第七十一条第三款规定行使优先购买权的,人民法院不予支持,但公司章程另有规定或者全体股东另有约定的除外。

第十七条　有限责任公司的股东向股东以外的人转让股权,应就其股权转让事项以书面或者其他能够确认收悉的合理方式通知其他股东征求同意。其他股东半数以上不同意转让,不同意的股东不购买的,人民法院应当认定视为同意转让。

经股东同意转让的股权,其他股东主张转让股东应当向其以书面或者其他能够确认收悉的合理方式通知转让股权的同等条件的,人民法院应当予以支持。

经股东同意转让的股权,在同等条件下,转让股东以外的其他股东主张优先购买的,人民法院应当予以支持,但转让股东依据本规定第二十条放弃转让的除外。

第十八条　人民法院在判断是否符合公司法第七十一条第三款及本规定所称的"同等条件"时,应当考虑转让股权的数量、价格、支付方式及期限等因素。

第十九条　有限责任公司的股东主张优先购买转让股权的,应当在收到通知后,在公司章程规定的行使期间内提出购买请求。公司章程没有规定行使期间或者规定不明确的,以通知确定的期间为准,通知确定的期间短于三十日或者未明确行使期间的,行使期间为三十日。

第二十条　有限责任公司的转让股东,在其他股东主张优先购买后又不同意转让股权的,对其他股东优先购买的主张,人民法院不予支持,但公司章程另有规定或者全体股东另有约定的除外。其他股东主张转让股东赔偿其损失合理的,人民法院应当予以支持。

第二十一条　有限责任公司的股东向股东以外的人转让股权,未就其股权转让事项征求其他股东意见,或者以欺诈、恶意串通等手段,损害其他股东优先购买权,其他股东主张按照同等条件购买该转让股权的,人民法院应当予以支持,但其他股东自知道或者应当知道行使优先购买权的同等条件之日起三十日内没有主张,或者自股权变更登记之日起超过一年的除外。

前款规定的其他股东仅提出确认股权转让合同及股权变动效力等请求,未同时主张按照同等条件购买转让股权的，人民法院不予支持，但其他股东非因自身原因导致无法行使优先购买权，请求损害赔偿的除外。

股东以外的股权受让人，因股东行使优先购买权而不能实现合同目的的，可以依法请求转让股东承担相应民事责任。

第二十二条 通过拍卖向股东以外的人转让有限责任公司股权的，适用公司法第七十一条第二款、第三款或者第七十二条规定的“书面通知”“通知”“同等条件”时，根据相关法律、司法解释确定。

在依法设立的产权交易场所转让有限责任公司国有股权的，适用公司法第七十一条第二款、第三款或者第七十二条规定的“书面通知”“通知”“同等条件”时，可以参照产权交易场所的交易规则。

第二十三条 监事会或者不设监事会的有限责任公司的监事依据公司法第一百五十一条第一款规定对董事、高级管理人员提起诉讼的，应当列公司为原告，依法由监事会主席或者不设监事会的有限责任公司的监事代表公司进行诉讼。

董事会或者不设董事会的有限责任公司的执行董事依据公司法第一百五十一条第一款规定对监事提起诉讼的，或者依据公司法第一百五十一条第三款规定对他人提起诉讼的，应当列公司为原告，依法由董事长或者执行董事代表公司进行诉讼。

第二十四条 符合公司法第一百五十一条第一款规定条件的股东，依据公司法第一百五十一条第二款、第三款规定，直接对董事、监事、高级管理人员或者他人提起诉讼的，应当列公司为第三人参加诉讼。

一审法庭辩论终结前，符合公司法第一百五十一条第一款规定条件的其他股东，以相同的诉讼请求申请参加诉讼的，应当列为共同原告。

第二十五条 股东依据公司法第一百五十一条第二款、第三款规定直接提起诉讼的案件，胜诉利益归属于公司。股东请求被告直接向其承担民事责任的，人民法院不予支持。

第二十六条 股东依据公司法第一百五十一条第二款、第三款规定直接提起诉讼的案件，其诉讼请求部分或者全部得到人民法院支持的，公司应当承担股东因参加诉讼支付的合理费用。

第二十七条 本规定自 2017 年 9 月 1 日起施行。

本规定施行后尚未终审的案件，适用本规定；本规定施行前已经终审的案件，或者适用审判监督程序再审的案件，不适用本规定。

最高人民法院关于审理公司强制清算案件工作座谈会纪要

(2009年11月4日颁布 法发〔2009〕52号)

当前,因受国际金融危机和世界经济衰退影响,公司经营困难引发的公司强制清算案件大幅度增加。《中华人民共和国公司法》和最高人民法院《关于适用〈中华人民共和国公司法〉若干问题的规定(二)》(以下简称公司法司法解释二)对于公司强制清算案件审理中的有关问题已作出规定,但鉴于该类案件非讼程序的特点和目前清算程序规范的不完善,有必要进一步明确该类案件审理原则,细化有关程序和实体规定,更好地规范公司退出市场行为,维护市场运行秩序,依法妥善审理公司强制清算案件,维护和促进经济社会和谐稳定。为此,最高人民法院在广泛调研的基础上,于2009年9月15日至16日在浙江省绍兴市召开了全国部分法院审理公司强制清算案件工作座谈会。与会同志通过认真讨论,就有关审理公司强制清算案件中涉及的主要问题达成了共识。现纪要如下:

一、关于审理公司强制清算案件应当遵循的原则

1. 会议认为,公司作为现代企业的主要类型,在参与市场竞争时,不仅要严格遵循市场准入规则,也要严格遵循市场退出规则。公司强制清算作为公司退出市场机制的重要途径之一,是公司法律制度的重要组成部分。人民法院在审理此类案件时,应坚持以下原则:

第一,坚持清算程序公正原则。公司强制清算的目的在于有序结束公司存续期间的各种商事关系,合理调整众多法律主体的利益,维护正常的经济秩序。人民法院审理公司强制清算案件,应当严格依照法定程序进行,坚持在程序正义的基础上实现清算结果的公正。

第二,坚持清算效率原则。提高社会经济的整体效率,是公司强制清算制度追求的目标之一,要严格而不失快捷地使已经出现解散事由的公司退出市场,将其可能给各方利益主体造成的损失降至最低。人民法院审理强制清算案件,要严格按照法律规定及时有效地完成清算,保障债权人、股东等利害关系人的利益及时得到实现,避免因长期拖延清算给相关利害关系人造成不必要的损失,保障社会资源的有效利用。

第三,坚持利益均衡保护原则。公司强制清算中应当以维护公司各方主体利益平衡为原则,实现公司退出环节中的公平公正。人民法院在审理公司强制清算

案件时，既要充分保护债权人利益，又要兼顾职工利益、股东利益和社会利益，妥善处理各方利益冲突，实现法律效果和社会效果的有机统一。

二、关于强制清算案件的管辖

2. 对于公司强制清算案件的管辖应当分别从地域管辖和级别管辖两个角度确定。地域管辖法院应为公司住所地的人民法院，即公司主要办事机构所在地法院；公司主要办事机构所在地不明确、存在争议的，由公司注册登记地人民法院管辖。级别管辖应当按照公司登记机关的级别予以确定，即基层人民法院管辖县、县级市或者区的公司登记机关核准登记公司的公司强制清算案件；中级人民法院管辖地区、地级市以上的公司登记机关核准登记公司的公司强制清算案件。存在特殊原因的，也可参照适用《中华人民共和国企业破产法》第四条、《中华人民共和国民事诉讼法》第三十七条和第三十九条的规定，确定公司强制清算案件的审理法院。

三、关于强制清算案件的案号管理

3. 人民法院立案庭收到申请人提交的对公司进行强制清算的申请后，应当及时以“(××××)××法×清(预)字第×号”立案。立案庭立案后，应当将申请人提交的申请等有关材料移交审理强制清算案件的审判庭审查，并由审判庭依法作出是否受理强制清算申请的裁定。

4. 审判庭裁定不予受理强制清算申请的，裁定生效后，公司强制清算案件应当以“(××××)××法×清(预)字第×号”结案。审判庭裁定受理强制清算申请的，立案庭应当以“(××××)××法×清(算)字第×号”立案。

5. 审判庭裁定受理强制清算申请后，在审理强制清算案件中制作的民事裁定书、决定书等，应当在“(××××)××法×清(算)字第×号”后依次编号，如“(××××)××法×清(算)字第×-1号民事裁定书”、“(××××)××法×清(算)字第×-2号民事裁定书”等，或者“(××××)××法×清(算)字第×-1号决定书”、“(××××)××法×清(算)字第×-2号决定书”等。

四、关于强制清算案件的审判组织

6. 因公司强制清算案件在案件性质上类似于企业破产案件，因此强制清算案件应当由负责审理企业破产案件的审判庭审理。有条件的人民法院，可由专门的审判庭或者指定专门的合议庭审理公司强制清算案件和企业破产案件。公司强制清算案件应当组成合议庭进行审理。

五、关于强制清算的申请

7. 公司债权人或者股东向人民法院申请强制清算应当提交清算申请书。申请书应当载明申请人、被申请人的基本情况和申请的事实和理由。同时，申请人应当向人民法院提交被申请人已经发生解散事由以及申请人对被申请人享有债权或者股权的有关证据。公司解散后已经自行成立清算组进行清算，但债权人或者股东以其故意拖延清算,或者存在其他违法清算可能严重损害债权人或者股东利益为由,申请人民法院强制清算的,申请人还应当向人民法院提交公司故意拖延清算,或者存在其他违法清算行为可能严重损害其利益的相应证据材料。

8. 申请人提交的材料需要更正、补充的,人民法院应当责令申请人于七日内予以更正、补充。申请人由于客观原因无法按时更正、补充的,应当向人民法院予以书面说明并提出延期申请,由人民法院决定是否延长期限。

六、关于对强制清算申请的审查

9. 审理强制清算案件的审判庭审查决定是否受理强制清算申请时,一般应当召开听证会。对于事实清楚、法律关系明确、证据确实充分的案件,经书面通知被申请人,其对书面审查方式无异议的,也可决定不召开听证会,而采用书面方式进行审查。

10. 人民法院决定召开听证会的,应当于听证会召开五日前通知申请人、被申请人,并送达相关申请材料。公司股东、实际控制人等利害关系人申请参加听证的,人民法院应予准许。听证会中,人民法院应当组织有关利害关系人对申请人是否具备申请资格、被申请人是否已经发生解散事由、强制清算申请是否符合法律规定等内容进行听证。因补充证据等原因需要再次召开听证会的,应在补充期限届满后十日内进行。

11. 人民法院决定不召开听证会的,应当及时通知申请人和被申请人,并向被申请人送达有关申请材料,同时告知被申请人若对申请人的申请有异议,应当自收到人民法院通知之日起七日内向人民法院书面提出。

七、关于对强制清算申请的受理

12. 人民法院应当在听证会召开之日或者自异议期满之日起十日内,依法作出是否受理强制清算申请的裁定。

13. 被申请人就申请人对其是否享有债权或者股权,或者对被申请人是否发生解散事由提出异议的,人民法院对申请人提出的强制清算申请应不予受理。申请人可就有关争议单独提起诉讼或者仲裁予以确认后,另行向人民法院提起强制清算申请。但对上述异议事项已有生效法律文书予以确认,以及发生被吊销企业法人营业执照、责令关闭或者被撤销等解散事由有明确、充分证据的除外。

14. 申请人提供被申请人自行清算中故意拖延清算,或者存在其他违法清算可能严重损害债权人或者股东利益的相应证据材料后,被申请人未能举出相反证据的,人民法院对申请人提出的强制清算申请应予受理。债权人申请强制清算,被申请人的主要财产、账册、重要文件等灭失,或者被申请人人员下落不明,导致无法清算的,人民法院不得以此为由不予受理。

15. 人民法院受理强制清算申请后,经审查发现强制清算申请不符合法律规定的,可以裁定驳回强制清算申请。

16. 人民法院裁定不予受理或者驳回受理申请,申请人不服的,可以向上一级人民法院提起上诉。

八、关于强制清算申请的撤回

17. 人民法院裁定受理公司强制清算申请前,申请人请求撤回其申请的,人民法院应予准许。

18. 公司因公司章程规定的营业期限届满或者公司章程规定的其他解散事由出现,或者股东会、股东大会决议自愿解散的,人民法院受理强制清算申请后,清算组对股东进行剩余财产分配前,申请人以公司修改章程,或者股东会、股东大会决议公司继续存续为由,请求撤回强制清算申请的,人民法院应予准许。

19. 公司因依法被吊销营业执照、责令关闭或者被撤销,或者被人民法院判决强制解散的,人民法院受理强制清算申请后,清算组对股东进行剩余财产分配前,申请人向人民法院申请撤回强制清算申请的,人民法院应不予准许。但申请人有证据证明相关行政决定被撤销,或者人民法院作出解散公司判决后当事人又达成公司存续和解协议的除外。

九、关于强制清算案件的申请费

20. 参照《诉讼费用交纳办法》第十条、第十四条、第二十条和第四十二条关于企业破产案件申请费的有关规定,公司强制清算案件的申请费以强制清算财产总额为基数,按照财产案件受理费标准减半计算,人民法院受理强制清算申请后从被申请人财产中优先拨付。因财产不足以清偿全部债务,强制清算程序依法转入破产清算程序的,不再另行计收破产案件申请费;按照上述标准计收的强制清算案件申请费超过30万元的,超过部分不再收取,已经收取的,应予退还。

21. 人民法院裁定受理强制清算申请前,申请人请求撤回申请,人民法院准许的,强制清算案件的申请费不再从被申请人财产中予以拨付;人民法院受理强制清算申请后,申请人请求撤回申请,人民法院准许的,已经从被申请人财产中优先拨付的强制清算案件申请费不予退回。

十、关于强制清算清算组的指定

22. 人民法院受理强制清算案件后,应当及时指定清算组成员。公司股东、董事、监事、高级管理人员能够而且愿意参加清算的,人民法院可优先考虑指定上述人员组成清算组;上述人员不能、不愿进行清算,或者由其负责清算不利于清算依法进行的,人民法院可以指定《人民法院中介机构管理人名册》和《人民法院个人管理人名册》中的中介机构或者个人组成清算组;人民法院也可根据实际需要,指定公司股东、董事、监事、高级管理人员,与管理人名册中的中介机构或者个人共同组成清算组。人民法院指定管理人名册中的中介机构或者个人组成清算组,或者担任清算组成员的,应当参照适用最高人民法院《关于审理企业破产案件指定管理人的规定》。

23. 强制清算清算组成员的人数应当为单数。人民法院指定清算组成员的同时,应当根据清算组成员的推选,或者依职权,指定清算组负责人。清算组负责人代行清算中公司诉讼代表人职权。清算组成员未依法履行职责的,人民法院应当依据利害关系人的申请,或者依职权及时予以更换。

十一、关于强制清算清算组成员的报酬

24. 公司股东、实际控制人或者股份有限公司的董事担任清算组成员的,不计付报酬。上述人员以外的有限责任公司的董事、监事、高级管理人员,股份有限公司的监事、高级管理人员担任清算组成员的,可以按照其上一年度的平均工资标准计付报酬。

25. 中介机构或者个人担任清算组成员的,其报酬由中介机构或者个人与公司协商确定;协商不成的,由人民法院参照最高人民法院《关于审理企业破产案件确定管理人报酬的规定》确定。

十二、关于强制清算清算组的议事机制

26. 公司强制清算中的清算组因清算事务发生争议的,应当参照公司法第一百一十二条的规定,经全体清算组成员过半数决议通过。与争议事项有直接利害关系的清算组成员可以发表意见,但不得参与投票;因利害关系人回避表决无法形成多数意见的,清算组可以请求人民法院作出决定。与争议事项有直接利害关系的清算组成员未回避表决形成决定的,债权人或者清算组其他成员可以参照公司法第二十二条的规定,自决定作出之日起六十日内,请求人民法院予以撤销。

十三、关于强制清算中的财产保全

27. 人民法院受理强制清算申请后,公司财产存在被隐匿、转移、毁损等可能影响依法清算情形的,人民法院可依清算组或者申请人的申请,对公司财产采取相应的保全措施。

十四、关于无法清算案件的审理

28. 对于被申请人主要财产、账册、重要文件等灭失,或者被申请人人员下落不明的强制清算案件,经向被申请人的股东、董事等直接责任人员释明或采取罚款等民事制裁措施后,仍然无法清算或者无法全面清算,对于尚有部分财产,且依据现有账册、重要文件等,可以进行部分清偿的,应当参照企业破产法的规定,对现有财产进行公平清偿后,以无法全面清算为由终结强制清算程序;对于没有任何财产、账册、重要文件,被申请人人员下落不明的,应当以无法清算为由终结强制清算程序。

29. 债权人申请强制清算,人民法院以无法清算或者无法全面清算为由裁定终结强制清算程序的，应当在终结裁定中载明，债权人可以另行依据公司法司法解释二第十八条的规定，要求被申请人的股东、董事、实际控制人等清算义务人对其债务承担偿还责任。股东申请强制清算，人民法院以无法清算或者无法全面清算为由作出终结强制清算程序的，应当在终结裁定中载明，股东可以向控股股东等实际控制公司的主体主张有关权利。

十五、关于强制清算案件衍生诉讼的审理

30. 人民法院受理强制清算申请前已经开始，人民法院受理强制清算申请时尚未审结的有关被强制清算公司的民事诉讼，由原受理法院继续审理，但应依法将原法定代表人变更为清算组负责人。

31. 人民法院受理强制清算申请后，就强制清算公司的权利义务产生争议的，应当向受理强制清算申请的人民法院提起诉讼，并由清算组负责人代表清算中公司参加诉讼活动。受理强制清算申请的人民法院对此类案件，可以适用民事诉讼法第三十七条和第三十九条的规定确定审理法院。

上述案件在受理法院内部各审判庭之间按照业务分工进行审理。人民法院受理强制清算申请后，就强制清算公司的权利义务产生争议，当事人双方就产生争议约定有明确有效的仲裁条款的，应当按照约定通过仲裁方式解决。

十六、关于强制清算和破产清算的衔接

32. 公司强制清算中，清算组在清理公司财产、编制资产负债表和财产清单时，发现公司财产不足清偿债务的，除依据公司法司法解释二第十七条的规定，通过与债权人协商制作有关债务清偿方案并清偿债务的外，应依据公司法第一百八十八条和企业破产法第七条第三款的规定向人民法院申请宣告破产。

33. 公司强制清算中，有关权利人依据企业破产法第二条和第七条的规定向人民法院另行提起破产申请的，人民法院应当依法进行审查。权利人的破产申请符合企业破产法规定的，人民法院应当依法裁定予以受理。人民法院裁定受理破产申请后，应当裁定终结强制清算程序。

34. 公司强制清算转入破产清算后，原强制清算中的清算组由《人民法院中介机构管理人名册》和《人民法院个人管理人名册》中的中介机构或者个人组成或者参加的，除该中介机构或者个人存在与本案有利害关系等不宜担任管理人或者管理人成员的情形外，人民法院可根据企业破产法及其司法解释的规定，指定该中介机构或者个人作为破产案件的管理人，或者吸收该中介机构作为新成立的清算组管理人的成员。

上述中介机构或者个人在公司强制清算和破产清算中取得的报酬总额，不应超过按照企业破产计付的管理人或者管理人成员的报酬。

35. 上述中介机构或者个人不宜担任破产清算中的管理人或者管理人的成员

的,人民法院应当根据企业破产法和有关司法解释的规定,及时指定管理人。原强制清算中的清算组应当及时将清算事务及有关材料等移交给管理人。公司强制清算中已经完成的清算事项,如无违反企业破产法或者有关司法解释的情形的,在破产清算程序中应承认其效力。

十七、关于强制清算程序的终结

36. 公司依法清算结束,清算组制作清算报告并报人民法院确认后,人民法院应当裁定终结清算程序。公司登记机关依清算组的申请注销公司登记后,公司终止。

37. 公司因公司章程规定的营业期限届满或者公司章程规定的其他解散事由出现,或者股东会、股东大会决议自愿解散的,人民法院受理债权人提出的强制清算申请后,对股东进行剩余财产分配前,公司修改章程、或者股东会、股东大会决议公司继续存续,申请人在其个人债权及他人债权均得到全额清偿后,未撤回申请的,人民法院可以根据被申请人的请求裁定终结强制清算程序,强制清算程序终结后,公司可以继续存续。

十八、关于强制清算案件中的法律文书

38. 审理强制清算的审判庭审理该类案件时,对于受理、不受理强制清算申请、驳回申请人的申请、允许或者驳回申请人撤回申请、采取保全措施、确认清算方案、确认清算终结报告、终结强制清算程序的,应当制作民事裁定书。对于指定或者变更清算组成员、确定清算组成员报酬、延长清算期限、制裁妨碍清算行为的,应当制作决定书。

对于其他所涉有关法律文书的制作,可参照企业破产清算中人民法院的法律文书样式。

十九、关于强制清算程序中对破产清算程序的准用

39. 鉴于公司强制清算与破产清算在具体程序操作上的相似性,就公司法、公司法司法解释二,以及本会议纪要未予涉及的情形,如清算中公司的有关人员未依法妥善保管其占有和管理的财产、印章和账簿、文书资料,清算组未及时接管清算中公司的财产、印章和账簿、文书,清算中公司拒不向人民法院提交或者提交不真实的财产状况说明、债务清册、债权清册、有关财务会计报告以及职工工资的支付情况和社会保险费用的缴纳情况,清算中公司拒不向清算组移交财产、印章和账簿、文书等资料,或者伪造、销毁有关财产证据材料而使财产状况不明,股东未缴足出资、抽逃出资,以及公司董事、监事、高级管理人员非法侵占公司财产等,可参照企业破产法及其司法解释的有关规定处理。

二十、关于审理公司强制清算案件中应当注意的问题

40. 鉴于此类案件属于新类型案件,且涉及的法律关系复杂、利益主体众多,人民法院在审理难度大、涉及面广、牵涉社会稳定的重大疑难清算案件时，要在严格依法的前提下，紧紧依靠党委领导和政府支持，充分发挥地方政府建立的各项机制，有效做好维护社会稳定的工作。同时，对于审判实践中发现的新情况、新问题，要及时逐级上报。上级人民法院要加强对此类案件的监督指导，注重深入调查研究，及时总结审判经验，确保依法妥善审理好此类案件。

最高人民法院
关于进一步做好“执转破”有关工作的通知

（法明传〔2018〕359号　2018年6月8日）

为服务和保障供给侧结构性改革，推动僵尸企业清理，建立顺畅有序的市场主体退出机制，促进执行积案化解，现就加强执行程序与破产程序的有序衔接和高效联动、进一步做好“执转破”工作有关事宜通知如下：

一、建立执行案件定期通报制度。即日起，最高人民法院每两个月将各省法院执行案件化解情况包括终结本次执行案件数量向全国法院通报，通报材料一并报送各高院院长。

二、将“执转破”纳入专项巡查范围。鉴于“执转破”案件数量已被纳入“人民法院基本解决执行难第三方评估指标体系”，下一步专项巡查中，最高人民法院将把“执转破”工作开展情况作为重点巡查内容进行检查监督。

三、严肃查处无故拒绝移送、拒绝接收“执转破”案件的责任人。对于符合移送破产审查条件的案件，执行部门不得拒绝、拖延移送；对于执行部门移送的符合“执转破”条件、材料齐备的案件，破产审判部门不得推脱、拒绝接受。违反上述要求的，一经发现，将在全国通报，并建议相关法院对直接责任人员作出处理。

四、建立“执转破”案件快速审理机制。对于债权债务关系简单、财产状况明晰的“执转破”案件，受理法院可以建立快速审理机制，通过简化债权人会议、简化送达方式、简化财产审计、压缩公告期限等方法，高效及时审结。

五、加强专业力量配备。各级法院要统一调配审判执行资源，合理配备办理“执转破”案件的专业力量，优化审判组织的人员构成，为“执转破”工作规范化、常态化、专业化开展提供坚强有力的人员保障。

六、强化信息配套保障。各级法院要建立执行与破产的信息交流和共享机制，执行部门应向破产法官开放执行查控系统的使用权限，建立“点对点”查询机制。科技信息部门要加快落实系统配套升级改造，及时对接执行查控系统和破产重整工作平台,实现执行与破产数据互通和信息共享。

七、建立破产费用保障机制。最高人民法院正与相关部委协调,争取政策支持解决无产可破案件的经费保障问题。各地法院也要抓住清理僵尸企业的有利机遇,积极争取当地政府部门的支持,尽快建立破产费用保障机制。

八、表彰激励绩效突出单位和个人。各地法院要结合工作实际建立"执转破"考核机制,科学设置考核指标,适当加大考核权重,对工作开展情况较好的法院和个人及时表彰奖励。

九、集中清理一批执行积案。最高人民法院将对2018年以前以终本方式报结、被执行人为企业的案件进行全面清理,形成清单分批下发。此次先将近期重点推动的两批"执转破"案件清单通过电子版下发。执行法院要根据清单逐一约谈申请执行人、被执行人,充分释明政策规定,推动案件移送破产审查。破产法院受理后,应集中力量审理,尽快清理一批执行积案。

最高人民法院关于进一步加强金融审判工作的若干意见

(2017年8月4日发布并实施 法发〔2017〕22号)

金融是国家重要的核心竞争力,金融安全是国家安全的重要组成部分,金融制度是经济社会发展中重要的基础性制度。为充分发挥人民法院金融审判职能作用,促进经济和金融良性循环、健康发展,现提出以下指导意见。

一、统一思想,提高认识,深入学习贯彻习近平总书记在全国金融工作会议上的重要讲话精神

习近平总书记在第五次全国金融工作会议上发表的重要讲话,科学回答了我国金融改革发展稳定中的重大理论和实践问题,具有很强的思想性、指导性、实践性,为做好新形势下金融工作提供了根本遵循,为人民法院金融审判工作指明了方向。全国各级人民法院要深入学习贯彻会议精神,切实把思想和行动统一到以习近平同志为核心的党中央对金融工作的形势分析判断和决策部署上来,牢牢坚持党对金融工作的统一领导,紧紧围绕服务实体经济、防控金融风险、深化金融改革三项任务,积极稳妥开展金融审判工作,切实维护国家金融安全,促进经济和金融良性循环、健康发展。

二、以服务实体经济作为出发点和落脚点,引导和规范金融交易

1. 遵循金融规律,依法审理金融案件。以金融服务实体经济为价值本源,依法审理各类金融案件。对于能够实际降低交易成本，实现普惠金融，合法合规的金融交易模式依法予以保护。对以金融创新为名掩盖金融风险、规避金融监管、进行制度套利的金融违规行为，要以其实际构成的法律关系确定其效力和各方的权利义务。对于以金融创新名义非法吸收公众存款或者集资诈骗，构成犯罪的，依法追究刑事责任。

2. 严格依法规制高利贷，有效降低实体经济的融资成本。金融借款合同的借款人以贷款人同时主张的利息、复利、罚息、违约金和其他费用过高，显著背离实际损失为由，请求对总计超过年利率24%的部分予以调减的，应予支持，以有效降低实体经济的融资成本。规范和引导民间融资秩序，依法否定民间借贷纠纷案件中预扣本金或者利息、变相高息等规避民间借贷利率司法保护上限的合同条款效力。

3. 依法认定新类型担保的法律效力，拓宽中小微企业的融资担保方式。丰富和拓展中小微企业的融资担保方式，除符合合同法第五十二条规定的合同无效情形外，应当依法认定新类型担保合同有效；符合物权法有关担保物权的规定的，还应当依法认定其物权效力，以增强中小微企业融资能力，有效缓解中小微企业融资难、融资贵问题。

4. 规范和促进直接服务实体经济的融资方式，拓宽金融对接实体经济的渠道。依法保护融资租赁、保理等金融资本与实体经济相结合的融资模式，支持和保障金融资本服务实体经济。对名为融资租赁合同、保理合同，实为借款合同的，应当按照实际构成的借款合同关系确定各方的权利义务，防范当事人以预扣租金、保证金等方式变相抬高实体经济融资成本。

5. 优化多层次资本市场体系的法治环境，满足多样化金融需求。依法审理证券、期货民商事纠纷案件，规范资本市场投融资秩序，引导把更多金融资源配置到经济社会发展的重点领域和薄弱环节，更好满足实体经济多样化的金融需求。

6. 准确适用保险法，促进保险业发挥长期稳健风险管理和保障的功能。妥善审理保险合同纠纷案件，依法保障各方当事人利益。充分发挥保险制度的核心功能，管理和分散实体经济运行中的自然灾害、意外事故、法律责任以及信用等风险。依法规范保险合同纠纷当事人、保险中介等各类市场主体行为，防范不同主体的道德风险，构建保险诚信法治体系。

7. 依法审理互联网金融纠纷案件，规范发展互联网金融。依法认定互联网金融所涉具体法律关系，据此确定各方当事人的权利义务。准确界定网络借贷信息中介机构与网络借贷合同当事人之间的居间合同关系。网络借贷信息中介机构与出借人以居间费用形式规避民间借贷利率司法保护上限规定的，应当认定无效。依法严厉打击涉互联网金融或者以互联网金融名义进行的违法犯罪行为，规范和保障互联网金融健康发展。

8. 加强新类型金融案件的研究和应对,统一裁判尺度。高度关注涉及私募股权投资、委托理财、资产管理等新类型金融交易的案件,严格按照合同法、公司法、合伙企业法、信托法等法律规范,确定各方当事人的权利义务。发布指导性案例,通过类案指导,统一裁判尺度。

9. 依法规制国有企业的贷款通道业务,防范无金融资质的国有企业变相从事金融业务。无金融资质的国有企业变相从事金融业务,套取金融机构信贷资金又高利转贷的,应当根据《最高人民法院关于审理民间借贷案件适用法律若干问题的规定》第十四条的规定,依法否定其放贷行为的法律效力,并通过向相应的主管部门提出司法建议等方式,遏制国有企业的贷款通道业务,引导其回归实体经济。

10. 依法打击资金掮客和资金融通中的违法犯罪行为,有效规范金融秩序。对于民间借贷中涉及商业银行工作人员内外勾结进行高利转贷、利益输送,或者金融机构工作人员违法发放贷款,以及公司、企业在申请贷款过程中虚构事实、隐瞒真相骗取贷款、实施贷款诈骗构成犯罪的,依法追究刑事责任。

三、有效防范化解金融风险,切实维护金融安全

11. 依法处置"僵尸企业"推动经济去杠杆。加强破产审判工作和体制机制建设,充分发挥破产程序在依法处置"僵尸企业"中的制度功能。对于已不具备市场竞争力和营运价值的"僵尸企业",及时进行破产清算,有序退出市场,切实减少无效供给、化解过剩产能、释放生产要素、降低企业杠杆率,为深化供给侧结构性改革提供有力的司法服务和保障。

12. 充分发挥破产重整制度的拯救功能,促进有价值的危困企业再生。健全完善破产企业识别机制,对于虽然丧失清偿能力,但仍能适应市场需要、具有营运价值的企业,要综合运用破产重整、和解制度手段进行拯救,优化资源配置,实现企业再生。破产重整程序要坚持市场化导向,更加重视重整中的营业整合和资产重组,严格依法审慎适用重整计划强制批准权。

13. 积极预防破产案件引发金融风险,维护社会稳定。依法审慎处理可能引发金融风险、影响社会稳定的破产案件,特别是涉及相互、连环担保以及民间融资、非法集资的企业破产案件,避免引发区域性风险和群体性事件。进一步完善上市公司、金融机构等特定主体的破产制度设计,预防个案引发系统性金融风险。严格审查破产程序中的恶意逃废债务行为。依法适用关联企业合并破产、行使破产撤销权和取回权等手段,查找和追回债务人财产。对于隐匿、故意销毁会计账册、会计凭证,拒不执行法院判决、裁定等犯罪行为,依法追究刑事责任。

14. 依法保护金融债权,提升金融债权实现效率。依法打击逃废金融债权的行为,明确责任主体和责任范围,切实保护金融债权。根据具体金融借款合同纠纷案件的特点,分别适用普通程序、简易程序、特别程序、督促程序等不同程序,提高审判效率。有效发挥具有强制执行效力的公证书的作用，降低金融债权实现成本。

15. 依法审理票据纠纷案件，妥善化解票据风险。认真研究应对因违法票据融资行为可能引发的金融风险，准确适用票据法审理票据纠纷案件，有效防范和遏制票据风险，促进票据市场安全稳定发展。

16. 依法审理金融不良债权案件，保障金融不良债权依法处置。加强研究新形势下金融不良债权处置过程中出现的新情况新问题，统一裁判标准，促进金融不良债权处置的市场化、法治化进程。

17. 持续保持对非法集资犯罪打击的高压态势，有效维护社会稳定。依法公正高效审理非法集资案件，严厉打击非法集资犯罪行为。针对非法集资犯罪案件参与人数多、涉案金额大、波及面广、行业和区域相对集中的特点，加强与职能机关、地方政府的信息沟通和协调配合，提升处置效果，切实保障被害人的合法权益，有效维护社会稳定。

18. 依法保障房地产市场平稳健康发展，防范房地产市场的金融风险传导。高度重视房地产市场波动对金融债权的影响，依法妥善审理相关案件，有效防范房地产市场潜在风险对金融稳定和金融安全的传导与冲击。统一借名买房等规避国家房产限购政策的合同效力的裁判标准，引导房产交易回归居住属性。

19. 依法严厉惩治证券犯罪行为，维护资本市场秩序。依法审理欺诈发行股票、债券案件，违规披露、不披露重要信息案件，内幕交易案件，利用未公开信息交易案件和操纵证券、期货市场案件，防范和化解资本市场的系统性风险，促进资本市场的持续健康发展。

20. 加强投资者民事权益的司法保护，维护投资者的财产安全。依法审理证券市场虚假陈述、内幕交易、操纵市场的民事案件，保障证券投资者的合法权益。支持证券投资者保护机构以诉讼代表人的身份接受投资者委托提起诉讼或者提供专门法律服务，拓展投资者维权方式。探索建立证券侵权民事诉讼领域的律师调查令制度，提高投资者的举证能力。依法充分运用专家证人、专家陪审员制度，扩充证券案件审理的知识容量和审理深度，提高证券案件审判的专业性和公信力。引导金融产品提供者及服务提供者切实履行投资者适当性审查义务、信息披露义务和最大损失揭示义务，依法维护投资者的正当权益。

21. 规范整治地方交易场所的违法交易行为，防范和化解区域性金融风险。对地方交易场所未经许可或者超越经营许可范围开展的违法违规交易行为，要严格依照相关法律和行政法规的禁止性规定，否定其法律效力，明确交易场所的民事责任。切实加强涉地方交易场所案件的行政处置工作与司法审判工作的衔接，有效防范区域性金融风险。

22. 依法审理涉地方政府债务纠纷案件，防范地方政府债务风险。依法认定政府违法提供担保的法律责任,规范政府行为。依法认定地方政府利用平台公司融资、政府和社会资本合作(PPP)、投资基金、购买服务等方式变相举债作出的行政行为或者签订的行政协议的性质、效力和责任,明确裁判规则,划出责任边界,有效防范地方政府债务风险的集聚。

23. 依法审理涉外投资案件,加强外部金融风险的防范应对。加强对“一带一路”战略下跨境投资的金融安全与金融风险问题的研究应对,准确认定规避国家外汇管制政策的跨境投资行为的法律效力。

四、依法服务和保障金融改革,建立和完善适应金融审判工作需要的新机制

24. 支持金融监管机构依法履职,监督和促进金融监管机构依法行政。紧密配合金融改革和金融监管机构调整的要求,维护金融监管机构依法履行监管职责。依法审理涉及金融监管机构履行行政许可和审批、作出行政处罚和处理、公开政府信息及不履行法定职责等方面的各类行政案件,积极推动、监督和支持金融监管机构依法行政。

25. 加强与金融监管机构的协调配合,推动完善金融法治体系。探索建立人民法院与金融监管机构之间的沟通机制,定期通报涉及金融风险防范与金融安全的重要案件情况,强化金融监管和金融审判的衔接配合,推动形成统一完善的金融法治体系。

26. 有效引入外部资源,探索完善金融案件的多元化纠纷解决机制。推广证券期货行业、保险行业的诉讼与调解对接机制的成功经验,联合相关金融监管机构、行业协会和投资者保护机构,发挥专业资源优势,防范和化解金融纠纷。进一步畅通当事人的诉求表达和权利救济渠道,通过立案前委派调解、立案后委托调解等方式,促进金融纠纷依法、公正、高效解决,有效维护各方当事人的合法权益。

27. 建立金融审判信息平台,不断提升金融审判的信息化水平。结合“智慧法院”建设,探索建立金融审判信息平台,研究建立以金融机构为当事人的民商事案件信息管理系统,实时反映金融机构涉诉信息。建立重大金融案件的信息专报制度,及时研究应对措施,有效防范金融风险的传导和扩大。充分挖掘运用司法大数据,加强对金融案件的审判管理和分析研判,定期形成金融审判大数据分析报告,研究解决具有普遍性、趋势性的法律问题,为区域性、行业性、系统性金融风险的防范预警和重大决策提供信息支持。

五、加强司法能力建设,不断提升金融审判的专业化水平

28. 根据金融案件特点,探索建立专业化的金融审判机构。根据金融机构分布和金融案件数量情况,在金融案件相对集中的地区选择部分法院设立金融审判庭,探索实行金融案件的集中管辖。在其他金融案件较多的中级人民法院,可以根据案件情况设立专业化的金融审判庭或者金融审判合议庭。

29. 加强金融审判队伍的专业化建设，为金融审判提供人才保障。充实各级人民法院的金融审判队伍，完善与金融监管机构交流挂职、联合开展业务交流等金融审判专业人才的培养机制，有针对性地开展金融审判专题培训，努力造就一支既懂法律、又懂金融的高素质金融审判队伍，不断提升金融审判的专业化水平。

30. 加强金融司法研究，推动金融法治理论与金融审判实践的深度融合。加强与学术机构、高等院校的合作，围绕金融审判实务问题，深入开展金融审判的理论研究，为金融审判提供智力支持。

最高人民法院关于破产案件立案受理有关问题的通知

（2016 年 7 月 28 日公布并实施）

各省、自治区、直辖市高级人民法院，新疆维吾尔自治区高级人民法院生产建设兵团分院：

中央经济工作会议提出推进供给侧结构性改革，这是适应我国经济发展新常态作出的重大战略部署。为供给侧结构性改革提供有力的司法保障，是当前和今后一段时期人民法院的重要任务。破产审判工作具有依法促进市场主体再生或有序退出，优化社会资源配置、完善优胜劣汰机制的独特功能，是人民法院保障供给侧结构性改革、推动过剩产能化解的重要途径。因此，各级法院要高度重视、大力加强破产审判工作，认真研究解决影响破产审判职能发挥的体制性、机制性障碍。当前，尤其要做好破产案件的立案受理工作，这是加强破产审判工作的首要环节。为此，特就人民法院破产案件立案受理的有关问题通知如下：

一、破产案件的立案受理事关当事人破产申请权保障，决定破产程序能否顺利启动，是审理破产案件的基础性工作，各级法院要充分认识其重要意义，依照本通知要求，切实做好相关工作，不得在法定条件之外设置附加条件，限制剥夺当事人的破产申请权，阻止破产案件立案受理，影响破产程序正常启动。

二、自 2016 年 8 月 1 日起，对于债权人、债务人等法定主体提出的破产申请材料，人民法院立案部门应一律接收并出具书面凭证，然后根据《中华人民共和国企业破产法》第八条的规定进行形式审查。立案部门经审查认为申请人提交的材料符合法律规定的，应按 2016 年 8 月 1 日起实施的《强制清算与破产案件类型及代字标准》，以“破申”作为案件类型代字编制案号，当场登记立案。不符合法律规定的，应予释明，并以书面形式一次性告知应当补充、补正的材料，补充、补正期间不计入审查期限。申请人按要求补充、补正的,应当登记立案。

立案部门登记立案后,应及时将案件移送负责审理破产案件的审判业务部门。

三、审判业务部门应当在五日内将立案及合议庭组成情况通知债务人及提出申请的债权人。对于债权人提出破产申请的,应在通知中向债务人释明,如对破产申请有异议,应当自收到通知之日起七日内向人民法院提出。

四、债权人提出破产申请的,审判业务部门应当自债务人异议期满之日起十日内裁定是否受理。其他情形的,审判业务部门应当自人民法院收到破产申请之日起十五日内裁定是否受理。

有特殊情况需要延长上述审限的,经上一级人民法院批准,可以延长十五日。

五、破产案件涉及的矛盾错综复杂,协调任务繁重,审理周期长,对承办法官的绩效考评应充分考虑这种特殊性。各高级法院要根据本地实际,积极探索建立能够全面客观反映审理破产案件工作量的考评指标体系和科学合理的绩效考评机制,充分调动法官承办破产案件的积极性。

六、各级法院要在地方党委的领导下,同地方政府建立破产工作统一协调机制,积极争取机构、编制、财政、税收等方面的支持,根据审判任务变化情况合理设置机构、配置人员,建立破产援助基金,协调政府解决职工安置问题,妥善化解影响社会稳定的各类风险。

七、请各高级法院、解放军军事法院,新疆维吾尔自治区高级人民法院生产建设兵团分院对本辖区、本系统各级法院今年上半年立案的破产案件数量和破产审判庭设置情况进行统计汇总,于2016年8月20日之前报最高人民法院民二庭。

各级人民法院对本通知执行中发现的新情况、新问题,应逐级报最高人民法院。

特此通知。

最高人民法院关于调整强制清算与破产案件类型划分的通知

(2016年7月6日公布并实施　法〔2016〕237号)

各省、自治区、直辖市高级人民法院,解放军军事法院,新疆维吾尔自治区高级人民法院生产建设兵团分院:

为满足强制清算、破产案件的审判工作需要,根据《最高人民法院关于人民法院案件案号的若干规定》第七条、第十四条规定,决定对强制清算、破产案件类型单独分类(详见附件《强制清算与破产案件类型及代字标准》)。现将调整内容及有关事项通知如下：

一、强制清算、破产案件从民事案件中分出，单独作为一大类案件，一级类型名称整合为强制清算与破产案件。

二、将强制清算、破产申请审查与受理后的强制清算、破产程序分列案件类型，即对强制清算或破产申请审查单独作为一类案件。

三、对不予受理、驳回强制清算申请或破产申请等裁定的上诉审理，作为强制清算与破产上诉案件，下设两个小类：强制清算上诉案件、破产上诉案件。

四、对强制清算或破产申请的不予受理、驳回申请裁定以及强制清算与破产上诉案件的监督，作为强制清算与破产监督案件，下设两小类：强制清算监督案件、破产监督案件。

五、强制清算、破产案件类型划分及代字新标准于 2016 年 8 月 1 日起施行。2016 年 8 月 1 日前已编立的案件案号不变。

特此通知。

附件：强制清算与破产案件类型及代字标准

附件

强制清算与破产案件类型划分及代字标准

类型新名称	类型代字
十一、强制清算与破产案件	
(一)强制清算与破产申请审查案件	
01. 强制清算申请审查案件	清申
02. 破产申请审查案件	破申
(二)强制清算与破产上诉案件	
01. 强制清算上诉案件	清终
02. 破产上诉案件	破终
(三)强制清算与破产监督案件	
01. 强制清算监督案件	清监
02. 破产监督案件	破监

续表

类型新名称	类型代字
(四)强制清算案件	强清
(五)破产案件	
01. 破产清算案件 02. 破产重整案件 03. 破产和解案件	破

最高人民法院关于在中级人民法院设立清算与破产审判庭的工作方案

(2016年6月21日公布并实施　法〔2016〕209号)

为贯彻落实中央关于推进供给侧结构性改革的决策部署和习近平总书记关于供给侧结构性改革的一系列重要指示精神,充分发挥人民法院审判职能作用,为实施市场化破产程序创造条件,加快公司强制清算与企业破产案件审理工作,现就在中级人民法院设立清算与破产审判庭工作提出以下方案。

一、总体思路

一是落实党中央关于推进供给侧结构性改革的决策部署,健全公司强制清算与企业破产案件审判组织,配齐配强专业审判力量,加快公司强制清算与企业破产案件审理。二是提高公司强制清算与企业破产案件审理的专业化水平,统一裁判标准,提高案件审判质效。三是与司法责任制、人员分类管理、职业保障制度和内设机构改革有效衔接、同步推进。四是立足各地经济社会发展情况和法院实际,因地制宜,分类指导,稳步推进。

二、设立范围

直辖市应当至少明确一个中级人民法院设立清算与破产审判庭,省会城市、副省级城市所在地中级人民法院应当设立清算与破产审判庭。其他中级人民法院是否设立清算与破产审判庭,由各省(区、市)高级人民法院会同省级机构编制部门,综合考虑经济社会发展水平、清算与破产案件数量、审判专业力量、破产管理人数量等因素,统筹安排。

根据各地经济发展水平、僵尸企业处置工作的实际需求、破产案件审判工作情况，首先在北京、上海、天津、重庆四个直辖市的一个中级人民法院以及河北、吉林、江苏、浙江、安徽、山东、河南、湖北、湖南、广东、四川等11个省的省会城市和副省级市中级人民法院设立清算与破产审判庭，于2016年7月底前完成。其余省（区）省会城市和副省级市中级人民法院于2016年12月底前完成清算与破产审判庭设立工作。设立清算与破产审判庭，不能突破中级人民法院原有内设机构总数。原有机构总数限额内调剂不了的，可以先行设立清算与破产审判庭，在下一步法院内设机构改革过程中调整到位。

三、职能范围

中级人民法院设立的清算与破产审判庭，职能范围主要包括：1. 审理公司强制清算与企业破产案件；2. 负责公司强制清算与企业破产案件审判工作的调研工作；3. 对下级法院公司强制清算与企业破产案件审判工作进行业务指导；4. 负责相关法院之间公司强制清算与企业破产案件的协调工作；5. 负责破产管理人的管理、培训等相关工作。

四、案件管辖

中级人民法院设立的清算与破产审判庭一般管辖地（市）级以上（含本级）工商行政管理机关核准登记公司（企业）的强制清算与破产案件。省、自治区、直辖市范围内中级人民法院因特殊情况需对公司强制清算与企业破产案件的地域管辖作出调整的，须经当地高级人民法院批准。

五、人员配备

按照扁平化管理和司法责任制改革要求，根据案件数量和岗位需要合理核定人员编制和法官员额，并可根据案件数量适当调整。法官原则上从本院或者下级法院具有公司强制清算与企业破产案件及相关案件审判经验的优秀法官中选任产生。一般按照1∶1∶1的比例为法官配备法官助理和书记员。设立清算与破产审判庭所需人员编制在现有编制内调剂解决。

六、配套措施

要进一步完善公司强制清算与企业破产案件审判管理和考核办法，探索完善公司强制清算与企业破产案件快速审理机制，推动公司强制清算与企业破产案件审判方式改革。推进审判权运行机制改革，落实司法责任制，加强审判管理和监督，确保公正廉洁司法。

各省（区、市）高级人民法院要主动就设立清算与破产审判庭工作向当地党委、政府汇报，积极争取党委、政府和有关部门的支持。改革中出现的重大问题要及时向最高人民法院报告。

最高人民法院关于依法开展破产案件审理积极稳妥推进破产企业救治和清算工作的通知

(2016年5月6日发布并实施　法〔2016〕169号)

各省、自治区、直辖市高级人民法院,解放军军事法院,新疆维吾尔自治区高级人民法院生产建设兵团分院:

为认真贯彻党的十八届五中全会"更加注重运用市场机制、经济手段、法治办法化解产能过剩,加大政策引导力度,完善企业退出机制"精神,落实中央经济工作会议推进供给侧结构性改革要求,现就人民法院依法开展破产案件审理、积极稳妥推进破产企业救治和清算工作通知如下:

一、深刻认识依法开展破产案件审理、积极稳妥推进破产企业救治和清算工作的重要意义。社会主义市场主体救治和退出机制是否建立,是衡量社会主义市场经济体制完善的标志之一。依法开展破产案件审理、积极稳妥推进破产企业救治和清算工作,既是供给侧结构性改革的客观需要,又是提升市场主体竞争力的客观需要,也是建立完善社会主义市场主体救治和退出机制的客观需要。各级人民法院要深刻认识破产案件审理对优化资源配置、规范市场秩序的重要意义,推动破产案件审理工作常态化、规范化、法治化。对符合破产受理条件但仍可能适应市场需要的企业,要运用破产和解和破产重整的方式进行救治,使其能够通过救治重返市场;对救治无效或者根本不能适应市场需要的企业,要进行破产清算,促进及时退出市场。依法开展破产案件审理,是解决执行难的重要途径。对执行中符合《企业破产法》规定的破产条件的企业,要依法启动破产程序,通过破产和解化解一批、破产重整处置一批、破产清算消除一批,使企业破产制度成为解决执行难的配套制度。

二、加快建立专门清算与破产审判庭。各高级人民法院要按照最高人民法院的要求首先在省会城市、副省级城市所在地中级人民法院建立清算与破产审判庭。破产案件数量多的中级人民法院,要积极协商地方编办建立专门审判庭。其他中级人民法院要根据本地实际情况适时开展专门审判庭的建立工作。2016年12月31日前,各高级人民法院要将辖区内专门审判庭建立情况报告最高人民法院。同时,人民法院要推进破产审判法官和司法辅助人员专业化建设,为破产审判岗位配备优秀人才,并通过培训等多种方式,切实提升破产审判队伍整体素质。

清算与破产审判庭承担以下职责:1. 企业破产和强制清算案件的立案、审理;2. 依法处理企业强制清算和破产案件的善后事宜;3. 调研企业破产和强制清算案件审理工作情况;4. 对下级法院企业破产和强制清算案件审理进行业务指导;5. 与有关法院协调解决企业破产案件审理中的问题;6. 与地方党委、政府及有关部门协调解决企业破产案件审理中的问题;7. 管理和培训破产管理人。

三、切实建立健全破产案件审理工作机制。一要健全破产重整企业识别机制。各地法院要围绕让人民法院成为"生病企业"医院目标,对虽符合破产受理条件但具有运营价值的企业,要以市场化为导向,积极开展破产和解和重整,有效利用各种资源,使企业恢复生机。对救治无效或者其他不能适应市场需要的企业,要加快破产清算、及时释放生产要素,实现市场出清。二要在地方党委领导下,积极与政府建立"府院企业破产工作统一协调机制"。协调机制要统筹企业破产重整和清算相关工作,妥善解决企业破产过程中出现的各种问题。三要建立全国企业破产重整案件信息平台机制。各地法院要按照最高人民法院全国企业破产重整案件信息平台建设工作要求,做好破产案件前期信息整理工作,确保信息平台上线后顺畅运行。实现重整企业信息公开、破产程序公开、化解破产受理难问题的目标。四要建立合法有序的利益衡平机制。各地法院要依法处理职工工资、国家税收、担保债权、普通债权的实现顺序和实现方式,审慎协调各方利益。

四、积极完善管理人制度。各地法院要根据《企业破产法》的规定积极完善管理人制度,在现有管理人结构的基础上吸收适应企业重整需要的管理人才参加,积极发挥企业家、经营者、管理者乃至科技人员的作用。要加强对管理人的监督、指导和管理,要着手建立管理人分级管理、升级降级、增补淘汰等制度。要强化管理人的责任,督促管理人依法履职。

五、认真做好执行程序与破产程序的衔接。各地法院要按照《企业破产法》和《最高人民法院关于适用〈中华人民共和国民事诉讼法〉的解释》有关规定,做好执行程序转入破产程序的衔接工作。执行法院要充分利用执行信息平台和相关信息资源,及时汇集针对同一企业的执行案件信息,依法推进符合破产条件的企业转入破产程序,坚决反对在案件处理上相互推诿。破产案件审理中,其他法院要依法中止对破产企业的执行,依法解除相关保全措施。对于不依法解除保全措施和违法执行的相关人员,各地法院要依法依规严厉追究责任。

依法开展破产案件审理、积极稳妥推进破产企业救治和清算工作,是人民法院围绕中心、服务大局的重要任务。各地法院要强化责任意识,迅速行动,充分发挥破产审理职能,积极探索总结破产审理经验,为经济持续健康发展提供有力司法保障。对于在工作中发现的新情况、新问题,各地法院要及时层报最高人民法院。

最高人民法院
关于企业破产案件信息公开的规定(试行)

(2016年8月1日公布　法发〔2016〕19号)

为提升破产案件审理的透明度和公信力,根据《中华人民共和国企业破产法》《中华人民共和国民事诉讼法》,结合人民法院工作实际,就破产案件信息公开问题,制定本规定。

第一条　最高人民法院设立全国企业破产重整案件信息网(以下简称破产重整案件信息网),破产案件(包括破产重整、破产清算、破产和解案件)审判流程信息以及公告、法律文书、债务人信息等与破产程序有关的信息统一在破产重整案件信息网公布。

人民法院以及人民法院指定的破产管理人应当使用破产重整案件信息网及时披露破产程序有关信息。

第二条　破产案件信息公开以公开为原则,以不公开为例外。凡是不涉及国家秘密、个人隐私的信息均应依法公开。涉及商业秘密的债务人信息,在不损害债权人和债务人合法权益的情况下,破产管理人可以通过与重整投资人的协议向重整投资人公开。

第三条　人民法院依法公开破产案件的以下信息:

(一)审判流程节点信息;

(二)破产程序中人民法院发布的各类公告;

(三)人民法院制作的破产程序法律文书;

(四)人民法院认为应当公开的其他信息。

第四条　破产管理人依法公开破产案件的以下信息:

(一)债务人信息;

(二)征集、招募重整投资人的公告;

(三)破产管理人工作节点信息;

(四)破产程序中破产管理人发布的其他公告;

(五)破产管理人制作的破产程序法律文书;

(六)人民法院裁定批准的重整计划、认可的破产财产分配方案、和解协议。

破产管理人认为应当公开的其他信息,经人民法院批准可以公开。

第五条　破产管理人应当通过破产重整案件信息网及时公开下列债务人信息：

（一）工商登记信息；

（二）最近一年的年度报告；

（三）最近一年的资产负债表；

（四）涉及的诉讼、仲裁案件的基本信息。

第六条　重整投资人可以通过破产重整案件信息网与破产管理人互动交流。破产管理人可以根据与重整投资人的协议向重整投资人公开下列债务人信息：

（一）资产、经营状况信息；

（二）涉及的诉讼、仲裁案件的详细信息；

（三）重整投资人需要的其他信息。

第七条　人民法院、破产管理人可以在破产重整案件信息网发布破产程序有关公告。

人民法院、破产管理人在其他媒体发布公告的，同时要在破产重整案件信息网发布公告。人民法院、破产管理人在破产重整案件信息网发布的公告具有法律效力。

第八条　经受送达人同意，人民法院可以通过破产重整案件信息网以电子邮件、移动通信等能够确认其收悉的方式送达破产程序有关法律文书，但裁定书除外。

采用前款方式送达的，以电子邮件、移动通信等到达受送达人特定系统的日期为送达日期。

第九条　申请人可以在破产重整案件信息网实名注册后申请预约立案并提交有关材料的电子文档。人民法院审查通过后，应当通知申请人到人民法院立案窗口办理立案登记。

第十条　债权人可以在破产重整案件信息网实名注册后申报债权并提交有关证据的电子文档，网上申报债权与其他方式申报债权具有同等法律效力。

债权人向破产管理人书面申报债权的，破产管理人应当将债权申报书及有关证据的电子文档上传破产重整案件信息网。

第十一条　人民法院、破产管理人可以在破产重整案件信息网召集债权人会议并表决有关事项。网上投票形成的表决结果与现场投票形成的表决结果具有同等法律效力。

债权人可以选择现场投票或者网上投票，但选择后不能再采用其他方式进行投票，采用其他方式进行投票的，此次投票无效。

第十二条　人民法院审理的公司强制清算案件应当参照适用本规定。

第十三条 本规定自2016年8月1日起施行。本规定施行后受理的破产案件以及施行前尚未审结的破产案件应当适用本规定。

最高人民法院关于
企业破产案件法官工作平台使用办法(试行)

(2016年7月27日公布 法〔2016〕252号 自2016年8月1日起施行)

第一条 为进一步深化司法公开,完善破产案件的管理和监督机制,根据《最高人民法院关于企业破产案件信息公开的规定》,结合人民法院工作实际,制定本办法。

第二条 企业破产案件法官工作平台(以下简称法官工作平台)是全国企业破产重整案件信息网(以下简称破产重整案件信息网)的组成部分。审理破产案件的人民法院应当使用法官工作平台完成破产案件审判流程,并通过与破产管理人工作平台的数据对接实现法官和破产管理人的工作协作。

第三条 法官工作平台的信息录入坚持全面、准确原则。录入信息应当与案卷材料相一致,反映破产案件的全过程。

第四条 破产案件审判管理实行线上和线下相结合的原则,实现线上线下审判流程同步完成。

第五条 信息技术部门负责法官工作平台的开发建设、数据导入、性能调优、系统维护等技术支持和保障。立案部门、破产审判业务部门及其他相关部门根据破产案件的审判流程进度负责相应的信息录入和管理。

第六条 申请人在破产重整案件信息网申请网上预约立案的,应当进行网上实名注册,上传有效身份信息,并按企业破产法第八条的规定提交相关材料。

第七条 立案部门收到网上预约立案申请后,应当对申请人上传的材料是否符合法律规定进行形式审查,并在收到网上预约立案申请之日起七个工作日内将审查结论以电子邮件、移动通信等申请人预留的联系方式通知申请人。

第八条 立案部门认为申请人的网上预约立案申请符合法律规定的形式要件的,应当通知申请人在指定期限内向人民法院立案窗口提交破产申请书及其他上传的材料。

立案部门认为申请人应当补充材料的,应当自收到网上预约立案申请之日起七个工作日内通知申请人在指定期限内补充材料。申请人未按指定期限补充材料的,按自动撤回网上预约立案申请处理。

第九条　上级人民法院负责对网上预约立案情况进行监督。立案部门逾期不通知申请人的，上级人民法院应当定期予以通报。

第十条　人民法院指定破产管理人后，应当通过法官工作平台对破产管理人的工作进行监督和指导，对破产管理人的报告进行网上批复。

第十一条　人民法院制作的破产程序法律文书应当通过法官工作平台进行网上审批。生效法律文书应当按照《最高人民法院关于人民法院在互联网公布裁判文书的规定》及本办法进行公开。

第十二条　向社会公众公开的破产案件生效法律文书应当按照《最高人民法院关于人民法院在互联网公布裁判文书的规定》进行技术处理。

第十三条　破产案件办理结案手续之前，承办法官应当完成破产案件审判流程信息的公开工作。

第十四条　人民法院可以通过法官工作平台对法官工作绩效进行考核。

第十五条　本规定自2016年8月1日起施行。本规定施行后受理的破产案件以及施行前尚未审结的破产案件应当适用本办法。

最高人民法院关于企业破产案件破产管理人工作平台使用办法(试行)

(2016年7月27日公布　法〔2016〕253号　自2016年8月1日起施行)

各省、自治区、直辖市高级人民法院，解放军军事法院，新疆维吾尔自治区高级人民法院生产建设兵团分院：

现将《企业破产案件破产管理人工作平台使用办法(试行)》予以印发，请各地结合实际，认真贯彻执行。

第一条　企业破产案件破产管理人工作平台(以下简称破产管理人工作平台)是全国企业破产重整案件信息网(以下简称破产重整案件信息网)的组成部分。破产管理人在接受人民法院指定后，通过破产管理人工作平台接受人民法院监督和指导，履行企业破产法规定的工作职责。

第二条　破产管理人通过在破产重整案件信息网实名注册所获取的用户名和密码登录破产管理人工作平台。

第三条　破产管理人通过破产管理人工作平台实现破产管理人工作与法官工作的数据对接。

实现对接后，破产管理人应当通过破产管理人工作平台对外公开破产管理人团队的组成情况、办公电话、电子邮箱等信息。

第四条 律师事务所、会计师事务所、清算事务所或者人民法院指定的其他机构在获取登录破产管理人工作平台的权限后,应当指定专人负责破产管理人工作平台的日常维护,并将工作人员信息报该机构所在破产管理人名册的编制法院备案。

第五条 破产管理人应当及时将破产案件负责人、主要工作人员以及信息录入人员信息录入破产管理人工作平台。

第六条 多家机构担任同一破产案件破产管理人的,人民法院应当指定破产管理人工作平台的负责机构,其他机构工作人员经负责机构授权后可以使用破产管理人工作平台。

第七条 破产管理人应当通过破产管理人工作平台向人民法院提交破产案件有关申请和报告等文件,接受人民法院的监督和指导。

第八条 权利人在破产重整案件信息网申报有关权利的,应当进行网上实名注册,上传有效身份信息,并提交有关材料。

破产管理人认为权利人提交的材料不齐或者需要核对原件的,可以要求其补充材料或者提供原件。

前款所称"权利人",是指债权人、取回权人、抵销权人、担保权人以及企业破产法规定的其他权利人。

第九条 破产管理人应当及时将债权人的下列信息录入破产管理人工作平台:

(一)债权人及其代理人的身份信息;

(二)申报债权的金额、性质;

(三)申报债权有无担保、担保种类以及保证人或担保物的情况;

(四)申报债权涉及的诉讼、仲裁案件信息;

(五)破产管理人认为应当录入的其他信息。

第十条 权利人在网上申报权利的,破产管理人可以通过破产重整案件信息网以电子邮件、移动通信等权利人预留的联系方式将审查结论通知权利人。

权利人对破产管理人作出的审查结论有异议的,可以通过破产重整案件信息网提出异议并申请破产管理人复核。

第十一条 破产管理人为破产管理人工作平台的信息公开责任人,对公开信息的真实性、及时性负责。

第十二条 破产管理人可以通过破产重整案件信息网以电子邮件、移动通信等方式向已申报债权的债权人送达债权人会议召开通知及有关文件。

第十三条 破产管理人在破产重整案件信息网召开债权人会议的,网上债权人会议的召开期间应当不短于现场债权人会议的召开期间。

破产管理人召开网上债权人会议的，应当通过破产重整案件信息网上传与会议有关的文件和表决事项，同时通过破产重整案件信息网以电子邮件、移动通信等方式向已申报债权的债权人送达参加网上债权人会议的会议编码。

第十四条　破产管理人应当告知债权人参加网上债权人会议并行使表决权的程序和规则，债权人应当签署与网上债权人会议有关的确认书。

第十五条　参加网上债权人会议的债权人是自然人的，应当在会议指定页面凭身份证号码和会议编码登录会议；参加网上债权人会议的债权人是法人的，应当在会议指定页面凭组织机构代码（或统一社会信用代码）和会议编码登录会议。

第十六条　本规定自2016年8月1日起施行。本规定施行后受理的破产案件以及施行前尚未审结的破产案件应当适用本办法。

最高人民法院关于人民法院为企业兼并重组提供司法保障的指导意见

（2014年6月3日公布并实施　法发〔2014〕7号）

各省、自治区、直辖市高级人民法院，解放军军事法院，新疆维吾尔自治区高级人民法院生产建设兵团分院：

企业兼并重组是调整优化产业结构，淘汰落后产能，化解过剩产能，提高经济发展质量和效益的重要手段，也是转变经济发展方式，提升我国综合经济实力的有效途径。当前，我国经济处于增长速度换挡期、结构调整阵痛期，同时也是推进企业兼并重组的重要机遇期。党的十八大和十八届三中全会部署了全面深化改革的各项任务，国务院《关于进一步优化企业兼并重组市场环境的意见》（国发〔2014〕14号，以下简称《意见》）明确了推动企业兼并重组的主要目标、基本原则和相关措施。企业兼并重组是今后一个时期推进企业改革的重要任务。各级人民法院要充分认识司法审判工作在企业兼并重组中的重要职能作用，依法有序推进企业兼并重组工作的顺利进行。

一、坚持围绕中心服务大局，以法治方式保障企业兼并重组工作依法有序推进

1. 要自觉将司法审判工作置于党和国家全局工作中，积极回应企业兼并重组工作的司法需求。企业兼并重组工作是党中央、国务院在新时期深化经济体制改革、转变经济发展方式、调整优化产业结构的重要举措。随着中央和地方各级政府部门关于企业兼并重组任务的逐步落实，一些纠纷将不可避免地通过诉讼程序进入人民法院。各级人民法院要充分认识到企业兼并重组涉及的矛盾复杂、主体广泛和利益重大,要强化大局意识和责任意识,紧密结合党的十八大、十八届三中全会精神和《意见》要求,依法充分发挥人民法院的职能作用,切实保障企业兼并重组工作的稳步推进。

2. 要正确处理贯彻党的方针政策与严格执法的关系,实现企业兼并重组法律效果和社会效果的有机统一。党的十八大和十八届三中全会作出的重大战略部署是我国在新的历史起点上全面深化改革的科学指南和行动纲领。党的方针政策和国家法律都是人民根本意志的反映,二者在本质上是一致的。不断完善和发展中国特色社会主义制度,推进国家治理体系和治理能力现代化,对人民法院正确贯彻党的方针政策与严格执法提出了更高的要求。人民法院要从强化国家战略的高度深刻认识为转变经济发展方式、调整优化产业结构提供司法保障的重大意义,通过严格执行法律,公正高效地审理案件,实现兼并重组案件审理法律效果和社会效果的有机统一。

3. 要高度重视企业兼并重组工作,依法保障企业兼并重组政策的顺利实施。企业兼并重组不仅关涉企业自身,还广泛涉及依法平等保护非公经济、防止国有资产流失、维护金融安全、职工再就业和生活保障以及社会稳定等一系列问题。人民法院要提前研判、分类评估、适时介入,依法保障企业兼并重组工作有序进行。要加强与政府部门沟通,根据需要推动建立企业兼并重组工作协调机制,实现信息共享、程序通畅。在案件审理执行中发现的重大性、苗头性问题,要及时向有关职能部门反馈或者提出司法建议。

4. 要依法及时受理审理兼并重组相关案件,通过司法审判化解企业兼并重组中的各类纠纷。人民法院要依法及时受理审理企业兼并重组过程中出现的合同效力认定、股权转让、投资权益确认、民间融资、金融债权保障、职工权益维护、企业清算、企业重整、经济犯罪等案件,无法定理由不得拒绝受理,不得拖延审理。

5. 要按照利益衡平原则,依法妥善处理各种利益冲突。企业兼并重组广泛涉及参与兼并重组的各方企业、出资人、债权人、企业职工等不同主体的切身利益,在此期间的利益博弈与权利冲突无法回避。人民法院要注意透过个案的法律关系,分析利益冲突实质,识别其背后的利益主体和利益诉求,依法确定利益保护的优先位序。法律法规没有明文规定的情形下,在个体利益冲突中应当优先寻找共同利益,尽可能实现各方的最大利益;在个体利益与集体利益、社会公共利益,地方利益与全局利益等不同主体利益的并存与冲突中,要在保护集体利益、社会公共利益和全局利益的同时兼顾个体利益、地方利益。坚决克服地方保护主义、行业及部门保护主义对司法审判工作的不当干扰。

二、强化商事审判理念，充分发挥市场在资源配置中的决定性作用

6. 依法认定兼并重组行为的效力，促进资本合法有序流转。要严格依照合同法第五十二条关于合同效力的规定，正确认定各类兼并重组合同的效力。结合当事人间交易方式和市场交易习惯，准确认定兼并重组中预约、意向协议、框架协议等的效力及强制执行力。要坚持促进交易进行，维护交易安全的商事审判理念，审慎认定企业估值调整协议、股份转换协议等新类型合同的效力，避免简单以法律没有规定为由认定合同无效。要尊重市场主体的意思自治，维护契约精神，恰当认定兼并重组交易行为与政府行政审批的关系。要处理好公司外部行为与公司内部意思自治之间的关系。要严格依照公司法第二十二条的规定，从会议召集程序、表决方式、决议内容等是否违反法律、行政法规或公司章程方面，对兼并重组中涉及的企业合并、分立、新股发行、重大资产变化等决议的法律效力进行审查。对交叉持股表决方式、公司简易合并等目前尚无明确法律规定的问题，应结合个案事实和行为结果，审慎确定行为效力。

7. 树立平等保护意识，鼓励、支持和引导非公经济积极参与企业兼并重组。非公经济是社会主义市场经济的重要组成部分，要依法保障非公经济平等使用生产要素，公开公平参与市场竞争。要统一适用法律规则，优化非公经济投资的司法环境，促进公平、竞争、自由的市场环境形成。要积极配合市场准入负面清单管理方式的实施，推动非公经济进入法律法规未禁入的行业和领域。保护各种所有制企业在投融资、税收、土地使用和对外贸易等方面享受同等待遇，提升非公经济参与国有企业混合所有制兼并重组的动力。要充分尊重企业的经营自主权，反对各种形式的强制交易，最大限度地激发非公经济的活力和创造力。

8. 正确适用公司资本法律规则，消除对出资行为的不当限制。要准确把握修改后的公司法中公司资本制度的立法精神，正确认识公司资本的作用与功能，支持企业正常合理的资金运用行为。要按照新修改的公司法有关放宽资本结构的精神审慎处理股东出资问题。职工持股会、企业工会等组织代为持有投资权益是目前部分企业资本结构中的特殊形态，企业兼并重组中涉及投资权益变动的，人民法院要依法协调好名义股东与实际出资人间的利益关系。除法律法规有明确规定外，要注重方便企业设立和发展，在企业资本数额设定、投资义务履行期限等方面要充分尊重投资者的约定和选择，保障投资者顺利搭建重组平台。

9. 促进融资方式的多元化，有效解决企业兼并重组的资金瓶颈。对于符合条件的企业发行优先股、定向发行可转换债券作为兼并重组支付方式，要依法确认其效力。审慎处理发行定向权证等衍生品作为支付方式问题。积极支持上市公司兼并重组中股份定价机制改革，依法保障非上市公司兼并重组中的股份协商定价。要依法督促企业尤其是上市公司规范履行信息披露义务，增强市场主体投资信心，切实保障中小投资者合法权益。同时,要积极配合金融监管部门依法履职。

三、加强国有资产保护,依法保障企业资产的稳定与安全

10. 依法正确审理国有企业兼并重组案件,实现国有资产的保值增值。要正确认识国有企业深化改革与企业兼并重组之间的关系,切实保障有条件的国有企业改组为国有资本投资公司,不断增强国有经济的控制力和影响力。在现行法律框架范围内支持有利于企业壮大规模、增强实力的企业发展模式。要注意防范企业借管理者收购、合并报表等形式侵占、私分国有资产。严格遵循评估、拍卖法律规范,通过明晰和落实法律责任促进中介服务机构专业化、规范化发展,提升关键领域、薄弱环节的服务能力,防范和避免企业兼并重组过程中的国有资产流失。

11. 依法规制关联交易,严厉禁止不当利益输送。严格防范以关联交易的方式侵吞国有资产。要依照公司法等法律法规的规定依法妥当处理企业兼并重组中的关联交易行为。公司股东、董事、高级管理人员与公司之间从事的交易,符合法律法规规定的关联交易程序规则且不损害公司利益的,应当认定行为有效。对公司大股东、实际控制人或者公司董事等公司内部人员在兼并重组中利用特殊地位将不良资产注入公司,或者与公司进行不公平交易从而损害公司利益的行为,应当严格追究其法律责任。

12. 严厉打击企业兼并重组中的违法犯罪行为。各级人民法院要充分发挥刑事审判职能,坚持依法从严惩处的方针,严厉打击国有企业兼并重组中的贪污贿赂、挪用公款、滥用职权、非法经营等犯罪行为,依法严厉惩处非国有企业兼并重组中的职务侵占、挪用企业资金等犯罪行为,维护企业资产安全,同时,要努力挽回相关主体的经济损失。

四、维护金融安全,有效防控各类纠纷可能引发的区域性、系统性金融风险

13. 依法保障金融债权,有效防范通过不当兼并重组手段逃废债务。对涉及兼并重组的企业合并、分立案件,要明确合并分立前后不同企业的责任关系、责任承担方式及诉讼时效,避免因兼并重组导致金融债权落空。要依法快审快执涉兼并重组企业的金融借款案件,降低商业银行等金融机构的并购贷款风险,实现兼并重组中并购贷款融资方式可持续进行。要引导当事人充分运用民事诉讼法中的担保物权实现程序,减轻债权人的诉讼维权成本,促进担保物权快捷和便利地实现。

14. 加强民间金融案件审理,有效化解金融风险。要妥善审理兼并重组引发的民间融资纠纷,依法保护合法的借贷利息,坚决遏制以兼并重组为名的民间高利贷和投机化倾向,有效降低企业融资成本。依法支持和规范金融机构在企业兼并重组领域的金融创新行为,依法审慎认定金融创新产品的法律效力。在审判执行工作中要注意发现和防范因诉讼纠纷引发的区域性、系统性风险,切实避免金融风险在金融领域和实体经济领域的相互传导。严厉打击和制裁非法吸收或变相吸收公众存款、集资诈骗等金融违法犯罪行为，为企业兼并重组创造良好的融资环境。

五、完善市场退出机制，促进企业资源的优化整合

15. 依法审理企业清算、破产案件，畅通企业退出渠道。要充分发挥企业清算程序和破产程序在淘汰落后企业或产能方面的法律功能，依法受理企业清算、破产案件，督促市场主体有序退出。人民法院判决解散企业后应当告知有关人员依法及时组织企业清算。企业解散后债权人或股东向人民法院提出强制清算申请的，人民法院应当审查并依法受理。公司清算中发现符合破产清算条件的，应当及时转入破产清算。当事人依法主张有关人员承担相应清算责任的，人民法院应予支持。

16. 有效发挥破产重整程序的特殊功能，促进企业资源的流转利用。要积极支持符合产业政策调整目标、具有重整希望和可能的企业进行破产重整。通过合法高效的破产重整程序，帮助企业压缩和合并过剩产能，优化资金、技术、人才等生产要素配置。要注重结合企业自身特点，及时指定重整案件管理人，保障企业业务流程再造和技术升级改造。在企业重整计划的制定和批准上，要着眼建立健全防范和化解过剩产能长效机制，防止借破产重整逃避债务、不当耗费社会资源，避免重整程序空转。

17. 遵循企业清算破产案件审判规律，完善审判工作机制。审理企业清算和破产案件，既是认定事实和适用法律的过程，也是多方积极协调、整体推进的系统工程。有条件的人民法院可以成立企业清算破产案件审判庭或者合议庭，专门审理兼并重组中的企业清算破产案件。要高度重视企业清算破产案件法官的培养和使用，结合实际努力探索科学合理的企业清算破产案件绩效考评机制，充分调动审判人员依法审理企业清算破产案件的积极性。

18. 认真总结破产案件审判经验，逐步完善企业破产配套制度。上市公司破产重整中涉及行政许可的，应当按照行政许可法和最高人民法院《关于审理上市公司破产重整案件工作座谈会纪要》的精神，做好司法程序与行政许可程序的衔接。要协调好企业破产法律程序与普通执行程序就债务人企业财产采取的保全执行措施间的关系，维护债务人企业财产的稳定和完整。要积极协调解决破产程序中企业税款债权问题，要在与税务机关积极沟通的基础上结合实际依法减免相应税款。要适应经济全球化趋势，加快完善企业跨境清算、重整司法制度。

六、充分保障职工合法权益，全力维护社会和谐稳定

19. 依法保护劳动者合法权益，切实保障民生。实现改革发展成果更多更公平惠及全体人民是我们各项事业的出发点和落脚点。企业职工虽然不是企业兼并重组协议的缔约方，但其是利益攸关方。人民法院在审判执行中要及时发现和注意倾听兼并重组企业职工的利益诉求，依法保障企业职工的合法权益，引导相关企业积极承担社会责任，有效防范兼并重组行为侵害企业职工的合法权益。

20.建立大要案通报制度,制定必要的风险处置预案。对于众多债权人向同一债务企业集中提起的系列诉讼案件、企业破产清算案件、群体性案件等可能存在影响社会和谐稳定因素的案件,人民法院要及时启动大要案工作机制,特别重大的案件要及时向地方党委和上级人民法院报告。上级人民法院要及时指导下级人民法院开展工作,对各方矛盾突出、社会关注度高的案件要作出必要的预判和预案,增强司法处置的前瞻性和针对性。

21.加强司法新闻宣传,创造良好的社会舆论环境。要高度重视舆论引导和网络宣传工作,针对企业兼并重组审判工作中涉及到的敏感热点问题逐一排查,周密部署。要进一步推进司法公开,有力推动司法审判工作与外界舆论环境的良性互动,着力打造有利于企业兼并重组司法工作顺利开展的社会舆论环境。

当前,我国经济体制改革正向纵深发展。各级人民法院要进一步深入学习习近平总书记一系列重要讲话精神,牢牢坚持司法为民公正司法,坚持迎难而上,勇于担当,为优化企业兼并重组司法环境,保障经济社会持续健康发展,推进法治中国、美丽中国建设作出新的更大贡献。

最高人民法院关于正确适用《中华人民共和国企业破产法》若干问题的规定(一)充分发挥人民法院审理企业破产案件司法职能作用的通知

(2011年9月21日发布并实施 法〔2011〕281号)

各省、自治区、直辖市高级人民法院,解放军军事法院,新疆维吾尔自治区高级人民法院生产建设兵团分院:

《最高人民法院关于适用〈中华人民共和国企业破产法〉若干问题的规定(一)》(法释〔2011〕22号)经最高人民法院审判委员会第1527次会议讨论通过,现已公布。为使各级人民法院更好地适用该司法解释,提高审理企业破产案件的质量和效率,调动审判部门和广大法官办理企业破产案件的积极性,充分发挥人民法院在促进加快转变经济发展方式,构建社会主义市场经济秩序方面的积极作用,特通知如下:

一、人民法院应认真履行职责,依法受理企业破产案件

各级人民法院要认真学习和正确理解该司法解释的精神,充分认识企业破产法在保障债权公平有序受偿,优化社会资源配置,完善优胜劣汰的竞争机制和拯救危困企业等方面的积极作用。要转变观念、克服困难,对当事人提出的符合受理条件的破产申请，应当依法予以受理。要综合运用破产重整、破产和解和破产清算程序，建立和完善市场主体依法退出机制，充分发挥企业破产法对市场经济的调整作用，推动经济社会又好又快发展。

二、人民法院应加强审理破产案件法官专业化队伍建设

随着我国市场经济体制的逐步完善，企业破产案件将呈逐年增长趋势，新类型疑难案件也会不断出现，这对人民法院审判工作提出了更高的要求。一方面，企业破产案件审理周期长、难度大、事务性工作繁重，人民法院长期以来案多人少的矛盾尤为突出。另一方面，由于破产案件审理的复杂性和特殊性，客观上需要一支不仅具备较为扎实的法学理论功底，而且还要有化解社会矛盾、处置突发事件、协调各方利益诉求等多方面工作能力的专业化法官队伍。为此，人民法院要加强法官专业化队伍建设，在人员和物资保障方面给予支持。有条件的法院可以根据受理企业破产案件的数量，成立专门的破产案件审判庭，或指定专门的合议庭负责审理破产案件。

三、人民法院应建立合理的企业破产案件专门绩效考评机制

企业破产法是社会主义市场经济法律体系的重要组成部分，其作用的发挥必须通过人民法院受理和审理企业破产案件来实现。鉴于审理企业破产案件的特殊性，建立合理的专门绩效考评机制以充分调动受理法院、承办法官的积极性是十分必要的。各高级人民法院应根据本辖区的工作实际，积极探索能够全面客观反映审理破产案件工作量的科学考评标准，充分体现破产审判部门和法官的工作绩效。

各级人民法院对执行中发现的新情况、新问题应逐级报告最高人民法院。

特此通知。

最高人民法院关于受理借用国际金融组织和外国政府贷款偿还任务尚未落实的企业破产申请问题的通知

（2009年12月3日发布并实施　法〔2009〕389号）

各省、自治区、直辖市高级人民法院，解放军军事法院，新疆维吾尔自治区高级人民法院生产建设兵团分院：

近来，部分地方人民法院向我院请示是否受理借用国际金融组织和外国政府贷款偿还任务尚未落实的企业破产申请的问题，经研究，现就有关问题通知如下，请遵照执行。

自2007年6月1日起，借用国际金融组织和外国政府贷款或转贷款的有关企业申请或者被申请破产的,人民法院应依照《中华人民共和国企业破产法》的有关规定依法受理。

上述企业在2007年6月1日之前已签署转贷协议但偿还任务尚未落实的,应继续适用最高人民法院《关于当前人民法院审理企业破产案件应当注意的几个问题的通知》(法发〔1997〕2号)第三条的规定和最高人民法院《关于贯彻执行法发〔1997〕2号文件第三条应注意的问题的通知》(法函〔1998〕74号)的有关规定。

最高人民法院关于正确审理企业破产案件为维护市场经济秩序提供司法保障若干问题的意见

(2009年6月12日发布并实施 法发〔2009〕36号)

各省、自治区、直辖市高级人民法院,解放军军事法院,新疆维吾尔自治区高级人民法院生产建设兵团分院:

当前,由于国际金融危机的不断发展和蔓延,我国经济发展仍然面临着严峻的考验。阻碍经济良性运行的负面因素和潜在风险明显增多,许多企业因资金链断裂引发的系统风险不断显现,严重影响了我国经济发展秩序良性运转和社会稳定。在当前经济形势下,充分发挥人民法院商事审判的职能作用,正确审理企业破产案件,防范和化解企业债务风险,挽救危困企业,规范市场主体退出机制,维护市场运行秩序,对于有效应对国际金融危机冲击,保障经济平稳较快发展,具有重要意义。现就人民法院做好企业破产案件审判工作,提出以下意见:

一、依法受理企业破产案件,为建立我国社会主义市场经济良性运行机制提供司法保障

1. 人民法院要正确认识企业破产法保障债权公平有序受偿、完善优胜劣汰的竞争机制、优化社会资源配置、调整社会产业结构、拯救危困企业的作用,依法受理审理企业破产清算、重整、和解案件,综合利用企业破产法的多种程序,充分发挥其对市场经济的调整作用,建立企业法人规范退出市场的良性运行机制,努力推动经济社会又好又快发展。

2. 为保障国家产业结构调整政策的落实,对于已经出现破产原因的企业,人民法院要依法受理符合条件的破产清算申请,通过破产清算程序使其从市场中有序退出。对于虽有借破产逃废债务可能但符合破产清算申请受理条件的非诚信企业,也要将其纳入到法定的破产清算程序中,通过撤销和否定其不当处置财产行为,以及追究出资人等相关主体责任的方式,使其借破产逃废债务的目的落空,剥夺其市场主体资格。对债权人申请债务人破产清算的,人民法院审查的重点是债务人是否不能清偿到期债务,而不能以债权人无法提交债务人财产状况说明等为由,不受理债权人的申请。

3. 对于虽然已经出现破产原因或者有明显丧失清偿能力可能,但符合国家产业结构调整政策、仍具发展前景的企业,人民法院要充分发挥破产重整和破产和解程序的作用,对其进行积极有效的挽救。破产重整和和解制度,为尚有挽救希望的危困企业提供了避免破产清算死亡、获得再生的机会,有利于债务人及其债权人、出资人、职工、关联企业等各方主体实现共赢,有利于社会资源的充分利用。努力推动企业重整和和解成功,促进就业、优化资源配置、减少企业破产给社会带来的不利影响,是人民法院审理企业破产案件的重要目标之一,也是人民法院商事审判工作服务于保增长、保民生、保稳定大局的必然要求。

二、坚持在当地党委的领导下,努力配合政府做好企业破产案件中的维稳工作,为构建和谐社会提供司法保障

4. 债务人进入破产程序后,因涉及债权人、债务人、出资人、企业职工等众多当事人的利益,各方矛盾极为集中和突出,处理不当,极易引发群体性、突发性事件,影响社会稳定。人民法院审理企业破产案件,一定要坚持在当地党委的领导下,充分发挥地方政府建立的风险预警机制、联动机制、资金保障机制等协调机制的作用,努力配合政府做好企业破产案件中的维稳工作。

5. 对于职工欠薪和就业问题突出、债权人矛盾激化、债务人弃企逃债等敏感类破产案件,要及时向当地党委汇报,争取政府的支持。在政府协调下,加强与相关部门的沟通、配合,及时采取有力措施,积极疏导并化解各种矛盾纠纷,避免哄抢企业财产、职工集体上访的情况发生,将不稳定因素消除在萌芽状态。有条件的地方,可通过政府设立的维稳基金或鼓励第三方垫款等方式,优先解决破产企业职工的安置问题,政府或第三方就劳动债权的垫款,可以在破产程序中按照职工债权的受偿顺序优先获得清偿。

三、充分发挥破产重整和和解程序挽救危困企业、实现企业持续经营的作用,保障社会资源有效利用

6. 人民法院要充分发挥司法能动作用,注重做好当事人的释明和协调工作,合理适用破产重整和和解程序。对于当事人同时申请债务人清算、重整、和解的,人民法院要根据债务人的实际情况和各方当事人的意愿,在组织各方当事人充分论证的基础上,对于有重整或者和解可能的,应当依法受理重整或者和解申请。当事人申请重整,但因企业经营规模较小、虽有挽救必要但重整成本明显高于重整收益的困难企业,有关权利人不同意重整的,人民法院可引导当事人通过和解方式挽救企业。人民法院要加强破产程序中的调解工作,在法律允许的框架下,积极支持债务人、管理人和新出资人等为挽救企业所做的各项工作,为挽救困难企业创造良好的法律环境。

7. 人民法院适用强制批准裁量权挽救危困企业时,要保证反对重整计划草案的债权人或者出资人在重整中至少可以获得在破产清算中本可获得的清偿。对于重整计划草案被提请批准时依照破产清算程序所能获得的清偿比例的确定,应充分考虑其计算方法是否科学、客观、准确,是否充分保护了利害关系人的应有利益。人民法院要严格审查重整计划草案,综合考虑社会公共利益,积极审慎适用裁量权。对不符合强制批准条件的,不能借挽救企业之名违法审批。上级人民法院要肩负起监督职责,对利害关系人就重整程序中反映的问题要进行认真审查,问题属实的,要及时予以纠正。

四、在破产程序中要注重保障民生,切实维护职工合法权益

8. 依法优先保护劳动者权益,是破产法律制度的重要价值取向。人民法院在审理企业破产案件中,要切实维护职工的合法权益,严格依法保护职工利益。召开债权人会议要有债务人的职工和工会代表参加,保障职工对破产程序的参与权。职工对管理人确认的工资等债权有异议的,管理人要认真审查核对,发现错误要及时纠正;因管理人未予纠正,职工据此提起诉讼的,人民法院要严格依法审理,及时作出判决。

9. 表决重整计划草案时,要充分尊重职工的意愿,并就债务人所欠职工工资等债权设定专门表决组进行表决;职工债权人表决组未通过重整计划草案的,人民法院强制批准必须以应当优先清偿的职工债权全额清偿为前提。企业继续保持原经营范围的,人民法院要引导债务人或管理人在制作企业重整计划草案时,尽可能保证企业原有职工的工作岗位。

10. 保障职工合法权益需要社会各方面的共同努力。人民法院要加强与国家社会保障部门、劳动部门、工商行政管理部门、组织人事等部门的沟通和协调,积极提出司法建议,推动适合中国特色的社会保障体制的建立和完善。

五、妥善指定适格管理人,充分发挥管理人在企业破产程序中的积极作用

11. 人民法院要根据企业破产法和有关司法解释的规定,采用适当方式指定管理人,对于重大疑难案件,可以通过竞争的方式择优确定管理人。要注意处理好审理破产案件的审判庭和司法技术辅助工作部门的关系,在指定管理人时,应由审理破产案件的审判庭根据案件实际情况决定采用哪类管理人以及采用哪种产生方式,在决定通过随机方式或者竞争方式产生管理人或其成员时,再由司法技术辅助工作部门根据规定产生管理人或其成员。

12. 企业重整中,因涉及重大资产重组、经营模式选择、引入新出资人等商业运作内容，重整中管理人的职责不仅是管理和处分债务人财产，更要管理债务人的经营业务，特别是制定和执行重整计划。因此，在我国目前管理人队伍尚未成熟的情况下，人民法院指定管理人时，应当注意吸收相关部门和人才，根据实际情况选择指定的形式和方式，以便产生适格管理人。

13. 管理人的工作能力和敬业精神直接决定着企业破产案件能否依法有效进行，以及破产法律制度能否充分发挥其应有的作用。人民法院要特别注意加强对管理人业务知识和各种能力的培养，建立管理人考核机制，通过业绩考核，形成激励和淘汰机制，逐步实现管理人队伍的专业化。

六、正确适用企业破产法的各项制度，充分保护债权人合法权益

14. 人民法院在审理企业破产案件中，要充分调动管理人的积极性，促使其利用法律手段，努力查找和追收债务人财产，最大限度保护债权人利益。对出资不实、抽逃出资的，要依法追回；对于不当处置公司财产的行为，要依法撤销或者认定无效，并追回有关财产；对于违反法律、行政法规等规定，给公司或债权人造成损失的，要依法追究行为人的民事责任；对于发现妨碍清算行为的犯罪线索，要及时向侦查机关通报情况。

15. 要充分发挥债权人会议和债权人委员会的职能作用，切实保障债权人对破产程序的参与权，坚决防止地方保护主义，即使在以挽救债务人为主要目的的破产重整和和解程序中，仍然要以充分保障债权人利益为前提，重整计划和和解协议的通过与否，要严格按照法定的程序确定表决权并依法表决。

16. 人民法院在审理债务人人员下落不明或财产状况不清的破产案件时，要从充分保障债权人合法利益的角度出发，在对债务人的法定代表人、财务管理人员、其他经营管理人员，以及出资人等进行释明，或者采取相应罚款、训诫、拘留等强制措施后，债务人仍不向人民法院提交有关材料或者不提交全部材料，影响清算顺利进行的，人民法院就现有财产对已知债权进行公平清偿并裁定终结清算程序后，应当告知债权人可以另行提起诉讼要求有责任的有限责任公司股东、股份有限公司董事、控股股东，以及实际控制人等清算义务人对债务人的债务承担清偿责任。

七、正确认识破产程序与执行程序的功能定位，做好两个程序的有效衔接

17. 人民法院要充分认识破产程序和执行程序的不同功能定位，充分发挥企业破产法公平保护全体债权人的作用。破产程序是对债务人全部财产进行的概括执行，注重对所有债权的公平受偿，具有对一般债务清偿程序的排他性。因此，人民法院受理破产申请后，对债务人财产所采取的所有保全措施和执行程序都应解除和中止，相关债务在破产清算程序中一并公平清偿。

18. 人民法院要注重做好破产程序和执行程序的衔接工作，确保破产财产妥善处置。涉及到人民法院内部破产程序和执行程序的操作的,应注意不同法院、不同审判部门、不同程序的协调与配合。涉及到债务人财产被其他国家行政机关采取保全措施或执行程序的,人民法院应积极与上述机关进行协调和沟通,取得有关机关的配合,依法解除有关保全措施,中止有关执行程序。

19. 人民法院受理破产申请后,在宣告债务人破产前裁定驳回申请人的破产申请,并终结破产程序的,应当在作出终结破产程序的裁定前,告知管理人通知原对债务人财产采取保全措施或执行程序的法院恢复原有的保全措施或执行程序,有轮候保全的,以原采取保全措施的时间确定轮候顺位。对恢复受理债务人为被执行人的执行案件,应当适用申请执行时效中断的有关规定。

八、加强审理破产案件法官专业化队伍建设,充分发挥商事审判职能作用

20. 随着我国经济市场化、国际化程度越来越高,企业破产案件将呈逐步增长趋势,这对人民法院审判工作提出了更高的要求。一方面,企业破产案件审理周期长、难度大、事务性工作繁重,人民法院长期以来案多人少的矛盾更加突出。另一方面,由于破产案件审理的复杂性和特殊性,客观上需要一支不仅具备较为扎实的法学理论功底,而且还要有解决社会矛盾、处理应急事务、协调各方利益等多方面工作能力的专业化法官队伍。因此,人民法院要加强法官专业化队伍建设,在人财物方面给予支持和保障。有条件的法院可以根据企业破产案件的数量,成立专门的破产案件审判庭,或指定专门的合议庭负责审理破产案件。

21. 人民法院要积极调动法官审理企业破产案件的积极性,在考核法官工作业绩时,要充分考虑企业破产案件审理的特殊性,以及法官办理企业破产案件所付出的辛勤劳动和承担的各种压力,积极探索能够客观反映审理破产案件工作量的科学考评标准,不断提高破产案件的审理质量。

22. 审理企业破产案件的法官,要大力加强对党的路线方针政策的学习,增强大局意识和责任意识。在当前经济形势下,更要正确处理好保护金融债权与挽救危困企业之间的关系,实现债权人与债务人的共赢,共渡难关。正确处理好保护投资者利益与维护职工合法权益之间的关系,保障社会和谐稳定。正确处理好企业破产清算与企业再生之间的关系,实现社会资源的充分利用以及法律效果和社会效果的有机统一。广大法官要大力加强廉政建设,严格执行最高人民法院"五个严禁"等审判纪律和规章制度,无论是在指定管理人还是在委托拍卖财产等敏感环节,都要坚持以制度管人,坚决杜绝人情案、关系案、金钱案,确保以公正高效的审判业绩,为我国国民经济平稳较快发展创造条件。

最高人民法院关于依法审理和执行被风险处置证券公司相关案件的通知

（2009年5月26日发布并实施　法发〔2009〕35号）

各省、自治区、直辖市高级人民法院，解放军军事法院，新疆维吾尔自治区高级人民法院生产建设兵团分院：

为维护证券市场和社会的稳定，依法审理和执行被风险处置证券公司的相关案件，现就有关问题通知如下：

一、为统一、规范证券公司风险处置中个人债权的处理，保持证券市场运行的连续性和稳定性，中国人民银行、财政部、中国银行业监督管理委员会、中国证券监督管理委员会联合制定发布了《个人债权及客户证券交易结算资金收购意见》。国家对个人债权和客户交易结算资金的收购，是国家有关行政部门和金融监管机构采取的特殊行政手段。相关债权是否属于应当收购的个人债权或者客户交易结算资金范畴，系由中国人民银行、金融监管机构以及依据《个人债权及客户证券交易结算资金收购意见》成立的甄别确认小组予以确认的，不属人民法院审理的范畴。因此，有关当事人因上述执行机关在风险处置过程中甄别确认其债权不属于国家收购范围的个人债权或者客户证券交易结算资金，向人民法院提起诉讼，请求确认其债权应纳入国家收购范围的，人民法院不予受理。国家收购范围之外的债权，有关权利人可以在相关证券公司进入破产程序后向人民法院申报。

二、托管是相关监管部门对高风险证券公司的证券经纪业务等涉及公众客户的业务采取的行政措施，托管机构仅对被托管证券公司的经纪业务行使经营管理权，不因托管而承继被托管证券公司的债务。因此，有关权利人仅以托管为由向人民法院提起诉讼，请求判令托管机构承担被托管证券公司债务的，人民法院不予受理。

三、处置证券类资产是行政处置过程中的一个重要环节，行政清算组依照法律、行政法规及国家相关政策，对证券类资产采取市场交易方式予以处置，在合理估价的基础上转让证券类资产，受让人支付相应的对价。因此，证券公司的债权人向人民法院提起诉讼，请求判令买受人承担证券公司债务偿还责任的，人民法院对其诉讼请求不予支持。

四、破产程序作为司法权介入的特殊偿债程序，是在债务人财产不足以清偿债务的情况下，以法定的程序和方法，为所有债权人创造获得公平受偿的条件和机会,以使所有债权人共同享有利益、共同分担损失。鉴于此,根据企业破产法第十九条的规定,人民法院受理证券公司的破产申请后,有关证券公司财产的保全措施应当解除,执行程序应当中止。具体如下:

1. 人民法院受理破产申请后,已对证券公司有关财产采取了保全措施,包括执行程序中的查封、冻结、扣押措施的人民法院应当解除相应措施。人民法院解除有关证券公司财产的保全措施时,应当及时通知破产案件管理人并将有关财产移交管理人接管,管理人可以向受理破产案件的人民法院申请保全。

2. 人民法院受理破产申请后,已经受理有关证券公司执行案件的人民法院,对证券公司财产尚未执行或者尚未执行完毕的程序应当中止执行。当事人在破产申请受理后向有关法院申请对证券公司财产强制执行的,有关法院对其申请不予受理,并告知其依法向破产案件管理人申报债权。破产申请受理后人民法院未中止执行的,对于已经执行了的证券公司财产,执行法院应当依法执行回转,并交由管理人作为破产财产统一分配。

3. 管理人接管证券公司财产、调查证券公司财产状况后,发现有关法院仍然对证券公司财产进行保全或者继续执行,向采取保全措施或执行措施的人民法院提出申请的,有关人民法院应当依法及时解除保全或中止执行。

4. 受理破产申请的人民法院在破产宣告前裁定驳回申请人的破产申请,并终结证券公司破产程序的,应当在作出终结破产程序的裁定前,告知管理人通知原对证券公司财产采取保全措施的人民法院恢复原有的保全措施,有轮候保全的,以原采取保全措施的时间确定轮候顺位。对恢复受理证券公司为被执行人的执行案件,适用申请执行时效中断的规定。

五、证券公司进入破产程序后,人民法院作出的刑事附带民事赔偿或者涉及追缴赃款赃物的判决应当中止执行,由相关权利人在破产程序中以申报债权等方式行使权利;刑事判决中罚金、没收财产等处罚,应当在破产程序债权人获得全额清偿后的剩余财产中执行。

六、要进一步严格贯彻最高人民法院、最高人民检察院、公安部、中国证监会《关于查询、冻结、扣划证券和证券交易结算资金有关问题的通知》(法发〔2008〕4号),依法执行有关证券和证券交易结算资金。

各高级人民法院要及时组织辖区内法院有关部门认真学习和贯彻落实本通知精神,并依法监督下级法院严格执行,对未按照上述规定审理和执行有关案件的,上级人民法院应当依法予以纠正并追究相关人员的责任。

最高人民法院关于部分人民法院冻结、扣划被风险处置证券公司客户证券交易结算资金有关问题的通知

（2010年6月22日最高人民法院发布并实施　〔2010〕民二他字第21号）

北京市、上海市、江苏省、山东省、湖北省、福建省高级人民法院：

近日，中国证券监督管理委员会致函我院称，因部分人民法院前期冻结、扣划的客户证券交易结算资金未能及时解冻或退回，导致相应客户证券交易结算资金缺口难以弥补，影响被处置证券公司行政清理工作，请求我院协调有关人民法院解冻或退回客户证券交易结算资金。经研究，现就有关问题通知如下：

一、关于涉及客户证券交易结算资金的冻结与扣划事项，应严格按照《中华人民共和国证券法》、《最高人民法院关于冻结、扣划证券交易结算资金有关问题的通知》（法〔2004〕239号）、《最高人民法院、最高人民检察院、公安部、中国证券监督管理委员会关于查询、冻结、扣划证券和证券交易结算资金有关问题的通知》（法发〔2008〕4号）、《最高人民法院关于依法审理和执行被风险处置证券公司相关案件的通知》（法发〔2009〕35号）的相关规定进行。人民法院在保全、执行措施中违反上述规定冻结、扣划客户证券交易结算资金的，应坚决予以纠正。

二、在证券公司行政处置过程中，按照国家有关政策弥补客户证券交易结算资金缺口是中国证券投资者保护基金有限责任公司（以下简称保护基金公司）的重要职责，被风险处置证券公司的客户证券交易结算资金专用存款账户、结算备付金账户内资金均属于证券交易结算资金，保护基金公司对被风险处置证券公司因违法冻结、扣划的客户证券交易结算资金予以垫付弥补后，取得相应的代位权，其就此主张权利的，人民法院应予支持。被冻结、扣划的客户证券交易结算资金已经解冻并转入管理人帐户的，经保护基金公司申请，相关破产案件审理法院应当监督管理人退回保护基金公司专用账户；仍处于冻结状态的，由保护基金公司向相关保全法院申请解冻，保全法院应将解冻资金返还保护基金公司专用账户；已经扣划的，由保护基金公司向相关执行法院申请执行回转，执行法院应将退回资金划入保护基金公司专用账户。此外，被冻结、扣划客户证券交易结算资金对应缺口尚未弥补的，由相关行政清理组申请保全或者执行法院解冻或退回。

请各高级法院督促辖区内相关法院遵照执行。

特此通知。

最高人民法院关于强制执行中不应将企业党组织的党费作为企业财产予以冻结或划拨的通知

(2005年11月22日发布并实施 法〔2005〕209号)

各省、自治区、直辖市高级人民法院,解放军军事法院,新疆维吾尔自治区高级人民法院生产建设兵团分院:

据悉,近一个时期,少数法院在强制执行过程中,将企业党组织的党费账户予以冻结,影响了企业党组织的正常工作。为避免此类情况发生,特通知如下:

企业党组织的党费是企业每个党员按月工资比例向党组织交纳的用于党组织活动的经费。党费由党委组织部门代党委统一管理,单立账户,专款专用,不属于企业的责任财产。因此,在企业作为被执行人时,人民法院不得冻结或划拨该企业党组织的党费,不得用党费偿还该企业的债务。执行中,如果申请执行人提供证据证明企业的资金存入党费账户,并申请人民法院对该项资金予以执行的,人民法院可以对该项资金先行冻结;被执行人提供充分证据证明该项资金属于党费的,人民法院应当解除冻结。

各级人民法院发现执行案件过程中有违反上述规定情形的,应当及时依法纠正。

最高人民法院关于执行《最高人民法院审理企业破产案件指定管理人的规定》、《最高人民法院审理企业破产案件确定管理人报酬的规定》几个问题的通知

(2007年4月12日公布并实施 法明传〔2007〕129号)

各省、自治区、直辖市高级人民法院,新疆维吾尔自治区高级人民法院生产建设兵团分院:

《中华人民共和国企业破产法》已由第十届全国人民代表大会常务委员会第二十三次会议审议通过,并于2007年6月1日施行。为保证企业破产法的顺利施行,根据企业破产法的授权,最高人民法院制定了《最高人民法院审理企业破产案件指定管理人的规定》、《最高人民法院审理企业破产案件确定管理人报酬的规定》。为保证上述两个规定的正确执行,现就有关问题通知如下:

一、虽然两个规定正式施行日与企业破产法相同,即为2007年6月1日,为保证企业破产法的顺利实施,各高级人民法院从规定公布之日起即应参照上述规定开展相关工作。

二、高级人民法院要充分考虑本辖区律师事务所、会计师事务所、破产清算事务所等社会中介机构及专职从业人员数量,以及企业破产案件数量等因素。根据工作量情况确定由本院或者中级人民法院编制管理人名册,力争将此项工作在2007年6月1日前完成。

三、编制管理人名册的法院应当制定申请编入管理人名册的社会中介机构和个人的评定标准和程序,并予以公布。标准应当参照指定管理人的规定第十条第二款规定的内容确定。

四、编制管理人名册的评审委员会,应当由审理企业破产案件审判庭的人员、人民法院司法技术辅助工作部门人员、相关审判委员会委员、监察部门人员组成。司法技术辅助工作部门负责具体工作。

五、采取随机方式指定管理人的工作,由司法技术辅助工作部门完成,基层人民法院未设置司法技术辅助工作部门的,应当在司法行政部门中设专人承担此项工作。

六、采取竞争方式指定管理人的评审委员会,应参照编制管理人名册评审委员会的组成方式。

七、高级人民法院认为确定管理人报酬的规定中,关于管理人报酬的限制范围与本地经济水平差距较大的,可以在规定标准30%的浮动范围内制定符合本地区情况的标准。

八、受理企业破产案件的人民法院在初步确定管理人报酬方案时,应注意留有余地,不宜直接适用上限规定。

请各级人民法院将执行两个规定的过程中遇到的问题和情况及时逐级报告我院。

最高人民法院关于人民法院在审理企业破产案件中适用最高人民法院《关于审理企业破产案件若干问题的规定》的通知

(2002年12月26日公布并实施　法〔2002〕273号)

各省、自治区、直辖市高级人民法院,解放军军事法院,新疆维吾尔自治区高级人民法院生产建设兵团分院:

最高人民法院《关于审理企业破产案件若干问题的规定》(以下简称《规定》)已由最高人民法院审判委员会第1232次会议通过,并于2002年9月1日起施行。为在审理企业破产案件工作中正确适用《规定》,现就有关问题通知如下:

一、各级人民法院应当认真组织审判人员学习《规定》,深刻理解其含义,准确把握司法解释的精神,充分认识《规定》在规范企业破产行为,保障债权人和债务人的合法权益。防止假破产、真逃债,建立社会信用,维护社会经济秩序,促进社会主义市场经济发展方面的重要作用。

二、当事人向人民法院提出企业破产申请后,由立案庭接收有关申请材料,确定案号,并将有关申请材料移交审理企业破产案件的审判庭,由该审判庭依照《规定》的有关规定,决定是否受理当事人的申请。

三、企业破产申请人根据《规定》第十三条第二款、第十四条第三款的规定,向上一级人民法院提起上诉的,由上级人民法院审理企业破产案件的审判庭审理。

四、企业破产案件当事人根据《规定》第三十八条、第四十四条第二款的规定,向上一级人民法院申诉的,由上一级人民法院审理企业破产案件的审判庭审理。

五、根据《规定》第一百零四条的规定,最高人民法院发现地方各级人民法院,或者上级人民法院发现下级人民法院在企业破产程序中作出的裁定确有错误的。由最高人民法院或者上级人民法院审理企业破产案件的审判庭审理。

六、各级人民法院在执行《规定》的过程中,应当注意加强调查研究,总结审判实践经验,切实保证《规定》的有效实施。

三、个案批复

关于破产申请受理前已经划扣到执行法院账户尚未支付给申请执行人的款项是否属于债务人财产及执行法院收到破产管理人中止执行告知函后应否中止执行问题请示的答复

（2017年12月12日 〔2017〕最高法民他72号）

重庆市高级人民法院：

你院（2017）渝民他12号《关于破产申请受理前已经划扣到执行法院账户尚未支付给申请执行人的款项是否属于债务人财产及执行法院收到破产管理人中止执行告知函后应否中止执行问题的请示》收悉，经研究，答复如下：

人民法院裁定受理破产申请时已经扣划到执行法院账户但尚未支付给申请执行人的款项，仍属于债务人财产，人民法院裁定受理破产申请后，执行法院应当中止对该财产的执行。执行法院收到破产管理人发送的中止执行告知函后仍继续执行的，应当根据《最高人民法院关于适用〈中华人民共和国企业破产法〉若干问题的规定（二）》第五条依法予以纠正，故同意你院审判委员会的倾向性意见，由于法律、司法解释和司法政策的变化，我院2004年12月22日作出的《关于如何理解〈最高人民法院关于破产法司法解释〉第六十八条的请示的答复》（〔2003〕民二他字第52号）相应废止。

此复。

关于广东国际信托投资公司对广东省信托房产开发公司的投资权益及债权公开处置方式请示的答复

(2015年2月16日 〔2015〕民二他字第2号)

广东省高级人民法院:

你院粤高法(2014)327号《关于广东国际信托投资公司对广东省信托房产开发公司的投资权益及债权公开处置方式的请示》收悉。经研究,答复如下:

广东国际信托投资公司(以下简称广国投公司)享有的广东省信托房产开发公司投资权益及债权应当依照《企业破产法》的规定进行拍卖。在处理上述破产财产拍卖相关事务时,人民法院应当督导广国投公司清算组依法履行职责,保障破产财产变价公平、合理。

以上意见,供参考。

此复。

关于债权人主张公司股东承担清算赔偿责任诉讼时效问题请示的答复

(2014年12月11日 〔2014〕民二他字第16号)

上海市高级人民法院:

你院《关于债权人主张公司股东承担清算赔偿责任诉讼时效问题的请示》收悉。经研究,答复如下:

依据《最高人民法院关于适用〈中华人民共和国公司法〉若干问题的规定(二)》第十八条的规定,作为清算义务人的公司股东怠于履行清算义务导致公司债权人损失的,公司债权人有权请求公司股东承担赔偿责任。该赔偿请求权在性质上属于债权请求权,依据《最高人民法院关于审理民事案件适用诉讼时效制度若干问题的规定》第一条规定,债权人行使该项权利,应受诉讼时效制度约束。

依据《中华人民共和国民法通则》第一百三十七条的规定,该赔偿请来权的诉讼时效期间应从债权人知道或者应当知道因公司股东不履行清算义务而致其债权受到损害之日起计算。

综上，同意你院审委会的多数意见。

以上意见仅供参考。

关于上诉人杨文彬与被上诉人闽发证券有限责任公司房屋买卖合同纠纷中相关法律问题请示的答复

（2014年5月13日　〔2014〕民二他字第3号）

福建省高级人民法院：

你院（2013）闽民终字第739号《福建省高级人民法院关于上诉人杨文彬与被上诉人闽发证券有限责任公司房屋买卖合同纠纷中相关法律问题的请示》收悉。经研究，回复如下：

最高人民法院《关于审理企业破产案件若干问题的规定》系针对《企业破产法（试行）》作出的司法解释，现《企业破产法（试行）》已被《企业破产法》替代，且最高人民法院《关于适用〈中华人民共和国企业破产法〉若干问题的规定（二）》第二条，根据《企业破产法》对非债务人财产的范围已经做出重新界定，在无其他规定的情况下，应结合《企业破产法》及该条司法解释的规定对债务人财产进行认定。

此复。

关于武汉九龙宫陵园有限公司与武汉市新洲区公墓管理处、武汉市新洲区阳逻街道办事处老屋村村民委员会、广州市万境科技发展有限公司公司解散纠纷一案适用法律问题请示的复函

（2013年12月13日　〔2013〕民二他字第18号）

湖北省高级人民法院：

你院鄂高院（2013）293号《关于武汉九龙宫陵园有限公司与武汉市新洲区公墓管理处、武汉市新洲区阳逻街道办事处老屋村村民委员会、广州市万境科技发展有限公司公司解散纠纷一案适用法律问题的请示》收悉。根据你院请示报告中所述事实，经研究，答复如下：

一、关于在二审法院判决有限责任公司解散、公司已经进入强制清算程序但尚

未开始清算的情况下,当事人能否依照《民事诉讼法》第一百九十九条的规定申请再审及法院能否依据《民事诉讼法》第二百条的规定再审的问题。因法院判决解散公司,公司尚未清算,其法人主体资格尚存,《民事诉讼法》亦未针对公司解散案件作出不得申请再审的特殊安排,故限制当事人依据《民事诉讼法》第一百九十九条的规定申请再审没有法律依据,法院可以依据《民事诉讼法》第二百条的规定进行再审审查。但同时应考虑公司解散案件的特殊性,依法审慎把握。

二、关于最高人民法院《关于适用〈中华人民共和国公司法〉若干问题的规定(二)》第一条第四款具体包括哪些情形,本案是否属于该项规定情形的问题,应由你院在审理案件中通过事实认定,考虑公司运行情况以及当事人有无继续合作的可能等因素综合判断,同时要积极争取地方党委和政府的支持,实现法律效果和社会效果的有机统一。

以上答复,仅供参考。

关于李汉桥等164人与南方证券股份有限公司职工权益清单更正纠纷再审系列案有关法律问题请示的答复

(2013年12月11日　〔2013〕民二他字第22号)

广东省高级人民法院:

你院粤高法〔2013〕193号《关于李汉桥等164人与南方证券股份有限公司职工权益清单更正纠纷再审系列案有关法律问题的请示》收悉。经研究,答复如下:

债务人有《企业破产法》第二条规定的情形时,职工对债务人享有的与业绩挂钩的绩效工资、奖金等金类债权,在破产程序中不应作为优先债权予以清偿,确实合理的债权可以作为普通破产债权清偿。

人民法院审理职工权益清单更正纠纷时,应当按照劳动争议案件的有关规定分配举证责任。

请你院依法审理相关案件,同时,要做好本系列案与其他相关诉讼案件的协调工作,实现法律效果与社会效果的有机统一。

此复。

关于河南济源农村商业银行股份有限公司与济源市商贸(集团)总公司保证担保借款合同纠纷一案请示的答复

(2013年8月21日　〔2013〕民二他字第12号)

河南省高级人民法院：

你院《关于企业破产程序终结时间如何确定问题的请示》收悉。经研究,答复如下：

人民法院裁定终结破产程序的,应当通知已依法申报债权的债权人,并予以公告。

破产程序终结后,已申报债权的债权人依照《最高人民法院关于适用〈中华人民共和国担保法〉若干问题的解释》第四十四条第二款,就其在破产程序中未受清偿的部分主张保证人承担保证责任的,向人民法院提出主张的6个月期间自通知到达债权人之日起计算。

此复。

关于人民法院受理破产案件前债务人未付应付款项的滞纳金是否应当确认为破产债权请示的答复

(2013年6月27日　〔2013〕民二他字第9号)

广东省高级人民法院：

你院粤高法〔2013〕107号《关于人民法院受理破产案件前债务人未付应付款项的滞纳金是否应当确认为破产债权的请示》收悉。经研究,答复如下：

同意你院意见,即人民法院受理破产案件前债务人未付款项的滞纳金应确认为破产债权。

此复。

关于沈阳特种环保设备制造股份有限公司破产重整一案请示的答复

(2013年4月25日 〔2013〕民二他字第8号)

辽宁省高级人民法院:

你院(2013)辽民二他字1号《关于沈阳特种环保设备制造股份有限公司破产重整一案的请示》收悉。经研究,答复如下:

债权人会议是协调和形成全体债权人的共同意思,体现全体债权人共同利益的自主性机构,原则上只有债权已经确定的债权人才能参加债权人会议并依法享有表决权。债权尚未确定的债权人,在债权确定前一般不享有表决权,只有在特殊情况下,如当事人虽然对整体债权存在争议,但对其中部分内容无异议,受理破产案件的人民法院可以就各方无异议的部分先行临时确定债权额,债权人可就改无异议部分的债权行使表决权。对于诉讼未决的债权,管理人应当依法将其分配额提存。

另外,请你院加快对争议债权案件的审理,以尽快确定债权,避免对隐形债权人权利造成不必要的损害。

此复。

关于裁定批准深圳市国基房地产开发有限公司重整计划草案的报告

(2012年9月3日 〔2012〕民二他字第24号)

广东省高级人民法院:

你院粤高法〔2012〕314号《关于裁定批准深圳市国基房地产开发有限公司重整计划草案的报告》收悉。经研究,答复如下:

我院认为,人民法院强制批准重整计划草案,应当符合《企业破产法》第八十七条规定,且债权人组至少有一组已经通过重整计划草案,并且通过重整计划草案表决组中的反对者的既得利益不得受到损害,包括债权的法定清偿顺序不得改变;有物权担保的债权就该特定财产将获得全额清偿,其因延期清偿所受的损失将得到公平补偿,并且其担保权未受到实质性损害;享有一般优先权的职工劳动债权与税收债权将获得全额清偿;普通债权所获得的清偿比例,不低于于其在重整计划草案被提请批准时依照破产清算程序所能获得的清偿比例。

请你院结合上述要求审查深圳市国基房地产开发有限公司的重整计划草案,并注意结合该公司的特点,做好相关维稳工作及与有关主管部门的沟通协调。

此复。

关于四川方向光电股份有限公司破产重整一案请示的答复

（2011 年 11 月 15 日　〔2011〕民二他字第 17 号）

辽宁省、四川省、重庆市高级人民法院:

四川省内江市中级人民法院于 2010 年 12 月 7 日依法受理了债权人深圳市同成投资有限公司申请债务人四川方向光电股份有限公司(以下简称方向光电公司)破产重整一案。该院依照《企业破产法》的相关规定以〔2011〕内民破字第 1-8 号民事裁定批准了方向光电公司的重整计划。根据重整计划,沈阳北泰方向集团有限公司(以下简称北泰方向公司)持有的方向光电公司 3000 万股股份应由破产管理人进行拍卖,以方向光电公司债权人清偿债务。

因北泰方向公司持有的上述股权被辽宁省高级人民法院、沈阳市中级人民法院、四川省内江市中级人民法院、重庆市第一中级人民法院等冻结或轮候冻结而无法进行拍卖、方向光电公司重整计划无法执行。

方向光电公司因严重资不抵债而进入破产重整程序,如不能实施重整,北泰方向公司持有的方向光电公司的股权将失去经济价值和变现可能,继续保全相关股权没有实际意义。为保证方向光电公司重整程序的顺利进行,维护破产案件各方的合法权益,经本院研究决定,应立即解除上述对北泰方向公司持有的方向光电公司 3000 万股股份的保全措施。请上述相关法院遵照执行。

此后人民法院如裁定终止重整计划执行的,上述相关法院可对上述 3000 万股股份恢复原有的保全措施。有轮候保全的,以原采取保全措施的时间确定轮候顺位。

特此通知。

关于西北证券有限责任公司处置日前佣金收入及富余外币结算备付金归属问题请示的答复

(2011 年 6 月 29 日 〔2011〕民二他字第 9 号)

宁夏回族自治区高级人民法院:

你院宁高法〔2011〕45 号《关于西北证券有限责任公司处置日前佣金收入及富余外币结算备付金归属问题的请示》收悉。经研究,答复如下:

同意你院关于将西北证券有限责任公司处置日前的佣金收入及富余外币结算备付金共计人民币 10,347,245.14 元退回保护基金公司的意见,按照证券公司风险处置的有关政策及《中华人民共和国证券法》的相关规定,该笔资金不属于西北证券有限责任公司的破产财产。

此外,鉴于西北证券有限责任公司破产清算工作已召开了多次债权人会议并进行了第一次债权分配,请你院指导银川市中级人民法院就有关证券公司风险处置的相关政策做好债权人的解释工作。

此复。

关于破产财产拍卖相关问题请示的答复

(2010 年 12 月 21 日 〔2010〕民二他字第 45 号)

广西壮族自治区高级人民法院:

你院(2010)桂破请字第 7 号《关于破产财产拍卖相关问题的请示》收悉。经研究,答复如下:

第一,关于第三次债权人会议决议与拍卖成交合同的关系问题。第三次债权人会议对破产财产分配方案作出的决议,即使该次会议决议依法被撤销,也并不当然导致拍卖成交合同的解除。债权人会议决议与拍卖成交合同系两个不同的法律关系,债权人会议无权自行决定拍卖成交合同的解除。

第二,关于广西信托大厦是否应该重新拍卖问题。重新拍卖广西信托大厦的前提必须是拍卖成交合同已被解除,或者被确认无效或未生效。人民法院在审理广西信托投资公司破产案件中无权对上述问题作出裁决。债权人如果认为拍卖成交合同存在解除事由,或者存在合同无效或未生效事由的,均可要求管理人依据相关法律规定向人民法院另行提起诉讼,请求判决解除合同或者确认合同无效或未生效。人民法院判决支持其诉讼请求后,管理人可以另行委托拍卖。

第三,关于拍卖成交合同买受人逾期付款的法律责任问题。买受人未按照拍卖成交合同约定的履行期限支付拍卖价款,且经催告后在合理期限内仍未履行的,卖方有权主张解除合同。拍卖价款支付完毕后,虽然已不存在解除合同问题,但卖方仍然有权追究买受人逾期付款的违约责任,向买受人主张相应赔偿。

综上,同意你院审判委员会的意见,并请对上述问题向有关权利人和管理人予以释明,并告知其可依法主张相关权利。

此复。

关于代为清偿的连带债务人是否有权向破产和解的债务人继续追偿的问题请示答复

（2010年11月10日 〔2010〕民二他字第15号）

山东省高级人民法院:

你院鲁高法〔2010〕144号《关于代为清偿的连带债务人是否有权向破产和解的债务人继续追偿的问题的请示》收悉。经研究,答复如下:

债权人如果已在主债务人的和解或重整程序中全额申报了债权,其未得到清偿的部分可以向保证人或连带债务人主张清偿。任何源于同一债务的普通债权,只能在破产程序中得到与其他普通债权相同比率的清偿。因此,保证人或连带债务人承担清偿责任后,不能向破产和解、破产重整的债务人追偿。

关于北京市中伦律师事务所与中国证券投资者保护基金有限公司签订法律服务合同的行为是否构成《企业破产法》第二十四条规定的"与本案利害关系"问题请示的答复

（2010年6月22日 〔2010〕民二他字第2号）

广东省高级人民法院:

你院粤高法〔2010〕6号《关于北京市中伦律师事务所与中国证券投资者保护

基金有限公司签订法律服务合同的行为是否构成〈企业破产法〉第二十四条规定的“与本案利害关系”问题的请示》收悉。经研究,答复如下:

北京市中伦律师事务所(以下简称中伦总所)分支机构北京市中伦律师事务所深圳分所(以下简称中伦深圳分所)担任汉唐证券管理人的组成单位成员后,中伦总所与汉唐证券的最大债权人中国证券投资者保护基金有限公司(以下简称基金公司)签订法律服务合同担任基金公司的法律顾问的行为,构成企业破产法及相关司法解释中的“与本案有利害关系”。同时,基金公司的债券是依照国家政策收购汉唐证券交易结算资金及个人债权形成的,其数额是经过汉唐证券清算组甄别确认的,而且根据《证券投资者保护基金管理办法》,基金公司具有组织、参与被撤销、关闭或破产证券公司的清算工作的职能。因此基金公司参与汉唐证券的破产清算程序既有债权人的身份,也是其履行参与证券公司风险处置工作的法定职责。综合以上情况,鉴于基金公司作为汉唐证券债权人的特殊性,中伦深圳分所可以继续担任汉唐证券管理人的组成单位成员。但是,基金公司参与汉唐证券破产清算案件的专项法律顾问工作不应由中伦总所的律师担任,如有相关情形,其代理关系应当解除,否则中伦深圳分所不能继续承担汉唐证券破产清算案件的管理人的组成单位成员。

此复。

关于请求指令广东省湛江市中级人民法院管辖广东中谷糖业集团有限公司属下广西博白县中创糖业发展有限公司和广西玉林雅桥糖业有限公司重整案请示的答复

(2009年12月13日 〔2009〕民二他字第36号)

广东省高级人民法院:

你院《关于请求指令广东省湛江市中级人民法院管辖广东中谷糖业集团有限公司属下广西博白县中创糖业发展有限公司和广西玉林雅桥糖业有限公司重整案的请示》收悉。经研究,答复如下:

鉴于目前债权人向广东省湛江市中级人民法院申请对广东中谷糖业集团有限公司及其下属七家公司进行整体重整,而且广东中谷糖业集团有限公司及其下属公司的主要资产在湛江市,其债权人亦主要分布在广东省境内,湛江市政府也针对位于广西境内的两家公司制定了相应的维稳方案和措施,由广东省湛江市中级人民法院一并受理广西博白县中创糖业发展有限公司和广西玉林雅桥糖业有限公司破产重整案件,有利于重整方案的制定和执行,有利于维护债权人的合法权益,有利于重整案件的顺利审理。同意你院关于同意广东省湛江市中级人民法院受理广东中谷糖业集团及其下属公司(包括广西博白县中创糖业发展有限公司和广西玉林雅桥糖业有限公司)破产重整案件的意见。

特此答复。

关于上诉人宁波金昌实业投资有限公司与被上诉人西北证券有限责任公司破产清算组取回权纠纷一案的请示的答复

(2009年10月19日　〔2009〕民二他字第24号)

宁夏回族自治区高级人民法院:

你院《关于上诉人宁波金昌实业投资有限公司与被上诉人西北证券有限责任公司破产清算组取回权纠纷一案的请示》收悉。经研究,答复如下:

根据你院来函所述事实,请示问题实质为证券公司违规挪用的客户证券资产被追回后,客户在证券公司破产程序中能否对该部分资产行使取回权。对于这一问题,在2007年11月20日召开的全国法院证券公司破产案件审理工作座谈会已经明确了相关处理原则:如果证券公司违规挪用客户资金和证券,关系清楚、财产并未混同,管理人追回后,可由相关权利人行使代偿性取回权。综上,同意你院审判委员会的倾向性意见。

以上意见供参考。

关于长峰公司对一般结算账户上的资金能否行使取回权问题请示的答复

(2008年11月6日　〔2008〕民二他字第33号)

海南省高级人民法院:

你院(2008)琼民二终字第23号《关于长峰公司对一般结算账户上的资金能否行使取回权问题的请示》收悉。经研究,答复如下:

同意你院审委会的第一种意见。根据货币所有与占有一致的原则,海南汇通国际信托投资公司对其占有的结算账户内资金享有所有权。在海南汇通国际信托公司破产时,海南长峰有限公司可以申报债权,不享有取回权。

此复。

关于中国华融资产管理公司重庆办事处能否纳入企业破产案件社会中介机构管理人名册请示的答复

(2007年10月30日 〔2007〕民二他字第48号)

重庆市高级人民法院:

你院渝高法〔2007〕199号《关于中国华融资产管理公司重庆办事处能否纳入企业破产案件社会中介机构管理人名册的请示》收悉。经研究,答复如下:

根据《中华人民共和国企业破产法》第二十条、《最高人民法院关于审理企业破产案件指定管理人的规定》第二条规定,管理人名册的范围限于依法设立的律师事务所、会计师事务所、破产清算事务所等社会中介机构及符合条件的相关工作人员,金融资产管理公司不是中介机构,因此,不应将金融资产管理公司纳入管理人名册。

根据《最高人民法院关于审理企业破产案件指定管理人的规定》第十九条规定,人民法院指定清算组担任管理人的,可以根据案件实际需要,决定是否将金融资产管理公司列为清算组成员。

此复。

关于湖南省华容县棉花总公司棉花取回权的确认及该批棉花灭失破产清算组如何承担责任的问题请示的答复

(2005年3月31日 〔2004〕民二他字第32号)

山西省高级人民法院:

你院《关于湖南省华容县棉花总公司棉花取回权的确认及该批棉花灭失破产清算组如何承担责任的问题的请示》已收悉。经研究,答复如下:

同意你院请示中的第1、2点意见,及第3点意见中关于取回权不必受债权申报期和破产财产分配影响的意见。本请示中的案件,因清算组将湖南华容棉花总公司享有取回权的棉花与破产企业的其他财产一起整体拍卖,无法确定该批棉花拍卖的价格,如何确定赔偿数额也便是个有争议的问题。我们考虑,在确定任何一个标准都欠缺依据的情况下,以该批棉花购入时双方约定的合同价格来计算,更切合实际,更公平合理一些。也较能充分地保护取回权人的合法权利。

此复。

关于河南省高级人民法院就郑州亚细亚五彩购物广场有限公司破产一案中董桂琴等50家商户能否行使取回权问题请示的答复

(2003年6月9日　〔2003〕民二他字第14号)

河南省高级人民法院:

你院〔2003〕豫法民二函字第02号请示收悉。经研究,答复如下:

原则同意你院不支持董桂琴等50家商户行使取回权的第二种意见。董桂琴等50家商户与亚细亚五彩购物广场有限公司(以下简称五彩购物广场)形成了委托收取销售货款的关系,现有证据不能证明五彩购物广场对所收取的货款开立专门账户加以管理,即五彩购物广场代收的货款没有特定化。由于货币作为动产的特殊属性,董桂琴等50家商户对没有特定化的货款不具有所有权关系,在企业破产还债程序中不能行使取回权,可以以普通债权人的身份参与破产财产的分配。望你院并郑州中院做好当事人的工作。

此复。

关于蓬莱京鲁通讯视像设备厂破产还债案有关法律适用问题的复函

(2003年2月25日　〔2001〕民立他字第49号)

山东省高级人民法院:

你院〔2001〕鲁法经字8-1号《关于蓬莱京鲁通讯视像设备厂破产还债一案有关问题的请示》收悉。经研究,答复如下:

对于你院所请示问题,最高人民法院1997年3月6日法发〔1997〕2号《关于当前人民法院审理企业破产案件应当注意的几个问题的通知》第十一条和2002年7月8日《关于审理企业破产案件若干问题的规定》第一百零四条均已作出明确规定,上级人民法院发现下级人民法院的裁定确有错误,应当通知其依法纠正;必要时可以裁定指令下级人民法院重新作出裁定。因此,对于已经审理终结的破产案件进行监督、纠正是有法可依的,但在适用时应当严格、谨慎,并应充分考虑该破产案件提起再审的可行性,依法妥善处理。

最高人民法院给重庆市高级人民法院的复函

(2002年7月16日公布并实施 法民二〔2002〕第27号)

重庆市高级人民法院:

据中国银行反映亦经重庆市南岸区人民法院证实,该院于2001年7月10日受理了重庆市南岸区长生桥农村合作基金会破产一案,并于同年7月23日裁定该基金会破产还债,该案目前仍在审理中。

本院认为,农村合作基金会是设置在社区内不以营利为目的的资金互助组织,经依法核准登记,即取得社会团体法人资格。鉴于现有法律、法规尚无将农村合作基金会登记为企业法人的规定,因此农村合作基金会不能以资不抵债的企业法人向人民法院申请破产。为了有效防范和化解金融风险,保持农村经济和社会的稳定,各地人民政府正在根据国务院确定的统一部署、分别处理、风险自担、稳步推进的原则,对农村合作基金会进行全面清理整顿。人民法院不应受理农村合作基金会的破产案件。你院应依法督促重庆市南岸区人民法院立即撤销其受理的重庆市南岸区长生桥农村合作基金会破产案。并告知该基金会的清偿机构可以向有管辖权的人民法院提起诉讼,主张该基金会的合法债权。

请按以上意见迅速办理,并将结果书面报告我院。

关于哈尔滨百货采购供应站申请破产一案的复函

(1995年5月4日 法函〔1995〕48号)

黑龙江省高级人民法院

你院《关于哈尔滨百货采购供应站申请破产一案的汇报》收悉。经研究,答复如下:

哈尔滨百货采购供应站(下称百货供应站)在负债累累的情况下,抽出其绝大部分注册资金开办哈尔滨康安批发市场,尔后,申请破产。其做法严重侵害了债权人的利益。虽然该行为未发生在法院受理破产案件前六个月内,但其目的是为了逃避债务,故原则上应根据《中华人民共和国民法通则》第五十八条第一款第(七)项的规定,追回百货供应站开办康安批发市场投入的2217.3万元及该场所得的盈利,作为破产财产统一分配。但在具体处理方式上,可采取整体转让康安批发市场或以债权人的债权作为股份,依照我国《公司法》的规定,组成规范化的公司,以避免康安批发市场与百货供应站同时倒闭。如上述两种具体处理方式均不可行,则可将康安批发市场的现有全部财产及其债务纳入百货供应站破产清偿范围之内。以上意见供你院处理本案时参考,并请注意总结这方面的经验。

关于破产债权能否与未到位的注册资金抵销问题的复函

(1995年4月10日　法函〔1995〕32号)

湖北省高级人民法院:

你院(1994)鄂经初字第10号请示报告收悉,经研究,答复如下:

据你院报告称:中国外运武汉公司(下称武汉公司)与香港德仓运输股份有限公司(下称香港公司)合资成立的武汉货柜有限公司(下称货柜公司),于1989年3月7日至8日曾召开董事会议,决定将注册资金由原来的110万美元增加到180万美元。1993年1月4日又以董事会议对合资双方同意将注册资金增加到240万美元的《合议书》予以认可。事后,货柜公司均依规定向有关审批机构和国家工商行政管理局办理了批准、变更手续。因此,应当确认货柜公司的注册资金已变更为240万美元,尚未到位的资金应由出资人予以补足。货柜公司被申请破产后,武汉公司作为货柜公司的债权人同货柜公司的其他债权人享有平等的权利。为保护其他债权人的合法权益,武汉公司对货柜公司享有的破产债权不能与该公司对货柜公司未出足的注册资金相抵销。

关于佛山市中级人民法院受理经济合同纠纷案件与青岛市中级人民法院受理破产案件工作协调问题的复函

[1990年10月6日　法(经)函〔1990〕70号]

广东省高级人民法院：

你院(90)粤法经请字第2号关于佛山市中级人民法院受理经济合同纠纷案件与青岛市中级人民法院受理破产案件工作协调问题的请示收悉。经研究,答复如下：

一、依照《中华人民共和国企业破产法(试行)》第三条之规定,确定企业是否达到破产界限,并不以"连带清偿责任人清偿后仍资不抵债"为前提条件。

二、广东省佛山市石湾区对外贸易公司所享有的债权是有保证人担保的债权,而不是以债务人的财产担保的债权,因而仍然属于普通的债权。

三、佛山市中级人民法院如已审结佛山市石湾区对外贸易公司诉山东省胶州市第二棉纺织厂等单位联营合同投资纠纷一案,债权人可凭生效的法律文书向青岛市中级人民法院申报债权。

四、破产程序终结后,佛山市石湾区对外贸易公司可向依法应当承担连带责任的保证人追偿其未得到清偿的债权部分。

此复。

四、各部委规范性文件

财政部企业破产清算有关会计处理规定

(2016年12月20日公布并实施 财会〔2016〕23号)

第一章 总 则

第一条 为规范企业破产清算的会计处理,向人民法院和债权人会议等提供企业破产清算期间的相关财务信息,根据《中华人民共和国会计法》、《中华人民共和国企业破产法》(以下简称破产法)及其相关规定,制定本规定。

第二条 本规定适用于经法院宣告破产处于破产清算期间的企业法人(以下简称破产企业)。

第二章 编制基础和计量属性

第三条 破产企业会计确认、计量和报告以非持续经营为前提。

第四条 企业经法院宣告破产的,应当按照法院或债权人会议要求的时点(包括破产宣告日、债权人会议确定的编报日、破产终结申请日等,以下简称破产报表日)编制清算财务报表,并由破产管理人签章。

第五条 破产企业在破产清算期间的资产应当以破产资产清算净值计量。本规定所称的资产,是指破产法规定的债务人(破产企业)财产。

破产资产清算净值,是指在破产清算的特定环境下和规定时限内,最可能的变现价值扣除相关的处置税费后的净额。最可能的变现价值应当为公开拍卖的变现价值,但是债权人会议另有决议或国家规定不能拍卖或限制转让的资产除外;债权人会议另有决议的,最可能的变现价值应当为其决议的处置方式下的变现价值;按照国家规定不能拍卖或限制转让的,应当将按照国家规定的方式处理后的所得作为变现价值。

第六条 破产企业在破产清算期间的负债应当以破产债务清偿价值计量。

破产债务清偿价值,是指在不考虑破产企业的实际清偿能力和折现等因素的情况下,破产企业按照相关法律规定或合同约定应当偿付的金额。

第三章 确认和计量

第七条 破产企业被法院宣告破产的,应当按照破产资产清算净值对破产宣告日的资产进行初始确认计量;按照破产债务清偿价值对破产宣告日的负债进行初始确认计量;相关差额直接计入清算净值。

第八条 破产企业在破产清算期间的资产,应当按照破产资产清算净值进行后续计量,负债按照破产债务清偿价值进行后续计量。破产企业应当按照破产报表日的破产资产清算净值和破产债务清偿价值,对资产和负债的账面价值分别进行调整,差额计入清算损益。

第九条 破产清算期间发生资产处置的,破产企业应当终止确认相关被处置资产,并将处置所得金额与被处置资产的账面价值的差额扣除直接相关的处置费用后,计入清算损益。

破产清算期间发生债务清偿的,破产企业应当按照偿付金额,终止确认相应部分的负债。在偿付义务完全解除时,破产企业应当终止确认该负债的剩余账面价值,同时确认清算损益。

第十条 破产清算期间发生各项费用、取得各项收益应当直接计入清算损益。

第十一条 在破产清算期间,破产企业按照税法规定需缴纳企业所得税的,应当计算所得税费用,并将其计入清算损益。所得税费用应当仅反映破产企业当期应交的所得税。

第十二条 破产企业因盘盈、追回等方式在破产清算期间取得的资产,应当按照取得时的破产资产清算净值进行初始确认计量,初始确认计量的账面价值与取得该资产的成本之间存在差额的,该差额应当计入清算损益。

第十三条 破产企业在破产清算期间新承担的债务,应当按照破产债务清偿价值进行初始确认计量,并计入清算损益。

第四章 清算财务报表的列报

第十四条 破产企业应当按照本规定编制清算财务报表,向法院、债权人会议等报表使用者反映破产企业在破产清算过程中的财务状况、清算损益、现金流量变动和债务偿付状况。

第十五条 破产企业的财务报表包括清算资产负债表、清算损益表、清算现金流量表、债务清偿表及相关附注。

法院宣告企业破产的,破产企业应当以破产宣告日为破产报表日编制清算资产负债表及相关附注。

法院或债权人会议等要求提供清算财务报表的,破产企业应当根据其要求提供清算财务报表的时点确定破产报表日，编制清算资产负债表、清算损益表、清算现金流量表、债务清偿表及相关附注。

向法院申请裁定破产终结的，破产企业应当编制清算损益表、债务清偿表及相关附注。

第十六条　清算资产负债表反映破产企业在破产报表日资产的破产资产清算净值，以及负债的破产债务清偿价值。

资产项目和负债项目的差额在清算资产负债表中作为清算净值列示。

第十七条　清算损益表反映破产企业在破产清算期间发生的各项收益、费用。清算损益表至少应当单独列示反映下列信息的项目：资产处置净收益（损失）、债务清偿净收益（损失）、破产资产和负债净值变动净收益（损失）、破产费用、共益债务支出、所得税费用等。

第十八条　清算现金流量表反映破产企业在破产清算期间货币资金余额的变动情况。清算现金流量表应当采用直接法编制，至少应当单独列示反映下列信息的项目：处置资产收到的现金净额、清偿债务支付的现金、支付破产费用的现金、支付共益债务支出的现金、支付所得税的现金等。

第十九条　债务清偿表反映破产企业在破产清算期间发生的债务清偿情况。债务清偿表应当根据破产法规定的债务清偿顺序，按照各项债务的明细单独列示。债务清偿表中列示的各项债务至少应当反映其确认金额、清偿比例、实际需清偿金额、已清偿金额、尚未清偿金额等信息。

第二十条　破产企业应当在清算财务报表附注中披露下列信息：

（一）破产资产明细信息；

（二）破产管理人依法追回的账外资产明细信息；

（三）破产管理人依法取回的质物和留置物的明细信息；

（四）未经法院确认的债务的明细信息；

（五）应付职工薪酬的明细信息；

（六）期末货币资金余额中已经提存用于向特定债权人分配或向国家缴纳税款的金额；

（七）资产处置损益的明细信息，包括资产性质、处置收入、处置费用及处置净收益；

（八）破产费用的明细信息，包括费用性质、金额等；

（九）共益债务支出的明细信息，包括具体项目、金额等。

第五章　附　　则

第二十一条　在本规定施行之后经法院宣告破产的企业，应当按照本规定进行会计处理。

第二十二条 本规定自发布之日起施行。《国有企业试行破产有关会计处理问题暂行规定》(财会字〔1997〕28号)同时废止。

附:1. 会计科目使用说明及账务处理

2. 破产企业清算财务报表及其附注

附1:

会计科目使用说明及账务处理

一、科目设置

破产企业的会计档案等财务资料经法院裁定由破产管理人接管的,应当在企业被法院宣告破产后,可以比照原有资产、负债类会计科目,根据实际情况设置相关科目,并增设相关负债类、清算净值类和清算损益类等会计科目。破产企业还可以根据实际需要,在一级科目下自行设置明细科目。

(一)负债类科目设置。

1. "应付破产费用"科目,本科目核算破产企业在破产清算期间发生的破产法规定的各类破产费用。

2. "应付共益债务"科目,本科目核算破产企业在破产清算期间发生的破产法规定的各类共益债务。

共益债务,是指在人民法院受理破产申请后,为全体债权人的共同利益而管理、变卖和分配破产财产而负担的债务,主要包括因管理人或者债务人(破产企业,下同)请求对方当事人履行双方均未履行完毕的合同所产生的债务、债务人财产受无因管理所产生的债务、因债务人不当得利所产生的债务、为债务人继续营业而应当支付的劳动报酬和社会保险费用以及由此产生的其他债务、管理人或者相关人员执行职务致人损害所产生的债务以及债务人财产致人损害所产生的债务。

(二)清算净值类科目设置。

"清算净值"科目,本科目核算破产企业在破产报表日结转的清算净损益科目余额。破产企业资产与负债的差额,也在本科目核算。

(三)清算损益类科目设置。

1. "资产处置净损益"科目,本科目核算破产企业在破产清算期间处置破产资产产生的、扣除相关处置费用后的净损益。

2. "债务清偿净损益"科目,本科目核算破产企业在破产清算期间清偿债务产生的净损益。

3. "破产资产和负债净值变动净损益"科目,本科目核算破产企业在破产清算期间按照破产资产清算净值调整资产账面价值,以及按照破产债务清偿价值调整负债账面价值产生的净损益。

4.“其他收益”科目,本科目核算除资产处置、债务清偿以外,在破产清算期间发生的其他收益。

5.“破产费用”科目,本科目核算破产企业破产清算期间发生的破产法规定的各项破产费用,主要包括破产案件的诉讼费用,管理、变价和分配债务人资产的费用,管理人执行职务的费用、报酬和聘用工作人员的费用。本科目应按发生的费用项目设置明细账。

6.“共益债务支出”科目,本科目核算破产企业破产清算期间发生的破产法规定的共益债务相关的各项支出。

7.“其他费用”科目,本科目核算破产企业破产清算期间发生的除破产费用和共益债务支出之外的各项其他费用。

8.“所得税费用”科目,本科目核算破产企业破产清算期间发生的企业所得税费用。

9.“清算净损益”科目,本科目核算破产企业破产清算期间结转的上述各类清算损益科目余额。

破产企业可根据具体情况增设、减少或合并某些会计科目。

二、账务处理

(一)破产宣告日余额结转。

法院宣告企业破产时,应当根据破产企业移交的科目余额表,将部分会计科目的相关余额转入以下新科目,并编制新的科目余额表。

1.原“应付账款”、“其他应付款”等科目中属于破产法所规定的破产费用的余额,转入“应付破产费用”科目。

2.原“应付账款”、“其他应付款”等科目中属于破产法所规定的共益债务的余额,转入“应付共益债务”科目。

3.原“商誉”、“长期待摊费用”、“递延所得税资产”、“递延所得税负债”、“递延收益”、“股本”、“资本公积”、“盈余公积”、“其他综合收益”、“未分配利润”等科目的余额,转入“清算净值”科目。

(二)破产宣告日余额调整。

1.关于各类资产。破产企业应当对拥有的各类资产(包括原账面价值为零的已提足折旧的固定资产、已摊销完毕的无形资产等)登记造册,估计其破产资产清算净值,按照其破产资产清算净值对各资产科目余额进行调整,并相应调整“清算净值”科目。

2.关于各类负债。破产企业应当对各类负债进行核查,按照第六条规定对各负债科目余额进行调整,并相应调整“清算净值”科目。

(三)处置破产资产。

1. 破产企业收回应收票据、应收款项类债权、应收款项类投资,按照收回的款项,借记“现金”、“银行存款”等科目,按照应收款项类债权或应收款项类投资的账面价值,贷记相关资产科目,按其差额,借记或贷记“资产处置净损益”科目。

2. 破产企业出售各类投资,按照收到的款项,借记“现金”、“银行存款”等科目,按照相关投资的账面价值,贷记相关资产科目,按其差额,借记或贷记“资产处置净损益”科目。

3. 破产企业出售存货、投资性房地产、固定资产及在建工程等实物资产,按照收到的款项,借记“现金”、“银行存款”等科目,按照实物资产的账面价值,贷记相关资产科目,按应当缴纳的税费贷记“应交税费”科目,按上述各科目发生额的差额,借记或贷记“资产处置净损益”科目。

4. 破产企业出售无形资产,按照收到的款项,借记“现金”、“银行存款”等科目,按照无形资产的账面价值,贷记“无形资产”科目,按应当缴纳的税费贷记“应交税费”科目,按上述各科目发生额的差额,借记或贷记“资产处置净损益”科目。

5. 破产企业的划拨土地使用权被国家收回,国家给予一定补偿的,按照收到的补偿金额,借记“现金”、“银行存款”等科目,贷记“其他收益”科目。

6. 破产企业处置破产资产发生的各类评估、变价、拍卖等费用,按照发生的金额,借记“破产费用”科目,贷记“现金”、“银行存款”、“应付破产费用”等科目。

(四)清偿债务。

1. 破产企业清偿破产费用和共益债务,按照相关已确认负债的账面价值,借记“应付破产费用”、“应付共益债务”等科目,按照实际支付的金额,贷记“现金”、“银行存款”等科目,按其差额,借记或贷记“破产费用”、“共益债务支出”科目。

2. 破产企业按照经批准的职工安置方案,支付的所欠职工的工资和医疗、伤残补助、抚恤费用,应当划入职工个人账户的基本养老保险、基本医疗保险费用和其他社会保险费用,以及法律、行政法规规定应当支付给职工的补偿金,按照相关账面价值借记“应付职工薪酬”等科目,按照实际支付的金额,贷记“现金”、“银行存款”等科目,按其差额,借记或贷记“债务清偿净损益”科目。

3. 破产企业支付所欠税款,按照相关账面价值,借记“应交税费”等科目,按照实际支付的金额,贷记“现金”、“银行存款”等科目,按其差额,借记或贷记“债务清偿净损益”科目。

4. 破产企业清偿破产债务,按照实际支付的金额,借记相关债务科目,贷记“现金”、“银行存款”等科目。

破产企业以非货币性资产清偿债务的,按照清偿的价值借记相关负债科目,按照非货币性资产的账面价值,贷记相关资产科目,按其差额,借记或贷记“债务清偿净损益”科目。

债权人依法行使抵销权的，按照经法院确认的抵销金额，借记相关负债科目，贷记相关资产科目，按其差额，借记或贷记“债务清偿净损益”科目。

（五）其他账务处理。

1. 在破产清算期间通过清查、盘点等方式取得的未入账资产，应当按照取得日的破产资产清算净值，借记相关资产科目，贷记“其他收益”科目。

2. 在破产清算期间通过债权人申报发现的未入账债务，应当按照破产债务清偿价值确定计量金额，借记“其他费用”科目，贷记相关负债科目。

3. 在编制破产清算期间的财务报表时，应当对所有资产项目按其于破产报表日的破产资产清算净值重新计量，借记或贷记相关资产科目，贷记或借记“破产资产和负债净值变动净损益”科目；应当对所有负债项目按照破产债务清偿价值重新计量，借记或贷记相关负债科目，贷记或借记“破产资产和负债净值变动净损益”科目。

4. 破产企业在破产清算期间，作为买入方继续履行尚未履行完毕的合同的，按照收到的资产的破产资产清算净值，借记相关资产科目，按照相应的增值税进项税额，借记“应交税费”科目，按照应支付或已支付的款项，贷记“现金”、“银行存款”、“应付共益债务”或“预付款项”等科目，按照上述各科目的差额，借记“其他费用”或贷记“其他收益”科目；企业作为卖出方继续履行尚未履行完毕的合同的，按照应收或已收的金额，借记“现金”、“银行存款”、“应收账款”等科目，按照转让的资产账面价值，贷记相关资产科目，按照应缴纳相关税费，贷记“应交税费”科目，按照上述各科目的差额，借记“其他费用”科目或贷记“其他收益”科目。

5. 破产企业发生破产法第四章相关事实，破产管理人依法追回相关破产资产的，按照追回资产的破产资产清算净值，借记相关资产科目，贷记“其他收益”科目。

6. 破产企业收到的利息、股利、租金等孳息，借记“现金”、“银行存款”等科目，贷记“其他收益”科目。

7. 破产企业在破产清算终结日，剩余破产债务不再清偿的，按照其账面价值，借记相关负债科目，贷记“其他收益”科目。

8. 在编制破产清算期间的财务报表时，有已实现的应纳税所得额的，考虑可以抵扣的金额后，应当据此提存应交所得税，借记“所得税费用”科目、贷记“应交税费”科目。

9. 在编制破产清算期间的财务报表时，应当将“资产处置净损益”、“债务清偿净损益”、“破产资产和负债净值变动净损益”、“其他收益”、“破产费用”、“共益债务支出”、“其他费用”、“所得税费用”科目结转至“清算净损益”科目，并将“清算净损益”科目余额转入“清算净值”科目。

附 2：

破产企业清算财务报表及其附注

一、清算资产负债表及其附注

清算资产负债表

会清 01 表

编制单位：　　　　__年__月__日　　　　单位：元

资产	行次	期末数	负债及清算净值	行次	期末数
货币资金			负债：		
应收票据			借款		
应收账款			应付票据		
其他应收款			应付账款		
预付款项			预收款项		
存货			其他应付款		
金融资产投资			应付债券		
长期股权投资			应付破产费用		
投资性房地产			应付共益债务		
固定资产			应付职工薪酬		
在建工程			应交税费		
无形资产			……		
……					
资产总计			负债合计		
			清算净值：		
			清算净值		
			负债及清算净值总计		

本表反映破产企业在破产报表日关于资产、负债、清算净值及其相互关系的信息。

本表列示的项目不区分流动和非流动，其中，“应收账款”或“其他应收款”项目，应分别根据“应收账款”或“其他应收款”的科目余额填列，同时，“长期应收款”科目余额也在上述两项目中分析填列；“借款”项目，应根据“短期借款”和“长期借款”科目余额合计数填列；“应付账款”或“其他应付款”项目，应分别根据“应付账款”、“其他应付款”的科目余额填列，同时，“长期应付款”科目余额也在该项目中分析填列；“金融资产投资”项目，应根据“以公允价值计量且其变动计入当期损益的金融资产”、“持有至到期投资”和“可供出售金融资产”的科目余额合计数填列。

本表的“清算净值”项目反映破产企业于破产报表日的清算净值。本项目应根据“清算净值”科目余额填列。

破产企业应当在破产资产负债表附注中，区分是否用作担保，分别披露破产资产明细信息。

破产企业应当在破产资产负债表附注中，披露依法追回的账外资产、取回的质物和留置物等明细信息，如追回或取回有关资产的时间、有关资产的名称、破产资产清算净值等。

破产企业应当在破产资产负债表附注中，分别披露经法院确认以及未经法院确认的债务的明细信息，如债务项目名称以及有关金额等。

破产企业应当在破产资产负债表附注中，披露应付职工薪酬的明细信息，如所欠职工的工资和医疗、伤残补助、抚恤费用，所欠的应当划入职工个人账户的基本养老保险、基本医疗保险费用，以及法律、行政法规规定应当支付给职工的补偿金。

二、清算损益表及其附注

清算损益表

会清 02 表

编制单位：　　　　　　＿年＿月＿日至＿年＿月＿日　　　　　　单位：元

项目	行次	本期数	累计数
一、清算收益（清算损失以“-”号表示）			
（一）资产处置净收益（净损失以“-”号表示）			
（二）债务清偿净收益（净损失以“-”号表示）			
（三）破产资产和负债净值变动净收益（净损失以“-”号表示）			
（四）其他收益			
小　　计			
二、清算费用			
（一）破产费用（以“-”号表示）			
（二）共益债务支出（以“-”号表示）			
（三）其他费用（以“-”号表示）			
（四）所得税费用（以“-”号表示）			
小　　计			
三、清算净收益（清算净损失以“-”号表示）			

本表反映破产企业在清算期间发生的各项收益、费用。本期数反映破产企业从上一破产报表日至本破产报表日期间有关项目的发生额，累计数反映破产企业

从被法院宣告破产之日至本破产报表日期间有关项目的发生额。

"资产处置净收益"项目,根据"资产处置净损益"科目的发生额填列,如为净损失以"-"号表示。

"债务清偿净收益"项目,根据"债务清偿净损益"科目的发生额填列,如为净损失以"-"号表示。

"破产资产和负债净值变动净收益"项目,根据"破产资产和负债净值变动净损益"科目的发生额填列,如为净损失以"-"号表示。

"清算净收益"项目,根据"清算净损益"科目的发生额填列,如为清算净损失以"-"号表示。"清算净收益"项目金额应当为"清算收益"与"清算费用"之和。

破产企业应当在清算损益表附注中,披露资产处置损益的明细信息,包括资产性质、处置收入、处置费用及处置净收益。

破产企业应当在清算损益表附注中,披露破产费用的明细信息,包括费用性质、金额等。

破产企业应当在清算损益表附注中,披露共益债务支出的明细信息,包括具体项目、金额等。

三、清算现金流量表及其附注

清算现金流量表

会清 03 表

编制单位:　　　　__年__月__日至__年__月__日　　　　单位:元

项目	行次	本期数	累计数
一、期初货币资金余额			
二、清算现金流入			
(一)处置资产收到的现金净额			
(二)收到的其他现金			
清算现金流入小计			
三、清算现金流出			
(一)清偿债务支付的现金			
(二)支付破产费用的现金			
(三)支付共益债务的现金			
(四)支付所得税费用的现金			
(五)支付的其他现金			
清算现金流出小计			
四、期末货币资金余额			

清算现金流量表反映破产企业在破产清算期间货币资金余额的变动情况,本表应当根据货币资金科目的变动额分析填列。本期数反映破产企业从上一破产报

表日至本破产报表日期间有关项目的发生额，累计数反映破产企业从被法院宣告破产之日至本破产报表日期间有关项目的发生额。

破产企业应当在清算现金流量表附注中，披露期末货币资金余额中已经提存用于向特定债权人分配或向国家缴纳税款的金额。

四、债务清偿表

债务清偿表

会清 04 表

编制单位：　　　　　　　　　　　　＿年＿月＿日　　　　　　　　　　　　单位：元

债务项目	行次	期末数	经法院确认债务的金额	清偿比例	实际需清偿金额	已清偿金额	尚未清偿金额
					=②×③		=④-⑤
有担保的债务：				×			
××银行×				×			
××企业×				×			
……				×			
小计×							
普通债务：							
第一顺序：劳动债务							
其中：应付职工薪酬							
……							
……							
第二顺序：国家税款债务							
其中：应交税费							
……							
……							
第三顺序：普通债务							
其中：借款							
——××银行							
——××企业							
应付债务工具							
——××银行							
——××企业							
应付票据							
应付款项							
——××银行							
——××企业							
小计				×			
合计				×			

本表反映破产企业债务清偿情况。

本表应按有担保的债务和普通债务分类设项。

期末数为负债按照破产债务清偿价值确定的金额。

经法院确认的债务金额为经债权人申报并由法院确认的金额;未经确认的债务,无需填写该金额。

清偿比例为根据破产法的规定,当破产资产不足以清偿同一顺序的清偿要求时,按比例进行分配时所采用的比例。

财政部、国家税务总局关于继续支持企业事业单位改制重组有关契税政策的通知

(财税〔2018〕17号　2018年1月1日施行)

各省、自治区、直辖市、计划单列市财政厅(局)、地方税务局,西藏、宁夏、青海省(自治区)国家税务局,新疆生产建设兵团财政局:

为贯彻落实《国务院关于进一步优化企业兼并重组市场环境的意见》(国发〔2014〕14号),继续支持企业、事业单位改制重组,现就企业、事业单位改制重组涉及的契税政策通知如下:

一、企业改制

企业按照《中华人民共和国公司法》有关规定整体改制,包括非公司制企业改制为有限责任公司或股份有限公司,有限责任公司变更为股份有限公司,股份有限公司变更为有限责任公司,原企业投资主体存续并在改制(变更)后的公司中所持股权(股份)比例超过75%,且改制(变更)后公司承继原企业权利、义务的,对改制(变更)后公司承受原企业土地、房屋权属,免征契税。

二、事业单位改制

事业单位按照国家有关规定改制为企业,原投资主体存续并在改制后企业中出资(股权、股份)比例超过50%的,对改制后企业承受原事业单位土地、房屋权属,免征契税。

三、公司合并

两个或两个以上的公司,依照法律规定、合同约定,合并为一个公司,且原投资主体存续的,对合并后公司承受原合并各方土地、房屋权属,免征契税。

四、公司分立

公司依照法律规定、合同约定分立为两个或两个以上与原公司投资主体相同

的公司，对分立后公司承受原公司土地、房屋权属，免征契税。

五、企业破产

企业依照有关法律法规规定实施破产，债权人（包括破产企业职工）承受破产企业抵偿债务的土地、房屋权属，免征契税；对非债权人承受破产企业土地、房屋权属，凡按照《中华人民共和国劳动法》等国家有关法律法规政策妥善安置原企业全部职工规定，与原企业全部职工签订服务年限不少于三年的劳动用工合同的，对其承受所购企业土地、房屋权属，免征契税；与原企业超过30%的职工签订服务年限不少于三年的劳动用工合同的，减半征收契税。

六、资产划转

对承受县级以上人民政府或国有资产管理部门按规定进行行政性调整、划转国有土地、房屋权属的单位，免征契税。

同一投资主体内部所属企业之间土地、房屋权属的划转，包括母公司与其全资子公司之间，同一公司所属全资子公司之间，同一自然人与其设立的个人独资企业、一人有限公司之间土地、房屋权属的划转，免征契税。

母公司以土地、房屋权属向其全资子公司增资，视同划转，免征契税。

七、债权转股权

经国务院批准实施债权转股权的企业，对债权转股权后新设立的公司承受原企业的土地、房屋权属，免征契税。

八、划拨用地出让或作价出资

以出让方式或国家作价出资（入股）方式承受原改制重组企业、事业单位划拨用地的，不属上述规定的免税范围，对承受方应按规定征收契税。

九、公司股权（股份）转让

在股权（股份）转让中，单位、个人承受公司股权（股份），公司土地、房屋权属不发生转移，不征收契税。

十、有关用语含义

本通知所称企业、公司，是指依照我国有关法律法规设立并在中国境内注册的企业、公司。

本通知所称投资主体存续，是指原企业、事业单位的出资人必须存在于改制重组后的企业，出资人的出资比例可以发生变动；投资主体相同，是指公司分立前后出资人不发生变动，出资人的出资比例可以发生变动。

本通知自2018年1月1日起至2020年12月31日执行。本通知发布前，企业、事业单位改制重组过程中涉及的契税尚未处理的，符合本通知规定的可按本通知执行。

国家工商行政管理总局关于全面推进企业简易注销登记改革的指导意见

(2016年12月26日公布并实施　工商企注字〔2016〕253号)

各省、自治区、直辖市工商行政管理局、市场监督管理部门:

为进一步深化商事制度改革,完善市场主体退出机制,根据《国务院关于促进市场公平竞争维护市场正常秩序的若干意见》(国发〔2014〕20号)、《国务院关于印发2016年推进简政放权放管结合优化服务改革工作要点的通知》(国发〔2016〕30号),自2017年3月1日起,在全国范围内全面实行企业简易注销登记改革。现就推进企业简易注销登记改革,实现市场主体退出便利化,提出如下意见:

一、持续深化商事制度改革,充分认识推进企业简易注销登记改革的重大意义

深化商事制度改革,是党中央、国务院作出的重大决策,是在新形势下全面深化改革的重大举措。2014年3月1日以来,注册资本登记制度改革在全国范围内全面实施。通过改革,还权于市场、还权于市场主体,大幅度降低了企业设立门槛,极大地激发了市场活力和社会投资热情,市场主体数量快速增长。市场准入高效便捷的同时,退出渠道仍然不畅。根据现行法律规定,注销企业程序复杂、耗时较长,一定程度上影响了市场机制效率。

2015年以来,一些地方开展了企业简易注销登记改革试点,让真正有退出需求、债务关系清晰的企业快捷便利退出市场,重新整合资源,享受到商事制度改革的红利。企业简易注销登记有助于提升市场退出效率,提高社会资源利用效率;有助于降低市场主体退出成本,对于进一步提高政府效能,优化营商环境,持续激发市场活力,释放改革红利具有重要意义。

各地要充分认识全面推进企业简易注销登记改革的重大意义,在坚持"便捷高效、公开透明、控制风险"的基本原则基础上,对未开业企业和无债权债务企业实行简易注销登记程序。要兼顾依法行政和改革创新,按照条件适当、程序简约的要求,创新登记方式,提高登记效率;公开办理企业简易注销登记的申请条件、登记程序、审查要求和审查期限,优化登记流程;强化企业的诚信义务和法律责任,加强社会监督,保障交易安全,维护公平竞争的市场秩序。

二、规范简易注销行为,为企业提供便捷高效的市场退出服务

(一)明确适用范围,尊重企业自主权。

贯彻加快转变政府职能和简政放权改革要求,充分尊重企业自主权和自治权,

对领取营业执照后未开展经营活动(以下称未开业)、申请注销登记前未发生债权债务或已将债权债务清算完结(以下称无债权债务)的有限责任公司、非公司企业法人、个人独资企业、合伙企业,由其自主选择适用一般注销程序或简易注销程序。

企业有下列情形之一的,不适用简易注销程序:涉及国家规定实施准入特别管理措施的外商投资企业;被列入企业经营异常名录或严重违法失信企业名单的;存在股权(投资权益)被冻结、出质或动产抵押等情形;有正在被立案调查或采取行政强制、司法协助、被予以行政处罚等情形的;企业所属的非法人分支机构未办理注销登记的;曾被终止简易注销程序的;法律、行政法规或者国务院决定规定在注销登记前需经批准的;不适用企业简易注销登记的其他情形。

人民法院裁定强制清算或裁定宣告破产的,有关企业清算组、企业管理人可持人民法院终结强制清算程序的裁定或终结破产程序的裁定,向被强制清算人或破产人的原登记机关申请办理简易注销登记。

(二)简化登记程序,提高登记效率。

企业申请简易注销登记应当先通过国家企业信用信息公示系统《简易注销公告》专栏主动向社会公告拟申请简易注销登记及全体投资人承诺等信息(强制清算终结和破产程序终结的企业除外),公告期为 45 日。登记机关应当同时通过国家企业信用信息公示系统将企业拟申请简易注销登记的相关信息推送至同级税务、人力资源和社会保障等部门,涉及外商投资企业的还要推送至同级商务主管部门。公告期内,有关利害关系人及相关政府部门可以通过国家企业信用信息公示系统《简易注销公告》专栏“异议留言”功能提出异议并简要陈述理由。公告期满后,企业方可向企业登记机关提出简易注销登记申请。

简化企业需要提交的申请材料。将全体投资人作出解散的决议(决定)、成立清算组、经其确认的清算报告等文书合并简化为全体投资人签署的包含全体投资人决定企业解散注销、组织并完成清算工作等内容的《全体投资人承诺书》(见附件 1)。企业在申请简易注销登记时只需要提交《申请书》《指定代表或者共同委托代理人授权委托书》《全体投资人承诺书》(强制清算终结的企业提交人民法院终结强制清算程序的裁定,破产程序终结的企业提交人民法院终结破产程序的裁定)、营业执照正、副本即可,不再提交清算报告、投资人决议、清税证明、清算组备案证明、刊登公告的报纸样张等材料[企业登记申请文书规范和企业登记提交材料规范(2015 年版)已相应修订](见附件 2)。

登记机关在收到申请后,应当对申请材料进行形式审查,也可利用国家企业信用信息公示系统对申请简易注销登记企业进行检索检查,对于不适用简易注销登记限制条件的申请,书面(电子或其他方式)告知申请人不符合简易注销条件;对于公告期内被提出异议的企业,登记机关应当在 3 个工作日内依法作出不予简易注销登记的决定;对于公告期内未被提出异议的企业,登记机关应当在3个工作日内依法作出准予简易注销登记的决定。

(三)明晰各方责任,保护合法权利。

企业应当对其公告的拟申请简易注销登记和全体投资人承诺、向登记机关提交材料的真实性、合法性负责。《全体投资人承诺书》是实施监督管理的依据。企业在简易注销登记中隐瞒真实情况、弄虚作假的,登记机关可以依法做出撤销注销登记等处理,在恢复企业主体资格的同时将该企业列入严重违法失信企业名单,并通过国家企业信用信息公示系统公示,有关利害关系人可以通过民事诉讼主张其相应权利。

对恶意利用企业简易注销程序逃避债务或侵害他人合法权利的,有关利害关系人可以通过民事诉讼,向投资人主张其相应民事责任,投资人违反法律、法规规定,构成犯罪的,依法追究刑事责任。

三、加强组织保障,确保企业简易注销登记改革各项工作的有序开展

(一)加强组织领导。

各地要切实加强组织领导,周密安排部署,明确职责分工,注重加强与法院、检察、人力资源和社会保障、商务、税务等部门信息沟通,做好工作衔接,确保改革各项举措的有序开展、落地生根。

(二)完善制度措施。

已经开展企业简易注销登记改革试点的地方,要做好改革举措实施评估和跟踪调查工作,在本指导意见框架下及时调整完善相关制度措施和工作流程。尚未开展试点的地方,要认真按照指导意见要求制定企业简易注销登记内部工作制度和工作流程,编制企业简易注销登记告知单、办事指南等材料。

(三)强化实施保障。

各地要依托现代信息技术,及时改造升级企业登记业务系统软件,增加企业简易注销登记和简易注销登记限制条件的自动提示功能,完善国家企业信用信息公示系统相应功能,做好与有关部门的信息共享工作,切实强化实行企业简易注销登记的网络运行环境、办公设备、经办人员以及经费等保障工作。

(四)开展业务培训。

各地要有组织、有计划、分步骤开展对相关人员的业务培训,帮助相关人员深入理解企业简易注销登记的意义,全面掌握有关改革具体规定、材料规范、内部工作流程,熟练操作登记软件,为改革的全面实施打好基础。

(五)注重宣传引导。

各地要充分利用广播、电视、报刊、网络等各种媒介做好企业简易注销登记改革的宣传解读,提高政策知晓度和社会参与度。引导公众全面了解自主选择企业

简易注销登记带来的便利和对应的责任，及时解答和回应社会关注的热点问题，努力营造全社会理解改革、支持改革、参与改革的良好氛围。

请各地按照《企业简易注销登记改革信息化技术方案》（随后下发）做好国家企业信用信息公示系统和企业登记业务系统软件的改造升级，确保2017年3月1日起全面执行本指导意见。各地在实行企业简易注销登记改革中遇到的新情况、新问题，要注意收集汇总，及时上报总局企业注册局。

市场监管总局关于开展进一步完善企业简易注销登记改革试点工作的通知

（国市监注〔2018〕237号　2018年12月3日）

北京市、天津市、浙江省、安徽省、福建省、江西省、山东省、河南省、湖北省、湖南省、广东省、广西壮族自治区、海南省、四川省、重庆市、贵州省、陕西省市场监督管理部门：

为进一步深化商事制度改革，完善市场主体退出机制，根据《国务院办公厅关于印发全国深化"放管服"改革转变政府职能电视电话会议重点任务分工方案的通知》（国办发〔2018〕79号）要求，着力解决企业反映的简易注销登记适用范围有限、公告时间过长、登记流程容错率低等问题，市场监管总局决定在北京市、天津市宝坻区、浙江省杭州市和宁波市、安徽省芜湖市和蚌埠市、福建省泉州市、江西省赣州市和九江市、山东省济南市和日照市、河南自贸试验区、湖北自贸试验区（宜昌片区）和武汉市东湖新技术开发区、湖南省岳阳市、广东省广州市南沙区、深圳市、珠海市和东莞市、广西壮族自治区防城港市、海南省、四川省成都市和四川自贸试验区（川南临港片区）、重庆市大足区和沙坪坝区、贵州省贵阳市、陕西省咸阳市开展工作试点，进一步探索完善企业简易注销登记改革。现就有关事项通知如下：

一、坚持便捷高效、公开透明、控制风险的试点原则

试点工作要兼顾依法行政和改革创新，按照条件适当、程序简约的要求，创新登记方式，优化登记流程，提高注销登记效率，最大限度方便企业办事；公开办理企业简易注销登记的申请条件、登记程序、审查要求和审查期限，增强企业可预期性；坚持诚信推定、背信严惩，强化企业的诚信义务和法律责任，防范企业恶意利用简易注销登记程序逃避债务，损害债权人利益，切实保障交易安全。

二、进一步拓展企业简易注销登记适用范围

在原工商总局印发的《关于全面推进企业简易注销登记改革的指导意见》（工商企注字〔2016〕253号，以下简称《指导意见》）基础上，试点地区市场监管部门要进一步拓展企业简易注销登记适用范围,对领取营业执照后未开展经营活动、申请注销登记前未发生债权债务或已将债权债务清算完结的非上市股份有限公司、各类企业分支机构,适用企业简易注销登记程序。对符合上述条件的农民专业合作社及其分支机构,参照适用企业简易注销登记程序。

非上市股份有限公司申请简易注销登记的,只需提交《申请书》《指定代表或者共同委托代理人授权委托书》《全体发起人承诺书》和营业执照正、副本。各类企业分支机构申请简易注销登记的,只需提交《申请书》《指定代表或者共同委托代理人授权委托书》、企业盖章的《承诺书》和营业执照正、副本。

三、进一步压缩企业简易注销登记公告时间

试点地区要在《指导意见》基础上,将企业简易注销登记公告时间由45天(自然日)压缩为20天(自然日),公告期届满后30天(自然日)内,企业应当向登记机关申请注销登记。

试点地区要发挥先行先试优势,依托一体化政务服务平台,建立企业注销网上服务专区,企业自主选择适用普通注销程序或简易注销程序,通过推进部门间业务协同,实行各部门注销业务"信息共享、同步指引",实现企业注销"一网"服务,企业能够"一网"获知各环节流程、进度和结果,提升企业办事体验,提高企业注销办事效率。

四、建立企业简易注销容错机制

企业申请简易注销登记的,经登记机关审查存在"被列入企业经营异常名录"、"存在股权(投资权益)被冻结、出质或动产抵押等情形"、"企业所属的非法人分支机构未办注销登记的"等不适用简易注销程序的,待异常状态消失后,应当允许企业再次依程序申请简易注销登记。对于因承诺书文字、形式填写不规范的企业,登记机关在企业补正后予以受理其简易注销申请。

五、进一步加强与司法部门的工作衔接

试点地区市场监管部门要进一步加强与人民法院的沟通协作,对于人民法院裁定强制清算或裁定宣告破产的,有关企业可向登记机关申请办理简易注销登记,无需经过简易注销公告程序。对于企业提供虚假材料骗取简易注销登记的,有关利害关系人可以依据《最高人民法院关于适用〈公司法〉若干问题的规定(二)》的有关规定,申请人民法院维护自身合法权益。

六、切实加强改革试点工作的组织保障

各省(区、市)市场监管部门要加强统筹,做好对试点地区的工作指导,确保企业简易注销登记改革试点规范统一。试点地区要切实加强组织领导,周密安排部署,明确职责分工,注重加强与人民法院、人力资源社会保障、商务、税务等部门的沟通协调,做好工作衔接,确保各项改革举措的有序开展;要根据《指导意见》及本通知要求，研究制定改革试点的实施方案，及时调整完善细化相关制度措施和工作流程；要依托信息技术，完善国家企业信用信息公示系统相应功能，增加对办事企业的提醒服务功能等；要加强宣传引导，做好试点政策解读，引导企业根据实际需要选择注销方式。

各试点地区应于2019年1月底前正式启动试点。在推进企业简易注销登记改革试点工作中遇到的新情况、新问题，要注意收集汇总，及时上报市场监管总局登记注册局。

国家税务总局关于深化“放管服”改革更大力度推进优化税务注销办理程序工作的通知

（税总发〔2019〕64号 2019年7月1日）

国家税务总局各省、自治区、直辖市和计划单列市税务局，国家税务总局驻各地特派员办事处，局内各单位：

为进一步优化税务执法方式，改善税收营商环境，根据《全国税务系统深化“放管服”改革五年工作方案（2018年-2022年）》（税总发〔2018〕199号），在落实《国家税务总局关于进一步优化办理企业税务注销程序的通知》（税总发〔2018〕149号，以下简称《通知》）要求的基础上，现就更大力度推进优化税务注销办理程序有关事项通知如下：

一、进一步扩大即办范围

（一）符合《通知》第一条第一项规定情形，即未办理过涉税事宜的纳税人，主动到税务机关办理清税的，税务机关可根据纳税人提供的营业执照即时出具清税文书。

（二）符合《通知》第一条第二项规定情形，即办理过涉税事宜但未领用发票、无欠税（滞纳金）及罚款的纳税人，主动到税务机关办理清税，资料齐全的，税务机关即时出具清税文书；资料不齐的，可采取“承诺制”容缺办理，在其作出承诺后，即时出具清税文书。

（三）经人民法院裁定宣告破产的纳税人，持人民法院终结破产程序裁定书向税务机关申请税务注销的，税务机关即时出具清税文书，按照有关规定核销“死欠”。

二、进一步简化税务注销前业务办理流程

（一）处于非正常状态纳税人在办理税务注销前，需先解除非正常状态，补办纳税申报手续。符合以下情形的，税务机关可打印相应税种和相关附加的《批量零申报确认表》（见附件），经纳税人确认后，进行批量处理：

1. 非正常状态期间增值税、消费税和相关附加需补办的申报均为零申报的；

2. 非正常状态期间企业所得税月(季)度预缴需补办的申报均为零申报，且不存在弥补前期亏损情况的。

(二)纳税人办理税务注销前，无需向税务机关提出终止“委托扣款协议书”申请。税务机关办结税务注销后，委托扣款协议自动终止。

三、进一步减少证件、资料报送

对已实行实名办税的纳税人，免予提供以下证件、资料：

(一)《税务登记证》正(副)本、《临时税务登记证》正(副)本和《发票领用簿》；

(二)市场监督管理部门吊销营业执照决定原件(复印件)；

(三)上级主管部门批复文件或董事会决议原件(复印件)；

(四)项目完工证明、验收证明等相关文件原件(复印件)。

更大力度推进优化税务注销办理程序，是进一步贯彻落实党中央、国务院关于深化“放管服”改革、优化营商环境要求的重要举措。各地税务机关要高度重视，抓好落实，并严格按照法律、行政法规规定的程序和本通知要求办理相关事项。

本通知自2019年7月1日起执行。

附件：批量零申报确认表

批量零申报确认表

纳税人名称			
纳税人识别号(统一社会信用代码)		申报日期	
申报明细			
征收项目	征收品目	税款所属期起	税款所属期止
例：增值税	商业(3%)	2009年3月1日	2009年3月31日

续表

纳税人声明： 　　我单位在被税务机关认定为非正常状态期间未从事生产、经营活动，无相关纳税义务，自愿就上述申报明细向税务机关进行零申报，本人（单位）对填报内容的真实性、完整性、可靠性负责 。 经办人： 纳税人（盖章或签字）： 年　月　日

市场监管总局　海关总署　税务总局
关于发布《企业注销指引（2023 年修订）》
的公告

（2023 年 12 月 21 日）

一、企业退出市场基本程序

通常情况下，企业终止经营活动退出市场，需要经历决议解散、清算分配和注销登记三个主要过程。例如，按照《公司法》规定，公司正式终止前，须依法宣告解散、成立清算组进行清算、清理公司财产、清缴税款、清理债权债务、支付职工工资、社会保险费用等，待公司清算结束后，应制作清算报告并办理注销公司登记，公告公司终止。

二、企业注销事由

企业因解散、被宣告破产或者其他法定事由需要终止的，应当依法向登记机关申请注销登记。经登记机关注销登记，企业终止。企业注销依法须经批准的，应当经批准后向登记机关申请注销登记。

（一）解散。

1. 自愿解散。指基于公司股东会或者股东大会、非公司企业法人出资人（主管部门）、合伙企业合伙人、个人独资企业投资人、农民专业合作社（联合社）成员大会或者成员代表大会、个体工商户经营者，或者分支机构隶属企业（单位）的意愿进行解散。如公司解散情形包括：公司章程规定的营业期限届满或者公司章程规定的其他解散事由出现；股东会或者股东大会决议解散；因公司合并或者分立需要解散等。合伙企业解散情形包括：全体合伙人决定解散；合伙协议约定的解散事由出现;合伙期限届满,合伙人决定不再经营等。个人独资企业解散情形包括:投资人决定解散等。农民专业合作社(联合社)解散情形包括:成员大会决议解散;章程规定的解散事由出现等。

2. 强制解散。通常分为行政决定解散与人民法院判决解散。行政决定解散,包括依法被吊销营业执照、责令关闭或者被撤销。人民法院判决解散,按照《公司法》规定,因公司经营管理发生严重困难,继续存续会使股东利益受到重大损失,通过其他途径不能解决的,持有公司全部股东表决权百分之十以上的股东,请求人民法院解散公司的情形。

(二)破产。企业被宣告破产是指根据《企业破产法》等规定,企业不能清偿到期债务,并且资产不足以清偿全部债务或者明显缺乏清偿能力的,经人民法院审查属实,企业没有进行和解或重整,被人民法院宣告破产。

三、企业清算流程

依法开展清算是企业注销前的法定义务。《民法典》规定,法人解散的,除合并或者分立的情形外,清算义务人应当及时组成清算组进行清算。非法人组织解散的,应当依法进行清算。清算的重要内容是企业清理各类资产,清结各项债权债务。清算的目的在于保护债权人的利益、投资人的利益、企业的利益、职工的利益以及社会公共利益。法人的清算程序和清算组职权,依照有关法律的规定;没有规定的,参照适用公司法律的有关规定。

(一)成立清算组。《民法典》规定,法人的董事、理事等执行机构或者决策机构的成员为清算义务人。法律、行政法规另有规定的,依照其规定。清算义务人未及时履行清算义务,造成损害的,应当承担民事责任;主管机关或者利害关系人可以申请人民法院指定有关人员组成清算组进行清算。

1. 公司清算组。公司在解散事由出现之日起 15 日内成立清算组,负责清理公司的财产和债权债务。有限责任公司的清算组由公司股东组成,股份有限公司的清算组由董事或者股东大会确定的人员组成。逾期不成立清算组进行清算的,债权人、股东、董事或其他利害关系人可以申请人民法院指定有关人员组成清算组进行清算。清算组的选任在遵守法律法规强制性规定的同时,应充分尊重公司意愿,公司章程中可以预先确定清算组人员,也可以在章程中规定清算组成员选任的决议方式。对于章程中没有规定或者规定不明确的,股东会或者股东大会可以通过普通决议或者特别决议的方式选任清算组成员。有限责任公司清算组成员在公司股东中选任,既可以是全体股东,也可以是部分股东。股份有限公司清算组成员可以是全体董事,也可以是部分董事,或者由股东大会确定清算组成员。

清算组的选任,公司可以结合规模大小和清算事务工作量的多少,充分考虑能否便于公司清算的顺利进行和迅速完结,以及以较低清算成本完成清算事务。鼓励熟悉公司事务的内部人员以及具备审计、财会专业知识的机构、人员担任清算组成员。

清算组成员除可以为自然人外，也可以为法人或者其他组织；成员为法人或者其他组织的，应指派相关人员参与清算。一人有限责任公司的清算组成员，可以仅由该一人股东担任。清算组负责人由股东会或者股东大会在清算组成员中指定。

2. 非公司企业法人清算组。非公司企业法人可以由出资人（主管部门）自行或者组织有关人员进行清算。

3. 合伙企业清算人。合伙企业解散，应当由清算人进行清算。清算人由全体合伙人担任；经全体合伙人过半数同意，可以自合伙企业解散事由出现后十五日内指定一个或者数个合伙人，或者委托第三人，担任清算人。自合伙企业解散事由出现之日起十五日内未确定清算人的，合伙人或者其他利害关系人可以申请人民法院指定清算人。合伙企业的清算人可以为全部合伙人，经全体合伙人过半数同意，也可以为一个或者部分合伙人，或者为合伙人以外的第三人，也可以为合伙人与第三人共同组成清算人开展清算活动。

4. 个人独资企业清算人。个人独资企业解散，由投资人自行清算或者由债权人申请人民法院指定清算人进行清算。

5. 农民专业合作社（联合社）清算组。农民专业合作社（联合社）解散的，应当在解散事由出现之日起十五日内由成员大会推举成员组成清算组，开始解散清算。逾期不能组成清算组的，成员、债权人可以向人民法院申请指定成员组成清算组进行清算。

（二）清算组的职责。以公司为例，清算组在公司清算过程中，具有对内执行清算业务，对外代表清算中公司的职权。公司依法清算结束并办理注销登记前，有关公司的民事诉讼，应当以公司的名义进行。公司成立清算组的，由清算组负责人代表公司参加诉讼；尚未成立清算组的，由原法定代表人代表公司参加诉讼。

清算组所能执行的公司事务是以清算为目的的事务，而非所有事务。由于清算中的公司仍具有主体资格，清算组不能取代股东会、股东大会和监事会的职权，股东会、股东大会仍然是公司的权力机构，清算组应及时向股东会、股东大会报告清算进展情况，对清算组的选解任、清算方案的确认、清算报告的确认等公司的重大事项仍由股东会、股东大会决定。清算组的清算工作仍然受公司监督机构监事会的监督，监事会及时提醒和纠正清算组的不当和违规行为。

清算组成员应当忠于职守，依法履行清算义务。清算组成员不得利用职权收受贿赂或者其他非法收入，不得侵占公司财产。清算组成员因故意或者重大过失给公司或者债权人造成损失的，应当承担赔偿责任。其他经营主体的清算组（人）的地位参照公司清算组适用。

(三)发布清算组信息和债权人公告。清算组自成立之日起10日内,应通过国家企业信用信息公示系统公告清算组信息。同时,清算组应及时通知债权人,并于60日内通过国家企业信用信息公示系统免费向社会发布债权人公告,也可依法通过报纸发布,公告期为45日(个人独资企业无法通知债权人的,公告期为60日)。市场监管部门同步向税务部门共享清算组信息。

1. 发布清算组信息。依照相关法律法规,公司、合伙企业、农民专业合作社(联合社)需要依法公告清算组信息,非公司企业法人由主管部门、个人独资企业由投资人自行组织清算,无需公告清算组信息。

企业应通过国家企业信用信息公示系统公告清算组信息,主要包括:名称、统一社会信用代码/注册号、登记机关、清算组成立日期、注销原因、清算组办公地址、清算组联系电话、清算组成员(姓名/名称、证件类型/证照类型、证件号码/证照号码、联系电话、地址、是否为清算组负责人)等。

2. 发布债权人公告。(1)公司清算组应当自成立之日起十日内通知债权人,并于六十日内公告。债权人应当自接到通知书之日起三十日内,未接到通知书的自公告之日起四十五日内,向清算组申报其债权。(2)合伙企业清算人自被确定之日起十日内将合伙企业解散事项通知债权人,并于六十日内发布债权人公告。债权人应当自接到通知书之日起三十日内,未接到通知书的自公告之日起四十五日内,向清算人申报债权。(3)个人独资企业投资人自行清算的,应当在清算前十五日内书面通知债权人,无法通知的,应当发布债权人公告。债权人应当在接到通知之日起三十日内,未接到通知的应当在公告之日起六十日内,向投资人申报其债权。(4)农民专业合作社(联合社)清算组应当自成立之日起十日内通知农民专业合作社(联合社)成员和债权人,并于六十日内发布债权人公告。债权人应当自接到通知之日起三十日内,未接到通知的自公告之日起四十五日内,向清算组申报债权。(5)非公司企业法人发布债权人公告的,可通过报纸或国家企业信用信息公示系统发布。

债权人公告的信息主要包括:名称、统一社会信用代码/注册号、登记机关、公告期自、公告期至、公告内容、债权申报联系人、债权申报联系电话、债权申报地址。

(四)开展清算活动。清算组负责清理企业财产,分别编制资产负债表和财产清单;处理与清算有关的未了结的业务;结清职工工资;缴纳行政机关、司法机关的罚款和罚金;向海关和税务机关清缴所欠税款以及清算过程中产生的税款并办理相关手续,包括滞纳金、罚款、缴纳减免税货物提前解除海关监管需补缴税款以及提交相关需补办许可证件,办理企业所得税清算、办理土地增值税清算、结清出口退(免)税款、缴销发票和税控设备等;合伙企业、个人独资企业的清算所得应当视为年度生产经营所得,由投资者依法缴纳个人所得税;存在涉税违法行为的纳税人应当接受处罚,缴纳罚款;结清欠缴的社会保险费、滞纳金、罚款;清理债权、债务;处理企业清偿债务后的剩余财产;代表企业参加民事诉讼活动;办理分支机构注销登记;处理对外投资、股权出质等。

(五)分配剩余财产。以公司为例,清算组在清理公司财产、编制资产负债表和财产清单后,应当制定清算方案,并报股东会、股东大会或者人民法院确认。公司财产在分别支付清算费用、职工的工资、社会保险费用和法定补偿金,缴纳所欠税款,清偿公司债务后的剩余财产,有限责任公司按照股东的出资比例分配,股份有限公司按照股东持有的股份比例分配。清算期间,公司存续,但不得开展与清算无关的经营活动。公司财产在未依照前款规定清偿前,不得分配给股东。

(六)制作清算报告。1. 公司清算组在清算结束后,应制作清算报告,报股东会、股东大会确认。其中,有限责任公司股东会对清算报告确认,必须经代表 2/3 以上表决权的股东签署确认;股份有限公司股东大会对清算报告确认,须由股东大会会议主持人及出席会议的董事签字确认。国有独资公司由国务院、地方人民政府或者其授权的本级人民政府国有资产监督管理机构签署确认。2. 非公司企业法人应持清算报告或者出资人(主管部门)负责清理债权债务的文件办理注销登记,清算报告和负责清理债权债务的文件应由非公司企业法人的出资人(主管部门)签署确认。3. 合伙企业的清算报告由全体合伙人签署确认。4. 个人独资企业的清算报告由投资人签署确认。5. 农民专业合作社(联合社)的清算报告由成员大会、成员代表大会确认,由本社成员表决权总数 2/3 以上成员签署确认。6. 对于人民法院组织清算的,清算报告由人民法院确认。

四、企业办理注销登记

企业在完成清算后,需要分别注销税务登记、企业登记、社会保险登记,涉及海关报关等相关业务的企业,还需要办理海关报关单位备案注销等事宜。

(一)普通注销流程

1. 申请注销税务登记。

纳税人向税务部门申请办理注销时,税务部门进行税务注销预检,检查纳税人是否存在未办结事项。

(1)未办理过涉税事宜的纳税人,主动到税务部门办理清税的,税务部门可根据纳税人提供的营业执照即时出具清税文书。

(2)符合容缺即时办理条件的纳税人,在办理税务注销时,资料齐全的,税务部门即时出具清税文书;若资料不齐,可在作出承诺后,税务部门即时出具清税文书。纳税人应按承诺的时限补齐资料并办结相关事项。具体条件是:

①办理过涉税事宜但未领用发票(含代开发票)、无欠税(滞纳金)及罚款且没有其他未办结事项的纳税人,主动到税务部门办理清税的;

②未处于税务检查状态、无欠税(滞纳金)及罚款、已缴销增值税专用发票及税控设备,且符合下列情形之一的纳税人:

·纳税信用级别为A级和B级的纳税人;

·控股母公司纳税信用级别为A级的M级纳税人;

·省级人民政府引进人才或经省级以上行业协会等机构认定的行业领军人才等创办的企业;

·未纳入纳税信用级别评价的定期定额个体工商户;

·未达到增值税纳税起征点的纳税人。

(3)不符合承诺制容缺即时办理条件的(或虽符合承诺制容缺即时办理条件但纳税人不愿意承诺的),税务部门向纳税人出具《税务事项通知书》(告知未结事项),纳税人先行办理完毕各项未结事项后,方可申请办理税务注销。

(4)经人民法院裁定宣告破产或强制清算的企业,管理人持人民法院终结破产程序裁定书或强制清算程序的裁定申请税务注销的,税务部门即时出具清税文书。

(5)纳税人办理税务注销前,无需向税务机关提出终止"委托扣款协议书"申请。税务机关办结税务注销后,委托扣款协议自动终止。

(6)注意事项。对于存在依法应在税务注销前办理完毕但未办结的涉税事项的,企业应办理完毕后再申请注销。对于存在未办结涉税事项且不符合承诺制容缺即时办理条件的,税务机关不予注销。例如,持有股权、股票等权益性投资、债权性投资或土地使用权、房产等资产未依法清算缴税的;合伙企业、个人独资企业未依法清算缴纳个人所得税的;出口退税企业未结清出口退(免)税款等情形的不予注销。

2. 申请注销企业登记。清算组向登记机关提交注销登记申请书、注销决议或者决定、经确认的清算报告和清税证明等相关材料申请注销登记。登记机关和税务机关已共享企业清税信息的,企业无需提交纸质清税证明文书;领取了纸质营业执照正副本的,缴回营业执照正副本,营业执照遗失的,可通过国家企业信用信息公示系统或公开发行的报纸发布营业执照作废声明。国有独资公司申请注销登记,还应当提交国有资产监督管理机构的决定,其中,国务院确定的重要的国有独资公司,还应当提交本级人民政府的批准文件复印件。仅通过报纸发布债权人公告的,需要提交依法刊登公告的报纸报样。企业申请注销登记前,应当依法办理分支机构注销登记,并处理对外投资的企业转让或注销事宜。

3. 申请注销社会保险登记。企业应当自办理企业注销登记之日起30日内,向原社会保险登记机构提交注销社会保险登记申请和其他有关注销文件,办理注销社会保险登记手续。企业应当结清欠缴的社会保险费、滞纳金、罚款后,办理注销社会保险登记。

4. 申请办理海关报关单位备案注销。涉及海关报关相关业务的企业，可通过国际贸易“单一窗口”（http://www.singlewindow.cn）、“互联网+海关”（http://online.customs.gov.cn）等方式向海关提交报关单位注销申请，也可通过市场监管部门与海关联网的注销“一网”服务平台提交注销申请。对于已在海关备案，存在欠税（含滞纳金）、罚款及其他应办结的海关手续的报关单位，应当在注销前办结海关有关手续。报关单位备案注销后，向市场监管部门申请注销企业登记。

（二）简易注销流程

1. 适用对象。

未发生债权债务或已将债权债务清偿完结的企业（上市股份有限公司除外）。企业在申请简易注销登记时，不应存在未结清清偿费用、职工工资、社会保险费用、法定补偿金、应缴纳税款（滞纳金、罚款）等债权债务。

企业有下列情形之一的，不适用简易注销程序：法律、行政法规或者国务院决定规定在注销登记前须经批准的；被吊销营业执照、责令关闭、撤销；在经营异常名录或者市场监督管理严重违法失信名单中；存在股权（财产份额）被冻结、出质或者动产抵押，或者对其他企业存在投资；尚持有股权、股票等权益性投资、债权性投资或土地使用权、房产等资产的；未依法办理所得税清算申报或有清算所得未缴纳所得税的；正在被立案调查或者采取行政强制，正在诉讼或仲裁程序中；受到罚款等行政处罚尚未执行完毕；不适用简易注销登记的其他情形。

企业存在“被列入企业经营异常名录”“存在股权（财产份额）被冻结、出质或动产抵押等情形”“企业所属的非法人分支机构未办注销登记的”等三种不适用简易注销登记程序的情形，无需撤销简易注销公示，待异常状态消失后可再次依程序公示申请简易注销登记。对于承诺书文字、形式填写不规范的，市场监管部门在企业补正后予以受理其简易注销申请，无需重新公示。

符合市场监管部门简易注销条件，未办理过涉税事宜，办理过涉税事宜但未领用发票（含代开发票）、无欠税（滞纳金）及罚款且没有其他未办结涉税事项的纳税人，免予到税务部门办理清税证明，可直接向市场监管部门申请简易注销。

2. 办理流程。

（1）符合适用条件的企业登录注销“一网”服务平台或国家企业信用信息公示系统《简易注销公告》专栏，主动向社会公告拟申请简易注销登记及全体投资人承诺等信息，公示期为20日。

（2）公示期内，有关利害关系人及相关政府部门可以通过国家企业信用信息公示系统《简易注销公告》专栏“异议留言”功能提出异议并简要陈述理由。超过公示期，公示系统不再接受异议。

(3)税务部门通过信息共享获取市场监管部门推送的拟申请简易注销登记信息后,应按照规定的程序和要求,查询税务信息系统核实相关涉税、涉及社会保险费情况,对经查询系统显示为以下情形的纳税人,税务部门不提出异议:一是未办理过涉税事宜的纳税人;二是办理过涉税事宜但未领用发票(含代开发票)、无欠税(滞纳金)及罚款且没有其他未办结涉税事项的纳税人;三是查询时已办结缴销发票、结清应纳税款等清税手续的纳税人;四是无欠缴社会保险费、滞纳金、罚款。

(4)公示期届满后,公示期内无异议的,企业可以在公示期满之日起20日内向登记机关办理简易注销登记。期满未办理的,登记机关可根据实际情况予以延长时限,宽展期最长不超过30日,即企业最晚应当在公示期满之日起50日内办理简易注销登记。企业在公示后,不得从事与注销无关的生产经营活动。

3. 个体工商户简易注销。

营业执照和税务登记证"两证整合"改革实施后设立登记的个体工商户通过简易程序办理注销登记的,无需提交承诺书,也无需公示。个体工商户在提交简易注销登记申请后,市场监管部门应当在1个工作日内将个体工商户拟申请简易注销登记的相关信息通过省级统一的信用信息共享交换平台、政务信息平台、部门间的数据接口(统称信息共享交换平台)推送给同级税务等部门,税务等部门于10日内反馈是否同意简易注销。对于税务等部门无异议的,市场监管部门应当及时办理简易注销登记。具体请参照《市场监管总局国家税务总局关于进一步完善简易注销登记便捷中小微企业市场退出的通知》(国市监注发[2021]45号)办理。

五、特殊情形办理指引

(一)存在股东失联、不配合等问题。对有限责任公司存在股东失联、不配合等情况难以注销的,经书面及报纸(或国家企业信用信息公示系统)公告通知全体股东,召开股东会形成符合法律及章程规定表决比例的决议、成立清算组后,向企业登记机关申请办理注销登记。

(二)存在无法自行组织清算问题。对于企业已出现解散事宜,但负有清算义务的投资人拒不履行清算义务或者因无法取得联系等情形不能成立清算组进行清算的,债权人、股东、利害关系人等可依照《公司法》《合伙企业法》《个人独资企业法》《农民专业合作社法》等法律法规的规定,申请人民法院指定有关人员组成清算组进行清算。清算组在清理财产、编制资产负债表和财产清单后,发现企业财产不足清偿债务的,应当依法向人民法院申请宣告破产。人民法院裁定强制清算或裁定宣告破产的,企业清算组、破产管理人可持人民法院终结强制清算程序的裁定或终结破产程序的裁定,直接向登记机关申请办理注销登记。

(三)存在无法登录国家企业信用信息公示系统发布清算组信息和债权人公

告的问题。在办理注销登记中，对未在登记机关取得登记联络员备案的企业，可以向登记机关进行联络员备案后，登录国家企业信用信息公示系统发布清算组信息和债权人公告。企业登记联络员变更的，应当及时进行变更备案。对于吊销企业存在类似问题的，也可以采取备案联络员的方式通过国家企业信用信息公示系统发布公告。

（四）存在营业执照、公章遗失的问题。企业向登记机关、税务机关申请办理注销，存在营业执照、公章遗失的情况，按以下要求办理：1. 对于营业执照遗失的企业，在国家企业信用信息公示系统或公开发行的报纸进行执照遗失公告，无需申请补发营业执照。2. 非公司企业法人公章遗失的，由其上级主管单位法定代表人签字并加盖上级主管单位公章进行确认，相关注销材料可不盖公章。3. 公司公章遗失的，由符合公司法和章程规定表决权要求的股东签字盖章进行确认，相关注销材料可不盖公章。4. 农民专业合作社（联合社）有前述第 3 种情况的，可参照执行。5. 合伙企业和个人独资企业公章遗失的，由全体合伙人签字盖章、投资人签字进行确认，相关注销材料可不盖公章。

（五）存在营业执照拒不缴回或无法缴回问题。登记机关依法作出注销登记决定后，30 天后企业仍拒不缴回或者无法缴回营业执照的，由登记机关通过国家企业信用信息公示系统公告营业执照作废。

（六）存在股东（出资人）已注销、死亡问题。因股东（出资人）已注销却未清理对外投资，导致被投资主体无法注销的，其股东（出资人）有上级主管单位的，由已注销主体的上级主管单位依规定办理相关注销手续；已注销企业有合法继受主体的，可由继受主体依有关规定申请办理；已注销企业无合法继受主体的，由已注销企业注销时登记在册的股东（出资人）申请办理。因自然人股东死亡，导致其出资的企业难以办理注销登记的，可以由其有权继承人代位办理注销。有权继承人需提交身份证明和有关继承证明材料。

（七）存在分支机构隶属企业已注销问题。企业申请注销登记前，应当依法办理分支机构注销登记。因隶属企业已注销却未办理分支机构注销登记，导致分支机构无法注销的，已注销企业有合法的继受主体的，可由继受主体依有关规定申请办理；已注销企业无合法继受主体的，由已注销企业注销时登记在册的股东（出资人）申请办理。

（八）存在法定代表人宣告失踪、死亡或不配合办理注销登记的问题。1. 公司存在法定代表人宣告失踪、死亡或不配合等情况需办理简易注销登记的，凭法定代表人任免职有关文件，同步办理法定代表人变更登记，由新法定代表人签署《企业注销登记申请书》。合伙企业、农民专业合作社（联合社）参照执行。2. 非公司企业法人存在法定代表人宣告失踪、死亡或不配合等情况需办理注销登记的，凭法定代表人任免职有关文件,同步办理法定代表人变更登记,由新法定代表人签署《企业注销登记申请书》。

(九)已吊销企业办理注销问题。

1. 对于尚未更换加载统一社会信用代码营业执照即被吊销的企业(个体工商户除外),市场监管部门已就此类企业进行了统一社会信用代码赋码,企业在相关部门办理注销业务时可使用其统一社会信用代码办理,无需更换加载统一社会信用代码营业执照。吊销未注销企业,无法出具吊销证明文件原件的,可提交吊销公告的网站截图、国家企业信用信息公示系统截图或登记机关出具的企业查询单。若登记机关可以自主查询到企业的吊销状态,不再要求企业提供上述材料。

2. 纳税人被登记机关吊销营业执照或者被其他机关撤销登记的,应当自营业执照被吊销或者被撤销登记之日起 15 日内,向原税务登记机关申报办理税务注销。

(十)其他问题。

处于税务非正常状态纳税人在办理税务注销前,需先解除非正常状态,补办纳税申报手续。符合以下情形的,税务机关可打印相应税种和相关附加的《批量零申报确认表》,经纳税人确认后,进行批量处理:

1. 非正常状态期间增值税、消费税和相关附加需补办的申报均为零申报的;

2. 非正常状态期间企业所得税、个人所得税月(季)度预缴需补办的申报均为零申报,且不存在弥补前期亏损情况的。

六、注销法律责任及有关规定提示

(一)公司在合并、分立、减少注册资本或者进行清算时,不依照本法规定通知或者公告债权人的,由公司登记机关责令改正对公司处以一万元以上十万元以下的罚款。公司在进行清算时,隐匿财产,对资产负债表或者财产清单作虚假记载或者在未清偿债务前分配公司财产的,由公司登记机关责令改正,对公司处以隐匿财产或者未清偿债务前分配公司财产金额百分之五以上百分之十以下的罚款;对直接负责的主管人员和其他直接责任人员处以一万元以上十万元以下的罚款。(《公司法》第二百零四条)

(二)公司在清算期间开展与清算无关的经营活动的,由公司登记机关予以警告,没收违法所得。(《公司法》第二百零五条)

(三)清算组不依照本法规定向公司登记机关报送清算报告,或者报送清算报告隐瞒重要事实或者有重大遗漏的,由公司登记机关责令改正。清算组成员利用职权徇私舞弊、谋取非法收入或者侵占公司财产的,由公司登记机关责令退还公司财产,没收违法所得,并可以处以违法所得一倍以上五倍以下的罚款。(《公司法》第二百零六条)

（四）公司清算时，清算组未按照规定履行通知和公告义务，导致债权人未及时申报债权而未获清偿，清算组成员对因此造成的损失承担赔偿责任。（依据最高人民法院关于适用《中华人民共和国公司法》若干问题的规定（二）第十一条）

（五）清算组执行未经确认的清算方案给公司或者债权人造成损失，公司、股东或者债权人主张清算组成员承担赔偿责任的，人民法院应依法予以支持。（依据最高人民法院关于适用《中华人民共和国公司法》若干问题的规定（二）第十五条）

（六）有限责任公司的股东、股份有限公司的董事和控股股东未在法定期限内成立清算组开始清算，导致公司财产贬值、流失、毁损或者灭失，债权人主张其在造成损失范围内对公司债务承担赔偿责任的，人民法院应依法予以支持。（依据最高人民法院关于适用《中华人民共和国公司法》若干问题的规定（二）第十八条第一款）

（七）有限责任公司的股东、股份有限公司的董事和控股股东因怠于履行义务，导致公司主要财产、账册、重要文件等灭失，无法进行清算，债权人主张其对公司债务承担连带清偿责任的，人民法院应依法予以支持。（依据最高人民法院关于适用《中华人民共和国公司法》若干问题的规定（二）第十八条第二款）

（八）有限责任公司的股东、股份有限公司的董事和控股股东，以及公司的实际控制人在公司解散后，恶意处置公司财产给债权人造成损失，或者未经依法清算，以虚假的清算报告骗取公司登记机关办理法人注销登记，债权人主张其对公司债务承担相应赔偿责任的，人民法院应依法予以支持。（依据最高人民法院关于适用《中华人民共和国公司法》若干问题的规定（二）第十九条）

（九）公司解散应当在依法清算完毕后，申请办理注销登记。公司未经清算即办理注销登记，导致公司无法进行清算，债权人主张有限责任公司的股东、股份有限公司的董事和控股股东，以及公司的实际控制人对公司债务承担清偿责任的，人民法院应依法予以支持。（依据最高人民法院关于适用《中华人民共和国公司法》若干问题的规定（二）第二十条第一款）

（十）公司未经依法清算即办理注销登记，股东或者第三人在公司登记机关办理注销登记时承诺对公司债务承担责任，债权人主张其对公司债务承担相应民事责任的，人民法院应依法予以支持。（依据最高人民法院关于适用《中华人民共和国公司法》若干问题的规定（二）第二十条第二款）

（十一）公司财产不足以清偿债务时，债权人主张未缴出资股东，以及公司设立时的其他股东或者发起人在未缴出资范围内对公司债务承担连带清偿责任的，人民法院应依法予以支持。（依据最高人民法院关于适用《中华人民共和国公司法》若干问题的规定（二）第二十二条第二款）

（十二）清算组成员从事清算事务时，违反法律、行政法规或者公司章程给公司或者债权人造成损失,公司或者债权人主张其承担赔偿责任的,人民法院应依法予以支持。(依据最高人民法院关于适用《中华人民共和国公司法》若干问题的规定(二)第二十三条第一款)

(十三)企业在注销登记中提交虚假材料或者采取其他欺诈手段隐瞒重要事实取得注销登记的,登记机关可以依法做出撤销注销登记等处理,在恢复企业主体资格的同时,对符合《市场监督管理严重违法失信名单管理办法》第十条规定的,将该企业列入严重违法失信名单,并通过国家企业信用信息公示系统公示。(依据《市场主体登记管理条例》第四十条,《市场监督管理严重违法失信名单管理办法》第十条第(二)项)

(十四)企业应当在办理注销登记前,就其清算所得向税务机关申报并依法缴纳企业所得税。(依据《企业所得税法》第五十五条第二款)

(十五)个体工商户终止生产经营的,应在办理注销登记前,向主管税务机关结清有关纳税事宜。(依据《个体工商户个人所得税计税办法》(国家税务总局令第35号)第四十一条)

(十六)合伙企业和个人独资企业进行清算时,投资者应当在注销登记前,向主管税务机关结清有关税务事宜。企业的清算所得应当视为年度生产经营所得,由投资者依法缴纳个人所得税。(依据《财政部国家税务总局关于印发〈关于个人独资企业和合伙企业投资者征收个人所得税的规定〉的通知》(财税[2000]91号)第十六条)

(十七)企业由法人转变为个人独资企业、合伙企业等非法人组织,或将登记注册地转移至中华人民共和国境外(包括港澳台地区),应视同企业进行清算、分配,股东重新投资成立新企业。企业的全部资产以及股东投资的计税基础均应以公允价值为基础确定。(依据《财政部国家税务总局关于企业重组业务企业所得税处理若干问题的通知》第四条第一款)

(十八)纳税人未按照规定的期限申报办理税务注销的,由税务机关责令限期改正,可以处二千元以下的罚款;情节严重的,处二千元以上一万元以下的罚款。(依据《税收征收管理法》第六十条第一款)

(十九)纳税人伪造、变造、隐匿、擅自销毁帐簿、记帐凭证,或者在帐簿上多列支出或者不列、少列收入,或者经税务机关通知申报而拒不申报或者进行虚假的纳税申报,不缴或者少缴应纳税款的,是偷税。对纳税人偷税的,由税务机关追缴其不缴或者少缴的税款、滞纳金,并处不缴或者少缴的税款百分之五十以上五倍以下的罚款;构成犯罪的,依法追究刑事责任。(依据《税收征收管理法》第六十三条第一款)

第二篇　地方性规定

一、广东省有关企业破产与强制清算的规定

广东省高级人民法院关于加强企业破产案件立案受理工作若干问题的意见

（粤高法〔2017〕85号　2017年5月10日）

为规范企业破产案件立案审查程序，提高破产案件立案审查工作效率，进一步做好破产案件的立案受理工作，根据《中华人民共和国企业破产法》《中华人民共和国民事诉讼法》及相关司法解释的规定，结合全省破产审判实际，制订本意见。

第一条　破产案件立案受理要坚持登记立案审查、依法受理的原则，不得违反法律、行政法规和最高人民法院规定，限制或者剥夺当事人的破产申请权。

第二条　申请人提交破产申请材料的，法院立案部门应当在核对原件后出具书面接收凭证，将相关信息录入全国破产重整案件信息网，以“破申”案号登记，并在1个工作日内移送破产审判业务部门审查。

第三条　申请人通过全国破产重整案件信息网申请登记立案审查的，法院立案部门应当在3个工作日内审核。审核通过的，申请人应当在5个工作日内向法院提交书面材料。申请人提交申请材料后，法院立案部门应当按照本意见第二条的规定办理。

第四条　申请人提出破产清算申请的，应当提交破产申请书，并按照下列要求提供材料：

1. 债务人提出申请的，应当提交债务人营业执照副本、组织机构代码证、工商注册登记资料，股东会、董事会、主管部门或投资人同意其破产的文件，职工名单、工资清册、社保清单及职工安置预案，资产负债表、资产评估报告或审计报告，申请日资产状况明细表，债权债务情况表，所涉及诉讼、仲裁、执行情况及相关法律文书，其他有关材料。

2. 债权人提出申请的，应当提交申请人身份证明或营业执照副本、组织机构代码证、工商注册登记资料等主体资格证明，债务人最新工商登记材料，债权凭证，债务人不能清偿到期债务的证据，其他有关材料。

3. 清算组提出申请的,应当提交清算组基本情况说明和成立文件,债务人营业执照副本、组织机构代码证及工商注册登记资料,债务人职工名单、工资清册、社保清单及职工安置预案,资产负债表、资产评估报告或审计报告,破产申请日资产状况明细表,债权债务情况表,所涉及诉讼、仲裁、执行情况及相关法律文书,清算情况报告,其他有关材料。

第五条 申请人提出重整申请的,应当提交重整申请书,并按照下列要求提供材料:

1. 债务人提出申请的,应当提交营业执照副本、组织机构代码证、工商注册登记资料,股东会、董事会、主管部门或投资人同意其重整的文件,职工名单、工资清册、社保清单及职工安置预案,资产负债表、资产评估报告或审计报告,申请日资产状况明细表,债权债务情况表,所涉及诉讼、仲裁、执行情况及相关法律文书,债务人具有重整价值的材料、重整可行性报告或重整方案,其他有关材料。

2. 债权人提出申请的,应当提交申请人身份证明或营业执照副本、组织机构代码证、工商注册登记资料等主体资格证明,债务人最新工商登记材料,债权凭证,债务人不能清偿到期债务的证据,债务人具有重整价值的材料,其他有关材料。

3. 破产清算申请受理后,破产宣告前,出资额占注册资本十分之一以上出资人申请对债务人重整的,应当提交出资证明及主体资格证明文件,债务人具有重整价值证据材料、重整可行性分析报告或重整方案,其他有关材料。

第六条 债务人申请和解的,应当提交和解申请书,债务人营业执照副本、组织机构代码证、工商注册登记资料,股东会、董事会、主管部门或投资人同意其和解的文件,职工名单、工资清册、社保清单及职工安置预案,资产负债表、资产评估报告或审计报告,申请日资产状况明细表,债权债务情况表,所涉及诉讼、仲裁、执行情况及相关法律文书,和解协议草案,其他有关材料。

第七条 申请人提供的材料不符合本意见第四条、第五条、第六条规定的,法院破产审判业务部门应当向申请人释明,并以书面形式一次性告知应当10日内补充、补正的材料。申请人无正当理由未按要求补充、补正的,可以裁定不予受理。

第八条 法院立案部门接收其他法院或本院有关部门执行案件、强制清算案件移送破产审查材料的,应当录入全国破产重整案件信息网以“破申”案号登记立案,并在1个工作日内移送破产审判业务部门审查。

第九条 申请人申请破产或法院有关部门依法移送破产审查的,应当按照“一企业一申请”或“一企业一移送”原则,向有管辖权的人民法院提出。

第十条 申请人向没有管辖权的法院提出破产申请的,经向申请人释明后,申请人未撤回申请的,应当裁定不予受理,并告知其可以另行向有管辖权的法院提出。

第十一条 法院破产审判业务部门应当在立案登记后5日内将立案及合议庭组成情况通知债务人及申请人。债权人提出申请的,应当同时告知债务人如对破产申请有异议,可以在收到通知后7日内向法院提出。债务人提出异议的,应当提交相关证据资料。

第十二条 破产申请的审查可以采取书面形式,也可以采取听证方式。

第十三条 下列情形可以不计入破产案件的审查期间:

(一)指定管理人期间。

(二)通知补充材料以及补充、补正材料的期间。

(三)采取听证方式进行审查的,组织听证的期间。

(四)申请人与被申请人协商、和解的期间。

(五)延长期限报批期间。

(六)依法报上级法院批准的期间。

(七)其他应当不计入审查期限的期间。

第十四条 法院拟受理破产申请的,除最高人民法院规定的上市公司等需逐级呈报最高人民法院批准外,不再报上级法院批准。受理时涉及法律适用问题需要请示上级法院的,可以请示案件的方式进行。

第十五条 受理破产案件的,应当自裁定之日起5日内报上一级法院备案。

基层法院受理申报债权额在1亿元以上或涉及职工达100人以上的破产案件的,应当层报省法院备案。

第十六条 法院受理破产申请的,应当自裁定作出之日起5日内送达申请人、债务人,同时移交立案部门在全国破产重整案件信息网以“破”案号登记立案。

第十七条 不同申请人对同一企业申请破产清算、重整或和解的,经审查符合重整或和解受理条件的,应当裁定受理重整或和解申请,同时裁定不予受理破产清算申请。

第十八条 申请人对不予受理或驳回破产申请裁定上诉的,法院在移送卷宗材料的同时,应当在全国破产重整案件工作平台完善上诉信息,提交上一级法院。上一级法院收到卷宗材料后,应在全国破产重整案件信息网以“破终”案号登记立案,并在1个工作日内移交破产审判业务部门。

第十九条 法院未接收申请人的申请,或未按照《最高人民法院关于适用〈中华人民共和国企业破产法〉若干问题的规定(一)》第七条规定执行的,申请人向上一级法院提出破产申请的,上一级法院应当按照“破申”案件的有关规定处理。

第二十条 破产案件较少的中级法院经省法院批准后,可以由中级法院集中管辖辖区内破产案件。

执行转破产案件的审查,由被执行人住所地中级法院管辖,破产案件多、任务重的中级法院可以报省法院批准指定具备审理条件的基层法院管辖。

第二十一条　受理破产案件后,一方当事人向法院起诉,另一方当事人以达成仲裁协议或存在被公证机关依法赋予强制执行效力的债权文书为由主张法院没有管辖权的,可以支持。

债权人在受理破产案件时未申请法院执行仲裁裁决或公证债权文书的,应当向管理人申报债权。债务人和其他债权人提出异议的,可以向受理破产申请的法院提出。法院不予确认仲裁裁决或公证债权文书的,当事人可以根据仲裁协议重新申请仲裁,也可以向受理破产申请的人民法院起诉。

第二十二条　受理破产申请的法院,如对有关债务人的专利纠纷、海事海商纠纷、证券纠纷等不能行使管辖权的,可以在受理后报上级法院,由上级法院指定管辖。

第二十三条　法院受理破产申请后,除知识产权案件、海事海商案件外,与债务人有关的民事诉讼原则上应由破产审判业务部门审理。其中,职工债权确认纠纷、适用小额诉讼审理的案件、房地产企业破产中购房合同纠纷案件,可以在开庭前裁定交下级法院审理。

第二十四条　各级法院要根据当前破产审判新形势合理设置审判专门机构、配置审判专职工作人员,为破产审判工作的常态化、规范化和法治化提供保障。

各级法院立案部门和破产审判业务部门要加强沟通协调,做好破产案件立案登记、审查、审理程序的衔接和案件信息的录入工作。

第二十五条　本意见自公布之日起施行。省法院之前发布的规定、通知、会议纪要等与本意见不一致的,以本意见为准。

广东省高级人民法院
全省部分法院破产审判业务座谈会纪要

(2012年7月2日发布并实施　粤高法〔2012〕255号)

为更好地适用《中华人民共和国企业破产法》(以下简称《企业破产法》)及其司法解释的规定,妥善受理、审理破产案件,更加充分地发挥《企业破产法》在调整市场经济中的重要作用,广东省高级人民法院在广泛调研的基础上,于2012年4月18日在东莞市召开了全省部分法院破产审判业务座谈会。与会同志经认真讨论,就破产审判工作所涉的部分问题达成了共识。现纪要如下:

一、申请和受理问题

1. 各级法院要紧密配合中央关于加快转变经济发展方式、调整经济结构的战略思路，积极、能动为我省经济转型升级服务，统一思想、提高认识，树立依法受理破产案件的观念，充分认识并发挥《企业破产法》在优化社会资源配置、完善优胜劣汰竞争机制及拯救危困企业等方面的积极作用，对当事人提出的符合受理条件的破产申请，应当依法予以受理，而不应以不符合法律、司法解释规定的理由不予受理。

2. 人民法院在受理破产案件前，原则上应组织申请人、被申请人及主要债权人进行听证，听取各方关于应否受理破产申请的意见，充分了解债务人的资产、负债、经营、职工等相关情况，依法审查决定是否受理。

3. 各级法院在受理按照最高法院和省法院规定应逐级审批的破产案件时，应按照要求履行审批、备案手续。广东省高级人民法院《关于加强破产审判管理指导监督工作的通知》（粤高法明传〔2005〕114 号）要求中级法院受理前须报省法院审批的申报债权数额标准由原来的"3000 万元以上"调整为"1 亿元以上"，基层法院受理前须报中级法院审批的申报债权数额标准由各中级法院根据各地实际情况自行规定，其他备案、报批标准仍按上述通知执行。

4. 上一级人民法院依照最高人民法院《关于适用〈企业破产法〉若干问题的规定（一）》第九条责令下级人民法院在一定期限内作出是否受理破产案件的裁定的，下级人民法院应当将处理结果及时书面报告上一级人民法院。

二、人民法院审查破产申请期间债务人财产的保全问题

5. 人民法院审查破产申请期间，破产申请人及其他利害关系人如认为债务人可能通过转移财产、恶意清偿债务等方式损害其合法权益的，可依照《中华人民共和国民事诉讼法》第九十二条的规定，向接收破产申请的人民法院就债务人财产提出财产保全申请，人民法院经审查符合要求的应予准许，并采取必要的财产保全措施。人民法院经审查认为有必要的，可以要求财产保全的申请人提供相应担保。

6. 当事人提出财产保全申请的，应当按照《诉讼费用交纳办法》的相关规定预交保全费，破产案件受理后上述费用纳入破产费用范畴，以破产财产优先清偿。

三、关联企业破产问题

7. 各级法院应当积极探索关联企业合并破产问题，在充分尊重法人人格独立和股东有限责任的基础上，对于关联企业成员存在法人人格、财产高度混同、利用关联关系损害债权人利益等情形的，可依据管理人或债权人的申请采取关联企业合并破产方式。本条所称关联企业包括相互之间存在控制与从属关系或者其他重大影响关系的企业。

8. 关联企业合并破产案件应报经有权决定管辖的上级法院批准后受理，一般由控制企业所在地或主要财产所在地法院管辖;关联企业的个别成员已经进入破产程序的,由已受理该成员破产案件的人民法院管辖;关联企业的成员已分别在不同人民法院进入破产程序,报请共同上级法院指定管辖法院。

9. 为减少不同程序间的协调成本、保障破产程序公平有序进行,对尚不符合合并破产条件的关联企业成员破产案件,如确属必要,可报经有权决定管辖的上级法院批准,由控制企业所在地或主要财产所在地法院集中审理。

四、对债务人下落不明、无产可破、缺少账册的破产案件处理问题

10. 人民法院受理债务人下落不明、无产可破、缺少账册等破产案件后,应当及时指定管理人并督促管理人找寻债务人财产并运用法律手段予以追收,尽可能保障债权人的合法权益。

11. 因债务人的出资人怠于履行义务,导致债务人的主要财产、账册、重要文件等灭失而无法清算或者无法依法全面清算的,人民法院在所发现和追收的财产进行分配后,可以无法清算或无法依法清算为由裁定终结债务人破产程序,并告知相关权利人可依据相关法律规定另行向债务人的出资人等主张权利。

五、对管理人编制的债权表的审查问题

12. 对于《企业破产法》第五十八条第二款规定的债务人、债权人均无异议并经债权人会议依法确认的债权表记载的债权,人民法院可根据管理人的申请径行作出裁定予以确认。

六、管理人的选定及管理人队伍培育问题

13. 各级法院应依照《企业破产法》及最高人民法院《关于审理企业破产案件指定管理人的规定》的相关规定,根据案件的具体情况采取适当方式指定合适的管理人,原则上应采用随机方式在已制定的管理人候选名册中选定管理人;对于金融机构、上市公司或者其他法律关系复杂、影响重大、可能影响社会稳定不宜采用随机方式选定管理人的破产案件,已经成立清算组的可指定清算组为管理人,未成立清算组的可采取竞争方式在已制定的管理人候选名册中选定管理人。破产审判部门决定以随机方式或者竞争方式产生管理人的,其具体操作程序应交由司法技术辅助部门或相关部门主持进行。

14. 为加快培育成熟的管理人队伍,各级法院应当积极探索有效的管理人管理机制,通过定期召开管理人座谈会等方式深入了解管理人工作中存在的问题和困难,及时研究、解决或向有关部门反映,要注重加强对已制定的管理人名册中的候选管理人的培训工作。

七、破产审判中相关法院之间的工作配合问题

15. 破产管理人持审理破产案件的法院作出的生效法律文书,请求省内其他法院配合解除有关债务人的财产保全措施、中止执行程序或实施其他配合工作时,各级法院应依照《企业破产法》的规定积极予以配合，执行中如遇到障碍，相关法院可报请共同上级法院协调解决。破产管理人持生效法律文书请求外省法院配合工作时如遇到障碍，可逐级上报省法院协调解决。

八、破产重整问题

16.人民法院受理重整申请后，应结合听证情况对重整申请的合法性、可行性进行实质审查。审查过程中，人民法院可以征询银行等金融机构或工商、证券、国资、税务等行政管理部门的意见。

17.对于虽然已经出现破产原因或者丧失清偿能力可能，但符合国家产业结构调整政策、具备发展前景的企业，人民法院应充分发挥破产重整制度的功能，对其进行积极挽救。

九、破产审判中的边控问题

18.人民法院在审理破产案件过程中，可依法对债务人的法定代表人及其他相关人员采取限制出境、扣留证件、司法拘留等强制措施。如需边检部门协助执行，应将裁定书、决定书、边控申请表等资料一并逐级报送省法院协调边控部门办理边控手续。

十、破产审判队伍建设问题

19.各中级法院要认真领会、贯彻最高人民法院《关于正确适用〈企业破产法〉若干问题的规定（一）充分发挥人民法院审理企业破产案件司法职能作用的通知》的精神，进一步加强破产审判队伍建设，尽快设立破产审判专业合议庭，有条件的法院可根据实际情况建立专门的破产审判庭。

十一、破产衍生诉讼归口审理问题

20.为深化破产审判机制改革，优化司法资源配置，充分发挥由破产审判业务庭审理破产衍生诉讼案件的优势，破产案件受理后提起的破产衍生诉讼案件（除劳动争议、知识产权、海事海商等类型案件外），原则上统一由破产审判业务庭（包括审理破产案件的专门破产审判庭、商事审判庭或其他审判业务庭）审理（按省法院粤高法明传〔2012〕172号文执行）。

十二、破产案件绩效考核管理问题

21.破产案件在工作量、工作性质、案件流程上与普通民商事案件存在明显差异，这在客观上决定了对破产案件的绩效考评和审判管理都应区别于普通民商事案件。各级法院应根据辖区实际情况，积极探索能够全面客观反映审理破产案件工作量的科学考评标准，对破产案件施行科学绩效考评。

广东省高级人民法院关于审理破产案件若干问题的指导意见

(2003年9月25日发布并实施　粤高法〔2003〕200号)

为正确审理破产案件,根据《中华人民共和国民事诉讼法》、《中华人民共和国企业破产法(试行)》、最高人民法院《关于审理企业破产案件若干问题的规定》等规定,结合审判实践,提出以下指导意见:

第一条　企业法人申请或被申请破产的,法院不应以债务人的股东或出资单位欠缴、抽逃注册资本为由驳回其破产申请。法院宣告其破产后,欠缴、抽逃注册资本的责任人应补足或退回被欠缴、抽逃的注册资本,补足或退回的资本应作为破产企业的破产财产。

第二条　被吊销营业执照的企业法人,符合法律规定破产条件的,法院可以受理其破产申请。

第三条　申请破产的债务人提供的财务帐册不完整,导致无法对该企业的财产状况和债权债务进行清算的,法院应驳回其破产申请。

第四条　法院受理破产申请后,不存在《中华人民共和国企业破产法(试行)》第三条第二款规定的破产障碍,申请破产或被申请破产的企业不具备和解或者整顿可能的,法院可以立即裁定宣告企业破产。

第五条　人民法院受理重大、疑难的破产申请时,可以在立案审查阶段召开听证会审查破产申请事由、债务人资产和经营状况。

对于改制企业申请破产的,法院应当审查企业在改制过程中是否存在转移资产、空壳破产的情况,并依照最高人民法院《关于审理企业破产案件若干问题的规定》第十二条的规定,决定是否受理破产申请。

第六条　与破产企业对外承担连带责任的债务人,在其代替破产企业向债权人履行债务前,行使预先追偿权申报债权的,适用《中华人民共和国民事诉讼法》第二百条关于债权申报期限的规定。

第七条　财产混同的多个关联企业同时向法院申请破产的,法院应责令其先予界定各自财产,然后再向法院申请破产。债权人同时申请财产混同的多个关联企业破产的,法院受理后应由清算组依法界定各个关联企业的财产,不应以财产混同为由合并清算。

第八条　法院裁定宣告债务人进入破产还债程序后,破产申请人申请撤回破产申请的，法院应裁定驳回。

第九条 保证人破产时，债权人就保证债权既可以凭生效法律文书确定债权，也可以根据保证合同申报债权。在保证人破产期间主债权尚未到期的，保证债权也可以申报，但对该保证债权应确认为临时破产债权，并在破产财产分配时按破产债权清偿比率予以预留。

第十条 破产企业以划拨方式取得的国有土地使用权不属于破产财产。但纳入国家兼并破产计划的国有企业，其依法取得的国有土地使用权，应依照国务院国发〔1994〕59 号文件和〔1997〕10 号文件的规定办理，转让国有土地使用权所得首先用于破产企业职工安置，剩余部分列入破产财产。

第十一条 债务人有多个债权人，债务人与其中一个或数个债权人恶意串通，将企业财产的一部分或全部抵押给一个或数个债权人，使债务人丧失履行其他债务的能力，损害其他债权人的合法权益的，抵押行为不论是否发生在受理破产案件前六个月内，均构成恶意抵押。其他债权人依法申请撤销该恶意抵押的，法院应予支持。

恶意抵押被撤销后，原“抵押权人”应作为一般破产债权人参加破产财产的分配。

第十二条 破产企业与债权人达成和解后，法院应当裁定认可，并中止破产程序。金融机构在和解程序中放弃债权的核销手续，由金融机构自行办理，法院不应就此另行出具法律文书。

第十三条 破产企业占有他人财产，财产的权利人可以不经破产清算程序，直接通过清算组取回该财产。破产清算组不得将应由权利人取回的财产作为破产财产通过拍卖变现后清偿给权利人。

破产企业在所有权保留买卖中尚未取得所有权的财产，不属于破产财产。

第十四条 法院宣告企业破产后，应由破产清算组通知税务部门核定破产企业所欠税款，税务部门未在债权申报期限内将破产企业所欠税款告知清算组的，不影响其依照法律规定的清偿顺序参与破产财产分配。

第十五条 在变现破产财产中产生的税金，如经破产清算组与税务部门协商不能减免的，应当在法定的普通清偿顺序的第三顺序中清偿。

法院在审理破产案件中不能作出减免税款的裁定。

第十六条 未纳入国家计划的企业破产案件的职工安置费用，应按照企业与职工签订的劳动合同确定。合同没有约定的，依照相关法律、法规确定。

清算组认为职工劳动补偿金过高或过低应予调整的，可提出调整方案提交债权人会议决定。清算组提出的方案经债权人会议两次表决后仍不能通过的，清算组可申请法院裁决。

广东省高级人民法院关于推进企业破产清算案件快速审理的若干意见

(2017年11月17日发布并实施 粤高法〔2017〕239号)

为提高企业破产案件审判效率,实现繁案精办、简案快审,依法高效处置“僵尸企业”,充分发挥破产审判净化市场功能,完善市场主体退出机制,服务供给侧结构性改革,根据《中华人民共和国企业破产法》《中华人民共和国民事诉讼法》及相关司法解释的规定,结合全省破产审判实际,提出如下意见。

一、关于快速审理的含义与原则

第一条 企业破产清算案件快速审理是指,对依法受理并进入破产清算的案件,在法律和司法解释规定的程序和期限基础上,对简易破产清算案件,通过充分运用信息化手段,创新财产申报、核查、拍卖、分配方式,采用简便送达、简化债权人会议、加快推进管理人工作、适用法定最短期限等办法,降低破产审判司法成本,提高人民法院破产清算案件审判效率的简化审判方式和新型工作机制。

第二条 对破产清算案件进行快速审理,应当坚持便捷、高效、因案而异、协调推进的原则。

二、关于快速审理适用的案件范围

第三条 债权人申请债务人破产清算,符合下列条件之一的,可以进行快速审理:

(一)债权债务关系简单,广州、深圳债务人负债总额一般不超过1000万元、其他地区一般不超过500万元,不存在重大维稳隐患的;

(二)债务人的主要财产、账册、重要文件等灭失,或者债务人主要人员下落不明,未发现存在巨额财产下落不明情形的。

第四条 债务人申请破产清算,符合下列条件之一的,可以进行快速审理:

(一)债务人财产状况清晰,广州、深圳债务人负债总额一般不超过1000万元、其他地区一般不超过500万元,股东等清算义务人积极配合清算,不存在员工安置障碍的;

(二)债务人无财产或财产不足以支付破产费用,股东等清算义务人愿意配合清算,不存在影响社会稳定问题的。

第五条 清算组提出破产清算申请,符合以下条件的,可以进行快速审理:

(一)清算组织成立合法;

（二）已经过财务审计，债权、债务清晰；

（三）已完成员工安置；

（四）资产处置不存在客观障碍。

强制清算转破产清算的案件，可以进行快速审理。

第六条　执行程序移送破产清算，符合下列条件之一的，可以进行快速审理：

（一）被执行人下落不明，执行部门已经查实无财产可供执行的；

（二）被执行人同意移送破产，积极配合清算工作，债权债务关系简单，不存在员工安置和资产处置障碍的；

（三）被执行人已经长期歇业，债权债务简单，资产数量少的。

第七条　对可能存在多个破产衍生诉讼的破产清算案件，一般不作为快速审理案件。

三、关于快速审理的决定与告知

第八条　人民法院可以根据案件证据材料书面审查决定是否进行快速审理，也可以通过听证方式审查决定。

申请人、被申请人及其他主要破产参与人协商同意并申请人民法院进行快速审理的，人民法院可根据案件具体情况决定是否准许。

第九条　对破产清算案件进行快速审理的，应在案件受理公告中告知快速审理的相关事项，作出明确指引。受理公告应录入全国企业破产重整案件信息网。

四、关于推进管理人工作

第十条　进行快速审理的破产清算案件，可以指定管理人名册中的个人为管理人，有清算组的可以指定清算组为管理人，可不采用竞争的方式产生管理人。

第十一条　管理人应于接受指定后 5 日内制定管理人工作计划，明确清算工作具体步骤和完成时间，并向人民法院报告。

第十二条　管理人应勤勉尽责，按照本意见规定的期限和指定法院的要求，高效履行管理人职能。

管理人推进破产清算案件快速审理的情况，应纳入管理人个案考核和年度考核。

五、关于推进债权申报与债权人会议

第十三条　进行快速审理的破产清算案件，债权申报期限为三十日，自法院发布受理破产公告之日起计算。

管理人应于案件受理之日起十日内通知已知债权人申报债权。

第十四条　进行快速审理的破产清算案件，债权人会议可以采用视频会、微信群聊等灵活方式进行，债权人会议讨论和表决事项可以采用书面或网络征求意见的方式进行。确需集中召开债权人会议的，一般不超过两次。

采用简易方式讨论或表决的,讨论结论或表决结果应交债权人确认。

进行快速审理的破产清算案件,一般不设立债权人委员会。

六、关于推进破产财产调查与处置

第十五条 进行快速审理的破产清算案件,管理人应在接受法院指定后60日内完成资产调查工作。

第十六条 进行快速审理的破产清算案件,可通过法院执行查控系统查询、控制债务人名下的房产、存款、股权、车辆和股票等财产,提高查控效率。

需要采取保全措施的,破产审判部门应当作出裁定,可自行实施或根据职能分工移送执行部门实施。情况紧急的应立即开始执行,情况非紧急的应当5日内执行。

第十七条 进行快速审理的破产清算案件,原则上由管理人完成债权审查、财产调查,形成财产清查报告后,报法院裁定宣告债务人破产。

确有评估、审计必要的,由管理人选择具备相应资质的中介机构,并在30日内完成评估、审计工作。

第十八条 进行快速审理的破产清算案件处置破产财产,债权人会议同意直接变价处理的,可以不适用拍卖程序。

确需进行拍卖的,优先使用网上司法拍卖平台进行,也可通过法院选定在册中介机构进行拍卖。拍卖应在规定的最短期限内完成。

法律法规对特定财产处置方式有特别规定的,适用特别规定。

第十九条 进行快速审理的破产清算案件,原则上一次性以现金方式进行破产分配,案件确需实物分配且债权人会议同意的除外。

分配后又发现破产财产,且足以支付相关费用的,可以追加分配。

七、关于推进程序事项

第二十条 进行快速审理的破产清算案件,可以采用电话、短信、微信、电子邮件、传真等简便方式传唤相关人员、送达除民事裁定书以外的法律文书。

第二十一条 管理人经调查,确未发现债务人有财产可供分配或仅有少量财产不足以支付清算费用的,应在3日内报请法院终结破产程序。人民法院应在收到申请后10日内作出裁定。

第二十二条 因债务人账册、重要文件灭失,无法清算或无法全面清算的,管理人应在查明情况后7日内提出终结破产程序申请,人民法院应在收到申请后10日内作出终结裁定,并在裁定书中列明终结破产程序的理由。

第二十三条 进行快速审理的破产清算案件应于立案之日起6个月内审结。有特殊情况需要延长审理期限的,应报审判管理部门批准。

需要等待衍生诉讼结案的期限,可以在破产清算案件审理期限中扣除。

第二十三条　进行快速审理的破产清算案件，管理人应自破产程序终结后5日内，持终结破产程序的裁定，向登记机关办理注销登记。

八、关于快速审理保障

第二十四条　对于财产不足以支付破产费用和管理人报酬的案件，各级法院应当积极协调政府部门解决企业破产资金，保障此类案件的正常破产费用，以便破产企业能依法有序退出市场。

第二十五条　各级人民法院要主动协调政府主管部门、金融机构、破产管理人等相关主体支持和配合破产清算案件快速审理，协同推进"僵尸企业"处置工作。

人民法院立案等审判部门和执行部门要积极配合，在各自职责范围内为破产清算案件快速处理提供便利。司法技术部门要快速安排财产评估、审计，协助做好财产分配方案执行工作。

第二十六条　对进行快速审理的破产清算案件，审理法院要指导破产管理人共同做好风险防范工作，依法维护债权人和债务人的合法权益，防止因期限缩短、环节缩减而影响当事人的诉讼权利。

广东省高级人民法院关于
"僵尸企业"司法处置工作指引

（粤高法发〔2019〕5号　2019年5月20日印发）

为全面贯彻中央和省委深化供给侧结构性改革、清理"僵尸企业"的决策部署，落实国家产能政策、环保政策、创新驱动发展政策，充分发挥破产审判拯救和退出市场主体的职能，优化资源配置，推动经济高质量发展，结合我省"僵尸企业"出清和破产审判工作实际，制定本指引。

一、加强分类指导，切实防范风险

1.（基本原则）处置"僵尸企业"应遵循市场经济规律和破产审判规律，坚持企业主体、市场运作、政府引导、司法保障，落实企业自身和企业开办人的主体责任，发挥市场在资源配置中的决定性作用，对通过市场手段或行政手段不能实现出清的，人民法院要做好"僵尸企业"司法处置工作。

2.（司法处置定义）本指引所指"僵尸企业"司法处置，是指对纳入各级国资部门"僵尸企业"名录的国有企业，以及停产半年以上或半停产一年以上的民营企业，通过破产或强制清算，实现恢复经营活力或退出市场。

3.（分类指导思路）司法处置"僵尸企业"要做到精准识别，分类处置。对于经营管理虽存在困难,但仍具备运营价值的"僵尸企业",依法开展破产重整救治(破产重整救治工作参见《广东省高级人民法院关于企业破产案件若干问题的指引》);对救治无望的"僵尸企业",及时进行破产清算或强制清算。对"三无"企业或者没有证据证明存在债权债务关系的企业,引导当事人通过强制清算的方式退出市场;对具备破产原因的"僵尸企业",引导当事人申请破产清算。

案件受理前,建议国资系统对符合强制清算、破产条件的国有"僵尸企业",在移送案件时按先容易后复杂、先集中后分散、先批量后个案的原则,将"三无"企业、同一开办单位的企业以及具备关联关系的企业优先移送。

4.(绿色通道)对"僵尸企业"破产或强制清算案件,做到优先受理、优先审理、优先执行,为"僵尸企业"案件开辟绿色通道。

5.(风险防控)在"僵尸企业"司法处置过程中要切实防范各种风险。做好债务处置风险防范,全面摸清"僵尸企业"的直接债务、统借债务和担保债务,按照国家发改委《关于进一步做好"僵尸企业"及去产能企业债务处置工作的通知》的规定,通过市场化法治化方式实现"僵尸企业"退出信贷市场,防止逃废债务,防范金融风险。做好职工安置风险防范,摸清企业职工基本状况、已安置和未安置情况,切实维护职工合法权益,确保社会稳定。做好国有资产流失风险防范,全面掌握国有"僵尸企业"资产基本情况,做好资产清查工作和财产评估工作,通过市场化公开交易的方式处置国有企业资产,加强资产回收和入库工作。做好"僵尸企业"处置法律风险防范,严格依照法定程序接收公章、账册和资料,依法清理资产,厘清产权关系和出资额,依法开展评估、审计和财产处置,杜绝违法审判和违法清理、违法处置。

二、强化诉讼指引,坚持依法立案

6.(案件受理)"僵尸企业"案件要严格做到依法受理。对于破产申请审查案件、强制清算申请审查案件,严格落实登记立案;对破产清算、破产重整和破产和解案件及强制清算案件,经审查符合法定条件的予以立案,不得以债务人人员下落不明、财产状况不清、账册、重要文件缺失等为由不予受理。

7.(做好受理前分流工作)对符合简易注销条件的"僵尸企业",立案前建议当事人或主管单位走简易注销路径。对存在职工安置、职工集资、产权争议、对外投资、企业社会职能移交等历史遗留问题的企业,建议当事人或主管单位先行解决相关问题再申请司法处置,防止出现新的长期未结案件。

8.(非公司制企业法人强制清算参照适用)非公司制"僵尸企业"法人符合《中华人民共和国民法总则》第六十九条第(一)、(四)项规定的,申请人可依据《中华人民共和国民法总则》七十条、七十一条的规定向企业主要办事机构所在地人民法院申请强制清算,企业主要办事机构所在地不明确或存在争议的,向企业注册登记地人民法院申请强制清算。

9.（债权人申请强制清算提交的材料）债权人向人民法院提出强制清算申请的，一般应递交以下材料：

（1）强制清算申请书，载明申请目的、事实和理由；

（2）债权发生的事实、性质、数额、有无担保，并附证据；

（3）债务人已经发生解散事由的有关证据；

（4）公司解散后已自行成立清算组的，应提交清算组故意拖延清算、违法清算可能严重损害其利益的相关证据；

（5）人民法院认为需要提交的其他资料。

10.（股东申请强制清算提交的材料）被申请人股东（包括主管单位）向人民法院提出强制清算申请的，一般应递交以下材料：

（1）强制清算申请书，载明申请目的、事实和理由；

（2）被申请人的资产负债表及资产状况明细表。如债务人有子公司、分公司、持股参股、联营、合作企业等对外投资项目的，应专项说明；

（3）债权、债务清册，应列明被申请人的债权人及债务人的名称、住所、数额、发生时间及担保情况等；

（4）被申请人涉讼、仲裁、执行情况说明并附相关法律文书；

（5）被申请人已经发生解散事由的有关证据；

（6）公司解散后已自行成立清算组的，应提交清算组故意拖延清算、违法清算可能严重损害其利益的相关证据；

（7）人民法院认为需要提交的其他资料。

11.（债务人、依法负有清算责任的人申请破产提交的材料）债务人及依法负有清算责任的人（包括主管单位）向人民法院提出破产申请的，一般应递交以下材料：

（1）破产申请书，载明申请目的、事实和理由；

（2）职工安置情况报告，如有拖欠职工工资及社保费用的应专项说明；

（3）财产状况说明、有关财务会计报告、债务人的资产负债表及资产状况明细表，如债务人有子公司、分公司、持股参股、联营、合作企业等对外投资项目的，应专项说明；

（4）债权、债务清册，应列明债务人的债权人及债务人的名称、住所、数额、发生时间及担保情况等；

（5）债务人涉讼、仲裁、执行情况说明及相关法律文书；

（6）人民法院认为需要提交的其他资料。

12.（债权人申请破产递交的材料）债权人向人民法院提出对债务人进行破产申请的，一般应提交下列材料：

(1)破产申请书,申请目的、事实和理由;

(2)债权发生的事实与证据;

(3)债权的性质、数额、有无担保,并附证据;

(4)债务人不能清偿到期债务的证据;

(5)人民法院认为需要提交的其他资料。

三、突出重点,加强破产审判保障

13.(交接前准备工作)债务人、清算义务人(包括主管单位)收到人民法院受理破产裁定后,应提前准备,做好与管理人的交接工作,包括但不限于以下准备工作:

(1)现金、银行存款、有价证券、债权债务清册、存货、流动资产、固定资产、在建工程、对外投资、无形资产等财产及相关凭证;

(2)公章、财务专用章、合同专用章、发票专用章、海关报关章、职能部门章、电子印章、法定代表人名章等印章;

(3)财产状况说明、有关财务会计报告、债务人的资产负债表及资产状况明细表、总账、明细账、台账、日记账等账簿及全部会计凭证、重要空白凭证、银行账号;

(4)批准设立文件、营业执照、税务登记证书及各类资质证书、章程、涉及股权变动的各类文件资料及各类决议、会议记录、人事档案、电子文档、管理系统授权密码等资料;

(5)债务人的各类合同、协议及相关债权、债务文件资料;

(6)有关债务人的诉讼、仲裁、执行案件的材料;

(7)债务人的其它重要资料。

对上述财产、印章、财务账册、文书等资料,无法进行交接的,应当逐一作出书面说明或者提供有关证据、线索。

14.(接管期限)管理人应在收到指定管理人决定书之日起7日内接管债务人财产、印章和账簿、文书等资料。管理人在接管过程中遇到障碍应及时向人民法院报告,且有权要求债务人的主管单位协助配合。管理人自收到指定管理人决定书之日起20日内应完成债务人接管工作,并向人民法院提交接管报告及工作计划;如遇客观原因确实无法在规定时间内完成接管,管理人应向人民法院书面说明有关情况。

15.(接管工作重点)管理人开展接管工作应注意如下事项:

(1)接管前提前和债务人有关人员或上级主管单位沟通,了解与接管有关财产、印章、财务账册、文书等情况;债务人的有关人员无法交出应交接的财产、印章和账簿、文书等资料的,管理人应当要求其作出书面说明或者提供有关证据、线索,无正当理由拒不提供的,书面申请人民法院采取相应的强制措施。

(2)管理人在对债务人基本了解的前提下,可就债务人的财产、印章、财务账册、文书等资料制定接管方案,并根据接管方案进行接管,可一次性全面接管,也可根据实际情况分期、分批接管。

(3)管理人在接管前,可将拟接管的内容和范围告知债务人的有关人员,要求作好交接准备,并告知违反交接义务应该承担的法律责任。接管时做好访谈笔录,笔录中释明相关法律责任;管理人调查询问有关人员应有两名调查人员在场并制作调查笔录,调查人员和被询问人员应当在笔录上签字确认。

(4)管理人对所接管的财产、印章、账册、文书等资料应当及时造册并妥善保管,防止毁损或遗失。财务账册、凭证等资料较多的企业,如有经营场所、主管或托管单位保管场所的,可以原地封存、并做好保管工作。

(5)管理人完成接管后,经人民法院许可或者债权人会议同意,可以聘用债务人的有关人员作为留守人员。管理人决定聘用留守人员的,应当与其重新签订聘用合同。对税务申报事宜,原则上延用之前的财务经办人员继续完成按月申报,如果之前已经停止税务申报,可由聘用的审计单位申报或另行聘请专业技术人员申报。

(6)管理人完成接管后应当制作阶段性工作报告,向人民法院书面报告接管工作情况。

16.(管理人调查重点)管理人接受人民法院指定后即应开始对债务人状况进行调查,管理人调查工作重点如下:

(1)债务人营业状况;

(2)债务人资产状况;

(3)债务人债权、债务情况;

(4)债务人职工情况,如职工工资、经济补偿金支付及社会保险费用的缴纳等情况;

(5)债务人股东、董事或实际控制人的基本情况,重点调查债务人出资人的出资情况;

(6)债务人是否存在《中华人民共和国企业破产法》第三十一条、第三十二条或者第三十三条规定的行为;

(7)债务人的董事、监事和高级管理人员是否存在利用职权获取非正常收入或者侵占债务人财产的行为;

(8)债务人未履行完毕的合同情况;

(9)有关债务人的未审结诉讼、仲裁及未执行完毕的案件情况;

(10)有关债务人的其他情况。

17.(财产查控重点)管理人对债务人财产查控重点如下:

(1)管理人在收到指定管理人决定书后3日内书面申请人民法院通过全国企业破产重整案件平台对接“总对总”网络执行查控系统对债务人财产信息进行查询,人民法院在收到申请之日起5日内完成网络财产查控,并将查控结果及时通知管理人;

(2)无法通过网络执行查控系统查询到财产情况的,可依据《最高人民法院关于民事执行中财产调查若干问题的规定》第十二条的规定,在债务人住所地或者可能隐匿、转移财产所在地进行必要现场调查;

(3)由债权人或其他人员提供证据线索,管理人经调查发现债务人股东、董事、高管及相关人员存在隐匿财产、会计账簿等资料且拒不交出的,可依据《最高人民法院关于适用〈中华人民共和国民事诉讼法〉的解释》第四百九十六条的规定,书面申请人民法院采取搜查措施;

(4)经管理人书面报告,人民法院根据案件实际情况,依法准许采取公告悬赏等调查措施;

第一次债权人会议召开前,管理人应当完成债务人财产调查,并向人民法院提交债务人财产调查情况及工作报告。

18.(强制措施)依据《中华人民共和国企业破产法》第十五条的规定,债务人及其有关人员有下列情形之一的,经管理人书面申请,人民法院经审查认为有必要的,可以单独或综合采取拘传、罚款、限制出境、司法拘留、限制高消费、失信惩戒等强制措施:

(1)有义务列席债权人会议的债务人有关人员,经人民法院传唤,无正当理由拒不列席债权人会议的;

(2)债务人及其有关人员违反企业破产法的规定,拒不提交或者提交不真实的财产状况说明、债务清册、债权清册、有关财务会计报告以及职工工资的支付情况和社会保险费用的缴纳情况的;

(3)债务人及其有关人员违反企业破产法的规定,拒不向管理人移交财产、印章和账簿、文书等资料的,或者隐匿、伪造、销毁有关财产证据材料而使财产状况不明的;

(4)债务人的有关人员违反《中华人民共和国企业破产法》的规定,擅自离开住所地的;

(5)其他不履行协助、配合义务应采取强制措施的。

19.(审计、评估和鉴定)管理人可以选择通过司法委托方式在人民法院相关名册中选定有资质的中介机构进行鉴定、审计和评估,也可以与人民法院相关名册中的中介机构或其他具备相应资质的中介机构自行协商确定。管理人自行选择的中介机构,应当优先从人民法院相关名册中挑选,并以公开挑选方式经债权人会议同意。在第一次债权人会议之前决定的，应当经人民法院许可，且费用不得高于司法委托产生的费用。

债务人财产评估，经债权人会议同意，管理人可参照《最高人民法院关于人民法院确定财产处置参考价若干问题的规定》，采取债权人会议议价、定向询价、网络询价、委托评估等方式确定财产处置参考价。无法通过以上四种方式确定参考价或者委托评估费用过高的，可以经债权人会议同意，由管理人根据市场交易价格、财产数据等估算财产处置参考价。

20.（对执行程序中财产查控、评估的效力承接）债务人财产查控要充分利用最高人民法院开通的“总对总”网络执行查控系统和我省的“点对点”网络执行查控系统，全面、快速进行财产查控。“执转破”案件中执行财产查询结果未超出3个月的，破产程序中可直接沿用。

对于执行部门通过“执转破”程序移送的“僵尸企业”案件，参照《最高人民法院关于人民法院确定财产处置参考价若干问题的规定》第三十四条的规定，管理人在议价、询价、评估结果有效期内发布拍卖公告或者直接进入变卖程序，拍卖、变卖时未超过有效期6个月的，无需重新确定参考价，但法律、行政法规、司法解释另有规定的除外。

21.（财产处置方式多样化）管理人应参照《最高人民法院关于人民法院网络司法拍卖若干问题的规定》，积极引导债权人会议优先利用网络拍卖、综合运用拍卖、变卖、实物分配、债权分配等多种财产处置方式高效、便捷、公开、透明处置破产财产，提高破产财产变价率。

法律法规对特定财产处置方式有特别规定的，适用特别规定。

四、建立“僵尸企业”案件快速审理机制，提高审判效率

22.（快审机制适用范围）具备下列情形之一的“僵尸企业”破产案件，可以适用快速审理机制：

（1）破产原因清楚、债务人财产状况较清晰、债权债务关系明确、争议不大的；

（2）债务人资产较少、债权人人数较少、不存在重大维稳隐患的；

（3）破产财产不足以支付破产费用或无破产财产可供分配的；

（4）债务人全部财产或主要财产已经在执行程序中变价的；

（5）人民法院认为其他适宜适用快速审理机制的情形。

23.（快审机制审查方式）人民法院在破产申请审查阶段，一般通过书面审查决定是否适用快速审理机制，也可以在征询申请人、被申请人、主要债权人的意见后，决定是否适用快速审理机制。

人民法院裁定受理破产申请后，合议庭决定适用快速审理机制的，应将相关事项及时告知破产案件参与人。

24.(通知债权人与公告)人民法院应当自裁定受理破产申请之日起25日内自行或委托管理人向已知债权人发出书面受理通知,并予以公告。

进行快速审理的破产清算案件,债权申报期限为30日,自人民法院发布受理破产公告之日起计算。

进行快速审理的案件,可简化公告方式,直接在"全国企业破产重整案件信息网"及各受理法院网站发布相关公告事宜,并打印相关网页留档存查。

25.(集中审理)为解决无财产可供分配的"僵尸企业"破产经费问题,建议人民法院将没有财产、财产较少的案件与财产较多的案件一并指定给同一管理人,但"僵尸企业"间存在债权债务关系的除外。

对于"僵尸企业"案件较多的地区,同一批次进入破产受理、隶属于同一主管单位以及存在关联关系的企业,可采用集中裁定受理、集中选定管理人、集中选定审计机构、集中公告的"四集中"方式降低成本、提高效率。将集中受理的案件分成若干案件包,由不同合议庭分别负责审理。再通过随机方式将案件包指定给同一管理人。管理人选择司法委托时,通过随机方式将同一案件包交给同一审计机构办理。同一批次的案件可提前向地方或省级、全国有影响力的报纸媒体预定版面,统一受理后集中刊登公告。

26.(缩短审计、评估、鉴定时限)管理人在委托中介机构时应明确工作时限,中介机构自接受委托之日起30日内应完成相应工作,若工作量大可以适当延长,延长时间不超过30日。如遇客观原因确实无法在规定时间内完成工作的,管理人和中介机构应向债权人会议书面说明有关情况,并报人民法院备案。

对于债务人近三年审计报告齐全的破产案件,审计机构应当自接受委托之日起30日内完成相应工作。

27.(债权人会议期限及召开方式)第一次债权人会议应在债权申报期届满之日起10日内召开。

债权人会议可以采用函件、传真、电子邮件、短信、微信、QQ及其他网络平台等便利有效的非现场形式召开,对讨论和表决事项可以采用书面或网络投票方式进行。确需集中召开现场债权人会议的,一般不超过两次。

28.(不设立债权人委员会)对快速审理的案件,如债权人会议同意不设立债权人委员会的或人民法院认为不需要设立债权人委员会的,一般不设债权人委员会。

29.(快审期限)适用快速审理的案件,管理人应在破产案件受理后6个月内向人民法院提出终结破产程序申请,有特殊情况需延长期限的,经报主管院领导审批后可延长6个月。

五、强制清算程序与破产程序的衔接

30.(强制清算中发现符合破产条件)清算组在清理公司财产、编制资产负债表和财产清单时发现被申请人已经具备法律规定的破产条件的，应当依照《最高人民法院关于适用〈中华人民共和国公司法〉若干问题的规定（二）》第十七条的规定，引导债权人和清算组协商制作有关债务清偿方案。债权人对债务清偿方案不予确认或人民法院不予认可的，清算组应当在5日内提出破产申请。

31.（强制清算程序中相关事项效力承接）强制清算转破产程序的，对于强制清算程序中已申报的债权，在破产清算中视为已申报债权。原清算组的申报债权审查意见，经债权人会议核查通过后，在破产程序中予以确认。但是债权人会议对原清算组审查的债权有异议的，仍按破产程序的规定处理。对原清算组已经对债务人资产进行过审计、评估且未超过6个月的，在破产程序中可直接采用评估、审计的结果。

原清算组已经对债务人营业进行处理、支付了必要费用，对债务人资产已经进行实体处理的，管理人对前述行为进行审核，如财产处置不存在《企业破产法》第三十一、三十二、三十三条规定的欺诈性转让、个别清偿、无效等行为的，在破产程序中承认其效力。

32.（无人申报债权的处理）对于已受理的"僵尸企业"破产清算案件，经申报债权、财产查找、审计评估后，无人申报债权，亦未发现债务人有任何财产的，人民法院应裁定驳回破产申请。

对于前述破产程序中已经完成的债权申报、财产调查、审计、评估、鉴定等事项效力，在前述程序终结后6个月内由适格主体另行提起强制清算程序的，在强制清算程序中承认其效力。

六、强化组织保障，全力配合完成处置任务

33.（部门协调配合）人民法院内部相关部门要积极支持"僵尸企业"司法处置工作，立案、破产审判、执行、审判管理、司法委托等部门要贯彻"僵尸企业"案件"三优先"原则，紧密配合、通力合作，确保"僵尸企业"司法处置工作公平公正、高效快捷完成。

34.（加强人员配置）中级、基层人民法院要高度重视"僵尸企业"司法处置工作，在人员配备上适当向破产审判倾斜。案件较多、有条件的人民法院要设立清算和破产审判业务庭，未设立破产审判庭的中院必须安排固定合议庭负责破产和强制清算工作。在工作考核中要充分考虑破产案件的特殊性，在贯彻最高人民法院《关于强制清算与破产案件单独绩效考核的通知》基础上，继续完善部门考核、人员考核和案件考核机制。

35.（建立季报制度）各级人民法院要建立"僵尸企业"案件受理和审结台帐制度及季报制度，安排专人进行专项统计，省法院每季度通报一次，对工作开展不力的中院要约谈主要领导。要将"僵尸企业"司法处置工作纳入各级人民法院考核范围,狠抓工作落实。

七、依靠党委政府,建立健全长效工作机制

36.(建立府院联动机制)建立"僵尸企业"处置日常工作机制。人民法院在"僵尸企业"司法处置过程中,要紧紧依靠当地党委、政府的支持,加强与党委和政府部门的沟通协作,推动建立涵盖人民法院、工商、税务、社会保障、金融监管、国资、经信等部门参加的常态化府院联动机制,为依法处理破产案件搭建常态化的沟通、协调平台。

37.(工商和税务注销)加强与各级工商、税务部门的沟通,推动落实国家工商总局《关于全面推进企业简易注销登记改革的指导意见》、国家税务总局《关于深化"放管服"改革　更大力度推进优化税务注销办理程序工作的通知》和省国资委、省工商局、省税务局联合下发的《关于省属"僵尸企业"出清重组的指导意见》(粤国资产权〔2018〕16号),为"僵尸企业"工商、税务注销设置绿色通道,管理人可以持人民法院终结强制清算程序的裁定或终结破产程序的裁定,直接向工商、税务机关申请办理注销登记,解决破产或强制清算企业工商和税务注销难的问题。

38.(解决破产经费)积极与国资、财政主管部门密切沟通,争取党委、政府财政资金支持,推动建立"僵尸企业"破产费用专项资金,为"僵尸企业"进入破产或强制清算程序提供经费保障。

39.(免收、缓交诉讼费适用条件)对无财产可供分配的强制清算、破产案件,根据《诉讼费用交纳办法》第二十条第二款的规定,人民法院免收案件受理费。

"僵尸企业"作为原告提起破产衍生诉讼并申请缓交案件受理费的,人民法院应予以准许。

广东省高级人民法院关于执行案件移送破产审查的若干意见

(2016年11月17日发布并实施　粤高法〔2016〕202号)

为规范执行案件移送破产审查程序,根据《中华人民共和国民事诉讼法》、《中华人民共和国企业破产法》以及相关司法解释的规定,结合本省民事执行、破产审判工作实际,制定本意见。

第一条　执行案件移送破产审查程序应当遵循依法、有序、高效、便捷的工作原则。

第二条　企业法人及法律、司法解释规定的可以参照适用破产程序的其他组织适用本意见。

第三条　执行案件移送破产的，仅对被执行人进行破产清算，不适用重整及和解程序。

当事人直接向有管辖权的法院提出破产申请的，由该院依照相关法律规定办理。

第四条　被执行人住所地法院对移送破产审查的案件有管辖权。

基层法院管辖县、县级市或者区的登记机关登记的被执行人破产案件；中级法院管辖地级市以上的登记机关登记的被执行人破产案件。

第五条　执行法院在启动案件执行程序时，对于符合适用破产程序的企业法人和其他组织作为被执行人的案件，在送达立案通知书、执行通知书同时，应当一并告知各方当事人，对符合法定条件的被执行人可申请启动破产审查程序。

第六条　执行案件同时符合如下条件的，可以移送有破产管辖权的法院进行破产审查：

（一）经穷尽执行措施，被执行人所有的财产不能或不能全部清偿所欠债务或明显缺乏全部清偿能力；

（二）被执行人或任何一方申请执行人向执行法院申请或经征询意见同意将执行案件移送破产审查；

（三）能够支付破产费用。

第七条　在案件执行中被执行人或申请执行人向执行法院申请将案件移送破产审查，执行法院经审查认为不符合条件决定不予移送的，应当书面告知该被执行人或申请执行人。当事人对不予移送决定有不同意见的，可依照相关法律规定直接向有管辖权的法院提出破产申请。

第八条　执行法院在执行中发现被执行人符合移送破产审查条件的，执行人员应当征询本案申请执行人、被执行人，是否同意将案件移送破产审查的意见，并将该意见记录在案，由相关当事人签名确认。

第九条　对于符合移送破产审查的案件，应由执行人员提出意见经合议庭评议后报主管执行院领导审签书面移送函。

第十条　执行案件移送破产审查意见作出后，应于5日内书面通知被执行人和申请执行人，被执行人或申请执行一方有异议的，可以在破产审查期间提出，由受移送法院审查异议是否成立。支持异议的，应当作出不予受理破产的裁定；不支持异议的，应当裁定驳回异议。

第十一条　执行法院决定移送破产审查的案件，合议庭应当作出对案件中止执行的裁定，该裁定不影响对同一执行案件中其他被执行人的执行。中止执行裁定应当及时送达给各相关当事人。

执行案件符合终结本次执行条件的,执行法院可以同时裁定终结本次执行。

第十二条 案件中止执行裁定作出后裁定受理破产前,执行法院对被执行人所有的持续保管费用过高可能影响债权受偿、季节性商品、鲜活、易腐败变质以及其他不宜长期保存的物品和宜先行处置的财产,应及时予以变价处置并提存变价款。

第十三条 案件移送破产审查后裁定受理破产前,对被执行人已查封、扣押、冻结的财产期限届满的,经申请执行人申请,由执行法院负责办理续行查控手续。

第十四条 对于决定移送破产审查的案件,执行法院应当向受移送法院移交如下材料:

(一)移送函;

(二)本案当事人或另案申请执行人申请、同意移送破产审查的书面材料;

(三)案件执行依据及相关执行文书;

(四)当事人工商登记、身份信息等资料;

(五)被执行人财产清单、已知债务情况的书面材料;

(六)被执行人财产查询、处置的相关书面材料;

(七)被执行人不能或不能全部清偿债务或明显缺乏全部清偿能力的证明材料;

(八)案件执行情况书面报告;

(九)执行法院认为应当移交的其他材料。

第十五条 执行法院向受移送法院移交的执行案件书面情况报告应当载明如下内容:

(一)案件执行经过;

(二)被执行人财产现状及所负债务详细状况;

(三)进行过执行分配的还应载明执行分配情况;

(四)其他情况说明。

第十六条 对执行法院移送的破产审查案件材料,受移送法院不得拒绝接收。

第十七条 受移送法院认为执行法院移交的相关材料有误或不齐的,可要求执行法院在10日内完善、补齐,执行法院应予以配合。

第十八条 受移送法院立案部门接收移送材料并登记立案后,应将案件移送破产审判部门处理。破产审判部门应当在5日内将合议庭组成情况通知本案申请执行人和被执行人,并对案件是否受理破产进行审查。

第十九条 对移送破产审查的案件,受移送法院可根据案件情况进行听证审查或书面审查。

第二十条 召开听证会的,法院应于听证会召开3日前通知同意破产的申请执行人、被执行人。该申请执行人、被执行人无正当理由不参加听证的，不影响听证程序进行。被执行人的股东、实际控制人等利害关系人申请参加听证的，一般应准许。

第二十一条　案件经审查符合破产受理条件的，受移送法院应当在作出受理裁定之日起3日内将受理破产裁定送交执行法院及其他对被执行人财产已施行查控措施的相关法院，并及时将该裁定送达各相关当事人。

执行法院及其他相关法院，应当根据受移送法院的通知及时作出解除对被执行人财产的查控措施的裁定。

第二十二条　执行法院及其他相关法院收到受理破产裁定后7日内，将债务人财产移交受移送法院，并及时告知相关债权人依法申报债权。

第二十三条　被执行财产符合下列条件的，不予认定为债务人财产移送破产：

（一）以物抵债的财产，以物抵债裁定已送达相关案件申请执行人的。

（二）执行变价的财产，拍卖、变卖成交裁定已送达买受人的。

（三）已由执行法院支付给申请执行人的现金、财产变现款等。

第二十四条　受移送法院作出不予受理或驳回申请的裁定后7日内，应将原接收的材料及被执行人财产退还给相关法院，恢复原执行查控状态，各执行法院应当恢复对该被执行人的执行。

第二十五条　对被执行人为其他组织的案件，移送破产审查的材料被受移送法院退回后，执行法院应按照司法解释规定顺序进行分配，不得适用参与分配制度进行财产分配。

第二十六条　经受移送法院审查认为不符合破产受理条件退回执行法院的案件，执行法院不得重新启动移送程序再次将案件移送破产审查。

第二十七条　被执行人被宣告破产的，受移送法院应自裁定作出后5日内送交执行法院。执行法院应依法作出对被执行人终结执行的裁定。被执行人此前被纳入失信被执行人名单的，执行法院应当将相关信息从失信被执行人名单库中删除或屏蔽，对其负责人及相关责任人员解除限制消费和限制出境等惩治措施。但被执行人或其负责人及相关责任人员隐匿、转移财产，或拒不移交财产、印章、账簿、文书资料，或伪造、销毁有关财产证据材料，逃废债务的除外。

第二十八条　受移送法院无正当理由不接收移送材料或收到移送材料后在法定期限内不作出是否受理裁定的，执行法院可向受移送法院的上一级法院破产审判部门申请监督。上一级法院破产审判部门应在收到监督申请后10日内作出审查意见，指令下级法院破产审判部门在5日内接收材料或作出是否受理的裁定。

第二十九条　在案件执行中产生的保管费、仓储费、公告费、评估费等执行费用，应参照《中华人民共和国企业破产法》第四十一条的规定，列为破产费用。

第三十条 本意见由广东省高级人民法院破产审判庭(执行裁判庭)负责解释,自发布之日起实施。

广东省高级人民法院关于不宜在大部分债权人未同意的情况下准许申请人撤回对被申请人破产清算申请的复函

(2011年1月13日发布并实施 〔2011〕粤高法民二复字第1号)

深圳市中级人民法院:

你院《关于破产案件受理后能否准许申请人撤回破产申请的请示》收悉。经研究,函复如下:

在人民法院已经裁定受理申请人对被申请人的破产清算申请,管理人已经完成债权及财务审核并召开第一次债权人会议,大部分债权人经征询没有同意申请人撤回上述申请的情况下,不宜对该撤回申请予以准许。

此复。

广东省高级人民法院关于规范企业破产案件管理人选任与监督工作的若干意见

(2017年12月12日发布并实施 粤高法〔2017〕283号)

一、总体要求

第一条 (目的)为进一步推进管理人工作规范化、法治化、市场化和信息化,保障破产审判公正、高效、有序推进,根据《中华人民共和国企业破产法》《最高人民法院关于审理企业破产案件指定管理人的规定》等相关法律和规定,结合我省企业破产案件审判实际,制定本意见。

第二条 (适用范围)本意见适用于全省人民法院受理的依法需要指定管理人的企业破产案件。

依照本意见编制的全省管理人名册公布后,原各中级人民法院编制的管理人名册不再使用。新受理的破产案件应指定全省管理人名册中的机构或个人作为管理人。全省管理人名册公布前已经指定管理人的,由原管理人继续履行管理人职责,并适用本意见开展工作。

全省人民法院审理的强制清算案件或非法人组织的破产案件,参照适用本意见。

第三条　(原则)选任和使用管理人坚持公平、公正、公开的原则和依法、高效、求实的原则。

第四条　(信息化手段)人民法院要注重运用全国企业破产重整案件信息网、省内破产管理人平台、破产管理人微信群等信息化手段开展工作,提高工作效率。

二、管理人等级

第五条　(管理人分类)根据破产审判的需要,管理人名册中的社会中介机构管理人,按照执业业绩、专业能力、机构规模、办理破产案件经验等因素,分为一级、二级、三级机构管理人。

管理人名册中的个人管理人不分等级,参照三级机构管理人的相关规定开展工作。

第六条　(破产案件分类)破产案件根据案件类型、难易程度、标的大小等情况,分为重大破产案件、普通破产案件和简易破产案件三类。

第七条　(重大破产案件)符合以下条件之一的,应作为重大破产案件:

(一)商业银行、证券公司、保险公司等金融机构及上市公司破产案件;

(二)债务人财产价值或破产债务5亿元以上的破产案件;

(三)普通债权人人数200人以上或普通债权人和劳动债权人共计500人以上的破产案件;

(四)债务人财产分散,在全国、全省范围内有较大社会影响的破产案件;

(五)人民法院认为属于重大破产案件的其他案件。

第八条　(普通破产案件)符合以下条件之一的,应作为普通破产案件:

(一)债务人财产价值或破产债务500万元以上、不足5亿元的破产案件;

(二)普通债权人人数50人以上、不足200人的破产案件;

(三)重大破产案件以外的重整案件;

(四)人民法院认为属于普通破产案件的其他案件。

第九条　(简易破产案件)符合以下条件之一的,应作为简易破产案件:

(一)重整案件以外的债务人财产价值或破产债务不足500万元且普通债权人人数不足50人的破产案件;

(二)重整案件以外的债务人财产价值或破产债务不足1000万元,且普通债权人人数不足50人,人民法院认为案件事实清楚、债权债务关系简单、债务人财产相对集中的破产案件。

第十条 (执业范围)一级机构管理人可以在全省范围内执业,二级、三级机构管理人、个人管理人在所属中级人民法院辖区内执业。

重大破产案件应指定一级机构管理人为管理人,普通破产案件应指定二级机构管理人为管理人,简易破产案件应指定三级机构管理人、个人管理人为管理人。

受理法院可以根据个案审理需要指定高级别管理人担任低级别破产案件的管理人,但低级别的管理人不得担任高级别破产案件的管理人。

三、管理人名册编制

第十一条 (名册规模)省高级人民法院根据本辖区律师事务所、会计师事务所、破产清算事务所等社会中介机构及专职从业人员数量和企业破产案件数量,统筹确定本省管理人名册的规模。

省高级人民法院可以根据工作需要分批编制管理人名册。

第十二条 (申报对象)可以申请编入机构管理人名册的社会中介机构,主要是指在我省依法设立的律师事务所、会计事务所、破产清算事务所以及提供企业重整服务的管理咨询公司等中介机构,或相关中介机构在我省设立的分支机构。

我省具备相关专业知识并取得执业资格、从事管理人 5 年以上工作经验的人员,可以申请编入个人管理人名册。

第十三条 (准入限制)申报一级机构管理人的机构须有 5 年以上管理人工作经历;申报二级机构管理人的机构须有 2 年以上管理人工作经历。

第十四条 (申报程序)省高级人民法院应在管理人名册编制报名日期 15 日前,在全国企业破产重整案件信息网、《南方日报》、广东法院网发布编制管理人名册公告。

申请编入管理人名册的机构和个人,应按照《最高人民法院关于审理企业破产案件指定管理人的规定》第六至八条规定,提交申报材料,并主动申报涉《企业破产法》第二十四条第三款和《最高人民法院关于审理企业破产案件指定管理人的规定》第九条规定的有关情形。

申报上一级管理人的中介机构,可以同时申报下一级管理人。申报上一级管理人,不影响被评定为下一级管理人。

第十五条 (编制方式)对符合条件的申请人,采取专业能力测试加评审的方式择优录取。其中专业能力测试占总成绩的 60%、评审占总成绩的 40%。

全省管理人的专业能力测试和评审由省高级人民法院统一组织,同时进行,各中级人民法院设分考场。

一级机构管理人的专业能力测试和评审,由省高级人民法院直接负责;二级、三级机构管理人及个人管理人的专业能力测试和评审，省高级人民法院委托各中级人民法院负责。

第十六条　（专业能力测试）专业能力测试主要考察与破产审判相关的现行有效法律法规、司法解释的理解和运用、破产管理人工作规范、职业道德标准等内容，由省高级人民法院委托第三方出题。

申报一级机构管理人的中介机构应当有6名以上具有执业资格、经营管理经验、专业技术知识的本机构从业人员参加测试，申报二级机构管理人应有4名以上参加，申报三级机构管理人应有3名以上参加。参考人员的平均成绩作为申报机构的测试成绩。

第十七条　（评审）评审主要采取书面方式进行。进入评审的机构和个人向评审法院提供其业务和业绩资料，主要包括机构规模、人员构成、机构成员或本人专业背景以及近年担任管理人或管理人成员的执业经历、团队管理制度建设成果、相关实务或理论研究成果、成功案例、获奖情况等内容。

评审法院应当组成专门的破产案件管理人评审委员会。评审委员会成员应不少于7人，可以由破产案件审判业务庭人员、司法技术辅助工作部门人员、审判委员会委员、监察部门人员、审判管理人员、相关行业组织以及破产领域专家等人员组成。

第十八条　（名册审定）各中级人民法院计算出申报人的总成绩后，区分二级、三级机构管理人和个人管理人，将申报人的测试成绩、评审成绩、总成绩报省高级人民法院。

省高级人民法院按照总成绩由高到低的标准和编制公告公布的各类管理人名额，结合各中级人民法院及其辖区基层法院破产审判对二、三级管理人的需求，统筹确定、编制全省管理人名册。

管理人名册应当注明社会中介机构和个人所属中级人民法院辖区。

第十九条　（公告与监督）省高级人民法院应当在全国企业破产重整案件信息网、《南方日报》、广东法院网发布拟编制管理人名册公示，接受社会监督。对被投诉且查证属实，需要调整级别或移出名册的，应按成绩从高到低的标准递补。

管理人名册确定后，省高级人民法院应当在全国企业破产重整案件信息网、《南方日报》、广东法院网发布管理人名册公告，并报最高人民法院备案。

第二十条　（名册调整）管理人名册编制完成后，人民法院定期考核管理人的工作实绩、业务能力、专业人员变化、资格变化等因素，每2年对管理人名册集中进行调整，调整后的管理人名册亦应按规定公示和公告。

上一级机构管理人名额空缺，不允许越级晋升，只能由下一级机构管理人晋升；三级机构管理人和个人管理人名额空缺，应按入册程序组织专业能力测试和评审进行增员。

二级晋升一级机构管理人,经各中级人民法院推荐,由省高级人民法院负责;三级晋升二级机构管理人,由所在中级人民法院提出晋升意见报省高级人民法院批准。

四、管理人指定

第二十一条　(随机方式)普通破产案件和简易破产案件应分别从所在中级人民法院辖区的二级管理人和三级管理人中,采用摇珠加轮候的方式进行指定。摇中案件的管理人,在本中级人民法院辖区同级管理人均摇中案件后,方能参加下一轮摇珠。

重大破产案件管理人在我省一级管理人中摇珠指定,全省范围内统筹轮候。受理法院接到破产申请后,应通知仍在轮候序列的一级管理人自愿报名,在报名的申请人中进行摇珠。

第二十二条　(竞争方式)重大破产案件中商业银行、证券公司、保险公司等金融机构或者在全国、全省范围有重大影响、法律关系复杂、债务人财产分散的破产案件,受理法院认为需要采取竞争方式确定管理人的,可以采用竞争方式指定管理人。

通过竞争方式被指定为管理人的,不影响其轮候顺位。

对采用竞争方式指定管理人的破产案件,受理法院应尽快通过全国企业破产重整案件信息网、本地法院网发出公告,并通过电子邮件、移动通信等方式向全省管理人名册中的一级机构管理人发出竞争邀请,从参与竞争的社会中介机构中择优选定管理人,并按照竞争情况确定1名备选管理人。参与竞争的一级机构管理人不得少于三家,否则转为随机方式。

必要时可以在全国性媒体发布公告,邀请编入外省市人民法院管理人名册的知名社会中介机构参与竞争。

第二十三条　(竞争评审)采取竞争方式指定管理人的破产案件,受理法院应当组成专门的评审委员会。评审委员会的组成方式可参照编制管理人名册评审委员会。

采取竞争方式指定管理人时,应重点考察竞标条件,综合考虑中介机构声誉、规模、拟委派管理人团队项目负责人、常驻人员的执业经验、知识背景、业绩和培训情况,近5年承办破产案件中法院和债权人会议、债权人委员会对中介机构履行管理人职责的评价意见,以及行业经验、竞争优势、工作计划、报价方案等因素进行评分。

评审结果应当公告,评审过程应当建档备查。

第二十四条 （确认程序）人民法院收到企业破产申请后，由破产案件审判业务庭根据实际情况，对案件拟定类型、管理人产生方式提出建议，经院领导同意后，由该院司法技术辅助工作部门负责组织实施。

第二十五条 （协商选择管理人）在人民法院通过随机方式或启动竞争方式指定管理人前，债务人和主要债权人协商一致选择我省或外省市在册管理人担任破产案件管理人，不违反相关规定的，受理法院可以指定被选择的中介机构或个人担任案件管理人。

第二十六条 （清算组作为管理人）对《最高人民法院关于审理企业破产案件指定管理人的规定》第十八条规定的可以直接指定清算组为管理人的情形应从严把握。清算组中介服务机构或人员应属于我省破产管理人名册对应级别中的社会中介机构或个人。破产案件中的经营管理和监督事务应由清算组中的中介服务机构或人员负责，其他政府部门工作人员主要负责与其职权相关的行政性监督协调工作。

第二十七条 （推荐方式指定管理人）根据《最高人民法院关于审理企业破产案件指定管理人的规定》第二十二条采用接受推荐方式指定管理人的破产案件，一般应要求金融监督管理机构推荐两名以上管理人名册相应级别的候选人，再由竞争评审委员会评定。

第二十八条 （指定临时管理人）对当事人申请重整的案件，人民法院在收到破产申请后、裁定受理前，可以参照指定管理人的规定指定临时管理人。临时管理人参照管理人管理规定开展工作，并在规定期限内向人民法院提出是否受理破产申请的意见。

临时管理人在人民法院裁定受理破产申请后一般应继续担任管理人。

第二十九条 （管理人更换）人民法院可以根据债权人会议的申请或者依职权迳行决定更换管理人或清算组成员。

债权人会议申请更换管理人，有合理理由和相应证据材料的，应予许可；不予许可的，人民法院应向债权人会议说明理由。

第三十条 （人民法院迳行变更）除《最高人民法院关于审理企业破产案件指定管理人的规定》第三十三条、第三十四条规定的情形外，管理人具有下列情形之一的，人民法院可以依职权决定更换管理人：

（一）拒绝接受人民法院、债权人会议、债权人委员会的监督，经批评教育仍不改正的；

（二）违反规定私自收费的；

（三）利用管理人的身份或地位为自己和他人谋取私利的；

（四）因不按规定报告工作等原因，同一案件被人民法院警示达两次的；

(五)备案的负责人离职或符合条件的工作人员不能满足办案需求,限期不能补足的;

(六)未经人民法院批准延期,接管破产企业逾两年仍未能结案的;

(七)缺乏担任管理人所应具备的专业能力或者有其他不能胜任职务的情形。

清算组成员、管理人的负责人参照适用前款规定。

第三十一条 (重新指定)需要重新指定管理人的,原来通过竞争方式选定管理人的破产案件从依照法定程序产生的备选管理人中选定,其他案件按照随机方式重新指定管理人。

第三十二条 (工作交接)原管理人自收到更换管理人决定书之日起,应当停止履行管理人职责,及时向新任管理人移交接管的全部资料、财产、营业事务及管理人印章,向新任管理人书面说明工作进展情况,并保证在破产程序终结前随时接受新任管理人、债权人会议、债权人委员会及破产案件审理法院关于其已履行管理人职责情况的询问。

第三十三条 (利害关系报告制度)被指定担任管理人的中介机构或个人应及时自查是否存在《最高人民法院关于审理企业破产案件指定管理人的规定》第二十三、二十四条所规定的利害关系,并主动向案件审理法院报告有关情况。

人民法院对未主动报告、存在过错的管理人,可以作出惩戒决定。

第三十四条 (信息备案)人民法院指定或更换管理人,应当同时将管理人的姓名或名称、管理人拟委派的负责人和工作人员及其联系方式等相关信息在法官工作平台进行登记。

五、管理人的监督

第三十五条 (履职原则)管理人应当根据相关破产法律规定依法全面高效履行管理人职责,勤勉尽责,忠实履行职务,审慎处理破产事务,切实防范法律风险,不得利用管理人身份或地位为自己和他人谋取私利。

管理人应当亲自履行职责,不得以任何形式将自己应当履行的职责全部或者部分转给其他社会中介机构或者个人。

第三十六条 (聘请人员)管理人认为有必要聘请管理人团队以外的中介机构、工作人员参与履行管理职责的,应书面说明聘请的人员情况、拟委派的工作内容、报酬的支付方式和来源等情况,经债权人会议决议同意并经人民法院许可,方可实施。

第三十七条 (职责到人)机构管理人办理破产案件的负责人和主要人员,应为其通过管理人入册考试的机构成员。

机构管理人办理破产案件实行负责人签名负责制,提交给人民法院和债权人会议的法律文书应由负责人签名后加盖管理人公章。

通过随机方式指定的管理人,应在指定之日3日内将案件的负责人和主要人员及其联系方式通过管理人平台报破产案件审理法院备案。通过竞争方式指定的管理人在《竞标书》中申报的负责人和主要人员不能随意变更。

第三十八条 (报告义务)管理人应向人民法院全面报告工作,包括重大事项报告、个案进展阶段性报告和管理人工作年度报告。

重大事项报告主要是指依照《企业破产法》第六十九条规定向破产案件审理法院报告重大事项决策。

个案进展阶段性报告主要是向审理法院报告一段时间的管理人工作开展和完成情况,工作完成的质量和效果,未能按期推进的原因及下一步工作计划等。

工作年度报告主要是指管理人在每一个管理年度结束后,向管理法院报告年度办案情况、办理效果、管理人规模和经验、专业队伍建设、破产法理论和实务研究成果等内容。

第三十九条 (文件送审)管理人应及时全面向人民法院送审相关法律文件。需要送审的文件包括但不限于:审计报告、评估报告、变价方案、财产管理方案、职工安置方案、财产分配方案、债权确认表等,接受人民法院的监督和指导。

管理人向人民法院提交破产案件有关书面申请、报告和文件,应当同时通过管理人工作平台上传电子版。

第四十条 (业务制度)管理人应该结合实际制定管理人业务相关制度,包括但不限于:管理人团队组成及分工负责制度、业务培训制度、资格审查制度、报告制度、业务操作流程制度、工作档案管理制度、风险承担制度、保密制度、财务制度、证照及印章管理制度等。

第四十一条 (文档规范)管理人在办理破产案件的过程中应按照文书格式规范,及时、准确、真实的制作必要的工作文件,内容完整、记录清晰、结论明确,分类整理,编制目录,并按照有关管理规定进行保管。

人民法院可以对管理人工作档案进行抽查,抽查结果作为判断管理人是否勤勉尽责的重要依据。

第四十二条 (责任审计)债权人会议决议对管理人进行审计的,可以报人民法院决定是否准许。审计费用的承担由债权人会议决定。责任审计的结果将作为管理人考核的重要依据。

管理人应当向责任审计机构提供审计所需的资料。管理人无正当理由拒绝提供的,人民法院可以采取强制措施收集审计所需的资料。

经责任审计发现管理人违反忠实义务的情形,应依法追究其民事、行政、刑事责任,但一般不改变企业破产案件的审理结果。

第四十三条 (惩戒措施)人民法院对管理人办案过程中出现的违法违规行为可视情节轻重对管理人采取警示、变更或除名等措施。惩戒情况应归档留存。

第四十四条 (管理人除名)有下列情形之一的,人民法院可以决定将管理人除名:

(一)出现破产、解散、执业资格丧失等不能履行管理人职责情形的;

(二)因执业、经营中故意或者重大过失行为,受到行政机关、监管机构或者行业自律组织行政处罚或者纪律处分,可能影响履行管理人职责的;

(三)无正当事由拒绝接受人民法院指定、拒绝被人民法院更换,或拒不履行前后管理人工作交接的;

(四)履行职务时,因故意或者重大过失导致债权人利益受到重大损害的;

(五)拒绝接受人民法院、债权人会议、债权人委员会的监督,经批评教育仍不改正或者应当向人民法院报告的重大事项隐瞒不报的;

(六)利用管理人的身份或地位为自己和他人谋取私利的;

(七)无正当理由拒绝提供责任审计所需资料的;

(八)人民法院认为不适宜担任管理人的其他情形。

第四十五条 (管理人考核)省高级人民法院、各中级人民法院应当设立破产案件管理人考核委员会,对管理人履行职责、执业能力情况等进行个案考核和年度考核。

考核委员会的人员组成参照评审委员会。

个案考核由审理破产案件的人民法院负责。一级机构管理人的年度考核由省高级人民法院负责;其他管理人的年度考核委托各中级人民法院进行,考核结果报省高级人民法院。

第四十六条 (个案考核)个案考核是指人民法院对管理人在办理具体破产案件中各项工作开展和完成情况、完成的质量和效果进行的量化考核,包括管理人内部管理、日常性工作、依法办案、接受监督、维护各方当事人合法利益、债权人会议的满意度、工作效率等内容。

个案考核分为优、良、好、中、差五个等次。个案考核结果交相应的年度考核法院考核委员会汇总,作为对管理人进行年度考核的主要依据。

第四十七条 (年度考核)年度考核是对管理人每一年度内办理破产案件情况以及团队专业能力的综合考核,包括管理人年度办案情况、办案效果、管理人规模和经验、专业人员队伍建设、破产法理论和实务研究成果等内容,对管理人的执业操守、执业能力、工作绩效、团队稳定性、研究能力、创新能力等进行综合评价。

年度考核满分为 100 分。其中,个案考核成绩占比为 70%,综合评价占比为 30%。

第四十八条　（考核异议）个案考核及年度考核的结果应通过破产管理人平台予以公示。管理人对考核结果有异议的，可向考核法院申请复核一次。

第四十九条　（考核运用）省高级人民法院管理人考核委员会根据每2年的考核情况，结合各中级人民法院意见，综合决定全省管理人名册的调整比例，并按照总成绩由高到低的标准，对管理人进行升降和淘汰。

同级管理人在调整周期内因摇珠、轮候等原因尚未实际开展破产案件管理人工作的，不作为调整对象。

第五十条　（档案管理）对管理人名册的编制和调整，管理人的指定和考核等管理工作，人民法院应当严格依照法定程序进行，全部资料建立档案备查。

六、其　　他

第五十一条　（解释）本意见由省高级人民法院负责解释。

各中级人民法院制定的相关规定，报省高级人民法院备案后实施。

第五十二条　（施行）本意见自下发之日起施行。法律、司法解释有新的规定的，适用法律、司法解释的规定。

广东省高级人民法院关于同意上浮管理人报酬比例限制范围的批复

（2013年9月23日　〔2013〕粤高法民二函字第10号）

深圳市中级人民法院：

你院《关于申请上浮深圳地区破产案件管理人报酬的请示》收悉，经研究，答复如下：

同意你院在最高人民法院《关于审理企业破产案件确定管理人报酬的规定》第二条第一款规定的标准基础上，对管理人报酬比例限制范围适当上浮，上浮比例不得超过30%。请你院根据最高人民法院《关于审理企业破产案件确定管理人报酬的规定》第二条第三款的规定，制定符合当地实际情况的管理人报酬比例限制范围，并按要求履行公告及备案手续。

此复。

广东省高级人民法院关于破产衍生诉讼案件归口由破产审判业务庭审理的通知

(2012年5月30日发布并实施　粤高法明传〔2012〕172号)

全省各级人民法院:

为深化破产审判机制改革,优化司法资源配置,充分发挥由破产审判业务庭审理破产衍生诉讼案件的优势,保持我省破产审判工作在全国法院的先进地位,省法院研究决定,从2012年6月1日起,破产衍生诉讼案件归口由破产审判业务庭审理。现将有关事项通知如下:

一、破产案件受理后提起的破产衍生诉讼案件原则上统一由破产审判业务庭(包括审理破产案件的专门破产审判庭、商事审判庭或其他审判业务庭)审理;

二、涉及劳动争议、知识产权、海事海商等类型的破产衍生诉讼案件,仍按照案件性质分由相应的审判业务庭审理;

三、实行破产案件承办合议庭回避制度,即破产案件的承办合议庭不再审理相应的破产衍生诉讼案件;

四、各级人民法院应当按照最高人民法院的要求,进一步加强破产审判队伍建设,为破产衍生诉讼案件归口审理制度的顺利实施提供人员保障。

各地在执行本通知时如遇到问题,请及时层报我院民二庭。

请各中院将本通知转发至所辖基层法院。

广东省高级人民法院关于将与破产企业相关的劳动争议类案件(含职工破产债权确认纠纷)交由基层人民法院管辖的批复

(2016年3月8日发布并实施　〔2015〕粤高法立复字第123号)

深圳市中级人民法院:

你院深中法〔2015〕124号《关于将破产企业相关的劳动争议类案件(含职工破产债权确认纠纷)交由基层人民法院审理的请示》收悉。经研究,批复如下:

破产企业的劳动争议类案件数量众多,将此类案件交由基层人民法院审理,符合两便原则。根据《中华人民共和国民事诉讼法》第三十八条以及《最高人民法院关于适用〈中华人民共和国民事诉讼法〉的解释》第四十二条的规定，同意你院关于将破产企业相关的劳动争议类案件(含职工破产债权确认纠纷)交由破产企业住所地的基层人民法院一审审理的意见。

此复。

深圳市中级人民法院破产案件立案规程

(2015年2月5日深圳市中级人民法院审判委员会
民事行政执行专业委员会第1次会议通过)

第一章　总　　则

第一条　为规范破产案件立案审查，明确本院相关庭室的职责，充分发挥破产法调节市场经济秩序的职能和作用，促进破产审判工作的健康发展，根据《中华人民共和国企业破产法》及相关司法解释，结合破产审判工作实际，制定本规程。

第二条　破产案件应当坚持依法受理原则，严格遵循法定程序，对于符合《中华人民共和国企业破产法》及相关司法解释规定的破产申请，应当予以受理。

第三条　破产案件立案实行形式审查与实质审查相结合的审查原则，形式审查由立案一庭负责，实质审查由公司清算和破产审判庭负责。

第四条　破产案件立案审查应当坚持公正与效率原则，注重案件受理法律效果与社会效果的统一。

第五条　住所地在深圳的企业法人及法律规定的其他组织的破产申请，统一由本院审查受理。

第二章　破产申请的提起

第六条　申请人提出破产申请的，应当明确选择具体的破产程序，并按本章规定提交申请材料。

第七条　债权人申请债务人破产清算的，应当提交下列材料：

(一)破产清算申请书。载明申请人及被申请人的基本信息、申请目的、申请的事实和理由；

(二)申请人的主体资格证明、营业执照副本、组织机构代码证及其它身份证明；

(三)债务人的主体资格证明和最新工商登记材料；

(四)债务人不能清偿申请人到期债务的证据;

(五)本院认为应当提交的其他材料。

第八条 债务人申请破产清算的,应当提交下列材料:

(一)破产清算申请书。应载明申请人的基本信息、申请目的、申请的事实和理由;

(二)债务人的主体资格证明。即企业法人营业执照副本、组织机构代码证及工商注册登记材料;

(三)债务人的股东会、董事会、主管部门或投资人同意其破产的文件;

(四)债务人的职工名单、工资清册、社保清单及职工安置预案;

(五)债务人的资产负债表、资产评估报告或审计报告;

(六)债务人至破产申请日的资产状况明细表。包括有形资产、无形资产及对外投资情况等;

(七)债务人的债权、债务及担保情况表。应列明债务人的债权人及债务人名称、住所、债权或债务数额、发生时间、催收及担保情况等;

(八)债务人所涉诉讼、仲裁、执行情况及相关法律文书;

(九)本院认为应当提交的其他材料。

第九条 企业法人已解散但未清算或者未清算完毕,资产不足以清偿债务的,依法负有清算责任的人向人民法院申请破产清算的,应提交下列材料:

(一)破产清算申请书。应载明申请人和被申请人的基本信息、申请目的、申请的事实和理由;

(二)清算责任人的基本情况或者清算组成立的文件;

(三)债务人的主体资格证明。即企业法人营业执照副本、组织机构代码证及工商注册登记材料;

(四)债务人资产不足以清偿债务的证据,其中:

1. 债务人未经清算的,应提交本规程第八条第(五)、(六)、(七)项规定的材料;

2. 债务人经过清算的,应提交清算报告;

(五)债务人的职工名单、工资清册、社保清单及职工安置预案。

第十条 债权人申请对债务人重整的,应当提交下列材料:

(一)重整申请书。应载明申请人和被申请人的基本信息、申请目的、申请的事实和理由;

(二)申请人的主体资格证明、营业执照副本、组织机构代码证及其它身份证明;

(三)债务人的主体资格证明和最新工商登记材料;

（四）债务人不能清偿申请人到期债务的证据；

（五）债务人具有重整价值的证据材料；

（六）本院认为应当提交的其他材料。

第十一条　债务人申请重整的，应当提交下列材料：

（一）重整申请书。应载明申请人的基本信息、申请目的、申请的事实和理由；

（二）债务人的主体资格证明。即企业法人营业执照副本、组织机构代码证及工商注册登记材料；

（三）债务人的股东会、董事会、主管部门或投资人同意其重整的文件；

（四）债务人的职工名单、工资清册、社保清单及职工安置预案；

（五）债务人的资产负债表、资产评估报告或审计报告；

（六）债务人至破产申请日的资产状况明细表。包括有形资产、无形资产及对外投资情况等；

（七）债务人的债权、债务及担保情况表。应列明债务人的债权人及债务人名称、住所、债权或债务数额、发生时间、催收及担保情况等；

（八）债务人所涉诉讼、仲裁、执行情况及相关法律文书；

（九）债务人具有重整价值的证据材料；

（十）债务人重整的可行性分析报告或重整方案；

（十一）本院认为应当提交的其他材料。

第十二条　本院受理债权人提出的破产清算申请后，宣告债务人破产前，出资额占债务人注册资本十分之一以上的出资人申请对债务人重整的，应当提交下列材料：

（一）重整申请书。应载明申请人的基本信息、申请目的、申请的事实和理由；

（二）出资人的出资证明和主体资格证明文件；

（三）债务人具有重整价值的证据材料；

（四）债务人重整的可行性分析报告或重整方案；

（五）本院认为应当提交的其他材料。

第十三条　债务人申请和解的，应当提交下列材料：

（一）和解申请书。应载明申请人的基本信息、申请目的、申请的事实和理由；

（二）债务人的主体资格证明。即企业法人营业执照副本、组织机构代码证及工商注册登记材料；

（三）债务人的股东会、董事会、主管部门或投资人同意其和解的文件；

（四）债务人的职工名单、工资清册、社保清单及职工安置预案；

（五）债务人的资产负债表、资产评估报告或审计报告；

（六）债务人至破产申请日的资产状况明细表。包括有形资产、无形资产及对

外投资情况等;

(七)债务人的债权、债务及担保情况表。应列明债务人的债权人及债务人名称、住所、债权或债务数额、发生时间、催收及担保情况等;

(八)债务人所涉诉讼、仲裁、执行情况及相关法律文书;

(九)和解协议草案。应包括:1. 债务人的财产状况说明;2. 债务人的负债情况说明。对于有争议的债权,应当单独列明;3. 债务清偿的方式和期限。包括债权人清偿比例以及清偿债务期限;4. 确保执行和解协议的措施;

(十)本院认为应当提交的其他材料。

第十四条 职工债权人提出破产申请的,应当提供职工代表大会或工会同意的文件。

第十五条 申请人提交的材料符合本章规定的,立案一庭应予登记并向申请人出具收到申请及相关证据的书面凭证。

第三章 破产申请的审查

第十六条 公司清算和破产审判庭应当对债务人是否具备《中华人民共和国企业破产法》第二条规定的破产原因进行实质审查。

第十七条 对破产申请的审查,应当通过听证调查或书面审查的方式进行。

下列破产申请,应当进行听证调查:

(一)债权人对债务人提出的破产清算、重整申请,但债务人下落不明的除外;

(二)债务人提出的重整申请;

(三)本院受理债权人提出的破产清算申请后,宣告债务人破产前,出资额占债务人注册资本十分之一以上的出资人提出的对债务人重整申请;

(四)在全国、全省及本辖区范围内有重大影响企业提出的破产申请;

(五)其他需要听证调查的破产申请。

第十八条 听证会一般由合议庭委托承办法官主持,下列人员参加:

(一)破产申请人;

(二)债务人的法定代表人、财务人员和职工代表;

(三)本院认为应当参加听证会的其他人员。

重大案件听证会应由合议庭全体成员参加。

组织听证调查的时间不计入破产申请的立案审查期间。

第十九条 听证会应当按照以下程序进行:

(一)申请人陈述申请的事实和理由,并出示相关证据;

(二)债务人有关人员针对破产申请发表意见;

(三)合议庭对债权是否成立、债务人是否具备破产原因、债务人的资产负债情况以及案件的其他相关情况进行调查；

（四）申请人、债务人发表最后意见。

听证笔录应由参加听证的合议庭成员、书记员及其他与会人员签名确认。

第二十条 下列情形同时存在的，应认定债务人“不能清偿到期债务”：

（一）债权债务关系依法成立且无争议，或已经生效法律文书确认；

（二）未经生效法律文书确认的债务履行期限已经届满且未超过诉讼时效；已经生效法律文书确认的债务未超过申请执行期限；

（三）债务人未能清偿到期债务或明确表示不能清偿到期债务。

第二十一条 债务人“资产不足以清偿全部债务”是指，债务人的资产负债表、审计报告、资产评估报告、财务账册或其他证据证明债务人全部资产不足以偿付全部债务，但有相反证据足以证明债务人资产能够偿付全部债务的除外。

第二十二条 债务人无法证明其资产负债情况或提供的证据显示其资产大于负债，因下列情形之一无法清偿债务的，应认定债务人“明显缺乏清偿能力”：

（一）资金严重不足或者财产无法变现；

（二）法定代表人下落不明且无其他人员负责管理财产；

（三）债务人长期亏损，经营状况严重恶化，已丧失盈利能力或已经停止营业；

（四）经人民法院强制执行，因无财产可供执行而中止、终结执行程序；

（五）债务人被吊销营业执照或因其他原因已解散，但未清算或未在合理期限内清算完毕；

（六）其他可以证明债务人明显缺乏清偿能力的情形。

第二十三条 存在下列情形之一的，应认定债务人具有“明显丧失清偿能力可能”：

（一）资金流动困难或长期过度负债导致债务人陷入财务困境；

（二）存在大量诉讼和执行案件，导致债务人陷入经营困境；

（三）债务人因经营困难暂停营业或有停业可能；

（四）债务人的资产虽超过负债，但资产无法变现或者法律禁止交易，无法用于清偿到期债务；

（五）债务人存在大量待处理资产损失，致使实际资产的变现价值可能小于负债；

（六）清偿已届清偿期的债务，将导致债务人难以继续经营；

（七）本院认可的其他情形。

第二十四条 债权人申请债务人破产，债务人可以对申请人债权的真实性、债务人是否具备破产原因等提出异议，并提交相关证据材料。异议成立的，破产申请不予受理。

第二十五条 本院受理破产申请前,申请人可以请求撤回申请。申请人撤回破产申请的,本院将申请材料及相关证据退回申请人。

本院受理破产申请前,债权人和债务人可以自行协商和解或提前准备重整方案,协商和解和准备重整方案的期间不计入本院破产案件立案审查期间。

第二十六条 国有独资企业或国有资本控股企业申请破产的,必须经对债务人履行出资人职责的国有资产监督管理机构或国有企业上级主管部门的同意,且企业员工已经妥善安置或已制定切实可行的员工安置方案。未经国有资产监督管理机构或国有企业上级主管部门同意的,破产申请不予受理。

债权人申请国有独资企业或国有资本控股企业破产的,人民法院应当向对债务人履行出资人职责的国有资产监督管理机构或国有企业上级主管部门告知申请情况,说明股东、清算义务人的破产法律责任。

第二十七条 商业银行、证券公司、保险公司等金融机构或者其债权人申请该金融机构破产的,应经国务院金融监督管理机构批准。未经批准的,破产申请不予受理。

占商业银行、证券公司、保险公司等金融机构注册资本十分之一以上的出资人申请该金融机构重整的,须提交国务院金融监督管理机构同意重整的批准文件。未经同意或批准的,重整申请不予受理。

第二十八条 受理商业银行、证券公司、保险公司等金融机构以及上市公司破产申请,需逐级呈报最高人民法院审核批准。

第二十九条 存在下列情形之一的破产申请,在拟立案受理前,应报广东省高级人民法院批准:

(一)债权人申请债务人破产的,其申报债权金额在人民币1亿元以上的;

(二)被申请破产的债务人需要安置的员工数量在100人以上的;

(三)债权人或债务人对于债务人是否达到破产界限争议极大或债务人破产可能造成重大社会不稳定因素的。

第三十条 债权人提出破产清算申请,债务人下落不明的,人民法院应向债务人公告送达破产申请书及相关证据,并告知听证会召开时间及债务人的异议权利等。

以公告方式送达的,可以适用网络公告方式,统一在本院官方网站公告栏进行公告。

自公告发出之日或公告在本院官方网站公告栏刊登之日起,经过六十日,即视为送达。

第三十一条 债权人申请对人员下落不明或者财务状况不清的债务人破产清算,经审查债务人符合《中华人民共和国企业破产法》第二条规定的,应当予以受理。债务人能否依据《中华人民共和国企业破产法》第十一条第二款的规定提交财产状况说明、债权债务清册等相关材料,不影响对债权人申请的受理。

第三十二条　申请民办学校破产清算,同时符合下列条件的,应当受理:

(一)审批机关对民办学校已作出终止办学的决定或发布终止办学公告;

(二)在读学生已经安置完毕;

(三)民办学校已经清退受教育者学费、杂费和其他费用或有关部门已经作出相关退费预案;

(四)教职员工已经安置或有切实可行的职工安置方案;

(五)地方政府有维护社会稳定的方案。

第三十三条　对重整申请进行实质审查时,可以要求债权人、债务人、出资人提交相关文件并接受询问,也可征询银行等金融机构或工商行政管理机关、证券监督管理机构、国有资产管理机关、税务机关等部门的意见。

第三十四条　经审查,存在下列情形之一的,重整申请不予受理:

(一)申请人不具有重整申请权;

(二)重整申请未经有关机关同意或批准;

(三)债务人缺乏《中华人民共和国企业破产法》第二条规定的重整原因;

(四)债务人不具有重整价值;

(五)本院认为应不予受理的其他情形。

第四章　破产案件立案流程管理

第三十五条　立案一庭接收申请人破产申请材料后,应予登记,并将相关信息录入诉讼信息管理系统,于次日内将申请材料移送审判管理办公室。

第三十六条　审判管理办公室应于收到立案一庭移送的破产申请材料后一日内,预排审查破产申请的承办法官、合议庭成员及法官助理(书记员)。

预排审查破产申请的承办法官、合议庭成员及法官助理(书记员),原则上采用电脑系统随机分案;重大、疑难、复杂的破产案件,预排审查破产申请的承办法官、合议庭成员及法官助理(书记员)前,应当征求公司清算和破产审判庭意见。

第三十七条　审判管理办公室预排审查破产申请的承办法官、合议庭成员及法官助理(书记员)后,应于一日内将预排信息发送至承办法官及法官助理的诉讼信息管理系统,并通知法官助理领取破产申请材料。

第三十八条　公司清算和破产审判庭跟案法官助理应自审判管理办公室将破产申请材料发送至本人诉讼信息管理系统之日起二日内到审判管理办公室签收材料并报本庭内勤登记。

第三十九条　公司清算和破产审判庭跟案法官助理应在收到破产申请材料后

一日内,将相关材料移送承办法官。对于需要听证调查的案件,经承办法官同意后,安排听证时间和听证地点,并录入诉讼信息管理系统。

第四十条　需听证调查的,法官助理应制作听证通知书,经合议庭成员签署后,于听证调查三日前将听证通知书及相关材料送达给参加听证会的单位和个人。

原定听证日期和地点需要变更的,法官助理应在征得承办法官同意后,重新排定听证时间和听证地点,并提前一天通知相关参加听证人员,重新送达听证通知书。

第四十一条　对于无需听证调查的破产申请,承办法官应在收到破产申请材料后七日内审查完毕,并提交合议庭评议,决定是否受理。

对于需要听证调查的破产申请,承办法官应于听证结束后五日内提交合议庭评议,决定是否受理。

第四十二条　合议庭经评议认为破产申请符合受理条件的,由承办法官拟定受理裁定书,经合议庭成员签署后,报公司清算和破产审判庭庭长审批,并通知立案一庭排定破产案件案号。

合议庭经评议认为破产申请不符合受理条件的,由承办法官拟定不予受理裁定书,交合议庭成员签署。

第四十三条　公司清算和破产审判庭作出受理或不予受理破产申请的裁定书后,应于三日内将裁定书送达申请人,并将破产案件信息录入诉讼信息管理系统。

附　　则

第四十四条　本规程与法律、司法解释冲突的,以法律、司法解释为准。

第四十五条　本规程自发布之日施行。原《破产案件立案审查规程(试行)》同时废止。

深圳市中级人民法院破产案件审理规程

(2015 年 2 月 5 日深圳市中级人民法院审判委员会
民事行政执行专业委员会第 1 次会议通过)

第一章　总　　则

第一条　为了进一步促进破产案件审判的规范化,加强相关业务部门的分工和协作,落实破产审判法官及法官助理的工作职责,完善破产案件审判工作的运行机制,提高审判绩效和管理水平,根据《中华人民共和国企业破产法》、《中华人民共和国公司法》、《中华人民共和国民事诉讼法》及相关司法解释,结合我院破产案件审判工作的实际,制定本规程。

第二条 破产审判必须坚持以事实为依据,以法律为准绳,严格执法,司法为民,维护社会公平正义。

第三条 破产审判必须严格遵守法定程序,规范审判行为,确保程序公正,维护债权人、债务人等相关权益人的合法权益。

第四条 破产审判应当注重提高审判效率,坚持公平与效率的统一。合议庭应确保及时审结各类破产案件:一般破产案件应自立案之日起两年内审结;在全国范围内有重大影响、案情疑难复杂的破产案件应自立案之日起三年内审结;特别重大疑难案件应在五年内审结;无不能预见、无法克服的客观原因,不得超期结案。

第五条 庭长、审判长、承办法官、法官助理均应严格依照本规程履行各自的工作职责,协同推进破产案件审理进程,切实做到权责明晰、权责统一,监督有序。

第二章 破产管理人的指定、监管、报酬和援助资金的确定

第六条 破产合议庭决定受理破产申请的,法官助理应当及时填写《选定破产案件管理人移送表》,统一交内勤移送审判管理办公室,由审判管理办公室按本院《破产案件管理人分级管理办法》的规定选定破产案件管理人。

实质合并破产案件、深度关联公司破产案件、需要整体推进的相关企业破产案件,合议庭可确定同一管理人,并报庭长批准。已经本院依法受理并指定管理人的案件,存在前述情形的,合议庭可确定由原管理人统一担任新收案件管理人,并报庭长批准。

第七条 承办法官应严格依照本院《破产案件管理人工作规范》和《破产案件管理人考核办法》的规定指导和监督管理人的日常工作,管理人工作出现质量问题的,承办法官应及时纠正,问题严重的应及时报告合议庭处理。

第八条 合议庭应严格依照本院《管理人报酬确定和支取管理办法(试行)》的规定确定管理人的个案报酬,需要上调或者下浮管理人个案报酬的,应按该办法相关规定办理。

第九条 合议庭应当严格按照本院《破产案件管理人援助资金管理和使用办法》的规定督促管理人缴纳援助资金。在批准管理人报酬支付申请后,法官助理应当填写《交纳管理人援助资金通知书》,督促管理人在收到报酬之日起三日内缴纳,管理人分期收取报酬的,分期缴纳援助资金,并于最后一次收取报酬时予以结算,多退少补。

管理人申请援助资金,应经合议庭评议同意,并报评审小组决定。

第三章 债务人的财产、债权申报和债权人会议

第十条 破产申请受理后,法官助理应自破产案件发送至本人诉讼信息管理

系统之日起两个工作日内到审判管理办公室签收案件,签收后应立即将案件签收表交庭内勤备案,并于次日将案卷移交承办法官审阅。

第十一条　承办法官收到案件材料后应及时确定债权人申报债权的期限。债权申报期限自本院发布受理破产申请公告之日起计算,最短不得少于三十日,最长不得超过三个月。债权申报期限应刊登在受理破产申请的公告中。

债权申报期限届满,无人申报债权,或者经审查无有效债权,经合议庭评议认为应当终结破产程序的,应裁定驳回破产申请。

第十二条　破产案件受理后,法官助理应在承办法官的指导下及时办理下列事项:

(一)制作《受理破产案件公告》、《指定管理人决定书》,并送达管理人登报公告;

(二)制作《告知合议庭组成人员通知书》、《告知债务人义务通知书》,送达申请人、被申请人;

(三)制作《刻制公章函》,送达管理人,由管理人申请公安机关刻制印章;

(四)制作《中止诉讼及执行通知书》,并送达给本院相关庭室和其他相关单位;

(五)制作《申报债权通知书》,由管理人送达已知债权人;

(六)合议庭认为需要办理的其他事项。

第十三条　经管理人申请,合议庭认为需要查询债务人名下房产、股权、银行存款、车辆和股票等证券资产的,应当交由法官助理填写"五查"申请表,经审判长批准后,送交执行局进行"五查"。

执行局收到"五查"申请后,应当给予查询,并及时反馈查询结果。

第十四条　经管理人申请,合议庭可裁定解除本院其他部门对债务人财产采取的保全措施或查封、扣押、冻结等强制措施。

如采取保全措施的单位是其他法院或其他部门,应及时向相关单位发出书面通知、函件,要求其解除。

受理破产案件后,破产宣告前裁定驳回破产申请的,或依据企业破产法第一百零八条的规定终结破产程序的,应及时通知原采取保全措施的单位按照原保全顺位恢复相关保全措施。

第十五条　管理人申请财产保全或证据保全的,合议庭应及时评议决定,情况紧急的,应当在四十八小时内作出决定。

第十六条　采取保全措施后,法官助理应及时将民事裁定书、查封通知书等文书复印件送达管理人,告知查封情况及期限,并注明查封期限届满后需要续封的,应于期限届满前十日向法院书面提出申请。

第十七条　管理人确认取回权、抵销权、法定优先权成立的,应当报合议庭审查。合议庭同意管理人意见的，应当制作《批复》，报庭长批准；合议庭不同意的，应通知管理人进行复核。

管理人对上述权利不予确认的，应当报合议庭备案。合议庭有不同意见的，应通知管理人复议。

第十八条　管理人实施《企业破产法》第二十六条规定行为的，应当申请本院许可。合议庭同意管理人申请的，应当制作《批复》，报庭长批准。

第十九条　第一次债权人会议召开前，承办法官应当指导管理人完成以下准备工作：

（一）拟订第一次债权人会议议程；

（二）通知债务人的法定代表人或者负责人到会；

（三）通知债务人的上级主管部门、开办人或者股东会议代表列席会议；

（四）通知审计、评估人员参加会议；

（五）通知职工代表、工会代表参加会议；

（六）提交是否设立债权人委员会的意见；

（七）完成债权表的编制、审核工作，确有必要的提请法院确认临时表决额；

（八）合议庭认为应当完成的其他工作。

未确定债权额达到全部申报债权数额三分之一以上的，相关表决事项应延期表决。

第二十条　合议庭应从有表决权的债权人中指定一名债权人的代表担任债权人会议主席。法官助理应根据合议庭的意见制作《指定债权人会议主席决定书》。《指定债权人会议主席决定书》一般应在第一次债权人会议上宣布。

第二十一条　管理人编制的债权表应提交债权人会议核查。债务人、债权人对债权表记载的债权无异议的，由管理人提交合议庭及时评议。经合议庭评议认为无误后，裁定予以确认；债务人、债权人对债权表记载的债权有异议的，承办法官应要求管理人告知异议人可以向本院提起诉讼。

第二十二条　债务人财产的管理、变价方案经债权人会议表决未获通过的，合议庭可通知管理人调整管理、变价方案进行再次表决，或根据管理人的申请径行裁定批准。

第二十三条　债权人根据《企业破产法》第六十四条的规定请求本院责令债权人会议依法重新作出决议的，承办法官应及时提交合议庭评议，必要时可召开听证会进行调查。合议庭认为异议成立的，应裁定撤销债权人会议决议，责令其重新作出决议；异议不成立的，裁定驳回申请。

第二十四条　债权人依据《企业破产法》第六十六条规定向本院申请复议的，承办法官应及时提请合议庭复议，并将复议结果告知异议人，复议期间不停止裁定的执行。

第二十五条 债权人会议决定设立债权人委员会的,管理人应将债权人会议选任的成员名单提交本院认可。经合议庭审查符合法律规定的,应决定予以认可。

第二十六条 债权人委员会要求管理人、债务人的有关人员对其职责范围内的事务作出说明或者提供有关文件遭到拒绝,请求本院就监督事项作出决定的,合议庭应自收到申请之日起五日内进行评议并作出决定。

第二十七条 经审查,债务人财产不足以清偿破产费用,管理人提请本院终结破产程序,经合议庭评议同意的,承办法官应自收到申请之日起十五日内作出终结破产程序的裁定和公告。

第四章 重　　整

第二十八条 债权人申请对债务人进行破产清算,在受理破产申请后,宣告债务人破产前,债权人、债务人或者出资额占债务人注册资本十分之一以上的出资人可以申请对债务人重整。

第二十九条 债权人、债务人或者出资额占债务人注册资本十分之一以上的出资人依据前条规定申请对债务人重整的,应当向审理破产清算案件的合议庭提出。承办法官经形式审查认为申请人提交的材料符合本规程规定的,可以组织听证调查。

第三十条 合议庭应对重整申请进行实质审查,实质审查内容包括:

(一)债务人是否具有重整原因,即债务人是否具有企业破产法第二条规定的情形;

(二)债务人是否具有重整可能,如债务人是否具有重整意愿或服从重整程序、债务人是否具有继续经营的条件、债务人是否能够通过重整偿还债务、关于债务人重整的可行性分析是否符合实际、重组方是否具有重组能力等;

(三)债务人是否具有重整价值,即从债务人重整的社会价值、经济效益、重整成本等方面综合分析债务人是否具有重整再生的价值。

第三十一条 合议庭对重整申请进行实质审查时,可以要求债权人、债务人、出资人提交相关文件并接受询问,可以征询银行等金融机构或工商行政管理部门、证券管理部门、国有资产管理部门、税务部门等有关部门的意见。

第三十二条 经审查,重整申请有下列情形之一的,应当裁定不予受理:

(一)申请人不具有重整申请权;

(二)重整申请未经有关机关同意或批准;

(三)债务人不具有《中华人民共和国企业破产法》第二条规定的重整原因;

(四)债务人不具有重整价值;

(五)本院认为应不予受理的其他情形。

第三十三条　经审查,合议庭认为申请人的重整申请符合法律规定的,应裁定债务人重整。

第三十四条　重整裁定书签发后,法官助理应于五日内送达申请人。

第三十五条　自裁定债务人重整之日起十五日内,法官助理应当在全国或者债务人住所地省级有影响的报纸上办理公告手续。

第三十六条　重整期间,为保证重整程序的顺利进行,合议庭可依利害关系人申请裁定对债务人的股权进行保全。

第三十七条　重整期间,债务人的出资人请求分配投资收益的,合议庭不予准许。

重整期间,合议庭认为债务人的董事、监事、高级管理人员向第三人转让其持有的债务人股权有利于重整程序进行,且不损害其他利害关系人合法权益的,可书面决定准许其转让申请。

第三十八条　重整期间,债务人申请自行管理财产和营业事务,合议庭经审查认为符合条件的,应当予以准许,并制作批准债务人自行管理的决定书。

第三十九条　重整期间,对债务人的特定财产享有的担保权暂停行使,但担保物有损坏或者价值明显减少可能,足以危害担保权人权利的,合议庭可根据担保权人的申请书面决定准许担保权人恢复行使担保权。

第四十条　管理人请求确认取回权、担保权、优先权、抵销权成立,合议庭同意的,应书面批复,并报庭长批准。

第四十一条　债权人未在债权申报期限内申报债权,其债权在重整计划草案提交债权人会议表决时仍未被确认的,该债权人不享有重整计划草案的表决权。

第四十二条　债权人未在债权申报期限内申报债权,但其在重整计划草案提交债权人会议表决前申报债权并经本院裁定确认的,本院裁定批准重整计划后,该债权人被确认的债权可依照重整计划确定的债权受偿方案获得清偿。

债权人未在债权申报期限内申报债权,在本院裁定批准重整计划后重整计划执行完毕前补充申报债权的,管理人可以接受申报并进行审查,但债权人在重整计划执行期间不得行使权利;在重整计划执行完毕后,可以按照重整计划规定的同类债权的清偿条件行使权利。

债权人未在债权申报期限内申报债权,在重整计划执行完毕后补充申报债权的,管理人不接受申报,告知债权人向债务人主张权利。

第四十三条　合议庭认为债务人或管理人请求延长重整计划草案提交期限有正当理由的,应裁定同意,延长期限不超过三个月。

因重大诉讼、仲裁未决影响重整计划草案制作的,重大诉讼、仲裁审理期间不计入重整计划草案提交期限。

第四十四条 承办法官应在收到重整计划草案之后通知管理人于三十日内召开债权人会议,对重整计划草案进行表决。

第四十五条 重整计划草案涉及出资人权益调整事项的,应当设出资人组,对该事项进行表决。有限责任公司出资人权益调整事项经代表三分之二以上表决权的股东通过;股份有限公司出资人权益调整事项经出席会议的股东所持表决权的三分之二以上通过。

债务人的出资人代表可以列席讨论重整计划草案的债权人会议。

第四十六条 审查重整计划时,合议庭应当把握以下原则:

(一)程序合法原则,即重整计划的制订和表决应符合法律规定的程序要求;

(二)公平原则,即处于同一清偿顺序的债权人必须获得同一比例的清偿;

(三)绝对优先原则,即企业破产法对破产清算程序所规定的优先顺序,在重整程序中必须同样适用;

(四)最大利益原则,即每一个债权人,在重整程序中应获得在破产清算程序中本可获得的清偿,包括持反对意见的债权人。

经审查认为重整计划符合法律规定的,合议庭应于收到批准重整计划申请之日起三十日内裁定批准,并予以公告。

第四十七条 对于未通过重整计划草案的表决组拒绝再次表决或者再次表决仍未通过重整计划草案,但重整计划草案经审查符合企业破产法第八十七条第二款规定的,合议庭应于收到批准重整计划草案申请之日起三十日内作出书面裁定,报庭长批准后予以公告。

第四十八条 重整期间,具有下列情形之一的,经管理人、利害关系人请求,合议庭应当裁定终止重整程序,宣告债务人破产:

(一)债务人的经营状况和财产状况继续恶化,缺乏挽救的可能性;

(二)债务人有欺诈、恶意减少债务人财产或者其他显著不利于债权人的行为;

(三)由于债务人的行为导致管理人无法执行职务。

第四十九条 重整期间,具有下列情形之一的,合议庭可依职权裁定终止重整程序,并宣告债务人破产:

(一)债务人或者管理人未按期提出重整计划草案;

(二)重整计划草案未获得全部表决组通过,且未依照企业破产法第八十七条的规定获得本院批准;

(三)重整计划草案经各表决组通过后未获得本院批准。

第五十条 合议庭同意延长重整计划执行期限和监督期限申请的,应当自收到申请书之日起十五日内裁定批准。

第五十一条 重整计划执行过程中,管理人或债务人认为确有必要变更重整计划相关内容的，应向合议庭提交重整计划变更草案。

第五十二条　合议庭经审查认为变更重整计划确有必要的，应于三十日内召开债权人会议，对重整计划变更草案进行表决。

重整计划变更草案经债权人会议表决通过后，管理人或者债务人应当申请本院批准重整计划变更草案，合议庭经审查认为重整计划变更草案符合法律规定的，应当裁定批准并送达债务人执行。

第五十三条　债务人不执行或者不能执行重整计划的，合议庭应于收到管理人申请之日起十五日内裁定终止重整计划的执行，并宣告债务人破产。

第五十四条　重整计划执行完毕，合议庭应于收到管理人报告之日起三日内裁定终结重整程序，报庭长批准。

第五章　和　　解

第五十五条　法院受理破产申请后，宣告债务人破产清算前，债务人提出和解申请的，应同时提交和解协议草案。

第五十六条　债务人在破产申请受理后申请和解的，应当向审理破产清算案件的合议庭提出。承办法官应对和解协议草案进行形式审查，和解协议草案应当包括以下内容：

（一）和解的清偿比率；

（二）主要债权人的和解意向；

（三）和解协议的执行期限和还款步骤；

（四）和解协议的执行保障；

（五）人民法院要求的其他内容。

第五十七条　经审查和解协议符合前述形式要件后，承办法官应当及时召开听证会，对和解协议草案进行实质审查，听取债务人、主要债权人、其他利害关系人对和解的意见，审查要点包括：

（一）同类债权人有无受到公平对待；

（二）债权人放弃权益是否基于自愿；

（三）和解协议的执行是否具备可行性；

（四）和解协议的内容有无违反法律、法规禁止性规定。

债务人已提交翔实的和解协议、主要债权人意向书、相关执行保障等证据的，合议庭也可以采取书面方式进行实质审查。

第五十八条　经听证调查或书面审查，合议庭认为和解申请符合法律规定的，应裁定和解，并予以公告。

第五十九条　裁定和解后，担保权人要求行使权利，经管理人报合议庭审查同意的,由管理人按照破产财产的处置原则和方式处理。

第六十条 裁定和解后,和解协议履行完毕前,未经合议庭同意,管理人不得协助债务人股东办理股权转让手续。

第六十一条 裁定和解后,承办法官应当在十五日内召集债权人会议讨论和解协议草案,但债权人的债权尚未经法院裁定确认的除外。

第六十二条 债权人会议通过和解协议后,合议庭应对下列内容进行审查:

(一)债权人会议表决程序合法;

(二)和解协议不违反法定的债权清偿顺序;

(三)同类债权得到公平对待;

(四)反对和解协议的债权人权益没有受到侵害;

(五)和解协议内容不存在欺诈或违反法律、法规禁止性规定;

(六)和解协议的执行期限合理、执行保障到位;

(七)人民法院认为应当审查的其他内容。

审查认为和解协议符合法律和前款规定的,合议庭应裁定认可和解协议、终止和解程序,并予以公告。

第六十三条 和解协议草案未获债权人会议表决通过,或债权人会议通过的和解协议未获本院认可的,合议庭应裁定终止和解程序并宣告债务人破产。

第六十四条 债务人不执行或者不能执行和解协议,经和解债权人请求,合议庭应裁定终止和解协议的执行并宣告债务人破产。

第六十五条 因债务人欺诈或者其他违法行为而成立的和解协议,合议庭应裁定认定和解协议无效并宣告债务人破产。

第六十六条 本院受理破产申请后宣告破产前,债务人与全体债权人就债权债务的处理自行达成协议的,可以请求本院予以认可。合议庭评议认可协议的,应裁定认可和解协议并终结破产程序,报庭长批准。

债务人在宣告破产后与全体债权人就债权债务的处理自行达成协议的,可申请本院认可。合议庭评议认可的,应裁定撤销破产宣告、认可和解协议并终结破产程序,报庭长批准。

第六章 破产清算

第六十七条 合议庭裁定宣告债务人破产的,法官助理应自破产宣告裁定作出之日起五日内送达债务人和管理人,同时要求管理人自裁定作出之日起十日内通知已知债权人。

第六十八条 管理人处置破产财产应报本院备案。待处置的破产财产在《破产财产变价方案》中未作规定,或者需变更《破产财产变价方案》规定的处置方式的,应进行评议并书面回复管理人。

第六十九条 处置破产财产应当先行评估,但债权人会议另有决议的除外。管理人提出评估申请后,法官助理应制作《破产案件选定评估(拍卖)机构移送表》,报签后交本院审判管理办公室统一摇号确定。管理人根据摇号结果完成委托评估手续。

第七十条 债权人会议、管理人对破产财产的评估结论、评估费用有异议的,合议庭应参照最高人民法院《关于民事诉讼证据的若干规定》第二十七条的规定处理。

第七十一条 位于深圳市内的不动产,统一由管理人委托深圳市土地房产交易中心进行拍卖。深圳市土地房产交易中心不接受拍卖委托的,合议庭可决定从本院拍卖机构名册中另行摇号选定适格的拍卖机构。

动产和非深圳市内的不动产,由法官助理填写《破产案件选定评估(拍卖)机构移送表》,报签后交本院审判管理办公室统一摇号确定。管理人根据摇号结果完成委托拍卖手续。

第七十二条 承办法官应当监督管理人及时拟定破产财产分配方案提交债权人会议讨论。债权人会议通过破产财产分配方案的,合议庭应及时裁定认可。

债权人会议二次表决未获通过的破产财产分配方案,管理人申请本院批准,合议庭审查同意的,应及时裁定认可。

第七十三条 管理人依法提请本院终结破产程序的,合议庭应自收到请求之日起十五日作出决定。决定终结破产程序的,应作出裁定报庭长批准。

法官助理应制作终结破产程序的公告,交管理人刊登。

第七十四条 终结破产程序裁定发出后,法官助理应督促管理人办理企业注销手续,并将相关注销文件归入破产案件档案。

第七十五条 法官助理应于破产程序终结裁定送达完毕后十五日内完成案卷归档,并报送结案。重大、疑难、复杂等破产案件需要延长的,报庭长批准,但最长不得超过三十日。

第七十六条 债权人根据《企业破产法》第一百二十三条第(一)项、第(二)项的规定请求人民法院按照破产财产分配方案追加分配,合议庭评议同意的,应作出裁定。

有前款规定情形,但财产数量不足以支付分配费用的,不再进行追加分配,由法官助理填写《划转往来款审批单》,报庭长批准,上交国库。

第七章 简易程序

第七十七条 本院审理下列破产案件,适用简易程序:

(一)债务人不属于国有企业,且财产价值总额不超过 100 万元的;

(二)债务人的主要财产、账册、重要文件等灭失,或者债务人人员下落不明,未发现存在巨额财产下落不明情形的;

(三)债权债务关系简单,不存在重大维稳隐患的;

符合上述条件之一的,合议庭应在立案审查时决定适用简易程序,并制作决定书,报庭长批准。

第七十八条 适用简易程序审理的破产案件,法官助理应在案件受理公告中载明该案适用简易程序。

第七十九条 适用简易程序审理的破产案件,债权申报期限为三十日,自本院发布受理破产公告之日起计算。

管理人应于案件受理之日起十日内通知已知债权人申报债权。

第八十条 适用简易程序审理的破产案件,本院可以采用传真、电子邮件等简便方式送达相关文书,但民事裁定书除外。

债务人下落不明的,相关文书可送达给其股东,并在其工商登记或其他依法备案的住所地张贴。

第八十一条 适用简易程序审理的破产案件,债权人会议一般以书面方式召开,确需集中召开债权人会议的,一般不超过两次。条件允许的,可采取网络表决等形式便利债权人行使权利。

适用简易程序审理的破产案件一律不设立债权人委员会。

适用简易程序审理的破产案件使用统一格式的财产管理、变价和分配方案,但债权人会议另有决议的除外。

第八十二条 适用简易程序审理的破产案件如无审计必要,可由管理人完成债权审查、财产调查后形成清算报告,报合议庭评议后,裁定宣告债务人破产。

第八十三条 适用简易程序审理的破产案件,一律通过本院鹰眼查控系统查询债务人名下的房产、存款、股权、车辆和股票等财产,经过"五查",确未发现债务人有财产可供分配或仅有少量财产无法支付清算费用的,管理人应在三日内报请合议庭评议终结破产程序。

第八十四条 因账册、重要文件灭失,无法清算或无法全面清算的,承办法官应督促管理人提出终结破产程序申请,并在裁定书中列明无法清算或无法全面清算的原因,引导债权人追究债务人有关人员的责任。

第八十五条 适用简易程序审理的破产案件应于立案之日起六个月内审结,有特殊情况需要延长审理期限的,应报庭长批准,但延期最长不得超过六个月。

第八十六条 在适用简易程序审理破产案件过程中,发现案情复杂不宜适用简易程序的,合议庭应及时裁定转为普通清算程序,报庭长批准。

经批准转为普通清算程序的，法官助理应将裁定书送达债务人、管理人和相关权利人。

第八章　衍生诉讼案件

第八十七条　本院受理破产案件后，与债务人有关的民事诉讼案件由公司清算和破产审判庭另行组成合议庭审理。但知识产权案件仍由相关业务部门集中审理。劳动争议和职工清单纠纷案件，根据《关于涉及破产企业员工劳动争议类案件立案审理有关问题的通知》的规定，由本院受理后指定破产企业主要办公地点所在地的基层人民法院审理。

破产程序终结后，有关破产企业的民事诉讼，不再适用《企业破产法》第二十一条集中管辖的规定。

第八十八条　破产衍生诉讼案件的审理适用一般民事诉讼的法律、法规、司法解释和本院的相关规定，但《企业破产法》有特别规定的除外。

第八十九条　破产衍生诉讼案件的各类信息由法官指导、督促法官助理按规定及时录入诉讼信息系统。

第九章　附　　则

第九十条　本规程自发布之日施行，原《深圳市中级人民法院破产案件审判流程管理规程》同时废止。

第九十一条　本规程由本院审判委员会负责解释。

深圳市中级人民法院破产案件债权审核认定指引

（2017年8月17日本院审判委员会民事执行专业委员会
2017年第3次会议通过）

第一章　总　　则

第一条　为规范和统一破产案件债权审核认定流程和标准，维护债权人、债务人和其他利害关系人的合法权益，根据《中华人民共和国企业破产法》等法律、法规和司法解释的规定，结合本院破产案件审判实践，制定本指引。

第二条　本指引所称的破产案件债权审核认定，是指对破产案件中债权人申报债权的真实性、合法性以及性质、数额等进行审核和认定的过程和结论。

第三条　破产案件债权审核认定包括债权通知和公告、债权申报的受理、债权表的编制、债权的审核认定等内容。

第四条 破产案件债权审核认定应当遵循标准统一、实体与程序并重、保障实质公平的原则。

第五条 审核认定债权应当在债权人申报的范围之内,不得超出债权人申报的数额和范围。

审核认定债权适用法律法规,应当查明效力和适用范围,遵守上位法优于下位法、特别法优于一般法的原理,优先适用企业破产法和相关司法解释。

部门规章、地方政府规章、行业监督管理机构或者具备行业监督管理职能的机构制定的规则及其他规范性文件,不违反上位法规定的,可以参照适用。

第二章 债权审核认定流程

第一节 债权通知和公告

第六条 自本院裁定受理破产申请之日起二十五日内,管理人应当协助本院通知已知债权人申报债权,公布包括债权申报内容的破产案件受理公告或者单独的债权申报公告。

第七条 管理人协助本院通知已知债权人申报债权,应当按照民事诉讼法的规定采取直接送达、邮寄送达或者债权人确认的其他方式送达债权申报通知。

管理人协助本院通知已知债权人时应当提供债权申报登记表、授权委托书、法定代表人(负责人)身份证明书、证据清单的范本,以及其他便于债权人申报债权的说明性文件。

第八条 本指引所称已知债权人是指根据债务人提供的资料,以及通过本案卷宗或者其他途径获得的信息,初步判断对债务人享有债权并且能够查明联系方式的债权人。

管理人根据债务人提供的资料初步判断债务人欠缴税款的,应当通知相应税收征管机关申报债权。

第九条 债务人应当为管理人调查已知债权人的范围提供协助,及时向管理人提供业务资料、财务资料、诉讼仲裁和执行案件资料、债权人催收资料,以及其他涉及负债情况的资料。

第十条 债权申报公告应当根据案件的影响范围,按照以下原则确定刊载的媒体:

(一)小额破产案件在“全国企业破产重整案件信息网”发布;

(二)普通破产案件在深圳市发行的报纸和《人民法院报》上发布;

(三)债务人在境外拥有财产或者境外的债权人数量较多、比例较高的,可以同步在境外发行的报纸上发布；

（四）债务人具有特别行业属性的，可以同步在行业内有影响的报纸上发布；

（五）债务人属于公众公司的，应当在监管部门要求的信息披露载体上发布。

上述（二）至（四）项公告应当同时录入最高人民法院“全国企业破产重整案件信息网”相应栏目。

第二节 债权申报的受理

第十一条 管理人应当在本院确定的债权申报期限内指派专门工作人员在通知和公告的债权申报地点受理债权申报。

债权申报期限由本院依法确定。管理人可以根据破产案件实际情况向本院提出关于债权申报期限的建议。

债权申报地点可以是管理人处理事务的地址、债务人住所地，或者是管理人报本院备案后专门设立的债权申报地点。

第十二条 管理人在受理债权人申报时应当进行形式审查。

形式审查包括审查债权人的身份证明文件、申报的债务人是否为破产案件的债务人、申报的权利种类和性质。

第十三条 管理人经形式审查合格的，应当受理债权申报并进行登记，出具债权申报回执。

管理人经形式审查不合格的，应当指令申报人限期补充材料。申报人逾期不补充或者补充后仍不合格的，管理人可以根据申报人的要求出具不予受理的回执。

第十四条 管理人应当向债权人释明其在破产程序中的权利和义务。管理人可以要求债权人填写债权申报表和送达地址、送达方式确认书。

第十五条 管理人受理债权申报后应当编制债权申报统计表。债权申报统计表应当包括以下内容：

（一）债权人的姓名或者名称。债权人委托代理人申报债权的，应当包括代理人的姓名和代理权限；

（二）债权人或者代理人的地址和电话等联系方式；

（三）债权申报的时间；

（四）申报的债权性质和债权数额；

（五）债权有无担保和担保形式；

（六）债权是否经过生效法律文书确认，是否经过人民法院强制执行或者采取了保全措施；

（七）管理人认为应当统计的其他内容。

第十六条 债务人应当自破产案件受理之日起十五日内向管理人提供职工名

册、工资发放记录、社会保险费用和住房公积金缴纳记录,说明是否欠付职工工资和医疗、伤残补助、抚恤费用,所欠的基本养老保险、基本医疗保险费用,以及法律、行政法规、地方性法规规定应当支付给职工的补偿金。债务人在破产案件受理前已经自行安置职工的,应当向管理人说明职工安置情况。

管理人根据职工债权调查的需要,可以要求债务人提供劳动合同、考勤记录、解除或者终止劳动合同的通知、劳动仲裁裁决书等涉及职工权益的生效法律文书、死亡证明书、工伤认定书、伤残登记鉴定报告等资料。债务人下落不明、债务人不提供或者无法提供上述资料的,管理人可以通过债务人住所地的劳动监察机构和社会保险机构进行调查。

第十七条 职工主动申报债权的,管理人予以登记。

劳动监察机构、社会保险机构、欠薪保障基金管理机构、工会、债务人经营场所的房屋出租方以及其他为债务人垫付了工资和医疗、伤残补助、抚恤费用、基本养老保险、基本医疗保险费用、住房公积金、补偿金等职工债权的主体向管理人申报债权的,管理人应当受理。

第三节 债权的审核认定

第十八条 债权审核认定流程包括管理人审查、债务人核查、反馈、异议和复核、债权表编制。

第十九条 管理人应当结合债权人的申报材料和债务人提供的材料对债权是否成立、债权性质、债权数额、担保情况等进行实质审查。

管理人可以根据审查需要通知债权人补充材料或者说明情况。

第二十条 管理人可以将债权申报统计表和债权人的申报材料送交债务人核查,债务人应当在管理人规定的期限内反馈意见。管理人可以根据审查需要,通知债务人的相关人员到场配合并说明情况。

债务人反馈意见应当包括债权是否成立、债权性质、债权数额、担保情况和管理人要求说明的其他情况。

债务人下落不明或者不发表意见的,管理人可以依据债权人的申报材料迳行审查。

第二十一条 管理人应当将审查结论通知债权人。

审查结论认定债权不成立、债权性质和担保与申报不一致、债权数额与申报差异较大的,应当在通知中说明债权不成立或者产生相关差异的原因。

第二十二条 管理人通知债权人审查结论,应当给予债权人不少于七日的异议期。

债权人提出异议的,管理人可以将异议送交债务人核查。

第二十三条　管理人应当书面通知债权人复核结论，并告知债权人有权自收到审查结论之日起十五日内向本院提起诉讼。逾期不起诉的，管理人可以按无异议处理。

第二十四条　管理人应当根据债权审查结论编制债权表。债权表应当列明债权人的姓名或者名称、申报的债权性质和债权数额、审查认定的债权性质和债权数额。

第二十五条　暂缓认定的债权和不予认定的债权应另行列表并提交债权人会议。

暂缓认定的债权包括管理人尚未作出审查结论或者复核结论的债权、管理人作出审查结论或者复核结论后债权人提起诉讼的债权、附条件但条件尚未成就的债权、诉讼和仲裁未决的债权、债务人的保证人或者其他连带债务人对债务人将来求偿权申报的债权等。

管理人可以告知债权人暂缓认定的原因。暂缓认定的原因消除后，管理人应当及时完成审查并将审查结论通知债权人。

第二十六条　管理人应当在第一次债权人会议召开之前完成债权审查和债权表的编制，因特殊情况未完成债权审查和债权表编制的，应当向债权人会议作出书面说明。

管理人应当保存债权表和债权申报材料，供利害关系人查阅。

第二十七条　管理人应当编制并公示职工债权清单。职工债权清单应当包括职工债权人的姓名或者名称、职工债权的类别、职工债权的数额。职工对职工债权清单记载有异议并要求更正的，管理人应当进行复核并将复核结论书面通知职工。管理人复核后不予更正的，应当告知职工可以在接到书面通知之日起十五日内依法提起诉讼。逾期不起诉的，管理人可以按无异议处理。

管理人应当在第一次债权人会议召开之前完成职工债权清单的编制并在债权申报地点、债务人住所地或者相关场地、网络平台进行公示，因特殊情况未完成职工债权清单编制并公示的，应当向债权人会议作出书面说明。

第四节　债权人会议核查

第二十八条　管理人应当将债权表提交第一次债权人会议核查。第一次债权人会议未能核查的债权，管理人应当提交之后的债权人会议核查。

第二十九条　管理人将债权表提交债权人会议核查时，应当同时送交债务人核查。

第三十条　债权人和债务人对债权表记载的内容有异议的，管理人应告知其自债权人会议核查债权之日或收到债权表之日起十五日内向本院提起诉讼。逾期不起诉的,管理人应当申请本院裁定确认。

职工对职工债权清单记载的内容有异议的,应当自清单公示之日起十五日内向有管辖权的法院提起诉讼。

第三十一条 债权人可以在破产案件受理后转让债权。债权人在破产案件受理后转让债权的,应当通知管理人。

第三十二条 债权人在债权人会议核查债权表之前通知管理人债权转让的,管理人应将受让方列入债权表并提交债权人会议核查;债权人在债权人会议核查债权表之后通知的,管理人可以在向债权人会议通报债权转让事项后申请本院重新裁定确认。

第三十三条 债权人在破产案件受理后转让债权的,受让方自债权转让通知管理人之日起以自己的名义行使权利。但债权人为了增加表决权数量将同一笔债权向多个受让方转让的除外。

第三章 债权审核认定的一般标准

第一节 普通债权审核认定的标准

第三十四条 债权人申报的债权已经人民法院生效判决书、裁定书、调解书,仲裁机构、劳动仲裁机关生效裁决书,或者公证机关公证债权文书确定的,管理人按照生效法律文书确定的数额或者生效法律文书确定的计算方法予以认定。

第三十五条 生效法律文书确有错误,符合申请再审条件或者符合第三人撤销之诉要件的,管理人可以在取得相应证据后申请再审或者提起第三人撤销之诉。

管理人申请再审或者提起第三人撤销之诉的,应当报告本院,相应债权暂缓认定。

第三十六条 诉讼、仲裁未决的债权暂缓认定。管理人可以根据案件实际情况决定是否上诉。

第三十七条 未经诉讼或者仲裁的债权,管理人应当按照法律法规和司法解释的规定予以审核认定。

第三十八条 债务人下落不明、不反馈意见、不提交证据材料,或者财务记录不明的债权,管理人可以根据债权人申报材料和管理人依法取得的其他材料予以审核认定。

第三十九条 管理人应当依照民事诉讼证据的相关规定对债权人的申报材料、债务人的反馈材料和财务账册以及管理人取得的其他证据材料进行审核,必要时可以申请本院调查取证,也可以申请专项鉴定。

第四十条 债权人申报合同之债的,管理人应当查明合同成立、生效、履行、变更、中止和发生争议的情况。

第四十一条　债权人申报侵权之债的，管理人应当查明债务人行为的违法性、债权人受损害事实和损害后果、因果关系和债务人过错的情况。

第四十二条　债权人申报不当得利之债的，管理人应当查明债权人受损与债务人获益之间的因果关系、债务人获益有无法律或者合同依据的情况。

第四十三条　债权人申报无因管理之债的，管理人应当查明债权人管理债务人的事务、债权人确无法定或者约定义务的情况。

第四十四条　未到期的债权在破产案件受理时视为到期。

附条件的债权，管理人应当审查所附条件是否成就；条件尚未成就的，暂缓认定。

第四十五条　债务人是社会团体、公益组织、政府投融资平台公司、公众公司的，管理人应审查债务人对外提供担保是否符合法律、法规、章程的规定。管理人认定担保合同无效后，债权人主张债务人承担赔偿责任的，应当向本院提起诉讼。

第四十六条　连带债权人可以由其中一人代表全体连带债权人申报债权，也可以共同申报债权。连带债权人由其中一人代表全体连带债权人申报债权或者共同申报债权的，应当认定为一笔债权。

第四十七条　债权人未向管理人申报全部债权时，债务人的保证人或者其他连带债务人尚未代替债务人清偿债务，但以其对债务人的将来求偿权申报债权的，管理人应当受理并暂缓认定。

第四十八条　债权人在数个连带债务人的破产案件中分别申报全部债权的，应当如实作出书面说明。

第四十九条　债权人以管理人或者债务人依照企业破产法规定解除合同产生的损害赔偿请求权申报债权的，债权数额按照解除合同产生的实际损失认定。

第五十条　债权人申报的债权是受让而来的，应当提交已经通知债务人的证据。符合规定的金融资产管理公司受让或转让国有银行债权，金融资产管理公司或国有银行在全国或者省级有影响的报纸上公布的有催收内容的债权转让公告或者通知的，视为已经通知债务人。债权转让未履行通知义务的，债权转让对债务人不发生效力。

债权发生多次转让的，债权转让和通知债务人的证据应当连续。

第五十一条　债权人应当书面向管理人如实说明债权受偿的情况，包括债务人、担保人和其他债务人已经履行清偿义务的情况。债务人、担保人和其他债务人已经履行的清偿义务，管理人在审核认定时应予相应核减。

债权人申报的债权已经获得部分清偿但清偿本息约定不明的，视为按照下列顺序受偿：

(一)实现债权的费用;

(二)债权的利息;

(三)债权的本金。

第五十二条　债权人申报的债权涉及犯罪嫌疑,已经进入侦查、起诉或者审判程序,且刑事案件与债权基于同一法律关系、其结果对债权认定有影响的,在人民法院作出生效的刑事判决或者裁定前,管理人应暂缓认定。

第五十三条　外币债权审核认定后,按照本院受理破产申请之日中国外汇交易中心或者中国人民银行授权机构公布的人民币与该种外币汇率中间价折算为人民币;没有中间价的,按照现汇买入价折算;没有现汇买入价的,按照现钞买入价折算。

第五十四条　债权人申报的下列债权不予认定:

(一)行政、司法机关对债务人的罚款、罚金及其他有关费用;

(二)债务人未履行生效法律文书应当加倍支付的迟延利息和劳动保险金的滞纳金;

(三)债务人逾期不履行行政决定的金钱给付义务,行政机构加处的超过金钱给付义务数额一倍的滞纳金;

(四)破产案件受理日以后的债务利息;

(五)债权人参加破产程序所支出的费用;

(六)债务人的股权、股票持有人在股权、股票上的权利;

(七)超过诉讼时效的债权,超过法律规定的期限未申请强制执行的债权;

(八)债务人开办单位对债务人未收取的管理费、承包费;

(九)管理人或债务人在破产程序内解除合同,合同相对方申报的超出实际损失的赔偿请求或者要求返还定金的加倍部分;

(十)政府无偿拨付给债务人的资金,但财政扶贫、科技管理等行政部门通过签订合同,按有偿使用、定期归还原则发放的款项除外;

(十一)超过债权人申报范围的债权;

(十二)其他依据相关法律法规不予认定的债权。

第二节　债权利息审核认定的标准

第五十五条　本指引所称的债权利息,包括依照法律法规、生效法律文书、合同以及根据交易习惯应当计算的利息、逾期利息、罚息、复利、逾期还款或付款的违约金或滞纳金、资金占用费等。

借贷合同的债权人向债务人收取的咨询费、顾问费、管理费、手续费、综合费等费用按利息处理。

第五十六条　管理人应当按照生效法律文书确定的方法计算迟延履行期间的

利息，但债务人未履行生效法律文书应当加倍支付的迟延利息除外。生效法律文书未确定给付迟延履行期间利息的，迟延履行期间不计算利息。

第五十七条　合同约定的利率超过年利率24%的，超过部分的利息不予认定。

合同约定逾期利息、罚息、复利、违约金、滞纳金，或资金占用费、管理费、手续费、咨询费、综合费等费用的，从其约定，但总额折算不得超过年利率24%。

债务人已支付超过年利率36%部分的利息，超过部分应在申报的债权数额中核减。

本院受理破产申请前一年内，债务人支付的利息超过年利率24%但不足36%的部分，应核减债权数额。

第五十八条　债权申报依据的合同未约定利息或者生效法律文书未确定给付利息的，不予认定债权利息，但履行期限届满后或者法律规定催告后的利息除外。

债权申报依据的合同约定利息不明，但根据交易习惯应当计算利息或者资金占用费的，可以按照中国人民银行公布的同期银行一年期贷款利率计算利息。

中国人民银行不公布基准利率的，参照银行同业机构或者主要国有商业银行公布的同期利率计算。

第五十九条　国有独资企业或者国有控股企业破产，债权人申报的债权系金融机构转让的，自金融机构转让时起停止计息。

前款规定以外的其他企业破产，债权人受让经生效法律文书确认的金融不良债权，或受让的金融不良债权经生效法律文书确定，受让日在2009年3月30日前的，2009年3月30日前的利息依照相关法律规定计算，2009年3月30日后不再计付利息；受让日在2009年3月30日后的，受让日之前的利息按照相关法律规定计算，受让日之后不再计付利息。

第六十条　债务人是担保人的，承担担保责任中的利息自破产申请受理时起停止计算。

第六十一条　债权人申报的债权是外币的，以原币种审核认定债权的利息。外币利率规定或者约定不明的，参照中国外汇交易中心、中国人民银行授权机构、银行同业机构或者主要国有商业银行公布的同币种同期利率计算。

第三节　其他债权审核认定的标准

第六十二条　其他债权是指建设工程价款优先受偿权、船舶优先权、航空器优先权、有财产担保债权、职工债权、税款债权和抵销权。

除本节另有规定外，其他债权按照普通债权的审核认定标准执行。

第六十三条　债权人申报建设工程价款优先受偿权、船舶优先权和航空器优先权的，应当在法律规定的期限内申报或者提交在法律规定的期限内主张的证据。

债权人未在法律规定的期限内申报或者不能提交在法律规定的期限内主张证据的,作为普通债权审核认定。

第六十四条 建设工程价款优先受偿权的审核认定,按照《中华人民共和国合同法》第二百八十六条和《最高人民法院关于建设工程价款优先受偿权问题的批复》执行。消费者已支付商品房的全部或者大部分购买款项的,承包人就该商品房享有的工程价款优先受偿权不得对抗买受人。

建设工程价款优先受偿权的审核认定,应当参考相应建设工程的结算书。相应建设工程未结算的,可以暂缓认定,待结算完成后认定;无法结算的,管理人根据债权人和债务人提供的证据材料审核认定,必要时可以申请本院选定有资质的机构进行工程造价专项审计和鉴定。

第六十五条 有财产担保债权是指债务人以不动产、动产、权利提供担保所对应的债权。

有财产担保债权的担保权包括抵押权、质权和留置权。以转让物或者权利的所有权作为债权担保的,管理人应当在取回转让物或者权利后认定债权人的普通债权。

第六十六条 破产案件的债务人仅是抵押人、出质人、留置物的所有权人,不是主债务人,担保权人要求在破产程序内实现担保物权的,参照法律和本指引关于有财产担保债权的规定审核认定。

第六十七条 依法应当办理登记的担保物权,未办理登记的,作为普通债权审核认定。

以动产设定抵押的,未登记或者登记不符合法律法规规定的,不得对抗已经对动产取得相应权利的善意第三人。

第六十八条 抵押登记时土地上已有建筑物的,债权人仅办理了土地使用权抵押登记或者建筑物抵押登记,抵押权的范围包括地上建筑物和土地使用权,但土地和房产已分别办理了抵押登记的除外。

土地使用权抵押后,该土地上新增的建筑物不属于抵押财产。

第六十九条 同一财产向两个以上债权人抵押的,依照《中华人民共和国物权法》第一百九十九条之规定确定优先受偿权。

第七十条 债权人对担保财产的优先受偿权,及于担保财产的保险赔偿金、损害赔偿金、征收款、拆迁补偿金,以及担保财产变价所得的价款。

上述资金在破产案件受理前取得的,债权人主张优先受偿需符合独立存放且未被挪用的条件。

第七十一条 管理人审核认定职工债权,应当调查债务人财务账册、审计报告、劳动合同、工资发放记录、社会保险和住房公积金缴纳记录、考勤记录、人事档案等证据材料。

管理人可以向社会保险管理机构、住房公积金管理机构、劳动监察机构调取证据，必要时可以申请本院向上述机构调取证据。

第七十二条　劳动监察机构、社会保险机构、欠薪保障基金管理机构、工会、债务人经营场所的房屋出租方以及其他主体为债务人垫付工资和医疗、伤残补助、抚恤费用、基本养老保险、基本医疗保险费用、住房公积金、补偿金等费用的，视为职工债权。

第七十三条　管理人审核认定税款债权，应当核查债务人财务账册和税收征管机关的申报材料。

第七十四条　债务人欠缴税款以及欠缴税款对应的各类附加属于税款债权。

债务人在破产案件受理前因欠缴税款产生的滞纳金属于普通债权。

债务人因欠缴税款产生的罚款，以及破产案件受理后因欠缴税款产生的滞纳金，不认定为破产债权。

第七十五条　管理人不应主动通知债权人进行抵销，但抵销使债务人财产受益或者享有抵销权的债权人亦已被人民法院受理破产的除外。

互负债权债务的双方当事人均已破产的，以破产案件受理前的双方债权债务进行抵销，不得以一方的全部债权额与另一方的破产债权分配额进行抵销。

第四章　债权审核认定的特别规定

第一节　重整程序的债权审核认定

第七十六条　债务人自行管理财产和营业事务的重整案件一律由管理人负责受理债权申报、审核认定债权、编制债权表。

第七十七条　债权人未在债权申报期限内申报债权，但其在重整计划草案提交债权人会议表决前补充申报债权的，管理人应当受理并进行审查。债权在重整计划草案表决前未经本院裁定确认的，债权人不享有重整计划草案的表决权，但在本院裁定批准重整计划后，该债权人被确认的债权可依照重整计划确定的债权受偿方案获得清偿。

债权人未在债权申报期限内申报债权，在本院裁定批准重整计划后重整计划执行完毕前补充申报债权的，管理人可以受理申报并进行审查，但债权人在重整计划执行期间不得行使权利；在重整计划执行完毕后，可以按照重整计划规定的同类债权的清偿条件行使权利。

债权人未在债权申报期限内申报债权，在重整计划执行完毕后补充申报债权的，管理人不再受理申报，告知债权人向债务人主张权利。

第七十八条 管理人可以根据重整案件的实际情况制定符合法律和司法解释规定的供个案适用的债权审核认定标准,经债权人会议通过并报本院备案后施行。

第二节 和解程序的债权审核认定

第七十九条 和解案件应当由管理人负责受理债权申报、审核认定债权、编制债权表。

第八十条 债权人未在债权申报期限内申报债权,但其在和解协议草案提交债权人会议表决前补充申报债权的,管理人应当受理并进行审查。债权在和解协议草案表决前未经本院裁定确认的,债权人不享有和解协议草案的表决权,在本院裁定认可和解协议后,该债权人被确认的债权可依照和解协议确定的债权受偿方案获得清偿。

债权人未在债权申报期限内申报债权,在本院裁定认可和解协议后和解协议执行完毕前补充申报债权的,管理人可以受理申报并进行审查,但债权人在和解协议执行期间不得行使权利;在和解协议执行完毕后,可以按照和解协议规定的同类债权的清偿条件行使权利。

债权人未在债权申报期限内申报债权,在和解协议执行完毕后补充申报债权的,管理人不再受理申报,告知债权人向债务人主张权利。

第八十一条 管理人可以根据和解案件的实际情况制定符合法律和司法解释规定的供个案适用的债权审核认定标准,经债权人会议通过并报本院备案后施行。

第三节 破产清算程序的债权审核认定

第八十二条 债权人未在债权申报期限内申报债权的,可以在本院裁定认可最后分配方案之前补充申报。

第八十三条 债权人未在债权申报期限内申报,对于其申报债权之前已经进行的分配,不再对其补充分配。

前款规定的已经进行的分配,是指债权人补充申报时本院已经裁定认可破产财产分配方案。

第八十四条 为审核认定补充申报债权产生的核查债权额外支出的费用,包括重新召开债权人会议费用和差旅费用等,由补充申报人承担。

第八十五条 本院受理破产申请前,债务人已经自行清算的,管理人可以参考债务人清算组自行清算期间的工作成果审核认定债权和编制债权表。

第八十六条 本院受理破产申请前,债务人已经人民法院指定清算组进行强制清算的,破产程序可以不再指定新的债权申报期间。强制清算期间的债权申报视为破产债权申报。

第五章 附 则

第八十七条 本指引自公布之日起施行。

第八十八条 本指引由本院审判委员会负责解释。

深圳市中级人民法院 审理企业重整案件的工作指引(试行)

(2019年3月14日本院审判委员会民事执行专业委员会2019年第3次会议讨论通过)

目 录

第一章 总 则

第一条 为正确适用破产重整相关法律规定,规范审理破产重整案件,提升审判质效,根据《中华人民共和国企业破产法》《中华人民共和国公司法》等法律及相关司法解释的规定,结合本院审判实际情况,制定本指引。

第二条 本院鼓励、支持、引导对具有挽救价值与重整可能的债务人进行重整。

第三条 审理企业破产重整案件,应当保护债权人和债务人的合法权益,兼顾出资人、重整投资人及其他利害关系人的正当利益,注重维护社会整体利益。

第四条 审理企业破产重整案件,应当坚持高效原则,依法及时公正处理各项事务。

第五条 本院管辖债务人住所地在深圳市的企业破产重整案件,但基层法院管辖的执行转破产案件除外。

第二章 重整申请和审查

第一节 申 请

第六条 债务人具备重整原因的,债权人可以向本院申请对债务人进行重整,债务人也可以自行提出重整申请。

债务人具有下列情形之一的,应当认定其具有重整原因:

(一)不能清偿到期债务,并且资不抵债;

(二)不能清偿到期债务,并且明显缺乏清偿能力;

(三)有明显丧失清偿能力可能。

第七条 国务院金融监督管理机构可以依照《中华人民共和国企业破产法》第一百三十四条的规定,对商业银行、证券公司、保险公司等金融机构申请重整。

第八条 债权人申请对债务人进行破产清算的,在破产申请受理后,宣告债务人破产前,债权人、债务人或者出资额占债务人注册资本十分之一以上的出资人,可以申请对债务人进行重整。

第九条 债务人自行提出重整申请的,应当按照法律法规或者公司章程规定,事先经过股东会(或股东大会)、董事会、主管部门或投资人的同意。

第十条 债权人申请重整的,应当提交下列材料:

(一)重整申请书。记明申请人和被申请人的基本信息、申请事项、申请的事实和理由;

(二)申请人的主体资格证明;

(三)债务人的主体资格证明和最新工商登记材料;

(四)债务人不能清偿到期债务的证据;

(五)债务人具有重整价值的证据。

第十一条 债务人申请重整的,应当提交下列材料:

(一)本指引第九条、第十条第(一)、(二)、(四)、(五)项列明的材料;

(二)资产及负债明细;

(三)有关财务会计报告;

(四)债权、债务及担保情况表;

（五）诉讼、仲裁及执行情况清单；

（六）职工安置预案；

（七）重整可行性分析报告。

第十二条　债务人的出资人申请重整的，应当提交下列材料：

（一）本指引第十条列明的材料；

（二）债务人资产及负债明细；

（三）债务人有关财务会计报告；

（四）债务人职工安置预案；

（五）债务人重整可行性分析报告。

第十三条　上市公司债权人、上市公司及其出资人申请对该上市公司重整的，除分别依照本指引第十条至第十二条规定提交材料外，还应当提交上市公司住所地省级人民政府向证券监督管理部门的通报材料、证券监督管理部门的意见以及上市公司住所地人民政府出具的维稳预案。

第十四条　商业银行、证券公司、保险公司等金融机构债权人、金融机构及其出资人申请对该金融机构重整的，除分别依照本指引第十条至第十二条规定提交材料外，还应当提交国务院金融监督管理机构同意或批准的意见。

第十五条　申请人可以在重整申请受理前撤回重整申请。重整申请在破产清算受理后、宣告破产前提出又撤回的，破产清算程序继续进行。

第二节　审　　查

第十六条　立案部门负责重整申请的形式审查。

申请人提交的材料符合本指引规定的，立案部门依照《深圳市中级人民法院破产案件立案规程》的规定以“破申”字号登记立案。

第十七条　深圳破产法庭对立案部门移送的重整申请，应当组成合议庭，进行听证调查。组织听证调查的时间不计入重整申请的审查期间。

第十八条　申请人在破产清算受理后、宣告债务人破产前申请重整的，应当向审理破产清算案件的合议庭提出，由该合议庭进行听证调查。

第十九条　合议庭应当在听证调查三日前通知下列人员参加：

（一）申请人；

（二）债务人的法定代表人、财务人员和职工代表；

（三）合议庭认为应当参加听证调查的其他人员。

债务人的债权人、出资人、重整投资人等利害关系人经合议庭准许，可以参加听证调查。

第二十条　听证调查按照下列顺序进行：

(一)申请人陈述申请的事实和理由,并出示相关证据;

(二)债务人有关人员针对重整申请发表意见;

(三)合议庭对债务人是否具备重整原因、重整价值、重整可行性和是否存在重整障碍等相关情况进行询问;

(四)申请人、被申请人发表最后意见。

第二十一条 合议庭应当根据听证调查的情况,及时对申请人的主体资格、重整原因、重整价值、重整可行性等逐一进行评议,并就是否受理作出裁定。

第二十二条 债务人具有重整价值是指,债务人的继续经营价值大于清算价值。

判断债务人的重整价值,应当综合考虑下列因素:

(一)债务人的行业地位和行业前景,包括债务人的市场认可度、产能先进性等;

(二)债务人的经营情况,包括债务人经营模式的成熟程度、经营团队的稳定性和经营管理的运行情况等;

(三)债务人的资质价值,包括债务人的资本价值、特许经营权或者生产资质等;

(四)债务人的品牌价值,包括债务人的营销网络、客户关系、品牌效应及其商誉等;

(五)债务人的社会公共价值,包括债务人对国计民生及公共利益的重大影响等;

(六)能够体现债务人重整价值的其他情形。

社会中介机构、预重整管理人出具的报告可以作为判断债务人重整价值的参考。

第二十三条 债务人具有重整可行性是指,债务人的现有资源和条件能够保证重整计划的执行。

判断债务人的重整可行性,应当综合考虑下列因素:

(一)债务人的重整意愿及其配合程度;

(二)主要债权人支持重整的情况;

(三)重整方案及重整投资人情况;

(四)法律与政策障碍情况;

(五)重整与清算模式下的清偿率情况。

社会中介机构、预重整管理人出具的报告可以作为判断债务人重整可行性的参考。

第二十四条 审查重整申请时,合议庭可以根据案件情况,征询市场监管部门、企业主管部门、行业协会以及行业专家的意见。

第二十五条　国有独资企业或国有资本控股企业申请重整的,应当经履行出资人职责的国有资产监督管理机构或国有企业上级主管部门同意,且企业职工已妥善安置或已制定切实可行的员工安置方案。

债权人申请对国有独资企业或国有资本控股企业进行重整的,合议庭应当将申请情况告知履行出资人职责的国有资产监督管理机构或国有企业上级主管部门,并说明相应法律责任。

第二十六条　受理对商业银行、证券公司、保险公司等金融机构以及上市公司重整申请的,应逐级呈报最高人民法院审核批准。

第三章　预　重　整

第二十七条　受理重整申请前,对于具有重整原因的债务人,为识别其重整价值及重整可行性,提高重整成功率,经债务人同意,合议庭可以决定对债务人进行预重整。

合议庭决定对债务人进行预重整的,债务人应当在预重整期间制作重整方案,并征集利害关系人意见。

第二十八条　债务人符合下列情形之一的,可以进行预重整:

(一)需要安置的职工超过五百人的;

(二)债权人两百人以上的;

(三)涉及超过一百家上下游产业链企业的;

(四)直接受理重整申请可能对债务人生产经营产生负面影响或者产生重大社会不稳定因素的。

受理破产清算申请后、宣告债务人破产前申请重整的,不适用预重整。

第二十九条　预重整期间为三个月,自合议庭作出预重整决定之日起计算。有正当理由的,经管理人申请,可以延长一个月。

第三十条　合议庭决定进行预重整的,应当同时指定管理人。管理人一般通过摇珠方式在一级管理人中选定,也可以在债务人及其出资人、主要债权人共同推荐或者有关监管部门、机构推荐的已编入管理人名册的机构中指定。

受理重整申请后,应当指定预重整管理人为债务人管理人。

第三十一条　在预重整期间,管理人履行下列职责:

(一)调查债务人的基本情况、资产及负债情况;

(二)推动债务人与其出资人、债权人、意向投资人等利害关系人进行协商,引导各方就重整方案达成共识;

(三)债务人继续经营的,监督债务人的经营。

第三十二条　在预重整期间,债务人承担下列义务:

(一)配合管理人调查,根据询问如实回答并提交材料;

(二)勤勉经营管理,妥善维护资产价值;

(三)及时向管理人报告经营中的重大事项;

(四)不得对外清偿债务,但维系基本生产必要的开支除外;

(五)未经允许,不得对外提供担保;

(六)积极与出资人、债权人、意向投资人协商,制作重整方案;

(七)完成与预重整相关的其他工作。

第三十三条　在预重整期间,对于可能因有关利害关系人的行为或者其他原因,影响破产程序依法进行的,合议庭可以根据管理人的申请或者依职权,对债务人的全部或者部分财产采取保全措施。

在预重整期间,合议庭应当及时通知执行部门中止对债务人财产的执行。已经采取保全措施的执行部门应当中止对债务人财产的执行。

第三十四条　在预重整期间,债务人可以在信息充分披露的前提下,就制作的重整方案征求出资人、债权人、意向投资人等利害关系人的意见。

符合下列情形之一的,债权人、出资人与债务人达成的协议,以及债权人、出资人作出的同意意见,在重整申请受理后继续有效:

(一)债权人、出资人承诺或者同意的内容与重整计划草案的基本内容一致;

(二)重整计划草案对债权人、出资人承诺或者同意内容的修改未实质影响到债权人、出资人利益,且相关债权人、出资人同意不再对重整计划草案进行表决。

债务人制作的重整方案应当包括《中华人民共和国企业破产法》第八十一条规定的主要内容。重整申请受理后,债务人可以在重整方案的基础上制作重整计划草案,并提请合议庭召开债权人会议进行表决。

第三十五条　债务人应当按照下列标准进行信息披露:

(一)全面披露。披露内容应当包括表决所必要的全部信息,如导致破产申请的事件、经营状况、相关财务状况、履约能力、可分配财产状况、负债明细、重大不确定诉讼、模拟破产清算状态下的清偿能力、重整计划草案重大风险等;

(二)准确披露。信息披露应当措辞明确,以突出方式引起注意,不得避重就轻、缩小字体或者故意诱导作出同意的意思表示;

(三)合法披露。披露程序应当符合法律规定的要求。

第三十六条　在预重整期间,债务人因持续经营需要,经合议庭批准,可以对外借款。受理重整申请后,该借款可参照《中华人民共和国企业破产法》第四十二条第(四)项的规定清偿。

第三十七条　在预重整期间,管理人支出的差旅费、调查费等执行职务费用由债务人财产随时支付。债务人未及时支付的，受理重整申请后，列入破产费用。

管理人在预重整期间付出合理劳动的，可以在完成预重整工作报告后向债务人收取适当报酬。报酬数额由管理人和债务人协商确定，原则上不超过 50 万元。协商不成的，由合议庭根据实际工作情况确定。但受理重整申请的，预重整期间付出的劳动可作为管理人报酬上浮的参考因素，管理人不另行收取预重整报酬。

第三十八条　债务人不履行本指引第三十二条规定的义务且不予纠正的，经管理人申请，合议庭可以决定终结预重整，并及时对是否受理重整作出裁定。

第三十九条　预重整工作完成或者预重整期间届满，管理人应当提交预重整工作报告。

预重整工作报告一般包括下列内容：

（一）债务人的基本情况；

（二）债务人出现经营或财务困境的原因；

（三）债务人的资产、负债状况；

（四）债务人的生产经营状况；

（五）债务人重整价值的分析意见；

（六）债务人重整可行性的分析意见；

（七）是否形成重整方案以及重整方案的协商情况；

（八）进行重整的潜在风险及相关建议。

第四十条　合议庭应当自收到预重整工作报告之日起十日内裁定是否受理重整申请。裁定不予受理重整申请但查明债务人具备破产原因的，可以告知申请人依法提出破产清算申请。

第四十一条　受理重整申请前，债务人通过庭外商业谈判拟定重组方案的，应当按照本指引规定进行信息披露并征集债权人、出资人意见。

重整程序启动后，债务人可以在重组方案的基础上制作并提交重整计划草案。合议庭应当自收到重整计划草案之日起十五日内召开债权人会议进行表决。但是，债务人在债权申报期届满前提交重整计划草案的，合议庭应当在债权申报期届满后的十五日内召开债权人会议进行表决。

第四章　裁定重整和重整期间

第一节　裁 定 重 整

第四十二条　受理重整申请的，应当在裁定作出之日起五日内向申请人、被申请人送达，并在十五日内参照本院《破产案件债权审核认定指引》第十条的规定发布受理公告。

第四十三条 受理重整申请的,应当同时指定债务人管理人。预重整期间已经指定管理人的,指定预重整管理人为债务人管理人。

在受理破产清算后、宣告债务人破产前裁定对债务人进行重整的,破产清算期间的管理人即为重整期间的管理人。

第四十四条 关联企业均被本院裁定受理重整申请的,应当以尊重企业法人人格的独立性为原则进行协调审理。

关联企业成员之间不当利用关联关系形成的债权劣后于其他普通债权顺序清偿,且该劣后债权人不得就其他关联企业成员提供的特定财产优先受偿。

第四十五条 关联企业成员之间法人人格高度混同,严重损害债权人公平受偿利益的,或者关联企业实质合并重整有利于增加重整价值,使全体债权人受益的,关联企业成员、关联企业成员的出资人、债权人、已经进入破产程序的关联企业成员的管理人,可以申请对具有重整原因的多个关联企业成员进行合并重整,还可以申请将关联企业成员并入重整程序。

关联企业个别成员已经进入重整程序,没有申请人对其他成员企业提出合并重整申请的,不适用合并重整。

重整计划已经被批准或者已经宣告破产的关联企业成员,不参与其他关联企业的合并重整。

第四十六条 关联企业成员持续、普遍存在下列情形的,可以认定法人人格高度混同:

(一)主要经营性财产难以区分;

(二)财务凭证难以区分或者账户混同使用;

(三)生产经营场所未明确区分;

(四)主营业务相同,交易行为、交易方式、交易价格等受控制企业支配;

(五)相互担保或交叉持股;

(六)董事、监事或高级管理人员交叉兼职;

(七)受同一实际控制人控制,关联企业成员对人事任免、经营管理等重大决策事项不履行必要程序;

(八)其他导致关联企业成员丧失财产独立性且无法体现独立意志的情形。

第四十七条 申请人提出实质合并重整申请的,合议庭应当自收到申请之日起五日内通知已知利害关系人,并将申请事项予以公告,公告期不少于十日。

关联企业成员及其出资人、债权人、管理人等利害关系人对申请有异议的,应当在公告期届满前以书面方式提出。利害关系人提出异议的,合议庭应当组织听证调查。

第四十八条 申请人应当对实质合并重整的要件事实承担举证责任。

债务人、管理人、出资人申请实质合并重整的，应当提供能够证明关联企业不当利用关联关系，导致关联企业成员之间法人人格高度混同，损害债权人公平受偿利益的初步证据。

债权人申请合并重整的，应当提供能够证明存在合理理由信赖其交易对象并非单个关联企业成员、单独破产损害其公平受偿利益的证据。

第四十九条　异议人对其提出的主张，应当提供相应的证据予以证明。

申请人有证据证明异议人持有与证明人格混同相关的账簿、账户变动资料、股东会或董事会会议记录等材料，但异议人无正当理由拒不提供的，由异议人承担不利后果。

第五十条　关联企业的核心控制企业住所地，或者控制关联企业主要资产的成员企业住所地位于本市的，本市法院可以受理申请人的合并重整申请。本市法院与其他法院对该类案件的管辖权发生争议的，报请共同的上级法院指定。

第五十一条　合议庭应当对实质合并重整的下列要件事实进行审查，谨慎适用实质合并重整：

（一）实质合并主体属关联企业成员；

（二）关联企业成员均具备破产原因或者部分企业成员虽不具备破产原因，但与其他具备破产原因的企业成员人格高度混同；

（三）关联企业成员之间法人人格高度混同；

（四）法人人格高度混同对债权人公平受偿造成严重损害。

第五十二条　本院决定实质合并重整的，应当及时作出合并重整裁定，并报庭长审批。

关联企业成员及其出资人、债权人、管理人等利害关系人可以自裁定书送达之日起十五日内向广东省高级人民法院申请复议。

第五十三条　采用实质合并方式审理重整案件的，各关联企业成员之间的债权债务归于消灭，各成员的财产作为统一的破产财产，各成员的债权人按照法定顺序一并受偿。

重整计划草案应当制定统一的债权调整和债权受偿方案。

第五十四条　裁定适用实质合并重整的，合并前关联企业成员破产案件中已经完成的债权申报、资产评估等继续有效。

合并前发生的破产费用、共益债务，作为实质合并重整案件的破产费用和共益债务。

合并前已经经过的重整计划草案提交期限，经管理人或者债务人申请，可以重新起算。

第二节 重整期间

第五十五条 在重整期间,对于可能因债务人、债务人出资人、债权人的行为或者其他原因使重整计划难以执行的,根据管理人、债务人或者债务人出资人的申请,合议庭可以对出资人持有的债务人股权进行保全。

第五十六条 在重整期间,债务人可以申请自行管理财产和营业事务。管理人应当对债务人自行管理的申请进行审查并提出意见。

债务人有下列情形之一的,对其自行管理申请不予批准:

(一)法人治理结构存在问题的;

(二)有《中华人民共和国企业破产法》第三十一条至第三十三条规定的行为,情节严重的;

(三)存在其他不适合自行管理情形的。

第五十七条 合议庭批准债务人自行管理的,应当出具《批准自行管理决定书》。

债务人在预重整后申请自行管理的,合议庭可以在裁定受理重整申请的同时,决定是否批准债务人自行管理。

第五十八条 债务人未申请自行管理,或者申请自行管理未获批准的,由管理人负责重整期间的财产管理和营业事务。

第五十九条 债务人自行管理的,管理人应当及时制定债务人与管理人职责分工方案,并向债务人移交已经接管的财产和营业事务。

第六十条 债务人自行管理的,应当履行下列职责:

(一)负责营业事务;

(二)管理债务人的财产、账簿和文书等资料;

(三)建立债务人日常管理的制度架构,制定相关规范文件;

(四)决定债务人内部管理事务;

(五)决定债务人的留用人员;

(六)按财务管理制度决定日常开支和其它必要开支;

(七)向债权人会议报告财产状况;

(八)接受管理人监督,向管理人提交预决算表,定期对账;

(九)制定重整计划草案及其说明文件;

(十)相关法律或职责分工方案规定的债务人其他职责。

债务人签订新的合同、继续履行合同以及实施涉及财产、经营和人员的其他重大处分行为的,应当提请管理人审核。

第六十一条 债务人自行管理的,管理人应当履行下列职责:

（一）调查债务人资产、负债状况；

（二）受理、审查债权申报，审查取回权、抵销权主张；

（三）根据《中华人民共和国企业破产法》第三十一条至第三十三条规定追回财产；

（四）组织召开债权人会议及关系人会议；

（五）代表债务人参加诉讼、仲裁或者其他法律程序；

（六）督促债务人按期制作重整计划草案；

（七）相关法律或职责分工方案规定的管理人其他职责。

第六十二条　审查债务人实施的涉及财产、经营和人员重大处分行为的，应当遵循以下原则：

（一）维持债务人生产经营所必要，且不损害全体债权人合法权益；

（二）维护债务人重整价值所必要；

（三）有利于实现全体债权人的合法权益。

第六十三条　债务人自行管理期间出现下列情形之一的，管理人应当申请终止债务人的自行管理：

（一）债务人存在本指引第五十六条第二款规定的情形；

（二）债务人违反忠实义务，存在欺诈、恶意减少财产或者其他不利于债权人的行为；

（三）债务人违反勤勉注意义务，造成程序迟延或产生其他严重不利后果；

（四）债权人会议认为债务人自行管理损害债权人合法权益，并作出撤销债务人自行管理决议；

（五）其他不应当继续由债务人自行管理的情形。

合议庭决定终止债务人自行管理的，应当要求管理人及时实施接管，由管理人负责管理债务人财产和营业事务。

第六十四条　因重整需要裁减职工二十人以上或者裁减职工占职工总数百分之十以上的，债务人或者管理人应当依照《中华人民共和国劳动合同法》第四十一条的规定办理。

第六十五条　在重整期间，债务人的董事、监事、高级管理人员请求向第三人转让其持有的债务人的股权的，不予准许，但转让股权有利于重整，且不损害其他利害关系人合法权益的除外。

第六十六条　在重整期间，自行管理的债务人可以聘请法律顾问、财务顾问等社会中介机构提供重整所必需的中介服务。经债务人申请，也可以在重整期间继续履行已经签订的顾问协议。顾问费在重整计划草案中予以通报后可以列入共益债务，在重整计划执行阶段一次性支付。

重整计划未获批准或者未能执行完毕的,顾问协议约定的顾问费金额应当在管理人报酬的百分之二十幅度内予以把握,职工债权无法全额受偿的,约定的金额不得超过管理人报酬的百分之十。

第六十七条 管理财产和营业事务的管理人可以在必要时聘任债务人经营管理人员。

管理人聘任债务人经营管理人员负责营业事务的,应当定岗定责,聘用费用参照深圳市同行业同职位人员的工资标准合理确定。

第六十八条 担保权人以担保物有损坏或者价值明显减少可能、足以危害其权利为由,申请恢复行使担保权的,应当提交书面申请并附相应证据。担保物为维持重整价值所必需的,管理人可以组织利害关系人与担保权人协商暂缓实现担保权并采取措施维护担保物的价值。

取回权人主张取回的标的物为维持重整价值所必需的,管理人可以组织利害关系人与取回权人协商保留取回物并予以合理补偿。协商时间一般不超过三十日,协商期间不计入管理人审查期限。

第六十九条 在重整期间,为债务人继续营业或维持重整价值而向债务人提供必要借款的,可以按照共益债务处理。

第七十条 重整期间转让破产债权的,自债权转让通知管理人之日起,债权受让人行使原债权人在重整程序中的权利,但原债权人已经发表的表决意见继续有效。债权人为增加表决权数量将同一笔债权向多个受让人转让的,按一个债权主体行使表决权。

第五章 重整投资人

第七十一条 重整投资人是指在重整程序中,债务人无力自行摆脱经营及债务困境时,为债务人提供资金或者其他资源,帮助债务人清偿债务、恢复经营能力的自然人、法人或者其他组织。

重整投资人可以是单一的自然人、法人或者其他组织,也可以是两个以上自然人、法人或者其他组织组成的联合体。

重整投资人可以由债务人或管理人通过协商和公开招募的方式引进,也可以由债权人推荐。

第七十二条 债务人自行管理财产和营业事务的,债务人可以通过协商引进重整投资人。

自第一次债权人会议召开之日起一个月内,或者自裁定对破产清算的债务人进行重整之日起一个月内,债务人不能就债务清偿及后续经营提出可行性方案的,管理人可以向社会公开招募重整投资人。

第七十三条　管理人负责管理财产和营业事务的，重整投资人由管理人向社会公开招募。

经审查存在下列情形的，管理人可以申请协商确定重整投资人：

（一）债务人与意向投资人已在预重整或者债务人自行经营管理期间初步形成可行的债务清偿方案和出资人权益调整方案的；

（二）在重整申请受理时，债务人已确定意向投资人，该意向投资人已经持续为债务人的继续营业提供资金、代偿职工债权，且债务人已经就此制订出可行的债务清偿和出资人权益调整方案的；

（三）重整价值可能急剧丧失，需要尽快确定重整投资人的；

（四）存在其他不适宜公开招募重整投资人的情形，并经债权人会议或者债权人委员会同意的。

第七十四条　管理人公开招募重整投资人的，应当在债务人资产评估工作完成后及时启动。管理人也可以根据重整案件实际情况，提前启动公开招募。

在受理破产清算后、宣告债务人破产前裁定对债务人进行重整的，管理人应当自重整裁定作出之日起三十日内招募重整投资人。

第七十五条　公开招募重整投资人的，管理人应当及时制作招募方案并提交合议庭备案。招募方案应当包括招募启动时间、公告期限、招募文件主要内容等。

第七十六条　公开招募重整投资人的，由管理人在全国企业破产重整案件信息网、本市有影响的媒体发布公告期不少于十五日的招募公告。

招募公告应当载明下列事项：

（一）案件基本情况；

（二）意向重整投资人应当具备的资格条件；

（三）参加招募程序的报名方式及期限；

（四）获取招募文件的方式及期限。

第七十七条　管理人应当在招募公告发布之前完成招募文件的制作。

招募文件应当包括下列内容：

（一）债务人的资产、负债等基本情况；

（二）意向重整投资人缴纳保证金的要求；

（三）意向重整投资人应当提交的参选材料及截止时间；

（四）确定重整投资人的标准和程序；

（五）对重整投资人及其重整预案的特定要求。

第七十八条　意向重整投资人参加公开招募的，一般需要提供下列材料：

（一）有效的主体资格证明文件；

（二）资质、财务、业绩介绍及相关证明材料；

(三)重整预案,包括重整资金来源、出资人权益调整、债权调整、债权清偿及后续经营方案等;

(四)招募文件要求意向重整投资人提供的其他材料。

第七十九条 意向重整投资人要求查阅有关债务人的财产调查报告、资产评估报告、偿债能力分析报告、审计报告以及债权表等资料的,管理人应当准许。

意向重整投资人要求详细了解债务人相关情况的,管理人应当在意向重整投资人与其签署保密协议后予以配合。

第八十条 经管理人初步审查,意向重整投资人符合招募公告规定的资格条件且参选材料不违反法律规定的,应当按照管理人的要求签订保证金协议,并缴纳重整保证金。

第八十一条 多家意向重整投资人经初步审查合格并缴纳保证金的,由债权人会议选定重整投资人。选定规则为:

(一)经出席会议的有表决权的债权人过半数同意,并且其所代表的债权额占无财产担保债权总额二分之一以上的,该意向重整投资人即为重整投资人;

(二)经表决所有意向重整投资人均不符合第(一)项规定的标准,但其中一家意向重整投资人获得同意的表决人数、债权额比例均超过其他意向重整投资人的,该意向重整投资人即为重整投资人;

(三)经表决所有意向重整投资人均不符合第(一)、(二)项规定的标准,但仅有两家意向重整投资人参与表决的,获得较多债权人支持的即为重整投资人;超过两家意向重整投资人参与表决的,由债权人会议对最多债权人和最多债权额同意的两家意向重整投资人按照本条规则再次表决。

经合议庭同意,债权人会议可以另行通过符合案件特点的选定规则。

第八十二条 在招募期间,仅有一家意向重整投资人提交参选材料且其重整预案经管理人审查合格的,该意向重整投资人即为重整投资人。

上述意向重整投资人提交的重整预案不符合遴选要求,又拒不调整,或者未在指定期限内再次提交重整预案,或者再次提交的重整预案仍不符合要求的,经管理人申请,可以裁定终止重整程序,并宣告债务人破产;但管理人在重整计划草案提交期限届满四十五日前申请再次公开招募重整投资人的,可以准许。

第六章 重整计划

第一节 重整计划的制定和批准

第八十三条 债务人或者管理人在制作重整计划草案过程中,应当征求债权人意见。重整计划草案涉及出资人权益调整的,还应当征求出资人意见。

第八十四条　债务人或者管理人应当在法定期限内提交重整计划草案。因重大诉讼、仲裁未决影响重整计划草案制作的，诉讼、仲裁审理期间不计入法定提交期限。

债务人或者管理人申请延长重整计划草案提交期限的，应当在期限届满十五日前提出。

预重整期间已经完成表决意见征集的，债务人可以在合议庭受理重整申请的同时，一并提交重整计划草案。

第八十五条　重整计划草案除包含《中华人民共和国企业破产法》第八十一条第（一）至（七）项规定的内容外，还应当全面披露债务人的破产原因、资产和负债状况、清算和重整状态下普通债权的清偿率比较以及有关债务人资产的重大不确定事项等。

第八十六条　普通债权不能获得全额清偿的，重整计划草案应当包含出资人权益调整的内容。

第八十七条　上市公司重整计划草案的经营方案涉及并购重组等行政许可审批事项的，债务人或者管理人应当聘请经证券监管机构核准的财务顾问机构、律师事务所以及具有证券期货业务资格的证券服务机构按照证券监管机构的有关要求及格式编制相关材料，作为重整计划草案的必备文件。

第八十八条　管理人应当对债务人制作的重整计划草案提出分析意见。重整计划草案的合法性或可行性存在问题，可能损害债权人合法权益的，管理人应当要求债务人进行修改。

第八十九条　重整计划草案经合议庭同意提交债权人会议表决的，债权人会议应当在三十日内召开。

第九十条　重整计划草案对普通债权根据债权额大小作出分类调整的，合议庭应当依据债务人或者管理人的申请，设置相应表决组。

合议庭可以将享有建设工程价款、船舶和航空器等法定优先权的债权人列入对债务人特定财产享有担保权的债权表决组，也可以根据上述优先权的性质设置其他优先权表决组。

第九十一条　经评估的担保财产价值不足以清偿担保债权，对该财产享有担保权的债权人同意对超出评估值以外的债权按普通债权清偿的，可以将评估值作为该笔债权在担保债权组的表决额，剩余金额作为其在普通债权组的表决额。

第九十二条　表决重整计划草案，可以采取现场或者网络等方式进行。现场会议由债权人会议主席主持，合议庭给予指导。表决程序按照下列顺序进行：

（一）债务人或管理人对重整计划草案进行说明；

(二)管理人或债务人对重整计划草案发表意见;

(三)债务人或管理人回答债权人对重整计划草案的询问;

(四)各表决组投票表决。

第九十三条 表决出资人权益调整事项的,应当召开出资人组会议并提前十五日通知全体出资人。

上市公司等股东人数较多的公众公司出资人组表决重整计划草案的,可以采取网络或者现场方式进行。网络表决权的行使方式,参照适用中国证券监督管理委员会发布的有关规定。

债务人的股东会(或股东大会)已对出资人权益调整作出决议的,可以不再另行召开出资人组会议进行表决。

第九十四条 有限责任公司的出资人权益调整事项经股东所持表决权的三分之二以上同意,即为通过。

股份有限公司的出资人权益调整事项经出席出资人组会议的股东所持表决权的三分之二以上同意,即为通过。

第九十五条 债权人有正当理由不能按期表决的,管理人可以准许其延期表决,但延长期限一般不超过三十日。

第九十六条 未通过重整计划草案的表决组中过半数债权人明确反对再次表决或者在指定时间无正当理由不进行协商,并且其所代表的债权额超过该组债权总额三分之一的,不得再次进行表决。

超过三分之一表决权的出资人明确反对对出资人权益调整事项再次表决或者在指定时间无正当理由不进行协商的,不得再次进行表决。

债务人或者管理人申请再次表决的,应当在第一次表决后的三个月内提出。协商后的重整计划草案损害已通过表决组的利益的,合议庭应当驳回再次表决申请。

第九十七条 债务人或者管理人申请批准重整计划的,合议庭应当在收到申请之日起三十日内完成对重整计划内容以及表决程序的审查。债务人申请批准根据预重整阶段重整方案制作的重整计划草案的,合议庭还应当对信息披露以及意见征集程序进行审查。

第九十八条 上市公司重整计划涉及证券监督管理机构行政许可事项的,应当层报最高人民法院启动与中国证券监督管理委员会的会商机制。中国证券监督管理委员会并购重组专家咨询委员会对会商的行政许可事项出具的专家咨询意见,应当作为批准重整计划的参考。

第九十九条 合议庭应当按照下列原则审查批准重整计划:

(一)程序合法原则,即重整计划的制订和表决程序符合法律规定;预重整期

间通过的重整计划,意见征集以充分信息披露为前提;

(二)公平原则,即公平对待同一表决组成员;

(三)绝对优先原则,即破产清算程序的法定清偿顺序同样适用于重整程序;

(四)最大利益原则,即持反对意见的债权人依据重整计划可获得的清偿比例不低于其在破产清算中可获得的清偿比例;

(五)可行性原则,即经营方案以及重整计划的执行方式均不存在可能导致无法执行或者破产清算的法律及事实障碍。

重整计划符合上述原则的,合议庭应当裁定批准并终止重整程序,予以公告。

第一百条　未通过重整计划草案的表决组拒绝再次表决,或者再次表决仍未通过,债务人或者管理人申请强制批准重整计划草案的,应当同时具备下列前提条件:

(一)至少有一组表决通过重整计划草案;

(二)重整计划草案对出资人权益进行了调整。

第一百零一条　管理人或债务人申请强制批准重整计划草案,合议庭认为需要听取重整计划草案的反对意见的,可以通知未通过表决组,告知其于收到通知之日起十日内提出书面意见并附相关证据材料。

第一百零二条　合议庭可以就是否强制批准重整计划草案进行听证调查。债务人、管理人、未通过表决组代表应当参加听证。经合议庭准许,书面提出反对意见的债权人及出资人代表也可以参加听证。组织听证的期间不计入审查期限。

听证调查应当对反对意见及其理由进行审查,并围绕重整计划草案的合法性及可行性进行。

第一百零三条　审查出资人权益调整事项时,股权质押权人以出资人权益调整损害其担保权为由提出异议的,不影响重整计划草案的批准。

第一百零四条　合议庭应当结合申请人的申请材料、反对者的异议以及听证情况,依照《中华人民共和国企业破产法》第八十七条第二款以及本指引第九十九条规定的标准,对强制批准重整计划草案的申请进行全面、审慎审查。

第一百零五条　在重整期间,出现下列情形之一的,合议庭可以裁定终止重整程序,并宣告债务人破产:

(一)经营、财产状况持续恶化等原因,导致债务人丧失重整价值、缺乏挽救的可能性;

(二)债务人有欺诈、恶意减少债务人财产或者其他显著不利于债权人的行为;

(三)不能在法定期限内提出重整计划草案;

(四)重整计划未获批准或者重整计划草案未获强制批准。裁定终止重整程序并宣告债务人破产后,管理人应当及时接管债务人自行管理的财产和营业事务,并尽快开展破产清算工作。

第二节 重整计划的执行和监督

第一百零六条 重整计划经本院批准后,债务人为重整计划执行人。已接管财产和营业事务的管理人应当及时向债务人移交财产和营业事务。

债务人应当全面、适当执行重整计划。执行债权受偿方案时因客观原因无法同时对全体债权人清偿的,按照法定顺序清偿。

第一百零七条 管理人应当监督重整计划的执行,并制订监督方案。

管理人的监督职责主要包括:

(一)定期听取债务人财务状况及重整计划执行情况报告;

(二)及时发现并纠正债务人执行重整计划过程中的违法或不当行为;

(三)审查债务人提出的延长重整计划执行期限申请。

重整计划执行完毕后,管理人应当向合议庭提交监督报告。

第一百零八条 重整计划因客观原因未能在规定期限内执行完毕,债务人申请延长重整计划执行期限的,合议庭可以裁定准许。管理人同时申请延长监督期限至重整计划执行期限届满的,合议庭应当一并裁定准许。

第一百零九条 重整计划对债务人、全体债权人有约束力。重整计划涉及出资人权益调整的事项,对债务人的全体出资人均有约束力。

债务人资不抵债,重整计划所调整的股权已设定质押的,质押权人应当配合办理解除股权质押手续。

第一百一十条 重整计划所调整的股权未被质押与冻结,但出资人拒不配合办理股权转让手续的,合议庭可以根据债务人的申请向有关单位发出协助执行通知书。

第一百一十一条 重整计划执行期间,合议庭可依据债务人的申请,协调办理债务人恢复正常生产经营的相关手续,包括移除经营异常名录、恢复营业执照、删除征信不良记录、移除纳税失信名单、删除失信被执行人信息等。

第一百一十二条 因客观原因导致重整计划无法执行的,债务人或者管理人可以申请对重整计划予以变更。

变更申请不得迟于重整计划执行期限届满前十日提出,且限于一次。

第一百一十三条 债务人或者管理人申请对重整计划予以变更的,应当经债权人会议表决同意。债权人会议的表决规则适用《中华人民共和国企业破产法》第六十四条第一款的规定。

债权人会议同意变更重整计划的,债务人或者管理人应当自决议作出之日起十日内向合议庭提交《批准变更重整计划申请书》，并附债权人会议决议以及变更后的重整计划草案。

第一百一十四条　合议庭裁定准许变更重整计划的，变更后的重整计划草案应当提交受变更影响的债权组和出资人组进行表决。表决、申请批准、裁定批准变更后重整计划的程序与原重整计划的相同。审查原则适用本指引第九十九条、第一百条的规定。

第一百一十五条　债务人或者管理人仅申请对重整计划所涉的重整投资人予以变更，重整计划其他内容不做调整的，合议庭可以不设定新的表决期间，直接裁定批准变更后的重整计划。

第一百一十六条　债务人不执行重整计划或者因客观原因不能执行重整计划，又未申请变更重整计划，或者申请变更重整计划未获批准的，经利害关系人请求，合议庭应当裁定终止重整计划的执行并宣告债务人破产。

上款所称利害关系人，包括债权人、债务人、债务人出资人、管理人等。

第一百一十七条　终止重整计划的执行并宣告债务人破产后，管理人应当立即接管债务人的印章、账簿、财产等，并对债务人进行破产清算。

重整计划执行过程中已受清偿的破产债权，由管理人按照《中华人民共和国企业破产法》第九十三条第二款的规定予以核减；核减后破产债权依照《中华人民共和国企业破产法》第一百一十三条规定的清偿顺序和第九十三条第三款规定的清偿条件予以清偿。

第一百一十八条　重整计划执行完毕或者基本执行完毕，管理人应当申请终结重整程序，并提交监督报告。合议庭应当在收到申请之日起三日内作出裁定。

第一百一十九条　合议庭裁定终结重整程序后，对于按照重整计划减免的债务，债务人不再承担清偿责任。重整后的企业新发生的债权债务，按照正常的民事纠纷处理，不再适用《中华人民共和国企业破产法》的特别规定。

第七章　附　　则

第一百二十条　本指引自发布之日起施行。

第一百二十一条　本指引由本院审判委员会负责解释。

深圳市中级人民法院关于执行移送破产案件管理人工作指引

(2018年4月12日深圳市中级人民法院审判委员会民事执行专业委员会第1次会议通过)

一、一般规定

第一条 为规范执行移送破产案件管理人工作,引导管理人依法公正高效履行职责,保障执行移送破产案件快速审理,根据《中华人民共和国企业破产法》、最高人民法院《关于执行案件移送破产审查若干问题的指导意见》和广东省高级人民法院《关于执行案件移送破产审查的若干意见》等相关规定,结合破产审判实践,制定本指引。

第二条 管理人应当勤勉、谨慎、忠实、高效履行职责,自觉接受法院及债权人会议监督。

管理人违反勤勉尽责、忠实执行职务义务的,人民法院可以依法处以罚款;给债权人、债务人或者第三人造成损失的,应依法承担赔偿责任;构成犯罪的,依法追究刑事责任。

第三条 管理人应当提高工作效率,遵守办案期限,降低破产成本。

适用简易程序的执行移送破产案件,管理人应于"破"号案件立案之日起三个月内完成案件审理的各项工作,确保程序终结。因特殊情况需要延长期限的,经法院批准,可以延长三个月。

管理人认为案情复杂不宜适用简易程序的,应申请法院裁定转为普通程序。转为普通程序后,简易程序中已经完成的事项继续有效。

二、前期工作

第四条 管理人应当根据执行移送破产案件实际需要组建工作团队,配置工作人员。管理人应于摇珠选定次日将工作团队成员名单、负责人、联系地址、联系电话和债权申报地址书面告知法院。管理人团队成员调整的,应当及时说明原因并报法院备案。

第五条 管理人应当自收到指定管理人决定书之日起十个工作日内制定工作计划表,并报法院备案。

第六条 管理人应当自收到指定管理人决定书之日起五个工作日内持受理破

产申请裁定书、指定管理人决定书、刻制印章函等向公安机关申请刻制管理人印章。管理人印章交法院封样备案后启用。

第七条 管理人应当自收到指定管理人决定书之日起五个工作日内持受理破产申请裁定书、指定管理人决定书、加盖有管理人公章及承办法官印鉴的银行印鉴卡向银行申请开立管理人账户，并按照管理人《财务收支管理制度》进行管理和使用。

管理人发现债务人无财产，无开立账户必要的，可以暂不申请开立管理人账户。

第八条 管理人应当根据工作进展情况，及时提交阶段性工作报告，向法院报告接管情况、财产调查、债权审核、债权人会议、财产处置、财产分配等工作情况。

三、调查与接管

第九条 管理人应当自收到指定管理人决定书之日起两个工作日内，在全国企业破产重整案件信息网发布受理破产案件公告，并打印显示发布成功网页交法院存档。公告发布之日至债权申报期限截止日不得少于三十日。

受理公告应列明受理情况、管理人指定情况、债权申报期限及申报地址，同时列明股东、实际控制人、董事、理事等法律、法规规定的清算义务人配合清算的义务和不配合清算应当承担的法律责任。

适用普通程序审理的执行移送破产案件应在受理公告中同时列明第一次债权人会议召开的时间及地点。

第十条 管理人应当自收到指定管理人决定书之日起五个工作日内，查询债务人工商内档资料，包括基本信息、对外投资信息、验资报告、银行账户信息以及股东、董事、监事、高级管理人员身份信息等。

第十一条 管理人应当自收到指定管理人决定书之日起五个工作日内，通过全国法院被执行人信息查询平台、深圳法院网上诉讼服务平台等公开渠道全面查询债务人涉及的诉讼、执行及仲裁情况，制作债务人诉讼、仲裁及执行情况清单。必要时应查阅案卷材料。

第十二条 管理人应当自收到指定管理人决定书之日起十个工作日内了解债务人缴纳税款、社会保险金、住房公积金等情况，并通知相关机构申报债权。

第十三条 执行程序已查明债务人银行存款、房产、车辆、股权、证券、支付宝账户等的，管理人可不再重复调查。但截至破产申请受理之日，查询结果超过六个月的，管理人需重新申请调查。

管理人应当调查债务人持有商标、专利、著作权、域名等财产性权利状况。利害关系人在破产程序中提供债务人新的财产线索的，管理人应当调查。

第十四条 管理人应当自收到指定管理人决定书之日起五个工作日内,前往债务人住所地查看,并联系债务人股东、法定代表人、财务管理人员、董事、监事、高级管理人员或其他工作人员,确定接管时间,开展接管工作。

管理人未能接管到债务人的企业法人营业执照正副本、公章的,应及时刊登遗失声明。

第十五条 管理人应及时接管债务人财产。对执行程序中扣划至执行法院的银行存款、尚未分配的财产变价款、实际扣押的动产、有价证券等财产,管理人应当于查明之日起五个工作日内持受理破产申请裁定书、指定管理人决定书等法律文书与执行法院办理上述财产的交接工作。需要协调的,管理人应及时提出申请。

第十六条 管理人应当及时将债务人名下的银行存款划转至管理人账户,必要时可向法院申请扣划。

银行存款已被采取保全措施的,管理人应申请解除保全措施并将款项扣划至管理人账户。

第十七条 管理人接管机器设备和其他动产时,应当做好财产清点工作。根据接管现状制作移交清单、接管笔录,必要时应制作现场照片、视频资料等。移交清单应列明财产的名称、规格、特征、质量、数量。移交人、接收人、仓储保管人和债务人有关人员应在移交清单、接管笔录上签字确认。

第十八条 对债务人名下车辆,管理人应核实登记车辆状态并予以实际控制。

管理人未能实际控制债务人名下车辆的,应及时申请破产法院采取查封措施,但车辆登记显示已强制注销的除外。车辆有被盗、被抢等嫌疑的,应及时向公安机关报案并将报警回执提交法院备案。

第十九条 债务人下落不明的,管理人应当在债务人住所地张贴受理破产案件公告并拍照存档。如债务人住所地已由第三方使用、不宜张贴受理破产案件公告的,可以不张贴,但应现场拍照存档。

第二十条 债务人下落不明,且无法联系其股东、实际控制人、董事、理事等法律、法规规定的清算义务人的,管理人应当自收到指定管理人决定书之日起五个工作日内向公安机关等部门查询上述人员人口档案信息、联系方式等,并及时通知其配合清算。

第二十一条 管理人应当调查出资人出资情况,发现出资人未履行或者未完全履行出资义务的,管理人应当通知该出资人缴纳。管理人追缴出资不受出资期限的限制。

第二十二条 管理人以诉讼方式追缴出资的,应当评估追缴出资的诉讼成本。管理人认为应当全额追缴并愿意垫付诉讼费用的,可以直接提起诉讼;管理人认为追缴成本过高,应以已知债权额为限进行追缴的,并拟定追缴方案提交债权人会议表决。

第二十三条 管理人经评估认为没有必要追缴出资人出资的，或无人垫付诉讼费用的，应当将有关情况提交债权人会议表决。债权人会议同意管理人放弃追缴的，可不予追缴。

没有债权人申报债权的，应报告法院。

第二十四条 管理人应当查明执行程序中产生的评估费、公告费、保管费等执行费用，符合下列条件的，可以参照破产费用处理：

（一）该执行费用系因管理、变价债务人财产发生，且该财产或财产变价款已由管理人接管；

（二）该执行费用原则上不超过破产申请受理前一年内。

第二十五条 管理人决定债务人财产的保管开支时，应遵循谨慎、合法、合理、必要的原则，厉行节约、保证安全，降低保管成本。

已签订的保管或租赁合同，约定的保管费用或租赁费用不高于市场指导价的，管理人可以决定继续履行；约定的保管费用或租赁费用明显高于市场指导价的，管理人可决定解除后，重新签订。

四、权利申报与审核

第二十六条 执行移送破产案件的债权申报期限为三十日，自受理破产案件公告发布之日起计算。管理人应当自收到指定管理人决定书之日起十个工作日内通知已知债权人申报债权。

第二十七条 管理人应当对所有申报的债权登记造册，准确记载申报人的姓名或单位、代理人、申报债权额、债权性质、担保情况、证据材料、联系方式等事项，以及受领破产分配款的债权人账户信息。同一债权人申报多笔债权的，应当分别登记。

第二十八条 管理人应按照《破产案件债权审核认定指引》审查债权，就债权是否成立、债权性质、债权数额、担保情况等形成书面结论，并书面通知申报人。

第二十九条 职工债权经生效法律文书确认的，管理人应按生效法律文书审查认定。

职工债权未经生效法律文书确认的，管理人应当根据债务人财务资料、人事资料、考勤记录等证据材料审查认定。

职工债权未经生效法律文书确认且债务人下落不明或管理人没有接管到债务人财务账册、文件资料的，管理人可根据职工申报的相关资料，结合劳动监察机构、社会保险管理机构和住房公积金管理机构的记载情况审查认定。

管理人应制作职工债权清单予以公示。

第三十条 适用简易程序审理的执行移送破产案件,管理人应当在债权申报期限届满之日起五个工作日内完成债权审查和债权表编制工作。

第三十一条 债权人会议以书面方式核查债权的,管理人应当制作核查意见表并附相应的核查说明,核查说明内容包括:核查方式、核查范围、核查期限、异议程序及反馈核查意见的形式。

第三十二条 经债权人、债务人核查无异议的债权,管理人应当自核查期限届满之日起三个工作日内申请裁定确认。申请书应当载明债权申报审查情况和债权核查情况。

第三十三条 未向管理人申报债权直接提起诉讼的,管理人应通知债权人及时申报债权并引导债权人通过破产程序主张权利。债权人据此申报债权的,管理人应及时作出审查结论。

五、通 知 送 达

第三十四条 采取特快专递方式寄送函件的,管理人应当在快递单上注明寄送文件名称,并保留寄件凭证、收件人签收回执或退回凭证。

邮件未签收的,管理人应申请司法送达。

第三十五条 经受送达人同意,管理人可以采用传真、电子邮件、微信号等能够确认其收悉的简便方式送达相关文书,但民事裁定书除外。

六、债权人会议

第三十六条 适用简易程序审理的执行移送破产案件,债权人会议一般以书面方式召开。

第三十七条 适用简易程序审理的执行移送破产案件,管理人应当在债权申报期限届满之日起七个工作日内以书面方式召开第一次债权人会议。管理人需于会议召开两个工作日前将会议资料送达债权人、债务人,并报法院备案。

第三十八条 适用简易程序审理的执行移送破产案件,不设立债权人委员会。以书面形式召开债权人会议的,不指定债权人会议主席。

第三十九条 管理人书面提交第一次债权人会议的文件应当包括下列内容:

(一)管理人阶段性工作报告;

(二)债务人财产调查状况报告;

(三)债权审核报告及债权表、债权核查意见表;

(四)债务人财产管理方案、破产财产变价方案;

(五)债权人会议议事规则、表决方案;

(六)管理人报酬方案;

（七）其他应当说明的内容。

第四十条　采取书面形式表决的，应在表决票上告知债权人：对表决事项有异议的，应在表决期内书面提出；未在规定期限内提交表决意见的，视为同意。

第四十一条　适用简易程序审理的执行移送破产案件，表决期限和债权核查期限一般不超过五日，期限自债权人会议召开之日起计算。

第四十二条　债权人、债务人对债权表记载的债权有异议的，应在债权核查期限内书面提出。管理人应当对有异议的债权进行复核，并书面通知异议人复核结论。经复核后仍有异议的，管理人应当书面告知异议人有权自收到审查结论之日起十五日内提起诉讼，并将案件受理情况反馈给管理人。逾期不起诉的，管理人可以按无异议处理。

第四十三条　经债权人会议表决未通过债务人财产管理方案及破产财产变价方案的，或经债权人会议二次表决仍未通过破产财产分配方案的，管理人应当自表决结果确定之日起三个工作日内申请法院裁定。

第四十四条　除职工债权以外，无其他债权人申报债权的，不再组织召开债权人会议。涉重大事项的，管理人应当及时提出意见报法院决定。

七、申请宣告破产工作

第四十五条　管理人应根据审计结论决定是否提请宣告债务人破产。管理人应在提请宣告破产的申请书中列明债务人基本情况、资产情况、负债情况以及审计结果等。

无财务账册或财务账册缺失，无法审计的，管理人应在完成债权审查、财产调查后形成财产调查报告，申请裁定宣告债务人破产。申请书应当列明债务人基本情况、资产情况、负债情况等。

第四十六条　管理人收到宣告债务人破产的裁定及公告后，应当于三个工作日之内协助法院将裁定书送达债务人，同时通知已知债权人并公告。

八、财产变价及分配

第四十七条　裁定宣告债务人破产后，管理人应当及时按照破产财产变价方案处置破产财产。

以拍卖方式处置破产财产的，应当采用网络拍卖方式，但法律、行政法规和司法解释规定必须通过其他途径处置，或者不宜采用网络拍卖方式处置的除外。

第四十八条　第一次债权人会议召开前，季节性、鲜活、易腐败变质、易损易贬值以及其他不宜长期保存的物品或者保管费用过高的物品等需在第一次债权人会议前处置的，管理人应当报法院同意后及时处置。

第四十九条 管理人认为银行账户内存款金额过少,不足以支付处置成本的,可以拟定放弃处置方案,提交债权人会议表决。

第五十条 管理人应当根据车辆实际情况提出处置方案。车辆登记状态显示正常的,应当及时拟定变价方案,提交债权人会议表决。车辆登记显示已强制注销,且管理人评估已无处分价值的,可以拟定放弃处置方案,提交债权人会议表决。

第五十一条 经管理人调查评估,认为财产已无处分价值,管理人可拟定放弃处置方案,并征询债权人的意见。

经管理人调查评估,认为财产价值较低或资料不全无法评估的,可酌情确定起拍价,并征询债权人意见。

第五十二条 管理人可沿用执行案件中的财产评估报告。评估报告超过有效期,超过时间不足一年的,经法院同意后,管理人可要求原评估机构出具补充报告或作出说明。评估报告超过有效期一年以上的,需重新申请评估。

第五十三条 破产财产系深圳市完全产权房,管理人可以通过深圳市房地产评估发展中心"房地产评估价格查询系统"进行市价查询,并将查询结果截屏存档。查询结果应作为首次拍卖的起拍价。

第五十四条 执行过程中已启动财产拍卖、变卖的,应按以下情形处理:

(一)财产拍卖过程中流拍、变卖不成的,或者暂缓、中止拍卖、变卖的,管理人接管拍卖、变卖财产后可以采用之前的拍卖保留价、变卖价继续组织拍卖、变卖;

(二)财产拍卖、变卖成交后,成交裁定书尚未送达买受人的,管理人应接管拍卖、变卖的财产及执行款。接管后,管理人应依据执行程序中拍卖、变卖结果出具成交确认书并办理交付手续;

(三)成交裁定书已送达买受人的,管理人应接管拍卖、变卖的执行款。

第五十五条 破产财产变价完毕后,管理人应于三个工作日内拟定破产财产分配方案报法院审查,并提交债权人会议表决。债权人会议表决通过后,管理人应于次日内申请法院裁定确认破产财产分配方案。

第五十六条 破产财产分配方案经法院裁定后,管理人应于收到裁定书之日起三个工作日内执行。

九、终结程序

第五十七条 破产宣告前,有下列情形之一的,管理人应于三个工作日内提请法院裁定终结破产程序:

(一)第三人为债务人提供足额担保或者为债务人清偿全部到期债务的;

（二）债务人已清偿全部到期债务的。

第五十八条　破产财产最后分配完毕后，管理人应于两个工作日内向法院提交清算工作报告，并申请终结破产程序。

第五十九条　经过法院“五查”及管理人调查，有下列情形之一的，管理人应当提请法院裁定宣告债务人破产并终结破产程序：

（一）未发现债务人有可供分配的财产；

（二）虽有少量财产但不足以支付破产费用且无利害关系人垫付的；

（三）利害关系人垫付费用不足以支付破产费用的。

第六十条　破产财产分配方案经法院裁定确认，且主要财产已分配完毕，但因客观原因尚未完成个别事项的，管理人可以申请法院裁定终结破产程序。

第六十一条　因债务人下落不明，未接管到财务账册、文件资料的，经管理人调查，债务人确无财产可供分配的，应及时提请法院裁定宣告债务人破产并终结破产程序。申请书中应列明无法清算或无法全面清算的原因。

第六十二条　管理人应当自破产程序终结之日起十日内，持下列材料向市场监督管理部门申请办理注销登记：

（一）企业注销登记申请书（原件）；

（二）经办人身份证明（复印件1份，验原件）；

（三）企业法人营业执照正本和全部副本（原件）或者遗失登报证明（原件）；

（四）设有分支机构的须提交分支机构注销登记证明（复印件1份，验原件）；

（五）申请材料无法加盖公章的须提交公安机关公章缴销证明（复印件1份，验原件）或公章遗失登报证明（原件1份）；

（六）指定管理人决定书、宣告破产裁定书、终结破产程序裁定书（原件）；

（七）其他。

第六十三条　管理人应于注销登记办理完毕次日终止执行职务，但存在诉讼或者仲裁未决情况的除外。

十、附　　则

第六十四条　本指引未涉及的情形，适用本院《破产案件管理人工作规范》、《破产案件审理规程》以及《破产案件管理人援助资金管理和使用办法》等有关规定办理。

第六十五条　本指引由本院审判委员会解释。

第六十六条　本指引自公布之日起施行。

深圳市中级人民法院关于执行案件移送破产审查的操作指引(试行)

(2018 年 4 月 12 日深圳市中级人民法院审判委员会民事执行专业委员会第 1 次会议通过)

为进一步促进执行案件移送破产审查工作的规范化,明确执行、立案、破产等相关部门的职责,加强协作,提升质效,根据《中华人民共和国民事诉讼法》、《中华人民共和国企业破产法》、最高人民法院《关于执行案件移送破产审查若干问题的指导意见》和广东省高级人民法院《关于执行案件移送破产审查的若干意见》等相关规定,结合司法实践,制定本指引。

一、基本规定

第一条 被执行人住所地在本市的执行移送破产审查案件,由本院管辖。

经广东省高级人民法院批准,本院可以将一部分执行移送破产审查案件交由具备审理条件的基层法院审理。

本市两级法院执行部门负责执行移送破产审查案件的移送工作,立案部门负责执行移送破产审查案件的立案登记工作,破产审判部门负责执行移送破产审查案件的受理审查以及审理工作。

第二条 本市两级法院执行部门因执行案件移送破产审查需要与本院公司清算和破产审判庭协调的,可以报请本院执行局,由本院执行局与公司清算和破产审判庭共同协调解决。

基层法院之间因执行案件移送破产审查需要协调的,由双方先行协调解决,协调解决不了的,报请本院公司清算和破产审判庭协调解决。

本市法院与外地法院之间因执行案件移送破产审查需要协调的,报请共同上级法院协调解决。

二、决定程序

第三条 执行立案时,被执行人是企业法人的,立案部门在向申请执行人送达《立案通知书》的同时应一并送达《执行案件移送破产审查确认书》,告知其执行案件移送破产审查的条件。申请执行人确认同意的,可以作为执行过程中执行部门移送破产审查的启动依据。

执行立案后,被执行人是企业法人的,执行部门在送达《执行通知书》的同时应一并送达《执行案件移送破产审查确认书》,告知其执行案件移送破产审查的条件。被执行人确认同意的,可以作为执行部门移送破产审查的启动依据。

作为企业法人的被执行人下落不明,无法直接送达的,执行部门应在公告送达《执行通知书》时同时载明:"依照《最高人民法院关于适用〈中华人民共和国民事诉讼法〉的解释》第五百一十三条的规定,如你方不能清偿到期债务,并且资产不足以清偿全部债务或者明显缺乏清偿能力的,经申请执行人同意,本院将执行案件相关材料移送破产审查。"

第四条 被执行人为企业法人,经强制执行后符合法律规定应当终结本次执行程序的,执行部门应当在裁定终结本次执行程序前征询申请执行人、被执行人是否同意启动执行案件移送破产审查程序的意见。一方或双方当事人同意的,签署《执行案件移送破产审查申请书》;双方均不同意的,将该意见记录入卷。征询程序应当在终结本次执行程序前完成。

终结本次执行程序后,执行部门依照《最高人民法院关于严格规范终结本次执行程序的规定(试行)》第九条的规定对被执行人的财产完成查询,发现不符合恢复执行条件的,应当征询申请执行人、被执行人是否同意启动执行案件移送破产审查程序的意见。一方或双方当事人同意的,签署《执行案件移送破产审查申请书》;双方均不同意的,将该意见记录入卷。

第五条 被执行人为企业法人,经法院强制执行裁定终结本次执行程序后,申请执行人或被执行人主动申请执行案件移送破产审查的,可以向执行法院的立案部门递交《执行案件移送破产审查申请书》。立案部门应于两日内登记立案,并于立案后三日内完成卷宗扫描、信息录入等工作,移送排期。

第六条 诉讼代理人代为签署《执行案件移送破产审查确认书》或《执行案件移送破产审查申请书》的,必须有申请执行人或被执行人的特别授权,授权委托书中必须记明"办理执行案件移送破产审查"的授权事项。

第七条 执行案件移送破产审查应同时符合下列条件:

(一)被执行人为企业法人;

(二)被执行人或者有关被执行人的任何一个执行案件的申请执行人向执行法院申请或经征询同意启动执行案件移送破产审查程序;

(三)执行法院依职权采取查控措施,并对申请执行人提供的财产线索以及被执行人申报的财产核实、控制后,被执行人财产的处分价值明显不足以清偿全部债务;或者执行法院已依法裁定终结本次执行程序。

第八条 申请执行人或被执行人签署《执行案件移送破产审查确认书》或提交《执行案件移送破产审查申请书》的,执行法官应当自收到上述材料并完成全部已查明财产的控制措施之日起十五日内对案件是否符合移送条件进行审查。

第九条 经审查认为符合执行案件移送破产审查条件的,由执行法官提出决定移送的意见,依相关规定报请审批移送决定书。

第十条 执行法院作出移送决定后,执行法官应于五日内将《决定书》送达申请执行人和被执行人。

对于被执行人下落不明、无法直接送达的执行案件,执行法院已依据本指引第三条第三款规定在公告送达中告知被执行人相关移送破产审查内容,公告送达后决定移送破产审查的,无需再向被执行人送达《决定书》。

第十一条 执行法院作出移送决定后,执行法官应当中止对被执行人的执行程序,并于作出决定之日起十五日内书面通知已知执行法院中止对该被执行人的执行程序。

第十二条 对于被执行人的下列财产,执行法院决定移送后应当及时变价处置,但处置的价款不作分配:

(一)季节性物品;

(二)鲜活的物品;

(三)易腐败变质的物品;

(四)保管费用过高的物品;

(五)易损、易贬值的物品;

(六)其他不宜长期保存的物品。

第十三条 经审查认为不符合执行案件移送破产审查条件的,执行法官应于五日内将不予移送的决定告知申请执行人或被执行人。申请执行人或被执行人对不予移送的决定有异议的,可依法向有管辖权的法院提出破产申请。

三、移送程序

第十四条 执行法院或执行部门作出移送决定后,执行法官应于决定书发送执行当事人之日起十五日内向破产法院或破产审判部门移送材料,并在全国企业破产重整案件信息平台的执行移送破产系统录入相关移送信息和执行案件信息。

第十五条 执行法官应移送如下材料:

(一)执行法院作出的移送《决定书》;

(二)执行当事人签署的《执行案件移送破产审查确认书》或《执行案件移送破产审查申请书》;

(三)被执行人财产情况的相关材料:

1. 财产查询表(移送前六个月内的“五查”表、“总对总”查询表);

2. 财产的查封、扣押、冻结清单;

3. 财产的处分情况(评估、拍卖以及资金扣划材料)；

(四)执行当事人主体资料、送达地址、联系方式、授权委托书；

(五)执行依据、终结本次执行程序裁定书等法律文书；

(六)需要移送的其他材料。

第十六条　执行法院或执行部门作出移送决定后,申请执行人或被执行人一方有异议的,可以书面向执行法院或执行部门提出,执行法院或执行部门应将异议材料和案件材料一并移送破产法院或破产审判部门处理。

案件材料移送后,申请执行人或被执行人一方有异议的,应直接向破产法院或破产审判部门提出。

第十七条　执行法院或执行部门作出移送决定后、破产法院或破产审判部门裁定受理前,申请执行人或被执行人可以请求撤回申请。

在案件移送前请求撤回的,可以向执行法院或执行部门提出,执行法院或执行部门应将撤回申请和案件材料一并移送破产法院或破产审判部门处理;在案件移送后请求撤回的,应直接向破产法院或破产审判部门提出。

第十八条　移送材料经形式审查符合移送条件的,立案部门应于两日内以“破申”作为案件类型代字编制案号登记立案,并于立案后三日内完成卷宗扫描、信息录入等工作,移送排期。

移送材料不完备或内容有误,不符合移送条件的,立案部门应要求执行法院或执行部门在十日内予以补齐或补正。逾期未补齐或补正的,不予登记立案,并将相关材料予以退回。

第十九条　审判管理部门或立案部门应于收到移送材料后两日内完成预排承办法官、合议庭成员及法官助理(书记员)。法官助理应于分案后次日内领取卷宗材料并移交承办法官。

第二十条　申请执行人或被执行人对执行案件移送破产审查决定提出的异议,由破产合议庭在审查立案时一并处理。

第二十一条　申请执行人或被执行人请求撤回申请的,是否准许,由破产合议庭裁定。准许撤回的,应当自裁定书作出之日起五日内送达相关执行当事人及执行法院。

第二十二条　执行移送破产审查案件的实质审查,由破产合议庭负责。实质审查一般采取书面审查,重大、疑难、复杂案件可以组织听证调查。

对于需要听证调查的,应于听证会召开三日前通知申请人、被申请人。申请人或被申请人无正当理由不参加听证的,不影响听证程序的进行。被申请人的股东、实际控制人等利害关系人申请参加听证的,一般应予准许。

第二十三条　合议庭经审查认为符合受理条件的,由承办法官或法官助理草拟受理裁定书,经合议庭成员签署后,报庭领导审核。

第二十四条 合议庭作出受理裁定的,法官助理应于五日内将裁定书送达申请人、被申请人,并送交执行法院或执行部门。

第二十五条 执行法院或执行部门收到受理裁定书后,应于七日内将已经扣划到账的银行存款、尚未分配的财产变价款、实际扣押的动产、有价证券等被执行人财产移交管理人。

第二十六条 符合下列情形之一的,不属于被执行人的财产,执行法院或执行部门不再移交:

(一)已通过拍卖程序处置且成交裁定书已送达买受人的拍卖财产;

(二)通过以物抵债偿还债务且抵债裁定书已送达债权人的抵债财产;

(三)已完成转账、汇款、现金交付的执行款。

第二十七条 执行法院或执行部门决定移送后、管理人接管债务人财产前,执行法院或执行部门应当确保对债务人财产保全措施的连续性。

保全期限在破产审查期间届满的,执行法院或执行部门应依申请执行人的申请,负责办理续行保全手续。

第二十八条 合议庭经审查认为不符合受理条件的,由承办法官或法官助理草拟不予受理裁定书,交合议庭成员签署。

合议庭作出不予受理裁定的,法官助理应于五日内将裁定书送达申请人、被申请人。申请人对裁定不服的,可以自裁定书送达之日起十日内向上一级人民法院提起上诉。

第二十九条 合议庭裁定受理后,发现不符合受理条件或属于法律规定不予受理情形的,应当裁定驳回破产申请。

合议庭作出驳回申请裁定的,法官助理应于五日内将裁定书送达申请人、被申请人。申请人对裁定不服的,可以自裁定书送达之日起十日内向上一级人民法院提起上诉。

第三十条 不予受理或驳回申请的裁定作出后,申请人超过上诉期未提起上诉的,法官助理应当在裁定生效后七日内将裁定书送交执行法院或执行部门,并将案件材料附相关函件一并退回,执行法院或执行部门应当恢复对被执行人的执行。

裁定驳回申请的案件,管理人应在裁定生效后七日内将接管的被执行人财产移交执行法院或执行部门。

第三十一条 执行案件移送破产审查实行一次移送原则。破产法院或破产审判部门作出不予受理或驳回申请裁定后,执行法院和其他已知执行法院均不得重复启动执行案件移送破产审查程序。但申请执行人或被执行人可以直接向有管辖权的法院提出破产申请。

第三十二条　执行移送破产审查案件的立案审查期限为三十日。合议庭应当自“破申”号案件立案之日起三十日内作出是否受理的裁定。听证调查、材料补正等期间不计入该审查期间。

四、审 理 程 序

第三十三条　裁定受理的执行移送破产审查案件，法官助理应在三日内将案件材料移交立案部门。立案部门应于两日内以“破”作为案件类型代字编制案号登记立案，并于立案后三日内完成卷宗扫描、信息录入等工作，移送排期。

第三十四条　审判管理部门或立案部门应于收到立案部门移送的材料后两日内完成预排承办法官、合议庭成员及法官助理(书记员)。法官助理应自分案后次日内领取卷宗材料并移交承办法官审查。

第三十五条　下列执行移送破产审查案件，应适用简易程序审理：

(一)债务人不属于国有企业，且财产容易变现的；

(二)债务人的主要财产、账册、重要文件等灭失，或者债务人人员下落不明，未发现存在巨额财产下落不明情形的；

(三)债权债务关系简单，不存在重大隐患的。

第三十六条　合议庭决定受理执行移送破产审查案件，应依照本指引第三十五条的规定对案件是否适用简易程序、管理人的选定级别等事项一并评议。

第三十七条　合议庭决定受理的执行移送破产审查案件，法官助理应按照议定的管理人级别及时填写《选定破产案件管理人移送表》，经审判长审批后报本院审判管理部门，由审判管理部门摇珠选定破产案件管理人。

第三十八条　执行移送破产审查案件受理后，法官助理应在七日内完成下列事项：

(一)制作破产案件受理公告，并在全国企业破产重整案件信息网上发布；

(二)制作告知合议庭成员组成通知书、告知债务人义务通知书，送达申请人、被申请人；

(三)制作刻制公章函、指定管理人决定书，送达管理人；

(四)制作中止诉讼及执行通知书，送达相关法院；

(五)制作申报债权通知书；

(六)决定适用简易程序审理的，应制作适用简易程序决定书，送达申请人、被申请人、管理人；

(七)向市场监督管理部门送达受理破产申请裁定书；

(八)合议庭认为需要办理的其他事项。

第三十九条　执行移送破产审查案件的债权申报期限一般应确定为三十日，

自发布受理破产申请公告之日起计算。

第四十条 执行移送破产审查案件决定适用简易程序审理的,合议庭应当自“破”号案件立案之日起三个月内审结。有特殊情况需要延长审理期限的,经庭领导批准,可以延长三个月。

第四十一条 在审理过程中,发现案情复杂不宜适用简易程序的,合议庭应及时裁定转为普通程序,报庭领导审批。

第四十二条 案件在本院审理的,合议庭可以依管理人申请裁定解除本市两级法院对债务人财产采取的保全措施。采取保全措施的单位是其他法院或其他部门的,合议庭应及时向相关单位发出书面通知、函件等,协调要求其解除保全措施。

案件在基层法院审理的,合议庭可以依管理人申请裁定解除该基层法院以及本市其他基层法院对债务人财产采取的保全措施;采取财产保全措施的单位系其他法院或其他部门的,合议庭应及时向相关单位发出书面通知、函件等,协调要求其解除保全措施。

第四十三条 管理人申请财产保全,合议庭应及时评议决定,情况紧急的,应当在四十八小时内作出裁定并立即执行。

第四十四条 采取保全措施后,合议庭应于十日内制作查封、扣押、冻结财产通知书并送达管理人。

通知书应列明查封、扣押、冻结的财产清单、查封期限及扣押物品地点,同时应告知管理人保全期限届满后需续行保全的,应于期限届满前二十日向法院书面提出申请。

第四十五条 合议庭可沿用执行案件中的财产查询结果。但查询时间截至案件裁定受理之日已超过六个月以上的,应依管理人的申请重新查询。

第四十六条 合议庭可沿用执行案件中的财产评估报告。评估报告已超过有效期,但超过时间不足一年的,合议庭可依管理人申请,同意由原评估公司出具补充报告或作出说明。评估报告超过有效期一年以上的,管理人需重新申请评估。

第四十七条 合议庭可沿用执行案件中的财产拍卖、变卖结果,按以下情形处理:

(一)财产拍卖流拍、变卖不成的,或者暂缓、中止拍卖、变卖的,由管理人接管拍卖、变卖的财产后继续组织拍卖、变卖;

(二)财产拍卖、变卖成交后,成交裁定书尚未送达买受人的,由管理人接管拍卖、变卖的财产后办理后续交付手续;

(三)财产拍卖、变卖成交后,成交裁定书已送达买受人的,由管理人接管拍卖、变卖的执行款。

第四十八条 执行案件中产生的评估费、公告费、保管费等执行费用符合以下条件的,可以参照破产费用的规定,从债务人财产中随时清偿:

(一)因管理、变价债务人财产发生,且该财产或财产的变价款已由管理人接管;

(二)原则上不超过破产申请受理前一年。

第四十九条 破产申请受理后,管理人持受理裁定书及指定管理人决定书前往执行法院或执行部门申请查阅相关卷宗材料、办理财产移交等事宜的,执行法院或执行部门应当予以协助,并在收到申请之日起三日内予以办理。

第五十条 有下列情形之一的,法官助理应当在裁定作出之日起五日内将相关法律文书送交执行法院或执行部门,执行法院或执行部门应当裁定终结对该被执行人的执行程序:

(一)裁定宣告破产的;

(二)裁定批准重整计划并终止重整程序的;

(三)裁定认可和解协议并终止和解程序的。

第五十一条 管理人依法提请终结破产程序的,合议庭应当自收到申请之日起五日内作出决定。决定终结破产程序的,由承办法官或法官助理草拟终结裁定书,经合议庭成员签署后,报庭领导审核。裁定终结的,应当予以公告。

五、附　　则

第五十二条 本指引下列用语的含义:

(一)执行法院,最高人民法院《关于执行案件移送破产审查若干问题的指导意见》中的用语,是指作出执行案件移送破产审查决定的法院;

(二)已知执行法院,最高人民法院《关于执行案件移送破产审查若干问题的指导意见》中的用语,与执行法院相对应,是指其他受理该被执行人关联执行案件的法院;

(三)破产法院,即最高人民法院《关于执行案件移送破产审查若干问题的指导意见》中的受移送法院,与执行法院相对应,是指对执行移送破产审查案件有管辖权的法院。

第五十三条 本市法院将执行案件移送外地法院破产审查的,或外地法院将执行案件移送本市法院进行破产审查的,参照本指引执行。

第五十四条 本指引未作规定的,适用法律、法规、司法解释以及上级法院或本院的有关规定。

第五十五条 本指引自公布之日起施行。

第五十六条 本指引由本院审判委员会负责解释。

附:执行移送破产审查案件相关文书样式(此处略)

一、执行法院制作

1. 执行案件移送破产审查确认书

2. 执行案件移送破产审查申请书

3. 决定书

4. 执行案件移送破产审查情况说明

二、破产法院制作

5. 民事裁定书(债权人申请用)

6. 民事裁定书(债务人申请用)

7. 公告(受理破产申请用)

8. 决定书(指定管理人用)

9. 决定书(决定适用简易程序用)

10. 通知书(告知合议庭成员组成人员用)

11. 通知书(通知中止诉讼及执行用)

12. 通知书(告知债务人义务通知用)

13. 通知书(通知已知债权人申报债权用)

14. 刻制公章函

深圳市中级人民法院公司
强制清算案件审理规程

(2015 年 3 月 19 日深圳市中级人民法院审判委员会民事行政执行专业委员会第 3 次会议通过)

为保障公司强制清算案件审理的顺利进行,保证清算组公正高效地履行职责,保护债权人、债务人及其股东的合法权益,根据《中华人民共和国民事诉讼法》、《中华人民共和国公司法》、最高人民法院《关于适用〈中华人民共和国公司法〉若干问题的规定(二)》、《关于审理公司强制清算案件工作座谈会纪要》,结合深圳审判实际,制定本规程。

第一章 申请和受理

第一条 公司解散后未依法自行清算,人民法院受理债权人或股东对公司提起的强制清算申请的,应当依法指定清算组对公司进行清算。

第二条　公司强制清算案件由公司住所地的基层人民法院管辖，但本规程第三条规定的情况除外。

公司住所地是指公司主要办事机构所在地，公司主要办事机构所在地不明确的，由公司注册地或登记地的基层人民法院管辖。

第三条　被申请人为股份有限公司、国家工商行政管理总局和省级工商行政管理机关核准登记的有限责任公司的强制清算案件，以及在本地区有重大影响的强制清算案件，由本院管辖。

第四条　公司强制清算申请受理后，有关强制清算公司的民事诉讼，由受理强制清算申请的人民法院管辖。但本院受理公司强制清算申请后，有关强制清算公司的民事诉讼可以参照最高人民法院《关于适用〈中华人民共和国民事诉讼法〉的解释》第四十二条第一款的规定交由公司注册地或登记地的基层人民法院管辖。

第五条　公司解散后逾期不成立清算组进行清算，债权人或股东申请人民法院对公司进行清算的，应当提交下列证据材料：

（一）清算申请书。列明申请人、被申请人的基本情况以及申请的事实和理由；

（二）申请人的主体资格证明文件。申请人为自然人的，应提交身份证或户籍证明；申请人为法人或其他组织的，应提交营业执照和组织机构代码证；

（三）被申请人的主体资格证明文件。包括营业执照和组织机构代码证；

（四）申请人对被申请人享有债权或股东资格的证据；

（五）被申请人自愿解散或被强制解散的证据。被申请人自愿解散的，应提交被申请人的公司章程或决定解散公司的股东会（股东大会）决议；被申请人被强制解散的，应提交公司登记主管机关吊销公司营业执照、责令关闭、撤销公司的决定书或人民法院解散公司的民事判决书；

（六）人民法院认为应当提交的其他材料。

被申请人解散后已成立清算组进行清算的，申请人还应提交被申请人自行成立清算组的证明文件，以及清算组故意拖延清算或存在违法清算行为可能严重损害债权人或股东利益的证据。

第六条　立案部门收到申请人的强制清算申请后，应当在收到强制清算申请之日起三日内分别按照各自审判流程管理的规定，移送审判管理办公室分案或直接将申请材料移送至相关审判庭，由相关审判庭进行实质审查。相关审判庭应当在收到强制清算申请材料之日起五日内通知被申请人。

第七条　审查强制清算申请可以采用召开听证会的方式进行。对于事实清楚、法律关系简单、证据确实充分的强制清算申请，也可以采用书面审查的方式进行。

听证会由承办法官主持,下列人员可以参加听证:

(一)申请人;

(二)被申请人的股东、法定代表人、财务人员及员工代表;

(三)被申请人自行成立的清算组成员;

(四)人民法院认为需要参加听证会的其他人员。

第八条 听证会应当按照下列程序进行:

(一)申请人宣读申请书,陈述申请强制清算的事实和理由,并出示相关证据;

(二)被申请人针对强制清算申请发表意见并出示相关证据;

(三)核实相关事实和证据,包括申请人是否对被申请人享有债权或股权、被申请人是否解散、是否自行成立清算组、自行清算有无拖延或损害债权人及股东利益以及被申请人的资产负债情况等;

(四)人民法院认为应当调查的其他事项。

第九条 合议庭应结合听证情况和申请人、被申请人提交的证据材料对申请人的强制清算申请依法进行全面审查。

经审查,具有下列情形之一的,人民法院应裁定不予受理:

(一)以债权人身份申请强制清算的,其主张的债权未经生效法律文书确认且被申请人提出异议的;

(二)以股东身份申请强制清算的,其主张的股权未经生效法律文书确认且被申请人提出异议的;

(三)被申请人对发生解散事由提出异议,且无生效法律文书确认公司解散,亦无充分证据证明出现公司法第一百八十条规定的被依法吊销企业法人营业执照、责令关闭或者被撤销等解散事由的;

(四)人民法院认为应当不予受理的其他情形。

第十条 申请人提交的材料需要更正、补充的,人民法院应当责令申请人于七日内予以更正、补充。申请人无正当理由未按期更正、补充的,裁定不予受理。

第十一条 人民法院裁定受理强制清算申请前,可根据公司财产状况要求申请人或利害关系人垫付不高于5万元的清算费用。

人民法院裁定受理强制清算申请后,垫付的清算费用由清算财产随时清偿,清算财产不足以清偿的部分由垫付人承担。

第十二条 申请人提出的强制清算申请符合法律规定,被申请人又同时具有破产原因的,人民法院应当受理强制清算申请。但被申请人无财产支付清算费用或仅有少量财产不足以支付清算费用,申请人或利害关系人又不愿垫付清算费用的,应告知当事人申请破产清算,强制清算申请不予受理。

第十三条 审理强制清算案件的审判庭应于收到强制清算申请之日起三十日

内审查完毕,并作出是否受理的裁定。听证期间和申请人补充、更正相关材料的期间不计入前款规定的三十日期限。

第十四条　人民法院裁定受理强制清算申请的,应当自裁定作出之日起十个工作日内送达申请人和被申请人,同时通知被申请人自裁定送达之日起十日内提交财产状况说明、债务清册、债权清册、有关财务会计报告以及关于职工工资的支付和社会保险费用缴纳情况的说明。

裁定不予受理强制清算申请的,人民法院应当自裁定作出之日起十个工作日内送达申请人和被申请人。申请人对裁定不服的,可以自裁定送达之日起十日内向上一级人民法院提起上诉。

第十五条　人民法院裁定受理强制清算申请后,应当参照本院《破产案件管理人分级管理办法》的有关规定在管理人名册中指定清算组成员。公司股东、董事、监事或者高级管理人员愿意参加清算且有利于清算工作的,可以指定其为清算组成员。

第十六条　清算组应当自收到人民法院指定清算组决定书之日起十日内将强制清算事宜书面通知全体已知债权人,同时,根据公司规模和营业地域范围,于十五日内在全国或者公司注册登记地省级主要报刊上进行公告。清算组通知已知债权人后又发现新的债权人的,自发现之日起十日内通知新发现的债权人。

通知和公告应当载明下列事项:

(一)申请人、被申请人的姓名或者名称;

(二)人民法院裁定受理强制清算申请的时间;

(三)申报债权的期限、地点和注意事项;

(四)清算组组成及联系人、联系方式、处理事务的地址;

(五)被申请人的债务人或者财产持有人应当向清算组清偿债务或者交付财产的义务;

(六)人民法院认为应当通知和公告的其他事项。

第十七条　自人民法院受理强制清算申请的裁定送达公司之日起至强制清算程序终结之日,公司的有关人员承担下列义务:

(一)妥善保管并移交其占有和管理的财产、印章和账簿、文书等资料;

(二)根据人民法院、清算组的要求进行工作,并如实回答人民法院、清算组和债权人的询问;

(三)人民法院认为应当办理的其他事项。

前款所称有关人员,主要指公司的法定代表人和公司股东、董事、监事、高级管理人员;经人民法院决定,可以包括公司的财务管理人员、其他经营管理人员、公司自行成立的清算组成员等。

第十八条 人民法院裁定受理强制清算申请后,清算组应督促公司的债务人或者财产持有人向清算组清偿债务或者交付财产。

第十九条 清算期间,公司存续,但不得开展与清算无关的经营活动。清算组决定开展确与清算有关的经营活动的,应当经人民法院许可。

第二章 清 算 组

第二十条 人民法院决定更换清算组成员的,应参照最高人民法院《关于审理企业破产案件指定管理人的规定》的有关条款执行。

第二十一条 清算组成员无正当理由,不得拒绝人民法院的指定。清算组成员无正当理由,不得辞去职务。清算组成员辞去职务,应当经人民法院许可。

第二十二条 清算组成员应亲自办理清算事务,不得以任何形式将自己应当履行的职责全部或者部分转给其他社会中介机构或者个人。清算组成员或其工作人员离职后应当及时移交案卷,不得以原中介机构名义继续办理案件。

第二十三条 清算组应当向人民法院报告工作,并接受人民法院、公司债权人和股东的监督。

第二十四条 人民法院指定本院管理人名册中的社会中介机构作为清算组成员的,其报酬由中介机构与公司协商确定;协商不成的,由人民法院参照本院《管理人报酬确定和支取办法(试行)》的有关规定确定。

第二十五条 清算组在清算期间履行下列职责:

(一)接管公司的财产、印章和账簿、文书等资料;

(二)调查、清理公司财产,分别编制资产负债表和财产清单;

(三)通知、公告债权人;

(四)决定公司的内部管理事务;

(五)决定公司的日常开支和其他必要开支;

(六)处理与清算有关的公司未了结的业务;

(七)清缴所欠税款以及清算过程中产生的税款;

(八)清理债权、债务;

(九)管理和处分公司财产,并处理公司清偿债务后的剩余财产;

(十)代表公司参加诉讼、仲裁或者其他法律活动;

(十一)法律规定或人民法院认为清算组应当履行的其他职责。

第二十六条 人民法院指定中介机构担任清算组的,清算组应根据个案情况组建工作团队,合理配置工作人员,并将名单报人民法院备案。清算组工作人员变更的,应当报告人民法院。

第二十七条 清算组应当在收到人民法院指定清算组决定书之日起七个工作

日内制定工作计划和全面的工作制度，包括清算工作规程、清算组议事规则、财务收支管理制度、证照和印章管理制度、档案管理制度、保密制度等，报人民法院备案。

第二十八条　清算组应当持受理强制清算申请的裁定书、指定清算组决定书、刻制印章函等法律文书到公安机关刻制清算组印章，清算组印章交人民法院封样备案后启用，清算组印章应有专人保管并设置使用登记记录，清算组印章不得在所涉清算事务之外的任何场合使用。

第二十九条　清算组应当持人民法院受理强制清算申请的裁定书、指定清算组决定书等法律文书和清算组公章、强制清算案件承办法官的印鉴向人民法院许可的银行申请开立清算组账户。

公司的资金，清算组应当划入清算组账户集中统一管理。

第三十条　清算组应当严格执行财务收支管理制度，接管后的所有开支必须经内部审批程序批准后从清算组账户列支，除与清算工作相关的小额日常支出外，其它支出应当报人民法院审核批准。

第三十一条　清算组应在收到人民法院指定清算组决定书之日起十日内完成对公司的接管工作，接管时应当制作移交清单、接管笔录，告知公司有关人员的法律责任，接管工作完成后由清算组和公司的有关人员签名确认，并在公司营业场所公告有关事项。

第三十二条　清算组应当接管的公司财产、印章和账簿、文书等资料包括：

（一）公司占有或管理的现金、银行存款、有价证券、债权债务清册、存货、流动资产、固定资产、在建工程、对外投资、无形资产等财产及相关凭证；

（二）公章、财务专用章、合同专用章、发票专用章、海关报关章、职能部门章、各分支机构章、电子印章、法定代表人名章等印章；

（三）总账、明细账、台账、日记账等账簿及全部会计凭证、重要空白凭证；

（四）批准设立文件、营业执照、税务登记证书及各类资质证书、章程、合同、协议及各类决议、会议记录、人事档案、电子文档、管理系统授权密码等资料；

（五）有关公司的诉讼、仲裁、执行案件的卷宗材料；

（六）公司的其它重要资料。

第三十三条　公司的有关人员因客观原因无法交出应交接的财产、印章、账册、文书等资料的，清算组应当要求公司的有关人员作出书面说明或者提供有关证据与线索。公司的有关人员拒不移交财产、印章和账簿、文书等资料的，清算组可以申请人民法院采取强制措施。

第三十四条　在接管过程中，清算组应当对以下事项进行调查：

（一）公司的资产状况；

(二)公司的债权债务情况;

(三)公司的职工安置情况,包括职工工资、经济补偿金支付情况及社会保险费用的缴纳情况;

(四)公司股东的出资情况;

(五)公司的董事、监事和高级管理人员是否存在利用职权获取非正常收入或者侵占公司财产的行为;

(六)公司未履行完毕的合同情况;

(七)有关公司的未结诉讼、仲裁以及未执行完毕的案件情况;

(八)人民法院认为清算组应当调查的其它事项。

第三十五条 清算组进行清算时发现公司的有关人员伪造、销毁有关证据材料,隐匿、转移财产,对资产负债表或者财产清单作虚伪记载或者在未清偿债务前处分、分配公司财产,严重损害债权人或股东利益涉嫌犯罪的,应当及时向公安机关报案。

清算组发现公司的有关人员隐匿或者故意销毁依法应当保存的会计凭证、会计账簿、财务会计报告,涉嫌犯罪的,应当及时向公安机关报案。

第三十六条 人民法院裁定受理强制清算申请后,清算组应当书面通知公司的全体职工终止劳动合同。清算组认为确有必要聘用公司有关人员作为留守人员的,经人民法院许可,可以与公司的有关人员签订聘用合同。聘用合同应当对双方的权利义务、劳动报酬标准,以及养老、医疗、工伤、失业、生育等五项社会保险和住房公积金等事项作出明确约定。留守人员的劳动报酬根据实际情况确定,从清算费用中支付。

第三章 清算财产

第三十七条 强制清算案件受理时属于公司的全部财产,以及强制清算案件受理后至强制清算程序终结前公司取得的财产,为清算财产。

第三十八条 人民法院受理强制清算申请后,公司股东尚未完全履行出资义务的,清算组应当要求该股东缴纳所认缴的出资,不受出资期限的限制。

第三十九条 公司的董事、监事和高级管理人员及公司其他人员利用职权从公司获取的非正常收入和侵占的公司财产,清算组应当追回。

第四十条 人民法院受理强制清算申请后,经人民法院批准,清算组可以通过清偿债务或者提供为债权人接受的担保,取回质物、留置物。

第四十一条 人民法院受理强制清算申请后,公司占有的不属于公司所有的财产,该财产的权利人可以通过清算组申请取回。

第四章　清算费用和共益债务

第四十二条　人民法院受理强制清算申请后发生的下列费用,为清算费用:

(一)强制清算案件的申请费及衍生诉讼案件应由公司负担的诉讼费用;

(二)管理、变价和分配公司财产的费用;

(三)清算组执行职务的费用、报酬和聘用工作人员的费用。

第四十三条　人民法院受理强制清算申请后发生的下列债务,为共益债务:

(一)因清算组开展与清算有关的经营活动所产生的债务;

(二)公司财产受无因管理所产生的债务;

(三)因公司不当得利所产生的债务;

(四)清算组执行职务致人损害所产生的债务;

(五)公司财产致人损害所产生的债务。

第四十四条　清算费用和共益债务经人民法院批准可从清算财产中随时清偿。

第五章　债权申报和审核

第四十五条　债权人应当自接到清算组发出的债权申报通知书之日起三十日内,未接到通知书的自公告之日起四十五日内,向清算组申报债权。

债权人申报债权,应当说明债权的性质、数额、形成原因等有关事项,并提供证明材料。清算组应当对债权进行登记。

在申报债权期间,未经人民法院批准,清算组不得对债权人进行清偿。

第四十六条　公司所欠职工的工资和医疗、伤残补助、抚恤费用,所欠的应当划入职工个人账户的基本养老保险、基本医疗保险费用,以及法律、行政法规规定应当支付给职工的补偿金,不必申报,由清算组调查后列出清单并予以公示。职工对清单记载有异议的,可以要求清算组更正;清算组不予更正的,职工可以直接按本规程第四条的规定向人民法院提起诉讼。

第四十七条　未到期的债权,应视为已到期,在强制清算程序中依法予以清偿。

附利息的债权利息计至实际分配之日止。

第四十八条　附条件、附期限的债权和诉讼、仲裁未决的债权,债权人可以申报。

第四十九条　连带债权人可以由其中一人代表全体连带债权人申报债权,也可以共同申报债权。

第五十条　公司的保证人或者其他连带债务人已经代替公司清偿债务的,以其对公司的求偿权申报债权。

第五十一条 清算组收到债权申报材料后,应当登记造册,对申报的债权进行审查核定。

清算组应将债权审核结果及时通知相关债权人,债权人对清算组核定的债权有异议的,可以要求清算组重新核定。清算组不予重新核定,或者债权人对清算组重新核定的债权仍有异议的,债权人可以公司为被告向本规程第四条规定的人民法院提起诉讼。

对于双方均无异议的债权,清算组应当编制债权表报人民法院备案。债权表和债权申报材料由清算组保存,供利害关系人查阅。

第五十二条 依法申报债权的债权人在强制清算程序中享有本规程规定的表决权,享有表决权的债权人可以组成债权人会议对财产变价、分配等重大事项进行表决,表决程序参照适用企业破产法的规定。经债权人会议表决未能通过的,由清算组报人民法院批准。

第五十三条 清算组收到申请取回公司占有的不属于公司财产的,应于十五日内审核完毕。清算组确认取回申请成立的,应当附相应的证据材料报人民法院审核批准。

清算组认为取回申请不成立的,应及时将审核结果告知取回申请人。取回申请人有异议的,可以要求清算组重新审核。清算组不予重新审核,或者取回申请人对清算组重新审核的结果仍有异议的,取回申请人可以公司为被告向本规程第四条规定的人民法院提起诉讼。

第五十四条 清算组收到申请行使抵销权、担保权和优先权的,应当及时进行审核,将审核结果通知申请人,并将该事项载入清算方案。

第六章　清 算 程 序

第五十五条 清算组接管公司后,应及时申请人民法院摇珠确定审计机构进行审计。公司账册缺失无法审计的,清算组应对财产状况进行调查并进行说明。

清算组经调查、审计或者评估,并编制债权表后,应当制定清算方案;发现公司财产不足以清偿债务的,应区分如下情形分别处理:

(一)公司财产状况清晰,账册、重要文件齐全的,清算组应与债权人协商制作债务清偿方案,并提交全体债权人表决,全体债权人同意的,申请人民法院裁定确认债务清偿方案;经协商无法形成债务清偿方案或者债务清偿方案未通过的,债权人、公司或者清算组可以向人民法院申请破产清算;

(二)公司主要财产、账册、重要文件等灭失,或者公司人员下落不明,无法清算或无法全面清算的,清算组应参照企业破产法的规定制作清算方案,报人民法院裁定。

第五十六条　本院裁定受理破产申请后，审理强制清算案件的人民法院应当裁定终结强制清算程序，清算组应当将清算事务移交本院指定的破产案件管理人。

第五十七条　清算方案应当载明下列内容：

（一）公司接管情况；

（二）公司资产和负债情况；

（三）公司职工工资、社保和安置情况；

（四）债权申报、审核情况；

（五）财产变价方案；

（六）财产分配方案；

（七）其他需要载明的内容。

第五十八条　清算组在执行清算方案过程中，因客观情况变化，确有必要变更清算方案的，应就变更部分制定新的处理方案，报人民法院批准后执行。

第五十九条　处置公司财产应当通过拍卖进行。清算组通过拍卖方式处置公司财产时应由人民法院通过随机方式选定评估、拍卖中介机构。但深圳市内的不动产，应按照法律、司法解释和市政府有关文件规定进行拍卖。

清算组应当参照评估价确定拍卖保留价，报人民法院备案。第一次拍卖时，保留价不得低于评估价的百分之八十；如果出现流拍，再行拍卖时可以降低保留价，但每次降低保留价不得超过前次保留价的百分之二十。第三次拍卖流拍的，清算组可以经债权人会议或者股东会同意后，以第三次拍卖的保留价变卖或者协议转让。

第六十条　经债权人会议通过，清算组可以采用变卖或协议转让等其他方式对财产进行变价。公司没有对外负债的，可以由股东（大）会决议确定变价方式。

第六十一条　有限责任公司的股东会由股东按照出资比例行使表决权，股东会决议经代表过半数表决权的股东通过，公司章程另有规定的除外。股份有限公司的股东所持每一股份有一表决权，股东大会决议经出席会议的股东所持表决权过半数通过。

股东（大）会未能表决通过的，由清算组报人民法院批准。

第六十二条　清算财产一般应当以货币形式一次性分配。经债权人会议通过，可以进行实物分配。公司没有对外负债的，经股东（大）会决议，可以进行实物分配。

采用实物分配方式的，清算组应当对清算财产进行评估。

第六十三条　对于附生效条件或者解除条件的债权，清算组应当将其分配额提存。

上述提存的分配额,在最后分配日生效条件未成就或者解除条件成就的,应当分配给公司股东;在最后分配日生效条件成就或者解除条件未成就的,应当交付给债权人。

第六十四条　债权人未受领的公司财产分配额,清算组应当提存并予以公告。债权人自人民法院裁定终结强制清算程序之日起满两年仍不领取的,视为放弃受领分配的权利,清算组或者人民法院应当将提存的分配额分配给公司股东。

第六十五条　公司财产分配时,对于诉讼或者仲裁未决的债权,清算组应当将其分配额提存。债权经生效法律文书确认不成立的,人民法院应将提存的分配额分配给公司股东;债权经生效法律文书确认成立的,人民法院应按法律文书确定的期限和金额将提存的分配额分配给债权人;分配后仍有剩余的,应将剩余财产分配给股东。

第六十六条　清算结束后,清算组应当制作清算报告,报人民法院裁定确认并终结强制清算程序。

清算报告应当包括下列内容:

(一)公司解散原因、清算组成立的时间和组成人员;

(二)通知和公告债权人的情况;

(三)公司财产状况和财产清单;

(四)债权申报和审核情况;

(五)财产追收情况;

(六)财产变价和分配情况;

(七)清算组代表公司参加诉讼、仲裁的情况;

(八)清算费用和共益债务的支出情况;

(九)人民法院认为应当载明的其他事项。

清算组应当在收到人民法院终结强制清算程序裁定之日起十五日内,申请工商登记机关注销公司工商登记,并予以公告。

第六十七条　清算组于办理注销登记完毕的次日起终止执行职务。但是,存在诉讼或者仲裁未决情况的,清算组仍应当继续依法履行职责。

第六十八条　清算组依法终止执行职务后,应当注销清算组账户,将清算组印章交公安机关销毁并将销毁印章的证明交人民法院备案。

第六十九条　清算组依法终止执行职务后,应当将接管的公司资料移交公司股东保存,同时将清算组执行职务过程中形成的卷宗材料装订成册,按档案管理办法保存备查。

第七章　附　　则

第七十条　人民法院受理强制清算案件的申请费参照《诉讼费用交纳办法》

有关规定收取。

第七十一条　人民法院对清算组成员的管理和考核，参照本院《破产案件管理人分级管理办法》、《破产案件管理人工作规范》和《破产案件管理人考核办法》的规定执行。

第七十二条　本规程自公布之日起施行，本院《公司强制清算案件审理规程（试行）》和《关于审理强制清算案件若干问题的指导意见》同时废止。

深圳市中级人民法院破产案件
机构管理人名册编制办法

（2012 年 9 月 27 日本院审判委员会民专会 2012 年第 15 次会议通过）

为公平、公正审理企业破产案件，保证破产审判工作依法顺利进行，根据《中华人民共和国企业破产法》、最高人民法院《关于审理企业破产案件指定管理人的规定》的有关规定和广东省高级人民法院《关于建立破产管理人名册的通知》，结合本院审理企业破产案件的实践，制定本办法。

第一条　本院依据广东省高级人民法院授权，编制深圳市中级人民法院破产案件机构管理人名册。编制管理人名册坚持公开、公正、公平的原则，按照本办法规定的程序办理。

符合破产案件管理人条件的、在深圳设立的社会中介机构及异地社会中介机构在深圳市依法设立的分支机构可以向本院提出入册申请。

第二条　本院根据管理人的履职能力及破产审判的需要，逐步推行管理人分级分类管理。管理人等级评定办法另行规定。

第三条　申报企业破产案件管理人的条件：

（一）律师事务所

1. 在深圳依法设立，经有权机构核准执业三年以上，并有固定经营场所；

2. 该机构拥有 5 名以上的合伙人，且具有律师执业证书的从业人员不少于 20 名，有足够人力资源完成破产管理工作。

（二）会计师事务所

1. 在深圳依法设立，经有权机构核准执业三年以上，并有固定经营场所；

2. 该机构执业的注册会计师不少于 10 名，有足够人力资源完成破产管理工作；

3. 有限责任公司类型的会计师事务所注册资本不低于人民币 50 万元。

(三)破产清算事务所

1. 经深圳市市场监督管理局核准成立三年以上,并有固定经营场所;

2. 具有律师执业证书、注册会计师证书的从业人员不少于5名,有足够人力资源完成破产管理工作;

3. 有限责任公司类型的破产清算事务所注册资金不低于人民币50万元。

第四条 有下列情形之一的社会中介机构,不能编入管理人名册:

(一)因故意犯罪受过刑事处罚;

(二)因执业、经营中故意或者重大过失行为,受到行政机关、监管机构或者行业自律组织行政处罚或者纪律处分之日起未逾三年;

(三)因涉嫌违法行为正被相关部门调查;

(四)缺乏担任管理人所应具备的专业能力;

(五)缺乏承担民事责任的能力;

(六)根据本院《破产案件管理人管理规范》的规定,年度考核不称职或者被本院从管理人名册除名的;

(七)本院认为可能影响履行管理人职责的其他情形。

第五条 管理人入册评审工作由本院评审委员会负责。评审委员会由本院审判委员会委员、公司清算和破产审判庭庭长、副庭长、司法辅助部门负责人组成。评审委员会必须有2/3以上的委员参加方可召开。评审委员会的决定经全体评审委员会委员半数以上通过为有效。

评审委员会讨论决定入册管理人时采用评分制,以得分由高到低排序;评审委员会讨论对管理人处罚、除名等事项时采用票决制。

第六条 本院司法辅助部门负责编制管理人名册的具体工作,公司清算和破产审判庭协助。

第七条 申报、评审程序:

(一)公告:采用适当方式将编制管理人名册的有关事项进行公告。

(二)通报:向深圳市律师协会和深圳市注册会计师协会通报编制管理人名册的有关事项。

(三)申报:申请编入管理人名册的社会中介机构应于申报期限(公告为准)届满前向司法辅助部门提交申报表(可在本院外网下载)及相关材料一式12份。

社会中介机构中的从业人员及其从业材料不得在不同社会中介机构中重复申报。

(四)验证:司法辅助部门负责登记并对有关材料进行形式审查。材料不齐全的,由司法辅助部门通知申报人3日以内补正。逾期申报或者未按期补正材料的,本院将不纳入管理人评审范围,申报人必须如实申报。凡有弄虚作假情形的,一律不纳入申报管理人范围评审。

（五）专业能力测试：本院将委托深圳市专门考试机构出题，组织申报人进行专业能力测试。申报入册社会中介机构应当有五名以上从业人员参加测试，测试合格的从业人员具有公司清算和破产管理业务从业资格，测试不合格的社会中介机构不列入评审范围，具体测试办法另行规定。

（六）统计：司法辅助部门、公司清算和破产审判庭按照评分标准统计申报人综合分数，根据综合分数由高到低排序。

（七）票决：评审委员会根据申报人综合分数的高低及机构名额进行差额票决，确定初审名册。

（八）公示：确定的初审名册在深圳市主要媒体上进行公示，公示期 10 日。公示期以内，任何单位和个人均可对编入初审名册的社会中介机构实名提出书面异议。

（九）通报：将初审名册通报深圳市律师协会和深圳市注册会计师协会并征求其意见。

（十）复核：公示期满后，评审委员会应当对有关异议进行审查，异议成立、申报人确不宜担任管理人的，应将所涉社会中介机构从管理人初审名册中删除。

（十一）公布结果：审定后的名册将报广东省高级人民法院、最高人民法院备案，同时在人民法院报、深圳市主要媒体上正式公布。

第八条　评定标准

对机构管理人的评定实行评分制，满分为 100 分。具体评分标准如下：

（一）律师事务所

1. 规模 25 分

拥有 20 名具有律师执业证书的从业人员的，20 分；超过 20 名的，每增加 1 名加 0.5 分，最多不超过 25 分。

2. 专业能力测试 50 分

3. 专业经验 25 分

（1）现在该机构执业的律师近 5 年以内担任管理人成员办理破产案件的，每件计 2 分；

（2）现在该机构执业的律师近 5 年以内担任法院指定的清算组成员的，每件案件计 2 分；

（3）根据本院《破产案件管理人管理规范》的规定，年度考核等级被本院评为优秀的，每获得一次优秀等级加 5 分。

本项分数合计不得超过 25 分。

(二)会计师事务所

1. 规模25分

拥有10名注册会计师的,20分;超过10名的,每增加1名加0.5分,最多不超过25分。

2. 专业能力测试50分

3. 专业经验25分

(1)现在该机构执业的注册会计师近5年以内担任管理人成员办理破产案件的,每件计2分;

(2)现在该机构执业的注册会计师近5年以内担任法院指定的清算组成员的,每件案件计2分;

(3)根据本院《破产案件管理人管理规范》的规定,年度考核等级被本院评为优秀的,每获得一次优秀等级加5分。

本项分数合计不得超过25分。

(三)破产清算事务所

1. 规模25分

拥有5名具有律师执业证书、注册会计师证书的从业人员的,20分;超过5名的,每增加1名加0.5分,最多不超过25分。

2. 专业能力测试50分

3. 专业经验25分

(1)现在该机构执业的律师或者注册会计师近5年以内担任管理人成员办理破产案件的,每件计2分;

(2)现在该机构执业的律师或者注册会计师近5年以内担任法院指定的清算组成员的,每件案件计2分;

(3)根据本院《破产案件管理人管理规范》的规定,年度考核等级被本院评为优秀的,每获得一次优秀等级加5分。

本项分数合计不得超过25分。

第九条 本办法所称的"以上"、"以内"、"届满"、"不少于"、"不低于",均包括本数。

第十条 本院及各区法院受理的强制清算案件指定社会中介机构为清算组成员的,应当从本院机构管理人名册中指定。

第十一条 本办法自公布之日起施行。本院《破产案件管理人指定办法》同时废止。

第十二条 本办法由本院审判委员会负责解释。

深圳市中级人民法院破产案件管理人分级管理办法

（2013年5月16日本院审判委员会民专会2013年第7次会议通过）

为完善管理人运行机制，促进管理人队伍的健康发展，保障破产审判工作的顺利进行，根据《中华人民共和国企业破产法》、最高人民法院《关于审理企业破产案件指定管理人的规定》等司法解释的有关规定，结合审判实践，制定本办法。

第一条　本院对管理人名册中的社会中介机构实行分级管理。

管理人名册中的社会中介机构依照本办法担任相应类别的企业破产案件管理人。

第二条　管理人名册中的社会中介机构分为一、二、三级管理人，各级管理人依照本办法晋级、降级或者淘汰。

第三条　本院将破产案件分为重大复杂破产案件、普通破产案件和小额破产案件三类。

一级管理人可以担任前款规定的三类破产案件的管理人，二级管理人可以担任除重大复杂案件之外的其他两类破产案件的管理人，三级管理人只能担任小额破产案件的管理人。

第四条　本院受理企业破产案件后，依照本办法规定的案件类别分别在一、二、三级管理人名册中指定管理人，原则上均采取摇号等随机指定方式。

重大复杂破产案件在一级管理人名册中摇号；普通破产案件在二级管理人名册中摇号；小额破产案件原则上在三级管理人名册中摇号，但本院可以根据实际需要对小额破产案件进行分流。

第五条　重大复杂破产案件是指：

（一）商业银行、证券公司、保险公司等金融机构破产案件；

（二）上市公司破产案件；

（三）本辖区、本省或者全国范围内有较大社会影响的破产案件；

（四）债务人财产价值总额1亿元（含本数）以上的破产案件；

（五）本院认为属于重大复杂的其他破产案件。

第六条　普通破产案件是指债务人财产价值总额在100万元（含本数）以上、1亿元以下的破产案件。

第七条　小额破产案件是指债务人财产价值总额在100万元以下的破产案件。

第八条　管理人等级的评定,由本院评审委员会根据管理人的执业能力、职业操守、工作绩效、勤勉程度等进行评定。

第九条　本院对管理人实行晋级和降级制度,三级管理人经考核不合格的予以淘汰。

管理人的晋级、降级、淘汰由本院评审委员会决定。

第十条　管理人名册缺额达6名时,本院依照《管理人名册编制办法》的规定补充管理人,申报入册的社会中介机构经评审合格后可以先编入三级管理人名册,符合晋级条件后可以逐级晋升。

第十一条　本院对管理人履行职责情况进行综合考核,综合考核结果将作为本院决定管理人晋级、降级或者淘汰的主要依据。

第十二条　综合考核结果排名前两名的三级管理人可以晋升为二级管理人,排名第一的二级管理人可以晋升为一级管理人。

第十三条　管理人的降级实行末位淘汰制。

本院对同级管理人按照综合考核得分高低进行排序,排名居本系列末位的一级管理人应当降为二级管理人,排名居本系列后两位的二级管理人应当降为三级管理人,排名居本系列后两位的三级管理人应当淘汰。

第十四条　有下列情形之一的,本院可以决定将管理人除名:

(一)因故意犯罪受到刑事处罚;

(二)被吊销相关专业执业证书;

(三)因执业、经营中故意或者重大过失行为,受到行政机关、监管机构或者行业自律组织行政处罚或者纪律处分;

(四)执业许可证或者营业执照被吊销或者注销;

(五)出现解散、破产事由或者丧失承担执业责任风险的能力;

(六)履行职务时,因故意或者重大过失导致债权人利益受到损害;

(七)拒绝接受本院、债权人会议、债权人委员会的监督,经批评教育仍不改正或者应当及时向本院报告的重大事项隐瞒不报的;

(八)违反法律、司法解释规定或者未经本院批准私自收费;

(九)利用管理人的身份或地位为自己和他人谋取私利。

第十五条　管理人办理小额破产案件,符合《管理人援助资金管理和使用办法》规定条件的,可以申请资金援助。

第十六条　本院、各区院受理的强制清算案件指定本院机构管理人名册中的社会中介机构为清算组成员的,适用本办法。

第十七条　本办法自公布之日起施行。

深圳市中级人民法院破产案件管理人工作规范

（2015年2月5日深圳市中级人民法院审判委员会民事行政执行专业委员会第1次会议通过）

第一章　总　　则

第一条　为规范管理人工作，保证管理人依法公正高效履行职责，确保破产审判工作顺利进行，根据《中华人民共和国企业破产法》及相关司法解释的规定，结合本院破产审判实践，制定本规范。

第二条　管理人应当勤勉尽责，恪尽职守，履行谨慎合理、积极高效管理的义务。

第三条　管理人应当忠实履行职责，不得利用管理人的身份或地位为自己和他人谋取私利。

第四条　管理人应当亲自履行职责，不得以任何形式将自己应当履行的职责全部或者部分转给其他社会中介机构或者个人。

第五条　管理人应当及时向本院报告工作，自觉接受本院、债权人会议和债权人委员会的监督。

第二章　接管调查职责

第六条　管理人应当根据破产案件的实际情况组建管理人工作团队，合理配置工作人员，并将团队名单报本院备案。

第七条　管理人应当自收到指定管理人决定书之日起三个工作日内，到本院查阅有关材料，通知债务人的有关人员，确定接管时间。

第八条　管理人应当在收到指定管理人决定书之日起十个工作日内制定工作计划和全面的管理人工作制度，包括管理工作规程、会议议事规则、财务收支管理制度、证照和印章管理制度、档案管理制度、保密制度等，报本院备案。

第九条　管理人应当根据案情需要制订突发事件应急预案，并及时报告突发事件情况，对可能影响社会稳定的突发性、群体性事件的处理方案应当报本院批准。

第十条　管理人应当在收到指定管理人决定书之日起十个工作日内，持受理破产申请裁定书、指定管理人决定书、刻制印章函等法律文书到公安机关刻制管理人印章，管理人印章交本院封样备案后启用，管理人印章应有专人保管并设置使用登记记录,管理人印章不得在所涉破产事务之外的任何场合使用。

第十一条 管理人应当持本院受理破产申请裁定书、指定管理人决定书、管理人公章及破产案件承办法官印鉴向银行申请开立管理人账户。

管理人可以将债务人的存款划入管理人账户集中统一管理,不能自行划转的可以申请本院扣划。

第十二条 管理人应当严格执行财务收支管理制度,所有开支必须按内部审批程序批准后从管理人账户列支,大额支出应当经本院审核批准。

第十三条 管理人接管时应当制作移交清单、接管笔录,告知债务人有关人员法律责任,接管工作完成后由管理人和债务人的有关人员签名确认,并在债务人营业场所公告有关事项。

第十四条 管理人应当接管的债务人财产、印章和账簿、文书等资料包括:

(一)债务人占有或管理的现金、银行存款、有价证券、债权债务清册、存货、流动资产、固定资产、在建工程、对外投资、无形资产等财产及相关凭证;

(二)公章、财务专用章、合同专用章、发票专用章、海关报关章、职能部门章、各分支机构章、电子印章、法定代表人名章等印章;

(三)总账、明细账、台账、日记账等账簿及全部会计凭证、重要空白凭证;

(四)批准设立文件、营业执照、税务登记证书及各类资质证书、章程、合同、协议及各类决议、会议记录、人事档案、电子文档、管理系统授权密码等资料;

(五)有关债务人的诉讼、仲裁、执行案件的材料;

(六)债务人的其它重要资料。

第十五条 管理人接管过程中,应当根据案情需要及时申请本院通知有关机关解除对债务人财产的保全措施、中止有关债务人的诉讼、仲裁或者执行程序,申请本院对可能被转移的财产采取保全措施。管理人完成接管后,应当向审理案件的人民法院、仲裁机构申请恢复诉讼和仲裁。

第十六条 债务人的有关人员因客观原因无法交出应交接的财产、印章、账册、文书等资料的,管理人应当要求其作出书面说明或者提供有关证据、线索。债务人的有关人员拒不移交财产、印章和账簿、文书等资料的,管理人可以申请本院采取强制措施。

管理人对所接管的财产、印章、账册、文书等资料应当妥善保管,防止毁损或遗失。

第十七条 管理人清算过程中发现债务人的有关人员隐匿财产,对资产负债表或者财产清单作虚伪记载或者在未清偿债务前分配债务人财产,严重损害债权人或者其他人利益的,应当及时向公安机关报案。

管理人发现债务人的有关人员隐匿或者故意销毁依法应当保存的会计凭证、

会计账簿、财务会计报告,情节严重的,应当及时向公安机关报案。

管理人发现债务人的有关人员伪造、销毁有关证据材料,通过隐匿财产、承担虚假的债务或者以其他方法转移、处分财产,实施虚假破产,严重损害债权人或者其他人利益的,应当及时向公安机关报案。

第十八条　在接管过程中,管理人应当对下列事项进行调查:

(一)债务人的营业状况;

(二)债务人的资产状况;

(三)债务人的债权债务情况;

(四)债务人职工安置情况,职工工资、经济补偿金支付情况及社会保险费用的缴纳情况;

(五)债务人出资人的出资情况;

(六)债务人是否存在企业破产法第三十一条、第三十二条或者第三十三条规定的行为;

(七)债务人的董事、监事和高级管理人员是否存在利用职权获取非正常收入或者侵占债务人财产的行为;

(八)债务人未履行完毕的合同情况;

(九)有关债务人的未审结诉讼、仲裁以及未执行完毕的案件情况;

(十)有关债务人的其它情况。

第十九条　管理人可以要求债务人的有关人员协助调查,管理人调查询问有关人员应有两名调查人员在场并制作调查笔录,调查人员和被询问人员应当在笔录上签字确认。债务人的有关人员拒不协助调查的,管理人可以报告本院依法处理。

第二十条　管理人完成接管后,经本院许可,可以聘用债务人的有关人员作为留守人员。管理人决定聘用留守人员时,应当与其重新签订聘用合同,同时解除原劳动合同。

聘用合同应当对双方的权利义务、劳动报酬标准以及养老、医疗、工伤、失业、生育等五项社会保险和住房公积金等事项作出明确约定。留守人员的劳动报酬根据债务人的实际情况确定,从破产费用中支付。

第二十一条　管理人完成接管后应当制作阶段性工作报告,向本院报告接管工作情况。

第三章　权利审核职责

第二十二条　管理人接收债权申报材料后,应当登记造册,对申报的债权进行审查,并将债权审查结论书面通知申报人。

管理人在第一次债权人会议召开之前应当完成债权审核和债权表的编制,因特殊情况未完成债权审核和债权表编制的,应当向债权人会议书面说明。管理人应当保存债权表和债权申报材料,供利害关系人查阅。

第二十三条 债权人申报债权材料不全的,管理人应当允许债权人在指定的期限内补正、补充。

第二十四条 债权人未在债权申报期限内申报,在破产财产最后分配前向管理人补充申报债权的,此前已进行的分配,不再对其补充分配,管理人可以要求债权人承担审查和确认补充申报债权的必要合理费用,但不得单独就此收取管理人报酬。

前款规定的已进行的分配,是指债权人补充申报时本院已裁定认可破产财产分配方案。

第二十五条 管理人应当根据债务人财务资料、人事资料、考勤记录等证据材料确认职工的劳动债权,必要时可以向债务人的有关人员核实情况;职工对劳动债权清单记载有异议并要求更正的,管理人应当进行复核并将复核结果书面通知职工。管理人复核后不予更正的,应当告知职工可以依法提起诉讼。

第二十六条 管理人受理取回权申请,应当自收到申请书之日起三十日内完成审查。管理人确认取回权成立的,应当报本院批准后向申请人送达书面审查结论;管理人不予确认的,应当报本院备案并向申请人送达书面审查结论,同时告知申请人可以依法提起诉讼。

管理人不得单独对取回权申请收取报酬,但本院另有规定的除外。

管理人受理抵销权、担保权、优先权申请的,参照取回权审查程序办理。

第四章 财产管理职责

第二十七条 管理人办理重大复杂破产案件应当制定财务收支管理制度,接管完成后向本院提交债务人的日常开支和其他必要开支的预算报告,根据破产程序的进度定期报告财务收支情况,提请本院终结破产程序时应当同时提交财务决算报告。

第二十八条 管理人决定债务人的日常开支和其他必要开支时应当严格坚持合法、合理、必要的原则,厉行节约,勤俭办事,降低清算成本。

管理人不得将破产费用用于破产管理工作以外的事项。

第二十九条 在第一次债权人会议召开之前,管理人不得实施对债权人利益有重大影响的财产处分行为,管理人决定继续或者停止债务人的营业或者实施企业破产法第六十九条规定行为之一的,应当经本院许可。

在第一次债权人会议召开之后,管理人决定继续或者停止债务人的营业的,应当经债权人会议表决通过。实施企业破产法第六十九条规定行为之一的,应当事前报本院审查。

第三十条 管理人对破产申请前成立且债务人和对方当事人均未履行完毕的合同,应当在法定期限内决定予以解除或者继续履行,并通知对方当事人。

第三十一条 管理人对债务人财产应当及时登记、清理、审计、评估、变价,在第一次债权人会议之前,管理人处置易损、易腐、易贬值、保管费用较高的财产,应当报本院批准。

第三十二条 管理人对债务人财产进行审计、评估、拍卖应当申请本院以摇号方式确定中介机构,深圳市内的不动产应当委托深圳市土地房产交易中心拍卖。

第三十三条 债务人设立的不具有法人资格的分支机构,管理人应当将其财产列为债务人财产进行管理和处置。

第三十四条 管理人应当向债务人的债务人和财产持有人发出书面通知,要求债务人的债务人和财产持有人于限定的时间内向管理人清偿债务或者交付财产。

债务人的债务人和财产持有人拒绝清偿债务或者交付财产的,管理人应当以债务人名义依法向本院提起诉讼。

第三十五条 管理人对债务人的知识产权、专有技术、商业秘密、企业商号等无形资产应当及时确定权属,适时变价出售。对于债务人的对外投资,管理人应当依法行使出资人的权利,及时变价处置。

第三十六条 管理人经调查发现债务人存在企业破产法第三十一条、第三十二条或者第三十三条规定行为的,应当向相对人发出书面通知,要求其清偿债务或返还财产。

相对人在限定时间内未清偿债务或者交付财产的,管理人应当依法向本院提起诉讼。

经上述程序债权人损失仍不能得以弥补的,管理人应当依法对债务人的有关人员提起赔偿之诉。

第三十七条 本院受理破产申请后,债务人的出资人尚未完全履行出资义务的,管理人应当要求该出资人缴纳所认缴的出资,不受出资期限的限制。

债务人的出资人在限定时间内未履行出资义务的,管理人应当依法向本院提起诉讼。

第三十八条 管理人经调查发现债务人的董事、监事和高级管理人员利用职权获取非正常收入或者侵占债务人财产的,应当书面通知其返还财产。

上述人员在限定时间内未返还财产的,管理人应当依法向本院提起诉讼。构成犯罪的,管理人应当向有关机关报案,追究其刑事责任。

第三十九条 本院受理破产申请后,经本院许可,管理人可以通过清偿债务或者提供为债权人接受的担保,取回质物、留置物。

前款规定的债务清偿或者替代担保,在质物或者留置物的价值低于被担保的债权额时,以该质物或者留置物当时的市场价值为限。

第四十条 管理人决定提起诉讼,诉讼过程中决定撤诉、和解,或者承认、放弃诉讼请求的,应当事前报本院审查,必要时应征得债权人会议或者债权人委员会同意。

第五章 会议召集职责

第四十一条 债权人会议表决有关事项以现场表决为主,也可以采用通讯、网络等方式表决。

采用通讯、网络等方式表决有关事项的,管理人应当告知债权人表决程序和规则。

第四十二条 管理人应当在债权人会议召开前三日申请本院指定债权人会议主席,并将债权人会议的筹备情况及相关文件报送本院。

需要设立债权人委员会的,管理人应当在第一次债权人会议召开前三日将成员候选名单报本院初审,债权人会议决定设立后将债权人委员会成员名单提请本院决定认可。

第四十三条 管理人提交第一次债权人会议的文件应当包括下列内容:

(一)会议议程;

(二)管理人阶段性工作报告;

(三)债权审核报告及债权表;

(四)职工安置情况,工资、经济补偿金及社会保险费用的支付情况;

(五)债务人财产的管理方案;

(六)破产财产的变价方案;

(七)管理人报酬方案;

(八)本院认为应当说明的其它内容。

第四十四条 管理人应当向债权人会议报告职务执行情况,并回答债权人的询问。

第四十五条 债权人会议结束后三日内,管理人应当将债权人会议的到会情况、表决情况及决议书面报告本院。

第四十六条 债权人会议核查债权表后,债权人、债务人对债权表记载的债权有异议的,可以在债权人会议上提出异议,也可以在债权人会议结束后十五日内提出异议。管理人应当对有异议的债权进行复核,经复核仍有异议的,管理人应当书面告知异议人在收到复核通知之日起十五日内依法向本院提起诉讼，并将受理情况反馈给管理人。逾期不起诉的，视为无异议。

管理人申请本院裁定确认债权表记载的债权时，应当说明债权审查过程和债权人会议核查债权的情况。

第四十七条　债权人会议表决未通过债务人财产管理方案、破产财产变价方案的，或者经债权人会议二次表决仍未通过破产财产分配方案的，管理人应当及时申请本院裁定。

第六章　重整程序职责

第四十八条　债务人或者债权人依法直接申请重整，本院裁定债务人重整的，管理人应当依照本规范的规定履行接管、调查、管理、权利审核等职责。

管理人管理债务人财产和营业事务的，经本院许可，可以聘请债务人的经营管理人员负责营业事务。

本院批准债务人自行管理财产和营业事务的，管理人的职权由债务人行使，管理人应当制订监督债务人管理财产和营业事务的制度，经本院批准后执行。

第四十九条　本院受理破产申请后，宣告破产前，裁定债务人重整并批准债务人自行管理财产和营业事务的，管理人的职权由债务人行使，管理人应当向债务人移交财产和营业事务，但应当制订监督债务人管理财产和营业事务的制度，经本院批准后执行。

第五十条　在重整期间，债务人的股东申请转让股权的，管理人应当向本院提出书面意见，未经本院许可不得协助其办理股权转让手续。

第五十一条　在重整期间，管理人对担保权人行使担保权的申请不应准许，但应当妥善保管担保物，防止其毁损灭失。债务人自行管理财产的，管理人应当监督债务人限制担保权人行使担保权并妥善保管担保物。

第五十二条　在重整期间，管理人为继续营业而借款的，可以为该借款设立担保，但应事先报本院审批。债务人借款的，管理人应当提出审核意见，报本院审批。

第五十三条　在重整期间，管理人对出资人分配投资收益的申请不应准许，债务人自行管理财产和营业事务的，管理人应当监督债务人不得分配投资收益。

第五十四条　债务人合法占有的他人财产，该财产的权利人要求取回的，管理人应当审查是否符合事先约定的条件。管理人同意取回权人申请的，应当附相关证据材料，报本院审查。不同意取回的，报本院备案。

第五十五条　在重整期间，债务人需要裁减人员二十人以上或者裁减不足二十人但占企业职工总数百分之十以上的，管理人应当及时报告本院，并要求债务人提前三十日向工会或者全体职工说明情况，听取工会或者职工的意见后，向劳动行政部门报告裁减人员方案。

裁减人员时,应当优先留用下列人员:

(一)与本单位订立较长期限的固定期限劳动合同的;

(二)与本单位订立无固定期限劳动合同的;

(三)家庭无其他就业人员,有需要扶养的老人或者未成年人的。

第五十六条 在重整期间,债务人的经营状况和财产状况继续恶化,缺乏挽救的可能性,或者债务人有欺诈、恶意减少债务人财产或者其他显著不利于债权人的行为,或者由于债务人的行为致使管理人无法执行职务的,管理人应当申请本院裁定终止重整程序,并宣告债务人破产。

第五十七条 重整程序中,普通债权不能获得全额清偿的,管理人应当自行或者委托中介机构测算普通债权依照破产清算程序所能获得的清偿比例,并将测算内容列入重整计划草案。

第五十八条 债务人负责制作重整计划草案的,管理人应当对重整计划草案的合法性和可行性提出分析意见,在重整计划草案提交债权人会议表决之前书面报告本院。

第五十九条 管理人负责制作重整计划草案的,应当按期向本院和债权人会议提交重整计划草案。在债权人会议对重整计划草案进行表决时,管理人应当就重整计划草案向债权人会议作出说明,并回答询问。

管理人或者债务人应当自本院裁定债务人重整之日起六个月内,同时向本院和债权人会议提交重整计划草案。有正当理由,经管理人或者债务人请求,本院可以裁定延期三个月。因重大诉讼、仲裁未决影响重整计划草案的制作的,重大诉讼、仲裁期间不计入重整计划草案提交期限。

第六十条 管理人可以根据实际需要设置小额债权组等表决组对重整计划草案进行表决。部分表决组未通过重整计划草案的,债务人或者管理人同未通过重整计划草案的表决组协商后,该表决组拒绝再次表决或者再次表决仍未通过重整计划草案,但重整计划草案符合法定条件的,管理人可以申请本院批准重整计划草案。

第六十一条 债务人未按期提出重整计划草案,或者重整计划草案未获得通过且未依照企业破产法第八十七条的规定获得批准,管理人应当申请裁定终止重整程序,并宣告债务人破产。

第六十二条 债权人未在债权申报期限内申报债权,在重整计划草案提交债权人会议表决前补充申报但未被确认的,该债权人不享有重整计划草案表决权。

第六十三条 债权人未在债权申报期限内申报债权,但其在重整计划草案提交债权人会议表决前补充申报债权并经本院裁定确认的,本院裁定批准重整计划后，该债权人被确认的债权可依照重整计划确定的债权受偿方案获得清偿。

债权人未在债权申报期限内申报债权，在本院裁定批准重整计划后重整计划执行完毕前补充申报债权的，管理人可以接受申报并进行审查，但债权人在重整计划执行期间不得行使权利；在重整计划执行完毕后，可以按照重整计划规定的同类债权的清偿条件行使权利。

债权人未在债权申报期限内申报债权，在重整计划执行完毕后补充申报债权的，管理人不再接受申报，告知债权人向债务人主张权利。

第六十四条　本院裁定批准重整计划后，负责管理财产和营业事务的管理人应当向债务人移交财产和营业事务，并书面说明管理人接管期间债务人财产和营业事务的变化情况。

第六十五条　本院裁定批准重整计划后，管理人应当按照重整计划的规定监督重整计划的执行。存在未决诉讼、仲裁情况的，重整计划执行期间仍由管理人代表债务人参加诉讼、仲裁。

管理人应当制定监督计划，明确监督方式、监督事项和监督职责，督促债务人在重整计划执行期限内执行完毕。

第六十六条　管理人应当向本院提交监督报告，详细说明重整计划的执行情况和债务人财务状况。

第六十七条　债务人申请延长重整计划执行期限，管理人有正当理由认为确有必要延长执行期限和监督期的，管理人应当在重整计划执行期限和监督期届满前一个月，申请本院裁定延长重整计划执行期限和监督期。

第六十八条　重整计划执行过程中，管理人认为确有必要变更重整计划的，应当报本院审查，对债权人利益产生重大影响的，应当提交债权人会议表决。

第六十九条　重整计划执行完毕后，管理人应当申请本院裁定确认重整计划执行完毕并终结破产程序。

第七十条　债务人不能执行或者不执行重整计划的，管理人应当申请本院裁定终止重整计划的执行，并宣告债务人破产。

第七十一条　本院裁定终止重整程序，并宣告债务人破产，管理人负责管理财产和营业事务的，管理人应当按照破产清算程序执行职务。债务人负责管理财产和营业事务的，管理人应当立即接管债务人财产和营业事务，按照破产清算程序执行职务。

第七章　和解程序职责

第七十二条　债务人依法直接申请和解，本院裁定和解的，管理人应当依照本规范的规定履行接管、调查、管理、权利审核等职责。

第七十三条 债务人在本院受理破产申请后,宣告债务人破产前,向本院申请和解,本院裁定和解的,管理人可以协助债务人制作和解协议草案并提出可行性分析意见。

第七十四条 裁定和解后,管理人准许担保权人行使担保权的,应当经本院许可。

第七十五条 裁定和解后,未经本院许可,管理人不得协助债务人股东办理股权转让手续。

第七十六条 本院裁定认可和解协议,终止和解程序的,管理人可以要求债务人按照和解协议的约定将用于清偿债务的资金划入管理人帐户统一支付。

第七十七条 本院裁定认可和解协议,终止和解程序的,管理人应当向债务人移交财产和营业事务,并书面说明管理人接管期间债务人财产和营业事务的变化情况,同时向本院提交执行职务的报告。

第七十八条 和解协议执行完毕后,管理人应当申请本院裁定终结破产程序。

第七十九条 本院裁定终止和解程序、终止和解协议的执行或者裁定和解协议无效,并宣告债务人破产的,管理人应当立即接管债务人财产和营业事务,按照破产清算程序执行职务。

第八十条 本院裁定认可债务人与全体债权人自行达成的和解协议并终结破产程序的,管理人应当向债务人移交财产和营业事务,并书面说明管理人接管期间债务人财产和营业事务的变化情况,同时向本院提交执行职务的报告。

第八章 清算程序职责

第八十一条 本院宣告债务人破产后,管理人应当书面通知债务人的全体职工终止劳动合同。

第八十二条 管理人应当根据债权人会议通过的或者本院裁定认可的破产财产变价方案适时变价出售破产财产。

第八十三条 破产财产的变价原则上采用拍卖方式,拍卖程序参照最高人民法院《关于人民法院民事执行中拍卖、变卖财产的规定》的规定执行。经债权人会议或者债权人委员会通过,可以变卖或者协议转让。

第八十四条 破产企业可以全部或者部分变价出售。企业变价出售时,管理人可以将其中的无形资产和其他财产单独变价出售。

破产财产中的成套设备一般应当整体出售。无法整体出售的,管理人根据实际情况分别变价,但应当在破产财产变价方案中说明情况和理由。

第八十五条 管理人应当参照评估价确定拍卖保留价,报本院备案。第一次拍卖时,保留价不得低于评估价的百分之八十;如果出现流拍,再行拍卖时,可以根据财产变价方案的授权降低保留价，但每次降低保留价不得超过前次保留价的百分之二十。第三次拍卖流拍的，管理人根据债权人会议或者债权人委员会的决议，以第三次拍卖的保留价变卖或者协议转让。

第八十六条　管理人出售、转让债务人持有的有限责任公司股权的，应当依法通知该公司及全体股东；管理人出售、转让债务人投资的股份有限公司股权的，应当依法通知该公司。

股权价值为零或者负值且无法变价，管理人停止追收的，应当报债权人会议表决。子公司符合法定条件的，管理人可以依法对子公司提出破产申请或者强制清算申请。

第八十七条　债务人实际控制的关联公司符合适用实体合并规则进行破产清算的，管理人应当拟订合并破产方案，经本院批准后实施。

第八十八条　债务人的职工住房，已经签订房改合同、交付房款的，或者有证据证明已经房改给个人的，管理人应当按非破产财产处理。

第八十九条　对于难以变价的廉价资产或者变现费用超过变现价值的资产，经债权人会议或者债权人委员会通过，管理人可以公益赠与、报废等方式处置，但处置方式不得损害社会公共利益。

第九十条　对于债务人与他人共同共有的财产，管理人应当代表债务人与共有人协商，先分割财产再变价出售。对于债务人与他人按份共有的财产，管理人可以直接将债务人享有的财产份额变价出售。

如果债务人与他人共有的财产属于一个整体或者配套使用，出售破产财产时应当保障共有人的优先购买权。

第九十一条　管理人应当根据破产财产变价情况拟订破产财产分配方案，破产财产分配方案经本院审查后提交债权人会议表决。

破产财产分配方案应当载明下列事项：

（一）参加破产财产分配的债权人名单；

（二）参加破产财产分配的债权额；

（三）破产财产总额、破产费用和共益债务数额及可供分配的破产财产数额；

（四）破产财产分配的顺序、比例及数额；

（五）实施破产财产分配的方法。

债权人会议通过破产财产分配方案后，管理人应当将该方案提请本院裁定认可。

第九十二条　管理人必须严格按照法定清偿顺序分配破产财产，但债权人自愿放弃清偿的除外。

破产财产不足以清偿同一顺序的清偿要求的，按照比例分配。

第九十三条 破产财产分配一般应当以货币分配方式进行。但是,经债权人会议表决通过,可以采用实物分配、债权分配、权利分配等方式进行分配。

第九十四条 破产财产分配可以一次分配,也可以多次分配。管理人按照破产财产分配方案实施多次分配的,应当依法公告本次分配的财产额、债权额。管理人实施最后分配的,应当在公告中指明,并载明企业破产法第一百一十七条第二款规定的事项。

第九十五条 对特定破产财产享有担保权的权利人,对该特定破产财产享有优先受偿的权利,但管理人可以扣除担保权人应当承担的保管、评估、拍卖、诉讼、仲裁等维护和实现担保权的费用。实现担保权的费用以实际支出为限,管理人应当提供费用支出的证据,报本院审批。

第九十六条 对于附生效条件或者解除条件的债权,管理人应当将其分配额提存。

管理人依照前款规定提存的分配额,在最后分配公告日,生效条件未成就或者解除条件成就的,应当分配给其他债权人;在最后分配公告日,生效条件成就或者解除条件未成就的,应当交付给债权人。

第九十七条 债权人未受领的破产财产分配额,管理人应当提存。债权人自最后分配公告之日起满二个月仍不领取的,视为放弃受领分配的权利,管理人或者人民法院应当将提存的分配额分配给其他债权人。

第九十八条 破产财产分配时,对于诉讼或者仲裁未决的债权,管理人应当将其分配额提存。自破产程序终结之日起满二年仍不能受领分配的,本院将提存的分配额分配给其他债权人。但是,破产程序终结时诉讼、仲裁仍未决的除外。

第九章 终结程序职责

第九十九条 债务人财产不足以清偿破产费用且无利害关系人垫付费用或者垫付的费用仍不足以支付破产费用的,管理人应当提请本院裁定宣告债务人破产并终结破产程序。

债务人财产足以清偿破产费用,管理人应当提请宣告债务人破产;经清算债务人确无财产可供分配的,管理人应当提请本院裁定终结破产程序。

管理人在破产财产最后分配完结后,应当向本院提交清算工作报告,并提请本院裁定终结破产程序。

第一百条 管理人应当自破产程序终结之日起十日内,持本院指定管理人决定书、宣告破产裁定书、终结破产程序裁定书及公司注销登记申请书、指定代表或者共同委托代理人的证明、指定代表或者共同委托代理人的身份证件、企业法人营业执照正副本、分公司注销登记证明等材料,向工商登记机关申请办理注销工商登记。但是,存在诉讼或者仲裁未决等情况的除外。

第一百零一条 管理人于办理注销登记完毕的次日终止执行职务。但是,存在诉讼或者仲裁未决情况的,管理人仍应当继续依法履行职责。

第一百零二条 管理人依法终止执行职务后,应当注销管理人账户,将管理人印章交公安机关销毁并将销毁印章的证明交本院备案。

第一百零三条 管理人依法终止执行职务后,应当将接管的破产人有关资料移交破产人的上级主管机关或者股东保存。上级主管机关或者股东下落不明的,可以移交档案保管机构保管。

管理人应当将执行职务过程中形成的卷宗材料装订成册,按照档案保管规定保存备查或者移交档案保管机构保管。

第十章 附　　则

第一百零四条 本院对破产案件简易程序有特别规定的,从其规定。

第一百零五条 本规范由本院审判委员会负责解释。

第一百零六条 本规范自公布之日起施行,本院《破产案件管理人管理规范(试行)》同时废止。

深圳市中级人民法院破产案件管理人考核办法

(2013年7月25日深圳市中级人民法院审判委员会民事行政执行专业委员会2013年第14次会议通过)

第一章 总　　则

第一条 为实现对管理人的科学管理,加强考评和监督,促进管理人制度的完善和发展,保证破产审判工作的顺利进行,根据《中华人民共和国企业破产法》、最高人民法院《关于审理企业破产案件指定管理人的规定》以及本院《破产案件管理人分级管理办法》的有关规定,结合审判实践,制定本办法。

第二条 对本院受理的破产清算、重整、和解案件中依法指定的管理人,依据本办法进行考核。

第三条 管理人的考核,采取个案考核和年度考核相结合的方式进行。

第四条 个案考核是对管理人办理具体破产案件的量化考核。

年度考核是对管理人每一年度内办理破产案件的综合考核。

第五条 本院设立的评审委员会负责考核工作。评审委员会下设考核办公室,考核办公室人员由本院公司清算和破产审判庭庭长、副庭长、审判长和内勤组成。考核办公室提出初步考核意见后,报评审委员会审核确定。

第六条 个案考核注重工作质量和效率,考核结果应当能够反映管理人办理该案件的效果。

年度考核注重考评管理人在履行职责过程中执业操守、执业能力、工作表现、工作绩效的综合表现,考核结果应当能够反映管理人的整体素质和水平。

第二章 个案考核

第七条 个案考核由客观标准和主观标准两部分组成,分值为100分。个案考核由承办该案的合议庭负责。

第八条 本院对管理人在办理破产案件中各项工作开展和完成与否进行考核,客观标准包括管理人内部管理、日常性工作等内容,满分为75分,具体见附表1。

第九条 本院对管理人办理破产案件中各项工作完成的质量和效果进行考核。主观标准包括依法办案、接受监督、维护稳定等内容,涉及加分项和减分项,加分项总分为25分,减分项总分为15分。具体见附表2。

第十条 个案考核结果分为不合格、合格、良好、优秀四个等级。

(1)60分(不含)以下的为不合格;

(2)60分(含)至75分(不含)的为合格;

(3)75分(含)至90分(不含)的为良好;

(4)90分(含)以上的为优秀。

个案考核结果应经考核办公室复核。

第三章 年度考核

第十一条 年度考核采取年度个案考核分数和综合评价分数相加的方式,满分为100分。

第十二条 年度个案考核分数是管理人在相应考核年度内所有个案考核分数的平均分。年度个案考核分数占年度考核总分的80%。

第十三条 年度未结案件的考核,参照本办法第二章的有关规定实施。

未结案件加权计算的考核分数,作为该未结案件个案考核的分数。

第十四条 本院考核办公室对各管理人年度整体案件办理情况、办理效果、管理人机构规模和经验、专业人员队伍建设、破产法理论和实务研究成果等项目进行打分,确定管理人的年度综合评价分数。

综合评价分数占年度考核分数的20%。

第十五条　年度考核结果分为优秀、称职、基本称职和不称职四个等级：

1. 年度考核成绩在同级管理人中排名前20%且没有个案考核不合格的，该年度考核结果为优秀；

2. 考核年度内有一宗个案考核不合格的，该年度考核结果为基本称职；

3. 考核年度内有两宗以上个案考核不合格的，该年度考核结果为不称职；

4. 除优秀、基本称职、不称职以外的，考核结果为称职。

第四章　考核结果的使用

第十六条　个案考核及年度考核的结果应及时向管理人公示。管理人对考核结果有异议的，可向评审委员会申请复核。考核的结果，作为管理人分级管理的重要依据。

第十七条　个案考核需在案件终结后三十日内考核完毕；年度考核原则上在年底进行，最迟应在次年第一季度完成。

第五章　附　　则

第十八条　本院、各区院受理的强制清算案件指定本院机构管理人名册中的社会中介机构为清算组成员的，适用本办法。

对《中华人民共和国企业破产法》实施前受理，尚未审结的破产案件中清算组的考核，适用本办法。

第十九条　本办法自公布之日起施行，本院《破产案件管理人规范》的规定与本办法不一致的，适用本办法。

附表1　客观标准考核内容（清算案件）

		事项	具体内容	分数	评分标准	备注
1	管理人内部管理	人员管理	管理人应保证团队的组成人员取得相关执业资格，并报法院备案。	1	未取得执业资格或未备案的，不得分。	
2			管理人名称变更，应及时告知法院，并提交名称变更材料，报法院备案。	1	主动告知法院但未办理备案手续的，得0.5分；名称变更未及时告知法院的，不得分。	
3			管理人应保证团队组成人员没有违反相关法律法规的情形。	1	没有该种情形的，得1分，存在违反相关法律法规情形的，不得分。	
4			管理人团队的组成成员应保持稳定，避免因人员频繁流动影响工作效率或出现工作失误。	1	在团队中负责主要工作的人员发生变化未及时告知法院，或虽告知法院，但影响工作效率、出现工作失误的，不得分。	

续表

		事项	具体内容	分数	评分标准	备注
5	管理人内部管理	制度管理	经法院指定为管理人后,应制定完备的规章制度报法院备案,规范管理人的各项工作。	0.5	未报法院备案的,不得分。	
6			管理人的规章制度包括:工作规程、议事规则、财务制度、证照及印章管理制度、档案制度、保密制度等。	0.5	制度完善的,得0.5分;不完善或没有规章制度的,不得分。	
7		公章管理	案件受理后应及时刻制管理人印章,并交法院封样备案。	1	虽刻制印章但未交法院封样备案的,得0.5分;未及时刻制印章并封样备案,造成不利影响的,不得分。	
8			管理人印章及接管的企业印章均应设有专人保管,并设置印章使用登记记录,严禁非法使用。	1	没有印章使用登记记录的,不得分。	
9			管理人依法终止职务后,应当到公安机关办理管理人印章销毁手续,并报法院备案。	1	非因案件需要而未销毁印章并报法院备案的,不得分。	
10		财务管理	案件受理后应及时在指定银行开立管理人账户。	1	未及时开立账户,造成不利影响的,不得分。	
11			管理人账户须有专人管理。	1	没有专人管理的,不得分。	
12			管理人账户资金进出必须登记,严格执行财务收支管理制度。	1	资金进出没有登记的,不得分。	
13			管理人账户须设置资金支出审批程序,大额支出应经法院审核批准。	1	未经法院审核批准的,不得分。	
14			尽量节约破产费用,每项支出必须合理。	1	破产费用的支出无明显依据的,不得分。	
15			管理人在债权审核过程中确因案件实际需要,须由债权人承担补充申报债权费用的,应经法院审核批准。	1	未经本院审核批准而收取相关费用的,不得分。	

续表

		事项	具体内容	分数	评分标准	备注
16	管理人内部管理	档案管理	及时建立清算档案，严格管理，做到一事一汇总，有据可查。	1	虽建立档案但记载不详尽的，得0.5分；虽建立档案但无记载或未建立档案的，不得分。	
17			建立内部工作人员借阅、债权人查阅登记制度。	1	未建立登记制度或虽有登记制度但没有记录的，不得分。	
18		接管	做好债务人文件、财务和资产接收工作，接管工作高效、完善，接管后及时向法院提交接管报告。	2	接管后，没有提交接管报告的，得1分；没有及时接管，造成不良后果的，不得分。	
19			在指定期限及指定报刊及时刊登公告。	1	没有在指定报刊刊登公告或未及时刊登公告造成不利影响的，不得分。	
20			能及时提请法院对债务人财产采取查封或解封措施。	2	未及时提请法院采取相应措施的，得1分，导致不良后果的，不得分。	
21			能及时代表债务人继续已经开始的诉讼程序。	2	未及时参与已经开始的诉讼程序，造成不良后果的，不得分。	
22		债权审核	能及时制定债权审核原则并统一审核标准。	2	虽制定审核原则，但部分原则明显有误的，得1分；未制定审核原则的，不得分。	
23			对劳动债权及申报的债权能及时审查并予以公示和登记造册。	2	未及时审查并公示和登记造册的，不得分。	
24			能及时审核取回权、抵销权、担保权和优先权，并报法院审查备案。	2	审核后，未报法院审查备案的，得1分；未及时审核，导致案件相关权利人利益受损的，不得分。	
25		财务审计	编制公司债权、债务和财产清册，能按时完成对债务人财务账册的审计并出具审计结论，没有账册可供审计的能制作财产状况说明。	2	未按时完成审计或调查，在法院提示后才出具审计结论或财产状况说明的，得1分；经法院提示后仍不能完成审计结论或财产状况说明，对案件审理造成不良影响的，不得分。	

续表

		事项	具体内容	分数	评分标准	备注
26	日常性工作	财务审计	主动查询、了解企业纳税欠税情况。	2	未主动查询、了解的,不得分。	
27			发现债务人有关人员在案件受理前有隐匿或故意销毁财务资料等情形的,应及时报告法院。	2	未及时报告法院的,不得分。	
28			能主动关注公司注册资金、对外投资、资金流向等相关情况,发现债务人存在通过制作虚假财务账册达到转移、隐匿财产或虚假破产情形的,应及时报告法院。	2	未主动关注或未及时报告法院的,不得分。	
29		债权人会议	能协助法院筹备债权人会议并及时提交债权人会议资料。	2	未及时提交债权人会议资料,导致债权人会议延期或债权人会议召开前不能提交会议资料的,不得分。	
30			提交的债权人会议材料应翔实、完善。	2	会议材料存在明显瑕疵,会前未能修改完善的,得1分。	
31		财产管理与尽职调查	能视案件具体情况提请法院指定债权人会议主席及设立债权人委员会。	2	未及时提请法院指定的,不得分。	
32			召开债权人会议没有出现程序不当或失误,确保债权人会议顺利召开。	2	出现程序不当或失误,但未造成不良后果的,得1分;造成不良后果的,不得分。	
33			能及时审核债务人有关文件,对债务人和对方当事人均未履行完毕的合同,能准确判断是否需要继续履行或解除。	2	未及时履行或解除合同,造成不利影响的,不得分。	
34			准确判断债务人是否需要继续生产经营。	2	未及时报请法院决定是否继续生产经营,造成不利影响的,不得分。	
35			对债务人财产要统筹管理,能及时盘点、登记、清理甄别财产权属。	2	未及时清理,造成不利影响的,不得分。	
36		财产追收	及时向债务人的债务人和财产持有人发出书面通知。	2	未及时发出书面通知,造成不良后果的,不得分。	

续表

		事项	具体内容	分数	评分标准	备注
37	日常性工作	财产追收	掌握相关财产线索后，能通过充分协调、调查、诉讼等方式追回财产；需要停止追收财产或放弃权利的，应经过充分论证并制定详细方案报法院备查。	2	案件显示有财产线索，未经过充分论证、调查、协调即放弃追收的不得分。	
38			能积极发挥主观能动性，发现债务人存在企业破产法第三十一条、第三十二条或第三十三条规定行为并及时主张权利。	2	债务人存在该种行为，管理人未及时主张权利造成不良后果的，不得分。	
39			对涉及债务人的诉讼，积极收集证据，能准确判断案件性质、分清法律关系，准确适用法律，围绕案件焦点组织质证，严格按照法定程序参与诉讼活动，维护债务人合法权益。	2	在诉讼活动中出观失误，未造成不良后果的，得1分；出现重大失误，造成不良后果的，不得分。	
40			债务人开办的合资子公司或者实际控制的公司符合合并破产清算条件的，应拟定合并破产清算方案提请法院审查。	2	未拟定相关方案报请法院审查的，不得分。	
41		财产处置与分配	对债务人财产应当及时评估与拍卖，使债务人财产价值最大化。	2	未及时评估与拍卖，造成不良后果的，不得分。	
42			需要改变财产拍卖处置方式的，应说明原因并制定详细方案报法院审查。	2	未说明原因擅自改变处置方式的，不得分。	
43			降低财产保留价应当报法院审查。	2	未报法院审查的，不得分。	
44			管理人必须严格按照法定清偿顺序分配破产财产，分配方案应详尽、合理与明确。	2	分配方案有明显瑕疵，造成不良影响的，得1分。	
45			改变货币分配采取其他分配方式的，应充分论证并制定合理方案报经法院许可。	2	未报请法院或未经充分论证的，不得分。	

续表

		事项	具体内容	分数	评分标准	备注
46	日常性工作	财产处置与分配	按照法律规定需要提存的财产,管理人须及时提存。	2	未及时提存,造成不良影响的,不得分。	
47			及时提请法院终结破产程序并根据案件实际情况办理工商登记、管理人账户的注销手续。	1	未及时提请法院终结破产程序并办理注销手续的,不得分。	
48		申请终结破产程序工作	及时移交管理人档案。	1	未及时移交管理人档案的,不得分。	

附表1-1　客观标准考核内容(重整案件)

		事项	具体内容	分数	评分标准	备注
1	管理人内部管理	人员管理	管理人应保证团队的组成人员取得相关执业资格,并报法院备案。	1	未取得执业资格或未备案的,不得分。	
2			管理人名称变更,应及时告知法院,并提交名称变更材料,报法院备案。	1	主动告知法院但未办理备案手续的,得0.5分;名称变更未及时告知法院的,不得分。	
3			管理人应保证团队组成人员没有违反相关法律法规的情形。	1	没有该种情形的,得1分,存在违反相关法律法规情形的,不得分。	
4			管理人团队的组成成员应保持稳定,避免因人员频繁流动影响工作效率或出现工作失误。	1	在团队中负责主要工作的人员发生变化未及时告知法院,或虽告知法院,但影响工作效率、出现工作失误的,不得分。	
5		制度管理	经法院指定为管理人后,应制定完备的规章制度报法院备案,规范管理人的各项工作。	0.5	未报法院备案的,不得分。	
6			管理人的规章制度包括:工作规程、议事规则、财务制度、证照及印章管理制度、档案制度、保密制度等。	0.5	制度完善的,得0.5分;不完善或没有规章制度的,不得分。	
7		公章管理	案件受理后应及时刻制管理人印章,并交法院封样备案。	1	虽刻制印章但未交法院封样备案的,得0.5分;未及时刻制印章并封样备案,造成不利影响的,不得分。	
8			管理人印章及接管的企业印章均应设有专人保管,并设置印章使用登记记录,严禁非法使用。	1	没有印章使用登记记录的,不得分。	
9			管理人依法终止职务后,应当到公安机关办理管理人印章销毁手续,并报法院备案。	1	非因案件需要而未销毁印章并报法院备案的,不得分。	

续表

		事项	具体内容	分数	评分标准	备注
10	管理人内部管理	财务管理	案件受理后应及时在指定银行开立管理人账户。	1	未及时开立账户,造成不利影响的,不得分。	
11			管理人账户须有专人管理。	1	没有专人管理的,不得分。	
12			管理人账户资金进出必须登记,严格执行财务收支管理制度。	1	资金进出没有登记的,不得分。	
13			管理人账户须设置资金支出审批程序,大额支出应经法院审核批准。	1	未经法院审核批准的,不得分。	
14			尽量节约破产费用,每项支出必须合理。	1	破产费用的支出无明显依据的,不得分。	
15			管理人在债权审核过程中确因案件实际需要,须由债权人承担补充申报债权费用的,应经法院审核批准。	1	未经本院审核批准而收取相关费用的,不得分。	
16		档案管理	及时建立清算档案,严格管理,做到一事一汇总,有据可查。	1	虽建立档案但记载不详尽的,得 0.5 分;虽建立档案但无记载或未建立档案的,不得分。	
17			建立内部工作人员借阅、债权人查阅登记制度。	1	未建立登记制度或虽有登记制度但没有记录的,不得分。	
18	日常性工作	接管	做好债务人文件、财务和资产接收工作,接管工作高效、完善,接管后及时向法院提交接管报告。	2	接管后,没有提交接管报告的,得 1 分;没有及时接管,造成不良后果的,不得分。	
19			在指定期限及指定报刊及时刊登公告。	1	没有在指定报刊刊登公告或未及时刊登公告造成不利影响的,不得分。	
20			能及时提请法院对债务人财产采取查封或解封措施。	2	未及时提请法院采取相应措施的,得 1 分,导致不良后果的,不得分。	

续表

		事项	具体内容	分数	评分标准	备注
21	日常性工作		能及时代表债务人继续已经开始的诉讼程序。	2	未及时参与已经开始的诉讼程序，造成不良后果的，不得分。	
22		债权审核	能及时制定债权审核原则并统一审核标准。	2	虽制定审核原则，但部分原则明显有误的，得1分；未制定审核原则的，不得分。	
23			对劳动债权及申报的债权能及时审查并予以公示和登记造册。	2	未及时审查并公示和登记造册的，不得分。	
24			能及时审核取回权、抵销权、担保权和优先权，并报法院审查备案。	2	审核后，未报法院审查备案的，得1分；未及时审核，导致案件相关权利人利益受损的，不得分。	
25		财务审计	编制公司债权、债务和财产清册，能按时完成对债务人财务账册的审计并出具审计结论，没有账册可供审计的能制作财产状况说明。	2	未按时完成审计或调查，在法院提示后才出具审计结论或财产状况说明的，得1分；经法院提示后仍不能完成审计结论或财产状况说明，对案件审理造成不良影响的，不得分。	
26			主动查询、了解企业纳税欠税情况。	2	未主动查询、了解的，不得分。	
27			发现债务人有关人员在案件受理前有隐匿或故意销毁财务资料等情形的，应及时报告法院。	2	未及时报告法院的，不得分。	
28			能主动关注公司注册资金、对外投资、资金流向等相关情况，发现债务人存在通过制作虚假财务账册达到转移、隐匿财产或虚假破产情形的，应及时报告法院。	2	未主动关注或未及时报告法院的，不得分。	
29		债权人会议	能协助法院筹备债权人会议并及时提交债权人会议资料。	2	未及时提交债权人会议资料，导致债权人会议延期或债权人会议召开前不能提交会议资料的，不得分。	
30			提交的债权人会议材料应翔实、完善。	2	会议材料存在明显瑕疵，会前未能修改完善的，得1分。	
31			能视案件具体情况提请法院指定债权人会议主席及设立债权人委员会。	2	未及时提请法院指定的，不得分。	

续表

		事项	具体内容	分数	评分标准	备注
32	日常性工作	财产管理与尽职调查	召开债权人会议没有出现程序不当或失误,确保债权人会议顺利召开。	2	出现程序不当或失误,但未造成不良后果的,得 1 分;造成不良后果的,不得分。	
33			能及时审核债务人有关文件,对债务人和对方当事人均未履行完毕的合同,能准确判断是否需要继续履行或解除。	2	未及时履行或解除合同,造成不利影响的,不得分。	
34			对债务人财产要统筹管理,能及时盘点、登记、清理甄别财产权属。	2	未及时清理,造成不利影响的,不得分。	
35		财产追收	及时向债务人的债务人和财产持有人发出书面通知。	2	未及时发出书面通知,造成不良后果的,不得分。	
36			掌握相关财产线索后,能通过充分协调、调查、诉讼等方式追回财产;需要停止追收财产或放弃权利的,应经过充分论证并制定详细方案报法院备案。	2	案件显示有财产线索,未经过充分论证、调查、协调即放弃追收的,不得分。	
37			能积极发挥主观能动性,发现债务人存在企业破产法第三十一条、第三十二条或者引三十三条规定行为的,及时主张权利。	2	债务人存在该种行为,管理人未及时主张权利造成不良后果的,不得分。	
38			对涉及债务人的诉讼,积极收集证据,能准确判断案件性质、分清法律关系,准确适用法律,围绕案件焦点组织质证,严格按照法定程序参与诉讼活动,维护债务人合法权益。	2	在诉讼活动中出观失误,未造成不良后果的,得 1 分;出现重大失误,造成不良后果的,不得分。	
39		财产处置与分配	对债务人财产应当及时评估与拍卖,使债务人财产价值最大化。	1	未及时评估与拍卖,造成不良后果的,不得分。	
40			需要改变财产拍卖处置方式的,应说明原因并制定详细方案报法院审查。	1	未说明原因擅自改变处置方式的,不得分。	
41			降低财产保留价应当报法院审查。	1	未报法院审查的,不得分。	

续表

		事项	具体内容	分数	评分标准	备注
42	日常性工作	重整阶段	债务人自行管理财产和营业事务的，管理人应当制定监督制度监督债务人。	2	制定的监督制度不完善的，得1分；未制订监督制度的，不得分。	
43			重整期间，债务人的经营和财产状况持续恶化，缺乏挽救的可能性，或者债务人有欺诈、恶意减少债务人财产或者其他显著不利于债权人的行为，或者由于债务人的行为致使管理人无法执行职务的，管理人应当及时书面报告法院，请求法院裁定终止重整程序，并宣告债务人破产。	2	未及时发现相关情形并报告法院，造成不利影响的，不得分。	
44			管理人必须严格按照法律规定的要求制作或者监督债务人制作重整计划草案，重整计划草案合法、合理并具可行性。	2	重整计划草案未按期提交或存在明显瑕疵的，不得分。	
45			债务人未按期提出重整计划草案，或者重整计划草案未获得通过且未依照企业破产法第八十七条的规定获得批准，管理人应当及时书面报告法院。	2	未及时报告法院，造成不利影响的，不得分。	
46			按照重整计划的规定监督重整计划的执行，及时向法院提交监督报告，详细说明重整计划的执行情况。	2	未及时提交监督报告的，不得分。	
47			债务人不能执行或者不执行重整计划的，应当及时书面报告法院，请求法院裁定终止重整计划的执行，并宣告债务人破产。	2	未及时报告法院，造成不利影响的，不得分。	
48		申请终结破产程序工作	及时提请法院终结破产程序并根据案件实际情况办理管理人账户的注销手续。	1	未及时提请法院终结破产程序并办理注销手续的，不得分。	
49			及时移交管理人档案。	1	未及时移交管理人档案的，不得分。	

附表2 主观标准考核内容

		事　项	具体内容	分数
1	加分项	严格依法办案	严格依法开展破产清算工作,能够完全按照法律规定的程序完成案件涉及的各项工作,未出现程序错误的。	2
2			严格依法开展破产清算工作,能够完全按照法律规定的程序完成案件涉及的各项工作,未出现超期的。	2
3		自觉接受监督	自觉接受人民法院和债权人会议、债权人委员会的监督,对于案件重大工作事项及时报告、请示的。	3
4			向法院和债权人会议、债权人委员会提交的报告内容准确翔实、证据材料扎实、事实调查清楚、法律适用正确、建议合理可行的。	2
5		维护稳定	积极维护利害关系人权益,发现和追查到隐匿或未被掌握的财产或财产线索的。	2
6			依照法定程序,正确行使诉讼权利,妥善处理重大、敏感的破产衍生诉讼案件的。	3
7			正确应对群体性事件,化解社会矛盾的。	3
8		办理成绩显著	成功化解案件中的疑难复杂问题的。	2
9			案件办理过程中提出并实施具有创新性或示范性的重大事项处理方案的。	3
10			案件办理过程中得到中级以上人民法院、市级以上人民政府或省级以上业务主管部门的嘉奖或表扬的。	3
1	减分项	违反法律程序	没有合法的理由且未经人民法院批准,办理案件过程中违反法律规定的程序,影响案件进程的。	2.5
2		财产管理不善	怠于履行职责,造成财产或财产凭证、账簿证照、文书档案、证据材料等毁损灭失,损害利害关系人权益的。	2.5
3		牟取个人私利	违反法律、执业纪律或职业道德,在办理案件过程中牟取私利,违反法律、司法解释规定的标准私自收费,未经人民法院或债权人会议批准超标准收费,滥用破产费用,存在不合理支出的。	2.5
4		拒不接受监督	拒不接受人民法院、债权人会议和债权人委员会的监督,未经批准擅自办理应当请示的事项,案件重大事项不及时报告,损害利害关系人权益的。	2.5
5		处置事件不当	不能及时妥善处理案件中的疑难复杂问题导致利害关系人权益受损,或因应对不当引发、加重重大群体性事件和不稳定因素,造成严重不良影响的。	2.5
6		被调查和控告	经调查核实,确实存在利害关系人投诉、检举、控告的违法违纪行为,影响案件进程、损害利害关系人权益或者造成严重不良影响的。	2.5

深圳市中级人民法院管理人报酬确定和支取管理办法(试行)

(2014年3月6日深圳市中级人民法院审判委员会民事行政执行专业委员会第五次会议通过)

第一条　为规范管理人报酬的确定与收取,根据《中华人民共和国企业破产法》、最高人民法院《关于审理企业破产案件确定管理人报酬的规定》和广东省高级人民法院《关于同意上浮管理人报酬比例限制范围的批复》的规定,结合本院破产审判工作实际,制定本办法。

第二条　本办法所称管理人报酬,是指管理人履行企业破产法第二十五条规定的职责,依法应当取得的报酬。

除本办法依法规定的报酬外,管理人不得利用职务之便私自收取任何费用。

第三条　管理人收取报酬的数额应与其所付出的劳动、承担的风险责任以及案件推进的社会效果和法律效果相适应,本院根据管理人的工作实绩和工作效率等依法确定管理人报酬的数额。

第四条　管理人的报酬按照最高人民法院《关于审理企业破产案件确定管理人报酬的规定》第二条规定的计算比例,根据债务人最终清偿的财产价值总额确定。但必要时,本院可依照广东省高级人民法院《关于同意上浮管理人报酬比例限制范围的批复》和本办法第十一条的规定,在上述比例30%的浮动范围内上浮相关案件的管理人报酬。

债务人最终清偿的财产价值总额,是指处置债务人财产最终获得的可用于偿付破产费用、共益债务及破产债权的财产总值,不包括拍卖、变卖、过户破产财产行为所支出的税、费。

第五条　管理人接受本院指定后,应当根据案件情况初步拟定管理人报酬方案,报本院审查。管理人报酬方案应包括管理人报酬比例和收取时间。

第六条　本院采取公开竞争方式指定管理人的,可以根据社会中介机构提出的报价确定管理人报酬方案,但报酬比例不得超出本办法第四条规定的限制范围。

上述报酬方案一般不予调整,但债权人会议异议成立的除外。

第七条　本院自确定管理人报酬方案之日起三日内,书面通知管理人。

管理人应当在第一次债权人会议上报告管理人报酬方案内容。

第八条　管理人、债权人会议对管理人报酬方案有意见的,可以进行协商。债权人会议可以授权债权人委员会或者债权人会议主席与管理人协商。双方就调整管理人报酬方案内容协商一致的,管理人应向本院书面提出具体的请求和理由,并附相应的债权人会议决议。

本院经审查认为上述请求和理由不违反法律和行政法规强制性规定,且不损害他人合法权益的,按照双方协商的结果调整管理人报酬方案。

第九条 管理人报酬方案确定后,本院可根据破产案件的具体情形和管理人履行职责的实际情况进行调整。

本院自调整管理人报酬方案之日起三日内,书面通知管理人。管理人应当自收到上述通知之日起三日内,向债权人委员会或者债权人会议主席报告管理人报酬方案调整内容。

第十条 本院确定或者调整管理人报酬方案时,考虑以下因素:

(一)破产案件的复杂程度;

(二)管理人的勤勉程度;

(三)管理人为重整、和解工作做出的实际贡献;

(四)管理人履行社会责任所做的实际工作;

(五)管理人承担的风险和责任;

(六)债务人住所地居民可支配收入及本地物价水平;

(七)管理人投入的专业人数及相应的人力和时间成本;

(八)其他影响管理人报酬的情况。

第十一条 符合下列条件之一的,可以按照最高人民法院和本院的规定上浮管理人报酬比例:

(一)案情特别疑难、复杂,管理人投入了大量人力、物力;

(二)案件具有重大影响,处理结果获得上级法院或党委、政府高度认可;

(三)债权人会议或债权人委员会高度认可管理人工作,同意提高管理人报酬;

(四)管理人为案件员工安置、维护稳定、财产清收做出重大贡献;

(五)本院认为案件处理效果特别突出应当上浮报酬的其他情形。

第十二条 上浮管理人报酬比例,应由管理人提出书面申请和专项报告,经合议庭评议同意后,报评审小组评定。

第十三条 评审小组由公司清算和破产庭庭长、副庭长、廉政监察员及审判长组成。评审小组按照少数服从多数的原则作出决定。

第十四条 评审小组同意上浮个案管理人报酬的,应当报主管院领导审核批准。

第十五条 具有下列情形之一的,应当调低管理人报酬:

(一)管理人违背勤勉尽责义务,产生严重后果的;

(二)案件处理不当导致影响稳定事件发生的;

（三）债权人会议或债权人委员会认为管理人工作严重失职，经查证属实的；

（四）管理人存在其他违背法定职责或失职行为，造成严重后果的。

第十六条　调低管理人报酬，应经合议庭评议后报庭长审批。

第十七条　最终确定的管理人报酬及收取情况，应列入破产财产分配方案。在和解、重整程序中，管理人报酬方案内容应列入和解协议草案或重整计划草案。

第十八条　管理人的报酬应当根据破产案件审理进度和管理人履行职责的实际情况分期支付。

案情简单、时间较短的案件，管理人可于本院裁定认可最后一次破产财产分配方案时一次性收取报酬。

第十九条　管理人在第一次债权人会议召开之后可以向本院申请预支报酬，预支金额不得超过根据案情预测当期可供清偿的财产价值总额确定的管理人报酬的20%。

第二十条　管理人收取报酬，应当向本院提出书面申请。申请书应当包括以下内容：

（一）可供支付报酬的债务人财产情况；

（二）申请收取报酬的时间和数额；

（三）管理人履行职责的情况。

本院自收到管理人的申请书之日起十日内，确定支付管理人的报酬数额。

第二十一条　债权人会议对管理人报酬的收取情况有异议的，应当向本院书面提出异议。异议书应写明具体的请求和理由，并附相应的债权人会议决议。

第二十二条　本院自收到债权人会议异议书之日起三日内通知管理人。管理人应当自收到通知之日起三日内作出书面说明。

如有必要，本院可以举行听证会，听取当事人意见。

本院自收到债权人会议异议书之日起十日内，就异议审查的结果书面通知管理人、债权人委员会或者债权人会议主席。

第二十三条　管理人对担保物的维护、变现、交付等管理工作付出合理劳动的，可以向担保权人收取报酬。管理人与担保权人就上述报酬数额协商一致的，应当向本院报告；不能协商一致的，由本院组织双方协商确定；仍不能达成一致意见的，由本院依照最高人民法院《关于审理企业破产案件确定管理人报酬的规定》第十三条的规定确定。

第二十四条　管理人对取回权人的财产付出合理劳动，经协商一致的，可以向取回权人收取报酬。报酬的数额参照最高人民法院《关于审理企业破产案件确定管理人报酬的规定》第十三条的规定确定。

取回权人未按照最高人民法院《关于适用〈中华人民共和国企业破产法〉若干问题的规定(二)》第二十六条规定的期限行使取回权,或者未按照该规定第二十八条向管理人支付加工费等费用,导致管理人拒绝其取回财产的,管理人可以比照本办法第二十三条的规定,就延迟取回期间付出的合理劳动和增加的相关支出向取回权人收取报酬和费用。

第二十五条 经本院许可,律师事务所、会计师事务所通过聘请本专业的其他社会中介机构或者人员协助履行其管理人职责的,所需费用从其报酬中支付。

破产清算事务所通过聘请其他社会中介机构或者人员协助履行管理人职责的,所需费用从其报酬中支付。

管理人确有必要聘请本专业的其他社会中介机构或者人员处理重大诉讼、仲裁、执行及审计等专业性较强的工作,所需费用需要从破产费用中支付的,应当事先经债权人会议或债权人委员会通过,并报告本院。

第二十六条 经本院许可,律师事务所、会计师事务所通过聘请非本专业的其他社会中介机构或者人员协助履行管理人职责的,所需费用从破产费用中支付。

第二十七条 清算组中有关政府部门派出的工作人员参与工作的,不收取报酬。其他机构或人员的报酬根据其履行职责的情况在管理人报酬总额中确定。

第二十八条 管理人为两个以上社会中介机构的,各方可以自行协商确定报酬分配原则和比例,并报告本院。

第二十九条 管理人发生更换的,本院根据其履行职责的情况分别确定更换前后的管理人报酬。其报酬比例总和不得超出本办法第四条规定的限制范围。管理人就报酬分配自行协商一致的,应当报告本院。

第三十条 管理人支取报酬,应当按照以下比例提取管理人援助资金:

(一)不超过100万元(含本数,下同)的,按4%确定;

(二)超过100万元至300万元的部分,按4.5%确定;

(三)超过300万元至500万元的部分,按5%确定;

(四)超过500万元至1000万元的部分,按5.5%确定;

(五)超过1000万元的部分,按6%确定。

第三十一条 本办法由深圳市中级人民法院审判委员会负责解释。

第三十二条 本办法自公告之日起施行。

深圳市中级人民法院破产案件管理人援助资金管理和使用办法

（2013年7月18日深圳市中级人民法院审判委员会民事行政执行专业委员会2013年第13次会议通过
2015年3月12日深圳市中级人民法院审判委员会民事行政执行专业委员会2015年第2次会议修订）

第一条 为保证破产清算工作顺利进行，保障破产案件管理人依法履行职责，本院设立破产案件管理人援助资金。

第二条 破产案件管理人援助资金由下列资金组成：

（一）政府财政拨款；

（二）本院按比例从管理人所得报酬中提取的资金。

破产案件管理人援助资金专项用于补贴管理人依法履行职责所必须的破产费用。

第三条 本院按下列标准从管理人所得报酬中提取援助资金：

（一）不超过一百万元（含本数，下同）的，按4%确定；

（二）超过一百万元至三百万元的部分，按4.5%确定；

（三）超过三百万元至五百万元的部分，按5%确定；

（四）超过五百万元至一千万元的部分，按5.5%确定；

（五）超过一千万元的部分，按6%确定。

管理人所得报酬不足10万元的，不提取援助资金。管理人应得报酬超过10万元，但依照前款规定提取援助资金后少于10万元的，低于10万元的部分不收取。

合议庭按照本条规定确定应提取的援助资金额度，书面通知管理人交纳。

第四条 管理人援助资金的管理和使用应严格执行国家有关财务制度，遵循公开透明、专款专用、严格监管的原则，设立专门帐户进行管理，依法接受财政部门的监督和审计机关的审计。

第五条 本院管理人援助资金审批小组根据破产案件繁简程度和管理人履行职责情况，决定是否给予援助，并确定援助额度。

每件破产清算案件援助额度一般不超过15万元；财产线索特别分散、案情特别复杂的案件，援助额度可适当提高，但最高不得超过20万元。其中，用于支付管理人报酬的援助资金金额不得超过10万元。

第六条 管理人援助资金审批小组由本院下列人员组成:

(一)公司清算和破产审判庭庭长、副庭长、审判长;

(二)纪检监察部门指定人员。

管理人援助资金审批小组会议由公司清算和破产审判庭庭长或者庭长委托的副庭长召集和主持,按照少数服从多数的原则作出决定。

审批小组成员过半数到会,且有纪检监察部门指定成员到会,审批小组会议方可召开。

第七条 破产清算案件符合下列条件之一的,管理人可以向本院申请援助资金:

(一)债务人无财产支付破产费用;

(二)债务人财产不足15万元,不足以支付破产费用,且无利害关系人垫付资金;

(三)债务人财产不足15万元,虽有利害关系人垫付资金,但利害关系人垫付的资金和债务人财产合计不足15万元,不足以支付破产费用;

(四)管理人报酬不足10万元的案件。

第八条 管理人援助资金可用于支付下列费用:

(一)管理、变价和分配债务人财产的费用;

(二)管理人执行职务的费用;

(三)管理人的报酬;

(四)档案保管费用;

(五)本院认为应当支付的其他费用。

第九条 管理人认为符合援助条件的,可在接管破产企业后申请预付部分援助资金。预付申请获得批准的,管理人应于裁定终结破产程序之日起15日内向本院提出正式申请。

预付的援助资金用于支付本办法第八条第(一)、(二)项费用。

破产财产因客观情况出现变化,案件已不符合援助条件的,管理人应当自收到本院通知之日起5日内退还预付的援助资金。

第十条 管理人申请预付援助资金的,应当如实填写申请表,并附相关材料。合议庭收到援助资金申请材料之日起5日内提出初步审核意见,报庭长审批。

第十一条 管理人正式申请援助资金的,应当在裁定终结破产程序之日起15日内提交以下材料:

(一)管理人援助资金申请书。应载明破产案件基本情况、管理人工作情况、债务人财产状况、申请援助的破产费用组成情况。债务人财产状况和申请援助的破产费用组成情况应附相关证据。

（二）管理人援助资金申请表。

（三）管理人的主体资格证明文件。包括受理破产申请裁定书、指定管理人决定书、管理人负责人身份证明材料等。

（四）本院认为应当提交的其他材料。

第十二条 合议庭认为申请人提交的材料需要更正、补充的，应当责令申请人于7日内更正、补充。申请人因客观原因无法按时更正、补充的，可提出延期申请并说明理由。是否准许延期，由合议庭决定。申请人未按期更正、补充的，视为撤回申请。

第十三条 合议庭应当自收到援助资金正式申请之日起15日内提出初步审核意见并报管理人援助资金审批小组审批。援助资金超过10万元的，经管理人援助资金审批小组评议后报主管副院长审批。

第十四条 管理人援助资金审批小组不批准管理人援助申请的，合议庭应当通知申请人。

第十五条 审批程序完成后，跟案法官助理应持《管理人援助资金审批表》或《管理人预付援助资金审批表》向本院财务部门办理管理人援助资金发放手续，并要求申请人出具收据。收款账户必须是管理人的专用账户。

第十六条 管理人援助资金发放后，跟案法官助理应将相关材料整理归档，并将《管理人援助资金申请表》、《管理人援助资金审批表》复印件交公司清算和破产审判庭内勤备查。

第十七条 申请人提供虚假材料，骗取管理人援助资金的，依照民事诉讼法、企业破产法的规定，根据情节轻重予以训诫、罚款、取消管理人资格；构成犯罪的，依法追究刑事责任。

第十八条 本办法由深圳市中级人民法院审判委员会负责解释。

第十九条 本办法自印发之日起施行。

附：

1.《管理人预付援助资金申请表》

2.《管理人预付援助资金审批表》

3.《管理人援助资金申请表》

4.《管理人援助资金审批表》

附件 1

深圳市中级人民法院管理人预付援助资金申请表

填表日期：　　年　月　日

申请人		负责人	
案号		债务人	
中介机构名称		联系人	
地址		电话	
承办人		是否 宣告破产	
债务人 财产总额		利害关系人 垫付金额	
申请金额			
案情 简介	申请人盖章：　　年　　月　　日		
资金 用途			

填表说明：

1. 本表由申请人如实填写，若存在隐瞒、伪造等提供虚假信息情形的，不予发放管理人援助资金，并应当承担相应的法律责任；

2. 本表可扩展，但不得更改表格的结构和内容。

附件 2

深圳市中级人民法院管理人预付援助资金审批表

填表日期： 年 月 日

申请人		负责人	
案 号		债务人	
中介机构名称		联系人	
地址		电 话	
承办人		是否 宣告破产	
债务人财产总额		利害关系人 垫付金额	
申请预付 金额		拟预付 金额	
案 情 简 介	申请人盖章： 年 月 日		
合议庭 意见			
庭领导 审批意见			

附件 3

深圳市中级人民法院管理人援助资金申请表

填表日期：　　　年　　月　　日

申请人		负责人	
案　号		债务人	
中介机构名　称		联系人	
地　址		电　话	
承办人		结案时间	
破产财产总额		利害关系人垫付金额	
已发生破产费用总　额		申请报酬金额	
申请援助资金总额			
案情简介	申请人盖章：　　　年　　月　　日		
资金用途及金额			

填表说明：

1. 本表应当列明破产费用明细及相关单据等；

2. 本表由申请人如实填写，若存在隐瞒、伪造等提供虚假信息情形的，不予发放管理人援助资金，并应当承担相应的法律责任；

3. 本表可扩展，但不得更改表格的结构和内容。

附件 4

深圳市中级人民法院管理人援助资金审批表

填表日期：　　　年　　月　　日

申请人		负责人	
案　号		债务人	
中介机构名称		联系人	
地　址		电　话	
承办人		结案时间	
债务人财产总额		利害关系人垫付金额	
破产费用总额		已预付援助金额	
申请援助资金总额	破产费用		
	管理人报酬		
批准金额		实际发放金额	
案情简介			
合议庭意见	审判长签字：		
庭长意见			
院领导意见			

二、其他省市有关企业破产的规定

北京市高级人民法院企业破产案件审理规程

(2013年7月22日发布并实施 京高法发〔2013〕242号)

为公平公正审理企业破产案件,进一步规范破产案件审判工作,根据《中华人民共和国企业破产法》(以下简称企业破产法)、《中华人民共和国民事诉讼法》、国务院《证券公司风险处置条例》、最高人民法院《关于审理企业破产案件指定管理人的规定》、《关于审理企业破产案件确定管理人报酬的规定》、《关于〈企业破产法〉施行时尚未审结的企业破产案件适用法律若干问题的规定》、《关于适用〈企业破产法〉若干问题的规定(一)》等法律、行政法规和司法解释,结合我市破产案件审判工作的实践,制定本规程。

第一章 申请和受理

第一节 破产申请的受理审查事项

一、管辖问题审查

1.(地域管辖)破产案件由债务人住所地人民法院管辖。债务人住所地指债务人的主要办事机构所在地。债务人主要办事机构所在地难以确定的,由债务人注册登记地人民法院管辖。

2.(级别管辖)基层人民法院管辖县、区级工商行政管理机关核准登记企业的破产案件。

中级人民法院管辖市级以上工商行政管理机关核准登记企业的破产案件。

纳入国家计划调整的企业破产案件,由中级人民法院管辖。

金融机构、上市公司破产案件,由中级人民法院管辖。

3.(管辖权异议)债权人提出破产申请,债务人对法院管辖权有异议的,应当依据企业破产法第十条第一款的规定,自收到人民法院的通知之日起七日内向人民法院提出。

4.(管辖调整)中级人民法院对其管辖的企业规模较小、债权债务关系简单的破产案件,可交由该企业住所地的基层人民法院审理,但应当报请高级人民法院批准。

下级人民法院对其管辖的破产案件,认为需要由上级人民法院审理的,可以报请上级人民法院审理。

二、债务人破产能力审查

5.(破产能力的一般规定)被申请破产的企业应具有企业法人资格。

实缴出资情况即出资是否到位不影响企业法人的破产能力。

6.(企业法人以外的组织的破产能力问题)其他法律规定企业法人以外的组织的清算,属于破产清算的,参照适用企业破产法规定的程序。目前,合伙企业、民办学校、农民专业合作社、个人独资企业可参照适用破产清算程序。

7.(独立法人单独破产原则及例外)债务人投资的全资公司、控股的公司等具有独立法人资格的关联企业不能清偿到期债务,需要进行破产还债的,原则上应当分别提出破产申请。

关联企业不当利用关联关系,导致关联企业成员之间法人人格高度混同,损害债权人公平受偿利益的,关联企业成员、关联企业成员的债权人、关联企业成员的清算义务人、已经进入破产程序的关联企业成员的管理人,可以向人民法院提出对关联企业进行合并破产的申请。

三、债权人申请人资格审查

8.(债权人申请破产的积极条件)债权符合下列情形的,债权人可以向人民法院申请债务人破产:

(1)债权为具有金钱或财产给付内容的到期债权;

(2)债权合法、有效,且未超过诉讼时效或者申请执行时效。

9.(职工的申请权)债务人出现企业破产法第二条规定的情形,经职工代表大会或者全体职工三分之二以上多数同意,债务人职工可以以企业破产法第一百一十三条第一款第(一)项规定的债权申请债务人破产清算。

10.(税务机关、社会保险费管理部门的申请权)债务人出现企业破产法第二条规定的情形,欠缴税款、企业应缴部分社会保险费用(不包括滞纳金、罚款)的,税务机关、社会保险费用管理部门可以向人民法院申请债务人破产清算。

四、破产申请书和有关证据材料审查

11.(不同破产程序的申请主体)债务人可以申请本企业破产清算、和解或者重整。

债权人可以申请债务人破产清算或者重整。

对企业依法负有清算责任的人可以申请清算中法人破产清算。

12.(申请人应当明确所申请的具体破产程序)申请人向人民法院申请债务人

破产，未明确具体破产程序的，人民法院应当告知申请人根据企业破产法第七条之规定，择一提出重整、和解或者破产清算的申请。

人民法院受理案件之前又有其他申请人提出不同类型的破产申请的，人民法院应当召开听证会，组织各申请人协商确定具体的破产程序。协商不成的，人民法院应当根据债务人的实际情况，依法受理相应的破产申请。

召开听证会的时间不计入受理期限。

13.（*破产申请书*）向人民法院提出破产申请，应当提交破产申请书。

破产申请书应当载明下列事项：

（1）申请人、被申请人的基本情况，包括：名称或姓名、住所地、法定代表人姓名及职务。申请人为债务人时，只需列出申请人的基本情况；

（2）申请目的，即申请重整、和解还是破产清算；

（3）申请的事实和理由，主要指债务人有企业破产法第二条规定的情形；

（4）人民法院认为应当载明的其他事项，主要指特殊主体破产申请中的特别事项，如金融机构申请破产的，申请书中还应载明主管机关的批准文件、个人债务的兑付情况、证券类资产的处置情况等。

14.（*债务人申请破产时应当提交的材料*）债务人申请破产，除应当提交破产申请书以外，还应当向人民法院提交下列材料：

（1）债务人主体资格证明，即工商行政管理机关颁发的企业法人营业执照，及债务人最近一个年度的工商年检材料；

（2）债务人股东会或股东大会、董事会（外商投资企业）、职工股东大会或者其他依法履行出资义务的人同意申请破产的文件；

债务人为国有独资企业、国有独资公司的，还应当提交对债务人履行出资人职责的机构同意申请破产的文件；

（3）债务人法定代表人或者主要负责人名单、联系方式，及债务人董事、监事、高级管理人员和其他管理部门负责人名单、联系方式；

（4）财产状况说明，包括有形资产、无形资产、对外投资情况、资金账户情况等；

（5）债务清册，列明债权人名称、住所、联系方式、债权数额、有无担保、债权形成时间和被催讨情况；

（6）债权清册，列明债务人的债务人名称、住所、联系方式、债务数额、有无担保、债务形成时间和催讨偿还情况；

（7）有关财务会计报告；

（8）债务人涉及的诉讼、仲裁、执行情况；

（9）企业职工情况和安置预案，列明债务人解除职工劳动关系后依法对职工的补偿方案；债务人为国家出资企业的，职工安置预案应列明拟安置职工基本情

况、安置障碍及主要解决方案等。职工安置预案报对债务人履行出资人职责的机构备案;

(10)职工、高管人员工资的支付和社会保险费用、住房公积金的缴纳情况;

(11)债务人为国家出资企业的,应提交企业工会或职工代表大会对企业申请破产的意见;

(12)债务人申请重整的,应提交重整的必要性和可行性评估材料;

(13)债务人申请和解的,应提交和解协议草案。

15.(债权人申请破产时应当提交的材料)债权人申请债务人破产,除应当提交破产申请书以外,还应当向人民法院提交下列材料:

(1)债权人及债务人的主体资格证明;

(2)债权发生的事实及债权性质、数额、有无担保,并附证据;

(3)债务人不能清偿到期债务的证据;

(4)申请债务人重整的,应提交重整的必要性和可行性评估报告。

16.(清算责任人申请债务人破产清算时应当提交的材料)清算责任人申请债务人破产清算,除应当提交破产申请书以外,还应当向人民法院提交下列材料:

(1)债务人主体资格证明;

(2)清算责任人的基本情况或者清算组成立的文件;

(3)债务人解散的证明材料;

(4)债务人未清算的,债务人资产不足以清偿全部债务的财务报告;

(5)债务人经过清算的,债务人资产不足以清偿全部债务的清算报告;

(6)债务清册,列明债权人名称、住所、联系方式、债权数额、有无担保、债权形成时间和被催讨情况;

(7)债权清册,列明债务人的债务人名称、住所、联系方式、债务数额、有无担保、债务形成时间和催讨偿还情况;

(8)债务人涉及的诉讼、仲裁、执行情况;

(9)企业职工情况和安置预案,列明债务人解除职工劳动关系后依法对职工的补偿方案;债务人为国家出资企业的,职工安置预案应列明拟安置职工基本情况、安置障碍及主要解决方案等。职工安置预案报对债务人履行出资人职责的机构备案;

(10)职工、高管人员工资的支付和社会保险费用、住房公积金的缴纳情况。

17.(更正、补充材料)申请人向人民法院提出破产申请,应当按企业破产法及本规程的规定提交破产申请书和申请材料。申请人提交的材料不符合规定的,人民法院应当自收到破产申请之日起五日内告知申请人需要更正、补充的材料,并指定提交期限。

申请人更正、补充有关申请材料的时间,不计入企业破产法第十条规定的人民法院对破产申请的受理审查期限。

申请人未在人民法院指定的期限内更正、补充材料的,人民法院不予受理其申请。

五、破产原因审查

18.(破产原因)债务人具有下列情形之一的,为发生破产原因:

(1)不能清偿到期债务,并且资产不足以清偿全部债务;

(2)不能清偿到期债务,并且明显缺乏清偿能力。

对债务人具备破产原因的判断,不以对其债务负有连带责任的主体也丧失清偿能力为条件。

19.("不能清偿到期债务"的认定)"不能清偿到期债务"是指同时满足下列条件:

(1)债权债务关系依法成立;

(2)债务履行期限已经届满;

(3)债务人未完全清偿债务。

20.("资产不足以清偿全部债务"的认定)债务人的资产负债表,或者审计报告、资产评估报告等显示其全部资产不足以偿付全部负债的,人民法院应当认定债务人"资产不足以清偿全部债务"。但有相反证据足以证明债务人资产能够偿付全部负债的除外。

21.("明显缺乏清偿能力"的认定)债务人账面资产虽大于负债,但存在下列情形之一的,人民法院应当认定其"明显缺乏清偿能力":

(1)因资金严重不足或者财产不能变现等原因,无法清偿债务;

(2)法定代表人下落不明且无其他人员负责管理财产,无法清偿债务;

(3)经人民法院强制执行,仍不能清偿生效法律文书确定的债务;

(4)长期亏损且经营扭亏困难,无法清偿债务;

(5)导致债务人丧失清偿能力的其他情形。

人民法院裁定"终结本次执行程序"的,亦属于强制执行后不能履行的情形。

22.(债务人提出破产申请时关于破产原因的举证责任)债务人自行申请破产的,应当提交其不能清偿到期债务,并且资产不足以清偿全部债务或者明显缺乏清偿能力的相关证据。

23.(债权人提出破产申请时关于破产原因的举证责任)债权人申请债务人破产的,应当提交债务人不能清偿到期债务的相关证据。

24.(清算责任人提出破产申请时关于破产原因的举证责任)债务人已解散但未清算或者未清算完毕,依法负有清算责任的人申请债务人破产的,应当提交债务人“资不抵债”的相关证据。

六、受理审查中的几种特殊情况

25.（借用外国政府和国际金融机构贷款或转贷款）自2007年6月1日起，借用国际金融组织和外国政府贷款或转贷款的有关企业申请或者被申请破产的，人民法院应依照企业破产法的有关规定依法受理。

上述企业在2007年6月1日之前已签署转贷协议但偿还任务尚未落实的，暂不受理其破产申请，也暂不受理债权人申请其破产的案件。

26.（撤回申请）人民法院受理破产申请前，申请人可以请求撤回申请。人民法院应于收到请求之日起七日内做出是否准许撤回申请的裁定，并送达申请人和被申请人。

人民法院准许申请人撤回破产申请的，破产申请撤回前已经发生的费用由申请人负担。

27.（债务人下落不明或财产状况不清不构成受理障碍）债权人对人员下落不明或者财产状况不清的债务人申请破产清算，符合企业破产法规定的，人民法院应依法予以受理。债务人能否依据企业破产法第十一条第二款的规定向人民法院提交财产状况说明、债权债务清册等相关材料，并不影响对债权人申请的受理。

28.（惟一债权人不影响受理）人民法院审查破产申请时，根据债权人和债务人提供的材料，仅能确定一个适格债权人的，不得因债权人仅为一人而裁定不予受理。

第二节　破产申请的审查受理程序

29.（分工及案号）破产案件的立案工作由人民法院立案庭与负责审理破产案件的审判庭共同完成。审判庭负责破产申请的审查工作，立案庭负责案件立案的程序工作。

立案庭收到破产申请人提交的破产申请书和相关材料后，经形式审查，符合本规程第13条、14条、15条、16条规定的，应立案号，案号为“（××××）×破（预）字第×号”。之后，立案庭应将申请人提交的申请等有关材料移交审理破产案件的审判庭审查，并由审判庭依法作出是否受理破产申请的裁定。

破产申请受理前人民法院制作的各类法律文书，以及审判业务庭作出的不予受理或受理民事裁定书，均按前款规定确定文号。

审判业务庭裁定受理破产申请后，立案庭应以“（××××）×破字第×号”确定案号。

30.（破产程序中的文书应编排序号）人民法院在审理一个破产案件中作出的

各类文书应编排序号。如:民事裁定书应当分别以“(××××)×破字第×-1号”民事裁定书、“(××××)×破字第×-2号”民事裁定书、“(××××)×破字第×-3号”民事裁定书……依次编号;决定书应当分别以“(××××)×破字第×-1号”决定书、“(××××)×破字第×-2号”决定书、“(××××)×破字第×-3号”决定书……依次编号,等等。

31.(破产案件的审判组织形式)人民法院审查受理破产申请以及审理破产案件,应当组成合议庭。

32.(受理审查期间)债权人、对企业依法负有清算责任的人提出破产申请的,人民法院应当自立案号(“破预字”)之日起五日内通知债务人。债务人对申请有异议的,应当自收到人民法院通知之日起七日内向人民法院提出。人民法院应当自异议期满之日起十日内裁定是否受理。

除前款规定的情形外,人民法院应当自立案号(“破预字”)之日起十五日内裁定是否受理。

有特殊情况需要延长前两款规定的裁定受理期限的,经上一级人民法院批准,可以延长十五日。

33.(债权人、清算责任人申请时破产申请书的送达)债权人、对债务人依法负有清算责任的人提出破产申请的,人民法院应当在通知债务人的同时,向债务人送达破产申请书及申请材料的副本。

上述送达不适用公告送达方式,即使债务人人员下落不明。

34.(破产申请审查期间的保全措施)在人民法院受理破产申请前的受理审查期间,发现债务人财产、印章和账簿、文书等可能被隐匿、转移、处分或者销毁的,破产申请人可以向人民法院申请对债务人财产、印章和账簿、文书等采取保全措施。

破产申请人申请对债务人财产采取保全措施的,人民法院可以责令申请人提供相应担保。

35.(债务人的异议权)债务人对债权人、依法对其负有清算责任的人提出的破产申请有异议的,可以自收到人民法院的通知之日起七日内,就发出通知的人民法院对本案是否具有管辖权、申请人与被申请人的主体资格、申请人债权的真实性及合法性、以及债务人是否发生破产原因等向人民法院提出书面异议,并应当提交相关的证据材料。

人民法院认为有必要的,可以组织破产申请人、债务人对破产申请应否受理进行听证。与破产申请存在利害关系的人员可以申请参加。

人民法院组织听证的时间不计入破产申请的受理审查期间。

36.(对债务人异议的处理)债务人对法院管辖权提出异议,人民法院经审查异议成立的,裁定不予受理破产申请。

债务人对申请人的主体资格或自身的破产能力提出异议,人民法院经审查异议成立的，裁定不予受理破产申请。

债权人提出破产申请，债务人对申请人债权的真实性及数额提出异议，但债权人申请所依据的债权已得到生效裁判文书、仲裁裁决书等可强制执行的法律文书的确认且在申请执行时效内的，人民法院应认定债务人的该项异议不成立；如果申请人的债权未得到生效的可强制执行的法律文书的确认，且债务人的异议具有合理理由，人民法院应裁定不予受理破产申请，并告知债权人向有管辖权的人民法院提起民事诉讼。

债权人提出破产申请，债务人对申请人债权的真实性及数额无异议，但对不能清偿到期债务的事实提出异议的，债务人应实际清偿债务，或者与申请人达成债务清偿协议。否则，人民法院应认定债务人的该项异议不成立。

债权人提出破产申请，债务人对不能清偿到期债务的事实无异议，但对其发生破产原因提出异议的，应当证明其并非"资不抵债"且并非"明显缺乏清偿能力"。否则，人民法院应认定债务人的该项异议不成立。

依法负有清算责任的人提出破产申请，债务人提出异议的，应当证明其未解散或者并非"资不抵债"。否则，人民法院应认定债务人的异议不成立。

37.（法院违反受理规定的救济程序）申请人向人民法院提出破产申请，人民法院未在本规程第32条规定的期限内作出是否受理的裁定的，申请人可以向上一级人民法院提出破产申请。

上一级人民法院接到破产申请后，应当责令下级人民法院依法审查并及时作出是否受理的裁定；下级人民法院仍不作出是否受理裁定的，上一级人民法院可以径行作出裁定。

上一级人民法院裁定受理破产申请的，可以同时指令下级人民法院审理该案件。

38.（裁定受理）人民法院受理破产申请的，受理裁定自作出之日起生效。

受理裁定应当自作出之日起五日内送达申请人和被申请人。

债权人提出申请的，债务人应当自裁定送达之日起十五日内，向人民法院提交财产状况说明、债务清册、债权清册、有关财务会计报告以及职工、高管人员工资的支付和社会保险费用、住房公积金的缴纳情况。

39.（受理的同时应指定管理人）人民法院裁定受理破产申请的，应当同时指定管理人。法院确定管理人的时间不计入审查受理期间。

40.（裁定不予受理）人民法院裁定不受理破产申请的，应当自裁定作出之日起五日内送达申请人和被申请人。申请人对裁定不服的，可以自裁定送达之日起十日内向上一级人民法院提起上诉。

上一级人民法院应当自上诉受理之日起三十日内作出裁定。申请人上诉理由成立的,裁定撤销原裁定,指令下级人民法院受理破产申请。

41.(裁定驳回破产清算申请)人民法院受理破产清算申请后至破产宣告前,经审查发现债务人不符合企业破产法第二条规定情形的,可以裁定驳回申请。申请人对裁定不服的,可以自裁定送达之日起十日内向上一级人民法院提起上诉。

上一级人民法院应当自上诉受理之日起三十日内作出裁定。申请人上诉理由成立的,裁定撤销原裁定,指令下级人民法院继续审理。

第三节　受理破产申请后的工作

一、对债权人的相关工作

42.(通知已知债权人并予以公告)人民法院受理破产申请后,应当自受理裁定或者上级人民法院指令受理裁定作出之日起二十五日内,自行或委托管理人向已知债权人发出书面受理通知,法院并应在人民法院报上予以公告。涉及境外已知债权人的,可通过邮寄、传真、电子邮件等能够确认收悉的适当方式通知。

通知和公告应当载明下列事项:

(1)申请人、被申请人的名称或者姓名;

(2)人民法院受理破产申请的时间;

(3)申报债权的期限、地点和注意事项;

(4)管理人名称或者姓名及其处理事务的地址;

(5)债务人的债务人或者财产持有人应当向管理人清偿债务或者交付财产的要求;

(6)第一次债权人会议召开的时间和地点;

(7)人民法院认为应当通知和公告的其他事项。

已知债权人的范围可以根据债务人提交的债务清册,或者清算责任人提交的财务报告或清算报告确定。

按照债务清册、财务报告或清算报告的记载,无法与债权人取得联系的,该债权人视为未知债权人。

43.(申报债权的期限)人民法院确定的债权申报期限自人民法院发布受理破产申请公告之日起计算,最短不得少于三十日,最长不得超过三个月。

二、对债务人的相关工作

44.(通知债务人停止清偿债务)人民法院受理破产申请后,应立即通知债务人停止向债权人清偿债务。债务人的日常开支和其他必要开支由管理人审查批准。

人民法院受理破产申请后,债务人对个别债权人的债务清偿无效。

45.(告知债务人或有关人员应承担的义务)人民法院受理破产案件后,应告知债务人的法定代表人、(必要时)债务人的财务管理人员和其他经营管理人员在破产程序终结前承担以下义务：

(1)在管理人接管之前，妥善保管其占有和管理的财产、印章和账簿、文书等资料；

(2)根据人民法院、管理人的要求进行工作，并如实回答询问；

(3)列席债权人会议并如实回答债权人的询问；

(4)未经人民法院许可，不得离开住所地；

(5)不得新任其他企业的董事、监事、高级管理人员。

人民法院受理破产申请后，债务人的有关人员未经人民法院许可或者管理人同意，擅自以债务人名义对外从事经营活动的行为无效，造成债务人或者相对人损失的，管理人或者相对人请求债务人的有关人员承担民事责任的，人民法院应当依法支持。

三、对有关部门的相关工作

46.(通知银行停止结算)人民法院裁定受理破产清算申请后，应当立即通知债务人的开户银行停止债务人的账户支出，债务人的日常开支和其他必要开支由管理人审查批准并通知银行。

债务人的开户银行收到人民法院的通知后，不得扣划债务人的既存款和汇入款抵还贷款及利息。扣划的无效，应当退还扣划的款项。

47.(通知工商管理部门)人民法院应将受理破产申请的裁定送达债务人注册登记的工商行政管理部门，并告知需要其配合工作的有关事项。

48.(通知公安部门刻制管理人用章)人民法院受理破产案件后，应书面通知公安部门为管理人刻制管理人公章[印文为"×××(债务人名称)管理人"]和财务专用章，以便管理人设立管理人账户及开展相关工作。

四、管理人的相关工作

49.(接管债务人财产)人民法院指定管理人后，管理人应当及时接管债务人的财产、印章和账簿、文书等资料。

管理人接管债务人的财产，一般应当自管理人被指定之日起二个月内完成。确因客观原因无法在二个月内完成接管的，经人民法院许可，接管期限可相应延长。

50.(决定债务人是否停止营业)人民法院受理破产申请时债务人处于营业中的，管理人应在第一次债权人会议召开前，及时决定继续或者停止债务人的营业，并应经人民法院许可。

51.(处分债务人财产)在第一次债权人会议召开前，管理人对易损、易腐、跌价、保管费用较高以及其他必须及时处置的财产予以处置，须经法院许可。

52.(管理人对未履行完毕合同的处理)人民法院受理破产申请后，管理人对破产申请受理之前成立而债务人和对方当事人均未履行完毕的合同,应当根据最有利于债务人财产利益的原则,及时决定解除或者继续履行,并书面通知对方当事人。

管理人自破产申请受理之日起二个月内未通知对方当事人,或者自收到对方当事人催告之日起三十日内未答复的,视为解除合同。

53.(管理人为继续履行合同提供担保)管理人决定继续履行合同的,对方当事人应当履行;但对方当事人有权要求管理人为继续履行合同提供担保。管理人不提供担保的,视为解除合同。

五、解除财产保全措施、中止执行程序

54.(解除财产保全措施)自受理破产申请裁定作出之日起,除因破产程序需要对债务人财产采取保全措施外,人民法院及行政机关不得对债务人的财产采取新的保全措施。

债务人财产在破产申请受理前已被采取保全措施的,管理人应当向采取保全措施的人民法院或行政机关发出解除保全措施的通知,并附破产申请受理裁定。采取保全措施的人民法院或行政机关接到通知后,应当及时解除保全措施,同时通知管理人,并将财产移交管理人接管。

55.(中止执行程序)自人民法院作出受理破产申请裁定之日起,有关人民法院或者行政机关不得执行债务人的财产。

破产申请受理之前已经开始但尚未完毕的针对债务人财产的执行程序应当中止,管理人应当向相关人民法院或行政机关发出中止执行程序的通知,并附破产申请受理裁定。执行法院或行政机关接到通知后,应当及时中止执行。

人民法院裁定宣告债务人破产,或者裁定批准重整计划或和解协议后,因破产受理而中止的对债务人财产的执行程序终结。

56.(保全措施与执行程序的恢复)人民法院在受理破产申请后至破产宣告前裁定驳回破产申请,或者在破产宣告前依据企业破产法第一百零八条的规定裁定终结破产程序的,管理人应当及时通知原有关保全或者执行债务人财产的人民法院或者行政机关按照原保全顺位恢复相关保全或者恢复执行,并移交已接管的保全财产或执行财产。

六、有关债务人民事诉讼的审理问题

57.(未结民事诉讼或仲裁的中止与恢复)人民法院受理破产申请后,已经开始而尚未终结的有关债务人的民事诉讼或者仲裁应当中止,等待管理人接管债务人财产。管理人应当向审理民事诉讼的人民法院或者进行仲裁的仲裁机关发送中止审理程序通知,并附破产申请受理裁定。

管理人接管债务人的财产后,应当通知相关人民法院或者仲裁机关恢复已中止的诉讼或者仲裁。

58.（尚未终结的给付之诉的处理问题）人民法院受理破产申请后，已经开始而尚未终结的请求债务人为给付的民事诉讼或者仲裁，受理法院或者仲裁庭应当将债务人已进入破产程序的事实告知该案的债权人，并直接作出是否确认当事人之间债权债务的裁判，而不应作出以给付为内容的裁判。

59.（新发生的有关债务人民事案件的集中管辖）人民法院受理破产申请后，以债务人为原告、被告或者第三人的新提起的第一审民事诉讼，由受理破产申请的人民法院管辖，不受民事诉讼法、海事特别诉讼法及有关司法解释关于地域管辖、级别管辖和专属管辖规定的限制。但确认仲裁条款效力、申请撤销仲裁裁决的案件除外。

上述由受理破产申请的人民法院管辖的第一审民事案件，在受理法院内部根据案件类型和法院内部分工由相关审判庭进行审理。

人民法院受理破产申请后，与债务人相关的民事权利义务争议，如果当事人双方就解决争议约定有明确有效的仲裁条款，则应当按照约定通过仲裁方式解决。

60.（有关债务人诉讼的当事人问题）人民法院受理破产申请后，有关债务人的民事诉讼（包括破产申请受理时已经开始而尚未终结的民事诉讼，以及破产申请受理后新提起的民事诉讼），由债务人作为诉讼主体，管理人负责人作为诉讼代表人代表债务人参加诉讼；管理人为个人的，由该人员作为债务人的诉讼代表人。

管理人依企业破产法第三十一条、第三十二条提起的破产撤销权诉讼，以及依企业破产法第三十三条提起的确认债务人行为无效之诉，应由管理人作为原告，不适用前款关于诉讼主体的规定。

第二章　管　理　人

第一节　一般规定

61.（管理人职责）人民法院监督管理人履行下列职责：

（1）接管债务人的财产、印章和账簿、文书等材料；

（2）调查债务人财产状况，制作财产状况报告；

（3）决定债务人的内部管理事务；

（4）决定债务人的日常开支和其他必要开支；

（5）在第一次债权人会议召开之前，决定继续或者停止债务人的营业；

（6）管理和处分债务人的财产；

（7）代表债务人参加诉讼、仲裁或者其他法律程序；

（8）提议召开债权人会议；

(9)人民法院认为管理人应当履行的其他职责。

62.(不得转委托)管理人一经指定,不得以任何形式将管理人应当履行的职责全部或者部分转给其他社会中介机构或者个人。

63.(须经法院许可的行为)在第一次债权人会议召开之前,管理人决定继续或者停止债务人的营业,或者有企业破产法第六十九条规定行为之一的,应当经人民法院许可。

64.(聘用工作人员)管理人经人民法院许可,聘用必要的审计、评估、拍卖等社会中介机构的,可以通过市高级人民法院委托司法鉴定和拍卖工作办公室,从相关名册中随机确定聘用的中介机构,并由管理人出具委托手续;亦可以由管理人制定其他选任方案报债权人会议决定。债权人会议授权管理人自行确定或者授权债权人委员会决定的,依债权人会议授权处理。

65.(管理人报告义务)人民法院根据破产案件的情况,可以要求管理人就其工作进展情况定期向人民法院出具报告。

第二节　管理人的指定

66.(指定管理人的时间)人民法院裁定受理破产申请的,应当同时指定管理人。

67.(指定管理人的法律文书)受理破产案件的人民法院指定管理人应当制作决定书,并向被指定为管理人的社会中介机构或者个人以及破产申请人、债务人、债务人的注册登记机关送达。

指定管理人决定书应与受理破产申请的民事裁定书一并公告。

68.(管理人负责人的指定)人民法院指定社会中介机构或者清算组担任管理人的,应当同时指定管理人负责人。

社会中介机构或者清算组需要变更管理人负责人的,应当向人民法院提出申请。

69.(指定中介机构或者个人)一般应指定管理人名册中的社会中介机构担任管理人。

对于事实清楚、债权债务关系简单、债务人财产相对集中的企业破产案件,人民法院可以指定管理人名册中的个人担任管理人。

70.(指定清算组)有下列情形之一的,人民法院可以指定清算组为管理人:

(1)破产申请受理前,根据有关规定已经成立清算组(包括金融机构的行政清理组、公司强制清算程序中法院指定成立的清算组),且人民法院认为符合最高人民法院《关于审理企业破产案件指定管理人的规定》第十九条规定;

(2)审理企业破产法第一百三十三条规定的政策性破产案件;

(3)人民法院认为可以指定清算组为管理人的其他情形。

71.(清算组成员构成)清算组为管理人的,人民法院可以从政府有关部门、编入管理人名册的社会中介机构、金融资产管理公司中指定清算组成员,人民银行及金融监督管理机构可以按照有关法律和行政法规的规定派人参加清算组。

72.(强制清算转破产的管理人指定)公司强制清算转入破产清算的,如原强制清算中的清算组由管理人名册中的中介机构或者个人组成或者参加,该中介机构或者个人亦不存在与本案有利害关系等不宜担任管理人或者管理人成员的情形的,人民法院可以指定该中介机构或者个人作为破产案件的管理人,或者吸收该中介机构作为新成立的清算组管理人的成员。

上述中介机构或者个人不宜担任破产清算中的管理人或者管理人的成员的,人民法院应当根据企业破产法和有关司法解释的规定,及时指定管理人。

73.(摇号方式指定)人民法院一般应当采取随机摇号方式从本市管理人名册中公开指定管理人。具体步骤是:受理破产案件的人民法院向市高级人民法院委托司法鉴定和拍卖工作办公室提出随机确定管理人的申请,并明确所需管理人的类别(机构管理人,或个人管理人);市高级人民法院委托司法鉴定和拍卖工作办公室召集选定管理人会议,进行摇号,并将选定结果书面通知受理破产案件的人民法院;受理法院依该通知制作指定管理人决定书。

74.(竞争方式指定)商业银行、证券公司、保险公司等金融机构或者在全国范围有重大影响、法律关系复杂、债务人财产分散的企业破产案件,人民法院可以采取公告的方式,邀请编入各地人民法院管理人名册中的社会中介机构参与竞争,从参与竞争的社会中介机构中指定管理人。参与竞争的社会中介机构不得少于三家。

75.(竞争方式中的评审)采取竞争方式指定管理人的,人民法院应当组成专门的评审委员会。评审委员会由审理破产案件审判庭的人员、人民法院司法技术辅助工作部门人员、相关审判委员会委员、人民法院监察部门人员组成。

评审委员会应当结合案件的特点,综合考量社会中介机构的专业水准、经验、机构规模、初步报价等因素,从参与竞争的社会中介机构中择优指定管理人。被指定为管理人的社会中介机构应经评审委员会成员二分之一以上通过。

采取竞争方式指定管理人的,人民法院应当确定一至两名备选社会中介机构,作为需要更换管理人时的接替人选。

76.(接受推荐方式指定)对于经过行政清理、行政清算的商业银行、证券公司、保险公司等金融机构的破产案件,人民法院除了可以指定清算组担任管理人外,也可以在金融监督管理机构推荐的已编入管理人名册的社会中介机构中指定管理人。

77.(利害关系回避)在进入指定管理人程序后,社会中介机构或者个人发现本人与本案有利害关系,符合最高人民法院《关于审理企业破产案件指定管理人的规定》第二十三条、第二十四条规定的情形的,应主动申请回避并向人民法院书面说明情况。人民法院查证属实的,不应指定该社会中介机构或者个人为本案管理人。

78.(不宜指定的其他情形)社会中介机构或者个人有重大债务纠纷,或者因涉嫌违法行为正被相关部门调查的,人民法院不应指定该社会中介机构或者个人为本案管理人。

79.(拒绝指定)管理人无正当理由,不得拒绝人民法院的指定。

80.(管理人印章)管理人持人民法院受理破产申请裁定书、指定管理人决定书和刻制印章通知书,到公安机关刻制管理人印章,印文为"×××(债务人名称)管理人"。管理人印章交人民法院封样备案后启用。

管理人印章只能用于所涉破产事务。管理人根据企业破产法第一百二十二条规定终止执行职务后,应当将管理人印章交公安机关销毁,并将销毁证明送交法院。公安机关不予办理的,交人民法院销毁,人民法院应制作销毁笔录。

81.(指定材料入卷)受理破产案件的人民法院应当将指定管理人过程中形成的材料存入破产案件卷宗,债权人会议或者债权人委员会有权查阅。

第三节 管理人的更换

82.(债权人会议申请更换)债权人会议认为管理人不能依法、公正执行职务或者有其他不能胜任职务情形,形成债权人会议决议并书面申请更换管理人的,人民法院应通知管理人在二日内作出书面说明,并且在收到管理人书面说明之日起十日内作出是否更换管理人的决定。

83.(更换机构管理人)社会中介机构管理人有下列情形之一的,人民法院可以根据债权人会议的申请或者依职权径行决定更换管理人:

(1)执业许可证或者营业执照被吊销或者注销;

(2)出现解散、破产事由或者丧失承担执业责任风险的能力;

(3)依据最高人民法院《关于审理企业破产案件指定管理人的规定》第二十三条能够认定与本案有利害关系;

(4)履行职务时,因故意或者重大过失导致债权人利益受到损害;

(5)有重大债务纠纷,或者因涉嫌违法行为正被相关部门调查;

(6)拒绝接受人民法院、债权人会议、债权人委员会的监督,经批评教育仍不改正;

(7)违反法律、司法解释和本规程规定私自收费;

(8)缺乏担任管理人所应具备的专业能力。

清算组成员参照适用前款规定。

84.（更换个人管理人）个人管理人有下列情形之一的，人民法院可以根据债权人会议的申请或者依职权径行决定更换管理人：

（1）执业资格被取消、吊销；

（2）依据最高人民法院《关于审理企业破产案件指定管理人的规定》第二十四条能够认定与本案有利害关系；

（3）履行职务时，因故意或者重大过失导致债权人利益受到损害；

（4）失踪、死亡或者丧失民事行为能力；

（5）因健康原因无法履行职务；

（6）执业责任保险失效；

（7）有重大债务纠纷，或者因涉嫌违法行为正被相关部门调查；

（8）拒绝接受人民法院、债权人会议、债权人委员会的监督，经批评教育仍不改正；

（9）违反法律、司法解释和本规程规定私自收费；

（10）缺乏担任管理人所应具备的专业能力。

清算组成员的派出人员、社会中介机构的派出人员参照适用前款规定。

85.（管理人辞职）管理人无正当理由申请辞去职务的，人民法院不予许可。正当理由的认定，可参照适用最高人民法院《关于审理企业破产案件指定管理人的规定》及本规程关于更换管理人事由的规定。

人民法院对管理人申请辞去职务未予许可，管理人仍坚持辞去职务并不再履行管理人职责的，人民法院应当决定更换管理人。

86.（更换管理人决定书）人民法院决定更换管理人的，应将决定书送达原管理人、新任管理人、破产申请人、债务人以及债务人的注册登记机关，并予公告。

87.（新旧管理人交接）人民法院决定更换管理人的，原管理人应当自收到决定书之次日起，在人民法院监督下向新任管理人移交全部资料、财产、营业事务及管理人印章，并及时向新任管理人书面说明工作进展情况。

原管理人不履行上述职责的，新任管理人可以直接接管相关事务。

在破产程序终结前，原管理人应当随时接受新任管理人、债权人会议、人民法院关于其履行管理人职责情况的询问。

88.（罚款）管理人申请辞去职务未获人民法院许可，但仍坚持辞职并不再履行管理人职责，或者人民法院决定更换管理人后，原管理人拒不向新任管理人移交相关事务，人民法院可以根据企业破产法第一百三十条的规定和具体情况，决定对原管理人罚款。对社会中介机构为管理人的罚款 5 万元至 20 万元人民币，对个人为管理人的罚款 1 万元至 5 万元人民币。

罚款必须经院长批准,并制作决定书。

89.(对罚款的复议及其处理)管理人不服罚款决定的,可以向上一级人民法院申请复议,上级人民法院应在收到复议申请后五日内作出决定,并将复议结果通知下级人民法院和当事人。

90.(除名)管理人有本规程第88条规定的行为或者无正当理由拒绝人民法院指定的,市高级人民法院可以决定停止其担任管理人一年至三年,或者将其从管理人名册中除名。

第四节 管理人报酬

91.(报酬的计算方法)人民法院应根据债务人最终清偿的财产价值总额,在以下比例限制范围内分段确定管理人报酬:

(1)不超过一百万元(含本数,下同)的,在12%以下确定;

(2)超过一百万元至五百万元的部分,在10%以下确定;

(3)超过五百万元至一千万元的部分,在8%以下确定;

(4)超过一千万元至五千万元的部分,在6%以下确定;

(5)超过五千万元至一亿元的部分,在3%以下确定;

(6)超过一亿元至五亿元的部分,在1%以下确定;

(7)超过五亿元的部分,在0.5%以下确定。

担保权人优先受偿的担保物价值,不计入前款规定的财产价值总额。

92.(报酬方案)人民法院受理破产申请后,应当对债务人可供清偿的财产价值和管理人的工作量作出预测,初步确定管理人报酬方案。报酬方案包括管理人报酬比例和收取时间。

人民法院可以根据破产案件的实际情况,确定管理人分期或者最后一次性收取报酬。

93.(竞争方式的报酬)人民法院采取公开竞争方式指定管理人的,可以根据社会中介机构提出的报价确定管理人报酬方案,但报酬比例不得超出本规程第91条规定的限制范围。

上述报酬方案一般不予调整,但债权人会议异议成立的除外。

94.(报酬方案告知)人民法院应当自确定管理人报酬方案之日起三日内,书面通知管理人。

管理人应当在第一次债权人会议上报告管理人报酬方案内容。

95.(管理人与债权人会议协商)管理人和债权人会议对管理人报酬方案有意见的,可以进行协商。双方就调整管理人报酬方案内容协商一致的,管理人应向人民法院书面提出具体的请求和理由,并附相应的债权人会议决议。

人民法院经审查认为上述请求和理由不违反法律和行政法规强制性规定,且不损害他人合法权益的,应当按照双方协商的结果调整管理人报酬方案。

96.(报酬方案调整)人民法院确定管理人报酬方案后,可以根据破产案件和管理人履行职责的实际情况进行调整。

人民法院应当自调整管理人报酬方案之日起三日内,书面通知管理人。管理人应当自收到上述通知之日起三日内,向债权人委员会或者债权人会议主席报告管理人报酬方案调整内容。

97.(影响报酬的因素)人民法院确定或者调整管理人报酬方案时,应当考虑以下因素:

(1)破产案件的复杂性;

(2)管理人的勤勉程度;

(3)管理人为重整、和解工作做出的实际贡献;

(4)管理人承担的风险和责任;

(5)债务人住所地居民可支配收入及物价水平;

(6)其他影响管理人报酬的情况。

前期的公司清算工作和行政处置工作减轻管理人工作负担的,人民法院应当根据管理人的实际工作确定和调整管理人报酬。

98.(报酬的收取)管理人收取报酬,应当向人民法院提出书面申请。人民法院应当自收到上述申请书之日起十日内,确定支付管理人的报酬数额。

99.(禁止重复报酬)律师事务所、会计师事务所通过聘请本专业的其他社会中介机构或者人员协助履行管理人职责的,所需费用从其报酬中支付。

经人民法院许可,律师事务所、会计师事务所通过聘请非本专业的其他社会中介机构或者人员协助履行管理人职责的,所需费用作为破产费用从债务人财产中支付。

破产清算事务所通过聘请其他社会中介机构或者人员协助履行管理人职责的,所需费用从其报酬中支付。

100.(清算组的报酬)清算组中有关政府部门派出的工作人员不收取报酬。其他机构或人员的报酬根据其履行职责的情况确定。

101.(管理人变更情形的报酬)管理人发生更换的,人民法院应当根据其履职情况分别确定更换前后的管理人报酬。其报酬比例总和不得超出本规程第 91 条规定的限制范围。

102.(担保物管理的报酬)管理人对担保物的维护、变现、交付等管理工作付出合理劳动的,有权向担保权人收取适当的报酬。管理人与担保权人就上述报酬数额不能协商一致的,人民法院应当参照本规程第 91 条规定的方法确定,但报酬比例不得超出该条规定限制范围的10%。

103.(债权人会议异议权)债权人会议对管理人报酬有异议的,应当向人民法院书面提出具体的请求和理由。异议书应当附相应的债权人会议决议。

104.(债权人会议异议的处理)人民法院应当自收到债权人会议异议书之日起三日内通知管理人。管理人应当自收到通知之日起三日内作出书面说明。人民法院认为有必要的,可以举行听证会,听取当事人意见。

人民法院应当自收到债权人会议异议书之日起十日内,就是否调整管理人报酬问题书面通知管理人、债权人委员会或者债权人会议主席。

第三章 债务人财产

第一节 债务人财产总述

105.(债务人财产的范围)破产申请受理时属于债务人的全部财产,以及破产申请受理后至破产程序终结前债务人取得的财产,为债务人财产。

在破产重整程序和破产和解程序中,破产程序的终结指裁定批准重整计划或和解协议时,但是破产重整程序或破产和解程序转入破产清算程序的除外。

债务人财产的范围不以债务人是否实际占有为认定条件。

106.(已设定担保的财产)债务人为自己或他人的债务以自己的财产设定担保的,该财产为债务人财产。

该财产优先清偿担保权人,剩余部分的价款向其他债权人清偿。不足以清偿担保权人的,担保权人以不足部分申报债权。

设定担保物权的财产毁损、灭失的,因担保物毁损、灭失而产生的保险金、补偿金和赔偿金等代偿物,仍然属于担保财产。

107.(共有财产)债务人与他人共有的物、债权、知识产权等财产或财产权益,应当在破产中予以分割,债务人分割所得属于债务人财产;共有财产不能分割的,应当就其应得部分转让,转让所得属于债务人财产。转让时共有人有优先购买权。

108.(债务人的对外投资)债务人的对外投资及其收益属于债务人财产。管理人在清理债务人对外投资时,不得以该投资价值为负或为零而不予清理。

109.(与执行相关的财产)自人民法院作出受理破产申请裁定之日,有关债务人财产的执行程序中止;执行机关对债务人财产尚未执行完毕的剩余部分为债务人财产,由管理人从执行法院或者其他执行机关接管。因错误执行应当执行回转的财产,在执行回转后列入债务人财产。

执行法院对债务人的动产作出拍卖成交裁定或者以物抵债裁定,且该动产已交付给买受人或者债权人的,视为执行完毕。

执行法院对债务人的不动产、有登记的特定动产或者其他财产权作出拍卖成交裁定或者以物抵债裁定，且该裁定已经送达买受人或者债权人的，视为执行完毕。

执行机关扣划债务人的账户资金，该资金已脱离债务人的实际控制，视为该次执行已完毕。

110.（债务人的债务人清偿债务）人民法院受理破产申请后，债务人的债务人或者财产持有人应当向管理人清偿债务或者交付财产。

故意违反前款规定向债务人清偿债务或者交付财产，使债权人受到损失的，不免除其清偿债务或者交付财产的义务。

111.（支付令）管理人向债务人的债务人追收债权时，可以以债务人的名义向受理破产案件的基层人民法院，或者向受理破产案件的中级人民法院下属的基层人民法院申请支付令。

112.（追收未缴出资）管理人应当及时向债务人的出资人追缴未缴出资。未缴出资包括应缴未缴的出资，以及破产申请受理时缴纳期限尚未届满的出资。管理人应当向出资人发出追缴出资的通知，并指定缴纳期限。指定的缴纳期限届满后出资人仍未缴纳出资的，管理人有权以债务人的名义、以出资人为被告向人民法院提起诉讼请求缴纳。出资人以出资期限尚未届满或者超过诉讼时效等理由抗辩的，人民法院不予支持。

债务人的出资人有抽逃出资行为的，管理人应要求该出资人返还抽逃的出资，比照前款规定处理。

113.（董、监、高非正常收入和侵占财产的追回）债务人的董事、监事和高级管理人员利用职权从企业获取的非正常收入和侵占的企业财产，管理人应当追回。

债务人出现破产原因，在拖欠其他职工工资的情况下，董事、监事和高级管理人员获取的高于职工平均工资的收入，属于前款所称的"非正常收入"。

114.（管理人取回质物、留置物）人民法院受理破产申请后，管理人可以通过清偿债务或者提供为债权人接受的担保，取回质物、留置物。

前款规定的债务清偿或者替代担保，在质物或者留置物的价值低于被担保的债权额时，以该质物或者留置物当时的市场价值为限。

第二节　破产撤销权和无效行为

115.（破产撤销权诉讼）管理人发现债务人存在企业破产法第三十一条或第三十二条规定的行为之一的，有权以自己的名义，以受益人为被告，向受理破产案件的人民法院提起破产撤销权诉讼。

116.（破产撤销权的行使）行使破产撤销权是管理人的职责，无须债权人会议表决或者授权。

管理人发现债务人存在企业破产法第三十一条或三十二条规定的行为,但认为可以不提起破产撤销诉讼的,应当向债权人会议通报并说明理由,由债权人会议决议是否不提起诉讼。

117.(得撤销的个别清偿的范围)企业破产法第三十二条规定的得撤销的个别清偿是指对无财产担保债权的个别清偿,不包括债务人对有财产担保债权的个别清偿,但对于超出担保财产市价部分的担保债权的个别清偿仍属于撤销范围。

118.(必要的个别清偿)债务人有企业破产法第三十二条规定的个别清偿情形,而该个别清偿系基于维系债务人正常生产经营需要而必须进行的支出的,不应予以撤销。该类支出主要指水、电、气、煤等费用。

119.(银行自行抵扣到期债权的的撤销)人民法院受理破产申请前六个月内,债权银行明知债务人已出现破产原因,仍然自行扣划债务人的银行存款清偿债务人对其负有的到期债务的,属于企业破产法第三十二条规定的应撤销的行为。

120.(不可撤销赠与合同的例外)人民法院受理破产申请前一年内,债务人在已经发生破产原因的情况下签订的救灾、扶贫等社会公益、道德义务性质的赠与合同或者经过公证的赠与合同,管理人可以依据企业破产法第三十一条的规定行使破产撤销权,但债务人已经实际完成赠与的除外。

121.(债务人无效行为)管理人发现债务人为逃避债务隐匿、转移财产的,应当依法追回相关财产。基于无效行为的财产占有人不予返还的,管理人有权以自己的名义、以该财产占有人为被告提起诉讼,请求返还。追回的财产归入债务人财产。

债务人虚构债务或者承认不真实债务的,管理人有权以自己的名义、以行为相对人为被告提起诉讼,请求确认该行为无效。追回的财产归入债务人财产。

第三节　取　回　权

122.(一般取回权)人民法院受理破产申请后,债务人占有的不属于债务人的财产之权利人向管理人主张取回该财产,管理人经审查予以认可的,可将该财产返还取回权人,并及时报告债权人委员会。未成立债权人委员会的,应当报告债权人会议;管理人不予认可的,权利人可以以债务人为被告向人民法院提起诉讼,请求行使取回权。

123.(破产申请受理前取回物被转让时取回权的行使)在破产申请受理前取回物被转让的,如果受让人支付了相应合理的对价,且该对价与债务人的其他财产不发生混同的,取回权人可就该对价行使取回权;如果该对价与债务人的其他财产发生混同的,取回权人以该物价申报债权。

在破产申请受理前取回物被转让的，如果受让人并未支付对价或支付的对价明显低于物价的，在符合破产撤销权规定情形下，按照破产撤销权的相关规定处理，因撤销而追回的物，由权利人按照一般取回权的规定取回；在不符合破产撤销权规定情形时，按照前款规定处理。

124.（取回物毁损、灭失时取回权的行使）取回物因自然原因或者第三人原因毁损、灭失的，权利人向管理人主张对相应保险金、赔偿金或代偿物行使取回权的，人民法院应予支持。

125.（所有权保留买卖合同下的取回权）以债务人为买受人的买卖合同中约定未付清全部价款前所有权属于出卖人的，如债务人未付清全款即进入破产程序，则债务人支付价款的期限于受理破产案件之日加速到期，管理人决定继续履行该合同的，应付清全部价款，取得买卖标的物的所有权；管理人决定不继续履行合同或不支付剩余款项的，则出卖人在返还债务人已付价款的前提下，有权行使对买卖标的物的取回权。

126.（运输途中标的物的取回）破产申请受理时，出卖人已将买卖标的物向作为买受人的债务人发运，债务人尚未收到且未付清全部价款、标的物所有权仍为出卖人所有的，出卖人可以通过通知承运人中止运输、返还货物、变更到达地或者将货物交给其他收货人等方式行使对该在运途中标的物的取回权。但是，管理人可以支付全部价款，请求出卖人交付标的物。

127.（取回权与对待给付义务的同时履行）权利人行使取回权时应当对待给付的，管理人有权主张权利人先交付法定或者约定的取回物之加工费、保管费、托运费、委托费、代销费、维护费等费用后再行取回相应财产。管理人可以权利人未履行上述对待给付义务为由拒绝取回权的行使。

128.（特别约定下取回权的行使）权利人与债务人对债务人合法占有的权利人的财产的取回有特别约定的，在破产清算和和解申请受理后，权利人可不受原约定条件的限制，行使取回权。

债务人重整期间，权利人主张取回债务人合法占有的权利人的财产，应当符合双方事先约定的条件。

第四节 破 产 抵 销

129.（破产抵销的基本含义）债权人在破产申请受理前对债务人负有债务的，可以向管理人主张抵销。

130.（抵销权的行使主体）破产抵销权只能由债权人行使。管理人不得主动提出。

131.（破产抵销权的行使时间）债权人行使破产抵销权，应当在破产财产分配方案提交债权人会议表决之前、或者和解协议或重整计划草案提交债权人会议表决之前行使。

132.(破产抵销权的行使)债权人行使破产抵销权,应当向管理人提出抵销申请。管理人经审查予以认可的,可抵销该债权债务,并及时报告债权人委员会。未成立债权人委员会的,应当报告债权人会议;管理人不予认可的,债权人可以以债务人为被告,向人民法院提起破产抵销权诉讼。

133.(抵销债权的条件)债权人用以抵销的债权应当同时满足以下条件:

(1)已依据企业破产法的规定进行申报;

(2)经债权人会议核查无异议;

(3)债权债务关系无争议;

(4)未超过诉讼时效或者申请执行时效;

(5)不属于企业破产法第四十条第(一)、(三)项规定的债权。

134.(不同种类标的物债权的抵销)与债务人互负债务的标的物种类、品质不同但均可折合为货币的,债权人主张行使破产抵销权,应当允许。

135.(约定排除抵销权)债权人与债务人在合同中约定放弃一般民法上的抵销权的,在破产程序中仍可主张行使破产抵销权。

136.(破产抵销权的禁止)债权人的以下债权不得与对债务人的债务进行破产抵销:

(1)债务人的债务人在破产申请受理后,取得他人对债务人的债权;

(2)债权人已知债务人有不能清偿到期债务或者破产申请的事实,对债务人负担债务的;但是,债权人因为法律规定或者有破产申请一年前所发生的原因而负担债务的除外;

(3)债务人的债务人已知债务人有不能清偿到期债务或者破产申请的事实,对债务人取得债权的;但是,债务人的债务人因为法律规定或者有破产申请一年前所发生的原因而取得债权的除外;

(4)债务人股东的债权不得与其因欠缴公司的出资或抽逃出资形成的债务抵销;

(5)债权人因侵权行为对债务人负有的债务不得与其享有的债权抵销;

(6)滥用股东权利损害公司或者其他股东利益的债务人股东对公司享有的债权不得抵销;

(7)清偿顺序在普通债权之后的劣后债权不得与对债务人的债务抵销,如行政、刑事罚款、罚金和没收违法所得等债权。

第四章 破产费用和共益债务

137.(破产费用)人民法院受理破产申请后发生的,为全体债权人的共同利益、保障破产程序顺利进行所必需的程序上的费用，为破产费用。包括：

(1)破产案件的申请费；

(2)管理、变价和分配债务人财产的费用；

(3)管理人执行职务的费用、报酬和聘用工作人员的费用。

138.(破产案件申请费)破产案件申请费依据破产财产总额计算，按照《诉讼费用交纳办法》规定的财产案件受理费标准减半交纳，但是，最高不超过30万元。

破产案件申请费不预交，从破产财产中拨付。

139.(管理、变价和分配债务人财产的费用)管理、变价和分配债务人财产的费用包括：

(1)破产企业留守人员工资；

(2)破产程序期间债务人财产、设施的保管、维护、仓储、运输、保险等费用；

(3)催收破产企业债权所需费用及诉讼中发生的费用；

(4)审计、评估、拍卖、变卖债务人财产的费用。

140.(债权人会议费用)召开债权人会议所必需的会场租赁、材料、通讯等费用应列入破产费用。

债权人参加破产程序的费用不列入破产费用。

141.(债权人委员会的费用)债权人委员会及其成员履行职责所必需的费用，经债权人会议同意或者授权，可以列入破产费用。

142.(破产前的清算费用)在债务人破产案件受理前，尚未支付的公司强制清算费用，符合本规程关于破产费用范围的规定的，可以列入破产费用。

债务人为金融机构的，经国务院金融监督管理机构核准而尚未支付的行政处置费用，可以列入破产费用。

143.(共益债务)共益债务是指人民法院受理破产申请后，为全体债权人的共同利益而由债务人财产负担的债务。包括：

(1)因管理人或者债务人请求对方当事人履行双方均未履行完毕的合同所产生的债务；

(2)债务人财产受无因管理所产生的债务；

(3)因债务人不当得利所产生的债务；

(4)为债务人继续营业而应支付的劳动报酬和社会保险费用以及由此产生的其他债务；

(5)管理人或者相关人员执行职务致人损害所产生的债务；

(6)债务人财产致人损害所产生的债务。

144.(破产费用和共益债务的清偿)破产费用和共益债务由债务人财产随时清偿。

债务人财产不足以清偿所有破产费用和共益债务的,先行清偿破产费用。

债务人财产不足以清偿欠付的破产费用或者共益债务的,按照比例清偿。

145.(清偿的执行主体)破产费用的支付和共益债务的清偿,由管理人执行。

管理人应将清偿的项目、时间、数额等列清单记明,并定期向人民法院通报。

146.(审查申请费用的垫付)债权人为破产申请人的,案件受理前人民法院审查申请所发生的通知债务人等必要的费用,由债权人垫付。

147.(债务人财产不足以清偿破产费用)债务人财产不足以清偿破产费用的,管理人应当提请人民法院宣告债务人破产并终结破产程序。即使债权申报期未届满,亦可申请。

债权人、管理人、债务人的出资人或者其他利害关系人愿意垫付破产费用的,破产程序可以继续进行。垫付款项作为破产费用,从债务人财产中向垫付人随时清偿。

148.(税费的交纳)人民法院受理破产申请后,因变价和分配债务人财产而发生债务人土地使用权、房屋所有权、有价证券等转移的,债务人依税法规定交纳应由其承担的税费。

149.(控制破产成本)破产程序中应尽量降低破产成本。各种破产费用的支出要按照保证工作需要的最低标准支付。

第五章　债 权 申 报

第一节　债 权 申 报

150.(债权申报期限和补充申报)人民法院受理破产申请时对债务人享有债权的债权人,应当在人民法院受理破产申请通知书和公告中确定的债权申报期限内向管理人申报债权。

在人民法院确定的债权申报期限内,债权人未申报债权的,可以在最后一次破产分配方案提交债权人会议表决之前、或者和解协议或重整计划草案提交债权人会议表决之前补充申报。但此前已进行的分配不再对其补充分配。为审查和确认补充申报债权的费用,由补充申报人承担。

债权人未依照企业破产法规定申报债权的,不得依照企业破产法规定的程序行使权利。

151.(破产受理后禁止对债务人提起给付之诉)人民法院受理破产申请后,债务人的债权人只能申报债权,不得就该债权对债务人提起新的给付之诉。

人民法院对此类起诉应不予受理;已经受理的,应裁定驳回债权人的起诉,并告知债权人向债务人的管理人申报债权。

152.（未申报债权即提起确认之诉的处理）人民法院受理破产申请后，债权人未申报债权而直接提起诉讼请求确认债权的，人民法院应当告知其向管理人申报债权，对其起诉应不予受理；已经受理的，应当驳回起诉。

153.（向管理人申报债权）债权人应向管理人申报债权。向受理破产案件的人民法院提交债权申报文件的，不具有债权申报的效力。

154.（职工债权无需申报、职工债权登记及异议处理）企业破产法第一百一十三条第一款第（一）项规定的职工债权，不必申报。管理人应当在第一次债权人会议召开前十五日内完成调查并列出详情清单，在债务人公告栏或者其他显著地方进行公示，或者向职工送达。债务人职工人数众多、确无法在上述期限内完成的，管理人可报人民法院延长期限，并应将延长期限的情形公示。

职工对清单记载有异议的（包括对是否具有职工身份、债权数额、债权性质等有异议），应当在管理人作出职工债权清单公示后十五日内申请管理人更正，并提出要求更正的具体请求和理由。管理人不予更正的，应当作出不予更正决定，并说明理由。异议职工不服该决定的，无需申请劳动争议仲裁，可在收到该决定之日起十五日内以债务人为被告直接向受理破产申请的法院提起诉讼，请求确认债权。逾期不提起诉讼的，视为同意。

债务人所欠职工的住房公积金、住房补贴，属于企业破产法第一百一十三条第一款第（一）项规定的职工债权。

155.（税收、社会保险等债权的申报）税收、社会保险费、住房公积金债权，由有关征管机关向管理人申报。

156.（债权申报的内容）债权人应以书面形式申报债权。

债权申报文件应包含以下主要内容：债权人基本情况、债权的形成过程、债权的数额（本金数额、截至破产受理之日的孳息数额、利息计算方法和利息清单）、有无财产担保、是否属于连带债权、债权的到期日、申报时间，并应附相关证据。

申报债权时，债权人应填写联系电话、邮寄地址及联系人或收件人。破产程序中，按照以上地址发出的通知，如该债权人未实际收到的，视为收到。

157.（未到期债权、附利息债权和含违约金的债权申报）未到期的债权，在破产申请受理时视为到期。可以申报，但应扣除未到期期间的利息。

计息的债权，其利息计算至破产申请受理之日。

破产申请受理前已产生违约金的，该违约金计算至破产申请受理之日。

158.（附条件债权和诉讼、仲裁未决债权的申报）附条件的债权和诉讼、仲裁未决的债权，可以申报。

159.（外汇债权的申报）申报的债权为外币结算的，应以破产申请受理日公布的同一币种的汇率折算为人民币计算债权额，进行申报。

160.(解除合同赔偿的申报)管理人或者债务人因债务人进入破产程序而解除合同的,对方当事人以因合同解除所产生的损害赔偿请求权申报债权。

损害赔偿额的计算以实际损失为原则,不能以合同约定的违约金申报债权。

债务人收取定金的,合同相对方可以双倍定金申报债权。

161.(连带债权人的债权申报)连带债权人可以由其中一人代表全体连带债权人申报债权,也可以共同申报债权。共同申报的,申报总额不得超过该债权额。

162.(债务人之保证人、连带债务人的申报)债务人的保证人或者其他连带债务人已经代替债务人清偿债务的,以其对债务人的求偿权申报债权;尚未代替债务人清偿债务的,以其对债务人的将来求偿权申报债权。但债权人已向管理人申报全部债权的除外。

163.(连带债务人破产时债权人的申报)连带债务人中的一人或数人进入破产程序的,债权人既可以向破产的连带债务人申报债权,也可以向未破产的连带债务人要求清偿。

连带债务人数人被裁定进入破产程序的,债权人有权就全部债权分别在各破产案件中申报债权。

164.(保证人破产时的债权申报)人民法院受理保证人破产案件时,保证债权未到期的,在保证人破产申请受理时视为到期,且承担一般保证责任的保证人不享有先诉抗辩权。

债权人可以向保证人申报保证债权。债权人未在保证人破产程序中申报债权的,保证人的保证义务自其破产清算程序终结时终止;在保证人破产程序为和解或重整程序时,按照和解债权、重整债权受偿规定受偿。

保证人被确定应承担保证责任的,保证人的管理人可以就保证人应承担的保证责任份额向主债务人行使求偿权。

165.(主债务人、保证人同时破产时的债权申报)主债务人、保证人同时破产的,债权人可以向主债务人、保证人申报全额保证债权。

在保证人提供一般保证情形,如债权人先获得主债务人清偿的,应相应削减其对保证人的债权额;如债权人先行从保证人获得清偿的,应先提存,待确定债权人从主债务人获得清偿数额后,按保证人实际应承担保证责任数额受偿。保证人履行保证责任后不再享有求偿权。

在保证人提供连带责任保证情形下,如债权人先获得主债务人清偿的,应相应削减其对保证人的债权额;如债权人先从保证人获得清偿的,保证人的管理人可以根据企业破产法第五十一条第一款规定向主债务人行使求偿权,要求主债务人将债权人应得清偿部分转付给保证人。

166.(受托人的申报)债务人是委托合同的委托人,被裁定受理破产后,债务人未将其进入破产程序的事实告知受托人，导致受托人不知该事实，继续处理委托事务的，受托人以由此产生的请求权申报债权。

167.（票据付款人的申报）债务人是票据的出票人，被裁定受理破产后，该票据的付款人继续付款或者承兑的，付款人以由此产生的请求权申报债权。

第二节　债权登记和审查

168.（债权申报的登记）管理人应当对所有债权申报进行登记造册，详尽记载申报人的姓名、单位、代理人、申报债权额、债权性质、担保情况、证据、联系方式等事项，形成债权申报登记册。

同一债权人申报多笔债权的，应当分别登记。

169.（债权申报的审查）管理人应当在第一次债权人会议之前对债权进行实质审查，确定债权的性质、数额、担保财产、是否超过诉讼时效、是否超过申请执行时效等情况。

170.（编制债权表）管理人应当根据审查情况，分别编制应予确认债权的债权表和不应予确认债权的债权表，提交第一次债权人会议核查。

应予确认债权的债权表，应当按照债权的清偿顺序分类登记。

债权表、债权申报登记册和债权申报材料在破产程序终结前由管理人保管，供债权人、债务人、债务人职工及其他利害关系人查阅。

171.（对有名债权的审查）管理人应当将生效法律文书确定的债权记载于应予确认债权的债权表。但超过申请执行时效的债权除外。

在债权审查中，管理人发现债权人据以申报债权的生效法律文书所确定的债权有错误，或者有证据证实债权人与债务人恶意通过诉讼、仲裁或者公证机关赋予强制执行力公证文书等形式虚构债权债务的，管理人应当依照相关法律规定申请再审，或者提起第三人撤销之诉，或者申请撤销仲裁裁决或不予执行。但在再审、撤销或者不予执行程序作出结论前，该债权人在破产程序中的权利不受影响。

第三节　债权核查与异议债权确认诉讼

172.（债权核查的时间）管理人编制的债权表应当提交第一次债权人会议核查。

因特殊原因无法在第一次债权人会议核查，且第一次债权人会议无必须表决事项的，可以在以后的债权人会议上核查，但是不得迟于待表决事项进行表决之时。

173.（无异议债权）债务人、债权人均对债权表记载的债权无异议的，由人民法院裁定确认。

债务人是否有异议的意思表示,由债务人的原法定代表人作出。债务人的原法定代表人未参加债权人会议,亦未委托代理人参加债权人会议的,视为债务人无异议。

债权人未参加债权人会议,亦未委托代理人参加债权人会议的,视为该债权人对债权表记载的本人的债权以及其他债权人的债权无异议。

174.(有异议债权的处理)债务人、债权人对债权表记载的债权有异议的,应当说明理由和法律依据。经管理人解释或者调整后,仍有异议的,按照以下原则处理:

(1)债务人、对他人债权有异议的债权人,可以在核查债权之债权人会议结束后十五日内,向受理破产案件的人民法院提起债权确认诉讼。逾期未起诉的,该债权确定;

(2)对本人债权有异议的债权人,可以向受理破产案件的人民法院提起债权确认诉讼。人民法院可以依照企业破产法第五十九条第二款之规定,为其行使表决权而临时确定债权额。破产财产分配时,该债权确认诉讼案件尚未作出生效裁判的,应当根据该债权人申报债权额和破产案件清偿率计算其分配额并提存。

对于债权人会议核查的债权,如该债权有担保人的,管理人应将审查情况书面告知担保人。担保人有异议的,可以要求管理人更正。管理人不予更正的,担保人可以在收到不予更正决定之日起十五日内,向受理破产案件的人民法院提起债权确认诉讼。逾期未起诉的,该债权确定。

175.(异议债权确认诉讼的诉讼费)异议债权确认诉讼的案件受理费按照《诉讼费用交纳办法》规定的财产案件受理费标准收取。对债权数额无异议,但对债权的清偿顺序或者是否具有优先权有争议而提起的诉讼,应按照争议涉及的金额计算案件受理费。

第六章 债权人会议

第一节 债权人会议的召开

176.(会议成员)依法申报债权的债权人为债权人会议的成员,有权参加债权人会议,享有表决权。

债权人可以委托代理人出席债权人会议,行使表决权以及行使债权人所享有的其他民事权利。代理人应当向人民法院或者债权人会议主席提交债权人的授权委托书。

177.(职工和工会的代表)债权人会议应当有债务人的职工和工会的代表参加,由债务人职工大会和工会推选产生,代表人数不得超过三人。

参加债权人会议的职工和工会的代表，可以就与职工利益相关的事项发表意见，不参与表决。

178.（列席人员）依照企业破产法第二十三条第二款的规定，管理人应当列席债权人会议，向债权人会议报告职务执行情况，并回答询问。

依照企业破产法第十五条第一款第（三）项、第二款的规定，债务人的法定代表人以及经人民法院决定的财务负责人和其他经营管理人员应当列席债权人会议，并如实回答债权人的询问。拒绝列席的，人民法院可依据企业破产法一百二十六条的规定，对其拘传并罚款。

管理人聘用的审计、评估等中介机构可以列席债权人会议。

必要时，可以通知债务人的出资人和政府相关部门派员列席债权人会议。

179.（债权人会议主席）债权人会议设主席一人，由人民法院在第一次债权人会议上，从有表决权的债权人中指定。

债权人会议主席为单位的，应指派固定的代表人员负责履行职责。代表人员未经人民法院同意不得更换。

债权人会议主席和债权人委员会成员应当根据法律规定和人民法院的指令履行职责。不正确履行职责、妨碍破产程序的，人民法院可以予以告诫、罚款，或者依照法定程序予以更换。

经人民法院准许，债权人会议主席可辞去职务。

180.（债权人会议的召集与主持）第一次债权人会议由人民法院召集并主持，自债权申报期限届满之日起十五日内召开。

以后的债权人会议，在人民法院认为必要时召开，或者在管理人、债权人委员会、占债权总额四分之一以上的债权人向债权人会议主席提议时召开。债权人会议由债权人会议主席召集并主持，管理人协助筹备会议。人民法院应当参加会议。

181.（会议通知）召开债权人会议，管理人应当提前十五日，将会议的时间、地点、议题等事项通知已知债权人。

182.（第一次债权人会议准备工作）人民法院召集第一次债权人会议前，应做好以下准备工作：

（1）确定会议议题，拟定会议议程；

（2）提前十五天向债权申报人发出会议通知；

（3）通知债务人的法定代表人和法院认为必要的债务人的其他管理人员，要求其必须到会；

（4）通知管理人列席会议；

（5）通知其他相关人员列席会议；

（6）拟定债权人会议主席侯选名单；

(7)准备会场;

(8)准备会议文件(督促管理人准备文件)。

会议文件一般包括:

(1)程序类:参会须知、会议议程、债权人签到表、列会人员签到表、表决票、表决票统计表等;

(2)报告类:管理人执行职务报告、债务人财产状况报告、债权审查报告及债权表、管理人报酬方案等;

(3)议案类:债务人财产管理方案、债权人会议主席候选名单、破产财产变价方案等。

183.(第一次债权人会议议程)第一次债权人会议一般包括如下议题议程,可以根据实际情况进行调整:

(1)人民法院宣布会议纪律要求、合议庭组成人员和书记员、申报债权人的到会情况;

(2)人民法院宣布债权人会议职权;

(3)人民法院介绍破产申请受理及指定管理人的情况;

(4)管理人作执行职务报告和债务人财产状况报告;

(5)核查债权;

(6)人民法院宣布债权人会议主席的职责;指定债权人会议主席;

(7)人民法院宣布债权人委员会的职责;债权人会议以表决的方式决定是否设置债权人委员会;选举债权人委员会成员,通过对债权人委员会职权的授权范围和债权人委员会议事规则;

(8)以表决的方式决定继续或者停止债务人的营业;

(9)通过债务人财产管理方案等;

(10)管理人向债权人会议报告管理人报酬方案;

(11)管理人、债务人的法定代表人等接受债权人的询问。

184.(会议记录)债权人会议应当对所议事项的决议作成会议记录。

第二节 债权人会议决议

185.(表决资格)债权人依据债权人会议核查后确定的债权额或者人民法院临时确定的债权额,对需要表决的事项行使表决权。

186.(临时债权额的确定)债权尚未确定的债权人,可以申请人民法院为其行使表决权而临时确定其债权额。

人民法院应当根据申请人提交的证据材料进行形式审查,确定申请人的临时债权额。

187.（有财产担保债权人的表决限制）对债务人的特定财产享有担保权的债权人，未放弃优先受偿权利的，在被担保债权的份额范围内，对企业破产法第六十一条第一款第七项、第十项规定的事项（即通过和解协议、通过破产财产分配方案）不享有表决权。

188.（表决方式）债权人会议采取现场由债权人填写表决票的方式，或者其他便于记录和统计表决债权额和表决结果的方式进行表决。

除现场表决外，还可以由管理人将相关决议事项告知债权人，采取通信、网络投票等非现场方式进行表决。

债权人在表决相关事项时放弃投票表决的，不视为同意。

管理人应当根据表决结果协助人民法院或者债权人会议主席形成债权人会议的书面决议。采取非现场方式表决的，管理人应当在债权人会议决议通过后的三日内，以信函、电子邮件等方式告知参与表决的债权人。

189.（表决通过）债权人会议的决议，除企业破产法另有规定外，由出席会议的有表决权的债权人过半数通过，并且其所代表的债权额占对该决议有表决权的债权总额的二分之一以上。

190.（同一债权人的多笔债权）同一债权人对债务人享有一笔以上的债权时，其表决时代表的债权额为其债权总和，但按一家债权人计数。

191.（决议的效力）债权人会议决议对在相关决议事项上有表决权的全体债权人均有约束力，包括出席债权人会议但投反对或者弃权票的债权人、未出席债权人会议的债权人和以后补充申报的债权人。

192.（申请撤销决议）债权人认为债权人会议的决议违反法律规定、损害其利益，依据企业破产法第六十四条第二款的规定申请人民法院裁定撤销债权人会议决议的，应在债权人会议决议作出之日起十五日内向人民法院提出书面申请。债权人会议采取非现场方式表决的，债权人申请撤销债权人会议决议，应自收到管理人决议通知之日起十五日内向人民法院提出书面申请。

193.（决议撤销事由）债权人会议的决议具有以下情形之一的，人民法院应裁定撤销：

（1）债权人会议的召开违反法定程序，导致影响债权人行使权利的；

（2）债权人会议的决议表决违反法定程序，导致影响债权人行使权利的；

（3）债权人会议的决议内容违法，或者剥夺少数债权人合法权益和平等受偿机会；

（4）债权人会议的决议内容损害国家和社会公共利益，或者违背公序良俗。

人民法院裁定撤销债权人会议决议的，应当责令债权人会议就相关事项依法重新作出决议。

194.(需法院裁定的未通过事项1)企业破产法第六十一条第一款第八项、第九项所列事项(即债务人财产的管理方案、破产财产的变价方案),经债权人会议表决未通过的,由人民法院裁定。该裁定人民法院可以在债权人会议上宣布,也可另行通知债权人。

债权人不服裁定的,可以自裁定宣布之日起或者收到通知之日起十五日内向作出裁定的人民法院申请复议。复议期间不停止裁定的执行。

195.(需法院裁定的未通过事项2)企业破产法第六十一条第一款第十项所列事项(即破产财产的分配方案),经债权人会议二次表决仍未通过的,由人民法院裁定。该裁定人民法院可以在债权人会议上宣布,也可另行通知债权人。

债权额占无财产担保债权总额二分之一以上的债权人不服裁定的,可以自裁定宣布之日起或者收到通知之日起十五日内向作出裁定的人民法院申请复议。复议期间不停止裁定的执行。

第三节　债权人委员会

196.(债权人委员会成员)债权人会议可以根据实际情况决定是否设立债权人委员会。决定设立的,债权人委员会的成员人数应当为单数,并不得超过九人。

债务人职工大会或者工会推选一名代表参加债权人委员会;其他成员由债权人会议从债权人中推选。

债权人委员会成员应当经人民法院书面决定认可。人民法院认为有关代表不适宜担任债权人委员会成员的,可以不予认可,建议债权人会议或职工大会和工会予以调整人选。

197.(债权人委员会的职权)债权人委员会行使下列职权:

(1)监督债务人财产的管理和处分;

(2)监督破产财产分配;

(3)提议召开债权人会议;

(4)受债权人会议委托,审查管理人费用和报酬、监督管理人等。

债权人委员会不得要求债权人会议对其作出概括性授权,行使债权人会议所有职权。

198.(债权人委员会议事规则)债权人委员会表决实行一人一票,所议事项应获得全体成员过半数通过,并制作议事记录。债权人委员会成员对所议事项的决议有不同意见的,应当在记录中载明。

债权人委员会行使职权应当接受债权人会议的监督,对债权人会议负责,以适当的方式向债权人会议及时汇报工作。

199.(管理人财产处分行为的报告制度)管理人实施企业破产法第六十九条规

定的财产处分行为,应当提前十日书面报告债权人委员会。未设债权人委员会的,报告人民法院。

债权人委员会可以依照企业破产法第六十八条第二款、第三款的规定,要求管理人对处分行为作出相应说明或者提供有关文件依据。债权人委员会认为管理人实施财产处分行为不当的,可以请求人民法院作出是否准许管理人实施该处分行为的决定。人民法院应当在五日内作出决定。

未设立债权人委员会,人民法院认为管理人实施财产处分行为不当的,可以责令管理人停止财产处分行为。

200.(保密义务)债权人委员会执行职务时,有权要求管理人、债务人的有关人员对其职权范围内的事务作出说明或者提供有关文件。对其中涉及的商业秘密或其他保护相关利益人合法权益而应当保密的内容,债权人委员会成员应承担保密义务。

第七章　重　　整

第一节　重整申请和重整期间

201.(重整申请主体)债务人或者债权人可以依据企业破产法的相关规定,直接向人民法院申请对债务人进行重整;

债权人申请对债务人进行破产清算,在人民法院受理该申请后、宣告债务人破产前,债务人以及单独或者合计出资额占债务人注册资本十分之一以上的出资人,可以向人民法院申请重整。

202.(提交重整可行性报告)债务人申请重整的,除提交本规程第13.14条规定的材料外,还应当提交债务人通过重整程序企业能够持续经营,获得经济收益和摆脱困境的重整可行性报告。

重整可行性报告一般应包括以下内容:

(1)债务人在重整申请之前一年内的资金周转状况;

(2)重整如获得批准后的资金筹措方案;

(3)重整如获得批准后的资金运行周转方案;

(4)重整如获得批准后的生产经营方案;

(5)重整如获得批准后债务人收取经营利润的可能性说明。

203.(裁定受理)人民法院经审查认为重整申请符合企业破产法规定的,应当裁定债务人重整,并予以公告。

自人民法院裁定债务人重整之日起至重整程序终止,为重整期间。

204.(财产管理和营业事务)重整期间,既可以由管理人负责管理财产和营业事务,也可以经人民法院批准,由债务人在管理人监督下自行负责。

205.(债务人自行管理的条件)重整期间,债务人符合下列条件的,经债务人申请,人民法院可以批准债务人在管理人的监督下自行管理财产和营业事务:

(1)未发现债务人有企业破产法第三十一条、第三十三条规定的行为;

(2)债务人的内部治理结构足以使企业正常运转;

(3)出资人对债务人自行管理财产和营业事务有实际可行的支持措施。

债务人自行管理的,依照企业破产法及本规程规定已接管债务人财产和营业事务的管理人应当向债务人移交财产和营业事务,企业破产法及本规程规定的管理人的职权由债务人行使。

206.(管理人聘任债务人有关人员的费用)重整期间,管理人负责管理财产和营业事务的,可以聘任债务人的经营管理人员负责营业事务。

聘用的债务人经营管理人员的工资根据经营情况确定,作为破产费用从债务人财产中支付。

207.(对出资人和董、监、高的限制)重整期间,债务人的出资人不得请求投资收益分配。

重整期间,债务人的董事、监事、高级管理人员不得向第三人转让其持有的债务人的股权,但是,经人民法院同意的除外。

208.(对别除权人和取回权人的限制)在重整期间,对债务人的特定财产享有的担保权暂停行使。但担保物有损坏或者价值明显减少的可能,足以危害担保权人权利的,担保权人可以向管理人申请恢复行使担保权。

债务人合法占有的他人财产,该财产的权利人在重整期间要求取回的,应当符合事先约定的条件。

取回物被转让或者毁损、灭失,权利人行使代偿取回权的,不受前款限制。

209.(重整程序转为破产清算)在重整期间,有下列情形之一的,经管理人或者利害关系人请求,人民法院应当裁定终止重整程序,并宣告债务人破产:

(1)债务人的经营状况和财产状况继续恶化,缺乏挽救的可能性;

(2)债务人有欺诈、恶意减少债务人财产或者其他显著不利于债权人的行为;

(3)由于债务人的行为致使管理人无法执行职务。

第二节　重整计划的制定和批准

210.(重整计划草案的提出主体)债务人自行管理财产和营业事务的,由债务人制作重整计划草案;管理人负责管理财产和营业事务的,由管理人制作重整计划草案;债权人、债务人出资人、新出资人等利害关系人均可就重整计划草案向债务人或管理人提出建议。

211.（重整计划草案的提交时间）债务人或者管理人应当自人民法院裁定债务人重整之日起六个月内，向人民法院和债权人会议提交重整计划草案。

前款规定的期限届满，经债务人或者管理人请求，有正当理由的，人民法院可以裁定延期三个月。

提交期限届满未提出重整计划草案，或者重整计划草案明显不符合企业破产法及本规程相关规定的，人民法院应当裁定终止重整程序，并宣告债务人破产。

212.（重整计划草案的必要记载事项）重整计划草案应当包括以下内容：

（1）债务人的经营方案，包括债务人的经营管理方案、融资方案、裁员减薪方案、营利模式、资产与业务重组方案等重整的具体措施；

（2）债权分类；

（3）债权调整方案；

（4）债权受偿方案；

（5）清偿率的说明，包括该草案被提请批准时普通债权依破产清算程序所能获得的清偿比率的计算依据，以及依重整计划草案普通债权所能获得清偿比率计算依据的详细说明；

（6）重整计划的执行期限；

（7）重整计划执行的监督期限；

重整涉及债务人的出资人权益调整的，重整计划草案还应当包括出资人权益调整方案。

如有第三方为重整计划的执行提供担保，重整计划草案应载明相应的担保条款。

213.（交付表决前的说明义务）重整计划草案提交债权人会议表决前，草案制作人应通过会议、电话、信件、传真、电子邮件或其他有效方式向债权人等利害关系人就草案作出详尽说明。

214.（召开债权人会议）人民法院应当自收到重整计划草案之日起三十日内召开债权人会议，对重整计划草案进行表决。

重整计划草案不涉及出资人权益调整事项的，管理人应当通知债务人的出资人，由其决定是否派代表列席债权人会议。

重整计划草案涉及出资人权益调整事项的，管理人应当在债权人会议召开前十五日通知出资人参加会议进行表决；通知对出资人权益进行查封或者享有股权质押权的出资人之债权人等利害关系人列席会议。

根据案件实际需要，人民法院也可以决定出资人组的表决不与债权人组的表决同时进行。

215.（分组方法）债权人依照企业破产法第八十二条第一款的规定，按债权性质的不同进行分组表决。持有不同性质债权的债权人不得分至同一组。

必要时,人民法院可以决定对普通债权人按债权额大小、清偿比例的不同等标准增加分组。同一清偿额度的债权人不应另行拆分。

重整计划草案涉及出资人权益调整事项的,应当设出资人组,对该事项进行表决。

216.(社保债权人不参加表决)重整计划不得规定减免债务人欠缴的企业破产法第八十二条第一款第二项规定以外的社会保险费用;该项费用的债权人不参加重整计划草案的表决。

217.(表决通过)出席债权人会议的同一表决组的债权人过半数同意重整计划草案,并且其所代表的债权额占该组债权总额的三分之二以上的,即为该组通过重整计划草案。

出资人组对重整计划草案中涉及出资人权益调整事项进行表决,同意重整计划草案的出资人的出资额占债务人注册资本三分之二以上的,即为该组通过重整计划草案。

各表决组均通过重整计划草案时,重整计划即为通过。

218.(未通过后的再次表决)部分表决组未通过重整计划草案的,债务人或管理人可以同该表决组协商。该表决组可以在协商后再表决一次。双方协商的结果不得损害其他表决组的利益。

再次表决应当在第一次表决后的三个月内完成。

未通过重整计划草案的表决组就是否再次表决进行程序表决时,过半数的成员或者代表表决权额三分之二以上的表决权人反对再次表决;或者在指定的时间不参加再次表决会议;或者以书面形式明确表示不接受债务人或者管理人再次表决的建议的,视为该表决组拒绝再次表决重整计划草案。

219.(申请批准、申请强制批准)自重整计划通过之日起十日内,债务人或者管理人应当向人民法院提出批准重整计划的申请。

未通过重整计划草案的表决组拒绝再次表决,或者再次表决仍未通过重整计划草案,但重整计划草案符合企业破产法第八十七条第二款规定条件的,债务人或者管理人可以申请人民法院强制批准该重整计划草案。

220.(批准和强制批准)人民法院经审查认为重整计划草案符合下列条件的,应当自收到债务人或管理人提请批准或者强制批准重整计划草案的申请之日起三十日内裁定批准,终止重整程序,并公告:

(1)重整计划草案的表决程序符合企业破产法和本规程的规定;

(2)重整计划草案的内容符合企业破产法第八十七条第二款规定的条件;

(3)重整计划草案涉及行政许可事项的,债务人或管理人已取得相关行政机关许可相关事项的书面意见。

经人民法院审查发现重整计划草案内容违反法律、行政法规强制性规定或损害国家、集体、第三人利益、公共利益的，不应予以批准。

221.（因重整计划未通过或未批准而转入破产清算）重整计划草案未通过且未获得强制批准，或者虽已通过但未获批准的，人民法院应当裁定终止重整程序，并宣告债务人破产。

第三节 重整计划的执行

222.（重整计划的执行与监督）重整计划由债务人执行，由管理人在重整计划规定的监督期内监督执行。

在监督期内，债务人应当向管理人报告重整计划执行情况和财务状况。

监督期届满时，管理人应当向人民法院提交监督报告。自监督报告提交之日起，管理人的监督职责终止。

经管理人申请，人民法院可以裁定延长监督期。

223.（出资人权益调整事项的执行）重整计划涉及出资人权益调整事项的，出资人权益登记机关应当根据人民法院批准重整计划的裁定办理该权益的变动登记。

224.（未申报债权的处理）经人民法院裁定批准的重整计划，对全体债权人均有约束力。

债权人未依照企业破产法及本规程规定申报债权的，在重整计划执行期间不得行使权利；重整计划执行完毕后，可以按照重整计划规定的同类债权的清偿条件行使权利（但有证据证明债权人已收到债权申报的书面通知或通过除公告以外的其他方式明知债权申报事实而故意不申报的情形除外）。

225.（债务人保证人的权利义务）债权人对债务人的保证人和其他连带债务人所享有的权利，不受重整计划的影响，也不受该债权人表决情况的影响。后者仍应依原合同约定的金额和期限履行担保责任或者清偿义务。

226.（行政审批问题）重整计划未获正式的行政许可，致使重整目的不能实现的，人民法院可以依管理人、债务人和其他利害关系人的申请，裁定终止重整计划的执行，并宣告债务人破产。

227.（终止重整计划执行）重整计划不具有强制执行力。债务人不能执行或者不执行重整计划的，人民法院经管理人或者利害关系人请求，应当裁定终止重整计划的执行，并宣告债务人破产。

自人民法院作出上述裁定之日起，债权人在重整计划中作出的债权调整的承诺失去效力。债权人因执行重整计划所受的清偿仍然有效，债权未受清偿的部分作为破产清算程序中的破产债权,在其他同顺位债权人同自己所受的清偿达到同一比例时,才能继续接受分配。

228.(终止执行后执行担保继续有效)重整计划终止执行的,为重整计划的执行提供的担保继续有效。

229.(重整计划执行完毕的效力)重整计划执行完毕的,按照重整计划减免的债务,债务人不再承担清偿责任。

第八章　和　　解

230.(申请人)只有债务人享有和解申请权。

231.(申请的提出)债务人已经发生破产原因的,可以直接向人民法院申请和解;也可以在人民法院受理破产申请后、宣告债务人破产前,向人民法院申请和解。

232.(和解协议草案的内容)债务人提出和解申请时,应当同时提交和解协议草案,供债权人会议讨论审查并表决。

和解协议草案一般包括下列内容:

(1)债务人的财产状况;

(2)清偿债务的比例、期限及财产来源;

(3)破产费用、共益债务的种类、数额及支付期限。

债务人可以在和解协议草案中为和解协议的执行设定担保。

和解协议草案中可以规定监督条款,设置和解协议执行的监督人。

233.(法院审查受理)人民法院经审查认为债务人已经发生破产原因,其申请符合企业破产法规定的,应当裁定受理和解申请,予以公告,并召集债权人会议讨论和解协议草案。

234.(别除权的行使)对债务人的特定财产享有担保权的债权人,自人民法院裁定受理和解申请之日起,可以行使权利。

235.(债权人会议表决)债权人会议通过和解协议的决议,须由出席会议的有表决权的债权人过半数同意,且其所代表的债权额占无财产担保债权总额的三分之二以上。

债权人会议表决结果符合前款规定的条件之一,债务人申请二次表决的,人民法院应当准许。

二次表决应在首次表决后的三十日内进行。

236.(申请法院裁定认可)债权人会议通过和解协议满十五日,无债权人依据企业破产法第六十四条第二款之规定请求撤销债权人会议决议的,管理人应当向人民法院提出认可和解协议的申请。

237.(法院裁定认可)人民法院经审查认为和解协议符合下列条件的,应当自收到管理人申请之日起三十日内裁定认可和解协议：

(1)和解协议的表决程序符合企业破产法的规定；

(2)不违反公平清偿原则，和解条件对于同一性质的债权平等，或者受到不平等对待的不利益者自愿接受；

(3)债务人申请和解的目的正当，无破产欺诈行为。

经人民法院审查发现和解协议内容违反法律、行政法规强制性规定，或损害国家、集体、第三人利益、公共利益的，不应予以认可。

238.(终止和解程序情形1：表决通过并法院认可)人民法院裁定认可债权人会议通过的和解协议的，应当同时裁定终止和解程序，并公告。管理人应当向债务人移交财产和营业事务，并向人民法院提交执行职务的报告。

239.(终止和解程序情形2：表决未通过或法院未认可)和解协议草案经债权人会议表决未获得通过，或者债权人会议通过的和解协议未获得人民法院认可的，人民法院应当裁定终止和解程序，宣告债务人破产，并公告。

240.(终止和解程序情形3：法院认可前撤回申请)在人民法院作出是否认可和解协议的裁定之前，债务人撤回和解申请的，人民法院应当裁定终止和解程序，宣告债务人破产，并公告。

241.(未申报债权的处理)经人民法院裁定认可的和解协议，对和解债权人，即人民法院受理破产申请时对债务人享有无财产担保债权的人，均有约束力，而无论其是否申报债权、是否参加债权人会议、表决时是否同意。

和解债权人未依照企业破产法规定申报债权的，在和解协议执行期间不得行使权利；和解协议执行完毕后，可以按照和解协议规定的清偿条件行使权利。

242.(债务人保证人的权利义务)和解协议中，和解债权人对债务人所作的债务减免或延期偿还的让步，效力不及于债务人的保证人或者连带债务人，其仍应依原合同约定的金额和期限履行担保责任或者清偿义务。

243.(和解协议的无效)因债务人的欺诈或者其他违法行为而成立的和解协议，人民法院应裁定和解协议无效，并宣告债务人破产。

和解债权人因执行和解协议所受的清偿，在其他债权人所受清偿同等比例的范围内，不予返还；超过部分，应当返还，作为破产财产按照破产清算程序分配。

244.(终止和解协议的执行)和解协议不具有强制执行力。债务人不能执行或者不执行和解协议的，人民法院经和解债权人申请，应当裁定终止和解协议的执行，并宣告债务人破产。

和解协议终止执行的，和解债权人在和解协议中所作的债权调整的承诺失去效力。

和解债权人因执行和解协议所受的清偿仍然有效,和解债权未受清偿的部分作为破产清算程序中的破产债权,在其他债权人同自己所受的清偿达到同一比例时,才能继续接受分配。

245.(终止执行后执行担保继续有效)和解协议终止执行的,为和解协议的执行提供的担保继续有效。

246.(和解协议执行完毕的效力)债务人完全履行和解协议后,按照和解协议减免的债务,自和解协议执行完毕时起,债务人不再承担清偿责任。

247.(自行和解)人民法院受理破产申请后,债务人与全体债权人就债权债务的处理自行达成协议的,可以请求人民法院裁定认可,并终结破产程序。

第九章 破产清算

第一节 破产宣告

248.(宣告破产的时间)第一次债权人会议召开之后,无人提出重整或和解申请,债务人符合企业破产法规定的宣告破产条件的,管理人应当申请人民法院裁定宣告债务人破产。管理人不申请的,人民法院依职权宣告破产。

破产申请受理后,债务人财产不足以清偿破产费用,且无人代为清偿或予以垫付的,经管理人申请,人民法院应当宣告债务人破产,并裁定终结破产程序。宣告债务人破产的时间不受前款规定限制。

249.(宣破裁定的送达和公告)宣告债务人破产的裁定,应自作出之日起五日内送达债务人和管理人,自作出之日起十日内通知已知债权人,并公告。

250.(资产交接)由债务人自行管理的重整程序经破产宣告转为清算程序的,或者和解协议生效后经破产宣告转为破产清算的,债务人应当立即向管理人办理财产和事务的移交。

251.(宣告破产前裁定终结破产程序的情形)宣告破产前,有下列情形之一的,人民法院应当裁定终结破产程序,并公告:

(1)第三人为债务人的全部债务提供足额担保,包括到期债务,以及因破产受理而视为到期的未到期债务,且为债权人所接受;

(2)债务人已清偿全部债务,包括到期债务,以及因破产受理而视为到期的未到期债务。

252.(别除权的行使)在人民法院对债务人裁定宣告破产后,对债务人特定财产享有担保权的债权人可以就该特定财产行使优先受偿权。

担保债权人在占有担保物的情况下,应遵循物权法、担保法等有关规定行使其优先受偿权。在管理人占有担保物的情况下,管理人应当在通知担保债权人之后,依法定程序处置担保物；担保债权人亦可向管理人要求就该特定财产行使优先受偿权。管理人根据案件情况在十五日内决定是否同意其立即行使权利，并与之协商确定权利实现期限和实现方式。担保债权人对管理人的决定有异议，或者不能协商一致的，可以向受理破产案件的人民法院提起诉讼。

对债务人特定财产享有担保权的债权人行使优先受偿权未能完全受偿的，其未受偿的债权作为普通债权；放弃优先受偿权利的，其债权作为普通债权。

253.（建设工程价款优先受偿权）破产人为建设工程发包人时，就该工程折价或者拍卖的价款，承包人的建设工程价款债权优先于抵押权受偿。

建设工程承包人行使优先权的期限为六个月，自建设工程竣工之日或者建设工程合同约定的竣工之日起计算。

254.（国家对划拨土地使用权出让金的优先受偿权）以划拨方式取得的国有土地使用权及其地上建筑物设定抵押的，就该抵押物拍卖的价款，应优先缴纳国家收取的土地使用权出让金。

第二节　变价和分配

255.（破产财产变价方案）管理人应当及时拟订破产财产变价方案，提交债权人会议讨论，并按照通过的方案适时变价出售破产财产。

破产财产变价方案一般应包括以下内容：

（1）拟变价的破产财产范围、形态、类别；

（2）拟变价的财产评估情况；

（3）各类财产的变价方式；

（4）财产变价的时间与进度安排；

（5）财产变价的预计费用；

（6）委托评估、拍卖机构的情况。

256.（破产财产的评估）处理破产财产前，管理人可以确定有相应评估资质的评估机构对破产财产进行评估。债权人会议对破产财产的变现底价无异议的，可以不进行评估。

破产企业为国有性质的，其资产的评估应按照国有资产评估的规定办理。但国有资产管理部门和债权人会议均同意不评估的除外。

257.（拍卖变现及其例外情形）破产财产的变现应当以拍卖方式为原则，但拍卖所得预计不足以支付评估、拍卖费用，或者债权人会议另有决议的除外。

依前款不进行拍卖或者拍卖不成的破产财产，可以作价变卖，或者进行实物分配。变卖或者实物分配方案应当提交债权人会议表决。

258.（有优先购买权的拍卖）拍卖的破产财产上存在优先购买权的，拍卖过程中,有最高应价时,优先购买权人可以表示以该最高价买受,如无更高应价,则拍归优先购买权人;如有更高应价,而优先购买权人不作表示的,则拍归该应价最高的竞买人。

顺序相同的多个优先购买权人同时表示买受的,以抽签方式决定买受人。

259.(变价方式不得违反强制性规定)法律、行政法规明确规定了财产转让方式的,应当从其规定,债权人会议不得以决议排除其适用。

依法属于限制流通的破产财产,应当由国家指定的部门收购或者按照有关法律规定处理。

260.(成套设备的变价)破产财产中的成套设备,一般应当整体出售。

261.(对外投资的收回)破产企业的对外投资应当通过拍卖或者协议转让股权的方式予以收回。

管理人拍卖或者协议转让债务人持有的有限责任公司股权的,应当依法通知公司及全体股东;管理人拍卖或者协议转让债务人投资的股份有限公司股权的,应当依法通知公司。

262.(公益福利性设施的处置)国有企业、集体企业债务人的幼儿园、学校、医院等公益福利性设施,继续开办的,按有关规定移交政府有关部门管理,不作为破产财产分配;不继续开办的,作为破产财产变价分配。

263.(债权追收以及直接分配债权)管理人应当向破产企业的债务人追收债权。

债权追收成本过高的,经债权人会议决议,可以放弃债权,亦可以选择拍卖债权。拍卖不成的,可以分配债权。

债权人会议决议直接分配债权的,可以进行债权分配。由管理人向债权人出具债权分配书,债权人可以凭债权分配书向债务人的债务人要求履行。

264.(债务人债权的诉讼时效)债务人享有的债权,其诉讼时效自人民法院受理破产申请之日起,适用《中华人民共和国民法通则》第一百四十条关于诉讼时效中断的规定。

管理人不能及时提起诉讼的,应当及时向债务人的债务人提出履行要求;已经取得胜诉裁判的,管理人应当及时向相关人民法院申请强制执行。

265.(分配方式)破产财产的分配应当以货币分配方式进行。但债权人会议另有决议的除外。

266.(破产财产分配方案)管理人应当及时拟订破产财产分配方案,提交债权人会议讨论。债权人会议通过后,由管理人将该方案提请人民法院裁定认可。

破产财产分配方案应当载明下列事项:

(1)参加分配的债权人的名称或者姓名、住所;

(2)参加分配的债权额;

(3)可供分配的破产财产数额;

(4)破产财产分配的顺序、比例及数额;

(5)实施破产财产分配的方法。

267.(法定清偿顺序)依照企业破产法第一百一十三条之规定,破产财产在优先清偿破产费用和共益债务后,按下列顺序清偿:

(1)破产人所欠职工的工资和医疗、伤残补助、抚恤费用,所欠的应当划入职工个人账户的基本养老保险、基本医疗保险费用,以及法律、行政法规规定应当支付给职工的补偿金;

(2)破产人欠缴的除前项规定以外的社会保险费用和破产人所欠税款;

(3)普通破产债权。

破产财产不足以清偿同一顺序的清偿要求的,按照比例分配。

268.(法律、法规规定的补偿金)企业破产法第一百一十三条第一款第一项中的"法律、行政法规规定应当支付给职工的补偿金"包括:企业因破产解除、终止劳动合同,依据《劳动合同法》第四十六条、第四十七条、《劳动合同法实施条例》第二十七条应向职工支付的解除劳动合同补偿金;依据《劳动合同实施条例》第二十三条应向工伤职工一次性支付的工伤医疗补助金和伤残就业补助金。

解除劳动合同补偿金,按劳动者在破产企业工作的年限,每满一年支付一个月工资的标准向劳动者支付。六个月以上不满一年的,按一年计算;不满六个月的,向劳动者支付半个月工资的经济补偿。支付解除劳动合同补偿金的年限最高不超过十二年。

劳动者月工资高于北京市公布的本市上年度职工月平均工资三倍的,向其支付经济补偿的标准按职工月平均工资三倍的数额支付;劳动者月工资低于本市最低工资标准的,按照本市最低工资标准计算。

本条所称月工资是指劳动者在劳动合同解除或者终止前十二个月的平均工资。劳动者工作不满12个月的,按照实际工作的月数计算平均工资。月工资按照劳动者应得工资计算,包括计时工资或者计件工资以及奖金、津贴和补贴等货币性收入。

269.(第二顺位中"社保费"的理解)企业破产法第一百一十三条第一款第二项中的"除前款规定以外的社会保险费用"是指基本养老保险和基本医疗保险中的社会统筹部分,以及除基本养老保险和基本医疗保险以外的其他依法设置的失业保险、工伤保险和生育保险等社会保险。

社会保险债权计算截止日为劳动合同解除之日。

270.(高管人员的工资债权计算)破产企业的董事、监事和高级管理人员的工资按照破产企业职工的平均工资计算，即按照破产企业职工同期的平均工资确定对董事、监事和高级管理人员的工资支付标准，并且按照破产企业拖欠职工工资的平均期间确定按上述标准支付上述人员工资的期间，但上述人员被拖欠工资的期间长于职工被拖欠工资平均期间的除外。

271.（住房公积金债权的清偿顺序）债务人根据《住房公积金管理条例》的规定应为职工缴存而未缴存的住房公积金部分，视为债务人拖欠职工工资。按企业破产法第一百一十三条第一款第（一）项规定的第一顺序清偿。

272.（人身侵权债权的优先受偿）因债务人侵权行为造成的人身损害赔偿，参照企业破产法第一百一十三条第一款第（一）项规定的顺序清偿。

273.（股东的投资权益作为劣后债权）破产企业的股权、股票持有人在股权、股票上的权利，在普通债权完全受偿后清偿。

274.（多次分配）管理人按照破产财产分配方案实施多次分配的，应当公告本次分配的财产额和债权额。

管理人实施最后分配的，应当在公告中指明，并依企业破产法第一百一十七条第二款载明对附条件债权的处理。

275.（附条件债权的分配）对于附生效条件或者解除条件的债权，管理人应当将其分配额提存。

在最后分配公告日，生效条件未成就或者解除条件成就的，应当将提存的分配额分配给其他债权人；在最后分配公告日，生效条件成就或者解除条件未成就的，应当将提存的分配额交付给债权人。

276.（破产分配的受领）债权人未受领的破产财产分配额，管理人应当提存。债权人自最后分配公告日起满二个月仍不领取的，视为放弃受领分配的权利，管理人或者人民法院应当将提存的分配额分配给其他债权人。

277.（诉讼未决债权的分配）破产财产分配时，对于诉讼或者仲裁未决的债权，管理人应当将其分配额提存。自破产程序终结之日起满二年仍不能受领的，人民法院应当将提存的分配额分配给其他债权人。

第三节　破产程序的终结

278.（因分配完毕而终结）管理人在破产财产最后分配完结后，应当及时向人民法院提交破产财产分配报告，并申请人民法院终结破产程序。

279.（因无财产分配而终结）破产人无财产可供分配的，管理人应当申请人民法院裁定终结破产程序。

280.（裁定终结）人民法院应当自收到管理人终结破产程序的申请之日起十五日内，作出是否终结破产程序的裁定。

裁定终结的，应当予以公告。

281.（办理注销手续）管理人应当自破产程序终结之日起十日内，持人民法院终结破产程序的裁定，向破产人的原登记机关办理注销登记。

管理人到破产人的原登记机关办理注销登记前，应当先办理税务注销。对于有特殊资质的破产人，管理人还应当到相应的特殊资质管理部门办理注销手续。

282.（管理人终止执行职务）管理人办理完破产人注销登记手续后，应向人民法院报告。并于注销完毕的次日终止执行职务。

管理人终止执行职务后，应当将管理人印章交回公安机关或者法院销毁。

存在诉讼或者仲裁未决情况的，管理人自诉讼或者仲裁程序所涉事项全部办理完毕之次日终止执行职务。

283.（终结二年内的追加分配）自破产清算程序终结之日起二年内，有下列情形之一的，债权人可以请求人民法院依照破产财产分配方案进行追加分配：

（1）发现有企业破产法第三十一条、第三十二条、第三十三条、第三十六条规定应当追回的财产的；

（2）因纠正破产程序中错误支出的款项或错误认可的债务而追回的款项；

（3）破产程序终结后发现破产人有应当供分配的其他财产的。

有前款规定情形，但财产数量不足以支付分配费用的，不再进行追加分配，由人民法院将其上交国库。

284.（追加分配的程序）追加分配应由债权人向人民法院提出申请，人民法院做出追加分配的裁定。

必要时，人民法院可依职权直接做出追加分配的裁定。

追加分配涉及的资产变现和具体分配工作，应当由管理人办理。管理人已经停止执行本案职务的，由人民法院通知管理人恢复职务。因客观原因原管理人无法继续履行职务的，人民法院可以重新指定管理人，或者由人民法院进行追加分配工作。

债务人财产不足以清偿破产费用而终结破产程序后二年内又追回财产的，原破产程序已完成债权确认程序的，由管理人依照企业破产法的规定进行分配；原破产程序未完成债权确认程序的，则管理人或者债权人可以申请人民法院恢复破产程序。恢复破产程序的，应当重新立案号。

285.（提前终结破产程序）同时符合下列条件的，管理人可以申请人民法院提前终结破产清算程序：

（1）对债务人占有的财产已经处分完毕，并已向债权人分配完毕；

（2）尚有小额财产未追回，但债务人为此已经提起诉讼或者申请仲裁；

（3）人民法院已经裁定认可的破产财产分配方案对该尚未追回财产的分配有

明确规定。

人民法院应当严格把握前款提前终结破产清算程序的条件。

人民法院裁定提前终结破产程序时,债务人清收财产的诉讼或仲裁尚未终结的,最终追回的财产不属于本规程第283条规定的财产,应按照破产财产分配方案的规定,向债权人补充分配,不受破产清算程序终结后二年期限的限制。

286.(档案保管)破产程序终结后,破产企业的帐册、文书等材料由管理人移交档案部门保存,保管费用比照破产费用由管理人在破产财产分配时预留。

第十章　证券公司破产案件审理程序特别规定

第一节　申　　请

287.(国务院证券监督管理机构申请证券公司破产)证券公司被依法撤销、关闭时,有企业破产法第二条规定情形的,行政清理工作完成后,国务院证券监督管理机构或者其委托的行政清理组依照企业破产法的有关规定,可以向人民法院申请被撤销、关闭的证券公司破产清算。

288.(证券公司或者其债权人申请证券公司破产)证券公司或者其债权人依照企业破产法的有关规定,可以向人民法院申请证券公司破产清算或者重整,但应当依照《中华人民共和国证券法》第一百二十九条之规定报经国务院证券监督管理机构批准。

289.(破产申请提交的证据)国务院证券监督管理机构或者其委托的行政清理组向人民法院提出证券公司破产申请的,应当向人民法院提交以下证据:

(1)破产申请书;

(2)证券公司资产、负债清查情况的专项审计报告;

(3)国务院证券监督管理机构批准证券公司进入司法破产清算程序的相关审批文件;

(4)国务院证券监督管理机构同意证券类资产处置方案的相关审批文件;

(5)证券类资产已根据本款第四项中审批文件之要求处置完毕的书面证据;

(6)国务院证券监督管理机构及行政清理组按照国家规定甄别确认和收购(或者处置)已登记的个人债权等相关债权的债权登记通知、债权确认及具体处置结果的书面证据;

(7)行政清理组处置证券公司的关联公司的情况或者处置方案等的书面证据;

(8)职工安置方案或者具体安置结果的书面证据;

(9)中介机构或者其他有关机构向人民法院出具的在行政清理期间,证券公司或者行政清理组没有不当处置资产情况的法律意见书等书面证据;

(10)行政清理组向人民法院出具的有关刑事侦查机关查收的资产、账簿已处于可随时向管理人移交状态或者不存在此类情况的书面承诺或者说明；

(11)地方政府有关部门向人民法院出具的证券公司进入破产清算程序期间突发事件应急处置工作预案；

(12)依据企业破产法及相关行政法规、规定，应当提交的其他证据。

证券公司或者其债权人向人民法院提出证券公司破产申请的，应当向人民法院提交破产申请书、国务院证券监督管理机构批准证券公司进入司法破产清算程序的相关审批文件，并应当尽可能地向人民法院提交本条第一款所列证据。

第二节　受理审查

290.（受理审查）人民法院应当自收到申请之日起，及时对证券公司破产申请进行审查。

291.（受理条件）人民法院受理国务院证券监督管理机构或者其委托的行政清理组申请证券公司破产的案件，应当符合下列条件：

(1)国务院证券监督管理机构已批准证券公司进入司法破产清算程序；

(2)国务院证券监督管理机构已同意证券类资产处置方案，且证券类资产已处置完毕；

(3)国务院证券监督管理机构及行政清理组对已登记的个人债权等相关债权的甄别确认及收购(或者处置)工作已基本完成；

(4)行政清理组对证券公司关联公司的处置工作已基本完成或者相关处置方案切实可行；

(5)职工安置工作已基本结束，或者职工安置方案切实可行，并能够在短期内落实；

(6)证券公司或者行政清理组在行政清理期间没有不当处置资产的情况；

(7)有关刑事侦查机关查收的资产、账簿已处于可随时向破产管理人移交的状态，或者不存在此类情况；

(8)地方政府有关部门已制定出证券公司破产清算期间突发事件应急处置工作预案，或者维护社会稳定的方案。

292.（中级人民法院审核）中级人民法院经审查认为证券公司破产申请符合本规程第291条所列条件的，应当及时向市高级人民法院报送书面立案受理请示报告，并将证券公司破产申请及所附全部证据一并予以报送。

293.（高级人民法院审核）市高级人民法院收到中级人民法院书面立案受理请示报告及相关证据后，应及时进行审核。经审核认为符合本规程第291条所列条件的，应当及时向最高人民法院报送书面立案受理请示报告，并将证券公司破产申请及所附全部证据一并予以报送。

294.(补充审查)经最高人民法院或者市高级人民法院审核,认为尚需进行补充审查或者补充相关证据的,负责审查的中级人民法院应当自收到相关通知之日起尽快进行补充审查。补充审查完成后,应当及时向最高人民法院或者市高级人民法院报送书面补充审查报告,并将补充的相关证据一并予以报送。

295.(审查批复)最高人民法院批准受理证券公司破产申请的,市高级人民法院应当自收到最高人民法院复函之日起,及时向负责审查的中级人民法院转发最高人民法院复函。

第三节　受理及破产宣告

296.(立案受理)负责受理审查的中级人民法院收到市高级人民法院转发的最高人民法院批准受理证券公司破产申请的复函后,应当依照企业破产法之规定,立案受理证券公司破产案件。

297.(破产申请的不可逆转)国务院证券监督管理机构依照《证券公司风险处置条例》第二章、第三章之规定,对证券公司进行处置的,证券公司破产申请受理的理由应当以证券公司被行政撤销、关闭时的情况进行确认。即使因金融市场变动,导致证券公司在经行政清理后申请破产时出现资产大于负债的情形,人民法院仍应受理证券公司破产申请。

298.(受理申请的同时宣告破产)人民法院经审查符合企业破产法、相关司法解释、相关法规政策之规定的,可以在受理证券公司破产申请的同时,宣告该证券公司破产。

第四节　管　理　人

299.(指定管理人)人民法院可以采取下列方式指定管理人:

(1)依据最高人民法院《关于审理企业破产案件指定管理人的规定》第十八条之规定,直接指定行政清理组为管理人。

(2)重新指定清算组为管理人。

人民法院认为可以指定清算组为管理人的,可以从政府有关部门、编入管理人名册的社会中介机构、证券类资产管理公司中指定清算组成员,中国人民银行及国家金融监督管理机构可以按照有关法律和行政法规之规定派人参加清算组。

人民法院重新指定的清算组成员中,一般应当包括行政清理组的成员。

(3)在国务院证券监督管理机构推荐的已编入管理人名册的社会中介机构中指定管理人。

(4)采取公告方式,邀请编入各地人民法院管理人名册中的社会中介机构参与竞争，从参与竞争的社会中介机构中指定管理人。参与竞争的社会中介机构不得少于三家。

300.（管理人的免回避）人民法院采取本规程第299条第（1）项、第（2）项规定的方式指定管理人的，当事人依据最高人民法院《关于审理企业破产案件指定管理人的规定》第二十三条、第二十四条之规定，以行政清理组或其成员存在企业破产法第二十四条第三款第（三）项规定的利害关系为由，主张其回避的，人民法院应不予支持。

301.（行政清理组与管理人的衔接）在人民法院受理证券公司破产申请后、指定管理人之前，行政清理组仍应在人民法院的监督、指导下，负责保管证券公司的财产，为全体债权人利益进行必要的经营活动，支付人民法院许可的必要支出，以及人民法院许可的其他工作，保证证券公司行政处置程序与司法破产清算程序的顺利衔接。

人民法院指定管理人后，行政清理组仍须保留一段时间，负责行政清理后续事宜，配合管理人做好后续工作。

行政清理组被撤销后，个别确需处理的后续问题，人民法院可商请国务院证券监督管理机构协调解决。

第五节 债权申报及确认

302.（债权申报材料审查）在进入破产清算程序之前，行政清理组已进行债权申报、登记、审核工作的，进入破产清算程序后，行政清理组应当将纳入破产清算的债权申报材料直接交付管理人。管理人应当对申报材料进行审查。

行政清理时已进行登记，但不符合国家收购规定的申报债权，管理人可以直接予以登记。

债权申报材料符合法律规定的，管理人应当书面通知相关债权人，其向行政清理组申报的债权已作为破产清算程序的债权申报。

债权申报材料不符合法律规定的，管理人应当书面通知申报人补充申报材料。

303.（债权申报主体）对于已纳入国家收购范围的个人债权等相关债权，其对应的权利由国家相关政策规定的中国人民银行、中国证券投资者保护基金公司和提供收购资金的地方政府等收购主体取得，在证券公司破产清算程序中，应当由收购主体向管理人申报债权。

对于不应纳入国家收购范围的权利申请，经国务院证券监督管理机构作出结论并告知相关权利人后，该权利人可以在证券公司破产清算程序中向管理人申报债权。

304.（对被收购人的债权申报不予确认）个人债权人已经选择行政收购的，不得再选择参与破产清算。被收购人在证券公司破产清算程序中再行申报债权的,管理人应不予确认。

305.(对个人债权行政甄别、确认、收购等结果提出异议的,不予立案受理)当事人对国务院证券监督管理机构或者行政清理组等相关组织在行政清理程序中作出的关于个人债权等相关债权的甄别、确认、收购等结果存在异议,以上述相关组织为被告,向人民法院提起诉讼的,人民法院应不予受理,并应告知其向国务院证券监督管理机构提出相关异议。

306.(逾期债权收购的行政确认)进入破产清算程序后,对于确属应当收购的债权,当事人有合理的理由未能在规定期间内向本规程第 303 条规定中的相关组织要求收购,而在破产清算程序中向管理人申报债权,并要求优先受偿的,管理人应当告知其向保留的行政清理组申报债权,并由国务院证券监督管理机构确认其债权是否应当纳入国家收购范围。

应当纳入国家收购范围的债权,由国务院证券监督管理机构在预留的收购资金中予以收购。

国务院证券监督管理机构认为债权不属于国家收购范围的,权利人在破产清算程序中申报的权利性质,由管理人予以确认。对不属于法定优先权的债权,管理人应当按照普通债权确认。

307.(对行政清理中债权申报的核查)管理人对行政清理程序中已申报的债权应当进行核查。

管理人经核查认为债权不应予以确认的,需在债权表中注明,并提交第一次债权人会议核查。

当事人对该债权确认结论有异议的,管理人可与其进行再次核对。经管理人与当事人双方再次核对后,当事人对该债权确认结论仍有异议的,管理人应当书面告知其可以向受理证券公司破产申请的人民法院提起诉讼,同时告知不及时提起诉讼可能承担的法律后果。

第六节　证券公司财产保护

308.(涉案资产保护)在行政清理期间,有关刑事侦查机关冻结证券公司涉案资产的,人民法院在受理证券公司破产申请后,应当通知该刑事侦查机关立即依法将证券公司相关涉案资产移送给受理破产案件的人民法院。

309.(客户资产保护)在行政清理期间,有关司法机关或者其他国家机关冻结证券公司客户交易结算资金的,人民法院在受理证券公司破产申请后,应当通知立即解除保全措施。

以证券公司的客户为被执行人、证券公司为协助执行人的相关执行案件,对于客户资产未被证券公司挪用，与证券公司及其他客户资产有明显区分，能够独立识别和处理的，证券公司作为协助执行人应当履行协助执行义务；对于客户资产已被证券公司挪用，或者与证券公司的自有资产混同，不能独立识别和处理的，管理人应当将财产混同情况向负责执行的人民法院进行书面说明。

证券公司进入破产清算后，被申请执行的证券公司客户已申报债权的，管理人应当以该客户获得分配的财产协助相关人民法院执行；客户未申报债权的，申请执行人可作为该客户的债权人，根据已生效的裁判文书向管理人申报债权，进行代位求偿。

310.（债权清收）最高人民法院对于以进入行政清理程序的证券公司及其附属机构、关联企业为被告、第三人、协助执行人的民商事案件实施的暂缓受理、暂缓审理、暂缓执行的政策，不约束行政清理组或者管理人对证券公司债权的清收。

管理人应当通过诉讼、强制执行等手段尽可能实现证券公司的债权。债权清收的诉讼时效自最高人民法院对于以进入行政清理程序的证券公司及其附属机构、关联企业为被告、第三人、协助执行人的民商事案件实施暂缓受理、暂缓审理、暂缓执行政策之日起重新计算。

管理人不能及时提起诉讼的，应当及时向债务人提出履行要求；已经取得胜诉判决的，管理人应当及时向相关人民法院申请强制执行。

311.（债权债务关系存续）证券公司被国务院证券监督管理机构责令停业整顿、托管、接管、行政重组、撤销的，其债权债务关系不因相关行政处置决定而发生变化。

证券公司的债务自证券公司被撤销之日起，停止计算利息。

312.（对行政清理中资产处置的认可）在行政清理程序中，行政清理组不得转让证券类资产以外的资产，但经国务院证券监督管理机构批准，易贬损并可能遭受损失的资产或者确为保护客户和债权人利益的其他情形除外。

在破产清算程序中，人民法院对于行政清理组等相关组织在行政清理期间，依照法律和其他相关规定，并经国务院证券监督管理机构批准，对证券类资产及其他财产的处置行为和处置结果，应当予以认可。

313.（破产撤销权）最高人民法院对于以进入行政清理程序的证券公司及其附属机构、关联企业为被告、第三人、协助执行人的民商事案件实施暂缓受理、暂缓审理、暂缓执行政策之日前一年内，涉及该证券公司财产的下列行为的，进入破产清算程序后，管理人有权依据企业破产法第三十一条之规定，请求人民法院予以撤销：

（1）无偿转让财产的；

（2）以明显不合理的价格进行交易的；

(3)对没有财产担保的债务提供财产担保的;

(4)对未到期的债务提前清偿的;

(5)放弃债权的。

314.(债权个别清偿的撤销)最高人民法院对于以进入行政清理程序的证券公司及其附属机构、关联企业为被告、第三人、协助执行人的民商事案件实施暂缓受理、暂缓审理、暂缓执行政策之日前六个月内,该证券公司有企业破产法第二条第一款规定的情形,仍对个别债权人进行清偿的,进入破产清算程序后,管理人有权依据企业破产法第三十二条之规定,请求人民法院予以撤销。但是,个别清偿使该证券公司财产受益的除外。

第七节　重　　整

315.(国务院证券监督管理机构申请证券公司重整)证券公司有企业破产法第二条规定情形的,国务院证券监督管理机构可以直接向人民法院申请对该证券公司进行重整。

316.(提交重整计划草案)人民法院裁定证券公司重整的,证券公司或者管理人应当同时向债权人会议、国务院证券监督管理机构和人民法院提交重整计划草案。

317.(申请批准重整计划)自债权人会议各表决组通过重整计划草案之日起十日内,证券公司或者管理人应当向人民法院提出批准重整计划的申请。重整计划涉及《中华人民共和国证券法》第一百二十九条之规定的,证券公司或者管理人应当同时向国务院证券监督管理机构提出批准相关事项的申请。

债权人会议部分表决组未通过重整计划草案,但重整计划草案符合企业破产法第八十七条第二款之规定的,证券公司或者管理人可以申请人民法院强制批准重整计划草案。重整计划草案涉及《中华人民共和国证券法》第一百二十九条之规定的,证券公司或者管理人应当同时向国务院证券监督管理机构提出批准相关事项的申请。

318.(重整计划的监督执行)经批准的重整计划由证券公司执行,管理人负责监督。监督期届满,管理人应当向人民法院和国务院证券监督管理机构提交监督报告。

319.(终止重整程序)证券公司重整计划的相关事项未获国务院证券监督管理机构批准,或者重整计划未获人民法院批准的,人民法院应当裁定终止重整程序,并宣告证券公司破产。

320.(恢复行政清算程序)重整程序终止,人民法院宣告证券公司破产的,国务院证券监督管理机构应当对证券公司做出撤销决定,人民法院依照企业破产法之规定,组织证券公司破产清算。

人民法院认为应当对证券公司进行行政清理的,国务院证券监督管理机构比照《证券公司风险处置条例》第三章之规定,成立行政清理组,负责清理账户,协助甄别确认、收购符合国家规定的债权,协助证券投资者保护基金管理机构弥补客户的交易结算资金,转让证券类资产等。

第八节 破产清算

321.(证券资产的变现)对于证券公司证券资产的变现,是采取变现分配货币还是直接分配证券等方式进行清偿,应当在破产清算程序中由债权人会议决议决定。

债权人会议决议分配现金的,债权人会议还应当就变现、操作方式等事项作出决议;债权人会议决定分配证券的,应当由管理人提出证券价格确定方法,交由债权人会议一并作出决议,并应当经国务院证券监督管理机构批准后,进行证券分配的非交易过户。

322.(股权处置)证券公司财产中包括相关法律、法规或者其他国家政策对出资人资格有特殊要求的企业股权的,应当采取拍卖方式将该股权进行变现。但参与竞买人和竞买后的权利人均应当具备可以作为上述企业股东的法定资格。

323.(关联公司资产处置)经人民法院确认证券公司与其设立或者实际控制的关联公司之间存在融资自营平台性质的关联关系,或者依据《证券公司风险处置条例》第二十五条之规定,经国务院证券监督管理机构审查批准,证券公司的关联公司被纳入行政清理范围的,应当将证券公司存于该关联公司名下的用于融资经营炒作的相关财产和款项取回,并作为证券公司破产财产参加变价和分配。

324.(劳动债权认定)对于应纳入第一顺序的劳动债权,在经甄别确认及债权人会议审查确认后,人民法院应尽快予以偿付。

对属于职工工资构成的奖金,人民法院应当依法予以支付。

对确实存在合理的与业绩挂钩的职工奖金,人民法院可以作为普通债权予以认定。

对证券公司被处置负有责任,并受过相关刑事处罚或者取消从业资格、市场禁入以上行政处罚的证券公司管理人员主张与业绩挂钩奖金的,人民法院应不予支持。

325.(收购债权的清偿顺位)再贷款主体、中国证券投资者保护基金公司及地方政府等相关收购主体在破产清算中因收购债权而产生的代位权利,应当按照已收购债权的性质认定清偿顺位。

326.(侵权之债的清偿顺位)未纳入国家收购范围的证券公司名义下的个人债

权,以及因证券公司存在行政违法、违规、甚至触犯刑律的行为形成的侵权之债,在破产清算中,人民法院应当认定为第三顺序债权进行清偿。

327.(罚金或者没收财产的清偿顺位)证券公司因存在行政违法、违规、甚至触犯刑律的行为而被科以行政处罚或刑事处罚的罚金或者没收的财产,人民法院应当认定为劣后于普通债权,在债权人得到全部清偿后支付。

328.(剩余资产分配)证券公司的债务金额清偿后,仍有剩余资产的,应当按照股东持股比例进行分配。

329.(高管人员工资标准认定)对于证券公司的高管人员,特别是对证券公司被处置负有责任,并受过刑事处罚或取消从业资格、市场禁入以上行政处罚的证券公司管理人员的工资,应当重新进行核定。其标准应当比照管理人的聘用人员的工资标准确定。

经确认属于证券公司高管人员工资的债权,可以依照企业破产法第一百一十三条之规定,作为第一顺序债权优先受偿。

经确认属于证券公司高管人员合理的与业绩挂钩的奖金的,可以作为普通债权进行受偿。

对证券公司被处置负有责任,并受过刑事处罚或取消从业资格、市场禁入以上行政处罚的证券公司管理人员主张与业绩挂钩奖金的,人民法院应不予支持。

330.(税收事项)行政清理期间,被处置证券公司免缴行政性收费和增值税、营业税等行政法规规定的税收。

人民法院宣告证券公司破产后,涉及证券公司税收事项的,应当依照企业破产法、税收征收管理法以及税收征收管理法实施细则第十五条第一款、第五十条之规定执行。

331.(破产费用)行政清理费用经国务院证券监督管理机构审核后尚未支付的,进入破产清算后可以列入破产费用。

前款所称行政清理费用,是指行政清理组管理、转让证券公司财产所需的费用,行政清理组履行职务和聘用专业机构的费用等。

破产清算期间,行政清理组配合破产清算的费用开支,从破产费用中列支。

332.(证券类资产买受人的免追索)债权人不得因破产证券公司的证券类资产在行政清理程序中已转移给买受人,而将买受人作为证券公司债务的连带或者赔偿义务人进行追索。但买受人以明显不合理低价购买证券类资产的除外。

333.(托管机构的免追索)有关权利人仅以托管为由向人民法院提起诉讼,请求判令托管机构承担被托管证券公司债务的,人民法院不予受理。

334.(违法违规涉嫌犯罪行为处理)管理人在破产清算中,要继续协助配合有关刑事侦查机关、行政稽查部门等做好责任追究工作。发现违法违规线索的,要及时移交国务院证券监督管理机构进行查处。涉嫌犯罪的,要移送有关刑事侦查机关统一查处。

第十一章　附　　则

335.(条文适用)重整、和解、证券公司破产程序中涉及的受理审查、管理人指定、破产费用、债权申报与确认、债权人会议召开、债务人财产清收、破产撤销、破产抵销等问题,本规程第七章、第八章、第十章未规定的,适用企业破产法和本规程其他相关章节的规定。

336.(施行时间)本规程自 2013 年 7 月 22 日起施行,2004 年《北京市高级人民法院审理企业破产案件操作规程》同时废止。

北京市高级人民法院关于加快破产案件审理的意见

(2018 年 4 月 4 日发布并施行　京高法发〔2018〕156 号)

为切实缩短破产案件审理周期,规范破产案件的快速审理,提高破产案件审判质效,保护债权人、债务人等破产参与人的合法权益,充分发挥破产制度在优化资源配置、实现市场出清等方面的功能,根据《中华人民共和国企业破产法》(以下简称企业破产法)、《中华人民共和国民事诉讼法》及相关司法解释,结合本市破产审判实际,经本院审判委员会讨论通过,出台本意见。

一、基本原则

1.(繁简分流)人民法院审理破产案件,可以对案件进行繁简分流。对于债权债务关系明确、债务人财产状况清楚的简单破产案件,可以适用快速审理。执行部门查无财产的执行移送破产审查案件应当优先适用快速审理。

2.(效率原则)适用快速审理的破产案件,应当着重提升审判效率,尽量缩短程序时间、并联破产事项、简化破产流程,及时高效完成各项破产程序。

3.(权利保障)适用快速审理的破产案件,不得克减或损害破产参与人必须享有的程序权利和实体权利。

二、适用条件

4.(积极条件)债权债务关系明确、债务人财产状况清楚并且具备下列情形之一的破产案件,可以适用本意见第四部分的规定快速审理:

(1)债务人资产和债权人人数均较少的;

(2)破产财产可能不足以支付全部破产费用的;

(3)债务人无财产或财产较少,且账簿、重要文件等灭失或人员下落不明的;

(4)债务人财产易于变价或无需变价的;

(5)债务人经过强制清算,资产和负债均已确认完毕的;

(6)其他适宜适用快速审理的情形。

5.(消极条件)具有下列情形之一的破产案件,原则上不适用快速审理:

(1)破产重整案件;

(2)涉及人数众多、存在职工安置困难等复杂情形的破产案件;

(3)债务人资产情况复杂或难以变现的;

(4)债权债务关系复杂,可能需要进行审计等;

(5)存在未结诉讼、仲裁纠纷,或受理后可能发生衍生诉讼,有可能影响案件快速审结的;

(6)其他不宜适用快速审理的情形。

6.(范围)快速审理适用于破产案件受理之后。

三、启动程序

7.(征求意见)人民法院在破产申请的受理审查阶段,可以就适用快速审理事宜征求破产参与人的意见。

8.(程序启动)人民法院裁定受理破产申请后,合议庭认为可适用快速审理的,在履行内部审批程序后,应将相关事项及时告知破产参与人。

9.(程序转换)对已经按一般程序审理的破产案件,可在征求破产参与人的意见后,针对部分事项参照本意见快速审理。

破产参与人就适用快速审理提出异议,且有充分理由的,或者在审理过程中发生不宜继续适用快速审理的事由的,仍应按一般程序审理。

10.(审级和审判组织)受理破产申请的各级人民法院,均可对符合条件的破产案件适用快速审理。

基层人民法院适用快速审理的破产案件,可以由法官一人独任审理。中级人民法院适用快速审理的破产案件,应当由法官组成合议庭审理。

四、快速审理

11.(管理人指定方式)对于决定适用快速审理的破产案件,人民法院原则上应当采用随机方式,在裁定受理破产申请的同时指定管理人。

公司强制清算转入破产程序后,原清算组由我市管理人名册中的中介机构或者个人组成或者参加的,除该中介机构或者个人存在与本案有利害关系等不宜担任管理人或者管理人成员的情形外,人民法院可根据企业破产法及其司法解释的规定,指定该中介机构或者个人作为破产案件的管理人,或者吸收该中介机构作为破产案件的清算组成员。

12.（管理人介入）破产受理法院应当自裁定受理破产申请后立即指导、监督管理人开展对债务人的调查、接管以及对债权的审查等工作。管理人还应当在全国企业破产重整案件信息网的管理人工作平台及时录入案件信息，定期披露工作进展。

13.（财产统查）破产受理法院可以在裁定受理破产申请后，通过执行部门向北京市高级人民法院执行部门报送债务人财产统一查询需求，以缩短管理人财产调查周期。

执行移送破产审查案件，可以利用执行法院财产调查结果的，可以不必再次调查。

14.（账户开立的简化）经初步调查未发现债务人任何财产的案件，管理人可不开立银行账户。

15.（受理通知期限）破产受理法院应当自裁定受理破产申请之日起七日内通知已知债权人，并在全国企业破产重整案件信息网的法官工作平台发布公告。公告除应当载明企业破产法第十四条规定必须载明的内容外，还应当载明案件适用快速审理的内容。

16.（债权申报期限）债权人申报债权的期限为三十日，自受理破产申请公告发布之日起计算。

17.（第一次债权人会议召开时间）第一次债权人会议由法院召集，自债权申报期限届满之日起五日内召开。

18.（债权人会议的简化）适用快速审理的破产案件，原则上不设立债权人委员会。债权人会议召开一般不超过两次，并可以采用书面、数据电文、网络会议等形式进行。

19.（债权确认）人民法院一般应当在第一次债权人会议召开后五日内裁定确认无异议的债权。

20.（召集期限）召开债权人会议，管理人应当提前五日通知已知债权人。债权人因客观原因无法参加的，可以向管理人申请延期并说明理由。

21.（宣告破产期限）对于债务人符合破产宣告条件的案件，管理人一般应当在第一次债权人会议召开之日起十五日内提请人民法院宣告债务人破产。人民法院根据管理人提交的申请，审查认为债务人符合宣告破产条件的，应当自收到申请之日起五日内裁定宣告债务人破产，并在裁定作出之日起三日内送达债务人和管理人，自裁定作出之日起五日内通知已知债权人，并予以公告。

22.（和解次数的限制）适用快速审理的破产案件，一般只能进行一次和解，否则不应继续适用快速审理。

23.（公告的简化）适用快速审理的破产案件的公告，应当在全国企业破产重整案件信息网上发布。

24.(执行行为效力的延续)执行程序中已经完成的评估、鉴定、审计、拍卖等行为,其效力可以延续至破产程序中的,相关程序无需再次进行。

25.(分配与处置)财产分配原则上应当以货币分配形式进行。破产审理法院及管理人应当释明并引导债权人会议作出以网络拍卖方式处置破产财产,或者以非货币方式进行分配的决议,提升破产财产处置效益。

26.(一次性分配)破产财产以一次性分配为原则。破产程序终结后,债权人可以依照企业破产法第一百二十三条的规定向破产受理法院申请追加分配。

27.(终结破产程序)破产人已无财产可供分配的,管理人应当请求人民法院裁定终结破产程序。人民法院应当自收到管理人终结破产程序的请求之日起五日内作出是否终结破产程序的裁定。

28.(申请注销登记)管理人应当自破产程序终结之日起五日内,持法院终结破产程序的裁定,向破产人的原登记机关办理注销登记。

29.(费用不足时垫付费用的准许)债务人财产不足以支付破产费用的,管理人应当提请人民法院宣告债务人破产并终结破产程序。但债权人、管理人、债务人的出资人或者其他利害关系人愿意垫付的,破产程序可以继续进行。

30.(审理期限)适用快速审理的破产案件,一般应在裁定受理之日起六个月内审结。无任何财产、无账簿文书、企业人员下落不明的破产案件,一般应在裁定受理之日起三个月内审结。案件有特殊情况无法在规定期限内审结的,可以申请延长审理期限一次。

五、附则

31.(强清案件参照适用)债权债务关系明确、企业财产状况清楚的强制清算案件,可以参照适用本意见审理。

32.(施行时间)本意见自2018年4月4日起施行。

北京市高级人民法院关于破产程序中财产网络拍卖的实施办法(试行)

(2019年4月25日)

为规范破产程序中管理人对债务人财产的处置行为,提高处置效率,实现债务人财产价值最大化,维护当事人的合法权益,根据《中华人民共和国企业破产法》、最高人民法院《全国法院破产审判工作会议纪要》等相关规定,结合本市破产审判工作实际,制定本办法。

第一条　管理人依法通过互联网拍卖平台,以网络电子竞价方式公开处置债务人财产的,适用本办法。

债务人财产指破产申请受理时属于债务人的全部财产,以及破产申请受理后至破产程序终结前债务人取得的财产。

第二条　债务人财产处置,应以网络拍卖优先为原则。债权人会议决议通过其他方式处置,法律、行政法规和司法解释规定必须通过其他途径处置,以及债务人财产不适宜通过网络拍卖处置的除外。

第三条　管理人作为出卖人,应以自己的名义依法通过网络拍卖平台处置债务人财产,接受债权人会议和人民法院的监督。

第四条　网络拍卖平台应从最高人民法院确定的司法拍卖网络服务提供者名单库中选择。

第五条　是否通过网络拍卖方式处置债务人财产以及网络拍卖方案,由管理人在财产变价方案中提出并提交债权人会议讨论、表决。管理人根据企业破产法第二十六条,在第一次债权人会议召开之前处置财产的,应当向人民法院提交网络拍卖方案,经人民法院许可。

网络拍卖方案一般应当包括以下内容:

(一)拟通过网络拍卖处置的债务人财产的范围;

(二)拟选择的网络拍卖平台;

(三)拟拍卖时间、起拍价或其确定方式、保证金的数额或比例、保证金和拍卖款项的支付方式及支付期限;

(四)竞价时间、出价递增幅度、拍卖次数、每次拍卖的降价幅度及公告期;

(五)其他需要由债权人会议决议的事项。

管理人应就所拍卖债务人财产可能产生的费用和可能的税费负担情况向债权人会议予以说明。

第六条　对债务人特定财产享有担保权的债权人向管理人申请就该特定财产变价处置并行使优先受偿权的,管理人在制定网络拍卖方案时,应当以实现债务人财产价值最大化为原则,并充分听取担保权人的意见。

第七条　实施债务人财产网络拍卖的,管理人应当履行下列职责:

(一)查明拍卖财产的权属、权利负担、质量瑕疵、欠缴税费、占有使用等现状并予以说明;

(二)制作、发布拍卖公告等信息,在选择的网络拍卖平台上独立发拍;

(三)按照公司法等法律、法规、司法解释的规定提前通知已知优先购买权人,并在网络拍卖公告发布三日前通知其网络拍卖事项;

(四)办理财产交付和协助办理财产权属转移手续;

(五)其他依法应当由管理人履行的职责。

第八条 为提高债务人财产处置效率,经人民法院许可,管理人可以聘用第三方社会服务机构从事制作拍卖财产的文字说明、照片或者视频等资料,展示拍卖财产,接受咨询,引领看样等工作。

聘用第三方社会服务机构的必要费用列入破产费用,由债权人会议审查。

第九条 管理人实施网络拍卖应当先期公告。首次拍卖的公告期不少于十五日,流拍后再次拍卖的公告期不少于七日。公告应同时在选择的网络拍卖平台和全国企业破产重整案件信息网上发布,并可以根据案件需要在其他媒体发布。

拍卖公告应当包括拍卖财产、起拍价、保证金、竞买人条件、拍卖财产已知瑕疵、相关权利义务、法律责任、拍卖时间、网络平台、破产案件审理法院、管理人名称及联系方式等信息。

第十条 管理人应当在拍卖公告发布当日通过选择的网络拍卖平台公示下列信息:

(一)拍卖公告;

(二)拍卖财产现状的文字说明、照片或视频等;

(三)拍卖时间、起拍价及竞价规则;

(四)拍卖保证金、拍卖款项支付方式和账户;

(五)优先购买权主体以及权利性质;

(六)通知或无法通知已知优先购买权人的情况;

(七)财产交付方式、财产所有权转移手续以及税费负担;

(八)其他应当公示和说明的事项。

第十一条 拟采用网络拍卖债务人财产的,一般情况下管理人应当提出处置参考价供债权人会议参考确定起拍价。参考价可以采取以下方式确定:

(一)定向询价。债务人财产有计税基准价、政府定价或者政府指导价的,管理人可以向确定参考价时财产所在地的有关机构进行定向询价;

(二)网络询价。债务人财产无需由专业人员现场勘验或者鉴定,且具备网络询价条件的,管理人可以通过司法网络询价平台进行网络询价;

(三)委托评估。法律、行政法规规定必须委托评估、债权人会议要求委托评估的,管理人应当委托评估机构进行评估。网络询价不能或不成的,管理人可以委托评估机构进行评估;

(四)管理人估价。无法通过以上三种方式确定参考价,或者委托评估费用过高的,管理人可以根据市场交易价格、财务数据等进行估算。

关于债务人财产处置参考价的确定,本办法未规定的,可参照适用《最高人民法院关于人民法院确定财产处置参考价若干问题的规定》。

第十二条　债权人会议无法就起拍价作出决议的，由人民法院裁定，但一般不应低于处置参考价的百分之七十。

第十三条　债权人会议可以授权管理人自行确定起拍价。

第十四条　竞买人应当交纳的保证金数额原则上在起拍价的百分之五至百分之二十范围内确定。债权人会议决议保证金数额不在上述范围内的，依其决议确定。

第十五条　债务人财产网络拍卖的拍卖次数、降价幅度不受限制。为提高财产处置效率，债权人会议关于财产变价方案的决议内容可以明确债务人财产通过多次网络拍卖直至变现为止，或明确变卖前的流拍次数。

第十六条　已确定网络拍卖或在竞价程序中，管理人如有正当理由可决定暂缓、中止、停止网络拍卖，但应及时向债权人委员会报告，未设立债权人委员会的，应及时报告人民法院。如需变更为非网络拍卖方式或者变更网络拍卖平台的，须经债权人会议决议。

第十七条　拍卖成交后买受人悔拍的，交纳的保证金不予退还，计入债务人财产。保证金数额不足以弥补拍卖费用损失以及重新拍卖价款低于原拍卖价款的差价的，管理人可向悔拍人追索。

悔拍后重新拍卖的，原买受人不得参加竞买。

第十八条　拍卖成交后，由网络拍卖平台自动生成确认书并公示，确认书中载明实际买受人的身份、竞买代码等信息。买受人可以向管理人申请不公开身份信息。

第十九条　买受人应根据拍卖公告将拍卖价款支付至管理人账户或审理破产案件的人民法院账户。须由出卖人负担的相关税费，管理人应当在拍卖款中预留并代为申报、缴纳。

第二十条　管理人应当协助买受人办理拍卖财产交付、证照变更及权属转移手续，必要时可以申请人民法院协助。

第二十一条　网络拍卖竞价期间无人出价的，本次拍卖流拍。按照债权人会议决议需要在流拍后再次拍卖的，管理人应自流拍之日起七个工作日内再次启动网络拍卖程序，确有特殊情况的除外。

第二十二条　债权人会议决定设立债权人委员会的，可以债权人会议决议的形式，委托债权人委员会行使本办法规定的债权人会议的职权。

第二十三条　管理人未勤勉尽责、忠实执行职务，在处置债务人财产过程中给债权人、债务人或者第三人造成损失的，依法承担赔偿责任。

第二十四条　管理人通过网络拍卖方式处置债务人财产，本办法没有规定的，可参照适用《最高人民法院关于人民法院网络司法拍卖若干问题的规定》。

第二十五条 强制清算案件中,清算组处置被清算企业财产的,参照适用本办法。

第二十六条 本办法自2019年4月25日起施行。

北京市高级人民法院关于审理公司强制清算案件操作规范(试行)

[北京市高级人民法院2009年第14次(总第241次)审判委员会讨论通过
2009年11月9日发布并实施 京高法发〔2009〕473号]

为规范我市法院公司强制清算案件的审理,保证清算组公正高效地履行职责,保护债权人、股东和职工的合法权益,根据《中华人民共和国公司法》及其司法解释、《中华人民共和国民事诉讼法》、最高人民法院《关于审理公司强制清算案件工作座谈会纪要》的有关规定,结合审判实际经验,制定本规范。

总 则

第一条 公司解散后未依法自行清算,债权人或股东向人民法院申请指定清算组对公司进行强制清算的,依照法律、法规、司法解释以及本规范的规定对公司进行清算。

第二条 强制清算案件由公司住所地人民法院管辖。公司住所地是指公司主要办事机构所在地。公司主要办事机构所在地不明确的,由公司注册地人民法院管辖。

基层人民法院管辖区、县公司登记机关核准登记的强制清算案件;中级人民法院管辖市及市级以上的公司登记机关核准登记的强制清算案件。

基层人民法院对辖区内有重大影响,但不属于基层人民法院管辖的强制清算案件,可报请上一级人民法院决定是否指定管辖。

第三条 人民法院审理强制清算案件,应当依法维护公司职工的合法权益,公平保护债权人、股东的合法权益。

第四条 在审理强制清算案件中,对于公司的股东、实际控制人、董事、监事、高级管理人员违反《中华人民共和国公司法》的规定,给公司造成损失的,应依法追究其民事责任;对于涉嫌违法犯罪的,应移送相应机关查处。

强制清算的申请与受理

第五条　具有下列情形之一的，债权人或股东可以向人民法院申请对公司进行强制清算：

（一）公司解散后15日内不成立清算组进行清算的；

（二）自行清算出现僵局，无法作出有效决定的；

（三）虽然成立清算组但故意拖延清算的；

（四）违法清算可能严重损害公司债权人、股东及职工利益的。

第六条　债权人或股东以第五条第（一）项为由向人民法院申请对公司进行清算时，应当提交下列材料：

（一）清算申请书，列明申请人、被申请人的基本情况和申请的事实和理由；

（二）申请人的主体资格证明文件；

（三）被申请人的主体资格证明文件；

（四）申请人对被申请人享有的债权或股权证据；

（五）被申请人发生解散事由的证明材料：被申请人自行解散的，应提交被申请人的公司章程或决定解散公司的股东会（股东大会）决议；被申请人被依法强制解散的，应提交公司登记主管机关吊销公司营业执照、责令关闭、撤销公司的文件；人民法院判决解散公司的法律文书。

第七条　债权人或股东以第五条第（二）、（三）、（四）项为由向人民法院申请对公司进行清算时，除提交本规范第六条所列材料外，还应提交公司自行成立清算组的证明文件，以及清算已出现僵局、清算组故意拖延清算或存在违法清算行为的证据。

第八条　人民法院立案庭收到申请人提交的强制清算申请后，应当依本规范第五条、第六条、第七条之规定，对申请人提交材料的情况进行书面审查。

第九条　申请人提交的材料需要更正、补正的，立案庭应当书面通知申请人于七日内予以更正、补正。申请人未按期更正、补正的，视为撤回申请；申请人由于客观原因无法按时更正、补正的，应当向立案庭提交书面说明，是否延长期限由人民法院决定。

第十条　人民法院立案庭收到申请人提交的强制清算的申请并书面审查相关证据材料后，应以“（××××）××民清（预）字第×号”立案。

立案庭将申请人提交的申请书及有关证据材料移交审理强制清算案件的审判庭进行审查，并由审判庭依法作出是否受理强制清算申请的裁定，该案以“（××××）××民清（预）字第×号”结案。

第十一条　人民法院审判庭对强制清算申请审查时，应当书面通知被申请人。被申请人对强制清算申请有异议的，应当自收到通知之日起七日内向人民法院书面提出。

第十二条 人民法院对于事实清楚、法律关系简单、证据确实充分,被申请人无异议的强制清算申请,经书面审查后,决定受理的,制作裁定书送达申请人和被申请人。

人民法院可以要求被申请人提交公司有关会计报表、资产负债表、财务帐册等资料说明被申请人财产状况。

第十三条 人民法院对于案件事实复杂、被申请人书面提出异议的强制清算申请,可以召开听证会进行审查。

人民法院决定召开听证会的,应当于听证会召开前五日通知申请人、被申请人以及公司股东、实际控制人等利害关系人,并送达相关申请材料。

人民法院应当自异议期满之日起或者在听证会召开十日内决定是否受理。

第十四条 人民法院审判庭裁定受理强制清算申请的,立案庭应当以"(××××)××民清(算)字第×号"立案。

第十五条 人民法院经审查发现下列情形的,对强制清算申请不予受理:

(一)被申请人对申请人是否享有债权或股权,或者对被申请人是否发生解散事由提出异议,且经审查异议成立的;

(二)申请人不能举证证明被申请人自行清算中已出现僵局、故意拖延清算,或者存在其他违法清算可能严重损害债权人或股东利益的;

(三)有证据证明被申请人已出现破产原因的。

第十六条 人民法院对强制清算申请不予受理的,应当作出裁定。

申请人对不予受理的裁定不服的,可以在裁定送达之日起十日内向上一级人民法院提起上诉。

第十七条 人民法院受理强制清算申请后,应当组成合议庭进行审理。

第十八条 人民法院受理强制清算申请后,被申请人对申请人是否享有债权或股权提出异议,人民法院经审查认为异议成立的,应当告知申请人另行提起民事诉讼,本案由申请人撤回申请或裁定驳回申请。

第十九条 人民法院受理强制清算申请后,发现不符合法律规定的受理条件或者有本规范第十五条所列情形的,应当裁定驳回强制清算申请。

第二十条 强制清算案件的申请费以强制清算财产总额为依据,按照财产案件受理费标准减半交纳,人民法院受理强制清算申请后从被申请人财产中优先拨付。

按照上述标准计收的强制清算案件申请费超过三十万元的,超过部分不再收取。

第二十一条 自人民法院受理强制清算申请之日起至强制清算案件终结之日,被申请人的有关管理人员应承担下列义务:

（一）妥善保管并移交其占有和管理的财产、印章和账簿、文书等资料；

（二）根据人民法院的询问，如实陈述与案件相关的事实；

（三）提交已知债权人名册清单及相关证据；

（四）配合清算组工作，完成清算组交办事项；

（五）承担人民法院认为应当办理的其他事项。

前款所称有关管理人员，主要指被申请人的法定代表人和被申请人股东、董事、监事、高级管理人员；根据清算工作的需要，也可以包括被申请人的财务管理人员、其他经营管理人员、被申请人自行成立的清算组成员等。

第二十二条　人民法院受理强制清算案件后，至清算组查清被申请人资产及负债情况前，有关被申请人财产的执行程序应当中止；执行法院不予中止的，受理强制清算申请的人民法院可以逐级报告执行法院的共同上级法院协调中止执行。

清算组查清被申请人资产及负债情况，明确被申请人财产大于负债的，执行法院可以恢复执行，或者待强制清算中全额清偿债务后裁定终结执行程序；清算组查清被申请人资产及负债情况，发现被申请人财产不足清偿债务的，应当及时向人民法院申请破产清算。

强制清算程序对被申请人特定财产享有担保物权的债权人的清偿执行可以继续进行。

第二十三条　人民法院受理强制清算案件后，已经开始而尚未终结的有关被申请人的民事诉讼由原受理法院继续审理，但应变更法定代表人为清算组负责人。

人民法院受理强制清算案件后，有关被申请人的民事诉讼，应当向受理强制清算案件的人民法院提起。

第二十四条　强制清算期间，被申请人法人资格存续，但不得开展与强制清算无关的经营活动。清算组决定开展确与强制清算有关的经营活动的，应报人民法院批准。

清　算　组

第二十五条　人民法院受理强制清算案件后，应当及时指定清算组。人民法院指定成立清算组的，应当制作决定书，并送达申请人和被申请人。

第二十六条　清算组成员可以从下列人员或者机构中产生：

（一）被申请人的股东、董事、监事、高级管理人员；

（二）被选入北京市高级人民法院《破产管理人名册》的律师事务所、会计师事务所、破产清算事务所等社会中介机构；

（三）被选入北京市高级人民法院《破产管理人名册》的具备相关专业知识并取得执业资格的人员。

人民法院根据案件具体情况,以有利于强制清算的顺利进行为原则,在上述人员中指定清算组成员。

除由第(二)、(三)项中的中介机构或个人独立组成清算组以外,其他清算组成员的人数应当以3人以上的单数构成。

第二十七条 人民法院指定的清算组成员有下列情形之一的,人民法院可以根据债权人、股东的申请,或者依职权更换清算组成员:

(一)有违反法律或者行政法规的行为;

(二)丧失执业能力或者民事行为能力;

(三)有严重损害被申请人或者债权人利益的行为。

上述变更事项应及时通知债权人。

第二十八条 清算组成员无正当理由,不得拒绝人民法院的指定,不得辞去职务。清算组成员辞职,应当经人民法院许可。

第二十九条 清算组应当恪尽职守,勤勉尽责,及时有效地履行清算职责。清算组成员不得利用其身份或地位为自己和他人谋取私利。

第三十条 由本规范第二十六条第(一)项规定的人员担任清算组成员的,可以聘请具有相关专业资质的代理人从事相关清算事务。

第三十一条 清算组应及时向人民法院报告工作,并自觉接受人民法院、债权人和股东的监督。

第三十二条 公司股东、实际控制人、股份有限公司的董事或股东大会确定的清算义务人担任清算组成员的,不计付报酬。

上述人员以外的有限责任公司的非股东董事、监事、高级管理人员,股份有限公司监事、高级管理人员担任清算组成员的,可以按照其上一年度的平均工资标准计收报酬。

清算组由中介机构或者个人组成的,其报酬由中介机构或者个人与被申请人协商确定;协商不成的,由人民法院参照《最高人民法院关于审理企业破产案件确定管理人报酬的规定》确定。

清算组由被申请人股东、董事、监事、高级管理人员,以及中介机构或者个人共同组成的,被申请人股东、董事、监事、高级管理人员的报酬按本条第(一)、(二)款规定的标准支付。中介机构或者个人的报酬,由清算组与被申请人协商确定,协商不成的,由人民法院参照《最高人民法院关于审理企业破产案件确定管理人报酬的规定》确定整个清算组的报酬后,按照中介机构或者个人在清算中付出劳动量的比例,合理确定其报酬。

第三十三条 清算组在清算期间履行下列职责:

(一)接管被申请人的财产、印章、账簿、文书档案、证照等资料;

（二）调查、清理被申请人财产，分别编制资产负债表和财产清单，组织被申请人财产的评估、拍卖、变现；

（三）通知已知债权人、公告未申报债权的债权人；

（四）决定被申请人的内部管理事务；

（五）决定被申请人的日常开支和其他必要开支；

（六）处理与强制清算有关的被申请人未了结的业务；

（七）清缴所欠税款以及清算过程中产生的税款；

（八）清理债权、债务；

（九）管理和处分被申请人财产，并处理被申请人清偿债务后的剩余财产；

（十）向人民法院提交清算报告；

（十一）以被申请人名义参加诉讼、仲裁或者其他法律程序；

（十二）办理被申请人注销登记等终结事宜；

（十三）人民法院认为清算组应当履行的其他职责。

第三十四条　人民法院指定成立清算组后，清算组应根据个案情况组建工作团队，合理配置工作人员，并将名单报人民法院备案。

第三十五条　清算组的负责人由清算组成员共同推选产生；清算组成员不能达成一致意见的，由人民法院指定产生。清算组负责人代行被申请人法定代表人职权。

第三十六条　强制清算事务应当由全体清算组成员共同决定。

清算组成员为三人以上的，按下列表决程序决定：

（一）对清算事务作出决议的，由清算组成员按照人数投票，并以简单多数决方式作出决定；

（二）对处分财产、放弃权利、确定清算分配方案作出决议的，应经清算组成员人数2/3以上通过；

（三）清算组成员与决议事项有直接利害关系的，可以发表意见，但不得参与投票；因利害关系人回避表决无法形成多数意见的，清算组可以请求人民法院决定。

与决议事项有直接利害关系的清算组成员未回避表决形成决议的，债权人或清算组其他成员可以参照《中华人民共和国公司法》第二十二条的规定，自决议作出之日起六十日内，请求人民法院予以撤销。

第三十七条　清算组应当在收到人民法院指定成立清算组决定书之日起七个工作日内制定工作方案，包括：

（一）清算工作规程；

（二）会议议事规则；

(三)财务收支管理制度;

(四)证照和印章管理制度;

(五)处理突发事件应急预案;

(六)档案管理制度及保密制度等。

上述清算工作方案报人民法院批准后执行。

第三十八条 清算组应当在收到人民法院指定成立清算组决定书之日起十个工作日内到公安机关刻制清算组印章,清算组印章交人民法院封样备案后启用。清算组印章应由专人保管并设置使用登记记录。清算组印章不得用于清算事务之外的任何场合使用。

第三十九条 清算组应当持人民法院指定成立清算组决定书和清算组公章向人民法院许可的银行申请开立清算组账户。

清算组应将公司的资金划入清算组账户统一管理。

第四十条 清算组应当严格执行财务收支管理制度,接管后的全部费用支出必须经内部审批程序批准后从清算组账户列支。

第四十一条 清算组应在收到人民法院指定成立清算组决定书之日起十五日内完成对被申请人的接管工作。接管时应当制作移交清单、接管笔录,告知法律责任。接管工作完成后由清算组和被申请人的有关人员签名确认,并在被申请人营业场所公告有关事项。

第四十二条 清算组接管的被申请人财产、印章和账簿、文书等资料包括:

(一)被申请人占有或管理的现金、银行存款、有价证券、债权债务清册、存货、流动资产、固定资产、在建工程、对外投资、无形资产等财产及相关凭证;

(二)公章、财务专用章、合同专用章、发票专用章、海关报关章、职能部门章、各分支机构章、电子印章、法定代表人名章等印章;

(三)总账、明细账、台账、日记账等账簿及全部会计凭证、重要空白凭证;

(四)批准设立文件、营业执照、税务登记证书及各类资质证书、章程、合同、协议及各类决议、会议记录、人事档案、电子文档、管理系统授权密码等资料;

(五)有关被申请人的诉讼、仲裁、执行案件的卷宗材料;

(六)被申请人的其它重要资料。

第四十三条 被申请人的有关人员因客观原因无法交出应交接的财产、印章、账册、文书等资料的,清算组应当要求被申请人的有关人员作出书面说明或者提供有关证据与线索。

被申请人的有关人员拒不移交财产、印章和账簿、文书等资料的,清算组可以申请人民法院强制执行。

第四十四条 在接管过程中,清算组应当对以下事项进行调查核实:

（一）被申请人的资产状况；

（二）被申请人的债权债务情况；

（三）被申请人的职工安置情况，职工工资、经济补偿金支付情况及社会保险费用的缴纳情况；

（四）被申请人股东的出资情况；

（五）被申请人的董事、监事和高级管理人员是否存在利用职权获取非正常收入或者侵占被申请人财产的行为；

（六）被申请人未履行完毕的合同情况；

（七）有关被申请人的未结诉讼、仲裁以及未执行完毕的案件情况；

（八）人民法院认为清算组应当调查的其它事项。

第四十五条　清算组可以要求被申请人的有关人员协助调查，被申请人的有关人员拒不协助调查的，清算组应当及时报告人民法院依法处理。

第四十六条　清算组进行清算时发现被申请人的有关人员有下列行为的，应及时请求人民法院对直接责任人采取民事强制措施；涉嫌犯罪的，应当向公安机关报案：

（一）伪造、销毁有关证据材料；隐匿或者销毁依法应当保存的会计凭证、会计账簿、财务会计报告；

（二）隐匿、转移清算财产；

（三）对资产负债表或者财产清单作虚假记载或者在未清偿债务前处分或分配被申请人财产，严重损害债权人或股东利益。

第四十七条　清算组应当制定解除劳资关系的方案并以书面通知被申请人的全体职工终止劳动合同；有关职工的经济补偿，按《中华人民共和国劳动法》、《中华人民共和国劳动合同法》的相关规定执行。经人民法院许可，清算组可以聘用被申请人的有关人员作为留守人员，留守人员的劳动报酬根据现行有关法律法规司法解释以及被申请人的实际情况确定，从清算费用中支付。

第四十八条　清算组在清算期间，有义务妥善保管被申请人财产、账册、印章、文书等资料，防止毁损与遗失。

清算财产

第四十九条　强制清算案件受理时属于被申请人的全部财产，以及强制清算案件受理后至程序终结前被申请人取得的财产，为清算财产。

第五十条　清算组应督促被申请人的债务人或者财产持有人向清算组清偿债务或者交付财产。

第五十一条　人民法院受理强制清算申请后，被申请人股东尚未完全履行出资义务的,清算组应当要求该股东缴纳所认缴的出资,不受被申请人章程中有关分期缴纳出资期限规定的限制。

第五十二条 被申请人的董事、监事和高级管理人员及被申请人其他人员利用职权从被申请人处获取的非正常收入和侵占的公司财产,清算组应当以被申请人名义取回,并归入被申请人清算财产。

第五十三条 人民法院受理强制清算申请后,被申请人财产存在被隐匿、转移、毁损等可能影响依法清算的情形的,人民法院可依清算组或申请人的申请,或者依职权,对被申请人财产采取相应的保全措施。

债权申报和审核

第五十四条 清算组应当自收到人民法院指定成立清算组决定书之日起十日内将强制清算事宜书面通知全体已知债权人,同时,根据被申请人规模和营业地域范围,于三十日内在全国或者被申请人注册登记地省级主要报刊上进行公告。

第五十五条 通知和公告应当载明下列事项:

(一)申请人、被申请人的名称或者姓名;

(二)人民法院裁定受理强制清算申请的时间;

(三)申报债权的期限、地点和注意事项;

(四)清算组成员的名称或者姓名及其联系方式、处理事务的地址;

(五)被申请人的债务人或者财产持有人应当向清算组清偿债务或者交付财产的要求;

(六)人民法院认为应当通知和公告的其他事项。

第五十六条 债权人应当自接到清算组发出的债权申报通知书之日起三十日内,未接到通知书的自公告之日起四十五日内,向清算组申报其债权。

债权人申报债权,应当说明债权的性质、数额、形成原因等有关事项,并提供证明材料。清算组应当对债权进行登记。

在申报债权期间,未经人民法院批准,清算组不得对债权人进行清偿。

第五十七条 被申请人所欠职工的工资和医疗、伤残补助、抚恤费用,所欠缴的应当划入职工个人账户的基本养老保险、基本医疗保险费用,以及法律、行政法规规定应当支付给职工的补偿金,不必申报,由清算组调查后列出清单并予以公示。

职工对清单记载有异议的,可以要求清算组更正;清算组不予更正的,职工可以向有管辖权的人民法院提起诉讼。

第五十八条 未到期的债权,在人民法院决定受理强制清算申请时视为到期。

附利息的债权在人民法院决定受理强制清算申请时停止计息。

第五十九条　附条件、附期限的债权和诉讼、仲裁未决的债权，债权人可以向清算组申报。

第六十条　清算组收到债权申报材料后，应当登记造册，对申报的债权进行审查核定，并编制债权表报人民法院审查。债权表和债权申报材料由清算组保存，供利害关系人查阅。

清算组应将债权审核结果及时通知相关债权人和被申请人。债权人、被申请人对清算组核定的债权有异议的，可以要求清算组重新核定。清算组不予重新核定，或者债权人、被申请人对清算组重新核定的债权仍有异议的，债权人、被申请人可以向有管辖权的人民法院提起诉讼。

第六十一条　连带债权人可以由其中一人代表全体连带债权人申报债权，也可以共同申报债权。

第六十二条　被申请人的保证人或者其他连带债务人已经代替被申请人清偿债务的，以其对被申请人的求偿权申报债权。

第六十三条　债权人在规定的期限内未申报债权，但在清算财产分配完毕前补充申报的，清算组应予登记。为审查和确认补充申报债权的费用，由补充申报人承担。

第六十四条　债权人补充申报的债权，可以在被申请人尚未分配的财产中依法清偿。被申请人尚未分配的财产不能全额清偿，债权人可以向人民法院主张以股东在剩余财产分配中已经取得的财产予以清偿，但债权人无正当理由或经依法送达未在规定期限内申报债权的除外。

清算财产的处置

第六十五条　清算组在清理被申请人财产、编制资产负债表和财产清单后，应当制定清算方案，报人民法院确认。未经确认的清算方案，清算组不得执行。

第六十六条　被申请人财产应当通过拍卖进行处置。通过其他方式处置公司财产的，清算组应报人民法院批准。

按照国家规定不能拍卖或者限制转让的财产，应当按照国家规定的方式处理。

第六十七条　清算组处置被申请人财产应事前报经人民法院批准，并可自行选定或在《北京市高级人民法院委托司法鉴定和拍卖机构名册》中选定评估、拍卖中介机构。

第六十八条　清算财产按下列顺序分别支付：

（一）清算费用；

（二）职工的工资、社会保险费用和法定补偿金；

（三）缴纳所欠税款；

(四)清偿被申请人债务;

(五)剩余财产分配。

剩余财产中包括利润的,对利润部分,有限责任公司股东按照实际缴纳的出资比例分配,全体股东另有约定的除外;股份有限公司股东按照公司利润分配办法分配。

剩余财产中不包括利润或者分配利润后仍有剩余的财产,有限责任公司股东按照实际缴纳的出资比例分配;股份有限公司股东按照股权比例分配。

第六十九条 清算财产一般应当以货币形式一次性分配。但全体债权人达成实物分配协议的,报经人民法院批准后可以进行实物分配。清偿完被申请人债务后的剩余财产,全体股东协商同意实物分配的,报经人民法院批准后可以进行实物分配。

第七十条 对于附生效条件或者附解除条件的债权,清算组应当将其分配额提存。

上述提存的分配额,在人民法院裁定终结强制清算程序时,生效条件未成就或者解除条件成就的,应当分配给被申请人股东;在人民法院裁定终结强制清算程序时,生效条件成就或者解除条件未成就的,应当交付给相应的债权人。

第七十一条 债权人未受领的被申请人财产分配额,清算组应当提存。债权人因自身原因自人民法院裁定终结强制清算程序之日起满两年仍不领取的,视为放弃受领分配的权利,清算组或者人民法院应当将提存的分配额分配给被申请人股东。

第七十二条 被申请人财产分配时,对于诉讼或者仲裁未决的债权,清算组应当将其分配额提存,直至诉讼或仲裁终结。自人民法院诉讼终结之日起满两年仍不能受领分配的,人民法院应当将提存的分配额分配给被申请人股东。

清算终结

第七十三条 人民法院受理的强制清算案件,清算组应当自成立之日起六个月内清算完毕。

因特殊情况无法在六个月内完成清算的,清算组可向人民法院申请延长。

第七十四条 人民法院审理清算案件时,对于没有任何财产、帐册、重要文件或按登记地址不能通知被申请人或清算义务人,导致无法清算的,应当裁定终结清算程序。

债权人申请强制清算,人民法院依据前款规定裁定终结清算程序的,应当在终结裁定中载明,其可以另行依据最高人民法院《关于适用〈中华人民共和国公司法〉若干问题的规定》(二)第十八条的规定,要求被申请人的清算义务人对其债务承担偿还责任。

股东申请强制清算，人民法院依据前款规定裁定终结清算程序的，应当在终结裁定中载明，股东可以向控股股东等实际控制公司的主体主张相关权利。

第七十五条　财产分配结束后，清算组应当制作清算报告并报人民法院确认后，人民法院裁定终结清算程序。

清算组应当在收到人民法院终结清算程序裁定后，持该裁定到税务登记机关办理被申请人税务注销登记，到工商登记机关办理被申请人企业法人注销登记，并公告被申请人终止。

第七十六条　清算组于办理注销登记完毕的次日起终止执行职务。但是，存在诉讼或者仲裁未决情况的，清算组仍应当继续依法履行职责。

第七十七条　清算组依法终止执行职务后，应当注销清算组账户，将清算组印章交公安机关销毁并将销毁印章的证明交人民法院备案。

第七十八条　清算组依法终止执行职务后，应当将接管的被申请人资料移交股东保存，将清算组执行职务过程中形成的卷宗材料装订成册，保存备查。

第七十九条　清算组在清理被申请人财产、编制资产负债表和财产清单时，发现被申请人财产不足清偿债务的，可以与债权人协商有关债务清偿方案。

债务清偿方案经全体债权人确认且不损害其他利害关系人利益的，人民法院可依清算组的申请裁定予以认可。清算组依据该债务清偿方案清偿债务后，应当向人民法院申请裁定终结清算程序。

债权人对债务清偿方案不予确认或者人民法院对债务清偿方案不予认可的，人民法院裁定终结清算程序，并通知清算组和债权人依法向人民法院申请被申请人破产。

第八十条　人民法院受理清算组破产申请后，清算组应当将清算事务移交给人民法院指定的破产管理人。

强制清算程序中已经完成的清算事项，如无违反《中华人民共和国企业破产法》及相关司法解释规定的情形，对于破产清算程序应为有效。

附　　则

第八十一条　人民法院受理强制清算申请后，在审理强制清算案件中如需出具多份民事裁定书、决定书等，应以“(××××)××民清(算)字第××-1、-2、……号”形式分别依次编号。

第八十二条　本规范自下发之日起施行。

本规范没有规定的，参照《中华人民共和国企业破产法》及最高人民法院相关司法解释的有关程序处理。

上海市高级人民法院关于审理企业法人破产案件若干问题的解答

(2006 年 6 月 23 日发布并实施 沪高法民二〔2006〕14 号)

为依法、稳妥审理企业法人破产案件,统一本市法院审理破产案件的实践做法,高院民二庭在调研的基础上,就破产案件审理中遇到的若干问题解答如下:

一、债权人向法院申请外商投资企业破产,是否需提交外商投资企业主管部门同意该企业破产的批准文件?

外商投资企业具有《中华人民共和国民事诉讼法》第一百九十九条规定的情形,债权人可以依法向人民法院申请宣告该企业破产还债。外商投资企业是否符合破产条件,不属于外商投资企业主管部门依法审批的事项,该批准文件也不属于法院受理破产案件的必备文件,故债权人在申请宣告外商投资企业破产时,无须提交外商投资企业主管部门的批准文件。

二、外商投资企业作为债务人向法院申请破产,是否需提交外商投资企业主管部门同意该企业破产的批准文件?

依据现行法律规定,外商投资企业解散应当经外商投资企业主管部门审批,但企业破产不属于外商投资企业主管部门依法审批的事项,故外商投资企业作为债务人向法院申请破产,也无须提交外商投资企业主管部门同意其申请破产的批准文件。外商投资企业申请破产符合法律规定的受理条件,本市法院应当依法予以受理。法院受理后,可以将案件受理情况函告外商投资企业的主管部门。

三、债务人的财产不足以支付全部破产费用,法院能否以此为由拒绝受理该破产案件?

企业破产还债程序不仅涉及私权利益的问题,还涉及到社会公共利益的问题。按照法律规定,在破产事由出现时,债务人申请破产不仅是债务人的权利,也是债务人的一项义务。因此,企业破产程序具有强制性。人民法院在立案审查阶段,虽发现债务人的财产可能不足以支付全部破产费用,但债务人申请破产符合法律规定的受理条件,且不存在其他受理障碍的,相关法院不能仅以债务人的财产不足以支付全部破产费用为由而不予受理。受理后,如债务人财产不足以支付相关破产费用的,法院可依法裁定终结破产还债程序。

四、破产程序中对破产企业应收境外债权如何追收?

根据目前企业破产清算实践,对破产企业应收债权中的境外债权,法院可以指导清算组区分不同情形拟定追收方案,并交债权人会议讨论决定。

如果该笔境外债权数额较大，且通过司法程序收回债权的可预见性较强，司法程序主张债权成本又低于可收回的债权数额，则可由清算组通过司法程序对外追收债权。

如果该笔境外债权数额不大，或者债权数额虽大但收回有较大难度的，可以通过公开竞价方式转让该笔债权。债权出让所获金额纳入破产财产范围。

五、企业停产时职工劳动合同未到期，企业亦未与职工解除劳动合同，但法院受理企业破产申请时，劳动合同已到期，应否向职工支付解除劳动合同的补偿金？

依据劳动法的相关规定，因劳动合同到期，企业与职工解除劳动合同关系的，可以不向职工支付解除劳动合同的补偿金。但是，企业因濒临破产而导致职工在劳动合同到期前已被遣散，故劳动合同终止的实质原因是由于企业濒临破产或破产而导致，从维护职工的合法权益考虑，应当向职工支付解除劳动合同的补偿金。

六、破产程序中，职工持生效的劳动仲裁裁决或法院判决要求清算组提前履行支付义务的，应如何处理？

职工通过仲裁裁决或法院判决确认的劳动债权应与其他职工的劳动债权平等对待，不享有优先于其他职工获得清偿的权利。因此，在清算组未就全体职工劳动债权予以清偿的情况下，少数职工持生效裁决要求清算组提前清偿劳动债权的请求不予支持。

七、债权人以未收到债权申报通知为由逾期申报债权，并要求参与破产分配的，应如何处理？

根据《中华人民共和国民事诉讼法》第二百条、《中华人民共和国企业破产法（试行）》（以下简称企业破产法）第九条的规定，债权人应当在收到债权申报通知后的三十日内，未收到通知的债权人应当自人民法院受理破产案件公告之日起三个月内，向受理法院申报债权。债权人逾期未申报债权的，视为放弃债权。因此，债权人逾期申报债权除符合《最高人民法院关于审理企业破产案件若干问题的规定》第二十四条规定所列情形外，不得以未收到债权申报通知或未看到公告为由要求申报债权并参与破产分配。

八、法院裁定终结企业破产程序后，是否应当向债权人送达裁定书或发布公告？

人民法院裁定终结企业破产程序后，为保护当事人相关权利，应向债权人送达破产程序终结裁定书，并按规定发布公告。

九、相关法律、司法解释规定债权人在破产程序终结后一定期限内，可向其他债务人主张债权的，如何确定破产程序终结之日？

根据《最高人民法院关于适用〈中华人民共和国担保法〉若干问题的解释》第四十四条规定，债权人在债务人破产程序中申报债权后未受清偿的部分，可以要求保证人承担保证责任，但应在破产程序终结后六个月内提出。其他法律、司法解释也有类似的规定。由于实践中对破产程序终结时间的界定存在分歧,有可能导致债权人的相关权利受到侵害。为切实保护债权人向其他债务人主张权利或申请执行的权利,参照民事诉讼法关于类似权利期间起算的规定,债权人的权利期间应当自破产程序终结裁定书送达之日起算。

十、企业破产程序终结后,涉及职工福利性住房的善后事宜应如何处理?

破产企业为全民所有企业的,根据《国有企业试行破产有关财务问题的暂行规定》以及《最高人民法院关于审理企业破产案件若干问题的规定》等规定,破产清算时破产企业职工的福利性公有住房不计入破产财产。企业破产程序终结后,如果原职工要求将其居住的公有房屋使用权买断为所有权,可要求尚未撤销的破产清算组或原企业上级主管单位办理公有房屋出售手续,在办理房屋过户手续时,房地产交易部门对原企业主管单位出售房屋主体资格提出异议的,受理破产案件的法院可以法院名义出具证明,表明原企业上级主管单位有合法资格处理破产企业职工福利性公有住房的出售事宜。

上海市高级人民法院关于当前破产审判实务若干问题的解答(一)

(2018 年 6 月 27 日)

一、上市公司破产案件如何管辖?

上市公司是指《公司法》第一百二十条规定的股票在证券交易所上市交易的股份有限公司。按照《上海市高级人民法院关于调整本市企业破产案件受理审批工作的规定》(沪高法〔2010〕379 号,以下简称《受理审批规定》),破产企业为上市公司的破产申请,由第一、第二中级人民法院管辖。《上海市高级人民法院、上海市人民检察院关于跨行政区划民商事案件集中管辖的暂行规定》(沪高法〔2017〕137 号,以下简称《集中管辖暂行规定》)实施后,原属本市中级人民法院管辖的上市公司破产案件,目前划归第三中级人民法院管辖。

二、上市公司破产申请受理前应履行哪些程序?

鉴于上市公司破产重整案件涉及法律关系复杂、影响面广,根据《最高人民法院关于审理上市公司破产重整案件工作座谈会纪要》(以下简称《上市公司重整纪要》)的要求,人民法院在审查破产重整申请时,应当组织召开听证会,对申请人的申请资格、上市公司是否发生重整事由以及重整可行性等进行听证。人民法院裁定受理破产重整申请前,按照《上市公司重整纪要》要求,还应当将相关材料层报最高人民法院审查。

关于上市公司破产清算申请是否需要上述审查受理程序，尚无明确规定，但基于该类案件的重大性和复杂性，一般也应当组织召开听证会，并报上级法院审查。

三、“新三板”、“老三板”公司破产案件管辖权如何把握？

“新三板”公司指的是在全国中小企业股份转让系统挂牌的企业，“老三板”指的是股票从原来的两个法人股市场(STAQ 系统和 NET 系统)以及主板市场终止上市后退下来的公司。“新三板”和“老三板”公司都不是《公司法》第一百二十条所规定的上市公司。对于申请“新三板”或“老三板”公司破产的，如不涉及《受理审批规定》第三条所列应由中级人民法院管辖情形的，由该公司住所地的区人民法院管辖。该公司住所地位于闵行、徐汇、黄浦、杨浦法院辖区的，按照《集中管辖暂行规定》，目前由上海铁路运输法院管辖(执转破案件除外)。

四、当事人不服下级法院所作不予受理裁定上诉后，上级法院经审查指令受理的，下级法院是否仍需出具受理裁定？

当事人不服下级法院所作不予受理裁定上诉后，上级法院经审查作出指令下级法院受理裁定的，上级法院应当及时将该民事裁定书及案卷材料移交下级法院。下级法院应在二审法院作出指令受理裁定十五日内作出“破”字号受理裁定，在该裁定书中载明二审法院裁定指令受理的日期，并明确以该日期作为破产申请受理的时间。

五、破产申请立案审查中，对于下落不明的债务人是否需要采取公告送达方式通知？

根据《企业破产法》第十条规定，债权人提出破产申请的，人民法院应当自收到申请之日起五日内通知债务人，债务人可以对破产申请提出异议。为保障债务人的知情权和异议权，应尽快通过查阅工商档案、相关诉讼卷宗等途径获取债务人的法定代表人、实际控制人、股东、董事高管等的联系方式予以通知。

采取上述方式后，债务人仍无法通知的，应当及时在“全国企业破产重整案件信息网”公告，公告期限以七日为宜。

六、债务人进入破产程序后，针对该企业的个案给付请求应如何处理？

根据《企业破产法》第十六条规定，人民法院受理破产申请后，债务人对个别债权人的债务清偿无效。据此，人民法院受理破产申请后，债权人针对债务人提出的给付之诉，不予支持。

根据不同情况，分别处理：1. 涉及《破产法司法解释(二)》第二十一条规定的相关诉讼，依照该司法解释规定处理；2. 其他针对债务人的给付之诉，人民法院应当向债权人释明，由债权人将其给付请求变更为债权确认请求，并告知债权人可通过申报债权的方式参与破产程序，实现其实体权利。

七、债权人既向破产债务人申报债权,又起诉连带债务人承担清偿责任的,应如何处理?

债务人进入破产程序,债权人向管理人申报债权,又起诉要求连带债务人承担清偿责任的,该诉讼应当受理并继续审理。审理中应注意以下几点:1. 做好与债务人破产程序之间的衔接,避免债权人双重受偿。要求债权人如实告知债权清偿情况,必要时应向破产受理法院调查。2. 如经查实,债权人已在破产程序中获得清偿,应当在判决中直接予以扣除。3. 债权人尚未从破产程序中获得清偿的,在判决主文中可表述为“被告×××对债务人×××所欠债务××× 元承担连带清偿责任”。

八、确有证据证明债务人股东持有账册、文件、印章拒不移交管理人的,可以采取哪些强制措施?

《企业破产法》第一百二十七条规定:“债务人违反本法规定,拒不向管理人移交财产、印章、账簿、文书等资料的,或者伪造、销毁有关财产证据材料而使财产状况不明的,人民法院可以对直接责任人依法处以罚款”。据此,对于确有证据证明债务人的负责人、股东或实际控制人等持有上述材料拒不移交的,管理人可以申请人民法院采取相应强制措施。人民法院可以依照《破产法司法解释(一)》第六条第二款之规定,对直接责任人员采取罚款等强制措施,罚款标准可以依照《民事诉讼法》第一百一十五条、《公司法》第二百零五条规定。

此外,《企业破产法》第一百二十六条规定,“有义务列席债权人会议的债务人的有关人员,经人民法院传唤,无正当理由拒不列席债权人会议的,人民法院可以拘传”。根据《企业破产法》第四条规定,该法没有规定时,可以适用《民事诉讼法》的有关规定。《民事诉讼法》第一百零九条对必须到庭的被告规定了拘传措施。《民事诉讼法司法解释》第四百八十四条规定了执行程序中对必须接受调查询问的被执行人、被执行的法定代表人、负责人或者实际控制人,可以拘传到场。参照上述法律规定,必要时可以对相关人员进行拘传。

上海市高级人民法院关于简化程序加快推进破产案件审理的办案指引

(沪高法〔2018〕167 号　2018 年 6 月 1 日公布并实施)

为更好适应经济高质量发展的新形势,依法高效处置“僵尸企业”,健全破产审判工作机制,实现繁案精办、简案快办,努力提高破产案件审判质效,根据《中华人民共和国企业破产法》《中华人民共和国民事诉讼法》《全国法院破产审判工作会议纪要》等规定,结合本市破产审判工作实际,制定本指引。

一、基本原则

1.(繁简分流)本市各区人民法院、上海铁路运输法院审理企业破产案件应当对案件进行繁简分流。对于事实清楚、债权债务关系明确、债务人财产状况清晰的申请破产案件、执行转破产案件、强制清算转破产清算案件,可以简化审理程序。

2.(效率原则)在坚持依法审理、不损害利害关系人合法权益的前提下,破产案件受理法院可以通过缩短办理时间、并联破产事项、简化审理流程等方式加快办案进程,但不得突破法律规定的最短期限。

二、适用范围

3.(优先适用情形)破产案件符合下列情形之一的,应当简化审理程序:

(1)执行部门已查实无财产可供执行,依法终结本次执行程序后移送破产;

(2)债务人被吊销营业执照但未经清算,债权债务关系简单,无资产或者资产较少;

(3)债务人的主要财产、账册、重要文件等灭失,或者债务人主要管理人员下落不明。

4.(可以适用情形)破产案件事实清楚、债权债务关系明确、财产状况清晰且同时具备下列情形之一的,可以简化审理程序:

(1)债务人资产和债权人数量较少的;

(2)申请人、被申请人及主要债权人协商一致同意简化审理程序的;

(3)其他适宜简化审理程序的案件。

5.(不适用情形)具有下列情形之一的,一般不适用简化审理程序:

(1)涉及企业职工分流安置或者拖欠薪酬、社保费用的;

(2)债权债务关系、债务人财产状况复杂,或者资产处置、变价存在较大困难的;

(3)申请重整或者有重整可能的;

(4)有风险处置隐患和维稳因素的;

(5)其他不适宜简化审理程序的案件。

三、审判组织、程序启动与转换

6.(立案审查)简化审理程序的破产案件,立案、审查、受理的期限应严格执行《企业破产法》及其司法解释的规定,一般不得延长期限。

债权人提出破产申请,无法通知债务人的,应于三日内在"全国企业破产重整案件信息网"公告,公告期限为七日。

7.(征询意见)人民法院在破产申请审查阶段,可以就简化审理程序征求申请人、被申请人的意见,审查决定是否简化审理程序。

8.(审判组织)对符合简化审理条件的破产案件,可以由审判员、人民陪审员组成合议庭审理。

9.(审理期限)简化审理程序的破产案件一般应于裁定受理之日起六个月内审结。

10.(告知事项)人民法院裁定受理破产申请后,应当自裁定受理之日起三日内通知申请人、债务人,并告知简化审理事项。人民法院裁定受理破产申请时,可将简化审理事项一并公告。

11.(程序转换)符合下列情形之一的,人民法院应当裁定转为普通程序审理,并自裁定之日起五日内通知破产参与人:

(1)申请人、债务人或其他主要破产参与人对简化审理程序提出异议有充分理由的;

(2)相关衍生诉讼对破产程序有重大影响的;

(3)存在对破产程序有重大影响的其他情形。

四、管理人指定与接管

12.(指定管理人)对于简化审理程序的破产案件,立案庭应当在"破"字号案件立案当天移交破产审判业务庭。合议庭应当在裁定受理破产申请之日起三日内完成随机指定管理人的上报申请工作。高院立案庭在收到申请后及时安排进行随机摇号。

13.(同批次指定)属于本指引第3条所列的案件,由同一法院在五日内集中受理的,报高院审核,可以申请将集中受理的案件随机指定同一管理人办理。但同一批次案件最多不超过五件。

14.(强清转破产指定)简化审理程序的强制清算转破产清算案件,可以直接指定清算组成员中的中介机构担任管理人。

15.(管理人接管)管理人应当在接受指定之日起七日内接管债务人财产、印章和账簿、文书等资料,接管之日起五日内向人民法院报告接管情况和工作计划。

管理人接受同一批次案件的,应当在接受指定之日起十日内完成接管工作,接管之日起七日内向人民法院报告接管情况和工作计划。

16.(财产调查)管理人应当在接受指定之日起六十日内完成债务人财产调查工作。

17.(简化开户刻章)经初步调查未发现债务人任何财产的案件,管理人可不开立银行账户,并可根据工作需要决定是否刻制印章。管理人不刻制印章的,可以由担任管理人的中介机构代章。

五、债权申报与送达方式

18.(通知债权申报)人民法院适用简化审理程序应当在裁定受理破产申请之日起十五日内通知已知债权人,并予以公告,通知和公告应载明债权申报期限、第一次债权人会议的召开时间等必要事项。债权人申报债权的期限为三十日，自发布公告之日起计算。

19.（简化公告次数与方式）受理破产申请、指定管理人、申报债权、召开第一次债权人会议、宣告破产和终结破产程序应当公告，应当公告的事项可以采取合并公告等方式减少公告次数。公告应当在“全国企业破产重整案件信息网”发布，并刊登于破产案件受理法院的公告栏。

20.（简化送达方式）简化审理程序的破产案件可以采用电子邮件、传真、短信、微信等便捷方式送达相关文书，但民事裁定书、决定书除外。

六、债权人会议

21.（召开债权人会议）第一次债权人会议由人民法院召集，自债权申报期限届满之日起五日内召开。无特殊情况的，债权人会议只召开一次。

22.（债权人会议通知）管理人应当提前十五日通知已知债权人参加债权人会议，并告知表决事项。经征询债权人同意，可以缩短提前通知的时间，但最迟不得少于五日。

23.（表决方式）第一次债权人会议表决未通过，企业破产法规定可以二次表决的，二次表决可以通过电子邮件、传真、短信、网络等方式进行，但应当在第一次债权人会议上就上述表决方式的议案进行表决。

24.（不设债委会）简化审理程序的破产案件一般不设立债权人委员会。

25.（法院裁定）债权人会议表决的事项应由人民法院裁定的，可以当场裁定，并于五日内发送民事裁定书。

对无异议的债权，人民法院一般应当在第一次债权人会议召开后五日内裁定确认。

七、财产调查与处置

26.（执行行为效力延续）管理人可将执行部门穷尽财产调查措施的相关材料作为债务人财产状况依据，一般不再进行重复调查。执行程序中已经实施的评估、鉴定及拍卖委托等，其效力可以延续至破产程序中，一般不再重复委托。

27.（执破查控衔接）破产审判业务庭在审理案件过程中，需要通过执行查控系统查控破产企业财产的，可以通过本院执行部门办理；需要上级法院协调处理的，可以向高院民二庭提交书面申请，经高院民二庭审核后转交高院执行局办理。

“总对总”、“点对点”执行查控系统对破产案件开放权限后，按照相关规定办理。

28.（财产分配效益）为提高破产财产处置效益、降低破产费用，经债权人会议决议，管理人可以通过网络拍卖方式处置破产财产。

采用拍卖方式处置破产财产，变价款预计不足以支付评估、拍卖费用的，可以对破产财产作价变卖或者以非货币方式分配，但上述处置方案必须经债权人会议决议通过。

八、破产宣告与终结

29.(简化审计)债务人申请破产时已提供了审计报告,经债权人会议同意,宣告破产前可不再委托审计。

简化审理程序的破产案件如无审计必要,可由管理人完成债权审查、财产调查后形成清算报告,报人民法院审查后裁定宣告债务人破产。

30.(宣告破产的期限)经审查认为符合宣告破产条件的,一般应在第一次债权人会议召开后的十五日至三十日内裁定宣告破产,并自裁定作出之日起三日内送达债务人和管理人,五日内通知已知债权人,并予以公告。

31.(宣告破产并终结程序)经管理人尽职调查,债务人确无任何财产清偿破产费用,或者仅有少量财产不足以清偿破产费用的,人民法院可以在裁定宣告破产的同时终结破产程序。

债权人、管理人及其他利害关系人愿意垫付破产费用,或者获准预支破产费用保障资金的,破产程序应当继续进行。

32.(终结期限)人民法院应当在收到管理人终结破产程序的申请之日起五日内作出是否终结破产程序的裁定,并于三日内公告。

33.(注销期限)管理人应当在破产程序终结之日起五日内,持人民法院终结破产程序的裁定,向破产企业的原登记机关申请办理注销登记。

34.(无法清算责任)债务人企业人员下落不明,主要财产、账册、重要文件灭失,拒不提交有关材料或者提交不真实材料,导致无法清算或无法全面清算,并造成债权人损失的,人民法院应依照《最高人民法院关于债权人对人员下落不明或者财产状况不清的债务人申请破产清算案件如何处理的批复》之规定,告知债权人可以向债务人企业有关人员依法主张相应的民事责任。

九、其他

35.(案件受理费减半)简化审理程序的破产案件受理费,可在《诉讼费用交纳办法》第十四条第六项的规定标准基础上减半收取。

36.(施行时间)本指引自2018年6月1日起实施。

上海市高级人民法院关于本市破产案件受理审批的通知

(2006年2月15日上海市高级人民法院审判委员会第2次会议讨论通过
2006年2月21日发布并实施　沪高法〔2006〕57号)

市第一中级人民法院、市第二中级人民法院,各区、县人民法院:

本院曾于1999年8月、2001年6月分别下发了《企业破产案件规范审理的意见》和《关于本市破产案件管辖和受理问题的意见》，现为了适应本市破产案件审判工作的变化，对破产案件受理审批工作通知如下：

一、自2006年3月1日至2006年8月31日，在高院上述两个规定的基础上，对由区县法院受理的破产案件，全部实行两级审批制，即区县法院对拟受理的破产案件，先报中院负责破产案件审理的审判庭审核，中院同意受理的，再报高院复核批准。

二、自2006年9月1日起，对由区县法院受理的重要破产案件，按上述第一条规定实行两级审批制，其他案件由中院直接审批后报高院备案即可。重要破产案件的范围，将由高院民二庭另行确定。

三、对于应由中院受理的破产案件仍按原规定执行。

特此通知。

上海市高级人民法院关于在企业破产案件审理中严格执行《上海法院涉国有资产司法委托拍卖操作规则（试行）》的通知

（2013年4月10日上海市高级人民法院审判委员会第10次会议审议通过
沪高法〔2013〕127号　2013年4月23日发布实施）

第一条　（目的和依据）为进一步做好人民法院涉国有资产的司法委托拍卖工作，切实维护当事人的合法权益，根据相关法律法规和最高人民法院关于司法委托拍卖的有关规定，结合上海法院司法委托拍卖工作实际，制定本操作规则。

第二条　（适用范围）本市各级人民法院、铁路运输中级法院及上海铁路运输法院在案件审理、执行中，需对涉国有资产作委托拍卖的，适用本规则。

海事法院根据案件审理、执行实际，可以适用本规则。

第三条　（涉国有资产的认定）标的为国有及国有控股企业的资产及其权益的，即为涉国有资产，所作的司法委托拍卖，进入上海联合产权交易所（下称联交所）交易平台，由拍卖机构主持拍卖。联交所也可以根据实际需要，与受托拍卖机构协商确定具体拍卖活动方式、地点。

拍卖标的是否属涉国有资产，由评估机构在司法委托评估中按照市国资委拟定的国资范围标准进行核查明确，必要时报请市国资委职能部门予以确认。

第四条　（工作原则）涉国有资产拍卖工作遵循公开、公平、公正、高效的原则，分别接受市国有资产监督管理部门、市商务委、市工商局的监督。

联交所和拍卖机构共同做好联交所电子竞价系统与各拍卖机构现场拍卖、网络竞价系统的技术协调工作,保证市国有资产管理部门和市商务委、市工商局等政府管理部门的监管需求,保障电子竞价、现场拍卖、网络竞价之间的同步稳定运行。

联交所和拍卖机构加强自律管理,维护市场秩序,尽可能实现涉诉资产交易价格最大化。

第五条 (机构确定)涉国有资产拍卖(评估)的机构,由高级法院在参加司法委托拍卖(评估)机构中通过随机配对确定。

拍卖机构接受涉国有资产的司法委托后3个工作日内,与联交所联系、协商办理具体拍卖事宜。

第六条 (联交所职责) 联交所主要负责以下事项:

(一)发布涉诉国有资产拍卖信息;

(二)对拍卖标的进行招商宣传;

(三)与拍卖机构确认竞买人登记情况;

(四)提供拍卖场地、布置拍卖会场、维持拍卖秩序;

(五)提供现场与网络同步拍卖的相关设备及技术服务,维护通讯线路稳定;

(六)对拍卖过程全程录音录像;

(七)出具涉诉国有资产处置情况证明;

(八)其他应当由联交所办理的事项。

第七条 (拍卖机构职责) 拍卖机构主要负责以下事项:

(一)查看拍卖标的物,熟悉拍卖标的物情况;

(二)拟定拍卖公告、竞买须知、竞买协议书、拍卖成交确认书等相关拍卖文书,报送法院审核确认;

(三)对拍卖标的物进行展示、宣传和招商,接受意向竞买人咨询;

(四)接受竞买人登记,代为收取拍卖保证金;

(五)依法主持拍卖活动;

(六)对拍卖过程全程录音录像;

(七)拍卖成交后出具成交确认书,结算成交价款;

(八)组织交易双方完成标的的交付或交接;

(九)按照人民法院的要求出具拍卖报告;

(十)其他应当由拍卖机构办理的事项。

第八条 (资料保存)拍卖过程的录音录像资料,分别由联交所和拍卖机构保存,一般保存期限为5年以上。

第九条 (拍卖公告内容)拍卖公告包括但不限于以下内容:

(一)拍卖的时间、地点;

（二）拍卖标的物情况及参考价、保证金数额；
（三）拍卖标的物展示的时间、地点；
（四）人民法院指定的交纳保证金的银行帐户户名、开户行和帐号；
（五）参与竞买应当办理的手续；
（六）委托法院司法拍卖监督电话及工商监管投诉电话；
（七）拍卖机构名称及办理竞拍登记手续的地点和联系方式；
（八）联交所名称、地点和联系方式；
（九）告知意向受让方司法拍卖存在随时撤回或者暂缓的风险；
（十）需要公告的其他事项。

第十条 （公告刊登）经法院审核同意后，拍卖公告在“人民法院诉讼资产网”刊登，并由联交所和拍卖机构根据相关交易规则和拍卖规则，分别在媒体刊登公告，在联交所及拍卖协会信息平台发布信息。

非经委托法院特别许可，节假日期间不得发布拍卖公告，不得实施具体拍卖。

第十一条 （客观介绍拍卖标的）拍卖机构和联交所在招商过程中向意向竞买人展示、介绍拍卖标的物情况时应当客观、实际；接待意向竞买人到实地查看拍卖标的，尽可能分别进行，避免意向竞买人互相串标损害当事人利益。

第十二条 （签订拍卖成交确认书）拍卖成交的，由拍卖机构即时与买受人签订拍卖成交确认书，并于2个工作日内将拍卖成交确认书提交联交所备案。

拍卖未成交的，拍卖机构及时办理保证金退还手续，并于2个工作日内将相关情况书面告知联交所备案。

第十三条 （成交款汇入指定帐号）拍卖成交款在拍卖公告确定的期限或人民法院指定的期限内汇入人民法院指定的价款结算账户，拍卖机构不得自行变更交款期限和帐户。

第十四条 （收取拍卖佣金）拍卖机构按照最高人民法院的相关规定向买受人收取拍卖佣金。

拍卖成交结算后3个工作日内，受托拍卖机构将25%的拍卖佣金作为联交所的交易服务费支付至联交所的指定账户。

除拍卖佣金外，拍卖机构和联交所不再收取其他费用。

第十五条 （退还拍卖成交款）若遇拍卖成交后标的物不能办理交付等特殊情况，法院要求退还买受人已经支付的拍卖成交款及拍卖佣金的，联交所和拍卖机构按照法院要求及时退还。

第十六条 （分别建档）联交所和拍卖机构应当分别建立涉诉国有资产司法拍卖项目卷宗，一案一卷保存，一般保存期限为5年以上。

第十七条 （遵守纪律和准则）严格遵守司法委托拍卖工作纪律和行业准则，

不得泄露司法拍卖相关信息。

联交所工作人员及其近亲属不得以竞买人身份参与法院委托的司法拍卖,不得委托他人代为竞买。

拍卖机构及其工作人员不得以竞买人的身份参与自己组织的司法拍卖活动,不得委托他人代为竞买。

第十八条 (未尽事项另行规定)本操作规则未尽事项,由联交所与拍卖机构根据实施过程中的实际情况,另行协商确定,并报市高级人民法院备案。

第十九条 (实施时间、解释)本操作规则自印发之日起实施。

本操作规则由市高级人民法院负责解释。

上海市高级人民法院企业破产案件管理人管理办法

[2014年9月19日发布并实施 沪高法(审)〔2014〕8号]

为加强对破产管理人的管理,进一步规范破产管理人工作,根据《中华人民共和国企业破产法》、最高人民法院《关于审理企业破产案件指定管理人的规定》等规定,结合管理人工作实践,制订本办法。

第一条 本市实施破产管理人名册制度。管理人名册编制工作应依法稳妥有序推进,分批实施。本市管理人名册由社会中介机构构成。

管理人名册根据破产案件审理工作的需要进行调整。

第二条 管理人名册编制工作由上海市高级人民法院企业破产管理人评审委员会负责,按照上海市高级人民法院《企业破产案件管理人名册评审办法》进行。

第三条 管理人名册应建立分级管理制度,在管理人名册中评定一级管理人。

第四条 管理人的指定程序按上海市高级人民法院《指定企业破产案件管理人办法》进行。

第五条 对管理人实行考核制度,每两年进行一次。

考核由上海市高级人民法院民事审判第二庭牵头,会同高院立案庭和各法院负责破产案件审理的审判庭进行。

第六条 管理人应按照要求提交考核履职报告。管理人拒不提交的,纳入考核记录。

第七条 考核以公开、公平、公正为原则,依照《中华人民共和国企业破产法》及其司法解释,以及《上海法院企业破产案件管理人工作职责指引》等规定的管理人职责,对下列事项进行考核:

(一)按规定参加管理人指定程序,接受法院指定;

(二)依法合规接管债务人财产、印章和账簿、文书等资料;

(三)尽职尽责调查、清理债务人债权债务,积极追收财产;

(四)依法管理债务人内部事务;

(五)依法适时筹备债权人会议,接受债权人会议监督并积极妥善做好债权人沟通工作;

(六)接受法院监督指导,高质高效推进破产程序;

(七)妥善协调处理职工安置、区域维稳等社会矛盾;

(八)依法合理使用破产费用;

(九)工作团队由本机构人员组成并符合履职要求;

(十)其它应依法勤勉尽责、忠实执行职务的事项。

第八条　管理人考核结果予以公布,并纳入管理人履职档案,作为管理人名册调整和资质晋级、降级的依据。

第九条　根据《中华人民共和国企业破产法》第二十四条第三款和最高人民法院《关于审理企业破产案件指定管理人的规定》第十四条第二款、第二十八条第二款的规定,管理人存在下列情形之一的,依法停止其担任管理人一年至三年,或者予以除名:

(一)参与评审时未如实申报的;

(二)存在请客送礼等不正当行为的;

(三)无正当理由拒绝法院指定的;

(四)擅自将其应当履行的职责全部或者部分转给他人的;

(五)未经法院许可辞去职务,或者法院决定将其更换后拒不移交相关事务的;

(六)执业许可证、营业执照被吊销或注销的;

(七)出现解散、破产事由或者丧失承担执业责任风险能力的;

(八)违法违规收费的;

(九)利用管理人身份或地位为自己或他人牟取私利的;

(十)履行职务时,因故意或重大过失导致债权人利益受到损害的;

(十一)因故意或重大过失,受到行政机关、人民法院或者行业自律组织的处罚处分的;

(十二)构成犯罪被追究刑事责任的;

(十三)经年度考核不合格的。

第十条　管理人存在本办法第九条规定情形的,查证属实后,应报经上海市高级人民法院企业破产管理人评审委员会审核决定。

管理人被除名的,自除名决定之日起三年内,不得申报编入管理人名册。

第十一条 管理人名册因破产案件审理工作需要进行增补调整的,按上海市高级人民法院《企业破产案件管理人名册评审办法》进行。

第十二条 本办法自下发之日起实施。

上海市高级人民法院企业破产案件管理人名册评审办法

[沪高法(审)〔2014〕6号 2014年9月19日]

为公平、公正地编制本市破产管理人名册,确保破产案件的审判质量,维护司法公正,根据《中华人民共和国企业破产法》、最高人民法院《关于审理企业破产案件指定管理人的规定》等有关规定,结合管理人名册编制管理实践,制订本办法。

第一条 上海市企业破产案件管理人名册由上海市高级人民法院企业破产管理人评审委员会(以下简称评审委员会)负责编制。

评审委员会应根据公开、公平、公正的原则,制订管理人评审规则、编制管理人名册、评定一级管理人资质、决定管理人增补调整、除名等评审工作。

第二条 评审委员会由高院分管破产审判工作的院领导、民事审判第二庭、立案庭、审判监督庭、执行局、审判管理办公室、监察室等部门负责人组成。成员人数不少于7人。

第三条 评审委员会成员与申报人有利害关系的,应当在评审活动中回避。

第四条 评审委员会在高院民事审判第二庭下设评审事务办公室,负责下列工作:

(一)草拟有关评审文件;

(二)负责公告等联系事务;

(三)整理汇总申报人材料;

(四)依公布的评审项目和分值汇总分数;

(五)将汇总的初审情况报告评审委员会;

(六)评审委员会授权的其它工作。

第五条 申报人根据法院公告要求提交申报材料。申报材料须经所属行业协会认证。

第六条 评审采用两轮评审制。第一轮评审按公布项目和分值打分;第二轮评审采用面试方式进行,由评委现场打分。

申报人数超过录选名额的,按分数从高到低排序,以一定的差额比例确定进入第二轮评审的名单。该差额比例由评审委员会根据每次名册调整情况合理确定。

申报人数低于录选名额的，全部进入第二轮评审。

第七条　第二轮评审由评审委员会会同人大代表、政协委员、特邀监督员、行业协会负责人等有关人员组成，进行现场面试打分。

第八条　一级管理人的评定程序参照本办法规定，根据机构规模、专业能力、职业操守、工作绩效等综合因素，在管理人名册中择优评定。

第九条　管理人初审名册应在本市主要媒体及上海法院网进行公示，公示期为十日。公示期内，对编入初审名册的社会中介机构有异议的，需以书面方式提出。

第十条　公示期满后，评审委员会对有关异议进行审查，异议成立的，应将所涉社会中介机构从初审名册中删除。

删除后的缺额，由备选名单中分数最高的社会中介机构递补。

第十一条　评定后的管理人名册应在《人民法院报》、本市主要媒体及上海法院网正式公布，同时报最高人民法院备案。

第十二条　本办法自下发之日起实施。

上海市高级人民法院指定企业破产案件管理人办法

［2014年9月19日公布　沪高法（审）〔2014〕7号］

为统一和规范全市企业破产案件的管理人指定工作，根据最高人民法院《关于审理企业破产案件指定管理人的规定》（以下简称《指定规定》），结合本市法院指定管理人实践，制订本办法。

一、一般原则

第一条　本市法院企业破产案件的管理人指定工作由上海市高级人民法院管理。

管理人指定工作应当遵循依法、公开、公平、公正的原则。

第二条　管理人指定方式包括随机指定、指定清算组、邀请竞争和接受推荐。

法院审理企业破产案件，一般应采用随机方式指定管理人。

第三条　下列重大破产案件的管理人应在一级管理人中产生：

（一）商业银行、证券公司、保险公司、金融租赁公司等金融机构破产案件；

（二）上市公司破产案件；

（三）其它由中级法院受理的破产案件；

(四)基层法院受理的破产重整和关联企业合并破产案件中,认为需在一级管理人中指定并报经高院同意的案件。

第四条 除本办法第三条规定以外的破产案件,采用随机方式指定管理人的,应在编入上海市企业破产管理人名册的全部管理人中产生。

二、随 机 方 式

第五条 随机方式指定管理人工作由高院立案庭统一负责电脑配对。

第六条 破产案件受理法院采取随机方式指定管理人的,应当向高院立案庭上报申请,由高院立案庭按照本办法第三、四条的规定随机指定。

第七条 随机指定管理人由高院立案庭采用将每件申报案件与候选管理人进行电脑随机抽签配对的方式确定管理人。

随机指定管理人公开、定期进行,一般每周一次,可根据案件需要增加或延后。名册内中介机构应当每次派员到场。

第八条 电脑抽签结果确定后,高院审判管理信息系统实时生成显示,破产案件受理法院应及时登录查看。

第九条 经电脑抽签确定的管理人发现自己与案件有利害关系的,应主动向破产案件受理法院申请回避并书面说明情况。

破产案件受理法院负责对回避事由依法进行审查,回避事由成立的,破产案件受理法院应当重新向高院上报申请,由高院立案庭另行随机指定管理人。

第十条 候选管理人无正当理由拒绝参加电脑抽签的,视作上海市高级人民法院《企业破产案件管理人管理办法》第九条规定的拒绝法院指定情形。

三、指定清算组方式

第十一条 企业破产案件有下列情形之一的,采用指定清算组方式指定管理人:

(一)破产申请受理前,已根据法律、司法解释有关规定成立清算组,且清算组成员的组成符合最高人民法院《指定规定》第十九条规定的;

(二)经过行政清理、清算的商业银行、证券公司、保险公司、金融租赁公司等金融机构的破产案件,已成立符合最高人民法院《指定规定》第十九条规定的清算组;

(三)《中华人民共和国企业破产法》第一百三十三条规定的国有企业破产案件;

(四)《中华人民共和国商业银行法》、《中华人民共和国保险法》等法律明文规定企业破产时应成立清算组的;

(五)人民法院认为可以指定清算组为管理人的其它情形。

第十二条　破产案件受理法院拟采用指定清算组方式指定管理人的,指定前应当将指定理由和清算组成员名单书面报高院审核。高院未予核准的,应当采取随机方式指定管理人。

属于本办法第十一条第(四)、(五)项规定情形由清算组担任管理人的,清算组成员中的社会中介机构应按本办法从上海市企业破产管理人名册中以随机方式产生。

四、邀请竞争方式

第十三条　由中级法院受理的破产案件,可以采用邀请竞争方式指定管理人。

第十四条　破产案件受理法院拟采取邀请竞争方式的,应书面报经高院核准。

采取邀请竞争方式指定管理人的,受理破产案件法院应当根据最高人民法院《指定规定》第二十一条规定,组成专门评审委员会,邀请上海市企业破产管理人名册内3家以上的一级管理人参与竞争,经公开听证择优指定。

第十五条　被邀请参与竞争的管理人发现自己存在法定回避事由的,应主动向破产案件受理法院申请回避并书面说明情况。法院经依法审查,回避事由存在的,应当排除其竞争,并补充邀请其它一级管理人参与竞争。

五、接受推荐方式

第十六条　经过行政清理、清算的商业银行、证券公司、保险公司等金融机构的破产案件,金融监督管理机构推荐本市企业破产管理人名册内一级资质的中介机构为候选管理人的,破产案件受理法院可以指定其为管理人。

金融监督管理机构推荐异地人民法院管理人名册内的机构为候选管理人的,破产案件受理法院应要求其说明相关情况。

金融监督管理机构推荐管理人的,应当出具推荐函。

第十七条　被推荐的候选管理人发现自己有法定回避事由的,应主动向破产案件受理法院申请回避并书面说明情况。

破产案件受理法院经依法审查,被推荐的候选管理人回避事由存在的,不能指定其为管理人。

第十八条　破产案件受理法院拟接受金融监督管理机构推荐的候选管理人的,指定前应书面报经高院核准。

六、其　　它

第十九条　管理人确定后,破产案件受理法院应当制作指定管理人决定书,并予以送达和公告。

第二十条 破产案件需要更换管理人,且有备选管理人的,应当由备选管理人担任新任管理人。无备选管理人,或者备选管理人不适宜担任新任管理人的,应当采用原指定方式的产生程序指定新任管理人。

第二十一条 法院审理申请公司清算案件指定清算组的,清算组中介机构的产生,参照本办法规定。

第二十二条 本办法自上海市企业破产案件第二批管理人名册产生之日起实施。

上海法院企业破产案件管理人工作职责指引

[2014年8月6日上海市高级人民法院审判委员会第11次会议通过
2014年8月25日发布并实施 沪高法(审)〔2014〕5号]

为规范管理人开展破产清算工作,支持和促进管理人勤勉尽责、忠实执行职务,确保破产案件审理工作依法公正稳妥顺利进行,根据《中华人民共和国企业破产法》(下称《企业破产法》)、《最高人民法院关于企业破产案件指定管理人的规定》(下称《指定管理人规定》)、《最高人民法院关于适用(中华人民共和国企业破产法)若干问题的规定(二)》(下称《破产法司法解释(二)》)、《最高人民法院关于债权人对人员下落不明或者财产状况不清的债务人申请破产清算案件如何处理的批复》以及上海市高级人民法院(下称上海高院)的有关规定,结合审判实践和管理人工作实践,制定本指引。

一、一般指引

第一条 (总体要求)管理人应当遵守法律、行政法规和司法解释规定,勤勉尽责,忠实执行职务,公平清理债权债务,全面执行债权人会议的决议与人民法院的裁决,保护债权人与债务人的合法权益。

第二条 (基本职责)管理人在破产案件中应当履行下列职责:

(一)依照《企业破产法》第二十五条、第三十一条、第三十二条、第三十四条、第三十五条、第三十六条、第五十七条、第六十九条等规定履行职责;

(二)依照《破产法司法解释(二)》第六条、第九条、第二十五条、第四十二条等规定履行职责;

(三)人民法院依法要求管理人履行的其他职责。

第三条 (建立规章制度)为有效履行上述职责,列入管理人名册的中介机构应当依法制订从事破产管理人业务的各项基本规章制度，形成有效的工作机制，并将其规章制度报高院备案。

人民法院在审理破产案件中发现管理人的工作情况不符合法律规定或相关规章制度要求的，应当向管理人指出，管理人应当及时纠正。

第四条　（人员保障）管理人应组成具有执业能力和专业经验，人员相对稳定，一般不少于3人的工作团队，以确保执行职务需要。

工作团队可以根据破产案件需要，结合管理人的实际情况，设置若干个工作小组。

第五条　（效率与节约）管理人应当注重工作效率，节约破产费用，依法合理控制共益债务。

第六条　（管理人与法院、债权人会议）管理人执行职务应自觉接受人民法院的指导与监督，接受债权人会议和债权人委员会的监督。

对于管理人依法执行职务过程中非自身原因遇到的问题和困难，人民法院依法提供支持，债权人会议和债权人委员会依法予以配合。

二、管理人团队组建与内部管理

第七条　（参加摇号与接受指定）管理人名册内的社会中介机构应按照《指定管理人规定》和上海高院《关于指定企业破产案件管理人的办法》规定，参加随机摇号并接受指定，无正当理由不得放弃参加和拒绝接受。

第八条　（管理人回避）对于具备法定回避情形的，管理人或候选管理人应当及时、主动申请回避。破产案件受理法院经审查后，依法决定其是否回避。

管理人的工作人员具备法定回避情形的，应当主动回避；管理人委派后发现该情形的，应当予以调整。

第九条　（团队组建与报备）社会中介机构应于被指定担任管理人之日起三日内组成由本机构人员参加的工作团队，并将团队人员名单报破产案件受理法院备案。团队人员名单应附身份证、执业证照副本及其联系方式。管理人实际履职人员应与团队报备名单一致。

人民法院指定清算组担任管理人的，清算组于随机指定中介机构成员之日起三日内将确定的清算组成员名单报破产案件受理法院备案。

因案件审理需要，人民法院对管理人团队人员的组成与分工提出指导性意见的，管理人应当作出必要的安排。

管理人工作团队组建后，应及时与破产案件受理法院面商工作。

第十条　（团队负责人）管理人团队须指定负责人，负责人对外代表管理人，对内全面负责管理。

第十一条　（管理人更换与成员调整）人民法院决定更换管理人的，原管理人应当在收到更换决定书次日起,按照《指定管理人规定》第三十七条的要求和人民法院指定的时间,向新任管理人办理移交手续,并在破产案件审理期间做好接受其履职情况询问等配合工作。

管理人团队成员须作调整的,应及时说明原因报破产案件受理法院备案。

第十二条 (印章管理)管理人接受指定后,凭人民法院受理破产申请裁定书、指定管理人决定书等文件申请刻制管理人印章,并交人民法院封样备案后启用。

管理人应建立用印管理制度,印章由专人保管,仅限管理人执行职务时使用。

第十三条 (费用管理)管理人执行职务的费用支出,应当从维护债权人整体利益出发,依法审慎决定。有关费用支出难以把握的,必要时应及时向人民法院、债权人会议或债权人委员会报告。

第十四条 (报告制度)管理人应根据工作进展情况,及时向人民法院、债权人委员会报告工作。人民法院也可根据案件审理情况,要求管理人报告工作。

对重大、突发事件,管理人应当立即报告人民法院、债权人委员会。

三、债务人财物接管

第十五条 (接管准备)人民法院指定管理人后,管理人应当及时做好接管债务人财物的准备工作,向债务人有关人员了解债务人财物状况,告知债务人配合做好接管工作。必要时,管理人还应当制订接管方案,并向人民法院报告。

第十六条 (一般情况的接管)管理人应当全面接管债务人财产、印章和账簿、文书等资料,并可以根据实际情况分期、分批实施接管。

管理人接管债务人财物时,应当进行清点,制作交接书和交接清单,由管理人和债务人的法定代表人或其授权委派的人员签章确认,并报人民法院备案。

人民法院根据案件审理的需要,对现场交接进行监督指导。

第十七条 (他人他物接管)债务人财物由他人占有、保管的,管理人应当向实际占有、保管的单位或个人送达要求移交相关财物的接管通知。

不属于债务人所有但由债务人占有或管理的财物,管理人应当一并接管。

第十八条 (接管妨碍的处理)债务人或相关单位和个人不协助管理人接管财物,或者出现影响接管的其他情形的,管理人应当及时向人民法院报告,并提出拟处意见。

第十九条 (与保全、执行衔接)管理人在接管过程中发现债务人财产被采取保全措施或执行措施的,应当向相关单位发送告知函,请求解除保全或者中止执行。如相关单位无正当理由予以拒绝或者在合理期限内未作反馈的,管理人应当提请破产案件受理法院通知相关单位解除保全或者中止执行。

为保证破产程序依法进行，管理人可以根据实际情况，依照《破产法司法解释（二）》第六条的规定，向破产案件受理法院申请对债务人财产进行保全。

四、债务人财产清理

第二十条　（财产状况调查）管理人应当及时对债务人及其分支机构的财产状况进行全面调查，并根据调查内容制作债务人财产状况报告，提交债权人会议审查，并向人民法院报告。

债务人财产状况报告包括但不限于：债务人的资产负债情况、关联方关系及其往来情况、未履行完毕的合同情况、影响债务人财产变现能力以及财产可能出现增减的情况等。

管理人无法全面调查债务人财产状况时，应当向人民法院、债权人会议或债权人委员会说明原因，必要时可以申请人民法院调查。

第二十一条　（"三无企业"调查）对人员下落不明或者财产状况不清的债务人破产案件，管理人在取得债权人会议或债权人委员会同意及合理控制费用的前提下，对债务人财产状况进行调查。

第二十二条　（委托审计）管理人需对债务人资产负债状况进行审计的，委托审计程序应当符合最高人民法院和上海高院的有关规定。

第二十三条　（财产管理方案）管理人应当拟订债务人财产管理方案，提交债权人会议审查，并向人民法院报告。

债务人财产管理方案的内容包括但不限于：财产管理、维护措施和费用预算，债务人继续营业的计划和费用预算，财产清收的计划安排和费用预算等。

经债权人会议通过或者人民法院裁定认可的财产管理方案，管理人应当执行。

第二十四条　（重大事项决定）管理人应当本着有利于提高债务人财产价值和债权清偿比例的衡量标准，审慎决定是否实施《企业破产法》第二十六条、第六十九条和《破产法司法解释（二）》第二十五条规定的行为，并依照法定程序及时向债权人会议、债权人委员会、人民法院报告，或者取得人民法院许可。

第二十五条　（财产追收）管理人应当依照《企业破产法》的相关规定，积极追收下列财产：

（一）债务人财产和对外债权；

（二）出资人未缴出资和抽逃出资；

（三）债务人的有关人员所侵占的财产和非正常收入。

管理人认为难以追收或者追收成本过高的，应提请债权人会议或者债权人委员会决定是否予以追收。

第二十六条　（撤销权行使）管理人发现债务人财产属于《企业破产法》第三

十一条、第三十二条和第三十三条规定情形的,应当书面通知有关相对人返还财产或不当利益。经催告,相对人拒不返还的,管理人应当及时按《破产法司法解释(二)》第九条的规定提起诉讼。

第二十七条 (取回权审查)权利人向管理人行使取回权的,管理人应当严格按照《企业破产法》、《物权法》等法律规定进行审慎审查,及时向债权人会议或债权人委员会报告,做好沟通工作,同时应向人民法院报告。

第二十八条 (抵销权审查)权利人向管理人行使抵销权的,管理人应当严格按照《企业破产法》等法律规定进行审慎审查。管理人对债权人的抵销主张有异议的,应按照《破产法司法解释(二)》第四十二条规定的期限及时提起诉讼。

五、债权申报接受与审查

第二十九条 (接受申报)管理人应当公告债权申报的期限、地点和联系方式,安排人员负责办理债权申报材料的接收、登记造册工作。

管理人接收债权人提交的申报材料后,应当出具回执。

对于申报材料不齐的,管理人应要求债权人及时补齐。

对于申报债权存疑的,管理人在登记时应予注明。

第三十条 (劳动债权)管理人对《企业破产法》第四十八条第二款规定的债务人所欠职工的工资等费用,应当在接管债务人财产后及时予以调查。

管理人应根据调查内容,列出职工债权清单并予以公示。公示期限和提出异议的期限,应根据职工人数等实际情况合理确定。

管理人对职工提出的异议不同意更正的,应通知异议人并说明理由,及时做好沟通工作,告知其诉讼权利。

第三十一条 (欠税申报告知)管理人应在人民法院公告受理破产申请之日起七日内书面通知相关税务机关,告知其依法申报债务人欠缴的税款。

第三十二条 (债权审查)管理人应当及时按照有关法律及司法解释的规定,对所有申报债权的真实性、合法性、时效性等逐笔进行审查。

管理人审查时应特别注意债权有无特定财产担保、是否为连带债权、是否为求偿债权、债权是否附条件或期限等事项。

管理人应根据审查结果编制债权表,供利害关系人查阅,提交债权人会议核查,同时报人民法院。

第三十三条 (异议债权处理)债务人、债权人对债权表有异议的,管理人应当与异议人进行沟通。异议不成立的,管理人应将审核意见向异议人反馈,并将异议意见和是否起诉的情况向人民法院和债权人会议报告。

第三十四条 (未决债权处理)债权人申报债权属于《企业破产法》第五十九

条规定的诉讼或仲裁案件未决债权的，由管理人负责提请破产案件受理法院临时确定其债权额。

六、参与债权人会议

第三十五条　（会议筹备）第一次债权人会议由管理人协助人民法院筹备。以后的债权人会议，由管理人筹备。

第三十六条　（会务预案和维稳保障）管理人根据实际情况拟订会务预案，并书面报送人民法院。会务预案包括并不限于：通知发送时间与方式、会场选址与布置、物资配备、人员配备、文件准备、咨询与查询安排、费用预算等。

召开规模较大或者可能存在维稳因素的债权人会议，管理人必须事先与人民法院、相关债权人等进行充分沟通，制定维稳保障方案并报送人民法院，接受人民法院指导。

第三十七条　（会议文件）管理人负责拟订提交债权人会议审议、表决的文件。

依法应由第一次债权人会议行使职权的事项，管理人必须在第一次债权人会议召开前拟订完成相关文件。

第三十八条　（提议召开会议）第一次债权人会议后，管理人可以根据工作进展情况和实际需要，经向人民法院报告后，提议债权人会议主席召开债权人会议。

第三十九条　（履职报告）管理人应当列席债权人会议，向债权人会议报告执行职务情况，接受债权人会议成员的询问。

第四十条　（会务工作）管理人应做好以下债权人会议会务工作：

（一）负责发送召开债权人会议的通知，并附会议议程与议题清单，并载明注意事项；

（二）核对登记参会人员身份，对参会人员身份有异议的，应作出相应处理，并向债权人会议和人民法院报告；

（三）担任会议记录，并根据实际需要，对会议过程进行录音录像；

（四）按照人民法院和债权人会议主席的要求，协助做好其他会务工作。

有关债权人会议的文件材料，除破产案件受理法院另有要求外，由管理人负责保存。

七、破产财产变价与分配

第四十一条　（财产变价方案）管理人应根据破产财产的审核、评估等情况，及时拟订破产财产变价方案，并依法定程序提交债权人会议讨论通过；债权人会议表决未通过的，管理人应依照《企业破产法》第六十五条第一款规定，提请人民法院裁定。

破产财产变价方案应根据最高人民法院发布的文书样式和《企业破产法》第一百零九条规定的要求,反映各类破产财产的价值、可变价状况、变价原则和变价措施,以及破产人特定财产的变价处置等。

第四十二条 (国有财产变价)破产人为国有或国有控股企业的,破产财产的变价处置程序和措施应当符合国有资产管理的相关法律法规、最高人民法院和上海高院的有关规定。

第四十三条 (委托评估拍卖)管理人需对破产财产评估、拍卖的,委托评估、拍卖程序应当符合最高人民法院和上海高院的有关规定。

委托实施评估、拍卖,应以实现债权人利益最大化为原则。债权人对评估、拍卖有异议的,管理人应当做好沟通工作,同时将异议情况向人民法院报告并提出处理意见。

确有必要对破产财产进行二次以上评估的,须向债权人会议或债权人委员会、人民法院报告,并合理控制费用。

第四十四条 (变价特殊处理)破产财产出现依法不能拍卖、拍卖所得不足以支付拍卖费用或者多次流拍等特殊情形的,管理人经提请债权人会议同意后,可以对破产财产作价变卖或者进行实物分配。

第四十五条 (财产分配方案)管理人应根据破产财产变价情况,严格依照法定清偿顺序拟订破产财产分配方案。

破产财产分配方案应根据最高人民法院发布的文书样式和《企业破产法》第一百零九条规定的要求,列明不同财产的变价情况和不同清偿顺位债权人的分配额,以及破产人特定财产的清偿情况和管理人报酬及收取情况。

破产财产分配方案应依法定程序提交债权人会议讨论和提请人民法院裁定认可;债权人会议二次表决未通过的,管理人应依照《企业破产法》第六十五条第二款规定,提请人民法院裁定。

第四十六条 (预留费用)管理人可以预留尚未发生的公告费、财产提存费、档案保管费等破产费用,并将预留费用情况在破产财产分配方案中说明。

第四十七条 (财产分配公告)破产财产分配方案经人民法院裁定认可后,管理人应当及时通知债权人受领分配。管理人实施多次分配的,在中间分配和最后分配时,依法应当公告。公告应当刊登于《人民法院报》或省级以上有影响的媒体。

第四十八条 (财产受领登记)债权人申领分配的,管理人应当审查债权人的申领资格,做好分配受领的登记造册工作,并附受领人签收凭证或受领款汇付凭证,以备核查。

第四十九条 (财产分配报告)管理人应当在破产财产分配执行完毕后的七日内向人民法院提交破产财产分配执行情况报告,并书面提请人民法院裁定终结破产程序。

八、破产程序终结

第五十条 （提请终结破产）管理人经调查核实，债务。人或破产人有《企业破产法》第四十三条第四款、第一百零五条、第一百零八条、第一百二十条第一款规定情形之一的，应及时提请人民法院裁定终结破产程序。

第五十一条 （垫付破产费用）债务人财产不足以清偿破产费用，但其出资人或其他利害关系人愿意垫付、支付破产费用的，破产程序可以继续进行。

第五十二条 （"三无企业"破产终结）对债权人申请对人员下落不明或者财产状况不清的债务人破产清算的案件，管理人应按照《企业破产法》及司法解释规定的清算程序，经追收债务人财产后，确无财产可供分配的，可以提请人民法院宣告债务人破产并裁定终结破产程序。

第五十三条 （注销手续）破产程序终结后，管理人应当依照《企业破产法》的规定办理破产人的工商、税务、行政许可的注销登记和有关账户的销户手续。

非管理人自身原因无法顺利完成上述注销手续的，管理人应与有关行政管理部门进行沟通，解释法律规定的要求，说明相关情况。必要时，可以提请人民法院协调解决。

第五十四条 （履职终结报告）管理人依法终止执行职务前，人民法院要求管理人提交履职情况报告的，管理人应当提交。

第五十五条 （档案移交与保存）管理人依法终止执行职务时，应当对所接管的破产人账簿、文书等资料妥善移交或保存。

第五十六条 （提存手续）依法需要提存破产财产分配额的，管理人应报请人民法院提存，并办理提存手续。

第五十七条 （破产终结后的职责）破产程序终结后，管理人依法应当履行以下职责：

（一）继续参加未决的诉讼或仲裁，直至完成诉讼或仲裁程序；

（二）依照《企业破产法》第一百一十九条的规定办理提存财产分配；

（三）依照《企业破产法》第一百二十三条的规定办理追加分配。

人民法院认为破产程序终结后的其他后续工作适宜由管理人办理的，管理人应当接受并办理。

第五十八条 （印章销毁或归档）管理人终止执行职务后，应当在人民法院监督下将管理人印章销毁，或者经人民法院同意，送交人民法院归档。

第五十九条 （工作材料归档）管理人终止执行职务后，应当将执行职务过程中形成的材料整理成册，归档保存备查。

九、其　　他

第六十条　(文书制作)管理人执行职务出具文书,应当按照最高人民法院发布的文书样式制作。

第六十一条　(适用范围)经指定担任破产案件管理人的社会中介机构和清算组成员,适用本指引。受管理人聘用的社会中介机构及其工作人员,参照适用本指引。

公司强制清算案件清算组中的社会中介机构,可参照本指引相关规定。

第六十二条　(生效日期)本指引自下发之日起实施。

上海市高级人民法院关于审理公司强制清算案件及相关纠纷若干问题的解答

(2011年6月27日)

市第一、第二中级人民法院民四庭,各区、县人民法院民二庭,本院各部门:

为正确审理公司强制清算案件及相关纠纷,现根据《中华人民共和国公司法》(下称公司法)、《中华人民共和国企业破产法》(下称企业破产法)、《最高人民法院关于适用〈中华人民共和国公司法〉若干问题的规定(二)》(下称公司法司法解释二)、《最高人民法院关于审理公司强制清算案件工作座谈会纪要》(下称强制清算座谈会纪要)的有关规定,结合审判实践,就下列问题进行解答。

一、申请人申请对公司进行强制清算,法院经审查发现确有证据证明公司财产已经明显不足清偿债务的,应当如何处理?

企业破产法第七条第三款规定,企业法人已解散但未清算或者未清算完毕,资产不足以清偿债务的,依法负有清算责任的人应当向人民法院申请破产清算。根据该规定精神,公司解散后出现资不抵债等破产原因的,应当直接进行破产清算。

申请人申请对公司进行强制清算,法院在受理前应当按照上海市高级人民法院沪高法〔2010〕289号《关于下发〈公司强制清算案件立案受理的若干规定〉的通知》的规定,对申请进行审查并在必要时召开听证会。经审查发现确有证据证明公司财产已经明显不足清偿债务,符合企业破产法规定的破产原因的,或者出现最高人民法院法释〔2008〕10号《关于债权人对人员下落不明或者财产状况不清的债务人申请破产清算案件如何处理的批复》规定情形的,法院应当向申请人进行释明,告知其应按照企业破产法的规定申请公司破产清算,并将释明情况记录在案。申请人经释明后坚持申请强制清算的,裁定不予受理。

二、债权人依照公司法司法解释二规定对公司申请强制清算，但债权人持有的债权已经超过诉讼时效，应当如何处理？

债权超过诉讼时效的，债权人丧失依法保护的请求力和执行力，除债务人自愿履行外，不能通过司法程序获得救济。强制清算程序是人民法院依照法律、司法解释的规定，对公司财产进行强制清理的司法程序。因此，债权人依照《公司法司法解释二》规定申请强制清算的，法院经审查发现债权人持有债权已经超过诉讼时效的，对其申请不予受理。

三、股东申请对公司进行强制清算，但无法提供公司账册及其它重要文件，应当如何处理？

根据公司法第一百六十四条之规定，公司应当依照法律、行政法规和国务院财政部门的规定建立本公司的财务、会计制度，并予以妥善保管。因此，股东在申请对公司进行强制清算时，有义务提供公司的账册及相关的重要文件，以协助清算组履行清理公司财产，编制资产负债表和财产清单等职权。

申请股东不能提供公司账册及相关重要文件等清算必需材料，且不能说明合理理由的，法院对其强制清算申请不予受理，但申请股东有确切证据证明未参与公司经营，非公司实际控制人的除外。

四、法院以无法清算为由终结强制清算程序后，股东申请对公司再次进行强制清算的，应当如何处理？

根据强制清算座谈会纪要第28条之规定，对于公司主要财产、账册、重要文件灭失，或者公司人员下落不明的强制清算案件，经向公司股东、董事等直接责任人员释明或采取民事制裁措施后仍然无法进行清算的，应当以无法清算为由终结强制清算程序。强制清算程序终结后，股东申请对公司再次进行强制清算的，法院不予受理。

但是，如果法院终结强制清算程序存在通知、释明等程序不符合相关规定的，且股东确有证据证明能够依法清算，不进行强制清算将导致相关权利人权益受损的，方可再次受理。

五、强制清算案件中，法院对清算方案主要应审查哪些内容？

根据公司法司法解释二第十五条之规定，公司强制清算的清算方案应当报人民法院确认。未经确认的清算方案，清算组不得执行。因此，法院审理强制清算案件，应当对清算方案进行审查。审查内容一般包括：1. 清算组编制的公司资产负债表；2. 清算组编制的公司财产清单；3. 公司债权债务清单及处理办法；4. 公司财产变价及清偿方案；5. 公司剩余财产分配方案；6. 清算组关于制定清算方案的决定；7. 其它法院认为应当审查的事项。

法院认为有必要的，可以听取相关利害关系人对清算方案的意见。法院经审查确认清算方案的,应当出具裁定。

六、公司强制清算期间,清算组怠于向公司债务人主张债权的,公司债权人能否起诉主张?

依据公司法第一百八十五条之规定,清算组在清算期间行使清理债权债务等职权。公司债权人发现清算组怠于向公司债务人主张债权,可能造成公司资产减损的,可以请求法院进行审查,督促清算组向债务人主张债权。若清算组拒绝主张应当依法清收的债权,存在《公司法》及其相关司法解释规定的应承担赔偿责任情形的,债权人可依法予以追究。

七、债权人依据公司法司法解释二第十八条第二款的规定起诉请求公司股东对公司债务承担连带清偿责任,是否必须以经过法院强制清算或者破产清算为前置条件?

根据公司法司法解释二第十八条第二款之规定,债权人主张公司股东对公司债务承担连带清偿责任的构成要件,是其怠于履行义务,导致公司主要财产、账册、重要文件等灭失,造成公司无法进行清算。故对于"无法进行清算"的认定,不以必须事先经过强制清算或者破产清算程序为前提,应从公司清算义务人、会计账簿和公司财产状况等方面进行审查后作出认定。

但是,债权人在起诉时应当对公司无法进行清算的事实承担举证义务。债权人提供初步证据证明公司主要财产、账册、重要文件等系因股东怠于履行义务而灭失无法清算的,法院对债权人的起诉应当予以受理。

八、债权人依据公司法司法解释二第十八条之规定,要求有限责任公司股东承担赔偿责任或连带清偿责任,该股东以其非公司控股股东无法召集其他股东成立清算组进行清算为由进行抗辩的,应当如何处理?

根据公司法第一百八十四条及公司法司法解释二第七条之规定,有限责任公司的股东应当在公司解散事由出现之日起十五日内成立清算组,开始自行清算。公司逾期清算的,股东可以申请对公司进行强制清算。因而,有限责任公司的股东无论其是否处于控股地位,均系公司清算义务人,有义务在公司解散后组织自行清算。如果股东确因非控股等原因无法组织自行清算,仍有义务申请对公司进行强制清算。

因此,有限责任公司的股东即使处于非控股地位,清算义务并不免除。股东仅仅以其为非控股股东提出抗辩的,不能作为免责理由。但股东是否应承担法律,法院需根据公司法司法解释二第十八条规定,注意审查股东消极行为与无法清算结果之间是否存在因果关系的要件事实。股东对此提出抗辩的,需对其行为与结果之间不存在因果关系承担举证责任,如公司帐册因火灾毁损灭失等不可责难情形。如果股东无法证明的,应推定因果关系成立。

九、公司自行清算时对争议债权的债权人未予通知，现债权人依据公司法司法解释二第十九条关于虚假清算规定，要求相关责任主体承担相应赔偿责任的，应当如何处理？

根据公司法解释二第十九条之规定，虚假清算应是指股东、董事以及实际控制人恶意处置公司财产或未经依法清算，以虚假的清算报告骗取公司登记机关办理注销登记的严重恶意行为。因此，构成虚假清算的要件是相关责任主体未经依法清算，并以积极作为的方式编造虚假清算报告，欺骗公司登记机关办理注销登记。

如果公司股东成立清算组对公司进行了清算，只是某项清算工作存在瑕疵尚不构成欺骗的，则不能认定为虚假清算。因此，公司自行清算时对有争议债权的债权人未予通知，不宜简单认定为公司法司法解释二第十九条规定的虚假清算情形。

十、债权人依据公司法司法解释二第十八条第二款、第十九条、第二十条第一款之规定，要求股东对公司债务承担责任，股东以公司解散时的实际财产已不能清偿全部债务为由进行抗辩的，应当如何处理？

公司法司法解释二第十八条第二款、第十九条、第二十条第一款之规定，对股东应承担的公司债务责任，并不以公司解散时的实际财产为限；且司法解释规定的目的应是督促股东在公司解散后及时清理公司财产和债权债务，保障债权人债权的依法实现。故股东对外责任范围应是公司全部债务，其以公司解散时的实际财产已不能清偿全部债务为由提出免责抗辩的，法院不予支持。

重庆市高级人民法院
关于审理破产案件法律适用问题的解答

（重庆市高级人民法院审判委员会2017年第17次会议审议通过
渝高法〔2017〕207号　2017年8月1日）

为进一步规范破产案件的审理，切实保护各方当事人的合法权益，依据《中华人民共和国企业破产法》（以下简称企业破产法）、《最高人民法院关于适用〈中华人民共和国企业破产法〉若干问题的规定（一）》（以下简称企业破产法司法解释一）、《最高人民法院关于适用〈中华人民共和国企业破产法〉若干问题的规定（二）》（以下简称企业破产法司法解释二）等相关规定，就司法实践中出现的相关法律适用问题作出以下解答：

1. 在债务人提出破产申请的案件中，如何把握受理条件，避免债务人通过破产程序逃避债务？

答：应正确认识欺诈逃债行为与破产程序之间的关系。欺诈逃债行为，主要发生在破产案件受理前。破产案件受理后,债务人财产由管理人接管,债务人一般并无欺诈逃债条件,因此破产程序本身并不会产生欺诈逃债的后果,规范的破产程序恰恰是制止、纠正债务人欺诈逃债行为的有力保障。

债务人提出破产申请的案件,对于债务人资不抵债的认定,应根据企业破产法司法解释一第三条的规定,除有相反证据足以证明债务人资产能够偿付全部负债的以外,应以债务人的资产负债表或者审计报告、资产评估报告等为依据进行认定。不能仅以债务人有欺诈逃债的可能为由对符合受理条件的案件不予受理。破产申请受理后,应通过破产程序撤销和否定债务人不当处置财产行为,追究出资人等相关主体责任的方式,使其逃债的目的落空。

2. 债权人提出破产申请的案件中,如果债务人人员下落不明,是否应当采取公告方式向债务人送达破产申请相关材料?

答:人民法院在收到债权人提出的破产申请后,应当按照企业破产法第十条的规定通知债务人,以充分保障债务人的异议权。如果债务人人员下落不明导致无法直接通知债务人的,应当通过公告的方式,依法向其送达破产申请相关材料。公告可以采取在重庆法院公众服务网发布,或在债务人住所地张贴等方式进行。

3. 破产案件受理后,原保全法院经告知后仍不解除保全措施的,受理破产案件的法院应当如何处理?

答:根据企业破产法第十九条的规定,人民法院受理破产申请后,有关债务人财产的保全措施,包括审理程序和执行程序中针对债务人财产采取的查封、扣押、冻结等措施均应当及时解除。原保全法院经告知后仍不解除保全措施的,受理破产案件的法院可以报请原保全法院的上级法院监督,其上级法院应当指令原保全法院依法解除保全措施。

4. 债权人怠于向管理人申报债权,债权人的债权人可否代位申报?

答:债权人怠于申报债权,该债权人的债权人代位申报债权符合《中华人民共和国合同法》第七十三条规定的,可以准许。申报的债权经管理人审查确认后,债务人或债权人有异议的,可以依据企业破产法第五十八条第三款的规定向人民法院提起诉讼。

5. 何种情形下可以将公司股东或实际控制人对公司享有的债权确定为劣后债权,安排在普通债权之后受偿?

答:具有以下情形之一的,可以将公司股东或实际控制人对公司债权确定为劣后债权,安排在普通债权之后受偿:

(一)公司股东因未履行或未全面履行出资义务、抽逃出资而对公司负有债务,其债权在未履行或未全面履行出资义务、抽逃出资范围内的部分;

(二)公司注册资本明显不足以负担公司正常运作,公司运作依靠向股东或实际控制人负债筹集，股东或实际控制人因此而对公司形成的债权；

(三)公司控股股东或实际控制人为了自身利益，与公司之间因不公平交易而产生的债权。

公司股东或实际控制人在前述情形下形成的劣后债权，不得行使别除权、抵销权。

6. 公司股东或实际控制人劣后债权的认定程序如何安排？

答：管理人在拟定债权表时，应当对公司股东或实际控制人债权是否属于劣后债权作出认定，并提交债权人会议核查。债务人、债权人无异议的，人民法院应裁定确认。债务人、债权人有异议的，可以向人民法院提起破产债权确认诉讼。

7. 管理人可否对债权人是否享有建设工程价款优先受偿权进行审查？

答：根据企业破产法第五十七条的规定，对申报的债权进行审查是管理人的职责之一，因此对于债权人申报债权时主张的建设工程价款优先受偿权是否成立，管理人应当进行审查，审查结果应在债权表中载明并提交第一次债权人会议核查。债务人、债权人有异议的，可以向受理破产案件的人民法院提起破产债权确认诉讼。

8. 债权人会议可否对破产财产的拍卖次数和流拍后以物抵债等问题进行决议？

答：根据企业破产法第一百一十二条规定，债权人会议有权决议破产财产的变价出售方式。为提高破产审判效率，管理人可以将拍卖次数和流拍后以物抵债等问题纳入变价方案，债权人会议讨论通过后，按变价方案执行。

破产财产为国有资产的，其处置方式应当符合国有资产管理的相关法律、法规的要求。

9. 为了提高破产案件审判效率，可否设定对债权表记载债权的异议期限和起诉期限？

答：管理人编制的债权表应当提交第一次债权人会议核查。债务人、债权人对债权表记载的债权有异议的，可以在管理人指定的期限内(根据案件实际情况确定不少于十五日的期限)提出异议。债务人、债权人未在管理人指定的期限内提出异议的，视为无异议，人民法院可根据管理人的申请对债权表记载的债权裁定确认。债务人、债权人逾期提出异议的，管理人可不予审查。

债务人、债权人在管理人指定期限内提出异议的，管理人应当予以审查，经管理人解释或调整后仍有异议的，应在管理人告知其异议审查结果之日起十五日内向受理破产案件的人民法院提起破产债权确认诉讼。逾期未起诉的，视为无异议，人民法院可根据管理人的申请对债权表记载的债权裁定确认。债务人、债权人逾期起诉的，人民法院不予受理。

10. 经债权人会议核查无异议的债权,人民法院在裁定确认之前发现确有错误的,应当如何处理?

答:经债权人会议核查,债务人、债权人均无异议的债权,人民法院发现确有错误的,可以要求管理人重新审查并向债权人会议披露。经管理人重新审查并披露后,债务人、债权人仍无异议的,人民法院应当予以确认。

11. 债务人人员下落不明或财产状况不清的破产清算案件受理后,应该如何处理?

答:人民法院受理债务人人员下落不明或财产状况不清的破产清算案件后,应当依据企业破产法的有关规定指定管理人。管理人应当采取以下必要措施,最大限度查找、追收债务人财产:第一,通过向银行、工商、税务、国土房管、车辆管理部门查询等必要途径查明债务人的财产状况,因人民法院强制执行等原因已向相关部门查询债务人近期财产状况的,管理人可以直接援用相关查询结果;第二,查明出资人的出资情况,对未履行、未全面履行出资义务或抽逃出资的出资人采取必要追缴出资措施;第三,根据企业破产法第三十一条、第三十二条和第三十三条规定,撤销和否定债务人的不当行为,对相关财产依法采取必要追回措施;第四,对董事、监事和高级管理人员利用职权获取的非正常收入或者侵占的债务人财产依法采取必要的追回措施;第五,对债务人有关人员不履行企业破产法第十五条规定义务的,应向人民法院提出采取强制措施或处罚的建议;第六,发现债务人有关人员有《中华人民共和国刑法》第一百六十二条规定行为或其他违法行为,涉嫌犯罪的,应当及时向公安机关报案;第七,对债务人财产采取其他必要的清查和追收措施;第八,管理人认为难以追收或追收成本过高的,应提请债权人会议决定是否予以追收。

在穷尽上述必要措施,依法追收债务人财产后,债务人确无财产可供分配或者债务人财产不足以清偿破产费用的,管理人应当提请人民法院终结破产程序。

因债务人有关人员的行为导致无法清算或者造成损失的,人民法院在终结破产程序的同时,应当告知各债权人可以另行起诉要求相关人员承担民事责任。

重庆市高级人民法院破产重整申请审查工作指引(暂行)

(2018年9月26日发布并实施 渝高法〔2018〕190号)

为规范破产重整申请审查工作,明确破产法官工作职责,根据《中华人民共和国企业破产法》、《最高人民法院关于审理企业破产案件若干问题的规定》、《最高人民法院关于适用〈中华人民共和国企业破产法〉若干问题的规定(一)》、《最高人民法院关于适用〈中华人民共和国企业破产法〉若干问题的规定(二)》、《最高人民法院关于审理上市公司破产重整案件工作座谈会纪要》等规定,结合我市破产审判工作实际,对破产重整申请的审查工作做出以下指引。

一、申请人资格审查

1. 下列人员可以向人民法院提出重整申请:

(1)债权人可以直接向人民法院申请重整;

(2)债务人可以直接向人民法院申请重整;

(3)人民法院受理破产清算申请后、宣告债务人破产前,债务人或者出资额占债务人注册资本十分之一以上的出资人,可以向人民法院申请重整。

二、申请材料审查

2. 债权人向人民法院申请重整的,应提交下列材料:

(1)重整申请书,载明申请人和被申请人的基本信息、申请目的、申请的事实和理由;

(2)申请人的主体资格证明,包括营业执照副本、居民身份证及其他身份证明;

(3)债务人的主体资格证明,包括最新工商登记材料等;

(4)债务人不能清偿申请人到期债务的证据;

(5)债务人具有重整价值的分析报告及证据材料;

(6)法院认为应当提交的重整可行性分析报告等其他材料。

债权人申请重整的,人民法院应重点审查债权的真实性。

申请人的债权已被人民法院、仲裁机构生效法律文书,或者具有强制执行效力的公证债权文书确认,且债务人未予清偿的,可认定申请人享有未获清偿的到期债权;申请人的债权未被人民法院、仲裁机构生效法律文书,或者具有强制执行效力的公证债权文书确认的,人民法院应对申请人的相关债权凭证进行实质审查,以判断债权的真实性和合法性。经审查难以作出判断的,可引导申请人先行提起民事诉讼或依法申请仲裁,以明确其对被申请人是否享有未获清偿的债权。

3. 债务人申请重整的,应当提交下列材料:

(1)重整申请书,载明申请人的基本信息、申请目的、申请的事实和理由;

(2)债务人的主体资格证明,包括企业法人营业执照副本及其他最新工商登记材料;

(3)债务人的股东会、董事会、主管部门或投资人同意重整的文件;

(4)债务人的职工名单、工资清册、社保清单及职工安置预案;

(5)债务人的资产负债表、资产评估报告或审计报告;

(6)债务人至重整申请日的资产状况明细表,包括有形资产、无形资产及对外

投资情况等;

(7)债务人的债权、债务及担保情况表,列明债务人的债权人及债务人的名称、住所、债权或债务数额、发生时间、催收及担保情况等;

(8)债务人所涉诉讼、仲裁、执行情况及相关法律文书;

(9)债务人具有重整价值的分析报告及证据材料;

(10)债务人重整的可行性分析报告或重整方案;

(11)人民法院认为应当提交的其他材料。

4. 出资额占债务人注册资本十分之一以上的出资人申请重整的,应提交下列材料:

(1)重整申请书,载明申请人的基本信息、申请目的、申请的事实和理由;

(2)出资人的出资证明和主体资格证明文件;

(3)债务人具有重整价值的分析报告及证据材料;

(4)债务人重整的可行性分析报告或重整方案;

(5)人民法院认为应当提交的其他材料。

三、重整原因审查

5. 依据《中华人民共和国企业破产法》第二条的规定,债务人不能清偿到期债务,并且资产不足以清偿全部债务;或者债务人不能清偿到期债务,并且明显缺乏清偿能力;或者债务人有明显丧失清偿能力可能的,应当认定具备重整原因。

6. 下列情形同时存在的,人民法院应当认定债务人不能清偿到期债务:

(1)债权债务关系依法成立;

(2)债务履行期限已经届满;

(3)债务人未完全清偿债务。

债务人的资产负债表,或者审计报告、资产评估报告等显示其全部资产不足以偿付全部债务的,人民法院应认定债务人资产不足以清偿全部债务,但有相反证据足以证明债务人的资产能够偿付全部负债的除外。

7. 债务人的账面资产虽大于负债,但存在下列情形之一的,人民法院应当认定其明显缺乏清偿能力:

(1)因资金严重不足或者财产不能变现等原因,无法清偿债务;

(2)法定代表人下落不明且无其他人员负责管理财产,无法清偿债务;

(3)经人民法院强制执行,无法清偿债务;

(4)长期亏损且经营扭亏困难,无法清偿债务;

(5)导致债务人丧失清偿能力的其他情形。

8. 存在下列情形之一的,人民法院可以认定债务人有明显丧失清偿能力的可能:

(1)债务人因经营困难暂停营业或有停业可能;

（2）债务人存在大量待处理资产损失，致使实际资产的变现价值可能小于负债；

（3）清偿已届清偿期的债务，将导致债务人难以继续经营；

（4）导致债务人有明显丧失清偿能力可能的其他情形。

四、重整必要性和可行性审查

9. 重整对象应当具有重整价值和可能。对于债务人具有重整价值的证据材料，应结合国家产业政策、行业前景、企业发展前景等情况，从债务人重整的社会价值、经济效益等方面进行实质性审查。对于债务人重整的可行性报告或重整方案，应结合债务人的资产及负债状况、经营管理、技术工艺、生产销售情况，以及企业陷入经营困境的主要原因、提出的初步方案是否有针对性和可操作性、重组方是否具有重组能力等进行实质性审查。对于明显不具备重整价值或者虽有重整价值但不具备重整可能性的，应裁定不予受理。

10. 人民法院对债务人重整必要性和可行性进行审查，一般应听取行业主管部门、金融监管机构、国有资产监管机构、税务机关等相关部门的意见，也可以要求债权人、债务人、出资人提交相关文件资料并接受询问。

五、特殊性质企业重整审查

11. 国有独资企业或国有控股企业作为债务人申请重整的，应取得对债务人履行出资职责的国有资产监管机构或国有企业上级主管部门的同意，且企业员工已经妥善安置或制定切实可行的员工安置方案。债权人申请国有独资企业或国有控股企业重整的，人民法院在裁定受理前应及时向对债务人履行出资职责的国有资产监管机构或国有企业上级主管部门通报情况，说明股东、清算义务人的法律责任。

12. 申请上市公司重整的，人民法院在受理前应按照《最高人民法院关于审理上市公司破产重整案件工作座谈会纪要》的规定，逐级报送最高人民法院审查批准。

六、审查方式

13. 审查重整申请以听证审查为原则，书面审查为例外。听证期间不计入重整申请审查期限。听证可以由合议庭主持，也可以由合议庭委托承办法官主持。听证参加人员一般包括：

（1）重整申请人；

（2）债务人的股东、实际控制人、法定代表人及高管人员、财务管理人员、职工代表；

（3）已知的主要债权人：主要担保权人、主要经营性债权人及主要金融债权人。已成立金融债权人委员会的，应通知金融债权人委员会派员参加；

（4）当地政府已经成立清算组或工作组的，应通知清算组或工作组人员参加；

(5)人民法院认为应当参加听证的其他人员。

14. 在听证过程中,人民法院应对下列事项进行询问审查:

(1)申请人是否具有申请资格;

(2)申请材料是否真实完整;

(3)债务人是否具备重整原因;

(4)债务人是否具备重整价值和重整可能;

(5)债务人股东是否按时足额缴纳出资;

(6)债务人是否存在转移资产、个别清偿等行为;

(7)债务人以及债务人的控股股东、实际控制人、法定代表人及高管人员等是否涉嫌刑事犯罪;

(8)人民法院认为需要了解的其他事项。

七、关联刑事案件审查

15. 债务人或债务人的控股股东、实际控制人、法定代表人及其他高管人员涉嫌非法集资、合同诈骗等刑事犯罪的,应与公安机关、检察机关、受理法院联系,了解刑事案件相关情况。刑事案件的处理对重整构成实质性妨碍的,可依法裁定不予受理。

公安机关撤销案件、检察机关不予起诉或人民法院宣告无罪的;刑事诉讼程序终结,债务人相关财产未作为赃款赃物依法追缴,或者债务人的资产可以在破产程序中进行处置的,可以另行依法申请重整。

八、与执行案件协调衔接

16. 人民法院裁定受理重整申请前,应在案件管理系统中查询以债务人为被执行人的执行案件,了解主要资产现状,为判明是否具备重整原因、重整价值、重整可行性提供依据。协调与相关执行案件的工作进度,把握重整申请受理时机,充分利用执行评估拍卖成果,依法高效推进重整工作。

九、与政府部门协调沟通

17. 债务人涉及金融债权较多、金额较大,易引发系统性金融风险的,人民法院应与金融监管部门及时沟通,做好金融风险的预判及防范预案。

18. 对申请房地产企业、建筑企业、关联企业重整的案件,或者债权人、债务人职工人数众多的重整案件,以及在当地有重大影响的重整案件,人民法院在裁定受理前应通过“府院协调机制”与当地人民政府沟通,协调人民政府对重整案件涉及的维稳、税收、工商登记等问题提供综合保障。

十、重整申请撤回

19. 人民法院裁定受理重整申请前,申请人可以请求撤回申请。申请人撤回重整申请的,人民法院可以依法准许。

十一、裁定及公告

20. 人民法院经审查认为重整申请符合规定的，应当裁定债务人重整，裁定自作出之日起生效。重整裁定应在作出之日起五日内送达申请人和被申请人，并在全国企业破产重整案件信息网、重庆法院公众服务网上公告。

人民法院裁定不受理重整申请的，应当自裁定作出之日起五日内送达申请人并说明理由。申请人对裁定不服的，可以自裁定送达之日起十日内向上一级人民法院提起上诉。

江苏省高级人民法院破产案件审理指南（修订版）

（2011 年 11 月发布　2017 年 11 月 17 日修订　苏高法电〔2017〕794 号）

一、基本理念

从事企业破产审判，应当坚持以下基本理念：

1. 积极依法受理。企业破产制度是社会主义市场经济体制重要组成部分，事关企业能否顺利有序退出市场，事关债权利益能否得到周到保护，兼具债权集体清偿、纠纷集中化解、企业破产保护、推动要素释放等多项价值。人民法院应当以积极的、负责任的态度认真对待企业破产工作，切实肩负起服务保障市场主体破产退出的法定职责，不得在破产申请受理上设置法外条件，不得限制或阻止破产案件立案受理。

2. 债权人自治。企业破产制度因应权利保障而生，必然要求企业破产审判应当首先尊重债权人意思自治。债权人自治的范围，既包括程序性事项，比如更换管理人，也包括实体性事项，比如审核破产债权。作为例外，需要介入债权人自治的，必须具备合法性、正当性基础，比如，强制批准重整计划草案的，必须符合法定条件及程序，不得剥夺、限制、损害债权人合法、正当权益。

3. 债权平等。债权平等原则是企业破产法的立法基石以及核心准则，强调债权平等，既是出于效率的计算，更是出于公平的考量。坚持债权平等，要求相同性质债权应当按相同比例行使表决权、按相同比例获得清偿，应当注意的是，平等具有相对性，即所谓相同情况相同对待、不同情况不同对待，企业破产法基于法益的不同将债权加以区分对待，集中体现出立法的特殊价值取向。

4. 集体清偿。企业破产涉及职工债权、普通债权、担保债权、税收债权、出资权益等不同利益，通过自行协商难以富有效率地达成最为妥当的结果，企业破产程序则为以最小成本达成最优结果提供了公正、透明的博弈平台，要求所有债权人必须在法治的平台和框架内实现债权集体、最终的清偿,既严禁偏颇性清偿,又运用取回权等手段追回财产,更强调要严厉打击破产欺诈、逃废债行为,实现破产财产价值最大化。

5. 依法审理。企业破产程序具有不可逆性,程序瑕疵与错误往往难以补救,实践反复证明,无论是破产审判,还是中介管理,都必须规范运行,必须经得起当事人检验、经得起历史考验。要依法处理实体争议,妥善平衡各方权益,更要格外重视程序公正,严格遵循法定程序,确保程序公开、透明,实现看得见的公平正义。

二、案 件 受 理

(一)案件管辖

1. 地域管辖。企业破产案件由债务人住所地人民法院管辖。关于债务人住所地,民事诉讼法司法解释第三条规定,债务企业住所地是指主要办事机构所在地,主要办事机构所在地不能确定的,注册地或者登记地为住所地。企业法人具备两个以上办事机构的,如何认定主要办事机构,司法解释未作规定,实践中可以将企业法人的决策机构认定为主要办事机构,据此不能确定主要办事机构的,注册地或者登记地为住所地。

2. 级别管辖。基层人民法院一般管辖县、县级市或者区的工商行政管理机关核准登记企业的破产案件;中级人民法院一般管辖地区、地级市(含本级)以上的工商行政管理机关核准登记企业的破产案件。上市公司破产重整案件法律关系复杂,影响面广,专业知识和综合能力要求高,人力物力投入多,一般应由中级人民法院管辖。

3. 管辖权转移、指定管辖。中级人民法院确有必要将本院管辖的企业破产案件移交基层人民法院审理的,应当报请高级人民法院批准,是否批准应当综合基层人民法院意愿、中级人民法院破产审判任务、移交管辖是否有利案件审理等因素审慎判断。中级人民法院有权审理下级人民法院管辖的企业破产案件;基层人民法院对其管辖的企业破产案件,认为需要由中级人民法院审理的,可以报请中级人民法院审理。

《最高人民法院关于执行案件移送破产审查若干问题的指导意见》第三条规定,执行移送破产审查案件,实行以中级人民法院管辖为原则、基层人民法院管辖为例外的管辖制度;中级人民法院经高级人民法院批准,也可以将案件交由具备审理条件的基层人民法院审理。实践中,为减少审批环节,提高审查效率,省法院已概括授权中级人民法院可以根据辖区两级法院企业破产审判力量,合理分配审判任务,自主决定执行移送破产审查案件是否移交基层人民法院审理,无需报省法院批准,但依据企业破产案件级别管辖一般规则应当由中级人民法院管辖的案件除外。

因关联企业合并破产等特殊原因需调整案件管辖的，应报请共同上级人民法院指定管辖。

（二）破产能力

1. 民办学校。民办教育促进法第五十八条第二款规定，民办学校因资不抵债无法继续办学而被终止的，由人民法院组织清算。《最高人民法院关于对因资不抵债无法继续办学被终止的民办学校如何组织清算问题的批复》（法释〔2010〕20号）规定，人民法院组织民办学校破产清算的，应当参照适用企业破产法规定的程序，并依照民办教育促进法第五十九条规定的顺序进行清偿。据此，民办学校具备破产能力。应当注意的是，民办学校清算并非均由人民法院组织实施，只有因资不抵债无法继续办学而终止的，才能由人民法院组织清算。

2. 民营医院。企业破产法第一百三十五条规定，其他法律规定企业法人以外的组织的清算，属于破产清算的，参照适用该法规定的程序。据此，因其他法律无相关规定，非企业法人性质的民营医院不能参照适用企业破产法规定的程序。需要注意的是，实践中也存在企业法人性质的民营医院，依法可以适用企业破产法。

3. 外商投资企业。中外合资企业、中外合作企业和外商独资企业均是依据国内法律设立的企业，其中，中外合资企业与外商独资企业均属于企业法人，中外合作企业中的大部分属于企业法人，个别不具备法人资格。属于企业法人的中外合资企业、中外合作企业和外商独资企业，具备破产能力。

4. 合伙企业。合伙企业法第九十二条规定，合伙企业不能清偿到期债务的，债权人可以依法向人民法院提出破产清算申请，也可以要求普通合伙人清偿。据此，合伙企业可以参照适用企业破产法规定的程序。需要注意的是，合伙企业依法宣告破产的，普通合伙人对合伙企业债务仍应承担无限连带责任。

5. 个人独资企业。《最高人民法院关于个人独资企业清算是否可以参照适用企业破产法规定的破产清算程序的批复》（法释〔2012〕16号）规定，个人独资企业不能清偿到期债务，并且资产不足以清偿全部债务或者明显缺乏清偿能力的情况下，可以参照适用企业破产法规定的破产清算程序进行清算。据此，个人独资企业具备破产能力。值得注意的是，个人独资企业破产程序裁定终结后，个人独资企业的债权人仍可就其未获清偿部分向投资人主张权利。

6. 股东未履行或未全面履行出资义务的公司。公司具备法人资格，即具备破产能力，不能因股东未履行或未全面履行出资义务而否认其破产能力。

（三）破产原因

1. 破产原因的认定。债务人不能清偿到期债务并且具有下列情形之一的，人民法院应当认定其具备破产原因：一是资产不足以清偿全部债务；二是明显缺乏清偿能力。值得注意的是,相关当事人以对债务人的债务负有连带责任的人未丧失清偿能力为由,主张债务人不具备破产原因的,不应支持。

2. 不能清偿到期债务的认定。下列情形同时存在的,应当认定债务人不能清偿到期债务:一是债权债务关系依法成立;二是债务履行期限已经届满;三是债务人未完全清偿债务。应当注意的是,债权是否经过生效法律文书确认,并非认定到期债务不能清偿的必要条件,经审查能够认定存在真实债权债务关系的,应予确认。

3. 资产不足以清偿全部债务的认定。债务人的资产负债表,或者审计报告、资产评估报告等显示其全部资产不足以偿付全部负债的,应当认定债务人资产不足以清偿全部债务,但有相反证据足以证明债务人资产能够偿付全部负债的除外。

4. 明显缺乏清偿能力的认定。债务人账面资产虽大于负债,但存在下列情形之一的,人民法院应当认定其明显缺乏清偿能力:一是因资金严重不足或者财产不能变现等原因,无法清偿债务;二是法定代表人下落不明且无其他人员负责管理财产,无法清偿债务;三是经人民法院强制执行,无法清偿债务;四是长期亏损且经营扭亏困难,无法清偿债务;五是导致债务人丧失清偿能力的其他情形。

(四)申请主体

破产申请人包括债权人、债务人、负有清算责任的人和国务院金融监督管理机构。债权人通常为与债务人存在债权债务关系的平等民事主体,亦有特殊情形。

1. 国家机关。债务人欠缴税款、社会保险费用或者法定住房公积金的,税务部门、劳动保障部门或者住房公积金管理部门可以向人民法院申请债务人破产。

2. 职工债权人。职工债权性质上也是债权,企业破产法并未禁止职工债权人申请债务企业破产,为维护职工权益,规范市场退出,应当依法保障职工债权人申请企业破产的权利。

3. 债权未到期的债权人。债务履行期是债务人的期限权益,无法定或者约定事由不得限制或剥夺,债权未到期的债权人申请债务人破产的,不予受理。

(五)破产申请审查受理

1. 申请人提交证据的责任。债权人申请债务人破产的,应当提交债务人不能清偿到期债务的有关证据。债务人提出申请的,还应当提交财产状况说明、债务清册、债权清册、有关财务会计报告、职工安置预案以及职工工资的支付和社会保险费用的缴纳情况。

2. 破产案件的案号。破产申请审查案件,编立"破申"案号。对不予受理、驳回破产申请裁定的上诉审理,作为强制清算与破产上诉案件,编立"破终"案号。对破产申请的不予受理、驳回申请裁定以及破产上诉案件的监督,作为破产监督案件,编立"破监"案号。破产审理案件,编立"破"案号。

3. 破产申请的立案审查。立案部门收到破产申请材料的，应当一律接收并向申请人出具书面凭证，根据企业破产法第八条的规定进行形式审查。立案部门经审查认为申请人提交的材料符合法律规定的，当场登记立案，不符合法律规定的，应予释明，并以书面形式一次性告知应当补充、补正的材料。补充、补正期间不计入审查期限。申请人按要求补充、补正的，应当登记立案。立案部门登记立案后，应及时将案件移送负责审理破产案件的审判业务部门进行受理审查。

4. 债务人异议的审查处理。债务人对债权人提出的破产申请提出异议，人民法院认为有必要的，可以组织债权人、债务人对破产申请是否应当受理进行听证，债务人的出资人等利害关系人可以申请参加，人民法院还可邀请属地政府、有关部门等参加听证并听取意见。债务人对债权人的申请未在法定期限内向人民法院提出异议，或者异议不成立的，人民法院应当依法裁定受理破产申请。债权人申请债务人破产的，债务人仅享有提出异议的权利，无权对破产申请受理裁定提出上诉。

5. 债务人无法送达的处理。企业破产法第十条规定，债权人提出破产申请的，人民法院应当自收到申请之日起五日内通知债务人。通知债务人目的在于保障其异议权利，查明债务人是否具备破产原因，通知无法送达的，可以佐证债务人缺乏清偿能力，而予以公告将迟延案件受理审理进程，损及债权人权益。据此，通知无法送达债务人的，可在债务人住所地张贴通知材料，但不应再采取公告方式送达通知。

6. 破产申请的受理审查期限。债权人提出破产申请的，破产审判业务部门应当自债务人异议期满之日起十日内裁定是否受理。其他情形的，破产审判业务部门应当自人民法院收到破产申请之日起十五日内裁定是否受理。有特殊情况需要延长审查期限的，经上一级人民法院批准，可以延长十五日。债权人与债务人和解期间，不计入破产申请受理审查期限。

7. 借破产逃废债务的处理。借助破产逃废债务的，应当不予受理，已经受理的，应当驳回申请。对于债务人提出的破产申请，特别债务人无财产可供分配的，应重点审查是否存在借破产逃废债务情形。

8. 债务人人员下落不明或者财产状况不清的处理。根据《最高人民法院关于债权人对人员下落不明或者财产状况不清的债务人申请破产清算案件如何处理的批复》（法释〔2008〕10 号）的规定，债权人对人员下落不明或者财产状况不清的债务人申请破产清算，符合企业破产法规定的，人民法院应依法予以受理；债务人能否依据企业破产法第十一条第二款的规定向人民法院提交财产状况说明、债权债务清册等相关材料，并不影响对债权人申请的受理；人民法院受理上述破产案件后，应当依据企业破产法的有关规定指定管理人追收债务人财产，经依法清算，债务人确无财产可供分配的，应当宣告债务人破产并终结破产程序，破产程序终结后二年内发现有依法应当追回的财产或者有应当供分配的其他财产的,债权人可以请求人民法院追加分配。

9. 破产申请费及与债务人有关民事诉讼的诉讼费用。破产申请费依据破产财产总额计算,按照财产案件受理费标准减半交纳,但是最高不超过30万元。破产申请费清算后交纳,从债务人财产中拨付。相关当事人以申请人未预先交纳破产申请费为由,对破产申请提出异议的,人民法院不予支持。债务人提出缓交与债务人有关的民事纠纷诉讼费用,符合条件的,可予准许。

10. 不接收申请、不予受理、驳回申请的救济。申请人向人民法院提出破产申请,人民法院未接收其申请,申请人可以向上一级人民法院提出破产申请。上一级人民法院接到破产申请后,应当责令下级法院依法审查并及时作出是否受理的裁定;下级法院仍不作出是否受理裁定的,上一级人民法院可以径行作出裁定。上一级人民法院裁定受理破产申请的,可以同时指令下级人民法院审理该案件。

申请人对人民法院不予受理破产申请裁定不服的,可以自裁定送达之日起十日内向上一级人民法院提起上诉。人民法院受理破产申请后至破产宣告前,经审查发现债务人不符合企业破产法第二条规定情形的,可以裁定驳回申请,申请人对裁定不服的,可以自裁定送达之日起十日内向上一级人民法院提起上诉。

11. 上市公司破产重整特殊规定。上市公司破产重整事关资本市场健康发展,事关广大投资者权益保护,申请人申请上市公司破产重整的,应当按照《最高人民法院关于审理上市公司破产重整案件工作座谈会纪要》的规定完整提供有关材料;人民法院裁定受理上市公司破产重整申请前,应将相关材料逐级报送最高人民法院审查。终止上市的公司不适用前述规定。

重整计划草案涉及证券监管机构行政许可事项的,应当通过最高人民法院启动与中国证券监督管理委员会的会商机制。

12. 撤回破产申请的处理。人民法院受理破产申请前,申请人请求撤回破产申请的,可予准许。人民法院受理破产申请前,原书面同意执行移送破产审查的申请执行人或被执行人请求撤回书面同意的,可予准许。人民法院受理破产申请后,申请人请求撤回破产申请的,不予准许。人民法院受理破产申请后,债务人与全体债权人就债权债务的处理自行达成协议的,可以依据企业破产法第一百零五条的规定,请求人民法院裁定认可,终结破产程序。

13. 债权人提出破产申请后转让债权的处理。破产申请受理后,提出破产申请的债权人转让债权的,不影响人民法院已作出的受理破产申请裁定效力,破产程序应当继续进行。

(六)与受理破产申请有关的事项

1. 债务人财产、印章和账簿、文书的接管。依照企业破产法第二十五条第一款第一项的规定，管理人负有接管债务人财产、印章和账簿、文书等资料的职责。相关单位或个人不予配合的，管理人可以依据受理破产申请的裁定，申请人民法院采取相应执行措施，强制接管。当事人、利害关系人认为接管行为违反法律规定的，可以依据民事诉讼法第二百二十五条关于执行行为异议的相关规定进行救济。案外人对接管标的有异议的，可以依据民事诉讼法第二百二十七条关于执行标的异议的相关规定进行救济。

2. 未履行完毕合同的处理。破产申请受理前债务人订立的合同，应区分情况处理：一是债务人已履行完毕而相对方尚未履行完毕的合同，管理人无权依照企业破产法的规定解除，债务人享有的债权属于债务人财产。二是相对方已履行完毕而债务人尚未履行完毕的合同，因继续履行构成对个别债权人的违法清偿，管理人有权解除合同，但继续履行不构成个别违法清偿的除外。三是债务人和相对方均未履行完毕的合同，管理人有权依据企业破产法第十八条第一款的规定选择解除或继续履行。管理人决定继续履行合同的，相对方有权要求管理人提供担保，管理人不提供担保的，视为解除合同。破产申请受理后，因管理人或债务人请求相对方履行双方均未履行完毕合同产生的债务，属于共益债务。

前款二、三项情形，管理人选择解除合同，造成相对方损失，相对方主张债务人损害赔偿的，应予支持。

3. 保全措施的解除。人民法院受理破产申请后，应当督促管理人尽快通知相关法院及有关单位解除对债务人财产的保全措施。省内法院采取保全措施的，应当自收到通知后七日内解除保全措施，逾期不解除保全措施的，受理破产申请的人民法院可以层报共同上级法院解除保全措施，上级法院自收到报请后三日内立案监督，符合条件的，自立案后十五日内径行裁定解除保全措施。

4. 执行程序的中止与终结。人民法院受理破产申请后，有关债务人财产的执行程序应当中止，受理破产申请的人民法院应当督促管理人及时通知已知执行法院中止执行。有关债务人财产的执行程序未依法中止的，执行法院应当及时纠正，执行回转的财产应当纳入债务人财产。破产申请受理后，不得再对债务人的财产开始新的执行程序。人民法院裁定宣告债务人破产，或者裁定终止和解程序、重整程序的，执行法院应当裁定终结对债务人的执行。

5. 准确区分执行财产与债务人财产。执行财产拍卖变卖成交裁定送达买受人的，针对拍卖变卖财产的执行程序完毕，相应财产属于买受人财产。拍卖变卖所得价款或其他执行款尚未交付申请执行人的，应认定针对相应款项的执行程序尚未完毕，相应款项移交管理人，纳入债务人财产统一处置。

6. 有关债务人民事诉讼的恢复审理。人民法院受理破产申请后，已经开始而尚未终结的有关债务人的民事诉讼应当中止审理，自指定管理人之日起二十五日后,可以恢复审理。管理人因正当事由未完成诉讼准备工作,不能参加诉讼,申请延期审理的,可予准许。

7. 有关债务人民事诉讼的管辖。人民法院受理破产申请后、破产程序终结前,当事人提起的有关债务人的第一审民事诉讼,由受理破产申请的人民法院管辖,但债务人作为无独立请求权第三人参加诉讼的除外。受理破产申请的人民法院经报请上级人民法院批准,可以在开庭前将有关债务人的第一审民事诉讼移交下级人民法院审理。

人民法院受理破产申请后,有关债务人的海事纠纷、专利纠纷、证券市场因虚假陈述引发的民事赔偿纠纷等案件,由受理破产申请的人民法院管辖。受理破产申请的人民法院因专业性不足等原因不能行使管辖权的,可以依据民事诉讼法第三十七条的规定,由上级人民法院指定管辖。

8. 仲裁条款效力。企业破产法第二十一条规定,人民法院受理破产申请后,有关债务人的民事诉讼,只能向受理破产申请的人民法院提起。该规定针对的是有关债务人的民事诉讼,并不涉及仲裁,人民法院受理破产申请后,有关债务人的仲裁条款效力不受影响。

9. 有关债务人民事诉讼的诉讼主体。受理审理有关债务人的民事诉讼过程中,应当依据请求权基础法律关系,指导当事人正确列示诉讼主体。以债务人作为当事人的纠纷类型包括破产债权确认、取回权、抵销权、对外追收债权、追收未缴出资、追收抽逃出资、追收非正常收入、损害债务人利益赔偿、别除权等纠纷。以管理人作为当事人的纠纷类型包括破产撤销权、请求撤销个别清偿行为、请求确认债务人行为无效、管理人责任等纠纷。

10. 管理人作为当事人的列示方式。以管理人作为原告为例,表述为,“原告:×××,(债务人名称)管理人。”其中,管理人为社会中介机构中具备相关专业知识并取得执业资格的人员的,原告应列该个人;管理人为社会中介机构的,原告应列该社会中介机构;管理人为清算组的,原告应列(债务人名称)清算组。管理人身份标明为该企业管理人。社会中介机构或者清算组作为当事人的,还应当将中介机构管理人负责人或者清算组组长列为诉讼代表人,表述为,“诉讼代表人:×××,该企业管理人负责人(该企业清算组组长)”。

11. 管理人作为诉讼代表人的列示方式。债务企业为当事人,管理人为社会中介机构或者清算组的,由人民法院指定的管理人负责人或清算组组长作为诉讼代表人代表债务人参加诉讼,表述为,“诉讼代表人:×××,该企业管理人负责人(该企业清算组组长)”;管理人为社会中介机构中具备相关专业知识并取得执业资格的人员的,由该人员作为诉讼代表人代表债务人参加诉讼,表述为,“诉讼代表人:×××,该企业管理人”。

12. 有关债务人民事诉讼的诉讼类型。企业破产法第十六条规定，人民法院受理破产申请后，债务人对个别债权人的债务清偿无效。据此，人民法院受理破产申请后，已经受理而尚未终结的以债务人为被告的债权给付之诉，应当变更为债权确认之诉。人民法院受理破产申请后，以债务人为被告可以提起债权确认之诉，但不得提起债权给付之诉。

13. 债务人破产，债权人既申报债权，又起诉连带债务人承担清偿责任的处理。债务人进入破产程序，债权人向管理人申报债权，又起诉要求连带债务人承担清偿责任的，应当受理并继续审理。生效判决认定连带债务人承担清偿责任的，案件执行程序与企业破产程序之间应当做好衔接，避免债权人双重受偿；债权人也应当主动如实报告债权清偿情况，债权人双重受偿的，应承担相应法律责任。

三、管　理　人

管理人是破产程序中负责破产财产管理处分，业务经营以及破产方案拟定和执行的专门机构或个人。管理人制度的运行状况关系到破产程序能否公正高效运作。管理人必须独立于各利害关系人，保持中立性，受人民法院、债权人委员会等监督。

1. 管理人的类型。社会中介机构、社会中介机构中的个人以及清算组是企业破产法规定的三种管理人类型，选择管理人类型，应当以有利于个案管理为原则。指定清算组为管理人的，应当具备《最高人民法院关于审理企业破产案件指定管理人的规定》第十八条规定的情形。

2. 管理人的选任和监督管理。全省法院管理人选任及管理方式改革以放开事前准入、加强事中监管、强化事后追责为方向，提升选任及管理工作透明度和公信力，更好满足个案管理需要。改革方案另行制定。

3. 管理人负责人的确定。人民法院指定社会中介机构或者清算组担任管理人的，应当同时指定管理人负责人。社会中介机构或者清算组需要变更管理人负责人的，应当向人民法院提出申请。

4. 指定、变更管理人等的文书形式。根据《最高人民法院关于审理企业破产案件指定管理人的规定》第二十七条和第三十二条的规定，人民法院应以决定书形式指定、变更管理人。根据《最高人民法院关于审理企业破产案件确定管理人报酬的规定》第七条和第八条的规定，人民法院确定或者调整管理人报酬的，应当书面通知管理人。

5. 债务人印章的使用。管理人在破产管理中使用债务人印章的，应当做好登记备案，注意与债务企业进入破产程序前印章使用的区分。

6. 管理人的报酬。管理人履行企业破产法规定的职责，有权获得相应报酬，人民法院应当根据《最高人民法院关于审理企业破产案件确定管理人报酬的规定》,合理确定管理人报酬,有效调动管理人积极性。管理人报酬以债务人最终清偿的财产价值总额为计算基数,担保权人优先受偿的担保物价值,不计入用于清偿的财产价值总额。管理人对担保物的维护、变现、交付等管理工作付出合理劳动的,有权向担保权人收取适当的报酬,管理人与担保权人就报酬数额不能协商一致的,人民法院应当根据《最高人民法院关于审理企业破产案件确定管理人报酬的规定》第二条规定的方法确定,但报酬比例不得超出该规定限制范围的十分之一。

7. 审计、评估等中介机构的确定。经人民法院许可,管理人聘请审计、评估、造价等中介机构或人员的,由管理人在纳入全省法院委托鉴定机构电子信息平台的相应鉴定机构或人员中依法公开选聘,但不得与案件有利害关系。管理人对其聘请机构或人员的履职行为负责。

四、债务人财产

1. 破产撤销权的行使主体、与债权人撤销权的关系。依据企业破产法第三十一条和第三十二条的规定,管理人是行使破产撤销权的主体。管理人未依法行使破产撤销权的,债权人有权要求管理人行使破产撤销权。管理人无正当理由拒不行使破产撤销权,债权人请求人民法院更换管理人的,应予准许。管理人因过错未依法行使撤销权导致债务人财产不当减损,债权人起诉主张管理人对其损失承担赔偿责任的,应予支持。

管理人未依据企业破产法第三十一条的规定行使破产撤销权,债权人依据合同法第七十四条等规定提起诉讼,请求撤销相关行为并将因此追回的财产归入债务人财产的,人民法院应予受理。涉及债务人财产的行为不属于破产撤销权适用范围,但属于债权人撤销权适用范围,债权人行使债权人撤销权并主张将因此追回的财产归入债务人财产的,人民法院应当受理。受益人以债权人债权数额明显低于其基于可撤销行为取得的债务人财产数额抗辩的,不予支持。

2. 破产撤销权的行使期间。人民法院受理破产申请后,破产程序终结前,管理人可以行使破产撤销权。破产程序终结之日起二年内,发现有依照企业破产法第三十一条、第三十二条规定应当追回的财产的,可以由管理人行使破产撤销权,追回财产追加分配。

3. 破产撤销权纠纷的诉讼主体。管理人向人民法院提起破产撤销权之诉的,应以相对人及其他利害关系人为被告,但不应列债务人为被告。

4. 无偿转让财产的认定。企业破产法第三十一条第一项规定,人民法院受理破产申请前一年内,无偿转让财产的,管理人有权请求人民法院予以撤销。审理中应当注意,债务人在人民法院受理破产申请前一年内无偿加入他人债务的,将导致债务人责任财产减少,属于广义的无偿转让财产,管理人请求人民法院予以撤销的,应予支持。

5. 对没有财产担保的债务提供财产担保的认定。债务人在破产申请受理前一年内,为没有财产担保的债务提供财产担保,将让债务人的特定债权人取得原先没有的优先受偿地位、获得更多清偿,构成偏颇性清偿,有违债权平等、集体清偿原则,依照企业破产法第三十一条第三项的规定,担保行为应予撤销。审理中应当注意:一是可撤销的担保是为债务人自有债务提供的担保,而非为他人债务提供的担保。二是可撤销的担保是为已有债务提供的担保,而非为新设债务提供的担保。债务与担保同时设定的,担保具有对价利益,不构成偏颇性清偿,但规避破产撤销制度、将已有债务转换为新债务并追加财产担保的除外。三是用于追加担保的财产应为债务人财产,第三人为债务人已有债务提供财产担保的,并不损及其他债权人利益。四是已有债务虽已设定财产担保,但担保财产价值低于债权额的,追加财产担保也将改变特定债权人清偿顺位,造成偏颇性清偿,相应担保应予撤销。五是财产担保的设立分为担保合意达成及担保物权取得两个阶段,在破产申请受理前一年内为没有财产担保的债务提供财产担保,应理解为担保物权取得发生于破产申请受理前一年内。

6. 可撤销行为的法律责任。企业破产法第一百二十八条规定,债务人有该法第三十一条、第三十二条、第三十三条规定的行为,损害债权人利益的,债务人的法定代表人和其他直接责任人员依法承担赔偿责任。据此,因可撤销行为取得的财产通过行使撤销权无法收回,造成债务人财产损失,管理人起诉主张债务人法定代表人和其他直接责任人员承担相应赔偿责任的,人民法院应予受理,因此获得的赔偿,归入债务人财产。管理人怠于行使上述职责的,债权人有权向人民法院提起诉讼。

7. 债务企业出资人未缴出资和抽逃出资行为的处理。企业破产法第三十五条规定,受理破产申请后,债务人的出资人尚未完全履行出资义务的,管理人应当要求该出资人缴纳所认缴的出资,而不受出资期限的限制。据此,管理人起诉主张债务人的出资人缴付应缴未缴的出资以及出资期限尚未届至的认缴出资的,应予支持。出资人以出资期限尚未届至或者超过诉讼时效为由抗辩的,不予支持。管理人起诉主张债务人的出资人返还抽逃的出资的,应予支持。

8. 债务人占有的他人财产被违法转让的处理。债务人占有的他人财产被违法转让给第三人,依据物权法第一百零六条的规定第三人已善意取得财产所有权,原权利人无法取回该财产的,应当按照以下规则处理:一是转让行为发生在破产申请受理前的,原权利人因财产损失形成的债权,作为普通破产债权清偿;二是转让行为发生在破产申请受理后的,因管理人或者相关人员执行职务导致原权利人损害产生的债务,作为共益债务清偿。

债务人占有的他人财产被违法转让给第三人,第三人已向债务人支付转让价款,但依据物权法第一百零六条的规定未取得财产所有权,原权利人依法追回转让财产的,对因第三人已支付对价而产生的债务,应当按照以下规则处理:一是转让行为发生在破产申请受理前的,作为普通破产债权清偿;二是转让行为发生在破产申请受理后的,作为共益债务清偿。

9. 债务人占有的他人财产毁损、灭失的处理。债务人占有的他人财产毁损、灭失,因此获得的保险金、赔偿金、代偿物尚未交付给债务人,或者代偿物虽已交付给债务人但能与债务人财产予以区分的,权利人主张取回就此获得的保险金、赔偿金、代偿物的,应予支持。保险金、赔偿金已经交付给债务人,或者代偿物已经交付给债务人且不能与债务人财产予以区分的,应当按照以下规定处理:一是财产毁损、灭失发生在破产申请受理前的,权利人因财产损失形成的债权,作为普通破产债权清偿;二是财产毁损、灭失发生在破产申请受理后的,因管理人或者相关人员执行职务导致权利人损害产生的债务,作为共益债务清偿。

10. 破产抵销权的例外情形。除企业破产法第四十条规定的三种情形外,债务人股东负有的以下债务不得与债务人对其负有的债务进行抵销:一是债务人股东因欠缴债务人的出资所负债务;二是债务人股东因抽逃出资对债务人所负债务;三是债务人股东滥用股东权利或者关联关系损害公司利益对债务人所负的债务。

五、破产费用和共益债务

根据企业破产法第四十一条、第四十二条的规定,破产费用是破产程序的成本性开支,共益债务是破产申请受理后,为全体债权人利益而由债务人财产负担的债务。

1. 破产案件诉讼费用的认定。企业破产法第四十一条第一项规定的破产案件诉讼费用包括:破产申请费,鉴定费、勘验费、财产保全费、证据保全费等破产案件诉讼费用以及有关债务人的诉讼、仲裁中应由债务人承担的诉讼费用、仲裁费用。

2. 管理、变价和分配债务人财产费用的认定。企业破产法第四十一条规定的管理、变价和分配债务人财产费用包括:召开债权人会议所必需支付的场地租赁、材料、通讯等费用,债权人委员会及其成员履行职责必需支付的费用,对破产财产进行审计、评估、拍卖的费用,档案管理费用以及其他管理、变价和分配债务人财产所必需支付的费用。

3. 管理人执行职务费用的认定。管理人执行职务的费用包括:刻制管理人印章费用、差旅费、调查费、通讯费等。外地中介机构担任管理人的,管理人赴本地履行职责的交通费、住宿费不应列入管理人执行职务费用。依法由人民法院负责送达、公告形成的送达费、公告费,不属于管理人执行职务的费用,不作为破产费用列支。

4. 聘请工作人员、中介机构费用的处理。《最高人民法院关于审理企业破产案件确定管理人报酬的规定》第十四条规定,律师事务所、会计师事务所通过聘请本专业的其他社会中介机构或者人员协助履行管理人职责的,所需费用从其报酬中支付;破产清算事务所通过聘请其他社会中介机构或者人员协助履行管理人职责的,所需费用从其报酬中支付。据此,经人民法院许可聘请人员的费用,应区分情况分别列支,管理人聘请本专业人员协助履行职责的,所需费用从管理人报酬中支付;聘请非本专业人员的,所需费用从破产财产中另行支付。

5. 债务人财产不足以支付破产费用的处理。债务人财产不足以支付破产费用的,管理人应当提请人民法院宣告债务人破产并终结破产程序。为查明企业资产负债情况,债权人、管理人、债务人的出资人等可以垫付破产费用,垫付款项作为破产费用随时清偿。

6. 共益债务。人民法院受理破产申请后发生的下列债务,为共益债务:一是因管理人或者债务人请求对方当事人履行双方均未履行完毕的合同所产生的债务;二是债务人财产受无因管理所产生的债务;三是因债务人不当得利所产生的债务;四是为债务人继续营业而应支付的劳动报酬和社会保险费用以及由此产生的其他债务;五是管理人或者相关人员执行职务致人损害所产生的债务;六是债务人财产致人损害所产生的债务。

六、债权申报

人民法院受理破产申请后,应当确定债权人申报债权的期限。债权申报期限自人民法院发布受理破产申请公告之日起计算,最短不得少于三十日,最长不得超过三个月。债权人未依照企业破产法规定申报债权的,不得依照企业破产法规定的程序行使权利。

1. 受理破产申请的通知与公告。企业破产法第十四条规定,人民法院应当自裁定受理破产申请之日起二十五日内通知已知债权人,并予以公告。可见,公告适用于未知债权人,对于已知债权人,人民法院应履行通知义务,不能笼统以公告方式替代通知方式。已知债权人的范围可以根据债务清册、财务报告、清算报告、生效裁判文书等确定。人民法院、破产管理人在其他媒体发布公告的,同时要在全国企业破产重整案件信息网发布公告,在该网站发布的公告具有法律效力。

2. 社会保险费、国家税收债权的申报。社会保险费、国家税收债权,由有关征管机关申报。管理人应当根据债务人财务资料及申报人提交的材料进行审查,并记载于债权表。

3. 债务人保证人或其他连带债务人的申报。债务人的保证人或者其他连带债务人已经代替债务人清偿债务的,以其对债务人的求偿权申报债权。债务人的保证人或者其他连带债务人尚未代替债务人清偿债务的,以其对债务人的将来求偿权申报债权,但是,债权人已经向管理人申报全部债权的除外。

4. 申报债权的审查及异议程序。管理人应当根据企业破产法第五十七条的规定,将申报的债权编入债权表,管理人不得以债权不真实、超过诉讼时效等为由拒绝编入债权表。管理人应当对债权的真实性、合法性形成书面审查意见附于债权表,供债权人会议核查与利害关系人查阅。

管理人经审查对申报债权不予确认的,应当书面告知债权人。债权人可以在管理人确定的合理期限内向管理人提出异议,由管理人予以复核,异议成立的,予以采纳,异议不成立的,债权人可以自收到书面复核通知书之日起十五日内提起债权确认诉讼,债权人也可不经复核程序,自收到管理人不予确认债权通知书之日起十五日内提起债权确认诉讼。

债权表经债权人会议核查,债权人对他人债权有异议的,可以在管理人确定的合理期限内向管理人提出异议,由管理人予以复核,异议成立的,应予采纳,异议不成立的,债权人可以自收到书面复核通知书之日起十五日内提起债权确认诉讼,债权人也可不经复核程序,自收到债权表之日起十五日内,以债务人及该他人为被告提起债权确认诉讼。

前述不予确认债权通知书、复核通知书及债权表应当记载异议人提起债权确认之诉的权利及十五日起诉期间。债权人就自身债权超过十五日起诉期间未提起诉讼的,起诉前已进行的分配,不再对其补充分配,起诉后进行分配的,应当根据争议债权金额作相应提存。债权人就他人债权超过十五日起诉期间提起异议诉讼,生效判决认定异议成立的,已分配的部分仍应当依法回转。

5. 劳动债权的申报、审查及异议程序。对于企业破产法第四十八条第二款规定的款项,管理人应当在第一次债权人会议召开十五日前完成调查,列出详情清单,在债务人公告栏或者其他显著位置公示。职工对清单记载的金额及相关事项有异议的,可以在第一次债权人会议召开前向管理人提出异议,异议成立的,予以更正;异议不成立的,管理人应当予以通知并说明理由,异议职工不服的,可以自收到通知之日起十五日内提起债权确认诉讼。需要注意的是,先行向管理人提出异议,是职工提起债权确认诉讼的前提条件,职工直接提起债权确认诉讼的,人民法院应当告知职工先行向管理人提出异议。

6. 生效法律文书的确认。经生效判决书、裁定书、调解书,仲裁机构、劳动仲裁机关生效裁决书,公证机关依法赋予强制执行效力的公证债权文书确定的权利,管理人应当予以确认,但生效法律文书确认的权利与企业破产法的规定不符的,管理人可以依法对生效法律文书确认的权利予以调整。生效法律文书确有错误，管理人依法启动救济程序的，相应权利可以暂缓认定。

7. 债权表的确认方式。根据企业破产法第五十八条的规定，债权人、债务人对债权表记载的债权均无异议的，人民法院以裁定方式予以确认。人民法院裁定确认无异议债权的，应集中确认，无需就单笔债权分别确认。

8. 补充申报的处理。企业破产法第五十六条规定，在人民法院确定的债权申报期限内，债权人未申报债权的，可以在破产财产最后分配前补充申报；但是，此前已进行的分配，不再对其补充分配。为审查和确认补充申报债权的费用，由补充申报人承担。实践中应当注意，审查和确认补充申报债权的费用应当由补充申报人承担，费用标准可以综合审查确认难易程度、逾期期日、逾期申报对于破产工作的影响等因素加以确定。

七、破产债权及清偿顺序

1. 不属于破产债权的具体情形。下列债权不属于破产债权：一是行政、司法机关对债务人的罚款、罚金以及其他有关费用。二是债务人未执行生效法律文书应当加倍支付的迟延利息和劳动保险金的滞纳金。三是裁定受理破产申请后形成的债务利息。四是债权人参加破产程序支出的费用。五是超过诉讼时效的债权。六是法律、行政法规及司法解释规定的其他不属于破产债权的债权。

2. 商品房买受人的权益。房地产开发企业破产中，关于商品房买受人的权益，应重点把握以下问题：

商品房的权属变动。物权法第九条规定，不动产物权的设立、变更、转让和消灭，经依法登记，发生效力；未经登记，不发生效力，但法律另有规定的除外。据此，商品房权属尚未办理变更登记，买受人以实际支付全部购房款或已实际占有为由，主张实际取得商品房权属的，不予支持。《最高人民法院关于审理企业破产案件若干问题的规定》第七十一条第五、六的规定，与其后颁布的物权法确立的不动产物权变动规则不相符，应适用物权法的有关规定。《最高人民法院关于人民法院办理执行异议和复议案件若干问题的规定》第二十八条、第二十九条系不动产买受人物权期待权的规定，并非不动产权属规定。

商品房买受人债权的性质。《最高人民法院关于建设工程价款优先受偿权问题的批复》（法释〔2002〕16 号）规定，消费者交付购买商品房的全部或者大部分款项后，承包人就该商品房享有的工程价款优先受偿权不得对抗买受人。据此，消费性买受人债权具有优先性，优先于建设工程价款优先权。审判实践中，应当从严把握优先清偿的债权范围，准确区分消费者与非消费者，依法审慎划定消费者标准，合理确定优先权效力范围，实现消费性买受人与其他债权人利益的妥善平衡。值得注意的是,《最高人民法院关于人民法院办理执行异议和复议案件若干问题的规定》第二十九条规定,金钱债权执行中,买受人对登记在被执行的房地产开发企业名下的商品房提出异议,符合下列情形且其权利能够排除执行的,应予支持:一是在查封之前已签订合法有效的书面买卖合同;二是所购商品房系用于居住且买受人名下无其他用于居住的房屋;三是已支付的价款超过合同约定总价款的百分之五十。该规定赋予特定情形下商品房买受人物权期待权,可以排除司法执行,在确定消费性买受人标准中可资参照。

3. 建设工程价款优先权。对于债权人提出的建设工程价款优先权主张,应当依照合同法第二百八十六条和《最高人民法院关于建设工程价款优先受偿权问题的批复》(法释〔2002〕16 号)的规定进行审查。

4. 企业破产法公布之日前形成的职工债权的清偿顺序。形成于企业破产法公布之日前的职工债权按照企业破产法第一百一十三条的规定清偿后不足以清偿的部分,可以按照企业破产法第一百三十二条的规定,以设定担保的特定财产优先受偿。债务人于企业破产法公布之日前后均欠付职工债权的,以设定担保的特定财产之外的财产进行清偿过程中,应先行清偿企业破产法公布之日后形成的职工债权,再清偿企业破产法公布之日前形成的职工债权。

5. 职工集资款的清偿顺序。《最高人民法院关于审理企业破产案件若干问题的规定》第五十八条规定,债务人所欠企业职工集资款,参照职工债权顺序清偿,但对违反法律规定的高额利息部分不予保护;职工向企业的投资,不属于破产债权。审判实践中,应当从严把握优先清偿的职工集资款范围,重点审查借款行为是否向不特定多数职工作出、职工借款是否源于劳动身份强迫、借款资金是否来源于职工工资性收入。

6. 代为清偿职工债权的处理。代为清偿职工债权形成的对债务人债权,按照职工债权清偿顺序予以清偿。

7. 税收债权。依照《最高人民法院关于税务机关就破产企业欠缴税款产生的滞纳金提起的债权确认之诉应否受理问题的批复》(法释〔2012〕9 号)的规定,破产企业在破产案件受理前因欠缴税款产生的滞纳金,属于普通破产债权;破产案件受理后因欠缴税款产生的滞纳金,不属于破产债权。

八、债权人会议和债权人委员会

债权人会议是实现债权人破产程序参与权的临时性机构,权利范围和权利行使方式均由法律直接规定,主要包括决议职能和监督职能。债权人委员会是企业破产过程中的临时性组织。

1. 临时债权额的赋予。企业破产法第五十九条第二款规定,债权尚未确定的债权人，除人民法院能够为其行使表决权而临时确定债权额的外，不得行使表决权。实践中，对于债权尚未确定的债权人，管理人可以申请人民法院为其行使表决权而临时确定债权额。

2. 债权人会议的议事机制。债权人会议除现场表决外，可以由管理人事先将相关决议事项告知债权人，采取通信、网络投票等非现场方式进行表决，但是应当在第一次债权人会议上就非现场表决方式形成决议。债权人放弃投票表决的，视为对相关表决事项的反对。管理人应当根据表决的赞成和反对票协助债权人会议主席和债权人委员会形成债权人会议决议。

3. 债权人会议决议的撤销。企业破产法第六十四条第二款规定，债权人认为债权人会议的决议违反法律规定，损害其利益的，可以自债权人会议作出决议之日起十五日内，请求人民法院裁定撤销该决议，责令债权人会议依法重新作出决议。实践中，对于债权人依该规定提出的撤销决议申请，经审查，申请理由成立的，裁定撤销该决议，并责令债权人会议重新作出决议；理由不成立的，裁定驳回申请人的申请。前述裁定自作出之日起生效，不得上诉。

4. 有财产担保债权人的表决。企业破产法第六十四条规定，债权人会议的决议，由出席会议的有表决权的债权人过半数通过，并且其所代表的债权额占无产财产担保债权总额的二分之一以上，但是，该法另有规定的除外。可见，除企业破产法另有规定外，在计算决议是否通过时，出席会议的有财产担保债权人的人数列入表决统计，但所持有财产担保债权额不列入表决统计。

5. 债权人委员会的职权范围及议事规则。是否设立债权人委员会，以及债权人委员会的产生方式、职权范围及议事规则，由债权人会议决定，但不得损害债权人利益。债权人委员会由债权人会议选任的债权人代表和一名债务人的职工代表或者工会代表组成，成员应当经人民法院书面决定认可，人数不得超过九人。债权人委员会成员对所议事项的决议有不同意见的，应当在记录中载明。

6. 管理人实施财产处分行为的报告。管理人实施企业破产法第六十九条规定的财产处分行为，应当及时书面报告债权人委员会，债权人委员会可以依照企业破产法第六十八条第二款、第三款的规定，要求管理人对处分行为作出相应说明或者提供有关文件，债权人委员会认为管理人实施财产处分行为不当的，可以请求人民法院责令管理人停止财产处分行为。未设立债权人委员会的，管理人实施前款规定的行为应当及时报告人民法院，人民法院认为管理人实施财产处分行为不当的，可以责令管理人停止财产处分行为。

九、重整和解

重整制度，指对可能或已经发生破产原因但又确有再生希望的企业，在法院主持下,由利害关系方协商通过或依法强制通过重整计划,进行债务清理、经营重组等活动,以挽救企业、避免破产的法律制度。重整被公认为预防企业破产最为积极、有效的法律制度。破产和解,是指在人民法院受理破产案件后,破产程序终结前,债务人与债权人之间就债务清偿达成和解协议,终止破产程序的法律制度。和解是一种积极的偿债方式,通过减免债务数额、延长清偿期限等方式,缓解债务企业偿债压力,为债务人再建提供机会和条件。相较之下,破产清算是一种消极偿债方式。

1. 重整制度适用范围。重整制度具有保留企业营业价值、挽救危困企业的重要作用,但相对而言程序复杂,费用高昂,耗时较长,实践中主要适用于大型企业破产,中小型企业的挽救一般采取程序相对简单的和解制度加以解决。对于长期持续不能清偿到期债务、挽救无望的企业,应及时破产清算。

2. 重整程序的启动条件。依照企业破产法第七十条的规定,破产重整申请由债权人、债务人提出,债务人以及出资比例占债务人注册资本十分之一以上的出资人可以提出清算转入重整程序申请。审判中需要注意:一是数个出资人共同提出清算转入重整程序申请的,出资比例可以合并计算。二是基于债权人自治要求,经债权人会议决议通过,债权人可以申请清算转入重整程序。

3. 重整希望及重整价值的查明。人民法院可以通过以下途径,查明债务人是否具备重整希望及重整价值:一是可以召集申请人、债务人、出资人、政府及有关部门、专业中介机构举行听证会;二是可以商请会计师事务所、律师事务所、资产评估事务所等中介机构提出专业意见;三是可以向债务人所在地政府及行业主管等部门征询意见。

4. 债务人自行管理财产和营业事务。在重整期间,债务人符合下列条件的,经债务人申请,人民法院可以裁定批准债务人在管理人的监督下自行管理财产和营业事务:一是债务人具备自行管理能力,企业治理结构能够支持企业正常运转;二是实行债务人自行管理不致损害债权人利益。

5. 重整计划的强制批准。各表决组均通过重整计划草案的,可以由合议庭决定是否批准重整计划草案;拟强制批准重整计划草案的,应当经审判委员会讨论决定。是否强制批准重整计划草案,应当综合考虑各方当事人利益及社会公共利益,既避免损害债权人等利害关系人合法权益,也避免因部分利害关系人的反对导致合法正当的重整程序无法推进,应重点审查的事项包括:一是至少有一个表决组已表决通过重整计划草案;二是未通过重整计划的债权人表决组所获清偿符合企业破产法第八十七条第二款第一、二、三项的规定;三是重整计划草案对出资人权益的调整公平、公正,或者出资人组已经通过重整计划草案;四是重整计划草案公平对待同一表决组的成员,并且所规定的债权清偿顺序不违反法律规定;五是经营方案具备可行性。

6. 和解程序的启动条件。依照企业破产法第九十五条的规定，破产和解申请由债务人提出，债务人也可以申请清算转入和解程序。审判实践中，基于债权人自治要求，经债权人会议决议通过，债权人可以申请清算转入和解程序。

7. 和解协议草案的内容。和解协议草案一般包括下列内容：一是债务人的财产状况；二是清偿债务的比例、期限及财产来源；三是破产费用、共益债务的种类、数额及支付期限。和解协议草案中可以规定监督条款，由债权人对债务人执行和解协议情况进行监督。

8. 重整、和解程序的法律适用。重整、和解程序与破产清算程序虽在资产处置、清偿方式等方面存在差异，但均系破产程序，企业破产法各章节的规定也均适用于重整、和解程序，当事人提出的重整、和解程序并非破产程序、不适用破产程序相关规则的主张，不应支持。

十、破 产 清 算

破产清算程序将企业全部财产用于债权公平清偿，不能清偿的部分，债务人责任免除。

1. 别除权的行使。别除权，是指有财产担保债权人就债务人特定财产在破产程序中享有的优先受偿权利。别除权的行使应当通过管理人进行。

2. 破产财产变价处置方式。根据企业破产法第一百一十二条的规定，变价处置破产财产原则上应通过拍卖方式进行。实践中，虽然拍卖的方式有助于实现公平公正，但也存在成本高、耗时长问题，基于债权人自治，除法律、行政法规另有规定外，债权人会议可以决议采取拍卖以外的其他方式处置破产财产。破产企业属国有性质的，资产评估应按照国有资产评估相关规定办理。

3. 破产企业的债权处理方式。管理人应当向破产企业的债务人追收债权。债权追收成本过高的，经债权人会议决议，可以放弃追收，也可以拍卖债权，还可以直接分配债权。

4. 破产财产分配报告记载事项。企业破产法第一百二十条规定，管理人在最后分配完结后，应当及时向人民法院提交破产财产分配报告，并提请人民法院裁定终结破产程序。破产财产分配报告应当载明下列事项：一是破产财产总额和可供分配的破产财产总额；二是破产费用和共益债务数额；三是企业破产法第一百一十三条第一款第一项至第三项所列债权的受偿数额和受偿率。破产财产分配报告应附破产费用明细表、共益债务明细表、各类债权分配明细表、分配登记表。

5. 破产程序的终结。破产人无财产可供分配，经管理人请求，人民法院裁定终结破产程序的，破产程序终结。债务人宣告破产，在最后分配完结后，经管理人申请并提交破产财产分配报告,人民法院裁定终结破产程序的,破产程序终结。人民法院裁定批准重整计划,终止重整程序的,破产重整程序终结。人民法院裁定认可和解协议,终止和解程序的,破产和解程序终结。

6. 内控审限。破产清算及重整案件、破产和解案件、无产可破案件内控审限分别为十二个月、六个月、四个月。

十一、法律责任

1. 债务企业有关负责人的责任。企业董事、监事或者高级管理人员违反忠实、勤勉义务,致使所在企业破产的,依法应承担民事责任。人民法院应当向工商行政等企业注册登记管理机关通报前述情况,供相关单位依照企业破产法第一百二十五条第二款的规定,在资格认定上予以惩戒。

2. 拒不列席会议及履行相关义务的责任。有义务列席债权人会议的债务人的有关人员,经人民法院传唤,无正当理由拒不列席债权人会议的,人民法院可以拘传,并依法处以罚款。债务人的有关人员违反企业破产法规定,拒不陈述、回答,或者作虚假陈述、回答的,人民法院可以依法处以罚款。

3. 拒不提交相关资料与物品的责任。债务人违反企业破产法的规定,拒不向人民法院提交或者提交不真实的财产状况说明、债务清册、债权清册、有关财务会计报告以及职工工资的支付情况和社会保险费用的缴纳情况的,人民法院可以对直接责任付情况和社会保险费用的缴纳情况的,人民法院可以对直接责任人员依法处以罚款。

债务人违反企业破产法的规定,拒不向管理人移交财产、印章和账簿、文书等资料的,或者伪造、销毁有关财产证据材料而使财产状况不明的,人民法院可以对直接责任人员依法处以罚款。

4. 债务人有关人员擅自离开住所地的责任。自人民法院受理破产申请的裁定送达债务人之日起至破产程序终结之日,债务人的有关人员未经人民法院许可,不得离开住所地。有关人员,是指企业的法定代表人;经人民法院决定,可以包括企业的财务管理人员和其他经营管理人员。债务人的有关人员违反企业破产法规定,擅自离开住所地的,人民法院可以予以训诫、拘留,可以依法并处罚款。

5. 管理人违反忠实、勤勉义务的责任。管理人未依照企业破产法规定勤勉尽责,忠实执行职务的,人民法院可以依法处以罚款;给债权人、债务人或者第三人造成损失的,依法承担赔偿责任。

江苏省高级人民法院关于规范执行案件移送破产的若干规定

（2018 年 8 月 22 日公布并实施）

为了规范执行案件移送破产审查程序，根据《中华人民共和国民事诉讼法》、《中华人民共和国企业破产法》及相关司法解释的规定，结合我省司法实践，对本院 2016 年 7 月 4 日作出的《关于规范执行案件移送破产的若干规定》进行修订。

第一条　（基本原则）执行案件移送破产审查，应当遵循依法有序、协作配合、公平与效率兼顾原则。

第二条　（三个为主原则）执行案件移送破产审查、审理应当遵循基层法院管辖、本院移送、适用简化审理程序为主原则。

第三条　（权利的告知与释明）执行部门向申请执行人发送受理案件通知、向作为被执行人的企业法人（以下简称被执行人）发送执行通知时，应该同时告知民事诉讼法司法解释关于在执行程序中执行案件移送破产审查的规定。

在执行过程中和终结本次执行程序之前，执行部门发现被执行人符合本规定第四条规定条件的，应当在执行分配或终结本次执行程序之前及时向申请人 、被执行人征询执行案件移送破产审查的意见并释明法律后果。执行法官征询释明时，可邀请本院破产审判部门人员参加。

执行部门发现终结本次执行程序的案件符合本规定第四条规定条件的，可在恢复执行后，依照第二款向申请执行人、被执行人征询执行转破产意见。

第四条　（执行案件移送破产审查的条件）执行部门向本院破产审判部门或受理破产案件的法院移送执行案件进行破产审查应当符合以下条件：

（一）被执行人是企业法人；

（二）被执行人不能清偿到期债务，并且资产不足以清偿全部债务或者明显缺乏清偿能力；

（三）被执行人或者有关被执行人的任一执行案件的申请执行人同意移送破产程序。

第五条　（执行案件移送破产审查的管辖）执行案件移送破产审查，实行以被执行人住所地基层法院管辖为主、中级法院管辖为例外的原则，属中级法院管辖的案件必要时也可以直接交由基层法院审理。

基层法院执行移送破产案件管辖属于其本院受理的，由该基层法院执行部门

直接向本院立案庭移送立案;

基层法院执行移送破产案件管辖属于所在中级法院其他基层法院管辖的,由该基层法院直接向其移送破产审查,发生争议的,由中级法院协调处理;

基层法院、中级法院执行移送破产案件管辖属于省内其他法院管辖的,由该基层法院、中级法院直接向其移送破产审查,发生争议的,由省法院协调处理。

第六条 (不同意的处理)被执行人符合本规定第四条条件的,但申请执行人或被执行人均不同意移送破产程序的,执行法院应按《最高人民法院关于适用〈中华人民共和国民事诉讼法〉的解释》第五百一十六条的规定清偿债权,企业法人作为被执行人的其他已经取得执行依据的债权人申请参与分配的,执行法院不予支持。

第七条 (移送决定书)执行案件符合本规定第四条规定的,执行部门合议庭评议同意移送破产审查的,经执行部门负责人审批、院长签发,执行部门应当作出移送破产审查的决定书。决定书应载明案号、案件来源、申请执行人与被执行人信息、移送部门、移送人、移送时间,被执行人具备破产资格和破产原因的事实和理由。案号使用同意移送的申请执行人所属执行案件的案号;多个申请执行人或被执行人同意移送的,由执行法官选择其中的一个执行案号,可选择处置被执行人主要财产的执行案号。

执行法院作出移送决定后,应当于5日内将决定书送达申请执行人和被执行人,并告知被执行人如对决定有异议的,可以在受移送法院破产审查期间提出,由受移送法院一并处理。

第八条 (中止执行)决定移送破产审查的案件,执行法院应当同时作出对移送破产程序的被执行人中止执行的裁定,中止对该被执行人的执行。被执行人在其他法院有执行案件的,执行法院应当书面通知其他法院中止执行,其他法院被告知后应当及时中止执行;其他法院不予中止执行的,由执行法院报共同的上级法院协调,上级法院可对辖区内的执行案件直接作出中止执行的裁定。

受移送法院作出不予受理破产申请,申请人对该裁定提起上诉的,自不予受理裁定作出之日至上级人民法院作出裁定之日之前,执行法院应当中止执行。

对移送破产审查的被执行人中止执行的,不影响对同一执行案件中其他被执行人的执行。

第九条 (不宜保管物品的处置)中止执行裁定作出后被执行人进入破产程序前,必要时执行法院可以对被执行人所有的季节性、鲜活、易变质等不宜保管或保管费用过高的财产,以及其他宜先行处置的财产变价处置,待被执行人进入破产程序后将所得价款移交受理破产案件指定的管理人。

第十条 (保全延续)执行法院决定执行案件移送破产程序的,在受移送法院裁定受理破产案件之前,对被执行人的查封、扣押、冻结等保全措施不予解除。保全期限届满，申请执行人可以向执行法院申请延长保全期限，由执行法院负责办理延期手续。

执行法院与破产受理法院系同一法院的，破产案件受理后，该执行法院对被执行人采取的查封、扣押、冻结措施可以不解除，其效力自然延续至破产程序中。

第十一条　（移送材料）执行法院决定执行案件移送破产立案的，应当移送以下材料：

（一）决定书；

（二）申请执行人或被执行人同意执行案件移送破产审查的书面意见或笔录；

（三）执行案件移送破产审查报告；

（四）申请执行人提供财产线索、被执行人申报财产、执行法院穷尽财产调查措施的相关材料；

（五）执行法院已分配财产清单及相关材料；

（六）执行立案信息表、强制执行被执行人财产的民事执行裁定及其他执行文书；

（七）被执行人涉执债务清单，查封、扣押、冻结财产清单；

（八）对被执行人中止执行的民事执行裁定书；

前款第（三）项执行案件移送破产审查报告应载明如下事项：

（一）被执行人基本信息；

（二）被执行人所涉案件执行概况；

（三）已查明的资产状况；

（四）已处置的资产情况；

（五）已采取的强制措施情况；

（六）已掌握的账簿、财务、印章等情况；

（七）已分配财产清单情况；

（八）案件执行过程中存在的风险；

（九）有必要在报告中列明的其他情况。

无财产可供执行或债权债务明确、财产状况清晰的案件，执行法院在作出破产审查报告后，无须移送上述全部材料，仅移送决定书、申请执行人或被执行人同意执行案件移送破产审查的书面意见或笔录即可。

第十二条　（立案登记审查）执行法院在作出移送决定当日内将本规定第十一条规定所列材料移送破产法院立案庭，该立案庭以决定书、申请执行人或被执行人同意执行案件移送破产审查的书面意见或笔录作为立案条件，不得以材料不完备等为由拒绝接收。立案庭应当自收到移送材料之日起当日内录入全国破产重整案件信息网，以“破申”作为案件类型代字编制案号登记立案，并在1个工作日内移送给破产审判部门进行审查,审判部门在收到移送材料之日起5日内作出是否受理的裁定。

移送材料不完备或内容错误,破产法院可以要求执行法院补齐、补正,执行法院应于7日内补齐、补正。该期间不计入破产法院审查的期间。

第十三条 (立案通知及异议处理)破产审判部门应当在立案登记后5日内将立案及合议庭组成情况通知申请执行人、被执行人,申请执行人同意移送破产程序的,应当同时告知被执行人如对移送破产有异议,可以在收到通知后7日内提出异议,破产审判部门依照企业破产法第10条规定处理。

第十四条 (执行案件移送破产审查的监督)受移送法院拒绝接收移送的材料,或者收到移送的材料后不按规定的期限作出是否受理裁定的,执行法院可函请受移送法院的上一级法院进行监督。上一级法院收到函件后应当指令受移送法院在5日内接收材料或作出是否受理的裁定。

受移送法院收到上级法院的通知后,5日内仍不接收材料或不作出是否受理裁定的,上一级法院可以迳行对移送破产审查的案件行使管辖权。上一级法院裁定受理破产案件的,可以指令受移送法院审理。

第十五条 (裁定受理前撤回申请)破产审查期间,原同意移送破产审查的申请执行人或被执行人自愿撤回申请的,可予以准许,并在准许决定之日起3日内退回执行法院移送的材料。

第十六条 (裁定受理后材料补充)受移送法院破产审判部门裁定受理破产案件后3日内,将受理裁定移送执行法院;破产审判部门认为移送的材料需要补充的,向执行法院发送补充材料清单,执行法院收到清单后7日内将清单材料移送给受移送法院。

第十七条 (受理后的衔接)执行法院应于收到受理破产案件的裁定书后7日内完成以下工作:

(一)将本院有关被执行人的所有执行案件的债权受偿情况或财产分配情况汇总成表,移送受理破产案件的法院;

(二)根据受理破产案件法院的要求,及时解除相关保全措施或出具函件,将查封、扣押、冻结财产的处置权交破产受理法院;

(三)将查控的尚未执行或者尚未执行完毕的被执行人的财产,移交受理破产案件的管理人;

(四)告知有关申请执行人依法在破产程序中申报债权。

执行法院收到破产受理裁定后,拒不解除查封、扣押、冻结措施或出具移交处置权函件的,破产法院可以层报共同上级法院解除保全措施,上级法院自收到报请后3日内立案监督,符合条件,自立案后15日内进行裁定解除保全措施。

第十八条 (不属于被执行人财产的界定)符合下列情形之一的,不属于被执行人的财产,执行法院或执行部门不再移交:

(一)已通过拍卖程序处置且成交裁定书已送达买受人的拍卖财产;

(二)通过以物抵债偿还债务且以物抵债裁定已送达接受抵债的申请执行人的抵债财产;

(三)已完成转账、汇款、现金交付的执行款。

第十九条 (不予受理或驳回申请的衔接)受移送法院裁定不予受理破产案件的,应当在裁定作出之日起5日内送达申请执行人和被执行人,并通知执行法院。申请执行人、被执行人对裁定不服的,可以自裁定送达之日起10日内向上一级人民法院提起上诉。未在法定期限内上诉或上级人民法院维持原裁定的,受移送法院应及时将接受的材料退回执行法院,执行法院应及时恢复对该被执行人的执行。

受理移送法院裁定驳回申请的,适用前款规定。

破产法院作出不予受理、驳回申请或者准许撤回申请的裁定后,执行法院不得重复启动执行案件移送破产审查程序。但是,申请执行人或被执行人可依照企业破产法的规定直接向有管辖权的法院提出破产申请。

第二十条 (裁定书当事人的确定)裁定受理或裁定不予受理破产的裁定书,申请人为同意移送破产的申请执行人或被执行人,被申请人为不予同意移送破产的申请执行人或被执行人;申请执行人、被执行人均同意移送破产的,列双方为申请人。

第二十一条 (特殊财产先行处置)执行部门在移送执行转破产案件之前,对难以处置的财产,如司法网拍流拍的财产、集体土地上违法建造的厂房、小产权房等先行处置,并将拍卖所得款项交付给受理破产案件的法院或管理人。

第二十二条 (裁定终结执行)破产程序出现下列情形之一的,破产法院应于7日内将情况反馈给执行法院。执行法院应当裁定终结对该被执行人的执行:

(一)裁定宣告破产的;

(二)裁定批准重整计划并终止重整程序的;

(三)裁定认可和解协议并终止和解程序的。

第二十三条 (破产专项基金)基层法院、中级法院、省法院应当积极争取设立破产专项基金,用于管理人报酬补偿、业务培训、特困民生救助等事项;破产专项基金来源于政府财政拨款、管理人报酬提取资金及其他途径。

第二十四条 (公益管理人)基层法院、中级法院针对无财产可供执行的移送破产案件建立公益管理人制度,从入库管理人中轮候确定公益管理人,对不愿意充当公益管理人的进行业务上限制。

在府院联动过程中,各级法院应当积极推动政府设立破产公益管理人,公益管理人可以从财政、司法、国有资产管理公司、律师事务所、会计事务所等单位中推选具有法律、会计、管理专业知识的人员担任。

第二十五条　(执行机构协助配合破产案件审理)破产案件审理过程中,破产审判部门利用最高法院“总对总”网络查控系统、网络司法拍卖平台及时查控、变现破产财产,执行机构应积极配合破产审判部门各项执行措施的推进;破产审判部门可以直接使用省法院“点对点”网络查控系统。

第二十六条　(设立执行移送破产协调机构)全省各级法院分别设立执行案件移送破产审查协调小组,成员由执行局、执行裁判庭、民商事审判庭或破产庭、立案庭负责人组成,由院长担任组长。

第二十七条　(破产团队组成)执行程序移送破产程序的,破产审判团队可以由破产审理部门和执行局法官共同组成。

第二十八条　(执转破考核激励)各级法院应当建立执行移送、审理破产案件的激励机制,对移送执行转破产案件的识别、准备材料、移送及审查、审理分成两个阶段折算案件量,可以根据案件难易程度等因素确定具体折算案件量的方法。

第二十九条　(附则)本规定自下发之日起施行,2016 年 7 月 4 日通过的《关于规范执行案件移送破产的若干规定》不再适用。

法律、司法解释对执行案件移送破产审查有新规定的,以法律、司法解释为准。

江苏省高级人民法院关于“执转破”案件简化审理的指导意见

(2018 年 6 月 1 日公布并实施　苏高法电〔2018〕392 号)

为推进“执转破”工作的有效开展,切实提高“执转破”案件的审判效率,根据《中华人民共和国企业破产法》《最高人民法院关于适用〈中华人民共和国民事诉讼法〉的解释》《最高人民法院关于执行案件移送破产审查若干问题的指导意见》《全国法院破产审判工作会议纪要》等规定,结合全省法院工作实际,现对“执转破”案件简化审理程序工作提出如下意见。

一、“执转破”案件简化审理程序的基本原则

1. 繁简分流原则。事实清楚、债权债务关系明确、财产状况明晰的“执转破”案件,主要由基层法院办理,应当适用简化审理程序。

2. 快速高效原则。要切实避免程序空转以及为走程序而走程序的问题。要在不违反破产法硬性要求的前提下，最大限度地简化破产流程，并联破产事项，立案、听证、破产告知、管理人指定、债权人会议、财产查控、程序终结、公告与送达等环节中能够压缩的时间性要求应予压缩，能够简化的程序应予简化，能够合并的事项应予合并，实现快速立案，快速审理。

3. 程序经济原则。要尽可能减少不必要的费用支出，最大限度地控制破产成本。要充分运用执行机构已经完成的财产查控结果、评估结论及处置结果，避免不必要的重复劳动。要充分利用“总对总”“点对点”查控系统，提高财产查控质量与效率。要充分借助执行程序中财产变价机制及平台，降低变现成本。要充分利用《全国企业破产重整案件信息网》（以下简称破产信息网）发布案件流程节点、公告及法律文书，减少破产费用支出。

二、“执转破”案件简化审理程序的案件范围

1. 被执行人公司股权结构简单、资产规模不大、无风险隐患，且具备下列情形之一的“执转破”案件，应当简化审理程序：

（1）被执行人无财产或财产较少，可能不足以支付全部破产费用的；

（2）被执行人账簿、重要文件等灭失或被执行人下落不明，无财产可供执行，且未发现巨额财产下落不明的；

（3）被执行人无营业场所或者无人员安置问题的；

（4）被执行人停工停产或者已经歇业，且不存在职工安置的；

（5）被执行人经营地域集中或系中小微企业的；

（6）被执行人未经清理已被吊销或撤销营业执照，其财产不足以清偿全部债务的；

（7）被执行人全部财产或主要财产已经处置变现的；

（8）被执行人财产易于变价或无需变价的；

（9）申请人、被申请人及其他主要破产参与人协商一致同意简化审理程序的；

（10）被执行人是个人独资企业的；

（11）其他适合简化审理程序的案件。

2. 具有下列情形之一的“执转破”案件，原则上不适用简化程序进行审理：

（1）涉及国有企业或者关联企业合并破产的；

（2）涉及破产和解或者破产重整的；

（3）涉及职工安置等复杂情形的；

（4）债务人资产难以变现且无法实物分配的；

（5）债权债务关系复杂，可能需要审计的；

（6）存在未决诉讼或仲裁案件，或者可能存在多个衍生诉讼的；

（7）涉及刑民交叉的案件；

(8)其他不宜适用简化程序审理的案件。

3.“执转破”案件是否适用简化程序审理,由受理法院依职权决定。但应在“执转破”案件受理公告中告知简化审理程序的相关事项,并对破产参与人予以指引。

已按简化程序审理的破产案件,如发现不宜继续适用简化审理程序的,应按破产法及其司法解释规定的一般程序进行审理。

4.适用简化程序审理的“执转破”案件,应由执行法官以及破产案件审理部门、执行裁判部门的法官组成审判团队,负责对“执转破”案件进行审查及审理。

三、“执转破”案件简化审理程序的破产申请审查与受理

1.“执转破”案件审判团队应提前介入本院执行机构移送破产审查案件的梳理与审查,参与研究需要移送的材料准备及财产变价等前置性工作。符合移送条件并决定移送的,执行机构可不制作移送决定及移送函,直接移送本院立案部门立案。但应将本院研究及决定移送破产审查的过程性材料一并移送。

申请执行人同意移送破产的,执行机构应在移送立案当日通知被执行人,告知其如有异议,可按破产法第十条第一款规定向本院“执转破”案件审理部门提出。被执行人同意移送破产审查的,可不必再向其发出异议权利通知。

2.立案部门对本院执行机构移送的材料进行形式审查,材料完备的,应在1个工作日内将相关信息录入破产信息网,以“破申”案号登记立案后移送“执转破”案件审判团队进行审查。

3.“执转破”案件审判团队应在接收案件后10日内作出是否受理裁定。被执行人提出异议的,由“执转破”案件审判团队进行审查。裁定受理的,应同时决定是否适用简化审理程序,并送达债权人、债务人及执行机构。

受理裁定作出后,审判团队应在3日内将案件材料移送立案。立案部门应在1个工作日内将相关信息录入破产信息网,以“破”案号登记立案后移送“执转破”案件审判团队审理。

四、“执转破”案件简化审理程序中的破产管理人及债权申报

1.“执转破”案件审判团队裁定受理“执转破”案件的,应提前通知司法技术部门通过随机方式在管理人名册中指定管理人,可以通知同意执行案件移送破产审查的债权人或债务人到场,并进行同步录音录像。被通知的债权人或债务人未按时到场的,不影响随机摇号工作。

司法技术部门原则上应在接到通知后3个工作日内完成管理人指定工作。名册中已有个人管理人的,原则上应指定个人为管理人。政府相关部门已经成立清算组的,可直接指定该清算组为管理人。管理人确定后,应告知其本案是否适用简化程序并给予相应指引。

2. 管理人应在接受指定之日起 5 日内接管债务人财产、印章、账簿、文书等资料，并在破产信息网管理人工作平台完成信息录入工作。同时应明确具体步骤和完成时间，定期披露工作进展。无产可破案件，可不开立管理人银行账户。

3. "执转破"案件审判团队应在裁定受理破产申请之日起，3 个工作日内通知已知债权人，并在破产信息网法官工作平台发布公告，除载明企业破产法第十四条规定必须载明的内容外，还应载明适用简化程序审理的内容以及第一次债权人会议的时间及方式。

4. 债权人申报债权的期限为 30 日，自发布受理破产申请公告之日起计算。管理人应在债权申报期限届满之日起 5 个工作日内提交债务人财产状况报告。

五、"执转破"案件简化审理程序中的财产查控及变价

1. 管理人应在接受指定后 30 日内完成债权审查及财产调查工作。必要时，可申请调查令。

2. 管理人需要查控债务人名下房产、存款、股权、车辆和股票等财产的，应指引其提出申请，由审判团队中的执行法官通过"总对总""点对点"系统进行查控。执行机构在移送前六个月内已进行查控的，可不必再次调查。

3. 执行程序中作出的评估、鉴定或审计报告，在所涉案件移送破产审查后仍在有效期之内的，不再重新委托评估、鉴定或审计。

上述报告虽然在移送破产审查后超过有效期，但如该财产或其财产性权利的市场价值未发生明显变化，或未对债权人、债务人或其他破产参与人权利造成明显影响的，除债权人或利害关系人自愿承担相关费用之外，可不再重新委托评估、鉴定或审计。

所涉财产在执行程序中流拍后移送破产审查再行拍卖的，不受评估、鉴定及审计报告有效期的影响。

4. 执行机构原则上应将被执行人财产变现后再将案件移送破产审查。如破产程序中涉及财产变现的，应优先适用网络司法拍卖，并由审判团队中的执行法官负责实施。

5. 破产财产可以实物分配，或者存有可以迳行分配的股权或者债权的，除债权人或利害关系人自愿承担相关费用之外，可不做变价处理，依法直接予以分配。

6. 破产财产拍卖时需要确定底价的，有市场价的按市场价确定；没有市场价，但可通过询价确定的，除债权人或利害关系人自愿承担相关费用之外，应通过询价确定。

7. "执转破"案件需要采取保全措施的，经管理人申请，由审判团队中的执行法官予以实施。

六、"执转破"案件简化审理程序中的债权人会议

1. 债权人会议原则上采取书面形式召开。确需现场召开债权人会议的，应减少次数，最多不超过两次。第一次债权人会议由法院负责召集。

2. 债权人会议及破产事项表决可采用书面、数据电文等形式，也可在破产信息网平台进行。

3. 第一次债权人会议自债权申报期限届满之日起 5 日内召开。确需召开第二次债权人会议的，管理人应当提前 15 日通知已知债权人。

4. 债权债务明确，债务人财产确定，符合宣告破产条件的，管理人原则上应提请人民法院在第一次债权人会议上宣告债务人破产，并将资产处置方案和分配方案提交债权人会议表决。

5. 第一次债权人会议上宣告债务人破产的，可同时作出裁定并宣告，并在 5 日内向债务人、管理人送达，并通知已知债权人，同时予以公告。

6. 管理人未提请人民法院在第一次债权人会议上宣告破产的，应在会议结束之日起 15 日内决定是否提请宣告债务人破产。符合条件的，受理法院应在收到申请之日起 5 日内作出宣告破产裁定，并在裁定作出之日起 5 日内送达给债务人、管理人，并通知已知债权人，同时予以公告。

7. 无财产可供分配或破产财产不足以支付破产费用，或者债务人没有财务账册或者财务账册不齐、无法审计，或者债务人人员下落不明或财产状况不清，管理人未追收到财产或者未发现有财产可供分配的，且债权人或其他利害关系人不愿意足额承担破产费用或其垫付的费用不足以支付破产费用的，可以不召开债权人会议，提前终结破产程序。

管理人在查明上述情况后 5 日内，应当向人民法院提请终结破产程序，人民法院应在收到申请后 5 日内作出裁定。

七、"执转破"案件简化审理程序中的程序性事项

1. 可以采用电话、短信、微信、电子邮件、传真等简便方式传唤相关人员以及送达除民事裁定书以外的法律文书。

2. 管理人因债务人账册、重要文件灭失，无法清算或无法全面清算的，人民法院应在终结破产程序的裁定书中列明上述事由。

3. 管理人因债务人歇业或营业执照被吊销，人员下落不明或者财产状况不清，且未追收到破产财产，无财产可供分配的，人民法院应在终结破产程序的裁定书中列明破产程序终结后 2 年内发现有依法应当追回的财产或者有应当供分配的其他财产的，债权人可以请求追加分配。

4. 破产财产分配方案经法院裁定确认，且主要财产已分配完毕，但因客观原因尚未完成个别事项的，管理人可在该裁定作出同时提请法院裁定终结破产程序。

5. 适用简化程序审理的"执转破"案件应当在"破"字号案件立案之日起3个月内审结。因特殊情况需要延长的，按相关规定履行报批手续。

6. 管理人应当自破产程序终结之日起5日内，持终结破产程序裁定等法律文书，向登记机关办理注销登记。

7. 除受理破产申请、宣告破产、终结破产程序必须公告外，其余事项可不予公告。通过破产信息网以及法院官网发布的公告，与纸质媒介上发布的公告效力相同。

8. 适用简化审理程序的破产案件，可以按照《诉讼费用交纳办法》第十六条规定在依法计算受理费的基础上再减半收取。

无任何财产可供分配或者财产不足以支付破产费用的"执转破"案件，经管理人提出申请，可以免交案件受理费。

江苏省高级人民法院审判委员会关于妥善审理破产案件、维护经济社会稳定若干问题的讨论纪要

（2009年1月7日江苏省高级人民法院审判委员会第1次会议讨论通过
2009年2月3日发布并实施　苏高法审委〔2009〕2号）

江苏省高级人民法院审判委员会第1次会议对当前审理企业破产案件适用《中华人民共和国企业破产法》（以下简称破产法）以及相关司法解释中的若干问题进行了讨论，现将讨论意见纪要如下：

一、充分认识妥善审理企业破产案件的重要意义

企业破产案件涉及债权人、债务人及其投资者、企业职工等多方当事人利益，参与主体众多，利益关系复杂，是经济和社会矛盾的突出体现和集中载体。当前，因宏观经济形势变化引发的企业破产案件出现了涉及金融债权数额和企业职工人数大幅度增加、民营企业破产的比例明显增多等新情况，企业破产案件与经济发展、金融安全和社会稳定的关联程度进一步提高。依法审理好企业破产案件，是维护劳动者权益、保障民生、均衡保护各方债权人利益、实现公平清偿、彻底了结大量债权债务关系、拯救出现经营困难但有再生希望的企业、恢复正常的市场交易秩序、重新有效配置资源的重要途径。全省各级人民法院要充分认识依法妥善审理企业破产案件的紧迫性和极端重要性，切实增强政治意识和责任意识，把依法妥善审理好企业破产案件作为当前人民法院服务于保增长、保民生、保稳定大局的重要举措，为促进经济发展、保障金融安全、维护社会稳定提供更加有力的司法保障。

二、当前审理企业破产案件应当把握的原则

(一)依法维护市场主体退出秩序原则

依照法定程序清算债务人财产、实现债权公平清偿是破产法的基本立法目的,也是保障债权人利益、维护社会稳定的内在要求。一是要依法受理符合条件的破产申请。充分发挥破产案件审理工作引导、规范市场主体依法有序退出市场的职能作用,防止因受理不及时导致矛盾激化,影响社会稳定。二是要防止少数企业进行破产欺诈,借破产逃废债务。在案件审理过程中,要严格审查破产前债务人资产处置行为的合法性,制止少数债务人采取向关联企业通过不正当关联交易转移有效资产、提前清偿、单独清偿、以企业主要资产设定担保等手段恶意处置资产、将经营损失转嫁给债权人等违法行为。三是要严格执行破产法和相关司法解释的规定,加强对破产案件审理过程的有效监督和指导,确保案件审理工作规范、有序运行。

(二)优先推动企业重整与和解原则

拯救出现经营困难但有再生希望的企业,稳定社会经济秩序,是破产法的重要立法目的。努力推动企业重整与和解成功,避免企业破产带来的社会震荡,是人民法院审理破产案件的重要目标,更是当前江苏省促进增长、保障民生、维护稳定大局的必然要求。全省各级人民法院要深刻认识推动重整与和解程序的重要意义,积极受理符合法定条件的重整与和解申请,对相关当事人分别提出破产清算、重整、和解申请的,优先推进重整程序。在重整与和解程序进行中紧紧依靠党委政府,动员各方力量,耐心做好企业职工和债权人工作,指导债务人和管理人提出切实可行的重整方案,督促管理人严格监督重整计划的执行,通过重整程序,帮助那些资金周转遇到暂时困难但管理规范、有经营前景的企业渡过暂时性难关,恢复活力;通过和解程序,促进债权人和债务人达成谅解,和缓解决各方矛盾;通过重整与和解程序,实现保护债权、保证就业、保全产能、保持增长、促进利害关系各方共生共赢的社会整体利益。

(三)优先保护职工债权原则

依法优先保护劳动者权益,是破产法律制度的重要价值取向,也是当前形势下人民法院保障民生、维护稳定的重要手段。在案件审理中,对于债权人就建筑工程款依法行使优先权的,要予以保护,维护建筑企业职工的切身利益;要依照破产法规定,优先清偿职工债权;在重整程序中,重整计划不得规定减免债务人欠缴的法定职工债权,对裁员幅度过大的重整计划人民法院不予批准。

(四)充分尊重债权人意思自治与维护社会公共利益相结合原则

债权人是破产程序的主要参与者和主要利害关系人,债权人的决策职能和监督职能,是破产程序的运作基础。充分尊重债权人对破产程序的参与权,不仅是对法律规定的有效落实，更是化解债权人对立情绪、促进债权人与债务人合作的有效途径。要督促管理人向债权人充分公开信息，引导债权人对管理人正确行使监督权。债务人是否继续营业、重整计划草案与和解协议草案的通过、债务人财产的管理方案、破产财产的变价与分配方案的通过，都要严格依照破产法规定交由债权人会议表决。同时，为实现社会公共利益和债权人整体利益，应当在必要情况下依法对债权人意思自治进行司法干预，特别是在企业重整案件中，要以保障充分就业、保全企业产能等社会公共利益为重要目标，综合平衡各种类型债权人、企业职工等各方主体利益，根据破产法规定对公平、合法、合理、可执行的重整方案进行强制批准。

（五）实现破产财产最大化原则

破产财产是债权人实现利益的基本保障，是影响债权清偿率的决定性因素。破产清偿率的高低，是债权人和企业职工评价人民法院审判工作成效的重要标准，降低破产成本，提高清偿率，能有效缓解债权人和企业职工的不满情绪，强化债权人和企业职工对司法公正与效率的信心，减少破产进程中的阻力。一是要督促管理人及时接管企业，清理财产，追索应收款，追回未到位投资，追究关联企业、企业高管人员等对企业破产依法应当承担的民事责任，正确行使撤销权，以价值最大化为目标变现破产财产。二是督促管理人正确管理和处分债务人的财产，根据债务人的实际情况，以实现债务人财产的保值增值为目的，在第一次债权人会议之前决定债务人是否继续营业以及继续营业的方式。三是要降低破产程序的经济成本和时间成本。严格执行《最高人民法院关于审理企业破产案件确定管理人报酬的规定》，依法确定管理人的合理报酬，管理费用和报酬应当交债权人会议审查；破产审理方案各个环节应当紧密衔接，不得久拖不决；要充分发挥债权人委员会功能，提高债权人决策效率；正确处理好破产程序和相关民事诉讼程序的关系，灵活运用破产法规定的临时表决权、多次分配等制度，迅速推进破产程序。

（六）着力维护社会稳定原则

企业破产，事关经济发展、民生保障、社会稳定，与党委政府的中心工作紧密相联。破产案件的审理，不仅是法律问题，更是涉及大量社会管理问题的系统工程，牵涉面广，政策性强。人民法院必须在党委领导和政府支持下，依法履行司法职责，发挥好维护稳定的职能作用。对于企业职工众多、职工债权压力较大的破产企业，要强化共同维护稳定意识，及时向党委汇报和与政府协调，充分发挥各方力量在案件受理之前先行化解可能因职工债权引发的社会矛盾，防止出现大规模群体事件，避免对社会稳定造成不利影响。对于存在重整或和解可能的破产企业，要及时与政府部门沟通，加强协作，创造推动重整或和解的有利政策环境。对重要案件、案件中的重要情况、影响社会稳定的各种风险隐患、案件审理进展、需要协调解决的问题,要及时向党委汇报,取得支持。

三、审理企业重整案件应当把握的基本问题

(一)重整程序的适用范围

重整程序主要适用于因暂时性经营困难濒临破产但有可能通过重整恢复正常经营活动的企业。对于长期持续不能清偿到期债务、挽救无望的企业,应及时进入清算程序。

(二)重整原因

债务人虽然尚未出现不能清偿到期债务,并且资产不足以清偿全部债务或者明显缺乏清偿能力的情形,但有明显丧失清偿能力可能的,有关当事人也可以依法申请债务人重整。

(三)重整程序的启动

重整程序的启动应当依照破产法规定由债权人、债务人或者持股比例占债务人注册资本额十分之一以上的股东提起。出资额占债务人注册资本十分之一以上的出资人提出申请的,可以包括多人股份的合并计算。无担保与有担保债权人均可申请债务人重整。申请重整的债权人的债权数额,一般应当把握在债务人注册资本的十分之一以上。债务人提出申请的,需要向法院提交股东会(股东大会)决议或者出资人意见。债务人为国有企业的,需要依照《企业国有资产监督管理条例》等规定向法院提交相关批准文件。

(四)重整申请的审查程序

对重整申请的审查应当按照破产法第十条、第十一条规定的期限和程序进行。法院裁定不予受理的,申请人可以根据破产法第十二条的规定提起上诉。

(五)重整申请的审查途径

人民法院应当根据破产法第八条规定审查判断债务人是否具备破产法第二条规定的重整原因,并可通过以下途径,审查债务人是否具备继续经营的价值,作为是否开始重整程序的参考:

1. 向债务人所在地政府、税务机关、行业主管机关送重整申请书副本并征询意见。

2. 在必要的情况下,可以指定会计师、律师事务所、资产评估机构等中介机构作为检查人,对债务人是否具备破产法第二条规定的重整原因、是否具备继续经营价值提出专业意见。

3. 在必要的情况下,可以召集申请人、债务人、相关政府机关、人民法院指定的中介机构举行听证会。

(六)重整程序与相关民事诉讼、执行程序

债权人和债务人直接向法院申请重整的,根据破产法第十九条、第二十条、第二十一条规定，自人民法院裁定重整之日起，有关债务人的民事诉讼只能向受理重整申请的人民法院提起；有关债务人财产的保全措施应当解除，执行程序应当中止；已经开始而尚未终结的有关债务人的民事诉讼或者仲裁应当中止，直至管理人接管债务人财产或者经人民法院批准债务人自行管理财产和营业事务时为止。

（七）重整期间债务人财产和营业事务的管理

重整期间，经债务人申请和人民法院批准，债务人可以自行管理财产和营业事务，管理人应当监督债务人的董事、监事以及其他高级管理人员履行企业章程规定的义务，必要时管理人可以就债务人的董事、监事以及其他高级管理人员行使职权的范围、程序进行限制。债务人的董事、监事以及其他高级管理人员辞去职务的，应当按照破产法第十五条规定承担相应义务。

必要时管理人可以直接管理财产和营业事务，聘任债务人的经营管理人员负责事业事务。

（八）重整计划草案的提交

人民法院应当督促债务人在提出重整申请的同时提交重整计划草案，或者督促管理人或者债务人在第一次债权人会议上提出重整计划草案，以提高重整计划草案的可接受度，提高重整效率，降低重整成本。

（九）重整计划草案编制的原则

重整计划草案应当符合公平合理原则、可执行原则、条件平等原则、限期完成原则。为促成重整计划草案获得表决组通过，平衡各方利益。一般情形下，重整计划草案的磋商与拟定应当遵循以规则：股权应当较债权先行让步，普通股权应当较优先股权先行让步，无担保债权较有担保债权先行让步，同一性质权利应当一律平等。

（十）重整计划草案的内容

重整计划应当具备破产法第八十一条规定的基本内容，并应当根据债务人的不同情况就重整措施和原有债权债务关系的处理提出针对性方案。

重整措施应当主要包括：（1）重整所需资金来源和筹集方案；（2）重整计划执行期间继续经营的方案。

债权债务关系的处理一般包括：（1）债权分类；（2）债权调整方案；（3）债权受偿方案；（4）债权受偿期限；（5）债权与股权的变动方案；（6）重整计划履行的担保方案；（7）重整计划执行的监督方案与期限。

人民法院应当根据债务人的实际情况，建议重整计划草案写入以下内容：（1）重整计划执行期间管理人监督费用与报酬的标准、支付方案；（2）列入公益债务的事项；（3）债务人股东会、董事会各项职权的限制；（4）重整期间企业内部治理结构的调整；（5）关联交易的限制；（6）债务人管理人员的薪金；（7）管理人对债务人营业行为监督的具体途径与程序；（8）重整计划无法执行时的清算计划；（9）有利于重整的其他方案。

重整计划草案应当体现企业承担社会责任的原则。重整计划草案中包含裁员方案的,裁员方案在符合劳动合同法规定的同时,必须是企业重整成功必不可少的条件。裁员幅度过大的,人民法院不予批准。

人民法院应当建议重整计划提交者提交重整计划说明书,着重说明企业的经营发展情况、申请重整的背景与具体原因、重整可行性的商业论证与数据支持等内容。

(十一)重整计划表决前的释明

在对重整计划草案表决前,人民法院应当向各方当事人充分说明重整计划执行的风险。

(十二)出资人表决组的表决规则

重整计划草案涉及出资人权益调整事项需要设出资人组的,出资人组的表决按照破产法第八十四条第二款的规定执行。

(十三)对重整计划的审查批准

人民法院应当根据破产法第八十六条、第八十七条规定审查批准重整计划。

人民法院对重整计划的批准审查应当围绕社会公共利益原则综合平衡各方当事人利益。表决组表决结果出现反对意见的,在至少有一个权益受影响的表决组已经接受重整计划草案、每一个反对重整计划草案的债权人或者股东在重整程序中至少可以获得在清算程序中本可获得的清偿等情况下,人民法院应当以社会公共利益和重整计划可行性为标准行使自由裁量权,避免因部分利害关系人的反对导致重整程序不能进行。

人民法院作出是否批准重整计划的裁定,应当经审判委员会讨论决定。

(十四)重整计划的监督执行

重整计划由债务人负责执行,由管理人负责监督。管理人应当向人民法院定期提交阶段性监督报告。对债务人在重整期间发生的可能影响重整计划执行的事项,管理人应当及时向人民法院报告。监督期届满时,管理人应当向人民法院提交监督报告。债务人不能执行或者不执行重整计划的,人民法院经管理人或者利害关系人请求,裁定终止重整计划的执行,并宣告债务人破产。利害关系人包括债权数额达到债务人注册资本十分之一以上的债权人、持股比例占债务人注册资本额十分之一以上的股东。

四、审理企业破产案件应当注意的其他问题

(一)破产案件的受理

1. 当事人依法申请债务人破产清算、重整、和解的,由审理破产案件的审判庭按照破产法第二条的规定进行审查。决定受理的,统一立“破”字案号。

2. 债权人对人员下落不明或者财产状况不清的债务人申请破产清算，符合破产法规定的，应当按照《最高人民法院关于债权人对人员下落不明或者财产状况不清的债务人申请破产清算案件如何处理的批复》的规定予以受理；对于企业财产明显不足以支付职工债权、且职工债权数额较大、职工人数较多的，在职工债权处理方案确定之前可以暂缓受理，并建议政府有关部门妥善处理职工问题。

3. 债权人申请其关联企业破产的，要严格审查债权的真实性、合法性，防止企业借破产逃债。债务人转移主要有效资产至关联企业后申请破产，债权人申请追加符合破产条件的关联企业一并破产的，应予准许。

4. 企业申请或被申请破产的，人民法院应向各有关当事人释明破产法关于企业重整程序的规定，积极促成企业重整程序启动。

（二）债权申报、相关诉讼与执行

1. 管理人在接受债权申报时，应根据破产法第四十八条规定，将申报的债权编入债权表。管理人不得以其认为债权实质上不成立、超过诉讼时效等为由拒绝编入债权表。管理人应当对编入债权表的债权的真实性、合法性形成书面审查意见附债权表后，供债权人会议核查与债务人查阅。

债权表经债权人会议核查后，债权人或者债务人有异议的，人民法院应裁定该异议是否成立。裁定异议不成立的，该债权暂列入债权表，异议人可以以该债权人为被告提起债权确认诉讼。裁定异议成立的，该债权暂不列入债权表，该债权人可以以异议人为被告提起债权确认诉讼。

2. 人民法院受理破产申请后，有关债务人的民事诉讼，只能向受理破产申请的人民法院提起。中级人民法院受理破产申请后又受理较多有关债务人民事诉讼的，对劳动争议、小额债权异议确认诉讼、小额对外债权追索诉讼等案件，可以根据《中华人民共和国民事诉讼法》的规定指定有级别管辖权的基层人民法院审理。管理人在追收债权过程中申请支付令的，受理破产案件的中级人民法院可以指定辖区内有管辖权的基层人民法院按督促程序审理。

3. 有关债务人的民事诉讼案件、行政诉讼案件，应当按照人民法院内部业务分工由各审判庭分别审理。需要强制执行的，由破产企业管理人向执行局申请强制执行，审理破产案件的审判庭负责破产程序性裁定等破产法规定的审判工作。

4. 破产案件受理前正在进行的与破产企业相关的诉讼案件，在受理破产案件的人民法院指定管理人后，由受理相关诉讼案件的人民法院继续审理。受理相关诉讼案件的人民法院应当严格审限管理，提高审判效率。审理破产案件的审判庭要建立台账，与受理相关诉讼案件的人民法院保持经常联系，把握案件进程，遇相关人民法院久拖不决影响破产案件审理的，向上级人民法院报告情况请求协调，必要时可请求上级人民法院指令集中管辖。

(三)破产财产

1. 管理人依据破产法第三十二条规定向获得个别清偿的债权人提起撤销权诉讼的,人民法院应当根据受理破产申请前债务人的财务状况、经营状况、支付能力、资金流量等因素综合判断企业是否在破产案件受理前六个月内已经出现破产法第二条第一款规定的情形。

2. 对企业控股股东、实际控制人、董事、监事、高级管理人员违反忠实义务、勤勉义务致使企业破产的行为,以及怠于履行清算义务或者其他损害企业利益的行为,管理人应当根据公司法和相关司法解释的规定,提起相关诉讼追究股东和企业高管人员的民事责任,发现存在经济犯罪嫌疑或者线索的,管理人应当及时向人民法院报告。

3. 管理人应当根据破产财产的实际状况,以实现破产财产价值最大化为目标制定变价方案。债权人会议作出不经过委托评估拍卖方式进行破产财产变价决议的,管理人应当执行债权人会议决议。

(四)清偿顺序

1. 人民法院受理破产案件后发生的诉讼费用、管理、变价、分配债务人财产的费用、管理人执行职务的费用、报酬和聘用工作人员的费用,属于破产费用,由债务人财产随时清偿。为管理、变价被设定担保物权的财产的相关费用,从被设定担保物权的财产变价所得中随时清偿。

2. 应当向社保机构统筹支付的社会保险费用,根据破产法第一百一十三条第一款第(一)、(二)项规定,列入第二清偿顺序。

3. 破产法第一百三十二条的规定不能适用于2006年8月27日之后发生的职工债权。2006年8月27日前后破产企业均有职工债权发生,破产企业仍有未设定担保物权财产的,该财产先清偿发生在后的职工债权,再清偿发生在前的职工债权,清偿不足部分,发生时间在前的职工债权可以从设定担保物权的财产中优先受偿。该财产被设定多个担保物权的,在各担保物权人之间按照债权比例分担对职工债权的清偿损失。

4. 债权人提出行使建筑工程款优先权的,要依照《中华人民共和国合同法》和《最高人民法院关于建设工程价款优先受偿权问题的批复》规定的行使期间和条件进行审查。

5. 企业进入破产程序前政府为维护社会稳定垫支企业职工工资的,列入职工债权。

6. 对企业要求与其存在劳动法律关系的员工统一集资形成的债权,可视为职工债权清偿。企业以高息为条件与特定员工之间自愿发生的借款,列入普通债权。

7. 行政、司法机关对债务人的罚款、罚金不列入破产债权。

（五）管理人的指定与监督

1. 破产案件受理后，审判庭根据案件特点，确定符合案件需要的管理人的类型和指定管理人的方式，司法技术辅助工作部门根据审判庭的要求，按照《最高人民法院关于审理企业破产案件指定管理人的规定》及时确定管理人。

2. 对职工债权压力较大、职工情绪激烈的案件和债权人数量众多、矛盾可能激化的案件，要与政府部门协调沟通，从政府有关部门中指定清算组成员，以清算组作为管理人。同时，指定编入管理人名册的社会中介机构参加清算组。

3. 管理人接管企业、接收财务资料和法律文件遇到债务人或他人阻挠的，可以申请人民法院强制执行受理破产案件的裁定，由执行局根据《中华人民共和国民事诉讼法》规定采取民事强制和制裁措施。

4. 管理人管理、变价、分配债务人财产的费用、执行职务的费用、聘用工作人员的费用，应当向人民法院和债权人会议报告预算和支出情况，人民法院和债权人会议监督管理人上述费用的使用。管理人实施破产法第六十九条规定行为的，或者转让债务人价值较大财产的，应当及时报告人民法院。

五、强化破产案件审理工作机制

（一）建立破产案件指导协调小组

省法院破产案件指导协调小组由院领导和民一庭、民二庭、民三庭、刑二庭、行政庭、立案一庭、立案二庭、执行局、鉴定处有关负责同志组成，负责破产案件的调查研究、对下指导、与政府部门的协调以及法院内部协调工作。指导协调小组办公室设在民二庭。各中级人民法院和受理破产案件较多的基层人民法院也应设立相应机构并报上级人民法院。要严格审判纪律，上级人民法院对下级人民法院审理的破产案件提出的监督指导意见，下级人民法院应当严格执行。

（二）建立破产案件信息专报制度

各中级人民法院对辖区内的破产案件形成基本情况报告和一案一表，汇总后上报省法院破产案件指导协调小组。随时逐级向省法院破产案件指导协调小组报告案件的审理进展、遇到的困难和问题。指导协调小组办公室负责编辑《破产案件信息专报》，随时向全省通报情况和信息，下发指导意见。

（三）充实和加强破产案件审判力量

各中级人民法院和受理破产案件较多的基层人民法院要抽调审判业务骨干，为破产案件审判配足配强审判人员，确保案件审理时效。高度重视破产案件审理过程中各审判业务部门和相关综合部门的协作配合，确保法院内部工作机制运转顺畅。

（四）建立破产案件社会稳定风险评估机制

各中级法院和基层法院要加强对案件的风险排查，着重梳理破产案件中存在的矛盾和隐患，探索建立维稳风险评估机制，对可能遇到的各种风险因素、风险程度以及防范和化解风险的应对措施等问题进行分析、制定预案,预防和减少涉稳重大问题的发生。

(五)加强案件审理过程中的对外协调工作

破产案件的审理牵涉大量对外协调工作,必须予以高度重视。一是要协调好与社会保险机构之间的关系。企业应当缴纳的统筹部分的基本养老保险、基本医疗保险等第二顺序债权不能全部清偿、当地社会保障部门不予办理社会保险联户转移登记等相关手续的,要向社保机构说明情况,与当地政府做好沟通工作。二是要协调好与税务机关之间的关系。企业进入破产程序后债权人会议决定继续经营或者进入重整、和解程序,税务机关提出破产企业需缴纳全部欠税方可提供发票等要求的,应通知其及时申报税务债权,协调有关税务机关做好正常纳税服务和征收工作。三是要协调好与国土部门之间的关系。国土管理部门决定收回破产企业划拨土地使用权的,应当协调其及时支付法定补偿费用,纳入债务人财产。四是要协调好与供水供电等公用事业部门之间的关系。企业进入破产程序后发生的水电费用,属于破产费用。相关部门以清偿全部欠款作为恢复供水供电条件的,向其解释破产法规定,责令恢复供应,破产案件受理前债务人结欠的电费、水费,应当通知相关部门申报债权。各地协调过程中出现困难和障碍的,要及时报上级法院。

(六)加强对破产案件审理过程的廉政监督

各级法院纪检监察部门要针对破产管理人的指定程序、破产案件中的审计和评估程序以及破产财产的变现等重点环节,对破产案件审理过程进行有效监督。对发现的违法违纪问题要依法严肃查处,并及时上报省法院纪检监察部门。

(七)加强破产案件审理中新情况和新问题的调研

各地法院在案件审理过程中,要注意针对破产案件的受理、债权人权利保护、职工利益保护、管理人行为的规范、企业重整与和解、破产法与物权法及执行程序的冲突与协调等问题及时开展有针对性的专项调研,并将情况和问题及时报省法院指导协调小组,省法院及时提出指导意见。

浙江省高级人民法院关于企业破产案件简易审若干问题的纪要

(2013年6月28日浙江省高级人民法院审判委员会第2463次会议通过 2013年7月5日发布并实施 浙高法〔2013〕153号)

为提高企业破产案件的审判效率,推进市场化导向企业破产审判工作,在总结审判经验基础上,就企业破产案件简易审的相关问题纪要如下:

一、审理企业破产案件，要强化效率意识，在企业破产法的制度框架内，简化程序，缩短法定时限内时间，创新财产申报、核查、评估、拍卖方式，减轻企业破产案件债权人和其他利害关系人的经济负担，降低司法成本。

企业破产案件重整、和解和清算程序都可以实行简易审。

重大、疑难、复杂的企业破产案件，根据需要和可能，对具体的程序事项，也可以实行简易审。

实行《企业破产案件简易审工作方案》制度，债权申报期限、第一次债权人会议召开时间、债权人会议的形式和表决方式、相关程序事项的合并、送达方式和公告送达的适用范围、衍生诉讼及相关诉讼的工作安排等内容，均应体现简易审的要求，并记载于《企业破产案件简易审工作方案》。

积极推进企业破产案件简易审和银行不良资产核销工作的对接。

二、要结合企业破产案件的特点，在审判管理制度中探索建立企业破产案件审判质效的科学考评标准，完善企业破产案件流程的动态监控机制。

省高院民二庭商审判管理处等部门对全省各级法院企业破产案件简易审工作进行监督检查，及时总结经验。

三、法院在企业破产申请受理审查和审理的各个阶段，向债权人、债务人等利害关系人和管理人释明实行企业破产案件简易审的意义和具体案件相关事项实行简易审的程序安排。

债权人会议（含债权人委员会，下同）确认或认可的缩短期限、简化或合并手续及处分权利的事项，不违反法律禁止性规定的，法院应予认可。

法院指导、监督管理人在企业破产案件中勤勉履职，积极协助简易审工作，认真听取和采纳管理人在具体案件中对实行简易审相关问题的合理建议。

管理人支持、协助法院对企业破产案件实行简易审的工作业绩，应作为确定管理人报酬的重要依据，并录入《管理人履职资料库》中。

四、人民法庭可以审理企业破产案件，也可以与商事审判庭共同组成合议庭审理企业破产案件。

企业破产申请受理前，相关债务纠纷案件已进入执行程序并需要转化为破产程序的，执行部门要做好执行程序转破产程序的相关准备和协助工作，具体工作规程由本院另行制定。

五、设立企业破产案件内控审限，并录入审判流程管理系统。

中级法院受理的企业破产案件和基层法院受理的、采用竞争方式产生管理人的企业破产案件，以裁定受理后一年内审结为内控审限。

基层法院受理的其他企业破产案件，以裁定受理后六个月内审结为内控审限，其中采用简易清算组管理人形式的企业破产案件，以裁定受理后四个月内审结为内控审限。

未在内控审限内结案的企业破产案件,应在内控审限届满后五日内向本院备案。

六、下列情形,应及时向本院备案:

(1)企业破产重整案件,债务人或管理人未在法院裁定重整之日起六个月内提交重整计划草案的;或在第一次债权人会议上,代表的债权额占已登记债权总额二分之一以上的出席会议的债权人对适用企业破产重整程序持有异议,法院经审查决定继续企业破产重整程序的;

(2)企业破产和解案件,债务人未在法院裁定和解之日起三个月内提交和解协议草案的;

(3)企业破产清算案件,存在影响破产财产变价和分配的重大障碍情形的;

(4)法院根据企业破产法第八十七条规定强制批准重整计划草案的。

相关法院向本院报请备案时,应附书面报告。

本院根据报备情况,依法督促相关法院加快审理进程,指导、督查和协调案件审理中的具体问题。

七、对债权人或债务人提出的企业破产申请,立案庭应及时将申请材料移交商事审判庭审查,依法及时受理企业破产案件。

下列情形,法院经过合理评估后,可以参照本院《关于试行诉前登记制度的通知》的要求,进行企业破产申请的预登记:

(1)根据本院相关意见适用集中管辖措施化解和处置企业债务危机的;

(2)债务人是否构成破产原因存在不确定性,需要进行进一步论证的;

(3)商业银行启动信贷风险会商帮扶机制的;

(4)已经提出破产重整申请,但已知重要债权人等利害关系人对债务人进行重整存在较大意见分歧的;

(5)经法院释明,申请人同意法院进行企业破产申请预登记的;

(6)其他需要进行企业破产申请预登记的情形。

八、企业破产申请的预登记,由立案庭接收材料后交商事审判庭在五个工作日内完成,编立“(××××)×破(预登)字第×号”案号。

企业破产申请预登记期间,由占已知债权(含担保债权)总额二分之一以上主要债权人召集,可以比照企业破产法的相关规定建立债权人联络、协商机制并开展相关工作。

企业破产申请的预登记和预登记期间的相关工作,应单独装订案卷,录入审判流程管理系统。

九、预登记期间,法院应向债权人、债务人和相关利害关系人特别提示预登记期间的债务清偿行为不得违反企业破产法第三十一条、第三十二条和第三十三条等规定，必要时引导债权人、债务人和其他利害关系人制定债务人进入企业破产程序的预案。

债权人在预登记期间对债务清偿方案所做的不可翻悔的承诺，在债务人进入企业破产和解或重整程序后，相关承诺对承诺方仍然具有拘束力。

法院受理企业和解或重整申请后，可以以预登记期间（含集中管辖期间）形成的债务清偿方案或资产重组方案为基础，由债务人或管理人制定和解协议草案或重整计划草案，通过债权人会议予以确认。

十、适用集中管辖的企业破产申请预登记，可以在批准的集中管辖期限届满前三个月内进行。预登记可以由负责企业风险处置的政府工作机构提出，如部分债权人或债务人对申请无异议的，法院可以在预登记届满后裁定受理企业破产申请。

不适用集中管辖的企业破产申请预登记期限不得超过四个月。

预登记期间，影响妨碍受理企业破产申请的因素消除，债务人构成破产原因的，应及时裁定受理企业破产案件。

十一、法院受理企业破产重整申请，应向申请人释明企业破产清算的风险，对重整可行性通过听证会等形式进行必要的审查，涉及当地重大企业风险处置事件的企业破产重整申请，由审判委员会讨论决定，避免因不适当适用重整制度导致破产程序的拖延。

主要债权人、债务人等利害关系人对重整存在较大意见分歧，债务人持续经营前景存在明显不确定性的，法院依法不予受理企业破产重整申请。债务人构成破产原因的，告知申请人可以提起破产清算申请，或根据申请人的申请，依法裁定受理破产清算申请。

企业破产重整申请受理后，在召集第一次债权人会议时，应由申请人就企业重整的可能性进行说明，并由管理人或债务人制作企业破产清算预案。

第一次债权人会议上，占已登记普通债权人数和普通债权总额二分之一以上的债权人对适用企业破产重整程序持有异议的，经法院与异议人沟通后，认为异议债权人的理由成立，应及时裁定终止重整程序并宣告债务人破产。

终止重整程序并宣告债务人破产裁定，至迟应在裁定受理重整后十个月内作出，并报本院备案。

十二、积极引导适用破产和解程序处置小微企业债务风险。

小微企业构成破产原因，且在多个法院有债务纠纷案件正在审理和执行的，可以由共同上级法院协调，指定其中一个法院适用破产和解程序处置小微企业债务纠纷。

十三、法院在审查立案期间或受理后第一次债权人会议召开前提出《企业破产案件简易审工作方案》。该方案经征询债权人会议（或主要债权人）及其他利害关系人和管理人意见,即付实施。

《企业破产案件简易审工作方案》中的期限安排事项,涉及企业破产法规定的债权人、债务人和其他利害关系人的程序权益的,应经特定程序事项相关的债权人或其他利害关系人的认可。债权人会议可以在职权范围内依法安排相关程序事项。

十四、债务人或管理人未在法院裁定重整之日起六个月内提交重整计划草案,提出延期提交重整计划草案请求并有充分理由的,法院经征询债权人会议或主要债权人意见,可以裁定延期三个月提交重整计划草案。延期届满后,不再受理延期申请,依照企业破产法第七十九条等规定裁定终止重整程序并宣告债务人破产。

严格限定法院强制批准重整计划草案,确需要强制批准的,应提交审判委员会讨论决定。

十五、企业资金链担保链债务风险的化解和处置,可以根据实际需要,依法综合运用企业破产法规定的重整、和解和清算程序以及民事诉讼法规定的审判和强制执行程序。

前款情形,通过相关债权人会议表决等形式,法院可以适用关联企业合并重整。也可以在共同上级法院指导、协调下,对关联企业、互保企业分别适用企业破产程序和民事诉讼审理、执行程序。

十六、法院批准的重整计划草案、和解协议,可以包含债务人企业财产变价、分配的内容。也可以对企业进行合并、分立等相关问题作出安排。

涉及重整计划草案、和解协议的执行的相关内容包含不确定因素的,可以制定附条件的重整计划草案、和解协议。法院结合不确定因素发生或出现的可能性等因素,决定是否批准重整计划草案或认可和解协议。

十七、受理企业破产案件后,管理人应即依照企业破产法第十九条和司法解释的规定,通知相关法院和其他机关解除对债务人财产的保全措施,中止对债务人的执行程序。相关法院收到通知后应即办理解除保全措施、中止执行程序的手续。

相关法院若有异议,应在收到通知后五日内主动与受理企业破产案件的法院沟通协商。协商未果的,应报请共同上级法院协调处理。上级法院应在收到报请协调的请示后十日内启动协调。经协调,认为受理企业破产案件法院通知所提要求符合企业破产法规定的,应即指令相关法院办理解除保全措施、中止执行程序等手续。

十八、根据企业破产法第一百二十条第一款、最高人民法院《关于债权人对人员下落不明或者财产状况不清的债务人申请破产清算案件如何处理的批复》的规定受理的企业破产案件,依法宣告破产人破产时应同时作出终结破产程序的裁定,并办理结案手续。

企业破产案件的结案日，按照以下情形确定：

(1)驳回企业破产申请的民事裁定书签发之日，为企业破产案件(包括和解、重整和清算)结案日；

(2)批准重整计划草案的民事裁定书签发之日，为企业破产重整案件的结案日；

(3)认可和解协议的民事裁定书签发之日，为企业破产和解案件的结案日；

(4)认可破产财产分配方案的民事裁定书签发之日，为企业破产清算案件的结案日。

和解协议和重整计划由债务人执行，执行过程中需要商事审判庭作出民事裁定的，分别编立“(××××)×破(和执)字第×号”案号和“(××××)×破(重执)字第×号”案号。

法院依照企业破产法第九十三条、第一百零四条规定终止重整计划、和解协议的执行并宣告债务人破产的，适用破产清算程序，另行编立案号。

十九、企业破产清算案件中的破产财产分配方案，由管理人在法院和债权人会议的监督下执行。

破产财产分配方案执行期间，由法院司法技术管理部门会同审判部门监督、协调相关事项，需要作出民事裁定的事项，前述部门共同组成合议庭进行审查，编立“(××××)×破(清分)字第×号”案号。

浙江省高级人民法院关于执行程序与破产程序衔接若干问题的纪要

(浙江省高级人民法院审判委员会第2633次会议通过
高法〔2016〕62号　2016年5月9日公布并实施)

为贯彻落实企业破产法、民事诉讼法及其司法解释的规定，推进执行程序与破产程序的衔接(以下简称执破衔接)工作，在总结司法经验基础上，就相关问题纪要如下：

第一条　(原则要求)各级法院要提高对执破衔接工作重要性的认识，按照合法合规、协作配合、高效便捷、强化监督的原则，积极、有序推进执破衔接工作。

第二条　(执行通知书中的释明)执行法院依照民事诉讼法第二百四十条规定对作为被执行人的企业法人(以下简称被执行人)发出执行通知时，可以同时告知最高人民法院《关于适用〈中华人民共和国民事诉讼法〉的解释》(以下简称民诉法解释)有关执破衔接的规定。

第三条 (执破衔接工作的启动)在执行程序中,符合以下情形之一的,执行法院可以启动执破衔接工作:

(一)经执行法院穷尽财产调查措施并采取强制执行措施,被执行人仍然无法清偿债务的;

(二)执行法院根据民诉法解释第五百一十九条第一款和最高人民法院《关于执行案件立案、结案若干问题的意见》(以下简称执行结案意见)第十六条规定,经合议庭审查并经院长批准后,裁定终结对被执行人本次执行程序的。

执行法院启动执破衔接工作,应由执行员填写《执行案件转破产程序审查意见登记表》,报该院执行实施部门负责人批准后实施。

各级法院可以制定执破衔接的操作细则,但不得以该操作细则作为不接受其他法院(包括下级法院)依法移送执行案件相关材料的理由。

同一执行案件有多个企业法人的,可以根据本《纪要》分别启动执破衔接工作。

第四条 (启动执破衔接工作后的释明和意见征询)执破衔接工作启动后,执行员应根据执行案件的具体情况,向申请执行人或被执行人释明企业破产法、民事诉讼法及其民诉法解释中执破衔接的相关规定和本《纪要》的相关内容,并特别征询申请执行人或被执行人是否同意被执行人进入破产程序的意见。释明和征询意见的过程应记入笔录,由申请执行人或被执行人签字。

经释明和征询,至少有一位申请执行人同意被执行人进入破产程序的,即属于符合民诉法解释第五百一十三条规定的"申请执行人同意"的情形。申请执行人对法院受理破产案件不持异议的,视为同意。

执行员在必要时可邀请该院商事审判庭的法官参加释明和意见征询工作。

第五条 (裁定中止执行)经释明和征询意见,申请执行人或被执行人表示同意法院受理破产案件,并表示不另行提出企业破产申请的,执行法院即可作出中止对被执行人执行的裁定。

在作出中止对被执行人执行的裁定后,执行法院可以应申请执行人的请求,根据民诉法解释第五百一十九条的规定,作出终结本次执行程序的裁定。

前款规定的中止对被执行人执行的民事裁定书,应阐明中止执行的理由。对被执行人执行行为的中止,不影响对同一执行案件其他被执行人的执行。

中止执行裁定作出后法院裁定受理破产案件前,执行法院对被执行人所涉季节性商品、鲜活、易腐烂变质以及其他不宜长期保存的物品和宜先行处置的财产,必要时可予以变价并保存价款,待被执行人进入破产程序后移交破产案件管理人。

第六条 (执行法院内立案庭登记并向商事审判庭转递相关材料)执行法院对被执行人有受理破产申请管辖权的,执行员将相关材料交该院立案庭,立案庭在三日内对相关材料登记后转递该院商事审判庭审查。

前款所指相关材料包括：

（一）由执行员拟稿，执行实施部门负责人签署并加盖执行实施部门印章的《执行案件转破产程序审查意见登记表》；

（二）经执行法院采取强制执行措施后，被执行人无法清偿债务的相关材料；

（三）向申请执行人或被执行人释明和征询意见，以及申请执行人或被执行人同意法院受理破产案件相关内容的谈话笔录；

（四）中止对被执行人执行的民事裁定书、执行立案信息表、执行依据；

（五）被执行人涉执债务清单，查封、扣押、冻结财产清单，已掌握的会计账簿等材料；

（六）执行实施部门已穷尽财产调查措施的相关材料，主要包括但不限于：银行存款、房地产、车辆、股权登记查询资料，工商登记基本材料以及向网络执行查控系统和“点对点”查控系统调取的信息及反馈结果；

（七）执行程序中对被执行人财产依法处置的相关材料；

（八）执行实施部门在执行程序中发现的被执行人及其相关人员隐匿、转移财产等涉嫌逃废债行为线索的相关材料；

（九）执行实施部门认为应当移交的其他材料。

第（一）至第（四）项材料属于商事审判庭审查立案的必备材料；第（五）至第（九）项材料不完整的，商事审判庭可以要求执行实施部门补齐，但不影响商事审判庭的审查进程。

第七条　（执行法院内商事审判庭审查立案之一）商事审判庭收到该院立案庭登记并转递的相关材料后，应即组成合议庭进行审查，并区别以下情况进行处理：

（一）申请执行人同意被执行人进入破产程序的，商事审判庭在收到相关材料之日起五日内通知被执行人（即债务人，下同）。债务人有异议的，应当自收到通知之日起七日内向法院提出。商事审判庭应当自异议期满之日起十日内裁定是否受理破产案件；债务人未在收到通知之日起七日内提出异议的，商事审判庭应在收到相关材料之日起十五日内裁定受理破产案件。

（二）债务人同意进入破产程序的，商事审判庭在收到相关材料之日起十五日内裁定受理破产案件。

第八条　（执行法院内商事审判庭审查立案之二）商事审判庭对相关材料进行形式审查，本《纪要》第六条第二款第（一）至第（四）项列举的材料具备的，商事审判庭应当裁定受理破产案件。

商事审判庭裁定受理或不受理破产案件后，应根据企业破产法第十一条规定将裁定送达破产案件申请人（即执行程序中同意债务人进入破产程序的申请执行人或被执行人）。并根据民诉法解释第五百一十四条规定，至迟在收到执行案件相关材料之日起三十日内将裁定告知立案庭和执行实施部门。

裁定不予受理破产案件的，商事审判庭应根据企业破产法第十二条第一款规定，自裁定作出之日起五日内送达申请执行人或被执行人，裁定应具体说明不予受理的理由。申请执行人或被执行人对裁定不服的，可以自裁定送达之日起十日内向上一级法院提起上诉，由上一级法院商事审判庭进行审理。

不予受理破产案件裁定生效后，商事审判庭应即向该院执行实施部门退回相关材料。执行实施部门收到退回的相关材料后，应即裁定恢复对被执行人的执行。

商事审判庭裁定受理破产案件至破产宣告前，经过审理，认为债务人不符合企业破产法第二条第一款和最高人民法院《关于适用〈中华人民共和国企业破产法〉若干问题的规定（一）》（以下简称破产法解释一）第二条第一款规定的相关情形的，应当根据企业破产法第十二条第二款规定作出驳回破产申请的裁定。执行程序中同意债务人进入破产程序的申请执行人或被执行人对裁定不服的，可以自裁定送达之日起十日内向上一级法院提起上诉，由上一级法院商事审判庭进行审理。

立案庭根据该院执行实施部门、商事审判庭的要求，办理执破衔接过程中相关案号的编立等事项。

第九条　（*执行法院向破产管辖法院移送相关材料*）执行法院对被执行人没有受理破产申请管辖权的，应向本省有受理破产申请管辖权的法院（以下简称破产管辖法院）发出《执行案件转破产程序移送函》，并附本《纪要》第六条第二款第（二）至第（九）项规定的相关材料（含执行法院联系人和联系方式）。

第十条　（*破产管辖法院对相关材料的审查*）破产管辖法院立案庭接收并登记执行法院移送的相关材料，在收到相关材料后三日内以法院名义向执行法院回函确认并将材料转递破产管辖法院商事审判庭审查。

《执行案件转破产程序移送函》和本《纪要》第六条第二款第（二）至第（四）项材料属于破产管辖法院审查立案的必备材料；第（五）至第（九）项材料不完整的，破产管辖法院可以要求执行法院补齐，但不影响破产管辖法院的审查进程。

破产管辖法院商事审判庭收到立案庭登记并转递的执行法院移送的相关材料后，应即组成合议庭进行审查，并按照本《纪要》第七条、第八条的要求，依法作出受理或不受理破产案件的裁定，并将裁定书送达执行程序中同意受理破产案件的申请执行人或被执行人，至迟在收到执行案件相关材料之日起三十日内将裁定事项告知执行法院。

不予受理破产案件裁定生效后，破产管辖法院应即通过该院立案庭向执行法院退回执破衔接的相关材料。执行法院收到退回材料后，应即裁定恢复对被执行人的执行。

破产管辖法院裁定受理破产案件至破产宣告前，经过实质审理，认为债务人不符合企业破产法第二条第一款和破产法解释一规定的相关情形的，应当根据企业破产法第十二条第二款规定作出驳回破产申请的裁定。执行程序中同意债务人进入破产程序的申请执行人或被执行人对裁定不服的，可以自裁定送达之日起十日内向上一级法院提起上诉，由上一级法院商事审判庭进行审理。

执行法院和破产管辖法院立案庭根据执行法院执行实施部门和破产管辖法院商事审判庭的要求，办理执破衔接过程中相关案号的编立等事项。

第十一条　（指定破产案件管理人）商事审判庭在审查过程中，如拟裁定受理破产案件的，应由专人负责指定破产案件管理人工作。可以在被执行人所在县（县级市、区）或地理上接壤的县（县级市、区）有住所、列入本院编制的管理人名册并有履职经历的社会中介机构中通过抽签方式指定临时管理人。

申请执行人自愿组建（包括会同其他债权人组建）简易清算组，并承诺简易清算组的费用和报酬不在被执行人财产中列支的，商事审判庭可以同意简易清算组在被申请人进入破产程序后履行正式管理人职责。

临时管理人、简易清算组指定的具体要求适用本院《破产案件管理人指定工作规程》。

商事审判庭完成临时管理人、简易清算组指定的相关工作后，应根据企业破产法第十三条规定，在受理破产案件裁定书中指定临时管理人或简易清算组履行管理人职责。

除依照有关规定应当通过竞争方式指定管理人的情形外，被执行人进入破产程序后，经债权人会议（或债权人委员会）表决同意，受理破产案件的法院可指定临时管理人或简易清算组为正式管理人。

债务人存在无产可破等情形的，受理破产案件的法院可以同意使用各地建立的管理人援助资金。

第十二条　（及时裁定宣告债务人破产）法院裁定受理破产案件后，经审查，如不存在对债务人适用破产重整或和解程序可能的，应及时根据企业破产法第一百零七条规定宣告债务人破产。

债务人符合最高人民法院《关于债权人对人员下落不明或者财产状况不清的债务人申请破产清算案件如何处理的批复》规定情形的，也可以在受理破产案件后即宣告债务人破产并终结破产程序。破产管辖法院宣告债务人破产的情况应及时函告执行法院。

债务人被宣告破产的，执行法院应根据民诉法解释第五百一十五条规定裁定终结对被执行人(即破产程序中的债务人)的执行。

第十三条　(转破产程序后执行案件的结案)被执行人是执行案件的唯一被执行人，并符合民诉法解释第五百一十九条规定的裁定终结本次执行的情形的，执行法院启动执破衔接相关工作后，即可根据执行结案意见第十四条第(二)项规定办理执行案件的结案手续。

债务人是执行案件的唯一被执行人并被法院裁定宣告破产的，执行法院根据执行结案意见第十七条第(八)项规定，办理执行案件的结案手续。

债务人是执行案件的唯一被执行人并被法院裁定进入破产重整或和解程序的，法院裁定批准重整计划或裁定认可和解协议后，执行法院可以根据执行结案意见第十四条第(二)项规定，以符合"终结本次执行程序"的事由办理执行案件的结案手续。

第十四条　(破产程序启动后保全措施的解除和委托继续保全)破产案件受理后，执行法院必须严格执行企业破产法第十九条的规定，解除对债务人的保全措施。破产管辖法院也可以根据最高人民法院《关于适用〈中华人民共和国企业破产法〉若干问题的规定(二)》(以下简称破产法解释二)第六条规定，委托执行法院继续原有的财产保全措施。执行法院应当予以协助。

第十五条　(参与分配的限制适用)民诉法解释施行后，对企业法人为被执行人的执行案件，不再适用参与分配，但已取得执行依据的债权人一致同意适用参与分配的除外。

第十六条　(执破衔接工作的停止)执破衔接工作的实施不影响债权人和债务人依法申请债务人破产的权利。遇有有管辖权的法院根据债权人或债务人的申请裁定受理针对被执行人的破产申请(含重整、和解和清算申请)的，执行法院应立即停止执破衔接工作并严格依照企业破产法第十九条的规定，无条件解除保全措施并中止执行程序。

第十七条　(执破衔接工作的监督之一)执行法院和破产管辖法院之间没有上下级监督关系，破产管辖法院收到执行案件相关材料后三十日内既未作出受理破产申请裁定，也未向执行法院退回执行案件相关材料的，执行法院可函请破产管辖法院的上一级法院进行监督。上一级法院在收到执行法院函告后，由商事审判庭进行审查，如认为被执行人符合企业破产法第二条第一款规定情形的，应在三十日内书面通知破产管辖法院作出受理破产案件的裁定；如认为被执行人不符合企业破产法第二条第一款规定情形的，应责成破产管辖法院函告执行法院并将相关案件材料退回执行法院。

破产管辖法院收到上级法院的书面通知后十五日内，仍不裁定受理破产案件，上级法院应参照破产法解释一第九条第二款、第三款规定，径行裁定受理企业破产案件并指定管理人，同时指令破产管辖法院审理该案件。

破产管辖法院在审理企业破产案件中，需要查阅执行法院在执行程序中的相关材料，或者依法委托执行法院办理司法协助事项的，执行法院应予办理。

第十八条　（执破衔接工作的监督之二）破产管辖法院受理破产（含破产重整、和解和清算）申请后，应将受理破产案件裁定书上传《浙江法院公开网》并立即通知执行法院。执行法院收到破产管辖法院的通知（附受理破产申请裁定书）并通过《浙江法院公开网》确认破产管辖法院受理案件后，应当根据企业破产法第十九条的规定，无条件解除对债务人财产的保全措施并中止执行程序。破产申请受理后，生效民事判决书或者调解书尚未执行完毕的，执行法院亦应根据破产法解释二第二十二条规定中止对破产案件债务人的执行。

第十九条　（附则）执破衔接工作涉及省外法院的，根据民事诉讼法、企业破产法及其司法解释办理。

法律、司法解释对执破衔接有新的规定的，适用法律、司法解释的规定。

浙江省高级人民法院关于规范企业破产案件管理人工作若干问题的意见

（2012 年 9 月 14 日浙江省高级人民法院审判委员会第 2389 次会议原则通过
2013 年 2 月 20 日发布并实施　浙高法〔2013〕38 号）

为公平、公正和高效审理企业破产案件，依法保护债权人、债务人和其他利害关系人的合法权益，确保企业破产案件管理人勤勉尽责，忠实履职，进一步推进我省市场化导向企业破产审判工作，根据《中华人民共和国企业破产法》、最高人民法院《关于审理企业破产案件指定管理人的规定》和《关于审理企业破产案件确定管理人报酬的规定》，结合我省企业破产案件审判实际，就规范企业破产案件管理人工作提出以下意见：

第一条　（管理人名册的编制）省高级人民法院依法组成评审委员会，分别编制社会中介机构管理人名册和个人管理人名册。

申请编入个人管理人名册的个人，必须符合《企业破产法》和最高人民法院《关于审理企业破产案件指定管理人的规定》（以下简称《破产管理人规定》）的相关要求，担任所在社会中介机构管理人团队的负责人并承担过有影响的企业破产案件的管理人工作。

管理人名册应注明管理人所属的中级人民法院辖区。

适时开展从律师事务所、会计师事务所之外的破产清算事务所等其他社会中介机构中编制管理人名册的工作。

第二条　(管理人动态管理机制的原则要求)省高级人民法院司法鉴定处商民二庭等部门指导、监督和负责管理人动态管理的相关工作;民二庭指导、监督和协调下级法院审理企业破产案件中涉及管理人工作的相关问题;监察室负责实施管理人制度中涉及人民法院廉政建设的相关工作。

各中级人民法院司法鉴定处商商事审判庭等部门指导、监督和负责辖区内管理人的动态管理工作,依法办理指定管理人等相关工作。

省高级人民法院相关部门与省律师协会、省注册会计师协会等社会中介机构行业协会建立管理人动态管理工作的会商机制。

管理人动态管理的规范性文件、编制管理人名册、指定管理人(包括管理人回避、辞职和更换)等事项,应在人民法院和相关行业协会门户网站或其他媒体上公布。

第三条　(分级建立管理人履职资料库)省高级人民法院协调、指导各中级人民法院建立辖区管理人履职资料库,统一管理、使用上述资料库,并在此基础上,选择工作业绩突出的社会中介机构管理人建立省级管理人履职资料库。

列入省级管理人履职资料库的管理人,可以跨中级人民法院辖区参与重大疑难企业破产案件管理人的竞争。

社会中介机构管理人团队的建设情况报告、对管理人履职实效的嘉奖和其他社会评价证明材料、个案中债权人会议对管理人工作的评价意见、人民法院对管理人监督重整计划执行等履职情况的评价意见、管理人定期提交的《履职报告》和参加管理人业务培训的证明材料是管理人履职资料库的重要内容。

省高级人民法院以管理人履职资料库为重要依据,结合管理人的履职情况,逐步建立管理人名册和省级履职资料库的动态调整机制。

第四条　(个案中对管理人履职情况的评价)企业破产程序终结前,管理人应向债权人会议(或债权人委员会,下同)述职,由债权人会议对管理人履职情况提出评价意见。

企业破产重整案件重整计划监督期届满时,管理人应向法院提交监督报告,全面、客观反映其监督重整计划执行的履职情况。人民法院综合重整计划执行情况、管理人监督报告并听取债权人代表、债务人及新出资人等利害关系人的意见,对管理人的履职情况作出评价。

受理企业破产案件的审判业务庭应将债权人会议和人民法院对管理人履职情况的评价意见向管理人反馈,并将评价意见留存管理人履职资料库。

第五条　(管理人提交《履职报告》)管理人应在每年三月底之前向所在辖区

的中级人民法院提交上一年度的《履职报告》,《履职报告》应包括以下内容:

(1)管理人机构合并、分立情况;

(2)管理人工作团队建设情况;

(3)参加企业破产法制宣传的情况;

(4)担任管理人的情况,包括:案件名称和概况、收取管理人报酬、交纳管理人报酬援助资金、执行管理人自行回避制度、管理人工作的显著业绩及受到嘉奖和相关社会评价的情况;

(5)管理人履职过程中遇到的法律、政策适用的疑难问题及解决问题的建议;

(6)法院工作人员在指定管理人、审理企业破产案件中遵守廉政纪律的情况;

(7)其他需要报告的情况。

审理企业破产案件的人民法院和上级法院相关部门根据工作需要,可以要求管理人提交特定事项的情况报告。

第六条 (管理人培训)省高级人民法院会商省律师协会、省注册会计师协会等行业协会建立管理人定期业务培训制度。

第七条 (管理人类型及社会中介机构管理人作为清算组成员的指定)管理人原则上应由列入管理人名册的社会中介机构和个人担任。

依法且确有必要指定清算组为管理人的,清算组中的社会中介机构必须是中级人民法院辖区管理人名册的现行在册机构。

债务人企业进入破产程序之前,应根据《企业破产法》、《破产管理人规定》和本意见的要求,由中级人民法院开展以随机方式或竞争方式产生社会中介机构清算组成员的相关工作。

第八条 (管理人指定方式的原则要求)基层人民法院管辖(包括上级人民法院指定管辖)的企业破产案件,可以采用轮候、抽签、摇号等随机方式产生管理人。

符合《破产管理人规定》第二十一条规定的企业破产案件、中级人民法院管辖的企业破产案件和基层人民法院管辖的在当地有重大影响的企业破产案件,采用竞争方式产生管理人。

基层人民法院管辖的其他破产案件,根据需要也可以采用竞争方式产生管理人。

受理企业破产申请的审判业务庭根据实际情况,对管理人形式(包括社会中介机构管理人、个人管理人和清算组管理人等)、管理人产生方式(包括随机方式、竞争方式)提出建议,经该院领导同意后,由中级人民法院司法鉴定处具体实施。

中级人民法院司法鉴定处、审判业务庭和监察室共同制定通过随机方式、竞争方式确定管理人的工作规程,报省高级人民法院备案并向社会公布。

第九条 (随机方式产生管理人)适用随机方式产生管理人的,应从中级人民法院的辖区管理人名册中产生管理人。

事实清楚、债权债务关系简单、债务人财产相对集中的企业破产案件,以及已知的债务人财产可能不足以支付管理人报酬和管理人执行职务费用的企业破产案件,中级人民法院可以根据基层人民法院的建议,在后者辖区或临近县(县级市和区)域的在册社会中介机构和个人中通过随机方式产生管理人。

第十条 (竞争方式产生管理人)适用竞争方式产生管理人的,由中级人民法院相关领导召集司法鉴定处、审判业务庭、监察室人员组成不少于7人的评审委员会(基层人民法院受理的企业破产案件,评审委员会应包括1至2名基层人民法院的院领导),在中级人民法院辖区及省级管理人名册中通过竞争方式产生管理人。参与竞争的社会中介机构不得少于5家。

中级人民法院制定以竞争方式产生管理人的具体工作方案,实施前需报省高级人民法院备案。

第十一条 (临时管理人的指定)因情况紧急,办理指定管理人手续可能影响企业破产案件依法及时受理的,且债务人企业已经组成符合《破产管理人规定》第十八条、第十九条规定的清算组的,受理企业破产案件的人民法院可以指定该清算组为临时管理人,承担人民法院指定范围内的管理人职责。

第一次债权人会议召开前,重要债权人向人民法院建议由临时管理人正式履行管理人职责的,人民法院应结合清算组的临时履职情况,决定启动管理人的指定工作,或将是否由清算组正式履行管理人职责的议案提请第一次债权人会议表决。第一次债权人会议表决同意清算组正式履行管理人职责的,经人民法院确认后,不再启动管理人指定程序,但应将确定管理人的情况报上级法院司法鉴定处备案。

临时管理人中的社会中介机构在破产程序前介入债务人企业风险处置和庭外和解谈判,出现违反法律和职业准则、损害债权人合法权益行为的,人民法院应及时停止其履职活动。

第十二条 (接受推荐方式产生管理人)除《破产管理人规定》第二十二条规定的情形外,人民法院不得采用接受推荐方式产生中介机构管理人。

第十三条 (联合管理人的指定)受理企业破产申请案件的人民法院,可以根据案件情况并听取主要债权人的意见,决定通过随机方式或竞争方式产生联合管理人。

联合管理人可以由律师事务所之间、会计师事务所之间或律师事务所、会计师事务所和个人管理人相互之间组成,联合管理人之间因履职行为对外承担连带责任。

社会中介机构管理人和个人管理人也可以以联合管理人的形式参加随机方式产生管理人的挑选和竞争方式产生管理人的竞争,但个人管理人不得与所在社会中介机构组成联合管理人。

新编入管理人名册的社会中介机构第一次申请参加随机方式产生管理人的挑选或竞争方式产生管理人的竞争，受理企业破产申请的人民法院可以要求其与已列入管理人名册并有管理人执业经验的社会中介机构联合接受挑选或参与竞争。

联合管理人被指定后，经协商产生联合管理人组长。

第十四条　（简易清算组）对于基层人民法院受理的事实清楚、债权债务关系简单、债务人财产相对集中的企业破产案件，以及债务人财产可能不足以支付管理人报酬和管理人执行职务费用的企业破产案件，债权人在提出破产申请时承诺自行承担清算组费用，审判业务庭报请分管院长同意后，可以债权人推荐的名单为基础确定清算组成员并指定清算组为管理人。

第十五条　（管理人的更换）根据《破产管理人规定》更换管理人的，已有依照法定程序产生的备选管理人的，由备选管理人担任管理人，无备选管理人的，债权人会议应就新管理人的产生方式形成决议。

审判业务庭认为前款中的债权人会议决议违法或者难以执行，需要由人民法院依职权启动管理人更换程序的，应提出产生新管理人的形式、指定方案以及符合案件特点的具体意见，经该院领导同意后，由中级人民法院启动管理人更换程序。

第十六条　（管理人的回避和重新指定管理人）指定的管理人（包括中介机构、个人管理人和清算组）与本案有《破产管理人规定》第二十三条、第二十四条规定情形的利害关系的，必须依法主动回避。受理企业破产案件的人民法院结合债权人会议的意见启动重新指定管理人程序。

第十七条　（对管理人履职的指导、监督）管理人根据《企业破产法》的规定勤勉尽责，忠实履职。人民法院依法支持、指导、监督管理人履行职责，协调管理人履职中的相关问题。

管理人应结合行业协会制定的管理人工作指引规范，制定履职的规范要求和具体企业破产案件中的相关制度。

第十八条　（管理人报酬的确定）受理企业破产案件的人民法院领导召集审判业务庭、司法鉴定处（对外委托部门）和监察室相关负责人，根据最高人民法院《关于审理企业破产案件确定管理人报酬的规定》等规定，依法初步确定、调整和确定管理人报酬方案和审查支付管理人报酬。

依法初步确定、调整和确定管理人报酬方案，应充分尊重债权人会议的知情、监督和表决权利，并听取管理人的意见。

经债权人会议或债权人会议授权的债权人委员会与管理人自愿协商合理确定的管理人报酬方案，人民法院应予认可。

第十九条　（企业破产重整案件中管理人报酬确定的特殊情形）经人民法院

征询主要债权人同意或债权人会议决议,人民法院可以同意由债权人会议主持债务人企业重整的相关事宜,或委托金融资产管理公司和其他相关经营机构负责债务人企业重整的相关事宜。

前款情形下,管理人报酬应据实合理确定和支付。管理人是否管理债务人财产和营业事务、是否对引进战略投资者和制定重整计划草案具有实质性贡献以及是否依法履行监督重整计划执行的职责,是确定管理人报酬标准的重要因素。

第二十条 (金融资产管理公司、社会中介机构参加清算组工作的报酬)金融资产管理公司和依法指定的、编入管理人名册的社会中介机构作为清算组成员参加管理人工作,其工作报酬由受理企业破产案件的人民法院根据本《意见》第十八条的要求确定。

第二十一条 (已知的债务人财产可能不足以支付管理人报酬和管理人执行职务费用的企业破产推进)企业破产案件受理以后,发现债务人财产不足以支付管理人报酬和管理人执行职务费用的,如债权人、管理人和其他利害关系人愿意承担或垫付管理人报酬和管理人执行职务费用的,人民法院可予准许,依法推进企业破产进程。

前款情形的企业破产案件,可以从财政部门依法成立的管理人报酬保障资金和当地律师协会、注册会计师协会经依法批准设立的管理人报酬援助资金中提取部分款项,用于支付管理人报酬。

各中级人民法院按照最高人民法院的要求和省高级人民法院的部署,协调当地财政部门成立管理人报酬保障资金,会商当地律师协会、注册会计师协会建立管理人报酬援助资金。

使用管理人报酬保障资金和管理人报酬援助资金支付管理人报酬,应在听取债权人会议意见后,由受理企业破产案件人民法院的院领导召集审判业务庭、司法鉴定处和监察室负责人研究确定具体方案。

第二十二条 (管理人报酬支付的特定方式)企业破产程序终结前,债务人财产不足以支付管理人报酬和管理人执行职务费用的,经债权人会议确认,可以将债权人对债务人未知财产的追索权以及对公司股东、董事、实际控制人等相关责任人的民事请求权全部或部分转让给管理人,以折抵应予支付的管理人报酬和管理人执行职务费用。

按照前述请求权转让方式折抵管理人报酬和管理人执行职务费用的,债权人应审查管理人的勤勉尽责情况,并向管理人释明请求权不能实现的风险。

第二十三条 (《意见》适用的时间)本意见自发布之日起施行,法律、司法解释有新的规定的,适用法律、司法解释的规定。

浙江省高级人民法院关于企业破产财产变价、分配若干问题的纪要

（2013年6月28日浙江省高级人民法院审判委员会第2463次会议通过
2013年7月5日发布并实施　浙高法〔2013〕154号）

根据《企业破产法》、《民事诉讼法》和相关司法解释的规定，并结合我省市场化导向企业破产审判工作实际，就破产财产变价、分配的相关问题纪要如下：

一、破产财产的变价、分配，应遵循公正、效率和廉洁的工作目标，依法实现债权人利益最大化。

破产财产变价、分配的程序规范，适用企业破产法和相关司法解释，企业破产法没有规定的，适用民事诉讼法及相关司法解释。

特定破产财产的变价、分配，应符合国有资产管理等法律、行政法规的规定。

破产财产变价、分配的程序管理和实施，应遵循企业破产案件简易审和本院《关于企业破产案件简易审若干问题的纪要》的相关要求。

二、管理人根据企业破产法第二十三条、第二十五条第一款第（六）项、第二十七条、第一百一十一条、第一百一十五条和第一百一十六条等规定，在法院和债权人会议（含债权人委员会，下同）的监督下，勤勉尽责，依法管理和处分债务人财产、拟订破产财产变价方案和破产财产分配方案，执行经法院裁定认可的破产财产分配方案。

法院就涉及破产财产变价、分配的相关事项听取管理人报告，指导、协调管理人执行破产财产分配方案等履职事项中遇到的问题，依法作出各项裁定。

裁定认可破产财产分配方案前的程序事项，由商事审判庭负责并依法作出相关事项的民事裁定；裁定认可破产财产分配方案后破产人有财产可分配的，由司法技术管理部门为主商商事审判庭指导、监督、协调管理人执行破产财产分配方案的相关工作，需要依法作出民事裁定的事项（包括依照企业破产法规定在企业破产程序终结后追加分配事项），由司法技术管理部门和商事审判庭法官共同组成合议庭进行审查。

前款情形作出的民事裁定，在企业破产程序终结前编立“（××××）×破（清分）字第×号”案号。企业破产程序终结后追加分配程序，编立“（××××）×破（清分追）字第×号”案号。

三、法院司法技术管理部门对破产财产分配方案执行期限进行管理。破产财产分配方案或管理人执行破产财产分配方案的工作安排应有执行期限的相关内

容。自法院裁定认可破产财产分配方案至裁定终结破产程序的期间为破产财产分配方案执行期限,一般不超过一年。

根据主要债权人的提议,并经债权人会议讨论通过的破产财产分配方案或管理人拟定的执行破产财产分配方案的工作安排中,执行期限超过一年的,法院在作出裁定认可破产财产分配方案或听取管理人报告时,应要求债权人会议、管理人作出解释。债权人会议、管理人的解释符合债权人利益最大化或确实存在合理依据的,依法裁定认可破产财产分配方案或确认管理人拟定的执行破产财产分配方案的工作安排。

前款情形,应报本院备案,并督促管理人在执行期限内加快工作进程。

四、法院可以指导管理人加快破产财产变价方案和分配方案拟订的进程。必要时,管理人可以合并拟定变价方案和分配方案,并以一次分配为第一选择。

破产财产分配方案应对企业破产程序终结后的追加分配事项尽可能予以明确,以利于加快追加分配的进程。

经债权人会议确认的企业破产程序终结后追加分配事项的安排,依法对债权人和其他利害关系人具有拘束力。

五、对季节性商品、鲜活、易腐烂变质及易损易耗物等不宜保管的破产财产必须进行变价处置的,管理人经报请法院同意,在法院和已知主要债权人的监督下,可以进行紧急处置。管理人应在事后向债权人会议报告。

六、必要时,管理人可提请在法院和债权人会议监督下,将部分破产财产进行变卖处理,用以清偿破产费用和共益债务。

前款情形,变卖附着担保物权和其他优先清偿权利的破产财产的,应经相关权利人同意。

七、占债权比例三分之一以上债权人建议以非拍卖方式变价破产财产的,管理人可以将非拍卖方式和拍卖方式变价破产财产的方案(附两种方案的理由)提交债权人会议讨论,由债权人会议讨论并作出决议。

债权人会议对变价出售破产财产的方式存在较大争议,管理人可以向法院报告。法院结合管理人的意见向债权人会议作适当释明,由债权人会议依法作出决议。

八、非拍卖方式变价出售破产财产方案,应符合国有资产管理等法律、行政法规的规定,并具有可操作性。

非拍卖方式出售破产财产方案,包括但不限于通过内部竞价转让、协议转让或者直接变现等方式。

九、拍卖或者非拍卖方式出售破产财产,需要对全部财产或者部分财产确定价格的,经债权人会议决议不需要进行评估的,管理人制作的财产状况报告或提交债权人会议的相关文件应包含对破产财产的估价内容(并附估价的理由)。债权人会议依法表决通过包含管理人制作的财产状况报告或管理人参考市场行情确定的破产财产价格内容的破产财产变价方案。

债权人会议认为需要对全部或部分财产价格进行评估的,可以由管理人根据债权人会议的决议,由管理人委托案件所在地中级法院建立的"委托评估拍卖入选机构"中的评估机构进行评估,必要时也可委托本省其他中级法院建立的"委托评估拍卖入选机构"中的评估机构进行评估。

十、国有划拨土地的变价应按照企业破产法第一百三十三条、最高人民法院《关于破产企业国有划拨土地使用权应否列入破产财产等问题的批复》的规定执行。

国有划拨土地上附着的建筑物属破产财产的,法院应协调当地政府、破产企业的上级主管机关在收回国有划拨土地的同时,以建筑物的评估价格或市场价收回建筑物。

建筑物的变价方案应经债权人会议表决通过。债权人会议表决未通过的,由法院依法裁定。

十一、经债权人会议决议以拍卖方式变价出售破产财产的,且破产财产适宜由法院主持进行网络拍卖的,可由管理人申请法院根据本院《关于全面推进网络司法拍卖工作的通知》和相关工作规程,通过网络拍卖方式变价破产财产。

破产财产不适宜网络拍卖变价的,经债权人会议决议,由管理人委托案件所在地中级法院建立的"委托评估拍卖入选机构"中的拍卖机构进行拍卖,必要时也可委托本省其他中级法院建立的"委托评估拍卖入选机构"中的拍卖机构进行拍卖。

管理人与评估、拍卖机构签订委托评估、拍卖合同时,应要求评估、拍卖机构根据破产企业财务及企业资产的具体情况,确定评估、拍卖的时间,并可以将未按时完成评估、拍卖约定为合同解除的条件。

十二、管理人在接管债务人的财产及相关财务资料后,根据案件情况,确定需要对破产财产进行评估的,应立即委托评估机构进行评估。

评估基准日以后,破产企业发生财产变动的,由管理人制作财产状况报告进行补充说明。

法院在民事执行程序中的评估报告,在破产财产变价时仍在有效期内的,管理人可将该评估报告作为确定破产财产变价的依据,无需再行评估。债权人会议对评估报告有异议并有合理依据的除外。

十三、债权人会议可以决议,由管理人申请法院委托评估、拍卖破产财产。

前款情形,法院根据管理人的申请办理委托事项,适用最高人民法院《关于人民法院委托评估、拍卖工作的若干规定》和《浙江省人民法院实施〈最高人民法院委托评估、拍卖工作的若干规定〉细则(试行)》等委托评估、拍卖的规范性意见。

法院可根据管理人的请求同时选定评估、拍卖机构。

管理人根据债权人会议的意见,认为需要指定专业性较强的评估、拍卖机构的,应提交有关委托的专项报告,报请法院批准。

十四、拍卖情形下,破产财产变价分配方案应尽可能包含流拍情形处理的内容,提交债权人会议表决通过。

十五、在债权人人数较少、债权债务关系明确且数额清楚、破产财产权属清晰的破产清算案件中,管理人可以拟定包含将实物分配或折价抵给特定的债权人的变价方案内容,提交债权人会议表决通过。

浙江省高级人民法院关于审理公司强制清算案件若干问题的纪要

(2013年12月31日发布并实施　浙高法民二〔2013〕16号)

为规范我省法院公司强制清算案件的审理,妥善保护债权人、股东和职工的合法权益,根据《中华人民共和国公司法》(以下简称公司法)、《中华人民共和国企业破产法》(以下简称企业破产法)及相关司法解释、司法政策,结合审判实践,就我省法院公司强制清算案件审理的相关问题纪要如下:

第一条　(受理审查)公司强制清算案件申请由债权人、股东根据《公司法》第一百八十四条、《最高人民法院关于适用〈中华人民共和国公司法〉若干问题的规定(二)》(以下简称公司法解释二)第七条和《最高人民法院关于审理公司强制清算案件工作座谈会纪要》(以下简称清算纪要)第三条等规定提交强制清算申请,由立案庭立案、编立“(××××)×法清(预)字第×号”案号后,商事审判庭及时接收立案庭移交的材料,依法作出是否受理强制清算申请的裁定。

商事审判庭应依法保障债权人、股东申请公司强制清算的权利,不得以法律、司法解释和清算纪要之外的理由不予受理强制清算申请,并应依法保障申请人不服不予强制清算申请裁定的上诉权,不得以被申请人的主要财产、账册、重要文件等灭失,或者被申请人下落不明导致无法清算等原因,裁定不予受理强制清算申请。

第二条　(针对已经注销公司的强制清算申请审查)有限责任公司注销前,履行清算义务是公司股东负有的法律责任,公司股东未经依法清算而申请注销公司登记,违反了公司法的规定。人民法院不宜受理针对此类形式上已经办理注销登记的公司的强制清算申请。公司股东等清算义务人的行为存在公司法解释二第十九条等规定的情形的，债权人可以依法提起民事诉讼。

第三条 （强制清算案件申请费的收取）强制清算案件的申请费收取适用清算纪要第20条、第21条的规定。在审查强制清算申请时，人民法院不应预收申请费。

第四条 （对债务数额有异议的权利救济）根据公司法解释二第十二条和清算纪要第31条规定，此类争议应由受理强制清算案件的人民法院审理。审理中，应依法促成债权人和清算组协商确认债权数额。

第五条 （受理审查阶段与破产程序的衔接）商事审判庭在审查强制清算申请阶段，发现被申请人具备企业破产法及其司法解释规定的破产原因的，应向申请人、被申请人释明，经债权人、债务人申请，依法受理企业破产（包括破产重整、破产和解和破产清算）申请。

第六条 （清算组成员的指定）商事审判庭在审查强制清算申请阶段，认为强制清算申请符合相关规定的，可以与申请人及相关利害关系人协商，在裁定受理强制清算申请的同时，指定有关人员组成清算组。确因客观原因，在裁定受理强制清算申请同时不能指定正式的清算组成员的，可以指定能够并且愿意参与清算的公司股东、董事、监事、高级管理人员和债权人组成临时清算组，并在受理强制清算申请一个月内指定正式的清算组成员。

前述临时清算组及其成员，经报请人民法院备案，可以专项或概括授权委托律师事务所、会计师事务所等社会中介机构的专业人员和其他适格人员或机构承担相关工作。

依照公司法解释二和清算纪要规定指定列入人民法院破产管理人名册的社会中介机构和个人为清算组成员的，应符合《最高人民法院关于审理企业破产案件指定管理人的规定》、《浙江省高级人民法院关于规范企业破产案件管理人工作若干问题的纪要》和司法解释、本院的其他规范性意见的要求。

第七条 （强制清算程序中涉及财产保全、执行措施和衍生诉讼管辖的相关事项）受理强制清算案件后，不产生解除对被申请人财产保全和中止对被申请人财产执行的效力。为了依法顺利推进强制清算程序，受理强制清算案件的人民法院可以与采取财产保全措施和执行措施的人民法院和相关机构协商解决相关问题。

被申请人财产存在被隐匿、转移、毁损等可能影响依法强制清算情形的，人民法院可依清算组或者申请人的申请，对被申请人财产采取相应的保全措施。

受理强制清算申请后，就被申请人的权利义务产生争议的，应根据清算纪要第31条的规定，向受理强制清算申请的人民法院提起诉讼。

第八条 （受理强制清算申请后，强制清算程序与破产程序的衔接之一）清算组成员指定后,人民法院应指导清算组重视对被申请人是否具备破产原因的审查。根据清算纪要第32条、第33条、第34条和第35条的规定做好强制清算程序和破产程序(含破产重整、和解和清算程序)的衔接。

清算组在清理公司财产、编制资产负债表和财产清单前发现被申请人已经具备企业破产法规定的破产原因的,应及时向人民法院报告。经人民法院审查属实的,清算组应当依法对被申请人提起企业破产申请,被申请人的债权人和被申请人也可依法提出针对被申请人的企业破产申请。受理强制清算案件的人民法院商事审判庭应当依法裁定受理企业破产申请并裁定终结强制清算程序。

清理公司财产、编制资产负债表和财产清单后发现债务人具备破产原因的,清算组应当依法对被申请人提起企业破产申请,被申请人的债权人和被申请人也可依法提出针对被申请人的企业破产申请。受理强制清算案件的人民法院商事审判庭应当依法裁定受理企业破产申请并裁定终结强制清算程序。

人民法院指定的清算组在清理被申请人财产、编制资产负债表和财产清单时,发现被申请人财产不足清偿债务的,应适用公司法解释二第十七条的相关规定,引导债权人和清算组协商制作有关债务清偿方案。债权人对债务清偿方案不予确认或者人民法院不予认可的,清算组应当对被申请人提出破产申请,债权人、被申请人也可以依法提起破产申请。

前款所称破产原因,根据《最高人民法院关于适用〈中华人民共和国企业破产法〉若干问题的规定(一)》(以下简称企业破产法解释一)的相关规定确定,包括适用破产重整和破产和解程序的原因,不仅限于公司法第一百八十八条规定的"公司资产不足清偿债务"的情形。

第九条　(强制清算程序与破产程序的衔接之二)人民法院在本纪要第六条明确的情形裁定受理企业破产申请的,可以按照《浙江省高级人民法院关于规范企业破产案件管理人工作若干问题的纪要》第十一条的要求,迳行指定清算组为企业破产案件的临时管理人。

清算组成员及时发现和报告被申请人具备破产原因,是判断清算组成员依法履职和领取适当报酬的重要依据。清算组成员未及时发现和报告被申请人具备破产原因的,应依法承担相应法律责任,并不得承担后续企业破产案件中管理人的相关工作。

第十条　(强制清算程序与破产程序的衔接之三)审理强制清算案件中发现被申请人与其他企业法人存在关联公司人格混同情形,单独审理强制清算案件可能严重损害债权人利益,利害关系人已经将被申请人列为共同诉讼当事人的,应当裁定终结强制清算程序。

被申请人的关联企业进入破产程序,经审查,强制清算案件不宜单独审理的,应当裁定终结强制清算程序。

第十一条　（强制清算程序与破产程序的衔接之四）审理强制清算案件，要强化简易审理理念，尽可能在公司法解释二第十六条第一款规定的六个月内审结。因特殊原因无法在六个月内完成清算的，清算组应当根据公司法解释二第十六条第二款规定向人民法院申请延长，延长期限一般不超过三个月。受理强制清算案件的人民法院准予延长的，应向上级人民法院备案。上级法院对所辖人民法院超过六个月的强制清算案件要重点加强指导。

不能在人民法院同意延长的期限内完成强制清算的，债权人可以对被申请人提起破产申请，除被申请人根据企业破产法第六条规定在法定异议期限内举证证明其未出现破产原因外，应当裁定受理债权人的破产申请。

第十二条　（强制清算程序准用企业破产程序的规定）审理强制清算案件，可以根据清算纪要第9条的规定，参照适用企业破产法关于破产清算程序的规定。其中，财产的变价、分配可以参考《浙江省高级人民法院关于企业破产财产变价、分配若干问题的纪要》的相关操作要求。但是，专属于破产程序的规范不宜参照适用。

第十三条　（审理强制清算案件约束股东高管等利害关系人的非诚信行为）审理强制清算案件，要强化诚信诉讼理念，依法约束被申请人股东、高级管理人员和其他利害关系人的非诚信行为，推进社会诚信体系的建设，案件审理过程中，要强化对债权人、清算义务人和清算组成员相关法律责任的释明工作。根据公司法及公司法解释二第十八条、第十九条、第二十条、第二十一条、第二十二条、第二十三条和清算纪要第39条等规定，依法审理追究被申请人股东、高级管理人员、实际控制人、清算组及其成员不诚信行为民事责任的相关案件。

安徽省高级人民法院关于审理企业破产案件若干问题的指导意见

（2004年7月27日发布并实施）

为适应审理企业破产案件的需要，依据《中华人民共和国企业破产法（试行）》、《中华人民共和国民事诉讼法》、最高人民法院《关于审理企业破产案件若干问题的规定》等司法解释及全国法院审理企业破产案件工作座谈会精神，结合我省法院审理企业破产案件的实际，提出以下指导意见。

一、人民法院对于经过注册登记并领取企业法人营业执照，但出资人未出资或者出资未达到法定最低限额,以后亦未在实际经营中形成独立财产的企业,应当认定其不具有破产主体资格,不予受理债务人或债权人的破产申请。但企业在以后的生产经营中已形成独立的财产并具备企业法人实质要件的企业,应当认定其具有破产主体资格,可以受理债务人或债权人的破产申请。

二、人民法院受理企业破产案件后,根据破产企业的具体情况,暂未进行破产宣告的,如企业原管理组织不能正常履行管理职责,应成立企业监管组;如受理破产后随即进行破产宣告的,可不成立企业监管组,但应及时成立清算组,负责处理破产企业的相关事务。

三、人民法院受理企业破产案件后,应在法定期限内进行破产受理公告。其中国有大中型企业,或者投资主体一方或数方为外资的企业,或者债权人在境外、省外的企业,应当在《人民法院报》或全国有影响的报纸上刊登公告;其他企业的破产受理公告,应当在省级有影响的报纸上刊登。

四、人民法院受理企业破产案件后,在清算组成立前,应当自行负责债权人申报债权的登记工作;在清算组成立后,此项工作移交清算组负责,但人民法院应监督指导清算组依法进行申报债权的登记工作。

五、人民法院受理国有企业破产案件后,对于已经查实企业不能清偿到期债务的,可同时进行破产宣告;对于企业具有破产障碍的,或者具备和解、整顿可能的,不应同时进行破产宣告,应当在解决上述问题后再决定是否进行破产宣告。

非国有企业符合前款宣告破产情形的,人民法院可直接裁定进入破产还债程序。

六、人民法院宣告企业破产后,应当在规定的期限内组织召开第一次债权人会议。对于破产财产不足以支付破产费用的破产企业,可以不召开债权人会议,提前裁定终结破产程序;对于参加债权人会议的人数不足应到人数半数的,仍应召开债权人会议,由出席会议的有表决权的债权人以半数以上通过有关决议,但该债权人会议所通过的有关决议不得违反法律和司法解释的强制性规定。

七、人民法院宣告企业破产后,应当及时成立清算组。其中国有企业的清算组成员应当从破产企业的上级主管部门、政府有关部门、人民银行以及清算中介机构的有关人员中产生;非国有企业的清算组成员应当主要从会计师、律师等清算中介机构中产生。

八、人民法院在处理企业破产财产中,对于实物财产的变现,应当由清算组依法委托进行评估和拍卖。第一次拍卖的保留价应当按照评估价确定。第一次拍卖最高价未达到保留价时,应当继续拍卖,每次拍卖的保留价可在前次拍卖的保留价的基础上降低百分之十,经过三次拍卖仍不能成交时,可经债权人会议讨论通过,裁定将实物按最后一次拍卖的保留价直接分配给债权人。

九、人民法院在破产财产分配中，对于职工工资、医疗费、解除劳动合同补偿金等计算标准及具体数额，应由清算组报当地人民政府劳动或社会保障部门确定后，再按破产债权的顺序进行分配。

十、人民法院在裁定终结破产程序后，可以根据破产企业的具体情况，保留清算组或者清算组部分成员，负责处理善后事务。

十一、上级人民法院应当加强对下级人民法院审理企业破产案件的监督指导。

对不服下级人民法院裁定，申请人或被申请人依法可以上诉或申诉的，上级人民法院应当以裁定方式作出处理。

对发现下级人民法院在审理企业破产案件中违反法律或行政法规规定的，上级人民法院应当以通知的方式要求其纠正，下级人民法院应当在接到通知后十五日内向上级人民法院报告有关情况。

对下级人民法院违反规定且拒不接受上级人民法院纠正意见的，上级人民法院可以直接裁定撤销相关行为。

湖南省高级人民法院关于实行破产案件收、结案审查备案制度的通知

（2005年5月11日发布并实施　湘高法〔2005〕53号）

全省各级人民法院：

为加强对破产案件审理工作的指导和监督，保证破产案件审理工作顺利进行，结合我省各级法院审理破产案件的实际，决定在全省实行破产案件收、结案审查备案制度，现将有关事项通知如下：

一、人民法院应严格按照《中华人民共和国企业破产法（试行）》、《中华人民共和国民事诉讼法》、《最高人民法院关于贯彻执行〈中华人民共和国企业破产法（试行）〉若干问题的意见》、《最高人民法院关于适用〈中华人民共和国民事诉讼法〉若干问题的意见》及《最高人民法院关于审理企业破产案件若干问题的规定》等法律和司法解释的规定，审查当事人提出的破产申请。经审查认为其破产申请符合法定受理条件的，应在立案前书面报上一级法院民二庭审查。

二、债务人提出破产申请的，除应向人民法院提交相关法律和司法解释所规定的材料外，还应提交下列材料：

（一）企业的工商登记材料；

（二）企业有对外投资的，应提交相关材料并附详细情况说明；

(三)企业高管人员名单;

(四)若企业曾实施过兼并、分立等行为的,应提交相关材料;

(五)纳入国家计划的,应提交相关审批文件。

债权人提出破产申请的,除应向人民法院提交相关法律和司法解释所规定的材料外,也应提交前述第1项材料。

三、下级法院向上级法院提交的书面报告中,应重点阐明以下内容:

(一)拟破产企业的基本情况(企业性质、职工情况、资产及负债状况等);

(二)企业是否具备破产主体资格;

(三)破产企业的上级主管部门或者企业开办人、股东会议同意或决定企业破产的情况;

(四)是否纳入国家计划;

(五)企业破产原因;

(六)企业职工安置预案的审查情况(包括预案的合规性、可行性及安置费用来源情况等);

(七)与关联企业是否存在财产、人员及业务混同的情况;

(八)主要债权银行或金融资产管理公司的意见;

(九)企业破产后可能产生的社会影响。

基本事实不清或所附材料不齐全的,上级法院应将报告退回,由下级法院补正后再进行审查。

四、上级法院收到下级法院的书面报告后,应在十五日内以通知书的方式决定是否同意受理破产案件,通知中还应针对案件的具体情况提出指导意见。

需要与有关部门沟通才能作出决定的,上述期限可适当延长。

五、中级法院同意基层法院受理破产案件的,在书面通知基层法院的同时,应在五日内将案件的简要情况书面报省高级法院民二庭备案。

六、中、基层法院审结破产案件后,应于结案后十五日内将下列情况直接书面报省高级法院民二庭备案:

(一)案件审理的简要过程和社会效果;

(二)破产债权人人数、债权总额;

(三)召开债权人会议的次数和参加人数;

(四)破产财产分配方案及其通过情况;

(五)职工安置情况;

(六)破产财产的处置、分配情况和清偿率。

七、纳入国家计划的破产案件,无需报上级法院审查,但受案法院仍应认真审查当事人的破产申请,符合法定受理条件的方能受理,并应在五日内书面报省高级法院民二庭备案。

八、借用外国政府贷款或转贷款偿还任务尚未落实的企业申请破产的，法院暂不予受理。债权人针对上述企业所提出的破产申请，法院也不予受理。

九、法院在受理商业银行、城市信用社、农村信用社、证券经营公司、信托投资公司、融资租赁公司等金融机构以及上市公司破产申请之前，必须逐级上报最高人民法院，经批准后方能受理。

请各法院接到通知后，立即组织有关人员学习并贯彻执行。对于制度实施中所遇到的问题，可及时向省高级人民法院反馈。

四川省高级人民法院
关于审理破产案件若干问题的解答

（川高法〔2019〕90号　2019年3月20日印发并实施）

为进一步推动我省法院破产案件审判工作，规范办案程序，统一裁判标准，更好地服务保障我省供给侧结构性改革和经济高质量发展，依照《中华人民共和国企业破产法》（以下简称《企业破产法》）、《最高人民法院关于适用〈中华人民共和国企业破产法〉若干问题的规定（一）》（以下简称《企业破产法司法解释一》）、《最高人民法院关于适用〈中华人民共和国企业破产法〉若干问题的规定（二）》（以下简称《企业破产法司法解释二》）、《全国法院破产审判工作会议纪要》及其他相关规定，结合我省法院破产审判工作实际，就破产审判实务中的相关问题，作出如下解答：

一、破产申请与受理

1. 除企业法人外，哪些主体可以参照适用《企业破产法》规定程序进行破产清算？

答：根据《企业破产法》的相关规定，破产程序适用的对象是企业法人。对于企业法人以外的组织，《企业破产法》第一百三十五条规定："其他法律规定企业法人以外的组织的清算，属于破产清算的，参照适用本法规定的程序"。对于企业法人以外的组织能否适用破产清算，应当由相关法律予以明确。根据《中华人民共和国合伙企业法》第九十二条、《中华人民共和国农民专业合作社法》第四十八条、《最高人民法院关于对因资不抵债无法继续办学被终止的民办学校如何组织清算问题的批复》（法释〔2010〕20号）、《最高人民法院关于个人独资企业清算是否可以参照适用企业破产法规定的破产清算程序的批复》（法释〔2012〕16号）的规定，现行相关法律、司法解释明确可以参照适用《企业破产法》规定的破产清算程序进行清算的企业法人以外的组织,有合伙企业、民办学校、农民专业合作社、个人独资企业。除此之外的其他非企业法人或非法人组织申请破产清算的,原则上不应受理。需要明确的是,合伙企业的普通合伙人、个人独资企业的投资人,对于债权人在破产清算程序中未获清偿部分,仍应依法承担清偿责任。

2. 申请债务人破产的债权人是否必须是其债权经生效法律文书确认的债权人?

答:不是。根据《企业破产法》第七条第二款的规定,债务人不能清偿到期债务是债权人提出破产申请的条件。债权人申请债务人破产,应证明其债权人身份,且债务履行期限已经届满未获清偿。人民法院或仲裁机构的生效法律文书并非证明债权人身份的唯一证据形式,人民法院应根据当事人提交的证据材料对债权的真实性依法进行审查,如能够依据当事人签订的合同、支付凭证、对账单、还款协议等主要证据确定债权,且债务人未依据《企业破产法》第十条第一款的规定提出异议,或者其异议经审查不成立的,人民法院不能仅以债权未经生效法律文书确认、债权人身份尚不确定为由,不予受理。

3. 债务人不能提交《企业破产法》第八条第三款规定的全部资料,人民法院能否以此为由拒绝受理其破产申请?人民法院裁定受理债权人的破产申请后,债务人拒不提供《企业破产法》第十一条第二款规定的有关材料,人民法院能否驳回破产申请?

答:不能。人民法院审查是否受理破产申请,主要审查申请人的主体资格、债务人的主体资格和债务人是否具备破产原因。当事人提出破产申请应提交有关材料,是为人民法院审查应否受理破产申请以及顺利审理破产案件提供有利条件。债务人申请破产时,虽不能提供《企业破产法》第八条第三款规定的全部证据材料,但如能根据债务人已提供的证据材料,结合其外观行为(如因未清偿依法成立的到期债务而存在大量诉讼、执行案件)判定债务人具备破产原因的,人民法院也应当受理破产申请。

人民法院受理债权人对债务人的破产申请后,债务人拒不提供《企业破产法》第十一条第二款规定的案件有关材料的,不影响人民法院对破产案件的审理,不应以此为由驳回债权人的破产申请。根据《企业破产法司法解释一》第六条第二款的规定,人民法院裁定受理破产申请后,债务人拒不提交有关材料的,人民法院可以对债务人的直接责任人员依法采取罚款等强制措施。

4. 债权人提出破产申请,债务人人员下落不明无法通知的,是否应采取公告方式通知?

答:《企业破产法》第十条规定:“债权人提出破产申请的,人民法院应当自收到申请之日起五日内通知债务人。债务人对申请有异议的,应当自收到人民法院的通知之日起七日内向人民法院提出。人民法院应当自异议期满之日起十日内裁定是否受理”。该规定是为了充分保障债务人的知情权和异议权。在债务人人员下落不明无法直接通知的情况下,可采取在“全国企业破产重整案件信息网”“四川法院司法公开网”,或在债务人住所地张贴公告等方式公告通知债务人。公告期限以七日为宜,即明确“自发出公告之日起,经过七日即视为通知”;债务人对申请有异议的,最迟应在公告期满之日起七日内向人民法院提出。

5. 有关主债务人的破产程序尚未终结,债权人能否申请连带保证人破产?

答:可以。《企业破产法》第一百二十四条规定:“破产人的保证人和其他连带债务人,在破产程序终结后,对债权人依照破产清算程序未受清偿的债权,依法继续承担清偿责任”。该条规定的是债权人的债权并不因主债务人的破产程序终结而消灭,在破产程序终结后,破产债务人的保证人和其他连带债务人,仍应对债权人依照破产程序未得到清偿的债权继续承担清偿责任,不应理解为在有关主债务人的破产程序终结前,债权人不能向破产债务人的保证人和其他连带债务人主张权利或申请其破产。因主债务人的破产程序尚未终结,保证人和其他连带债务人应承担的债务清偿比例、清偿金额暂不能确定,并非保证人和其他连带债务人启动破产程序或是债权人申请保证人和其他连带债务人破产的障碍和限制条件。根据《企业破产法》第五十二条的规定,“连带债务人数人被裁定适用本法规定的程序的,其债权人有权就全部债权分别在各破产案件中申报债权”。

6. 因债务人的负责人等有关人员下落不明或其他原因,管理人无法接管债务人的账簿或接管的账簿不完整、不真实,破产案件应如何推进?

答:管理人无法顺利接管债务人的账簿或接管的账簿不完整、不真实,不影响破产案件的审理。账簿只是管理人清查资产、梳理债权债务的线索之一。管理人无法接管债务人的账簿或接管的账簿不完整、不真实,通过现有线索查找、追回的资产不足以支付破产费用的,可以以破产债务人无财产可供分配为由,提请人民法院宣告债务人破产并裁定终结破产程序。同时,人民法院可以在终结裁定中列明前述事实,以便债权人按《最高人民法院关于适用〈中华人民共和国公司法〉若干问题的规定(二)》第十八条第二款、第三款规定,追索有限责任公司的股东、股份有限公司的董事和控股股东对公司债务的连带清偿责任,以及实际控制人的相应责任。如果破产程序终结后两年内发现有依法应当追回的财产或者应当分配的其他财产的,债权人可以请求人民法院追加分配。

7. 在破产程序中,审查发现债务人存在隐匿、转移财产等行为的,如何处理?

答:债务人申请破产的,人民法院经审查发现债务人隐匿、转移财产逃避债务的,应裁定不予受理;受理后发现债务人隐匿、转移财产逃避债务的,或是发现债务人巨额财产下落不明且不能合理解释财产去向的,则不必然驳回其破产申请,应由管理人及时行使权利追回债务人财产,并依法追究债务人股东、实际控制人或相关人员侵犯公司财产权益的赔偿责任,追回的财产属于债务人财产;如相关人员涉嫌刑事犯罪的,应将犯罪线索移送公安机关。债权人申请破产的,如受理后发现债务人有隐匿、转移财产等行为,应由管理人及时行使权利追回债务人财产。

8. 债务人主要办事机构所在地与登记注册地不一致的,注册地人民法院登记立案后,认为案件不属于本院管辖的,是裁定不予受理,还是直接移送有管辖权的人民法院处理?

答:企业破产案件由债务人住所地人民法院管辖。《最高人民法院关于适用〈中华人民共和国民事诉讼法〉的解释》第三条规定,“法人或者其他组织的住所地是指法人或者其他组织的主要办事机构所在地。法人或者其他组织的主要办事机构所在地不能确定的,法人或者其他组织的注册地或者登记地为住所地”。注册地人民法院以“破申”案号登记立案后,经听证、询问等调查程序,必要时通过实地走访审查核实,发现该企业的主要办事机构所在地不在本院辖区,且该案件由企业主要办事机构所在地人民法院管辖更有利于财产处置、节约破产成本的,可将案件移送企业主要办事机构所在地同级别的人民法院处理。受移送的人民法院认为案件不属于本院管辖的,应当报请共同的上级法院指定管辖,不得再自行移送。

9. 破产案件受理后,有关债务人的海事纠纷、专利纠纷、证券市场因虚假陈述引发的民事赔偿纠纷等诉讼案件,依据相关特殊管辖规定确定的管辖法院与破产衍生诉讼的专属管辖规定不一致时,如何处理?

答:《企业破产法司法解释二》第四十七条第三款规定:“受理破产申请的人民法院,如对有关债务人的海事纠纷、专利纠纷、证券市场因虚假陈述引发的民事赔偿纠纷等案件不能行使管辖权的,可以依据民事诉讼法第三十七条的规定,由上级人民法院指定管辖”,此处所指受理破产申请的人民法院不能行使对有关债务人的海事纠纷、专利纠纷、证券市场因虚假陈述引发的民事赔偿纠纷等衍生诉讼案件的管辖权,主要是基于这些案件通常影响较大,专业技术性较高等特殊原因,法律已特别规定由特定人民法院管辖,即通过法律的特别规定赋予特定人民法院享有管辖该类案件的特定资格。该类案件应根据相关特殊管辖的规定,由相应的特定人民法院管辖;同时,结合案件实际情况,受理相关破产案件的人民法院也可以依据《中华人民共和国民事诉讼法》第三十七条的规定,请求上级人民法院指定将该衍生诉讼案件交由其管辖。

10. 破产案件受理后,当事人在先约定的仲裁条款是否仍具有约束力,是否能够排除破产案件受理法院对有关债务人诉讼的专属管辖?

答:有关债务人的仲裁条款效力不受影响。《企业破产法》第二十一条规定:“人民法院受理破产案件申请后,有关债务人的民事诉讼,只能向受理破产申请的人民法院提起”。受理破产案件的人民法院对有关债务人的民事诉讼享有专属管辖权，受案的前提是案件应属人民法院主管的民事诉讼范围，当事人之间达成的合法有效的仲裁条款可以排除人民法院的管辖权。如果相关当事人直接向受理破产案件的人民法院提起诉讼，或是管理人代表债务人向受理破产案件的人民法院提起诉讼，对方当事人在首次开庭前未对人民法院受理该案提出异议的，视为放弃仲裁协议，人民法院应当依法继续审理。

11. 破产案件的受理费应如何计算、收取？

答：破产案件受理费为破产费用，在案件受理后根据破产财产情况确定后，从债务人财产中拨付，申请人不负有预交破产案件受理费用的义务。相关当事人以申请人未预先交纳受理费用为由，对破产申请提出异议的，不予支持。破产案件受理费依据债务人最终清偿的财产价值总额计算，按照财产案件受理费标准减半交纳，最高不超过 30 万元。符合减缓交纳条件的，人民法院可以准许。

12. 当事人对一审法院作出的不予受理破产申请的裁定不服提起上诉，二审法院经审查裁定指令一审法院受理的，一审法院是否仍需作出受理裁定？

答：当事人对一审法院作出的不予受理破产申请的裁定不服提起上诉，二审法院经审查裁定撤销一审法院裁定并指令一审法院受理的，在裁定书主文下端应注明“本裁定为终审裁定并自即日起生效”，同时及时将该民事裁定书及案卷材料移交下级人民法院。二审法院裁定指令一审法院受理之日，为该破产申请的受理时间。一审法院收到二审法院指令受理的裁定后，应立“破”字号案件作出受理裁定，在该裁定书中载明二审法院裁定指令受理的日期，并明确以该日期作为破产申请的受理时间。

二、管理人

1. 有关债务人的民事诉讼，哪些应由管理人以自己的名义提起？

答：以管理人名义提起的诉讼主要包括《企业破产法》第三十一条、第三十二条、第三十三条、第三十四条规定的请求撤销债务人不当处置财产行为、请求撤销个别清偿行为、请求确认债务人无效行为的诉讼，以及根据《破产法司法解释二》第四十四条规定的请求确认债务人抵销行为无效的诉讼。

2. 由管理人代表债务人参加的诉讼，裁判文书中对当事人基本情况应如何列示？

答：以债务人作为当事人、管理人代表债务人参加的诉讼，类型包括破产债权确认、取回权、抵销权、对外追收债权、追收未缴出资、追收抽逃出资、追收非正常收入、损害债务人利益赔偿、别除权等纠纷。在债务人进入破产程序前后，对其基本情况的列述方式有所不同。以债务人作为原告时为例：

进入破产程序前,应表述为:

原告:××公司,住所地×××。

法定代表人:××,××(注明其职务)。

进入破产程序后,应表述为:

原告:××公司,住所地×××。

诉讼代表人:××,(债务人名称)管理人负责人[或(债务人名称)清算组组长]。

3. 管理人作为当事人的民事诉讼,在裁判文书中对当事人基本情况应如何列示?

答:以管理人作为当事人的诉讼,依诉讼地位列为原告、被告、第三人。

以管理人作为原告为例,管理人为社会中介机构的,表述为:

原告:(债务人名称)管理人,(中介机构管理人名称)。

负责人:××,(债务人名称)管理人负责人。

管理人为清算组的,表述为:

原告:(债务人名称)清算组。

负责人:××,(债务人名称)清算组组长。

4. 管理人另聘其他机构或人员的费用如何处理?

答:根据《最高人民法院关于审理企业破产案件确定管理人报酬的规定》第十四条和《全国法院破产审判工作会议纪要》第11条及相关规定,破产清算事务所聘请会计、法律专业的机构或人员,律师事务所聘请法律专业的机构或人员,会计师事务所聘请会计专业的机构或人员,协助履行管理人职责的,聘请的机构或人员由管理人选任,行为后果由管理人承担,行为报酬从管理人报酬中支付。

管理人确需聘请企业经营管理人员,或是聘请其他社会中介机构或人员处理重大诉讼、仲裁、执行或审计等专业性较强的工作,所需费用需要在管理人报酬之外另行列入破产费用的,在第一次债权人会议之前,应当经人民法院许可;在第一次债权人会议之后,应当经债权人会议同意。

5. 债务人财产已全部或大部分设定抵押的,管理人报酬如何确定?

答:根据《最高人民法院关于审理企业破产案件确定管理人报酬的规定》的相关规定,担保物价值不纳入计算管理人报酬的财产价值总额,但管理人对担保物的管理、维护、变现、交付等工作付出合理劳动的,允许管理人单独向担保权人收取适当报酬。在债务人财产已全部或大部分设定抵押的情况下,破产程序主要是为担保权人进行,管理人为此收取的合理必要劳动报酬,应属于"保管担保财产和实现担保物权的费用"范畴,根据《中华人民共和国物权法》第一百七十三条和《最高人民法院关于适用〈中华人民共和国担保法〉若干问题的解释》第七十四条的规定,可从担保物变现的价款中优先清偿。关于报酬金额问题,管理人可与担保权人就报酬问题积极协商,尽量达成一致意见;管理人与担保权人不能达成一致意见时,则由人民法院综合考虑担保物的性质、管理人对担保物管理所付出的时间和精力等,及时确定管理人就担保物管理应得的报酬,无需管理人与担保权人另行通过诉讼解决。

6.《企业破产法》第二十条规定:"人民法院受理破产申请后,已经开始而尚未终结的有关债务人的民事诉讼或者仲裁应当中止;在管理人接管债务人的财产后,该诉讼或者仲裁继续进行","管理人接管债务人的财产"这一事实状态应当如何确定?

答:《企业破产法》第二十条规定的立法意图是通过设置相应诉讼中止制度,便于管理人接管诉讼资料,并为代表债务人参加诉讼做相应准备。一般情形下,管理人接受指定后,即开始接管财产,且接管需要一定的时间,如将"管理人接管债务人的财产"理解为"管理人开始接管债务人的财产",可能无法为管理人代表债务人参加诉讼提供准备时间。但是,管理人在破产程序中对破产财产的接管又可能因行使撤销权、取回权或其他客观原因而处于持续状态,因此,"管理人接管债务人的财产"也不应理解为"管理人接管完毕债务人所有财产"。为保证管理人有合理时间准备诉讼,同时也为避免因诉讼拖延破产进程,将指定管理人后的第 30 日确定为恢复审理的日期较为适宜。实践中,如管理人确因正当事由未完成诉讼准备工作,不能参加诉讼的,可以向法院申请延期审理。

7. 人民法院能否依职权决定更换管理人?

答:可以。管理人能否胜任职务,并依法、公正、忠实、勤勉地履行职责,是保证破产程序顺利进行的决定性因素。《最高人民法院关于审理企业破产案件指定管理人的规定》第三十三条对人民法院可以根据债权人会议的申请或者依职权径行决定更换管理人的情形和具体事由作出了明确规定。人民法院和债权人会议应加强对管理人履职的监督,在破产程序终结前,管理人出现法定解任事由的,应及时更换不适任的管理人,并根据《企业破产法》第一百三十条及相关司法解释的规定,对违法、违规的管理人处以罚款、停职、除名等处罚;利益受损的债权人、债务人及相关利益主体,可依法追究管理人不忠实勤勉履职的赔偿责任。

8. 当前可否指定清算组为管理人?

答:应慎用直接指定清算组的管理人选任方式。《最高人民法院关于审理企业破产案件指定管理人的规定》第十八条对可以指定清算组为管理人的案件范围进行了明确规定,主要考虑的是新旧企业破产法适用的衔接、商业银行法等特别法的规定以及政策性破产等特殊案件的需要,有其特定的案件适用范围。《企业破产法》现已实施多年,政策性破产案件已逐步清理完毕,对指定清算组为管理人的案件应从严把握。对于某些政策性问题多、协调任务重、维稳压力大的特定案件,根据破产案件的实际需求,应通过切实发挥“府院联动机制”作用,统筹协调解决好相关问题和矛盾,或者通过吸收政府相关职能部门、金融监管机构等的专业人员协助履行管理人职责,整合各方资源,优化管理人结构,不宜单独、直接指定清算组为管理人。

9. 通过竞争方式指定管理人时应注意哪些问题?

答:因案件重大、复杂需要通过竞争方式指定管理人的,应注意以下事项:其一,应在全国企业破产重整案件信息网上进行公告,同时公开案件基本情况、竞选管理人应具备的基本条件、应提交的材料及报名截止时间等;其二,中介机构分支机构参与竞选管理人的,应以该分支机构的人员和业绩参与竞选;其三,为培育管理人市场,使管理人市场能够良性发展,应避免恶意竞争、低价竞争,评选标准不宜仅把管理人报酬方案作为指定管理人的决定性因素;其四,人民法院应向符合基本条件的中介机构公开评分标准;其五,人民法院可以决定采取遴选加摇号的方式确定最终的评选结果。

10. 对管理人参加的民事诉讼、仲裁调解,有哪些需要注意的事项?

答:管理人参加民事诉讼、仲裁调解的,应特别注意管理人的权限范围。管理人对事实的自认以及承认、变更、放弃诉讼请求,应有相应的事实依据和法律依据,不能超越职权,不得损害全体债权人利益。对于诉讼案件,必要时人民法院可予以释明,对不适合调解的案件,原则上不进行调解,比如破产债权确认之诉,人民法院要慎重使用以调解书确认债权的方式。如管理人在诉讼过程中对原未认可的破产债权予以认可时,人民法院可在释明后由原告撤诉,通过管理人修改债权表后重新提交债权人会议核查。

11. 管理人对外委托中介机构进行鉴定、审计、评估、拍卖等工作,是否必须从省法院建立的相关专业机构备选库中选定?

答:破产案件审理中需要委托专业中介机构进行鉴定、审计、评估、拍卖等相关工作的,对外委托主体应为破产企业的管理人,人民法院对此依法进行监督,但不能代替管理人以人民法院的名义直接对外出具委托手续。在中介机构选定方式上,原则上按照《四川省高级人民法院委托鉴定管理办法》和《四川省高级人民法院委托评估拍卖和变卖管理办法》的规定选定中介机构,再由管理人对外出具委托手续。管理人经人民法院许可,也可以采用公开比选方式选定中介机构,但由此产生的费用和成本不得高于按照司法委托方式产生的费用和成本。

12. 在破产申请受理前为企业预重整等提供专项顾问服务的社会中介机构,在企业进入破产程序后,是否属于《企业破产法》第二十四条规定的与案件有“利害关系”的情形而不得担任管理人?

答:根据“角色利益不得冲突”的一般原则,所谓“利害关系”是指存在足以影响公正履行管理人职责的情形。如果管理人与破产案件所涉及的当事人或破产财产存在的关系没有达到这一程度,可不受利害关系规定的制约。在企业进入破产程序前,为企业预重整等提供专项顾问服务的中介机构,其从事的活动具有中立性与独立性,并非代表债务人或债权人某一方主体的利益,与《最高人民法院关于审理企业破产案件指定管理人的规定》第二十三条第四项规定的"现在担任或者人民法院受理破产申请前三年内曾经担任债务人、债权人的财务顾问、法律顾问"这类代表一方主体利益的情形并不完全相同,可不作为该中介机构选任为管理人的消极条件。

三、债务人财产

1. 人民法院受理破产申请后,有关债务人财产的行政、刑事保全措施是否应当解除?

答:依法应当解除。《企业破产法》第十九条规定:人民法院受理破产申请后,有关债务人财产的保全措施应当解除,执行程序应当中止。所谓保全措施,既包括民事诉讼保全措施,也包括在行政处罚程序中的保全措施,如海关、工商管理部门等采取的财产扣押、查封等措施,还应包括刑事诉讼中公安部门、司法部门采取的相关保全措施。管理人接受指定后,应当及时将破产案件受理情况告知采取保全措施的行政机关或司法机关。采取保全措施的行政机关或司法机关知悉后,应当及时解除保全措施,同时通知管理人接管财产。有关人民法院经通知拒不依法解除保全措施的,受理破产申请的人民法院可以层报共同上级人民法院解除保全措施,上级人民法院对符合解除保全措施条件的,可以径行裁定解除对债务人财产的保全措施。

2. 如果破产企业的债务人和财产持有人在收到管理人发出的通知后,既不清偿债务或者交付财产,又没有正当理由不在规定的异议期间内提出异议的,管理人能否依照《最高人民法院关于审理企业破产案件若干问题的规定》第七十三条的规定向人民法院申请强制执行?

答:不能。《最高人民法院关于审理企业破产案件若干问题的规定》第七十三条规定:"清算组应当向破产企业的债务人和财产持有人发出书面通知,要求债务人和财产持有人于限定的时间向清算组清偿债务或者交付财产。破产企业的债务人和财产持有人有异议的,应当在收到通知后的七日内提出,由人民法院作出裁定。破产企业的债务人和财产持有人在收到通知后既不向清算组清偿债务或者交付财产,又没有正当理由不在规定的异议期内提出异议的,由清算组向人民法院提出申请,经人民法院裁定后强制执行"。《最高人民法院关于审理企业破产案件若干问题的规定》目前还属于有效状态,最高人民法院的精神也认为该规定在不与现行《企业破产法》及其司法解释相冲突的情况下,仍可适用。但就《最高人民法院关于审理企业破产案件若干问题的规定》第七十三条而言,该规定涉及破产企业的债务人和财产持有人与管理人之间就实体权利的争议,未经裁决直接申请强制执行,与现行《企业破产法》作为一部市场化法律的精神不符,不宜再适用。为充分保障当事人的实体权利和诉讼权利,对于上述情况,如果相关财产明确登记在破产企业名下,管理人可根据《企业破产法司法解释二》第六条的规定向受理破产案件的人民法院申请采取保全措施;如果相关财产不在破产企业名下,破产企业仍主张享有一定权属,或要求对方履行一定的债务,应依法提起衍生诉讼,取得人民法院生效法律文书后再强制执行。

3. 债务人股东能否以其对债务人所负的出资义务与债务人对其负有的债务主张抵销?

答:不能抵销。股东对公司的出资形成的是公司用于其独立经营并独立对外承担责任的财产,根据公司资本充实的基本原则,股东应当足额缴纳所认缴的出资,如允许股东将其本应按比例清偿的破产债权与欠缴的出资抵销,实际上是允许股东不足额出资,不仅违反资本充实原则,也会损害全体债权人利益,故债务人股东因欠缴债务人的出资或者抽逃出资对债务人所负债务与债务人对其所负债务主张抵销的,不予支持。同时,根据《企业破产法司法解释二》第四十六条的规定,债务人股东滥用股东权利或者关联关系损害公司利益对债务人所负的债务,也属禁止抵销的范畴。

4. 债务人的全部财产均设定担保,无剩余财产或是剩余财产不足以支付破产费用的情况下,能否终结破产清算程序转入执行程序?

答:不能。破产程序本质上也是一种执行程序,是相对个别执行程序而言的一种为实现全体债权人公平清偿的概括执行程序。担保权人的权利指向的是担保物变现价款的优先受偿权,而非对担保物本身享有所有权或使用权,已依法设定担保物权的特定财产仍属于债务人财产,在破产程序中,对担保物的执行,除应遵循《中华人民共和国物权法》《中华人民共和国担保法》的有关规定外,还应遵守《企业破产法》的相关规定。在债务人财产已全部或大部分设置担保的情况下,破产程序主要是为担保权人利益进行,根据《中华人民共和国物权法》第一百七十三条的规定,"保管担保财产和实现担保物权的费用"属于担保物权的担保范围,可从担保物变现价款中优先受偿,故担保权人应当根据担保物是否受益及受益情况来承担该部分破产费用或共益债务。《企业破产法司法解释二》规定破产费用和共益债务应在担保物权实现之后剩余部分进行清偿,此处的破产费用和共益债务应是指与担保物权实现无关的破产费用和共益债务。对担保权人应承担的破产费用和共益债务之外的费用,当前仍只能通过破产费用基金或是协调债权人、债务人的出资人及其他利害关系人垫付破产费用等方式依法完成破产程序,终结破产程序转入执行程序的做法缺乏法律依据，也妨碍了破产程序所承载的公平清偿和市场退出机制功能的发挥。

5. 在可撤销期间内，债务人为他人所负债务而提供财产担保，管理人能否依据《企业破产法》第三十一条的规定请求予以撤销？

答：可以适用"无偿转让财产"的规定主张撤销。《企业破产法》第三十一条第三项规定的"对没有财产担保的债务提供财产担保"的可撤销情形，指的是债务人为自有债务提供担保。为他人所负债务提供无对价、无受益的担保，应适用该条第一项关于无偿行为的规定。理由是：虽然物的担保不等同于物的转让，但担保物权人一旦行使担保权，则必然涉及物的转让和处分，两者在相关规则上存在一致性。在担保物权实现后，破产债务人虽从法律上取得了对主债务人的追偿权，但通常而言，追偿程序的行使，往往是由债务人不清偿债务或缺乏清偿能力所致，此时破产债务人的追偿权只是一个没有担保且可能难以实现的债权，这与财产的无偿转让行为并无实质性区别。

6. 在可撤销期间内，债务人对已有财产担保的债务补充增加担保，管理人能否依据《企业破产法》第三十一条的规定请求予以撤销？

答：可以适用《企业破产法》第三十一条第三项关于"对没有财产担保的债务提供财产担保"的规定对增加的担保主张撤销。《企业破产法》规定对没有财产担保的债务提供财产担保的行为应予撤销，是基于对原无财产担保的债务补充提供财产担保，将使该债权人享有原本没有的优先受偿权，具有改善某一债权人原有清偿地位的不公平性质。在可撤销期间内，债务人对已有财产担保的债务又增加担保，同样使特定债权人对增加的特定财产享有优先受偿权，从而得到增加个别清偿的优惠，对该增加的财产担保应属于可撤销行为之列。

7. 债权人能否在破产程序中行使《中华人民共和国合同法》规定的债权人的撤销权？

答：能。破产撤销权的行使主体是管理人，债权人不具备行使破产撤销权的法律资格，但并不影响债权人依据《中华人民共和国合同法》第七十四条的规定提起债权人撤销权之诉。根据《企业破产法司法解释二》第十三条的规定，债权人在破产程序中行使《中华人民共和国合同法》上的撤销权，与破产程序之外的撤销权诉讼相比，具有一定的特殊性，必须以管理人未依法提起破产撤销权之诉为前提，同时必须遵守"入库规则"，即在起诉中说明"因此追回的财产归入债务人财产"。因债权人在破产程序中行使《中华人民共和国合同法》规定的撤销权，具有代表诉讼的性质，实际代表的是全体债权人的利益，为此，债权人在破产程序中行使撤销权的范围原则不受相关债权数额的限制，由此产生的诉讼费、鉴定费等必须支出的费用应当作为共益债务随时支付。

8. 房地产企业进入破产程序后,在房屋具备交付条件的情况下,已支付完毕全部购房价款的消费者,能否请求房地产企业履行房屋过户义务?该行为是否构成《企业破产法》第十六条规定的无效个别清偿行为?

答:可以请求房地产企业履行房屋过户义务,不构成个别清偿行为。根据《企业破产法》《企业破产法司法解释二》的规定精神,并非所有破产程序中的个别清偿行为均属于《企业破产法》第十六条规定的无效行为。认定个别清偿行为无效的关键要件之一是该清偿行为损害了其他破产债权人的合法权益。根据《中华人民共和国合同法》《最高人民法院关于建设工程价款优先受偿权问题的批复》《最高人民法院关于人民法院办理执行异议复议案件若干问题的规定》的相关规定,交付了购买商品房全部或者大部分款项的消费者对于其所购房屋的权利,具有特定性和优先性,在受偿顺序上本身就优先于建设工程价款优先受偿权和抵押权,其权利的实现并不会构成对其他破产债权人合法权益的损害,故管理人按照债务人与消费者购房户签订的商品房买卖合同的约定,履行交付房屋并办理所有权变更登记义务的行为,并非《企业破产法》第十六条规定的个别清偿行为。

四、债权申报与审查

1. 法院裁定确认无异议债权时,对经债权人会议核查无异议的债权是否还需进行实质审查?

答:不需要。根据《企业破产法》的相关规定,债权审查的主体是管理人,债权核查的主体是债权人会议,债权确认的主体是人民法院。人民法院对于经管理人审查、债权人会议核查无异议的债权,进行实质审查既不现实也无必要。为保证债权审查结果的真实、合法,人民法院应督促管理人细化债权审查程序,可要求管理人根据案件具体情况制定债权审查规则。对于尚未取得执行依据的债权,在审查过程中,除了审查申报材料和书面证据,还应向债权人、债务人调查核实形成笔录。管理人完成债权审查后,要对债权人申报的每一笔债权提出审查意见,并根据审查结果编制债权表。在第一次债权人会议前,管理人应提前告知债权人债权审查的结果,对债权人、债务人提出的异议及时进行复核等,以此提高债权审查、核查程序的质量。人民法院也可以通过抽样审查等方式对管理人的债权审查情况予以监督。

2. 管理人认为生效法律文书确认的债权有误,是应由管理人依审判监督程序启动救济,还是在管理人不予确认后,由债权人另行提起破产债权确认之诉进行确认?

答:在债权审查中,管理人发现债权人据以申报债权的生效判决书、调解书、仲裁裁决书所确定的债权确有错误,或者有证据证实赋予强制执行力的公证债权文书确认的债权债务是虚构的,如尚在相关法律规定的救济期限内,管理人可以在取得相应证据后申请再审，或者提起第三人撤销之诉，或者申请撤销仲裁裁决，或者申请不予执行相关公证债权文书。如已超过相关法律规定的救济期限，管理人不能直接否定生效法律文书的效力。对于已经发生法律效力的判决、裁定、调解书确有错误的，还可依照《中华人民共和国民事诉讼法》第一百九十八条关于人民法院决定再审的规定，启动再审。在再审、撤销或者不予执行程序作出结论前，对无异议债权部分，先予认定；对有异议债权部分，暂缓认定。

3. 债权人未申报债权，而直接提起债权确认之诉的，应如何处理？

答：债权申报是债权人参加破产程序的必要条件，破产债权人只有在申报债权以后，才取得受破产法保护的地位，才有权对破产财产提出权利请求。人民法院受理破产申请后，债权人未申报债权而直接起诉要求确认债权的，应告知其向管理人申报债权，对其起诉应不予受理；已经受理的，应当裁定驳回起诉。

4. 主债务人破产后，主债务停止计息的效力是否及于担保人？

答：破产案件受理后，主债务所产生的利息仍然可以向保证人主张。破产法停止计息的规定并非为减轻主债务人的责任，而是出于维护全体债权人公平受偿的价值考虑，保护的对象是全体债权人，而非保证人；保证人承担破产程序受理之后的利息，属于保证人应当预见及承担的正常的商业风险，且主债务停止计息并未损害保证人原有权益或不当加重其责任。对于连带责任保证人，债权人享有直接主张全部债权的权利，不能因为债权人参加了破产申报程序，而减轻保证人的责任。

5. 主债务人破产，债权人要求保证人承担保证责任的，是否须在破产程序终结后六个月内提出？

答：《最高人民法院关于适用〈中华人民共和国担保法〉若干问题的解释》第四十四条规定："保证期间，人民法院受理债务人破产案件的，债权人既可以向人民法院申报债权，也可以向保证人主张权利。债权人申报债权后在破产程序中未受清偿的部分，保证人仍应当承担保证责任。债权人要求保证人承担保证责任的，应当在破产程序终结后六个月内提出"。主债务人的破产程序开始时，保证期间尚未届满的，债权人既可以向人民法院申报债权，也可以向保证人主张权利，也可以在申报债权的同时向保证人主张权利；该条第二款规定的"破产程序终结后六个月"，应是债权人向保证人主张权利的最晚期限。

如果在主债务人的破产程序开始时，保证期间已经届满，债权人未在保证期间内要求保证人承担保证责任的，其保证权利已消灭，该权利并不因主债务人破产而恢复，该种情形不适用前述担保法司法解释第四十四条第二款的规定。此外，《最高人民法院对〈关于担保期间债权人向保证人主张权利的方式及程序问题的请示〉的答复》进一步解释，在债权人既申报了债权同时又起诉保证人的案件中，若需等待破产程序终结的，裁定中止诉讼；若径行判决的，应在判决中明确扣除债权人在破产程序中受偿的部分。

6. 债务人负责人下落不明无法对债权表进行确认的,可否视为债务人无异议?

答:债权人对人员下落不明或者财产状况不清的债务人申请破产清算,符合《企业破产法》规定的,人民法院应依法予以受理。债务人负责人的状况并不影响破产程序的进行,也不影响破产债权的确认。债务人是否有异议的意思表示,由债务人的原法定代表人或经其特别授权的相关人员作出。债务人的原法定代表人下落不明或未参加债权人会议,亦未委托代理人参加债权人会议的,视为债务人对债权表记载的债权无异议。

7. 债权人能否对他人的债权提起破产债权确认之诉?

答:可以。债权人的最终受偿金额与其他债权人的债权数额、债权性质的认定具有直接关联关系,故债权人对他人的债权的性质或数额等具有诉的利益,应允许债权人对他人的债权提起破产债权确认之诉。

8. 债权人、债务人对异议债权提起诉讼,有无期限限制?

答:《企业破产法》及其现行司法解释未对当事人提起破产债权确认之诉的期限进行规定,基于破产程序的效率要求,应对当事人提起破产债权确认之诉的期限予以合理限制。根据民事诉讼相关期限的制度规定,参照当事人不服一审民事判决提起上诉的期限,当事人提起破产债权确认之诉的期限以在债权核查结束后十五日内为宜。在债权人会议核查债权表后,管理人可根据案件具体情况,在向债权人、债务人送达的复核意见中注明"如对本复核意见有异议,请在收到本复核意见之日起十五日内,向受理破产申请的法院提起诉讼"。如相关当事人未在规定的期限内向法院提起诉讼,管理人可将其视为无异议债权提请法院予以裁定确认。

9. 破产债权确认之诉中,当事人的诉讼地位应如何列示?

答:债权人对债权表记载的本人债权不成立、金额过低或债权性质有异议而提起债权确认之诉,应以债务人为被告,管理人作为债务人的诉讼代表人参加诉讼。债权人对债权表记载的他人的债权金额过高或债权性质有异议而提起债权确认之诉,应将被异议债权人列为被告、债务人列为第三人,管理人作为债务人的诉讼代表人参加诉讼。在债务人对债权表记载的债权有异议的情形下,应将被异议债权人列为被告。如债务人以自己的名义提起诉讼存在障碍,可根据案件具体情况,允许债务人的法定代表人、股东、出资人、董事、监事等代为行使债务人权利,以自己的名义代表债务人提起破产债权确认诉讼,胜诉利益归于债务人,此时,应将被异议债权人列为被告,管理人列为第三人,案件受理费应在债务人财产之外由起诉主体自行筹措向人民法院预先缴纳。

10. 行政、司法机关对债务人的罚款、罚金,以及税款滞纳金能否认定为破产债权?

答:行政、司法机关对债务人的罚款、罚金带有处罚性质,是对于违法行为的惩罚,属于劣后债权。税款滞纳金具有经济补偿性质,是企业因占用税款而应对国家作出的经济补偿,属于国家税款被占用期间的法定孳息,相当于利息。根据《最高人民法院关于税务机关就破产企业欠缴税款产生的滞纳金提起的债权确认之诉应否受理问题的批复》(法释〔2012〕9号)的规定,破产企业在破产案件受理前因欠缴税款产生的滞纳金属于普通债权。对于破产案件受理后因欠缴税款产生的滞纳金,人民法院应当依照《最高人民法院关于审理企业破产案件若干问题的规定》第六十一条规定处理,即"下列债权不属于破产债权:……(二)人民法院受理破产后债务人未支付应付款项的滞纳金,包括债务人未执行生效法律文书应当加倍支付的迟延利息和劳动保险的滞纳金"。破产案件受理后债务人欠缴的税款滞纳金,应遵守一般债权人破产受理停止计息的规则,不属于破产债权。

11. 职工对管理人调查公示的劳动债权金额有异议,能否不经劳动争议仲裁前置程序直接向法院起诉?

答:可以。职工工资债权争议形式上属于劳动争议范畴,虽然仲裁前置是劳动争议处理的一般性程序,但在破产程序中,根据《企业破产法》第四十八条第二款关于"债务人所欠职工的工资和医疗、伤残补助、抚恤费用,所欠的应当划入职工个人账户的基本养老保险、基本医疗保险费用,以及法律、行政法规规定应当支付给职工的补偿金,不必申报,由管理人调查后列出清单并予以公示。职工对清单记载有异议的,可以要求管理人更正;管理人不予更正的,职工可以向人民法院提起诉讼"的规定以及《最高人民法院民事案件案由规定》的相关规定,该类纠纷因用人单位进入破产程序后,可不经劳动仲裁前置程序直接向人民法院起诉,案由为"职工破产债权确认纠纷"。

12. 经生效裁判文书所确认的董事、监事和高级管理人员的劳动报酬,在破产程序中是否按照《企业破产法》第一百一十三条第一款规定的第一顺位清偿?

答:不必然直接按照生效裁判文书确定的劳动报酬数额认定为职工债权,并按照《企业破产法》第一百一十三条第一款规定的第一顺位清偿。在企业经营管理不善、长期亏损并进入破产程序的情形下,破产企业的董事、监事和高级管理人员对于企业的破产应负有责任,对其较高的工资收入的清偿应进行一定限制,以体现与其他普通劳动者在清偿顺序上的公平性。为此,《企业破产法》第一百一十三条第三款明确规定破产企业的董事、监事和高级管理人员的工资按照该企业职工的平均工资计算。对于高出该企业职工平均工资的部分,虽经生效裁判文书确认为合法劳动报酬,但应根据《企业破产法》第三十六条、《企业破产法司法解释二》第二十四条之规定,将其作为普通破产债权获得清偿。

13. 在破产案件中,债务人或相关人员因涉嫌非法集资类刑事犯罪,相关刑事案件的被害人能否在破产程序中主张权利?

答:破产程序中涉及非法集资类犯罪问题时,首先应把刑事案件的涉案财产与破产财产进行区分。对于应返还给刑事案件被害人的特定财产,不属于破产财产,应通过在刑事程序中退赔等方式返还给受害人;对于已无法区分或者无区分必要的财产,则应当纳入破产财产在破产程序中一并处理。鉴于非法集资与民间借贷,均是以借款合同为基础而形成的法律关系,只是前者因人数、情节、影响达到了需要刑事法律调整的范围而受到刑法的否定性评价,为公平保护刑事被害人的权利,应允许刑事被害人在破产程序中以申报债权的方式行使权利。在债权数额认定上,相较于因与债务人正常交易而产生债权的债权人,刑事案件被害人作为非法金融活动的参与者,其往往本身也具有一定的过错,其享有的权利依法不能优于合法的普通民事债权人,对其债权通常按民间借贷规则进行调整。

五、债权人会议

1. 破产程序中,债权人将一笔债权转让给多个主体,或者多个债权人将债权转让给同一主体,受让债权的主体如何行使表决权?

答:债权让与是以债权为标的,通过法律行为在不同主体之间进行移转。破产程序中不禁止债权转让,但为了避免个别债权人利用债权分割达到多受偿或者控制表决结果的目的,破产程序中的债权转让应当予以规范,不能因债权转让而改变原债权的表决权利,包括金额和表决票数。具体区分下列情形:(1)若一个债权人将其债权进行分割后转让给多个主体,各受让人的表决金额可按其受让债权金额分别统计,但表决票数应合计按一票统计,各受让人的表决票数为其受让债权金额占分割转让前债权金额的比例。同时,为避免债权人利用债权分割转让而获益,债权分割转让后的债权受偿总额不得高于转让前原债权的受偿金额。(2)若转让时多个主体对同一债权概括受让,新债权人彼此之间不区分份额,为共有关系,仍系同一主体,享有一个表决权。(3)若同一主体在破产程序中受让多个债权人的债权,则受让人以其受让的债权总额行使表决权,且仅享有一个表决权。在分组表决时,如受让人受让的债权类型存在于多个表决组,则在各表决组分别享有一个表决权。

2. 同一债权人对债务人享有多笔债权时,如何确定其代表的债权额及债权人人数?

答:同一债权人对债务人享有多笔债权时,应当区分债权性质,以确定债权人在行使表决权时所代表的人数和债权额。如多笔债权系同一性质,应合并计算债权额,享有一个表决权;如多笔债权存在不同性质时,应根据各类性质的债权金额分别行使表决权,有几个类型的债权即享有几个表决权。

3. 在召开债权人会议前,人民法院如何为债权尚未确定的债权人临时确认债权额,以便于其行使表决权?

答:在召开债权人会议前,为保障适格债权人的参会权、表决权,针对已经提交债权申报材料,但债权尚未确定的债权人,可以自己申请或通过管理人申请人民法院为其行使表决权而临时确定其债权额。管理人应根据债权申报资料及前期审查的基本情况向人民法院提出确定临时债权额的意见,同时说明相关事实和理由。必要时,人民法院可要求管理人作出合理解释,也可以通知异议双方到庭陈述并举证,经过听证程序后,临时确认债权的数额,并作出决定,以临时确认的数额为这些债权参与行使表决权的数额。

4. 人民法院临时确认的债权额与最终确认的债权额之间出现差异时,如何处理?

答:《企业破产法》第五十九条规定的临时债权额确认制度,旨在充分保障债权人权益,避免债权人因债权尚未确定而无法行使参会权、表决权。因此,在债权确认裁决作出前,债权人依据临时确认的数额行使表决权,已经完成的破产程序不受影响。

当临时确认的债权额与最终确认的债权额之间出现差异时,应当区分清算程序与重整程序:在清算程序中,制定清算分配方案时,有争议债权人暂时不能得到实际的分配,但应将存在争议且处于裁决过程中的债权份额按较高份额进行保留,待债权确认后依照分配方案再行分配;在重整程序中,最为重要的是表决通过重整计划,因重整计划表决是分组表决,而非采用简单多数决原则,某些债权人的债权份额调整不会影响重整计划的通过,也不会影响人民法院强裁。

5. 职工代表或工会代表参加债权人会议能否行使表决权?

答:不行使表决权。《企业破产法》第五十九条明确规定了债权人会议应当有债务人职工和工会代表参加,对有关事项发表意见。实务中,一般由管理人推荐2-3名职工代表或工会代表参加会议。另,对重整计划草案进行表决时,职工在职工债权组内行使表决权。

6. 债权人会议有表决事项时,对有财产担保的债权人行使的表决权如何统计?

答:在有财产担保的债权人有表决权的情况下,其表决权统计在不同情形下有所区别。

对于一般决议事项的表决,根据《企业破产法》第六十四条第一款的规定,债权人会议的决议,由出席会议的有表决权的债权人过半数通过,并且其所代表的债权额占无财产担保债权总额的二分之一以上,有财产担保的债权人对决议的表决应当计入表决人数的统计,但其债权数额不计入表决金额的统计。

对于重整计划草案的表决,根据《企业破产法》第八十二条、第八十四条的规定,对债务人的特定财产享有担保权的债权将单独分组表决,在该情形下,有财产担保的债权人表决的人数和债权数额均应当纳入该组表决统计。

对于和解协议草案的表决,根据《企业破产法》第五十九条第三款规定,对债务人的特定财产享有担保权的债权人,未放弃优先受偿权利的,对通过和解协议不享有表决权。

7. 债权人会议可否对破产财产的拍卖次数和拍卖不成作价变卖或实物分配等方案进行决议?

答:破产财产处置应当以价值最大化为原则,兼顾处置效率。根据《企业破产法》第一百一十二条的规定,债权人会议有权对破产财产的变价出售方式作出决议,基于最大限度提升破产财产变价率考虑,管理人可以将拍卖次数及流拍几次后作价变卖或实物分配等问题纳入破产财产变价方案,经债权人会议决议通过后执行。

8. 债权人会议能否将其职能对债权人委员会作出概括性授权?

答:不能概括性授权,授权事项应具体明确。设置债权人委员会制度的立法目的主要是弥补债权人会议在行使日常监督职能方面的缺陷。《企业破产法》第六十八条第四款概括性地规定债权人委员会可行使由债权人会议委托的其他职权,但该授权必须符合法律规定。首先,该委托的职权必须是《企业破产法》规定的属于债权人会议可以行使的职权,不属于债权人会议行使的职权不能委托债权人委员会行使;其次,对涉及债权人重大利益的表决事项,如表决财产管理方案、变价方案、分配方案以及表决重整计划草案、和解协议草案等关键性职权不宜授予债权人委员会行使。实务中,管理人应起草《债权人委员会议事规则》提交债权人会议审议,议事规则应明确记载债权人会议委托债权人委员会的其他职权。

六、破产重整、和解与清算

1. 在重整申请审查阶段对企业是否具有重整价值应如何进行判断及查明?

答:重整程序社会代价大、成本高,在重整申请审查阶段即应对企业是否具有重整价值进行审查判断。人民法院在审查重整申请时,可根据债务人的资产及债务状况、股权结构状况、内部治理、技术工艺、生产销售、行业前景及在行业中的地位等因素,综合内外部情况对其是否具有重整价值进行判断。涉及重整价值的商业判断和市场判断问题,人民法院可以召集申请人、债务人、出资人、政府及有关部门、专业中介机构举行听证会,或是商请相关专业机构、专业人员提出专业意见,也可以向债务人所在地的政府及行业主管、发改、国资、税务等部门征询意见。

2. 对关联企业实质合并破产的审查应着重注意哪些问题?

答:人民法院在对实质合并申请进行审查时,应注意关联企业分别破产是基本原则,实质合并破产是例外情形。实践中,应当注意区分控制程度较高的关联企业与法人人格高度混同情形的区别,控制程度较高的关联企业运营中的一些共性特征如资金的统一调拨使用、财务印章的统一管理等,不能简单将其作为判断是否构成法人人格高度混同的标准；法人人格高度混同的认定标准需是达到关联企业的资产及负债无法区分或区分成本过于高昂，且将严重损害债权人公平清偿利益的程度。在立案审查阶段，若难以准确判断是否构成法人人格高度混同，可先分别受理破产申请或先受理控制企业的破产申请，由管理人通过对债务人企业的资产及债务等状况进行清查，乃至借助审计等手段进行核实作出构成混同的准确判断后，再提请人民法院裁定对关联企业进行实质合并破产或将其他关联企业纳入实质合并破产。人民法院作出裁定之前，应当组织召开听证会听取各方意见。

3. 在重整期间，哪些情形下可由债务人自行管理财产和营业事务？

答：重整期间，债务人符合下列条件的，经债务人申请，人民法院可以批准债务人在管理人的监督下自行管理财产和营业事务：(1)未发现债务人有《企业破产法》第三十一条、第三十三条规定的行为；(2)债务人的内部治理结构足以使企业正常运转；(3)债务人自行管理财产和营业事务有实际可行的方案和措施；(4)债务人自行管理不致损害债权人利益；(5)债务人在重整期间需持续经营，采用债务人管理模式更有利于债务人财产保值增值。

4. 重整计划草案涉及出资人权益调整事项且该出资权益附有股权质押权，应当如何调整出资人及股权负担相关权利人的权益？

答：重整计划草案涉及出资人权益调整事项的，应当设出资人组对该事项进行表决。当债务人企业资不抵债时，所有者权益为负，出资人的权益价值为零，对出资人权益的调整由出资人行使表决权，股权价值调整为零，不影响出资人本应向股权负担相关权利人承担的债务偿还责任以及其导致质权人设立股权质押的目的落空所遭受损失的损害赔偿责任；当债务人企业资产大于负债，但又缺乏及时清偿能力的，出资人权益仍具有账面价值，出资人权益调整方案应同时兼顾股权质押权人的权益，股权质押权人对方案有异议的，受理破产重整的人民法院可以组织召开听证会听取各方利害关系人的意见，尽量通过协商解决，若协商不成，重整计划草案中的出资人权益调整方案应确保出资人权益调整后股权质押权人的利益，不低于调整前其就股权质押权可以获得的利益。

5. 债务人进入破产程序后，人民法院又裁定其关联企业与债务人合并破产的，在债权审查时的止息日以及可撤销行为时限是以债务人的破产申请受理日为准，还是以人民法院裁定合并破产的时间为准？

答：人民法院裁定采用实质合并方式审理破产案件的，各关联企业成员之间的债权债务归于消灭，各成员的财产作为合并后统一的破产财产，由各成员的债权人在同一程序中按照法定顺序公平受偿。在处理债权审查时的止息日以及在处理可撤销行为、追回财产时，应当按照债务人与关联企业各自进入破产程序的时间分别确定，并在债权人会议中予以释明。重整计划草案的提交期限应从人民法院裁定合并重整之日起计算。

6.人民法院在正常批准重整计划时,应重点审查哪些事项?

答:人民法院在正常批准重整计划时也应作实质审查,并重点审查以下事项:(1)表决分组是否合法、合理,应将法律和经济利益相近者分为一组,特别要关注小额债权、优先债权(包括工程价款优先权、担保债权、消费者购房户债权等)以及侵权债权人、供应商债权人、民间借贷及以房抵债等特殊债权人的分组情况;(2)重整的目的是否正当,债务清偿方案和经营方案是否合理,防止重整制度被滥用;(3)是否公平对待同一表决组内成员;(4)是否符合最低保障原则,即重整中的清偿比例应明显不低于提请人民法院批准时的模拟清算条件下的清偿比例;(5)重整计划是否具有可行性。此外,还应着重对投反对票的债权人利益是否得到公平、合法保护进行审查。

7.人民法院在强制批准重整计划草案时,应重点审查哪些事项?

答:人民法院应审慎适用强裁权。在强制批准重整计划草案时,除了严格按照《企业破产法》第八十七条规定的条件进行审查外,尤其要注意已表决通过重整计划草案的表决组至少有一组是利益受到影响的表决组,且应当由管理人与未通过重整计划草案的表决组进行充分协商。实践中,应当注意强制批准上市公司及金融机构的重整计划草案的,需层报最高人民法院批准。

8.关联企业非实质合并破产的管辖法院应如何确定?

答:具备破产原因的多个关联企业的破产管辖法院不在同一人民法院的,可根据相关主体的申请对不同人民法院受理的多个破产程序进行协调审理,也可报请共同的上级人民法院确定由一家人民法院集中管辖。上级人民法院确定集中管辖的人民法院时,应综合考虑破产案件审理的成本、效率、破产申请的先后顺序、成员资产负债规模大小、主要营业事务所在地、核心控制企业住所地等因素。在实务操作中,若申请人对多个关联企业均向其中一个有管辖权的人民法院申请破产的,受案人民法院认为确有必要由其集中管辖的,可层报与其他有管辖权法院共同的上级人民法院确定由其进行集中管辖;若申请人对多个关联企业分别向各自有管辖权的人民法院申请破产的,各受案人民法院均可根据案件实际情况,报请共同的上级人民法院确定由一家人民法院集中管辖。

9.债务人的担保人对债权人在破产程序中未获清偿的债权予以清偿后,能否再向重整成功后的企业行使追偿权?

答:不能。破产重整程序系为公平清偿债务、挽救具有重整价值的债务人企业的法律制度。按重整计划减免的债务,自重整计划执行完毕时起,债务人不再承担清偿责任。《企业破产法》第九十二条明确规定,债权人对重整债务人的保证人和其他连带债务人所享有的权利,不受重整计划的影响,其在重整程序中未得到清偿的部分可以向保证人或连带债务人主张。但保证人或连带债务人履行完剩余的清偿义务后,不能向破产重整的债务人追偿。这是因为保证人或连带债务人所清偿的债务与债权人在重整程序中申报的债务实质上源于同一债务,任何实质上源于同一债务的普通债权,在破产程序中只能得到与其他普通债权相同的受偿比率,而不能得到二次清偿,并因此得到高于其他普通债权人的清偿比率。

10. 在重整期间,担保物权人对特定财产已变现的价款能否主张提前分配?

答:能。担保财产属于债务人财产,担保权仍应在破产程序框架内解决,担保权人在债务人进入破产程序后,应当通过管理人行使其优先权。《企业破产法》关于重整期间"担保权暂停行使"的规定,是为实现债务人财产价值最大化,避免因担保物的随意变价处置而影响企业的挽救与生产经营考虑。对于重整程序中非重整核心资产以及无助于提升企业整体价值的财产,不必暂停担保物权的行使;如担保物权标的已处置变现,应允许担保权人从担保物变现的价款中及时获得清偿。

11. 破产重整、和解、清算程序之间可否进行转换?

答:相对于破产清算程序而言,重整及和解程序属破产拯救程序,清算程序与破产拯救程序之间可以转换,但需符合一定条件。清算程序转重整或和解程序的条件,一是应当在宣告破产前;二是需有法律规定的适格主体提出申请,转重整程序需由债权人、债务人或者出资额占债务人注册资本十分之一以上的出资人向人民法院申请,转和解程序只能由债务人提出申请。重整或和解失败则应当直接宣告破产。

对于重整与和解程序之间的转换,相关法律及司法解释虽无明确规定,但也无限制性的规定。基于债权人利益最大化和实现企业挽救目标考虑,在重整或和解程序进行中应可相互转换。和解程序转重整程序,需在债权人会议对和解协议草案进行表决前提出申请;重整程序转和解程序,需在债务人或管理人提交重整计划草案前提出申请。申请转换程序的主体应当符合《企业破产法》的规定。人民法院收到申请后,应组织召开听证会,听取各利害关系人的意见,并根据案件实际情况进行审查判断。三个程序之间的转换原则上只能一次。

12. 重整程序是人民法院裁定批准重整计划时终结,还是重整计划执行完毕时终结?重整计划执行期间与债务人有关的诉讼应如何确定管辖法院?

答:重整程序的终结应当以人民法院批准重整计划为标准。首先,人民法院批准重整计划的裁定事项有两项,一是批准重整计划,二是终止重整程序,因此裁定中已表明重整程序终止。其次,重整程序终止并不影响管理人履行监督职责并提交监督报告,如重整计划执行不能转入破产清算,可作为一个新的破产案件。重整计划执行期间,与债务人有关的诉讼应当按照普通民事案件的管辖原则确定管辖法院。

13. 在破产清算程序中处置财产所产生的应由债务人承担的税款,属于破产费用还是税收债权?

答:破产程序中处置破产财产新产生的增值税、附加税、印花税、契税等税费,属于在破产程序中为实现全体债权人的共同利益而必须支付的费用或者承担的必要债务,可以归为破产费用中“变价和分配债务人财产的费用”,由债务人的财产随时清偿。如处置的破产财产系担保物,则处置破产财产所产生的税费从担保物处置价款中优先清偿。

14. 其他利害关系人阻挠管理人向买受人交付已拍卖成交的破产财产,财产买受人是否有必要提起一个排除妨害诉讼?

答:无必要。破产程序是一种概括执行程序,破产程序中的财产处置虽然是由管理人作为对外委托的主体,但法院仍然是整个破产程序的督导者,破产程序中的财产处置与执行程序中的财产处置具有相通之处,参照《最高人民法院关于人民法院民事执行中拍卖、变卖财产的规定》第三十条关于“人民法院裁定拍卖成交或者以流拍的财产抵债后,除有依法不能移交的情形外,应当于裁定送达后十五日内,将拍卖的财产移交买受人或者承受人。被执行人或者第三人占有拍卖财产应当移交而拒不移交的,强制执行”的规定,对于阻扰管理人向买受人交付已拍卖成交的破产财产的行为,破产案件审理法院可以动用司法强制力排除妨碍,确保财产交付,无需再由买受人另行提起一个排除妨害诉讼。

15. 网络司法拍卖中,保证金不能弥补差价的,悔拍人应否补交?

答:2004 年《最高人民法院关于人民法院民事执行中拍卖、变卖财产的规定》(以下简称《拍卖变卖规定》)第二十五条规定:“拍卖成交或者以流拍的财产抵债后,买受人逾期未支付价款或者承受人逾期未补交差价而使拍卖、抵债的目的难以实现的,人民法院可以裁定重新拍卖。重新拍卖时,原买受人不得参加竞买。重新拍卖的价款低于原拍卖价款造成的差价、费用损失及原拍卖中的佣金,由原买受人承担。人民法院可以直接从其预交的保证金中扣除。扣除后保证金有剩余的,应当退还原买受人;保证金数额不足的,可以责令原买受人补交;拒不补交的,强制执行”。2016 年《最高人民法院关于人民法院网络司法拍卖若干问题的规定》(以下简称《网拍规定》)第二十四条规定:“拍卖成交后买受人悔拍的,交纳的保证金不予退还,依次用于支付拍卖产生的费用损失、弥补重新拍卖价款低于原拍卖价款的差价、冲抵本案被执行人的债务以及与拍卖财产相关的被执行人的债务”。在网络司法拍卖中,买受人亦负有支付全部价款的义务,买受人违约应承担相应的违约损失赔偿责任,这与普通拍卖并无差别。《网拍规定》未提到补交问题,并不意味着否定了《拍卖变卖规定》第二十五条关于补交差价的规定。根据《网拍规定》第三十七条,该规定对网络司法拍卖行为没有规定的,适用其他有关司法拍卖的规定。

因此，根据《拍卖变卖规定》第二十五条的规定，在网络司法拍卖中，保证金不能弥补差价的，悔拍的买受人应当继续补交，拒不补交的，强制执行。

16. 破产宣告后，债权人或债务人对破产宣告有异议的，可否依照《最高人民法院关于审理企业破产案件若干问题的规定》第三十八条的规定向上级人民法院申诉？

答：《最高人民法院关于审理企业破产案件若干问题的规定》第三十八条规定："破产宣告后，债权人或者债务人对破产宣告有异议的，可以在人民法院宣告企业破产之日起十日内，向上一级人民法院申诉。上一级人民法院应当组成合议庭进行审理，并在三十日内作出裁定"。对于该规定，《企业破产法》施行后已进行变更，与《企业破产法》同时施行的《最高人民法院关于企业破产法施行时尚未审结的企业破产案件适用法律若干问题的规定》第十三条第三款规定："债权人或者债务人对破产宣告裁定有异议，已经申诉的，由上一级人民法院依据申诉程序继续审理；企业破产法施行后提起申诉的，人民法院不予受理"。人民法院的破产宣告裁定作出即发生法律效力，不能向上级人民法院提起上诉或申诉。

七、其他问题

1. 哪些破产案件可以适用简易审？

答：各级人民法院可以根据破产案件的难易程度，建立破产案件繁简分流和简易快速审理机制。破产原因清楚、债务人财产状况清晰、债权人数不多、债权性质争议不大的破产案件，可以适用简易审；无财产、无人员、无账册的"三无案件"或是债务人仅有少量财产不足以清偿破产费用的，可依法直接裁定宣告破产并终结破产程序；债务人涉及大量职工安置、债权构成复杂、资产处置困难、存在维稳隐患的案件，不适用简易审。人民法院可在申请受理审查和审理的各个阶段，向各利害关系人和管理人释明简易审的意义和相关程序安排，从以下方面简化程序：(1)缩短受理破产申请的通知期间、债权申报期间、宣告破产和终结破产程序的审查期间；(2)缩短管理人接管和调查资产债务人财产的期限、提高债权审查工作效率；(3)简化送达方式，对于受理破产申请公告、宣告债务人破产和终结破产程序等需要公告送达的文书，可通过全国企业破产重整案件信息网发布公告；(4)简化债权人会议流程，提高表决效率，原则上只召开一次债权人会议；(5)尝试实物分配、债权分配等方式灵活处置财产。适用简易审的案件原则上应在裁定受理之日起六个月内审结。

2. 执转破案件可否由基层人民法院管辖？

答：根据《最高人民法院关于执行案件移送破产审查若干问题的指导意见》第3条的规定，在级别管辖上，为适应破产审判专业化建设的要求，执转破案件实行以中级人民法院管辖为原则、基层人民法院管辖为例外的管辖制度。中级人民法院报经高级人民法院批准，也可以将案件交由具备审理条件的基层人民法院审理。根据我省法院实际情况，中级人民法院认为确有必要将执转破案件交由下级人民法院审理的,原则上应逐案报请高级人民法院批准下移管辖。同时,考虑到当前中级人民法院的案件压力以及一些基层人民法院已具备审理破产案件能力的客观实际,为减少报批环节、提高工作效率,中级人民法院可在与相关下级人民法院做好沟通协调工作的前提下,报请高级人民法院概括指定辖区内具备审理条件的基层人民法院集中管辖由本院移送的、按破产案件一般管辖原则属于本院受理的执转破案件。

3. 在执转破程序中,执行法院向破产受理法院移交查封、扣押、冻结财产处置权的操作流程是怎样的?

答:根据《全国法院破产审判工作会议纪要》第42条的规定,在执转破程序中,执行法院既可以通过解除针对债务人财产的查封、扣押、冻结措施的方式向破产受理法院移交控制的财产,也可以不解除查封、扣押、冻结措施,直接将执行财产处置权移交给破产受理法院。移交查封、扣押、冻结财产的处置权的通常流程为:首先由破产案件受理法院向执行法院发函要求将查封、扣押、冻结财产的处置权移送;执行法院收函后,不解除查封、扣押、冻结措施,出具移送执行函,将查封、扣押、冻结财产的处置权移交破产受理法院,破产受理法院凭上述移送执行函实现对债务人财产的处置。在执行法院与破产受理法院为同一法院时,为减少保全程序的重复适用,可优先采用直接保留查封、扣押、冻结措施,不予变更手续的做法。

云南省高级人民法院破产案件审判指引(试行)

(2019年5月20日云南省高级人民法院审判委员会
2019年第2次全体会议通过)

为贯彻落实新发展理念,服务保障供给侧结构性改革,规范破产案件审判,提升破产审判质效,强化破产审判管理,根据《中华人民共和国企业破产法》《中华人民共和国民事诉讼法》等法律及相关司法解释,参照《全国法院破产审判工作会议纪要》等规定,结合全省破产案件审判实践,制定本指引。

第一章　立案审查及受理

第一条　坚持依法受理破产案件原则。对符合法定条件的破产申请,应当予以受理,不得以非法定理由拒不受理破产申请。

第二条　向人民法院提出破产申请的申请人,应对其具备申请人主体资格,以及被申请人能适用《中华人民共和国企业破产法》(以下简称《企业破产法》)清偿债务负有举证义务。

第三条 债务人不能清偿到期债务,且资产不足以清偿全部债务或明显缺乏清偿能力的,人民法院应认定其具备破产原因。

相关当事人以对债务负有连带清偿责任的人未丧失清偿能力,可以清偿到期债务为由,主张债务人不具备破产原因的,人民法院应不予支持。

第四条 债务人不能足额清偿依法成立且履行期限已届满债务的,人民法院应当认定该债务人不能清偿到期债务。

未经人民法院或者仲裁机构生效法律文书确认,但申请人提交的合同、债权确认函、支付凭证、对账单和还款协议等证据能够证明债务人所负债务真实存在的,不影响前款认定。

第五条 债务人的资产负债表、财务审计报告、资产评估报告等证据能够证明债务人的资产总额小于债务总额的,应当认定该债务人资产不足以清偿全部债务。

第六条 债务人虽账面资产大于负债,但无法清偿到期债务且存在下列情形之一的,应当认定其明显缺乏清偿能力。

(一)资金明显不足或者财产不能变现、对外应收账款无法清收的;

(二)法定代表人下落不明且无人管理财产的;

(三)经人民法院强制执行仍无法清偿债务的;

(四)长期亏损且扭亏困难的;

(五)存在导致债务人丧失清偿能力的其他情形的。

第七条 债权人申请债务人破产,应提交如下材料:

(一)破产申请书(载明申请人和被申请人的基本情况,申请目的,申请事实及理由);

(二)申请人身份证明文件(申请人为自然人的,提交身份证复印件;申请人为法人或其他组织的,提交营业执照复印件、法定代表人或主要负责人身份证明书);

(三)被申请人营业执照复印件或工商登记卡片;

(四)债权发生的事实与证据,债权性质、数额及债权有无担保的证据。申请承担连带保证责任的债务人破产清算的,还须提交人民法院或者仲裁机构的生效法律文书;

(五)债权履行期限届满及债务人不能清偿的证据。

第八条 债务人申请破产,应提交如下材料:

(一)破产申请书(载明债务人基本情况,申请目的,申请事实及理由);

(二)主体资格证明(企业营业执照及工商登记卡片);

(三)债务人董事会、股东(大)会根据法律和公司章程规定所作的同意债务人破产的决议;

申请人为国务院国有资产监督管理委员会和财政部联合颁布的《企业国有资

产交易监督管理办法》(国务院国有资产监督管理委员会、财政部令第32号)第四条定义的“国有及国有控股企业、国有实际控制企业”的,一般应提交其上级主管部门同意其破产的相关文件;

(四)法定代表人、股东会、董事会、监事会及高级管理人员名单及联系方式;

(五)亏损情况的书面说明,资产负债表,财务审计报告或资产评估报告原件;

(六)资产状况明细表(包括有形资产、无形资产和企业投资情况、在金融机构开设账户的账号及资金情况);

(七)债务情况表(债权人名称、住所、联系方式,债务数额和发生时间,履行期限及被催讨情况,债务有无担保);

(八)债权情况表(债务人名称、住所、联系方式,债权数额、发生时间和催讨情况,债权有无担保);

(九)债务人设有分支机构或全资子公司的,应提交分支机构或全资子公司的会计报表、资产情况、债权债务清册等;

(十)税款缴纳情况说明;

(十一)已发生的诉讼、仲裁及执行情况说明;

(十二)职工情况说明、职工工资支付和社会保险费用缴纳情况说明及职工安置预案。在破产申请前已经安置职工的,应提交安置情况说明;

(十三)人民法院认为需要提交的其他材料。

第九条 破产案件由债务人的主要办事机构所在地人民法院管辖。主要办事机构所在地一般是指主营业场所所在地。债务人存在多个主营业场所,则各主营业场所所在地人民法院均有管辖权。无主要办事机构,或主要办事机构无法确定的,由其注册地人民法院管辖。

多个法院对管辖权发生争议的,应当报请共同的上级人民法院指定管辖。

第十条 基层人民法院一般管辖县、县级市或者区工商行政管理部门核准登记企业的破产案件;中级人民法院一般管辖地级市以上(含本级)工商行政管理部门核准登记企业的破产案件。

第十一条 有管辖权的人民法院由于特殊原因,不能对破产案件行使管辖权的,应由上级人民法院指定管辖。

第十二条 上级人民法院有权审理下级人民法院管辖的破产案件;确有必要将本院管辖的破产案件交下级人民法院审理的,应当报请上级人民法院批准。

下级人民法院对自己所管辖的破产案件,认为需要由上级人民法院审理的,可以报请上级人民法院审理。

第十三条 人民法院收到申请人提交的破产申请材料后,发现本院没有管辖权的,应告知申请人向有管辖权的人民法院申请。当事人坚持申请的,应当编立

“(××××)×破申×号”案号立案,并将案件相关信息登记在“全国企业破产重整案件信息网”(http://pccz.court.gov.cn)后,裁定不予受理。

第十四条　立案部门应当向申请人出具加盖部门公章的书面凭证,载明收到的申请、证据,并注明收到时间。如当事人提交的材料不全或有误,应当进行释明,并在收到破产申请之日起五日内以书面形式一次性告知申请人需要补充补正的材料,当事人补充、补正相关材料的期间不计入破产申请审查期限。

当事人拒绝补充补正,影响人民法院对债务人是否具备破产原因进行审查的,立案部门应以编制“破申”案号,交由审理破产案件的审判业务部门作出不予受理申请人破产申请的裁定。

第十五条　申请材料齐全的,立案部门应编制“破申”案号登记立案,并将案件相关信息登记在“全国企业破产重整案件信息网”。

立案部门分案后,应及时将申请人提交的全部材料移交负责审理破产案件的审判业务部门。

第十六条　破产审判业务部门应在立案后五日内将立案情况及合议庭组成情况通知申请人。

债权人提出破产申请的,还应一并告知债务人。若债务人有异议,应在收到通知之日起七日内以书面形式向人民法院提出。

通知无法送达债务人的,可在其工商登记载明的公司住所地张贴通知材料,一般无需再采取公告方式送达。

第十七条　债权人提出破产申请的,破产审判业务部门应当自债务人异议期届满之日起十日内裁定是否受理;除上述情形外,应当自破产申请材料齐备之日起十五日内裁定是否受理。

有特殊情形需要延长审查期限的,经上一级人民法院批准,可以延长十五日。

第十八条　破产审判业务部门审查申请破产案件,可以书面审查,也可以采取组织听证的方式进行审查。

案件存在下列情形之一的,一般应当组织听证审查:

(一)债权人申请债务人破产清算,债务人提出异议,且异议事实和理由需要组织听证审查的;

(二)申请债务人重整的;

(三)债务人申请和解的;

(四)债务人为国务院国有资产监督管理委员会和财政部联合颁布的《企业国有资产交易监督管理办法》(国务院国有资产监督管理委员会、财政部令第32号)第四条定义的“国有及国有控股企业、国有实际控制企业”的;

(五)债务人为商业银行、证券公司、保险公司等金融机构的;

(六)债务人为上市公司的;

(七)在全国、全省或本辖区有重大影响的;

(八)其他人民法院认为需要组织听证的。

人民法院组织听证审查一般以一次为限,听证筹备及组织实施的时间原则上不应超过十日。听证审查期间不计入破产申请受理审查的期限。

第十九条 采取听证方式审查的,应当于听证会召开三日前发布听证公告,并书面通知破产申请人及与破产案件处理有利害关系的当事人,如已知的主要债权人,债务人的法定代表人、股东、财务人员、职工代表等。

经书面通知,破产申请人无正当理由拒不参加听证的,按撤回破产申请处理。

其他与破产案件有利害关系的人员未按期参加听证的,不影响听证的进行。

第二十条 听证会应当重点调查以下事项:

(一)申请人资格;

(二)债务人的企业性质、工商登记情况、生产经营状况、资产及负债情况;

(三)债务人资产涉及的担保情况、已知债权人情况、职工安置情况;

(四)债权人申请债务人破产的,应当调查债权是否真实,是否到期,是否已经受偿;

(五)其他应当调查的事项。

听证会应制作笔录,由参会人员签名确认。必要时可进行录音录像。

第二十一条 债务人申请破产,其股东等利害关系人主张同意公司破产的股东(大)会决议不成立、可撤销或无效的,人民法院应暂停审查,并向利害当事人释明,告知其应于十日内就此争议向有管辖权的人民法院提起诉讼。利害关系人期限内起诉的,人民法院应裁定不予受理债务人的破产申请;期限内未起诉的,人民法院应恢复对破产申请的审查。

申请人提起破产申请时,利害关系人主张决议应予撤销已明显超过《中华人民共和国公司法》第二十二条第二款规定的"六十日"的,人民法院可对破产申请继续予以审查。

第二十二条 债权人申请债务人破产,债务人抗辩债权不存在、已清偿、履行期限未届满或债务已超过诉讼时效,进而主张债权人不具备申请人资格的,人民法院应对此进行审查。经审查难以判断的,对破产申请不予受理,并向申请人释明可就有关争议单独提起诉讼或者申请仲裁,待生效法律文书确定其对债务人享有到期债权后,债权人可另行向人民法院提出破产申请。

第二十三条 债务人不能清偿到期债务,债权人据此申请债务人破产,债务人未在法定期限内向人民法院提出异议,人民法院应根据整体审查情况,裁定是否受理债权人提出的破产申请。

债务人抗辩其资产大于负债，但未提交证据或提交的证据不足以证明，人民法院应认定债务人异议不成立，并裁定受理债权人提出的破产申请。

债务人抗辩其具备清偿能力，但在破产申请审查立案期间未能足额清偿债务的，人民法院应认定债务人异议不成立，并裁定受理债权人提出的破产申请。

第二十四条　债权人申请明显具备清偿能力的债务人破产清算的，人民法院可向债权人释明，告之其可以提起诉讼或仲裁，然后申请执行等方式实现债权。债权人未书面同意撤回破产申请的，人民法院应对其申请继续予以审查。债务人在法定异议期限内举证证明其不具备破产原因的，人民法院裁定不予受理债权人的申请。

第二十五条　债权人申请下落不明或者财务状况不清的债务人破产清算，经审查债权人拥有到期债权，且债务人未能清偿的，应视为符合《企业破产法》第二条的规定，人民法院应裁定受理债权人提出的破产申请。

债务人能否依据《企业破产法》第十一条第二款的规定提交财产状况说明、债权债务清册等相关材料，不影响破产申请的受理。

第二十六条　企业法人解散事由出现后，已自行成立清算组清算或已由人民法院组织强制清算，债权人又提起破产清算申请的，除债务人在法定异议期限内举证证明其不具备破产原因外，人民法院应裁定受理债权人提出的破产申请。

第二十七条　人民法院裁定受理破产申请前，申请人请求撤回申请的，人民法院应予准许。

人民法院裁定受理破产申请后，申请人请求撤回申请的，人民法院不予准许。

第二十八条　人民法院裁定受理破产申请前，债务人或债权人提出管辖权异议的，人民法院应予审查。异议成立的，裁定不予受理破产申请。管辖权异议不成立的，人民法院可在受理破产申请的裁定书中一并予以明确。

第二十九条　收到商业银行、证券公司、保险公司等金融机构以及上市公司作为被申请人的破产申请后，应在五日内逐级层报至省高级人民法院备案。

人民法院在裁定受理前款破产申请前，应将相关材料逐级层报至省高级人民法院，由省高级人民法院报送最高人民法院审查批准。

第三十条　破产审判部门审查完毕后，应当制作“（××××）×破申×号”裁定书，裁定受理破产申请或不予受理破产申请。

裁定书应当在作出之日起五日内送达申请人。债权人提出申请的，还应在五日内向债务人送达。

为解除对债务人财产的保全措施、中止对债务人财产的执行程序、中止已经受理但尚未审结的有关债务人的民事诉讼或仲裁，在裁定受理破产申请后，人民法院还应在管理人的协助下及时告知已知的人民法院和仲裁机构。

第三十一条　裁定受理破产申请的,由立案部门依据该裁定,编立"(××××)×破×号"案号,启动破产案件审理程序,并将案件相关信息登记在"全国企业破产重整案件信息网"。

第三十二条　申请人对不予受理破产申请的裁定不服的,可以自裁定送达之日起十日内向上一级人民法院提起上诉。

上一级人民法院二审编立"(××××)×破终×号"案号,应在三十日内作出二审终审裁定。原审裁定正确的,二审裁定维持;原审裁定错误的,二审撤销原裁定,同时指令由一审人民法院裁定受理破产申请。

第三十三条　收到上一级人民法院依据本指引第三十二条规定所作出的由下一级人民法院受理破产申请的裁定后,下一级人民法院应据此制作"(××××)×破×号"裁定书,裁定受理破产申请,将案件相关信息登记在"全国企业破产重整案件信息网"。

第三十四条　人民法院拒不接收申请人提出的破产申请,或者逾期未作出是否受理破产申请裁定的,申请人可以向上一级人民法院提出破产申请。上一级人民法院接到破产申请后,应当责令下级法院依法审查并及时作出裁定;下级法院仍不作出是否受理裁定的,上一级人民法院可以径行作出裁定。

上一级人民法院裁定受理破产申请的,可以自行审理,也可以指令下级人民法院审理该案件。破产案件受理日为上一级人民法院裁定落款日期。

第三十五条　债权人同时申请多个债务人实质性合并破产,或多个债务人一并申请实质性合并破产的,人民法院应当编立一个"(××××)×破申×号"案号进行审查,并将案件相关信息登记在"全国企业破产重整案件信息网"。

第三十六条　申请实质性合并破产,应向关联企业中的核心控制企业住所地人民法院提出。核心控制企业不明确的,由关联企业主要财产所在地人民法院管辖。多个法院之间对管辖权发生争议的,应当报请共同的上级人民法院指定管辖。

接受申请的人民法院对所有关联企业均不具有管辖权的,应告知申请人向有管辖权的人民法院申请。当事人坚持申请的,裁定不予受理。

第三十七条　人民法院审查实质性合并破产,应当尊重企业法人人格的独立性。以对关联企业成员的破产原因进行单独判断并适用单个破产程序为基本原则,当关联企业成员之间存在法人人格高度混同、区分各关联企业成员财产的成本过高、严重损害债权人公平清偿利益时,可例外适用关联企业实质合并破产方式进行审理。

关联企业不符合实质性合并破产条件的,人民法院对当事人提出的实质性合并破产申请应裁定不予受理。但不影响当事人另行向有管辖权的人民法院提出单个破产申请,也不影响当事人就部分符合实质性合并破产条件的关联企业另行向有管辖权的人民法院提出实质性合并破产申请。

第三十八条　破产申请受理后，管理人申请债务人关联企业一并进行实质性合并破产的，由受理破产案件的人民法院对申请进行审查。经审查，如不符合实质性合并破产条件，应裁定驳回债务人的申请，但不影响被驳回的关联企业另行向有管辖权的人民法院提出破产申请。

第三十九条　人民法院裁定受理关联企业实质性合并破产申请，相关利害关系人不服的，可在裁定送达之日起十五日内向上一级人民法院申请复议。

人民法院裁定不予受理关联企业实质性合并破产申请，申请人不服的，可在裁定送达之日起十日内向上一级人民法院提起上诉。

第四十条　受理破产申请后至破产宣告前，经审查发现债务人不符合《企业破产法》第二条规定情形的，可以裁定驳回申请。申请人对裁定不服的，可以自裁定送达之日起十日内向上一级人民法院提起上诉。

上一级人民法院二审编立“破终”案号，并在立案后三十日内作出终审裁定。原审裁定正确的，二审裁定维持；原审裁定错误的，二审撤销原裁定，同时指令原审人民法院继续审理。

第二章　管理人的指定、监管和报酬

第四十一条　裁定受理破产申请的，应当同时指定管理人。

第四十二条　人民法院应指导、支持、保障管理人依法履职。有权制止和纠正管理人侵害债权人或债务人权益的不当行为。

第四十三条　管理人应忠实、勤勉履行法定职责，不能将自己的职责全部或部分转让给他人。

第四十四条　对债务人财产数量不多、债权债务关系简单、社会影响不大的破产案件，人民法院的司法技术部门可采取轮候、抽签、摇号等方式，在本辖区管理人名册中随机公开指定管理人。

第四十五条　对上市公司破产案件，商业银行、证券公司、保险公司等金融机构破产案件，债权债务关系复杂，债务人财产分散的破产案件，涉及债权人、职工以及利害关系人人数较多的破产案件或者在本地有重大影响破产案件，一般应通过竞争方式指定管理人。

采取竞争方式选定管理人时，应在本院官方网站、微信公众号等载体发布公告，邀请编入本地管理人名册或者编入外省、市管理人名册的社会中介机构参与公开竞争。

采取竞争方式选定管理人时，人民法院应当组成专门的评审委员会，综合考量专业水准、工作经验、执业操守、初步报价等因素，择优选定。在指定管理人的同时,应当同时确定一至两家备选机构,作为需要更换管理人时的接替人选。

第四十六条 破产案件符合《最高人民法院关于审理企业破产案件指定管理人的规定》第十八条、第十九条规定情形的,受理破产案件的人民法院可以从《管理人名册》、政府有关部门、金融资产管理公司中指定清算组成员,并指定该清算组为管理人。人民银行及金融监督管理机构可以按照有关法律和行政法规的规定派人参加清算组。

第四十七条 管理人选定后,人民法院应于两个工作日内制作《指定管理人决定书》,并向被指定的管理人、破产申请人、债务人送达,与受理破产申请的民事裁定书一并公告。

人民法院发布公告,可在全国企业破产重整案件信息网发布,也可在人民法院报等媒体平台上发布。

第四十八条 人民法院在向管理人送达《指定管理人决定书》的同时,应一并出具《刻制管理人公章函》。管理人应于两个工作日内持该函件到公安机关指定的地点刻制管理人公章,并交人民法院封样备案后启用。

第四十九条 管理人公章启用后两日内,管理人可持公章、破产受理裁定书、指定管理人决定书等到银行申请开立管理人账户。债务人的资金一般应划入管理人账户集中统一管理。

第五十条 收到《指定管理人决定书》后,管理人应在七日内制定管理人工作规程、会议议事规程、财务收支管理制度、证照和印章管理制度、突发事件处理应急预案、档案管理制度、保密制度等内部管理制度,报人民法院备案。

第五十一条 收到《指定管理人决定书》后,管理人应在三个工作日内进驻债务人企业。债务人一般应在企业驻地为管理人提供固定办公场所,悬挂管理人办公室标志。

第五十二条 管理人进驻债务人企业后,一般应在二十日内完成清点接管工作。确因资产权属不清、分布区域广等客观原因无法完成交接的,报经人民法院同意后,可对交接期限予以延长。

债务人应予配合移交。拒绝配合的,经管理人申请,人民法院可依据《企业破产法》第一百二十七条对直接责任人员罚款;也可参照《中华人民共和国民事诉讼法》第一百一十四条规定,对主要负责人或者直接责任人员采取罚款、拘留等处罚措施。

人民法院有权参与并监督管理人接管资产过程。

第五十三条 第一次债权人会议召开前,管理人应配合人民法院做好以下准备工作:

(一)拟订债权人会议议程及工作预案;

(二)向债务人的法定代表人或者负责人发出通知,要求其到会;

(三)向债务人的上级主管部门、开办人或者股东代表发出通知,要求其派员列席会议;

(四)通知审计、评估等人员参加会议;

(五)通知职工代表、工会代表参加会议;

(六)编制债权表,确有必要时应提请法院确认临时表决权;

(七)制定需要审议或者表决的议案;

(八)需要提前准备的其他工作。

第五十四条　债权人人数较多,地处分散的,为保障债权人等主体参与破产程序的权利,可采取网络方式召开债权人会议。

决定采取网络方式召开债权人会议的,除第一次债权人会议由管理人协助人民法院组织实施外,之后的债权人会议均由管理人负责组织实施。

第五十五条　在第一次债权人会议召开之前,管理人决定继续或者停止债务人的营业,处理涉《企业破产法》第六十九条规定行为之一的,应当经人民法院许可。

管理人拟确认取回权、抵销权、别除权、优先权成立,或拟通过清偿债务或者提供担保取回质物、留置物,又或与质权人、留置权人协议以质物、留置物折价清偿债务等,应当按《企业破产法》第六十九条规定,向债权人委员会或人民法院报告。

第五十六条　机构管理人有下列情形之一的,人民法院可以根据债权人会议的申请或者依职权决定更换管理人:

(一)执业许可证或者营业执照被吊销或者注销的;

(二)出现解散、破产事由或者丧失承担执业责任风险能力的;

(三)与本案有利害关系的;

(四)履行职务时,因故意或者重大过失导致债权人利益受到损害的;

(五)有重大债务纠纷或者因涉嫌违法行为正被相关部门调查的;

管理人违反法律、司法解释规定私自收费,利用管理人的身份或地位为自己和他人谋取私利,明显缺乏担任管理人所应具备的专业能力等,可认定为本条第一款第(四)项规定的应当更换管理人的其他情形。

第五十七条　个人管理人有下列情形之一的,人民法院可以根据债权人会议的申请或者依职权决定更换管理人:

(一)执业资格被取消、吊销的;

(二)失踪、死亡或者丧失民事行为能力的;

(三)与本案有利害关系的;

(四)履行职务时,因故意或者重大过失导致债权人利益受到损害的;

(五)因健康原因无法履行职务的;

(六)执业责任保险失效的;

(七)有重大债务纠纷或者因涉嫌违法行为正被相关部门调查的;

管理人违反法律、司法解释规定私自收费,利用管理人的身份或地位为自己和他人谋取私利,明显缺乏担任管理人所应具备的专业能力等,可认定为本条第一款第(四)项规定的应当更换管理人的其他情形。

第五十八条　社会中介机构有下列情形之一,可能影响其忠实履行管理人职责的,可以认定为《企业破产法》第二十四条第三款第(三)项规定的"与本案有利害关系":

(一)与债务人、债权人有未了结的债权债务关系;

(二)在受理破产申请前三年内,曾为债务人提供相对固定的中介服务;

(三)现在是或者在受理破产申请前三年内曾经是债务人、债权人的控股股东或者实际控制人;

(四)现在担任或者在受理破产申请前三年内曾经担任债务人、债权人的财务顾问、法律顾问;

(五)其他可能影响其忠实履行管理人职责的情形。

第五十九条　社会中介机构的派出人员、个人管理人有下列情形之一,可能影响其忠实履行管理人职责的,可以认定为《企业破产法》第二十四条第三款第(三)项规定的"与本案有利害关系":

(一)与债务人、债权人有未了结的债权债务关系的;

(二)在受理破产申请前三年内,曾为债务人提供相对固定的中介服务的;

(三)在受理破产申请前三年内,曾是债务人、债权人的控股股东或者实际控制人的;

(四)在受理破产申请前三年内,曾担任债务人、债权人的财务顾问、法律顾问的;

(五)在受理破产申请前三年内,曾担任债务人、债权人的董事、监事、高级管理人员的;

(六)与债权人或者债务人的控股股东、董事、监事、高级管理人员存在夫妻、直系血亲、三代以内旁系血亲或者近姻亲关系的;

(七)存在其他可能影响其公正履行管理人职责情形的。

第六十条　债权人会议决定申请更换管理人的,人民法院应在收到申请后通知管理人在两日内作出书面说明。自收到管理人书面说明之日起十日内,人民法院应作出驳回申请或更换管理人的决定。

决定更换经评审委员会讨论选定的管理人时,应向原评审委员会报告,并从接替人选中选定新的管理人。

第六十一条 管理人没有正当理由不得辞去职务。管理人辞去职务应当经过人民法院许可。

管理人申请辞去职务未获许可,但仍坚持辞职并拒绝履行管理人职责的,或者人民法院决定更换管理人后,原管理人拒不向新任管理人移交相关事务的,受理破产案件的人民法院可根据《企业破产法》第一百三十条对管理人处以罚款,并可向编制管理人名册的人民法院书面报告,编制管理人名册的人民法院可以决定停止其担任管理人一年至三年,或者将其从管理人名册中除名。

人民法院对管理人作出上述处罚决定,应报本院院长批准后制作决定书。

管理人不服罚款决定的,可以在十日内向上一级人民法院申请复议。上一级人民法院应在五日内作出决定,向管理人送达,并将复议决定通知作出处罚决定的人民法院。

第六十二条 受理企业破产申请后,人民法院应依照相关规定初步确定管理人报酬方案。管理人报酬方案应当包括报酬比例和收取时间。

人民法院在初步确定管理人报酬比例时,应当对债务人可供清偿的财产价值和管理人的工作量作出预测,还应综合考虑以下因素:

(一)破产案件的复杂性;

(二)管理人承担的风险和责任;

(三)债务人住所地居民可支配收入及物价水平;

(四)其他影响管理人报酬的情况。

在确定报酬收取时间时,原则上应当根据破产案件审理进度和管理人履行职务情况,分期向管理人支付。案情简单、耗时较短的破产案件,可以在破产程序终结后一次性向管理人支付。

第六十三条 人民法院应当自确定管理人报酬方案之日起三日内,书面通知管理人。管理人应当在第一次债权人会议上报告管理人报酬方案内容。

第六十四条 管理人、债权人会议对管理人报酬方案有意见的,可以进行协商。双方就调整管理人报酬方案内容协商一致的,管理人应向人民法院书面提出具体请求和理由,并附相应的债权人会议决议。人民法院经审查认为上述请求和理由不违反法律和行政法规强制性规定,且不损害他人合法权益的,应当按照双方协商的结果调整管理人报酬方案。

第六十五条 人民法院确定管理人报酬方案后,可以根据破产案件和管理人履行职责的实际情况,依职权进行调整。

第六十六条 采取公开竞争方式指定管理人的,社会中介机构的自报价一般不得超过最高人民法院《关于审理企业破产案件确定管理人报酬的规定》第二条的限制范围。人民法院可以根据社会中介机构自报价确定管理人报酬方案。该报酬方案一般不予调整,但债权人会议异议成立的除外。

第六十七条 最终确定的管理人报酬及收取情况,应列入破产财产分配方案、和解协议草案或重整计划草案,提交债权人会议表决。

第六十八条 管理人收取报酬,应向人民法院提出书面申请。人民法院应当自收到上述申请书之日起十日内,依法予以确定。

第六十九条 管理人在履职过程中,主动按照《企业破产法》第三十一条或三十二条,第十六条或三十三条,第三十五条或三十六条规定追回的财产,应计入管理人获取报酬的基数。

对前述被追回的资产,人民法院可区分计算,适当提高该部分资产的报酬比例,一般不得超出最高人民法院《关于审理企业破产案件确定管理人报酬的规定》第二条规定限制范围的10%。

第七十条 管理人通过聘请本专业的其他社会中介机构或者人员协助其履行《企业破产法》第二十五条规定的管理人职责的,所需费用应从其自身报酬中支付。

第七十一条 管理人确有必要聘请其他社会中介机构或者人员代理参加重大诉讼、仲裁、执行,对债务人进行审计和评估,对具体财产实施调查、管理和处置等专业性较强的重大工作,所需费用不属于管理人报酬,从破产费用中列支,但应经债权人会议同意。

第七十二条 管理人为两个以上社会中介机构或者个人的,各方可以协商确定报酬分配原则和比例。不能协商一致的,人民法院应当根据案件情况和管理人履行职责情况等因素予以确定。

第七十三条 管理人发生更换的,人民法院应当根据其履行职责的情况分别确定更换前后的管理人报酬。但报酬总和不得超出最高人民法院《关于审理企业破产案件确定管理人报酬的规定》第二条规定的限制范围。

第七十四条 管理人对担保物的维护、变现、交付等付出合理劳动的,有权向担保权人收取适当的报酬。管理人与担保权人就上述报酬数额不能协商一致的,人民法院应当参照最高人民法院《关于审理企业破产案件确定管理人报酬的规定》第二条规定的方法确定,但报酬比例不得超出该条规定限制范围的10%。

第七十五条 债权人会议对管理人报酬有异议的,应当向人民法院书面提出具体的请求和理由,并附有相应的债权人会议决议。人民法院应当自收到债权人会议异议书之日起三日内通知管理人。管理人应当自收到通知之日起三日内作出书面说明。确有必要的,人民法院可以举行听证会,听取当事人意见。

人民法院应当自收到债权人会议异议书之日起十日内,就是否调整管理人报酬问题形成决议并书面通知管理人、债权人委员会或者债权人会议主席。

第七十六条　清算组中有关政府部门派出的工作人员不收取报酬。其他机构或人员的报酬根据其履行职责的情况确定。

第三章　债权申报、审核及确认

第七十七条　受理案件后五日内,人民法院应及时办理下列事项:

(一)制作《受理破产案件公告》;

(二)制作《告知合议庭组成人员通知书》《债务人须知》,送达申请人、被申请人;

(三)在债务人企业发布公告,要求债务人保护好企业财产、账册、印章、资料,停止清偿债务,不得擅自隐匿、私分、出售企业财产;

(四)制作《中止诉讼(仲裁)通知书》《解除保全措施通知书》《中止执行通知书》,在管理人的协助下,及时送达相关人民法院和仲裁机构;

(五)其他需要办理的事项。

第七十八条　破产案件受理后,人民法院应当及时确定申报债权的期限、地点和注意事项,在管理人的协助下,自裁定受理破产申请之日起二十五日内通知已知债权人,并予公告。

第七十九条　债权申报期限自发布受理破产申请公告之日起计算,最短不得少于三十日,最长不得超过三个月。

在债权申报期内,管理人应当安排专人在人民法院公告明确的债权申报地点受理债权申报事宜。

第八十条　债权申报人应提交身份证明文件,书面说明申报债权的金额及性质,并将相应的证据提交管理人进行审查。

形式审查合格的,管理人应出具债权申报回执,并将申报的债权登记入《申报债权登记表》。登记表应包含但不限于如下内容:债权人姓名、地址、开户银行及联系方式,债权申报时间,债权数额和性质,债权有无担保及担保形式等。

同一债权人申报多笔债权的,应当分别登记。

第八十一条　为便于债权申报人收到人民法院、管理人寄送的文书,保证破产程序的顺利进行,在债权人申报债权时,管理人应让债权申报人填写送达地址确认书或电子送达地址确认书。

第八十二条　债务人在人民法院受理破产申请前所负的债务,债权人可以向管理人申报债权。

债权人有权就未到期的债权,附条件和附期限的债权,以及诉讼、仲裁未决的债权向管理人申报。

未到期债权,在破产申请受理时视为债权到期。

第八十三条 债务人的保证人或其他连带债务人尚未代债务人清偿债务的,可就其将来追偿权申报债权。债权人已向管理人申报全部债权的,保证人和其他连带债务人无需另行申报。

债权人申报债权后,在通过破产程序实际获得清偿前,保证人或者其他连带债务人代债务人清偿债务的,保证人或者其他连带债务人可在债权人申报债权的范围内依据破产程序受偿。保证人或其他连带债务人无权就其已清偿的债务人进入破产程序之后产生的利息部分向债务人追偿。

第八十四条 债权人申报债权后,将已申报债权的全部或部分转让的,应及时通知管理人,债权受让人无需再行申报债权。

第八十五条 职工债权无需申报,由管理人直接编制职工债权清单并在债权申报地点、债务人住所地或网络平台进行公示。

债务人应在破产受理之日起十五日内向管理人提供职工名册、工资发放记录、社会保险费用和住房公积金缴纳记录,说明是否欠付职工工资和医疗、伤残补助、抚恤费用,及法律、行政法规、地方性法规规定应当支付给职工的补偿金。债务人在破产受理前已经自行安置职工的,应当向管理人提供安置情况说明,并附相应证据材料。

根据职工债权调查的需要,管理人可以要求债务人提供劳动合同、考勤记录、劳动仲裁裁决书等资料。

债务人下落不明,或不提供上述材料的,管理人可以向债务人住所地劳动监察机构、住房公积金管理机构和社会保险管理机构调取证据。必要时,可以申请人民法院向上述机构调取证据。

第八十六条 他人代债务人垫付工资和医疗费用、伤残补助、抚恤费用、基本养老保险、基本医疗保险、住房公积金等费用的,应当在人民法院规定的债权申报期内进行债权申报,管理人可按职工债权予以确认并予以公告。

第八十七条 已经人民法院生效法律文书,或仲裁机构、劳动仲裁机构生效裁决书确定的债权,管理人应按生效法律文书确定的数额和计算方法予以认定。债权人、债务人对此持有异议的,应通过审判监督程序处理。

第八十八条 未经诉讼或仲裁的债权,管理人应结合债务人财务账册、审计报告等,对债权是否真实存在,债权数额是否正确,债权是否超过诉讼时效,债权有无担保等进行实质审查,明确债权性质,将债权区分为应予确认、暂缓确认及不予确认,并编制债权表。

第八十九条 管理人应将债权表提交第一次债权人会议核查。

第九十条 债权被确认的债权人,有权出席债权人会议,依据其被确认的债权性质和债权数额在债权人会议上享有相对应的表决权利,并在将来破产财产分配时，获得相应清偿。

第九十一条　下列债权，管理人可暂不予确认：

（一）管理人尚未得出审查结论或复核结论的债权；

（二）管理人作出审查结论或复核结论后，债权人提起诉讼的债权；

（三）附条件但条件未成就的债权；

（四）诉讼和仲裁未决的债权；

（五）债务人的保证人或其他连带保证债务人以将来求偿权申报的债权。

第九十二条　尚未确认债权的债权申报人或管理人申请人民法院临时确定债权额的，应当提交基础证据。

人民法院经初步审查证据，再结合利害关系人意见及给予临时表决权对破产程序的影响等因素，能基本确定债权数额及债权性质的，可以作出临时确定债权额的决定书，向该债权申报人、债务人、管理人及异议人送达。

债权人按照人民法院临时确定的债权性质和债权数额，在债权人会议上行使表决权。

如果最终被确认不属于破产债权，则不得继续参加破产分配，已按临时债权额行使的表决权不再纠正。如果被确认属于破产债权，则按最终确定的债权性质和数额参加分配。

第九十三条　债务人或债权人对管理人书面通知的审查结果或债权表记载的债权有异议的，管理人应当对异议债权予以复核，并在五日内将复核结论书面告知异议人，异议人不服复核结论的，管理人应在债权登记表中对此予以注明，并提交债权人会议核查。异议人仍有异议的，应在债权人会议核查结论作出后十五日内向受理破产案件的人民法院提起诉讼，或依据当事人在破产程序前订立的有效仲裁协议向选定的仲裁机构申请仲裁。逾期不提起诉讼或申请仲裁的，管理人可按无异议处理。

第九十四条　债权人委员会有权要求管理人、债务人的有关人员对债权及审核进行说明或者提供有关文件，管理人、债务人的有关人员应予以配合。

第九十五条　债权表中债务人、各债权人均无异议的债权，人民法院应当及时制作确认债权的裁定书。

对裁定确认的债权，当事人无权再提起异议之诉。

第四章　重　　整

第九十六条　债权人、债务人可以直接向人民法院提出重整申请。

债权人申请债务人破产清算的，在破产申请受理后，宣告债务人破产前，债务人或者出资额占债务人注册资本十分之一以上的出资人，可以向人民法院提出重整申请。

第九十七条 在企业进入重整程序之前,可以先由债权人与债务人、出资人等利害关系人通过庭外商业谈判,拟定重组方案。重整程序启动后,可以重组方案为依据拟定重整计划草案提交人民法院依法审查批准。

第九十八条 债务人申请重整,应提交如下材料:

(一)重整申请书;

(二)债务人主体资格证明及债务人最近三个年度内的工商登记材料;

(三)债务人法定代表人或主要负责人名单,以及债务人董事、监事、高级管理人员名单;

(四)财产状况说明,包括有形资产、无形资产、对外投资情况、资金账户情况等;

(五)债权清册,列明债务人名称、住所、债权数额、有无担保、形成时间和催收情况;

(六)债务清册,列明债权人名称、住所、债权数额、有无担保和债务形成时间;

(七)企业亏损情况的书面说明及有关财务会计报表;

(八)债务人涉诉讼、仲裁、执行情况;

(九)债务人重整可行性分析报告。内容包括:主要债权人对重整的意见;职工对重整的意见;债务人继续经营方案及可行性分析;资金筹集方案、债务清偿方案及可行性分析;债务人具有挽救价值的说明(债务人重整的社会价值、经济效益、重整成本等);职工安置情况或预案(拟安置职工基本情况、解决方案、维稳风险评估及应对等);

(十)董事、监事、高级管理人员和职工工资的支付,以及社会保险费用、住房公积金的缴纳情况;

(十一)债务人股东(大)会同意重整的决议文件;

(十二)申请人为国务院国有资产监督管理委员会和财政部联合颁布的《企业国有资产交易监督管理办法》(国务院国有资产监督管理委员会、财政部令第32号)第四条定义的"国有及国有控股企业、国有实际控制企业"的,应当提交其上级主管部门同意其重整的相关文件;

(十三)其他需要提交的材料。

第九十九条 债权人申请债务人重整,应提交如下材料:

(一)重整申请书;

(二)债权人及债务人主体资格证明;

(三)债权发生的事实与证据,债权性质、数额及债权有无担保的证据。申请承担连带保证责任的债务人重整的,还须提交人民法院或者仲裁机构的生效法律文书；

（四）债权履行期限届满及债务人不能清偿的证据；

（五）重整价值分析和重整可行性报告；

（六）其他需要提交的材料。

第一百条　出资人申请公司重整，除应参照本指引第九十八条提交材料外，还应提交能够证明申请人为债务人出资人及申请人单独或合计出资份额占十分之一以上的证明材料。

第一百零一条　人民法院实质审查重整申请时，一般组织听证。

组织听证的，应通知重整申请人和债务人参加。当地政府已经成立债务人清算组或者工作组的，还应通知清算组或工作组人员参加听证。必要时可邀请债务人股东、债务人实际控制人及已知的主要债权人等参加听证。

第一百零二条　通过审查债务人资产状况、技术工艺、生产销售、行业前景等因素，对符合国家产业结构调整政策，社会价值高，符合重整条件、具备重整价值及拯救可能性的企业，人民法院应裁定受理重整申请，并予公告。

第一百零三条　收到商业银行、证券公司、保险公司等金融机构以及上市公司作为被申请人的重整申请后，应在五日内逐级层报至省高级人民法院备案。

裁定受理前款重整申请前，应再次逐级层报，并由省高级人民法院报送最高人民法院审查批准。

第一百零四条　债务人不具备破产原因，或虽具备破产原因，但明显不具备重整价值或重整可能性的，人民法院应当裁定不予受理申请人的重整申请。

第一百零五条　人民法院应在裁定作出之日起五日内送达申请人。债权人或出资人提出重整申请的，还应当自裁定作出之日起五日内送达债务人。

申请人对不予受理破产重整申请的裁定不服的，可以自裁定送达之日起十日内向上一级人民法院提起上诉。

第一百零六条　在人民法院裁定受理债务人重整前，申请人可以请求撤回重整申请，人民法院应予准许。

第一百零七条　重整期间，非经受理重整案件的人民法院许可，债务人的董事、监事、高级管理人员不得向第三人转让其持有的债务人股权。

对出资人所持有的债务人股权，受理重整案件的人民法院可以依据管理人申请或依职权采取保全措施。

第一百零八条　重整期间，债务人可申请自行管理财产和营业事务。人民法院同意债务人申请的，应督促管理人认真履行监督职责。

第一百零九条　债务人自行管理财产和营业事务时进行的下列行为，应报经管理人同意，并向人民法院或债权人委员会报告：

(一)转让土地、房屋等不动产权益;
(二)转让探矿权、采矿权、知识产权等财产权益;
(三)转让其对其他公司持有的股权;
(四)转让债权和有价证券;
(五)对外借款;
(六)设定财产担保;
(七)放弃权利;
(八)取回担保物;
(九)变更公司业务或经营方案;
(十)订立或解除重要或长期性合同;
(十一)重要的人事任免;
(十二)履行或解除债务人和对方当事人均未履行完毕的合同;
(十三)应事先批准的其他行为。

第一百一十条 债务人在自行管理财产和营业事务过程中,存在欺诈等不当行为,导致重整程序迟缓等对债权人不利后果的,人民法院可以依利害关系人的申请或依职权撤销债务人自行管理的决定,由管理人负责管理债务人的财产和营业事务。

第一百一十一条 重整期间,管理人负责管理财产和营业事务的,可以聘请债务人的经营管理人员负责营业事务,但应事先向人民法院进行报备。

第一百一十二条 重整期间,对债务人的特定财产享有的担保权暂停行使。

担保权人依据《企业破产法》第七十五条第一款规定,请求恢复行使担保权的,由审理重整案件的合议庭进行审查,担保物存在损坏或者价值明显减少可能,足以危害担保权人权利的,应于收到申请后的十五日内书面决定准许担保权人恢复行使担保权。

第一百一十三条 重整期间,出现《企业破产法》第七十八条规定情形,管理人或利害关系人请求裁定终止重整程序并宣告债务人破产的,人民法院收到申请后,应在十五日内裁定终止重整程序,宣告债务人破产,并予公告。

第一百一十四条 债务人或管理人未能按《企业破产法》第七十九条第一款规定提交重整计划草案的,应在六个月期限届满的十日前申请延期并说明理由。理由成立的,人民法院应在六个月的期限届满前裁定同意延期三个月提交重整计划草案;理由不成立的,应当裁定终止重整程序,并宣告债务人破产。

第一百一十五条 收到重整计划草案后,人民法院应当在三日内确定召开债权人会议的时间、地点。并由管理人协助,在债权人会议召开十五日前通知债权人。

债权人会议应在收到重整计划草案之日起三十日内召开，对重整计划草案进行表决。

第一百一十六条　人民法院可以依据利害关系人申请或依职权决定在普通债权组中设小额债权组对重整计划草案进行表决。人民法院决定设小额债权组的，应在分组表决十日前作出决定并告知管理人。

第一百一十七条　重整计划草案涉及出资人权益调整事项的，应当设出资人组对该事项进行表决。人民法院决定设出资人组的，应在分组表决十日前作出决定并告知管理人。

第一百一十八条　重整计划经债权人会议表决通过后，债务人或管理人应于十日内申请人民法院批准重整计划草案。

重整计划不违反法律规定，企业重新获得盈利能力的经营方案具有可行性，表决程序合法且内容不损害各表决组中反对者清偿利益的，人民法院应在收到申请后三十日内裁定批准重整计划，终止重整程序，并予公告。

第一百一十九条　部分表决组未通过重整计划草案，且拒绝再次表决或者经再次表决仍未通过重整计划草案，债务人或管理人申请人民法院强制批准重整计划草案的，人民法院应审慎审查。

确需强制批准重整计划草案的，重整计划草案除应当符合《企业破产法》第八十七条第二款规定外，如债权人分多组的，还应当至少有一组已经通过重整计划草案，且各表决组中反对者能够获得的清偿利益不低于依照破产清算程序所能获得的利益。

强制批准重整计划草案，一般应由受理重整案件的人民法院审判委员会讨论决定。

第一百二十条　人民法院裁定批准重整计划、终止重整程序后，即可在“全国企业破产重整案件信息网”上办理结案。

第一百二十一条　人民法院裁定批准重整计划后，由债务人负责执行，管理人负责监督，人民法院应督促管理人认真履行监督职责。

第一百二十二条　重整计划执行期间，债务人或管理人申请延长重整计划执行监督期限的，人民法院应在重整计划监督期届满前作出是否同意延长的裁定，并予公告。

第一百二十三条　重整计划执行期间，债务人应当严格执行重整计划，因出现国家政策调整、法律修订变化等特殊情形，导致重整计划无法执行的，管理人或债务人可以申请变更重整计划一次。

管理人或债务人申请变更重整计划的，应先提交债权人会议表决。债权人会议决议同意变更重整计划的，应当自决议通过之日起十日内申请人民法院批准。

人民法院经评议认为重整计划确有必要变更的,且债权人会议决议真实、合法的,应当重新编立破产案件案号,并自收到申请后三十日内裁定同意变更重整计划,同时明确债务人和管理人应于收到裁定之日起六个月内提交新的重整计划。

第一百二十四条 重整计划变更草案应提交因重整计划变更而遭受不利影响的债权人组和出资人组进行表决。表决及人民法院批准程序与之前表决及批准原重整计划程序相同。

第一百二十五条 重整计划执行期间,债务人不能执行或不执行重整计划,或变更重整计划的申请未经债权人会议同意或者人民法院不批准变更申请的,管理人或者利害关系人请求裁定终止重整计划的执行并宣告债务人破产的,人民法院应在收到申请后十五日内裁定终止重整计划的执行,宣告债务人破产,并予公告。

第一百二十六条 企业重整计划被批准后,人民法院应当将该重整企业的相关失信信息从失信被执行人名单库中删除,并解除对重整企业原法定代表人、负责人及相关责任人员已实施的信用惩戒措施。人民法院还应通过加强与政府的沟通协调,帮助重整企业修复信用记录,依法获取税收优惠,以利于重整企业恢复正常生产经营。

第五章 和 解

第一百二十七条 债务人申请和解,应提交和解协议草案,人民法院经审查认为和解申请符合法律规定的,应当于收到申请后十五日内裁定和解,并予公告。

第一百二十八条 人民法院裁定和解后,担保权人对债务人的特定财产主张行使担保权的,管理人应及时变价处置,不得以须经债权人会议决议等为由拒绝,但因单独处置担保财产会降低其他破产财产价值而应整体处置的除外。

第一百二十九条 人民法院应在裁定和解之日起三十日内召开债权人会议,表决和解协议草案。

第一百三十条 债权人会议表决通过和解协议后,人民法院应在十日内就协议内容进行评议,制作认可和解协议裁定书,终止和解程序,并予公告。

裁定终止和解程序后,即可在"全国企业破产重整案件信息网"上办理结案。

第一百三十一条 和解协议草案未获债权人会议表决通过,或虽获通过但人民法院不予认可的,人民法院应当于债权人会议后三十日内作出终止和解程序并宣告债务人破产的裁定,并予公告。

第一百三十二条 和解债权人以债务人不能执行或者不执行和解协议为由,申请人民法院裁定终止和解程序,并宣告债务人破产的,人民法院应当通知债务人和管理人于五日内作出书面说明,必要时可以组织听证。

人民法院认为和解债权人的申请理由不成立的,应当自收到债务人和管理人书面说明后三十日内作出不予准许的裁定。

人民法院认为和解债权人的申请理由成立的，应当自收到债务人和管理人书面说明后三十日内作出终止和解程序并宣告债务人破产的裁定，并予公告。

第一百三十三条　受理破产申请后，债务人与全体债权人在破产程序终结之前就债权债务的处理自行达成协议的，可以请求人民法院认可。人民法院经评议认可当事人协议的，应当制作认可协议内容并终结破产程序的裁定书。

第六章　破产清算

第一百三十四条　债务人财产不足以清偿破产费用，且无人代为清偿或予以垫付的，管理人应当提请人民法院宣告债务人破产并终结破产程序。

人民法院应当自收到请求之日起十五日内裁定宣告债务人破产，终结破产程序，并予以公告。

第一百三十五条　第一次债权人会议召开之后，无人提出重整或和解申请，债务人符合《企业破产法》规定的宣告破产条件的，管理人应当在债权审核确认和必要的审计、资产评估后，申请人民法院裁定宣告债务人破产。管理人不申请的，人民法院可依职权宣告破产。

第一百三十六条　破产和解或重整申请受理后，债务人出现应当宣告破产的法定原因时，人民法院可以依据相关主体的申请宣告债务人破产，也可以依职权宣告债务人破产。

第一百三十七条　相关主体向人民法院提出宣告破产申请的，人民法院应当及时作出裁定。裁定宣告债务人破产的，应自破产宣告的裁定作出之日起五日内送达债务人和管理人，十日内通知已知债权人，并予公告。

第一百三十八条　债务人被宣告破产后，不得再转入重整、和解程序。

第一百三十九条　在破产清算程序中，对债务人特定财产享有担保权的债权人可以随时向管理人主张就该特定财产变价处置行使优先受偿权，管理人应及时变价处置，不得以须经债权人会议决议等为由拒绝，但因单独处置担保财产会降低其他破产财产价值而应整体处置的除外。

第一百四十条　破产财产评估及处置由管理人负责。

管理人应及时拟定破产财产变价方案及破产财产分配方案提交债权人会议讨论。

第一百四十一条　破产财产可以通过网络公开拍卖方式进行，以实现价值最大化。

拍卖所得预计不足以支付评估拍卖费用，或者拍卖不成的，管理人应制作作价变卖方案或实物分配方案，详细说明理由，提交债权人会议讨论表决。

第一百四十二条 管理人拟定的有关破产财产的变卖或实物分配方案,经债权人会议表决但未获通过的,人民法院应指导管理人调整方案。管理人应将调整优化后的方案提交债权人会议再行表决一次。方案中的财产可作区分的,可仅就前次会议未通过部分进行调整并提交债权人会议再次表决。

第一百四十三条 变卖或实物分配的方案经债权人会议两次表决仍未通过的,管理人应在七日内形成书面报告,附相应的评估报告、拍卖痕迹证据等,提交人民法院裁定处理。

第一百四十四条 人民法院可依据《关于人民法院确定财产处置参考价若干问题的规定》,采用定向询价、网络询价等方式,判断拍卖所得是否足以支付评估拍卖费用。

第一百四十五条 对于拍卖不成的破产财产,人民法院应当分析原因,协调税收、规划、国土、房管、矿产资源等有关政府部门,争取政策,降低成本,提升破产财产市场竞争力,增加破产财产成交的可能性。

第一百四十六条 管理人应按照债权人会议决议或人民法院裁定的破产财产变价方案,及时变价出售破产财产。

第一百四十七条 根据管理人的申请,人民法院决定同意实物分配的,应及时制作准予实物分配的裁定。

第一百四十八条 债务人已无财产可供分配,管理人应按照法律规定提请终结破产程序,人民法院应当自收到管理人的请求之日起十五日内就是否终结破产程序作出裁定。裁定终结的,进行结案,并予公告。

第一百四十九条 债权人根据《企业破产法》第一百二十三条第(一)项、第(二)项的规定请求人民法院按照破产财产分配方案进行追加分配的,人民法院应当另立破产案件案号,及时制作追加分配裁定书。

有前款规定情形,但财产数量不足以支付分配费用的,不再进行追加分配,由人民法院将其上交国库。

第七章 跨境破产

第一百五十条 人民法院处理跨境破产案件时,应当遵循互惠、开放、审慎原则,积极、稳妥、有序地处理相关冲突。

第一百五十一条 外国破产程序代表申请承认和执行外国法院破产程序的,收到申请的人民法院应于三日内逐级层报省高级人民法院。

第一百五十二条 因债务人部分资产位于境外,管理人需要向外国司法机构请求司法救助的,人民法院可采用授权管理人作为债务人代表的方式处理。授权之前,应逐级层报省高级人民法院批准。

第一百五十三条　人民法院承认外国法院作出的破产案件判决、裁定后，债务人在中华人民共和国境内的财产在全额清偿境内的担保权人、职工债权和社会保险费用、所欠税款等优先权后，剩余财产可以按照该外国法院的规定进行分配。

第八章　执行案件移送破产审查

第一百五十四条　执行案件移送破产审查的案件，适用《云南省高级人民法院关于规范执行案件移送破产审查工作的意见》的相关规定。

《云南省高级人民法院关于规范执行案件移送破产审查工作的意见》未作规定的，适用本指引。

第九章　破产衍生诉讼

第一百五十五条　人民法院受理破产申请后，在破产程序终结之前，涉及该破产案件债务人的一审民事诉讼，由受理破产申请的人民法院管辖，但债务人作为未被要求承担责任的无独立请求权第三人参与诉讼的除外。

前款规定的破产申请受理日期，以人民法院出具受理破产（含重整、和解）裁定的落款日为准。破产程序终结日期，适用破产清算程序的，以人民法院出具终结破产程序裁定的落款日为准；适用重整（和解）程序的，以人民法院出具终止重整（和解）程序裁定的落款日为准。

第一百五十六条　受理破产申请的人民法院管辖的有关债务人的一审民事案件，可以依据《中华人民共和国民事诉讼法》第三十八条规定，由上级人民法院提审，或者报请上级人民法院批准后交下级人民法院审理。

受理破产申请的人民法院，如对有关债务人的海事纠纷、专利纠纷、证券市场因虚假陈述引发的民事赔偿纠纷等案件不能行使管辖权的，可以依据《中华人民共和国民事诉讼法》第三十七条的规定，由上级人民法院指定管辖。

第一百五十七条　人民法院受理破产申请后，债务人之前订立的仲裁协议和仲裁条款的效力不受影响。

第一百五十八条　在破产申请受理前，已经受理但未审结的民事诉讼和仲裁，在破产申请受理后，应当及时中止。

债务人的委托诉讼代理人应及时向管理人报告，没有委托诉讼代理人的，受理民事诉讼的人民法院应通过受理破产案件的人民法院转告管理人，管理人应在接管债务人财产后十日内，主动对接受理民事诉讼的人民法院和受理仲裁案件的仲裁机构，诉讼或仲裁程序恢复。管理人应明确是否继续委托之前参与诉讼的委托诉讼代理人参与诉讼或仲裁。

第一百五十九条　在破产衍生诉讼中，债务人企业作为当事人的，当事人名称继续沿用。

管理人的负责人依法取代债务人法定代表人作为“诉讼代表人”代表债务人参加诉讼。

第一百六十条 在破产衍生诉讼中,管理人作为当事人的,如破产撤销权诉讼、抵销权诉讼、请求撤销个别清偿行为诉讼、管理人责任纠纷等,应直接列管理人为当事人,并注明其为某债务人管理人。

诉讼利益归债务人所有的,应追加债务人作为第三人参与诉讼。

第一百六十一条 人民法院受理破产申请后,尚未审结的以债务人为被告所提起的给付之诉案件,人民法院应就《企业破产法》第十六条规定向原告释明,将诉讼请求变更为债权确认之诉。当事人拒绝变更的,依法驳回起诉。

第一百六十二条 人民法院受理破产申请后,债务人的债权人只能通过破产程序进行受偿,不得就该债权对债务人提起新的给付之诉。债权人起诉的,人民法院应不予受理;已经受理的,裁定驳回起诉,并告知债权人向债务人的管理人申报债权。

第一百六十三条 人民法院受理破产申请后,债权人未申报债权而直接起诉请求确认债权的,人民法院应当告知其向管理人申报债权,对其起诉不予受理;已经受理的,驳回起诉。

第一百六十四条 主债务人进入破产后,债权人有权申报债权,也可以向保证人主张权利。

债权人仅起诉未进入破产程序的连带责任保证人,未起诉主债务人的,不属破产衍生诉讼的范畴,不受破产集中管辖的限制。

连带责任保证人承担保证责任的范围,不受主债务人因破产而停止计息的影响。

第一百六十五条 破产程序终结后,债权人就破产程序中未受清偿部分要求保证人承担保证责任的,应在破产程序终结后六个月内提出。

保证人承担保证责任后,不得再向和解或重整后的债务人行使求偿权。

第十章 附 则

第一百六十六条 本指引与法律、司法解释存在冲突的,以法律、司法解释为准。

第一百六十七条 公司强制清算案件,可参照本指引相关规定审理。

第一百六十八条 本指引自印发之日施行。

云南省高级人民法院关于规范执行案件移送破产审查工作的意见

（2018年6月15日）

为规范执行案件移送破产审查工作，确保执行程序和破产程序的有序衔接，根据《中华人民共和国企业破产法》《中华人民共和国民事诉讼法》及相关司法解释，参照《全国法院破产审判工作会议纪要》《最高人民法院关于执行案件移送破产审查若干问题的指导意见》等规定，结合本省民事执行、破产审判工作实际，制定本意见。

第一条　执行案件移送破产审查应当遵循依法合规，积极有序，协调配合，高效便捷原则。

第二条　对于企业法人作为被执行人（以下简称被执行人）的案件，执行法院执行部门收到执行申请后，在依照《中华人民共和国民事诉讼法》（以下简称民诉法）第二百四十条规定发出执行通知时，应当同时告知申请执行人和被执行人有关执行程序移送破产审查的相关规定。

对于终结本次执行程序的案件，执行法院作出终结本次执行裁定前，应当释明执行程序移送破产审查的规定。在按照最高人民法院的要求每六个月重新查询被执行人的财产后，可再次释明。

执行法院应重点向被执行人，持有劳动债权或财产控制措施顺位在后的普通债权的申请执行人释明，征求其是否同意移送破产审查的意见。必要时可邀请商事审判庭的法官参与释明及征求意见。

释明及征求意见应制作笔录，详细记录当事人意见。笔录由被释明的当事人签字后入卷。

第三条　执行案件同时符合以下条件的，执行法院可以启动移送破产审查工作：

（一）被执行人为企业法人；

（二）被执行人或者涉被执行人的任一执行案件的任一申请执行人书面同意移送破产审查；

（三）经执行法院穷尽财产查控措施后，被执行人仍然无法清偿债务，并且资产不足以清偿全部债务或者明显缺乏清偿能力。

第四条　下列执行案件不宜启动移送破产审查程序：

（一）被执行人不是企业法人的；

(二)被执行人职工人数众多,破产后安置困难,存在重大不稳定因素,且有关职能部门也明确不支持实施破产清算的;

(三)被执行人是国有独资公司或国有控股公司,对其负有监管职责的国有资产监督管理部门明确不同意破产清算的;

(四)其他不宜移送破产审查的情形。

上述情形不影响当事人直接向有管辖权的人民法院提起破产申请,也不影响破产管辖法院依法受理破产申请。

第五条 对申请执行人或被执行人签署同意移送破产审查书面意见的执行案件,执行法院应在十日内作出是否移送的决定。

移送审查应严格遵守内部决定程序,由执行案件承办人提出意见,并组成合议庭进行合议。必要时,可邀请商事审判庭的法官参加合议庭。

执行案件符合移送破产审查条件的,合议庭应及时制作移送决定书,载明执行案件案号、案件来源、申请执行人和被执行人信息、案件执行经过、符合移送破产审查的具体理由、受移送法院等。移送决定书报本院主管执行的院领导审批。

基层法院拟将执行案件移送异地中级人民法院进行破产审查的,在作出移送决定前,应先报其所在地中级人民法院执行部门审批同意。

第六条 执行法院认为执行案件不符合移送破产审查条件的,应及时告知同意或申请移送破产审查的申请执行人或被执行人。当事人可向有管辖权的人民法院直接提出破产申请。

对当事人不同意移送破产审查,或执行法院审查认为不予移送破产审查的执行案件,应当严格适用民诉法解释第五百一十六条规定清偿债权。其他取得执行依据的债权人申请参与分配的,人民法院不予准许。

第七条 同一执行案件有多个被执行人为企业法人的,可以分别启动移送,分别进行审查。部分被执行人被移送破产审查,不影响同一执行案件中其他被执行人的执行程序。

第八条 被执行人住所地中级人民法院对移送破产审查案件具有管辖权。

中级人民法院裁定受理破产案件后,可以指令具备审理条件的辖区基层法院审理,但必须按照民诉法第三十八条规定报经省高级人民法院批准。

第九条 执行法院作出移送决定后,应在五个工作日内作出中止对被执行人执行的民事裁定书,并向申请执行人和被执行人送达。还应同时书面通知已知的其他执行法院,其他执行法院均应中止对该被执行人的执行程序。

符合《最高人民法院关于严格规范终结本次执行程序的规定》第一条规定条件的,执行法院可以裁定终结本次执行程序。

第十条 移送决定作出后,在受移送法院破产审查结论作出之前,执行法院应暂缓执行具备清偿条件的被执行人财产。对被执行人的季节性商品、鲜活、易腐烂变质、易损耗等不宜长期保存的物品，执行法院应当及时变价处置，但暂不分配处置价款。

收到移送决定时，执行法院已经发出了司法拍卖公告的，拍卖可以继续进行，拍卖价款不作分配。但处置财产，明显使债务人权益受损，或明显导致将来无重整可能的除外。

第十一条　执行法院收到通知后未按规定中止执行，依然采取执行措施的，该执行法院应在受移送法院裁定受理破产案件后的一个月内予以纠正，并将执行回转的款项移交受移送法院或破产管理人。

第十二条　执行法院决定移送后，在受移送法院裁定受理破产案件之前，对被执行人的查封、扣押、冻结措施不解除。

查封、扣押、冻结期限在破产审查期间期满的，经申请执行人申请，由执行法院负责办理续行查控措施。

第十三条　执行法院作出移送决定后，应当向受移送法院移送下列材料：

（一）移送破产审查决定书；

（二）申请执行人或被执行人同意移送的书面材料、释明笔录。被执行人同意移送的，应附有该公司股东会决议等材料；

（三）执行部门已穷尽财产调查措施的相关材料，包括但不限于：银行存款、房地产、车辆、股权登记查询资料，工商登记基本材料以及向网络执行查控系统和“点对点”查控系统调取的信息及反馈结果；

（四）案件执行依据及相关执行文书，执行法院采取的财产处置措施，如已查封、扣押、冻结财产清单，已拍卖、变卖、处置的财产，已向申请执行人分配的财产等情况报告；

（五）被执行人债务清单、关联执行案件清单、已通知的其他已知执行法院清单；

（六）被执行人财务账册、账簿、财务报表、审计报告、资产评估报告等材料；

（七）执行法院认为应当移交的其他材料。

第（一）至第（四）项材料属于移送审查的必备材料；第（五）至第（七）项材料不存在或不完整的，不影响执行案件移送破产审查立案。

第十四条　申请执行人或被执行人书面请求撤回申请的，申请执行人或被执行人对移送决定有异议的，均由受移送法院进行审查。

当事人在执行法院移送之前向执行法院递交撤回申请或异议材料的，执行法院应将当事人提交的书面异议材料一并移送。

第十五条　执行法院应在破产审查决定书作出后五个工作日内将本意见第十

三条规定的材料移送至有管辖权法院立案庭,受移送法院应当接收。

受移送法院经审查认为材料有误或不齐的,可要求执行法院在十日内完善和补齐,执行法院应当予以配合。执行法院拒不配合的,受移送法院可将相应材料退回。

第十六条 受移送法院立案部门应在移送材料完备后三日内完成立案,编立“破申”案号,移送破产审判部门审查。

破产审判部门应在收到立案部门移送案件后五日内向申请执行人和被执行人告知合议庭组成情况,并在三十日内作出是否受理的裁定。受移送法院受理破产案件,无须报上级法院审批。

受移送法院审查发现本院对案件没有管辖权的,应按民诉法第三十六条规定处理。

第十七条 申请或同意移送破产审查的申请执行人或被执行人为破产案件申请人。申请执行人、被执行人均同意移送破产审查的,双方均列为申请人。

第十八条 破产审判部门审查移送破产审查案件,可以组织听证,也可进行书面审查。

组织听证审查的,受移送法院应当于听证会召开三日前通知申请执行人和被执行人。对申请执行人发起的移送案件,若无法通知被执行人,受移送法院可在被执行人住所地张贴通知材料,不应再采取公告方式送达通知。申请执行人或被执行人无正当理由不参加听证的,不影响听证程序的进行。被执行人的股东、实际控制人等利害关系人申请参加听证的,一般应予准许。

第十九条 案件符合破产受理条件的,受移送法院应在裁定受理后五日内将裁定送交执行法院及对被执行人财产已经采取执行措施的其他法院,并及时送达破产案件当事人。

案件不符合破产受理条件的,受移送法院应在作出不予受理破产申请的裁定后的五日内送交执行法院及该执行法院此前书面通知移送事宜的其他执行法院,并及时送达破产案件申请人。

第二十条 受移送法院拒不接收材料,或收到执行案件相关材料后在三十日内未作出是否受理破产申请裁定的,执行法院可发函请求纠正。受移送法院仍拒绝纠正的,执行法院可请求受移送法院的上一级法院进行监督。受移送法院的上一级法院应当责令受移送法院及时接收材料并在接收材料后十日内作出是否受理的裁定,受移送法院仍不接收材料或在十日内未作出是否受理裁定的,上一级法院可以径行审查并作出裁定。上一级法院裁定受理破产申请的,可以同时指令受移送法院审理案件。

第二十一条 收到受移送法院送交的受理破产案件的裁定后,执行法院必须在七日内解除针对破产案件债务人所采取的财产保全措施，将债务人财产移交破产法院或管理人，并及时告知相关债权人申报债权。

执行法院未在七日内依法解除财产保全措施，经受移送法院发函，执行法院仍拒绝解除的，受移送法院可请求执行法院的上一级人民法院予以协调解决。

执行法院移交财产的同时，应将执行程序中已发生的评估费、公告费、保管费、拍卖费等执行费用的开支证明、详细证据等一并送交受移送法院或管理人。在破产程序中，对执行费用可参照破产费用从债务人财产中随时清偿。

执行案件符合终结本次执行程序条件的，执行法院可按本意见第九条规定予以处理。

第二十二条　受移送法院裁定受理破产案件后，如不存在对债务人适用破产重整或和解程序可能，应根据企业破产法第一百零七条规定及时宣告债务人破产。对事实清楚、债权债务关系清晰简单、资产规模不大、争议不大、风险隐患小的案件，经征得当事人同意，可以简化部分审理程序。

执行中已经实施的鉴定、拍卖行为，破产程序中无须再次鉴定、拍卖。仍在有效期内的评估意见，适用于破产程序。

债务人符合最高人民法院《关于债权人对人员下落不明或者财产状况不清的债务人申请破产清算案件如何处理的批复》规定情形的，受移送法院应在依法宣告债务人破产的同时裁定终结破产程序。

债务人确无财产或财产不足以清偿破产费用的，管理人在提出宣告破产申请的同时，应提请终结破产程序。受移送法院应根据企业破产法第四十三条规定，自收到请求之日起十五日内裁定宣告债务人破产，并同时终结破产程序，予以公告。

第二十三条　受移送法院裁定宣告债务人破产或者裁定终止重整程序、和解程序的，应在五日内将裁定送交执行法院。执行法院收到裁定后，应根据民诉法解释第五百一十五条规定裁定终结对被执行人（破产程序中的债务人）的执行。

第二十四条　破产案件审理终结后，执行法院裁定终结执行程序的，应当将该被执行人的相关失信信息从失信被执行人名单库中删除。并解除对被执行人法定代表人、负责人及相关责任人员已实施的信用惩戒措施，但本意见第二十二条中"下落不明或者财产状况不清的债务人"的法定代表人、负责人及相关责任人员除外。

第二十五条　受移送法院裁定受理破产案件至宣告破产前，经审理认为债务人不符合企业破产法第二条第一款和《破产法释法解释（一）》第二条第一款规定的相关情形的，应当根据企业破产法第十二条第二款规定作出驳回破产申请的裁定。

第二十六条　收到不受理破产申请裁定或驳回破产申请裁定后，破产案件申请人不服该裁定的,可在裁定送达之日起十日内向上一级法院提起上诉。

裁定生效后,受移送法院应在七日内将已接收的材料、被执行人的财产退回执行法院。

第二十七条　收到受移送法院作出的不予受理破产申请裁定后,执行法院应当在三日内恢复对被执行人的执行。

收到受移送法院作出的驳回破产申请裁定后,执行法院应当按照《破产法司法解释(二)》第八条规定在五日内恢复保全措施。在执行法院恢复保全措施或者明确表示不再恢复之前,受移送法院不得解除对债务人财产的保全措施。

第二十八条　对受移送法院裁定不予受理破产申请或驳回破产申请的案件,执行法院不得对同一被执行人再次启动移送破产审查程序。

申请执行人或被执行人有新证据证明该被执行人符合企业破产法第二条规定的,可直接向有管辖权的人民法院提起破产申请。

第二十九条　执行案件移送破产审查工作应当以全国企业破产重整案件信息网为依托,将移送、立案、审理等审判流程信息在破产重整案件信息网同步录入、公开,全程留痕。

第三十条　全省各级人民法院可以制定执行案件移送破产审查的操作细则,但不得以其操作细则另有规定为由拒收其他法院(包括下级法院)依法移送的执行案件材料。

第三十一条　法律、司法解释对执行案件移送破产审查有新的规定的,适用法律、司法解释的规定。

第三十二条　本意见由本院审判委员会负责解释。

第三十三条　本意见自下发之日实施。

广西壮族自治区高级人民法院
关于企业破产案件管理人工作评价办法

(桂高法〔2018〕216 号　2018 年 12 月 26 日)

为科学评价社会中介机构管理人(以下简称“机构管理人”)的工作,促进管理人规范履职,保障破产审判工作的顺利进行,根据《中华人民共和国企业破产法》、最高人民法院《关于审理企业破产案件指定管理人的规定》等法律、司法解释以及《广西壮族自治区高级人民法院关于企业破产案件管理人管理办法(试行)》(桂高法发〔2008〕22 号)的规定,制订本办法。

第一条 【评价方式】

对机构管理人的工作评价采取个案评价与年度评价相结合的方式。

个案评价由受理破产案件的法院进行。

年度评价由高级法院进行，一般每两年评价一次。评价结果是对机构管理人作出保级、晋级、降级、暂停管理人资格或者除名等处理的主要依据。

第二条 【个案工作报告】

企业破产程序终结后十五日内，机构管理人应向审理破产案件的合议庭提交个案工作报告，对其在个案中的工作情况以及是否勤勉尽责、忠实执行职务进行陈述。

第三条 【个案评价】

受理破产案件的合议庭根据机构管理人的个案工作情况，对《管理人工作情况评价表》所列明的各项内容进行评分。个案评价工作应在案件终结后三十日内完成。

个案评价结果应及时告知机构管理人。机构管理人对评价结果有异议的，可以向审理破产案件的合议庭申请复核。

第四条 【年度工作报告】

机构管理人在高级法院确定开展年度评价当年三月底之前，应向所属辖区的中级人民法院提交年度工作报告，由各中级人民法院汇总审核后报高级法院。

年度工作报告应详细载明以下内容：自上一次年度评价以来办理破产案件的情况、个案评价分数、管理人机构规模和办案效果、专业人员队伍建设情况、破产实务或学术研究成果及被处罚情况等。

第五条 【年度评价】

各中级人民法院在高级法院确定开展年度评价当年三月底之前，将辖区内自上一次年度评价以来的个案评价情况汇总上报自治区高级法院。

高级法院结合机构管理人提交的年度工作报告以及受理破产案件的法院作出的个案评价结果，从年度办案数量、个案评价结果、管理人机构规模和经验、专业人员队伍建设、破产实务研究成果等方面对管理人进行年度评分。年度评价工作应在确定开展年度评价当年底前完成。

高级法院应当组成评审委员会负责年度评价工作，其成员可以包括监察部门人员、相关审判委员会委员、司法技术部门人员、负责审理破产案件的相关庭室人员。

年度评价结果包括对机构管理人作出保级、晋级、降级、暂停资格或者除名等决定。该结果应及时予以公示。机构管理人对年度评价结果有异议的，可以向高级法院申请复核。

第六条 【降级】

一级管理人、二级管理人有下列情形之一的,高级法院可以视情况作出降级决定并向社会公告:

(一)有一件个案评价不合格(60 分以下)或者有一次年度评价不合格(60 分以下);

(二)在担任管理人期间因不能依法、公正执行职务或有不能胜任职务情形而被受理破产案件的法院决定予以更换;

(三)高级法院认为其他应当予以降级的情形。

第七条 【暂停资格或除名】

机构管理人具有《关于审理企业破产案件指定管理人的规定》第三十九条规定情形的,或者具有下列情形之一的,高级法院可以视严重程度决定暂停其担任管理人的资格或将其从管理人名册中除名并向社会公告:

(一)因故意犯罪受到刑事处罚;

(二)被吊销相关专业执业证书;

(三)因执业、经营中故意或者重大过失行为,受到行政机关、监管机构或者行业自律组织行政处罚或者纪律处分;

(四)执业许可证或者营业执照被吊销或者注销;

(五)出现解散、破产事由或者丧失承担执业责任风险的能力;

(六)利用管理人的身份或地位为自己或他人谋取私利的;

(七)履行职务时,因故意或者重大过失导致债权人利益受到损害;

(八)有《关于审理企业破产案件指定管理人的规定》第三十九条第一款规定情形或者无正当理由拒绝接受法院指定;

(九)拒绝接受法院指导与监督、拒绝债权人会议、债权人委员会的监督,经批评教育仍不改正或者对应当及时向法院报告的重大事项隐瞒不报;

(十)违反法律、司法解释规定或者未经法院批准私自收费;

(十一)参与评审时未如实申报;

(十二)存在请客送礼等不正当行为;

(十三)擅自将其应当履行的职责全部或者部分转给他人;

(十四)累计两件个案评价不合格(60 分以下)或者两次年度评价不合格(60 分以下);

(十五)累计两次在担任管理人期间因不能依法、公正执行职务或有不能胜任职务情形而被人民法院决定予以更换;

(十六)高级法院认为其他应当予以暂停资格或除名的情形。

被暂停资格的机构管理人自暂停之日起两年内不得担任破产案件的管理人,

被暂停资格的机构管理人的成员自暂停之日起两年内不得加入名册内其他机构管理人。

被除名的机构管理人自除名之日起三年内不得重新申请入册。

第八条　【晋级】

二级管理人、三级管理人有下列情形之一的，高级法院可以在年度评价中视情况作出晋级决定并向社会公告：

（一）每件个案评价均获 90 分以上或者年度评价获 90 分以上；

（二）完成的破产案件获得社会高度评价，具有典型标杆意义，法律效果与社会效果高度统一；

（三）高级法院认为其他应当予以晋级的情形。

第九条　【合议庭建议处罚】

破产案件审判合议庭在个案中认为应当立即对机构管理人处以暂停管理人资格或者除名的，可以向高级法院提出书面报告建议。

第十条　【制作决定书】

高级法院决定对机构管理人作出晋级、降级、暂停管理人资格或者除名决定的，应当制作决定书并向社会公告，送达机构管理人并通知受理破产案件的法院。决定书自作出之日起生效。

第十一条　【变更报告】

社会中介机构规模、人员等发生变化，无法履行管理人职责的，可以主动向高级法院申请退出名册，高级法院收到申请后应当及时调整名册，并将有关情况向社会公告。

第十二条　【施行日期】

本办法由自治区高级人民法院负责解释，自《广西企业破产案件管理人名册》公示之日起施行。

广西壮族自治区高级人民法院
关于企业破产案件管理人指定办法

（桂高法〔2018〕215 号　2018 年 12 月 26 日）

为完善破产管理人制度，保障破产审判工作顺利进行，根据《中华人民共和国企业破产法》、最高人民法院《关于审理企业破产案件指定管理人的规定》等法律和司法解释，结合全区破产案件审判实践，就规范企业破产案件管理人的指定工作制定以下管理办法。

第一条 【管理人名册的编制】

全区由高级法院编制统一的《广西企业破产案件管理人名册》(以下简称“《管理人名册》”),该名册注明管理人所属的中级人民法院辖区。

该名册由全区各法院共用。中级、基层法院不再单独编制管理人名册。

第二条 【管理人的分级】

管理人实行分级管理制度。《管理人名册》中的社会中介机构及个人依照本办法担任相应类别的企业破产管理人。

社会中介机构管理人分为一级管理人、二级管理人和三级管理人。

管理人级别由高级法院根据管理人案件数量、执业业绩、专业程度、执业规模、案件效果等因素确定并公示。

高级法院每年或每两年根据管理人的年度考核情况调整、更新管理人名册的名单和级别并予以公示。个别管理人需要临时调整的,可以根据实际情况综合决定并予以公示。

第三条 【破产案件的分类】

破产案件实行分类制度。根据案件疑难、复杂程度、影响范围、破产财产的多寡以及债务人、债权人状况等因素,分为重大破产案件、普通破产案件、简易破产案件三类。破产案件类别由受理破产案件的人民法院确定。

一级管理人可以担任所有类型破产案件的管理人,二级管理人主要担任普通破产案件、简易破产案件的管理人,三级管理人主要担任简易破产案件的管理人。高级法院可以在个案中根据案件情况,适时调整管理人所对应的案件类型。

第四条 【重大破产案件】

重大破产案件指具备下列情形之一的案件:

(一)由高级法院受理的破产案件;

(二)上市公司破产案件;

(三)商业银行、证券公司、保险公司、公司制新型金融组织等金融机构破产案件;

(四)债务人在全国或全区具有重大行业影响力的破产案件;

(五)受理法院认为属于辖区内重大、疑难、复杂的其他破产案件。

第五条 【简易破产案件】

简易破产案件是指可以适用简化审理程序的案件。该类案件事实清楚、债权债务关系明确、争议不大并且同时具备下列情形之一:

(一)债务人资产和债权人人数均较少的;

(二)破产财产可能不足以支付全部破产费用的;

(三)申请人、被申请人及其他主要破产参与人协商一致同意简化审理程序的;

（四）债务人与全体债权人就债权债务的处理自行达成协议的；

（五）其他适宜简化审理程序的情形。

关于简化破产案件审理程序应适用《广西壮族自治区高级人民法院关于试行简化破产案件审理程序的指导意见》。

第六条　【普通破产案件】

普通破产案件是指不符合本办法第四条规定的重大破产案件类型及第五条规定的简易破产案件类型的其他破产案件。

第七条　【管理人的业务地区】

一级管理人和二级管理人可以跨中级人民法院辖区，由受理破产案件的人民法院经审批程序后以竞争方式、推荐方式或直接指定方式担任管理人。

三级管理人只能在所属中级人民法院辖区内担任管理人。

第八条　【指定管理人的一般规则】

受理破产案件的人民法院应当以随机方式与竞争方式指定管理人为原则，以推荐指定、直接指定管理人为例外。

第九条　【随机方式指定管理人】

普通破产案件、简易破产案件指定管理人一般应当采取随机方式。

各中级人民法院应当按照《管理人名册》所列辖区内管理人名单先以抽签或摇珠方式分别进行排序并予以公示，本院或辖区内基层人民法院受理破产案件后以轮候的方式依次确定个案的管理人。

各中级人民法院内负责审理破产案件的业务庭可请司法技术部门、监察部门等协助其依本办法随机指定。

第十条　【竞争方式指定管理人】

重大复杂破产案件指定管理人一般应当采取竞争方式。

采取竞争方式指定管理人的，适用《关于审理企业破产案件指定管理人的规定》第二十一条规定的程序。

采取竞争方式指定管理人的，由合议庭报主管院领导同意后报上级法院请示批准。基层人民法院报中级人民法院请示批准后，由中级人民法院报高级法院备案。受理破产案件的人民法院向本中级人民法院辖区外的一级管理人公告邀请参加竞争的，应当逐级报高级法院请示批准。

参与竞争的社会中介机构不得少于三家，不足三家但经受理破产案件的法院审查符合竞争条件的，按照下列情形处理：

1. 两家社会中介机构参与竞争的，从中择优指定一家担任管理人，另一家作为需要更换管理人时的备选机构；

2. 一家社会中介机构参与竞争的，依本办法第十一条规定的审批程序直接指定该社会中介机构担任管理人；

3. 没有参与竞争的社会中介机构，依本办法第十一条规定的审批程序在《管理人名册》所列一级管理人名单中直接指定。

第十一条　【直接指定管理人】

受理破产案件的人民法院认为随机方式与竞争方式均不适合本案时，可以逐级向高级法院书面报告请示案件的特殊情况，经高级法院批准后在《管理人名册》中直接指定管理人，或经高级法院批准后指定区外社会中介机构为管理人。

第十二条　【推荐指定管理人】

企业破产案件符合《关于审理企业破产案件指定管理人的规定》第二十二条的，受理破产案件的人民法院经逐级向高级法院请示批准后，可以在金融监督管理机构等部门推荐的已编入《管理人名册》的社会中介机构中指定管理人。

受理破产案件的人民法院在本中级人民法院辖区外的一级管理人、二级管理人中指定管理人的，应当逐级报高级法院请示批准。

第十三条　【清算组担任管理人】

企业破产案件符合《关于审理企业破产案件指定管理人的规定》第十九条的，受理破产案件的人民法院可以从《管理人名册》、政府有关部门、金融资产管理公司中指定清算组成员。人民银行及金融监督管理机构可以按照有关法律和行政法规的规定派人参加清算组。

受理破产案件的人民法院在《管理人名册》中指定管理人的，按本办法第九条、第十条、第十一条规定的方式指定。

受理破产案件的人民法院在本中级人民法院辖区外的一级管理人、二级管理人中指定管理人的，应当逐级报高级法院请示批准。

第十四条　【联合管理人的指定】

受理破产案件的人民法院可以根据案件情况，决定指定联合管理人。每位管理人仍应按本办法第九条、第十条、第十一条规定的方式指定。

联合管理人由多个社会中介机构管理人或其他管理人组成。个人管理人不得与所在社会中介机构或其他个人管理人组成联合管理人。

联合管理人被指定后，经协商或人民法院决定产生联合管理人组长。

第十五条　【指定管理人的法定性】

管理人无正当理由，不得拒绝接受人民法院的指定。

管理人一经指定，不得以任何形式将管理人应当履行的职责全部或者部分转给其他社会中介机构或者个人。

第十六条　【指定管理人的公示】

受理破产案件的人民法院应当于作出指定管理人决定书之日起七日内在广西

阳光司法网公示。

第十七条　【管理人的任职禁止和回避】

有下列情形之一的,社会中介机构不得担任管理人,社会中介机构的工作人员不得参与破产管理工作:

(一)因故意犯罪受过刑事处罚;

(二)被吊销相关专业执业证书;

(三)与债务人、债权人有未了结的债权债务关系;

(四)现在是或者在人民法院受理破产申请前三年内曾经是债务人、债权人的控股股东或者实际控制人;

(五)现在是或者在人民法院受理破产申请前三年内曾经担任债务人、债权人的董事、监事、高级管理人员;

(六)现在是或者在人民法院受理破产申请前三年内曾经担任债务人、债权人的财务顾问、法律顾问,或者曾为债务人提供相对固定的中介服务,有可能影响案件公正审理的;

(七)与债权人、债务人的控股股东、董事、监事、高级管理人员存在夫妻、直系血亲、三代以内旁系血亲或者近姻亲关系;

(八)未经受理破产案件的法院同意,私自发表诋毁、炒作、妄议人民法院破产案件裁判和相关决定等言论的中介机构或个人;

(九)与本案有利害关系、可能影响其履行管理人职责的其他情形。

社会中介机构发现本机构或其派出参与破产管理工作的人员有上述情形的,应当立即向受理破产案件的法院书面说明情况并申请回避。未及时书面说明的,视情节轻重,在个案评价和年度评价中扣分并予以降级、暂停资格、除名等处罚。

第十八条　【依申请或依职权更换管理人的指定】

因被指定的管理人有本办法第十六条规定情形而应当回避的,或债权人会议根据《中华人民共和国企业破产法》第二十二条第二款规定申请更换管理人,且受理破产案件的人民法院经审查决定更换管理人的,或依职权决定更换管理人的,受理破产案件的人民法院应当优先从依照法定程序产生的备选管理人中指定;无备选管理人的,重新按本办法第九条、第十条、第十一条规定的方式指定管理人。

第十九条　【管理人的案件存量管理】

各中级人民法院对各机构管理人尚未审结的破产案件实行存量管理。存量达到上限时,可以暂停指定其为本辖区内新的破产案件管理人。存量上限由各中级人民法院根据本辖区的审判实际拟定后报高级法院批准同意。

第二十条　【管理人确定及报备】

管理人应在本办法公布后二十日内向所辖中级人民法院负责审理破产案件的

相关庭室提供工作人员清单、破产事务团队清单和股东名单以及联系方式,之后遇工作人员、团队成员或股东变动,应在十五日内向所辖中级人民法院报备。弄虚作假、逾期不报的,予以除名。

第二十一条　【个人管理人】

高级法院可以根据工作需要及案件情况,及时确定个人管理人并公布,个人管理人参照适用本规定。

第二十二条　【意见解释权】

本办法由高级法院负责解释。

第二十三条　【施行日期】

本办法自《管理人名册》公示之日起施行,《广西壮族自治区高级人民法院关于企业破产案件管理人指定办法(试行)》(桂高法发〔2008〕20号)同时废止。

陕西省高级人民法院关于执行案件移送破产审查工作的实施意见(试行)

(2017年5月12日发布并实施)

为了促进和规范执行案件移送破产审查工作,构建执行程序与破产程序有序衔接机制,根据《中华人民共和国企业破产法》《中华人民共和国民事诉讼法》《最高人民法院关于适用〈中华人民共和国民事诉讼法〉的解释》《最高人民法院关于执行案件移送破产审查若干问题的指导意见》等相关法律法规、司法解释的规定,结合本省实际,制定以下意见。

第一条　执行法院发现作为被执行人的企业法人符合破产条件的,经申请执行人之一或者被执行人同意,应当裁定中止对该被执行人的执行,将执行案件相关材料移送被执行人住所地人民法院进行破产审查。

第二条　执行案件移送破产审查工作应当坚持依法有序、协调配合、高效便捷的原则。

第三条　执行案件移送破产审查,应当同时符合下列条件:

(1)被执行人是企业法人以及法律规定可以参照适用破产程序的其他组织;

(2)被执行人或者有关被执行人的任何一个执行案件的申请执行人书面同意将执行案件移送破产审查;

(3)被执行人不能清偿全部债务或者明显缺乏清偿能力。

第四条　执行法院决定启动移送破产审查程序时,应当对所涉案件适用破产程序的合法性和可行性进行评估,既要避免当移不移,又要防止将不符合破产条件的企业法人随意移送破产审查。对移送过程中发生的违法违纪事件,各地法院应严厉查处。

第五条 执行案件既符合终结本次执行程序条件,又符合移送破产审查条件的,执行法院应当在裁定终结本次执行程序的同时,启动移送破产审查程序。

第六条 执行案件有下列情形之一的,不宜启动移送破产审查程序:

(1)被执行的企业职工人数众多、破产后安置和再就业保障困难,有重大安全稳定风险的;

(2)被执行人是国有企业或国有控股公司,对其负有监管职责的国有资产监督管理部门不同意破产清算的;

(3)仅有被执行企业一方同意移送破产审查,但其财产去向不明且有破产逃债可能的;

(4)其他不宜移送破产审查的情形。

第七条 一个执行案件中多个被执行人符合移送破产审查条件的,应当分别移送破产审查。

第八条 执行案件移送破产审查,由被执行人住所地人民法院管辖。

执行案件移送破产审查实行以中级人民法院管辖为原则、基层人民法院管辖为例外的级别管辖制度。中级人民法院经省高级人民法院批准,也可以将移送破产审查的案件指定具备审理条件的基层人民法院审理。

第九条 执行法院在执行中发现被执行人符合移送破产审查条件的,应当及时征询申请执行人、被执行人是否同意将案件移送破产审查,并将该意见记录在卷,由相关当事人签章确认。

当事人既不表示同意也不表示反对,执行法院不能采取默示推定认定其同意。

第十条 执行法院不得在未征询申请执行人或被执行人是否同意移送破产审查意见时,依职权启动移送破产审查程序。

第十一条 对于符合移送审查的案件,如果申请执行人和被执行人已就债务清偿达成了和解协议,约定相应的履行义务宽限期或允许被执行人通过其他方式偿还债务,而不同意适用移送破产审查的,在不损害其他债权人合法权益的情况下,执行法院不得强迫当事人启动移送破产审查程序。

第十二条 为了确保移送审查程序衔接紧密顺畅,防止因执行程序与破产审理程序认定不一致,导致执行案件移送破产审查后被退回,影响案件移送效果,各级人民法院可设立移送破产审查案件专门合议庭,由立案、执行、审判部门法官组成,专职负责移送案件的预先审查工作。专门合议庭应在收到拟移送破产材料后七日内完成预审审查,并作出预审意见,不同意移送的,应当说明理由。

第十三条 申请执行人或被执行人申请将案件移送破产审查,执行法院经审查决定不予移送的,应当书面告知申请执行人或被执行人。当事人可以向有管辖权的法院提出破产申请。

第十四条 对于符合移送破产审查的案件,应由执行人员提出审查意见,经合议庭评议同意后,报请执行法院院长签发移送决定书。

第十五条 执行法院决定移送的,由受移送法院立案部门负责接收。立案部门进行形式审查认定移送材料完备的,应当编制案号登记立案,并移送破产审判部门办理。

第十六条 异地法院之间的移送工作,实行平行移送原则。即基层人民法院决定将执行案件移送异地中级人民法院时,应先将案件上报其所在地中级人民法院审核同意,再由审核同意的中级人民法院将案件平行移送给异地的中级人民法院。

第十七条 执行法院作出移送决定后,应当中止对该被执行人的执行。

对该被执行人的中止执行,不影响对同案其他不符合破产条件的被执行人的执行。

被执行人在多个法院被立案执行,其中一个执行法院作出移送破产审查决定的,其他执行法院都应当中止对该被执行人的执行程序。

第十八条 执行法院移送案件后,受移送法院裁定是否受理破产案件前,已实施的对被执行人财产的查封、扣押、冻结措施不予解除。查封、扣押、冻结期限在破产审查期间届满,申请执行人申请延长的,由执行法院负责办理。

第十九条 执行法院移送案件后,受移送法院裁定是否受理破产案件前,对被执行人的季节性商品、鲜活、易腐烂变质以及其他不宜长期保存的物品和宜先行处置的财产,执行法院应当及时变价处置,处置价款不得分配。

第二十条 执行法院移送案件后,受移送法院裁定是否受理破产案件前,申请执行人提供新的执行财产线索、请求执行法院采取执行措施,查明属实的,执行法院应采取相应的控制性执行措施。

第二十一条 执行法院作出移送决定后,应当向受移送法院移送下列材料:

(1)执行案件移送破产审查决定书;

(2)申请执行人或被执行人同意移送破产审查的书面材料;

(3)案件执行情况报告;

(4)执行依据及相关执行文书;

(5)执行法院查明的被执行人的财产状况,已查封、扣押、冻结财产清单、不能处置财产清单及相关材料;

(6)执行法院已分配财产清单及相关材料;

(7)符合破产条件的被执行人已知债务清单;

(8)被执行人不能清偿全部债务或明显缺乏清偿能力的相关材料;

(9)当事人营业场地、管理机构、管理人员等工商登记信息资料 ;

(10)其他应当移送的材料。

第二十二条 受移送法院对依法决定移送的案件不得拒绝接收,经审查发现本院不具有管辖权的,应当按照移送管辖处理。

第二十三条 受移送法院应当自收到移送材料之日起三十日内作出是否受理的裁定。

第二十四条 受移送法院在审查决定是否受理破产申请时,对于事实清楚、证据确实充分、当事人无异议的案件,可以采用书面方式审查。对于案情复杂、当事人争议较大等案件,也可以进行公开听证。

第二十五条 受移送法院作出不予受理或驳回申请裁定的,应当在裁定生效后七日内将接收的材料、被执行人财产退回执行法院。执行法院应当恢复对该被执行人的执行。

第二十六条 受移送法院作出不予受理或驳回申请裁定的,执行法院不得重复启动移送破产审查程序。

第二十七条 受移送法院裁定受理破产案件的,应当在五日内将受理裁定送达申请执行人和被执行人,并送交执行法院。执行法院收到该受理裁定后,应当在七日内将已扣划到账的银行存款、实际查封、扣押的不动产、动产、有价证券以及执行程序中不能处置的财产等被执行人财产移交给受理破产案件的法院或管理人。

第二十八条 受移送法院可以根据《最高人民法院关于适用〈中华人民共和国企业破产法〉若干问题的规定(二)》第六条规定,委托执行法院办理续行财产保全措施,执行法院应当予以协助;需要查阅执行案件卷宗,或者依法委托执行法院办理其他协助事项的,执行法院应予协助。

第二十九条 受移送法院拒不接收移送材料或在收到移送材料后无正当理由未在规定期限内作出是否受理裁定的,执行法院可向受移送法院的上一级法院申请监督。上一级法院应在收到监督申请后十日内作出审查意见,指令受移送法院在五日内接收材料或在规定期限内作出是否受理的裁定。

第三十条 受理破产案件法院对于无财产可供执行、无经营资金、无营业场所和管理机构、管理人员下落不明的案件以及小额破产案件,要简化破产程序,积极推行简易破产程序的适用,在案件受理、公告、管理人尽职调查、审计、终结等环节缩短时限,提高破产审判效率。

第三十一条 受理破产案件法院发现债务人符合《最高人民法院关于债权人对人员下落不明或者财产状况不清的债务人申请破产清算案件如何处理的批复》

规定情形的,可以在受理后即宣告债务人破产并终结破产程序。受理破产案件的法院应当自宣告破产裁定作出之日起五日内将该裁定送交执行法院,执行法院裁定终结对被执行人的执行。

第三十二条 执行法院执行中作出的被执行人财产评估报告,在破产财产变价时仍在有效期内的,管理人可将该评估报告作为确定破产财产变价的依据,无需再行评估。

第三十三条 受理破产案件法院对确无破产财产的案件,原则上可依法依规减免破产案件的诉讼费用。对包括管理人报酬在内的其他破产费用,可以结合实际采取鼓励利害关系人垫付、建立管理人报酬保障资金等措施解决。

第三十四条 受理破产案件法院应当以最高人民法院设立的全国企业破产重整案件信息网为依托,将破产案件(包括破产重整、破产清算、破产和解案件)审判流程信息以及公告、法律文书、债务人信息等与破产程序有关的信息统一在破产重整案件信息网公布。

人民法院、破产管理人可以在破产重整案件信息网发布破产程序有关公告。

人民法院、破产管理人在其他媒体发布公告的,同时要在破产重整案件信息网予以发布。人民法院、破产管理人在破产重整案件信息网发布的公告具有法律效力。

第三十五条 管理人可提请在法院和债权人会议监督下,将部分破产财产进行变卖处理,用以清偿破产费用和共益债务。变卖附着担保物权和其他优先清偿权利的破产财产的,应经相关权利人同意。

第三十六条 受理破产案件法院宣告破产,执行法院裁定终结执行程序,被执行人在前被纳入失信被执行人名单的,执行法院应当将失信信息从失信被执行人名单库中删除,并解除对其法定代表人、负责人及相关责任人员已实施的信用惩戒措施。

第三十七条 各中级法院和经省高级人民法院批准审理移送破产审查案件的基层法院,要在地方党委的领导下,积极与地方政府相关部门建立破产工作统一协调机制,建立破产援助基金,统筹解决国有资产保护、金融安全维护、职工安置、再就业保障、非公经济平等保护等问题,妥善化解影响社会稳定的各类风险。

第三十八条 各级法院应成立执行案件移送破产审查工作协调小组,由立案部门、民事审判部门和执行局负责人组成。加强立审执协作配合,定期召开协调例会,沟通案件信息,及时发现和解决移送程序衔接中出现的问题。

第三十九条 本意见自下发之日起施行。

青海省高级人民法院关于贯彻《中华人民共和国企业破产法》及相关司法解释的实施意见

（2007年5月11日发布并实施　青高法〔2007〕88号）

全省各级人民法院：

为保证《中华人民共和国企业破产法》（以下简称企业破产法）的顺利实施，逐步培育管理人市场，建立规范的企业破产管理人制度；公开、公平、公正确定管理人报酬。根据企业破产法、法释〔2007〕8号《最高人民法院关于审理企业破产案件指定管理人的规定》（以下简称指定管理人司法解释）、法释〔2007〕9号《最高人民法院关于审理企业破产案件确定管理人报酬的规定》（以下简称确定管理人报酬司法解释）、法释〔2007〕10号《最高人民法院关于〈中华人民共和国企业破产法〉施行时尚未审结的企业破产案件适用法律若干问题的规定》，并结合我省审理企业破产案件的实际，经本院审判委员会讨论决定，特制定本实施意见。

一、企业破产案件的管辖

（一）基层人民法院受理企业在县（区）级工商行政管理部门登记注册的破产案件。

（二）中级人民法院受理企业在市（州、地区）级以上工商行政管理部门登记注册的破产案件。

（三）高级人民法院受理本辖区有重大影响的企业破产案件。

（四）对企业破产案件的受理实行上一级人民法院初审制度。基层人民法院对拟立案受理的企业破产案件报中级人民法院初审；中级人民法院对拟立案受理的企业破产案件报高级人民法院初审。上级人民法院经审查认为符合破产条件的，书面通知辖区人民法院立案受理，同时指定管理人。

（五）中级人民法院同意基层人民法院立案受理破产案件后，在书面通知基层人民法院的同时，应在五日内将案件的简要情况书面报高级人民法院备案。

（六）中、基层人民法院审结破产案件后，应于结案后十五日内将案件终结报告直接报高级人民法院备案。

（七）破产案件的初审及备案由高级人民法院、中级人民法院的民二庭负责。

上级人民法院要加强对下级人民法院审理破产案件的监督指导，使审理企业破产案件工作规范有序进行。

二、管理人名册编制程序和标准

（一）依据指定管理人司法解释第二条的规定，青海省企业破产案件管理人名册由青海省高级人民法院统一编制。

(二)由高级人民法院组成专门的评审委员会,负责企业破产案件管理人名册的评审和编制工作。

(三)管理人评定标准以其实际情况并结合执业业绩、能力、专业水准、社会中介机构的规模、办理企业破产案件的经验等因素综合考评。

(四)评审委员会根据评定标准,择优评定,管理人分一级管理人,二级管理人。一级管理人参加中级人民法院或高级人民法院受理的企业破产案件的管理人工作;二级管理人参加基层人民法院或中级人民法院受理的企业破产案件的管理人工作。

(五)确定编入管理人名册分批进行;本次结束后,每二年评定一次。

(六)高级人民法院可以根据全省企业破产案件审理情况、管理人履行职务以及管理人资格变化等因素,对管理人名册适时进行调整。

(七)高级人民法院对管理人有企业破产法第二十四条第三款规定情形的,将其从管理人名册中除名。

三、企业破产案件管理人的指定

各级人民法院受理企业破产案件指定管理人,应当根据高级人民法院确定的管理人名册分等级进行;一般应当指定社会中介机构担任管理人。

(一)基层人民法院受理的企业破产案件,由中级人民法院从管理人名册的二级管理人中指定。

(二)中级人民法院受理的企业破产案件,由高级人民法院从管理人名册的二级或一级管理人中指定。

(三)高级人民法院认为应当由其受理的企业破产案件,应当指定一级管理人担任。

(四)指定管理人一般应当按照管理人名册所列名单采取轮候、抽签、摇号等随机方式公开进行。

1. 因某些案件确需公开竞标方式产生管理人的,应按照指定管理人司法解释的有关规定,在管理人名册范围内,择优指定管理人。

2. 对于商业银行、证券公司、保险公司等金融机构以及在全国范围内有重大影响、法律关系复杂、债务人财产分散的企业破产案件管理人的指定,按照指定管理人司法解释的规定办理。

(五)对指定管理人提出异议的,应报高级人民法院审查确定。

四、管理人报酬

(一)根据确定管理人报酬司法解释,给合我省经济发展实际,对管理人报酬以债务人最终清偿的财产价值总额,在以下比例限制范围内分段确定管理人报酬:

1. 不超过一百万元的（含本数，下同），在10.2%以下确定；

2. 超过一百万元到五百万元的部分，在8.5%以下确定；

3. 超过五百万元至一千万元的部分，在6.8%以下确定；

4. 超过一千万元至五千万元的部分，在5.1%以下确定；

5. 超过五千万元至一亿元的部分，在2.55%以下确定；

6. 超过一亿元至五亿元的部分，在0.85%以下确定；

7. 超过五亿元的部分，在0.425%以下确定。

担保人优先受偿的担保物价值，不计入前款规定的财产价值总额。

（二）审理企业破产案件中有关确定管理人报酬的其它程序和事宜，按确定管理人报酬司法解释的相关规定办理。

五、企业破产法施行时尚未审结的企业破产案件涉及的事宜，应按法释〔2007〕10号《最高人民法院关于〈中华人民共和国企业破产法〉施行时尚未审结的企业破产案件适用法律若干问题的规定》执行。

江苏省律师协会律师担任破产管理人业务操作指引

（2015年1月27日发布并实施　苏律协发〔2015〕2号）

目　　录

第一章　总　　则

第一节　宗旨和适用范围

第一条　(宗旨)为指导律师承办在破产案件中担任管理人业务,规范律师执业行为,保障律师依法履行职责,提高律师的服务质量和水平,防范执业风险,充分发挥律师作用,依据《中华人民共和国企业破产法》及其他相关法律、行政法规和司法解释的规定,制订本指引。

第二条　(适用范围)编入人民法院机构管理人名册的律师事务所,以及编入人民法院个人管理人名册的律师，接受人民法院指定担任管理人并依法履行管理人职责时，适用本指引。

人民法院指定清算组为管理人，作为清算组成员的律师事务所或律师个人，依法履行管理人职责时，适用本指引。

接受管理人聘用的律师事务所或律师个人，协助履行管理人职责时，适用本指引。

被人民法院指定为管理人的律师事务所或者律师个人指派的管理人团队成员，无论其是否为律师，在其履行管理人职责时，适用本指引。

第二节　管理人业务制度

第三条　（管理人业务制度）编入人民法院机构管理人名册的律师事务所，应当结合本律师事务所的实际情况，制定本律师事务所担任管理人业务的相关制度。

管理人业务的相关制度包括但不限于：管理人团队组成及分工负责制度、管理人业务培训制度、管理人消极资格审查和报告制度、管理人业务操作流程制度、管理人工作档案管理制度、管理人报酬分配与风险承担制度等。

编入人民法院个人管理人名册中的律师个人，应当执行本律师事务所担任管理人业务的相关制度。

第四条　（管理人执业责任保险）编入人民法院机构管理人名册的律师事务所，管理人团队中的律师应参加律师执业责任保险。

编入人民法院个人管理人名册中的律师个人，应参加律师执业责任保险。

第三节　管理人的指定、回避、辞职和更换

第五条　（管理人的指定）编入人民法院机构管理人名册的律师事务所和个人管理人名册的律师个人，应当接受人民法院关于管理人的指定。但是有本指引第三节回避或不宜担任管理人的情形除外。

第六条　（管理人的回避）律师事务所和律师个人存在下列情形之一，可能影响其忠实履行管理人职责的，应当向人民法院主动说明情况申请回避：

（一）与本破产案件有利害关系；

（二）人民法院认为不宜担任管理人的其他情形。

第七条　（管理人的主动退出）编入人民法院机构管理人名册的律师事务所，在人民法院采取竞争方式指定管理人时，发现自己有本指引第六条规定的情形之一的，应主动不参与竞争。

编入人民法院机构管理人名册的律师事务所，在人民法院采取推荐方式指定管理人时，发现自己有本指引第六条规定的情形之一的，应主动提出不接受推荐。

第八条 （利害关系的认定）律师事务所有下列情形之一的，视为与本破产案件有利害关系：

（一）与债务人、债权人有未了结的债权债务关系；

（二）在人民法院受理破产申请前三年内，曾为债务人提供相对固定的中介服务；

（三）现在是或者在人民法院受理破产申请前三年内曾经是债务人、债权人的控股股东或者实际控制人；

（四）现在担任或者在人民法院受理破产申请前三年内曾经担任债务人、债权人的法律顾问；

（五）人民法院认为可能影响其忠实履行管理人职责的其他情形。

律师个人有下列情形之一的，视为与本破产案件有利害关系：

（一）具有本条第一款规定的情形；

（二）现在担任或者在人民法院受理破产申请前三年内曾经担任债务人、债权人的董事、监事、高级管理人员；

（三）与债权人或者债务人的控股股东、董事、监事、高级管理人员存在夫妻、直系血亲、三代以内旁系血亲或者近姻亲关系；

（四）人民法院认为可能影响其公正履行管理人职责的其他情形。

第九条 （管理人的辞职）律师事务所或律师个人接受人民法院指定为管理人后，发现自己与破产案件有利害关系，或者有不宜担任管理人的其他情形的，应当向人民法院提出辞职申请并说明情况。

除上款情形外，无正当理由，律师事务所、律师个人接受人民法院指定为管理人后不得辞职。

第十条 （管理人的更换）律师事务所或律师个人接受人民法院指定为管理人后，债权人会议向人民法院申请更换管理人的，作为管理人的律师事务所、律师个人应当在收到通知后二日内向人民法院作出是否同意债权人会议申请的书面说明。

第十一条 （管理人变更前后的职责）被人民法院指定为管理人的律师事务所或律师个人，依法向人民法院提出回避、辞职的申请并经人民法院批准，或者因债权人会议申请更换管理人被人民法院批准的，应当自批准之日起停止履行管理人职责，及时向新任管理人移交自己已接管的全部资料、财产、营业事务及管理人印章，向新任管理人书面说明工作进展情况，并在破产程序终结前随时接受新任管理人、债权人会议、债权人委员会、人民法院关于其已履行的管理人职责情况的询问。

被人民法院指定为管理人的律师事务所或律师个人，在人民法院未决定更换管理人或未许可辞职之前,应当继续依法履行管理人职责。

第四节　管理人团队及工作机制

第十二条　(管理人团队的建立)律师事务所或律师个人,在人民法院送达指定管理人决定书后三日内,可以组建一个管理人团队履行管理人职责。管理人团队成员的人员组成及其分工,由人民法院指定的管理人负责人根据破产案件实际需要及管理人职责履行情况确定和调整,并及时报人民法院备案。组建管理人团队时,管理人负责人应审查管理人团队成员的消极资格。组建管理人团队后,管理人负责人发现管理人团队成员有不宜从事相关业务情形的,应及时调整管理人团队并将调整结果书面报告人民法院。

管理人团队成员可以是本律师事务所以外的人员。

第十三条　(管理人负责人)管理人团队可以实行负责人负责制。由人民法院指定的管理人负责人对外代表管理人,对内领导团队成员,负责管理人工作的开展。

被人民法院指定为管理人的律师事务所认为需要变更管理人负责人的,应当向人民法院提出书面申请,请求人民法院予以变更。

第十四条　(竞争方式的管理人团队)因参与人民法院采取竞争方式而被指定为管理人的律师事务所,其建立的管理人团队应当符合其竞争方案的约定。

第十五条　(管理人工作计划)律师事务所或律师个人接受人民法院指定担任管理人后,在接管债务人企业十日内,为有效履行管理人职责,应当根据初步掌握的破产案件的具体情况,制订管理人工作计划,并书面报告人民法院。

管理人工作计划的内容包括但不限于:破产案件所要求管理人履行的具体职责,管理人团队负责人、成员及其具体分工,接管债务人的方案,各项工作计划完成的时间、思路、步骤和程序,有关人员及其他社会中介机构的聘用计划,管理人报酬,管理人执行职务费用预算等。工作计划应全面完整、切实可行。如该债务人系国有企业或本市辖区内有影响的大型企业,该计划的制定应当提前与该企业的上级主管部门或相关政府部门商榷。

管理人可以根据工作的进展情况对工作计划做必要调整,并将调整结果及时书面报告人民法院。

第五节　管理人工作原则

第十六条　(勤勉与忠实原则)被人民法院指定为管理人的律师事务所或律师个人,应当勤勉尽责、忠实执行职务,注重工作效率,节约破产费用,并始终贯彻审慎原则,依法办理相关事务,切实防范法律风险。

第十七条 (自己管理原则)律师事务所或律师个人被指定为管理人后,不得以任何方式将管理人应当履行的职责全部或者部分转让给其他社会中介机构或者个人。

管理人认为有必要聘用管理人团队以外的社会中介机构、工作人员协助管理人履行管理人职责的,应当制作《提请人民法院许可聘用工作人员的报告》,提请人民法院许可。报告内容包括但不限于拟聘用的工作人员基本情况、聘用理由、聘用岗位职责、聘用费用标准等。自人民法院受理破产申请的裁定送达债务人之日起至破产程序终结之日止,管理人有权要求债务人的有关人员进行工作,并如实回答询问。管理人要求债务人的有关人员进行连续性工作的,可以依据上款的规定将债务人的有关人员作为必要的工作人员进行聘用。

第十八条 (保密的原则)律师事务所或律师个人担任管理人,应当严格履行保密义务。对于在执业中知悉的有关债务人、债权人和其他利害关系人的商业秘密、个人隐私以及其他不能对外披露的事项,管理人应当予以保密。

第十九条 (报告和接受监督)律师事务所或律师个人担任管理人,执行管理人职务,应当依法向人民法院报告工作,并依法接受债权人会议和债权人委员会的监督。应当列席债权人会议,向债权人会议报告职务执行情况,并回答询问。

管理人向人民法院报告工作,包括定期工作报告和重大事项报告。定期工作报告是指管理人应当每月向人民法院书面报告破产工作进展情况。重大事项报告是指管理人实施《破产法》第六十九条中规定的行为以及其他重大事项时,应当及时向人民法院专项报告。其他重大事项包括但不限于:企业是否继续经营、未履行完毕合同的解除与履行、破产财产变价方案通过前的财产处置、担保物的有偿取回、职工安置中的不稳定因素、清算过程中发现的犯罪线索等。

第二十条 (文件送审制度)管理人应及时全面的向人民法院送审相关法律文件。需送审的文件包括但不限于:审计报告、评估报告、变价方案、财产管理方案、管理人报酬方案、职工安置方案、财产分配方案、债权确认表等。

第六节　管理人报酬

第二十一条 (管理人报酬方案)管理人接受指定后,应当及时对债务人可供清偿的无担保财产的价值和管理人的工作量进行预测,并制作《管理人报酬方案》和《提请人民法院确定管理人报酬方案的报告》,请求人民法院予以确定。

管理人报酬方案应当列明管理人投入的工作团队人数、工作时间预测、工作重点和难点等。重整或者和解案件,还应列明管理人对重整、和解工作的贡献。

管理人是由采取竞争方式指定的,管理人报酬方案应依据竞争担任管理人时的报价确定。

第二十二条 （债权人会议审查管理人报酬方案）管理人在人民法院送达《确定管理人报酬方案的通知书》后，无异议的，应当及时制作《提请债权人会议审查管理人报酬方案的报告》，并在第一次债权人会议上报告，请债权人会议审查。

第二十三条 （管理人报酬方案的调整）管理人在人民法院送达确定管理人报酬方案的通知书后，认为获取的管理人报酬数额过低的，可向债权人会议提交调整管理人报酬方案的报告，与债权人会议协商调整管理人报酬。协商一致的，管理人应根据债权人会议决议制作提请人民法院调整管理人报酬方案的报告，请求人民法院核准调整的内容。

第二十四条 （法院调整管理人报酬方案）管理人在人民法院确定管理人报酬方案后，在执行职务中发现管理人报酬方案不符合破产案件和管理人职责履行的实际情况的，可制作提请人民法院调整管理人报酬的报告，请求人民法院核准确认。

人民法院核准确认的，管理人应自人民法院关于调整管理人报酬方案的通知书送达后三日内书面报告债权人委员会。未成立债权人委员会的，应报告债权人会议主席。

第二十五条 （采取竞争方式的管理人报酬方案的调整）管理人是由采取公开竞争方式指定的，对于人民法院根据其竞争报价确定的报酬方案，原则上不得请求人民法院调整，但债权人会议作出决议同意或人民法院主动调整的除外。

第二十六条 （清算组中的管理人报酬方案）人民法院指定清算组为管理人的，作为清算组成员的律师事务所、律师个人的管理人报酬可以由法院根据清算组在对社会中介机构人员个体工作量考核的基础上，单独确定。

第二十七条 （管理人对担保物管理的报酬）管理人对担保财产维护、变现、交付等管理工作付出合理劳动的，可就报酬的确认与收取和担保权人协商，该报酬不包含在管理人报酬范围内。

协商不成的，管理人可以制作提请人民法院确认管理人对担保物管理的报酬报告，提请人民法院确定。

第二十八条 （管理人报酬的收取）管理人收取管理人报酬的，应在收取前，制作提请人民法院准予管理人收取报酬的报告，请求人民法院予以核准。

报告应包括：

（一）可供支付报酬的债务人财产情况；

（二）申请收取报酬的时间和数额；

（三）管理人履行职责的情况。

管理人收取管理人报酬的，应根据破产案件的实际情况，分期收取或最后一次性收取。分期收取的，管理人在向人民法院提交准予管理人收取报酬的报告中应写明收取报酬时管理人完成的工作;最后一次性收取的,管理人在向人民法院提交准予管理人收取报酬的报告中应写明管理人职务执行完成的情况。

管理人为律师个人的,其管理人报酬由其所在的律师事务所统一收取。

第二十九条　(管理人报酬的风险)管理人应当充分考虑到执行职务存在所收取的报酬低于成本或存在无报酬的风险。

第七节　管理人工作档案制度

第三十条　(文档规范)管理人在办理破产案件的过程中应及时、准确、真实地制作必要的工作文档。统一文书格式,并存档备案。

工作文档,是指管理人在办理企业破产案件过程中形成的工作记录和获取的资料,是判断管理人是否勤勉尽责的重要依据。

工作文档,应内容完整、记录清晰、结论明确,并应分类整理,编制目录。

第三十一条　(文档内容)管理人制作的工作文档的内容应当包括但不限于下列内容:

(一)人民法院受理破产申请时债权人或债务人提供的破产申请书、债务人财产状况说明、债务清册、债权清册、有关财务会计报告以及职工工资的支付和社会保险费用的缴纳情况;

(二)人民法院出具的受理破产案件的民事裁定书、指定管理人决定书以及人民法院向管理人出具的相关法律文书;

(三)管理人团队内部工作计划、相关规章制度、管理人团队成员的人员组成及其分工、管理人对外出具文件等资料;

(四)有关管理人对债务人财产、营运事务、印章和账簿、文书进行接管的资料;

(五)债权通知、申报、审查及异议资料,包括债权通知凭证、债权申报表、证据材料、资金往来凭证、审查依据等;

(六)管理人依法调查债务人劳动债权相关的劳动合同、工资支付、社会保险缴纳等资料以及涉及劳动债权公示、异议、更正等资料;

(七)债务人设立、变更等历史沿革资料,涉及债务人生产经营、组织架构、债务人重大合同、协议及其他重要法律文件和会议记录;

(八)管理人的工作计划及其操作程序的记录。管理人与债务人相关人员相互沟通及会议情况的记录;对债务人提供的资料的查验、调查访问记录;往来函件、现场勘查记录、查阅文件清单等相关的资料及详细说明;

(九)代表债务人参加诉讼、仲裁或者其他法律程序的诉讼文书及相关资料;

(十)历次债权人会议通知,议程、会议资料、会议记录,会议表决等相关资料;

(十一)其他管理人履行职责过程涉及的其他文件资料。

上述文档应当注明来源。凡涉及管理人向有关当事人调查所作的记录，须由当事人及二名以上管理人团队成员签字。

第三十二条　（工作文档的所有权及保管）工作文档的所有权属于指定为管理人的律师事务所或指定为管理人的律师个人所在的律师事务所。

律师事务所应当妥善保管工作文档等相关资料，保管期限为至少十年。

第八节　管理人的责任

第三十三条　（管理人的赔偿责任）管理人没有勤勉尽责，忠实执行职务，给债权人、债务人或者第三人造成损失的，应依法承担赔偿责任。

管理人团队成员没有勤勉尽责，忠实执行职务，给债权人、债务人或者第三人造成损失的，该成员行为视为管理人行为。

第三十四条　（管理人的追偿权）管理人聘请的其他社会中介机构、人员故意或重大过失给债权人、债务人或者第三人造成损失的，管理人有权向有关责任人员追偿。

第二章　人民法院裁定受理破产申请后管理人业务操作流程

第一节　一般规定

第三十五条　（一般规定）人民法院受理破产申请后，是指自人民法院裁定受理破产申请时起，至人民法院裁定驳回申请、裁定宣告破产、裁定重整、裁定和解或者裁定破产程序终结时止。

第二节　建立管理人公章、印鉴及账户

第三十六条　（管理人公章、印鉴）管理人在人民法院指定管理人决定书送达之日起一周内，凭人民法院受理破产申请的裁定书、人民法院指定管理人的决定书等材料，按照国家有关规定刻制管理人公章和财务印鉴章。管理人公章刻制后，管理人应及时将公章印样和保管人名册向人民法院报告、备案。

管理人印鉴章只能限于管理人履行职责时使用。管理人印鉴章的使用，应当实行审批登记制度。

第三十七条　（管理人账户）管理人印鉴章刻制后，管理人应持人民法院受理破产申请的裁定书、人民法院指定管理人的决定书和管理人开立账户的决定书及身份证明等文件材料，到银行申请开立单独的管理人账户。

管理人账户开立后，管理人可以将债务人的银行存款划入管理人账户。

管理人依法履行职责时发生的所有资金收支，均应当通过管理人账户进行。

管理人应当制定管理人账户管理规定,并按规定使用账户。

第三节 接管债务人

第三十八条 (接管债务人前的准备)在人民法院指定为管理人后,管理人应做好债务人财产、印章和账簿、文书等资料接管的准备工作。

管理人应当将拟接管的内容和范围告知债务人的有关人员,要求其做好交接准备,并告知其违反交接义务应该承担的法律责任。管理人认为有必要的,可以同时将接管事项通知债务人内部相关人员和已知的债权人等有关人员。

第三十九条 (接管的内容)管理人接管的债务人的财产、印章和账簿、文书等资料,包括但不限于:

(一)债务人的包括动产和不动产在内的实物财产及其权利凭证;

(二)债务人的现金、有价证券、银行账户印鉴、银行票据、商业票据;

(三)债务人的知识产权、对外投资、特许权等无形资产的权利凭证;

(四)债务人的公章、财务专用章、合同专用章、海关报关章、法定代表人人名章及其他印章;

(五)债务人的企业法人营业执照、税务登记、外汇登记证、海关登记证明、经营资质文件等与债务人经营业务相关的批准、许可或授权文件;

(六)债务人的总账、明细账、台账、日记账、会计凭证、重要空白凭证、会计报表等财务账簿及债务人审计、评估等资料;

(七)债务人的章程、管理制度、股东名册、股东会决议、董事会决议、监事会决议以及债务人内部会议记录等档案文件;

(八)债务人的各类合同协议及相关债权、债务等文件资料;

(九)债务人纳税资料及凭证;

(十)债务人诉讼、仲裁案件及其案件材料;

(十一)债务人的人事档案文件;

(十二)债务人的电脑数据和授权密码;

(十三)债务人的其他财产、印章和账簿、文书等资料。

管理人应一并接管不属于债务人所有但由债务人占有或者管理的相关的财产、印章和账簿、文书等资料。

债务人有分支机构的,管理人应一并接管其分支机构的财产、印章和账簿、文书等资料。

第四十条 (接管方案)为了有计划地接管,管理人可以就债务人的财产、印章和账簿、文书等资料的接管制定接管方案,并根据接管方案规定进行接管。

在接管方案中,管理人可以根据实际情况,决定对债务人的财产、印章和账簿、文书等资料进行一次性全面接管,还是进行分期、分批接管。

第四十一条　(管理人与债务人的交接)管理人在人民法院指定为管理人决定书送达后的十五日内,应与债务人原企业经营管理人员办理企业交接手续。

管理人接管债务人财产、印章和账簿、文书等资料,应制作资产交接清单,与债务人有关人员办理交接手续,与债务人有关人员在交接清单上共同签字确认。应接管的债务人财产、印章和账簿、文书等资料在实际交接时未能交接的,管理人应当在交接清单上予以注明。

管理人接管债务人企业后,应妥善做好债务人企业现有财产、账簿等的安全保障工作。

第四十二条　(有其他法律程序的债务人财产的接管)管理人接管债务人财产时,发现债务人财产在人民法院受理破产申请前被依法采取保全措施及人民法院受理破产申请后仍未解除的,或发现债务人财产在法院受理破产申请前被依法采取执行措施但在法院受理破产申请后仍未中止的,管理人应该通知有关人民法院解除保全措施或者中止执行措施,以便管理人有效地接管该项财产。

管理人认为有必要裁定受理破产申请案件的人民法院通知有关人民法院予以解除保全措施或者中止执行措施的,管理人应当向裁定受理破产申请的人民法院提出书面申请。

第四十三条　(人民法院强制接管)债务人的有关人员不协助管理人接管的,管理人应当书面报告人民法院,请求人民法院强制债务人的有关人员配合。

第四十四条　(接管的标准)管理人对债务人财产、印章和账簿、文书等资料的接管,以实际占有或者实际控制为标准。管理人实际占有或者实际控制的,视为管理人已接管;管理人没有实际占有或者实际控制的,视为管理人没有接管;管理人实际部分占有或者实际部分控制的,视为管理人部分接管。

第四节　调查债务人财产状况

第四十五条　(债务人财产状况调查内容)管理人接受人民法院指定后,无论是否已经接管债务人,均可对债务人财产状况进行调查,调查的范围,包括但不限于:

(一)债务人的出资情况:出资人名册、出资协议、公司章程、验资报告及实际出资情况、非货币财产出资的评估报告、非货币财产出资的批准文件、财产权属证明文件、权属变更登记文件、历次资本变动情况及相应的验资报告;

(二)债务人的货币财产状况:库存现金、银行存款及其他货币资金;

(三)债务人的债权状况:债权的形成原因、形成时间、具体债权内容、债务人的债务人实际状况、债权催收情况、债权是否涉及诉讼或仲裁、是否已过诉讼时效、

已诉讼或仲裁的债权的履行期限等;

(四)债务人的存货状况:存货的存放地点、数量、状态、性质及相关凭证;

(五)债务人的设备状况:设备权属、债务人有关海关免税的设备情况;

(六)债务人的不动产状况:土地使用权、房屋所有权、在建工程的立项文件、相关许可、工程进度、施工状况及相关技术资料;

(七)债务人的对外投资状况:各种投资证券、全资企业、参股企业等资产情况;

(八)债务人分支机构的资产状况:无法人资格的分公司、无法人资格的工厂、办事处等分支机构的资产情况;

(九)债务人的无形资产状况:专利权、商标权、著作权、许可或特许经营权情况;

(十)债务人的营业事务状况;

(十一)债务人依法可以追回的财产状况;

(十二)债务人与相对人均未履行完毕的合同情况。

第四十六条 (专项审计和评估)管理人认为有必要在财产专项审计和评估报告的基础上进行调查和制作债务人财产状况报告的,应当制作《提请人民法院许可聘请有资质的专业机构对债务人财产进行专项审计和评估的报告》,请求人民法院许可。

管理人应通过摇号、招标、协商等方式择优选择聘用有资质的专业机构。

第四十七条 (申请人民法院强制协助调查)管理人认为有必要的,可以要求债务人的有关人员协助对债务人财产状况进行调查。债务人的有关人员拒绝协助调查的,管理人应当书面报告人民法院,请求人民法院强制债务人的有关人员协助调查。

第四十八条 (债务人财产状况报告)管理人对债务人财产状况调查后,应当根据调查内容制作《债务人财产状况报告》,并及时提交给人民法院、债权人会议及债权人委员会。《债务人财产状况报告》应当能反映债务人各项财产的权属状况、实际现状和账面价值等基本情况。

管理人非因自身原因无法全面调查债务人财产状况的,应当就无法调查的情况在《债务人财产状况报告》中作出说明。

第五节 决定债务人的内部管理事务

第四十九条 (接管前的债务人的内部事务管理)管理人接管债务人财产、印章和账簿、文书等资料前,债务人的内部管理事务仍由债务人决定,但管理人应对其监督并要求债务人及时报告其内部管理事务情况。管理人发现债务人不当管理其内部事务行为的,有权予以制止和纠正。

第五十条　(接管后的债务人的内部事务管理)管理人接管债务人财产、印章和账簿、文书等资料后,债务人的内部管理事务由管理人决定。管理人部分接管的,与已接管部分相关的内部管理事务由管理人决定;与未接管部分相关的内部管理事务仍由债务人决定,但管理人应对其监督并要求债务人及时报告其内部管理事务情况。管理人发现债务人不当管理其内部事务行为的,有权予以制止和纠正。

第五十一条　(债务人内部管理事务规则)为了有效地规范债务人的内部管理事务,管理人在接管债务人财产、印章和账簿、文书等资料一周内,应制定债务人内部管理事务规则,建立债务人内部管理的组织架构,明确分工、职责,并书面报告人民法院。

第五十二条　(编制职工遣散与安置方案)管理人应根据债务人的实际情况,编制职工遣散与安置方案。

必要时管理人可以邀请政府相关部门一并参与职工遣散与安置方案的制定。

第六节　决定债务人的日常开支和其他必要开支

第五十三条　(接管前的债务人的日常开支和其他必要开支)管理人接管债务人财产、印章和账簿、文书等资料前,债务人的日常开支和其他必要开支仍由债务人决定,但管理人有权要求债务人及时报告其日常开支和其他必要开支情况。管理人发现债务人有不当开支行为的,有权予以制止和纠正。

第五十四条　(接管后的债务人的日常开支和其他必要开支)管理人接管债务人财产、印章和账簿、文书等资料后,债务人的日常开支和其他必要开支由管理人决定,管理人应当对开支的原因、金额及其必要性进行审查。

管理人部分接管的,与已接管部分相关的日常开支和其他必要开支由管理人决定;与未接管部分相关的日常开支和其他必要开支仍由债务人决定,但管理人有权要求债务人及时报告其日常开支和其他必要开支情况。管理人发现债务人有不当开支行为的,有权予以制止和纠正。

第七节　决定继续或者停止债务人的营业

第五十五条　(在第一次债权人会议召开之前)在第一次债权人会议召开之前,由管理人决定继续或者停止债务人的营业。管理人应当将债务人营业的实际状况以及继续或者停止营业的决定及其理由制作书面报告,请求人民法院许可。

第五十六条　(在第一次债权人会议召开之后)在第一次债权人会议召开之后,管理人认为需要继续或者停止债务人的营业的,应当将债务人营业的实际状况以及继续或者停止营业的决定及其理由制作书面报告,请债权人会议表决决定。

第五十七条　(决定继续或者停止债务人的营业的标准)管理人判断债务人

是否继续或者停止营业的标准可以是:如果继续营业有利于提高债务人财产价值及债权人清偿比例的,应当继续债务人营业;如果停止营业有利于提高债务人财产价值及债权人清偿比例的,应当停止债务人营业。

第八节　管理和处分债务人的财产

第五十八条　(原则)管理人对债务人财产依法负有谨慎管理和处分的职责。

第五十九条　(接管债务人前管理人对债务人财产的管理和处分)在管理人接管债务人财产前,债务人有关人员就债务人财产管理和处分向管理人请示的,管理人应当依法并谨慎地作出决定。管理人发现债务人有关人员在人民法院受理破产申请后对债务人财产有不当管理和处分并造成债务人财产损失的,管理人有权依法予以制止和纠正。

第六十条　(接管债务人后管理人对债务人财产的管理和处分)管理人接管债务人财产后,应当根据各类资产的不同性质,采取合理的管理和处分措施,包括但不限于:

(一)债务人的财产权属关系存在争议或者尚未确定的,管理人应当依法确权或者明确;

(二)债务人的财产闲置并具备对外出租条件的,经人民法院许可或者债权人会议同意,管理人可以对外出租,但出租期限以有利于资产将来出售价值最大化为原则;

(三)债务人的财产易于流失的,管理人应当指定专人负责和保管;

(四)债务人的财产易损、易腐、价值明显减少、不适合保管或者保管费用较高的,管理人应当依法及时变卖;

(五)债务人的现金、银行存款及有价证券等,管理人应当指定专人保管与核算,并严格执行财务管理制度;

(六)债务人对外投资拥有的资产,管理人应当及时书面通知被投资企业,并依法行使出资人查阅信息、分取红利、参与决策、选举表决等权利;

(七)债务人的财产权利如不依法登记或者及时行使将丧失的,管理人应当及时予以登记或者行使;

(八)债务人的财产需要办理保险的,管理人应当给予办理必要的保险手续。

第六十一条　(财产管理方案)管理人接管债务人财产后,应及时拟定债务人的财产管理方案,并提交给债权人会议表决。财产管理方案的主要内容包括但不限于:

(一)债务人财产的管理、维护和费用预算;

(二)债务人继续营业的营业计划和费用预算;

（三）债务人财产清收的计划安排和费用预算。

债权人会议表决通过的财产管理方案，管理人应当执行；债权人会议表决没有通过的财产管理方案，管理人可以请求人民法院裁定认可，并在人民法院裁定认可后执行。

法律规定管理人必须经债权人会议同意方可执行的事项，在债权人会议表决通过的财产管理方案中有具体规定的，管理人执行该具体规定事项时，不需要重新取得债权人会议同意。

法律规定管理人必须经人民法院许可方可执行的事项，在人民法院裁定认可的财产管理方案中有具体规定的，管理人执行该具体规定事项时，不需要重新取得人民法院许可。

第六十二条　（管理人对债务人财产处分行为的实施）在第一次债权人会议召开之前，管理人对债务人财产实施破产法第六十九条规定的行为的，在行为前，应制作《拟实施处分债务人财产行为的报告》，请求人民法院许可。

在第一次债权人会议召开之后，管理人对债务人财产实施破产法第六十九条规定行为的，应及时制作《实施处分债务人财产行为的报告》给债权人委员会；未设立债权人委员会的，应当及时报告人民法院。

第六十三条　（管理人对债务人合同的管理）对于债务人与对方当事人在破产申请受理前成立而均未履行完毕的合同，管理人应当自人民法院受理破产申请之日起二个月内作出解除或者继续履行的决定，并通知对方当事人，或自收到对方当事人催告之日起三十日内作出解除或者继续履行的答复决定。

在第一次债权人会议召开之前，对于债务人与对方当事人在破产申请受理前成立而均未履行完毕的合同，管理人认为有必要继续履行合同的，应制作《拟继续履行合同的报告》，请求人民法院许可。

在第一次债权人会议召开之后，对于债务人与对方当事人在破产申请受理前成立而均未履行完毕的合同，管理人认为有必要继续履行合同的，可以作出继续履行合同的决定，并通知对方当事人，同时应制作《继续履行合同的报告》给债权人委员会；未设立债权人委员会的，报告给人民法院。

对于管理人已决定并已通知对方当事人继续履行的合同，如果对方当事人要求管理人提供继续履行合同的担保，管理人可以用债务人财产提供担保。

因合同解除而产生的对债务人的损害赔偿请求权，管理人可告知对方当事人可以申报债权；因合同解除而产生的对方当事人对债务人的债务，管理人应当要求对方当事人清偿。

管理人决定解除或者继续履行均未履行完毕合同的标准是有利于提高债务人财产价值及债权人清偿比例。

第六十四条 (接收债务清偿或者财产交付的管理)管理人在人民法院受理破产申请后,应书面通知债务人的债务人或者财产持有人向管理人清偿债务或者交付财产。书面通知的内容可以包括但不限于:人民法院受理破产申请的时间,人民法院要求向管理人清偿债务、交付财产的通知及公告,债务人的债务人应当清偿的债务金额,债务人的财产持有人应当交付的财产品名、规格、数量及状况,限定清偿债务、交付财产的时间和方式,不清偿债务、不交付财产的法律责任等。

债务人的债务人或者财产持有人违反前款规定向债务人清偿债务或者交付财产,使债权人受到损失的,管理人应要求其重新清偿债务、重新交付财产或者赔偿损失。

债务人的债务人拒绝清偿债务、债务人的财产持有人拒绝交付财产的,管理人有权代表债务人向人民法院起诉。

管理人尚未接管债务人财产,并且不具备接收债务清偿或者财产交付条件的,可以要求债务人接收。

第六十五条 (追回可撤销行为涉及的财产)管理人发现存在破产法第三十一条规定的可撤销行为的,应及时书面通知因该行为获得收益的相对人返还财产及不当利益、解除该担保权益或者返还担保财产、清偿债务。相对人拒绝的,管理人应向人民法院提起诉讼,请求对该行为予以撤销。

管理人发现债务人存在破产法第三十二条规定的危机期间的个别清偿行为的,应书面通知因该个别清偿行为而取得财产的债权人返还财产。债权人拒绝的,管理人应向人民法院提起诉讼,请求对该行为予以撤销并返还财产。

第六十六条 (追回无效行为涉及的财产)管理人发现存在破产法第三十三条规定的无效行为的,应书面要求因该行为而取得财产的相对人返还财产。相对人拒绝的,管理人应向人民法院提起诉讼,请求确认该行为无效并返还财产。

第六十七条 (可撤销行为与无效行为的赔偿责任)管理人发现债务人有破产法第三十一条、第三十二条、第三十三条规定的行为,损害债权人利益的,管理人可以向人民法院提起诉讼,要求债务人的法定代表人和其他直接责任人承担赔偿责任。

第六十八条 (追缴出资人欠缴的出资)管理人发现人民法院受理破产申请后,债务人的出资人尚未完全履行出资义务的,应书面要求该出资人缴纳应缴纳而尚未缴纳的出资。债务人的出资人拒绝的,管理人应向人民法院提起诉讼,请求其履行出资义务。

管理人发现债务人的出资人出资后又抽逃出资的,应书面要求该出资人将抽逃的出资返还。债务人的出资人拒绝的,管理人应向人民法院提起诉讼,请求其返还出资。

第六十九条　（追回债务人董事、监事和高级管理人员侵占的财产）管理人发现债务人的董事、监事和高级管理人员利用职权从企业获取非正常收入和侵占企业财产的，应书面要求其返还该收入或财产。该行为人拒绝的，管理人应向人民法院提起诉讼，请求其返还。

第七十条　（取回质物、留置物）管理人认为有必要通过清偿债务或者提供为债权人接受的担保的方式取回质物、留置物的，应书面通知担保权人。

在第一次债权人会议召开之前，管理人取回质物、留置物的，应制作《拟取回担保物的报告》，请求人民法院许可。

在第一次债权人会议召开之后，管理人取回质物、留置物的，应制作《取回担保物的报告》给债权人委员会；未设立债权人委员会的，应报告给人民法院。

第七十一条　（将债务人占有的不属于债务人的财产返还债权人）管理人对债务人占有的不属于债务人的财产且该财产的权利人主张取回的，应仔细审查权利人的取回权成立的事实与理由。管理人认为取回权成立的，应书面通知权利人同意取回财产，并可将该财产返还给权利人；管理人认为取回权不成立的，应书面通知权利人不同意取回财产。

管理人认为取回权成立，但该财产是债务人合法占有的，管理人应要求权利人清偿因其取回财产而可能产生的债务。

管理人认为取回权成立，但该财产在人民法院受理破产申请前灭失或者毁损的，管理人应告知权利人可以就该项财产损失申报债权。

管理人认为取回权成立，但该财产在人民法院受理破产申请前灭失或者毁损，且第三人对该财产的灭失或者毁损负有损害赔偿责任的，或者保险人对该财产的灭失或者毁损负有保险赔偿责任的，管理人应告知该权利人可以提起诉讼，由人民法院决定该权利人是否有权对第三人或者保险人的赔偿款拥有取回权。

管理人认为取回权成立，但该财产在人民法院受理破产申请后因管理人或者相关人员执行职务造成财产灭失或者毁损的，管理人应审查是否构成共益债务，并书面报告债权人会议。

第七十二条　（决定在运途中的标的物的交付）对人民法院受理破产申请时，出卖人已将买卖标的物向作为买受人的债务人发运，债务人尚未收到且没有付清全部价款，出卖人主张取回该标的物的，管理人应按照是否有利于提高债务人财产价值及债权人清偿比例的标准决定同意或者拒绝其取回。

管理人同意出卖人的取回请求的，应书面通知该出卖人。

管理人拒绝出卖人的取回请求的，应以债务人财产支付全部价款，并书面通知该出卖人交付标的物。

第七十三条　（债权、债务的抵销）债权人在破产申请受理前对债务人负有债

务,提出债权、债务抵销请求,管理人经审查,认为该抵销请求符合以下要求的,可以书面通知申请抵销人同意抵销:

(一)不属于破产法第四十条规定的三种情形;

(二)已经依法申报并经债权人会议核查无异议的债权;

(三)债权人与债务人之间互负债权债务关系无争议,或者已经获得法律上确定的执行名义;

(四)未超过诉讼时效期间和强制执行期间的债权;

(五)抵销请求在破产财产最后分配前提出;

(六)不属于法定不得抵销债权债务。

包括债务人的股东享有的债权,不得与其欠缴债务人的出资抵销;债务人的股东享有的债权,不得与其因抽逃出资形成的对债务人的债务抵销;债权人因侵权行为对债务人负有的债务不得与其享有的债权抵销;债务人的股东人格与债务人混同时互负债务不得抵销;劣后债权不得与债务人的债务抵销等。

管理人不同意抵销的,应书面通知申请抵销人,并告知其有权向人民法院提起抵销权诉讼。

第九节　代表债务人参加诉讼、仲裁或者其他法律程序

第七十四条　(中止法律程序)人民法院受理破产申请后,管理人发现人民法院或者仲裁机构已经开始而尚未终结的有关债务人的民事诉讼或者仲裁案件未中止的,应制作告知相关人民法院或仲裁机构中止法律程序的告知函,要求相关人民法院或者仲裁庭依法中止。

如果相关人民法院或仲裁机构接到告知函后仍不中止法律程序的,管理人可以请求破产案件受理人民法院协调解决。

第七十五条　(恢复法律程序)管理人在接管债务人财产后,应及时制作告知相关人民法院或仲裁机构可以恢复法律程序的告知函,要求相关人民法院或者仲裁机构对已中止的人民法院受理破产申请后,人民法院或者仲裁机构已经开始而尚未终结的有关债务人的民事诉讼或者仲裁案件恢复审理。

第七十六条　(破产衍生诉讼的管辖)人民法院受理破产申请后,有关债务人的民事诉讼,管理人只能向受理破产申请的人民法院提起。但债务人与相对人之间有仲裁条款约定的,从其约定。

第七十七条　(委托代理)管理人代表债务人参加诉讼、仲裁或者其他法律程序的,可以委托代理人。

第十节　接收及审查申报债权

第七十八条　(接收申报的债权)管理人应当在人民法院公告的确定债权人

申报债权的期限和地点，接收债权人的债权申报材料。

管理人可以制作《债权申报须知》、《债权申报表》、《债权人地址及联系方式确认书》、《债权申报文件清单》等文件在接收地点，引导债权人申报债权。

管理人接收债权人债权申报和证据材料，应当给申报人出具回执。

第七十九条　（债权申报材料要求）管理人在接收债权人的债权申报材料时，应当要求：

（一）债权人自己申报的，须提供企业营业执照或者个人合法有效的身份证明；债权人委托他人进行申报的，受托人应同时提交委托人签名盖章的《授权委托书》（须注明授权具体内容）和受托人的身份证明。

（二）申报人应当书面说明债权金额、有无财产担保和债权发生的事实经过，并提交有关证据材料。

第八十条　（登记造册）管理人接收债权申报材料后，应当根据申报人提交的债权申报材料登记造册。申报的债权无论是否属于破产债权，均应登记入册。

登记造册的项目应包括：

（一）债权人基本情况：企业名称或个人姓名、企业法定代表人或负责人的姓名职务与住所、债权人开户银行、联系方式；有委托代理人的还应记明委托代理人的姓名、住址、联系方式及委托代理权限等事项；

（二）债权基本情况：债权发生原因、存在的证据、债权到期日、申报时间、申报债权数额（原始债权、孳息债权等）、有无财产担保、是否附有条件和期限、是否为连带债权、有无连带债务人、是否为求偿权或将来求偿权；

（三）管理人认为其他必要的事项。

第八十一条　（对申报债权的审查）管理人对申报债权的真实性、合法性和时效性等内容进行实质审查。

管理人在审查以下债权的申报材料时，应注意：

（一）债权附有利息、罚息、违约金、滞纳金的，则破产申请受理后的利息、罚息、违约金、滞纳金停止计算。

（二）行政、司法机关对债务人的罚款、罚金以及其他有关费用，不作为破产债权。

（三）没有到期的债权在破产申请受理时视为到期，可以申报。

（四）在破产申请受理时未成就的附条件或者附期限的债权，可以申报。

（五）在破产申请受理时诉讼、仲裁未决的债权，可以申报。

（六）对债务人享有连带债权的任何一个连带债权人，可以经其他连带债权人授权共同向管理人申报连带债权，也可以未经其他连带债权人授权而向管理人申报连带债权。部分连带债权人分别申报连带债权并且没有达成共同协议的，该连带债权可以由该部分连带债权申报人共同享有。

(七)债务人的保证人或者其他连带债务人已经代替债务人清偿全部或者部分债务的,可以就其代替债务人已清偿部分的求偿权向管理人申报债权。债务人的保证人或者其他连带债务人尚未代替债务人清偿债务的,可以就其对债务人尚未清偿部分的将来求偿权申报债权。但是,债权人已经向管理人申报全部债权的除外。

(八)债务人是连带债务人时,债权人可以申报债权。债务人和其他连带债务人都被人民法院裁定受理破产申请的,债权人可以分别地向债务人和其他连带债务人的管理人申报其全部债权。

(九)管理人在人民法院受理破产申请后依法解除合同的,合同相对人可以就合同解除所造成合同相对人的实际损失金额申报债权。此项可以申报债权的损失金额范围不包括合同约定的违约金。

(十)债务人是委托合同的委托人,受托人在人民法院受理破产申请后,不知债务人破产事实而继续处理委托事务的,受托人可以就其继续处理事务所产生的请求权申报债权;受托人在人民法院受理破产申请后,知道债务人破产事实而继续处理委托事务的,受托人不可以就其继续处理事务所产生的请求权申报债权,法律另有规定的除外。

(十一)在委托合同约定受托人在人民法院受理破产申请后仍须继续处理委托事务的情形下,即使受托人知道债务人破产事实,受托人在管理人或者债务人解除合同前依据委托合同约定继续处理委托事务的,受托人可以就其继续处理事务所产生的请求权申报债权。

(十二)在停止处理委托事务将损害债务人利益的情形下,无论受托人是否知道债务人破产事实,受托人在管理人或者债务人要求其停止处理委托事务之前为债务人利益而继续处理事务所产生的请求权,管理人可以将其作为共益债务清偿。

(十三)债务人是票据的出票人,该票据的付款人继续付款或者承兑所产生的请求权,付款人可以申报债权。

(十四)对于债权人申报的对债务人的特定财产享有担保权的债权,审查的内容包括但不限于:担保权的法律效力;同一担保财产有多项担保权存在的受偿顺序;提供担保是否有可以依法撤销的情形;担保财产的价值;担保权的受偿范围。担保财产的价值小于担保债权金额的,以担保财产的价值为限,债权金额超过担保财产价值的债权部分作为普通债权。

(十五)债权人向管理人提交的债权证据是具有强制执行效力的法律文书的,则法律文书中确认的债权金额和有无财产担保的内容,管理人可以直接确认。法律文书中确认的债权不是以金额计算的,管理人可以按市场价值换算为金额。

（十六）债权人向管理人申报的债权属于诉讼或者仲裁案件中未决债权的，管理人可以提请人民法院临时确定其债权金额和是否有财产担保，或依法先予确定其债权金额和是否有财产担保。

第八十二条　（调查与公示职工债权）债务人所欠职工的工资和医疗、伤残补助、抚恤费用，所欠的应当划入职工个人帐户的基本养老保险、基本医疗保险费用，以及法律、行政法规规定应当支付给职工的补偿金，职工不必申报，由管理人调查后制作职工债权清单并予以公示。

职工债权清单应当以表格形式逐一列明每位职工债权人的姓名、年龄、工作岗位、工作年限、企业欠费金额、性质及时期等具体情况。

职工债权清单的公示期由管理人根据案情需要、职工人数具体确定。

职工对清单记载有异议的，可以要求管理人更正。管理人在对异议进行审查后，应当及时作出准予更正、部分更正或不予更正的决定并书面通知异议职工。管理人对变更后的职工债权应当予以重新公示。管理人不予更正的，应告知职工可以向人民法院提起诉讼。

第八十三条　（对申报债权审查的程序）管理人审查债权工作可以分成初审、复核、确认三个阶段：

（一）在债权初审阶段，管理人应仔细审查每一笔债权的发生及相关证据，对每一笔债权逐一制作《债权审查确认表》，记载债权人及申报债权基本信息、管理人的审查意见，特别是申报与审查的差异及理由等内容。

（二）在债权复核阶段，管理人应对每一笔债权逐一制作《债权确认单》，载明申报债权金额、管理人审查金额、意见和依据等内容，书面通知债权人。如债权人对《债权确认单》无异议，则要求其签盖确认；如债权人有异议，管理人应当予以沟通解释；债权人仍有异议的，管理人应告知其有权提出书面异议，可以向受理破产申请的人民法院提起诉讼。

（三）在债权确认阶段，管理人应当编制债权表，提交第一次债权人会议核查。

第八十四条　（编制债权表）管理人根据债权申报和债权审查的结果，编制债权表。

对经审查后成立和不成立的债权，管理人都应编入债权表，但应当予以分别记载。

管理人编制的债权表可以按已审查确定的有财产担保的债权、无财产担保的债权、附条件和附期限的债权、尚在诉讼和仲裁中的未决债权等分类记载，并在各类债权下分别记载各项债权的债权人名称、债权金额、债权原因及相关说明等。有财产担保的债权应当同时列明担保财产的名称。

第八十五条　（债权表的核查、异议和确认）管理人编制债权表后，应及时制作提请债权人会议核查债权的报告,将债权申报登记册和债权表一并提交第一次债权人会议核查。

管理人应当将公示期满后的职工债权清单附在债权表后。

第一次债权人会议核查表决通过的债权表,管理人应及时提请人民法院裁定确认。但应事先送交债务人的原法定代表人或其他高级管理人员核对,听取债务人的意见。

债权人、债务人对债权表记载的债权均无异议的,管理人应提请人民法院裁定确认无异议债权。

债务人或债权人对债权表记载的债权有异议的,管理人应书面告知其可以向受理破产申请的人民法院提起诉讼。债务人或债权人对债权表记载的债权有异议,但在合理期间内没有向人民法院起诉的,管理人应当将异议情况、复核情况和未起诉情况报告人民法院并提请人民法院裁定确认。

第八十六条 (调整债权表)管理人在第一次债权人会议以后发现债权表中记载的债权有差错并需要调整的,管理人应当对该债权进行调整,并编制相应的调整债权表。

管理人编制的补充债权表和调整债权表的核查、异议和确认,参照本指引第八十六条规定处理。

第八十七条 (补充申报债权)债权人在人民法院公告的债权申报期限内没有申报债权,在破产财产最后分配前向管理人补充申报债权的,管理人应当接收该债权人的补充申报债权材料,并登记造册,并经审查后编制补充债权表。

该补充债权表的核查、异议和确认,参照本指引第八十六条规定处理。

债权人补充申报债权的,管理人应要求其承担因审查和确认补充申报债权的费用。

第八十八条 (债权申报材料和债权表的保存、查阅)债权申报材料和债权表(含补充债权表和调整债权表)由管理人保存,供利害关系人查阅。

第十一节 召开债权人会议

第八十九条 (推荐债权人会议主席)管理人可以根据债权数额、债权性质等因素向人民法院推荐债权人会议主席的人选,并就债权人会议主席人选的情况和推荐的理由等作出书面说明。

第九十条 (债权人会议通知)债权人会议无论是否由管理人提议召开,均由管理人通知。

管理人应当将债权人会议召开的时间、地点、议题、会议资料等,提前十五天通知全体债权人。

会议通知可以采取函件、传真、电子信件、现场送达等安全有效的方式。管理人应当保留相关的会议通知记录。

第九十一条　（文件制定审核）对审计报告、财务报告、评估报告、清算报告、财产管理和变价方案、财产分配方案等重要法律文件，管理人应与制定报告的单位在债权人会议召开前向人民法院书面报告审核。

第九十二条　（会前意见交流）在债权人会议召开前，管理人应对需经会议讨论的事项与金额较大的债权人事前沟通，听取意见并将意见书面报告人民法院。

第九十三条　（提议召开债权人会议）在出现以下情形时，管理人应当同时制作提请召开债权人会议的报告和提请债权人会议审议事项的报告给债权人会议主席，提议召开债权人会议，并审议该事项：

（一）需要债权人会议核查补充债权表和调整债权表；

（二）需要债权人会议与管理人协商管理人报酬方案；

（三）需要债权人会议通过债务人财产的管理方案；

（四）需要债权人会议决定继续或者停止债务人的营业；

（五）需要债权人会议通过重整计划；

（六）需要债权人会议通过和解协议；

（七）需要债权人会议通过破产财产的变价方案；

（八）需要债权人会议通过破产财产的分配方案；

（九）其他事项，包括但不限于涉及债务人的诉讼，涉及债务人资产核销，涉及审计报告、评估报告的修改、补充，涉及债务人资产变现，涉及宣告债务人破产，涉及管理人向人民法院报告的重大事项，以及法院认为有必要由债权人会议决定的事项等。

债权人会议主席拒绝召开会议或者不履行主持债权人会议职责的，管理人可向人民法院书面提议要求召开债权人会议和重新指定债权人会议主席。

债权人会议要求管理人对其职权范围内的事务作出说明或者提交有关文件的，管理人应当执行。

第九十四条　（方案执结报告）对债权人会议表决通过的方案，管理人在执行完毕后，应当同时书面向人民法院和债权人会议报告执行情况。

第九十五条　（提请法院裁定方案）对经债权人会议表决未通过的债务人财产的管理方案和破产财产的变价方案，管理人应及时制作书面报告提请人民法院裁定认可。

第九十六条　（债权人委员会）债权人会议决定成立债权人委员会的，管理人实施破产法第六十九条规定的行为时，或是债权人会议委托债权人委员会审议表决的事项时，应及时书面报告债权人委员会。

管理人应每三个月定期召开债权人委员会会议,向其汇报工作进展,听取工作意见。

债权人委员会要求管理人对其职权范围内的事务作出说明或者提交有关文件的,管理人应当执行。

第十二节　提请裁定宣告破产或终结破产程序

第九十七条　(提请裁定宣告破产或终结破产程序)出现下列情形之一的,管理人应提请人民法院裁定宣告破产或终结破产程序:

(一)管理人经调查债务人财产并依据相关财务会计报告,初步确认债务人不能清偿到期债务,并且资产不足以清偿全部债务或者明显缺乏清偿能力的,以及可以申请重整或者和解的申请人已表示不愿意申请重整或者和解,或者在合理期间内没有提出重整或者和解申请的,管理人可以提请人民法院裁定宣告破产。

(二)人民法院受理破产申请后、宣告破产前,管理人认为债务人无财产可以分配或财产不足以清偿破产费用的,管理人应当提请人民法院终结破产程序。

(三)人民法院受理破产申请后、宣告破产前,第三人为债务人提供足额担保或者为债务人清偿全部到期债务的,或者债务人已清偿全部到期债务的,或者债务人与全体债权人就债权债务的处理自行达成协议的,管理人可以提请人民法院裁定终结破产程序。

第三章　人民法院裁定债务人重整后管理人业务操作流程

第一节　一般规定

第九十八条　(一般规定)人民法院裁定债务人重整后,是指自人民法院裁定债务人重整后之日起,至人民法院裁定终止重整程序及重整计划执行完毕,管理人提交监督报告时止。

第九十九条　(管理人职责的范围)人民法院直接裁定债务人重整的,管理人应依照本指引第二章人民法院受理破产申请后和本章的规定,履行管理人职责。

人民法院受理破产申请后、宣告债务人破产前裁定债务人重整的,管理人本应履行的人民法院受理破产申请后的管理人职责,在人民法院裁定债务人重整时没有履行完毕的,管理人应继续履行。

第二节　管理人管理债务人财产和营业事务

第一百条　(告知及负责管理债务人财产和营业事务)人民法院裁定债务人重整后,管理人应及时书面告知债务人有权向人民法院申请自行管理财产和营业事务。

债务人没有提出申请或人民法院没有批准由债务人自行管理财产和营业事务的,管理人应负责管理债务人财产和营业事务。

第一百零一条 (聘用债务人的经营管理人员)管理人认为有必要聘用债务人的经营管理人员负责营业事务的,应当制作提请人民法院许可聘用工作人员报告,请求人民法院许可。

第一百零二条 (借款设定担保)管理人为继续债务人营业的,可以借款,并可用债务人财产为该借款设定担保。

第一百零三条 (特定财产担保权的维护)债权人行使对债务人的特定财产担保权的,管理人应拒绝其行使。

管理人应负责维护担保物,如发现存在担保物有损坏或者价值明显减少的可能,足以危害担保权人权利的情形的,应及时书面报告人民法院。

第一百零四条 (取回债务人合法占有的他人财产)债务人合法占有的他人财产,该财产的权利人要求取回的,管理人应当根据其是否符合事先约定的条件,及时向取回申请的财产权利人作出决定同意或不同意取回财产的通知书。

第一百零五条 (分配投资收益和转让债务人股份)管理人发现债务人的出资人分配或变相分配投资收益的,应及时制止,并可以将该已分配收益追回,出资人拒不返还的,管理人应诉请人民法院追回。

债务人的董事、监事、高级管理人员向第三人转让其持有的债务人的股份的,应事先向管理人提出申请,管理人审查后认为该股权转让已经纳入重整计划草案中有关出资人权益调整的安排,并且该股权转让不影响重整程序的进行的,提请人民法院审查同意。债务人的董事、监事、高级管理人员向第三人转让其持有的债务人的股份,未事先向管理人申请的,管理人应及时制止,并书面提请人民法院予以撤销。

第三节 管理人监督债务人管理财产和营业事务

第一百零六条 (管理人移交财产和营业事务)人民法院批准由债务人自行管理财产和营业事务的,已接管债务人财产和营业事务的管理人应当向债务人移交财产和营业事务;没有接管债务人财产和营业事务的管理人不再接管债务人的财产和营业事务。

第一百零七条 (管理人履行职责范围)债务人自行管理财产和营业事务的,与管理财产和营业事务相关的管理人职责,由债务人履行。但以下职责,仍由管理人履行:

(一)调查债务人财产状况;

(二)追回可撤销行为涉及的财产、追回无效行为涉及的财产、追缴出资人欠缴的出资和追回债务人董事、监事和高级管理人员侵占的财产;

(三)接收及审查申报债权。

第一百零八条 (监督权)债务人自行管理财产和营业事务的,管理人可以通过临时报告、阶段性报告、接受债权人投诉等方式对债务人的行为进行监督。

临时报告,是指债务人在决定可能严重影响债权人利益的事项(包括但不限于当债务人在第一次债权人会议召开前决定继续或者停止公司营业的或者有《企业破产法》第六十九条规定的行为之一)时,管理人应要求债务人在依法向人民法院或债权人会议、债权人委员会报告的同时,也向其提交报告。

阶段性报告,是指管理人应要求债务人定期将除临时报告事项外的职权行为,向管理人提交报告。

管理人在行使监督职权时发现债务人有损害债权人利益的行为,应当及时向债权人委员会报告。未设立债权人委员会的,应当向人民法院报告。

第四节　重整程序的终止

第一百零九条 (重整程序终止)重整期间,管理人发现重整债务人发生破产法第七十八条规定的三种情形之一的,应及时制作提请人民法院终止重整程序的报告,请求人民法院裁定终止重整程序,并宣告债务人破产。该报告应当列明导致重整程序无法继续进行的具体情形,如重整债务人经营状况和财产状况继续发生恶化的,应当列明恶化的具体程度,并附相关的证据材料。

第五节　重整计划的制定、通过与批准

第一百一十条 (制定重整计划草案及申请延期)重整期间,由管理人负责管理财产和营业事务的,管理人应当在法院裁定重整之日起六个月内制定重整计划草案,同时提交人民法院和债权人会议。

前款规定的期限届满,管理人认为有正当理由的,应及时制作申请延期提交重整计划草案的报告,请求人民法院裁定延期。该报告应向人民法院说明申请延期提交重整计划草案的正当理由及延长的期限。

第一百一十一条 (制作重整计划草案的事前交流)管理人制作重整计划草案时,应当充分听取债权人、债务人和出资人各方面的意见和建议,必要时可以召集各方进行交流和讨论。

第一百一十二条 (制作重整计划草案的说明)管理人制作重整计划草案时,应同时制作重整计划草案说明书,就一些重要问题,例如包括但不限于债务人的经营方案、债权分类、债权调整方案、债权受偿方案、重整计划的执行期限、重整计划

执行的监督期限、有利于债务人重整的其他方案等作出说明。

管理人应当向债权人会议就其制作的重整计划草案作出说明，并回答询问。

第一百一十三条　（裁定批准重整计划）管理人应当自重整计划通过之日起十日内，制作《提请人民法院裁定批准重整计划的报告》，请求人民法院裁定批准该重整计划。该报告应当附重整计划草案和表决结果。表决结果应当经债权人会议主席或债权人代表签字确认。

第一百一十四条　（重整计划草案的协商和再次表决）部分表决组未通过重整计划草案的，管理人应同未通过重整计划草案的表决组协商，可以对重整计划草案中的相关内容进行调整，但此项调整不得损害其他表决组的利益。

协商后，管理人应及时要求未通过重整计划草案的表决组再表决一次。

第一百一十五条　（强制批准重整计划草案）未通过重整计划草案的表决组拒绝再次表决或者再次表决仍未通过重整计划草案的，管理人应审查重整计划草案是否符合破产法第八十七条第二款规定的强制批准条件。符合人民法院强制批准条件的，管理人应及时制作《提请人民法院裁定批准重整计划草案的报告》，请求人民法院裁定批准该重整计划草案。该报告应说明该重整计划草案符合人民法院强制批准条件的理由，并附各表决组表决结果。

第一百一十六条　（报告重整计划草案未通过）重整计划草案未获得通过的，管理人应及时书面报告人民法院。

第六节　重整计划的执行

第一百一十七条　（移交财产和营业事务）重整期间，由管理人负责管理财产和营业事务的，在人民法院裁定批准重整计划后，管理人应及时向债务人移交财产和营业事务。

第一百一十八条　（监督重整计划的执行）自人民法院裁定批准重整计划之日起，在重整计划规定的监督期内，管理人应监督重整计划的执行。管理人可要求债务人定期或不定期向其提交重整计划执行情况和债务人财产状况的书面报告。

在重整计划执行监督期限届满前，管理人认为需要延长监督期限的，应制作申请延长重整计划执行监督期限的报告，请求人民法院裁定延长。

第一百一十九条　（监督报告）在重整计划执行监督期限届满时，管理人应当向人民法院提交重整计划执行情况的监督报告。该报告应列明债务人执行重整计划的情况，以及重整计划执行的效果。

监督期限届满前，管理人认为需要延长监督期限的，应制作《申请延长重整计划执行监督期限的报告》，申请人民法院裁定延长重整计划执行监督期限。

第一百二十条 (裁定终止重整计划的执行)债务人不能执行或者不执行重整计划的,管理人应及时制作《提请人民法院裁定终止重整计划执行的报告》,请求人民法院裁定终止重整计划的执行,并宣告债务人破产。

第四章 人民法院裁定债务人和解后管理人业务操作流程

第一节 一般规定

第一百二十一条 (一般规定)人民法院裁定债务人和解后,是指自人民法院裁定和解时起,至人民法院裁定终止和解程序时止。

第一百二十二条 (管理人职责的范围)人民法院直接裁定债务人和解的,管理人应依照本指引第二章人民法院受理破产申请后和本章的规定,履行管理人职责。

人民法院受理破产申请后、宣告债务人破产前裁定债务人和解的,管理人本应履行的人民法院受理破产申请后的管理人职责,在人民法院裁定债务人和解时没有履行完毕的,管理人应继续履行。

第二节 和解协议的通过

第一百二十三条 (通知召开债权人会议)人民法院裁定和解后,管理人应根据人民法院公告通知召开债权人会议讨论和解协议草案。

第一百二十四条 (和解协议草案未通过的报告)和解协议草案经债权人会议表决未获得通过的,管理人应及时书面报告人民法院。

第一百二十五条 (执行职务工作报告)债权人会议通过和解协议,人民法院裁定认可,终止和解程序的,已接管债务人财产和营业事务的管理人应及时向债务人移交财产和营业事务,并同时向人民法院提交执行职务的工作报告。

该工作报告应当列明管理人接受指定后,在工作准备、财产接管、债权债务清理、债权申报登记等方面的职务执行情况。重点报告和解协议通过情况及财产、营业事务移交情况。

第五章 人民法院宣告债务人破产后管理人业务操作流程

第一节 一般规定

第一百二十六条 (一般规定)人民法院宣告债务人破产后,是指自人民法院破产宣告裁定书送达管理人时起,至人民法院裁定终结破产程序时止。

第一百二十七条 (管理人履行职责的范围)管理人履行破产申请后管理人

应当履行的职责，在人民法院裁定宣告破产时没有履行完毕的，在人民法院裁定债务人宣告破产后应继续履行。

第二节　破产财产变价方案

第一百二十八条　（破产财产变价方案）人民法院裁定宣告破产后，管理人应当及时地拟订《破产财产变价方案》。

《破产财产变价方案》应重点反映各类破产财产的价值、可变价状况，以及相应的变价原则和变价措施。破产人为国有企业的，变价措施应当符合国家国有资产管理的相关规定。

《破产财产变价方案》应全面反映破产人财产的变价情况，设定担保权的破产人特定财产的变价处置情况应同时在变价方案中附带列明。

第一百二十九条　（破产财产变价方案的审议）管理人拟订《破产财产变价方案》的同时，应制作《提请债权人会议审议破产财产变价方案的报告》，提请债权人会议审议表决。

对经债权人会议表决未通过的《破产财产变价方案》，管理人应及时制作书面报告提请人民法院裁定。

第一百三十条　（变价出售破产财产）管理人应当按照债权人会议通过的或者人民法院依法裁定的破产财产变价方案，适时变价出售破产财产。

对货币和有价证券类之外的财产的变价出售，管理人应根据债权人会议决议的方式进行；债权人会议没有决议的，管理人应优先采取拍卖方式进行，或以有利于最大变现可能的方式进行。

对于不适宜拍卖的破产财产，管理人拟定破产财产变价方案时可以提出招标转让、协议转让、委托出售或者在破产分配时直接进行实物分配等变价方式。

第三节　破产财产分配方案

第一百三十一条　（破产财产分配方案）管理人应当根据破产财产变价的实际情况，及时地拟定《破产财产分配方案》。

管理人拟定的《破产财产分配方案》除应包含破产法第一百一十五条规定的五项内容外，还应包含最终确定的管理人报酬及收取情况。

《破产财产分配方案》应列明不同破产财产的变价情况，以及不同清偿顺位债权人的分配额。对无法变价和不宜变价的非货币财产，管理人在《破产财产分配方案》中应予以说明，并提请债权人会议决议同意进行实物分配。

《破产财产分配方案》应全面反映破产人财产的分配情况，设定担保权的破产人特定财产的清偿处置情况应同时在分配方案中附带列明。

第一百三十二条 (破产财产分配方案的审议)管理人拟订《破产财产分配方案》的同时,应制作《提请债权人会议审议破产财产分配方案的报告》,提请债权人会议审议表决。

第一百三十三条 (人民法院裁定认可)债权人会议通过《破产财产分配方案》的,管理人应当制作《提请人民法院裁定认可破产财产分配方案的报告》,请求人民法院裁定认可。

对经债权人会议表决未通过的《破产财产分配方案》,管理人应及时就该方案再次提请召开债权人会议表决。经债权人会议二次表决仍未通过的,管理人应及时制作书面报告提请人民法院裁定认可。

第一百三十四条 (执行破产财产分配方案)管理人应执行债权人会议通过且人民法院裁定认可的破产财产分配方案。

管理人按照破产财产分配方案实施多次分配的,应公告每次分配的财产额和债权额。公告中应列明实施分配的方法。实施分配款项集中发放的,应当列明分配地点、时间、款项领取手续等;实施分配款项转账发放的,应当列明转账时间、款项受领条件等。公告还应列明不同清偿顺序债权的分配总额。

分配额暂予以提存的,公告中应当载明提存情况。管理人实施最后分配的,应在公告中载明所提存分配额的最后分配情况。

附生效条件或者解除条件的债权,管理人应当将其分配额提存。在最后分配公告日,债权生效条件未成就或者解除条件成就的,管理人应当将提存的分配额分配给其他债权人;在最后分配公告日,债权生效条件成就或者解除条件未成就的,管理人应当将提存的分配额交付给债权人。

第一百三十五条 (提存分配额的分配)管理人对已提存的自最后分配公告之日起满二个月债权人仍不领取的破产财产分配额,应书面报告人民法院,并制作《破产财产补充分配方案》,将提存的分配额分配给其他债权人。

第四节 破产程序的终结

第一百三十六条 (无其他财产可供分配)管理人发现破产人以特定财产清偿担保债权,破产财产清偿破产费用和共益债务之后,无其他财产可供分配时,应及时制作《提请人民法院裁定终结破产程序的报告》,请求人民法院裁定。

该报告应列明破产费用和共益债务清偿情况及破产人财产状况,证明破产人确无可供分配的财产。

第一百三十七条 (破产财产分配执行情况的报告)管理人在破产财产最后分配完结后,应及时制作《破产财产分配执行情况的报告》和《提请人民法院裁定终结破产程序的报告》,请求人民法院裁定。

《破产财产分配执行情况的报告》应当根据破产财产清偿对象的不同,分别列明分配总额及支付情况。设定担保权的特定财产分配情况应当单独列明。破产法第一百一十三条规定的三类债权应当分别列明。债权分配总额为零的,应当予以注明。分配额提存的情况,亦应当列明。

第一百三十八条 (注销登记)因债务人财产不足以清偿破产费用和共益债务,或者因破产人无财产可供分配,或者因破产财产分配完结,人民法院裁定终结破产程序的,管理人应当在人民法院裁定终结破产程序的十日内,持人民法院终结破产程序的裁定,向债务人或者破产人的原登记机关办理注销登记。管理人不能及时办理注销登记的,应当向人民法院书面报告,说明原因。

第一百三十九条 (终止执行职务报告)管理人在办理注销登记完毕后,应制作《管理人终止执行职务的报告》给人民法院,自人民法院送达管理人终止执行职务决定书后,管理人终止执行职务。但存在诉讼或者仲裁未决情况的,管理人应在将提存情况书面告知人民法院,并将提存的分配额交付给人民法院后,再制作终止执行职务的报告给人民法院,自人民法院送达《管理人终止执行职务决定书》后,管理人终止执行职务。

《管理人终止执行职务的报告》应主要列明破产程序终结情况以及破产程序终结后管理人执行职务的情况,并说明无存在诉讼或者仲裁未决的情况。

第一百四十条 (终止执行职务后的账户、公章销毁)自人民法院送达《管理人终止执行职务决定书》后,管理人应当依据相关规定及时办理管理人印鉴章的销毁手续和管理人银行帐户的销户手续。

第六章 附 则

第一百四十一条 (效力)本指引为律师担任管理人业务的指导性意见,旨在向律师提供办理管理人业务方面的借鉴和经验,而非强制性或规范性规定。本指引与相关法律、行政法规及司法解释有抵触的,以相关法律、行政法规及司法解释的规定为准。

第一百四十二条 (解释)本指引由江苏省律师协会民事专业业务委员会和公司法专业委员会共同负责解释。

第一百四十三条 (实施)本指引经审议通过,自发布之日起实施。

第三篇　其他相关法律法规、规章、司法解释及规范性文件

一、民事部分

中华人民共和国民法总则

（2017年3月15日第十二届全国人民代表大会第五次会议通过
2017年3月15日中华人民共和国主席令12届第66号公布
自2017年10月1日起施行）

目　　录

第一章 基本规定

第一条 为了保护民事主体的合法权益,调整民事关系,维护社会和经济秩序,适应中国特色社会主义发展要求,弘扬社会主义核心价值观,根据宪法,制定本法。

第二条 民法调整平等主体的自然人、法人和非法人组织之间的人身关系和财产关系。

第三条 民事主体的人身权利、财产权利以及其他合法权益受法律保护,任何组织或者个人不得侵犯。

第四条 民事主体在民事活动中的法律地位一律平等。

第五条 民事主体从事民事活动,应当遵循自愿原则,按照自己的意思设立、变更、终止民事法律关系。

第六条 民事主体从事民事活动,应当遵循公平原则,合理确定各方的权利和义务。

第七条 民事主体从事民事活动,应当遵循诚信原则,秉持诚实,恪守承诺。

第八条 民事主体从事民事活动,不得违反法律,不得违背公序良俗。

第九条 民事主体从事民事活动,应当有利于节约资源、保护生态环境。

第十条 处理民事纠纷,应当依照法律;法律没有规定的,可以适用习惯,但是不得违背公序良俗。

第十一条 其他法律对民事关系有特别规定的,依照其规定。

第十二条 中华人民共和国领域内的民事活动,适用中华人民共和国法律。法律另有规定的,依照其规定。

第二章 自 然 人

第一节 民事权利能力和民事行为能力

第十三条 自然人从出生时起到死亡时止,具有民事权利能力,依法享有民事权利,承担民事义务。

第十四条　自然人的民事权利能力一律平等。

第十五条　自然人的出生时间和死亡时间，以出生证明、死亡证明记载的时间为准；没有出生证明、死亡证明的，以户籍登记或者其他有效身份登记记载的时间为准。有其他证据足以推翻以上记载时间的，以该证据证明的时间为准。

第十六条　涉及遗产继承、接受赠与等胎儿利益保护的，胎儿视为具有民事权利能力。但是胎儿娩出时为死体的，其民事权利能力自始不存在。

第十七条　十八周岁以上的自然人为成年人。不满十八周岁的自然人为未成年人。

第十八条　成年人为完全民事行为能力人，可以独立实施民事法律行为。

十六周岁以上的未成年人，以自己的劳动收入为主要生活来源的，视为完全民事行为能力人。

第十九条　八周岁以上的未成年人为限制民事行为能力人，实施民事法律行为由其法定代理人代理或者经其法定代理人同意、追认，但是可以独立实施纯获利益的民事法律行为或者与其年龄、智力相适应的民事法律行为。

第二十条　不满八周岁的未成年人为无民事行为能力人，由其法定代理人代理实施民事法律行为。

第二十一条　不能辨认自己行为的成年人为无民事行为能力人，由其法定代理人代理实施民事法律行为。

八周岁以上的未成年人不能辨认自己行为的，适用前款规定。

第二十二条　不能完全辨认自己行为的成年人为限制民事行为能力人，实施民事法律行为由其法定代理人代理或者经其法定代理人同意、追认，但是可以独立实施纯获利益的民事法律行为或者与其智力、精神健康状况相适应的民事法律行为。

第二十三条　无民事行为能力人、限制民事行为能力人的监护人是其法定代理人。

第二十四条　不能辨认或者不能完全辨认自己行为的成年人，其利害关系人或者有关组织，可以向人民法院申请认定该成年人为无民事行为能力人或者限制民事行为能力人。

被人民法院认定为无民事行为能力人或者限制民事行为能力人的，经本人、利害关系人或者有关组织申请，人民法院可以根据其智力、精神健康恢复的状况，认定该成年人恢复为限制民事行为能力人或者完全民事行为能力人。

本条规定的有关组织包括：居民委员会、村民委员会、学校、医疗机构、妇女联合会、残疾人联合会、依法设立的老年人组织、民政部门等。

第二十五条　自然人以户籍登记或者其他有效身份登记记载的居所为住所；

经常居所与住所不一致的,经常居所视为住所。

第二节 监 护

第二十六条 父母对未成年子女负有抚养、教育和保护的义务。

成年子女对父母负有赡养、扶助和保护的义务。

第二十七条 父母是未成年子女的监护人。

未成年人的父母已经死亡或者没有监护能力的,由下列有监护能力的人按顺序担任监护人:

(一)祖父母、外祖父母;

(二)兄、姐;

(三)其他愿意担任监护人的个人或者组织,但是须经未成年人住所地的居民委员会、村民委员会或者民政部门同意。

第二十八条 无民事行为能力或者限制民事行为能力的成年人,由下列有监护能力的人按顺序担任监护人:

(一)配偶;

(二)父母、子女;

(三)其他近亲属;

(四)其他愿意担任监护人的个人或者组织,但是须经被监护人住所地的居民委员会、村民委员会或者民政部门同意。

第二十九条 被监护人的父母担任监护人的,可以通过遗嘱指定监护人。

第三十条 依法具有监护资格的人之间可以协议确定监护人。协议确定监护人应当尊重被监护人的真实意愿。

第三十一条 对监护人的确定有争议的,由被监护人住所地的居民委员会、村民委员会或者民政部门指定监护人,有关当事人对指定不服的,可以向人民法院申请指定监护人;有关当事人也可以直接向人民法院申请指定监护人。

居民委员会、村民委员会、民政部门或者人民法院应当尊重被监护人的真实意愿,按照最有利于被监护人的原则在依法具有监护资格的人中指定监护人。

依照本条第一款规定指定监护人前,被监护人的人身权利、财产权利以及其他合法权益处于无人保护状态的,由被监护人住所地的居民委员会、村民委员会、法律规定的有关组织或者民政部门担任临时监护人。

监护人被指定后,不得擅自变更;擅自变更的,不免除被指定的监护人的责任。

第三十二条 没有依法具有监护资格的人的,监护人由民政部门担任,也可以由具备履行监护职责条件的被监护人住所地的居民委员会、村民委员会担任。

第三十三条 具有完全民事行为能力的成年人,可以与其近亲属、其他愿意担任监护人的个人或者组织事先协商,以书面形式确定自己的监护人。协商确定的监护人在该成年人丧失或者部分丧失民事行为能力时,履行监护职责。

第三十四条　监护人的职责是代理被监护人实施民事法律行为,保护被监护人的人身权利、财产权利以及其他合法权益等。

监护人依法履行监护职责产生的权利,受法律保护。

监护人不履行监护职责或者侵害被监护人合法权益的,应当承担法律责任。

第三十五条　监护人应当按照最有利于被监护人的原则履行监护职责。监护人除为维护被监护人利益外,不得处分被监护人的财产。

未成年人的监护人履行监护职责,在作出与被监护人利益有关的决定时,应当根据被监护人的年龄和智力状况,尊重被监护人的真实意愿。

成年人的监护人履行监护职责,应当最大程度地尊重被监护人的真实意愿,保障并协助被监护人实施与其智力、精神健康状况相适应的民事法律行为。对被监护人有能力独立处理的事务,监护人不得干涉。

第三十六条　监护人有下列情形之一的,人民法院根据有关个人或者组织的申请,撤销其监护人资格,安排必要的临时监护措施,并按照最有利于被监护人的原则依法指定监护人:

(一)实施严重损害被监护人身心健康行为的;

(二)怠于履行监护职责,或者无法履行监护职责并且拒绝将监护职责部分或者全部委托给他人,导致被监护人处于危困状态的;

(三)实施严重侵害被监护人合法权益的其他行为的。

本条规定的有关个人和组织包括:其他依法具有监护资格的人,居民委员会、村民委员会、学校、医疗机构、妇女联合会、残疾人联合会、未成年人保护组织、依法设立的老年人组织、民政部门等。

前款规定的个人和民政部门以外的组织未及时向人民法院申请撤销监护人资格的,民政部门应当向人民法院申请。

第三十七条　依法负担被监护人抚养费、赡养费、扶养费的父母、子女、配偶等,被人民法院撤销监护人资格后,应当继续履行负担的义务。

第三十八条　被监护人的父母或者子女被人民法院撤销监护人资格后,除对被监护人实施故意犯罪的外,确有悔改表现的,经其申请,人民法院可以在尊重被监护人真实意愿的前提下,视情况恢复其监护人资格,人民法院指定的监护人与被监护人的监护关系同时终止。

第三十九条　有下列情形之一的,监护关系终止:

(一)被监护人取得或者恢复完全民事行为能力;

(二)监护人丧失监护能力;

(三)被监护人或者监护人死亡;

(四)人民法院认定监护关系终止的其他情形。

监护关系终止后,被监护人仍然需要监护的,应当依法另行确定监护人。

第三节　宣告失踪和宣告死亡

第四十条　自然人下落不明满二年的,利害关系人可以向人民法院申请宣告该自然人为失踪人。

第四十一条　自然人下落不明的时间从其失去音讯之日起计算。战争期间下落不明的,下落不明的时间自战争结束之日或者有关机关确定的下落不明之日起计算。

第四十二条　失踪人的财产由其配偶、成年子女、父母或者其他愿意担任财产代管人的人代管。

代管有争议,没有前款规定的人,或者前款规定的人无代管能力的,由人民法院指定的人代管。

第四十三条　财产代管人应当妥善管理失踪人的财产,维护其财产权益。

失踪人所欠税款、债务和应付的其他费用,由财产代管人从失踪人的财产中支付。

财产代管人因故意或者重大过失造成失踪人财产损失的,应当承担赔偿责任。

第四十四条　财产代管人不履行代管职责、侵害失踪人财产权益或者丧失代管能力的,失踪人的利害关系人可以向人民法院申请变更财产代管人。

财产代管人有正当理由的,可以向人民法院申请变更财产代管人。

人民法院变更财产代管人的,变更后的财产代管人有权要求原财产代管人及时移交有关财产并报告财产代管情况。

第四十五条　失踪人重新出现,经本人或者利害关系人申请,人民法院应当撤销失踪宣告。

失踪人重新出现,有权要求财产代管人及时移交有关财产并报告财产代管情况。

第四十六条　自然人有下列情形之一的,利害关系人可以向人民法院申请宣告该自然人死亡:

(一)下落不明满四年;

(二)因意外事件,下落不明满二年。

因意外事件下落不明,经有关机关证明该自然人不可能生存的,申请宣告死亡不受二年时间的限制。

第四十七条　对同一自然人,有的利害关系人申请宣告死亡,有的利害关系人申请宣告失踪,符合本法规定的宣告死亡条件的,人民法院应当宣告死亡。

第四十八条 被宣告死亡的人,人民法院宣告死亡的判决作出之日视为其死亡的日期;因意外事件下落不明宣告死亡的,意外事件发生之日视为其死亡的日期。

第四十九条 自然人被宣告死亡但是并未死亡的,不影响该自然人在被宣告死亡期间实施的民事法律行为的效力。

第五十条 被宣告死亡的人重新出现,经本人或者利害关系人申请,人民法院应当撤销死亡宣告。

第五十一条 被宣告死亡的人的婚姻关系,自死亡宣告之日起消灭。死亡宣告被撤销的,婚姻关系自撤销死亡宣告之日起自行恢复,但是其配偶再婚或者向婚姻登记机关书面声明不愿意恢复的除外。

第五十二条 被宣告死亡的人在被宣告死亡期间,其子女被他人依法收养的,在死亡宣告被撤销后,不得以未经本人同意为由主张收养关系无效。

第五十三条 被撤销死亡宣告的人有权请求依照继承法取得其财产的民事主体返还财产。无法返还的,应当给予适当补偿。

利害关系人隐瞒真实情况,致使他人被宣告死亡取得其财产的,除应当返还财产外,还应当对由此造成的损失承担赔偿责任。

第四节 个体工商户和农村承包经营户

第五十四条 自然人从事工商业经营,经依法登记,为个体工商户。个体工商户可以起字号。

第五十五条 农村集体经济组织的成员,依法取得农村土地承包经营权,从事家庭承包经营的,为农村承包经营户。

第五十六条 个体工商户的债务,个人经营的,以个人财产承担;家庭经营的,以家庭财产承担;无法区分的,以家庭财产承担。

农村承包经营户的债务,以从事农村土地承包经营的农户财产承担;事实上由农户部分成员经营的,以该部分成员的财产承担。

第三章 法 人

第一节 一般规定

第五十七条 法人是具有民事权利能力和民事行为能力,依法独立享有民事权利和承担民事义务的组织。

第五十八条 法人应当依法成立。

法人应当有自己的名称、组织机构、住所、财产或者经费。法人成立的具体条件和程序,依照法律、行政法规的规定。

设立法人,法律、行政法规规定须经有关机关批准的,依照其规定。

第五十九条　法人的民事权利能力和民事行为能力,从法人成立时产生,到法人终止时消灭。

第六十条　法人以其全部财产独立承担民事责任。

第六十一条　依照法律或者法人章程的规定,代表法人从事民事活动的负责人,为法人的法定代表人。

法定代表人以法人名义从事的民事活动,其法律后果由法人承受。

法人章程或者法人权力机构对法定代表人代表权的限制,不得对抗善意相对人。

第六十二条　法定代表人因执行职务造成他人损害的,由法人承担民事责任。

法人承担民事责任后,依照法律或者法人章程的规定,可以向有过错的法定代表人追偿。

第六十三条　法人以其主要办事机构所在地为住所。依法需要办理法人登记的,应当将主要办事机构所在地登记为住所。

第六十四条　法人存续期间登记事项发生变化的,应当依法向登记机关申请变更登记。

第六十五条　法人的实际情况与登记的事项不一致的,不得对抗善意相对人。

第六十六条　登记机关应当依法及时公示法人登记的有关信息。

第六十七条　法人合并的,其权利和义务由合并后的法人享有和承担。

法人分立的,其权利和义务由分立后的法人享有连带债权,承担连带债务,但是债权人和债务人另有约定的除外。

第六十八条　有下列原因之一并依法完成清算、注销登记的,法人终止:

(一)法人解散;

(二)法人被宣告破产;

(三)法律规定的其他原因。

法人终止,法律、行政法规规定须经有关机关批准的,依照其规定。

第六十九条　有下列情形之一的,法人解散:

(一)法人章程规定的存续期间届满或者法人章程规定的其他解散事由出现;

(二)法人的权力机构决议解散;

(三)因法人合并或者分立需要解散;

(四)法人依法被吊销营业执照、登记证书,被责令关闭或者被撤销;

(五)法律规定的其他情形。

第七十条　法人解散的，除合并或者分立的情形外，清算义务人应当及时组成清算组进行清算。

法人的董事、理事等执行机构或者决策机构的成员为清算义务人。法律、行政法规另有规定的，依照其规定。

清算义务人未及时履行清算义务，造成损害的，应当承担民事责任；主管机关或者利害关系人可以申请人民法院指定有关人员组成清算组进行清算。

第七十一条　法人的清算程序和清算组职权，依照有关法律的规定；没有规定的，参照适用公司法的有关规定。

第七十二条　清算期间法人存续，但是不得从事与清算无关的活动。

法人清算后的剩余财产，根据法人章程的规定或者法人权力机构的决议处理。法律另有规定的，依照其规定。

清算结束并完成法人注销登记时，法人终止；依法不需要办理法人登记的，清算结束时，法人终止。

第七十三条　法人被宣告破产的，依法进行破产清算并完成法人注销登记时，法人终止。

第七十四条　法人可以依法设立分支机构。法律、行政法规规定分支机构应当登记的，依照其规定。

分支机构以自己的名义从事民事活动，产生的民事责任由法人承担；也可以先以该分支机构管理的财产承担，不足以承担的，由法人承担。

第七十五条　设立人为设立法人从事的民事活动，其法律后果由法人承受；法人未成立的，其法律后果由设立人承受，设立人为二人以上的，享有连带债权，承担连带债务。

设立人为设立法人以自己的名义从事民事活动产生的民事责任，第三人有权选择请求法人或者设立人承担。

第二节　营利法人

第七十六条　以取得利润并分配给股东等出资人为目的成立的法人，为营利法人。

营利法人包括有限责任公司、股份有限公司和其他企业法人等。

第七十七条　营利法人经依法登记成立。

第七十八条　依法设立的营利法人，由登记机关发给营利法人营业执照。营业执照签发日期为营利法人的成立日期。

第七十九条　设立营利法人应当依法制定法人章程。

第八十条　营利法人应当设权力机构。

权力机构行使修改法人章程,选举或者更换执行机构、监督机构成员,以及法人章程规定的其他职权。

第八十一条 营利法人应当设执行机构。

执行机构行使召集权力机构会议,决定法人的经营计划和投资方案,决定法人内部管理机构的设置,以及法人章程规定的其他职权。

执行机构为董事会或者执行董事的,董事长、执行董事或者经理按照法人章程的规定担任法定代表人;未设董事会或者执行董事的,法人章程规定的主要负责人为其执行机构和法定代表人。

第八十二条 营利法人设监事会或者监事等监督机构的,监督机构依法行使检查法人财务,监督执行机构成员、高级管理人员执行法人职务的行为,以及法人章程规定的其他职权。

第八十三条 营利法人的出资人不得滥用出资人权利损害法人或者其他出资人的利益。滥用出资人权利给法人或者其他出资人造成损失的,应当依法承担民事责任。

营利法人的出资人不得滥用法人独立地位和出资人有限责任损害法人的债权人利益。滥用法人独立地位和出资人有限责任,逃避债务,严重损害法人的债权人利益的,应当对法人债务承担连带责任。

第八十四条 营利法人的控股出资人、实际控制人、董事、监事、高级管理人员不得利用其关联关系损害法人的利益。利用关联关系给法人造成损失的,应当承担赔偿责任。

第八十五条 营利法人的权力机构、执行机构作出决议的会议召集程序、表决方式违反法律、行政法规、法人章程,或者决议内容违反法人章程的,营利法人的出资人可以请求人民法院撤销该决议,但是营利法人依据该决议与善意相对人形成的民事法律关系不受影响。

第八十六条 营利法人从事经营活动,应当遵守商业道德,维护交易安全,接受政府和社会的监督,承担社会责任。

第三节 非营利法人

第八十七条 为公益目的或者其他非营利目的成立,不向出资人、设立人或者会员分配所取得利润的法人,为非营利法人。

非营利法人包括事业单位、社会团体、基金会、社会服务机构等。

第八十八条 具备法人条件,为适应经济社会发展需要,提供公益服务设立的事业单位,经依法登记成立,取得事业单位法人资格;依法不需要办理法人登记的,从成立之日起,具有事业单位法人资格。

第八十九条　事业单位法人设理事会的，除法律另有规定外，理事会为其决策机构。事业单位法人的法定代表人依照法律、行政法规或者法人章程的规定产生。

第九十条　具备法人条件，基于会员共同意愿，为公益目的或者会员共同利益等非营利目的设立的社会团体，经依法登记成立，取得社会团体法人资格；依法不需要办理法人登记的，从成立之日起，具有社会团体法人资格。

第九十一条　设立社会团体法人应当依法制定法人章程。

社会团体法人应当设会员大会或者会员代表大会等权力机构。

社会团体法人应当设理事会等执行机构。理事长或者会长等负责人按照法人章程的规定担任法定代表人。

第九十二条　具备法人条件，为公益目的以捐助财产设立的基金会、社会服务机构等，经依法登记成立，取得捐助法人资格。

依法设立的宗教活动场所，具备法人条件的，可以申请法人登记，取得捐助法人资格。法律、行政法规对宗教活动场所有规定的，依照其规定。

第九十三条　设立捐助法人应当依法制定法人章程。

捐助法人应当设理事会、民主管理组织等决策机构，并设执行机构。理事长等负责人按照法人章程的规定担任法定代表人。

捐助法人应当设监事会等监督机构。

第九十四条　捐助人有权向捐助法人查询捐助财产的使用、管理情况，并提出意见和建议，捐助法人应当及时、如实答复。

捐助法人的决策机构、执行机构或者法定代表人作出决定的程序违反法律、行政法规、法人章程，或者决定内容违反法人章程的，捐助人等利害关系人或者主管机关可以请求人民法院撤销该决定，但是捐助法人依据该决定与善意相对人形成的民事法律关系不受影响。

第九十五条　为公益目的成立的非营利法人终止时，不得向出资人、设立人或者会员分配剩余财产。剩余财产应当按照法人章程的规定或者权力机构的决议用于公益目的；无法按照法人章程的规定或者权力机构的决议处理的，由主管机关主持转给宗旨相同或者相近的法人，并向社会公告。

第四节　特别法人

第九十六条　本节规定的机关法人、农村集体经济组织法人、城镇农村的合作经济组织法人、基层群众性自治组织法人，为特别法人。

第九十七条　有独立经费的机关和承担行政职能的法定机构从成立之日起，具有机关法人资格，可以从事为履行职能所需要的民事活动。

第九十八条　机关法人被撤销的，法人终止，其民事权利和义务由继任的机关法人享有和承担;没有继任的机关法人的,由作出撤销决定的机关法人享有和承担。

第九十九条　农村集体经济组织依法取得法人资格。

法律、行政法规对农村集体经济组织有规定的,依照其规定。

第一百条　城镇农村的合作经济组织依法取得法人资格。

法律、行政法规对城镇农村的合作经济组织有规定的,依照其规定。

第一百零一条　居民委员会、村民委员会具有基层群众性自治组织法人资格,可以从事为履行职能所需要的民事活动。

未设立村集体经济组织的,村民委员会可以依法代行村集体经济组织的职能。

第四章　非法人组织

第一百零二条　非法人组织是不具有法人资格,但是能够依法以自己的名义从事民事活动的组织。

非法人组织包括个人独资企业、合伙企业、不具有法人资格的专业服务机构等。

第一百零三条　非法人组织应当依照法律的规定登记。

设立非法人组织,法律、行政法规规定须经有关机关批准的,依照其规定。

第一百零四条　非法人组织的财产不足以清偿债务的,其出资人或者设立人承担无限责任。法律另有规定的,依照其规定。

第一百零五条　非法人组织可以确定一人或者数人代表该组织从事民事活动。

第一百零六条　有下列情形之一的,非法人组织解散:

(一)章程规定的存续期间届满或者章程规定的其他解散事由出现;

(二)出资人或者设立人决定解散;

(三)法律规定的其他情形。

第一百零七条　非法人组织解散的,应当依法进行清算。

第一百零八条　非法人组织除适用本章规定外,参照适用本法第三章第一节的有关规定。

第五章　民 事 权 利

第一百零九条　自然人的人身自由、人格尊严受法律保护。

第一百一十条　自然人享有生命权、身体权、健康权、姓名权、肖像权、名誉权、荣誉权、隐私权、婚姻自主权等权利。

法人、非法人组织享有名称权、名誉权、荣誉权等权利。

第一百一十一条　自然人的个人信息受法律保护。任何组织和个人需要获取他人个人信息的，应当依法取得并确保信息安全，不得非法收集、使用、加工、传输他人个人信息，不得非法买卖、提供或者公开他人个人信息。

第一百一十二条　自然人因婚姻、家庭关系等产生的人身权利受法律保护。

第一百一十三条　民事主体的财产权利受法律平等保护。

第一百一十四条　民事主体依法享有物权。

物权是权利人依法对特定的物享有直接支配和排他的权利，包括所有权、用益物权和担保物权。

第一百一十五条　物包括不动产和动产。法律规定权利作为物权客体的，依照其规定。

第一百一十六条　物权的种类和内容，由法律规定。

第一百一十七条　为了公共利益的需要，依照法律规定的权限和程序征收、征用不动产或者动产的，应当给予公平、合理的补偿。

第一百一十八条　民事主体依法享有债权。

债权是因合同、侵权行为、无因管理、不当得利以及法律的其他规定，权利人请求特定义务人为或者不为一定行为的权利。

第一百一十九条　依法成立的合同，对当事人具有法律约束力。

第一百二十条　民事权益受到侵害的，被侵权人有权请求侵权人承担侵权责任。

第一百二十一条　没有法定的或者约定的义务，为避免他人利益受损失而进行管理的人，有权请求受益人偿还由此支出的必要费用。

第一百二十二条　因他人没有法律根据，取得不当利益，受损失的人有权请求其返还不当利益。

第一百二十三条　民事主体依法享有知识产权。

知识产权是权利人依法就下列客体享有的专有的权利：

（一）作品；

（二）发明、实用新型、外观设计；

（三）商标；

（四）地理标志；

（五）商业秘密；

（六）集成电路布图设计；

（七）植物新品种；

（八）法律规定的其他客体。

第一百二十四条　自然人依法享有继承权。

自然人合法的私有财产,可以依法继承。

第一百二十五条 民事主体依法享有股权和其他投资性权利。

第一百二十六条 民事主体享有法律规定的其他民事权利和利益。

第一百二十七条 法律对数据、网络虚拟财产的保护有规定的,依照其规定。

第一百二十八条 法律对未成年人、老年人、残疾人、妇女、消费者等的民事权利保护有特别规定的,依照其规定。

第一百二十九条 民事权利可以依据民事法律行为、事实行为、法律规定的事件或者法律规定的其他方式取得。

第一百三十条 民事主体按照自己的意愿依法行使民事权利,不受干涉。

第一百三十一条 民事主体行使权利时,应当履行法律规定的和当事人约定的义务。

第一百三十二条 民事主体不得滥用民事权利损害国家利益、社会公共利益或者他人合法权益。

第六章 民事法律行为

第一节 一般规定

第一百三十三条 民事法律行为是民事主体通过意思表示设立、变更、终止民事法律关系的行为。

第一百三十四条 民事法律行为可以基于双方或者多方的意思表示一致成立,也可以基于单方的意思表示成立。

法人、非法人组织依照法律或者章程规定的议事方式和表决程序作出决议的,该决议行为成立。

第一百三十五条 民事法律行为可以采用书面形式、口头形式或者其他形式;法律、行政法规规定或者当事人约定采用特定形式的,应当采用特定形式。

第一百三十六条 民事法律行为自成立时生效,但是法律另有规定或者当事人另有约定的除外。

行为人非依法律规定或者未经对方同意,不得擅自变更或者解除民事法律行为。

第二节 意思表示

第一百三十七条 以对话方式作出的意思表示,相对人知道其内容时生效。

以非对话方式作出的意思表示,到达相对人时生效。以非对话方式作出的采用数据电文形式的意思表示,相对人指定特定系统接收数据电文的,该数据电文进入该特定系统时生效；未指定特定系统的，相对人知道或者应当知道该数据电文进入其系统时生效。当事人对采用数据电文形式的意思表示的生效时间另有约定的，按照其约定。

第一百三十八条　无相对人的意思表示，表示完成时生效。法律另有规定的，依照其规定。

第一百三十九条　以公告方式作出的意思表示，公告发布时生效。

第一百四十条　行为人可以明示或者默示作出意思表示。

沉默只有在有法律规定、当事人约定或者符合当事人之间的交易习惯时，才可以视为意思表示。

第一百四十一条　行为人可以撤回意思表示。撤回意思表示的通知应当在意思表示到达相对人前或者与意思表示同时到达相对人。

第一百四十二条　有相对人的意思表示的解释，应当按照所使用的词句，结合相关条款、行为的性质和目的、习惯以及诚信原则，确定意思表示的含义。

无相对人的意思表示的解释，不能完全拘泥于所使用的词句，而应当结合相关条款、行为的性质和目的、习惯以及诚信原则，确定行为人的真实意思。

第三节　民事法律行为的效力

第一百四十三条　具备下列条件的民事法律行为有效：

（一）行为人具有相应的民事行为能力；

（二）意思表示真实；

（三）不违反法律、行政法规的强制性规定，不违背公序良俗。

第一百四十四条　无民事行为能力人实施的民事法律行为无效。

第一百四十五条　限制民事行为能力人实施的纯获利益的民事法律行为或者与其年龄、智力、精神健康状况相适应的民事法律行为有效；实施的其他民事法律行为经法定代理人同意或者追认后有效。

相对人可以催告法定代理人自收到通知之日起一个月内予以追认。法定代理人未作表示的，视为拒绝追认。民事法律行为被追认前，善意相对人有撤销的权利。撤销应当以通知的方式作出。

第一百四十六条　行为人与相对人以虚假的意思表示实施的民事法律行为无效。

以虚假的意思表示隐藏的民事法律行为的效力，依照有关法律规定处理。

第一百四十七条　基于重大误解实施的民事法律行为，行为人有权请求人民法院或者仲裁机构予以撤销。

第一百四十八条　一方以欺诈手段，使对方在违背真实意思的情况下实施的民事法律行为,受欺诈方有权请求人民法院或者仲裁机构予以撤销。

第一百四十九条　第三人实施欺诈行为,使一方在违背真实意思的情况下实施的民事法律行为,对方知道或者应当知道该欺诈行为的,受欺诈方有权请求人民法院或者仲裁机构予以撤销。

第一百五十条　一方或者第三人以胁迫手段,使对方在违背真实意思的情况下实施的民事法律行为,受胁迫方有权请求人民法院或者仲裁机构予以撤销。

第一百五十一条　一方利用对方处于危困状态、缺乏判断能力等情形,致使民事法律行为成立时显失公平的,受损害方有权请求人民法院或者仲裁机构予以撤销。

第一百五十二条　有下列情形之一的,撤销权消灭:

(一)当事人自知道或者应当知道撤销事由之日起一年内、重大误解的当事人自知道或者应当知道撤销事由之日起三个月内没有行使撤销权;

(二)当事人受胁迫,自胁迫行为终止之日起一年内没有行使撤销权;

(三)当事人知道撤销事由后明确表示或者以自己的行为表明放弃撤销权。

当事人自民事法律行为发生之日起五年内没有行使撤销权的,撤销权消灭。

第一百五十三条　违反法律、行政法规的强制性规定的民事法律行为无效,但是该强制性规定不导致该民事法律行为无效的除外。

违背公序良俗的民事法律行为无效。

第一百五十四条　行为人与相对人恶意串通,损害他人合法权益的民事法律行为无效。

第一百五十五条　无效的或者被撤销的民事法律行为自始没有法律约束力。

第一百五十六条　民事法律行为部分无效,不影响其他部分效力的,其他部分仍然有效。

第一百五十七条　民事法律行为无效、被撤销或者确定不发生效力后,行为人因该行为取得的财产,应当予以返还;不能返还或者没有必要返还的,应当折价补偿。有过错的一方应当赔偿对方由此所受到的损失;各方都有过错的,应当各自承担相应的责任。法律另有规定的,依照其规定。

第四节　民事法律行为的附条件和附期限

第一百五十八条　民事法律行为可以附条件,但是按照其性质不得附条件的除外。附生效条件的民事法律行为,自条件成就时生效。附解除条件的民事法律行为,自条件成就时失效。

第一百五十九条　附条件的民事法律行为,当事人为自己的利益不正当地阻止条件成就的,视为条件已成就;不正当地促成条件成就的,视为条件不成就。

第一百六十条　民事法律行为可以附期限，但是按照其性质不得附期限的除外。附生效期限的民事法律行为，自期限届至时生效。附终止期限的民事法律行为，自期限届满时失效。

第七章　代　　理

第一节　一般规定

第一百六十一条　民事主体可以通过代理人实施民事法律行为。

依照法律规定、当事人约定或者民事法律行为的性质，应当由本人亲自实施的民事法律行为，不得代理。

第一百六十二条　代理人在代理权限内，以被代理人名义实施的民事法律行为，对被代理人发生效力。

第一百六十三条　代理包括委托代理和法定代理。

委托代理人按照被代理人的委托行使代理权。法定代理人依照法律的规定行使代理权。

第一百六十四条　代理人不履行或者不完全履行职责，造成被代理人损害的，应当承担民事责任。

代理人和相对人恶意串通，损害被代理人合法权益的，代理人和相对人应当承担连带责任。

第二节　委托代理

第一百六十五条　委托代理授权采用书面形式的，授权委托书应当载明代理人的姓名或者名称、代理事项、权限和期间，并由被代理人签名或者盖章。

第一百六十六条　数人为同一代理事项的代理人的，应当共同行使代理权，但是当事人另有约定的除外。

第一百六十七条　代理人知道或者应当知道代理事项违法仍然实施代理行为，或者被代理人知道或者应当知道代理人的代理行为违法未作反对表示的，被代理人和代理人应当承担连带责任。

第一百六十八条　代理人不得以被代理人的名义与自己实施民事法律行为，但是被代理人同意或者追认的除外。

代理人不得以被代理人的名义与自己同时代理的其他人实施民事法律行为，但是被代理的双方同意或者追认的除外。

第一百六十九条　代理人需要转委托第三人代理的，应当取得被代理人的同意或者追认。

转委托代理经被代理人同意或者追认的,被代理人可以就代理事务直接指示转委托的第三人,代理人仅就第三人的选任以及对第三人的指示承担责任。

转委托代理未经被代理人同意或者追认的,代理人应当对转委托的第三人的行为承担责任,但是在紧急情况下代理人为了维护被代理人的利益需要转委托第三人代理的除外。

第一百七十条 执行法人或者非法人组织工作任务的人员,就其职权范围内的事项,以法人或者非法人组织的名义实施民事法律行为,对法人或者非法人组织发生效力。

法人或者非法人组织对执行其工作任务的人员职权范围的限制,不得对抗善意相对人。

第一百七十一条 行为人没有代理权、超越代理权或者代理权终止后,仍然实施代理行为,未经被代理人追认的,对被代理人不发生效力。

相对人可以催告被代理人自收到通知之日起一个月内予以追认。被代理人未作表示的,视为拒绝追认。行为人实施的行为被追认前,善意相对人有撤销的权利。撤销应当以通知的方式作出。

行为人实施的行为未被追认的,善意相对人有权请求行为人履行债务或者就其受到的损害请求行为人赔偿,但是赔偿的范围不得超过被代理人追认时相对人所能获得的利益。

相对人知道或者应当知道行为人无权代理的,相对人和行为人按照各自的过错承担责任。

第一百七十二条 行为人没有代理权、超越代理权或者代理权终止后,仍然实施代理行为,相对人有理由相信行为人有代理权的,代理行为有效。

第三节 代理终止

第一百七十三条 有下列情形之一的,委托代理终止:

(一)代理期间届满或者代理事务完成;

(二)被代理人取消委托或者代理人辞去委托;

(三)代理人丧失民事行为能力;

(四)代理人或者被代理人死亡;

(五)作为代理人或者被代理人的法人、非法人组织终止。

第一百七十四条 被代理人死亡后,有下列情形之一的,委托代理人实施的代理行为有效:

(一)代理人不知道并且不应当知道被代理人死亡;

(二)被代理人的继承人予以承认;

（三）授权中明确代理权在代理事务完成时终止；

（四）被代理人死亡前已经实施，为了被代理人的继承人的利益继续代理。

作为被代理人的法人、非法人组织终止的，参照适用前款规定。

第一百七十五条　有下列情形之一的，法定代理终止：

（一）被代理人取得或者恢复完全民事行为能力；

（二）代理人丧失民事行为能力；

（三）代理人或者被代理人死亡；

（四）法律规定的其他情形。

第八章　民事责任

第一百七十六条　民事主体依照法律规定和当事人约定，履行民事义务，承担民事责任。

第一百七十七条　二人以上依法承担按份责任，能够确定责任大小的，各自承担相应的责任；难以确定责任大小的，平均承担责任。

第一百七十八条　二人以上依法承担连带责任的，权利人有权请求部分或者全部连带责任人承担责任。

连带责任人的责任份额根据各自责任大小确定；难以确定责任大小的，平均承担责任。实际承担责任超过自己责任份额的连带责任人，有权向其他连带责任人追偿。

连带责任，由法律规定或者当事人约定。

第一百七十九条　承担民事责任的方式主要有：

（一）停止侵害；

（二）排除妨碍；

（三）消除危险；

（四）返还财产；

（五）恢复原状；

（六）修理、重作、更换；

（七）继续履行；

（八）赔偿损失；

（九）支付违约金；

（十）消除影响、恢复名誉；

（十一）赔礼道歉。

法律规定惩罚性赔偿的，依照其规定。

本条规定的承担民事责任的方式，可以单独适用，也可以合并适用。

第一百八十条 因不可抗力不能履行民事义务的,不承担民事责任。法律另有规定的,依照其规定。

不可抗力是指不能预见、不能避免且不能克服的客观情况。

第一百八十一条 因正当防卫造成损害的,不承担民事责任。

正当防卫超过必要的限度,造成不应有的损害的,正当防卫人应当承担适当的民事责任。

第一百八十二条 因紧急避险造成损害的,由引起险情发生的人承担民事责任。

危险由自然原因引起的,紧急避险人不承担民事责任,可以给予适当补偿。

紧急避险采取措施不当或者超过必要的限度,造成不应有的损害的,紧急避险人应当承担适当的民事责任。

第一百八十三条 因保护他人民事权益使自己受到损害的,由侵权人承担民事责任,受益人可以给予适当补偿。没有侵权人、侵权人逃逸或者无力承担民事责任,受害人请求补偿的,受益人应当给予适当补偿。

第一百八十四条 因自愿实施紧急救助行为造成受助人损害的,救助人不承担民事责任。

第一百八十五条 侵害英雄烈士等的姓名、肖像、名誉、荣誉,损害社会公共利益的,应当承担民事责任。

第一百八十六条 因当事人一方的违约行为,损害对方人身权益、财产权益的,受损害方有权选择请求其承担违约责任或者侵权责任。

第一百八十七条 民事主体因同一行为应当承担民事责任、行政责任和刑事责任的,承担行政责任或者刑事责任不影响承担民事责任;民事主体的财产不足以支付的,优先用于承担民事责任。

第九章 诉讼时效

第一百八十八条 向人民法院请求保护民事权利的诉讼时效期间为三年。法律另有规定的,依照其规定。

诉讼时效期间自权利人知道或者应当知道权利受到损害以及义务人之日起计算。法律另有规定的,依照其规定。但是自权利受到损害之日起超过二十年的,人民法院不予保护;有特殊情况的,人民法院可以根据权利人的申请决定延长。

第一百八十九条 当事人约定同一债务分期履行的,诉讼时效期间自最后一期履行期限届满之日起计算。

第一百九十条 无民事行为能力人或者限制民事行为能力人对其法定代理人的请求权的诉讼时效期间,自该法定代理终止之日起计算。

第一百九十一条　未成年人遭受性侵害的损害赔偿请求权的诉讼时效期间，自受害人年满十八周岁之日起计算。

第一百九十二条　诉讼时效期间届满的，义务人可以提出不履行义务的抗辩。

诉讼时效期间届满后，义务人同意履行的，不得以诉讼时效期间届满为由抗辩；义务人已自愿履行的，不得请求返还。

第一百九十三条　人民法院不得主动适用诉讼时效的规定。

第一百九十四条　在诉讼时效期间的最后六个月内，因下列障碍，不能行使请求权的，诉讼时效中止：

（一）不可抗力；

（二）无民事行为能力人或者限制民事行为能力人没有法定代理人，或者法定代理人死亡、丧失民事行为能力、丧失代理权；

（三）继承开始后未确定继承人或者遗产管理人；

（四）权利人被义务人或者其他人控制；

（五）其他导致权利人不能行使请求权的障碍。

自中止时效的原因消除之日起满六个月，诉讼时效期间届满。

第一百九十五条　有下列情形之一的，诉讼时效中断，从中断、有关程序终结时起，诉讼时效期间重新计算：

（一）权利人向义务人提出履行请求；

（二）义务人同意履行义务；

（三）权利人提起诉讼或者申请仲裁；

（四）与提起诉讼或者申请仲裁具有同等效力的其他情形。

第一百九十六条　下列请求权不适用诉讼时效的规定：

（一）请求停止侵害、排除妨碍、消除危险；

（二）不动产物权和登记的动产物权的权利人请求返还财产；

（三）请求支付抚养费、赡养费或者扶养费；

（四）依法不适用诉讼时效的其他请求权。

第一百九十七条　诉讼时效的期间、计算方法以及中止、中断的事由由法律规定，当事人约定无效。

当事人对诉讼时效利益的预先放弃无效。

第一百九十八条　法律对仲裁时效有规定的，依照其规定；没有规定的，适用诉讼时效的规定。

第一百九十九条　法律规定或者当事人约定的撤销权、解除权等权利的存续期间，除法律另有规定外，自权利人知道或者应当知道权利产生之日起计算，不适用有关诉讼时效中止、中断和延长的规定。存续期间届满，撤销权、解除权等权利消灭。

第十章 期间计算

第二百条 民法所称的期间按照公历年、月、日、小时计算。

第二百零一条 按照年、月、日计算期间的,开始的当日不计入,自下一日开始计算。

按照小时计算期间的,自法律规定或者当事人约定的时间开始计算。

第二百零二条 按照年、月计算期间的,到期月的对应日为期间的最后一日;没有对应日的,月末日为期间的最后一日。

第二百零三条 期间的最后一日是法定休假日的,以法定休假日结束的次日为期间的最后一日。

期间的最后一日的截止时间为二十四时;有业务时间的,停止业务活动的时间为截止时间。

第二百零四条 期间的计算方法依照本法的规定,但是法律另有规定或者当事人另有约定的除外。

第十一章 附 则

第二百零五条 民法所称的"以上""以下""以内""届满",包括本数;所称的"不满""超过""以外",不包括本数。

第二百零六条 本法自2017年10月1日起施行。

中华人民共和国民法通则

(1986年4月12日第六届全国人民代表大会第四次会议通过
1986年4月12日中华人民共和国主席令第37号公布 自1987年1月1日起施行
根据2009年8月27日第十一届全国人民代表大会常务委员会第十次会议
《关于修改部分法律的决定》修正)

目 录

第一章　基本原则

第一条　为了保障公民、法人的合法的民事权益，正确调整民事关系，适应社会主义现代化建设事业发展的需要，根据宪法和我国实际情况，总结民事活动的实践经验，制定本法。

第二条　中华人民共和国民法调整平等主体的公民之间、法人之间、公民和法人之间的财产关系和人身关系。

第三条　当事人在民事活动中的地位平等。

第四条　民事活动应当遵循自愿、公平、等价有偿、诚实信用的原则。

第五条　公民、法人的合法的民事权益受法律保护，任何组织和个人不得侵犯。

第六条　民事活动必须遵守法律,法律没有规定的,应当遵守国家政策。

第七条　民事活动应当尊重社会公德,不得损害社会公共利益,扰乱社会经济秩序。

第八条　在中华人民共和国领域内的民事活动,适用中华人民共和国法律,法律另有规定的除外。

本法关于公民的规定,适用于在中华人民共和国领域内的外国人、无国籍人,法律另有规定的除外。

第二章　公民(自然人)

第一节　民事权利能力和民事行为能力

第九条　公民从出生时起到死亡时止,具有民事权利能力,依法享有民事权利,承担民事义务。

第十条　公民的民事权利能力一律平等。

第十一条　十八周岁以上的公民是成年人,具有完全民事行为能力,可以独立进行民事活动,是完全民事行为能力人。

十六周岁以上不满十八周岁的公民,以自己的劳动收入为主要生活来源的,视为完全民事行为能力人。

第十二条　十周岁以上的未成年人是限制民事行为能力人,可以进行与他的年龄、智力相适应的民事活动;其他民事活动由他的法定代理人代理,或者征得他的法定代理人的同意。

不满十周岁的未成年人是无民事行为能力人,由他的法定代理人代理民事活动。

第十三条　不能辨认自己行为的精神病人是无民事行为能力人,由他的法定代理人代理民事活动。

不能完全辨认自己行为的精神病人是限制民事行为能力人,可以进行与他的精神健康状况相适应的民事活动;其他民事活动由他的法定代理人代理,或者征得他的法定代理人的同意。

第十四条　无民事行为能力人、限制民事行为能力人的监护人是他的法定代理人。

第十五条　公民以他的户籍所在地的居住地为住所,经常居住地与住所不一致的,经常居住地视为住所。

第二节　监　　护

第十六条　未成年人的父母是未成年人的监护人。

未成年人的父母已经死亡或者没有监护能力的，由下列人员中有监护能力的人担任监护人：

（一）祖父母、外祖父母；

（二）兄、姐；

（三）关系密切的其他亲属、朋友愿意承担监护责任，经未成年人的父、母的所在单位或者未成年人住所地的居民委员会、村民委员会同意的。

对担任监护人有争议的，由未成年人的父、母的所在单位或者未成年人住所地的居民委员会、村民委员会在近亲属中指定。对指定不服提起诉讼的，由人民法院裁决。

没有第一款、第二款规定的监护人的，由未成年人的父、母的所在单位或者未成年人住所地的居民委员会、村民委员会或者民政部门担任监护人。

第十七条　无民事行为能力或者限制民事行为能力的精神病人，由下列人员担任监护人：

（一）配偶；

（二）父母；

（三）成年子女；

（四）其他近亲属；

（五）关系密切的其他亲属、朋友愿意承担监护责任，经精神病人的所在单位或者住所地的居民委员会、村民委员会同意的。

对担任监护人有争议的，由精神病人的所在单位或者住所地的居民委员会、村民委员会在近亲属中指定。对指定不服提起诉讼的，由人民法院裁决。

没有第一款规定的监护人的，由精神病人的所在单位或者住所地的居民委员会、村民委员会或者民政部门担任监护人。

第十八条　监护人应当履行监护职责，保护被监护人的人身、财产及其他合法权益，除为被监护人的利益外，不得处理被监护人的财产。

监护人依法履行监护的权利，受法律保护。

监护人不履行监护职责或者侵害被监护人的合法权益的，应当承担责任；给被监护人造成财产损失的，应当赔偿损失。人民法院可以根据有关人员或者有关单位的申请，撤销监护人的资格。

第十九条　精神病人的利害关系人，可以向人民法院申请宣告精神病人为无民事行为能力人或者限制民事行为能力人。

被人民法院宣告为无民事行为能力人或者限制民事行为能力人的，根据他健康恢复的状况，经本人或者利害关系人申请，人民法院可以宣告他为限制民事行为能力人或者完全民事行为能力人。

第三节　宣告失踪和宣告死亡

第二十条　公民下落不明满二年的,利害关系人可以向人民法院申请宣告他为失踪人。

战争期间下落不明的,下落不明的时间从战争结束之日起计算。

第二十一条　失踪人的财产由他的配偶、父母、成年子女或者关系密切的其他亲属、朋友代管。代管有争议的,没有以上规定的人或者以上规定的人无能力代管的,由人民法院指定的人代管。

失踪人所欠税款、债务和应付的其他费用,由代管人从失踪人的财产中支付。

第二十二条　被宣告失踪的人重新出现或者确知他的下落,经本人或者利害关系人申请,人民法院应当撤销对他的失踪宣告。

第二十三条　公民有下列情形之一的,利害关系人可以向人民法院申请宣告他死亡:

(一)下落不明满四年的;

(二)因意外事故下落不明,从事故发生之日起满二年的。

战争期间下落不明的,下落不明的时间从战争结束之日起计算。

第二十四条　被宣告死亡的人重新出现或者确知他没有死亡,经本人或者利害关系人申请,人民法院应当撤销对他的死亡宣告。

有民事行为能力人在被宣告死亡期间实施的民事法律行为有效。

第二十五条　被撤销死亡宣告的人有权请求返还财产。依照继承法取得他的财产的公民或者组织,应当返还原物;原物不存在的,给予适当补偿。

第四节　个体工商户、农村承包经营户

第二十六条　公民在法律允许的范围内,依法经核准登记,从事工商业经营的,为个体工商户。个体工商户可以起字号。

第二十七条　农村集体经济组织的成员,在法律允许的范围内,按照承包合同规定从事商品经营的,为农村承包经营户。

第二十八条　个体工商户、农村承包经营户的合法权益,受法律保护。

第二十九条　个体工商户、农村承包经营户的债务,个人经营的,以个人财产承担;家庭经营的,以家庭财产承担。

第五节　个 人 合 伙

第三十条　个人合伙是指两个以上公民按照协议,各自提供资金、实物、技术等,合伙经营、共同劳动。

第三十一条　合伙人应当对出资数额、盈余分配、债务承担、入伙、退伙、合伙终止等事项，订立书面协议。

第三十二条　合伙人投入的财产，由合伙人统一管理和使用。

合伙经营积累的财产，归合伙人共有。

第三十三条　个人合伙可以起字号，依法经核准登记，在核准登记的经营范围内从事经营。

第三十四条　个人合伙的经营活动，由合伙人共同决定，合伙人有执行和监督的权利。

合伙人可以推举负责人。合伙负责人和其他人员的经营活动，由全体合伙人承担民事责任。

第三十五条　合伙的债务，由合伙人按照出资比例或者协议的约定，以各自的财产承担清偿责任。

合伙人对合伙的债务承担连带责任，法律另有规定的除外。偿还合伙债务超过自己应当承担数额的合伙人，有权向其他合伙人追偿。

第三章　法　人

第一节　一般规定

第三十六条　法人是具有民事权利能力和民事行为能力，依法独立享有民事权利和承担民事义务的组织。

法人的民事权利能力和民事行为能力，从法人成立时产生，到法人终止时消灭。

第三十七条　法人应当具备下列条件：

（一）依法成立；

（二）有必要的财产或者经费；

（三）有自己的名称、组织机构和场所；

（四）能够独立承担民事责任。

第三十八条　依照法律或者法人组织章程规定，代表法人行使职权的负责人，是法人的法定代表人。

第三十九条　法人以它的主要办事机构所在地为住所。

第四十条　法人终止，应当依法进行清算，停止清算范围外的活动。

第二节　企业法人

第四十一条　全民所有制企业、集体所有制企业有符合国家规定的资金数额，有组织章程、组织机构和场所,能够独立承担民事责任,经主管机关核准登记,取得法人资格。

在中华人民共和国领域内设立的中外合资经营企业、中外合作经营企业和外资企业,具备法人条件的,依法经工商行政管理机关核准登记,取得中国法人资格。

第四十二条 企业法人应当在核准登记的经营范围内从事经营。

第四十三条 企业法人对它的法定代表人和其他工作人员的经营活动,承担民事责任。

第四十四条 企业法人分立、合并或者有其他重要事项变更,应当向登记机关办理登记并公告。

企业法人分立、合并,它的权利和义务由变更后的法人享有和承担。

第四十五条 企业法人由于下列原因之一终止:

(一)依法被撤销;

(二)解散;

(三)依法宣告破产;

(四)其他原因。

第四十六条 企业法人终止,应当向登记机关办理注销登记并公告。

第四十七条 企业法人解散,应当成立清算组织,进行清算。企业法人被撤销、被宣告破产的,应当由主管机关或者人民法院组织有关机关和有关人员成立清算组织,进行清算。

第四十八条 全民所有制企业法人以国家授予它经营管理的财产承担民事责任。集体所有制企业法人以企业所有的财产承担民事责任。中外合资经营企业法人、中外合作经营企业法人和外资企业法人以企业所有的财产承担民事责任,法律另有规定的除外。

第四十九条 企业法人有下列情形之一的,除法人承担责任外,对法定代表人可以给予行政处分、罚款,构成犯罪的,依法追究刑事责任:

(一)超出登记机关核准登记的经营范围从事非法经营的;

(二)向登记机关、税务机关隐瞒真实情况、弄虚作假的;

(三)抽逃资金、隐匿财产逃避债务的;

(四)解散、被撤销、被宣告破产后,擅自处理财产的;

(五)变更、终止时不及时申请办理登记和公告,使利害关系人遭受重大损失的;

(六)从事法律禁止的其他活动,损害国家利益或者社会公共利益的。

第三节 机关、事业单位和社会团体法人

第五十条 有独立经费的机关从成立之日起,具有法人资格。

具备法人条件的事业单位、社会团体，依法不需要办理法人登记的，从成立之日起，具有法人资格；依法需要办理法人登记的，经核准登记，取得法人资格。

第四节　联　　营

第五十一条　企业之间或者企业、事业单位之间联营，组成新的经济实体，独立承担民事责任、具备法人条件的，经主管机关核准登记，取得法人资格。

第五十二条　企业之间或者企业、事业单位之间联营，共同经营、不具备法人条件的，由联营各方按照出资比例或者协议的约定，以各自所有的或者经营管理的财产承担民事责任。依照法律的规定或者协议的约定负连带责任的，承担连带责任。

第五十三条　企业之间或者企业、事业单位之间联营，按照合同的约定各自独立经营的，它的权利和义务由合同约定，各自承担民事责任。

第四章　民事法律行为和代理

第一节　民事法律行为

第五十四条　民事法律行为是公民或者法人设立、变更、终止民事权利和民事义务的合法行为。

第五十五条　民事法律行为应当具备下列条件：

（一）行为人具有相应的民事行为能力；

（二）意思表示真实；

（三）不违反法律或者社会公共利益。

第五十六条　民事法律行为可以采取书面形式、口头形式或者其他形式。法律规定用特定形式的，应当依照法律规定。

第五十七条　民事法律行为从成立时起具有法律约束力。行为人非依法律规定或者取得对方同意，不得擅自变更或者解除。

第五十八条　下列民事行为无效：

（一）无民事行为能力人实施的；

（二）限制民事行为能力人依法不能独立实施的；

（三）一方以欺诈、胁迫的手段或者乘人之危，使对方在违背真实意思的情况下所为的；

（四）恶意串通，损害国家、集体或者第三人利益的；

（五）违反法律或者社会公共利益的；

（六）经济合同违反国家指令性计划的；（2009 年 8 月 27 日删除）

(七)以合法形式掩盖非法目的的。

无效的民事行为,从行为开始起就没有法律约束力。

第五十九条 下列民事行为,一方有权请求人民法院或者仲裁机关予以变更或者撤销:

(一)行为人对行为内容有重大误解的;

(二)显失公平的。

被撤销的民事行为从行为开始起无效。

第六十条 民事行为部分无效,不影响其他部分的效力的,其他部分仍然有效。

第六十一条 民事行为被确认为无效或者被撤销后,当事人因该行为取得的财产,应当返还给受损失的一方。有过错的一方应当赔偿对方因此所受的损失,双方都有过错的,应当各自承担相应的责任。

双方恶意串通,实施民事行为损害国家的、集体的或者第三人的利益的,应当追缴双方取得的财产,收归国家、集体所有或者返还第三人。

第六十二条 民事法律行为可以附条件,附条件的民事法律行为在符合所附条件时生效。

第二节 代 理

第六十三条 公民、法人可以通过代理人实施民事法律行为。

代理人在代理权限内,以被代理人的名义实施民事法律行为。被代理人对代理人的代理行为,承担民事责任。

依照法律规定或者按照双方当事人约定,应当由本人实施的民事法律行为,不得代理。

第六十四条 代理包括委托代理、法定代理和指定代理。

委托代理人按照被代理人的委托行使代理权,法定代理人依照法律的规定行使代理权,指定代理人按照人民法院或者指定单位的指定行使代理权。

第六十五条 民事法律行为的委托代理,可以用书面形式,也可以用口头形式。法律规定用书面形式的,应当用书面形式。

书面委托代理的授权委托书应当载明代理人的姓名或者名称、代理事项、权限和期间,并由委托人签名或者盖章。

委托书授权不明的,被代理人应当向第三人承担民事责任,代理人负连带责任。

第六十六条 没有代理权、超越代理权或者代理权终止后的行为,只有经过被代理人的追认,被代理人才承担民事责任。未经追认的行为,由行为人承担民事责任。本人知道他人以本人名义实施民事行为而不作否认表示的，视为同意。

代理人不履行职责而给被代理人造成损害的，应当承担民事责任。

代理人和第三人串通，损害被代理人的利益的，由代理人和第三人负连带责任。

第三人知道行为人没有代理权、超越代理权或者代理权已终止还与行为人实施民事行为给他人造成损害的，由第三人和行为人负连带责任。

第六十七条　代理人知道被委托代理的事项违法仍然进行代理活动的，或者被代理人知道代理人的代理行为违法不表示反对的，由被代理人和代理人负连带责任。

第六十八条　委托代理人为被代理人的利益需要转托他人代理的，应当事先取得被代理人的同意。事先没有取得被代理人同意的，应当在事后及时告诉被代理人，如果被代理人不同意，由代理人对自己所转托的人的行为负民事责任，但在紧急情况下，为了保护被代理人的利益而转托他人代理的除外。

第六十九条　有下列情形之一的，委托代理终止：

（一）代理期间届满或者代理事务完成；

（二）被代理人取消委托或者代理人辞去委托；

（三）代理人死亡；

（四）代理人丧失民事行为能力；

（五）作为被代理人或者代理人的法人终止。

第七十条　有下列情形之一的，法定代理或者指定代理终止：

（一）被代理人取得或者恢复民事行为能力；

（二）被代理人或者代理人死亡；

（三）代理人丧失民事行为能力；

（四）指定代理的人民法院或者指定单位取消指定；

（五）由其他原因引起的被代理人和代理人之间的监护关系消灭。

第五章　民 事 权 利

第一节　财产所有权和与财产所有权有关的财产权

第七十一条　财产所有权是指所有人依法对自己的财产享有占有、使用、收益和处分的权利。

第七十二条　财产所有权的取得，不得违反法律规定。

按照合同或者其他合法方式取得财产的，财产所有权从财产交付时起转移，法律另有规定或者当事人另有约定的除外。

第七十三条 国家财产属于全民所有。

国家财产神圣不可侵犯,禁止任何组织或者个人侵占、哄抢、私分、截留、破坏。

第七十四条 劳动群众集体组织的财产属于劳动群众集体所有,包括:

(一)法律规定为集体所有的土地和森林、山岭、草原、荒地、滩涂等;

(二)集体经济组织的财产;

(三)集体所有的建筑物、水库、农田水利设施和教育、科学、文化、卫生、体育等设施;

(四)集体所有的其他财产。

集体所有的土地依照法律属于村农民集体所有,由村农业生产合作社等农业集体经济组织或者村民委员会经营、管理。已经属于乡(镇)农民集体经济组织所有的,可以属于乡(镇)农民集体所有。

集体所有的财产受法律保护,禁止任何组织或者个人侵占、哄抢、私分、破坏或者非法查封、扣押、冻结、没收。

第七十五条 公民的个人财产,包括公民的合法收入、房屋、储蓄、生活用品、文物、图书资料、林木、牲畜和法律允许公民所有的生产资料以及其他合法财产。

公民的合法财产受法律保护,禁止任何组织或者个人侵占、哄抢、破坏或者非法查封、扣押、冻结、没收。

第七十六条 公民依法享有财产继承权。

第七十七条 社会团体包括宗教团体的合法财产受法律保护。

第七十八条 财产可以由两个以上的公民、法人共有。

共有分为按份共有和共同共有。按份共有人按照各自的份额,对共有财产分享权利,分担义务。共同共有人对共有财产享有权利,承担义务。

按份共有财产的每个共有人有权要求将自己的份额分出或者转让。但在出售时,其他共有人在同等条件下,有优先购买的权利。

第七十九条 所有人不明的埋藏物、隐藏物,归国家所有。接收单位应当对上缴的单位或者个人,给予表扬或者物质奖励。

拾得遗失物、漂流物或者失散的饲养动物,应当归还失主,因此而支出的费用由失主偿还。

第八十条 国家所有的土地,可以依法由全民所有制单位使用,也可以依法确定由集体所有制单位使用,国家保护它的使用、收益的权利;使用单位有管理、保护、合理利用的义务。

公民、集体依法对集体所有的或者国家所有由集体使用的土地的承包经营权,受法律保护。承包双方的权利和义务,依照法律由承包合同规定。

土地不得买卖、出租、抵押或者以其他形式非法转让。

第八十一条　国家所有的森林、山岭、草原、荒地、滩涂、水面等自然资源,可以依法由全民所有制单位使用,也可以依法确定由集体所有制单位使用,国家保护它的使用、收益的权利;使用单位有管理、保护、合理利用的义务。

国家所有的矿藏,可以依法由全民所有制单位和集体所有制单位开采,也可以依法由公民采挖。国家保护合法的采矿权。

公民、集体依法对集体所有的或者国家所有由集体使用的森林、山岭、草原、荒地、滩涂、水面的承包经营权,受法律保护。承包双方的权利和义务,依照法律由承包合同规定。

国家所有的矿藏、水流,国家所有的和法律规定属于集体所有的林地、山岭、草原、荒地、滩涂不得买卖、出租、抵押或者以其他形式非法转让。

第八十二条　全民所有制企业对国家授予它经营管理的财产依法享有经营权,受法律保护。

第八十三条　不动产的相邻各方,应当按照有利生产、方便生活、团结互助、公平合理的精神,正确处理截水、排水、通行、通风、采光等方面的相邻关系。给相邻方造成妨碍或者损失的,应当停止侵害,排除妨碍,赔偿损失。

第二节　债　　权

第八十四条　债是按照合同的约定或者依照法律的规定,在当事人之间产生的特定的权利和义务关系,享有权利的人是债权人,负有义务的人是债务人。

债权人有权要求债务人按照合同的约定或者依照法律的规定履行义务。

第八十五条　合同是当事人之间设立、变更、终止民事关系的协议。依法成立的合同,受法律保护。

第八十六条　债权人为二人以上的,按照确定的份额分享权利。债务人为二人以上的,按照确定的份额分担义务。

第八十七条　债权人或者债务人一方人数为二人以上的,依照法律的规定或者当事人的约定,享有连带权利的每个债权人,都有权要求债务人履行义务;负有连带义务的每个债务人,都负有清偿全部债务的义务,履行了义务的人,有权要求其他负有连带义务的人偿付他应当承担的份额。

第八十八条　合同的当事人应当按照合同的约定,全部履行自己的义务。

合同中有关质量、期限、地点或者价款约定不明确,按照合同有关条款内容不能确定,当事人又不能通过协商达成协议的,适用下列规定:

(一)质量要求不明确的,按照国家质量标准履行,没有国家质量标准的,按照通常标准履行。

(二)履行期限不明确的,债务人可以随时向债权人履行义务,债权人也可以随时要求债务人履行义务,但应当给对方必要的准备时间。

(三)履行地点不明确,给付货币的,在接受给付一方的所在地履行,其他标的在履行义务一方的所在地履行。

(四)价款约定不明确的,按照国家规定的价格履行;没有国家规定价格的,参照市场价格或者同类物品的价格或者同类劳务的报酬标准履行。

合同对专利申请权没有约定的,完成发明创造的当事人享有申请权。

合同对科技成果的使用权没有约定的,当事人都有使用的权利。

第八十九条 依照法律的规定或者按照当事人的约定,可以采用下列方式担保债务的履行:

(一)保证人向债权人保证债务人履行债务,债务人不履行债务的,按照约定由保证人履行或者承担连带责任;保证人履行债务后,有权向债务人追偿。

(二)债务人或者第三人可以提供一定的财产作为抵押物。债务人不履行债务的,债权人有权依照法律的规定以抵押物折价或者以变卖抵押物的价款优先得到偿还。

(三)当事人一方在法律规定的范围内可以向对方给付定金。债务人履行债务后,定金应当抵作价款或者收回。给付定金的一方不履行债务的,无权要求返还定金;接受定金的一方不履行债务的,应当双倍返还定金。

(四)按照合同约定一方占有对方的财产,对方不按照合同给付应付款项超过约定期限的,占有人有权留置该财产,依照法律的规定以留置财产折价或者以变卖该财产的价款优先得到偿还。

第九十条 合法的借贷关系受法律保护。

第九十一条 合同一方将合同的权利、义务全部或者部分转让给第三人的,应当取得合同另一方的同意,并不得牟利。依照法律规定应当由国家批准的合同,需经原批准机关批准。但是,法律另有规定或者原合同另有约定的除外。

第九十二条 没有合法根据,取得不当利益,造成他人损失的,应当将取得的不当利益返还受损失的人。

第九十三条 没有法定的或者约定的义务,为避免他人利益受损失进行管理或者服务的,有权要求受益人偿付由此而支付的必要费用。

第三节 知 识 产 权

第九十四条 公民、法人享有著作权(版权),依法有署名、发表、出版、获得报酬等权利。

第九十五条 公民、法人依法取得的专利权受法律保护。

第九十六条 法人、个体工商户、个人合伙依法取得的商标专用权受法律保护。

第九十七条　公民对自己的发现享有发现权。发现人有权申请领取发现证书、奖金或者其他奖励。

公民对自己的发明或者其他科技成果,有权申请领取荣誉证书、奖金或者其他奖励。

第四节　人　身　权

第九十八条　公民享有生命健康权。

第九十九条　公民享有姓名权,有权决定、使用和依照规定改变自己的姓名,禁止他人干涉、盗用、假冒。

法人、个体工商户、个人合伙享有名称权。企业法人、个体工商户、个人合伙有权使用、依法转让自己的名称。

第一百条　公民享有肖像权,未经本人同意,不得以营利为目的使用公民的肖像。

第一百零一条　公民、法人享有名誉权,公民的人格尊严受法律保护,禁止用侮辱、诽谤等方式损害公民、法人的名誉。

第一百零二条　公民、法人享有荣誉权,禁止非法剥夺公民、法人的荣誉称号。

第一百零三条　公民享有婚姻自主权,禁止买卖、包办婚姻和其他干涉婚姻自由的行为。

第一百零四条　婚姻、家庭、老人、母亲和儿童受法律保护。

残疾人的合法权益受法律保护。

第一百零五条　妇女享有同男子平等的民事权利。

第六章　民 事 责 任

第一节　一 般 规 定

第一百零六条　公民、法人违反合同或者不履行其他义务的,应当承担民事责任。

公民、法人由于过错侵害国家的、集体的财产,侵害他人财产、人身的,应当承担民事责任。

没有过错,但法律规定应当承担民事责任的,应当承担民事责任。

第一百零七条　因不可抗力不能履行合同或者造成他人损害的,不承担民事责任,法律另有规定的除外。

第一百零八条　债务应当清偿。暂时无力偿还的,经债权人同意或者人民法院裁决,可以由债务人分期偿还。有能力偿还拒不偿还的,由人民法院判决强制偿还。

第一百零九条 因防止、制止国家的、集体的财产或者他人的财产、人身遭受侵害而使自己受到损害的,由侵害人承担赔偿责任,受益人也可以给予适当的补偿。

第一百一十条 对承担民事责任的公民、法人需要追究行政责任的,应当追究行政责任;构成犯罪的,对公民、法人的法定代表人应当依法追究刑事责任。

第二节 违反合同的民事责任

第一百一十一条 当事人一方不履行合同义务或者履行合同义务不符合约定条件的,另一方有权要求履行或者采取补救措施,并有权要求赔偿损失。

第一百一十二条 当事人一方违反合同的赔偿责任,应当相当于另一方因此所受到的损失。

当事人可以在合同中约定,一方违反合同时,向另一方支付一定数额的违约金;也可以在合同中约定对于违反合同而产生的损失赔偿额的计算方法。

第一百一十三条 当事人双方都违反合同的,应当分别承担各自应负的民事责任。

第一百一十四条 当事人一方因另一方违反合同受到损失的,应当及时采取措施防止损失的扩大;没有及时采取措施致使损失扩大的,无权就扩大的损失要求赔偿。

第一百一十五条 合同的变更或者解除,不影响当事人要求赔偿损失的权利。

第一百一十六条 当事人一方由于上级机关的原因,不能履行合同义务的,应当按照合同约定向另一方赔偿损失或者采取其他补救措施,再由上级机关对他因此受到的损失负责处理。

第三节 侵权的民事责任

第一百一十七条 侵占国家的、集体的财产或者他人财产的,应当返还财产,不能返还财产的,应当折价赔偿。

损坏国家的、集体的财产或者他人财产的,应当恢复原状或者折价赔偿。

受害人因此遭受其他重大损失的,侵害人并应当赔偿损失。

第一百一十八条 公民、法人的著作权(版权)、专利权、商标专用权、发现权、发明权和其他科技成果权受到剽窃、篡改、假冒等侵害的,有权要求停止侵害,消除影响,赔偿损失。

第一百一十九条 侵害公民身体造成伤害的,应当赔偿医疗费、因误工减少的收入、残废者生活补助费等费用;造成死亡的,并应当支付丧葬费、死者生前扶养的人必要的生活费等费用。

第一百二十条 公民的姓名权、肖像权、名誉权、荣誉权受到侵害的,有权要求停止侵害,恢复名誉,消除影响,赔礼道歉,并可以要求赔偿损失。

法人的名称权、名誉权、荣誉权受到侵害的,适用前款规定。

第一百二十一条 国家机关或者国家机关工作人员在执行职务中,侵犯公民、法人的合法权益造成损害的,应当承担民事责任。

第一百二十二条 因产品质量不合格造成他人财产、人身损害的,产品制造者、销售者应当依法承担民事责任。运输者、仓储者对此负有责任的,产品制造者、销售者有权要求赔偿损失。

第一百二十三条 从事高空、高压、易燃、易爆、剧毒、放射性、高速运输工具等对周围环境有高度危险的作业造成他人损害的,应当承担民事责任;如果能够证明损害是由受害人故意造成的,不承担民事责任。

第一百二十四条 违反国家保护环境防止污染的规定,污染环境造成他人损害的,应当依法承担民事责任。

第一百二十五条 在公共场所、道旁或者通道上挖坑、修缮安装地下设施等,没有设置明显标志和采取安全措施造成他人损害的,施工人应当承担民事责任。

第一百二十六条 建筑物或者其他设施以及建筑物上的搁置物、悬挂物发生倒塌、脱落、坠落造成他人损害的,它的所有人或者管理人应当承担民事责任,但能够证明自己没有过错的除外。

第一百二十七条 饲养的动物造成他人损害的,动物饲养人或者管理人应当承担民事责任;由于受害人的过错造成损害的,动物饲养人或者管理人不承担民事责任;由于第三人的过错造成损害的,第三人应当承担民事责任。

第一百二十八条 因正当防卫造成损害的,不承担民事责任。正当防卫超过必要的限度,造成不应有的损害的,应当承担适当的民事责任。

第一百二十九条 因紧急避险造成损害的,由引起险情发生的人承担民事责任。如果危险是由自然原因引起的,紧急避险人不承担民事责任或者承担适当的民事责任。因紧急避险采取措施不当或者超过必要的限度,造成不应有的损害的,紧急避险人应当承担适当的民事责任。

第一百三十条 二人以上共同侵权造成他人损害的,应当承担连带责任。

第一百三十一条 受害人对于损害的发生也有过错的,可以减轻侵害人的民事责任。

第一百三十二条 当事人对造成损害都没有过错的,可以根据实际情况,由当事人分担民事责任。

第一百三十三条 无民事行为能力人、限制民事行为能力人造成他人损害的,由监护人承担民事责任。监护人尽了监护责任的,可以适当减轻他的民事责任。

有财产的无民事行为能力人、限制民事行为能力人造成他人损害的,从本人财产中支付赔偿费用。不足部分,由监护人适当赔偿,但单位担任监护人的除外。

第四节 承担民事责任的方式

第一百三十四条 承担民事责任的方式主要有:

(一)停止侵害;

(二)排除妨碍;

(三)消除危险;

(四)返还财产;

(五)恢复原状;

(六)修理、重作、更换;

(七)赔偿损失;

(八)支付违约金;

(九)消除影响、恢复名誉;

(十)赔礼道歉。

以上承担民事责任的方式,可以单独适用,也可以合并适用。

人民法院审理民事案件,除适用上述规定外,还可以予以训诫、责令具结悔过、收缴进行非法活动的财物和非法所得,并可以依照法律规定处以罚款、拘留。

第七章 诉讼时效

第一百三十五条 向人民法院请求保护民事权利的诉讼时效期间为二年,法律另有规定的除外。

第一百三十六条 下列的诉讼时效期间为一年:

(一)身体受到伤害要求赔偿的;

(二)出售质量不合格的商品未声明的;

(三)延付或者拒付租金的;

(四)寄存财物被丢失或者损毁的。

第一百三十七条 诉讼时效期间从知道或者应当知道权利被侵害时起计算。但是,从权利被侵害之日起超过二十年的,人民法院不予保护。有特殊情况的,人民法院可以延长诉讼时效期间。

第一百三十八条 超过诉讼时效期间,当事人自愿履行的,不受诉讼时效限制。

第一百三十九条　在诉讼时效期间的最后六个月内，因不可抗力或者其他障碍不能行使请求权的，诉讼时效中止。从中止时效的原因消除之日起，诉讼时效期间继续计算。

第一百四十条　诉讼时效因提起诉讼、当事人一方提出要求或者同意履行义务而中断。从中断时起，诉讼时效期间重新计算。

第一百四十一条　法律对诉讼时效另有规定的，依照法律规定。

第八章　涉外民事关系的法律适用

第一百四十二条　涉外民事关系的法律适用，依照本章的规定确定。

中华人民共和国缔结或者参加的国际条约同中华人民共和国的民事法律有不同规定的，适用国际条约的规定，但中华人民共和国声明保留的条款除外。

中华人民共和国法律和中华人民共和国缔结或者参加的国际条约没有规定的，可以适用国际惯例。

第一百四十三条　中华人民共和国公民定居国外的，他的民事行为能力可以适用定居国法律。

第一百四十四条　不动产的所有权，适用不动产所在地法律。

第一百四十五条　涉外合同的当事人可以选择处理合同争议所适用的法律，法律另有规定的除外。

涉外合同的当事人没有选择的，适用与合同有最密切联系的国家的法律。

第一百四十六条　侵权行为的损害赔偿，适用侵权行为地法律。当事人双方国籍相同或者在同一国家有住所的，也可以适用当事人本国法律或者住所地法律。

中华人民共和国法律不认为在中华人民共和国领域外发生的行为是侵权行为的，不作为侵权行为处理。

第一百四十七条　中华人民共和国公民和外国人结婚适用婚姻缔结地法律，离婚适用受理案件的法院所在地法律。

第一百四十八条　扶养适用与被扶养人有最密切联系的国家的法律。

第一百四十九条　遗产的法定继承，动产适用被继承人死亡时住所地法律，不动产适用不动产所在地法律。

第一百五十条　依照本章规定适用外国法律或者国际惯例的，不得违背中华人民共和国的社会公共利益。

第九章　附　　则

第一百五十一条　民族自治地方的人民代表大会可以根据本法规定的原则，结合当地民族的特点，制定变通的或者补充的单行条例或者规定。自治区人民代表大会制定的,依照法律规定报全国人民代表大会常务委员会批准或者备案;自治州、自治县人民代表大会制定的,报省、自治区人民代表大会常务委员会批准。

第一百五十二条　本法生效以前,经省、自治区、直辖市以上主管机关批准开办的全民所有制企业,已经向工商行政管理机关登记的,可以不再办理法人登记,即具有法人资格。

第一百五十三条　本法所称的"不可抗力",是指不能预见、不能避免并不能克服的客观情况。

第一百五十四条　民法所称的期间按照公历年、月、日、小时计算。

规定按照小时计算期间的,从规定时开始计算。规定按照日、月、年计算期间的,开始的当天不算入,从下一天开始计算。

期间的最后一天是星期日或者其他法定休假日的,以休假日的次日为期间的最后一天。

期间的最后一天的截止时间为二十四点。有业务时间的,到停止业务活动的时间截止。

第一百五十五条　民法所称的"以上"、"以下"、"以内"、"届满",包括本数;所称的"不满"、"以外",不包括本数。

第一百五十六条　本法自一九八七年一月一日起施行。

中华人民共和国物权法

(2007年3月16日第十届全国人民代表大会第五次会议通过
2007年3月16日中华人民共和国主席令第62号公布
自2007年10月1日起施行)

目　　录

第一编　总　　则

第一章　基 本 原 则

第一条　为了维护国家基本经济制度，维护社会主义市场经济秩序，明确物的归属，发挥物的效用，保护权利人的物权，根据宪法，制定本法。

第二条　因物的归属和利用而产生的民事关系，适用本法。

本法所称物，包括不动产和动产。法律规定权利作为物权客体的，依照其规定。

本法所称物权，是指权利人依法对特定的物享有直接支配和排他的权利，包括所有权、用益物权和担保物权。

第三条　国家在社会主义初级阶段,坚持公有制为主体、多种所有制经济共同发展的基本经济制度。

国家巩固和发展公有制经济,鼓励、支持和引导非公有制经济的发展。

国家实行社会主义市场经济,保障一切市场主体的平等法律地位和发展权利。

第四条　国家、集体、私人的物权和其他权利人的物权受法律保护,任何单位和个人不得侵犯。

第五条　物权的种类和内容,由法律规定。

第六条　不动产物权的设立、变更、转让和消灭,应当依照法律规定登记。动产物权的设立和转让,应当依照法律规定交付。

第七条　物权的取得和行使,应当遵守法律,尊重社会公德,不得损害公共利益和他人合法权益。

第八条　其他相关法律对物权另有特别规定的,依照其规定。

第二章　物权的设立、变更、转让和消灭

第一节　不动产登记

第九条　不动产物权的设立、变更、转让和消灭,经依法登记,发生效力;未经登记,不发生效力,但法律另有规定的除外。

依法属于国家所有的自然资源,所有权可以不登记。

第十条　不动产登记,由不动产所在地的登记机构办理。

国家对不动产实行统一登记制度。统一登记的范围、登记机构和登记办法,由法律、行政法规规定。

第十一条　当事人申请登记,应当根据不同登记事项提供权属证明和不动产界址、面积等必要材料。

第十二条　登记机构应当履行下列职责:

(一)查验申请人提供的权属证明和其他必要材料;

(二)就有关登记事项询问申请人;

(三)如实、及时登记有关事项;

(四)法律、行政法规规定的其他职责。

申请登记的不动产的有关情况需要进一步证明的,登记机构可以要求申请人补充材料,必要时可以实地查看。

第十三条　登记机构不得有下列行为:

(一)要求对不动产进行评估;

（二）以年检等名义进行重复登记；

（三）超出登记职责范围的其他行为。

第十四条　不动产物权的设立、变更、转让和消灭，依照法律规定应当登记的，自记载于不动产登记簿时发生效力。

第十五条　当事人之间订立有关设立、变更、转让和消灭不动产物权的合同，除法律另有规定或者合同另有约定外，自合同成立时生效；未办理物权登记的，不影响合同效力。

第十六条　不动产登记簿是物权归属和内容的根据。不动产登记簿由登记机构管理。

第十七条　不动产权属证书是权利人享有该不动产物权的证明。不动产权属证书记载的事项，应当与不动产登记簿一致；记载不一致的，除有证据证明不动产登记簿确有错误外，以不动产登记簿为准。

第十八条　权利人、利害关系人可以申请查询、复制登记资料，登记机构应当提供。

第十九条　权利人、利害关系人认为不动产登记簿记载的事项错误的，可以申请更正登记。不动产登记簿记载的权利人书面同意更正或者有证据证明登记确有错误的，登记机构应当予以更正。

不动产登记簿记载的权利人不同意更正的，利害关系人可以申请异议登记。登记机构予以异议登记的，申请人在异议登记之日起十五日内不起诉，异议登记失效。异议登记不当，造成权利人损害的，权利人可以向申请人请求损害赔偿。

第二十条　当事人签订买卖房屋或者其他不动产物权的协议，为保障将来实现物权，按照约定可以向登记机构申请预告登记。预告登记后，未经预告登记的权利人同意，处分该不动产的，不发生物权效力。

预告登记后，债权消灭或者自能够进行不动产登记之日起三个月内未申请登记的，预告登记失效。

第二十一条　当事人提供虚假材料申请登记，给他人造成损害的，应当承担赔偿责任。

因登记错误，给他人造成损害的，登记机构应当承担赔偿责任。登记机构赔偿后，可以向造成登记错误的人追偿。

第二十二条　不动产登记费按件收取，不得按照不动产的面积、体积或者价款的比例收取。具体收费标准由国务院有关部门会同价格主管部门规定。

第二节　动产交付

第二十三条　动产物权的设立和转让，自交付时发生效力，但法律另有规定的除外。

第二十四条 船舶、航空器和机动车等物权的设立、变更、转让和消灭,未经登记,不得对抗善意第三人。

第二十五条 动产物权设立和转让前,权利人已经依法占有该动产的,物权自法律行为生效时发生效力。

第二十六条 动产物权设立和转让前,第三人依法占有该动产的,负有交付义务的人可以通过转让请求第三人返还原物的权利代替交付。

第二十七条 动产物权转让时,双方又约定由出让人继续占有该动产的,物权自该约定生效时发生效力。

第三节 其他规定

第二十八条 因人民法院、仲裁委员会的法律文书或者人民政府的征收决定等,导致物权设立、变更、转让或者消灭的,自法律文书或者人民政府的征收决定等生效时发生效力。

第二十九条 因继承或者受遗赠取得物权的,自继承或者受遗赠开始时发生效力。

第三十条 因合法建造、拆除房屋等事实行为设立或者消灭物权的,自事实行为成就时发生效力。

第三十一条 依照本法第二十八条至第三十条规定享有不动产物权的,处分该物权时,依照法律规定需要办理登记的,未经登记,不发生物权效力。

第三章 物权的保护

第三十二条 物权受到侵害的,权利人可以通过和解、调解、仲裁、诉讼等途径解决。

第三十三条 因物权的归属、内容发生争议的,利害关系人可以请求确认权利。

第三十四条 无权占有不动产或者动产的,权利人可以请求返还原物。

第三十五条 妨害物权或者可能妨害物权的,权利人可以请求排除妨害或者消除危险。

第三十六条 造成不动产或者动产毁损的,权利人可以请求修理、重作、更换或者恢复原状。

第三十七条 侵害物权,造成权利人损害的,权利人可以请求损害赔偿,也可以请求承担其他民事责任。

第三十八条 本章规定的物权保护方式,可以单独适用,也可以根据权利被侵害的情形合并适用。

侵害物权，除承担民事责任外，违反行政管理规定的，依法承担行政责任；构成犯罪的，依法追究刑事责任。

第二编　所　有　权

第四章　一 般 规 定

第三十九条　所有权人对自己的不动产或者动产，依法享有占有、使用、收益和处分的权利。

第四十条　所有权人有权在自己的不动产或者动产上设立用益物权和担保物权。用益物权人、担保物权人行使权利，不得损害所有权人的权益。

第四十一条　法律规定专属于国家所有的不动产和动产，任何单位和个人不能取得所有权。

第四十二条　为了公共利益的需要，依照法律规定的权限和程序可以征收集体所有的土地和单位、个人的房屋及其他不动产。

征收集体所有的土地，应当依法足额支付土地补偿费、安置补助费、地上附着物和青苗的补偿费等费用，安排被征地农民的社会保障费用，保障被征地农民的生活，维护被征地农民的合法权益。

征收单位、个人的房屋及其他不动产，应当依法给予拆迁补偿，维护被征收人的合法权益；征收个人住宅的，还应当保障被征收人的居住条件。

任何单位和个人不得贪污、挪用、私分、截留、拖欠征收补偿费等费用。

第四十三条　国家对耕地实行特殊保护，严格限制农用地转为建设用地，控制建设用地总量。不得违反法律规定的权限和程序征收集体所有的土地。

第四十四条　因抢险、救灾等紧急需要，依照法律规定的权限和程序可以征用单位、个人的不动产或者动产。被征用的不动产或者动产使用后，应当返还被征用人。单位、个人的不动产或者动产被征用或者征用后毁损、灭失的，应当给予补偿。

第五章　国家所有权和集体所有权、私人所有权

第四十五条　法律规定属于国家所有的财产，属于国家所有即全民所有。

国有财产由国务院代表国家行使所有权；法律另有规定的，依照其规定。

第四十六条　矿藏、水流、海域属于国家所有。

第四十七条　城市的土地，属于国家所有。法律规定属于国家所有的农村和城市郊区的土地，属于国家所有。

第四十八条　森林、山岭、草原、荒地、滩涂等自然资源，属于国家所有，但法律

规定属于集体所有的除外。

第四十九条　法律规定属于国家所有的野生动植物资源,属于国家所有。

第五十条　无线电频谱资源属于国家所有。

第五十一条　法律规定属于国家所有的文物,属于国家所有。

第五十二条　国防资产属于国家所有。

铁路、公路、电力设施、电信设施和油气管道等基础设施,依照法律规定为国家所有的,属于国家所有。

第五十三条　国家机关对其直接支配的不动产和动产,享有占有、使用以及依照法律和国务院的有关规定处分的权利。

第五十四条　国家举办的事业单位对其直接支配的不动产和动产,享有占有、使用以及依照法律和国务院的有关规定收益、处分的权利。

第五十五条　国家出资的企业,由国务院、地方人民政府依照法律、行政法规规定分别代表国家履行出资人职责,享有出资人权益。

第五十六条　国家所有的财产受法律保护,禁止任何单位和个人侵占、哄抢、私分、截留、破坏。

第五十七条　履行国有财产管理、监督职责的机构及其工作人员,应当依法加强对国有财产的管理、监督,促进国有财产保值增值,防止国有财产损失;滥用职权,玩忽职守,造成国有财产损失的,应当依法承担法律责任。

违反国有财产管理规定,在企业改制、合并分立、关联交易等过程中,低价转让、合谋私分、擅自担保或者以其他方式造成国有财产损失的,应当依法承担法律责任。

第五十八条　集体所有的不动产和动产包括:

(一)法律规定属于集体所有的土地和森林、山岭、草原、荒地、滩涂;

(二)集体所有的建筑物、生产设施、农田水利设施;

(三)集体所有的教育、科学、文化、卫生、体育等设施;

(四)集体所有的其他不动产和动产。

第五十九条　农民集体所有的不动产和动产,属于本集体成员集体所有。

下列事项应当依照法定程序经本集体成员决定:

(一)土地承包方案以及将土地发包给本集体以外的单位或者个人承包;

(二)个别土地承包经营权人之间承包地的调整;

(三)土地补偿费等费用的使用、分配办法;

(四)集体出资的企业的所有权变动等事项;

(五)法律规定的其他事项。

第六十条　对于集体所有的土地和森林、山岭、草原、荒地、滩涂等,依照下列规定行使所有权：

（一）属于村农民集体所有的，由村集体经济组织或者村民委员会代表集体行使所有权；

（二）分别属于村内两个以上农民集体所有的，由村内各该集体经济组织或者村民小组代表集体行使所有权；

（三）属于乡镇农民集体所有的，由乡镇集体经济组织代表集体行使所有权。

第六十一条　城镇集体所有的不动产和动产，依照法律、行政法规的规定由本集体享有占有、使用、收益和处分的权利。

第六十二条　集体经济组织或者村民委员会、村民小组应当依照法律、行政法规以及章程、村规民约向本集体成员公布集体财产的状况。

第六十三条　集体所有的财产受法律保护，禁止任何单位和个人侵占、哄抢、私分、破坏。

集体经济组织、村民委员会或者其负责人作出的决定侵害集体成员合法权益的，受侵害的集体成员可以请求人民法院予以撤销。

第六十四条　私人对其合法的收入、房屋、生活用品、生产工具、原材料等不动产和动产享有所有权。

第六十五条　私人合法的储蓄、投资及其收益受法律保护。

国家依照法律规定保护私人的继承权及其他合法权益。

第六十六条　私人的合法财产受法律保护，禁止任何单位和个人侵占、哄抢、破坏。

第六十七条　国家、集体和私人依法可以出资设立有限责任公司、股份有限公司或者其他企业。国家、集体和私人所有的不动产或者动产，投到企业的，由出资人按照约定或者出资比例享有资产收益、重大决策以及选择经营管理者等权利并履行义务。

第六十八条　企业法人对其不动产和动产依照法律、行政法规以及章程享有占有、使用、收益和处分的权利。

企业法人以外的法人，对其不动产和动产的权利，适用有关法律、行政法规以及章程的规定。

第六十九条　社会团体依法所有的不动产和动产，受法律保护。

第六章　业主的建筑物区分所有权

第七十条　业主对建筑物内的住宅、经营性用房等专有部分享有所有权，对专有部分以外的共有部分享有共有和共同管理的权利。

第七十一条　业主对其建筑物专有部分享有占有、使用、收益和处分的权利。

业主行使权利不得危及建筑物的安全,不得损害其他业主的合法权益。

第七十二条　业主对建筑物专有部分以外的共有部分,享有权利,承担义务;不得以放弃权利不履行义务。

业主转让建筑物内的住宅、经营性用房,其对共有部分享有的共有和共同管理的权利一并转让。

第七十三条　建筑区划内的道路,属于业主共有,但属于城镇公共道路的除外。建筑区划内的绿地,属于业主共有,但属于城镇公共绿地或者明示属于个人的除外。建筑区划内的其他公共场所、公用设施和物业服务用房,属于业主共有。

第七十四条　建筑区划内,规划用于停放汽车的车位、车库应当首先满足业主的需要。

建筑区划内,规划用于停放汽车的车位、车库的归属,由当事人通过出售、附赠或者出租等方式约定。

占用业主共有的道路或者其他场地用于停放汽车的车位,属于业主共有。

第七十五条　业主可以设立业主大会,选举业主委员会。

地方人民政府有关部门应当对设立业主大会和选举业主委员会给予指导和协助。

第七十六条　下列事项由业主共同决定:

(一)制定和修改业主大会议事规则;

(二)制定和修改建筑物及其附属设施的管理规约;

(三)选举业主委员会或者更换业主委员会成员;

(四)选聘和解聘物业服务企业或者其他管理人;

(五)筹集和使用建筑物及其附属设施的维修资金;

(六)改建、重建建筑物及其附属设施;

(七)有关共有和共同管理权利的其他重大事项。

决定前款第五项和第六项规定的事项,应当经专有部分占建筑物总面积三分之二以上的业主且占总人数三分之二以上的业主同意。决定前款其他事项,应当经专有部分占建筑物总面积过半数的业主且占总人数过半数的业主同意。

第七十七条　业主不得违反法律、法规以及管理规约,将住宅改变为经营性用房。业主将住宅改变为经营性用房的,除遵守法律、法规以及管理规约外,应当经有利害关系的业主同意。

第七十八条　业主大会或者业主委员会的决定,对业主具有约束力。

业主大会或者业主委员会作出的决定侵害业主合法权益的,受侵害的业主可以请求人民法院予以撤销。

第七十九条　建筑物及其附属设施的维修资金,属于业主共有。经业主共同决定，可以用于电梯、水箱等共有部分的维修。维修资金的筹集、使用情况应当公布。

第八十条　建筑物及其附属设施的费用分摊、收益分配等事项，有约定的，按照约定；没有约定或者约定不明确的，按照业主专有部分占建筑物总面积的比例确定。

第八十一条　业主可以自行管理建筑物及其附属设施，也可以委托物业服务企业或者其他管理人管理。

对建设单位聘请的物业服务企业或者其他管理人，业主有权依法更换。

第八十二条　物业服务企业或者其他管理人根据业主的委托管理建筑区划内的建筑物及其附属设施，并接受业主的监督。

第八十三条　业主应当遵守法律、法规以及管理规约。

业主大会和业主委员会，对任意弃置垃圾、排放污染物或者噪声、违反规定饲养动物、违章搭建、侵占通道、拒付物业费等损害他人合法权益的行为，有权依照法律、法规以及管理规约，要求行为人停止侵害、消除危险、排除妨害、赔偿损失。业主对侵害自己合法权益的行为，可以依法向人民法院提起诉讼。

第七章　相 邻 关 系

第八十四条　不动产的相邻权利人应当按照有利生产、方便生活、团结互助、公平合理的原则，正确处理相邻关系。

第八十五条　法律、法规对处理相邻关系有规定的，依照其规定；法律、法规没有规定的，可以按照当地习惯。

第八十六条　不动产权利人应当为相邻权利人用水、排水提供必要的便利。

对自然流水的利用，应当在不动产的相邻权利人之间合理分配。对自然流水的排放，应当尊重自然流向。

第八十七条　不动产权利人对相邻权利人因通行等必须利用其土地的，应当提供必要的便利。

第八十八条　不动产权利人因建造、修缮建筑物以及铺设电线、电缆、水管、暖气和燃气管线等必须利用相邻土地、建筑物的，该土地、建筑物的权利人应当提供必要的便利。

第八十九条　建造建筑物，不得违反国家有关工程建设标准，妨碍相邻建筑物的通风、采光和日照。

第九十条　不动产权利人不得违反国家规定弃置固体废物，排放大气污染物、水污染物、噪声、光、电磁波辐射等有害物质。

第九十一条　不动产权利人挖掘土地、建造建筑物、铺设管线以及安装设备等,不得危及相邻不动产的安全。

第九十二条 不动产权利人因用水、排水、通行、铺设管线等利用相邻不动产的,应当尽量避免对相邻的不动产权利人造成损害;造成损害的,应当给予赔偿。

第八章 共 有

第九十三条 不动产或者动产可以由两个以上单位、个人共有。共有包括按份共有和共同共有。

第九十四条 按份共有人对共有的不动产或者动产按照其份额享有所有权。

第九十五条 共同共有人对共有的不动产或者动产共同享有所有权。

第九十六条 共有人按照约定管理共有的不动产或者动产;没有约定或者约定不明确的,各共有人都有管理的权利和义务。

第九十七条 处分共有的不动产或者动产以及对共有的不动产或者动产作重大修缮的,应当经占份额三分之二以上的按份共有人或者全体共同共有人同意,但共有人之间另有约定的除外。

第九十八条 对共有物的管理费用以及其他负担,有约定的,按照约定;没有约定或者约定不明确的,按份共有人按照其份额负担,共同共有人共同负担。

第九十九条 共有人约定不得分割共有的不动产或者动产,以维持共有关系的,应当按照约定,但共有人有重大理由需要分割的,可以请求分割;没有约定或者约定不明确的,按份共有人可以随时请求分割,共同共有人在共有的基础丧失或者有重大理由需要分割时可以请求分割。因分割对其他共有人造成损害的,应当给予赔偿。

第一百条 共有人可以协商确定分割方式。达不成协议,共有的不动产或者动产可以分割并且不会因分割减损价值的,应当对实物予以分割;难以分割或者因分割会减损价值的,应当对折价或者拍卖、变卖取得的价款予以分割。

共有人分割所得的不动产或者动产有瑕疵的,其他共有人应当分担损失。

第一百零一条 按份共有人可以转让其享有的共有的不动产或者动产份额。其他共有人在同等条件下享有优先购买的权利。

第一百零二条 因共有的不动产或者动产产生的债权债务,在对外关系上,共有人享有连带债权、承担连带债务,但法律另有规定或者第三人知道共有人不具有连带债权债务关系的除外;在共有人内部关系上,除共有人另有约定外,按份共有人按照份额享有债权、承担债务,共同共有人共同享有债权、承担债务。偿还债务超过自己应当承担份额的按份共有人,有权向其他共有人追偿。

第一百零三条 共有人对共有的不动产或者动产没有约定为按份共有或者共同共有,或者约定不明确的,除共有人具有家庭关系等外,视为按份共有。

第一百零四条　按份共有人对共有的不动产或者动产享有的份额，没有约定或者约定不明确的，按照出资额确定；不能确定出资额的，视为等额享有。

第一百零五条　两个以上单位、个人共同享有用益物权、担保物权的，参照本章规定。

第九章　所有权取得的特别规定

第一百零六条　无处分权人将不动产或者动产转让给受让人的，所有权人有权追回；除法律另有规定外，符合下列情形的，受让人取得该不动产或者动产的所有权：

（一）受让人受让该不动产或者动产时是善意的；

（二）以合理的价格转让；

（三）转让的不动产或者动产依照法律规定应当登记的已经登记，不需要登记的已经交付给受让人。

受让人依照前款规定取得不动产或者动产的所有权的，原所有权人有权向无处分权人请求赔偿损失。

当事人善意取得其他物权的，参照前两款规定。

第一百零七条　所有权人或者其他权利人有权追回遗失物。该遗失物通过转让被他人占有的，权利人有权向无处分权人请求损害赔偿，或者自知道或者应当知道受让人之日起二年内向受让人请求返还原物，但受让人通过拍卖或者向具有经营资格的经营者购得该遗失物的，权利人请求返还原物时应当支付受让人所付的费用。权利人向受让人支付所付费用后，有权向无处分权人追偿。

第一百零八条　善意受让人取得动产后，该动产上的原有权利消灭，但善意受让人在受让时知道或者应当知道该权利的除外。

第一百零九条　拾得遗失物，应当返还权利人。拾得人应当及时通知权利人领取，或者送交公安等有关部门。

第一百一十条　有关部门收到遗失物，知道权利人的，应当及时通知其领取；不知道的，应当及时发布招领公告。

第一百一十一条　拾得人在遗失物送交有关部门前，有关部门在遗失物被领取前，应当妥善保管遗失物。因故意或者重大过失致使遗失物毁损、灭失的，应当承担民事责任。

第一百一十二条　权利人领取遗失物时，应当向拾得人或者有关部门支付保管遗失物等支出的必要费用。

权利人悬赏寻找遗失物的，领取遗失物时应当按照承诺履行义务。

拾得人侵占遗失物的，无权请求保管遗失物等支出的费用，也无权请求权利人按照承诺履行义务。

第一百一十三条　遗失物自发布招领公告之日起六个月内无人认领的,归国家所有。

第一百一十四条　拾得漂流物、发现埋藏物或者隐藏物的,参照拾得遗失物的有关规定。文物保护法等法律另有规定的,依照其规定。

第一百一十五条　主物转让的,从物随主物转让,但当事人另有约定的除外。

第一百一十六条　天然孳息,由所有权人取得;既有所有权人又有用益物权人的,由用益物权人取得。当事人另有约定的,按照约定。

法定孳息,当事人有约定的,按照约定取得;没有约定或者约定不明确的,按照交易习惯取得。

第三编　用 益 物 权

第十章　一 般 规 定

第一百一十七条　用益物权人对他人所有的不动产或者动产,依法享有占有、使用和收益的权利。

第一百一十八条　国家所有或者国家所有由集体使用以及法律规定属于集体所有的自然资源,单位、个人依法可以占有、使用和收益。

第一百一十九条　国家实行自然资源有偿使用制度,但法律另有规定的除外。

第一百二十条　用益物权人行使权利,应当遵守法律有关保护和合理开发利用资源的规定。所有权人不得干涉用益物权人行使权利。

第一百二十一条　因不动产或者动产被征收、征用致使用益物权消灭或者影响用益物权行使的,用益物权人有权依照本法第四十二条、第四十四条的规定获得相应补偿。

第一百二十二条　依法取得的海域使用权受法律保护。

第一百二十三条　依法取得的探矿权、采矿权、取水权和使用水域、滩涂从事养殖、捕捞的权利受法律保护。

第十一章　土地承包经营权

第一百二十四条　农村集体经济组织实行家庭承包经营为基础、统分结合的双层经营体制。

农民集体所有和国家所有由农民集体使用的耕地、林地、草地以及其他用于农业的土地,依法实行土地承包经营制度。

第一百二十五条　土地承包经营权人依法对其承包经营的耕地、林地、草地等享有占有、使用和收益的权利，有权从事种植业、林业、畜牧业等农业生产。

第一百二十六条 耕地的承包期为三十年。草地的承包期为三十年至五十年。林地的承包期为三十年至七十年；特殊林木的林地承包期，经国务院林业行政主管部门批准可以延长。

前款规定的承包期届满，由土地承包经营权人按照国家有关规定继续承包。

第一百二十七条 土地承包经营权自土地承包经营权合同生效时设立。

县级以上地方人民政府应当向土地承包经营权人发放土地承包经营权证、林权证、草原使用权证，并登记造册，确认土地承包经营权。

第一百二十八条 土地承包经营权人依照农村土地承包法的规定，有权将土地承包经营权采取转包、互换、转让等方式流转。流转的期限不得超过承包期的剩余期限。未经依法批准，不得将承包地用于非农建设。

第一百二十九条 土地承包经营权人将土地承包经营权互换、转让，当事人要求登记的，应当向县级以上地方人民政府申请土地承包经营权变更登记；未经登记，不得对抗善意第三人。

第一百三十条 承包期内发包人不得调整承包地。

因自然灾害严重毁损承包地等特殊情形，需要适当调整承包的耕地和草地的，应当依照农村土地承包法等法律规定办理。

第一百三十一条 承包期内发包人不得收回承包地。农村土地承包法等法律另有规定的，依照其规定。

第一百三十二条 承包地被征收的，土地承包经营权人有权依照本法第四十二条第二款的规定获得相应补偿。

第一百三十三条 通过招标、拍卖、公开协商等方式承包荒地等农村土地，依照农村土地承包法等法律和国务院的有关规定，其土地承包经营权可以转让、入股、抵押或者以其他方式流转。

第一百三十四条 国家所有的农用地实行承包经营的，参照本法的有关规定。

第十二章 建设用地使用权

第一百三十五条 建设用地使用权人依法对国家所有的土地享有占有、使用和收益的权利，有权利用该土地建造建筑物、构筑物及其附属设施。

第一百三十六条 建设用地使用权可以在土地的地表、地上或者地下分别设立。新设立的建设用地使用权，不得损害已设立的用益物权。

第一百三十七条 设立建设用地使用权，可以采取出让或者划拨等方式。

工业、商业、旅游、娱乐和商品住宅等经营性用地以及同一土地有两个以上意向用地者的，应当采取招标、拍卖等公开竞价的方式出让。

严格限制以划拨方式设立建设用地使用权。采取划拨方式的,应当遵守法律、行政法规关于土地用途的规定。

第一百三十八条 采取招标、拍卖、协议等出让方式设立建设用地使用权的,当事人应当采取书面形式订立建设用地使用权出让合同。

建设用地使用权出让合同一般包括下列条款:

(一)当事人的名称和住所;

(二)土地界址、面积等;

(三)建筑物、构筑物及其附属设施占用的空间;

(四)土地用途;

(五)使用期限;

(六)出让金等费用及其支付方式;

(七)解决争议的方法。

第一百三十九条 设立建设用地使用权的,应当向登记机构申请建设用地使用权登记。建设用地使用权自登记时设立。登记机构应当向建设用地使用权人发放建设用地使用权证书。

第一百四十条 建设用地使用权人应当合理利用土地,不得改变土地用途;需要改变土地用途的,应当依法经有关行政主管部门批准。

第一百四十一条 建设用地使用权人应当依照法律规定以及合同约定支付出让金等费用。

第一百四十二条 建设用地使用权人建造的建筑物、构筑物及其附属设施的所有权属于建设用地使用权人,但有相反证据证明的除外。

第一百四十三条 建设用地使用权人有权将建设用地使用权转让、互换、出资、赠与或者抵押,但法律另有规定的除外。

第一百四十四条 建设用地使用权转让、互换、出资、赠与或者抵押的,当事人应当采取书面形式订立相应的合同。使用期限由当事人约定,但不得超过建设用地使用权的剩余期限。

第一百四十五条 建设用地使用权转让、互换、出资或者赠与的,应当向登记机构申请变更登记。

第一百四十六条 建设用地使用权转让、互换、出资或者赠与的,附着于该土地上的建筑物、构筑物及其附属设施一并处分。

第一百四十七条 建筑物、构筑物及其附属设施转让、互换、出资或者赠与的,该建筑物、构筑物及其附属设施占用范围内的建设用地使用权一并处分。

第一百四十八条 建设用地使用权期间届满前,因公共利益需要提前收回该土地的,应当依照本法第四十二条的规定对该土地上的房屋及其他不动产给予补偿，并退还相应的出让金。

第一百四十九条　住宅建设用地使用权期间届满的，自动续期。

非住宅建设用地使用权期间届满后的续期，依照法律规定办理。该土地上的房屋及其他不动产的归属，有约定的，按照约定；没有约定或者约定不明确的，依照法律、行政法规的规定办理。

第一百五十条　建设用地使用权消灭的，出让人应当及时办理注销登记。登记机构应当收回建设用地使用权证书。

第一百五十一条　集体所有的土地作为建设用地的，应当依照土地管理法等法律规定办理。

第十三章　宅基地使用权

第一百五十二条　宅基地使用权人依法对集体所有的土地享有占有和使用的权利，有权依法利用该土地建造住宅及其附属设施。

第一百五十三条　宅基地使用权的取得、行使和转让，适用土地管理法等法律和国家有关规定。

第一百五十四条　宅基地因自然灾害等原因灭失的，宅基地使用权消灭。对失去宅基地的村民，应当重新分配宅基地。

第一百五十五条　已经登记的宅基地使用权转让或者消灭的，应当及时办理变更登记或者注销登记。

第十四章　地　役　权

第一百五十六条　地役权人有权按照合同约定，利用他人的不动产，以提高自己的不动产的效益。

前款所称他人的不动产为供役地，自己的不动产为需役地。

第一百五十七条　设立地役权，当事人应当采取书面形式订立地役权合同。

地役权合同一般包括下列条款：

（一）当事人的姓名或者名称和住所；

（二）供役地和需役地的位置；

（三）利用目的和方法；

（四）利用期限；

（五）费用及其支付方式；

（六）解决争议的方法。

第一百五十八条　地役权自地役权合同生效时设立。当事人要求登记的，可以向登记机构申请地役权登记；未经登记，不得对抗善意第三人。

第一百五十九条 供役地权利人应当按照合同约定,允许地役权人利用其土地,不得妨害地役权人行使权利。

第一百六十条 地役权人应当按照合同约定的利用目的和方法利用供役地,尽量减少对供役地权利人物权的限制。

第一百六十一条 地役权的期限由当事人约定,但不得超过土地承包经营权、建设用地使用权等用益物权的剩余期限。

第一百六十二条 土地所有权人享有地役权或者负担地役权的,设立土地承包经营权、宅基地使用权时,该土地承包经营权人、宅基地使用权人继续享有或者负担已设立的地役权。

第一百六十三条 土地上已设立土地承包经营权、建设用地使用权、宅基地使用权等权利的,未经用益物权人同意,土地所有权人不得设立地役权。

第一百六十四条 地役权不得单独转让。土地承包经营权、建设用地使用权等转让的,地役权一并转让,但合同另有约定的除外。

第一百六十五条 地役权不得单独抵押。土地承包经营权、建设用地使用权等抵押的,在实现抵押权时,地役权一并转让。

第一百六十六条 需役地以及需役地上的土地承包经营权、建设用地使用权部分转让时,转让部分涉及地役权的,受让人同时享有地役权。

第一百六十七条 供役地以及供役地上的土地承包经营权、建设用地使用权部分转让时,转让部分涉及地役权的,地役权对受让人具有约束力。

第一百六十八条 地役权人有下列情形之一的,供役地权利人有权解除地役权合同,地役权消灭:

(一)违反法律规定或者合同约定,滥用地役权;

(二)有偿利用供役地,约定的付款期间届满后在合理期限内经两次催告未支付费用。

第一百六十九条 已经登记的地役权变更、转让或者消灭的,应当及时办理变更登记或者注销登记。

第四编 担 保 物 权

第十五章 一 般 规 定

第一百七十条 担保物权人在债务人不履行到期债务或者发生当事人约定的实现担保物权的情形,依法享有就担保财产优先受偿的权利,但法律另有规定的除外。

第一百七十一条 债权人在借贷、买卖等民事活动中,为保障实现其债权,需要担保的,可以依照本法和其他法律的规定设立担保物权。

第三人为债务人向债权人提供担保的,可以要求债务人提供反担保。反担保适用本法和其他法律的规定。

第一百七十二条　设立担保物权,应当依照本法和其他法律的规定订立担保合同。担保合同是主债权债务合同的从合同。主债权债务合同无效,担保合同无效,但法律另有规定的除外。

担保合同被确认无效后,债务人、担保人、债权人有过错的,应当根据其过错各自承担相应的民事责任。

第一百七十三条　担保物权的担保范围包括主债权及其利息、违约金、损害赔偿金、保管担保财产和实现担保物权的费用。当事人另有约定的,按照约定。

第一百七十四条　担保期间,担保财产毁损、灭失或者被征收等,担保物权人可以就获得的保险金、赔偿金或者补偿金等优先受偿。被担保债权的履行期未届满的,也可以提存该保险金、赔偿金或者补偿金等。

第一百七十五条　第三人提供担保,未经其书面同意,债权人允许债务人转移全部或者部分债务的,担保人不再承担相应的担保责任。

第一百七十六条　被担保的债权既有物的担保又有人的担保的,债务人不履行到期债务或者发生当事人约定的实现担保物权的情形,债权人应当按照约定实现债权;没有约定或者约定不明确,债务人自己提供物的担保的,债权人应当先就该物的担保实现债权;第三人提供物的担保的,债权人可以就物的担保实现债权,也可以要求保证人承担保证责任。提供担保的第三人承担担保责任后,有权向债务人追偿。

第一百七十七条　有下列情形之一的,担保物权消灭:

(一)主债权消灭;

(二)担保物权实现;

(三)债权人放弃担保物权;

(四)法律规定担保物权消灭的其他情形。

第一百七十八条　担保法与本法的规定不一致的,适用本法。

第十六章　抵　押　权

第一节　一般抵押权

第一百七十九条　为担保债务的履行,债务人或者第三人不转移财产的占有,将该财产抵押给债权人的,债务人不履行到期债务或者发生当事人约定的实现抵押权的情形,债权人有权就该财产优先受偿。

前款规定的债务人或者第三人为抵押人,债权人为抵押权人,提供担保的财产为抵押财产。

第一百八十条 债务人或者第三人有权处分的下列财产可以抵押:

(一)建筑物和其他土地附着物;

(二)建设用地使用权;

(三)以招标、拍卖、公开协商等方式取得的荒地等土地承包经营权;

(四)生产设备、原材料、半成品、产品;

(五)正在建造的建筑物、船舶、航空器;

(六)交通运输工具;

(七)法律、行政法规未禁止抵押的其他财产。

抵押人可以将前款所列财产一并抵押。

第一百八十一条 经当事人书面协议,企业、个体工商户、农业生产经营者可以将现有的以及将有的生产设备、原材料、半成品、产品抵押,债务人不履行到期债务或者发生当事人约定的实现抵押权的情形,债权人有权就实现抵押权时的动产优先受偿。

第一百八十二条 以建筑物抵押的,该建筑物占用范围内的建设用地使用权一并抵押。以建设用地使用权抵押的,该土地上的建筑物一并抵押。

抵押人未依照前款规定一并抵押的,未抵押的财产视为一并抵押。

第一百八十三条 乡镇、村企业的建设用地使用权不得单独抵押。以乡镇、村企业的厂房等建筑物抵押的,其占用范围内的建设用地使用权一并抵押。

第一百八十四条 下列财产不得抵押:

(一)土地所有权;

(二)耕地、宅基地、自留地、自留山等集体所有的土地使用权,但法律规定可以抵押的除外;

(三)学校、幼儿园、医院等以公益为目的的事业单位、社会团体的教育设施、医疗卫生设施和其他社会公益设施;

(四)所有权、使用权不明或者有争议的财产;

(五)依法被查封、扣押、监管的财产;

(六)法律、行政法规规定不得抵押的其他财产。

第一百八十五条 设立抵押权,当事人应当采取书面形式订立抵押合同。

抵押合同一般包括下列条款:

(一)被担保债权的种类和数额;

(二)债务人履行债务的期限;

(三)抵押财产的名称、数量、质量、状况、所在地、所有权归属或者使用权归属;

(四)担保的范围。

第一百八十六条 抵押权人在债务履行期届满前,不得与抵押人约定债务人不履行到期债务时抵押财产归债权人所有。

第一百八十七条 以本法第一百八十条第一款第一项至第三项规定的财产或者第五项规定的正在建造的建筑物抵押的,应当办理抵押登记。抵押权自登记时设立。

第一百八十八条 以本法第一百八十条第一款第四项、第六项规定的财产或者第五项规定的正在建造的船舶、航空器抵押的,抵押权自抵押合同生效时设立;未经登记,不得对抗善意第三人。

第一百八十九条 企业、个体工商户、农业生产经营者以本法第一百八十一条规定的动产抵押的,应当向抵押人住所地的工商行政管理部门办理登记。抵押权自抵押合同生效时设立;未经登记,不得对抗善意第三人。

依照本法第一百八十一条规定抵押的,不得对抗正常经营活动中已支付合理价款并取得抵押财产的买受人。

第一百九十条 订立抵押合同前抵押财产已出租的,原租赁关系不受该抵押权的影响。抵押权设立后抵押财产出租的,该租赁关系不得对抗已登记的抵押权。

第一百九十一条 抵押期间,抵押人经抵押权人同意转让抵押财产的,应当将转让所得的价款向抵押权人提前清偿债务或者提存。转让的价款超过债权数额的部分归抵押人所有,不足部分由债务人清偿。

抵押期间,抵押人未经抵押权人同意,不得转让抵押财产,但受让人代为清偿债务消灭抵押权的除外。

第一百九十二条 抵押权不得与债权分离而单独转让或者作为其他债权的担保。债权转让的,担保该债权的抵押权一并转让,但法律另有规定或者当事人另有约定的除外。

第一百九十三条 抵押人的行为足以使抵押财产价值减少的,抵押权人有权要求抵押人停止其行为。抵押财产价值减少的,抵押权人有权要求恢复抵押财产的价值,或者提供与减少的价值相应的担保。抵押人不恢复抵押财产的价值也不提供担保的,抵押权人有权要求债务人提前清偿债务。

第一百九十四条 抵押权人可以放弃抵押权或者抵押权的顺位。抵押权人与抵押人可以协议变更抵押权顺位以及被担保的债权数额等内容,但抵押权的变更,未经其他抵押权人书面同意,不得对其他抵押权人产生不利影响。

债务人以自己的财产设定抵押,抵押权人放弃该抵押权、抵押权顺位或者变更抵押权的,其他担保人在抵押权人丧失优先受偿权益的范围内免除担保责任,但其他担保人承诺仍然提供担保的除外。

第一百九十五条　债务人不履行到期债务或者发生当事人约定的实现抵押权的情形,抵押权人可以与抵押人协议以抵押财产折价或者以拍卖、变卖该抵押财产所得的价款优先受偿。协议损害其他债权人利益的,其他债权人可以在知道或者应当知道撤销事由之日起一年内请求人民法院撤销该协议。

抵押权人与抵押人未就抵押权实现方式达成协议的,抵押权人可以请求人民法院拍卖、变卖抵押财产。

抵押财产折价或者变卖的,应当参照市场价格。

第一百九十六条　依照本法第一百八十一条规定设定抵押的,抵押财产自下列情形之一发生时确定:

(一)债务履行期届满,债权未实现;

(二)抵押人被宣告破产或者被撤销;

(三)当事人约定的实现抵押权的情形;

(四)严重影响债权实现的其他情形。

第一百九十七条　债务人不履行到期债务或者发生当事人约定的实现抵押权的情形,致使抵押财产被人民法院依法扣押的,自扣押之日起抵押权人有权收取该抵押财产的天然孳息或者法定孳息,但抵押权人未通知应当清偿法定孳息的义务人的除外。

前款规定的孳息应当先充抵收取孳息的费用。

第一百九十八条　抵押财产折价或者拍卖、变卖后,其价款超过债权数额的部分归抵押人所有,不足部分由债务人清偿。

第一百九十九条　同一财产向两个以上债权人抵押的,拍卖、变卖抵押财产所得的价款依照下列规定清偿:

(一)抵押权已登记的,按照登记的先后顺序清偿;顺序相同的,按照债权比例清偿;

(二)抵押权已登记的先于未登记的受偿;

(三)抵押权未登记的,按照债权比例清偿。

第二百条　建设用地使用权抵押后,该土地上新增的建筑物不属于抵押财产。该建设用地使用权实现抵押权时,应当将该土地上新增的建筑物与建设用地使用权一并处分,但新增建筑物所得的价款,抵押权人无权优先受偿。

第二百零一条　依照本法第一百八十条第一款第三项规定的土地承包经营权抵押的,或者依照本法第一百八十三条规定以乡镇、村企业的厂房等建筑物占用范围内的建设用地使用权一并抵押的,实现抵押权后,未经法定程序,不得改变土地所有权的性质和土地用途。

第二百零二条　抵押权人应当在主债权诉讼时效期间行使抵押权;未行使的,

人民法院不予保护。

第二节　最高额抵押权

第二百零三条　为担保债务的履行,债务人或者第三人对一定期间内将要连续发生的债权提供担保财产的,债务人不履行到期债务或者发生当事人约定的实现抵押权的情形,抵押权人有权在最高债权额限度内就该担保财产优先受偿。

最高额抵押权设立前已经存在的债权,经当事人同意,可以转入最高额抵押担保的债权范围。

第二百零四条　最高额抵押担保的债权确定前,部分债权转让的,最高额抵押权不得转让,但当事人另有约定的除外。

第二百零五条　最高额抵押担保的债权确定前,抵押权人与抵押人可以通过协议变更债权确定的期间、债权范围以及最高债权额,但变更的内容不得对其他抵押权人产生不利影响。

第二百零六条　有下列情形之一的,抵押权人的债权确定:

(一)约定的债权确定期间届满;

(二)没有约定债权确定期间或者约定不明确,抵押权人或者抵押人自最高额抵押权设立之日起满二年后请求确定债权;

(三)新的债权不可能发生;

(四)抵押财产被查封、扣押;

(五)债务人、抵押人被宣告破产或者被撤销;

(六)法律规定债权确定的其他情形。

第二百零七条　最高额抵押权除适用本节规定外,适用本章第一节一般抵押权的规定。

第十七章　质　　权

第一节　动 产 质 权

第二百零八条　为担保债务的履行,债务人或者第三人将其动产出质给债权人占有的,债务人不履行到期债务或者发生当事人约定的实现质权的情形,债权人有权就该动产优先受偿。

前款规定的债务人或者第三人为出质人,债权人为质权人,交付的动产为质押财产。

第二百零九条　法律、行政法规禁止转让的动产不得出质。

第二百一十条　设立质权,当事人应当采取书面形式订立质权合同。

质权合同一般包括下列条款:

(一)被担保债权的种类和数额;

(二)债务人履行债务的期限;

(三)质押财产的名称、数量、质量、状况;

(四)担保的范围;

(五)质押财产交付的时间。

第二百一十一条　质权人在债务履行期届满前,不得与出质人约定债务人不履行到期债务时质押财产归债权人所有。

第二百一十二条　质权自出质人交付质押财产时设立。

第二百一十三条　质权人有权收取质押财产的孳息,但合同另有约定的除外。

前款规定的孳息应当先充抵收取孳息的费用。

第二百一十四条　质权人在质权存续期间,未经出质人同意,擅自使用、处分质押财产,给出质人造成损害的,应当承担赔偿责任。

第二百一十五条　质权人负有妥善保管质押财产的义务;因保管不善致使质押财产毁损、灭失的,应当承担赔偿责任。

质权人的行为可能使质押财产毁损、灭失的,出质人可以要求质权人将质押财产提存,或者要求提前清偿债务并返还质押财产。

第二百一十六条　因不能归责于质权人的事由可能使质押财产毁损或者价值明显减少,足以危害质权人权利的,质权人有权要求出质人提供相应的担保;出质人不提供的,质权人可以拍卖、变卖质押财产,并与出质人通过协议将拍卖、变卖所得的价款提前清偿债务或者提存。

第二百一十七条　质权人在质权存续期间,未经出质人同意转质,造成质押财产毁损、灭失的,应当向出质人承担赔偿责任。

第二百一十八条　质权人可以放弃质权。债务人以自己的财产出质,质权人放弃该质权的,其他担保人在质权人丧失优先受偿权益的范围内免除担保责任,但其他担保人承诺仍然提供担保的除外。

第二百一十九条　债务人履行债务或者出质人提前清偿所担保的债权的,质权人应当返还质押财产。

债务人不履行到期债务或者发生当事人约定的实现质权的情形,质权人可以与出质人协议以质押财产折价,也可以就拍卖、变卖质押财产所得的价款优先受偿。

质押财产折价或者变卖的,应当参照市场价格。

第二百二十条　出质人可以请求质权人在债务履行期届满后及时行使质权;质权人不行使的,出质人可以请求人民法院拍卖、变卖质押财产。

出质人请求质权人及时行使质权，因质权人怠于行使权利造成损害的，由质权人承担赔偿责任。

第二百二十一条　质押财产折价或者拍卖、变卖后，其价款超过债权数额的部分归出质人所有，不足部分由债务人清偿。

第二百二十二条　出质人与质权人可以协议设立最高额质权。

最高额质权除适用本节有关规定外，参照本法第十六章第二节最高额抵押权的规定。

第二节　权利质权

第二百二十三条　债务人或者第三人有权处分的下列权利可以出质：

（一）汇票、支票、本票；

（二）债券、存款单；

（三）仓单、提单；

（四）可以转让的基金份额、股权；

（五）可以转让的注册商标专用权、专利权、著作权等知识产权中的财产权；

（六）应收账款；

（七）法律、行政法规规定可以出质的其他财产权利。

第二百二十四条　以汇票、支票、本票、债券、存款单、仓单、提单出质的，当事人应当订立书面合同。质权自权利凭证交付质权人时设立；没有权利凭证的，质权自有关部门办理出质登记时设立。

第二百二十五条　汇票、支票、本票、债券、存款单、仓单、提单的兑现日期或者提货日期先于主债权到期的，质权人可以兑现或者提货，并与出质人协议将兑现的价款或者提取的货物提前清偿债务或者提存。

第二百二十六条　以基金份额、股权出质的，当事人应当订立书面合同。以基金份额、证券登记结算机构登记的股权出质的，质权自证券登记结算机构办理出质登记时设立；以其他股权出质的，质权自工商行政管理部门办理出质登记时设立。

基金份额、股权出质后，不得转让，但经出质人与质权人协商同意的除外。出质人转让基金份额、股权所得的价款，应当向质权人提前清偿债务或者提存。

第二百二十七条　以注册商标专用权、专利权、著作权等知识产权中的财产权出质的，当事人应当订立书面合同。质权自有关主管部门办理出质登记时设立。

知识产权中的财产权出质后，出质人不得转让或者许可他人使用，但经出质人与质权人协商同意的除外。出质人转让或者许可他人使用出质的知识产权中的财产权所得的价款，应当向质权人提前清偿债务或者提存。

第二百二十八条 以应收账款出质的,当事人应当订立书面合同。质权自信贷征信机构办理出质登记时设立。

应收账款出质后,不得转让,但经出质人与质权人协商同意的除外。出质人转让应收账款所得的价款,应当向质权人提前清偿债务或者提存。

第二百二十九条 权利质权除适用本节规定外,适用本章第一节动产质权的规定。

第十八章 留 置 权

第二百三十条 债务人不履行到期债务,债权人可以留置已经合法占有的债务人的动产,并有权就该动产优先受偿。

前款规定的债权人为留置权人,占有的动产为留置财产。

第二百三十一条 债权人留置的动产,应当与债权属于同一法律关系,但企业之间留置的除外。

第二百三十二条 法律规定或者当事人约定不得留置的动产,不得留置。

第二百三十三条 留置财产为可分物的,留置财产的价值应当相当于债务的金额。

第二百三十四条 留置权人负有妥善保管留置财产的义务;因保管不善致使留置财产毁损、灭失的,应当承担赔偿责任。

第二百三十五条 留置权人有权收取留置财产的孳息。

前款规定的孳息应当先充抵收取孳息的费用。

第二百三十六条 留置权人与债务人应当约定留置财产后的债务履行期间;没有约定或者约定不明确的,留置权人应当给债务人两个月以上履行债务的期间,但鲜活易腐等不易保管的动产除外。债务人逾期未履行的,留置权人可以与债务人协议以留置财产折价,也可以就拍卖、变卖留置财产所得的价款优先受偿。

留置财产折价或者变卖的,应当参照市场价格。

第二百三十七条 债务人可以请求留置权人在债务履行期届满后行使留置权;留置权人不行使的,债务人可以请求人民法院拍卖、变卖留置财产。

第二百三十八条 留置财产折价或者拍卖、变卖后,其价款超过债权数额的部分归债务人所有,不足部分由债务人清偿。

第二百三十九条 同一动产上已设立抵押权或者质权,该动产又被留置的,留置权人优先受偿。

第二百四十条 留置权人对留置财产丧失占有或者留置权人接受债务人另行提供担保的,留置权消灭。

第五编　占　　有

第十九章　占　　有

第二百四十一条　基于合同关系等产生的占有，有关不动产或者动产的使用、收益、违约责任等，按照合同约定；合同没有约定或者约定不明确的，依照有关法律规定。

第二百四十二条　占有人因使用占有的不动产或者动产，致使该不动产或者动产受到损害的，恶意占有人应当承担赔偿责任。

第二百四十三条　不动产或者动产被占有人占有的，权利人可以请求返还原物及其孳息，但应当支付善意占有人因维护该不动产或者动产支出的必要费用。

第二百四十四条　占有的不动产或者动产毁损、灭失，该不动产或者动产的权利人请求赔偿的，占有人应当将因毁损、灭失取得的保险金、赔偿金或者补偿金等返还给权利人；权利人的损害未得到足够弥补的，恶意占有人还应当赔偿损失。

第二百四十五条　占有的不动产或者动产被侵占的，占有人有权请求返还原物；对妨害占有的行为，占有人有权请求排除妨害或者消除危险；因侵占或者妨害造成损害的，占有人有权请求损害赔偿。

占有人返还原物的请求权，自侵占发生之日起一年内未行使的，该请求权消灭。

附　　则

第二百四十六条　法律、行政法规对不动产统一登记的范围、登记机构和登记办法作出规定前，地方性法规可以依照本法有关规定作出规定。

第二百四十七条　本法自 2007 年 10 月 1 日起施行。

中华人民共和国合同法

（1999 年 3 月 15 日第九届全国人民代表大会第二次会议通过
1999 年 3 月 15 日中华人民共和国主席令第 15 号公布　自 1999 年 10 月 1 日起施行）

目　　录

总　　则

第一章　一般规定

第一条　为了保护合同当事人的合法权益,维护社会经济秩序,促进社会主义现代化建设,制定本法。

第二条　本法所称合同是平等主体的自然人、法人、其他组织之间设立、变更、终止民事权利义务关系的协议。

婚姻、收养、监护等有关身份关系的协议,适用其他法律的规定。

第三条　合同当事人的法律地位平等,一方不得将自己的意志强加给另一方。

第四条　当事人依法享有自愿订立合同的权利,任何单位和个人不得非法干预。

第五条　当事人应当遵循公平原则确定各方的权利和义务。

第六条　当事人行使权利、履行义务应当遵循诚实信用原则。

第七条　当事人订立、履行合同，应当遵守法律、行政法规，尊重社会公德，不得扰乱社会经济秩序，损害社会公共利益。

第八条　依法成立的合同，对当事人具有法律约束力。当事人应当按照约定履行自己的义务，不得擅自变更或者解除合同。

依法成立的合同，受法律保护。

第二章　合同的订立

第九条　当事人订立合同，应当具有相应的民事权利能力和民事行为能力。

当事人依法可以委托代理人订立合同。

第十条　当事人订立合同，有书面形式、口头形式和其他形式。

法律、行政法规规定采用书面形式的，应当采用书面形式。当事人约定采用书面形式的，应当采用书面形式。

第十一条　书面形式是指合同书、信件和数据电文（包括电报、电传、传真、电子数据交换和电子邮件）等可以有形地表现所载内容的形式。

第十二条　合同的内容由当事人约定，一般包括以下条款：

（一）当事人的名称或者姓名和住所；

（二）标的；

（三）数量；

（四）质量；

（五）价款或者报酬；

（六）履行期限、地点和方式；

（七）违约责任；

（八）解决争议的方法。

当事人可以参照各类合同的示范文本订立合同。

第十三条　当事人订立合同，采取要约、承诺方式。

第十四条　要约是希望和他人订立合同的意思表示，该意思表示应当符合下列规定：

（一）内容具体确定；

（二）表明经受要约人承诺，要约人即受该意思表示约束。

第十五条　要约邀请是希望他人向自己发出要约的意思表示。寄送的价目表、拍卖公告、招标公告、招股说明书、商业广告等为要约邀请。

商业广告的内容符合要约规定的,视为要约。

第十六条 要约到达受要约人时生效。

采用数据电文形式订立合同,收件人指定特定系统接收数据电文的,该数据电文进入该特定系统的时间,视为到达时间;未指定特定系统的,该数据电文进入收件人的任何系统的首次时间,视为到达时间。

第十七条 要约可以撤回。撤回要约的通知应当在要约到达受要约人之前或者与要约同时到达受要约人。

第十八条 要约可以撤销。撤销要约的通知应当在受要约人发出承诺通知之前到达受要约人。

第十九条 有下列情形之一的,要约不得撤销:

(一)要约人确定了承诺期限或者以其他形式明示要约不可撤销;

(二)受要约人有理由认为要约是不可撤销的,并已经为履行合同作了准备工作。

第二十条 有下列情形之一的,要约失效:

(一)拒绝要约的通知到达要约人;

(二)要约人依法撤销要约;

(三)承诺期限届满,受要约人未作出承诺;

(四)受要约人对要约的内容作出实质性变更。

第二十一条 承诺是受要约人同意要约的意思表示。

第二十二条 承诺应当以通知的方式作出,但根据交易习惯或者要约表明可以通过行为作出承诺的除外。

第二十三条 承诺应当在要约确定的期限内到达要约人。

要约没有确定承诺期限的,承诺应当依照下列规定到达:

(一)要约以对话方式作出的,应当即时作出承诺,但当事人另有约定的除外;

(二)要约以非对话方式作出的,承诺应当在合理期限内到达。

第二十四条 要约以信件或者电报作出的,承诺期限自信件载明的日期或者电报交发之日开始计算。信件未载明日期的,自投寄该信件的邮戳日期开始计算。要约以电话、传真等快速通讯方式作出的,承诺期限自要约到达受要约人时开始计算。

第二十五条 承诺生效时合同成立。

第二十六条 承诺通知到达要约人时生效。承诺不需要通知的,根据交易习惯或者要约的要求作出承诺的行为时生效。

采用数据电文形式订立合同的,承诺到达的时间适用本法第十六条第二款的规定。

第二十七条　承诺可以撤回。撤回承诺的通知应当在承诺通知到达要约人之前或者与承诺通知同时到达要约人。

第二十八条　受要约人超过承诺期限发出承诺的,除要约人及时通知受要约人该承诺有效的以外,为新要约。

第二十九条　受要约人在承诺期限内发出承诺,按照通常情形能够及时到达要约人,但因其他原因承诺到达要约人时超过承诺期限的,除要约人及时通知受要约人因承诺超过期限不接受该承诺的以外,该承诺有效。

第三十条　承诺的内容应当与要约的内容一致。受要约人对要约的内容作出实质性变更的,为新要约。有关合同标的、数量、质量、价款或者报酬、履行期限、履行地点和方式、违约责任和解决争议方法等的变更,是对要约内容的实质性变更。

第三十一条　承诺对要约的内容作出非实质性变更的,除要约人及时表示反对或者要约表明承诺不得对要约的内容作出任何变更的以外,该承诺有效,合同的内容以承诺的内容为准。

第三十二条　当事人采用合同书形式订立合同的,自双方当事人签字或者盖章时合同成立。

第三十三条　当事人采用信件、数据电文等形式订立合同的,可以在合同成立之前要求签订确认书。签订确认书时合同成立。

第三十四条　承诺生效的地点为合同成立的地点。

采用数据电文形式订立合同的,收件人的主营业地为合同成立的地点;没有主营业地的,其经常居住地为合同成立的地点。当事人另有约定的,按照其约定。

第三十五条　当事人采用合同书形式订立合同的,双方当事人签字或者盖章的地点为合同成立的地点。

第三十六条　法律、行政法规规定或者当事人约定采用书面形式订立合同,当事人未采用书面形式但一方已经履行主要义务,对方接受的,该合同成立。

第三十七条　采用合同书形式订立合同,在签字或者盖章之前,当事人一方已经履行主要义务,对方接受的,该合同成立。

第三十八条　国家根据需要下达指令性任务或者国家订货任务的,有关法人、其他组织之间应当依照有关法律、行政法规规定的权利和义务订立合同。

第三十九条　采用格式条款订立合同的,提供格式条款的一方应当遵循公平原则确定当事人之间的权利和义务,并采取合理的方式提请对方注意免除或者限制其责任的条款,按照对方的要求,对该条款予以说明。

格式条款是当事人为了重复使用而预先拟定,并在订立合同时未与对方协商的条款。

第四十条　格式条款具有本法第五十二条和第五十三条规定情形的,或者提供格式条款一方免除其责任、加重对方责任、排除对方主要权利的,该条款无效。

第四十一条 对格式条款的理解发生争议的,应当按照通常理解予以解释。对格式条款有两种以上解释的,应当作出不利于提供格式条款一方的解释。格式条款和非格式条款不一致的,应当采用非格式条款。

第四十二条 当事人在订立合同过程中有下列情形之一,给对方造成损失的,应当承担损害赔偿责任:

(一)假借订立合同,恶意进行磋商;

(二)故意隐瞒与订立合同有关的重要事实或者提供虚假情况;

(三)有其他违背诚实信用原则的行为。

第四十三条 当事人在订立合同过程中知悉的商业秘密,无论合同是否成立,不得泄露或者不正当地使用。泄露或者不正当地使用该商业秘密给对方造成损失的,应当承担损害赔偿责任。

第三章 合同的效力

第四十四条 依法成立的合同,自成立时生效。

法律、行政法规规定应当办理批准、登记等手续生效的,依照其规定。

第四十五条 当事人对合同的效力可以约定附条件。附生效条件的合同,自条件成就时生效。附解除条件的合同,自条件成就时失效。

当事人为自己的利益不正当地阻止条件成就的,视为条件已成就;不正当地促成条件成就的,视为条件不成就。

第四十六条 当事人对合同的效力可以约定附期限。附生效期限的合同,自期限届至时生效。附终止期限的合同,自期限届满时失效。

第四十七条 限制民事行为能力人订立的合同,经法定代理人追认后,该合同有效,但纯获利益的合同或者与其年龄、智力、精神健康状况相适应而订立的合同,不必经法定代理人追认。

相对人可以催告法定代理人在一个月内予以追认。法定代理人未作表示的,视为拒绝追认。合同被追认之前,善意相对人有撤销的权利。撤销应当以通知的方式作出。

第四十八条 行为人没有代理权、超越代理权或者代理权终止后以被代理人名义订立的合同,未经被代理人追认,对被代理人不发生效力,由行为人承担责任。

相对人可以催告被代理人在一个月内予以追认。被代理人未作表示的,视为拒绝追认。合同被追认之前,善意相对人有撤销的权利。撤销应当以通知的方式作出。

第四十九条 行为人没有代理权、超越代理权或者代理权终止后以被代理人名义订立合同,相对人有理由相信行为人有代理权的,该代理行为有效。

第五十条　法人或者其他组织的法定代表人、负责人超越权限订立的合同,除相对人知道或者应当知道其超越权限的以外,该代表行为有效。

第五十一条　无处分权的人处分他人财产,经权利人追认或者无处分权的人订立合同后取得处分权的,该合同有效。

第五十二条　有下列情形之一的,合同无效:

(一)一方以欺诈、胁迫的手段订立合同,损害国家利益;

(二)恶意串通,损害国家、集体或者第三人利益;

(三)以合法形式掩盖非法目的;

(四)损害社会公共利益;

(五)违反法律、行政法规的强制性规定。

第五十三条　合同中的下列免责条款无效:

(一)造成对方人身伤害的;

(二)因故意或者重大过失造成对方财产损失的。

第五十四条　下列合同,当事人一方有权请求人民法院或者仲裁机构变更或者撤销:

(一)因重大误解订立的;

(二)在订立合同时显失公平的。

一方以欺诈、胁迫的手段或者乘人之危,使对方在违背真实意思的情况下订立的合同,受损害方有权请求人民法院或者仲裁机构变更或者撤销。

当事人请求变更的,人民法院或者仲裁机构不得撤销。

第五十五条　有下列情形之一的,撤销权消灭:

(一)具有撤销权的当事人自知道或者应当知道撤销事由之日起一年内没有行使撤销权;

(二)具有撤销权的当事人知道撤销事由后明确表示或者以自己的行为放弃撤销权。

第五十六条　无效的合同或者被撤销的合同自始没有法律约束力。合同部分无效,不影响其他部分效力的,其他部分仍然有效。

第五十七条　合同无效、被撤销或者终止的,不影响合同中独立存在的有关解决争议方法的条款的效力。

第五十八条　合同无效或者被撤销后,因该合同取得的财产,应当予以返还;不能返还或者没有必要返还的,应当折价补偿。有过错的一方应当赔偿对方因此所受到的损失,双方都有过错的,应当各自承担相应的责任。

第五十九条　当事人恶意串通,损害国家、集体或者第三人利益的,因此取得的财产收归国家所有或者返还集体、第三人。

第四章 合同的履行

第六十条 当事人应当按照约定全面履行自己的义务。

当事人应当遵循诚实信用原则,根据合同的性质、目的和交易习惯履行通知、协助、保密等义务。

第六十一条 合同生效后,当事人就质量、价款或者报酬、履行地点等内容没有约定或者约定不明确的,可以协议补充;不能达成补充协议的,按照合同有关条款或者交易习惯确定。

第六十二条 当事人就有关合同内容约定不明确,依照本法第六十一条的规定仍不能确定的,适用下列规定:

(一)质量要求不明确的,按照国家标准、行业标准履行;没有国家标准、行业标准的,按照通常标准或者符合合同目的的特定标准履行。

(二)价款或者报酬不明确的,按照订立合同时履行地的市场价格履行;依法应当执行政府定价或者政府指导价的,按照规定履行。

(三)履行地点不明确,给付货币的,在接受货币一方所在地履行;交付不动产的,在不动产所在地履行;其他标的,在履行义务一方所在地履行。

(四)履行期限不明确的,债务人可以随时履行,债权人也可以随时要求履行,但应当给对方必要的准备时间。

(五)履行方式不明确的,按照有利于实现合同目的的方式履行。

(六)履行费用的负担不明确的,由履行义务一方负担。

第六十三条 执行政府定价或者政府指导价的,在合同约定的交付期限内政府价格调整时,按照交付时的价格计价。逾期交付标的物的,遇价格上涨时,按照原价格执行;价格下降时,按照新价格执行。逾期提取标的物或者逾期付款的,遇价格上涨时,按照新价格执行;价格下降时,按照原价格执行。

第六十四条 当事人约定由债务人向第三人履行债务的,债务人未向第三人履行债务或者履行债务不符合约定,应当向债权人承担违约责任。

第六十五条 当事人约定由第三人向债权人履行债务的,第三人不履行债务或者履行债务不符合约定,债务人应当向债权人承担违约责任。

第六十六条 当事人互负债务,没有先后履行顺序的,应当同时履行。一方在对方履行之前有权拒绝其履行要求。一方在对方履行债务不符合约定时,有权拒绝其相应的履行要求。

第六十七条 当事人互负债务,有先后履行顺序,先履行一方未履行的,后履行一方有权拒绝其履行要求。先履行一方履行债务不符合约定的,后履行一方有权拒绝其相应的履行要求。

第六十八条 应当先履行债务的当事人,有确切证据证明对方有下列情形之一的,可以中止履行:

(一)经营状况严重恶化;

(二)转移财产、抽逃资金,以逃避债务;

(三)丧失商业信誉;

(四)有丧失或者可能丧失履行债务能力的其他情形。

当事人没有确切证据中止履行的,应当承担违约责任。

第六十九条 当事人依照本法第六十八条的规定中止履行的,应当及时通知对方。对方提供适当担保时,应当恢复履行。中止履行后,对方在合理期限内未恢复履行能力并且未提供适当担保的,中止履行的一方可以解除合同。

第七十条 债权人分立、合并或者变更住所没有通知债务人,致使履行债务发生困难的,债务人可以中止履行或者将标的物提存。

第七十一条 债权人可以拒绝债务人提前履行债务,但提前履行不损害债权人利益的除外。

债务人提前履行债务给债权人增加的费用,由债务人负担。

第七十二条 债权人可以拒绝债务人部分履行债务,但部分履行不损害债权人利益的除外。

债务人部分履行债务给债权人增加的费用,由债务人负担。

第七十三条 因债务人怠于行使其到期债权,对债权人造成损害的,债权人可以向人民法院请求以自己的名义代位行使债务人的债权,但该债权专属于债务人自身的除外。

代位权的行使范围以债权人的债权为限。债权人行使代位权的必要费用,由债务人负担。

第七十四条 因债务人放弃其到期债权或者无偿转让财产,对债权人造成损害的,债权人可以请求人民法院撤销债务人的行为。债务人以明显不合理的低价转让财产,对债权人造成损害,并且受让人知道该情形的,债权人也可以请求人民法院撤销债务人的行为。

撤销权的行使范围以债权人的债权为限。债权人行使撤销权的必要费用,由债务人负担。

第七十五条 撤销权自债权人知道或者应当知道撤销事由之日起一年内行使。自债务人的行为发生之日起五年内没有行使撤销权的,该撤销权消灭。

第七十六条 合同生效后,当事人不得因姓名、名称的变更或者法定代表人、负责人、承办人的变动而不履行合同义务。

第五章 合同的变更和转让

第七十七条 当事人协商一致,可以变更合同。

法律、行政法规规定变更合同应当办理批准、登记等手续的,依照其规定。

第七十八条 当事人对合同变更的内容约定不明确的,推定为未变更。

第七十九条 债权人可以将合同的权利全部或者部分转让给第三人,但有下列情形之一的除外:

(一)根据合同性质不得转让;

(二)按照当事人约定不得转让;

(三)依照法律规定不得转让。

第八十条 债权人转让权利的,应当通知债务人。未经通知,该转让对债务人不发生效力。

债权人转让权利的通知不得撤销,但经受让人同意的除外。

第八十一条 债权人转让权利的,受让人取得与债权有关的从权利,但该从权利专属于债权人自身的除外。

第八十二条 债务人接到债权转让通知后,债务人对让与人的抗辩,可以向受让人主张。

第八十三条 债务人接到债权转让通知时,债务人对让与人享有债权,并且债务人的债权先于转让的债权到期或者同时到期的,债务人可以向受让人主张抵销。

第八十四条 债务人将合同的义务全部或者部分转移给第三人的,应当经债权人同意。

第八十五条 债务人转移义务的,新债务人可以主张原债务人对债权人的抗辩。

第八十六条 债务人转移义务的,新债务人应当承担与主债务有关的从债务,但该从债务专属于原债务人自身的除外。

第八十七条 法律、行政法规规定转让权利或者转移义务应当办理批准、登记等手续的,依照其规定。

第八十八条 当事人一方经对方同意,可以将自己在合同中的权利和义务一并转让给第三人。

第八十九条 权利和义务一并转让的,适用本法第七十九条、第八十一条至第八十三条、第八十五条至第八十七条的规定。

第九十条 当事人订立合同后合并的,由合并后的法人或者其他组织行使合同权利,履行合同义务。当事人订立合同后分立的,除债权人和债务人另有约定的以外,由分立的法人或者其他组织对合同的权利和义务享有连带债权,承担连带债务。

第六章　合同的权利义务终止

第九十一条　有下列情形之一的，合同的权利义务终止：

（一）债务已经按照约定履行；

（二）合同解除；

（三）债务相互抵销；

（四）债务人依法将标的物提存；

（五）债权人免除债务；

（六）债权债务同归于一人；

（七）法律规定或者当事人约定终止的其他情形。

第九十二条　合同的权利义务终止后，当事人应当遵循诚实信用原则，根据交易习惯履行通知、协助、保密等义务。

第九十三条　当事人协商一致，可以解除合同。

当事人可以约定一方解除合同的条件。解除合同的条件成就时，解除权人可以解除合同。

第九十四条　有下列情形之一的，当事人可以解除合同：

（一）因不可抗力致使不能实现合同目的；

（二）在履行期限届满之前，当事人一方明确表示或者以自己的行为表明不履行主要债务；

（三）当事人一方迟延履行主要债务，经催告后在合理期限内仍未履行；

（四）当事人一方迟延履行债务或者有其他违约行为致使不能实现合同目的；

（五）法律规定的其他情形。

第九十五条　法律规定或者当事人约定解除权行使期限，期限届满当事人不行使的，该权利消灭。

法律没有规定或者当事人没有约定解除权行使期限，经对方催告后在合理期限内不行使的，该权利消灭。

第九十六条　当事人一方依照本法第九十三条第二款、第九十四条的规定主张解除合同的，应当通知对方。合同自通知到达对方时解除。对方有异议的，可以请求人民法院或者仲裁机构确认解除合同的效力。

法律、行政法规规定解除合同应当办理批准、登记等手续的，依照其规定。

第九十七条　合同解除后，尚未履行的，终止履行；已经履行的，根据履行情况和合同性质，当事人可以要求恢复原状、采取其他补救措施，并有权要求赔偿损失。

第九十八条　合同的权利义务终止，不影响合同中结算和清理条款的效力。

第九十九条 当事人互负到期债务,该债务的标的物种类、品质相同的,任何一方可以将自己的债务与对方的债务抵销,但依照法律规定或者按照合同性质不得抵销的除外。

当事人主张抵销的,应当通知对方。通知自到达对方时生效。抵销不得附条件或者附期限。

第一百条 当事人互负债务,标的物种类、品质不相同的,经双方协商一致,也可以抵销。

第一百零一条 有下列情形之一,难以履行债务的,债务人可以将标的物提存:

(一)债权人无正当理由拒绝受领;

(二)债权人下落不明;

(三)债权人死亡未确定继承人或者丧失民事行为能力未确定监护人;

(四)法律规定的其他情形。

标的物不适于提存或者提存费用过高的,债务人依法可以拍卖或者变卖标的物,提存所得的价款。

第一百零二条 标的物提存后,除债权人下落不明的以外,债务人应当及时通知债权人或者债权人的继承人、监护人。

第一百零三条 标的物提存后,毁损、灭失的风险由债权人承担。提存期间,标的物的孳息归债权人所有。提存费用由债权人负担。

第一百零四条 债权人可以随时领取提存物,但债权人对债务人负有到期债务的,在债权人未履行债务或者提供担保之前,提存部门根据债务人的要求应当拒绝其领取提存物。

债权人领取提存物的权利,自提存之日起五年内不行使而消灭,提存物扣除提存费用后归国家所有。

第一百零五条 债权人免除债务人部分或者全部债务的,合同的权利义务部分或者全部终止。

第一百零六条 债权和债务同归于一人的,合同的权利义务终止,但涉及第三人利益的除外。

第七章 违 约 责 任

第一百零七条 当事人一方不履行合同义务或者履行合同义务不符合约定的,应当承担继续履行、采取补救措施或者赔偿损失等违约责任。

第一百零八条 当事人一方明确表示或者以自己的行为表明不履行合同义务的,对方可以在履行期限届满之前要求其承担违约责任。

第一百零九条 当事人一方未支付价款或者报酬的,对方可以要求其支付价款或者报酬。

第一百一十条 当事人一方不履行非金钱债务或者履行非金钱债务不符合约定的,对方可以要求履行,但有下列情形之一的除外:

(一)法律上或者事实上不能履行;

(二)债务的标的不适于强制履行或者履行费用过高;

(三)债权人在合理期限内未要求履行。

第一百一十一条 质量不符合约定的,应当按照当事人的约定承担违约责任。对违约责任没有约定或者约定不明确,依照本法第六十一条的规定仍不能确定的,受损害方根据标的的性质以及损失的大小,可以合理选择要求对方承担修理、更换、重作、退货、减少价款或者报酬等违约责任。

第一百一十二条 当事人一方不履行合同义务或者履行合同义务不符合约定的,在履行义务或者采取补救措施后,对方还有其他损失的,应当赔偿损失。

第一百一十三条 当事人一方不履行合同义务或者履行合同义务不符合约定,给对方造成损失的,损失赔偿额应当相当于因违约所造成的损失,包括合同履行后可以获得的利益,但不得超过违反合同一方订立合同时预见到或者应当预见到的因违反合同可能造成的损失。

经营者对消费者提供商品或者服务有欺诈行为的,依照《中华人民共和国消费者权益保护法》的规定承担损害赔偿责任。

第一百一十四条 当事人可以约定一方违约时应当根据违约情况向对方支付一定数额的违约金,也可以约定因违约产生的损失赔偿额的计算方法。

约定的违约金低于造成的损失的,当事人可以请求人民法院或者仲裁机构予以增加;约定的违约金过分高于造成的损失的,当事人可以请求人民法院或者仲裁机构予以适当减少。

当事人就迟延履行约定违约金的,违约方支付违约金后,还应当履行债务。

第一百一十五条 当事人可以依照《中华人民共和国担保法》约定一方向对方给付定金作为债权的担保。债务人履行债务后,定金应当抵作价款或者收回。给付定金的一方不履行约定的债务的,无权要求返还定金;收受定金的一方不履行约定的债务的,应当双倍返还定金。

第一百一十六条 当事人既约定违约金,又约定定金的,一方违约时,对方可以选择适用违约金或者定金条款。

第一百一十七条 因不可抗力不能履行合同的,根据不可抗力的影响,部分或者全部免除责任,但法律另有规定的除外。当事人迟延履行后发生不可抗力的,不能免除责任。

本法所称不可抗力,是指不能预见、不能避免并不能克服的客观情况。

第一百一十八条　当事人一方因不可抗力不能履行合同的,应当及时通知对方,以减轻可能给对方造成的损失,并应当在合理期限内提供证明。

第一百一十九条　当事人一方违约后,对方应当采取适当措施防止损失的扩大;没有采取适当措施致使损失扩大的,不得就扩大的损失要求赔偿。

当事人因防止损失扩大而支出的合理费用,由违约方承担。

第一百二十条　当事人双方都违反合同的,应当各自承担相应的责任。

第一百二十一条　当事人一方因第三人的原因造成违约的,应当向对方承担违约责任。当事人一方和第三人之间的纠纷,依照法律规定或者按照约定解决。

第一百二十二条　因当事人一方的违约行为,侵害对方人身、财产权益的,受损害方有权选择依照本法要求其承担违约责任或者依照其他法律要求其承担侵权责任。

第八章　其他规定

第一百二十三条　其他法律对合同另有规定的,依照其规定。

第一百二十四条　本法分则或者其他法律没有明文规定的合同,适用本法总则的规定,并可以参照本法分则或者其他法律最相类似的规定。

第一百二十五条　当事人对合同条款的理解有争议的,应当按照合同所使用的词句、合同的有关条款、合同的目的、交易习惯以及诚实信用原则,确定该条款的真实意思。

合同文本采用两种以上文字订立并约定具有同等效力的,对各文本使用的词句推定具有相同含义。各文本使用的词句不一致的,应当根据合同的目的予以解释。

第一百二十六条　涉外合同的当事人可以选择处理合同争议所适用的法律,但法律另有规定的除外。涉外合同的当事人没有选择的,适用与合同有最密切联系的国家的法律。

在中华人民共和国境内履行的中外合资经营企业合同、中外合作经营企业合同、中外合作勘探开发自然资源合同,适用中华人民共和国法律。

第一百二十七条　工商行政管理部门和其他有关行政主管部门在各自的职权范围内,依照法律、行政法规的规定,对利用合同危害国家利益、社会公共利益的违法行为,负责监督处理;构成犯罪的,依法追究刑事责任。

第一百二十八条　当事人可以通过和解或者调解解决合同争议。

当事人不愿和解、调解或者和解、调解不成的,可以根据仲裁协议向仲裁机构申请仲裁。涉外合同的当事人可以根据仲裁协议向中国仲裁机构或者其他仲裁机构申请仲裁。当事人没有订立仲裁协议或者仲裁协议无效的,可以向人民法院起诉。当事人应当履行发生法律效力的判决、仲裁裁决、调解书;拒不履行的,对方可以请求人民法院执行。

第一百二十九条　因国际货物买卖合同和技术进出口合同争议提起诉讼或者申请仲裁的期限为四年,自当事人知道或者应当知道其权利受到侵害之日起计算。因其他合同争议提起诉讼或者申请仲裁的期限,依照有关法律的规定。

分　　则

第九章　买卖合同

第一百三十条　买卖合同是出卖人转移标的物的所有权于买受人,买受人支付价款的合同。

第一百三十一条　买卖合同的内容除依照本法第十二条的规定以外,还可以包括包装方式、检验标准和方法、结算方式、合同使用的文字及其效力等条款。

第一百三十二条　出卖的标的物,应当属于出卖人所有或者出卖人有权处分。

法律、行政法规禁止或者限制转让的标的物,依照其规定。

第一百三十三条　标的物的所有权自标的物交付时起转移,但法律另有规定或者当事人另有约定的除外。

第一百三十四条　当事人可以在买卖合同中约定买受人未履行支付价款或者其他义务的,标的物的所有权属于出卖人。

第一百三十五条　出卖人应当履行向买受人交付标的物或者交付提取标的物的单证,并转移标的物所有权的义务。

第一百三十六条　出卖人应当按照约定或者交易习惯向买受人交付提取标的物单证以外的有关单证和资料。

第一百三十七条　出卖具有知识产权的计算机软件等标的物的,除法律另有规定或者当事人另有约定的以外,该标的物的知识产权不属于买受人。

第一百三十八条　出卖人应当按照约定的期限交付标的物。约定交付期间的,出卖人可以在该交付期间内的任何时间交付。

第一百三十九条　当事人没有约定标的物的交付期限或者约定不明确的,适用本法第六十一条、第六十二条第四项的规定。

第一百四十条　标的物在订立合同之前已为买受人占有的,合同生效的时间为交付时间。

第一百四十一条　出卖人应当按照约定的地点交付标的物。

当事人没有约定交付地点或者约定不明确,依照本法第六十一条的规定仍不

能确定的,适用下列规定:

(一)标的物需要运输的,出卖人应当将标的物交付给第一承运人以运交给买受人;

(二)标的物不需要运输,出卖人和买受人订立合同时知道标的物在某一地点的,出卖人应当在该地点交付标的物;不知道标的物在某一地点的,应当在出卖人订立合同时的营业地交付标的物。

第一百四十二条　标的物毁损、灭失的风险,在标的物交付之前由出卖人承担,交付之后由买受人承担,但法律另有规定或者当事人另有约定的除外。

第一百四十三条　因买受人的原因致使标的物不能按照约定的期限交付的,买受人应当自违反约定之日起承担标的物毁损、灭失的风险。

第一百四十四条　出卖人出卖交由承运人运输的在途标的物,除当事人另有约定的以外,毁损、灭失的风险自合同成立时起由买受人承担。

第一百四十五条　当事人没有约定交付地点或者约定不明确,依照本法第一百四十一条第二款第一项的规定标的物需要运输的,出卖人将标的物交付给第一承运人后,标的物毁损、灭失的风险由买受人承担。

第一百四十六条　出卖人按照约定或者依照本法第一百四十一条第二款第二项的规定将标的物置于交付地点,买受人违反约定没有收取的,标的物毁损、灭失的风险自违反约定之日起由买受人承担。

第一百四十七条　出卖人按照约定未交付有关标的物的单证和资料的,不影响标的物毁损、灭失风险的转移。

第一百四十八条　因标的物质量不符合质量要求,致使不能实现合同目的的,买受人可以拒绝接受标的物或者解除合同。买受人拒绝接受标的物或者解除合同的,标的物毁损、灭失的风险由出卖人承担。

第一百四十九条　标的物毁损、灭失的风险由买受人承担的,不影响因出卖人履行债务不符合约定,买受人要求其承担违约责任的权利。

第一百五十条　出卖人就交付的标的物,负有保证第三人不得向买受人主张任何权利的义务,但法律另有规定的除外。

第一百五十一条　买受人订立合同时知道或者应当知道第三人对买卖的标的物享有权利的,出卖人不承担本法第一百五十条规定的义务。

第一百五十二条　买受人有确切证据证明第三人可能就标的物主张权利的,可以中止支付相应的价款,但出卖人提供适当担保的除外。

第一百五十三条　出卖人应当按照约定的质量要求交付标的物。出卖人提供有关标的物质量说明的,交付的标的物应当符合该说明的质量要求。

第一百五十四条　当事人对标的物的质量要求没有约定或者约定不明确,依照本法第六十一条的规定仍不能确定的，适用本法第六十二条第一项的规定。

第一百五十五条　出卖人交付的标的物不符合质量要求的，买受人可以依照本法第一百一十一条的规定要求承担违约责任。

第一百五十六条　出卖人应当按照约定的包装方式交付标的物。对包装方式没有约定或者约定不明确，依照本法第六十一条的规定仍不能确定的，应当按照通用的方式包装，没有通用方式的，应当采取足以保护标的物的包装方式。

第一百五十七条　买受人收到标的物时应当在约定的检验期间内检验。没有约定检验期间的，应当及时检验。

第一百五十八条　当事人约定检验期间的，买受人应当在检验期间内将标的物的数量或者质量不符合约定的情形通知出卖人。买受人怠于通知的，视为标的物的数量或者质量符合约定。

当事人没有约定检验期间的，买受人应当在发现或者应当发现标的物的数量或者质量不符合约定的合理期间内通知出卖人。买受人在合理期间内未通知或者自标的物收到之日起两年内未通知出卖人的，视为标的物的数量或者质量符合约定，但对标的物有质量保证期的，适用质量保证期，不适用该两年的规定。

出卖人知道或者应当知道提供的标的物不符合约定的，买受人不受前两款规定的通知时间的限制。

第一百五十九条　买受人应当按照约定的数额支付价款。对价款没有约定或者约定不明确的，适用本法第六十一条、第六十二条第二项的规定。

第一百六十条　买受人应当按照约定的地点支付价款。对支付地点没有约定或者约定不明确，依照本法第六十一条的规定仍不能确定的，买受人应当在出卖人的营业地支付，但约定支付价款以交付标的物或者交付提取标的物单证为条件的，在交付标的物或者交付提取标的物单证的所在地支付。

第一百六十一条　买受人应当按照约定的时间支付价款。对支付时间没有约定或者约定不明确，依照本法第六十一条的规定仍不能确定的，买受人应当在收到标的物或者提取标的物单证的同时支付。

第一百六十二条　出卖人多交标的物的，买受人可以接收或者拒绝接收多交的部分。买受人接收多交部分的，按照合同的价格支付价款；买受人拒绝接收多交部分的，应当及时通知出卖人。

第一百六十三条　标的物在交付之前产生的孳息，归出卖人所有，交付之后产生的孳息，归买受人所有。

第一百六十四条　因标的物的主物不符合约定而解除合同的，解除合同的效力及于从物。因标的物的从物不符合约定被解除的，解除的效力不及于主物。

第一百六十五条　标的物为数物，其中一物不符合约定的，买受人可以就该物解除,但该物与他物分离使标的物的价值显受损害的,当事人可以就数物解除合同。

第一百六十六条 出卖人分批交付标的物的,出卖人对其中一批标的物不交付或者交付不符合约定,致使该批标的物不能实现合同目的的,买受人可以就该批标的物解除。

出卖人不交付其中一批标的物或者交付不符合约定,致使今后其他各批标的物的交付不能实现合同目的的,买受人可以就该批以及今后其他各批标的物解除。

买受人如果就其中一批标的物解除,该批标的物与其他各批标的物相互依存的,可以就已经交付和未交付的各批标的物解除。

第一百六十七条 分期付款的买受人未支付到期价款的金额达到全部价款的五分之一的,出卖人可以要求买受人支付全部价款或者解除合同。

出卖人解除合同的,可以向买受人要求支付该标的物的使用费。

第一百六十八条 凭样品买卖的当事人应当封存样品,并可以对样品质量予以说明。出卖人交付的标的物应当与样品及其说明的质量相同。

第一百六十九条 凭样品买卖的买受人不知道样品有隐蔽瑕疵的,即使交付的标的物与样品相同,出卖人交付的标的物的质量仍然应当符合同种物的通常标准。

第一百七十条 试用买卖的当事人可以约定标的物的试用期间。对试用期间没有约定或者约定不明确,依照本法第六十一条的规定仍不能确定的,由出卖人确定。

第一百七十一条 试用买卖的买受人在试用期内可以购买标的物,也可以拒绝购买。试用期间届满,买受人对是否购买标的物未作表示的,视为购买。

第一百七十二条 招标投标买卖的当事人的权利和义务以及招标投标程序等,依照有关法律、行政法规的规定。

第一百七十三条 拍卖的当事人的权利和义务以及拍卖程序等,依照有关法律、行政法规的规定。

第一百七十四条 法律对其他有偿合同有规定的,依照其规定;没有规定的,参照买卖合同的有关规定。

第一百七十五条 当事人约定易货交易,转移标的物的所有权的,参照买卖合同的有关规定。

第十章 供用电、水、气、热力合同

第一百七十六条 供用电合同是供电人向用电人供电,用电人支付电费的合同。

第一百七十七条　供用电合同的内容包括供电的方式、质量、时间，用电容量、地址、性质，计量方式，电价、电费的结算方式，供用电设施的维护责任等条款。

第一百七十八条　供用电合同的履行地点，按照当事人约定；当事人没有约定或者约定不明确的，供电设施的产权分界处为履行地点。

第一百七十九条　供电人应当按照国家规定的供电质量标准和约定安全供电。供电人未按照国家规定的供电质量标准和约定安全供电，造成用电人损失的，应当承担损害赔偿责任。

第一百八十条　供电人因供电设施计划检修、临时检修、依法限电或者用电人违法用电等原因，需要中断供电时，应当按照国家有关规定事先通知用电人。未事先通知用电人中断供电，造成用电人损失的，应当承担损害赔偿责任。

第一百八十一条　因自然灾害等原因断电，供电人应当按照国家有关规定及时抢修。未及时抢修，造成用电人损失的，应当承担损害赔偿责任。

第一百八十二条　用电人应当按照国家有关规定和当事人的约定及时交付电费。用电人逾期不交付电费的，应当按照约定支付违约金。经催告用电人在合理期限内仍不交付电费和违约金的，供电人可以按照国家规定的程序中止供电。

第一百八十三条　用电人应当按照国家有关规定和当事人的约定安全用电。用电人未按照国家有关规定和当事人的约定安全用电，造成供电人损失的，应当承担损害赔偿责任。

第一百八十四条　供用水、供用气、供用热力合同，参照供用电合同的有关规定。

第十一章　赠与合同

第一百八十五条　赠与合同是赠与人将自己的财产无偿给予受赠人，受赠人表示接受赠与的合同。

第一百八十六条　赠与人在赠与财产的权利转移之前可以撤销赠与。

具有救灾、扶贫等社会公益、道德义务性质的赠与合同或者经过公证的赠与合同，不适用前款规定。

第一百八十七条　赠与的财产依法需要办理登记等手续的，应当办理有关手续。

第一百八十八条　具有救灾、扶贫等社会公益、道德义务性质的赠与合同或者经过公证的赠与合同，赠与人不交付赠与的财产的，受赠人可以要求交付。

第一百八十九条　因赠与人故意或者重大过失致使赠与的财产毁损、灭失的，赠与人应当承担损害赔偿责任。

第一百九十条　赠与可以附义务。

赠与附义务的,受赠人应当按照约定履行义务。

第一百九十一条 赠与的财产有瑕疵的,赠与人不承担责任。附义务的赠与,赠与的财产有瑕疵的,赠与人在附义务的限度内承担与出卖人相同的责任。

赠与人故意不告知瑕疵或者保证无瑕疵,造成受赠人损失的,应当承担损害赔偿责任。

第一百九十二条 受赠人有下列情形之一的,赠与人可以撤销赠与:

(一)严重侵害赠与人或者赠与人的近亲属;

(二)对赠与人有扶养义务而不履行;

(三)不履行赠与合同约定的义务。

赠与人的撤销权,自知道或者应当知道撤销原因之日起一年内行使。

第一百九十三条 因受赠人的违法行为致使赠与人死亡或者丧失民事行为能力的,赠与人的继承人或者法定代理人可以撤销赠与。

赠与人的继承人或者法定代理人的撤销权,自知道或者应当知道撤销原因之日起六个月内行使。

第一百九十四条 撤销权人撤销赠与的,可以向受赠人要求返还赠与的财产。

第一百九十五条 赠与人的经济状况显著恶化,严重影响其生产经营或者家庭生活的,可以不再履行赠与义务。

第十二章 借款合同

第一百九十六条 借款合同是借款人向贷款人借款,到期返还借款并支付利息的合同。

第一百九十七条 借款合同采用书面形式,但自然人之间借款另有约定的除外。

借款合同的内容包括借款种类、币种、用途、数额、利率、期限和还款方式等条款。

第一百九十八条 订立借款合同,贷款人可以要求借款人提供担保。担保依照《中华人民共和国担保法》的规定。

第一百九十九条 订立借款合同,借款人应当按照贷款人的要求提供与借款有关的业务活动和财务状况的真实情况。

第二百条 借款的利息不得预先在本金中扣除。利息预先在本金中扣除的,应当按照实际借款数额返还借款并计算利息。

第二百零一条 贷款人未按照约定的日期、数额提供借款,造成借款人损失的,应当赔偿损失。

借款人未按照约定的日期、数额收取借款的,应当按照约定的日期、数额支付利息。

第二百零二条　贷款人按照约定可以检查、监督借款的使用情况。借款人应当按照约定向贷款人定期提供有关财务会计报表等资料。

第二百零三条　借款人未按照约定的借款用途使用借款的，贷款人可以停止发放借款、提前收回借款或者解除合同。

第二百零四条　办理贷款业务的金融机构贷款的利率，应当按照中国人民银行规定的贷款利率的上下限确定。

第二百零五条　借款人应当按照约定的期限支付利息。对支付利息的期限没有约定或者约定不明确，依照本法第六十一条的规定仍不能确定，借款期间不满一年的，应当在返还借款时一并支付；借款期间一年以上的，应当在每届满一年时支付，剩余期间不满一年的，应当在返还借款时一并支付。

第二百零六条　借款人应当按照约定的期限返还借款。对借款期限没有约定或者约定不明确，依照本法第六十一条的规定仍不能确定的，借款人可以随时返还；贷款人可以催告借款人在合理期限内返还。

第二百零七条　借款人未按照约定的期限返还借款的，应当按照约定或者国家有关规定支付逾期利息。

第二百零八条　借款人提前偿还借款的，除当事人另有约定的以外，应当按照实际借款的期间计算利息。

第二百零九条　借款人可以在还款期限届满之前向贷款人申请展期。贷款人同意的，可以展期。

第二百一十条　自然人之间的借款合同，自贷款人提供借款时生效。

第二百一十一条　自然人之间的借款合同对支付利息没有约定或者约定不明确的，视为不支付利息。

自然人之间的借款合同约定支付利息的，借款的利率不得违反国家有关限制借款利率的规定。

第十三章　租 赁 合 同

第二百一十二条　租赁合同是出租人将租赁物交付承租人使用、收益，承租人支付租金的合同。

第二百一十三条　租赁合同的内容包括租赁物的名称、数量、用途、租赁期限、租金及其支付期限和方式、租赁物维修等条款。

第二百一十四条　租赁期限不得超过二十年。超过二十年的，超过部分无效。

租赁期间届满，当事人可以续订租赁合同，但约定的租赁期限自续订之日起不得超过二十年。

第二百一十五条 租赁期限六个月以上的,应当采用书面形式。当事人未采用书面形式的,视为不定期租赁。

第二百一十六条 出租人应当按照约定将租赁物交付承租人,并在租赁期间保持租赁物符合约定的用途。

第二百一十七条 承租人应当按照约定的方法使用租赁物。对租赁物的使用方法没有约定或者约定不明确,依照本法第六十一条的规定仍不能确定的,应当按照租赁物的性质使用。

第二百一十八条 承租人按照约定的方法或者租赁物的性质使用租赁物,致使租赁物受到损耗的,不承担损害赔偿责任。

第二百一十九条 承租人未按照约定的方法或者租赁物的性质使用租赁物,致使租赁物受到损失的,出租人可以解除合同并要求赔偿损失。

第二百二十条 出租人应当履行租赁物的维修义务,但当事人另有约定的除外。

第二百二十一条 承租人在租赁物需要维修时可以要求出租人在合理期限内维修。出租人未履行维修义务的,承租人可以自行维修,维修费用由出租人负担。因维修租赁物影响承租人使用的,应当相应减少租金或者延长租期。

第二百二十二条 承租人应当妥善保管租赁物,因保管不善造成租赁物毁损、灭失的,应当承担损害赔偿责任。

第二百二十三条 承租人经出租人同意,可以对租赁物进行改善或者增设他物。

承租人未经出租人同意,对租赁物进行改善或者增设他物的,出租人可以要求承租人恢复原状或者赔偿损失。

第二百二十四条 承租人经出租人同意,可以将租赁物转租给第三人。承租人转租的,承租人与出租人之间的租赁合同继续有效,第三人对租赁物造成损失的,承租人应当赔偿损失。

承租人未经出租人同意转租的,出租人可以解除合同。

第二百二十五条 在租赁期间因占有、使用租赁物获得的收益,归承租人所有,但当事人另有约定的除外。

第二百二十六条 承租人应当按照约定的期限支付租金。对支付期限没有约定或者约定不明确,依照本法第六十一条的规定仍不能确定,租赁期间不满一年的,应当在租赁期间届满时支付;租赁期间一年以上的,应当在每届满一年时支付,剩余期间不满一年的,应当在租赁期间届满时支付。

第二百二十七条 承租人无正当理由未支付或者迟延支付租金的,出租人可以要求承租人在合理期限内支付。承租人逾期不支付的,出租人可以解除合同。

第二百二十八条　因第三人主张权利，致使承租人不能对租赁物使用、收益的，承租人可以要求减少租金或者不支付租金。

第三人主张权利的，承租人应当及时通知出租人。

第二百二十九条　租赁物在租赁期间发生所有权变动的，不影响租赁合同的效力。

第二百三十条　出租人出卖租赁房屋的，应当在出卖之前的合理期限内通知承租人，承租人享有以同等条件优先购买的权利。

第二百三十一条　因不可归责于承租人的事由，致使租赁物部分或者全部毁损、灭失的，承租人可以要求减少租金或者不支付租金；因租赁物部分或者全部毁损、灭失，致使不能实现合同目的的，承租人可以解除合同。

第二百三十二条　当事人对租赁期限没有约定或者约定不明确，依照本法第六十一条的规定仍不能确定的，视为不定期租赁。当事人可以随时解除合同，但出租人解除合同应当在合理期限之前通知承租人。

第二百三十三条　租赁物危及承租人的安全或者健康的，即使承租人订立合同时明知该租赁物质量不合格，承租人仍然可以随时解除合同。

第二百三十四条　承租人在房屋租赁期间死亡的，与其生前共同居住的人可以按照原租赁合同租赁该房屋。

第二百三十五条　租赁期间届满，承租人应当返还租赁物。返还的租赁物应当符合按照约定或者租赁物的性质使用后的状态。

第二百三十六条　租赁期间届满，承租人继续使用租赁物，出租人没有提出异议的，原租赁合同继续有效，但租赁期限为不定期。

第十四章　融资租赁合同

第二百三十七条　融资租赁合同是出租人根据承租人对出卖人、租赁物的选择，向出卖人购买租赁物，提供给承租人使用，承租人支付租金的合同。

第二百三十八条　融资租赁合同的内容包括租赁物名称、数量、规格、技术性能、检验方法、租赁期限、租金构成及其支付期限和方式、币种、租赁期间届满租赁物的归属等条款。

融资租赁合同应当采用书面形式。

第二百三十九条　出租人根据承租人对出卖人、租赁物的选择订立的买卖合同，出卖人应当按照约定向承租人交付标的物，承租人享有与受领标的物有关的买受人的权利。

第二百四十条　出租人、出卖人、承租人可以约定，出卖人不履行买卖合同义务的，由承租人行使索赔的权利。承租人行使索赔权利的，出租人应当协助。

第二百四十一条 出租人根据承租人对出卖人、租赁物的选择订立的买卖合同,未经承租人同意,出租人不得变更与承租人有关的合同内容。

第二百四十二条 出租人享有租赁物的所有权。承租人破产的,租赁物不属于破产财产。

第二百四十三条 融资租赁合同的租金,除当事人另有约定的以外,应当根据购买租赁物的大部分或者全部成本以及出租人的合理利润确定。

第二百四十四条 租赁物不符合约定或者不符合使用目的的,出租人不承担责任,但承租人依赖出租人的技能确定租赁物或者出租人干预选择租赁物的除外。

第二百四十五条 出租人应当保证承租人对租赁物的占有和使用。

第二百四十六条 承租人占有租赁物期间,租赁物造成第三人的人身伤害或者财产损害的,出租人不承担责任。

第二百四十七条 承租人应当妥善保管、使用租赁物。

承租人应当履行占有租赁物期间的维修义务。

第二百四十八条 承租人应当按照约定支付租金。承租人经催告后在合理期限内仍不支付租金的,出租人可以要求支付全部租金;也可以解除合同,收回租赁物。

第二百四十九条 当事人约定租赁期间届满租赁物归承租人所有,承租人已经支付大部分租金,但无力支付剩余租金,出租人因此解除合同收回租赁物的,收回的租赁物的价值超过承租人欠付的租金以及其他费用的,承租人可以要求部分返还。

第二百五十条 出租人和承租人可以约定租赁期间届满租赁物的归属。对租赁物的归属没有约定或者约定不明确,依照本法第六十一条的规定仍不能确定的,租赁物的所有权归出租人。

第十五章 承 揽 合 同

第二百五十一条 承揽合同是承揽人按照定作人的要求完成工作,交付工作成果,定作人给付报酬的合同。

承揽包括加工、定作、修理、复制、测试、检验等工作。

第二百五十二条 承揽合同的内容包括承揽的标的、数量、质量、报酬、承揽方式、材料的提供、履行期限、验收标准和方法等条款。

第二百五十三条 承揽人应当以自己的设备、技术和劳力,完成主要工作,但当事人另有约定的除外。

承揽人将其承揽的主要工作交由第三人完成的,应当就该第三人完成的工作成果向定作人负责;未经定作人同意的,定作人也可以解除合同。

第二百五十四条　承揽人可以将其承揽的辅助工作交由第三人完成。承揽人将其承揽的辅助工作交由第三人完成的，应当就该第三人完成的工作成果向定作人负责。

第二百五十五条　承揽人提供材料的，承揽人应当按照约定选用材料，并接受定作人检验。

第二百五十六条　定作人提供材料的，定作人应当按照约定提供材料。承揽人对定作人提供的材料，应当及时检验，发现不符合约定时，应当及时通知定作人更换、补齐或者采取其他补救措施。

承揽人不得擅自更换定作人提供的材料，不得更换不需要修理的零部件。

第二百五十七条　承揽人发现定作人提供的图纸或者技术要求不合理的，应当及时通知定作人。因定作人怠于答复等原因造成承揽人损失的，应当赔偿损失。

第二百五十八条　定作人中途变更承揽工作的要求，造成承揽人损失的，应当赔偿损失。

第二百五十九条　承揽工作需要定作人协助的，定作人有协助的义务。

定作人不履行协助义务致使承揽工作不能完成的，承揽人可以催告定作人在合理期限内履行义务，并可以顺延履行期限；定作人逾期不履行的，承揽人可以解除合同。

第二百六十条　承揽人在工作期间，应当接受定作人必要的监督检验。定作人不得因监督检验妨碍承揽人的正常工作。

第二百六十一条　承揽人完成工作的，应当向定作人交付工作成果，并提交必要的技术资料和有关质量证明。定作人应当验收该工作成果。

第二百六十二条　承揽人交付的工作成果不符合质量要求的，定作人可以要求承揽人承担修理、重作、减少报酬、赔偿损失等违约责任。

第二百六十三条　定作人应当按照约定的期限支付报酬。对支付报酬的期限没有约定或者约定不明确，依照本法第六十一条的规定仍不能确定的，定作人应当在承揽人交付工作成果时支付；工作成果部分交付的，定作人应当相应支付。

第二百六十四条　定作人未向承揽人支付报酬或者材料费等价款的，承揽人对完成的工作成果享有留置权，但当事人另有约定的除外。

第二百六十五条　承揽人应当妥善保管定作人提供的材料以及完成的工作成果，因保管不善造成毁损、灭失的，应当承担损害赔偿责任。

第二百六十六条　承揽人应当按照定作人的要求保守秘密，未经定作人许可，不得留存复制品或者技术资料。

第二百六十七条　共同承揽人对定作人承担连带责任，但当事人另有约定的除外。

第二百六十八条 定作人可以随时解除承揽合同,造成承揽人损失的,应当赔偿损失。

第十六章 建设工程合同

第二百六十九条 建设工程合同是承包人进行工程建设,发包人支付价款的合同。

建设工程合同包括工程勘察、设计、施工合同。

第二百七十条 建设工程合同应当采用书面形式。

第二百七十一条 建设工程的招标投标活动,应当依照有关法律的规定公开、公平、公正进行。

第二百七十二条 发包人可以与总承包人订立建设工程合同,也可以分别与勘察人、设计人、施工人订立勘察、设计、施工承包合同。发包人不得将应当由一个承包人完成的建设工程肢解成若干部分发包给几个承包人。

总承包人或者勘察、设计、施工承包人经发包人同意,可以将自己承包的部分工作交由第三人完成。第三人就其完成的工作成果与总承包人或者勘察、设计、施工承包人向发包人承担连带责任。承包人不得将其承包的全部建设工程转包给第三人或者将其承包的全部建设工程肢解以后以分包的名义分别转包给第三人。

禁止承包人将工程分包给不具备相应资质条件的单位。禁止分包单位将其承包的工程再分包。建设工程主体结构的施工必须由承包人自行完成。

第二百七十三条 国家重大建设工程合同,应当按照国家规定的程序和国家批准的投资计划、可行性研究报告等文件订立。

第二百七十四条 勘察、设计合同的内容包括提交有关基础资料和文件(包括概预算)的期限、质量要求、费用以及其他协作条件等条款。

第二百七十五条 施工合同的内容包括工程范围、建设工期、中间交工工程的开工和竣工时间、工程质量、工程造价、技术资料交付时间、材料和设备供应责任、拨款和结算、竣工验收、质量保修范围和质量保证期、双方相互协作等条款。

第二百七十六条 建设工程实行监理的,发包人应当与监理人采用书面形式订立委托监理合同。发包人与监理人的权利和义务以及法律责任,应当依照本法委托合同以及其他有关法律、行政法规的规定。

第二百七十七条 发包人在不妨碍承包人正常作业的情况下,可以随时对作业进度、质量进行检查。

第二百七十八条 隐蔽工程在隐蔽以前,承包人应当通知发包人检查。发包人没有及时检查的,承包人可以顺延工程日期,并有权要求赔偿停工、窝工等损失。

第二百七十九条 建设工程竣工后,发包人应当根据施工图纸及说明书、国家颁发的施工验收规范和质量检验标准及时进行验收。验收合格的，发包人应当按照约定支付价款，并接收该建设工程。

建设工程竣工经验收合格后，方可交付使用；未经验收或者验收不合格的，不得交付使用。

第二百八十条　勘察、设计的质量不符合要求或者未按照期限提交勘察、设计文件拖延工期，造成发包人损失的，勘察人、设计人应当继续完善勘察、设计，减收或者免收勘察、设计费并赔偿损失。

第二百八十一条　因施工人的原因致使建设工程质量不符合约定的，发包人有权要求施工人在合理期限内无偿修理或者返工、改建。经过修理或者返工、改建后，造成逾期交付的，施工人应当承担违约责任。

第二百八十二条　因承包人的原因致使建设工程在合理使用期限内造成人身和财产损害的，承包人应当承担损害赔偿责任。

第二百八十三条　发包人未按照约定的时间和要求提供原材料、设备、场地、资金、技术资料的，承包人可以顺延工程日期，并有权要求赔偿停工、窝工等损失。

第二百八十四条　因发包人的原因致使工程中途停建、缓建的，发包人应当采取措施弥补或者减少损失，赔偿承包人因此造成的停工、窝工、倒运、机械设备调迁、材料和构件积压等损失和实际费用。

第二百八十五条　因发包人变更计划，提供的资料不准确，或者未按照期限提供必需的勘察、设计工作条件而造成勘察、设计的返工、停工或者修改设计，发包人应当按照勘察人、设计人实际消耗的工作量增付费用。

第二百八十六条　发包人未按照约定支付价款的，承包人可以催告发包人在合理期限内支付价款。发包人逾期不支付的，除按照建设工程的性质不宜折价、拍卖的以外，承包人可以与发包人协议将该工程折价，也可以申请人民法院将该工程依法拍卖。建设工程的价款就该工程折价或者拍卖的价款优先受偿。

第二百八十七条　本章没有规定的，适用承揽合同的有关规定。

第十七章　运输合同

第一节　一般规定

第二百八十八条　运输合同是承运人将旅客或者货物从起运地点运输到约定地点，旅客、托运人或者收货人支付票款或者运输费用的合同。

第二百八十九条　从事公共运输的承运人不得拒绝旅客、托运人通常、合理的运输要求。

第二百九十条　承运人应当在约定期间或者合理期间内将旅客、货物安全运输到约定地点。

第二百九十一条 承运人应当按照约定的或者通常的运输路线将旅客、货物运输到约定地点。

第二百九十二条 旅客、托运人或者收货人应当支付票款或者运输费用。承运人未按照约定路线或者通常路线运输增加票款或者运输费用的,旅客、托运人或者收货人可以拒绝支付增加部分的票款或者运输费用。

第二节 客运合同

第二百九十三条 客运合同自承运人向旅客交付客票时成立,但当事人另有约定或者另有交易习惯的除外。

第二百九十四条 旅客应当持有效客票乘运。旅客无票乘运、超程乘运、越级乘运或者持失效客票乘运的,应当补交票款,承运人可以按照规定加收票款。旅客不交付票款的,承运人可以拒绝运输。

第二百九十五条 旅客因自己的原因不能按照客票记载的时间乘坐的,应当在约定的时间内办理退票或者变更手续。逾期办理的,承运人可以不退票款,并不再承担运输义务。

第二百九十六条 旅客在运输中应当按照约定的限量携带行李。超过限量携带行李的,应当办理托运手续。

第二百九十七条 旅客不得随身携带或者在行李中夹带易燃、易爆、有毒、有腐蚀性、有放射性以及有可能危及运输工具上人身和财产安全的危险物品或者其他违禁物品。

旅客违反前款规定的,承运人可以将违禁物品卸下、销毁或者送交有关部门。旅客坚持携带或者夹带违禁物品的,承运人应当拒绝运输。

第二百九十八条 承运人应当向旅客及时告知有关不能正常运输的重要事由和安全运输应当注意的事项。

第二百九十九条 承运人应当按照客票载明的时间和班次运输旅客。承运人迟延运输的,应当根据旅客的要求安排改乘其他班次或者退票。

第三百条 承运人擅自变更运输工具而降低服务标准的,应当根据旅客的要求退票或者减收票款;提高服务标准的,不应当加收票款。

第三百零一条 承运人在运输过程中,应当尽力救助患有急病、分娩、遇险的旅客。

第三百零二条 承运人应当对运输过程中旅客的伤亡承担损害赔偿责任,但伤亡是旅客自身健康原因造成的或者承运人证明伤亡是旅客故意、重大过失造成的除外。

前款规定适用于按照规定免票、持优待票或者经承运人许可搭乘的无票旅客。

第三百零三条 在运输过程中旅客自带物品毁损、灭失，承运人有过错的，应当承担损害赔偿责任。

旅客托运的行李毁损、灭失的，适用货物运输的有关规定。

第三节 货运合同

第三百零四条 托运人办理货物运输，应当向承运人准确表明收货人的名称或者姓名或者凭指示的收货人，货物的名称、性质、重量、数量，收货地点等有关货物运输的必要情况。

因托运人申报不实或者遗漏重要情况，造成承运人损失的，托运人应当承担损害赔偿责任。

第三百零五条 货物运输需要办理审批、检验等手续的，托运人应当将办理完有关手续的文件提交承运人。

第三百零六条 托运人应当按照约定的方式包装货物。对包装方式没有约定或者约定不明确的，适用本法第一百五十六条的规定。

托运人违反前款规定的，承运人可以拒绝运输。

第三百零七条 托运人托运易燃、易爆、有毒、有腐蚀性、有放射性等危险物品的，应当按照国家有关危险物品运输的规定对危险物品妥善包装，作出危险物标志和标签，并将有关危险物品的名称、性质和防范措施的书面材料提交承运人。

托运人违反前款规定的，承运人可以拒绝运输，也可以采取相应措施以避免损失的发生，因此产生的费用由托运人承担。

第三百零八条 在承运人将货物交付收货人之前，托运人可以要求承运人中止运输、返还货物、变更到达地或者将货物交给其他收货人，但应当赔偿承运人因此受到的损失。

第三百零九条 货物运输到达后，承运人知道收货人的，应当及时通知收货人，收货人应当及时提货。收货人逾期提货的，应当向承运人支付保管费等费用。

第三百一十条 收货人提货时应当按照约定的期限检验货物。对检验货物的期限没有约定或者约定不明确，依照本法第六十一条的规定仍不能确定的，应当在合理期限内检验货物。收货人在约定的期限或者合理期限内对货物的数量、毁损等未提出异议的，视为承运人已经按照运输单证的记载交付的初步证据。

第三百一十一条 承运人对运输过程中货物的毁损、灭失承担损害赔偿责任，但承运人证明货物的毁损、灭失是因不可抗力、货物本身的自然性质或者合理损耗以及托运人、收货人的过错造成的，不承担损害赔偿责任。

第三百一十二条 货物的毁损、灭失的赔偿额，当事人有约定的，按照其约定；

没有约定或者约定不明确,依照本法第六十一条的规定仍不能确定的,按照交付或者应当交付时货物到达地的市场价格计算。法律、行政法规对赔偿额的计算方法和赔偿限额另有规定的,依照其规定。

第三百一十三条 两个以上承运人以同一运输方式联运的,与托运人订立合同的承运人应当对全程运输承担责任。损失发生在某一运输区段的,与托运人订立合同的承运人和该区段的承运人承担连带责任。

第三百一十四条 货物在运输过程中因不可抗力灭失,未收取运费的,承运人不得要求支付运费;已收取运费的,托运人可以要求返还。

第三百一十五条 托运人或者收货人不支付运费、保管费以及其他运输费用的,承运人对相应的运输货物享有留置权,但当事人另有约定的除外。

第三百一十六条 收货人不明或者收货人无正当理由拒绝受领货物的,依照本法第一百零一条的规定,承运人可以提存货物。

第四节 多式联运合同

第三百一十七条 多式联运经营人负责履行或者组织履行多式联运合同,对全程运输享有承运人的权利,承担承运人的义务。

第三百一十八条 多式联运经营人可以与参加多式联运的各区段承运人就多式联运合同的各区段运输约定相互之间的责任,但该约定不影响多式联运经营人对全程运输承担的义务。

第三百一十九条 多式联运经营人收到托运人交付的货物时,应当签发多式联运单据。按照托运人的要求,多式联运单据可以是可转让单据,也可以是不可转让单据。

第三百二十条 因托运人托运货物时的过错造成多式联运经营人损失的,即使托运人已经转让多式联运单据,托运人仍然应当承担损害赔偿责任。

第三百二十一条 货物的毁损、灭失发生于多式联运的某一运输区段的,多式联运经营人的赔偿责任和责任限额,适用调整该区段运输方式的有关法律规定。货物毁损、灭失发生的运输区段不能确定的,依照本章规定承担损害赔偿责任。

第十八章 技术合同

第一节 一般规定

第三百二十二条 技术合同是当事人就技术开发、转让、咨询或者服务订立的确立相互之间权利和义务的合同。

第三百二十三条 订立技术合同,应当有利于科学技术的进步,加速科学技术成果的转化、应用和推广。

第三百二十四条　技术合同的内容由当事人约定，一般包括以下条款：

（一）项目名称；

（二）标的的内容、范围和要求；

（三）履行的计划、进度、期限、地点、地域和方式；

（四）技术情报和资料的保密；

（五）风险责任的承担；

（六）技术成果的归属和收益的分成办法；

（七）验收标准和方法；

（八）价款、报酬或者使用费及其支付方式；

（九）违约金或者损失赔偿的计算方法；

（十）解决争议的方法；

（十一）名词和术语的解释。

与履行合同有关的技术背景资料、可行性论证和技术评价报告、项目任务书和计划书、技术标准、技术规范、原始设计和工艺文件，以及其他技术文档，按照当事人的约定可以作为合同的组成部分。

技术合同涉及专利的，应当注明发明创造的名称、专利申请人和专利权人、申请日期、申请号、专利号以及专利权的有效期限。

第三百二十五条　技术合同价款、报酬或者使用费的支付方式由当事人约定，可以采取一次总算、一次总付或者一次总算、分期支付，也可以采取提成支付或者提成支付附加预付入门费的方式。

约定提成支付的，可以按照产品价格、实施专利和使用技术秘密后新增的产值、利润或者产品销售额的一定比例提成，也可以按照约定的其他方式计算。提成支付的比例可以采取固定比例、逐年递增比例或者逐年递减比例。

约定提成支付的，当事人应当在合同中约定查阅有关会计账目的办法。

第三百二十六条　职务技术成果的使用权、转让权属于法人或者其他组织的，法人或者其他组织可以就该项职务技术成果订立技术合同。法人或者其他组织应当从使用和转让该项职务技术成果所取得的收益中提取一定比例，对完成该项职务技术成果的个人给予奖励或者报酬。法人或者其他组织订立技术合同转让职务技术成果时，职务技术成果的完成人享有以同等条件优先受让的权利。

职务技术成果是执行法人或者其他组织的工作任务，或者主要是利用法人或者其他组织的物质技术条件所完成的技术成果。

第三百二十七条　非职务技术成果的使用权、转让权属于完成技术成果的个人，完成技术成果的个人可以就该项非职务技术成果订立技术合同。

第三百二十八条 完成技术成果的个人有在有关技术成果文件上写明自己是技术成果完成者的权利和取得荣誉证书、奖励的权利。

第三百二十九条 非法垄断技术、妨碍技术进步或者侵害他人技术成果的技术合同无效。

第二节 技术开发合同

第三百三十条 技术开发合同是指当事人之间就新技术、新产品、新工艺或者新材料及其系统的研究开发所订立的合同。

技术开发合同包括委托开发合同和合作开发合同。

技术开发合同应当采用书面形式。

当事人之间就具有产业应用价值的科技成果实施转化订立的合同,参照技术开发合同的规定。

第三百三十一条 委托开发合同的委托人应当按照约定支付研究开发经费和报酬;提供技术资料、原始数据;完成协作事项;接受研究开发成果。

第三百三十二条 委托开发合同的研究开发人应当按照约定制定和实施研究开发计划;合理使用研究开发经费;按期完成研究开发工作,交付研究开发成果,提供有关的技术资料和必要的技术指导,帮助委托人掌握研究开发成果。

第三百三十三条 委托人违反约定造成研究开发工作停滞、延误或者失败的,应当承担违约责任。

第三百三十四条 研究开发人违反约定造成研究开发工作停滞、延误或者失败的,应当承担违约责任。

第三百三十五条 合作开发合同的当事人应当按照约定进行投资,包括以技术进行投资;分工参与研究开发工作;协作配合研究开发工作。

第三百三十六条 合作开发合同的当事人违反约定造成研究开发工作停滞、延误或者失败的,应当承担违约责任。

第三百三十七条 因作为技术开发合同标的的技术已经由他人公开,致使技术开发合同的履行没有意义的,当事人可以解除合同。

第三百三十八条 在技术开发合同履行过程中,因出现无法克服的技术困难,致使研究开发失败或者部分失败的,该风险责任由当事人约定。没有约定或者约定不明确,依照本法第六十一条的规定仍不能确定的,风险责任由当事人合理分担。

当事人一方发现前款规定的可能致使研究开发失败或者部分失败的情形时,应当及时通知另一方并采取适当措施减少损失。没有及时通知并采取适当措施,致使损失扩大的,应当就扩大的损失承担责任。

第三百三十九条　委托开发完成的发明创造，除当事人另有约定的以外，申请专利的权利属于研究开发人。研究开发人取得专利权的，委托人可以免费实施该专利。

研究开发人转让专利申请权的，委托人享有以同等条件优先受让的权利。

第三百四十条　合作开发完成的发明创造，除当事人另有约定的以外，申请专利的权利属于合作开发的当事人共有。当事人一方转让其共有的专利申请权的，其他各方享有以同等条件优先受让的权利。

合作开发的当事人一方声明放弃其共有的专利申请权的，可以由另一方单独申请或者由其他各方共同申请。申请人取得专利权的，放弃专利申请权的一方可以免费实施该专利。

合作开发的当事人一方不同意申请专利的，另一方或者其他各方不得申请专利。

第三百四十一条　委托开发或者合作开发完成的技术秘密成果的使用权、转让权以及利益的分配办法，由当事人约定。没有约定或者约定不明确，依照本法第六十一条的规定仍不能确定的，当事人均有使用和转让的权利，但委托开发的研究开发人不得在向委托人交付研究开发成果之前，将研究开发成果转让给第三人。

第三节　技术转让合同

第三百四十二条　技术转让合同包括专利权转让、专利申请权转让、技术秘密转让、专利实施许可合同。

技术转让合同应当采用书面形式。

第三百四十三条　技术转让合同可以约定让与人和受让人实施专利或者使用技术秘密的范围，但不得限制技术竞争和技术发展。

第三百四十四条　专利实施许可合同只在该专利权的存续期间内有效。专利权有效期限届满或者专利权被宣布无效的，专利权人不得就该专利与他人订立专利实施许可合同。

第三百四十五条　专利实施许可合同的让与人应当按照约定许可受让人实施专利，交付实施专利有关的技术资料，提供必要的技术指导。

第三百四十六条　专利实施许可合同的受让人应当按照约定实施专利，不得许可约定以外的第三人实施该专利；并按照约定支付使用费。

第三百四十七条　技术秘密转让合同的让与人应当按照约定提供技术资料，进行技术指导，保证技术的实用性、可靠性，承担保密义务。

第三百四十八条　技术秘密转让合同的受让人应当按照约定使用技术，支付使用费，承担保密义务。

第三百四十九条 技术转让合同的让与人应当保证自己是所提供的技术的合法拥有者,并保证所提供的技术完整、无误、有效,能够达到约定的目标。

第三百五十条 技术转让合同的受让人应当按照约定的范围和期限,对让与人提供的技术中尚未公开的秘密部分,承担保密义务。

第三百五十一条 让与人未按照约定转让技术的,应当返还部分或者全部使用费,并应当承担违约责任;实施专利或者使用技术秘密超越约定的范围的,违反约定擅自许可第三人实施该项专利或者使用该项技术秘密的,应当停止违约行为,承担违约责任;违反约定的保密义务的,应当承担违约责任。

第三百五十二条 受让人未按照约定支付使用费的,应当补交使用费并按照约定支付违约金;不补交使用费或者支付违约金的,应当停止实施专利或者使用技术秘密,交还技术资料,承担违约责任;实施专利或者使用技术秘密超越约定的范围的,未经让与人同意擅自许可第三人实施该专利或者使用该技术秘密的,应当停止违约行为,承担违约责任;违反约定的保密义务的,应当承担违约责任。

第三百五十三条 受让人按照约定实施专利、使用技术秘密侵害他人合法权益的,由让与人承担责任,但当事人另有约定的除外。

第三百五十四条 当事人可以按照互利的原则,在技术转让合同中约定实施专利、使用技术秘密后续改进的技术成果的分享办法。没有约定或者约定不明确,依照本法第六十一条的规定仍不能确定的,一方后续改进的技术成果,其他各方无权分享。

第三百五十五条 法律、行政法规对技术进出口合同或者专利、专利申请合同另有规定的,依照其规定。

第四节 技术咨询合同和技术服务合同

第三百五十六条 技术咨询合同包括就特定技术项目提供可行性论证、技术预测、专题技术调查、分析评价报告等合同。

技术服务合同是指当事人一方以技术知识为另一方解决特定技术问题所订立的合同,不包括建设工程合同和承揽合同。

第三百五十七条 技术咨询合同的委托人应当按照约定阐明咨询的问题,提供技术背景材料及有关技术资料、数据;接受受托人的工作成果,支付报酬。

第三百五十八条 技术咨询合同的受托人应当按照约定的期限完成咨询报告或者解答问题;提出的咨询报告应当达到约定的要求。

第三百五十九条 技术咨询合同的委托人未按照约定提供必要的资料和数据,影响工作进度和质量,不接受或者逾期接受工作成果的,支付的报酬不得追回,未支付的报酬应当支付。

技术咨询合同的受托人未按期提出咨询报告或者提出的咨询报告不符合约定的,应当承担减收或者免收报酬等违约责任。

技术咨询合同的委托人按照受托人符合约定要求的咨询报告和意见作出决策所造成的损失,由委托人承担,但当事人另有约定的除外。

第三百六十条 技术服务合同的委托人应当按照约定提供工作条件,完成配合事项;接受工作成果并支付报酬。

第三百六十一条 技术服务合同的受托人应当按照约定完成服务项目,解决技术问题,保证工作质量,并传授解决技术问题的知识。

第三百六十二条 技术服务合同的委托人不履行合同义务或者履行合同义务不符合约定,影响工作进度和质量,不接受或者逾期接受工作成果的,支付的报酬不得追回,未支付的报酬应当支付。

技术服务合同的受托人未按照合同约定完成服务工作的,应当承担免收报酬等违约责任。

第三百六十三条 在技术咨询合同、技术服务合同履行过程中,受托人利用委托人提供的技术资料和工作条件完成的新的技术成果,属于受托人。委托人利用受托人的工作成果完成的新的技术成果,属于委托人。当事人另有约定的,按照其约定。

第三百六十四条 法律、行政法规对技术中介合同、技术培训合同另有规定的,依照其规定。

第十九章 保 管 合 同

第三百六十五条 保管合同是保管人保管寄存人交付的保管物,并返还该物的合同。

第三百六十六条 寄存人应当按照约定向保管人支付保管费。

当事人对保管费没有约定或者约定不明确,依照本法第六十一条的规定仍不能确定的,保管是无偿的。

第三百六十七条 保管合同自保管物交付时成立,但当事人另有约定的除外。

第三百六十八条 寄存人向保管人交付保管物的,保管人应当给付保管凭证,但另有交易习惯的除外。

第三百六十九条 保管人应当妥善保管保管物。

当事人可以约定保管场所或者方法。除紧急情况或者为了维护寄存人利益的以外,不得擅自改变保管场所或者方法。

第三百七十条 寄存人交付的保管物有瑕疵或者按照保管物的性质需要采取特殊保管措施的,寄存人应当将有关情况告知保管人。寄存人未告知,致使保管物受损失的,保管人不承担损害赔偿责任;保管人因此受损失的,除保管人知道或者应当知道并且未采取补救措施的以外,寄存人应当承担损害赔偿责任。

第三百七十一条 保管人不得将保管物转交第三人保管,但当事人另有约定的除外。

保管人违反前款规定,将保管物转交第三人保管,对保管物造成损失的,应当承担损害赔偿责任。

第三百七十二条 保管人不得使用或者许可第三人使用保管物,但当事人另有约定的除外。

第三百七十三条 第三人对保管物主张权利的,除依法对保管物采取保全或者执行的以外,保管人应当履行向寄存人返还保管物的义务。

第三人对保管人提起诉讼或者对保管物申请扣押的,保管人应当及时通知寄存人。

第三百七十四条 保管期间,因保管人保管不善造成保管物毁损、灭失的,保管人应当承担损害赔偿责任,但保管是无偿的,保管人证明自己没有重大过失的,不承担损害赔偿责任。

第三百七十五条 寄存人寄存货币、有价证券或者其他贵重物品的,应当向保管人声明,由保管人验收或者封存。寄存人未声明的,该物品毁损、灭失后,保管人可以按照一般物品予以赔偿。

第三百七十六条 寄存人可以随时领取保管物。

当事人对保管期间没有约定或者约定不明确的,保管人可以随时要求寄存人领取保管物;约定保管期间的,保管人无特别事由,不得要求寄存人提前领取保管物。

第三百七十七条 保管期间届满或者寄存人提前领取保管物的,保管人应当将原物及其孳息归还寄存人。

第三百七十八条 保管人保管货币的,可以返还相同种类、数量的货币。保管其他可替代物的,可以按照约定返还相同种类、品质、数量的物品。

第三百七十九条 有偿的保管合同,寄存人应当按照约定的期限向保管人支付保管费。

当事人对支付期限没有约定或者约定不明确,依照本法第六十一条的规定仍不能确定的,应当在领取保管物的同时支付。

第三百八十条 寄存人未按照约定支付保管费以及其他费用的,保管人对保管物享有留置权,但当事人另有约定的除外。

第二十章 仓 储 合 同

第三百八十一条 仓储合同是保管人储存存货人交付的仓储物,存货人支付仓储费的合同。

第三百八十二条　仓储合同自成立时生效。

第三百八十三条　储存易燃、易爆、有毒、有腐蚀性、有放射性等危险物品或者易变质物品，存货人应当说明该物品的性质，提供有关资料。

存货人违反前款规定的，保管人可以拒收仓储物，也可以采取相应措施以避免损失的发生，因此产生的费用由存货人承担。

保管人储存易燃、易爆、有毒、有腐蚀性、有放射性等危险物品的，应当具备相应的保管条件。

第三百八十四条　保管人应当按照约定对入库仓储物进行验收。保管人验收时发现入库仓储物与约定不符合的，应当及时通知存货人。保管人验收后，发生仓储物的品种、数量、质量不符合约定的，保管人应当承担损害赔偿责任。

第三百八十五条　存货人交付仓储物的，保管人应当给付仓单。

第三百八十六条　保管人应当在仓单上签字或者盖章。仓单包括下列事项：

（一）存货人的名称或者姓名和住所；

（二）仓储物的品种、数量、质量、包装、件数和标记；

（三）仓储物的损耗标准；

（四）储存场所；

（五）储存期间；

（六）仓储费；

（七）仓储物已经办理保险的，其保险金额、期间以及保险人的名称；

（八）填发人、填发地和填发日期。

第三百八十七条　仓单是提取仓储物的凭证。存货人或者仓单持有人在仓单上背书并经保管人签字或者盖章的，可以转让提取仓储物的权利。

第三百八十八条　保管人根据存货人或者仓单持有人的要求，应当同意其检查仓储物或者提取样品。

第三百八十九条　保管人对入库仓储物发现有变质或者其他损坏的，应当及时通知存货人或者仓单持有人。

第三百九十条　保管人对入库仓储物发现有变质或者其他损坏，危及其他仓储物的安全和正常保管的，应当催告存货人或者仓单持有人作出必要的处置。因情况紧急，保管人可以作出必要的处置，但事后应当将该情况及时通知存货人或者仓单持有人。

第三百九十一条　当事人对储存期间没有约定或者约定不明确的，存货人或者仓单持有人可以随时提取仓储物，保管人也可以随时要求存货人或者仓单持有人提取仓储物，但应当给予必要的准备时间。

第三百九十二条 储存期间届满,存货人或者仓单持有人应当凭仓单提取仓储物。存货人或者仓单持有人逾期提取的,应当加收仓储费;提前提取的,不减收仓储费。

第三百九十三条 储存期间届满,存货人或者仓单持有人不提取仓储物的,保管人可以催告其在合理期限内提取,逾期不提取的,保管人可以提存仓储物。

第三百九十四条 储存期间,因保管人保管不善造成仓储物毁损、灭失的,保管人应当承担损害赔偿责任。

因仓储物的性质、包装不符合约定或者超过有效储存期造成仓储物变质、损坏的,保管人不承担损害赔偿责任。

第三百九十五条 本章没有规定的,适用保管合同的有关规定。

第二十一章 委托合同

第三百九十六条 委托合同是委托人和受托人约定,由受托人处理委托人事务的合同。

第三百九十七条 委托人可以特别委托受托人处理一项或者数项事务,也可以概括委托受托人处理一切事务。

第三百九十八条 委托人应当预付处理委托事务的费用。受托人为处理委托事务垫付的必要费用,委托人应当偿还该费用及其利息。

第三百九十九条 受托人应当按照委托人的指示处理委托事务。需要变更委托人指示的,应当经委托人同意;因情况紧急,难以和委托人取得联系的,受托人应当妥善处理委托事务,但事后应当将该情况及时报告委托人。

第四百条 受托人应当亲自处理委托事务。经委托人同意,受托人可以转委托。转委托经同意的,委托人可以就委托事务直接指示转委托的第三人,受托人仅就第三人的选任及其对第三人的指示承担责任。转委托未经同意的,受托人应当对转委托的第三人的行为承担责任,但在紧急情况下受托人为维护委托人的利益需要转委托的除外。

第四百零一条 受托人应当按照委托人的要求,报告委托事务的处理情况。委托合同终止时,受托人应当报告委托事务的结果。

第四百零二条 受托人以自己的名义,在委托人的授权范围内与第三人订立的合同,第三人在订立合同时知道受托人与委托人之间的代理关系的,该合同直接约束委托人和第三人,但有确切证据证明该合同只约束受托人和第三人的除外。

第四百零三条 受托人以自己的名义与第三人订立合同时,第三人不知道受托人与委托人之间的代理关系的,受托人因第三人的原因对委托人不履行义务,受托人应当向委托人披露第三人,委托人因此可以行使受托人对第三人的权利,但第三人与受托人订立合同时如果知道该委托人就不会订立合同的除外。

受托人因委托人的原因对第三人不履行义务，受托人应当向第三人披露委托人，第三人因此可以选择受托人或者委托人作为相对人主张其权利，但第三人不得变更选定的相对人。

委托人行使受托人对第三人的权利的，第三人可以向委托人主张其对受托人的抗辩。第三人选定委托人作为其相对人的，委托人可以向第三人主张其对受托人的抗辩以及受托人对第三人的抗辩。

第四百零四条　受托人处理委托事务取得的财产，应当转交给委托人。

第四百零五条　受托人完成委托事务的，委托人应当向其支付报酬。因不可归责于受托人的事由，委托合同解除或者委托事务不能完成的，委托人应当向受托人支付相应的报酬。当事人另有约定的，按照其约定。

第四百零六条　有偿的委托合同，因受托人的过错给委托人造成损失的，委托人可以要求赔偿损失。无偿的委托合同，因受托人的故意或者重大过失给委托人造成损失的，委托人可以要求赔偿损失。

受托人超越权限给委托人造成损失的，应当赔偿损失。

第四百零七条　受托人处理委托事务时，因不可归责于自己的事由受到损失的，可以向委托人要求赔偿损失。

第四百零八条　委托人经受托人同意，可以在受托人之外委托第三人处理委托事务。因此给受托人造成损失的，受托人可以向委托人要求赔偿损失。

第四百零九条　两个以上的受托人共同处理委托事务的，对委托人承担连带责任。

第四百一十条　委托人或者受托人可以随时解除委托合同。因解除合同给对方造成损失的，除不可归责于该当事人的事由以外，应当赔偿损失。

第四百一十一条　委托人或者受托人死亡、丧失民事行为能力或者破产的，委托合同终止，但当事人另有约定或者根据委托事务的性质不宜终止的除外。

第四百一十二条　因委托人死亡、丧失民事行为能力或者破产，致使委托合同终止将损害委托人利益的，在委托人的继承人、法定代理人或者清算组织承受委托事务之前，受托人应当继续处理委托事务。

第四百一十三条　因受托人死亡、丧失民事行为能力或者破产，致使委托合同终止的，受托人的继承人、法定代理人或者清算组织应当及时通知委托人。因委托合同终止将损害委托人利益的，在委托人作出善后处理之前，受托人的继承人、法定代理人或者清算组织应当采取必要措施。

第二十二章　行 纪 合 同

第四百一十四条　行纪合同是行纪人以自己的名义为委托人从事贸易活动，

委托人支付报酬的合同。

第四百一十五条 行纪人处理委托事务支出的费用,由行纪人负担,但当事人另有约定的除外。

第四百一十六条 行纪人占有委托物的,应当妥善保管委托物。

第四百一十七条 委托物交付给行纪人时有瑕疵或者容易腐烂、变质的,经委托人同意,行纪人可以处分该物;和委托人不能及时取得联系的,行纪人可以合理处分。

第四百一十八条 行纪人低于委托人指定的价格卖出或者高于委托人指定的价格买入的,应当经委托人同意。未经委托人同意,行纪人补偿其差额的,该买卖对委托人发生效力。

行纪人高于委托人指定的价格卖出或者低于委托人指定的价格买入的,可以按照约定增加报酬。没有约定或者约定不明确,依照本法第六十一条的规定仍不能确定的,该利益属于委托人。

委托人对价格有特别指示的,行纪人不得违背该指示卖出或者买入。

第四百一十九条 行纪人卖出或者买入具有市场定价的商品,除委托人有相反的意思表示的以外,行纪人自己可以作为买受人或者出卖人。

行纪人有前款规定情形的,仍然可以要求委托人支付报酬。

第四百二十条 行纪人按照约定买入委托物,委托人应当及时受领。经行纪人催告,委托人无正当理由拒绝受领的,行纪人依照本法第一百零一条的规定可以提存委托物。

委托物不能卖出或者委托人撤回出卖,经行纪人催告,委托人不取回或者不处分该物的,行纪人依照本法第一百零一条的规定可以提存委托物。

第四百二十一条 行纪人与第三人订立合同的,行纪人对该合同直接享有权利、承担义务。

第三人不履行义务致使委托人受到损害的,行纪人应当承担损害赔偿责任,但行纪人与委托人另有约定的除外。

第四百二十二条 行纪人完成或者部分完成委托事务的,委托人应当向其支付相应的报酬。委托人逾期不支付报酬的,行纪人对委托物享有留置权,但当事人另有约定的除外。

第四百二十三条 本章没有规定的,适用委托合同的有关规定。

第二十三章 居间合同

第四百二十四条 居间合同是居间人向委托人报告订立合同的机会或者提供订立合同的媒介服务,委托人支付报酬的合同。

第四百二十五条　居间人应当就有关订立合同的事项向委托人如实报告。

居间人故意隐瞒与订立合同有关的重要事实或者提供虚假情况,损害委托人利益的,不得要求支付报酬并应当承担损害赔偿责任。

第四百二十六条　居间人促成合同成立的,委托人应当按照约定支付报酬。对居间人的报酬没有约定或者约定不明确,依照本法第六十一条的规定仍不能确定的,根据居间人的劳务合理确定。因居间人提供订立合同的媒介服务而促成合同成立的,由该合同的当事人平均负担居间人的报酬。

居间人促成合同成立的,居间活动的费用,由居间人负担。

第四百二十七条　居间人未促成合同成立的,不得要求支付报酬,但可以要求委托人支付从事居间活动支出的必要费用。

附　　则

第四百二十八条　本法自1999年10月1日起施行,《中华人民共和国经济合同法》、《中华人民共和国涉外经济合同法》、《中华人民共和国技术合同法》同时废止。

最高人民法院关于审理民间借贷案件适用法律若干问题的规定

(2015年6月23日最高人民法院审判委员会第1655次会议通过
2015年8月6日公布　法释〔2015〕18号　自2015年9月1日起施行)

为正确审理民间借贷纠纷案件,根据《中华人民共和国民法通则》《中华人民共和国物权法》《中华人民共和国担保法》《中华人民共和国合同法》《中华人民共和国民事诉讼法》《中华人民共和国刑事诉讼法》等相关法律之规定,结合审判实践,制定本规定。

第一条　本规定所称的民间借贷,是指自然人、法人、其他组织之间及其相互之间进行资金融通的行为。

经金融监管部门批准设立的从事贷款业务的金融机构及其分支机构,因发放贷款等相关金融业务引发的纠纷,不适用本规定。

第二条　出借人向人民法院起诉时,应当提供借据、收据、欠条等债权凭证以及其他能够证明借贷法律关系存在的证据。

当事人持有的借据、收据、欠条等债权凭证没有载明债权人,持有债权凭证的当事人提起民间借贷诉讼的,人民法院应予受理。被告对原告的债权人资格提出有事实依据的抗辩,人民法院经审理认为原告不具有债权人资格的,裁定驳回起诉。

第三条 借贷双方就合同履行地未约定或者约定不明确,事后未达成补充协议,按照合同有关条款或者交易习惯仍不能确定的,以接受货币一方所在地为合同履行地。

第四条 保证人为借款人提供连带责任保证,出借人仅起诉借款人的,人民法院可以不追加保证人为共同被告;出借人仅起诉保证人的,人民法院可以追加借款人为共同被告。

保证人为借款人提供一般保证,出借人仅起诉保证人的,人民法院应当追加借款人为共同被告;出借人仅起诉借款人的,人民法院可以不追加保证人为共同被告。

第五条 人民法院立案后,发现民间借贷行为本身涉嫌非法集资犯罪的,应当裁定驳回起诉,并将涉嫌非法集资犯罪的线索、材料移送公安或者检察机关。

公安或者检察机关不予立案,或者立案侦查后撤销案件,或者检察机关作出不起诉决定,或者经人民法院生效判决认定不构成非法集资犯罪,当事人又以同一事实向人民法院提起诉讼的,人民法院应予受理。

第六条 人民法院立案后,发现与民间借贷纠纷案件虽有关联但不是同一事实的涉嫌非法集资等犯罪的线索、材料的,人民法院应当继续审理民间借贷纠纷案件,并将涉嫌非法集资等犯罪的线索、材料移送公安或者检察机关。

第七条 民间借贷的基本案件事实必须以刑事案件审理结果为依据,而该刑事案件尚未审结的,人民法院应当裁定中止诉讼。

第八条 借款人涉嫌犯罪或者生效判决认定其有罪,出借人起诉请求担保人承担民事责任的,人民法院应予受理。

第九条 具有下列情形之一,可以视为具备合同法第二百一十条关于自然人之间借款合同的生效要件:

(一)以现金支付的,自借款人收到借款时;

(二)以银行转账、网上电子汇款或者通过网络贷款平台等形式支付的,自资金到达借款人账户时;

(三)以票据交付的,自借款人依法取得票据权利时;

(四)出借人将特定资金账户支配权授权给借款人的,自借款人取得对该账户实际支配权时;

(五)出借人以与借款人约定的其他方式提供借款并实际履行完成时。

第十条 除自然人之间的借款合同外,当事人主张民间借贷合同自合同成立时生效的,人民法院应予支持,但当事人另有约定或者法律、行政法规另有规定的除外。

第十一条　法人之间、其他组织之间以及它们相互之间为生产、经营需要订立的民间借贷合同，除存在合同法第五十二条、本规定第十四条规定的情形外，当事人主张民间借贷合同有效的，人民法院应予支持。

第十二条　法人或者其他组织在本单位内部通过借款形式向职工筹集资金，用于本单位生产、经营，且不存在合同法第五十二条、本规定第十四条规定的情形，当事人主张民间借贷合同有效的，人民法院应予支持。

第十三条　借款人或者出借人的借贷行为涉嫌犯罪，或者已经生效的判决认定构成犯罪，当事人提起民事诉讼的，民间借贷合同并不当然无效。人民法院应当根据合同法第五十二条、本规定第十四条之规定，认定民间借贷合同的效力。

担保人以借款人或者出借人的借贷行为涉嫌犯罪或者已经生效的判决认定构成犯罪为由，主张不承担民事责任的，人民法院应当依据民间借贷合同与担保合同的效力、当事人的过错程度，依法确定担保人的民事责任。

第十四条　具有下列情形之一，人民法院应当认定民间借贷合同无效：

（一）套取金融机构信贷资金又高利转贷给借款人，且借款人事先知道或者应当知道的；

（二）以向其他企业借贷或者向本单位职工集资取得的资金又转贷给借款人牟利，且借款人事先知道或者应当知道的；

（三）出借人事先知道或者应当知道借款人借款用于违法犯罪活动仍然提供借款的；

（四）违背社会公序良俗的；

（五）其他违反法律、行政法规效力性强制性规定的。

第十五条　原告以借据、收据、欠条等债权凭证为依据提起民间借贷诉讼，被告依据基础法律关系提出抗辩或者反诉，并提供证据证明债权纠纷非民间借贷行为引起的，人民法院应当依据查明的案件事实，按照基础法律关系审理。

当事人通过调解、和解或者清算达成的债权债务协议，不适用前款规定。

第十六条　原告仅依据借据、收据、欠条等债权凭证提起民间借贷诉讼，被告抗辩已经偿还借款，被告应当对其主张提供证据证明。被告提供相应证据证明其主张后，原告仍应就借贷关系的成立承担举证证明责任。

被告抗辩借贷行为尚未实际发生并能作出合理说明，人民法院应当结合借贷金额、款项交付、当事人的经济能力、当地或者当事人之间的交易方式、交易习惯、当事人财产变动情况以及证人证言等事实和因素，综合判断查证借贷事实是否发生。

第十七条　原告仅依据金融机构的转账凭证提起民间借贷诉讼，被告抗辩转账系偿还双方之前借款或其他债务，被告应当对其主张提供证据证明。被告提供相应证据证明其主张后，原告仍应就借贷关系的成立承担举证证明责任。

第十八条　根据《关于适用〈中华人民共和国民事诉讼法〉的解释》第一百七十四条第二款之规定，负有举证证明责任的原告无正当理由拒不到庭，经审查现有证据无法确认借贷行为、借贷金额、支付方式等案件主要事实，人民法院对其主张的事实不予认定。

第十九条　人民法院审理民间借贷纠纷案件时发现有下列情形，应当严格审查借贷发生的原因、时间、地点、款项来源、交付方式、款项流向以及借贷双方的关系、经济状况等事实，综合判断是否属于虚假民事诉讼：

(一)出借人明显不具备出借能力；

(二)出借人起诉所依据的事实和理由明显不符合常理；

(三)出借人不能提交债权凭证或者提交的债权凭证存在伪造的可能；

(四)当事人双方在一定期间内多次参加民间借贷诉讼；

(五)当事人一方或者双方无正当理由拒不到庭参加诉讼，委托代理人对借贷事实陈述不清或者陈述前后矛盾；

(六)当事人双方对借贷事实的发生没有任何争议或者诉辩明显不符合常理；

(七)借款人的配偶或合伙人、案外人的其他债权人提出有事实依据的异议；

(八)当事人在其他纠纷中存在低价转让财产的情形；

(九)当事人不正当放弃权利；

(十)其他可能存在虚假民间借贷诉讼的情形。

第二十条　经查明属于虚假民间借贷诉讼，原告申请撤诉的，人民法院不予准许，并应当根据民事诉讼法第一百一十二条之规定，判决驳回其请求。

诉讼参与人或者其他人恶意制造、参与虚假诉讼，人民法院应当依照民事诉讼法第一百一十一条、第一百一十二条和第一百一十三条之规定，依法予以罚款、拘留；构成犯罪的，应当移送有管辖权的司法机关追究刑事责任。

单位恶意制造、参与虚假诉讼的，人民法院应当对该单位进行罚款，并可以对其主要负责人或者直接责任人员予以罚款、拘留；构成犯罪的，应当移送有管辖权的司法机关追究刑事责任。

第二十一条　他人在借据、收据、欠条等债权凭证或者借款合同上签字或者盖章，但未表明其保证人身份或者承担保证责任，或者通过其他事实不能推定其为保证人，出借人请求其承担保证责任的，人民法院不予支持。

第二十二条　借贷双方通过网络贷款平台形成借贷关系，网络贷款平台的提供者仅提供媒介服务，当事人请求其承担担保责任的，人民法院不予支持。

网络贷款平台的提供者通过网页、广告或者其他媒介明示或者有其他证据证明其为借贷提供担保，出借人请求网络贷款平台的提供者承担担保责任的，人民法院应予支持。

第二十三条　企业法定代表人或负责人以企业名义与出借人签订民间借贷合同，出借人、企业或者其股东能够证明所借款项用于企业法定代表人或负责人个人使用，出借人请求将企业法定代表人或负责人列为共同被告或者第三人的，人民法院应予准许。

企业法定代表人或负责人以个人名义与出借人签订民间借贷合同，所借款项用于企业生产经营，出借人请求企业与个人共同承担责任的，人民法院应予支持。

第二十四条　当事人以签订买卖合同作为民间借贷合同的担保，借款到期后借款人不能还款，出借人请求履行买卖合同的，人民法院应当按照民间借贷法律关系审理，并向当事人释明变更诉讼请求。当事人拒绝变更的，人民法院裁定驳回起诉。

按照民间借贷法律关系审理作出的判决生效后，借款人不履行生效判决确定的金钱债务，出借人可以申请拍卖买卖合同标的物，以偿还债务。就拍卖所得的价款与应偿还借款本息之间的差额，借款人或者出借人有权主张返还或补偿。

第二十五条　借贷双方没有约定利息，出借人主张支付借期内利息的，人民法院不予支持。

自然人之间借贷对利息约定不明，出借人主张支付利息的，人民法院不予支持。除自然人之间借贷的外，借贷双方对借贷利息约定不明，出借人主张利息的，人民法院应当结合民间借贷合同的内容，并根据当地或者当事人的交易方式、交易习惯、市场利率等因素确定利息。

第二十六条　借贷双方约定的利率未超过年利率24%，出借人请求借款人按照约定的利率支付利息的，人民法院应予支持。

借贷双方约定的利率超过年利率36%，超过部分的利息约定无效。借款人请求出借人返还已支付的超过年利率36%部分的利息的，人民法院应予支持。

第二十七条　借据、收据、欠条等债权凭证载明的借款金额，一般认定为本金。预先在本金中扣除利息的，人民法院应当将实际出借的金额认定为本金。

第二十八条　借贷双方对前期借款本息结算后将利息计入后期借款本金并重新出具债权凭证，如果前期利率没有超过年利率24%，重新出具的债权凭证载明的金额可认定为后期借款本金；超过部分的利息不能计入后期借款本金。约定的利率超过年利率24%，当事人主张超过部分的利息不能计入后期借款本金的，人民法院应予支持。

按前款计算，借款人在借款期间届满后应当支付的本息之和，不能超过最初借款本金与以最初借款本金为基数，以年利率24%计算的整个借款期间的利息之和。

出借人请求借款人支付超过部分的,人民法院不予支持。

第二十九条 借贷双方对逾期利率有约定的,从其约定,但以不超过年利率24%为限。

未约定逾期利率或者约定不明的,人民法院可以区分不同情况处理:

(一)既未约定借期内的利率,也未约定逾期利率,出借人主张借款人自逾期还款之日起按照年利率6%支付资金占用期间利息的,人民法院应予支持;

(二)约定了借期内的利率但未约定逾期利率,出借人主张借款人自逾期还款之日起按照借期内的利率支付资金占用期间利息的,人民法院应予支持。

第三十条 出借人与借款人既约定了逾期利率,又约定了违约金或者其他费用,出借人可以选择主张逾期利息、违约金或者其他费用,也可以一并主张,但总计超过年利率24%的部分,人民法院不予支持。

第三十一条 没有约定利息但借款人自愿支付,或者超过约定的利率自愿支付利息或违约金,且没有损害国家、集体和第三人利益,借款人又以不当得利为由要求出借人返还的,人民法院不予支持,但借款人要求返还超过年利率36%部分的利息除外。

第三十二条 借款人可以提前偿还借款,但当事人另有约定的除外。

借款人提前偿还借款并主张按照实际借款期间计算利息的,人民法院应予支持。

第三十三条 本规定公布施行后,最高人民法院于1991年8月13日发布的《关于人民法院审理借贷案件的若干意见》同时废止;最高人民法院以前发布的司法解释与本规定不一致的,不再适用。

最高人民法院关于适用《中华人民共和国合同法》若干问题的解释(一)

(1999年12月1日最高人民法院审判委员会第1090次会议通过
1999年12月19日公布 法释〔1999〕19号 自1999年12月29日起施行)

为了正确审理合同纠纷案件,根据《中华人民共和国合同法》(以下简称合同法)的规定,对人民法院适用合同法的有关问题作出如下解释:

一、法律适用范围

第一条 合同法实施以后成立的合同发生纠纷起诉到人民法院的,适用合同法的规定;合同法实施以前成立的合同发生纠纷起诉到人民法院的,除本解释另有规定的以外，适用当时的法律规定，当时没有法律规定的，可以适用合同法的有关规定。

第二条　合同成立于合同法实施之前，但合同约定的履行期限跨越合同法实施之日或者履行期限在合同法实施之后，因履行合同发生的纠纷，适用合同法第四章的有关规定。

第三条　人民法院确认合同效力时，对合同法实施以前成立的合同，适用当时的法律合同无效而适用合同法合同有效的，则适用合同法。

第四条　合同法实施以后，人民法院确认合同无效，应当以全国人大及其常委会制定的法律和国务院制定的行政法规为依据，不得以地方性法规、行政规章为依据。

第五条　人民法院对合同法实施以前已经作出终审裁决的案件进行再审，不适用合同法。

二、诉 讼 时 效

第六条　技术合同争议当事人的权利受到侵害的事实发生在合同法实施之前，自当事人知道或者应当知道其权利受到侵害之日起至合同法实施之日超过 1 年的，人民法院不予保护；尚未超过一年的，其提起诉讼的时效期间为 2 年。

第七条　技术进出口合同争议当事人的权利受到侵害的事实发生在合同法实施之前，自当事人知道或者应当知道其权利受到侵害之日起至合同法施行之日超过 2 年的，人民法院不予保护；尚未超过 2 年的，其提起诉讼的时效期间为 4 年。

第八条　合同法第五十五条规定的“1 年”、第七十五条和第一百零四条第二款规定的“5 年”为不变期间，不适用诉讼时效中止、中断或者延长的规定。

三、合 同 效 力

第九条　依照合同法第四十四条第二款的规定，法律、行政法规规定合同应当办理批准手续，或者办理批准、登记等手续才生效，在一审法庭辩论终结前当事人仍未办理批准手续的，或者仍未办理批准、登记等手续的，人民法院应当认定该合同未生效；法律、行政法规规定合同应当办理登记手续，但未规定登记后生效的，当事人未办理登记手续不影响合同的效力，合同标的物所有权及其他物权不能转移。

合同法第七十七条第二款、第八十七条、第九十六条第二款所列合同变更、转让、解除等情形，依照前款规定处理。

第十条　当事人超越经营范围订立合同，人民法院不因此认定合同无效。但违反国家限制经营、特许经营以及法律、行政法规禁止经营规定的除外。

四、代 位 权

第十一条 债权人依照合同法第七十三条的规定提起代位权诉讼,应当符合下列条件:

(一)债权人对债务人的债权合法;

(二)债务人怠于行使其到期债权,对债权人造成损害;

(三)债务人的债权已到期;

(四)债务人的债权不是专属于债务人自身的债权。

第十二条 合同法第七十三条第一款规定的专属于债务人自身的债权,是指基于扶养关系、抚养关系、赡养关系、继承关系产生的给付请求权和劳动报酬、退休金、养老金、抚恤金、安置费、人寿保险、人身伤害赔偿请求权等权利。

第十三条 合同法第七十三条规定的"债务人怠于行使其到期债权,对债权人造成损害的",是指债务人不履行其对债权人的到期债务,又不以诉讼方式或者仲裁方式向其债务人主张其享有的具有金钱给付内容的到期债权,致使债权人的到期债权未能实现。

次债务人(即债务人的债务人)不认为债务人有怠于行使其到期债权情况的,应当承担举证责任。

第十四条 债权人依照合同法第七十三条的规定提起代位权诉讼的,由被告住所地人民法院管辖。

第十五条 债权人向人民法院起诉债务人以后,又向同一人民法院对次债务人提起代位权诉讼,符合本解释第十三条的规定和《中华人民共和国民事诉讼法》第一百零八条规定的起诉条件的,应当立案受理;不符合本解释第十三条规定的,告知债权人向次债务人住所地人民法院另行起诉。

受理代位权诉讼的人民法院在债权人起诉债务人的诉讼裁决发生法律效力以前,应当依照《中华人民共和国民事诉讼法》第一百三十六条第(五)项的规定中止代位权诉讼。

第十六条 债权人以次债务人为被告向人民法院提起代位权诉讼,未将债务人列为第三人的,人民法院可以追加债务人为第三人。

两个或者两个以上债权人以同一次债务人为被告提起代位权诉讼的,人民法院可以合并审理。

第十七条 在代位权诉讼中,债权人请求人民法院对次债务人的财产采取保全措施的,应当提供相应的财产担保。

第十八条 在代位权诉讼中,次债务人对债务人的抗辩,可以向债权人主张。

债务人在代位权诉讼中对债权人的债权提出异议,经审查异议成立的,人民法院应当裁定驳回债权人的起诉。

第十九条　在代位权诉讼中,债权人胜诉的,诉讼费由次债务人负担,从实现的债权中优先支付。

第二十条　债权人向次债务人提起的代位权诉讼经人民法院审理后认定代位权成立的,由次债务人向债权人履行清偿义务,债权人与债务人、债务人与次债务人之间相应的债权债务关系即予消灭。

第二十一条　在代位权诉讼中,债权人行使代位权的请求数额超过债务人所负债务额或者超过次债务人对债务人所负债务额的,对超出部分人民法院不予支持。

第二十二条　债务人在代位权诉讼中,对超过债权人代位请求数额的债权部分起诉次债务人的,人民法院应当告知其向有管辖权的人民法院另行起诉。

债务人的起诉符合法定条件的,人民法院应当受理;受理债务人起诉的人民法院在代位权诉讼裁决发生法律效力以前,应当依法中止。

五、撤　销　权

第二十三条　债权人依照合同法第七十四条的规定提起撤销权诉讼的,由被告住所地人民法院管辖。

第二十四条　债权人依照合同法第七十四条的规定提起撤销权诉讼时只以债务人为被告,未将受益人或者受让人列为第三人的,人民法院可以追加该受益人或者受让人为第三人。

第二十五条　债权人依照合同法第七十四条的规定提起撤销权诉讼,请求人民法院撤销债务人放弃债权或转让财产的行为,人民法院应当就债权人主张的部分进行审理,依法撤销的,该行为自始无效。

两个或者两个以上债权人以同一债务人为被告,就同一标的提起撤销权诉讼的,人民法院可以合并审理。

第二十六条　债权人行使撤销权所支付的律师代理费、差旅费等必要费用,由债务人负担;第三人有过错的,应当适当分担。

六、合同转让中的第三人

第二十七条　债权人转让合同权利后,债务人与受让人之间因履行合同发生纠纷诉至人民法院,债务人对债权人的权利提出抗辩的,可以将债权人列为第三人。

第二十八条　经债权人同意,债务人转移合同义务后,受让人与债权人之间因履行合同发生纠纷诉至人民法院,受让人就债务人对债权人的权利提出抗辩的,可以将债务人列为第三人。

第二十九条 合同当事人一方经对方同意将其在合同中的权利义务一并转让给受让人,对方与受让人因履行合同发生纠纷诉至人民法院,对方就合同权利义务提出抗辩的,可以将出让方列为第三人。

七、请求权竞合

第三十条 债权人依照合同法第一百二十二条的规定向人民法院起诉时作出选择后,在一审开庭以前又变更诉讼请求的,人民法院应当准许。对方当事人提出管辖权异议,经审查异议成立的,人民法院应当驳回起诉。

最高人民法院关于适用《中华人民共和国合同法》若干问题的解释(二)

(2009年2月9日最高人民法院审判委员会第1462次会议通过
2009年4月24日公布 法释〔2009〕5号 自2009年5月13日起施行)

为了正确审理合同纠纷案件,根据《中华人民共和国合同法》的规定,对人民法院适用合同法的有关问题作出如下解释:

一、合同的订立

第一条 当事人对合同是否成立存在争议,人民法院能够确定当事人名称或者姓名、标的和数量的,一般应当认定合同成立。但法律另有规定或者当事人另有约定的除外。

对合同欠缺的前款规定以外的其他内容,当事人达不成协议的,人民法院依照合同法第六十一条、第六十二条、第一百二十五条等有关规定予以确定。

第二条 当事人未以书面形式或者口头形式订立合同,但从双方从事的民事行为能够推定双方有订立合同意愿的,人民法院可以认定是以合同法第十条第一款中的“其他形式”订立的合同。但法律另有规定的除外。

第三条 悬赏人以公开方式声明对完成一定行为的人支付报酬,完成特定行为的人请求悬赏人支付报酬的,人民法院依法予以支持。但悬赏有合同法第五十二条规定情形的除外。

第四条 采用书面形式订立合同,合同约定的签订地与实际签字或者盖章地点不符的,人民法院应当认定约定的签订地为合同签订地;合同没有约定签订地,双方当事人签字或者盖章不在同一地点的,人民法院应当认定最后签字或者盖章的地点为合同签订地。

第五条　当事人采用合同书形式订立合同的,应当签字或者盖章。当事人在合同书上摁手印的,人民法院应当认定其具有与签字或者盖章同等的法律效力。

第六条　提供格式条款的一方对格式条款中免除或者限制其责任的内容,在合同订立时采用足以引起对方注意的文字、符号、字体等特别标识,并按照对方的要求对该格式条款予以说明的,人民法院应当认定符合合同法第三十九条所称"采取合理的方式"。

提供格式条款一方对已尽合理提示及说明义务承担举证责任。

第七条　下列情形,不违反法律、行政法规强制性规定的,人民法院可以认定为合同法所称"交易习惯":

(一)在交易行为当地或者某一领域、某一行业通常采用并为交易对方订立合同时所知道或者应当知道的做法;

(二)当事人双方经常使用的习惯做法。

对于交易习惯,由提出主张的一方当事人承担举证责任。

第八条　依照法律、行政法规的规定经批准或者登记才能生效的合同成立后,有义务办理申请批准或者申请登记等手续的一方当事人未按照法律规定或者合同约定办理申请批准或者未申请登记的,属于合同法第四十二条第(三)项规定的"其他违背诚实信用原则的行为",人民法院可以根据案件的具体情况和相对人的请求,判决相对人自己办理有关手续;对方当事人对由此产生的费用和给相对人造成的实际损失,应当承担损害赔偿责任。

二、合同的效力

第九条　提供格式条款的一方当事人违反合同法第三十九条第一款关于提示和说明义务的规定,导致对方没有注意免除或者限制其责任的条款,对方当事人申请撤销该格式条款的,人民法院应当支持。

第十条　提供格式条款的一方当事人违反合同法第三十九条第一款的规定,并具有合同法第四十条规定的情形之一的,人民法院应当认定该格式条款无效。

第十一条　根据合同法第四十七条、第四十八条的规定,追认的意思表示自到达相对人时生效,合同自订立时起生效。

第十二条　无权代理人以被代理人的名义订立合同,被代理人已经开始履行合同义务的,视为对合同的追认。

第十三条　被代理人依照合同法第四十九条的规定承担有效代理行为所产生的责任后,可以向无权代理人追偿因代理行为而遭受的损失。

第十四条　合同法第五十二条第(五)项规定的"强制性规定",是指效力性强制性规定。

第十五条 出卖人就同一标的物订立多重买卖合同,合同均不具有合同法第五十二条规定的无效情形,买受人因不能按照合同约定取得标的物所有权,请求追究出卖人违约责任的,人民法院应予支持。

三、合同的履行

第十六条 人民法院根据具体案情可以将合同法第六十四条、第六十五条规定的第三人列为无独立请求权的第三人,但不得依职权将其列为该合同诉讼案件的被告或者有独立请求权的第三人。

第十七条 债权人以境外当事人为被告提起的代位权诉讼,人民法院根据《中华人民共和国民事诉讼法》第二百四十一条的规定确定管辖。

第十八条 债务人放弃其未到期的债权或者放弃债权担保,或者恶意延长到期债权的履行期,对债权人造成损害,债权人依照合同法第七十四条的规定提起撤销权诉讼的,人民法院应当支持。

第十九条 对于合同法第七十四条规定的"明显不合理的低价",人民法院应当以交易当地一般经营者的判断,并参考交易当时交易地的物价部门指导价或者市场交易价,结合其他相关因素综合考虑予以确认。

转让价格达不到交易时交易地的指导价或者市场交易价百分之七十的,一般可以视为明显不合理的低价;对转让价格高于当地指导价或者市场交易价百分之三十的,一般可以视为明显不合理的高价。

债务人以明显不合理的高价收购他人财产,人民法院可以根据债权人的申请,参照合同法第七十四条的规定予以撤销。

第二十条 债务人的给付不足以清偿其对同一债权人所负的数笔相同种类的全部债务,应当优先抵充已到期的债务;几项债务均到期的,优先抵充对债权人缺乏担保或者担保数额最少的债务;担保数额相同的,优先抵充债务负担较重的债务;负担相同的,按照债务到期的先后顺序抵充;到期时间相同的,按比例抵充。但是,债权人与债务人对清偿的债务或者清偿抵充顺序有约定的除外。

第二十一条 债务人除主债务之外还应当支付利息和费用,当其给付不足以清偿全部债务时,并且当事人没有约定的,人民法院应当按照下列顺序抵充:

(一)实现债权的有关费用;

(二)利息;

(三)主债务。

四、合同的权利义务终止

第二十二条 当事人一方违反合同法第九十二条规定的义务,给对方当事人造成损失，对方当事人请求赔偿实际损失的，人民法院应当支持。

第二十三条　对于依照合同法第九十九条的规定可以抵销的到期债权，当事人约定不得抵销的，人民法院可以认定该约定有效。

第二十四条　当事人对合同法第九十六条、第九十九条规定的合同解除或者债务抵销虽有异议，但在约定的异议期限届满后才提出异议并向人民法院起诉的，人民法院不予支持；当事人没有约定异议期间，在解除合同或者债务抵销通知到达之日起三个月以后才向人民法院起诉的，人民法院不予支持。

第二十五条　依照合同法第一百零一条的规定，债务人将合同标的物或者标的物拍卖、变卖所得价款交付提存部门时，人民法院应当认定提存成立。

提存成立的，视为债务人在其提存范围内已经履行债务。

第二十六条　合同成立以后客观情况发生了当事人在订立合同时无法预见的、非不可抗力造成的不属于商业风险的重大变化，继续履行合同对于一方当事人明显不公平或者不能实现合同目的，当事人请求人民法院变更或者解除合同的，人民法院应当根据公平原则，并结合案件的实际情况确定是否变更或者解除。

五、违约责任

第二十七条　当事人通过反诉或者抗辩的方式，请求人民法院依照合同法第一百一十四条第二款的规定调整违约金的，人民法院应予支持。

第二十八条　当事人依照合同法第一百一十四条第二款的规定，请求人民法院增加违约金的，增加后的违约金数额以不超过实际损失额为限。增加违约金以后，当事人又请求对方赔偿损失的，人民法院不予支持。

第二十九条　当事人主张约定的违约金过高请求予以适当减少的，人民法院应当以实际损失为基础，兼顾合同的履行情况、当事人的过错程度以及预期利益等综合因素，根据公平原则和诚实信用原则予以衡量，并作出裁决。

当事人约定的违约金超过造成损失的百分之三十的，一般可以认定为合同法第一百一十四条第二款规定的"过分高于造成的损失"。

六、附则

第三十条　合同法施行后成立的合同发生纠纷的案件，本解释施行后尚未终审的，适用本解释；本解释施行前已经终审，当事人申请再审或者按照审判监督程序决定再审的，不适用本解释。

中华人民共和国担保法

(1995年6月30日第八届全国人民代表大会常务委员会第十四次会议通过
1995年6月30日中华人民共和国主席令第50号公布
法释〔2009〕5号　自1995年10月1日起施行)

目　　录

第一章　总　　则

第一条　为促进资金融通和商品流通,保障债权的实现,发展社会主义市场经济,制定本法。

第二条　在借贷、买卖、货物运输、加工承揽等经济活动中,债权人需要以担保方式保障其债权实现的,可以依照本法规定设定担保。

本法规定的担保方式为保证、抵押、质押、留置和定金。

第三条　担保活动应当遵循平等、自愿、公平、诚实信用的原则。

第四条　第三人为债务人向债权人提供担保时，可以要求债务人提供反担保。

反担保适用本法担保的规定。

第五条　担保合同是主合同的从合同，主合同无效，担保合同无效。担保合同另有约定的，按照约定。

担保合同被确认无效后，债务人、担保人、债权人有过错的，应当根据其过错各自承担相应的民事责任。

第二章　保　　证

第一节　保证和保证人

第六条　本法所称保证，是指保证人和债权人约定，当债务人不履行债务时，保证人按照约定履行债务或者承担责任的行为。

第七条　具有代为清偿债务能力的法人、其他组织或者公民，可以作保证人。

第八条　国家机关不得为保证人，但经国务院批准为使用外国政府或者国际经济组织贷款进行转贷的除外。

第九条　学校、幼儿园、医院等以公益为目的的事业单位、社会团体不得为保证人。

第十条　企业法人的分支机构、职能部门不得为保证人。

企业法人的分支机构有法人书面授权的，可以在授权范围内提供保证。

第十一条　任何单位和个人不得强令银行等金融机构或者企业为他人提供保证；银行等金融机构或者企业对强令其为他人提供保证的行为，有权拒绝。

第十二条　同一债务有两个以上保证人的，保证人应当按照保证合同约定的保证份额，承担保证责任。没有约定保证份额的，保证人承担连带责任，债权人可以要求任何一个保证人承担全部保证责任，保证人都负有担保全部债权实现的义务。已经承担保证责任的保证人，有权向债务人追偿，或者要求承担连带责任的其他保证人清偿其应当承担的份额。

第二节　保证合同和保证方式

第十三条　保证人与债权人应当以书面形式订立保证合同。

第十四条　保证人与债权人可以就单个主合同分别订立保证合同，也可以协议在最高债权额限度内就一定期间连续发生的借款合同或者某项商品交易合同订立一个保证合同。

第十五条　保证合同应当包括以下内容：

（一）被保证的主债权种类、数额；

(二)债务人履行债务的期限;

(三)保证的方式;

(四)保证担保的范围;

(五)保证的期间;

(六)双方认为需要约定的其他事项。

保证合同不完全具备前款规定内容的,可以补正。

第十六条 保证的方式有:

(一)一般保证;

(二)连带责任保证。

第十七条 当事人在保证合同中约定,债务人不能履行债务时,由保证人承担保证责任的,为一般保证。

一般保证的保证人在主合同纠纷未经审判或者仲裁,并就债务人财产依法强制执行仍不能履行债务前,对债权人可以拒绝承担保证责任。

有下列情形之一的,保证人不得行使前款规定的权利:

(一)债务人住所变更,致使债权人要求其履行债务发生重大困难的;

(二)人民法院受理债务人破产案件,中止执行程序的;

(三)保证人以书面形式放弃前款规定的权利的。

第十八条 当事人在保证合同中约定保证人与债务人对债务承担连带责任的,为连带责任保证。

连带责任保证的债务人在主合同规定的债务履行期届满没有履行债务的,债权人可以要求债务人履行债务,也可以要求保证人在其保证范围内承担保证责任。

第十九条 当事人对保证方式没有约定或者约定不明确的,按照连带责任保证承担保证责任。

第二十条 一般保证和连带责任保证的保证人享有债务人的抗辩权。债务人放弃对债务的抗辩权的,保证人仍有权抗辩。

抗辩权是指债权人行使债权时,债务人根据法定事由,对抗债权人行使请求权的权利。

第三节 保证责任

第二十一条 保证担保的范围包括主债权及利息、违约金、损害赔偿金和实现债权的费用。保证合同另有约定的,按照约定。

当事人对保证担保的范围没有约定或者约定不明确的,保证人应当对全部债务承担责任。

第二十二条 保证期间,债权人依法将主债权转让给第三人的,保证人在原保证担保的范围内继续承担保证责任。保证合同另有约定的,按照约定。

第二十三条 保证期间,债权人许可债务人转让债务的,应当取得保证人书面同意,保证人对未经其同意转让的债务,不再承担保证责任。

第二十四条 债权人与债务人协议变更主合同的,应当取得保证人书面同意,未经保证人书面同意的,保证人不再承担保证责任。保证合同另有约定的,按照约定。

第二十五条 一般保证的保证人与债权人未约定保证期间的,保证期间为主债务履行期届满之日起六个月。

在合同约定的保证期间和前款规定的保证期间,债权人未对债务人提起诉讼或者申请仲裁的,保证人免除保证责任;债权人已提起诉讼或者申请仲裁的,保证期间适用诉讼时效中断的规定。

第二十六条 连带责任保证的保证人与债权人未约定保证期间的,债权人有权自主债务履行期届满之日起六个月内要求保证人承担保证责任。

在合同约定的保证期间和前款规定的保证期间,债权人未要求保证人承担保证责任的,保证人免除保证责任。

第二十七条 保证人依照本法第十四条规定就连续发生的债权作保证,未约定保证期间的,保证人可以随时书面通知债权人终止保证合同,但保证人对于通知到债权人前所发生的债权,承担保证责任。

第二十八条 同一债权既有保证又有物的担保的,保证人对物的担保以外的债权承担保证责任。

债权人放弃物的担保的,保证人在债权人放弃权利的范围内免除保证责任。

第二十九条 企业法人的分支机构未经法人书面授权或者超出授权范围与债权人订立保证合同的,该合同无效或者超出授权范围的部分无效,债权人和企业法人有过错的,应当根据其过错各自承担相应的民事责任;债权人无过错的,由企业法人承担民事责任。

第三十条 有下列情形之一的,保证人不承担民事责任:

(一)主合同当事人双方串通,骗取保证人提供保证的;

(二)主合同债权人采取欺诈、胁迫等手段,使保证人在违背真实意思的情况下提供保证的。

第三十一条 保证人承担保证责任后,有权向债务人追偿。

第三十二条 人民法院受理债务人破产案件后,债权人未申报债权的,保证人可以参加破产财产分配,预先行使追偿权。

第三章 抵 押

第一节 抵押和抵押物

第三十三条 本法所称抵押,是指债务人或者第三人不转移对本法第三十四条所列财产的占有,将该财产作为债权的担保。债务人不履行债务时,债权人有权依照本法规定以该财产折价或者以拍卖、变卖该财产的价款优先受偿。

前款规定的债务人或者第三人为抵押人,债权人为抵押权人,提供担保的财产为抵押物。

第三十四条 下列财产可以抵押:

(一)抵押人所有的房屋和其他地上定着物;

(二)抵押人所有的机器、交通运输工具和其他财产;

(三)抵押人依法有权处分的国有的土地使用权、房屋和其他地上定着物;

(四)抵押人依法有权处分的国有的机器、交通运输工具和其他财产;

(五)抵押人依法承包并经发包方同意抵押的荒山、荒沟、荒丘、荒滩等荒地的土地使用权;

(六)依法可以抵押的其他财产。

抵押人可以将前款所列财产一并抵押。

第三十五条 抵押人所担保的债权不得超出其抵押物的价值。

财产抵押后,该财产的价值大于所担保债权的余额部分,可以再次抵押,但不得超出其余额部分。

第三十六条 以依法取得的国有土地上的房屋抵押的,该房屋占用范围内的国有土地使用权同时抵押。

以出让方式取得的国有土地使用权抵押的,应当将抵押时该国有土地上的房屋同时抵押。

乡(镇)、村企业的土地使用权不得单独抵押。以乡(镇)、村企业的厂房等建筑物抵押的,其占用范围内的土地使用权同时抵押。

第三十七条 下列财产不得抵押:

(一)土地所有权;

(二)耕地、宅基地、自留地、自留山等集体所有的土地使用权,但本法第三十四条第(五)项、第三十六条第三款规定的除外;

(三)学校、幼儿园、医院等以公益为目的的事业单位、社会团体的教育设施、医疗卫生设施和其他社会公益设施;

(四)所有权、使用权不明或者有争议的财产;

（五）依法被查封、扣押、监管的财产；

（六）依法不得抵押的其他财产。

第二节　抵押合同和抵押物登记

第三十八条　抵押人和抵押权人应当以书面形式订立抵押合同。

第三十九条　抵押合同应当包括以下内容：

（一）被担保的主债权种类、数额；

（二）债务人履行债务的期限；

（三）抵押物的名称、数量、质量、状况、所在地、所有权权属或者使用权权属；

（四）抵押担保的范围；

（五）当事人认为需要约定的其他事项。

抵押合同不完全具备前款规定内容的，可以补正。

第四十条　订立抵押合同时，抵押权人和抵押人在合同中不得约定在债务履行期届满抵押权人未受清偿时，抵押物的所有权转移为债权人所有。

第四十一条　当事人以本法第四十二条规定的财产抵押的，应当办理抵押物登记，抵押合同自登记之日起生效。

第四十二条　办理抵押物登记的部门如下：

（一）以无地上定着物的土地使用权抵押的，为核发土地使用权证书的土地管理部门；

（二）以城市房地产或者乡（镇）、村企业的厂房等建筑物抵押的，为县级以上地方人民政府规定的部门；

（三）以林木抵押的，为县级以上林木主管部门；

（四）以航空器、船舶、车辆抵押的，为运输工具的登记部门；

（五）以企业的设备和其他动产抵押的，为财产所在地的工商行政管理部门。

第四十三条　当事人以其他财产抵押的，可以自愿办理抵押物登记，抵押合同自签订之日起生效。

当事人未办理抵押物登记的，不得对抗第三人。当事人办理抵押物登记的，登记部门为抵押人所在地的公证部门。

第四十四条　办理抵押物登记，应当向登记部门提供下列文件或者其复印件：

（一）主合同和抵押合同；

（二）抵押物的所有权或者使用权证书。

第四十五条　登记部门登记的资料，应当允许查阅、抄录或者复印。

第三节　抵押的效力

第四十六条　抵押担保的范围包括主债权及利息、违约金、损害赔偿金和实现抵押权的费用。抵押合同另有约定的,按照约定。

第四十七条　债务履行期届满,债务人不履行债务致使抵押物被人民法院依法扣押的,自扣押之日起抵押权人有权收取由抵押物分离的天然孳息以及抵押人就抵押物可以收取的法定孳息。抵押权人未将扣押抵押物的事实通知应当清偿法定孳息的义务人的,抵押权的效力不及于该孳息。

前款孳息应当先充抵收取孳息的费用。

第四十八条　抵押人将已出租的财产抵押的,应当书面告知承租人,原租赁合同继续有效。

第四十九条　抵押期间,抵押人转让已办理登记的抵押物的,应当通知抵押权人并告知受让人转让物已经抵押的情况;抵押人未通知抵押权人或者未告知受让人的,转让行为无效。

转让抵押物的价款明显低于其价值的,抵押权人可以要求抵押人提供相应的担保;抵押人不提供的,不得转让抵押物。

抵押人转让抵押物所得的价款,应当向抵押权人提前清偿所担保的债权或者向与抵押权人约定的第三人提存。超过债权数额的部分,归抵押人所有,不足部分由债务人清偿。

第五十条　抵押权不得与债权分离而单独转让或者作为其他债权的担保。

第五十一条　抵押人的行为足以使抵押物价值减少的,抵押权人有权要求抵押人停止其行为。抵押物价值减少时,抵押权人有权要求抵押人恢复抵押物的价值,或者提供与减少的价值相当的担保。

抵押人对抵押物价值减少无过错的,抵押权人只能在抵押人因损害而得到的赔偿范围内要求提供担保。抵押物价值未减少的部分,仍作为债权的担保。

第五十二条　抵押权与其担保的债权同时存在,债权消灭的,抵押权也消灭。

第四节　抵押权的实现

第五十三条　债务履行期届满抵押权人未受清偿的,可以与抵押人协议以抵押物折价或者以拍卖、变卖该抵押物所得的价款受偿;协议不成的,抵押权人可以向人民法院提起诉讼。

抵押物折价或者拍卖、变卖后,其价款超过债权数额的部分归抵押人所有,不足部分由债务人清偿。

第五十四条　同一财产向两个以上债权人抵押的,拍卖、变卖抵押物所得的价款按照以下规定清偿:

(一)抵押合同以登记生效的,按照抵押物登记的先后顺序清偿;顺序相同的,按照债权比例清偿;

（二）抵押合同自签订之日起生效的，该抵押物已登记的，按照本条第（一）项规定清偿；未登记的，按照合同生效时间的先后顺序清偿，顺序相同的，按照债权比例清偿。抵押物已登记的先于未登记的受偿。

第五十五条 城市房地产抵押合同签订后，土地上新增的房屋不属于抵押物。需要拍卖该抵押的房地产时，可以依法将该土地上新增的房屋与抵押物一同拍卖，但对拍卖新增房屋所得，抵押权人无权优先受偿。

依照本法规定以承包的荒地的土地使用权抵押的，或者以乡（镇）、村企业的厂房等建筑物占用范围内的土地使用权抵押的，在实现抵押权后，未经法定程序不得改变土地集体所有和土地用途。

第五十六条 拍卖划拨的国有土地使用权所得的价款，在依法缴纳相当于应缴纳的土地使用权出让金的款额后，抵押权人有优先受偿权。

第五十七条 为债务人抵押担保的第三人，在抵押权人实现抵押权后，有权向债务人追偿。

第五十八条 抵押权因抵押物灭失而消灭。因灭失所得的赔偿金，应当作为抵押财产。

第五节 最高额抵押

第五十九条 本法所称最高额抵押，是指抵押人与抵押权人协议，在最高债权额限度内，以抵押物对一定期间内连续发生的债权作担保。

第六十条 借款合同可以附最高额抵押合同。

债权人与债务人就某项商品在一定期间内连续发生交易而签订的合同，可以附最高额抵押合同。

第六十一条 最高额抵押的主合同债权不得转让。

第六十二条 最高额抵押除适用本节规定外，适用本章其他规定。

第四章 质 押

第一节 动产质押

第六十三条 本法所称动产质押，是指债务人或者第三人将其动产移交债权人占有，将该动产作为债权的担保。债务人不履行债务时，债权人有权依照本法规定以该动产折价或者以拍卖、变卖该动产的价款优先受偿。

前款规定的债务人或者第三人为出质人，债权人为质权人，移交的动产为质物。

第六十四条 出质人和质权人应当以书面形式订立质押合同。

质押合同自质物移交于质权人占有时生效。

第六十五条　质押合同应当包括以下内容：

(一)被担保的主债权种类、数额；

(二)债务人履行债务的期限；

(三)质物的名称、数量、质量、状况；

(四)质押担保的范围；

(五)质物移交的时间；

(六)当事人认为需要约定的其他事项。

质押合同不完全具备前款规定内容的，可以补正。

第六十六条　出质人和质权人在合同中不得约定在债务履行期届满质权人未受清偿时，质物的所有权转移为质权人所有。

第六十七条　质押担保的范围包括主债权及利息、违约金、损害赔偿金、质物保管费用和实现质权的费用。质押合同另有约定的，按照约定。

第六十八条　质权人有权收取质物所生的孳息。质押合同另有约定的，按照约定。

前款孳息应当先充抵收取孳息的费用。

第六十九条　质权人负有妥善保管质物的义务。因保管不善致使质物灭失或者毁损的，质权人应当承担民事责任。

质权人不能妥善保管质物可能致使其灭失或者毁损的，出质人可以要求质权人将质物提存，或者要求提前清偿债权而返还质物。

第七十条　质物有损坏或者价值明显减少的可能，足以危害质权人权利的，质权人可以要求出质人提供相应的担保。出质人不提供的，质权人可以拍卖或者变卖质物，并与出质人协议将拍卖或者变卖所得的价款用于提前清偿所担保的债权或者向与出质人约定的第三人提存。

第七十一条　债务履行期届满债务人履行债务的，或者出质人提前清偿所担保的债权的，质权人应当返还质物。

债务履行期届满质权人未受清偿的，可以与出质人协议以质物折价，也可以依法拍卖、变卖质物。

质物折价或者拍卖、变卖后，其价款超过债权数额的部分归出质人所有，不足部分由债务人清偿。

第七十二条　为债务人质押担保的第三人，在质权人实现质权后，有权向债务人追偿。

第七十三条　质权因质物灭失而消灭。因灭失所得的赔偿金，应当作为出质财产。

第七十四条 质权与其担保的债权同时存在,债权消灭的,质权也消灭。

第二节 权利质押

第七十五条 下列权利可以质押:

(一)汇票、支票、本票、债券、存款单、仓单、提单;

(二)依法可以转让的股份、股票;

(三)依法可以转让的商标专用权,专利权、著作权中的财产权;

(四)依法可以质押的其他权利。

第七十六条 以汇票、支票、本票、债券、存款单、仓单、提单出质的,应当在合同约定的期限内将权利凭证交付质权人。质押合同自权利凭证交付之日起生效。

第七十七条 以载明兑现或者提货日期的汇票、支票、本票、债券、存款单、仓单、提单出质的,汇票、支票、本票、债券、存款单、仓单、提单兑现或者提货日期先于债务履行期的,质权人可以在债务履行期届满前兑现或者提货,并与出质人协议将兑现的价款或者提取的货物用于提前清偿所担保的债权或者向与出质人约定的第三人提存。

第七十八条 以依法可以转让的股票出质的,出质人与质权人应当订立书面合同,并向证券登记机构办理出质登记。质押合同自登记之日起生效。

股票出质后,不得转让,但经出质人与质权人协商同意的可以转让。出质人转让股票所得的价款应当向质权人提前清偿所担保的债权或者向与质权人约定的第三人提存。

以有限责任公司的股份出质的,适用公司法股份转让的有关规定。质押合同自股份出质记载于股东名册之日起生效。

第七十九条 以依法可以转让的商标专用权,专利权、著作权中的财产权出质的,出质人与质权人应当订立书面合同,并向其管理部门办理出质登记。质押合同自登记之日起生效。

第八十条 本法第七十九条规定的权利出质后,出质人不得转让或者许可他人使用,但经出质人与质权人协商同意的可以转让或者许可他人使用。出质人所得的转让费、许可费应当向质权人提前清偿所担保的债权或者向与质权人约定的第三人提存。

第八十一条 权利质押除适用本节规定外,适用本章第一节的规定。

第五章 留 置

第八十二条 本法所称留置,是指依照本法第八十四条的规定,债权人按照合同约定占有债务人的动产,债务人不按照合同约定的期限履行债务的,债权人有权依照本法规定留置该财产,以该财产折价或者以拍卖、变卖该财产的价款优先受偿。

第八十三条 留置担保的范围包括主债权及利息、违约金、损害赔偿金、留置物保管费用和实现留置权的费用。

第八十四条 因保管合同、运输合同、加工承揽合同发生的债权,债务人不履行债务的,债权人有留置权。

法律规定可以留置的其他合同,适用前款规定。

当事人可以在合同中约定不得留置的物。

第八十五条 留置的财产为可分物的,留置物的价值应当相当于债务的金额。

第八十六条 留置权人负有妥善保管留置物的义务。因保管不善致使留置物灭失或者毁损的,留置权人应当承担民事责任。

第八十七条 债权人与债务人应当在合同中约定,债权人留置财产后,债务人应当在不少于两个月的期限内履行债务。债权人与债务人在合同中未约定的,债权人留置债务人财产后,应当确定两个月以上的期限,通知债务人在该期限内履行债务。

债务人逾期仍不履行的,债权人可以与债务人协议以留置物折价,也可以依法拍卖、变卖留置物。

留置物折价或者拍卖、变卖后,其价款超过债权数额的部分归债务人所有,不足部分由债务人清偿。

第八十八条 留置权因下列原因消灭:

(一)债权消灭的;

(二)债务人另行提供担保并被债权人接受的。

第六章 定 金

第八十九条 当事人可以约定一方向对方给付定金作为债权的担保。债务人履行债务后,定金应当抵作价款或者收回。给付定金的一方不履行约定的债务的,无权要求返还定金;收受定金的一方不履行约定的债务的,应当双倍返还定金。

第九十条 定金应当以书面形式约定。当事人在定金合同中应当约定交付定金的期限。定金合同从实际交付定金之日起生效。

第九十一条 定金的数额由当事人约定,但不得超过主合同标的额的百分之二十。

第七章 附 则

第九十二条 本法所称不动产是指土地以及房屋、林木等地上定着物。

本法所称动产是指不动产以外的物。

第九十三条 本法所称保证合同、抵押合同、质押合同、定金合同可以是单独订立的书面合同,包括当事人之间的具有担保性质的信函、传真等,也可以是主合同中的担保条款。

第九十四条 抵押物、质物、留置物折价或者变卖,应当参照市场价格。

第九十五条 海商法等法律对担保有特别规定的,依照其规定。

第九十六条 本法自1995年10月1日起施行。

最高人民法院关于适用《中华人民共和国担保法》若干问题的解释

(2000年9月29日最高人民法院审判委员会第1133次会议通过
2000年12月8日公布 法释〔2000〕44号 自2000年12月13日起施行)

为了正确适用《中华人民共和国担保法》(以下简称担保法),结合审判实践经验,对人民法院审理担保纠纷案件适用法律问题作出如下解释。

一、关于总则部分的解释

第一条 当事人对由民事关系产生的债权,在不违反法律、法规强制性规定的情况下,以担保法规定的方式设定担保的,可以认定为有效。

第二条 反担保人可以是债务人,也可以是债务人之外的其他人。

反担保方式可以是债务人提供的抵押或者质押,也可以是其他人提供的保证、抵押或者质押。

第三条 国家机关和以公益为目的的事业单位、社会团体违反法律规定提供担保的,担保合同无效。因此给债权人造成损失的,应当根据担保法第五条第二款的规定处理。

第四条 董事、经理违反《中华人民共和国公司法》第六十条的规定,以公司资产为本公司的股东或者其他个人债务提供担保的,担保合同无效。除债权人知道或者应当知道的外,债务人、担保人应当对债权人的损失承担连带赔偿责任。

第五条 以法律、法规禁止流通的财产或者不可转让的财产设定担保的,担保合同无效。

以法律、法规限制流通的财产设定担保的,在实现债权时,人民法院应当按照有关法律、法规的规定对该财产进行处理。

第六条 有下列情形之一的,对外担保合同无效:

(一)未经国家有关主管部门批准或者登记对外担保的;

(二)未经国家有关主管部门批准或者登记,为境外机构向境内债权人提供担保的;

(三)为外商投资企业注册资本、外商投资企业中的外方投资部分的对外债务提供担保的;

(四)无权经营外汇担保业务的金融机构、无外汇收入的非金融性质的企业法人提供外汇担保的;

(五)主合同变更或者债权人将对外担保合同项下的权利转让,未经担保人同意和国家有关主管部门批准的,担保人不再承担担保责任。但法律、法规另有规定的除外。

第七条　主合同有效而担保合同无效,债权人无过错的,担保人与债务人对主合同债权人的经济损失,承担连带赔偿责任;债权人、担保人有过错的,担保人承担民事责任的部分,不应超过债务人不能清偿部分的二分之一。

第八条　主合同无效而导致担保合同无效,担保人无过错的,担保人不承担民事责任;担保人有过错的,担保人承担民事责任的部分,不应超过债务人不能清偿部分的三分之一。

第九条　担保人因无效担保合同向债权人承担赔偿责任后,可以向债务人追偿,或者在承担赔偿责任的范围内,要求有过错的反担保人承担赔偿责任。

担保人可以根据承担赔偿责任的事实对债务人或者反担保人另行提起诉讼。

第十条　主合同解除后,担保人对债务人应当承担的民事责任仍应承担担保责任。但是,担保合同另有约定的除外。

第十一条　法人或者其他组织的法定代表人、负责人超越权限订立的担保合同,除相对人知道或者应当知道其超越权限的以外,该代表行为有效。

第十二条　当事人约定的或者登记部门要求登记的担保期间,对担保物权的存续不具有法律约束力。

担保物权所担保的债权的诉讼时效结束后,担保权人在诉讼时效结束后的二年内行使担保物权的,人民法院应当予以支持。

二、关于保证部分的解释

第十三条　保证合同中约定保证人代为履行非金钱债务的,如果保证人不能实际代为履行,对债权人因此造成的损失,保证人应当承担赔偿责任。

第十四条　不具有完全代偿能力的法人、其他组织或者自然人,以保证人身份订立保证合同后,又以自己没有代偿能力要求免除保证责任的,人民法院不予支持。

第十五条　担保法第七条规定的其他组织主要包括：

（一）依法登记领取营业执照的独资企业、合伙企业；

（二）依法登记领取营业执照的联营企业；

（三）依法登记领取营业执照的中外合作经营企业；

（四）经民政部门核准登记的社会团体；

（五）经核准登记领取营业执照的乡镇、街道、村办企业。

第十六条　从事经营活动的事业单位、社会团体为保证人的，如无其他导致保证合同无效的情况，其所签定的保证合同应当认定为有效。

第十七条　企业法人的分支机构未经法人书面授权提供保证的，保证合同无效。因此给债权人造成损失的，应当根据担保法第五条第二款的规定处理。

企业法人的分支机构经法人书面授权提供保证的，如果法人的书面授权范围不明，法人的分支机构应当对保证合同约定的全部债务承担保证责任。

企业法人的分支机构经营管理的财产不足以承担保证责任的，由企业法人承担民事责任。

企业法人的分支机构提供的保证无效后应当承担赔偿责任的，由分支机构经营管理的财产承担。企业法人有过错的，按照担保法第二十九条的规定处理。

第十八条　企业法人的职能部门提供保证的，保证合同无效。债权人知道或者应当知道保证人为企业法人的职能部门的，因此造成的损失由债权人自行承担。

债权人不知保证人为企业法人的职能部门，因此造成的损失，可以参照担保法第五条第二款的规定和第二十九条的规定处理。

第十九条　两个以上保证人对同一债务同时或者分别提供保证时，各保证人与债权人没有约定保证份额的，应当认定为连带共同保证。

连带共同保证的保证人以其相互之间约定各自承担的份额对抗债权人的，人民法院不予支持。

第二十条　连带共同保证的债务人在主合同规定的债务履行期届满没有履行债务的，债权人可以要求债务人履行债务，也可以要求任何一个保证人承担全部保证责任。

连带共同保证的保证人承担保证责任后，向债务人不能追偿的部分，由各连带保证人按其内部约定的比例分担。没有约定的，平均分担。

第二十一条　按份共同保证的保证人按照保证合同约定的保证份额承担保证责任后，在其履行保证责任的范围内对债务人行使追偿权。

第二十二条　第三人单方以书面形式向债权人出具担保书，债权人接受且未提出异议的，保证合同成立。

主合同中虽然没有保证条款，但是，保证人在主合同上以保证人的身份签字或者盖章的,保证合同成立。

第二十三条 最高额保证合同的不特定债权确定后,保证人应当对在最高债权额限度内就一定期间连续发生的债权余额承担保证责任。

第二十四条 一般保证的保证人在主债权履行期间届满后,向债权人提供了债务人可供执行财产的真实情况的,债权人放弃或者怠于行使权利致使该财产不能被执行,保证人可以请求人民法院在其提供可供执行财产的实际价值范围内免除保证责任。

第二十五条 担保法第十七条第三款第(一)项规定的债权人要求债务人履行债务发生的重大困难情形,包括债务人下落不明、移居境外,且无财产可供执行。

第二十六条 第三人向债权人保证监督支付专款专用的,在履行了监督支付专款专用的义务后,不再承担责任。未尽监督义务造成资金流失的,应当对流失的资金承担补充赔偿责任。

第二十七条 保证人对债务人的注册资金提供保证的,债务人的实际投资与注册资金不符,或者抽逃转移注册资金的,保证人在注册资金不足或者抽逃转移注册资金的范围内承担连带保证责任。

第二十八条 保证期间,债权人依法将主债权转让给第三人的,保证债权同时转让,保证人在原保证担保的范围内对受让人承担保证责任。但是保证人与债权人事先约定仅对特定的债权人承担保证责任或者禁止债权转让的,保证人不再承担保证责任。

第二十九条 保证期间,债权人许可债务人转让部分债务未经保证人书面同意的,保证人对未经其同意转让部分的债务,不再承担保证责任。但是,保证人仍应当对未转让部分的债务承担保证责任。

第三十条 保证期间,债权人与债务人对主合同数量、价款、币种、利率等内容作了变动,未经保证人同意的,如果减轻债务人的债务的,保证人仍应当对变更后的合同承担保证责任;如果加重债务人的债务的,保证人对加重的部分不承担保证责任。

债权人与债务人对主合同履行期限作了变动,未经保证人书面同意的,保证期间为原合同约定的或者法律规定的期间。

债权人与债务人协议变动主合同内容,但并未实际履行的,保证人仍应当承担保证责任。

第三十一条 保证期间不因任何事由发生中断、中止、延长的法律后果。

第三十二条 保证合同约定的保证期间早于或者等于主债务履行期限的,视为没有约定,保证期间为主债务履行期届满之日起六个月。

保证合同约定保证人承担保证责任直至主债务本息还清时为止等类似内容

的，视为约定不明，保证期间为主债务履行期届满之日起二年。

第三十三条　主合同对主债务履行期限没有约定或者约定不明的，保证期间自债权人要求债务人履行义务的宽限期届满之日起计算。

第三十四条　一般保证的债权人在保证期间届满前对债务人提起诉讼或者申请仲裁的，从判决或者仲裁裁决生效之日起，开始计算保证合同的诉讼时效。

连带责任保证的债权人在保证期间届满前要求保证人承担保证责任的，从债权人要求保证人承担保证责任之日起，开始计算保证合同的诉讼时效。

第三十五条　保证人对已经超过诉讼时效期间的债务承担保证责任或者提供保证的，又以超过诉讼时效为由抗辩的，人民法院不予支持。

第三十六条　一般保证中，主债务诉讼时效中断，保证债务诉讼时效中断；连带责任保证中，主债务诉讼时效中断，保证债务诉讼时效不中断。

一般保证和连带责任保证中，主债务诉讼时效中止的，保证债务的诉讼时效同时中止。

第三十七条　最高额保证合同对保证期间没有约定或者约定不明的，如最高额保证合同约定有保证人清偿债务期限的，保证期间为清偿期限届满之日起六个月。没有约定债务清偿期限的，保证期间自最高额保证终止之日或自债权人收到保证人终止保证合同的书面通知到达之日起六个月。

第三十八条　同一债权既有保证又有第三人提供物的担保的，债权人可以请求保证人或者物的担保人承担担保责任。当事人对保证担保的范围或者物的担保的范围没有约定或者约定不明的，承担了担保责任的担保人，可以向债务人追偿，也可以要求其他担保人清偿其应当分担的份额。

同一债权既有保证又有物的担保的，物的担保合同被确认无效或者被撤销，或者担保物因不可抗力的原因灭失而没有代位物的，保证人仍应当按合同的约定或者法律的规定承担保证责任。

债权人在主合同履行期届满后怠于行使担保物权，致使担保物的价值减少或者毁损、灭失的，视为债权人放弃部分或者全部物的担保。保证人在债权人放弃权利的范围内减轻或者免除保证责任。

第三十九条　主合同当事人双方协议以新贷偿还旧贷，除保证人知道或者应当知道的外，保证人不承担民事责任。

新贷与旧贷系同一保证人的，不适用前款的规定。

第四十条　主合同债务人采取欺诈、胁迫等手段，使保证人在违背真实意思的情况下提供保证的，债权人知道或者应当知道欺诈、胁迫事实的，按照担保法第三十条的规定处理。

第四十一条　债务人与保证人共同欺骗债权人，订立主合同和保证合同的，债权人可以请求人民法院予以撤销。因此给债权人造成损失的,由保证人与债务人承担连带赔偿责任。

第四十二条 人民法院判决保证人承担保证责任或者赔偿责任的,应当在判决书主文中明确保证人享有担保法第三十一条规定的权利。判决书中未予明确追偿权的,保证人只能按照承担责任的事实,另行提起诉讼。

保证人对债务人行使追偿权的诉讼时效,自保证人向债权人承担责任之日起开始计算。

第四十三条 保证人自行履行保证责任时,其实际清偿额大于主债权范围的,保证人只能在主债权范围内对债务人行使追偿权。

第四十四条 保证期间,人民法院受理债务人破产案件的,债权人既可以向人民法院申报债权,也可以向保证人主张权利。

债权人申报债权后在破产程序中未受清偿的部分,保证人仍应当承担保证责任。债权人要求保证人承担保证责任的,应当在破产程序终结后六个月内提出。

第四十五条 债权人知道或者应当知道债务人破产,既未申报债权也未通知保证人,致使保证人不能预先行使追偿权的,保证人在该债权在破产程序中可能受偿的范围内免除保证责任。

第四十六条 人民法院受理债务人破产案件后,债权人未申报债权的,各连带共同保证的保证人应当作为一个主体申报债权,预先行使追偿权。

三、关于抵押部分的解释

第四十七条 以依法获准尚未建造的或者正在建造中的房屋或者其他建筑物抵押的,当事人办理了抵押物登记,人民法院可以认定抵押有效。

第四十八条 以法定程序确认为违法、违章的建筑物抵押的,抵押无效。

第四十九条 以尚未办理权属证书的财产抵押的,在第一审法庭辩论终结前能够提供权利证书或者补办登记手续的,可以认定抵押有效。

当事人未办理抵押物登记手续的,不得对抗第三人。

第五十条 以担保法第三十四条第一款所列财产一并抵押的,抵押财产的范围应当以登记的财产为准。抵押财产的价值在抵押权实现时予以确定。

第五十一条 抵押人所担保的债权超出其抵押物价值的,超出的部分不具有优先受偿的效力。

第五十二条 当事人以农作物和与其尚未分离的土地使用权同时抵押的,土地使用权部分的抵押无效。

第五十三条 学校、幼儿园、医院等以公益为目的的事业单位、社会团体,以其教育设施、医疗卫生设施和其他社会公益设施以外的财产为自身债务设定抵押的,人民法院可以认定抵押有效。

第五十四条　按份共有人以其共有财产中享有的份额设定抵押的，抵押有效。

共同共有人以其共有财产设定抵押，未经其他共有人的同意，抵押无效。但是，其他共有人知道或者应当知道而未提出异议的视为同意，抵押有效。

第五十五条　已经设定抵押的财产被采取查封、扣押等财产保全或者执行措施的，不影响抵押权的效力。

第五十六条　抵押合同对被担保的主债权种类、抵押财产没有约定或者约定不明，根据主合同和抵押合同不能补正或者无法推定的，抵押不成立。

法律规定登记生效的抵押合同签订后，抵押人违背诚实信用原则拒绝办理抵押登记致使债权人受到损失的，抵押人应当承担赔偿责任。

第五十七条　当事人在抵押合同中约定，债务履行期届满抵押权人未受清偿时，抵押物的所有权转移为债权人所有的内容无效。该内容的无效不影响抵押合同其他部分内容的效力。

债务履行期届满后抵押权人未受清偿时，抵押权人和抵押人可以协议以抵押物折价取得抵押物。但是，损害顺序在后的担保物权人和其他债权人利益的，人民法院可以适用合同法第七十四条、第七十五条的有关规定。

第五十八条　当事人同一天在不同的法定登记部门办理抵押物登记的，视为顺序相同。

因登记部门的原因致使抵押物进行连续登记的，抵押物第一次登记的日期，视为抵押登记的日期，并依此确定抵押权的顺序。

第五十九条　当事人办理抵押物登记手续时，因登记部门的原因致使其无法办理抵押物登记，抵押人向债权人交付权利凭证的，可以认定债权人对该财产有优先受偿权。但是，未办理抵押物登记的，不得对抗第三人。

第六十条　以担保法第四十二条第(二)项规定的不动产抵押的，县级以上地方人民政府对登记部门未作规定，当事人在土地管理部门或者房产管理部门办理了抵押物登记手续，人民法院可以确认其登记的效力。

第六十一条　抵押物登记记载的内容与抵押合同约定的内容不一致的，以登记记载的内容为准。

第六十二条　抵押物因附合、混合或者加工使抵押物的所有权为第三人所有的，抵押权的效力及于补偿金；抵押物所有人为附合物、混合物或者加工物的所有人的，抵押权的效力及于附合物、混合物或者加工物；第三人与抵押物所有人为附合物、混合物或者加工物的共有人的，抵押权的效力及于抵押人对共有物享有的份额。

第六十三条　抵押权设定前为抵押物的从物的，抵押权的效力及于抵押物的从物。但是,抵押物与其从物为两个以上的人分别所有时,抵押权的效力不及于抵押物的从物。

第六十四条 债务履行期届满,债务人不履行债务致使抵押物被人民法院依法扣押的,自扣押之日起抵押权人收取的由抵押物分离的天然孳息和法定孳息,按照下列顺序清偿:

(一)收取孳息的费用;

(二)主债权的利息;

(三)主债权。

第六十五条 抵押人将已出租的财产抵押的,抵押权实现后,租赁合同在有效期内对抵押物的受让人继续有效。

第六十六条 抵押人将已抵押的财产出租的,抵押权实现后,租赁合同对受让人不具有约束力。

抵押人将已抵押的财产出租时,如果抵押人未书面告知承租人该财产已抵押的,抵押人对出租抵押物造成承租人的损失承担赔偿责任;如果抵押人已书面告知承租人该财产已抵押的,抵押权实现造成承租人的损失,由承租人自己承担。

第六十七条 抵押权存续期间,抵押人转让抵押物未通知抵押权人或者未告知受让人的,如果抵押物已经登记的,抵押权人仍可以行使抵押权;取得抵押物所有权的受让人,可以代替债务人清偿其全部债务,使抵押权消灭。受让人清偿债务后可以向抵押人追偿。

如果抵押物未经登记的,抵押权不得对抗受让人,因此给抵押权人造成损失的,由抵押人承担赔偿责任。

第六十八条 抵押物依法被继承或者赠与的,抵押权不受影响。

第六十九条 债务人有多个普通债权人的,在清偿债务时,债务人与其中一个债权人恶意串通,将其全部或者部分财产抵押给该债权人,因此丧失了履行其他债务的能力,损害了其他债权人的合法权益,受损害的其他债权人可以请求人民法院撤销该抵押行为。

第七十条 抵押人的行为足以使抵押物价值减少的,抵押权人请求抵押人恢复原状或提供担保遭到拒绝时,抵押权人可以请求债务人履行债务,也可以请求提前行使抵押权。

第七十一条 主债权未受全部清偿的,抵押权人可以就抵押物的全部行使其抵押权。

抵押物被分割或者部分转让的,抵押权人可以就分割或者转让后的抵押物行使抵押权。

第七十二条 主债权被分割或者部分转让的,各债权人可以就其享有的债权份额行使抵押权。

主债务被分割或者部分转让的,抵押人仍以其抵押物担保数个债务人履行债务。但是,第三人提供抵押的,债权人许可债务人转让债务未经抵押人书面同意的,抵押人对未经其同意转让的债务,不再承担担保责任。

第七十三条 抵押物折价或者拍卖、变卖该抵押物的价款低于抵押权设定时约定价值的,应当按照抵押物实现的价值进行清偿。不足清偿的剩余部分,由债务人清偿。

第七十四条 抵押物折价或者拍卖、变卖所得的价款,当事人没有约定的,按下列顺序清偿:

(一)实现抵押权的费用;

(二)主债权的利息;

(三)主债权。

第七十五条 同一债权有两个以上抵押人的,债权人放弃债务人提供的抵押担保的,其他抵押人可以请求人民法院减轻或者免除其应当承担的担保责任。

同一债权有两个以上抵押人的,当事人对其提供的抵押财产所担保的债权份额或者顺序没有约定或者约定不明的,抵押权人可以就其中任一或者各个财产行使抵押权。

抵押人承担担保责任后,可以向债务人追偿,也可以要求其他抵押人清偿其应当承担的份额。

第七十六条 同一动产向两个以上债权人抵押的,当事人未办理抵押物登记,实现抵押权时,各抵押权人按照债权比例受偿。

第七十七条 同一财产向两个以上债权人抵押的,顺序在先的抵押权与该财产的所有权归属一人时,该财产的所有权人可以以其抵押权对抗顺序在后的抵押权。

第七十八条 同一财产向两个以上债权人抵押的,顺序在后的抵押权所担保的债权先到期的,抵押权人只能就抵押物价值超出顺序在先的抵押担保债权的部分受偿。

顺序在先的抵押权所担保的债权先到期的,抵押权实现后的剩余价款应予提存,留待清偿顺序在后的抵押担保债权。

第七十九条 同一财产法定登记的抵押权与质权并存时,抵押权人优先于质权人受偿。

同一财产抵押权与留置权并存时,留置权人优先于抵押权人受偿。

第八十条 在抵押物灭失、毁损或者被征用的情况下,抵押权人可以就该抵押物的保险金、赔偿金或者补偿金优先受偿。

抵押物灭失、毁损或者被征用的情况下,抵押权所担保的债权未届清偿期的,抵押权人可以请求人民法院对保险金、赔偿金或补偿金等采取保全措施。

第八十一条　最高额抵押权所担保的债权范围,不包括抵押物因财产保全或者执行程序被查封后或债务人、抵押人破产后发生的债权。

第八十二条　当事人对最高额抵押合同的最高限额、最高额抵押期间进行变更,以其变更对抗顺序在后的抵押权人的,人民法院不予支持。

第八十三条　最高额抵押权所担保的不特定债权,在特定后,债权已届清偿期的,最高额抵押权人可以根据普通抵押权的规定行使其抵押权。

抵押权人实现最高额抵押权时,如果实际发生的债权余额高于最高限额的,以最高限额为限,超过部分不具有优先受偿的效力;如果实际发生的债权余额低于最高限额的,以实际发生的债权余额为限对抵押物优先受偿。

四、关于质押部分的解释

(一)动产质押

第八十四条　出质人以其不具有所有权但合法占有的动产出质的,不知出质人无处分权的质权人行使质权后,因此给动产所有人造成损失的,由出质人承担赔偿责任。

第八十五条　债务人或者第三人将其金钱以特户、封金、保证金等形式特定化后,移交债权人占有作为债权的担保,债务人不履行债务时,债权人可以以该金钱优先受偿。

第八十六条　债务人或者第三人未按质押合同约定的时间移交质物的,因此给质权人造成损失的,出质人应当根据其过错承担赔偿责任。

第八十七条　出质人代质权人占有质物的,质押合同不生效;质权人将质物返还于出质人后,以其质权对抗第三人的,人民法院不予支持。

因不可归责于质权人的事由而丧失对质物的占有,质权人可以向不当占有人请求停止侵害、恢复原状、返还质物。

第八十八条　出质人以间接占有的财产出质的,质押合同自书面通知送达占有人时视为移交。占有人收到出质通知后,仍接受出质人的指示处分出质财产的,该行为无效。

第八十九条　质押合同中对质押的财产约定不明,或者约定的出质财产与实际移交的财产不一致的,以实际交付占有的财产为准。

第九十条　质物有隐蔽瑕疵造成质权人其他财产损害的,应由出质人承担赔偿责任。但是,质权人在质物移交时明知质物有瑕疵而予以接受的除外。

第九十一条　动产质权的效力及于质物的从物。但是,从物未随同质物移交质权人占有的，质权的效力不及于从物。

第九十二条　按照担保法第六十九条的规定将质物提存的，质物提存费用由质权人负担；出质人提前清偿债权的，应当扣除未到期部分的利息。

第九十三条　质权人在质权存续期间，未经出质人同意，擅自使用、出租、处分质物，因此给出质人造成损失的，由质权人承担赔偿责任。

第九十四条　质权人在质权存续期间，为担保自己的债务，经出质人同意，以其所占有的质物为第三人设定质权的，应当在原质权所担保的债权范围之内，超过的部分不具有优先受偿的效力。转质权的效力优于原质权。

质权人在质权存续期间，未经出质人同意，为担保自己的债务，在其所占有的质物上为第三人设定质权的无效。质权人对因转质而发生的损害承担赔偿责任。

第九十五条　债务履行期届满质权人未受清偿的，质权人可以继续留置质物，并以质物的全部行使权利。出质人清偿所担保的债权后，质权人应当返还质物。

债务履行期届满，出质人请求质权人及时行使权利，而质权人怠于行使权利致使质物价格下跌的，由此造成的损失，质权人应当承担赔偿责任。

第九十六条　本解释第五十七条、第六十二条、第六十四条、第七十一条、第七十二条、第七十三条、第七十四条、第八十条之规定，适用于动产质押。

（二）权利质押

第九十七条　以公路桥梁、公路隧道或者公路渡口等不动产收益权出质的，按照担保法第七十五条第（四）项的规定处理。

第九十八条　以汇票、支票、本票出质，出质人与质权人没有背书记载“质押”字样，以票据出质对抗善意第三人的，人民法院不予支持。

第九十九条　以公司债券出质的，出质人与质权人没有背书记载“质押”字样，以债券出质对抗公司和第三人的，人民法院不予支持。

第一百条　以存款单出质的，签发银行核押后又受理挂失并造成存款流失的，应当承担民事责任。

第一百零一条　以票据、债券、存款单、仓单、提单出质的，质权人再转让或者质押的无效。

第一百零二条　以载明兑现或者提货日期的汇票、支票、本票、债券、存款单、仓单、提单出质的，其兑现或者提货日期后于债务履行期的，质权人只能在兑现或者提货日期届满时兑现款项或者提取货物。

第一百零三条　以股份有限公司的股份出质的，适用《中华人民共和国公司法》有关股份转让的规定。

以上市公司的股份出质的，质押合同自股份出质向证券登记机构办理出质登记之日起生效。

以非上市公司的股份出质的,质押合同自股份出质记载于股东名册之日起生效。

第一百零四条 以依法可以转让的股份、股票出质的,质权的效力及于股份、股票的法定孳息。

第一百零五条 以依法可以转让的商标专用权,专利权、著作权中的财产权出质的,出质人未经质权人同意而转让或者许可他人使用已出质权利的,应当认定为无效。因此给质权人或者第三人造成损失的,由出质人承担民事责任。

第一百零六条 质权人向出质人、出质债权的债务人行使质权时,出质人、出质债权的债务人拒绝的,质权人可以起诉出质人和出质债权的债务人,也可以单独起诉出质债权的债务人。

五、关于留置部分的解释

第一百零七条 当事人在合同中约定排除留置权,债务履行期届满,债权人行使留置权的,人民法院不予支持。

第一百零八条 债权人合法占有债务人交付的动产时,不知债务人无处分该动产的权利,债权人可以按照担保法第八十二条的规定行使留置权。

第一百零九条 债权人的债权已届清偿期,债权人对动产的占有与其债权的发生有牵连关系,债权人可以留置其所占有的动产。

第一百一十条 留置权人在债权未受全部清偿前,留置物为不可分物的,留置权人可以就其留置物的全部行使留置权。

第一百一十一条 债权人行使留置权与其承担的义务或者合同的特殊约定相抵触的,人民法院不予支持。

第一百一十二条 债权人的债权未届清偿期,其交付占有标的物的义务已届履行期的,不能行使留置权。但是,债权人能够证明债务人无支付能力的除外。

第一百一十三条 债权人未按担保法第八十七条规定的期限通知债务人履行义务,直接变价处分留置物的,应当对此造成的损失承担赔偿责任。债权人与债务人按照担保法第八十七条的规定在合同中约定宽限期的,债权人可以不经通知,直接行使留置权。

第一百一十四条 本解释第六十四条、第八十条、第八十七条、第九十一条、第九十三条的规定,适用于留置。

六、关于定金部分的解释

第一百一十五条 当事人约定以交付定金作为订立主合同担保的,给付定金的一方拒绝订立主合同的,无权要求返还定金;收受定金的一方拒绝订立合同的,应当双倍返还定金。

第一百一十六条　当事人约定以交付定金作为主合同成立或者生效要件的，给付定金的一方未支付定金，但主合同已经履行或者已经履行主要部分的，不影响主合同的成立或者生效。

第一百一十七条　定金交付后，交付定金的一方可以按照合同的约定以丧失定金为代价而解除主合同，收受定金的一方可以双倍返还定金为代价而解除主合同。对解除主合同后责任的处理，适用《中华人民共和国合同法》的规定。

第一百一十八条　当事人交付留置金、担保金、保证金、订约金、押金或者订金等，但没有约定定金性质的，当事人主张定金权利的，人民法院不予支持。

第一百一十九条　实际交付的定金数额多于或者少于约定数额，视为变更定金合同；收受定金一方提出异议并拒绝接受定金的，定金合同不生效。

第一百二十条　因当事人一方迟延履行或者其他违约行为，致使合同目的不能实现，可以适用定金罚则。但法律另有规定或者当事人另有约定的除外。

当事人一方不完全履行合同的，应当按照未履行部分所占合同约定内容的比例，适用定金罚则。

第一百二十一条　当事人约定的定金数额超过主合同标的额百分之二十的，超过的部分，人民法院不予支持。

第一百二十二条　因不可抗力、意外事件致使主合同不能履行的，不适用定金罚则。因合同关系以外第三人的过错，致使主合同不能履行的，适用定金罚则。受定金处罚的一方当事人，可以依法向第三人追偿。

七、关于其他问题的解释

第一百二十三条　同一债权上数个担保物权并存时，债权人放弃债务人提供的物的担保的，其他担保人在其放弃权利的范围内减轻或者免除担保责任。

第一百二十四条　企业法人的分支机构为他人提供保证的，人民法院在审理保证纠纷案件中可以将该企业法人作为共同被告参加诉讼。但是商业银行、保险公司的分支机构提供保证的除外。

第一百二十五条　一般保证的债权人向债务人和保证人一并提起诉讼的，人民法院可以将债务人和保证人列为共同被告参加诉讼。但是，应当在判决书中明确在对债务人财产依法强制执行后仍不能履行债务时，由保证人承担保证责任。

第一百二十六条　连带责任保证的债权人可以将债务人或者保证人作为被告提起诉讼，也可以将债务人和保证人作为共同被告提起诉讼。

第一百二十七条　债务人对债权人提起诉讼，债权人提起反诉的，保证人可以作为第三人参加诉讼。

第一百二十八条 债权人向人民法院请求行使担保物权时,债务人和担保人应当作为共同被告参加诉讼。

同一债权既有保证又有物的担保的,当事人发生纠纷提起诉讼的,债务人与保证人、抵押人或者出质人可以作为共同被告参加诉讼。

第一百二十九条 主合同和担保合同发生纠纷提起诉讼的,应当根据主合同确定案件管辖。担保人承担连带责任的担保合同发生纠纷,债权人向担保人主张权利的,应当由担保人住所地的法院管辖。

主合同和担保合同选择管辖的法院不一致的,应当根据主合同确定案件管辖。

第一百三十条 在主合同纠纷案件中,对担保合同未经审判,人民法院不应当依据对主合同当事人所作出的判决或者裁定,直接执行担保人的财产。

第一百三十一条 本解释所称"不能清偿"指对债务人的存款、现金、有价证券、成品、半成品、原材料、交通工具等可以执行的动产和其他方便执行的财产执行完毕后,债务仍未能得到清偿的状态。

第一百三十二条 在案件审理或者执行程序中,当事人提供财产担保的,人民法院应当对该财产的权属证书予以扣押,同时向有关部门发出协助执行通知书,要求其在规定的时间内不予办理担保财产的转移手续。

第一百三十三条 担保法施行以前发生的担保行为,适用担保行为发生时的法律、法规和有关司法解释。

担保法施行以后因担保行为发生的纠纷案件,在本解释公布施行前已经终审,当事人申请再审或者按审判监督程序决定再审的,不适用本解释。

担保法施行以后因担保行为发生的纠纷案件,在本解释公布施行后尚在一审或二审阶段的,适用担保法和本解释。

第一百三十四条 最高人民法院在担保法施行以前作出的有关担保问题的司法解释,与担保法和本解释相抵触的,不再适用。

最高人民法院对《关于担保期间债权人向保证人主张权利的方式及程序问题的请示》的答复

(2002年11月22日发布并实施 〔2002〕民二他字第32号)

青海省高级人民法院:

你院〔2002〕青民二字第10号《关于担保期间债权人向保证人主张权利的方式及程序问题的请示》收悉。经研究,答复如下:

1. 本院2002年8月1日下发的《关于处理担保法生效前发生保证行为的保证期间问题的通知》第一条规定的“向保证人主张权利”和第二条规定的“向保证人主张债权”，其主张权利的方式可以包括“提起诉讼”和“送达清收债权通知书”等。其中“送达”既可由债权人本人送达，也可以委托公证机关送达或公告送达（在全国或省级有影响的报纸上刊发清收债权公告）。

2. 该《通知》第二条的规定的意义在于，明确当主债务人进入破产程序，在“债权人没有申报债权”或“已经申报债权”两种不同情况下，债权人应当向保证人主张权利的期限。根据《最高人民法院关于适用〈中华人民共和国担保法〉若干问题的解释》第四十四条第一款的规定，在上述情况下，债权人可以向人民法院申报债权，也可以向保证人主张权利。因此，对于债权人申报了债权，同时又起诉保证人的保证纠纷案件，人民法院应当受理。在具体审理并认定保证人应承担保证责任的金额时，如需等待破产程序结束的，可依照《中华人民共和国民事诉讼法》第一百三十六条第一款第（五）项的规定，裁定中止诉讼。人民法院如径行判决保证人承担保证责任，应当在判决中明确应扣除债权人在债务人破产程序中可以分得的部分。

此复

最高人民法院关于处理担保法生效前发生保证行为的保证期间问题的通知

（2002年8月1日发布并实施　法〔2002〕144号）

各省、自治区、直辖市高级人民法院，解放军军事法院，新疆维吾尔自治区高级人民法院生产建设兵团分院：

我院于2000年12月8日公布法释〔2000〕44号《关于适用〈中华人民共和国担保法〉若干问题的解释》后，一些部门和地方法院反映对于担保法实施前发生的保证行为如何确定保证期间问题没有作出规定，而我院于1994年4月15日公布的法发〔1994〕8号《关于审理经济合同纠纷案件有关保证的若干问题的规定》对此问题亦不十分明确。为了正确审理担保法实施前的有关保证合同纠纷案件，维护债权人和其他当事人的合法权益，经全国人大常委会法制工作委员会同意，现就有关问题通知如下：

一、对于当事人在担保法生效前签订的保证合同中没有约定保证期限或者约定不明确的，如果债权人已经在法定诉讼时效期间内向主债务人主张权利，使主债务没有超过诉讼时效期间,但未向保证人主张权利的,债权人可以自本通知发布之日起6个月(自2002年8月1日至2003年1月31日)内,向保证人主张权利。逾期不主张的,保证人不再承担责任。

二、主债务人进入破产程序,债权人没有申报债权的,债权人亦可以在上述期间内向保证人主张债权;如果债权人已申报了债权,对其在破产程序中未受清偿的部分债权,债权人可以在破产程序终结后6个月内向保证人主张。

三、本通知发布时,已经终审的案件、再审案件以及主债务已超过诉讼时效的案件,不适用本通知。

中华人民共和国民办教育促进法

(2002年12月28日第九届全国人民代表大会常务委员会第三十一次会议通过
根据2013年6月29日第十二届全国人民代表大会常务委员会第三次会议
《关于修改〈中华人民共和国文物保护法〉等十二部法律的决定》第一次修正
根据2016年11月7日第十二届全国人民代表大会常务委员会第二十四次会议
《关于修改〈中华人民共和国民办教育促进法〉的决定》第二次修正
根据2018年12月29日第十三届全国人民代表大会常务委员会第七次会议
《关于修改〈中华人民共和国劳动法〉等七部法律的决定》第三次修正)

第一章　总　　则

第一条　为实施科教兴国战略,促进民办教育事业的健康发展,维护民办学校和受教育者的合法权益,根据宪法和教育法制定本法。

第二条　国家机构以外的社会组织或者个人,利用非国家财政性经费,面向社会举办学校及其他教育机构的活动,适用本法。本法未作规定的,依照教育法和其他有关教育法律执行。

第三条　民办教育事业属于公益性事业,是社会主义教育事业的组成部分。

国家对民办教育实行积极鼓励、大力支持、正确引导、依法管理的方针。

各级人民政府应当将民办教育事业纳入国民经济和社会发展规划。

第四条　民办学校应当遵守法律、法规,贯彻国家的教育方针,保证教育质量,致力于培养社会主义建设事业的各类人才。

民办学校应当贯彻教育与宗教相分离的原则。任何组织和个人不得利用宗教进行妨碍国家教育制度的活动。

第五条　民办学校与公办学校具有同等的法律地位,国家保障民办学校的办学自主权。

国家保障民办学校举办者、校长、教职工和受教育者的合法权益。

第六条　国家鼓励捐资办学。

国家对为发展民办教育事业做出突出贡献的组织和个人,给予奖励和表彰。

第七条　国务院教育行政部门负责全国民办教育工作的统筹规划、综合协调和宏观管理。

国务院人力资源社会保障行政部门及其他有关部门在国务院规定的职责范围内分别负责有关的民办教育工作。

第八条　县级以上地方各级人民政府教育行政部门主管本行政区域内的民办教育工作。

县级以上地方各级人民政府人力资源社会保障行政部门及其他有关部门在各自的职责范围内,分别负责有关的民办教育工作。

第九条　民办学校中的中国共产党基层组织,按照中国共产党章程的规定开展党的活动,加强党的建设。

第二章　设　　立

第十条　举办民办学校的社会组织,应当具有法人资格。

举办民办学校的个人,应当具有政治权利和完全民事行为能力。

民办学校应当具备法人条件。

第十一条　设立民办学校应当符合当地教育发展的需求,具备教育法和其他有关法律、法规规定的条件。

民办学校的设置标准参照同级同类公办学校的设置标准执行。

第十二条　举办实施学历教育、学前教育、自学考试助学及其他文化教育的民办学校,由县级以上人民政府教育行政部门按照国家规定的权限审批;举办实施以职业技能为主的职业资格培训、职业技能培训的民办学校,由县级以上人民政府人力资源社会保障行政部门按照国家规定的权限审批,并抄送同级教育行政部门备案。

第十三条　申请筹设民办学校,举办者应当向审批机关提交下列材料:

(一)申办报告,内容应当主要包括:举办者、培养目标、办学规模、办学层次、办学形式、办学条件、内部管理体制、经费筹措与管理使用等;

(二)举办者的姓名、住址或者名称、地址;

(三)资产来源、资金数额及有效证明文件,并载明产权;

(四)属捐赠性质的校产须提交捐赠协议,载明捐赠人的姓名、所捐资产的数额、用途和管理方法及相关有效证明文件。

第十四条　审批机关应当自受理筹设民办学校的申请之日起三十日内以书面形式作出是否同意的决定。

同意筹设的,发给筹设批准书。不同意筹设的,应当说明理由。

筹设期不得超过三年。超过三年的,举办者应当重新申报。

第十五条　申请正式设立民办学校的,举办者应当向审批机关提交下列材料:

(一)筹设批准书;

(二)筹设情况报告;

(三)学校章程、首届学校理事会、董事会或者其他决策机构组成人员名单;

(四)学校资产的有效证明文件;

(五)校长、教师、财会人员的资格证明文件。

第十六条　具备办学条件,达到设置标准的,可以直接申请正式设立,并应当提交本法第十三条和第十五条(三)、(四)、(五)项规定的材料。

第十七条　申请正式设立民办学校的,审批机关应当自受理之日起三个月内以书面形式作出是否批准的决定,并送达申请人;其中申请正式设立民办高等学校的,审批机关也可以自受理之日起六个月内以书面形式作出是否批准的决定,并送达申请人。

第十八条　审批机关对批准正式设立的民办学校发给办学许可证。

审批机关对不批准正式设立的,应当说明理由。

第十九条　民办学校的举办者可以自主选择设立非营利性或者营利性民办学校。但是,不得设立实施义务教育的营利性民办学校。

非营利性民办学校的举办者不得取得办学收益,学校的办学结余全部用于办学。

营利性民办学校的举办者可以取得办学收益,学校的办学结余依照公司法等有关法律、行政法规的规定处理。

民办学校取得办学许可证后,进行法人登记,登记机关应当依法予以办理。

第三章　学校的组织与活动

第二十条　民办学校应当设立学校理事会、董事会或者其他形式的决策机构并建立相应的监督机制。

民办学校的举办者根据学校章程规定的权限和程序参与学校的办学和管理。

第二十一条　学校理事会或者董事会由举办者或者其代表、校长、教职工代表等人员组成。其中三分之一以上的理事或者董事应当具有五年以上教育教学经验。

学校理事会或者董事会由五人以上组成,设理事长或者董事长一人。理事长、理事或者董事长、董事名单报审批机关备案。

第二十二条 学校理事会或者董事会行使下列职权：

（一）聘任和解聘校长；

（二）修改学校章程和制定学校的规章制度；

（三）制定发展规划，批准年度工作计划；

（四）筹集办学经费，审核预算、决算；

（五）决定教职工的编制定额和工资标准；

（六）决定学校的分立、合并、终止；

（七）决定其他重大事项。

其他形式决策机构的职权参照本条规定执行。

第二十三条 民办学校的法定代表人由理事长、董事长或者校长担任。

第二十四条 民办学校参照同级同类公办学校校长任职的条件聘任校长，年龄可以适当放宽。

第二十五条 民办学校校长负责学校的教育教学和行政管理工作，行使下列职权：

（一）执行学校理事会、董事会或者其他形式决策机构的决定；

（二）实施发展规划，拟订年度工作计划、财务预算和学校规章制度；

（三）聘任和解聘学校工作人员，实施奖惩；

（四）组织教育教学、科学研究活动，保证教育教学质量；

（五）负责学校日常管理工作；

（六）学校理事会、董事会或者其他形式决策机构的其他授权。

第二十六条 民办学校对招收的学生，根据其类别、修业年限、学业成绩，可以根据国家有关规定发给学历证书、结业证书或者培训合格证书。

对接受职业技能培训的学生，经备案的职业技能鉴定机构鉴定合格的，可以发给国家职业资格证书。

第二十七条 民办学校依法通过以教师为主体的教职工代表大会等形式，保障教职工参与民主管理和监督。

民办学校的教师和其他工作人员，有权依照工会法，建立工会组织，维护其合法权益。

第四章 教师与受教育者

第二十八条 民办学校的教师、受教育者与公办学校的教师、受教育者具有同等的法律地位。

第二十九条 民办学校聘任的教师，应当具有国家规定的任教资格。

第三十条 民办学校应当对教师进行思想品德教育和业务培训。

第三十一条 民办学校应当依法保障教职工的工资、福利待遇和其他合法权益,并为教职工缴纳社会保险费。

国家鼓励民办学校按照国家规定为教职工办理补充养老保险。

第三十二条 民办学校教职工在业务培训、职务聘任、教龄和工龄计算、表彰奖励、社会活动等方面依法享有与公办学校教职工同等权利。

第三十三条 民办学校依法保障受教育者的合法权益。

民办学校按照国家规定建立学籍管理制度,对受教育者实施奖励或者处分。

第三十四条 民办学校的受教育者在升学、就业、社会优待以及参加先进评选等方面享有与同级同类公办学校的受教育者同等权利。

第五章 学校资产与财务管理

第三十五条 民办学校应当依法建立财务、会计制度和资产管理制度,并按照国家有关规定设置会计帐簿。

第三十六条 民办学校对举办者投入民办学校的资产、国有资产、受赠的财产以及办学积累,享有法人财产权。

第三十七条 民办学校存续期间,所有资产由民办学校依法管理和使用,任何组织和个人不得侵占。

任何组织和个人都不得违反法律、法规向民办教育机构收取任何费用。

第三十八条 民办学校收取费用的项目和标准根据办学成本、市场需求等因素确定,向社会公示,并接受有关主管部门的监督。

非营利性民办学校收费的具体办法,由省、自治区、直辖市人民政府制定;营利性民办学校的收费标准,实行市场调节,由学校自主决定。

民办学校收取的费用应当主要用于教育教学活动、改善办学条件和保障教职工待遇。

第三十九条 民办学校资产的使用和财务管理受审批机关和其他有关部门的监督。

民办学校应当在每个会计年度结束时制作财务会计报告,委托会计师事务所依法进行审计,并公布审计结果。

第六章 管理与监督

第四十条 教育行政部门及有关部门应当对民办学校的教育教学工作、教师培训工作进行指导。

第四十一条 教育行政部门及有关部门依法对民办学校实行督导,建立民办学校信息公示和信用档案制度，促进提高办学质量；组织或者委托社会中介组织评估办学水平和教育质量，并将评估结果向社会公布。

第四十二条　民办学校的招生简章和广告，应当报审批机关备案。

第四十三条　民办学校侵犯受教育者的合法权益，受教育者及其亲属有权向教育行政部门和其他有关部门申诉，有关部门应当及时予以处理。

第四十四条　国家支持和鼓励社会中介组织为民办学校提供服务。

第七章　扶持与奖励

第四十五条　县级以上各级人民政府可以设立专项资金，用于资助民办学校的发展，奖励和表彰有突出贡献的集体和个人。

第四十六条　县级以上各级人民政府可以采取购买服务、助学贷款、奖助学金和出租、转让闲置的国有资产等措施对民办学校予以扶持；对非营利性民办学校还可以采取政府补贴、基金奖励、捐资激励等扶持措施。

第四十七条　民办学校享受国家规定的税收优惠政策；其中，非营利性民办学校享受与公办学校同等的税收优惠政策。

第四十八条　民办学校依照国家有关法律、法规，可以接受公民、法人或者其他组织的捐赠。

国家对向民办学校捐赠财产的公民、法人或者其他组织按照有关规定给予税收优惠，并予以表彰。

第四十九条　国家鼓励金融机构运用信贷手段，支持民办教育事业的发展。

第五十条　人民政府委托民办学校承担义务教育任务，应当按照委托协议拨付相应的教育经费。

第五十一条　新建、扩建非营利性民办学校，人民政府应当按照与公办学校同等原则，以划拨等方式给予用地优惠。新建、扩建营利性民办学校，人民政府应当按照国家规定供给土地。

教育用地不得用于其他用途。

第五十二条　国家采取措施，支持和鼓励社会组织和个人到少数民族地区、边远贫困地区举办民办学校，发展教育事业。

第八章　变更与终止

第五十三条　民办学校的分立、合并，在进行财务清算后，由学校理事会或者董事会报审批机关批准。

申请分立、合并民办学校的，审批机关应当自受理之日起三个月内以书面形式答复；其中申请分立、合并民办高等学校的，审批机关也可以自受理之日起六个月内以书面形式答复。

第五十四条 民办学校举办者的变更,须由举办者提出,在进行财务清算后,经学校理事会或者董事会同意,报审批机关核准。

第五十五条 民办学校名称、层次、类别的变更,由学校理事会或者董事会报审批机关批准。

申请变更为其他民办学校,审批机关应当自受理之日起三个月内以书面形式答复;其中申请变更为民办高等学校的,审批机关也可以自受理之日起六个月内以书面形式答复。

第五十六条 民办学校有下列情形之一的,应当终止:

(一)根据学校章程规定要求终止,并经审批机关批准的;

(二)被吊销办学许可证的;

(三)因资不抵债无法继续办学的。

第五十七条 民办学校终止时,应当妥善安置在校学生。实施义务教育的民办学校终止时,审批机关应当协助学校安排学生继续就学。

第五十八条 民办学校终止时,应当依法进行财务清算。

民办学校自己要求终止的,由民办学校组织清算;被审批机关依法撤销的,由审批机关组织清算;因资不抵债无法继续办学而被终止的,由人民法院组织清算。

第五十九条 对民办学校的财产按照下列顺序清偿:

(一)应退受教育者学费、杂费和其他费用;

(二)应发教职工的工资及应缴纳的社会保险费用;

(三)偿还其他债务。

非营利性民办学校清偿上述债务后的剩余财产继续用于其他非营利性学校办学;营利性民办学校清偿上述债务后的剩余财产,依照公司法的有关规定处理。

第六十条 终止的民办学校,由审批机关收回办学许可证和销毁印章,并注销登记。

第九章 法律责任

第六十一条 民办学校在教育活动中违反教育法、教师法规定的,依照教育法、教师法的有关规定给予处罚。

第六十二条 民办学校有下列行为之一的,由县级以上人民政府教育行政部门、人力资源社会保障行政部门或者其他有关部门责令限期改正,并予以警告;有违法所得的,退还所收费用后没收违法所得;情节严重的,责令停止招生、吊销办学许可证;构成犯罪的,依法追究刑事责任:

(一)擅自分立、合并民办学校的;

（二）擅自改变民办学校名称、层次、类别和举办者的；

（三）发布虚假招生简章或者广告，骗取钱财的；

（四）非法颁发或者伪造学历证书、结业证书、培训证书、职业资格证书的；

（五）管理混乱严重影响教育教学，产生恶劣社会影响的；

（六）提交虚假证明文件或者采取其他欺诈手段隐瞒重要事实骗取办学许可证的；

（七）伪造、变造、买卖、出租、出借办学许可证的；

（八）恶意终止办学、抽逃资金或者挪用办学经费的。

第六十三条　县级以上人民政府教育行政部门、人力资源社会保障行政部门或者其他有关部门有下列行为之一的，由上级机关责令其改正；情节严重的，对直接负责的主管人员和其他直接责任人员，依法给予处分；造成经济损失的，依法承担赔偿责任；构成犯罪的，依法追究刑事责任：

（一）已受理设立申请，逾期不予答复的；

（二）批准不符合本法规定条件申请的；

（三）疏于管理，造成严重后果的；

（四）违反国家有关规定收取费用的；

（五）侵犯民办学校合法权益的；

（六）其他滥用职权、徇私舞弊的。

第六十四条　违反国家有关规定擅自举办民办学校的，由所在地县级以上地方人民政府教育行政部门或者人力资源社会保障行政部门会同同级公安、民政或者市场监督管理等有关部门责令停止办学、退还所收费用，并对举办者处违法所得一倍以上五倍以下罚款；构成违反治安管理行为的，由公安机关依法给予治安管理处罚；构成犯罪的，依法追究刑事责任。

第十章　附　　则

第六十五条　本法所称的民办学校包括依法举办的其他民办教育机构。

本法所称的校长包括其他民办教育机构的主要行政负责人。

第六十六条　境外的组织和个人在中国境内合作办学的办法，由国务院规定。

第六十七条　本法自 2003 年 9 月 1 日起施行。1997 年 7 月 31 日国务院颁布的《社会力量办学条例》同时废止。

中华人民共和国劳动合同法

(2007年6月29日第十届全国人民代表大会常务委员会第二十八次会议通过
中华人民共和国主席令第65号公布　自2008年1月1日起施行
根据2012年12月28日第十一届全国人民代表大会常务委员会第三十次会议
《关于修改〈中华人民共和国劳动合同法〉的决定》修正)

目　　录

第一章　总　　则

第一条　为了完善劳动合同制度,明确劳动合同双方当事人的权利和义务,保护劳动者的合法权益,构建和发展和谐稳定的劳动关系,制定本法。

第二条　中华人民共和国境内的企业、个体经济组织、民办非企业单位等组织(以下称用人单位)与劳动者建立劳动关系,订立、履行、变更、解除或者终止劳动合同,适用本法。

国家机关、事业单位、社会团体和与其建立劳动关系的劳动者,订立、履行、变更、解除或者终止劳动合同,依照本法执行。

第三条　订立劳动合同,应当遵循合法、公平、平等自愿、协商一致、诚实信用的原则。

依法订立的劳动合同具有约束力,用人单位与劳动者应当履行劳动合同约定的义务。

第四条　用人单位应当依法建立和完善劳动规章制度，保障劳动者享有劳动权利、履行劳动义务。

用人单位在制定、修改或者决定有关劳动报酬、工作时间、休息休假、劳动安全卫生、保险福利、职工培训、劳动纪律以及劳动定额管理等直接涉及劳动者切身利益的规章制度或者重大事项时，应当经职工代表大会或者全体职工讨论，提出方案和意见，与工会或者职工代表平等协商确定。

在规章制度和重大事项决定实施过程中，工会或者职工认为不适当的，有权向用人单位提出，通过协商予以修改完善。

用人单位应当将直接涉及劳动者切身利益的规章制度和重大事项决定公示，或者告知劳动者。

第五条　县级以上人民政府劳动行政部门会同工会和企业方面代表，建立健全协调劳动关系三方机制，共同研究解决有关劳动关系的重大问题。

第六条　工会应当帮助、指导劳动者与用人单位依法订立和履行劳动合同，并与用人单位建立集体协商机制，维护劳动者的合法权益。

第二章　劳动合同的订立

第七条　用人单位自用工之日起即与劳动者建立劳动关系。用人单位应当建立职工名册备查。

第八条　用人单位招用劳动者时，应当如实告知劳动者工作内容、工作条件、工作地点、职业危害、安全生产状况、劳动报酬，以及劳动者要求了解的其他情况；用人单位有权了解劳动者与劳动合同直接相关的基本情况，劳动者应当如实说明。

第九条　用人单位招用劳动者，不得扣押劳动者的居民身份证和其他证件，不得要求劳动者提供担保或者以其他名义向劳动者收取财物。

第十条　建立劳动关系，应当订立书面劳动合同。

已建立劳动关系，未同时订立书面劳动合同的，应当自用工之日起一个月内订立书面劳动合同。

用人单位与劳动者在用工前订立劳动合同的，劳动关系自用工之日起建立。

第十一条　用人单位未在用工的同时订立书面劳动合同，与劳动者约定的劳动报酬不明确的，新招用的劳动者的劳动报酬按照集体合同规定的标准执行；没有集体合同或者集体合同未规定的，实行同工同酬。

第十二条　劳动合同分为固定期限劳动合同、无固定期限劳动合同和以完成一定工作任务为期限的劳动合同。

第十三条　固定期限劳动合同，是指用人单位与劳动者约定合同终止时间的劳动合同。

用人单位与劳动者协商一致,可以订立固定期限劳动合同。

第十四条　无固定期限劳动合同,是指用人单位与劳动者约定无确定终止时间的劳动合同。

用人单位与劳动者协商一致,可以订立无固定期限劳动合同。有下列情形之一,劳动者提出或者同意续订、订立劳动合同的,除劳动者提出订立固定期限劳动合同外,应当订立无固定期限劳动合同:

(一)劳动者在该用人单位连续工作满十年的;

(二)用人单位初次实行劳动合同制度或者国有企业改制重新订立劳动合同时,劳动者在该用人单位连续工作满十年且距法定退休年龄不足十年的;

(三)连续订立二次固定期限劳动合同,且劳动者没有本法第三十九条和第四十条第一项、第二项规定的情形,续订劳动合同的。

用人单位自用工之日起满一年不与劳动者订立书面劳动合同的,视为用人单位与劳动者已订立无固定期限劳动合同。

第十五条　以完成一定工作任务为期限的劳动合同,是指用人单位与劳动者约定以某项工作的完成为合同期限的劳动合同。

用人单位与劳动者协商一致,可以订立以完成一定工作任务为期限的劳动合同。

第十六条　劳动合同由用人单位与劳动者协商一致,并经用人单位与劳动者在劳动合同文本上签字或者盖章生效。

劳动合同文本由用人单位和劳动者各执一份。

第十七条　劳动合同应当具备以下条款:

(一)用人单位的名称、住所和法定代表人或者主要负责人;

(二)劳动者的姓名、住址和居民身份证或者其他有效身份证件号码;

(三)劳动合同期限;

(四)工作内容和工作地点;

(五)工作时间和休息休假;

(六)劳动报酬;

(七)社会保险;

(八)劳动保护、劳动条件和职业危害防护;

(九)法律、法规规定应当纳入劳动合同的其他事项。

劳动合同除前款规定的必备条款外,用人单位与劳动者可以约定试用期、培训、保守秘密、补充保险和福利待遇等其他事项。

第十八条　劳动合同对劳动报酬和劳动条件等标准约定不明确,引发争议的,用人单位与劳动者可以重新协商;协商不成的,适用集体合同规定;没有集体合同或者集体合同未规定劳动报酬的，实行同工同酬；没有集体合同或者集体合同未规定劳动条件等标准的，适用国家有关规定。

第十九条　劳动合同期限三个月以上不满一年的，试用期不得超过一个月；劳动合同期限一年以上不满三年的，试用期不得超过二个月；三年以上固定期限和无固定期限的劳动合同，试用期不得超过六个月。

同一用人单位与同一劳动者只能约定一次试用期。

以完成一定工作任务为期限的劳动合同或者劳动合同期限不满三个月的，不得约定试用期。

试用期包含在劳动合同期限内。劳动合同仅约定试用期的，试用期不成立，该期限为劳动合同期限。

第二十条　劳动者在试用期的工资不得低于本单位相同岗位最低档工资或者劳动合同约定工资的百分之八十，并不得低于用人单位所在地的最低工资标准。

第二十一条　在试用期中，除劳动者有本法第三十九条和第四十条第一项、第二项规定的情形外，用人单位不得解除劳动合同。用人单位在试用期解除劳动合同的，应当向劳动者说明理由。

第二十二条　用人单位为劳动者提供专项培训费用，对其进行专业技术培训的，可以与该劳动者订立协议，约定服务期。

劳动者违反服务期约定的，应当按照约定向用人单位支付违约金。违约金的数额不得超过用人单位提供的培训费用。用人单位要求劳动者支付的违约金不得超过服务期尚未履行部分所应分摊的培训费用。

用人单位与劳动者约定服务期的，不影响按照正常的工资调整机制提高劳动者在服务期期间的劳动报酬。

第二十三条　用人单位与劳动者可以在劳动合同中约定保守用人单位的商业秘密和与知识产权相关的保密事项。

对负有保密义务的劳动者，用人单位可以在劳动合同或者保密协议中与劳动者约定竞业限制条款，并约定在解除或者终止劳动合同后，在竞业限制期限内按月给予劳动者经济补偿。劳动者违反竞业限制约定的，应当按照约定向用人单位支付违约金。

第二十四条　竞业限制的人员限于用人单位的高级管理人员、高级技术人员和其他负有保密义务的人员。竞业限制的范围、地域、期限由用人单位与劳动者约定，竞业限制的约定不得违反法律、法规的规定。

在解除或者终止劳动合同后，前款规定的人员到与本单位生产或者经营同类产品、从事同类业务的有竞争关系的其他用人单位，或者自己开业生产或者经营同类产品、从事同类业务的竞业限制期限，不得超过二年。

第二十五条　除本法第二十二条和第二十三条规定的情形外,用人单位不得与劳动者约定由劳动者承担违约金。

第二十六条　下列劳动合同无效或者部分无效:

(一)以欺诈、胁迫的手段或者乘人之危,使对方在违背真实意思的情况下订立或者变更劳动合同的;

(二)用人单位免除自己的法定责任、排除劳动者权利的;

(三)违反法律、行政法规强制性规定的。

对劳动合同的无效或者部分无效有争议的,由劳动争议仲裁机构或者人民法院确认。

第二十七条　劳动合同部分无效,不影响其他部分效力的,其他部分仍然有效。

第二十八条　劳动合同被确认无效,劳动者已付出劳动的,用人单位应当向劳动者支付劳动报酬。劳动报酬的数额,参照本单位相同或者相近岗位劳动者的劳动报酬确定。

第三章　劳动合同的履行和变更

第二十九条　用人单位与劳动者应当按照劳动合同的约定,全面履行各自的义务。

第三十条　用人单位应当按照劳动合同约定和国家规定,向劳动者及时足额支付劳动报酬。

用人单位拖欠或者未足额支付劳动报酬的,劳动者可以依法向当地人民法院申请支付令,人民法院应当依法发出支付令。

第三十一条　用人单位应当严格执行劳动定额标准,不得强迫或者变相强迫劳动者加班。用人单位安排加班的,应当按照国家有关规定向劳动者支付加班费。

第三十二条　劳动者拒绝用人单位管理人员违章指挥、强令冒险作业的,不视为违反劳动合同。

劳动者对危害生命安全和身体健康的劳动条件,有权对用人单位提出批评、检举和控告。

第三十三条　用人单位变更名称、法定代表人、主要负责人或者投资人等事项,不影响劳动合同的履行。

第三十四条　用人单位发生合并或者分立等情况,原劳动合同继续有效,劳动合同由承继其权利和义务的用人单位继续履行。

第三十五条　用人单位与劳动者协商一致,可以变更劳动合同约定的内容。

变更劳动合同,应当采用书面形式。

变更后的劳动合同文本由用人单位和劳动者各执一份。

第四章　劳动合同的解除和终止

第三十六条　用人单位与劳动者协商一致,可以解除劳动合同。

第三十七条　劳动者提前三十日以书面形式通知用人单位,可以解除劳动合同。劳动者在试用期内提前三日通知用人单位,可以解除劳动合同。

第三十八条　用人单位有下列情形之一的,劳动者可以解除劳动合同:

(一)未按照劳动合同约定提供劳动保护或者劳动条件的;

(二)未及时足额支付劳动报酬的;

(三)未依法为劳动者缴纳社会保险费的;

(四)用人单位的规章制度违反法律、法规的规定,损害劳动者权益的;

(五)因本法第二十六条第一款规定的情形致使劳动合同无效的;

(六)法律、行政法规规定劳动者可以解除劳动合同的其他情形。

用人单位以暴力、威胁或者非法限制人身自由的手段强迫劳动者劳动的,或者用人单位违章指挥、强令冒险作业危及劳动者人身安全的,劳动者可以立即解除劳动合同,不需事先告知用人单位。

第三十九条　劳动者有下列情形之一的,用人单位可以解除劳动合同:

(一)在试用期间被证明不符合录用条件的;

(二)严重违反用人单位的规章制度的;

(三)严重失职,营私舞弊,给用人单位造成重大损害的;

(四)劳动者同时与其他用人单位建立劳动关系,对完成本单位的工作任务造成严重影响,或者经用人单位提出,拒不改正的;

(五)因本法第二十六条第一款第一项规定的情形致使劳动合同无效的;

(六)被依法追究刑事责任的。

第四十条　有下列情形之一的,用人单位提前三十日以书面形式通知劳动者本人或者额外支付劳动者一个月工资后,可以解除劳动合同:

(一)劳动者患病或者非因工负伤,在规定的医疗期满后不能从事原工作,也不能从事由用人单位另行安排的工作的;

(二)劳动者不能胜任工作,经过培训或者调整工作岗位,仍不能胜任工作的;

(三)劳动合同订立时所依据的客观情况发生重大变化,致使劳动合同无法履行,经用人单位与劳动者协商,未能就变更劳动合同内容达成协议的。

第四十一条　有下列情形之一,需要裁减人员二十人以上或者裁减不足二十人但占企业职工总数百分之十以上的,用人单位提前三十日向工会或者全体职工

说明情况,听取工会或者职工的意见后,裁减人员方案经向劳动行政部门报告,可以裁减人员:

(一)依照企业破产法规定进行重整的;

(二)生产经营发生严重困难的;

(三)企业转产、重大技术革新或者经营方式调整,经变更劳动合同后,仍需裁减人员的;

(四)其他因劳动合同订立时所依据的客观经济情况发生重大变化,致使劳动合同无法履行的。

裁减人员时,应当优先留用下列人员:

(一)与本单位订立较长期限的固定期限劳动合同的;

(二)与本单位订立无固定期限劳动合同的;

(三)家庭无其他就业人员,有需要扶养的老人或者未成年人的。

用人单位依照本条第一款规定裁减人员,在六个月内重新招用人员的,应当通知被裁减的人员,并在同等条件下优先招用被裁减的人员。

第四十二条 劳动者有下列情形之一的,用人单位不得依照本法第四十条、第四十一条的规定解除劳动合同:

(一)从事接触职业病危害作业的劳动者未进行离岗前职业健康检查,或者疑似职业病病人在诊断或者医学观察期间的;

(二)在本单位患职业病或者因工负伤并被确认丧失或者部分丧失劳动能力的;

(三)患病或者非因工负伤,在规定的医疗期内的;

(四)女职工在孕期、产期、哺乳期的;

(五)在本单位连续工作满十五年,且距法定退休年龄不足五年的;

(六)法律、行政法规规定的其他情形。

第四十三条 用人单位单方解除劳动合同,应当事先将理由通知工会。用人单位违反法律、行政法规规定或者劳动合同约定的,工会有权要求用人单位纠正。用人单位应当研究工会的意见,并将处理结果书面通知工会。

第四十四条 有下列情形之一的,劳动合同终止:

(一)劳动合同期满的;

(二)劳动者开始依法享受基本养老保险待遇的;

(三)劳动者死亡,或者被人民法院宣告死亡或者宣告失踪的;

(四)用人单位被依法宣告破产的;

(五)用人单位被吊销营业执照、责令关闭、撤销或者用人单位决定提前解散的;

（六）法律、行政法规规定的其他情形。

第四十五条 劳动合同期满，有本法第四十二条规定情形之一的，劳动合同应当续延至相应的情形消失时终止。但是，本法第四十二条第二项规定丧失或者部分丧失劳动能力劳动者的劳动合同的终止，按照国家有关工伤保险的规定执行。

第四十六条 有下列情形之一的，用人单位应当向劳动者支付经济补偿：

（一）劳动者依照本法第三十八条规定解除劳动合同的；

（二）用人单位依照本法第三十六条规定向劳动者提出解除劳动合同并与劳动者协商一致解除劳动合同的；

（三）用人单位依照本法第四十条规定解除劳动合同的；

（四）用人单位依照本法第四十一条第一款规定解除劳动合同的；

（五）除用人单位维持或者提高劳动合同约定条件续订劳动合同，劳动者不同意续订的情形外，依照本法第四十四条第一项规定终止固定期限劳动合同的；

（六）依照本法第四十四条第四项、第五项规定终止劳动合同的；

（七）法律、行政法规规定的其他情形。

第四十七条 经济补偿按劳动者在本单位工作的年限，每满一年支付一个月工资的标准向劳动者支付。六个月以上不满一年的，按一年计算；不满六个月的，向劳动者支付半个月工资的经济补偿。

劳动者月工资高于用人单位所在直辖市、设区的市级人民政府公布的本地区上年度职工月平均工资三倍的，向其支付经济补偿的标准按职工月平均工资三倍的数额支付，向其支付经济补偿的年限最高不超过十二年。

本条所称月工资是指劳动者在劳动合同解除或者终止前十二个月的平均工资。

第四十八条 用人单位违反本法规定解除或者终止劳动合同，劳动者要求继续履行劳动合同的，用人单位应当继续履行；劳动者不要求继续履行劳动合同或者劳动合同已经不能继续履行的，用人单位应当依照本法第八十七条规定支付赔偿金。

第四十九条 国家采取措施，建立健全劳动者社会保险关系跨地区转移接续制度。

第五十条 用人单位应当在解除或者终止劳动合同时出具解除或者终止劳动合同的证明，并在十五日内为劳动者办理档案和社会保险关系转移手续。

劳动者应当按照双方约定，办理工作交接。用人单位依照本法有关规定应当向劳动者支付经济补偿的，在办结工作交接时支付。

用人单位对已经解除或者终止的劳动合同的文本，至少保存二年备查。

第五章 特别规定

第一节 集体合同

第五十一条 企业职工一方与用人单位通过平等协商,可以就劳动报酬、工作时间、休息休假、劳动安全卫生、保险福利等事项订立集体合同。集体合同草案应当提交职工代表大会或者全体职工讨论通过。

集体合同由工会代表企业职工一方与用人单位订立;尚未建立工会的用人单位,由上级工会指导劳动者推举的代表与用人单位订立。

第五十二条 企业职工一方与用人单位可以订立劳动安全卫生、女职工权益保护、工资调整机制等专项集体合同。

第五十三条 在县级以下区域内,建筑业、采矿业、餐饮服务业等行业可以由工会与企业方面代表订立行业性集体合同,或者订立区域性集体合同。

第五十四条 集体合同订立后,应当报送劳动行政部门;劳动行政部门自收到集体合同文本之日起十五日内未提出异议的,集体合同即行生效。

依法订立的集体合同对用人单位和劳动者具有约束力。行业性、区域性集体合同对当地本行业、本区域的用人单位和劳动者具有约束力。

第五十五条 集体合同中劳动报酬和劳动条件等标准不得低于当地人民政府规定的最低标准;用人单位与劳动者订立的劳动合同中劳动报酬和劳动条件等标准不得低于集体合同规定的标准。

第五十六条 用人单位违反集体合同,侵犯职工劳动权益的,工会可以依法要求用人单位承担责任;因履行集体合同发生争议,经协商解决不成的,工会可以依法申请仲裁、提起诉讼。

第二节 劳务派遣

第五十七条 经营劳务派遣业务应当具备下列条件:

(一)注册资本不得少于人民币二百万元;

(二)有与开展业务相适应的固定的经营场所和设施;

(三)有符合法律、行政法规规定的劳务派遣管理制度;

(四)法律、行政法规规定的其他条件。

经营劳务派遣业务,应当向劳动行政部门依法申请行政许可;经许可的,依法办理相应的公司登记。未经许可,任何单位和个人不得经营劳务派遣业务。

第五十八条 劳务派遣单位是本法所称用人单位,应当履行用人单位对劳动者的义务。劳务派遣单位与被派遣劳动者订立的劳动合同,除应当载明本法第十七条规定的事项外,还应当载明被派遣劳动者的用工单位以及派遣期限、工作岗位等情况。

劳务派遣单位应当与被派遣劳动者订立二年以上的固定期限劳动合同,按月支付劳动报酬;被派遣劳动者在无工作期间,劳务派遣单位应当按照所在地人民政府规定的最低工资标准,向其按月支付报酬。

第五十九条　劳务派遣单位派遣劳动者应当与接受以劳务派遣形式用工的单位(以下称用工单位)订立劳务派遣协议。劳务派遣协议应当约定派遣岗位和人员数量、派遣期限、劳动报酬和社会保险费的数额与支付方式以及违反协议的责任。

用工单位应当根据工作岗位的实际需要与劳务派遣单位确定派遣期限,不得将连续用工期限分割订立数个短期劳务派遣协议。

第六十条　劳务派遣单位应当将劳务派遣协议的内容告知被派遣劳动者。

劳务派遣单位不得克扣用工单位按照劳务派遣协议支付给被派遣劳动者的劳动报酬。

劳务派遣单位和用工单位不得向被派遣劳动者收取费用。

第六十一条　劳务派遣单位跨地区派遣劳动者的,被派遣劳动者享有的劳动报酬和劳动条件,按照用工单位所在地的标准执行。

第六十二条　用工单位应当履行下列义务:

(一)执行国家劳动标准,提供相应的劳动条件和劳动保护;

(二)告知被派遣劳动者的工作要求和劳动报酬;

(三)支付加班费、绩效奖金,提供与工作岗位相关的福利待遇;

(四)对在岗被派遣劳动者进行工作岗位所必需的培训;

(五)连续用工的,实行正常的工资调整机制。

用工单位不得将被派遣劳动者再派遣到其他用人单位。

第六十三条　被派遣劳动者享有与用工单位的劳动者同工同酬的权利。用工单位应当按照同工同酬原则,对被派遣劳动者与本单位同类岗位的劳动者实行相同的劳动报酬分配办法。用工单位无同类岗位劳动者的,参照用工单位所在地相同或者相近岗位劳动者的劳动报酬确定。

劳务派遣单位与被派遣劳动者订立的劳动合同和与用工单位订立的劳务派遣协议,载明或者约定的向被派遣劳动者支付的劳动报酬应当符合前款规定。

第六十四条　被派遣劳动者有权在劳务派遣单位或者用工单位依法参加或者组织工会,维护自身的合法权益。

第六十五条 被派遣劳动者可以依照本法第三十六条、第三十八条的规定与劳务派遣单位解除劳动合同。

被派遣劳动者有本法第三十九条和第四十条第一项、第二项规定情形的,用工单位可以将劳动者退回劳务派遣单位,劳务派遣单位依照本法有关规定,可以与劳动者解除劳动合同。

第六十六条 劳动合同用工是我国的企业基本用工形式。劳务派遣用工是补充形式,只能在临时性、辅助性或者替代性的工作岗位上实施。

前款规定的临时性工作岗位是指存续时间不超过六个月的岗位;辅助性工作岗位是指为主营业务岗位提供服务的非主营业务岗位;替代性工作岗位是指用工单位的劳动者因脱产学习、休假等原因无法工作的一定期间内,可以由其他劳动者替代工作的岗位。

用工单位应当严格控制劳务派遣用工数量,不得超过其用工总量的一定比例,具体比例由国务院劳动行政部门规定。

第六十七条 用人单位不得设立劳务派遣单位向本单位或者所属单位派遣劳动者。

第三节 非全日制用工

第六十八条 非全日制用工,是指以小时计酬为主,劳动者在同一用人单位一般平均每日工作时间不超过四小时,每周工作时间累计不超过二十四小时的用工形式。

第六十九条 非全日制用工双方当事人可以订立口头协议。

从事非全日制用工的劳动者可以与一个或者一个以上用人单位订立劳动合同;但是,后订立的劳动合同不得影响先订立的劳动合同的履行。

第七十条 非全日制用工双方当事人不得约定试用期。

第七十一条 非全日制用工双方当事人任何一方都可以随时通知对方终止用工。终止用工,用人单位不向劳动者支付经济补偿。

第七十二条 非全日制用工小时计酬标准不得低于用人单位所在地人民政府规定的最低小时工资标准。

非全日制用工劳动报酬结算支付周期最长不得超过十五日。

第六章 监督检查

第七十三条 国务院劳动行政部门负责全国劳动合同制度实施的监督管理。

县级以上地方人民政府劳动行政部门负责本行政区域内劳动合同制度实施的

监督管理。

县级以上各级人民政府劳动行政部门在劳动合同制度实施的监督管理工作中，应当听取工会、企业方面代表以及有关行业主管部门的意见。

第七十四条　县级以上地方人民政府劳动行政部门依法对下列实施劳动合同制度的情况进行监督检查：

（一）用人单位制定直接涉及劳动者切身利益的规章制度及其执行的情况；

（二）用人单位与劳动者订立和解除劳动合同的情况；

（三）劳务派遣单位和用工单位遵守劳务派遣有关规定的情况；

（四）用人单位遵守国家关于劳动者工作时间和休息休假规定的情况；

（五）用人单位支付劳动合同约定的劳动报酬和执行最低工资标准的情况；

（六）用人单位参加各项社会保险和缴纳社会保险费的情况；

（七）法律、法规规定的其他劳动监察事项。

第七十五条　县级以上地方人民政府劳动行政部门实施监督检查时，有权查阅与劳动合同、集体合同有关的材料，有权对劳动场所进行实地检查，用人单位和劳动者都应当如实提供有关情况和材料。

劳动行政部门的工作人员进行监督检查，应当出示证件，依法行使职权，文明执法。

第七十六条　县级以上人民政府建设、卫生、安全生产监督管理等有关主管部门在各自职责范围内，对用人单位执行劳动合同制度的情况进行监督管理。

第七十七条　劳动者合法权益受到侵害的，有权要求有关部门依法处理，或者依法申请仲裁、提起诉讼。

第七十八条　工会依法维护劳动者的合法权益，对用人单位履行劳动合同、集体合同的情况进行监督。用人单位违反劳动法律、法规和劳动合同、集体合同的，工会有权提出意见或者要求纠正；劳动者申请仲裁、提起诉讼的，工会依法给予支持和帮助。

第七十九条　任何组织或者个人对违反本法的行为都有权举报，县级以上人民政府劳动行政部门应当及时核实、处理，并对举报有功人员给予奖励。

第七章　法律责任

第八十条　用人单位直接涉及劳动者切身利益的规章制度违反法律、法规规定的，由劳动行政部门责令改正，给予警告；给劳动者造成损害的，应当承担赔偿责任。

第八十一条　用人单位提供的劳动合同文本未载明本法规定的劳动合同必备

条款或者用人单位未将劳动合同文本交付劳动者的,由劳动行政部门责令改正;给劳动者造成损害的,应当承担赔偿责任。

第八十二条 用人单位自用工之日起超过一个月不满一年未与劳动者订立书面劳动合同的,应当向劳动者每月支付二倍的工资。

用人单位违反本法规定不与劳动者订立无固定期限劳动合同的,自应当订立无固定期限劳动合同之日起向劳动者每月支付二倍的工资。

第八十三条 用人单位违反本法规定与劳动者约定试用期的,由劳动行政部门责令改正;违法约定的试用期已经履行的,由用人单位以劳动者试用期满月工资为标准,按已经履行的超过法定试用期的期间向劳动者支付赔偿金。

第八十四条 用人单位违反本法规定,扣押劳动者居民身份证等证件的,由劳动行政部门责令限期退还劳动者本人,并依照有关法律规定给予处罚。

用人单位违反本法规定,以担保或者其他名义向劳动者收取财物的,由劳动行政部门责令限期退还劳动者本人,并以每人五百元以上二千元以下的标准处以罚款;给劳动者造成损害的,应当承担赔偿责任。

劳动者依法解除或者终止劳动合同,用人单位扣押劳动者档案或者其他物品的,依照前款规定处罚。

第八十五条 用人单位有下列情形之一的,由劳动行政部门责令限期支付劳动报酬、加班费或者经济补偿;劳动报酬低于当地最低工资标准的,应当支付其差额部分;逾期不支付的,责令用人单位按应付金额百分之五十以上百分之一百以下的标准向劳动者加付赔偿金:

(一)未按照劳动合同的约定或者国家规定及时足额支付劳动者劳动报酬的;

(二)低于当地最低工资标准支付劳动者工资的;

(三)安排加班不支付加班费的;

(四)解除或者终止劳动合同,未依照本法规定向劳动者支付经济补偿的。

第八十六条 劳动合同依照本法第二十六条规定被确认无效,给对方造成损害的,有过错的一方应当承担赔偿责任。

第八十七条 用人单位违反本法规定解除或者终止劳动合同的,应当依照本法第四十七条规定的经济补偿标准的二倍向劳动者支付赔偿金。

第八十八条 用人单位有下列情形之一的,依法给予行政处罚;构成犯罪的,依法追究刑事责任;给劳动者造成损害的,应当承担赔偿责任:

(一)以暴力、威胁或者非法限制人身自由的手段强迫劳动的;

(二)违章指挥或者强令冒险作业危及劳动者人身安全的;

(三)侮辱、体罚、殴打、非法搜查或者拘禁劳动者的;

（四）劳动条件恶劣、环境污染严重，给劳动者身心健康造成严重损害的。

第八十九条　用人单位违反本法规定未向劳动者出具解除或者终止劳动合同的书面证明，由劳动行政部门责令改正；给劳动者造成损害的，应当承担赔偿责任。

第九十条　劳动者违反本法规定解除劳动合同，或者违反劳动合同中约定的保密义务或者竞业限制，给用人单位造成损失的，应当承担赔偿责任。

第九十一条　用人单位招用与其他用人单位尚未解除或者终止劳动合同的劳动者，给其他用人单位造成损失的，应当承担连带赔偿责任。

第九十二条　违反本法规定，未经许可，擅自经营劳务派遣业务的，由劳动行政部门责令停止违法行为，没收违法所得，并处违法所得一倍以上五倍以下的罚款；没有违法所得的，可以处五万元以下的罚款。

劳务派遣单位、用工单位违反本法有关劳务派遣规定的，由劳动行政部门责令限期改正；逾期不改正的，以每人五千元以上一万元以下的标准处以罚款，对劳务派遣单位，吊销其劳务派遣业务经营许可证。用工单位给被派遣劳动者造成损害的，劳务派遣单位与用工单位承担连带赔偿责任。

第九十三条　对不具备合法经营资格的用人单位的违法犯罪行为，依法追究法律责任；劳动者已经付出劳动的，该单位或者其出资人应当依照本法有关规定向劳动者支付劳动报酬、经济补偿、赔偿金；给劳动者造成损害的，应当承担赔偿责任。

第九十四条　个人承包经营违反本法规定招用劳动者，给劳动者造成损害的，发包的组织与个人承包经营者承担连带赔偿责任。

第九十五条　劳动行政部门和其他有关主管部门及其工作人员玩忽职守、不履行法定职责，或者违法行使职权，给劳动者或者用人单位造成损害的，应当承担赔偿责任；对直接负责的主管人员和其他直接责任人员，依法给予行政处分；构成犯罪的，依法追究刑事责任。

第八章　附　　则

第九十六条　事业单位与实行聘用制的工作人员订立、履行、变更、解除或者终止劳动合同，法律、行政法规或者国务院另有规定的，依照其规定；未作规定的，依照本法有关规定执行。

第九十七条　本法施行前已依法订立且在本法施行之日存续的劳动合同，继续履行；本法第十四条第二款第三项规定连续订立固定期限劳动合同的次数，自本法施行后续订固定期限劳动合同时开始计算。

本法施行前已建立劳动关系,尚未订立书面劳动合同的,应当自本法施行之日起一个月内订立。

本法施行之日存续的劳动合同在本法施行后解除或者终止,依照本法第四十六条规定应当支付经济补偿的,经济补偿年限自本法施行之日起计算;本法施行前按照当时有关规定,用人单位应当向劳动者支付经济补偿的,按照当时有关规定执行。

第九十八条　本法自2008年1月1日起施行。

中华人民共和国劳动合同法实施条例(节选)

(2008年9月3日中华人民共和国国务院
第25次常务会议通过　2008年9月18日中华人民共和国
国务院令第535号公布并实施)

第十九条　有下列情形之一的,依照劳动合同法规定的条件、程序,用人单位可以与劳动者解除固定期限劳动合同、无固定期限劳动合同或者以完成一定工作任务为期限的劳动合同:

(一)用人单位与劳动者协商一致的;

(二)劳动者在试用期间被证明不符合录用条件的;

(三)劳动者严重违反用人单位的规章制度的;

(四)劳动者严重失职,营私舞弊,给用人单位造成重大损害的;

(五)劳动者同时与其他用人单位建立劳动关系,对完成本单位的工作任务造成严重影响,或者经用人单位提出,拒不改正的;

(六)劳动者以欺诈、胁迫的手段或者乘人之危,使用人单位在违背真实意思的情况下订立或者变更劳动合同的;

(七)劳动者被依法追究刑事责任的;

(八)劳动者患病或者非因工负伤,在规定的医疗期满后不能从事原工作,也不能从事由用人单位另行安排的工作的;

(九)劳动者不能胜任工作,经过培训或者调整工作岗位,仍不能胜任工作的;

(十)劳动合同订立时所依据的客观情况发生重大变化,致使劳动合同无法履行,经用人单位与劳动者协商,未能就变更劳动合同内容达成协议的;

(十一)用人单位依照企业破产法规定进行重整的;

（十二）用人单位生产经营发生严重困难的；

（十三）企业转产、重大技术革新或者经营方式调整，经变更劳动合同后，仍需裁减人员的；

（十四）其他因劳动合同订立时所依据的客观经济情况发生重大变化，致使劳动合同无法履行的。

中华人民共和国土地管理法（节选）

（1986年6月25日第六届全国人民代表大会常务委员会第十六次会议通过
根据1988年12月29日第七届全国人民代表大会常务委员会第五次会议
《关于修改〈中华人民共和国土地管理法〉的决定》第一次修正
1998年8月29日第九届全国人民代表大会常务委员会第四次会议修订
根据2004年8月28日第十届全国人民代表大会常务委员会第十一次会议
《关于修改〈中华人民共和国土地管理法〉的决定》第二次修正
根据2019年8月26日第十三届全国人民代表大会常务委员会第十二次会议
《关于修改〈中华人民共和国土地管理法〉、〈中华人民共和国
城市房地产管理法〉的决定》第三次修正）

第六十三条　土地利用总体规划、城乡规划确定为工业、商业等经营性用途，并经依法登记的集体经营性建设用地，土地所有权人可以通过出让、出租等方式交由单位或者个人使用，并应当签订书面合同，载明土地界址、面积、动工期限、使用期限、土地用途、规划条件和双方其他权利义务。

前款规定的集体经营性建设用地出让、出租等，应当经本集体经济组织成员的村民会议三分之二以上成员或者三分之二以上村民代表的同意。

通过出让等方式取得的集体经营性建设用地使用权可以转让、互换、出资、赠与或者抵押，但法律、行政法规另有规定或者土地所有权人、土地使用权人签订的书面合同另有约定的除外。

集体经营性建设用地的出租，集体建设用地使用权的出让及其最高年限、转让、互换、出资、赠与、抵押等，参照同类用途的国有建设用地执行。具体办法由国务院制定。

中华人民共和国职业病防治法(节选)

(2001年10月27日第九届全国人民代表大会常务委员会第二十四次会议通过
根据2011年12月31日第十一届全国人民代表大会常务委员会第二十四次会议
《关于修改〈中华人民共和国职业病防治法〉的决定》第一次修正
根据2016年7月2日第十二届全国人民代表大会常务委员会第二十一次会议
《关于修改〈中华人民共和国节约能源法〉等六部法律的决定》第二次修正
根据2017年11月4日第十二届全国人民代表大会常务委员会第三十次会议
《关于修改〈中华人民共和国会计法〉等十一部法律的决定》第三次修正
根据2018年12月29日第十三届全国人民代表大会常务委员会第七次会议
《关于修改〈中华人民共和国劳动法〉等七部法律的决定》第四次修正)

第四十八条　职业病诊断、鉴定过程中,用人单位不提供工作场所职业病危害因素检测结果等资料的,诊断、鉴定机构应当结合劳动者的临床表现、辅助检查结果和劳动者的职业史、职业病危害接触史,并参考劳动者的自述、卫生行政部门提供的日常监督检查信息等,作出职业病诊断、鉴定结论。

劳动者对用人单位提供的工作场所职业病危害因素检测结果等资料有异议,或者因劳动者的用人单位解散、破产,无用人单位提供上述资料的,诊断、鉴定机构应当提请卫生行政部门进行调查,卫生行政部门应当自接到申请之日起三十日内对存在异议的资料或者工作场所职业病危害因素情况作出判定;有关部门应当配合。

第六十条　职业病病人变动工作单位,其依法享有的待遇不变。

用人单位在发生分立、合并、解散、破产等情形时,应当对从事接触职业病危害的作业的劳动者进行健康检查,并按照国家有关规定妥善安置职业病病人。

工伤保险条例(节选)

(2003年4月27日中华人民共和国国务院令第375号公布
根据2010年12月20日《国务院关于修改〈工伤保险条例〉的决定》修订)

第四十三条　用人单位分立、合并、转让的,承继单位应当承担原用人单位的工伤保险责任;原用人单位已经参加工伤保险的,承继单位应当到当地经办机构办理工伤保险变更登记。

用人单位实行承包经营的,工伤保险责任由职工劳动关系所在单位承担。

职工被借调期间受到工伤事故伤害的,由原用人单位承担工伤保险责任,但原用人单位与借调单位可以约定补偿办法。

企业破产的,在破产清算时依法拨付应当由单位支付的工伤保险待遇费用。

住房公积金管理条例(节选)

(1999年4月3日中华人民共和国国务院令第262号发布
根据2002年3月24日《国务院关于修改〈住房公积金管理条例〉的决定》和
2019年3月24日《国务院关于修改部分行政法规的决定》修订)

第十四条 新设立的单位应当自设立之日起30日内到住房公积金管理中心办理住房公积金缴存登记,并自登记之日起20日内持住房公积金管理中心的审核文件,到受委托银行为本单位职工办理住房公积金账户设立手续。

单位合并、分立、撤销、解散或者破产的,应当自发生上述情况之日起30日内由原单位或者清算组织到住房公积金管理中心办理变更登记或者注销登记,并自办妥变更登记或者注销登记之日起20日内持住房公积金管理中心的审核文件,到受委托银行为本单位职工办理住房公积金账户转移或者封存手续。

中华人民共和国进出口关税条例(节选)

(2003年11月23日国务院令第392号公布 根据2011年1月8日
《国务院关于废止和修改部分行政法规的决定》第一次修订
根据2013年12月7日《国务院关于修改部分行政法规的决定》第二次修订
根据2016年2月6日《国务院关于修改部分行政法规的决定》第三次修订
根据2017年3月1日《国务院关于修改和废止部分行政法规的决定》第四次修订)

第五十五条 欠税的纳税义务人,有合并、分立情形的,在合并、分立前,应当向海关报告,依法缴清税款。纳税义务人合并时未缴清税款的,由合并后的法人或者其他组织继续履行未履行的纳税义务;纳税义务人分立时未缴清税款的,分立后的法人或者其他组织对未履行的纳税义务承担连带责任。

纳税义务人在减免税货物、保税货物监管期间,有合并、分立或者其他资产重组情形的,应当向海关报告。按照规定需要缴税的,应当依法缴清税款;按照规定可以继续享受减免税、保税待遇的,应当到海关办理变更纳税义务人的手续。

纳税义务人欠税或者在减免税货物、保税货物监管期间,有撤销、解散、破产或者其他依法终止经营情形的,应当在清算前向海关报告。海关应当依法对纳税义务人的应缴税款予以清缴。

中华人民共和国税收征收管理法实施细则(节选)

(2002年9月7日中华人民共和国国务院令第362号公布 根据2012年11月9日中华人民共和国国务院令第628号公布,自2013年1月1日起施行的《国务院关于修改和废止部分行政法规的决定》第一次修正 根据2013年7月18日中华人民共和国国务院令第638号公布,自公布之日起施行的《国务院关于废止和修改部分行政法规的决定》第二次修正 根据2016年2月6日发布的国务院令第666号《国务院关于修改部分行政法规的决定》第三次修正)

第十五条 纳税人发生解散、破产、撤销以及其他情形,依法终止纳税义务的,应当在向工商行政管理机关或者其他机关办理注销登记前,持有关证件向原税务登记机关申报办理注销税务登记;按照规定不需要在工商行政管理机关或者其他机关办理注册登记的,应当自有关机关批准或者宣告终止之日起15日内,持有关证件向原税务登记机关申报办理注销税务登记。

纳税人因住所、经营地点变动,涉及改变税务登记机关的,应当在向工商行政管理机关或者其他机关申请办理变更或者注销登记前或者住所、经营地点变动前,向原税务登记机关申报办理注销税务登记,并在30日内向迁达地税务机关申报办理税务登记。

纳税人被工商行政管理机关吊销营业执照或者被其他机关予以撤销登记的,应当自营业执照被吊销或者被撤销登记之日起15日内,向原税务登记机关申报办理注销税务登记。

第五十条 纳税人有解散、撤销、破产情形的,在清算前应当向其主管税务机关报告;未结清税款的,由其主管税务机关参加清算。

中华人民共和国民事诉讼法

（1991年4月9日第七届全国人民代表大会第四次会议通过
根据2007年10月28日第十届全国人民代表大会常务委员会第三十次会议
《关于修改〈中华人民共和国民事诉讼法〉的决定》第一次修正
根据2012年8月31日第十一届全国人民代表大会常务委员会第二十八次会议
《关于修改〈中华人民共和国民事诉讼法〉的决定》第二次修正
根据2017年6月27日第十二届全国人民代表大会常务委员会第二十八次会议
《关于修改〈中华人民共和国民事诉讼法〉和〈中华人民共和国行政诉讼法〉
的决定》第三次修正）

目　录

第一编　总　　则

第一章　任务、适用范围和基本原则

第一条　中华人民共和国民事诉讼法以宪法为根据,结合我国民事审判工作

的经验和实际情况制定。

第二条　中华人民共和国民事诉讼法的任务，是保护当事人行使诉讼权利，保证人民法院查明事实，分清是非，正确适用法律，及时审理民事案件，确认民事权利义务关系，制裁民事违法行为，保护当事人的合法权益，教育公民自觉遵守法律，维护社会秩序、经济秩序，保障社会主义建设事业顺利进行。

第三条　人民法院受理公民之间、法人之间、其他组织之间以及他们相互之间因财产关系和人身关系提起的民事诉讼，适用本法的规定。

第四条　凡在中华人民共和国领域内进行民事诉讼，必须遵守本法。

第五条　外国人、无国籍人、外国企业和组织在人民法院起诉、应诉，同中华人民共和国公民、法人和其他组织有同等的诉讼权利义务。

外国法院对中华人民共和国公民、法人和其他组织的民事诉讼权利加以限制的，中华人民共和国人民法院对该国公民、企业和组织的民事诉讼权利，实行对等原则。

第六条　民事案件的审判权由人民法院行使。

人民法院依照法律规定对民事案件独立进行审判，不受行政机关、社会团体和个人的干涉。

第七条　人民法院审理民事案件，必须以事实为根据，以法律为准绳。

第八条　民事诉讼当事人有平等的诉讼权利。人民法院审理民事案件，应当保障和便利当事人行使诉讼权利，对当事人在适用法律上一律平等。

第九条　人民法院审理民事案件，应当根据自愿和合法的原则进行调解；调解不成的，应当及时判决。

第十条　人民法院审理民事案件，依照法律规定实行合议、回避、公开审判和两审终审制度。

第十一条　各民族公民都有用本民族语言、文字进行民事诉讼的权利。

在少数民族聚居或者多民族共同居住的地区，人民法院应当用当地民族通用的语言、文字进行审理和发布法律文书。

人民法院应当对不通晓当地民族通用的语言、文字的诉讼参与人提供翻译。

第十二条　人民法院审理民事案件时，当事人有权进行辩论。

第十三条　民事诉讼应当遵循诚实信用原则。

当事人有权在法律规定的范围内处分自己的民事权利和诉讼权利。

第十四条　人民检察院有权对民事诉讼实行法律监督。

第十五条　机关、社会团体、企业事业单位对损害国家、集体或者个人民事权益的行为，可以支持受损害的单位或者个人向人民法院起诉。

第十六条　民族自治地方的人民代表大会根据宪法和本法的原则，结合当地民族的具体情况,可以制定变通或者补充的规定。自治区的规定,报全国人民代表大会常务委员会批准。自治州、自治县的规定,报省或者自治区的人民代表大会常务委员会批准,并报全国人民代表大会常务委员会备案。

第二章 管　　辖

第一节 级别管辖

第十七条 基层人民法院管辖第一审民事案件,但本法另有规定的除外。

第十八条 中级人民法院管辖下列第一审民事案件:

(一)重大涉外案件;

(二)在本辖区有重大影响的案件;

(三)最高人民法院确定由中级人民法院管辖的案件。

第十九条 高级人民法院管辖在本辖区有重大影响的第一审民事案件。

第二十条 最高人民法院管辖下列第一审民事案件:

(一)在全国有重大影响的案件;

(二)认为应当由本院审理的案件。

第二节 地域管辖

第二十一条 对公民提起的民事诉讼,由被告住所地人民法院管辖;被告住所地与经常居住地不一致的,由经常居住地人民法院管辖。

对法人或者其他组织提起的民事诉讼,由被告住所地人民法院管辖。

同一诉讼的几个被告住所地、经常居住地在两个以上人民法院辖区的,各该人民法院都有管辖权。

第二十二条 下列民事诉讼,由原告住所地人民法院管辖;原告住所地与经常居住地不一致的,由原告经常居住地人民法院管辖:

(一)对不在中华人民共和国领域内居住的人提起的有关身份关系的诉讼;

(二)对下落不明或者宣告失踪的人提起的有关身份关系的诉讼;

(三)对被采取强制性教育措施的人提起的诉讼;

(四)对被监禁的人提起的诉讼。

第二十三条 因合同纠纷提起的诉讼,由被告住所地或者合同履行地人民法院管辖。

第二十四条 因保险合同纠纷提起的诉讼,由被告住所地或者保险标的物所在地人民法院管辖。

第二十五条 因票据纠纷提起的诉讼,由票据支付地或者被告住所地人民法院管辖。

第二十六条　因公司设立、确认股东资格、分配利润、解散等纠纷提起的诉讼，由公司住所地人民法院管辖。

第二十七条　因铁路、公路、水上、航空运输和联合运输合同纠纷提起的诉讼，由运输始发地、目的地或者被告住所地人民法院管辖。

第二十八条　因侵权行为提起的诉讼，由侵权行为地或者被告住所地人民法院管辖。

第二十九条　因铁路、公路、水上和航空事故请求损害赔偿提起的诉讼，由事故发生地或者车辆、船舶最先到达地、航空器最先降落地或者被告住所地人民法院管辖。

第三十条　因船舶碰撞或者其他海事损害事故请求损害赔偿提起的诉讼，由碰撞发生地、碰撞船舶最先到达地、加害船舶被扣留地或者被告住所地人民法院管辖。

第三十一条　因海难救助费用提起的诉讼，由救助地或者被救助船舶最先到达地人民法院管辖。

第三十二条　因共同海损提起的诉讼，由船舶最先到达地、共同海损理算地或者航程终止地的人民法院管辖。

第三十三条　下列案件，由本条规定的人民法院专属管辖：

（一）因不动产纠纷提起的诉讼，由不动产所在地人民法院管辖；

（二）因港口作业中发生纠纷提起的诉讼，由港口所在地人民法院管辖；

（三）因继承遗产纠纷提起的诉讼，由被继承人死亡时住所地或者主要遗产所在地人民法院管辖。

第三十四条　合同或者其他财产权益纠纷的当事人可以书面协议选择被告住所地、合同履行地、合同签订地、原告住所地、标的物所在地等与争议有实际联系的地点的人民法院管辖，但不得违反本法对级别管辖和专属管辖的规定。

第三十五条　两个以上人民法院都有管辖权的诉讼，原告可以向其中一个人民法院起诉；原告向两个以上有管辖权的人民法院起诉的，由最先立案的人民法院管辖。

第三节　移送管辖和指定管辖

第三十六条　人民法院发现受理的案件不属于本院管辖的，应当移送有管辖权的人民法院，受移送的人民法院应当受理。受移送的人民法院认为受移送的案件依照规定不属于本院管辖的，应当报请上级人民法院指定管辖，不得再自行移送。

第三十七条　有管辖权的人民法院由于特殊原因,不能行使管辖权的,由上级人民法院指定管辖。

人民法院之间因管辖权发生争议,由争议双方协商解决;协商解决不了的,报请它们的共同上级人民法院指定管辖。

第三十八条　上级人民法院有权审理下级人民法院管辖的第一审民事案件;确有必要将本院管辖的第一审民事案件交下级人民法院审理的,应当报请其上级人民法院批准。

下级人民法院对它所管辖的第一审民事案件,认为需要由上级人民法院审理的,可以报请上级人民法院审理。

第三章　审 判 组 织

第三十九条　人民法院审理第一审民事案件,由审判员、陪审员共同组成合议庭或者由审判员组成合议庭。合议庭的成员人数,必须是单数。

适用简易程序审理的民事案件,由审判员一人独任审理。

陪审员在执行陪审职务时,与审判员有同等的权利义务。

第四十条　人民法院审理第二审民事案件,由审判员组成合议庭。合议庭的成员人数,必须是单数。

发回重审的案件,原审人民法院应当按照第一审程序另行组成合议庭。

审理再审案件,原来是第一审的,按照第一审程序另行组成合议庭;原来是第二审的或者是上级人民法院提审的,按照第二审程序另行组成合议庭。

第四十一条　合议庭的审判长由院长或者庭长指定审判员一人担任;院长或者庭长参加审判的,由院长或者庭长担任。

第四十二条　合议庭评议案件,实行少数服从多数的原则。评议应当制作笔录,由合议庭成员签名。评议中的不同意见,必须如实记入笔录。

第四十三条　审判人员应当依法秉公办案。

审判人员不得接受当事人及其诉讼代理人请客送礼。

审判人员有贪污受贿,徇私舞弊,枉法裁判行为的,应当追究法律责任;构成犯罪的,依法追究刑事责任。

第四章　回　　避

第四十四条　审判人员有下列情形之一的,应当自行回避,当事人有权用口头或者书面方式申请他们回避:

(一)是本案当事人或者当事人、诉讼代理人近亲属的;

(二)与本案有利害关系的;

(三)与本案当事人、诉讼代理人有其他关系,可能影响对案件公正审理的。

审判人员接受当事人、诉讼代理人请客送礼,或者违反规定会见当事人、诉讼代理人的,当事人有权要求他们回避。

审判人员有前款规定的行为的,应当依法追究法律责任。

前三款规定,适用于书记员、翻译人员、鉴定人、勘验人。

第四十五条 当事人提出回避申请,应当说明理由,在案件开始审理时提出;回避事由在案件开始审理后知道的,也可以在法庭辩论终结前提出。

被申请回避的人员在人民法院作出是否回避的决定前,应当暂停参与本案的工作,但案件需要采取紧急措施的除外。

第四十六条 院长担任审判长时的回避,由审判委员会决定;审判人员的回避,由院长决定;其他人员的回避,由审判长决定。

第四十七条 人民法院对当事人提出的回避申请,应当在申请提出的三日内,以口头或者书面形式作出决定。申请人对决定不服的,可以在接到决定时申请复议一次。复议期间,被申请回避的人员,不停止参与本案的工作。人民法院对复议申请,应当在三日内作出复议决定,并通知复议申请人。

第五章 诉讼参加人

第一节 当 事 人

第四十八条 公民、法人和其他组织可以作为民事诉讼的当事人。

法人由其法定代表人进行诉讼。其他组织由其主要负责人进行诉讼。

第四十九条 当事人有权委托代理人,提出回避申请,收集、提供证据,进行辩论,请求调解,提起上诉,申请执行。

当事人可以查阅本案有关材料,并可以复制本案有关材料和法律文书。查阅、复制本案有关材料的范围和办法由最高人民法院规定。

当事人必须依法行使诉讼权利,遵守诉讼秩序,履行发生法律效力的判决书、裁定书和调解书。

第五十条 双方当事人可以自行和解。

第五十一条 原告可以放弃或者变更诉讼请求。被告可以承认或者反驳诉讼请求,有权提起反诉。

第五十二条 当事人一方或者双方为二人以上,其诉讼标的是共同的,或者诉讼标的是同一种类、人民法院认为可以合并审理并经当事人同意的,为共同诉讼。

共同诉讼的一方当事人对诉讼标的有共同权利义务的,其中一人的诉讼行为经其他共同诉讼人承认,对其他共同诉讼人发生效力;对诉讼标的没有共同权利义务的,其中一人的诉讼行为对其他共同诉讼人不发生效力。

第五十三条 当事人一方人数众多的共同诉讼,可以由当事人推选代表人进行诉讼。代表人的诉讼行为对其所代表的当事人发生效力,但代表人变更、放弃诉讼请求或者承认对方当事人的诉讼请求,进行和解,必须经被代表的当事人同意。

第五十四条 诉讼标的是同一种类、当事人一方人数众多在起诉时人数尚未确定的,人民法院可以发出公告,说明案件情况和诉讼请求,通知权利人在一定期间向人民法院登记。

向人民法院登记的权利人可以推选代表人进行诉讼;推选不出代表人的,人民法院可以与参加登记的权利人商定代表人。

代表人的诉讼行为对其所代表的当事人发生效力,但代表人变更、放弃诉讼请求或者承认对方当事人的诉讼请求,进行和解,必须经被代表的当事人同意。

人民法院作出的判决、裁定,对参加登记的全体权利人发生效力。未参加登记的权利人在诉讼时效期间提起诉讼的,适用该判决、裁定。

第五十五条 对污染环境、侵害众多消费者合法权益等损害社会公共利益的行为,法律规定的机关和有关组织可以向人民法院提起诉讼。

人民检察院在履行职责中发现破坏生态环境和资源保护、食品药品安全领域侵害众多消费者合法权益等损害社会公共利益的行为,在没有前款规定的机关和组织或者前款规定的机关和组织不提起诉讼的情况下,可以向人民法院提起诉讼。前款规定的机关或者组织提起诉讼的,人民检察院可以支持起诉。

第五十六条 对当事人双方的诉讼标的,第三人认为有独立请求权的,有权提起诉讼。

对当事人双方的诉讼标的,第三人虽然没有独立请求权,但案件处理结果同他有法律上的利害关系的,可以申请参加诉讼,或者由人民法院通知他参加诉讼。人民法院判决承担民事责任的第三人,有当事人的诉讼权利义务。

前两款规定的第三人,因不能归责于本人的事由未参加诉讼,但有证据证明发生法律效力的判决、裁定、调解书的部分或者全部内容错误,损害其民事权益的,可以自知道或者应当知道其民事权益受到损害之日起六个月内,向作出该判决、裁定、调解书的人民法院提起诉讼。人民法院经审理,诉讼请求成立的,应当改变或者撤销原判决、裁定、调解书;诉讼请求不成立的,驳回诉讼请求。

第二节 诉讼代理人

第五十七条 无诉讼行为能力人由他的监护人作为法定代理人代为诉讼。法定代理人之间互相推诿代理责任的,由人民法院指定其中一人代为诉讼。

第五十八条 当事人、法定代理人可以委托一至二人作为诉讼代理人。

下列人员可以被委托为诉讼代理人：

（一）律师、基层法律服务工作者；

（二）当事人的近亲属或者工作人员；

（三）当事人所在社区、单位以及有关社会团体推荐的公民。

第五十九条　委托他人代为诉讼，必须向人民法院提交由委托人签名或者盖章的授权委托书。

授权委托书必须记明委托事项和权限。诉讼代理人代为承认、放弃、变更诉讼请求，进行和解，提起反诉或者上诉，必须有委托人的特别授权。

侨居在国外的中华人民共和国公民从国外寄交或者托交的授权委托书，必须经中华人民共和国驻该国的使领馆证明；没有使领馆的，由与中华人民共和国有外交关系的第三国驻该国的使领馆证明，再转由中华人民共和国驻该第三国使领馆证明，或者由当地的爱国华侨团体证明。

第六十条　诉讼代理人的权限如果变更或者解除，当事人应当书面告知人民法院，并由人民法院通知对方当事人。

第六十一条　代理诉讼的律师和其他诉讼代理人有权调查收集证据，可以查阅本案有关材料。查阅本案有关材料的范围和办法由最高人民法院规定。

第六十二条　离婚案件有诉讼代理人的，本人除不能表达意思的以外，仍应出庭；确因特殊情况无法出庭的，必须向人民法院提交书面意见。

第六章　证　　据

第六十三条　证据包括：

（一）当事人的陈述；

（二）书证；

（三）物证；

（四）视听资料；

（五）电子数据；

（六）证人证言；

（七）鉴定意见；

（八）勘验笔录。

证据必须查证属实，才能作为认定事实的根据。

第六十四条　当事人对自己提出的主张，有责任提供证据。

当事人及其诉讼代理人因客观原因不能自行收集的证据，或者人民法院认为审理案件需要的证据，人民法院应当调查收集。

人民法院应当按照法定程序，全面地、客观地审查核实证据。

第六十五条　当事人对自己提出的主张应当及时提供证据。

人民法院根据当事人的主张和案件审理情况,确定当事人应当提供的证据及其期限。当事人在该期限内提供证据确有困难的,可以向人民法院申请延长期限,人民法院根据当事人的申请适当延长。当事人逾期提供证据的,人民法院应当责令其说明理由;拒不说明理由或者理由不成立的,人民法院根据不同情形可以不予采纳该证据,或者采纳该证据但予以训诫、罚款。

第六十六条　人民法院收到当事人提交的证据材料,应当出具收据,写明证据名称、页数、份数、原件或者复印件以及收到时间等,并由经办人员签名或者盖章。

第六十七条　人民法院有权向有关单位和个人调查取证,有关单位和个人不得拒绝。

人民法院对有关单位和个人提出的证明文书,应当辨别真伪,审查确定其效力。

第六十八条　证据应当在法庭上出示,并由当事人互相质证。对涉及国家秘密、商业秘密和个人隐私的证据应当保密,需要在法庭出示的,不得在公开开庭时出示。

第六十九条　经过法定程序公证证明的法律事实和文书,人民法院应当作为认定事实的根据,但有相反证据足以推翻公证证明的除外。

第七十条　书证应当提交原件。物证应当提交原物。提交原件或者原物确有困难的,可以提交复制品、照片、副本、节录本。

提交外文书证,必须附有中文译本。

第七十一条　人民法院对视听资料,应当辨别真伪,并结合本案的其他证据,审查确定能否作为认定事实的根据。

第七十二条　凡是知道案件情况的单位和个人,都有义务出庭作证。有关单位的负责人应当支持证人作证。

不能正确表达意思的人,不能作证。

第七十三条　经人民法院通知,证人应当出庭作证。有下列情形之一的,经人民法院许可,可以通过书面证言、视听传输技术或者视听资料等方式作证:

(一)因健康原因不能出庭的;

(二)因路途遥远,交通不便不能出庭的;

(三)因自然灾害等不可抗力不能出庭的;

(四)其他有正当理由不能出庭的。

第七十四条　证人因履行出庭作证义务而支出的交通、住宿、就餐等必要费用以及误工损失,由败诉一方当事人负担。当事人申请证人作证的,由该当事人先行垫付;当事人没有申请,人民法院通知证人作证的,由人民法院先行垫付。

第七十五条　人民法院对当事人的陈述，应当结合本案的其他证据，审查确定能否作为认定事实的根据。

当事人拒绝陈述的，不影响人民法院根据证据认定案件事实。

第七十六条　当事人可以就查明事实的专门性问题向人民法院申请鉴定。当事人申请鉴定的，由双方当事人协商确定具备资格的鉴定人；协商不成的，由人民法院指定。

当事人未申请鉴定，人民法院对专门性问题认为需要鉴定的，应当委托具备资格的鉴定人进行鉴定。

第七十七条　鉴定人有权了解进行鉴定所需要的案件材料，必要时可以询问当事人、证人。

鉴定人应当提出书面鉴定意见，在鉴定书上签名或者盖章。

第七十八条　当事人对鉴定意见有异议或者人民法院认为鉴定人有必要出庭的，鉴定人应当出庭作证。经人民法院通知，鉴定人拒不出庭作证的，鉴定意见不得作为认定事实的根据；支付鉴定费用的当事人可以要求返还鉴定费用。

第七十九条　当事人可以申请人民法院通知有专门知识的人出庭，就鉴定人作出的鉴定意见或者专业问题提出意见。

第八十条　勘验物证或者现场，勘验人必须出示人民法院的证件，并邀请当地基层组织或者当事人所在单位派人参加。当事人或者当事人的成年家属应当到场，拒不到场的，不影响勘验的进行。

有关单位和个人根据人民法院的通知，有义务保护现场，协助勘验工作。

勘验人应当将勘验情况和结果制作笔录，由勘验人、当事人和被邀参加人签名或者盖章。

第八十一条　在证据可能灭失或者以后难以取得的情况下，当事人可以在诉讼过程中向人民法院申请保全证据，人民法院也可以主动采取保全措施。

因情况紧急，在证据可能灭失或者以后难以取得的情况下，利害关系人可以在提起诉讼或者申请仲裁前向证据所在地、被申请人住所地或者对案件有管辖权的人民法院申请保全证据。

证据保全的其他程序，参照适用本法第九章保全的有关规定。

第七章　期间、送达

第一节　期　　间

第八十二条　期间包括法定期间和人民法院指定的期间。

期间以时、日、月、年计算。期间开始的时和日，不计算在期间内。

期间届满的最后一日是节假日的,以节假日后的第一日为期间届满的日期。

期间不包括在途时间,诉讼文书在期满前交邮的,不算过期。

第八十三条　当事人因不可抗拒的事由或者其他正当理由耽误期限的,在障碍消除后的十日内,可以申请顺延期限,是否准许,由人民法院决定。

第二节　送　　达

第八十四条　送达诉讼文书必须有送达回证,由受送达人在送达回证上记明收到日期,签名或者盖章。

受送达人在送达回证上的签收日期为送达日期。

第八十五条　送达诉讼文书,应当直接送交受送达人。受送达人是公民的,本人不在交他的同住成年家属签收;受送达人是法人或者其他组织的,应当由法人的法定代表人、其他组织的主要负责人或者该法人、组织负责收件的人签收;受送达人有诉讼代理人的,可以送交其代理人签收;受送达人已向人民法院指定代收人的,送交代收人签收。

受送达人的同住成年家属,法人或者其他组织的负责收件的人,诉讼代理人或者代收人在送达回证上签收的日期为送达日期。

第八十六条　受送达人或者他的同住成年家属拒绝接收诉讼文书的,送达人可以邀请有关基层组织或者所在单位的代表到场,说明情况,在送达回证上记明拒收事由和日期,由送达人、见证人签名或者盖章,把诉讼文书留在受送达人的住所;也可以把诉讼文书留在受送达人的住所,并采用拍照、录像等方式记录送达过程,即视为送达。

第八十七条　经受送达人同意,人民法院可以采用传真、电子邮件等能够确认其收悉的方式送达诉讼文书,但判决书、裁定书、调解书除外。

采用前款方式送达的,以传真、电子邮件等到达受送达人特定系统的日期为送达日期。

第八十八条　直接送达诉讼文书有困难的,可以委托其他人民法院代为送达,或者邮寄送达。邮寄送达的,以回执上注明的收件日期为送达日期。

第八十九条　受送达人是军人的,通过其所在部队团以上单位的政治机关转交。

第九十条　受送达人被监禁的,通过其所在监所转交。

受送达人被采取强制性教育措施的,通过其所在强制性教育机构转交。

第九十一条　代为转交的机关、单位收到诉讼文书后,必须立即交受送达人签收,以在送达回证上的签收日期,为送达日期。

第九十二条　受送达人下落不明,或者用本节规定的其他方式无法送达的,公告送达。自发出公告之日起，经过六十日，即视为送达。

公告送达，应当在案卷中记明原因和经过。

第八章　调　　解

第九十三条　人民法院审理民事案件，根据当事人自愿的原则，在事实清楚的基础上，分清是非，进行调解。

第九十四条　人民法院进行调解，可以由审判员一人主持，也可以由合议庭主持，并尽可能就地进行。

人民法院进行调解，可以用简便方式通知当事人、证人到庭。

第九十五条　人民法院进行调解，可以邀请有关单位和个人协助。被邀请的单位和个人，应当协助人民法院进行调解。

第九十六条　调解达成协议，必须双方自愿，不得强迫。调解协议的内容不得违反法律规定。

第九十七条　调解达成协议，人民法院应当制作调解书。调解书应当写明诉讼请求、案件的事实和调解结果。

调解书由审判人员、书记员署名，加盖人民法院印章，送达双方当事人。

调解书经双方当事人签收后，即具有法律效力。

第九十八条　下列案件调解达成协议，人民法院可以不制作调解书：

（一）调解和好的离婚案件；

（二）调解维持收养关系的案件；

（三）能够即时履行的案件；

（四）其他不需要制作调解书的案件。

对不需要制作调解书的协议，应当记入笔录，由双方当事人、审判人员、书记员签名或者盖章后，即具有法律效力。

第九十九条　调解未达成协议或者调解书送达前一方反悔的，人民法院应当及时判决。

第九章　保全和先予执行

第一百条　人民法院对于可能因当事人一方的行为或者其他原因，使判决难以执行或者造成当事人其他损害的案件，根据对方当事人的申请，可以裁定对其财产进行保全、责令其作出一定行为或者禁止其作出一定行为；当事人没有提出申请的，人民法院在必要时也可以裁定采取保全措施。

人民法院采取保全措施，可以责令申请人提供担保，申请人不提供担保的，裁定驳回申请。

人民法院接受申请后,对情况紧急的,必须在四十八小时内作出裁定;裁定采取保全措施的,应当立即开始执行。

第一百零一条 利害关系人因情况紧急,不立即申请保全将会使其合法权益受到难以弥补的损害的,可以在提起诉讼或者申请仲裁前向被保全财产所在地、被申请人住所地或者对案件有管辖权的人民法院申请采取保全措施。申请人应当提供担保,不提供担保的,裁定驳回申请。

人民法院接受申请后,必须在四十八小时内作出裁定;裁定采取保全措施的,应当立即开始执行。

申请人在人民法院采取保全措施后三十日内不依法提起诉讼或者申请仲裁的,人民法院应当解除保全。

第一百零二条 保全限于请求的范围,或者与本案有关的财物。

第一百零三条 财产保全采取查封、扣押、冻结或者法律规定的其他方法。人民法院保全财产后,应当立即通知被保全财产的人。

财产已被查封、冻结的,不得重复查封、冻结。

第一百零四条 财产纠纷案件,被申请人提供担保的,人民法院应当裁定解除保全。

第一百零五条 申请有错误的,申请人应当赔偿被申请人因保全所遭受的损失。

第一百零六条 人民法院对下列案件,根据当事人的申请,可以裁定先予执行:

(一)追索赡养费、扶养费、抚育费、抚恤金、医疗费用的;

(二)追索劳动报酬的;

(三)因情况紧急需要先予执行的。

第一百零七条 人民法院裁定先予执行的,应当符合下列条件:

(一)当事人之间权利义务关系明确,不先予执行将严重影响申请人的生活或者生产经营的;

(二)被申请人有履行能力。

人民法院可以责令申请人提供担保,申请人不提供担保的,驳回申请。申请人败诉的,应当赔偿被申请人因先予执行遭受的财产损失。

第一百零八条 当事人对保全或者先予执行的裁定不服的,可以申请复议一次。复议期间不停止裁定的执行。

第十章 对妨害民事诉讼的强制措施

第一百零九条 人民法院对必须到庭的被告,经两次传票传唤,无正当理由拒不到庭的，可以拘传。

第一百一十条　诉讼参与人和其他人应当遵守法庭规则。

人民法院对违反法庭规则的人，可以予以训诫，责令退出法庭或者予以罚款、拘留。

人民法院对哄闹、冲击法庭，侮辱、诽谤、威胁、殴打审判人员，严重扰乱法庭秩序的人，依法追究刑事责任；情节较轻的，予以罚款、拘留。

第一百一十一条　诉讼参与人或者其他人有下列行为之一的，人民法院可以根据情节轻重予以罚款、拘留；构成犯罪的，依法追究刑事责任：

（一）伪造、毁灭重要证据，妨碍人民法院审理案件的；

（二）以暴力、威胁、贿买方法阻止证人作证或者指使、贿买、胁迫他人作伪证的；

（三）隐藏、转移、变卖、毁损已被查封、扣押的财产，或者已被清点并责令其保管的财产，转移已被冻结的财产的；

（四）对司法工作人员、诉讼参加人、证人、翻译人员、鉴定人、勘验人、协助执行的人，进行侮辱、诽谤、诬陷、殴打或者打击报复的；

（五）以暴力、威胁或者其他方法阻碍司法工作人员执行职务的；

（六）拒不履行人民法院已经发生法律效力的判决、裁定的。

人民法院对有前款规定的行为之一的单位，可以对其主要负责人或者直接责任人员予以罚款、拘留；构成犯罪的，依法追究刑事责任。

第一百一十二条　当事人之间恶意串通，企图通过诉讼、调解等方式侵害他人合法权益的，人民法院应当驳回其请求，并根据情节轻重予以罚款、拘留；构成犯罪的，依法追究刑事责任。

第一百一十三条　被执行人与他人恶意串通，通过诉讼、仲裁、调解等方式逃避履行法律文书确定的义务的，人民法院应当根据情节轻重予以罚款、拘留；构成犯罪的，依法追究刑事责任。

第一百一十四条　有义务协助调查、执行的单位有下列行为之一的，人民法院除责令其履行协助义务外，并可以予以罚款：

（一）有关单位拒绝或者妨碍人民法院调查取证的；

（二）有关单位接到人民法院协助执行通知书后，拒不协助查询、扣押、冻结、划拨、变价财产的；

（三）有关单位接到人民法院协助执行通知书后，拒不协助扣留被执行人的收入、办理有关财产权证照转移手续、转交有关票证、证照或者其他财产的；

（四）其他拒绝协助执行的。

人民法院对有前款规定的行为之一的单位，可以对其主要负责人或者直接责任人员予以罚款;对仍不履行协助义务的,可以予以拘留;并可以向监察机关或者有关机关提出予以纪律处分的司法建议。

第一百一十五条 对个人的罚款金额,为人民币十万元以下。对单位的罚款金额,为人民币五万元以上一百万元以下。

拘留的期限,为十五日以下。

被拘留的人,由人民法院交公安机关看管。在拘留期间,被拘留人承认并改正错误的,人民法院可以决定提前解除拘留。

第一百一十六条 拘传、罚款、拘留必须经院长批准。

拘传应当发拘传票。

罚款、拘留应当用决定书。对决定不服的,可以向上一级人民法院申请复议一次。复议期间不停止执行。

第一百一十七条 采取对妨害民事诉讼的强制措施必须由人民法院决定。任何单位和个人采取非法拘禁他人或者非法私自扣押他人财产追索债务的,应当依法追究刑事责任,或者予以拘留、罚款。

第十一章 诉讼费用

第一百一十八条 当事人进行民事诉讼,应当按照规定交纳案件受理费。财产案件除交纳案件受理费外,并按照规定交纳其他诉讼费用。

当事人交纳诉讼费用确有困难的,可以按照规定向人民法院申请缓交、减交或者免交。

收取诉讼费用的办法另行制定。

第二编 审判程序

第十二章 第一审普通程序

第一节 起诉和受理

第一百一十九条 起诉必须符合下列条件:

(一)原告是与本案有直接利害关系的公民、法人和其他组织;

(二)有明确的被告;

(三)有具体的诉讼请求和事实、理由;

(四)属于人民法院受理民事诉讼的范围和受诉人民法院管辖。

第一百二十条 起诉应当向人民法院递交起诉状,并按照被告人数提出副本。

书写起诉状确有困难的,可以口头起诉,由人民法院记入笔录,并告知对方当事人。

第一百二十一条　起诉状应当记明下列事项：

（一）原告的姓名、性别、年龄、民族、职业、工作单位、住所、联系方式，法人或者其他组织的名称、住所和法定代表人或者主要负责人的姓名、职务、联系方式；

（二）被告的姓名、性别、工作单位、住所等信息，法人或者其他组织的名称、住所等信息；

（三）诉讼请求和所根据的事实与理由；

（四）证据和证据来源，证人姓名和住所。

第一百二十二条　当事人起诉到人民法院的民事纠纷，适宜调解的，先行调解，但当事人拒绝调解的除外。

第一百二十三条　人民法院应当保障当事人依照法律规定享有的起诉权利。对符合本法第一百一十九条的起诉，必须受理。符合起诉条件的，应当在七日内立案，并通知当事人；不符合起诉条件的，应当在七日内作出裁定书，不予受理；原告对裁定不服的，可以提起上诉。

第一百二十四条　人民法院对下列起诉，分别情形，予以处理：

（一）依照行政诉讼法的规定，属于行政诉讼受案范围的，告知原告提起行政诉讼；

（二）依照法律规定，双方当事人达成书面仲裁协议申请仲裁、不得向人民法院起诉的，告知原告向仲裁机构申请仲裁；

（三）依照法律规定，应当由其他机关处理的争议，告知原告向有关机关申请解决；

（四）对不属于本院管辖的案件，告知原告向有管辖权的人民法院起诉；

（五）对判决、裁定、调解书已经发生法律效力的案件，当事人又起诉的，告知原告申请再审，但人民法院准许撤诉的裁定除外；

（六）依照法律规定，在一定期限内不得起诉的案件，在不得起诉的期限内起诉的，不予受理；

（七）判决不准离婚和调解和好的离婚案件，判决、调解维持收养关系的案件，没有新情况、新理由，原告在六个月内又起诉的，不予受理。

第二节　审理前的准备

第一百二十五条　人民法院应当在立案之日起五日内将起诉状副本发送被告，被告应当在收到之日起十五日内提出答辩状。答辩状应当记明被告的姓名、性别、年龄、民族、职业、工作单位、住所、联系方式；法人或者其他组织的名称、住所和法定代表人或者主要负责人的姓名、职务、联系方式。人民法院应当在收到答辩状之日起五日内将答辩状副本发送原告。

被告不提出答辩状的,不影响人民法院审理。

第一百二十六条 人民法院对决定受理的案件,应当在受理案件通知书和应诉通知书中向当事人告知有关的诉讼权利义务,或者口头告知。

第一百二十七条 人民法院受理案件后,当事人对管辖权有异议的,应当在提交答辩状期间提出。人民法院对当事人提出的异议,应当审查。异议成立的,裁定将案件移送有管辖权的人民法院;异议不成立的,裁定驳回。

当事人未提出管辖异议,并应诉答辩的,视为受诉人民法院有管辖权,但违反级别管辖和专属管辖规定的除外。

第一百二十八条 合议庭组成人员确定后,应当在三日内告知当事人。

第一百二十九条 审判人员必须认真审核诉讼材料,调查收集必要的证据。

第一百三十条 人民法院派出人员进行调查时,应当向被调查人出示证件。

调查笔录经被调查人校阅后,由被调查人、调查人签名或者盖章。

第一百三十一条 人民法院在必要时可以委托外地人民法院调查。

委托调查,必须提出明确的项目和要求。受委托人民法院可以主动补充调查。

受委托人民法院收到委托书后,应当在三十日内完成调查。因故不能完成的,应当在上述期限内函告委托人民法院。

第一百三十二条 必须共同进行诉讼的当事人没有参加诉讼的,人民法院应当通知其参加诉讼。

第一百三十三条 人民法院对受理的案件,分别情形,予以处理:

(一)当事人没有争议,符合督促程序规定条件的,可以转入督促程序;

(二)开庭前可以调解的,采取调解方式及时解决纠纷;

(三)根据案件情况,确定适用简易程序或者普通程序;

(四)需要开庭审理的,通过要求当事人交换证据等方式,明确争议焦点。

第三节 开庭审理

第一百三十四条 人民法院审理民事案件,除涉及国家秘密、个人隐私或者法律另有规定的以外,应当公开进行。

离婚案件,涉及商业秘密的案件,当事人申请不公开审理的,可以不公开审理。

第一百三十五条 人民法院审理民事案件,根据需要进行巡回审理,就地办案。

第一百三十六条 人民法院审理民事案件,应当在开庭三日前通知当事人和其他诉讼参与人。公开审理的,应当公告当事人姓名、案由和开庭的时间、地点。

第一百三十七条 开庭审理前,书记员应当查明当事人和其他诉讼参与人是否到庭,宣布法庭纪律。

开庭审理时,由审判长核对当事人,宣布案由,宣布审判人员、书记员名单,告知当事人有关的诉讼权利义务,询问当事人是否提出回避申请。

第一百三十八条　法庭调查按照下列顺序进行:

(一)当事人陈述;

(二)告知证人的权利义务,证人作证,宣读未到庭的证人证言;

(三)出示书证、物证、视听资料和电子数据;

(四)宣读鉴定意见;

(五)宣读勘验笔录。

第一百三十九条　当事人在法庭上可以提出新的证据。

当事人经法庭许可,可以向证人、鉴定人、勘验人发问。

当事人要求重新进行调查、鉴定或者勘验的,是否准许,由人民法院决定。

第一百四十条　原告增加诉讼请求,被告提出反诉,第三人提出与本案有关的诉讼请求,可以合并审理。

第一百四十一条　法庭辩论按照下列顺序进行:

(一)原告及其诉讼代理人发言;

(二)被告及其诉讼代理人答辩;

(三)第三人及其诉讼代理人发言或者答辩;

(四)互相辩论。

法庭辩论终结,由审判长按照原告、被告、第三人的先后顺序征询各方最后意见。

第一百四十二条　法庭辩论终结,应当依法作出判决。判决前能够调解的,还可以进行调解,调解不成的,应当及时判决。

第一百四十三条　原告经传票传唤,无正当理由拒不到庭的,或者未经法庭许可中途退庭的,可以按撤诉处理;被告反诉的,可以缺席判决。

第一百四十四条　被告经传票传唤,无正当理由拒不到庭的,或者未经法庭许可中途退庭的,可以缺席判决。

第一百四十五条　宣判前,原告申请撤诉的,是否准许,由人民法院裁定。

人民法院裁定不准许撤诉的,原告经传票传唤,无正当理由拒不到庭的,可以缺席判决。

第一百四十六条　有下列情形之一的,可以延期开庭审理:

(一)必须到庭的当事人和其他诉讼参与人有正当理由没有到庭的;

(二)当事人临时提出回避申请的;

(三)需要通知新的证人到庭,调取新的证据,重新鉴定、勘验,或者需要补充

调查的;

(四)其他应当延期的情形。

第一百四十七条 书记员应当将法庭审理的全部活动记入笔录,由审判人员和书记员签名。

法庭笔录应当当庭宣读,也可以告知当事人和其他诉讼参与人当庭或者在五日内阅读。当事人和其他诉讼参与人认为对自己的陈述记录有遗漏或者差错的,有权申请补正。如果不予补正,应当将申请记录在案。

法庭笔录由当事人和其他诉讼参与人签名或者盖章。拒绝签名盖章的,记明情况附卷。

第一百四十八条 人民法院对公开审理或者不公开审理的案件,一律公开宣告判决。

当庭宣判的,应当在十日内发送判决书;定期宣判的,宣判后立即发给判决书。

宣告判决时,必须告知当事人上诉权利、上诉期限和上诉的法院。

宣告离婚判决,必须告知当事人在判决发生法律效力前不得另行结婚。

第一百四十九条 人民法院适用普通程序审理的案件,应当在立案之日起六个月内审结。有特殊情况需要延长的,由本院院长批准,可以延长六个月;还需要延长的,报请上级人民法院批准。

第四节 诉讼中止和终结

第一百五十条 有下列情形之一的,中止诉讼:

(一)一方当事人死亡,需要等待继承人表明是否参加诉讼的;

(二)一方当事人丧失诉讼行为能力,尚未确定法定代理人的;

(三)作为一方当事人的法人或者其他组织终止,尚未确定权利义务承受人的;

(四)一方当事人因不可抗拒的事由,不能参加诉讼的;

(五)本案必须以另一案的审理结果为依据,而另一案尚未审结的;

(六)其他应当中止诉讼的情形。

中止诉讼的原因消除后,恢复诉讼。

第一百五十一条 有下列情形之一的,终结诉讼:

(一)原告死亡,没有继承人,或者继承人放弃诉讼权利的;

(二)被告死亡,没有遗产,也没有应当承担义务的人的;

(三)离婚案件一方当事人死亡的;

(四)追索赡养费、扶养费、抚育费以及解除收养关系案件的一方当事人死亡的。

第五节　判决和裁定

第一百五十二条　判决书应当写明判决结果和作出该判决的理由。判决书内容包括：

（一）案由、诉讼请求、争议的事实和理由；

（二）判决认定的事实和理由、适用的法律和理由；

（三）判决结果和诉讼费用的负担；

（四）上诉期间和上诉的法院。

判决书由审判人员、书记员署名，加盖人民法院印章。

第一百五十三条　人民法院审理案件，其中一部分事实已经清楚，可以就该部分先行判决。

第一百五十四条　裁定适用于下列范围：

（一）不予受理；

（二）对管辖权有异议的；

（三）驳回起诉；

（四）保全和先予执行；

（五）准许或者不准许撤诉；

（六）中止或者终结诉讼；

（七）补正判决书中的笔误；

（八）中止或者终结执行；

（九）撤销或者不予执行仲裁裁决；

（十）不予执行公证机关赋予强制执行效力的债权文书；

（十一）其他需要裁定解决的事项。

对前款第一项至第三项裁定，可以上诉。

裁定书应当写明裁定结果和作出该裁定的理由。裁定书由审判人员、书记员署名，加盖人民法院印章。口头裁定的，记入笔录。

第一百五十五条　最高人民法院的判决、裁定，以及依法不准上诉或者超过上诉期没有上诉的判决、裁定，是发生法律效力的判决、裁定。

第一百五十六条　公众可以查阅发生法律效力的判决书、裁定书，但涉及国家秘密、商业秘密和个人隐私的内容除外。

第十三章　简易程序

第一百五十七条　基层人民法院和它派出的法庭审理事实清楚、权利义务关系明确、争议不大的简单的民事案件，适用本章规定。

基层人民法院和它派出的法庭审理前款规定以外的民事案件,当事人双方也可以约定适用简易程序。

第一百五十八条 对简单的民事案件,原告可以口头起诉。

当事人双方可以同时到基层人民法院或者它派出的法庭,请求解决纠纷。基层人民法院或者它派出的法庭可以当即审理,也可以另定日期审理。

第一百五十九条 基层人民法院和它派出的法庭审理简单的民事案件,可以用简便方式传唤当事人和证人、送达诉讼文书、审理案件,但应当保障当事人陈述意见的权利。

第一百六十条 简单的民事案件由审判员一人独任审理,并不受本法第一百三十六条、第一百三十八条、第一百四十一条规定的限制。

第一百六十一条 人民法院适用简易程序审理案件,应当在立案之日起三个月内审结。

第一百六十二条 基层人民法院和它派出的法庭审理符合本法第一百五十七条第一款规定的简单的民事案件,标的额为各省、自治区、直辖市上年度就业人员年平均工资百分之三十以下的,实行一审终审。

第一百六十三条 人民法院在审理过程中,发现案件不宜适用简易程序的,裁定转为普通程序。

第十四章 第二审程序

第一百六十四条 当事人不服地方人民法院第一审判决的,有权在判决书送达之日起十五日内向上一级人民法院提起上诉。

当事人不服地方人民法院第一审裁定的,有权在裁定书送达之日起十日内向上一级人民法院提起上诉。

第一百六十五条 上诉应当递交上诉状。上诉状的内容,应当包括当事人的姓名,法人的名称及其法定代表人的姓名或者其他组织的名称及其主要负责人的姓名;原审人民法院名称、案件的编号和案由;上诉的请求和理由。

第一百六十六条 上诉状应当通过原审人民法院提出,并按照对方当事人或者代表人的人数提出副本。

当事人直接向第二审人民法院上诉的,第二审人民法院应当在五日内将上诉状移交原审人民法院。

第一百六十七条 原审人民法院收到上诉状,应当在五日内将上诉状副本送达对方当事人,对方当事人在收到之日起十五日内提出答辩状。人民法院应当在收到答辩状之日起五日内将副本送达上诉人。对方当事人不提出答辩状的,不影响人民法院审理。

原审人民法院收到上诉状、答辩状，应当在五日内连同全部案卷和证据，报送第二审人民法院。

第一百六十八条　第二审人民法院应当对上诉请求的有关事实和适用法律进行审查。

第一百六十九条　第二审人民法院对上诉案件，应当组成合议庭，开庭审理。经过阅卷、调查和询问当事人，对没有提出新的事实、证据或者理由，合议庭认为不需要开庭审理的，可以不开庭审理。

第二审人民法院审理上诉案件，可以在本院进行，也可以到案件发生地或者原审人民法院所在地进行。

第一百七十条　第二审人民法院对上诉案件，经过审理，按照下列情形，分别处理：

（一）原判决、裁定认定事实清楚，适用法律正确的，以判决、裁定方式驳回上诉，维持原判决、裁定；

（二）原判决、裁定认定事实错误或者适用法律错误的，以判决、裁定方式依法改判、撤销或者变更；

（三）原判决认定基本事实不清的，裁定撤销原判决，发回原审人民法院重审，或者查清事实后改判；

（四）原判决遗漏当事人或者违法缺席判决等严重违反法定程序的，裁定撤销原判决，发回原审人民法院重审。

原审人民法院对发回重审的案件作出判决后，当事人提起上诉的，第二审人民法院不得再次发回重审。

第一百七十一条　第二审人民法院对不服第一审人民法院裁定的上诉案件的处理，一律使用裁定。

第一百七十二条　第二审人民法院审理上诉案件，可以进行调解。调解达成协议，应当制作调解书，由审判人员、书记员署名，加盖人民法院印章。调解书送达后，原审人民法院的判决即视为撤销。

第一百七十三条　第二审人民法院判决宣告前，上诉人申请撤回上诉的，是否准许，由第二审人民法院裁定。

第一百七十四条　第二审人民法院审理上诉案件，除依照本章规定外，适用第一审普通程序。

第一百七十五条　第二审人民法院的判决、裁定，是终审的判决、裁定。

第一百七十六条　人民法院审理对判决的上诉案件，应当在第二审立案之日起三个月内审结。有特殊情况需要延长的，由本院院长批准。

人民法院审理对裁定的上诉案件，应当在第二审立案之日起三十日内作出终审裁定。

第十五章 特别程序

第一节 一般规定

第一百七十七条 人民法院审理选民资格案件、宣告失踪或者宣告死亡案件、认定公民无民事行为能力或者限制民事行为能力案件、认定财产无主案件、确认调解协议案件和实现担保物权案件,适用本章规定。本章没有规定的,适用本法和其他法律的有关规定。

第一百七十八条 依照本章程序审理的案件,实行一审终审。选民资格案件或者重大、疑难的案件,由审判员组成合议庭审理;其他案件由审判员一人独任审理。

第一百七十九条 人民法院在依照本章程序审理案件的过程中,发现本案属于民事权益争议的,应当裁定终结特别程序,并告知利害关系人可以另行起诉。

第一百八十条 人民法院适用特别程序审理的案件,应当在立案之日起三十日内或者公告期满后三十日内审结。有特殊情况需要延长的,由本院院长批准。但审理选民资格的案件除外。

第二节 选民资格案件

第一百八十一条 公民不服选举委员会对选民资格的申诉所作的处理决定,可以在选举日的五日以前向选区所在地基层人民法院起诉。

第一百八十二条 人民法院受理选民资格案件后,必须在选举日前审结。

审理时,起诉人、选举委员会的代表和有关公民必须参加。

人民法院的判决书,应当在选举日前送达选举委员会和起诉人,并通知有关公民。

第三节 宣告失踪、宣告死亡案件

第一百八十三条 公民下落不明满二年,利害关系人申请宣告其失踪的,向下落不明人住所地基层人民法院提出。

申请书应当写明失踪的事实、时间和请求,并附有公安机关或者其他有关机关关于该公民下落不明的书面证明。

第一百八十四条 公民下落不明满四年,或者因意外事故下落不明满二年,或者因意外事故下落不明,经有关机关证明该公民不可能生存,利害关系人申请宣告其死亡的,向下落不明人住所地基层人民法院提出。

申请书应当写明下落不明的事实、时间和请求，并附有公安机关或者其他有关机关关于该公民下落不明的书面证明。

第一百八十五条　人民法院受理宣告失踪、宣告死亡案件后，应当发出寻找下落不明人的公告。宣告失踪的公告期间为三个月，宣告死亡的公告期间为一年。因意外事故下落不明，经有关机关证明该公民不可能生存的，宣告死亡的公告期间为三个月。

公告期间届满，人民法院应当根据被宣告失踪、宣告死亡的事实是否得到确认，作出宣告失踪、宣告死亡的判决或者驳回申请的判决。

第一百八十六条　被宣告失踪、宣告死亡的公民重新出现，经本人或者利害关系人申请，人民法院应当作出新判决，撤销原判决。

第四节　认定公民无民事行为能力、限制民事行为能力案件

第一百八十七条　申请认定公民无民事行为能力或者限制民事行为能力，由其近亲属或者其他利害关系人向该公民住所地基层人民法院提出。

申请书应当写明该公民无民事行为能力或者限制民事行为能力的事实和根据。

第一百八十八条　人民法院受理申请后，必要时应当对被请求认定为无民事行为能力或者限制民事行为能力的公民进行鉴定。申请人已提供鉴定意见的，应当对鉴定意见进行审查。

第一百八十九条　人民法院审理认定公民无民事行为能力或者限制民事行为能力的案件，应当由该公民的近亲属为代理人，但申请人除外。近亲属互相推诿的，由人民法院指定其中一人为代理人。该公民健康情况许可的，还应当询问本人的意见。

人民法院经审理认定申请有事实根据的，判决该公民为无民事行为能力或者限制民事行为能力人；认定申请没有事实根据的，应当判决予以驳回。

第一百九十条　人民法院根据被认定为无民事行为能力人、限制民事行为能力人或者他的监护人的申请，证实该公民无民事行为能力或者限制民事行为能力的原因已经消除的，应当作出新判决，撤销原判决。

第五节　认定财产无主案件

第一百九十一条　申请认定财产无主，由公民、法人或者其他组织向财产所在地基层人民法院提出。

申请书应当写明财产的种类、数量以及要求认定财产无主的根据。

第一百九十二条　人民法院受理申请后，经审查核实，应当发出财产认领公

告。公告满一年无人认领的,判决认定财产无主,收归国家或者集体所有。

第一百九十三条 判决认定财产无主后,原财产所有人或者继承人出现,在民法通则规定的诉讼时效期间可以对财产提出请求,人民法院审查属实后,应当作出新判决,撤销原判决。

第六节 确认调解协议案件

第一百九十四条 申请司法确认调解协议,由双方当事人依照人民调解法等法律,自调解协议生效之日起三十日内,共同向调解组织所在地基层人民法院提出。

第一百九十五条 人民法院受理申请后,经审查,符合法律规定的,裁定调解协议有效,一方当事人拒绝履行或者未全部履行的,对方当事人可以向人民法院申请执行;不符合法律规定的,裁定驳回申请,当事人可以通过调解方式变更原调解协议或者达成新的调解协议,也可以向人民法院提起诉讼。

第七节 实现担保物权案件

第一百九十六条 申请实现担保物权,由担保物权人以及其他有权请求实现担保物权的人依照物权法等法律,向担保财产所在地或者担保物权登记地基层人民法院提出。

第一百九十七条 人民法院受理申请后,经审查,符合法律规定的,裁定拍卖、变卖担保财产,当事人依据该裁定可以向人民法院申请执行;不符合法律规定的,裁定驳回申请,当事人可以向人民法院提起诉讼。

第十六章 审判监督程序

第一百九十八条 各级人民法院院长对本院已经发生法律效力的判决、裁定、调解书,发现确有错误,认为需要再审的,应当提交审判委员会讨论决定。

最高人民法院对地方各级人民法院已经发生法律效力的判决、裁定、调解书,上级人民法院对下级人民法院已经发生法律效力的判决、裁定、调解书,发现确有错误的,有权提审或者指令下级人民法院再审。

第一百九十九条 当事人对已经发生法律效力的判决、裁定,认为有错误的,可以向上一级人民法院申请再审;当事人一方人数众多或者当事人双方为公民的案件,也可以向原审人民法院申请再审。当事人申请再审的,不停止判决、裁定的执行。

第二百条 当事人的申请符合下列情形之一的,人民法院应当再审:

(一)有新的证据,足以推翻原判决、裁定的;

（二）原判决、裁定认定的基本事实缺乏证据证明的；

（三）原判决、裁定认定事实的主要证据是伪造的；

（四）原判决、裁定认定事实的主要证据未经质证的；

（五）对审理案件需要的主要证据，当事人因客观原因不能自行收集，书面申请人民法院调查收集，人民法院未调查收集的；

（六）原判决、裁定适用法律确有错误的；

（七）审判组织的组成不合法或者依法应当回避的审判人员没有回避的；

（八）无诉讼行为能力人未经法定代理人代为诉讼或者应当参加诉讼的当事人，因不能归责于本人或者其诉讼代理人的事由，未参加诉讼的；

（九）违反法律规定，剥夺当事人辩论权利的；

（十）未经传票传唤，缺席判决的；

（十一）原判决、裁定遗漏或者超出诉讼请求的；

（十二）据以作出原判决、裁定的法律文书被撤销或者变更的；

（十三）审判人员审理该案件时有贪污受贿，徇私舞弊，枉法裁判行为的。

第二百零一条　当事人对已经发生法律效力的调解书，提出证据证明调解违反自愿原则或者调解协议的内容违反法律的，可以申请再审。经人民法院审查属实的，应当再审。

第二百零二条　当事人对已经发生法律效力的解除婚姻关系的判决、调解书，不得申请再审。

第二百零三条　当事人申请再审的，应当提交再审申请书等材料。人民法院应当自收到再审申请书之日起五日内将再审申请书副本发送对方当事人。对方当事人应当自收到再审申请书副本之日起十五日内提交书面意见；不提交书面意见的，不影响人民法院审查。人民法院可以要求申请人和对方当事人补充有关材料，询问有关事项。

第二百零四条　人民法院应当自收到再审申请书之日起三个月内审查，符合本法规定的，裁定再审；不符合本法规定的，裁定驳回申请。有特殊情况需要延长的，由本院院长批准。

因当事人申请裁定再审的案件由中级人民法院以上的人民法院审理，但当事人依照本法第一百九十九条的规定选择向基层人民法院申请再审的除外。最高人民法院、高级人民法院裁定再审的案件，由本院再审或者交其他人民法院再审，也可以交原审人民法院再审。

第二百零五条　当事人申请再审，应当在判决、裁定发生法律效力后六个月内提出；有本法第二百条第一项、第三项、第十二项、第十三项规定情形的，自知道或者应当知道之日起六个月内提出。

第二百零六条 按照审判监督程序决定再审的案件,裁定中止原判决、裁定、调解书的执行,但追索赡养费、扶养费、抚育费、抚恤金、医疗费用、劳动报酬等案件,可以不中止执行。

第二百零七条 人民法院按照审判监督程序再审的案件,发生法律效力的判决、裁定是由第一审法院作出的,按照第一审程序审理,所作的判决、裁定,当事人可以上诉;发生法律效力的判决、裁定是由第二审法院作出的,按照第二审程序审理,所作的判决、裁定,是发生法律效力的判决、裁定;上级人民法院按照审判监督程序提审的,按照第二审程序审理,所作的判决、裁定是发生法律效力的判决、裁定。

人民法院审理再审案件,应当另行组成合议庭。

第二百零八条 最高人民检察院对各级人民法院已经发生法律效力的判决、裁定,上级人民检察院对下级人民法院已经发生法律效力的判决、裁定,发现有本法第二百条规定情形之一的,或者发现调解书损害国家利益、社会公共利益的,应当提出抗诉。

地方各级人民检察院对同级人民法院已经发生法律效力的判决、裁定,发现有本法第二百条规定情形之一的,或者发现调解书损害国家利益、社会公共利益的,可以向同级人民法院提出检察建议,并报上级人民检察院备案;也可以提请上级人民检察院向同级人民法院提出抗诉。

各级人民检察院对审判监督程序以外的其他审判程序中审判人员的违法行为,有权向同级人民法院提出检察建议。

第二百零九条 有下列情形之一的,当事人可以向人民检察院申请检察建议或者抗诉:

(一)人民法院驳回再审申请的;

(二)人民法院逾期未对再审申请作出裁定的;

(三)再审判决、裁定有明显错误的。

人民检察院对当事人的申请应当在三个月内进行审查,作出提出或者不予提出检察建议或者抗诉的决定。当事人不得再次向人民检察院申请检察建议或者抗诉。

第二百一十条 人民检察院因履行法律监督职责提出检察建议或者抗诉的需要,可以向当事人或者案外人调查核实有关情况。

第二百一十一条 人民检察院提出抗诉的案件,接受抗诉的人民法院应当自收到抗诉书之日起三十日内作出再审的裁定;有本法第二百条第一项至第五项规定情形之一的,可以交下一级人民法院再审,但经该下一级人民法院再审的除外。

第二百一十二条 人民检察院决定对人民法院的判决、裁定、调解书提出抗诉的,应当制作抗诉书。

第二百一十三条　人民检察院提出抗诉的案件,人民法院再审时,应当通知人民检察院派员出席法庭。

第十七章　督促程序

第二百一十四条　债权人请求债务人给付金钱、有价证券,符合下列条件的,可以向有管辖权的基层人民法院申请支付令:

(一)债权人与债务人没有其他债务纠纷的;

(二)支付令能够送达债务人的。

申请书应当写明请求给付金钱或者有价证券的数量和所根据的事实、证据。

第二百一十五条　债权人提出申请后,人民法院应当在五日内通知债权人是否受理。

第二百一十六条　人民法院受理申请后,经审查债权人提供的事实、证据,对债权债务关系明确、合法的,应当在受理之日起十五日内向债务人发出支付令;申请不成立的,裁定予以驳回。

债务人应当自收到支付令之日起十五日内清偿债务,或者向人民法院提出书面异议。

债务人在前款规定的期间不提出异议又不履行支付令的,债权人可以向人民法院申请执行。

第二百一十七条　人民法院收到债务人提出的书面异议后,经审查,异议成立的,应当裁定终结督促程序,支付令自行失效。

支付令失效的,转入诉讼程序,但申请支付令的一方当事人不同意提起诉讼的除外。

第十八章　公示催告程序

第二百一十八条　按照规定可以背书转让的票据持有人,因票据被盗、遗失或者灭失,可以向票据支付地的基层人民法院申请公示催告。依照法律规定可以申请公示催告的其他事项,适用本章规定。

申请人应当向人民法院递交申请书,写明票面金额、发票人、持票人、背书人等票据主要内容和申请的理由、事实。

第二百一十九条　人民法院决定受理申请,应当同时通知支付人停止支付,并在三日内发出公告,催促利害关系人申报权利。公示催告的期间,由人民法院根据情况决定,但不得少于六十日。

第二百二十条　支付人收到人民法院停止支付的通知,应当停止支付,至公示催告程序终结。

公示催告期间,转让票据权利的行为无效。

第二百二十一条　利害关系人应当在公示催告期间向人民法院申报。

人民法院收到利害关系人的申报后,应当裁定终结公示催告程序,并通知申请人和支付人。

申请人或者申报人可以向人民法院起诉。

第二百二十二条　没有人申报的,人民法院应当根据申请人的申请,作出判决,宣告票据无效。判决应当公告,并通知支付人。自判决公告之日起,申请人有权向支付人请求支付。

第二百二十三条　利害关系人因正当理由不能在判决前向人民法院申报的,自知道或者应当知道判决公告之日起一年内,可以向作出判决的人民法院起诉。

第三编　执 行 程 序

第十九章　一 般 规 定

第二百二十四条　发生法律效力的民事判决、裁定,以及刑事判决、裁定中的财产部分,由第一审人民法院或者与第一审人民法院同级的被执行的财产所在地人民法院执行。

法律规定由人民法院执行的其他法律文书,由被执行人住所地或者被执行的财产所在地人民法院执行。

第二百二十五条　当事人、利害关系人认为执行行为违反法律规定的,可以向负责执行的人民法院提出书面异议。当事人、利害关系人提出书面异议的,人民法院应当自收到书面异议之日起十五日内审查,理由成立的,裁定撤销或者改正;理由不成立的,裁定驳回。当事人、利害关系人对裁定不服的,可以自裁定送达之日起十日内向上一级人民法院申请复议。

第二百二十六条　人民法院自收到申请执行书之日起超过六个月未执行的,申请执行人可以向上一级人民法院申请执行。上一级人民法院经审查,可以责令原人民法院在一定期限内执行,也可以决定由本院执行或者指令其他人民法院执行。

第二百二十七条　执行过程中,案外人对执行标的提出书面异议的,人民法院应当自收到书面异议之日起十五日内审查,理由成立的,裁定中止对该标的的执行;理由不成立的,裁定驳回。案外人、当事人对裁定不服,认为原判决、裁定错误的,依照审判监督程序办理;与原判决、裁定无关的,可以自裁定送达之日起十五日内向人民法院提起诉讼。

第二百二十八条　执行工作由执行员进行。

采取强制执行措施时，执行员应当出示证件。执行完毕后，应当将执行情况制作笔录，由在场的有关人员签名或者盖章。

人民法院根据需要可以设立执行机构。

第二百二十九条　被执行人或者被执行的财产在外地的，可以委托当地人民法院代为执行。受委托人民法院收到委托函件后，必须在十五日内开始执行，不得拒绝。执行完毕后，应当将执行结果及时函复委托人民法院；在三十日内如果还未执行完毕，也应当将执行情况函告委托人民法院。

受委托人民法院自收到委托函件之日起十五日内不执行的，委托人民法院可以请求受委托人民法院的上级人民法院指令受委托人民法院执行。

第二百三十条　在执行中，双方当事人自行和解达成协议的，执行员应当将协议内容记入笔录，由双方当事人签名或者盖章。

申请执行人因受欺诈、胁迫与被执行人达成和解协议，或者当事人不履行和解协议的，人民法院可以根据当事人的申请，恢复对原生效法律文书的执行。

第二百三十一条　在执行中，被执行人向人民法院提供担保，并经申请执行人同意的，人民法院可以决定暂缓执行及暂缓执行的期限。被执行人逾期仍不履行的，人民法院有权执行被执行人的担保财产或者担保人的财产。

第二百三十二条　作为被执行人的公民死亡的，以其遗产偿还债务。作为被执行人的法人或者其他组织终止的，由其权利义务承受人履行义务。

第二百三十三条　执行完毕后，据以执行的判决、裁定和其他法律文书确有错误，被人民法院撤销的，对已被执行的财产，人民法院应当作出裁定，责令取得财产的人返还；拒不返还的，强制执行。

第二百三十四条　人民法院制作的调解书的执行，适用本编的规定。

第二百三十五条　人民检察院有权对民事执行活动实行法律监督。

第二十章　执行的申请和移送

第二百三十六条　发生法律效力的民事判决、裁定，当事人必须履行。一方拒绝履行的，对方当事人可以向人民法院申请执行，也可以由审判员移送执行员执行。

调解书和其他应当由人民法院执行的法律文书，当事人必须履行。一方拒绝履行的，对方当事人可以向人民法院申请执行。

第二百三十七条　对依法设立的仲裁机构的裁决，一方当事人不履行的，对方当事人可以向有管辖权的人民法院申请执行。受申请的人民法院应当执行。

被申请人提出证据证明仲裁裁决有下列情形之一的，经人民法院组成合议庭

审查核实,裁定不予执行:

(一)当事人在合同中没有订有仲裁条款或者事后没有达成书面仲裁协议的;

(二)裁决的事项不属于仲裁协议的范围或者仲裁机构无权仲裁的;

(三)仲裁庭的组成或者仲裁的程序违反法定程序的;

(四)裁决所根据的证据是伪造的;

(五)对方当事人向仲裁机构隐瞒了足以影响公正裁决的证据的;

(六)仲裁员在仲裁该案时有贪污受贿,徇私舞弊,枉法裁决行为的。

人民法院认定执行该裁决违背社会公共利益的,裁定不予执行。

裁定书应当送达双方当事人和仲裁机构。

仲裁裁决被人民法院裁定不予执行的,当事人可以根据双方达成的书面仲裁协议重新申请仲裁,也可以向人民法院起诉。

第二百三十八条 对公证机关依法赋予强制执行效力的债权文书,一方当事人不履行的,对方当事人可以向有管辖权的人民法院申请执行,受申请的人民法院应当执行。

公证债权文书确有错误的,人民法院裁定不予执行,并将裁定书送达双方当事人和公证机关。

第二百三十九条 申请执行的期间为二年。申请执行时效的中止、中断,适用法律有关诉讼时效中止、中断的规定。

前款规定的期间,从法律文书规定履行期间的最后一日起计算;法律文书规定分期履行的,从规定的每次履行期间的最后一日起计算;法律文书未规定履行期间的,从法律文书生效之日起计算。

第二百四十条 执行员接到申请执行书或者移交执行书,应当向被执行人发出执行通知,并可以立即采取强制执行措施。

第二十一章　执 行 措 施

第二百四十一条 被执行人未按执行通知履行法律文书确定的义务,应当报告当前以及收到执行通知之日前一年的财产情况。被执行人拒绝报告或者虚假报告的,人民法院可以根据情节轻重对被执行人或者其法定代理人、有关单位的主要负责人或者直接责任人员予以罚款、拘留。

第二百四十二条 被执行人未按执行通知履行法律文书确定的义务,人民法院有权向有关单位查询被执行人的存款、债券、股票、基金份额等财产情况。人民法院有权根据不同情形扣押、冻结、划拨、变价被执行人的财产。人民法院查询、扣押、冻结、划拨、变价的财产不得超出被执行人应当履行义务的范围。

人民法院决定扣押、冻结、划拨、变价财产,应当作出裁定,并发出协助执行通知书，有关单位必须办理。

第二百四十三条　被执行人未按执行通知履行法律文书确定的义务，人民法院有权扣留、提取被执行人应当履行义务部分的收入。但应当保留被执行人及其所扶养家属的生活必需费用。

人民法院扣留、提取收入时，应当作出裁定，并发出协助执行通知书，被执行人所在单位、银行、信用合作社和其他有储蓄业务的单位必须办理。

第二百四十四条　被执行人未按执行通知履行法律文书确定的义务，人民法院有权查封、扣押、冻结、拍卖、变卖被执行人应当履行义务部分的财产。但应当保留被执行人及其所扶养家属的生活必需品。

采取前款措施，人民法院应当作出裁定。

第二百四十五条　人民法院查封、扣押财产时，被执行人是公民的，应当通知被执行人或者他的成年家属到场；被执行人是法人或者其他组织的，应当通知其法定代表人或者主要负责人到场。拒不到场的，不影响执行。被执行人是公民的，其工作单位或者财产所在地的基层组织应当派人参加。

对被查封、扣押的财产，执行员必须造具清单，由在场人签名或者盖章后，交被执行人一份。被执行人是公民的，也可以交他的成年家属一份。

第二百四十六条　被查封的财产，执行员可以指定被执行人负责保管。因被执行人的过错造成的损失，由被执行人承担。

第二百四十七条　财产被查封、扣押后，执行员应当责令被执行人在指定期间履行法律文书确定的义务。被执行人逾期不履行的，人民法院应当拍卖被查封、扣押的财产；不适于拍卖或者当事人双方同意不进行拍卖的，人民法院可以委托有关单位变卖或者自行变卖。国家禁止自由买卖的物品，交有关单位按照国家规定的价格收购。

第二百四十八条　被执行人不履行法律文书确定的义务，并隐匿财产的，人民法院有权发出搜查令，对被执行人及其住所或者财产隐匿地进行搜查。

采取前款措施，由院长签发搜查令。

第二百四十九条　法律文书指定交付的财物或者票证，由执行员传唤双方当事人当面交付，或者由执行员转交，并由被交付人签收。

有关单位持有该项财物或者票证的，应当根据人民法院的协助执行通知书转交，并由被交付人签收。

有关公民持有该项财物或者票证的，人民法院通知其交出。拒不交出的，强制执行。

第二百五十条　强制迁出房屋或者强制退出土地，由院长签发公告，责令被执行人在指定期间履行。被执行人逾期不履行的，由执行员强制执行。

强制执行时,被执行人是公民的,应当通知被执行人或者他的成年家属到场;被执行人是法人或者其他组织的,应当通知其法定代表人或者主要负责人到场。拒不到场的,不影响执行。被执行人是公民的,其工作单位或者房屋、土地所在地的基层组织应当派人参加。执行员应当将强制执行情况记入笔录,由在场人签名或者盖章。

强制迁出房屋被搬出的财物,由人民法院派人运至指定处所,交给被执行人。被执行人是公民的,也可以交给他的成年家属。因拒绝接收而造成的损失,由被执行人承担。

第二百五十一条 在执行中,需要办理有关财产权证照转移手续的,人民法院可以向有关单位发出协助执行通知书,有关单位必须办理。

第二百五十二条 对判决、裁定和其他法律文书指定的行为,被执行人未按执行通知履行的,人民法院可以强制执行或者委托有关单位或者其他人完成,费用由被执行人承担。

第二百五十三条 被执行人未按判决、裁定和其他法律文书指定的期间履行给付金钱义务的,应当加倍支付迟延履行期间的债务利息。被执行人未按判决、裁定和其他法律文书指定的期间履行其他义务的,应当支付迟延履行金。

第二百五十四条 人民法院采取本法第二百四十二条、第二百四十三条、第二百四十四条规定的执行措施后,被执行人仍不能偿还债务的,应当继续履行义务。债权人发现被执行人有其他财产的,可以随时请求人民法院执行。

第二百五十五条 被执行人不履行法律文书确定的义务的,人民法院可以对其采取或者通知有关单位协助采取限制出境,在征信系统记录、通过媒体公布不履行义务信息以及法律规定的其他措施。

第二十二章 执行中止和终结

第二百五十六条 有下列情形之一的,人民法院应当裁定中止执行:

(一)申请人表示可以延期执行的;

(二)案外人对执行标的提出确有理由的异议的;

(三)作为一方当事人的公民死亡,需要等待继承人继承权利或者承担义务的;

(四)作为一方当事人的法人或者其他组织终止,尚未确定权利义务承受人的;

(五)人民法院认为应当中止执行的其他情形。

中止的情形消失后,恢复执行。

第二百五十七条 有下列情形之一的,人民法院裁定终结执行:

(一)申请人撤销申请的;

(二)据以执行的法律文书被撤销的;

（三）作为被执行人的公民死亡，无遗产可供执行，又无义务承担人的；

（四）追索赡养费、扶养费、抚育费案件的权利人死亡的；

（五）作为被执行人的公民因生活困难无力偿还借款，无收入来源，又丧失劳动能力的；

（六）人民法院认为应当终结执行的其他情形。

第二百五十八条　中止和终结执行的裁定，送达当事人后立即生效。

第四编　涉外民事诉讼程序的特别规定

第二十三章　一 般 原 则

第二百五十九条　在中华人民共和国领域内进行涉外民事诉讼，适用本编规定。本编没有规定的，适用本法其他有关规定。

第二百六十条　中华人民共和国缔结或者参加的国际条约同本法有不同规定的，适用该国际条约的规定，但中华人民共和国声明保留的条款除外。

第二百六十一条　对享有外交特权与豁免的外国人、外国组织或者国际组织提起的民事诉讼，应当依照中华人民共和国有关法律和中华人民共和国缔结或者参加的国际条约的规定办理。

第二百六十二条　人民法院审理涉外民事案件，应当使用中华人民共和国通用的语言、文字。当事人要求提供翻译的，可以提供，费用由当事人承担。

第二百六十三条　外国人、无国籍人、外国企业和组织在人民法院起诉、应诉，需要委托律师代理诉讼的，必须委托中华人民共和国的律师。

第二百六十四条　在中华人民共和国领域内没有住所的外国人、无国籍人、外国企业和组织委托中华人民共和国律师或者其他人代理诉讼，从中华人民共和国领域外寄交或者托交的授权委托书，应当经所在国公证机关证明，并经中华人民共和国驻该国使领馆认证，或者履行中华人民共和国与该所在国订立的有关条约中规定的证明手续后，才具有效力。

第二十四章　管　　辖

第二百六十五条　因合同纠纷或者其他财产权益纠纷，对在中华人民共和国领域内没有住所的被告提起的诉讼，如果合同在中华人民共和国领域内签订或者履行，或者诉讼标的物在中华人民共和国领域内，或者被告在中华人民共和国领域内有可供扣押的财产，或者被告在中华人民共和国领域内设有代表机构，可以由合同签订地、合同履行地、诉讼标的物所在地、可供扣押财产所在地、侵权行为地或者代表机构住所地人民法院管辖。

第二百六十六条 因在中华人民共和国履行中外合资经营企业合同、中外合作经营企业合同、中外合作勘探开发自然资源合同发生纠纷提起的诉讼，由中华人民共和国人民法院管辖。

第二十五章 送达、期间

第二百六十七条 人民法院对在中华人民共和国领域内没有住所的当事人送达诉讼文书，可以采用下列方式：

（一）依照受送达人所在国与中华人民共和国缔结或者共同参加的国际条约中规定的方式送达；

（二）通过外交途径送达；

（三）对具有中华人民共和国国籍的受送达人，可以委托中华人民共和国驻受送达人所在国的使领馆代为送达；

（四）向受送达人委托的有权代其接受送达的诉讼代理人送达；

（五）向受送达人在中华人民共和国领域内设立的代表机构或者有权接受送达的分支机构、业务代办人送达；

（六）受送达人所在国的法律允许邮寄送达的，可以邮寄送达，自邮寄之日起满三个月，送达回证没有退回，但根据各种情况足以认定已经送达的，期间届满之日视为送达；

（七）采用传真、电子邮件等能够确认受送达人收悉的方式送达；

（八）不能用上述方式送达的，公告送达，自公告之日起满三个月，即视为送达。

第二百六十八条 被告在中华人民共和国领域内没有住所的，人民法院应当将起诉状副本送达被告，并通知被告在收到起诉状副本后三十日内提出答辩状。被告申请延期的，是否准许，由人民法院决定。

第二百六十九条 在中华人民共和国领域内没有住所的当事人，不服第一审人民法院判决、裁定的，有权在判决书、裁定书送达之日起三十日内提起上诉。被上诉人在收到上诉状副本后，应当在三十日内提出答辩状。当事人不能在法定期间提起上诉或者提出答辩状，申请延期的，是否准许，由人民法院决定。

第二百七十条 人民法院审理涉外民事案件的期间，不受本法第一百四十九条、第一百七十六条规定的限制。

第二十六章 仲　　裁

第二百七十一条 涉外经济贸易、运输和海事中发生的纠纷，当事人在合同中订有仲裁条款或者事后达成书面仲裁协议，提交中华人民共和国涉外仲裁机构或者其他仲裁机构仲裁的，当事人不得向人民法院起诉。

当事人在合同中没有订有仲裁条款或者事后没有达成书面仲裁协议的,可以向人民法院起诉。

第二百七十二条　当事人申请采取保全的,中华人民共和国的涉外仲裁机构应当将当事人的申请,提交被申请人住所地或者财产所在地的中级人民法院裁定。

第二百七十三条　经中华人民共和国涉外仲裁机构裁决的,当事人不得向人民法院起诉。一方当事人不履行仲裁裁决的,对方当事人可以向被申请人住所地或者财产所在地的中级人民法院申请执行。

第二百七十四条　对中华人民共和国涉外仲裁机构作出的裁决,被申请人提出证据证明仲裁裁决有下列情形之一的,经人民法院组成合议庭审查核实,裁定不予执行:

(一)当事人在合同中没有订有仲裁条款或者事后没有达成书面仲裁协议的;

(二)被申请人没有得到指定仲裁员或者进行仲裁程序的通知,或者由于其他不属于被申请人负责的原因未能陈述意见的;

(三)仲裁庭的组成或者仲裁的程序与仲裁规则不符的;

(四)裁决的事项不属于仲裁协议的范围或者仲裁机构无权仲裁的。

人民法院认定执行该裁决违背社会公共利益的,裁定不予执行。

第二百七十五条　仲裁裁决被人民法院裁定不予执行的,当事人可以根据双方达成的书面仲裁协议重新申请仲裁,也可以向人民法院起诉。

第二十七章　司 法 协 助

第二百七十六条　根据中华人民共和国缔结或者参加的国际条约,或者按照互惠原则,人民法院和外国法院可以相互请求,代为送达文书、调查取证以及进行其他诉讼行为。

外国法院请求协助的事项有损于中华人民共和国的主权、安全或者社会公共利益的,人民法院不予执行。

第二百七十七条　请求和提供司法协助,应当依照中华人民共和国缔结或者参加的国际条约所规定的途径进行;没有条约关系的,通过外交途径进行。

外国驻中华人民共和国的使领馆可以向该国公民送达文书和调查取证,但不得违反中华人民共和国的法律,并不得采取强制措施。

除前款规定的情况外,未经中华人民共和国主管机关准许,任何外国机关或者个人不得在中华人民共和国领域内送达文书、调查取证。

第二百七十八条　外国法院请求人民法院提供司法协助的请求书及其所附文件,应当附有中文译本或者国际条约规定的其他文字文本。

人民法院请求外国法院提供司法协助的请求书及其所附文件,应当附有该国文字译本或者国际条约规定的其他文字文本。

第二百七十九条 人民法院提供司法协助,依照中华人民共和国法律规定的程序进行。外国法院请求采用特殊方式的,也可以按照其请求的特殊方式进行,但请求采用的特殊方式不得违反中华人民共和国法律。

第二百八十条 人民法院作出的发生法律效力的判决、裁定,如果被执行人或者其财产不在中华人民共和国领域内,当事人请求执行的,可以由当事人直接向有管辖权的外国法院申请承认和执行,也可以由人民法院依照中华人民共和国缔结或者参加的国际条约的规定,或者按照互惠原则,请求外国法院承认和执行。

中华人民共和国涉外仲裁机构作出的发生法律效力的仲裁裁决,当事人请求执行的,如果被执行人或者其财产不在中华人民共和国领域内,应当由当事人直接向有管辖权的外国法院申请承认和执行。

第二百八十一条 外国法院作出的发生法律效力的判决、裁定,需要中华人民共和国人民法院承认和执行的,可以由当事人直接向中华人民共和国有管辖权的中级人民法院申请承认和执行,也可以由外国法院依照该国与中华人民共和国缔结或者参加的国际条约的规定,或者按照互惠原则,请求人民法院承认和执行。

第二百八十二条 人民法院对申请或者请求承认和执行的外国法院作出的发生法律效力的判决、裁定,依照中华人民共和国缔结或者参加的国际条约,或者按照互惠原则进行审查后,认为不违反中华人民共和国法律的基本原则或者国家主权、安全、社会公共利益的,裁定承认其效力,需要执行的,发出执行令,依照本法的有关规定执行。违反中华人民共和国法律的基本原则或者国家主权、安全、社会公共利益的,不予承认和执行。

第二百八十三条 国外仲裁机构的裁决,需要中华人民共和国人民法院承认和执行的,应当由当事人直接向被执行人住所地或者其财产所在地的中级人民法院申请,人民法院应当依照中华人民共和国缔结或者参加的国际条约,或者按照互惠原则办理。

第二百八十四条 本法自公布之日起施行,《中华人民共和国民事诉讼法(试行)》同时废止。

最高人民法院关于适用《中华人民共和国民事诉讼法》的解释

（2014年12月18日最高人民法院审判委员会第1636次会议通过
2015年1月30日公布　法释〔2015〕5号　自2015年2月4日起施行）

目　录

2012年8月31日，第十一届全国人民代表大会常务委员会第二十八次会议审议通过了《关于修改〈中华人民共和国民事诉讼法〉的决定》。根据修改后的民事诉讼法,结合人民法院民事审判和执行工作实际,制定本解释。

一、管　　辖

第一条　民事诉讼法第十八条第一项规定的重大涉外案件,包括争议标的额大的案件、案情复杂的案件,或者一方当事人人数众多等具有重大影响的案件。

第二条　专利纠纷案件由知识产权法院、最高人民法院确定的中级人民法院和基层人民法院管辖。

海事、海商案件由海事法院管辖。

第三条　公民的住所地是指公民的户籍所在地,法人或者其他组织的住所地是指法人或者其他组织的主要办事机构所在地。

法人或者其他组织的主要办事机构所在地不能确定的,法人或者其他组织的注册地或者登记地为住所地。

第四条　公民的经常居住地是指公民离开住所地至起诉时已连续居住一年以上的地方,但公民住院就医的地方除外。

第五条　对没有办事机构的个人合伙、合伙型联营体提起的诉讼,由被告注册登记地人民法院管辖。没有注册登记,几个被告又不在同一辖区的,被告住所地的人民法院都有管辖权。

第六条　被告被注销户籍的,依照民事诉讼法第二十二条规定确定管辖;原告、被告均被注销户籍的,由被告居住地人民法院管辖。

第七条　当事人的户籍迁出后尚未落户,有经常居住地的,由该地人民法院管辖;没有经常居住地的,由其原户籍所在地人民法院管辖。

第八条　双方当事人都被监禁或者被采取强制性教育措施的,由被告原住所地人民法院管辖。被告被监禁或者被采取强制性教育措施一年以上的,由被告被监禁地或者被采取强制性教育措施地人民法院管辖。

第九条　追索赡养费、抚育费、扶养费案件的几个被告住所地不在同一辖区的,可以由原告住所地人民法院管辖。

第十条　不服指定监护或者变更监护关系的案件,可以由被监护人住所地人民法院管辖。

第十一条　双方当事人均为军人或者军队单位的民事案件由军事法院管辖。

第十二条　夫妻一方离开住所地超过一年,另一方起诉离婚的案件,可以由原告住所地人民法院管辖。

夫妻双方离开住所地超过一年,一方起诉离婚的案件,由被告经常居住地人民法院管辖;没有经常居住地的,由原告起诉时被告居住地人民法院管辖。

第十三条　在国内结婚并定居国外的华侨，如定居国法院以离婚诉讼须由婚姻缔结地法院管辖为由不予受理，当事人向人民法院提出离婚诉讼的，由婚姻缔结地或者一方在国内的最后居住地人民法院管辖。

第十四条　在国外结婚并定居国外的华侨，如定居国法院以离婚诉讼须由国籍所属国法院管辖为由不予受理，当事人向人民法院提出离婚诉讼的，由一方原住所地或者在国内的最后居住地人民法院管辖。

第十五条　中国公民一方居住在国外，一方居住在国内，不论哪一方向人民法院提起离婚诉讼，国内一方住所地人民法院都有权管辖。国外一方在居住国法院起诉，国内一方向人民法院起诉的，受诉人民法院有权管辖。

第十六条　中国公民双方在国外但未定居，一方向人民法院起诉离婚的，应由原告或者被告原住所地人民法院管辖。

第十七条　已经离婚的中国公民，双方均定居国外，仅就国内财产分割提起诉讼的，由主要财产所在地人民法院管辖。

第十八条　合同约定履行地点的，以约定的履行地点为合同履行地。

合同对履行地点没有约定或者约定不明确，争议标的为给付货币的，接收货币一方所在地为合同履行地；交付不动产的，不动产所在地为合同履行地；其他标的，履行义务一方所在地为合同履行地。即时结清的合同，交易行为地为合同履行地。

合同没有实际履行，当事人双方住所地都不在合同约定的履行地的，由被告住所地人民法院管辖。

第十九条　财产租赁合同、融资租赁合同以租赁物使用地为合同履行地。合同对履行地有约定的，从其约定。

第二十条　以信息网络方式订立的买卖合同，通过信息网络交付标的的，以买受人住所地为合同履行地；通过其他方式交付标的的，收货地为合同履行地。合同对履行地有约定的，从其约定。

第二十一条　因财产保险合同纠纷提起的诉讼，如果保险标的物是运输工具或者运输中的货物，可以由运输工具登记注册地、运输目的地、保险事故发生地人民法院管辖。

因人身保险合同纠纷提起的诉讼，可以由被保险人住所地人民法院管辖。

第二十二条　因股东名册记载、请求变更公司登记、股东知情权、公司决议、公司合并、公司分立、公司减资、公司增资等纠纷提起的诉讼，依照民事诉讼法第二十六条规定确定管辖。

第二十三条　债权人申请支付令，适用民事诉讼法第二十一条规定，由债务人住所地基层人民法院管辖。

第二十四条　民事诉讼法第二十八条规定的侵权行为地，包括侵权行为实施地、侵权结果发生地。

第二十五条 信息网络侵权行为实施地包括实施被诉侵权行为的计算机等信息设备所在地,侵权结果发生地包括被侵权人住所地。

第二十六条 因产品、服务质量不合格造成他人财产、人身损害提起的诉讼,产品制造地、产品销售地、服务提供地、侵权行为地和被告住所地人民法院都有管辖权。

第二十七条 当事人申请诉前保全后没有在法定期间起诉或者申请仲裁,给被申请人、利害关系人造成损失引起的诉讼,由采取保全措施的人民法院管辖。

当事人申请诉前保全后在法定期间内起诉或者申请仲裁,被申请人、利害关系人因保全受到损失提起的诉讼,由受理起诉的人民法院或者采取保全措施的人民法院管辖。

第二十八条 民事诉讼法第三十三条第一项规定的不动产纠纷是指因不动产的权利确认、分割、相邻关系等引起的物权纠纷。

农村土地承包经营合同纠纷、房屋租赁合同纠纷、建设工程施工合同纠纷、政策性房屋买卖合同纠纷,按照不动产纠纷确定管辖。

不动产已登记的,以不动产登记簿记载的所在地为不动产所在地;不动产未登记的,以不动产实际所在地为不动产所在地。

第二十九条 民事诉讼法第三十四条规定的书面协议,包括书面合同中的协议管辖条款或者诉讼前以书面形式达成的选择管辖的协议。

第三十条 根据管辖协议,起诉时能够确定管辖法院的,从其约定;不能确定的,依照民事诉讼法的相关规定确定管辖。

管辖协议约定两个以上与争议有实际联系的地点的人民法院管辖,原告可以向其中一个人民法院起诉。

第三十一条 经营者使用格式条款与消费者订立管辖协议,未采取合理方式提请消费者注意,消费者主张管辖协议无效的,人民法院应予支持。

第三十二条 管辖协议约定由一方当事人住所地人民法院管辖,协议签订后当事人住所地变更的,由签订管辖协议时的住所地人民法院管辖,但当事人另有约定的除外。

第三十三条 合同转让的,合同的管辖协议对合同受让人有效,但转让时受让人不知道有管辖协议,或者转让协议另有约定且原合同相对人同意的除外。

第三十四条 当事人因同居或者在解除婚姻、收养关系后发生财产争议,约定管辖的,可以适用民事诉讼法第三十四条规定确定管辖。

第三十五条 当事人在答辩期间届满后未应诉答辩,人民法院在一审开庭前,发现案件不属于本院管辖的,应当裁定移送有管辖权的人民法院。

第三十六条　两个以上人民法院都有管辖权的诉讼,先立案的人民法院不得将案件移送给另一个有管辖权的人民法院。人民法院在立案前发现其他有管辖权的人民法院已先立案的,不得重复立案;立案后发现其他有管辖权的人民法院已先立案的,裁定将案件移送给先立案的人民法院。

第三十七条　案件受理后,受诉人民法院的管辖权不受当事人住所地、经常居住地变更的影响。

第三十八条　有管辖权的人民法院受理案件后,不得以行政区域变更为由,将案件移送给变更后有管辖权的人民法院。判决后的上诉案件和依审判监督程序提审的案件,由原审人民法院的上级人民法院进行审判;上级人民法院指令再审、发回重审的案件,由原审人民法院再审或者重审。

第三十九条　人民法院对管辖异议审查后确定有管辖权的,不因当事人提起反诉、增加或者变更诉讼请求等改变管辖,但违反级别管辖、专属管辖规定的除外。

人民法院发回重审或者按第一审程序再审的案件,当事人提出管辖异议的,人民法院不予审查。

第四十条　依照民事诉讼法第三十七条第二款规定,发生管辖权争议的两个人民法院因协商不成报请它们的共同上级人民法院指定管辖时,双方为同属一个地、市辖区的基层人民法院的,由该地、市的中级人民法院及时指定管辖;同属一个省、自治区、直辖市的两个人民法院的,由该省、自治区、直辖市的高级人民法院及时指定管辖;双方为跨省、自治区、直辖市的人民法院,高级人民法院协商不成的,由最高人民法院及时指定管辖。

依照前款规定报请上级人民法院指定管辖时,应当逐级进行。

第四十一条　人民法院依照民事诉讼法第三十七条第二款规定指定管辖的,应当作出裁定。

对报请上级人民法院指定管辖的案件,下级人民法院应当中止审理。指定管辖裁定作出前,下级人民法院对案件作出判决、裁定的,上级人民法院应当在裁定指定管辖的同时,一并撤销下级人民法院的判决、裁定。

第四十二条　下列第一审民事案件,人民法院依照民事诉讼法第三十八条第一款规定,可以在开庭前交下级人民法院审理:

(一)破产程序中有关债务人的诉讼案件;

(二)当事人人数众多且不方便诉讼的案件;

(三)最高人民法院确定的其他类型案件。

人民法院交下级人民法院审理前,应当报请其上级人民法院批准。上级人民法院批准后,人民法院应当裁定将案件交下级人民法院审理。

二、回　　避

第四十三条　审判人员有下列情形之一的,应当自行回避,当事人有权申请其回避:

(一)是本案当事人或者当事人近亲属的;

(二)本人或者其近亲属与本案有利害关系的;

(三)担任过本案的证人、鉴定人、辩护人、诉讼代理人、翻译人员的;

(四)是本案诉讼代理人近亲属的;

(五)本人或者其近亲属持有本案非上市公司当事人的股份或者股权的;

(六)与本案当事人或者诉讼代理人有其他利害关系,可能影响公正审理的。

第四十四条　审判人员有下列情形之一的,当事人有权申请其回避:

(一)接受本案当事人及其受托人宴请,或者参加由其支付费用的活动的;

(二)索取、接受本案当事人及其受托人财物或者其他利益的;

(三)违反规定会见本案当事人、诉讼代理人的;

(四)为本案当事人推荐、介绍诉讼代理人,或者为律师、其他人员介绍代理本案的;

(五)向本案当事人及其受托人借用款物的;

(六)有其他不正当行为,可能影响公正审理的。

第四十五条　在一个审判程序中参与过本案审判工作的审判人员,不得再参与该案其他程序的审判。

发回重审的案件,在一审法院作出裁判后又进入第二审程序的,原第二审程序中合议庭组成人员不受前款规定的限制。

第四十六条　审判人员有应当回避的情形,没有自行回避,当事人也没有申请其回避的,由院长或者审判委员会决定其回避。

第四十七条　人民法院应当依法告知当事人对合议庭组成人员、独任审判员和书记员等人员有申请回避的权利。

第四十八条　民事诉讼法第四十四条所称的审判人员,包括参与本案审理的人民法院院长、副院长、审判委员会委员、庭长、副庭长、审判员、助理审判员和人民陪审员。

第四十九条　书记员和执行员适用审判人员回避的有关规定。

三、诉讼参加人

第五十条　法人的法定代表人以依法登记的为准,但法律另有规定的除外。依法不需要办理登记的法人,以其正职负责人为法定代表人;没有正职负责人的,以其主持工作的副职负责人为法定代表人。

法定代表人已经变更,但未完成登记,变更后的法定代表人要求代表法人参加诉讼的,人民法院可以准许。

其他组织,以其主要负责人为代表人。

第五十一条　在诉讼中,法人的法定代表人变更的,由新的法定代表人继续进行诉讼,并应向人民法院提交新的法定代表人身份证明书。原法定代表人进行的诉讼行为有效。

前款规定,适用于其他组织参加的诉讼。

第五十二条　民事诉讼法第四十八条规定的其他组织是指合法成立、有一定的组织机构和财产,但又不具备法人资格的组织,包括:

(一)依法登记领取营业执照的个人独资企业;

(二)依法登记领取营业执照的合伙企业;

(三)依法登记领取我国营业执照的中外合作经营企业、外资企业;

(四)依法成立的社会团体的分支机构、代表机构;

(五)依法设立并领取营业执照的法人的分支机构;

(六)依法设立并领取营业执照的商业银行、政策性银行和非银行金融机构的分支机构;

(七)经依法登记领取营业执照的乡镇企业、街道企业;

(八)其他符合本条规定条件的组织。

第五十三条　法人非依法设立的分支机构,或者虽依法设立,但没有领取营业执照的分支机构,以设立该分支机构的法人为当事人。

第五十四条　以挂靠形式从事民事活动,当事人请求由挂靠人和被挂靠人依法承担民事责任的,该挂靠人和被挂靠人为共同诉讼人。

第五十五条　在诉讼中,一方当事人死亡,需要等待继承人表明是否参加诉讼的,裁定中止诉讼。人民法院应当及时通知继承人作为当事人承担诉讼,被继承人已经进行的诉讼行为对承担诉讼的继承人有效。

第五十六条　法人或者其他组织的工作人员执行工作任务造成他人损害的,该法人或者其他组织为当事人。

第五十七条　提供劳务一方因劳务造成他人损害,受害人提起诉讼的,以接受劳务一方为被告。

第五十八条　在劳务派遣期间,被派遣的工作人员因执行工作任务造成他人损害的,以接受劳务派遣的用工单位为当事人。当事人主张劳务派遣单位承担责任的,该劳务派遣单位为共同被告。

第五十九条　在诉讼中,个体工商户以营业执照上登记的经营者为当事人。

有字号的,以营业执照上登记的字号为当事人,但应同时注明该字号经营者的基本信息。

营业执照上登记的经营者与实际经营者不一致的,以登记的经营者和实际经营者为共同诉讼人。

第六十条 在诉讼中,未依法登记领取营业执照的个人合伙的全体合伙人为共同诉讼人。个人合伙有依法核准登记的字号的,应在法律文书中注明登记的字号。全体合伙人可以推选代表人;被推选的代表人,应由全体合伙人出具推选书。

第六十一条 当事人之间的纠纷经人民调解委员会调解达成协议后,一方当事人不履行调解协议,另一方当事人向人民法院提起诉讼的,应以对方当事人为被告。

第六十二条 下列情形,以行为人为当事人:

(一)法人或者其他组织应登记而未登记,行为人即以该法人或者其他组织名义进行民事活动的;

(二)行为人没有代理权、超越代理权或者代理权终止后以被代理人名义进行民事活动的,但相对人有理由相信行为人有代理权的除外;

(三)法人或者其他组织依法终止后,行为人仍以其名义进行民事活动的。

第六十三条 企业法人合并的,因合并前的民事活动发生的纠纷,以合并后的企业为当事人;企业法人分立的,因分立前的民事活动发生的纠纷,以分立后的企业为共同诉讼人。

第六十四条 企业法人解散的,依法清算并注销前,以该企业法人为当事人;未依法清算即被注销的,以该企业法人的股东、发起人或者出资人为当事人。

第六十五条 借用业务介绍信、合同专用章、盖章的空白合同书或者银行账户的,出借单位和借用人为共同诉讼人。

第六十六条 因保证合同纠纷提起的诉讼,债权人向保证人和被保证人一并主张权利的,人民法院应当将保证人和被保证人列为共同被告。保证合同约定为一般保证,债权人仅起诉保证人的,人民法院应当通知被保证人作为共同被告参加诉讼;债权人仅起诉被保证人的,可以只列被保证人为被告。

第六十七条 无民事行为能力人、限制民事行为能力人造成他人损害的,无民事行为能力人、限制民事行为能力人和其监护人为共同被告。

第六十八条 村民委员会或者村民小组与他人发生民事纠纷的,村民委员会或者有独立财产的村民小组为当事人。

第六十九条 对侵害死者遗体、遗骨以及姓名、肖像、名誉、荣誉、隐私等行为提起诉讼的,死者的近亲属为当事人。

第七十条 在继承遗产的诉讼中,部分继承人起诉的,人民法院应通知其他继承人作为共同原告参加诉讼；被通知的继承人不愿意参加诉讼又未明确表示放弃实体权利的，人民法院仍应将其列为共同原告。

第七十一条　原告起诉被代理人和代理人，要求承担连带责任的，被代理人和代理人为共同被告。

第七十二条　共有财产权受到他人侵害，部分共有权人起诉的，其他共有权人为共同诉讼人。

第七十三条　必须共同进行诉讼的当事人没有参加诉讼的，人民法院应当依照民事诉讼法第一百三十二条的规定，通知其参加；当事人也可以向人民法院申请追加。人民法院对当事人提出的申请，应当进行审查，申请理由不成立的，裁定驳回；申请理由成立的，书面通知被追加的当事人参加诉讼。

第七十四条　人民法院追加共同诉讼的当事人时，应当通知其他当事人。应当追加的原告，已明确表示放弃实体权利的，可不予追加；既不愿意参加诉讼，又不放弃实体权利的，仍应追加为共同原告，其不参加诉讼，不影响人民法院对案件的审理和依法作出判决。

第七十五条　民事诉讼法第五十三条、第五十四条和第一百九十九条规定的人数众多，一般指十人以上。

第七十六条　依照民事诉讼法第五十三条规定，当事人一方人数众多在起诉时确定的，可以由全体当事人推选共同的代表人，也可以由部分当事人推选自己的代表人；推选不出代表人的当事人，在必要的共同诉讼中可以自己参加诉讼，在普通的共同诉讼中可以另行起诉。

第七十七条　根据民事诉讼法第五十四条规定，当事人一方人数众多在起诉时不确定的，由当事人推选代表人。当事人推选不出的，可以由人民法院提出人选与当事人协商；协商不成的，也可以由人民法院在起诉的当事人中指定代表人。

第七十八条　民事诉讼法第五十三条和第五十四条规定的代表人为二至五人，每位代表人可以委托一至二人作为诉讼代理人。

第七十九条　依照民事诉讼法第五十四条规定受理的案件，人民法院可以发出公告，通知权利人向人民法院登记。公告期间根据案件的具体情况确定，但不得少于三十日。

第八十条　根据民事诉讼法第五十四条规定向人民法院登记的权利人，应当证明其与对方当事人的法律关系和所受到的损害。证明不了的，不予登记，权利人可以另行起诉。人民法院的裁判在登记的范围内执行。未参加登记的权利人提起诉讼，人民法院认定其请求成立的，裁定适用人民法院已作出的判决、裁定。

第八十一条　根据民事诉讼法第五十六条的规定，有独立请求权的第三人有权向人民法院提出诉讼请求和事实、理由，成为当事人；无独立请求权的第三人，可以申请或者由人民法院通知参加诉讼。

第一审程序中未参加诉讼的第三人,申请参加第二审程序的,人民法院可以准许。

第八十二条 在一审诉讼中,无独立请求权的第三人无权提出管辖异议,无权放弃、变更诉讼请求或者申请撤诉,被判决承担民事责任的,有权提起上诉。

第八十三条 在诉讼中,无民事行为能力人、限制民事行为能力人的监护人是他的法定代理人。事先没有确定监护人的,可以由有监护资格的人协商确定;协商不成的,由人民法院在他们之中指定诉讼中的法定代理人。当事人没有民法通则第十六条第一款、第二款或者第十七条第一款规定的监护人的,可以指定该法第十六条第四款或者第十七条第三款规定的有关组织担任诉讼中的法定代理人。

第八十四条 无民事行为能力人、限制民事行为能力人以及其他依法不能作为诉讼代理人的,当事人不得委托其作为诉讼代理人。

第八十五条 根据民事诉讼法第五十八条第二款第二项规定,与当事人有夫妻、直系血亲、三代以内旁系血亲、近姻亲关系以及其他有抚养、赡养关系的亲属,可以当事人近亲属的名义作为诉讼代理人。

第八十六条 根据民事诉讼法第五十八条第二款第二项规定,与当事人有合法劳动人事关系的职工,可以当事人工作人员的名义作为诉讼代理人。

第八十七条 根据民事诉讼法第五十八条第二款第三项规定,有关社会团体推荐公民担任诉讼代理人的,应当符合下列条件:

(一)社会团体属于依法登记设立或者依法免予登记设立的非营利性法人组织;

(二)被代理人属于该社会团体的成员,或者当事人一方住所地位于该社会团体的活动地域;

(三)代理事务属于该社会团体章程载明的业务范围;

(四)被推荐的公民是该社会团体的负责人或者与该社会团体有合法劳动人事关系的工作人员。

专利代理人经中华全国专利代理人协会推荐,可以在专利纠纷案件中担任诉讼代理人。

第八十八条 诉讼代理人除根据民事诉讼法第五十九条规定提交授权委托书外,还应当按照下列规定向人民法院提交相关材料:

(一)律师应当提交律师执业证、律师事务所证明材料;

(二)基层法律服务工作者应当提交法律服务工作者执业证、基层法律服务所出具的介绍信以及当事人一方位于本辖区内的证明材料;

(三)当事人的近亲属应当提交身份证件和与委托人有近亲属关系的证

明材料；

（四）当事人的工作人员应当提交身份证件和与当事人有合法劳动人事关系的证明材料；

（五）当事人所在社区、单位推荐的公民应当提交身份证件、推荐材料和当事人属于该社区、单位的证明材料；

（六）有关社会团体推荐的公民应当提交身份证件和符合本解释第八十七条规定条件的证明材料。

第八十九条 当事人向人民法院提交的授权委托书，应当在开庭审理前送交人民法院。授权委托书仅写“全权代理”而无具体授权的，诉讼代理人无权代为承认、放弃、变更诉讼请求，进行和解，提出反诉或者提起上诉。

适用简易程序审理的案件，双方当事人同时到庭并径行开庭审理的，可以当场口头委托诉讼代理人，由人民法院记入笔录。

四、证 据

第九十条 当事人对自己提出的诉讼请求所依据的事实或者反驳对方诉讼请求所依据的事实，应当提供证据加以证明，但法律另有规定的除外。

在作出判决前，当事人未能提供证据或者证据不足以证明其事实主张的，由负有举证证明责任的当事人承担不利的后果。

第九十一条 人民法院应当依照下列原则确定举证证明责任的承担，但法律另有规定的除外：

（一）主张法律关系存在的当事人，应当对产生该法律关系的基本事实承担举证证明责任；

（二）主张法律关系变更、消灭或者权利受到妨害的当事人，应当对该法律关系变更、消灭或者权利受到妨害的基本事实承担举证证明责任。

第九十二条 一方当事人在法庭审理中，或者在起诉状、答辩状、代理词等书面材料中，对于己不利的事实明确表示承认的，另一方当事人无需举证证明。

对于涉及身份关系、国家利益、社会公共利益等应当由人民法院依职权调查的事实，不适用前款自认的规定。

自认的事实与查明的事实不符的，人民法院不予确认。

第九十三条 下列事实，当事人无须举证证明：

（一）自然规律以及定理、定律；

（二）众所周知的事实；

（三）根据法律规定推定的事实；

（四）根据已知的事实和日常生活经验法则推定出的另一事实；

(五)已为人民法院发生法律效力的裁判所确认的事实;

(六)已为仲裁机构生效裁决所确认的事实;

(七)已为有效公证文书所证明的事实。

前款第二项至第四项规定的事实,当事人有相反证据足以反驳的除外;第五项至第七项规定的事实,当事人有相反证据足以推翻的除外。

第九十四条 民事诉讼法第六十四条第二款规定的当事人及其诉讼代理人因客观原因不能自行收集的证据包括:

(一)证据由国家有关部门保存,当事人及其诉讼代理人无权查阅调取的;

(二)涉及国家秘密、商业秘密或者个人隐私的;

(三)当事人及其诉讼代理人因客观原因不能自行收集的其他证据。

当事人及其诉讼代理人因客观原因不能自行收集的证据,可以在举证期限届满前书面申请人民法院调查收集。

第九十五条 当事人申请调查收集的证据,与待证事实无关联、对证明待证事实无意义或者其他无调查收集必要的,人民法院不予准许。

第九十六条 民事诉讼法第六十四条第二款规定的人民法院认为审理案件需要的证据包括:

(一)涉及可能损害国家利益、社会公共利益的;

(二)涉及身份关系的;

(三)涉及民事诉讼法第五十五条规定诉讼的;

(四)当事人有恶意串通损害他人合法权益可能的;

(五)涉及依职权追加当事人、中止诉讼、终结诉讼、回避等程序性事项的。

除前款规定外,人民法院调查收集证据,应当依照当事人的申请进行。

第九十七条 人民法院调查收集证据,应当由两人以上共同进行。调查材料要由调查人、被调查人、记录人签名、捺印或者盖章。

第九十八条 当事人根据民事诉讼法第八十一条第一款规定申请证据保全的,可以在举证期限届满前书面提出。

证据保全可能对他人造成损失的,人民法院应当责令申请人提供相应的担保。

第九十九条 人民法院应当在审理前的准备阶段确定当事人的举证期限。举证期限可以由当事人协商,并经人民法院准许。

人民法院确定举证期限,第一审普通程序案件不得少于十五日,当事人提供新的证据的第二审案件不得少于十日。

举证期限届满后,当事人对已经提供的证据,申请提供反驳证据或者对证据来源、形式等方面的瑕疵进行补正的,人民法院可以酌情再次确定举证期限,该期限不受前款规定的限制。

第一百条　当事人申请延长举证期限的，应当在举证期限届满前向人民法院提出书面申请。

申请理由成立的，人民法院应当准许，适当延长举证期限，并通知其他当事人。延长的举证期限适用于其他当事人。

申请理由不成立的，人民法院不予准许，并通知申请人。

第一百零一条　当事人逾期提供证据的，人民法院应当责令其说明理由，必要时可以要求其提供相应的证据。

当事人因客观原因逾期提供证据，或者对方当事人对逾期提供证据未提出异议的，视为未逾期。

第一百零二条　当事人因故意或者重大过失逾期提供的证据，人民法院不予采纳。但该证据与案件基本事实有关的，人民法院应当采纳，并依照民事诉讼法第六十五条、第一百一十五条第一款的规定予以训诫、罚款。

当事人非因故意或者重大过失逾期提供的证据，人民法院应当采纳，并对当事人予以训诫。

当事人一方要求另一方赔偿因逾期提供证据致使其增加的交通、住宿、就餐、误工、证人出庭作证等必要费用的，人民法院可予支持。

第一百零三条　证据应当在法庭上出示，由当事人互相质证。未经当事人质证的证据，不得作为认定案件事实的根据。

当事人在审理前的准备阶段认可的证据，经审判人员在庭审中说明后，视为质证过的证据。

涉及国家秘密、商业秘密、个人隐私或者法律规定应当保密的证据，不得公开质证。

第一百零四条　人民法院应当组织当事人围绕证据的真实性、合法性以及与待证事实的关联性进行质证，并针对证据有无证明力和证明力大小进行说明和辩论。

能够反映案件真实情况、与待证事实相关联、来源和形式符合法律规定的证据，应当作为认定案件事实的根据。

第一百零五条　人民法院应当按照法定程序，全面、客观地审核证据，依照法律规定，运用逻辑推理和日常生活经验法则，对证据有无证明力和证明力大小进行判断，并公开判断的理由和结果。

第一百零六条　对以严重侵害他人合法权益、违反法律禁止性规定或者严重违背公序良俗的方法形成或者获取的证据，不得作为认定案件事实的根据。

第一百零七条　在诉讼中，当事人为达成调解协议或者和解协议作出妥协而认可的事实，不得在后续的诉讼中作为对其不利的根据，但法律另有规定或者当事人均同意的除外。

第一百零八条 对负有举证证明责任的当事人提供的证据,人民法院经审查并结合相关事实,确信待证事实的存在具有高度可能性的,应当认定该事实存在。

对一方当事人为反驳负有举证证明责任的当事人所主张事实而提供的证据,人民法院经审查并结合相关事实,认为待证事实真伪不明的,应当认定该事实不存在。

法律对于待证事实所应达到的证明标准另有规定的,从其规定。

第一百零九条 当事人对欺诈、胁迫、恶意串通事实的证明,以及对口头遗嘱或者赠与事实的证明,人民法院确信该待证事实存在的可能性能够排除合理怀疑的,应当认定该事实存在。

第一百一十条 人民法院认为有必要的,可以要求当事人本人到庭,就案件有关事实接受询问。在询问当事人之前,可以要求其签署保证书。

保证书应当载明据实陈述、如有虚假陈述愿意接受处罚等内容。当事人应当在保证书上签名或者捺印。

负有举证证明责任的当事人拒绝到庭、拒绝接受询问或者拒绝签署保证书,待证事实又欠缺其他证据证明的,人民法院对其主张的事实不予认定。

第一百一十一条 民事诉讼法第七十条规定的提交书证原件确有困难,包括下列情形:

(一)书证原件遗失、灭失或者毁损的;

(二)原件在对方当事人控制之下,经合法通知提交而拒不提交的;

(三)原件在他人控制之下,而其有权不提交的;

(四)原件因篇幅或者体积过大而不便提交的;

(五)承担举证证明责任的当事人通过申请人民法院调查收集或者其他方式无法获得书证原件的。

前款规定情形,人民法院应当结合其他证据和案件具体情况,审查判断书证复制品等能否作为认定案件事实的根据。

第一百一十二条 书证在对方当事人控制之下的,承担举证证明责任的当事人可以在举证期限届满前书面申请人民法院责令对方当事人提交。

申请理由成立的,人民法院应当责令对方当事人提交,因提交书证所产生的费用,由申请人负担。对方当事人无正当理由拒不提交的,人民法院可以认定申请人所主张的书证内容为真实。

第一百一十三条 持有书证的当事人以妨碍对方当事人使用为目的,毁灭有关书证或者实施其他致使书证不能使用行为的,人民法院可以依照民事诉讼法第一百一十一条规定,对其处以罚款、拘留。

第一百一十四条　国家机关或者其他依法具有社会管理职能的组织，在其职权范围内制作的文书所记载的事项推定为真实，但有相反证据足以推翻的除外。必要时，人民法院可以要求制作文书的机关或者组织对文书的真实性予以说明。

第一百一十五条　单位向人民法院提出的证明材料，应当由单位负责人及制作证明材料的人员签名或者盖章，并加盖单位印章。人民法院就单位出具的证明材料，可以向单位及制作证明材料的人员进行调查核实。必要时，可以要求制作证明材料的人员出庭作证。

单位及制作证明材料的人员拒绝人民法院调查核实，或者制作证明材料的人员无正当理由拒绝出庭作证的，该证明材料不得作为认定案件事实的根据。

第一百一十六条　视听资料包括录音资料和影像资料。

电子数据是指通过电子邮件、电子数据交换、网上聊天记录、博客、微博客、手机短信、电子签名、域名等形成或者存储在电子介质中的信息。

存储在电子介质中的录音资料和影像资料，适用电子数据的规定。

第一百一十七条　当事人申请证人出庭作证的，应当在举证期限届满前提出。

符合本解释第九十六条第一款规定情形的，人民法院可以依职权通知证人出庭作证。

未经人民法院通知，证人不得出庭作证，但双方当事人同意并经人民法院准许的除外。

第一百一十八条　民事诉讼法第七十四条规定的证人因履行出庭作证义务而支出的交通、住宿、就餐等必要费用，按照机关事业单位工作人员差旅费用和补贴标准计算；误工损失按照国家上年度职工日平均工资标准计算。

人民法院准许证人出庭作证申请的，应当通知申请人预缴证人出庭作证费用。

第一百一十九条　人民法院在证人出庭作证前应当告知其如实作证的义务以及作伪证的法律后果，并责令其签署保证书，但无民事行为能力人和限制民事行为能力人除外。

证人签署保证书适用本解释关于当事人签署保证书的规定。

第一百二十条　证人拒绝签署保证书的，不得作证，并自行承担相关费用。

第一百二十一条　当事人申请鉴定，可以在举证期限届满前提出。申请鉴定的事项与待证事实无关联，或者对证明待证事实无意义的，人民法院不予准许。

人民法院准许当事人鉴定申请的，应当组织双方当事人协商确定具备相应资格的鉴定人。当事人协商不成的，由人民法院指定。

符合依职权调查收集证据条件的，人民法院应当依职权委托鉴定，在询问当事人的意见后，指定具备相应资格的鉴定人。

第一百二十二条　当事人可以依照民事诉讼法第七十九条的规定，在举证期限届满前申请一至二名具有专门知识的人出庭,代表当事人对鉴定意见进行质证,或者对案件事实所涉及的专业问题提出意见。

具有专门知识的人在法庭上就专业问题提出的意见,视为当事人的陈述。

人民法院准许当事人申请的,相关费用由提出申请的当事人负担。

第一百二十三条 人民法院可以对出庭的具有专门知识的人进行询问。经法庭准许,当事人可以对出庭的具有专门知识的人进行询问,当事人各自申请的具有专门知识的人可以就案件中的有关问题进行对质。

具有专门知识的人不得参与专业问题之外的法庭审理活动。

第一百二十四条 人民法院认为有必要的,可以根据当事人的申请或者依职权对物证或者现场进行勘验。勘验时应当保护他人的隐私和尊严。

人民法院可以要求鉴定人参与勘验。必要时,可以要求鉴定人在勘验中进行鉴定。

五、期间和送达

第一百二十五条 依照民事诉讼法第八十二条第二款规定,民事诉讼中以时起算的期间从次时起算;以日、月、年计算的期间从次日起算。

第一百二十六条 民事诉讼法第一百二十三条规定的立案期限,因起诉状内容欠缺通知原告补正的,从补正后交人民法院的次日起算。由上级人民法院转交下级人民法院立案的案件,从受诉人民法院收到起诉状的次日起算。

第一百二十七条 民事诉讼法第五十六条第三款、第二百零五条以及本解释第三百七十四条、第三百八十四条、第四百零一条、第四百二十二条、第四百二十三条规定的六个月,民事诉讼法第二百二十三条规定的一年,为不变期间,不适用诉讼时效中止、中断、延长的规定。

第一百二十八条 再审案件按照第一审程序或者第二审程序审理的,适用民事诉讼法第一百四十九条、第一百七十六条规定的审限。审限自再审立案的次日起算。

第一百二十九条 对申请再审案件,人民法院应当自受理之日起三个月内审查完毕,但公告期间、当事人和解期间等不计入审查期限。有特殊情况需要延长的,由本院院长批准。

第一百三十条 向法人或者其他组织送达诉讼文书,应当由法人的法定代表人、该组织的主要负责人或者办公室、收发室、值班室等负责收件的人签收或者盖章,拒绝签收或者盖章的,适用留置送达。

民事诉讼法第八十六条规定的有关基层组织和所在单位的代表,可以是受送达人住所地的居民委员会、村民委员会的工作人员以及受送达人所在单位的工作人员。

第一百三十一条 人民法院直接送达诉讼文书的,可以通知当事人到人民法院领取。当事人到达人民法院,拒绝签署送达回证的,视为送达。审判人员、书记员应当在送达回证上注明送达情况并签名。

人民法院可以在当事人住所地以外向当事人直接送达诉讼文书。当事人拒绝签署送达回证的,采用拍照、录像等方式记录送达过程即视为送达。审判人员、书记员应当在送达回证上注明送达情况并签名。

第一百三十二条 受送达人有诉讼代理人的,人民法院既可以向受送达人送达,也可以向其诉讼代理人送达。受送达人指定诉讼代理人为代收人的,向诉讼代理人送达时,适用留置送达。

第一百三十三条 调解书应当直接送达当事人本人,不适用留置送达。当事人本人因故不能签收的,可由其指定的代收人签收。

第一百三十四条 依照民事诉讼法第八十八条规定,委托其他人民法院代为送达的,委托法院应当出具委托函,并附需要送达的诉讼文书和送达回证,以受送达人在送达回证上签收的日期为送达日期。

委托送达的,受委托人民法院应当自收到委托函及相关诉讼文书之日起十日内代为送达。

第一百三十五条 电子送达可以采用传真、电子邮件、移动通信等即时收悉的特定系统作为送达媒介。

民事诉讼法第八十七条第二款规定的到达受送达人特定系统的日期,为人民法院对应系统显示发送成功的日期,但受送达人证明到达其特定系统的日期与人民法院对应系统显示发送成功的日期不一致的,以受送达人证明到达其特定系统的日期为准。

第一百三十六条 受送达人同意采用电子方式送达的,应当在送达地址确认书中予以确认。

第一百三十七条 当事人在提起上诉、申请再审、申请执行时未书面变更送达地址的,其在第一审程序中确认的送达地址可以作为第二审程序、审判监督程序、执行程序的送达地址。

第一百三十八条 公告送达可以在法院的公告栏和受送达人住所地张贴公告,也可以在报纸、信息网络等媒体上刊登公告,发出公告日期以最后张贴或者刊登的日期为准。对公告送达方式有特殊要求的,应当按要求的方式进行。公告期满,即视为送达。

人民法院在受送达人住所地张贴公告的,应当采取拍照、录像等方式记录张贴过程。

第一百三十九条　公告送达应当说明公告送达的原因;公告送达起诉状或者上诉状副本的,应当说明起诉或者上诉要点,受送达人答辩期限及逾期不答辩的法律后果;公告送达传票,应当说明出庭的时间和地点及逾期不出庭的法律后果;公告送达判决书、裁定书的,应当说明裁判主要内容,当事人有权上诉的,还应当说明上诉权利、上诉期限和上诉的人民法院。

第一百四十条　适用简易程序的案件,不适用公告送达。

第一百四十一条　人民法院在定期宣判时,当事人拒不签收判决书、裁定书的,应视为送达,并在宣判笔录中记明。

六、调　　解

第一百四十二条　人民法院受理案件后,经审查,认为法律关系明确、事实清楚,在征得当事人双方同意后,可以径行调解。

第一百四十三条　适用特别程序、督促程序、公示催告程序的案件,婚姻等身份关系确认案件以及其他根据案件性质不能进行调解的案件,不得调解。

第一百四十四条　人民法院审理民事案件,发现当事人之间恶意串通,企图通过和解、调解方式侵害他人合法权益的,应当依照民事诉讼法第一百一十二条的规定处理。

第一百四十五条　人民法院审理民事案件,应当根据自愿、合法的原则进行调解。当事人一方或者双方坚持不愿调解的,应当及时裁判。

人民法院审理离婚案件,应当进行调解,但不应久调不决。

第一百四十六条　人民法院审理民事案件,调解过程不公开,但当事人同意公开的除外。

调解协议内容不公开,但为保护国家利益、社会公共利益、他人合法权益,人民法院认为确有必要公开的除外。

主持调解以及参与调解的人员,对调解过程以及调解过程中获悉的国家秘密、商业秘密、个人隐私和其他不宜公开的信息,应当保守秘密,但为保护国家利益、社会公共利益、他人合法权益的除外。

第一百四十七条　人民法院调解案件时,当事人不能出庭的,经其特别授权,可由其委托代理人参加调解,达成的调解协议,可由委托代理人签名。

离婚案件当事人确因特殊情况无法出庭参加调解的,除本人不能表达意志的以外,应当出具书面意见。

第一百四十八条　当事人自行和解或者调解达成协议后,请求人民法院按照和解协议或者调解协议的内容制作判决书的,人民法院不予准许。

无民事行为能力人的离婚案件,由其法定代理人进行诉讼。法定代理人与对方达成协议要求发给判决书的，可根据协议内容制作判决书。

第一百四十九条　调解书需经当事人签收后才发生法律效力的，应当以最后收到调解书的当事人签收的日期为调解书生效日期。

第一百五十条　人民法院调解民事案件，需由无独立请求权的第三人承担责任的，应当经其同意。该第三人在调解书送达前反悔的，人民法院应当及时裁判。

第一百五十一条　根据民事诉讼法第九十八条第一款第四项规定，当事人各方同意在调解协议上签名或者盖章后即发生法律效力的，经人民法院审查确认后，应当记入笔录或者将调解协议附卷，并由当事人、审判人员、书记员签名或者盖章后即具有法律效力。

前款规定情形，当事人请求制作调解书的，人民法院审查确认后可以制作调解书送交当事人。当事人拒收调解书的，不影响调解协议的效力。

七、保全和先予执行

第一百五十二条　人民法院依照民事诉讼法第一百条、第一百零一条规定，在采取诉前保全、诉讼保全措施时，责令利害关系人或者当事人提供担保的，应当书面通知。

利害关系人申请诉前保全的，应当提供担保。申请诉前财产保全的，应当提供相当于请求保全数额的担保；情况特殊的，人民法院可以酌情处理。申请诉前行为保全的，担保的数额由人民法院根据案件的具体情况决定。

在诉讼中，人民法院依申请或者依职权采取保全措施的，应当根据案件的具体情况，决定当事人是否应当提供担保以及担保的数额。

第一百五十三条　人民法院对季节性商品、鲜活、易腐烂变质以及其他不宜长期保存的物品采取保全措施时，可以责令当事人及时处理，由人民法院保存价款；必要时，人民法院可予以变卖，保存价款。

第一百五十四条　人民法院在财产保全中采取查封、扣押、冻结财产措施时，应当妥善保管被查封、扣押、冻结的财产。不宜由人民法院保管的，人民法院可以指定被保全人负责保管；不宜由被保全人保管的，可以委托他人或者申请保全人保管。

查封、扣押、冻结担保物权人占有的担保财产，一般由担保物权人保管；由人民法院保管的，质权、留置权不因采取保全措施而消灭。

第一百五十五条　由人民法院指定被保全人保管的财产，如果继续使用对该财产的价值无重大影响，可以允许被保全人继续使用；由人民法院保管或者委托他人、申请保全人保管的财产，人民法院和其他保管人不得使用。

第一百五十六条　人民法院采取财产保全的方法和措施，依照执行程序相关规定办理。

第一百五十七条　人民法院对抵押物、质押物、留置物可以采取财产保全措施,但不影响抵押权人、质权人、留置权人的优先受偿权。

第一百五十八条　人民法院对债务人到期应得的收益,可以采取财产保全措施,限制其支取,通知有关单位协助执行。

第一百五十九条　债务人的财产不能满足保全请求,但对他人有到期债权的,人民法院可以依债权人的申请裁定该他人不得对本案债务人清偿。该他人要求偿付的,由人民法院提存财物或者价款。

第一百六十条　当事人向采取诉前保全措施以外的其他有管辖权的人民法院起诉的,采取诉前保全措施的人民法院应当将保全手续移送受理案件的人民法院。诉前保全的裁定视为受移送人民法院作出的裁定。

第一百六十一条　对当事人不服一审判决提起上诉的案件,在第二审人民法院接到报送的案件之前,当事人有转移、隐匿、出卖或者毁损财产等行为,必须采取保全措施的,由第一审人民法院依当事人申请或者依职权采取。第一审人民法院的保全裁定,应当及时报送第二审人民法院。

第一百六十二条　第二审人民法院裁定对第一审人民法院采取的保全措施予以续保或者采取新的保全措施的,可以自行实施,也可以委托第一审人民法院实施。

再审人民法院裁定对原保全措施予以续保或者采取新的保全措施的,可以自行实施,也可以委托原审人民法院或者执行法院实施。

第一百六十三条　法律文书生效后,进入执行程序前,债权人因对方当事人转移财产等紧急情况,不申请保全将可能导致生效法律文书不能执行或者难以执行的,可以向执行法院申请采取保全措施。债权人在法律文书指定的履行期间届满后五日内不申请执行的,人民法院应当解除保全。

第一百六十四条　对申请保全人或者他人提供的担保财产,人民法院应当依法办理查封、扣押、冻结等手续。

第一百六十五条　人民法院裁定采取保全措施后,除作出保全裁定的人民法院自行解除或者其上级人民法院决定解除外,在保全期限内,任何单位不得解除保全措施。

第一百六十六条　裁定采取保全措施后,有下列情形之一的,人民法院应当作出解除保全裁定:

(一)保全错误的;

(二)申请人撤回保全申请的;

(三)申请人的起诉或者诉讼请求被生效裁判驳回的;

（四）人民法院认为应当解除保全的其他情形。

解除以登记方式实施的保全措施的，应当向登记机关发出协助执行通知书。

第一百六十七条　财产保全的被保全人提供其他等值担保财产且有利于执行的，人民法院可以裁定变更保全标的物为被保全人提供的担保财产。

第一百六十八条　保全裁定未经人民法院依法撤销或者解除，进入执行程序后，自动转为执行中的查封、扣押、冻结措施，期限连续计算，执行法院无需重新制作裁定书，但查封、扣押、冻结期限届满的除外。

第一百六十九条　民事诉讼法规定的先予执行，人民法院应当在受理案件后终审判决作出前采取。先予执行应当限于当事人诉讼请求的范围，并以当事人的生活、生产经营的急需为限。

第一百七十条　民事诉讼法第一百零六条第三项规定的情况紧急，包括：

（一）需要立即停止侵害、排除妨碍的；

（二）需要立即制止某项行为的；

（三）追索恢复生产、经营急需的保险理赔费的；

（四）需要立即返还社会保险金、社会救助资金的；

（五）不立即返还款项，将严重影响权利人生活和生产经营的。

第一百七十一条　当事人对保全或者先予执行裁定不服的，可以自收到裁定书之日起五日内向作出裁定的人民法院申请复议。人民法院应当在收到复议申请后十日内审查。裁定正确的，驳回当事人的申请；裁定不当的，变更或者撤销原裁定。

第一百七十二条　利害关系人对保全或者先予执行的裁定不服申请复议的，由作出裁定的人民法院依照民事诉讼法第一百零八条规定处理。

第一百七十三条　人民法院先予执行后，根据发生法律效力的判决，申请人应当返还因先予执行所取得的利益的，适用民事诉讼法第二百三十三条的规定。

八、对妨害民事诉讼的强制措施

第一百七十四条　民事诉讼法第一百零九条规定的必须到庭的被告，是指负有赡养、抚育、扶养义务和不到庭就无法查清案情的被告。

人民法院对必须到庭才能查清案件基本事实的原告，经两次传票传唤，无正当理由拒不到庭的，可以拘传。

第一百七十五条　拘传必须用拘传票，并直接送达被拘传人；在拘传前，应当向被拘传人说明拒不到庭的后果，经批评教育仍拒不到庭的，可以拘传其到庭。

第一百七十六条　诉讼参与人或者其他人有下列行为之一的，人民法院可以适用民事诉讼法第一百一十条规定处理：

(一)未经准许进行录音、录像、摄影的;

(二)未经准许以移动通信等方式现场传播审判活动的;

(三)其他扰乱法庭秩序,妨害审判活动进行的。

有前款规定情形的,人民法院可以暂扣诉讼参与人或者其他人进行录音、录像、摄影、传播审判活动的器材,并责令其删除有关内容;拒不删除的,人民法院可以采取必要手段强制删除。

第一百七十七条 训诫、责令退出法庭由合议庭或者独任审判员决定。训诫的内容、被责令退出法庭者的违法事实应当记入庭审笔录。

第一百七十八条 人民法院依照民事诉讼法第一百一十条至第一百一十四条的规定采取拘留措施的,应经院长批准,作出拘留决定书,由司法警察将被拘留人送交当地公安机关看管。

第一百七十九条 被拘留人不在本辖区的,作出拘留决定的人民法院应当派员到被拘留人所在地的人民法院,请该院协助执行,受委托的人民法院应当及时派员协助执行。被拘留人申请复议或者在拘留期间承认并改正错误,需要提前解除拘留的,受委托人民法院应当向委托人民法院转达或者提出建议,由委托人民法院审查决定。

第一百八十条 人民法院对被拘留人采取拘留措施后,应当在二十四小时内通知其家属;确实无法按时通知或者通知不到的,应当记录在案。

第一百八十一条 因哄闹、冲击法庭,用暴力、威胁等方法抗拒执行公务等紧急情况,必须立即采取拘留措施的,可在拘留后,立即报告院长补办批准手续。院长认为拘留不当的,应当解除拘留。

第一百八十二条 被拘留人在拘留期间认错悔改的,可以责令其具结悔过,提前解除拘留。提前解除拘留,应报经院长批准,并作出提前解除拘留决定书,交负责看管的公安机关执行。

第一百八十三条 民事诉讼法第一百一十条至第一百一十三条规定的罚款、拘留可以单独适用,也可以合并适用。

第一百八十四条 对同一妨害民事诉讼行为的罚款、拘留不得连续适用。发生新的妨害民事诉讼行为的,人民法院可以重新予以罚款、拘留。

第一百八十五条 被罚款、拘留的人不服罚款、拘留决定申请复议的,应当自收到决定书之日起三日内提出。上级人民法院应当在收到复议申请后五日内作出决定,并将复议结果通知下级人民法院和当事人。

第一百八十六条 上级人民法院复议时认为强制措施不当的,应当制作决定书,撤销或者变更下级人民法院作出的拘留、罚款决定。情况紧急的,可以在口头通知后三日内发出决定书。

第一百八十七条　民事诉讼法第一百一十一条第一款第五项规定的以暴力、威胁或者其他方法阻碍司法工作人员执行职务的行为，包括：

（一）在人民法院哄闹、滞留，不听从司法工作人员劝阻的；

（二）故意毁损、抢夺人民法院法律文书、查封标志的；

（三）哄闹、冲击执行公务现场，围困、扣押执行或者协助执行公务人员的；

（四）毁损、抢夺、扣留案件材料、执行公务车辆、其他执行公务器械、执行公务人员服装和执行公务证件的；

（五）以暴力、威胁或者其他方法阻碍司法工作人员查询、查封、扣押、冻结、划拨、拍卖、变卖财产的；

（六）以暴力、威胁或者其他方法阻碍司法工作人员执行职务的其他行为。

第一百八十八条　民事诉讼法第一百一十一条第一款第六项规定的拒不履行人民法院已经发生法律效力的判决、裁定的行为，包括：

（一）在法律文书发生法律效力后隐藏、转移、变卖、毁损财产或者无偿转让财产、以明显不合理的价格交易财产、放弃到期债权、无偿为他人提供担保等，致使人民法院无法执行的；

（二）隐藏、转移、毁损或者未经人民法院允许处分已向人民法院提供担保的财产的；

（三）违反人民法院限制高消费令进行消费的；

（四）有履行能力而拒不按照人民法院执行通知履行生效法律文书确定的义务的；

（五）有义务协助执行的个人接到人民法院协助执行通知书后，拒不协助执行的。

第一百八十九条　诉讼参与人或者其他人有下列行为之一的，人民法院可以适用民事诉讼法第一百一十一条的规定处理：

（一）冒充他人提起诉讼或者参加诉讼的；

（二）证人签署保证书后作虚假证言，妨碍人民法院审理案件的；

（三）伪造、隐藏、毁灭或者拒绝交出有关被执行人履行能力的重要证据，妨碍人民法院查明被执行人财产状况的；

（四）擅自解冻已被人民法院冻结的财产的；

（五）接到人民法院协助执行通知书后，给当事人通风报信，协助其转移、隐匿财产的。

第一百九十条　民事诉讼法第一百一十二条规定的他人合法权益，包括案外人的合法权益、国家利益、社会公共利益。

第三人根据民事诉讼法第五十六条第三款规定提起撤销之诉，经审查，原案当事人之间恶意串通进行虚假诉讼的,适用民事诉讼法第一百一十二条规定处理。

第一百九十一条 单位有民事诉讼法第一百一十二条或者第一百一十三条规定行为的,人民法院应当对该单位进行罚款,并可以对其主要负责人或者直接责任人员予以罚款、拘留;构成犯罪的,依法追究刑事责任。

第一百九十二条 有关单位接到人民法院协助执行通知书后,有下列行为之一的,人民法院可以适用民事诉讼法第一百一十四条规定处理:

(一)允许被执行人高消费的;

(二)允许被执行人出境的;

(三)拒不停止办理有关财产权证照转移手续、权属变更登记、规划审批等手续的;

(四)以需要内部请示、内部审批,有内部规定等为由拖延办理的。

第一百九十三条 人民法院对个人或者单位采取罚款措施时,应当根据其实施妨害民事诉讼行为的性质、情节、后果,当地的经济发展水平,以及诉讼标的额等因素,在民事诉讼法第一百一十五条第一款规定的限额内确定相应的罚款金额。

九、诉 讼 费 用

第一百九十四条 依照民事诉讼法第五十四条审理的案件不预交案件受理费,结案后按照诉讼标的额由败诉方交纳。

第一百九十五条 支付令失效后转入诉讼程序的,债权人应当按照《诉讼费用交纳办法》补交案件受理费。

支付令被撤销后,债权人另行起诉的,按照《诉讼费用交纳办法》交纳诉讼费用。

第一百九十六条 人民法院改变原判决、裁定、调解结果的,应当在裁判文书中对原审诉讼费用的负担一并作出处理。

第一百九十七条 诉讼标的物是证券的,按照证券交易规则并根据当事人起诉之日前最后一个交易日的收盘价、当日的市场价或者其载明的金额计算诉讼标的金额。

第一百九十八条 诉讼标的物是房屋、土地、林木、车辆、船舶、文物等特定物或者知识产权,起诉时价值难以确定的,人民法院应当向原告释明主张过高或者过低的诉讼风险,以原告主张的价值确定诉讼标的金额。

第一百九十九条 适用简易程序审理的案件转为普通程序的,原告自接到人民法院交纳诉讼费用通知之日起七日内补交案件受理费。

原告无正当理由未按期足额补交的,按撤诉处理,已经收取的诉讼费用退还一半。

第二百条　破产程序中有关债务人的民事诉讼案件，按照财产案件标准交纳诉讼费，但劳动争议案件除外。

第二百零一条　既有财产性诉讼请求，又有非财产性诉讼请求的，按照财产性诉讼请求的标准交纳诉讼费。

有多个财产性诉讼请求的，合并计算交纳诉讼费；诉讼请求中有多个非财产性诉讼请求的，按一件交纳诉讼费。

第二百零二条　原告、被告、第三人分别上诉的，按照上诉请求分别预交二审案件受理费。

同一方多人共同上诉的，只预交一份二审案件受理费；分别上诉的，按照上诉请求分别预交二审案件受理费。

第二百零三条　承担连带责任的当事人败诉的，应当共同负担诉讼费用。

第二百零四条　实现担保物权案件，人民法院裁定拍卖、变卖担保财产的，申请费由债务人、担保人负担；人民法院裁定驳回申请的，申请费由申请人负担。

申请人另行起诉的，其已经交纳的申请费可以从案件受理费中扣除。

第二百零五条　拍卖、变卖担保财产的裁定作出后，人民法院强制执行的，按照执行金额收取执行申请费。

第二百零六条　人民法院决定减半收取案件受理费的，只能减半一次。

第二百零七条　判决生效后，胜诉方预交但不应负担的诉讼费用，人民法院应当退还，由败诉方向人民法院交纳，但胜诉方自愿承担或者同意败诉方直接向其支付的除外。

当事人拒不交纳诉讼费用的，人民法院可以强制执行。

十、第一审普通程序

第二百零八条　人民法院接到当事人提交的民事起诉状时，对符合民事诉讼法第一百一十九条的规定，且不属于第一百二十四条规定情形的，应当登记立案；对当场不能判定是否符合起诉条件的，应当接收起诉材料，并出具注明收到日期的书面凭证。

需要补充必要相关材料的，人民法院应当及时告知当事人。在补齐相关材料后，应当在七日内决定是否立案。

立案后发现不符合起诉条件或者属于民事诉讼法第一百二十四条规定情形的，裁定驳回起诉。

第二百零九条　原告提供被告的姓名或者名称、住所等信息具体明确，足以使被告与他人相区别的，可以认定为有明确的被告。

起诉状列写被告信息不足以认定明确的被告的，人民法院可以告知原告补正。

原告补正后仍不能确定明确的被告的,人民法院裁定不予受理。

第二百一十条 原告在起诉状中有谩骂和人身攻击之辞的,人民法院应当告知其修改后提起诉讼。

第二百一十一条 对本院没有管辖权的案件,告知原告向有管辖权的人民法院起诉;原告坚持起诉的,裁定不予受理;立案后发现本院没有管辖权的,应当将案件移送有管辖权的人民法院。

第二百一十二条 裁定不予受理、驳回起诉的案件,原告再次起诉,符合起诉条件且不属于民事诉讼法第一百二十四条规定情形的,人民法院应予受理。

第二百一十三条 原告应当预交而未预交案件受理费,人民法院应当通知其预交,通知后仍不预交或者申请减、缓、免未获批准而仍不预交的,裁定按撤诉处理。

第二百一十四条 原告撤诉或者人民法院按撤诉处理后,原告以同一诉讼请求再次起诉的,人民法院应予受理。

原告撤诉或者按撤诉处理的离婚案件,没有新情况、新理由,六个月内又起诉的,比照民事诉讼法第一百二十四条第七项的规定不予受理。

第二百一十五条 依照民事诉讼法第一百二十四条第二项的规定,当事人在书面合同中订有仲裁条款,或者在发生纠纷后达成书面仲裁协议,一方向人民法院起诉的,人民法院应当告知原告向仲裁机构申请仲裁,其坚持起诉的,裁定不予受理,但仲裁条款或者仲裁协议不成立、无效、失效、内容不明确无法执行的除外。

第二百一十六条 在人民法院首次开庭前,被告以有书面仲裁协议为由对受理民事案件提出异议的,人民法院应当进行审查。

经审查符合下列情形之一的,人民法院应当裁定驳回起诉:

(一)仲裁机构或者人民法院已经确认仲裁协议有效的;

(二)当事人没有在仲裁庭首次开庭前对仲裁协议的效力提出异议的;

(三)仲裁协议符合仲裁法第十六条规定且不具有仲裁法第十七条规定情形的。

第二百一十七条 夫妻一方下落不明,另一方诉至人民法院,只要求离婚,不申请宣告下落不明人失踪或者死亡的案件,人民法院应当受理,对下落不明人公告送达诉讼文书。

第二百一十八条 赡养费、扶养费、抚育费案件,裁判发生法律效力后,因新情况、新理由,一方当事人再行起诉要求增加或者减少费用的,人民法院应作为新案受理。

第二百一十九条 当事人超过诉讼时效期间起诉的,人民法院应予受理。受理后对方当事人提出诉讼时效抗辩,人民法院经审理认为抗辩事由成立的,判决驳回原告的诉讼请求。

第二百二十条　民事诉讼法第六十八条、第一百三十四条、第一百五十六条规定的商业秘密,是指生产工艺、配方、贸易联系、购销渠道等当事人不愿公开的技术秘密、商业情报及信息。

第二百二十一条　基于同一事实发生的纠纷,当事人分别向同一人民法院起诉的,人民法院可以合并审理。

第二百二十二条　原告在起诉状中直接列写第三人的,视为其申请人民法院追加该第三人参加诉讼。是否通知第三人参加诉讼,由人民法院审查决定。

第二百二十三条　当事人在提交答辩状期间提出管辖异议,又针对起诉状的内容进行答辩的,人民法院应当依照民事诉讼法第一百二十七条第一款的规定,对管辖异议进行审查。

当事人未提出管辖异议,就案件实体内容进行答辩、陈述或者反诉的,可以认定为民事诉讼法第一百二十七条第二款规定的应诉答辩。

第二百二十四条　依照民事诉讼法第一百三十三条第四项规定,人民法院可以在答辩期届满后,通过组织证据交换、召集庭前会议等方式,作好审理前的准备。

第二百二十五条　根据案件具体情况,庭前会议可以包括下列内容:

(一)明确原告的诉讼请求和被告的答辩意见;

(二)审查处理当事人增加、变更诉讼请求的申请和提出的反诉,以及第三人提出的与本案有关的诉讼请求;

(三)根据当事人的申请决定调查收集证据,委托鉴定,要求当事人提供证据,进行勘验,进行证据保全;

(四)组织交换证据;

(五)归纳争议焦点;

(六)进行调解。

第二百二十六条　人民法院应当根据当事人的诉讼请求、答辩意见以及证据交换的情况,归纳争议焦点,并就归纳的争议焦点征求当事人的意见。

第二百二十七条　人民法院适用普通程序审理案件,应当在开庭三日前用传票传唤当事人。对诉讼代理人、证人、鉴定人、勘验人、翻译人员应当用通知书通知其到庭。当事人或者其他诉讼参与人在外地的,应当留有必要的在途时间。

第二百二十八条　法庭审理应当围绕当事人争议的事实、证据和法律适用等焦点问题进行。

第二百二十九条　当事人在庭审中对其在审理前的准备阶段认可的事实和证据提出不同意见的,人民法院应当责令其说明理由。必要时,可以责令其提供相应证据。人民法院应当结合当事人的诉讼能力、证据和案件的具体情况进行审查。

理由成立的,可以列入争议焦点进行审理。

第二百三十条 人民法院根据案件具体情况并征得当事人同意,可以将法庭调查和法庭辩论合并进行。

第二百三十一条 当事人在法庭上提出新的证据的,人民法院应当依照民事诉讼法第六十五条第二款规定和本解释相关规定处理。

第二百三十二条 在案件受理后,法庭辩论结束前,原告增加诉讼请求,被告提出反诉,第三人提出与本案有关的诉讼请求,可以合并审理的,人民法院应当合并审理。

第二百三十三条 反诉的当事人应当限于本诉的当事人的范围。

反诉与本诉的诉讼请求基于相同法律关系、诉讼请求之间具有因果关系,或者反诉与本诉的诉讼请求基于相同事实的,人民法院应当合并审理。

反诉应由其他人民法院专属管辖,或者与本诉的诉讼标的及诉讼请求所依据的事实、理由无关联的,裁定不予受理,告知另行起诉。

第二百三十四条 无民事行为能力人的离婚诉讼,当事人的法定代理人应当到庭;法定代理人不能到庭的,人民法院应当在查清事实的基础上,依法作出判决。

第二百三十五条 无民事行为能力的当事人的法定代理人,经传票传唤无正当理由拒不到庭,属于原告方的,比照民事诉讼法第一百四十三条的规定,按撤诉处理;属于被告方的,比照民事诉讼法第一百四十四条的规定,缺席判决。必要时,人民法院可以拘传其到庭。

第二百三十六条 有独立请求权的第三人经人民法院传票传唤,无正当理由拒不到庭的,或者未经法庭许可中途退庭的,比照民事诉讼法第一百四十三条的规定,按撤诉处理。

第二百三十七条 有独立请求权的第三人参加诉讼后,原告申请撤诉,人民法院在准许原告撤诉后,有独立请求权的第三人作为另案原告,原案原告、被告作为另案被告,诉讼继续进行。

第二百三十八条 当事人申请撤诉或者依法可以按撤诉处理的案件,如果当事人有违反法律的行为需要依法处理的,人民法院可以不准许撤诉或者不按撤诉处理。

法庭辩论终结后原告申请撤诉,被告不同意的,人民法院可以不予准许。

第二百三十九条 人民法院准许本诉原告撤诉的,应当对反诉继续审理;被告申请撤回反诉的,人民法院应予准许。

第二百四十条 无独立请求权的第三人经人民法院传票传唤,无正当理由拒不到庭,或者未经法庭许可中途退庭的,不影响案件的审理。

第二百四十一条 被告经传票传唤无正当理由拒不到庭,或者未经法庭许可中途退庭的，人民法院应当按期开庭或者继续开庭审理，对到庭的当事人诉讼请求、双方的诉辩理由以及已经提交的证据及其他诉讼材料进行审理后，可以依法缺席判决。

第二百四十二条　一审宣判后，原审人民法院发现判决有错误，当事人在上诉期内提出上诉的，原审人民法院可以提出原判决有错误的意见，报送第二审人民法院，由第二审人民法院按照第二审程序进行审理；当事人不上诉的，按照审判监督程序处理。

第二百四十三条　民事诉讼法第一百四十九条规定的审限，是指从立案之日起至裁判宣告、调解书送达之日止的期间，但公告期间、鉴定期间、双方当事人和解期间、审理当事人提出的管辖异议以及处理人民法院之间的管辖争议期间不应计算在内。

第二百四十四条　可以上诉的判决书、裁定书不能同时送达双方当事人的，上诉期从各自收到判决书、裁定书之日计算。

第二百四十五条　民事诉讼法第一百五十四条第一款第七项规定的笔误是指法律文书误写、误算，诉讼费用漏写、误算和其他笔误。

第二百四十六条　裁定中止诉讼的原因消除，恢复诉讼程序时，不必撤销原裁定，从人民法院通知或者准许当事人双方继续进行诉讼时起，中止诉讼的裁定即失去效力。

第二百四十七条　当事人就已经提起诉讼的事项在诉讼过程中或者裁判生效后再次起诉，同时符合下列条件的，构成重复起诉：

（一）后诉与前诉的当事人相同；

（二）后诉与前诉的诉讼标的相同；

（三）后诉与前诉的诉讼请求相同，或者后诉的诉讼请求实质上否定前诉裁判结果。

当事人重复起诉的，裁定不予受理；已经受理的，裁定驳回起诉，但法律、司法解释另有规定的除外。

第二百四十八条　裁判发生法律效力后，发生新的事实，当事人再次提起诉讼的，人民法院应当依法受理。

第二百四十九条　在诉讼中，争议的民事权利义务转移的，不影响当事人的诉讼主体资格和诉讼地位。人民法院作出的发生法律效力的判决、裁定对受让人具有拘束力。

受让人申请以无独立请求权的第三人身份参加诉讼的，人民法院可予准许。受让人申请替代当事人承担诉讼的，人民法院可以根据案件的具体情况决定是否准许；不予准许的，可以追加其为无独立请求权的第三人。

第二百五十条 依照本解释第二百四十九条规定,人民法院准许受让人替代当事人承担诉讼的,裁定变更当事人。

变更当事人后,诉讼程序以受让人为当事人继续进行,原当事人应当退出诉讼。原当事人已经完成的诉讼行为对受让人具有拘束力。

第二百五十一条 二审裁定撤销一审判决发回重审的案件,当事人申请变更、增加诉讼请求或者提出反诉,第三人提出与本案有关的诉讼请求的,依照民事诉讼法第一百四十条规定处理。

第二百五十二条 再审裁定撤销原判决、裁定发回重审的案件,当事人申请变更、增加诉讼请求或者提出反诉,符合下列情形之一的,人民法院应当准许:

(一)原审未合法传唤缺席判决,影响当事人行使诉讼权利的;

(二)追加新的诉讼当事人的;

(三)诉讼标的物灭失或者发生变化致使原诉讼请求无法实现的;

(四)当事人申请变更、增加的诉讼请求或者提出的反诉,无法通过另诉解决的。

第二百五十三条 当庭宣判的案件,除当事人当庭要求邮寄发送裁判文书的外,人民法院应当告知当事人或者诉讼代理人领取裁判文书的时间和地点以及逾期不领取的法律后果。上述情况,应当记入笔录。

第二百五十四条 公民、法人或者其他组织申请查阅发生法律效力的判决书、裁定书的,应当向作出该生效裁判的人民法院提出。申请应当以书面形式提出,并提供具体的案号或者当事人姓名、名称。

第二百五十五条 对于查阅判决书、裁定书的申请,人民法院根据下列情形分别处理:

(一)判决书、裁定书已经通过信息网络向社会公开的,应当引导申请人自行查阅;

(二)判决书、裁定书未通过信息网络向社会公开,且申请符合要求的,应当及时提供便捷的查阅服务;

(三)判决书、裁定书尚未发生法律效力,或者已失去法律效力的,不提供查阅并告知申请人;

(四)发生法律效力的判决书、裁定书不是本院作出的,应当告知申请人向作出生效裁判的人民法院申请查阅;

(五)申请查阅的内容涉及国家秘密、商业秘密、个人隐私的,不予准许并告知申请人。

十一、简 易 程 序

第二百五十六条 民事诉讼法第一百五十七条规定的简单民事案件中的事实

清楚,是指当事人对争议的事实陈述基本一致,并能提供相应的证据,无须人民法院调查收集证据即可查明事实;权利义务关系明确是指能明确区分谁是责任的承担者,谁是权利的享有者;争议不大是指当事人对案件的是非、责任承担以及诉讼标的争执无原则分歧。

第二百五十七条　下列案件,不适用简易程序:

(一)起诉时被告下落不明的;

(二)发回重审的;

(三)当事人一方人数众多的;

(四)适用审判监督程序的;

(五)涉及国家利益、社会公共利益的;

(六)第三人起诉请求改变或者撤销生效判决、裁定、调解书的;

(七)其他不宜适用简易程序的案件。

第二百五十八条　适用简易程序审理的案件,审理期限到期后,双方当事人同意继续适用简易程序的,由本院院长批准,可以延长审理期限。延长后的审理期限累计不得超过六个月。

人民法院发现案情复杂,需要转为普通程序审理的,应当在审理期限届满前作出裁定并将合议庭组成人员及相关事项书面通知双方当事人。

案件转为普通程序审理的,审理期限自人民法院立案之日计算。

第二百五十九条　当事人双方可就开庭方式向人民法院提出申请,由人民法院决定是否准许。经当事人双方同意,可以采用视听传输技术等方式开庭。

第二百六十条　已经按照普通程序审理的案件,在开庭后不得转为简易程序审理。

第二百六十一条　适用简易程序审理案件,人民法院可以采取捎口信、电话、短信、传真、电子邮件等简便方式传唤双方当事人、通知证人和送达裁判文书以外的诉讼文书。

以简便方式送达的开庭通知,未经当事人确认或者没有其他证据证明当事人已经收到的,人民法院不得缺席判决。

适用简易程序审理案件,由审判员独任审判,书记员担任记录。

第二百六十二条　人民法庭制作的判决书、裁定书、调解书,必须加盖基层人民法院印章,不得用人民法庭的印章代替基层人民法院的印章。

第二百六十三条　适用简易程序审理案件,卷宗中应当具备以下材料:

(一)起诉状或者口头起诉笔录;

(二)答辩状或者口头答辩笔录;

(三)当事人身份证明材料;

(四)委托他人代理诉讼的授权委托书或者口头委托笔录;

(五)证据;

(六)询问当事人笔录;

(七)审理(包括调解)笔录;

(八)判决书、裁定书、调解书或者调解协议;

(九)送达和宣判笔录;

(十)执行情况;

(十一)诉讼费收据;

(十二)适用民事诉讼法第一百六十二条规定审理的,有关程序适用的书面告知。

第二百六十四条 当事人双方根据民事诉讼法第一百五十七条第二款规定约定适用简易程序的,应当在开庭前提出。口头提出的,记入笔录,由双方当事人签名或者捺印确认。

本解释第二百五十七条规定的案件,当事人约定适用简易程序的,人民法院不予准许。

第二百六十五条 原告口头起诉的,人民法院应当将当事人的姓名、性别、工作单位、住所、联系方式等基本信息,诉讼请求,事实及理由等准确记入笔录,由原告核对无误后签名或者捺印。对当事人提交的证据材料,应当出具收据。

第二百六十六条 适用简易程序案件的举证期限由人民法院确定,也可以由当事人协商一致并经人民法院准许,但不得超过十五日。被告要求书面答辩的,人民法院可在征得其同意的基础上,合理确定答辩期间。

人民法院应当将举证期限和开庭日期告知双方当事人,并向当事人说明逾期举证以及拒不到庭的法律后果,由双方当事人在笔录和开庭传票的送达回证上签名或者捺印。

当事人双方均表示不需要举证期限、答辩期间的,人民法院可以立即开庭审理或者确定开庭日期。

第二百六十七条 适用简易程序审理案件,可以简便方式进行审理前的准备。

第二百六十八条 对没有委托律师、基层法律服务工作者代理诉讼的当事人,人民法院在庭审过程中可以对回避、自认、举证证明责任等相关内容向其作必要的解释或者说明,并在庭审过程中适当提示当事人正确行使诉讼权利、履行诉讼义务。

第二百六十九条 当事人就案件适用简易程序提出异议,人民法院经审查,异议成立的,裁定转为普通程序;异议不成立的,口头告知当事人,并记入笔录。

转为普通程序的,人民法院应当将合议庭组成人员及相关事项以书面形式通知双方当事人。

转为普通程序前,双方当事人已确认的事实,可以不再进行举证、质证。

第二百七十条 适用简易程序审理的案件,有下列情形之一的,人民法院在制作判决书、裁定书、调解书时,对认定事实或者裁判理由部分可以适当简化:

(一)当事人达成调解协议并需要制作民事调解书的;

(二)一方当事人明确表示承认对方全部或者部分诉讼请求的;

(三)涉及商业秘密、个人隐私的案件,当事人一方要求简化裁判文书中的相关内容,人民法院认为理由正当的;

(四)当事人双方同意简化的。

十二、简易程序中的小额诉讼

第二百七十一条 人民法院审理小额诉讼案件,适用民事诉讼法第一百六十二条的规定,实行一审终审。

第二百七十二条 民事诉讼法第一百六十二条规定的各省、自治区、直辖市上年度就业人员年平均工资,是指已经公布的各省、自治区、直辖市上一年度就业人员年平均工资。在上一年度就业人员年平均工资公布前,以已经公布的最近年度就业人员年平均工资为准。

第二百七十三条 海事法院可以审理海事、海商小额诉讼案件。案件标的额应当以实际受理案件的海事法院或者其派出法庭所在的省、自治区、直辖市上年度就业人员年平均工资百分之三十为限。

第二百七十四条 下列金钱给付的案件,适用小额诉讼程序审理:

(一)买卖合同、借款合同、租赁合同纠纷;

(二)身份关系清楚,仅在给付的数额、时间、方式上存在争议的赡养费、抚育费、扶养费纠纷;

(三)责任明确,仅在给付的数额、时间、方式上存在争议的交通事故损害赔偿和其他人身损害赔偿纠纷;

(四)供用水、电、气、热力合同纠纷;

(五)银行卡纠纷;

(六)劳动关系清楚,仅在劳动报酬、工伤医疗费、经济补偿金或者赔偿金给付数额、时间、方式上存在争议的劳动合同纠纷;

(七)劳务关系清楚,仅在劳务报酬给付数额、时间、方式上存在争议的劳务合同纠纷;

(八)物业、电信等服务合同纠纷;

(九)其他金钱给付纠纷。

第二百七十五条　下列案件,不适用小额诉讼程序审理:

(一)人身关系、财产确权纠纷;

(二)涉外民事纠纷;

(三)知识产权纠纷;

(四)需要评估、鉴定或者对诉前评估、鉴定结果有异议的纠纷;

(五)其他不宜适用一审终审的纠纷。

第二百七十六条　人民法院受理小额诉讼案件,应当向当事人告知该类案件的审判组织、一审终审、审理期限、诉讼费用交纳标准等相关事项。

第二百七十七条　小额诉讼案件的举证期限由人民法院确定,也可以由当事人协商一致并经人民法院准许,但一般不超过七日。

被告要求书面答辩的,人民法院可以在征得其同意的基础上合理确定答辩期间,但最长不得超过十五日。

当事人到庭后表示不需要举证期限和答辩期间的,人民法院可立即开庭审理。

第二百七十八条　当事人对小额诉讼案件提出管辖异议的,人民法院应当作出裁定。裁定一经作出即生效。

第二百七十九条　人民法院受理小额诉讼案件后,发现起诉不符合民事诉讼法第一百一十九条规定的起诉条件的,裁定驳回起诉。裁定一经作出即生效。

第二百八十条　因当事人申请增加或者变更诉讼请求、提出反诉、追加当事人等,致使案件不符合小额诉讼案件条件的,应当适用简易程序的其他规定审理。

前款规定案件,应当适用普通程序审理的,裁定转为普通程序。

适用简易程序的其他规定或者普通程序审理前,双方当事人已确认的事实,可以不再进行举证、质证。

第二百八十一条　当事人对按照小额诉讼案件审理有异议的,应当在开庭前提出。人民法院经审查,异议成立的,适用简易程序的其他规定审理;异议不成立的,告知当事人,并记入笔录。

第二百八十二条　小额诉讼案件的裁判文书可以简化,主要记载当事人基本信息、诉讼请求、裁判主文等内容。

第二百八十三条　人民法院审理小额诉讼案件,本解释没有规定的,适用简易程序的其他规定。

十三、公益诉讼

第二百八十四条　环境保护法、消费者权益保护法等法律规定的机关和有关组织对污染环境、侵害众多消费者合法权益等损害社会公共利益的行为,根据民事诉讼法第五十五条规定提起公益诉讼,符合下列条件的,人民法院应当受理:

(一)有明确的被告;

(二)有具体的诉讼请求;

(三)有社会公共利益受到损害的初步证据;

(四)属于人民法院受理民事诉讼的范围和受诉人民法院管辖。

第二百八十五条 公益诉讼案件由侵权行为地或者被告住所地中级人民法院管辖,但法律、司法解释另有规定的除外。

因污染海洋环境提起的公益诉讼,由污染发生地、损害结果地或者采取预防污染措施地海事法院管辖。

对同一侵权行为分别向两个以上人民法院提起公益诉讼的,由最先立案的人民法院管辖,必要时由它们的共同上级人民法院指定管辖。

第二百八十六条 人民法院受理公益诉讼案件后,应当在十日内书面告知相关行政主管部门。

第二百八十七条 人民法院受理公益诉讼案件后,依法可以提起诉讼的其他机关和有关组织,可以在开庭前向人民法院申请参加诉讼。人民法院准许参加诉讼的,列为共同原告。

第二百八十八条 人民法院受理公益诉讼案件,不影响同一侵权行为的受害人根据民事诉讼法第一百一十九条规定提起诉讼。

第二百八十九条 对公益诉讼案件,当事人可以和解,人民法院可以调解。

当事人达成和解或者调解协议后,人民法院应当将和解或者调解协议进行公告。公告期间不得少于三十日。

公告期满后,人民法院经审查,和解或者调解协议不违反社会公共利益的,应当出具调解书;和解或者调解协议违反社会公共利益的,不予出具调解书,继续对案件进行审理并依法作出裁判。

第二百九十条 公益诉讼案件的原告在法庭辩论终结后申请撤诉的,人民法院不予准许。

第二百九十一条 公益诉讼案件的裁判发生法律效力后,其他依法具有原告资格的机关和有关组织就同一侵权行为另行提起公益诉讼的,人民法院裁定不予受理,但法律、司法解释另有规定的除外。

十四、第三人撤销之诉

第二百九十二条 第三人对已经发生法律效力的判决、裁定、调解书提起撤销之诉的,应当自知道或者应当知道其民事权益受到损害之日起六个月内,向作出生效判决、裁定、调解书的人民法院提出,并应当提供存在下列情形的证据材料:

(一)因不能归责于本人的事由未参加诉讼;

(二)发生法律效力的判决、裁定、调解书的全部或者部分内容错误;

(三)发生法律效力的判决、裁定、调解书内容错误损害其民事权益。

第二百九十三条 人民法院应当在收到起诉状和证据材料之日起五日内送交对方当事人,对方当事人可以自收到起诉状之日起十日内提出书面意见。

人民法院应当对第三人提交的起诉状、证据材料以及对方当事人的书面意见进行审查。必要时,可以询问双方当事人。

经审查,符合起诉条件的,人民法院应当在收到起诉状之日起三十日内立案。不符合起诉条件的,应当在收到起诉状之日起三十日内裁定不予受理。

第二百九十四条 人民法院对第三人撤销之诉案件,应当组成合议庭开庭审理。

第二百九十五条 民事诉讼法第五十六条第三款规定的因不能归责于本人的事由未参加诉讼,是指没有被列为生效判决、裁定、调解书当事人,且无过错或者无明显过错的情形。包括:

(一)不知道诉讼而未参加的;

(二)申请参加未获准许的;

(三)知道诉讼,但因客观原因无法参加的;

(四)因其他不能归责于本人的事由未参加诉讼的。

第二百九十六条 民事诉讼法第五十六条第三款规定的判决、裁定、调解书的部分或者全部内容,是指判决、裁定的主文,调解书中处理当事人民事权利义务的结果。

第二百九十七条 对下列情形提起第三人撤销之诉的,人民法院不予受理:

(一)适用特别程序、督促程序、公示催告程序、破产程序等非讼程序处理的案件;

(二)婚姻无效、撤销或者解除婚姻关系等判决、裁定、调解书中涉及身份关系的内容;

(三)民事诉讼法第五十四条规定的未参加登记的权利人对代表人诉讼案件的生效裁判;

(四)民事诉讼法第五十五条规定的损害社会公共利益行为的受害人对公益诉讼案件的生效裁判。

第二百九十八条 第三人提起撤销之诉,人民法院应当将该第三人列为原告,生效判决、裁定、调解书的当事人列为被告,但生效判决、裁定、调解书中没有承担责任的无独立请求权的第三人列为第三人。

第二百九十九条 受理第三人撤销之诉案件后,原告提供相应担保,请求中止执行的,人民法院可以准许。

第三百条　对第三人撤销或者部分撤销发生法律效力的判决、裁定、调解书内容的请求，人民法院经审理，按下列情形分别处理：

（一）请求成立且确认其民事权利的主张全部或部分成立的，改变原判决、裁定、调解书内容的错误部分；

（二）请求成立，但确认其全部或部分民事权利的主张不成立，或者未提出确认其民事权利请求的，撤销原判决、裁定、调解书内容的错误部分；

（三）请求不成立的，驳回诉讼请求。

对前款规定裁判不服的，当事人可以上诉。

原判决、裁定、调解书的内容未改变或者未撤销的部分继续有效。

第三百零一条　第三人撤销之诉案件审理期间，人民法院对生效判决、裁定、调解书裁定再审的，受理第三人撤销之诉的人民法院应当裁定将第三人的诉讼请求并入再审程序。但有证据证明原审当事人之间恶意串通损害第三人合法权益的，人民法院应当先行审理第三人撤销之诉案件，裁定中止再审诉讼。

第三百零二条　第三人诉讼请求并入再审程序审理的，按照下列情形分别处理：

（一）按照第一审程序审理的，人民法院应当对第三人的诉讼请求一并审理，所作的判决可以上诉；

（二）按照第二审程序审理的，人民法院可以调解，调解达不成协议的，应当裁定撤销原判决、裁定、调解书，发回一审法院重审，重审时应当列明第三人。

第三百零三条　第三人提起撤销之诉后，未中止生效判决、裁定、调解书执行的，执行法院对第三人依照民事诉讼法第二百二十七条规定提出的执行异议，应予审查。第三人不服驳回执行异议裁定，申请对原判决、裁定、调解书再审的，人民法院不予受理。

案外人对人民法院驳回其执行异议裁定不服，认为原判决、裁定、调解书内容错误损害其合法权益的，应当根据民事诉讼法第二百二十七条规定申请再审，提起第三人撤销之诉的，人民法院不予受理。

十五、执行异议之诉

第三百零四条　根据民事诉讼法第二百二十七条规定，案外人、当事人对执行异议裁定不服，自裁定送达之日起十五日内向人民法院提起执行异议之诉的，由执行法院管辖。

第三百零五条　案外人提起执行异议之诉，除符合民事诉讼法第一百一十九条规定外，还应当具备下列条件：

（一）案外人的执行异议申请已经被人民法院裁定驳回；

(二)有明确的排除对执行标的执行的诉讼请求,且诉讼请求与原判决、裁定无关;

(三)自执行异议裁定送达之日起十五日内提起。

人民法院应当在收到起诉状之日起十五日内决定是否立案。

第三百零六条 申请执行人提起执行异议之诉,除符合民事诉讼法第一百一十九条规定外,还应当具备下列条件:

(一)依案外人执行异议申请,人民法院裁定中止执行;

(二)有明确的对执行标的继续执行的诉讼请求,且诉讼请求与原判决、裁定无关;

(三)自执行异议裁定送达之日起十五日内提起。

人民法院应当在收到起诉状之日起十五日内决定是否立案。

第三百零七条 案外人提起执行异议之诉的,以申请执行人为被告。被执行人反对案外人异议的,被执行人为共同被告;被执行人不反对案外人异议的,可以列被执行人为第三人。

第三百零八条 申请执行人提起执行异议之诉的,以案外人为被告。被执行人反对申请执行人主张的,以案外人和被执行人为共同被告;被执行人不反对申请执行人主张的,可以列被执行人为第三人。

第三百零九条 申请执行人对中止执行裁定未提起执行异议之诉,被执行人提起执行异议之诉的,人民法院告知其另行起诉。

第三百一十条 人民法院审理执行异议之诉案件,适用普通程序。

第三百一十一条 案外人或者申请执行人提起执行异议之诉的,案外人应当就其对执行标的享有足以排除强制执行的民事权益承担举证证明责任。

第三百一十二条 对案外人提起的执行异议之诉,人民法院经审理,按照下列情形分别处理:

(一)案外人就执行标的享有足以排除强制执行的民事权益的,判决不得执行该执行标的;

(二)案外人就执行标的不享有足以排除强制执行的民事权益的,判决驳回诉讼请求。

案外人同时提出确认其权利的诉讼请求的,人民法院可以在判决中一并作出裁判。

第三百一十三条 对申请执行人提起的执行异议之诉,人民法院经审理,按照下列情形分别处理:

(一)案外人就执行标的不享有足以排除强制执行的民事权益的,判决准许执行该执行标的;

（二）案外人就执行标的享有足以排除强制执行的民事权益的，判决驳回诉讼请求。

第三百一十四条 对案外人执行异议之诉，人民法院判决不得对执行标的执行的，执行异议裁定失效。

对申请执行人执行异议之诉，人民法院判决准许对该执行标的执行的，执行异议裁定失效，执行法院可以根据申请执行人的申请或者依职权恢复执行。

第三百一十五条 案外人执行异议之诉审理期间，人民法院不得对执行标的进行处分。申请执行人请求人民法院继续执行并提供相应担保的，人民法院可以准许。

被执行人与案外人恶意串通，通过执行异议、执行异议之诉妨害执行的，人民法院应当依照民事诉讼法第一百一十三条规定处理。申请执行人因此受到损害的，可以提起诉讼要求被执行人、案外人赔偿。

第三百一十六条 人民法院对执行标的裁定中止执行后，申请执行人在法律规定的期间内未提起执行异议之诉的，人民法院应当自起诉期限届满之日起七日内解除对该执行标的采取的执行措施。

十六、第二审程序

第三百一十七条 双方当事人和第三人都提起上诉的，均列为上诉人。人民法院可以依职权确定第二审程序中当事人的诉讼地位。

第三百一十八条 民事诉讼法第一百六十六条、第一百六十七条规定的对方当事人包括被上诉人和原审其他当事人。

第三百一十九条 必要共同诉讼人的一人或者部分人提起上诉的，按下列情形分别处理：

（一）上诉仅对与对方当事人之间权利义务分担有意见，不涉及其他共同诉讼人利益的，对方当事人为被上诉人，未上诉的同一方当事人依原审诉讼地位列明；

（二）上诉仅对共同诉讼人之间权利义务分担有意见，不涉及对方当事人利益的，未上诉的同一方当事人为被上诉人，对方当事人依原审诉讼地位列明；

（三）上诉对双方当事人之间以及共同诉讼人之间权利义务承担有意见的，未提起上诉的其他当事人均为被上诉人。

第三百二十条 一审宣判时或者判决书、裁定书送达时，当事人口头表示上诉的，人民法院应告知其必须在法定上诉期间内递交上诉状。未在法定上诉期间内递交上诉状的，视为未提起上诉。虽递交上诉状，但未在指定的期限内交纳上诉费的，按自动撤回上诉处理。

第三百二十一条 无民事行为能力人、限制民事行为能力人的法定代理人，可以代理当事人提起上诉。

第三百二十二条 上诉案件的当事人死亡或者终止的,人民法院依法通知其权利义务承继者参加诉讼。

需要终结诉讼的,适用民事诉讼法第一百五十一条规定。

第三百二十三条 第二审人民法院应当围绕当事人的上诉请求进行审理。

当事人没有提出请求的,不予审理,但一审判决违反法律禁止性规定,或者损害国家利益、社会公共利益、他人合法权益的除外。

第三百二十四条 开庭审理的上诉案件,第二审人民法院可以依照民事诉讼法第一百三十三条第四项规定进行审理前的准备。

第三百二十五条 下列情形,可以认定为民事诉讼法第一百七十条第一款第四项规定的严重违反法定程序:

(一)审判组织的组成不合法的;

(二)应当回避的审判人员未回避的;

(三)无诉讼行为能力人未经法定代理人代为诉讼的;

(四)违法剥夺当事人辩论权利的。

第三百二十六条 对当事人在第一审程序中已经提出的诉讼请求,原审人民法院未作审理、判决的,第二审人民法院可以根据当事人自愿的原则进行调解;调解不成的,发回重审。

第三百二十七条 必须参加诉讼的当事人或者有独立请求权的第三人,在第一审程序中未参加诉讼,第二审人民法院可以根据当事人自愿的原则予以调解;调解不成的,发回重审。

第三百二十八条 在第二审程序中,原审原告增加独立的诉讼请求或者原审被告提出反诉的,第二审人民法院可以根据当事人自愿的原则就新增加的诉讼请求或者反诉进行调解;调解不成的,告知当事人另行起诉。

双方当事人同意由第二审人民法院一并审理的,第二审人民法院可以一并裁判。

第三百二十九条 一审判决不准离婚的案件,上诉后,第二审人民法院认为应当判决离婚的,可以根据当事人自愿的原则,与子女抚养、财产问题一并调解;调解不成的,发回重审。

双方当事人同意由第二审人民法院一并审理的,第二审人民法院可以一并裁判。

第三百三十条 人民法院依照第二审程序审理案件,认为依法不应由人民法院受理的,可以由第二审人民法院直接裁定撤销原裁判,驳回起诉。

第三百三十一条 人民法院依照第二审程序审理案件,认为第一审人民法院受理案件违反专属管辖规定的，应当裁定撤销原裁判并移送有管辖权的人民法院。

第三百三十二条　第二审人民法院查明第一审人民法院作出的不予受理裁定有错误的，应当在撤销原裁定的同时，指令第一审人民法院立案受理；查明第一审人民法院作出的驳回起诉裁定有错误的，应当在撤销原裁定的同时，指令第一审人民法院审理。

第三百三十三条　第二审人民法院对下列上诉案件，依照民事诉讼法第一百六十九条规定可以不开庭审理：

（一）不服不予受理、管辖权异议和驳回起诉裁定的；

（二）当事人提出的上诉请求明显不能成立的；

（三）原判决、裁定认定事实清楚，但适用法律错误的；

（四）原判决严重违反法定程序，需要发回重审的。

第三百三十四条　原判决、裁定认定事实或者适用法律虽有瑕疵，但裁判结果正确的，第二审人民法院可以在判决、裁定中纠正瑕疵后，依照民事诉讼法第一百七十条第一款第一项规定予以维持。

第三百三十五条　民事诉讼法第一百七十条第一款第三项规定的基本事实，是指用以确定当事人主体资格、案件性质、民事权利义务等对原判决、裁定的结果有实质性影响的事实。

第三百三十六条　在第二审程序中，作为当事人的法人或者其他组织分立的，人民法院可以直接将分立后的法人或者其他组织列为共同诉讼人；合并的，将合并后的法人或者其他组织列为当事人。

第三百三十七条　在第二审程序中，当事人申请撤回上诉，人民法院经审查认为一审判决确有错误，或者当事人之间恶意串通损害国家利益、社会公共利益、他人合法权益的，不应准许。

第三百三十八条　在第二审程序中，原审原告申请撤回起诉，经其他当事人同意，且不损害国家利益、社会公共利益、他人合法权益的，人民法院可以准许。准许撤诉的，应当一并裁定撤销一审裁判。

原审原告在第二审程序中撤回起诉后重复起诉的，人民法院不予受理。

第三百三十九条　当事人在第二审程序中达成和解协议的，人民法院可以根据当事人的请求，对双方达成的和解协议进行审查并制作调解书送达当事人；因和解而申请撤诉，经审查符合撤诉条件的，人民法院应予准许。

第三百四十条　第二审人民法院宣告判决可以自行宣判，也可以委托原审人民法院或者当事人所在地人民法院代行宣判。

第三百四十一条　人民法院审理对裁定的上诉案件，应当在第二审立案之日起三十日内作出终审裁定。有特殊情况需要延长审限的，由本院院长批准。

第三百四十二条 当事人在第一审程序中实施的诉讼行为,在第二审程序中对该当事人仍具有拘束力。

当事人推翻其在第一审程序中实施的诉讼行为时,人民法院应当责令其说明理由。理由不成立的,不予支持。

十七、特 别 程 序

第三百四十三条 宣告失踪或者宣告死亡案件,人民法院可以根据申请人的请求,清理下落不明人的财产,并指定案件审理期间的财产管理人。公告期满后,人民法院判决宣告失踪的,应当同时依照民法通则第二十一条第一款的规定指定失踪人的财产代管人。

第三百四十四条 失踪人的财产代管人经人民法院指定后,代管人申请变更代管的,比照民事诉讼法特别程序的有关规定进行审理。申请理由成立的,裁定撤销申请人的代管人身份,同时另行指定财产代管人;申请理由不成立的,裁定驳回申请。

失踪人的其他利害关系人申请变更代管的,人民法院应当告知其以原指定的代管人为被告起诉,并按普通程序进行审理。

第三百四十五条 人民法院判决宣告公民失踪后,利害关系人向人民法院申请宣告失踪人死亡,自失踪之日起满四年的,人民法院应当受理,宣告失踪的判决即是该公民失踪的证明,审理中仍应依照民事诉讼法第一百八十五条规定进行公告。

第三百四十六条 符合法律规定的多个利害关系人提出宣告失踪、宣告死亡申请的,列为共同申请人。

第三百四十七条 寻找下落不明人的公告应当记载下列内容:

(一)被申请人应当在规定期间内向受理法院申报其具体地址及其联系方式。否则,被申请人将被宣告失踪、宣告死亡;

(二)凡知悉被申请人生存现状的人,应当在公告期间内将其所知道情况向受理法院报告。

第三百四十八条 人民法院受理宣告失踪、宣告死亡案件后,作出判决前,申请人撤回申请的,人民法院应当裁定终结案件,但其他符合法律规定的利害关系人加入程序要求继续审理的除外。

第三百四十九条 在诉讼中,当事人的利害关系人提出该当事人患有精神病,要求宣告该当事人无民事行为能力或者限制民事行为能力的,应由利害关系人向人民法院提出申请,由受诉人民法院按照特别程序立案审理,原诉讼中止。

第三百五十条 认定财产无主案件,公告期间有人对财产提出请求的,人民法院应当裁定终结特别程序，告知申请人另行起诉，适用普通程序审理。

第三百五十一条　被指定的监护人不服指定，应当自接到通知之日起三十日内向人民法院提出异议。经审理，认为指定并无不当的，裁定驳回异议；指定不当的，判决撤销指定，同时另行指定监护人。判决书应当送达异议人、原指定单位及判决指定的监护人。

第三百五十二条　申请认定公民无民事行为能力或者限制民事行为能力的案件，被申请人没有近亲属的，人民法院可以指定其他亲属为代理人。被申请人没有亲属的，人民法院可以指定经被申请人所在单位或者住所地的居民委员会、村民委员会同意，且愿意担任代理人的关系密切的朋友为代理人。

没有前款规定的代理人的，由被申请人所在单位或者住所地的居民委员会、村民委员会或者民政部门担任代理人。

代理人可以是一人，也可以是同一顺序中的两人。

第三百五十三条　申请司法确认调解协议的，双方当事人应当本人或者由符合民事诉讼法第五十八条规定的代理人向调解组织所在地基层人民法院或者人民法庭提出申请。

第三百五十四条　两个以上调解组织参与调解的，各调解组织所在地基层人民法院均有管辖权。

双方当事人可以共同向其中一个调解组织所在地基层人民法院提出申请；双方当事人共同向两个以上调解组织所在地基层人民法院提出申请的，由最先立案的人民法院管辖。

第三百五十五条　当事人申请司法确认调解协议，可以采用书面形式或者口头形式。当事人口头申请的，人民法院应当记入笔录，并由当事人签名、捺印或者盖章。

第三百五十六条　当事人申请司法确认调解协议，应当向人民法院提交调解协议、调解组织主持调解的证明，以及与调解协议相关的财产权利证明等材料，并提供双方当事人的身份、住所、联系方式等基本信息。

当事人未提交上述材料的，人民法院应当要求当事人限期补交。

第三百五十七条　当事人申请司法确认调解协议，有下列情形之一的，人民法院裁定不予受理：

（一）不属于人民法院受理范围的；

（二）不属于收到申请的人民法院管辖的；

（三）申请确认婚姻关系、亲子关系、收养关系等身份关系无效、有效或者解除的；

（四）涉及适用其他特别程序、公示催告程序、破产程序审理的；

(五)调解协议内容涉及物权、知识产权确权的。

人民法院受理申请后,发现有上述不予受理情形的,应当裁定驳回当事人的申请。

第三百五十八条 人民法院审查相关情况时,应当通知双方当事人共同到场对案件进行核实。

人民法院经审查,认为当事人的陈述或者提供的证明材料不充分、不完备或者有疑义的,可以要求当事人限期补充陈述或者补充证明材料。必要时,人民法院可以向调解组织核实有关情况。

第三百五十九条 确认调解协议的裁定作出前,当事人撤回申请的,人民法院可以裁定准许。

当事人无正当理由未在限期内补充陈述、补充证明材料或者拒不接受询问的,人民法院可以按撤回申请处理。

第三百六十条 经审查,调解协议有下列情形之一的,人民法院应当裁定驳回申请:

(一)违反法律强制性规定的;

(二)损害国家利益、社会公共利益、他人合法权益的;

(三)违背公序良俗的;

(四)违反自愿原则的;

(五)内容不明确的;

(六)其他不能进行司法确认的情形。

第三百六十一条 民事诉讼法第一百九十六条规定的担保物权人,包括抵押权人、质权人、留置权人;其他有权请求实现担保物权的人,包括抵押人、出质人、财产被留置的债务人或者所有权人等。

第三百六十二条 实现票据、仓单、提单等有权利凭证的权利质权案件,可以由权利凭证持有人住所地人民法院管辖;无权利凭证的权利质权,由出质登记地人民法院管辖。

第三百六十三条 实现担保物权案件属于海事法院等专门人民法院管辖的,由专门人民法院管辖。

第三百六十四条 同一债权的担保物有多个且所在地不同,申请人分别向有管辖权的人民法院申请实现担保物权的,人民法院应当依法受理。

第三百六十五条 依照物权法第一百七十六条的规定,被担保的债权既有物的担保又有人的担保,当事人对实现担保物权的顺序有约定,实现担保物权的申请违反该约定的,人民法院裁定不予受理;没有约定或者约定不明的,人民法院应当受理。

第三百六十六条 同一财产上设立多个担保物权，登记在先的担保物权尚未实现的，不影响后顺位的担保物权人向人民法院申请实现担保物权。

第三百六十七条 申请实现担保物权，应当提交下列材料：

（一）申请书。申请书应当记明申请人、被申请人的姓名或者名称、联系方式等基本信息，具体的请求和事实、理由；

（二）证明担保物权存在的材料，包括主合同、担保合同、抵押登记证明或者他项权利证书，权利质权的权利凭证或者质权出质登记证明等；

（三）证明实现担保物权条件成就的材料；

（四）担保财产现状的说明；

（五）人民法院认为需要提交的其他材料。

第三百六十八条 人民法院受理申请后，应当在五日内向被申请人送达申请书副本、异议权利告知书等文书。

被申请人有异议的，应当在收到人民法院通知后的五日内向人民法院提出，同时说明理由并提供相应的证据材料。

第三百六十九条 实现担保物权案件可以由审判员一人独任审查。担保财产标的额超过基层人民法院管辖范围的，应当组成合议庭进行审查。

第三百七十条 人民法院审查实现担保物权案件，可以询问申请人、被申请人、利害关系人，必要时可以依职权调查相关事实。

第三百七十一条 人民法院应当就主合同的效力、期限、履行情况，担保物权是否有效设立、担保财产的范围、被担保的债权范围、被担保的债权是否已届清偿期等担保物权实现的条件，以及是否损害他人合法权益等内容进行审查。

被申请人或者利害关系人提出异议的，人民法院应当一并审查。

第三百七十二条 人民法院审查后，按下列情形分别处理：

（一）当事人对实现担保物权无实质性争议且实现担保物权条件成就的，裁定准许拍卖、变卖担保财产；

（二）当事人对实现担保物权有部分实质性争议的，可以就无争议部分裁定准许拍卖、变卖担保财产；

（三）当事人对实现担保物权有实质性争议的，裁定驳回申请，并告知申请人向人民法院提起诉讼。

第三百七十三条 人民法院受理申请后，申请人对担保财产提出保全申请的，可以按照民事诉讼法关于诉讼保全的规定办理。

第三百七十四条 适用特别程序作出的判决、裁定，当事人、利害关系人认为有错误的，可以向作出该判决、裁定的人民法院提出异议。人民法院经审查，异议成立或者部分成立的，作出新的判决、裁定撤销或者改变原判决、裁定；异议不成立的,裁定驳回。

对人民法院作出的确认调解协议、准许实现担保物权的裁定,当事人有异议的,应当自收到裁定之日起十五日内提出;利害关系人有异议的,自知道或者应当知道其民事权益受到侵害之日起六个月内提出。

十八、审判监督程序

第三百七十五条 当事人死亡或者终止的,其权利义务承继者可以根据民事诉讼法第一百九十九条、第二百零一条的规定申请再审。

判决、调解书生效后,当事人将判决、调解书确认的债权转让,债权受让人对该判决、调解书不服申请再审的,人民法院不予受理。

第三百七十六条 民事诉讼法第一百九十九条规定的人数众多的一方当事人,包括公民、法人和其他组织。

民事诉讼法第一百九十九条规定的当事人双方为公民的案件,是指原告和被告均为公民的案件。

第三百七十七条 当事人申请再审,应当提交下列材料:

(一)再审申请书,并按照被申请人和原审其他当事人的人数提交副本;

(二)再审申请人是自然人的,应当提交身份证明;再审申请人是法人或者其他组织的,应当提交营业执照、组织机构代码证书、法定代表人或者主要负责人身份证明书。委托他人代为申请的,应当提交授权委托书和代理人身份证明;

(三)原审判决书、裁定书、调解书;

(四)反映案件基本事实的主要证据及其他材料。

前款第二项、第三项、第四项规定的材料可以是与原件核对无异的复印件。

第三百七十八条 再审申请书应当记明下列事项:

(一)再审申请人与被申请人及原审其他当事人的基本信息;

(二)原审人民法院的名称,原审裁判文书案号;

(三)具体的再审请求;

(四)申请再审的法定情形及具体事实、理由。

再审申请书应当明确申请再审的人民法院,并由再审申请人签名、捺印或者盖章。

第三百七十九条 当事人一方人数众多或者当事人双方为公民的案件,当事人分别向原审人民法院和上一级人民法院申请再审且不能协商一致的,由原审人民法院受理。

第三百八十条 适用特别程序、督促程序、公示催告程序、破产程序等非讼程序审理的案件,当事人不得申请再审。

第三百八十一条　当事人认为发生法律效力的不予受理、驳回起诉的裁定错误的，可以申请再审。

第三百八十二条　当事人就离婚案件中的财产分割问题申请再审，如涉及判决中已分割的财产，人民法院应当依照民事诉讼法第二百条的规定进行审查，符合再审条件的，应当裁定再审；如涉及判决中未作处理的夫妻共同财产，应当告知当事人另行起诉。

第三百八十三条　当事人申请再审，有下列情形之一的，人民法院不予受理：

（一）再审申请被驳回后再次提出申请的；

（二）对再审判决、裁定提出申请的；

（三）在人民检察院对当事人的申请作出不予提出再审检察建议或者抗诉决定后又提出申请的。

前款第一项、第二项规定情形，人民法院应当告知当事人可以向人民检察院申请再审检察建议或者抗诉，但因人民检察院提出再审检察建议或者抗诉而再审作出的判决、裁定除外。

第三百八十四条　当事人对已经发生法律效力的调解书申请再审，应当在调解书发生法律效力后六个月内提出。

第三百八十五条　人民法院应当自收到符合条件的再审申请书等材料之日起五日内向再审申请人发送受理通知书，并向被申请人及原审其他当事人发送应诉通知书、再审申请书副本等材料。

第三百八十六条　人民法院受理申请再审案件后，应当依照民事诉讼法第二百条、第二百零一条、第二百零四条等规定，对当事人主张的再审事由进行审查。

第三百八十七条　再审申请人提供的新的证据，能够证明原判决、裁定认定基本事实或者裁判结果错误的，应当认定为民事诉讼法第二百条第一项规定的情形。

对于符合前款规定的证据，人民法院应当责令再审申请人说明其逾期提供该证据的理由；拒不说明理由或者理由不成立的，依照民事诉讼法第六十五条第二款和本解释第一百零二条的规定处理。

第三百八十八条　再审申请人证明其提交的新的证据符合下列情形之一的，可以认定逾期提供证据的理由成立：

（一）在原审庭审结束前已经存在，因客观原因于庭审结束后才发现的；

（二）在原审庭审结束前已经发现，但因客观原因无法取得或者在规定的期限内不能提供的；

（三）在原审庭审结束后形成，无法据此另行提起诉讼的。

再审申请人提交的证据在原审中已经提供，原审人民法院未组织质证且未作为裁判根据的，视为逾期提供证据的理由成立，但原审人民法院依照民事诉讼法第六十五条规定不予采纳的除外。

第三百八十九条 当事人对原判决、裁定认定事实的主要证据在原审中拒绝发表质证意见或者质证中未对证据发表质证意见的,不属于民事诉讼法第二百条第四项规定的未经质证的情形。

第三百九十条 有下列情形之一,导致判决、裁定结果错误的,应当认定为民事诉讼法第二百条第六项规定的原判决、裁定适用法律确有错误:

(一)适用的法律与案件性质明显不符的;

(二)确定民事责任明显违背当事人约定或者法律规定的;

(三)适用已经失效或者尚未施行的法律的;

(四)违反法律溯及力规定的;

(五)违反法律适用规则的;

(六)明显违背立法原意的。

第三百九十一条 原审开庭过程中有下列情形之一的,应当认定为民事诉讼法第二百条第九项规定的剥夺当事人辩论权利:

(一)不允许当事人发表辩论意见的;

(二)应当开庭审理而未开庭审理的;

(三)违反法律规定送达起诉状副本或者上诉状副本,致使当事人无法行使辩论权利的;

(四)违法剥夺当事人辩论权利的其他情形。

第三百九十二条 民事诉讼法第二百条第十一项规定的诉讼请求,包括一审诉讼请求、二审上诉请求,但当事人未对一审判决、裁定遗漏或者超出诉讼请求提起上诉的除外。

第三百九十三条 民事诉讼法第二百条第十二项规定的法律文书包括:

(一)发生法律效力的判决书、裁定书、调解书;

(二)发生法律效力的仲裁裁决书;

(三)具有强制执行效力的公证债权文书。

第三百九十四条 民事诉讼法第二百条第十三项规定的审判人员审理该案件时有贪污受贿、徇私舞弊、枉法裁判行为,是指已经由生效刑事法律文书或者纪律处分决定所确认的行为。

第三百九十五条 当事人主张的再审事由成立,且符合民事诉讼法和本解释规定的申请再审条件的,人民法院应当裁定再审。

当事人主张的再审事由不成立,或者当事人申请再审超过法定申请再审期限、超出法定再审事由范围等不符合民事诉讼法和本解释规定的申请再审条件的,人民法院应当裁定驳回再审申请。

第三百九十六条　人民法院对已经发生法律效力的判决、裁定、调解书依法决定再审，依照民事诉讼法第二百零六条规定，需要中止执行的，应当在再审裁定中同时写明中止原判决、裁定、调解书的执行；情况紧急的，可以将中止执行裁定口头通知负责执行的人民法院，并在通知后十日内发出裁定书。

第三百九十七条　人民法院根据审查案件的需要决定是否询问当事人。新的证据可能推翻原判决、裁定的，人民法院应当询问当事人。

第三百九十八条　审查再审申请期间，被申请人及原审其他当事人依法提出再审申请的，人民法院应当将其列为再审申请人，对其再审事由一并审查，审查期限重新计算。经审查，其中一方再审申请人主张的再审事由成立的，应当裁定再审。各方再审申请人主张的再审事由均不成立的，一并裁定驳回再审申请。

第三百九十九条　审查再审申请期间，再审申请人申请人民法院委托鉴定、勘验的，人民法院不予准许。

第四百条　审查再审申请期间，再审申请人撤回再审申请的，是否准许，由人民法院裁定。

再审申请人经传票传唤，无正当理由拒不接受询问的，可以按撤回再审申请处理。

第四百零一条　人民法院准许撤回再审申请或者按撤回再审申请处理后，再审申请人再次申请再审的，不予受理，但有民事诉讼法第二百条第一项、第三项、第十二项、第十三项规定情形，自知道或者应当知道之日起六个月内提出的除外。

第四百零二条　再审申请审查期间，有下列情形之一的，裁定终结审查：

（一）再审申请人死亡或者终止，无权利义务承继者或者权利义务承继者声明放弃再审申请的；

（二）在给付之诉中，负有给付义务的被申请人死亡或者终止，无可供执行的财产，也没有应当承担义务的人的；

（三）当事人达成和解协议且已履行完毕的，但当事人在和解协议中声明不放弃申请再审权利的除外；

（四）他人未经授权以当事人名义申请再审的；

（五）原审或者上一级人民法院已经裁定再审的；

（六）有本解释第三百八十三条第一款规定情形的。

第四百零三条　人民法院审理再审案件应当组成合议庭开庭审理，但按照第二审程序审理，有特殊情况或者双方当事人已经通过其他方式充分表达意见，且书面同意不开庭审理的除外。

符合缺席判决条件的，可以缺席判决。

第四百零四条　人民法院开庭审理再审案件，应当按照下列情形分别进行：

(一)因当事人申请再审的,先由再审申请人陈述再审请求及理由,后由被申请人答辩、其他原审当事人发表意见;

(二)因抗诉再审的,先由抗诉机关宣读抗诉书,再由申请抗诉的当事人陈述,后由被申请人答辩、其他原审当事人发表意见;

(三)人民法院依职权再审,有申诉人的,先由申诉人陈述再审请求及理由,后由被申诉人答辩、其他原审当事人发表意见;

(四)人民法院依职权再审,没有申诉人的,先由原审原告或者原审上诉人陈述,后由原审其他当事人发表意见。

对前款第一项至第三项规定的情形,人民法院应当要求当事人明确其再审请求。

第四百零五条 人民法院审理再审案件应当围绕再审请求进行。当事人的再审请求超出原审诉讼请求的,不予审理;符合另案诉讼条件的,告知当事人可以另行起诉。

被申请人及原审其他当事人在庭审辩论结束前提出的再审请求,符合民事诉讼法第二百零五条规定的,人民法院应当一并审理。

人民法院经再审,发现已经发生法律效力的判决、裁定损害国家利益、社会公共利益、他人合法权益的,应当一并审理。

第四百零六条 再审审理期间,有下列情形之一的,可以裁定终结再审程序:

(一)再审申请人在再审期间撤回再审请求,人民法院准许的;

(二)再审申请人经传票传唤,无正当理由拒不到庭的,或者未经法庭许可中途退庭,按撤回再审请求处理的;

(三)人民检察院撤回抗诉的;

(四)有本解释第四百零二条第一项至第四项规定情形的。

因人民检察院提出抗诉裁定再审的案件,申请抗诉的当事人有前款规定的情形,且不损害国家利益、社会公共利益或者他人合法权益的,人民法院应当裁定终结再审程序。

再审程序终结后,人民法院裁定中止执行的原生效判决自动恢复执行。

第四百零七条 人民法院经再审审理认为,原判决、裁定认定事实清楚、适用法律正确的,应予维持;原判决、裁定认定事实、适用法律虽有瑕疵,但裁判结果正确的,应当在再审判决、裁定中纠正瑕疵后予以维持。

原判决、裁定认定事实、适用法律错误,导致裁判结果错误的,应当依法改判、撤销或者变更。

第四百零八条 按照第二审程序再审的案件,人民法院经审理认为不符合民事诉讼法规定的起诉条件或者符合民事诉讼法第一百二十四条规定不予受理情形的,应当裁定撤销一、二审判决,驳回起诉。

第四百零九条　人民法院对调解书裁定再审后,按照下列情形分别处理:

(一)当事人提出的调解违反自愿原则的事由不成立,且调解书的内容不违反法律强制性规定的,裁定驳回再审申请;

(二)人民检察院抗诉或者再审检察建议所主张的损害国家利益、社会公共利益的理由不成立的,裁定终结再审程序。

前款规定情形,人民法院裁定中止执行的调解书需要继续执行的,自动恢复执行。

第四百一十条　一审原告在再审审理程序中申请撤回起诉,经其他当事人同意,且不损害国家利益、社会公共利益、他人合法权益的,人民法院可以准许。裁定准许撤诉的,应当一并撤销原判决。

一审原告在再审审理程序中撤回起诉后重复起诉的,人民法院不予受理。

第四百一十一条　当事人提交新的证据致使再审改判,因再审申请人或者申请检察监督当事人的过错未能在原审程序中及时举证,被申请人等当事人请求补偿其增加的交通、住宿、就餐、误工等必要费用的,人民法院应予支持。

第四百一十二条　部分当事人到庭并达成调解协议,其他当事人未作出书面表示的,人民法院应当在判决中对该事实作出表述;调解协议内容不违反法律规定,且不损害其他当事人合法权益的,可以在判决主文中予以确认。

第四百一十三条　人民检察院依法对损害国家利益、社会公共利益的发生法律效力的判决、裁定、调解书提出抗诉,或者经人民检察院检察委员会讨论决定提出再审检察建议的,人民法院应予受理。

第四百一十四条　人民检察院对已经发生法律效力的判决以及不予受理、驳回起诉的裁定依法提出抗诉的,人民法院应予受理,但适用特别程序、督促程序、公示催告程序、破产程序以及解除婚姻关系的判决、裁定等不适用审判监督程序的判决、裁定除外。

第四百一十五条　人民检察院依照民事诉讼法第二百零九条第一款第三项规定对有明显错误的再审判决、裁定提出抗诉或者再审检察建议的,人民法院应予受理。

第四百一十六条　地方各级人民检察院依当事人的申请对生效判决、裁定向同级人民法院提出再审检察建议,符合下列条件的,应予受理:

(一)再审检察建议书和原审当事人申请书及相关证据材料已经提交;

(二)建议再审的对象为依照民事诉讼法和本解释规定可以进行再审的判决、裁定;

(三)再审检察建议书列明该判决、裁定有民事诉讼法第二百零八条第二款规定情形；

(四)符合民事诉讼法第二百零九条第一款第一项、第二项规定情形；

(五)再审检察建议经该人民检察院检察委员会讨论决定。

不符合前款规定的，人民法院可以建议人民检察院予以补正或者撤回；不予补正或者撤回的，应当函告人民检察院不予受理。

第四百一十七条　人民检察院依当事人的申请对生效判决、裁定提出抗诉，符合下列条件的，人民法院应当在三十日内裁定再审：

(一)抗诉书和原审当事人申请书及相关证据材料已经提交；

(二)抗诉对象为依照民事诉讼法和本解释规定可以进行再审的判决、裁定；

(三)抗诉书列明该判决、裁定有民事诉讼法第二百零八条第一款规定情形；

(四)符合民事诉讼法第二百零九条第一款第一项、第二项规定情形。

不符合前款规定的，人民法院可以建议人民检察院予以补正或者撤回；不予补正或者撤回的，人民法院可以裁定不予受理。

第四百一十八条　当事人的再审申请被上级人民法院裁定驳回后，人民检察院对原判决、裁定、调解书提出抗诉，抗诉事由符合民事诉讼法第二百条第一项至第五项规定情形之一的，受理抗诉的人民法院可以交由下一级人民法院再审。

第四百一十九条　人民法院收到再审检察建议后，应当组成合议庭，在三个月内进行审查，发现原判决、裁定、调解书确有错误，需要再审的，依照民事诉讼法第一百九十八条规定裁定再审，并通知当事人；经审查，决定不予再审的，应当书面回复人民检察院。

第四百二十条　人民法院审理因人民检察院抗诉或者检察建议裁定再审的案件，不受此前已经作出的驳回当事人再审申请裁定的影响。

第四百二十一条　人民法院开庭审理抗诉案件，应当在开庭三日前通知人民检察院、当事人和其他诉讼参与人。同级人民检察院或者提出抗诉的人民检察院应当派员出庭。

人民检察院因履行法律监督职责向当事人或者案外人调查核实的情况，应当向法庭提交并予以说明，由双方当事人进行质证。

第四百二十二条　必须共同进行诉讼的当事人因不能归责于本人或者其诉讼代理人的事由未参加诉讼的，可以根据民事诉讼法第二百条第八项规定，自知道或者应当知道之日起六个月内申请再审，但符合本解释第四百二十三条规定情形的除外。

人民法院因前款规定的当事人申请而裁定再审，按照第一审程序再审的，应当追加其为当事人，作出新的判决、裁定；按照第二审程序再审，经调解不能达成协议的，应当撤销原判决、裁定，发回重审，重审时应追加其为当事人。

第四百二十三条　根据民事诉讼法第二百二十七条规定，案外人对驳回其执行异议的裁定不服，认为原判决、裁定、调解书内容错误损害其民事权益的，可以自执行异议裁定送达之日起六个月内，向作出原判决、裁定、调解书的人民法院申请再审。

第四百二十四条　根据民事诉讼法第二百二十七条规定，人民法院裁定再审后，案外人属于必要的共同诉讼当事人的，依照本解释第四百二十二条第二款规定处理。

案外人不是必要的共同诉讼当事人的，人民法院仅审理原判决、裁定、调解书对其民事权益造成损害的内容。经审理，再审请求成立的，撤销或者改变原判决、裁定、调解书；再审请求不成立的，维持原判决、裁定、调解书。

第四百二十五条　本解释第三百四十条规定适用于审判监督程序。

第四百二十六条　对小额诉讼案件的判决、裁定，当事人以民事诉讼法第二百条规定的事由向原审人民法院申请再审的，人民法院应当受理。申请再审事由成立的，应当裁定再审，组成合议庭进行审理。作出的再审判决、裁定，当事人不得上诉。

当事人以不应按小额诉讼案件审理为由向原审人民法院申请再审的，人民法院应当受理。理由成立的，应当裁定再审，组成合议庭审理。作出的再审判决、裁定，当事人可以上诉。

十九、督 促 程 序

第四百二十七条　两个以上人民法院都有管辖权的，债权人可以向其中一个基层人民法院申请支付令。

债权人向两个以上有管辖权的基层人民法院申请支付令的，由最先立案的人民法院管辖。

第四百二十八条　人民法院收到债权人的支付令申请书后，认为申请书不符合要求的，可以通知债权人限期补正。人民法院应当自收到补正材料之日起五日内通知债权人是否受理。

第四百二十九条　债权人申请支付令，符合下列条件的，基层人民法院应当受理，并在收到支付令申请书后五日内通知债权人：

（一）请求给付金钱或者汇票、本票、支票、股票、债券、国库券、可转让的存款单等有价证券；

（二）请求给付的金钱或者有价证券已到期且数额确定，并写明了请求所根据的事实、证据；

（三）债权人没有对待给付义务；

(四)债务人在我国境内且未下落不明;

(五)支付令能够送达债务人;

(六)收到申请书的人民法院有管辖权;

(七)债权人未向人民法院申请诉前保全。

不符合前款规定的,人民法院应当在收到支付令申请书后五日内通知债权人不予受理。

基层人民法院受理申请支付令案件,不受债权金额的限制。

第四百三十条 人民法院受理申请后,由审判员一人进行审查。经审查,有下列情形之一的,裁定驳回申请:

(一)申请人不具备当事人资格的;

(二)给付金钱或者有价证券的证明文件没有约定逾期给付利息或者违约金、赔偿金,债权人坚持要求给付利息或者违约金、赔偿金的;

(三)要求给付的金钱或者有价证券属于违法所得的;

(四)要求给付的金钱或者有价证券尚未到期或者数额不确定的。

人民法院受理支付令申请后,发现不符合本解释规定的受理条件的,应当在受理之日起十五日内裁定驳回申请。

第四百三十一条 向债务人本人送达支付令,债务人拒绝接收的,人民法院可以留置送达。

第四百三十二条 有下列情形之一的,人民法院应当裁定终结督促程序,已发出支付令的,支付令自行失效:

(一)人民法院受理支付令申请后,债权人就同一债权债务关系又提起诉讼的;

(二)人民法院发出支付令之日起三十日内无法送达债务人的;

(三)债务人收到支付令前,债权人撤回申请的。

第四百三十三条 债务人在收到支付令后,未在法定期间提出书面异议,而向其他人民法院起诉的,不影响支付令的效力。

债务人超过法定期间提出异议的,视为未提出异议。

第四百三十四条 债权人基于同一债权债务关系,在同一支付令申请中向债务人提出多项支付请求,债务人仅就其中一项或者几项请求提出异议的,不影响其他各项请求的效力。

第四百三十五条 债权人基于同一债权债务关系,就可分之债向多个债务人提出支付请求,多个债务人中的一人或者几人提出异议的,不影响其他请求的效力。

第四百三十六条 对设有担保的债务的主债务人发出的支付令,对担保人没有拘束力。

债权人就担保关系单独提起诉讼的,支付令自人民法院受理案件之日起失效。

第四百三十七条 经形式审查,债务人提出的书面异议有下列情形之一的,应当认定异议成立,裁定终结督促程序,支付令自行失效:

(一)本解释规定的不予受理申请情形的;

(二)本解释规定的裁定驳回申请情形的;

(三)本解释规定的应当裁定终结督促程序情形的;

(四)人民法院对是否符合发出支付令条件产生合理怀疑的。

第四百三十八条 债务人对债务本身没有异议,只是提出缺乏清偿能力、延缓债务清偿期限、变更债务清偿方式等异议的,不影响支付令的效力。

人民法院经审查认为异议不成立的,裁定驳回。

债务人的口头异议无效。

第四百三十九条 人民法院作出终结督促程序或者驳回异议裁定前,债务人请求撤回异议的,应当裁定准许。

债务人对撤回异议反悔的,人民法院不予支持。

第四百四十条 支付令失效后,申请支付令的一方当事人不同意提起诉讼的,应当自收到终结督促程序裁定之日起七日内向受理申请的人民法院提出。

申请支付令的一方当事人不同意提起诉讼的,不影响其向其他有管辖权的人民法院提起诉讼。

第四百四十一条 支付令失效后,申请支付令的一方当事人自收到终结督促程序裁定之日起七日内未向受理申请的人民法院表明不同意提起诉讼的,视为向受理申请的人民法院起诉。

债权人提出支付令申请的时间,即为向人民法院起诉的时间。

第四百四十二条 债权人向人民法院申请执行支付令的期间,适用民事诉讼法第二百三十九条的规定。

第四百四十三条 人民法院院长发现本院已经发生法律效力的支付令确有错误,认为需要撤销的,应当提交本院审判委员会讨论决定后,裁定撤销支付令,驳回债权人的申请。

二十、公示催告程序

第四百四十四条 民事诉讼法第二百一十八条规定的票据持有人,是指票据被盗、遗失或者灭失前的最后持有人。

第四百四十五条 人民法院收到公示催告的申请后,应当立即审查,并决定是否受理。经审查认为符合受理条件的,通知予以受理,并同时通知支付人停止支付;认为不符合受理条件的,七日内裁定驳回申请。

第四百四十六条　因票据丧失,申请公示催告的,人民法院应结合票据存根、丧失票据的复印件、出票人关于签发票据的证明、申请人合法取得票据的证明、银行挂失止付通知书、报案证明等证据,决定是否受理。

第四百四十七条　人民法院依照民事诉讼法第二百一十九条规定发出的受理申请的公告,应当写明下列内容:

(一)公示催告申请人的姓名或者名称;

(二)票据的种类、号码、票面金额、出票人、背书人、持票人、付款期限等事项以及其他可以申请公示催告的权利凭证的种类、号码、权利范围、权利人、义务人、行权日期等事项;

(三)申报权利的期间;

(四)在公示催告期间转让票据等权利凭证,利害关系人不申报的法律后果。

第四百四十八条　公告应当在有关报纸或者其他媒体上刊登,并于同日公布于人民法院公告栏内。人民法院所在地有证券交易所的,还应当同日在该交易所公布。

第四百四十九条　公告期间不得少于六十日,且公示催告期间届满日不得早于票据付款日后十五日。

第四百五十条　在申报期届满后、判决作出之前,利害关系人申报权利的,应当适用民事诉讼法第二百二十一条第二款、第三款规定处理。

第四百五十一条　利害关系人申报权利,人民法院应当通知其向法院出示票据,并通知公示催告申请人在指定的期间查看该票据。公示催告申请人申请公示催告的票据与利害关系人出示的票据不一致的,应当裁定驳回利害关系人的申报。

第四百五十二条　在申报权利的期间无人申报权利,或者申报被驳回的,申请人应当自公示催告期间届满之日起一个月内申请作出判决。逾期不申请判决的,终结公示催告程序。

裁定终结公示催告程序的,应当通知申请人和支付人。

第四百五十三条　判决公告之日起,公示催告申请人有权依据判决向付款人请求付款。

付款人拒绝付款,申请人向人民法院起诉,符合民事诉讼法第一百一十九条规定的起诉条件的,人民法院应予受理。

第四百五十四条　适用公示催告程序审理案件,可由审判员一人独任审理;判决宣告票据无效的,应当组成合议庭审理。

第四百五十五条　公示催告申请人撤回申请,应在公示催告前提出;公示催告期间申请撤回的,人民法院可以径行裁定终结公示催告程序。

第四百五十六条　人民法院依照民事诉讼法第二百二十条规定通知支付人停

止支付,应当符合有关财产保全的规定。支付人收到停止支付通知后拒不支付的,除可依照民事诉讼法第一百一十一条、第一百一十四条规定采取强制措施外,在判决后,支付人仍应承担付款义务。

第四百五十七条 人民法院依照民事诉讼法第二百二十一条规定终结公示催告程序后,公示催告申请人或者申报人向人民法院提起诉讼,因票据权利纠纷提起的,由票据支付地或者被告住所地人民法院管辖;因非票据权利纠纷提起的,由被告住所地人民法院管辖。

第四百五十八条 依照民事诉讼法第二百二十一条规定制作的终结公示催告程序的裁定书,由审判员、书记员署名,加盖人民法院印章。

第四百五十九条 依照民事诉讼法第二百二十三条的规定,利害关系人向人民法院起诉的,人民法院可按票据纠纷适用普通程序审理。

第四百六十条 民事诉讼法第二百二十三条规定的正当理由,包括:

(一)因发生意外事件或者不可抗力致使利害关系人无法知道公告事实的;

(二)利害关系人因被限制人身自由而无法知道公告事实,或者虽然知道公告事实,但无法自己或者委托他人代为申报权利的;

(三)不属于法定申请公示催告情形的;

(四)未予公告或者未按法定方式公告的;

(五)其他导致利害关系人在判决作出前未能向人民法院申报权利的客观事由。

第四百六十一条 根据民事诉讼法第二百二十三条的规定,利害关系人请求人民法院撤销除权判决的,应当将申请人列为被告。

利害关系人仅诉请确认其为合法持票人的,人民法院应当在裁判文书中写明,确认利害关系人为票据权利人的判决作出后,除权判决即被撤销。

二十一、执 行 程 序

第四百六十二条 发生法律效力的实现担保物权裁定、确认调解协议裁定、支付令,由作出裁定、支付令的人民法院或者与其同级的被执行财产所在地的人民法院执行。

认定财产无主的判决,由作出判决的人民法院将无主财产收归国家或者集体所有。

第四百六十三条 当事人申请人民法院执行的生效法律文书应当具备下列条件:

(一)权利义务主体明确;

(二)给付内容明确。

法律文书确定继续履行合同的,应当明确继续履行的具体内容。

第四百六十四条 根据民事诉讼法第二百二十七条规定,案外人对执行标的提出异议的,应当在该执行标的执行程序终结前提出。

第四百六十五条 案外人对执行标的提出的异议,经审查,按照下列情形分别处理:

(一)案外人对执行标的不享有足以排除强制执行的权益的,裁定驳回其异议;

(二)案外人对执行标的享有足以排除强制执行的权益的,裁定中止执行。

驳回案外人执行异议裁定送达案外人之日起十五日内,人民法院不得对执行标的进行处分。

第四百六十六条 申请执行人与被执行人达成和解协议后请求中止执行或者撤回执行申请的,人民法院可以裁定中止执行或者终结执行。

第四百六十七条 一方当事人不履行或者不完全履行在执行中双方自愿达成的和解协议,对方当事人申请执行原生效法律文书的,人民法院应当恢复执行,但和解协议已履行的部分应当扣除。和解协议已经履行完毕的,人民法院不予恢复执行。

第四百六十八条 申请恢复执行原生效法律文书,适用民事诉讼法第二百三十九条申请执行期间的规定。申请执行期间因达成执行中的和解协议而中断,其期间自和解协议约定履行期限的最后一日起重新计算。

第四百六十九条 人民法院依照民事诉讼法第二百三十一条规定决定暂缓执行的,如果担保是有期限的,暂缓执行的期限应当与担保期限一致,但最长不得超过一年。被执行人或者担保人对担保的财产在暂缓执行期间有转移、隐藏、变卖、毁损等行为的,人民法院可以恢复强制执行。

第四百七十条 根据民事诉讼法第二百三十一条规定向人民法院提供执行担保的,可以由被执行人或者他人提供财产担保,也可以由他人提供保证。担保人应当具有代为履行或者代为承担赔偿责任的能力。

他人提供执行保证的,应当向执行法院出具保证书,并将保证书副本送交申请执行人。被执行人或者他人提供财产担保的,应当参照物权法、担保法的有关规定办理相应手续。

第四百七十一条 被执行人在人民法院决定暂缓执行的期限届满后仍不履行义务的,人民法院可以直接执行担保财产,或者裁定执行担保人的财产,但执行担保人的财产以担保人应当履行义务部分的财产为限。

第四百七十二条 依照民事诉讼法第二百三十二条规定,执行中作为被执行人的法人或者其他组织分立、合并的,人民法院可以裁定变更后的法人或者其他组织为被执行人;被注销的,如果依照有关实体法的规定有权利义务承受人的,可以裁定该权利义务承受人为被执行人。

第四百七十三条 其他组织在执行中不能履行法律文书确定的义务的,人民法院可以裁定执行对该其他组织依法承担义务的法人或者公民个人的财产。

第四百七十四条 在执行中,作为被执行人的法人或者其他组织名称变更的,人民法院可以裁定变更后的法人或者其他组织为被执行人。

第四百七十五条 作为被执行人的公民死亡,其遗产继承人没有放弃继承的,人民法院可以裁定变更被执行人,由该继承人在遗产的范围内偿还债务。继承人放弃继承的,人民法院可以直接执行被执行人的遗产。

第四百七十六条 法律规定由人民法院执行的其他法律文书执行完毕后,该法律文书被有关机关或者组织依法撤销的,经当事人申请,适用民事诉讼法第二百三十三条规定。

第四百七十七条 仲裁机构裁决的事项,部分有民事诉讼法第二百三十七条第二款、第三款规定情形的,人民法院应当裁定对该部分不予执行。

应当不予执行部分与其他部分不可分的,人民法院应当裁定不予执行仲裁裁决。

第四百七十八条 依照民事诉讼法第二百三十七条第二款、第三款规定,人民法院裁定不予执行仲裁裁决后,当事人对该裁定提出执行异议或者复议的,人民法院不予受理。当事人可以就该民事纠纷重新达成书面仲裁协议申请仲裁,也可以向人民法院起诉。

第四百七十九条 在执行中,被执行人通过仲裁程序将人民法院查封、扣押、冻结的财产确权或者分割给案外人的,不影响人民法院执行程序的进行。

案外人不服的,可以根据民事诉讼法第二百二十七条规定提出异议。

第四百八十条 有下列情形之一的,可以认定为民事诉讼法第二百三十八条第二款规定的公证债权文书确有错误:

(一)公证债权文书属于不得赋予强制执行效力的债权文书的;

(二)被执行人一方未亲自或者未委托代理人到场公证等严重违反法律规定的公证程序的;

(三)公证债权文书的内容与事实不符或者违反法律强制性规定的;

(四)公证债权文书未载明被执行人不履行义务或者不完全履行义务时同意接受强制执行的。

人民法院认定执行该公证债权文书违背社会公共利益的,裁定不予执行。

公证债权文书被裁定不予执行后,当事人、公证事项的利害关系人可以就债权争议提起诉讼。

第四百八十一条 当事人请求不予执行仲裁裁决或者公证债权文书的,应当在执行终结前向执行法院提出。

第四百八十二条 人民法院应当在收到申请执行书或者移交执行书后十日内发出执行通知。

执行通知中除应责令被执行人履行法律文书确定的义务外,还应通知其承担民事诉讼法第二百五十三条规定的迟延履行利息或者迟延履行金。

第四百八十三条 申请执行人超过申请执行时效期间向人民法院申请强制执行的,人民法院应予受理。被执行人对申请执行时效期间提出异议,人民法院经审查异议成立的,裁定不予执行。

被执行人履行全部或者部分义务后,又以不知道申请执行时效期间届满为由请求执行回转的,人民法院不予支持。

第四百八十四条 对必须接受调查询问的被执行人、被执行人的法定代表人、负责人或者实际控制人,经依法传唤无正当理由拒不到场的,人民法院可以拘传其到场。

人民法院应当及时对被拘传人进行调查询问,调查询问的时间不得超过八小时;情况复杂,依法可能采取拘留措施的,调查询问的时间不得超过二十四小时。

人民法院在本辖区以外采取拘传措施时,可以将被拘传人拘传到当地人民法院,当地人民法院应予协助。

第四百八十五条 人民法院有权查询被执行人的身份信息与财产信息,掌握相关信息的单位和个人必须按照协助执行通知书办理。

第四百八十六条 对被执行的财产,人民法院非经查封、扣押、冻结不得处分。对银行存款等各类可以直接扣划的财产,人民法院的扣划裁定同时具有冻结的法律效力。

第四百八十七条 人民法院冻结被执行人的银行存款的期限不得超过一年,查封、扣押动产的期限不得超过两年,查封不动产、冻结其他财产权的期限不得超过三年。

申请执行人申请延长期限的,人民法院应当在查封、扣押、冻结期限届满前办理续行查封、扣押、冻结手续,续行期限不得超过前款规定的期限。

人民法院也可以依职权办理续行查封、扣押、冻结手续。

第四百八十八条 依照民事诉讼法第二百四十七条规定,人民法院在执行中需要拍卖被执行人财产的,可以由人民法院自行组织拍卖,也可以交由具备相应资质的拍卖机构拍卖。

交拍卖机构拍卖的,人民法院应当对拍卖活动进行监督。

第四百八十九条 拍卖评估需要对现场进行检查、勘验的,人民法院应当责令被执行人、协助义务人予以配合。被执行人、协助义务人不予配合的,人民法院可以强制进行。

第四百九十条　人民法院在执行中需要变卖被执行人财产的，可以交有关单位变卖，也可以由人民法院直接变卖。

对变卖的财产，人民法院或者其工作人员不得买受。

第四百九十一条　经申请执行人和被执行人同意，且不损害其他债权人合法权益和社会公共利益的，人民法院可以不经拍卖、变卖，直接将被执行人的财产作价交申请执行人抵偿债务。对剩余债务，被执行人应当继续清偿。

第四百九十二条　被执行人的财产无法拍卖或者变卖的，经申请执行人同意，且不损害其他债权人合法权益和社会公共利益的，人民法院可以将该项财产作价后交付申请执行人抵偿债务，或者交付申请执行人管理；申请执行人拒绝接收或者管理的，退回被执行人。

第四百九十三条　拍卖成交或者依法定程序裁定以物抵债的，标的物所有权自拍卖成交裁定或者抵债裁定送达买受人或者接受抵债物的债权人时转移。

第四百九十四条　执行标的物为特定物的，应当执行原物。原物确已毁损或者灭失的，经双方当事人同意，可以折价赔偿。

双方当事人对折价赔偿不能协商一致的，人民法院应当终结执行程序。申请执行人可以另行起诉。

第四百九十五条　他人持有法律文书指定交付的财物或者票证，人民法院依照民事诉讼法第二百四十九条第二款、第三款规定发出协助执行通知后，拒不转交的，可以强制执行，并可依照民事诉讼法第一百一十四条、第一百一十五条规定处理。

他人持有期间财物或者票证毁损、灭失的，参照本解释第四百九十四条规定处理。

他人主张合法持有财物或者票证的，可以根据民事诉讼法第二百二十七条规定提出执行异议。

第四百九十六条　在执行中，被执行人隐匿财产、会计账簿等资料的，人民法院除可依照民事诉讼法第一百一十一条第一款第六项规定对其处理外，还应责令被执行人交出隐匿的财产、会计账簿等资料。被执行人拒不交出的，人民法院可以采取搜查措施。

第四百九十七条　搜查人员应当按规定着装并出示搜查令和工作证件。

第四百九十八条　人民法院搜查时禁止无关人员进入搜查现场；搜查对象是公民的，应当通知被执行人或者他的成年家属以及基层组织派员到场；搜查对象是法人或者其他组织的，应当通知法定代表人或者主要负责人到场。拒不到场的，不影响搜查。

搜查妇女身体,应当由女执行人员进行。

第四百九十九条 搜查中发现应当依法采取查封、扣押措施的财产,依照民事诉讼法第二百四十五条第二款和第二百四十七条规定办理。

第五百条 搜查应当制作搜查笔录,由搜查人员、被搜查人及其他在场人签名、捺印或者盖章。拒绝签名、捺印或者盖章的,应当记入搜查笔录。

第五百零一条 人民法院执行被执行人对他人的到期债权,可以作出冻结债权的裁定,并通知该他人向申请执行人履行。

该他人对到期债权有异议,申请执行人请求对异议部分强制执行的,人民法院不予支持。利害关系人对到期债权有异议的,人民法院应当按照民事诉讼法第二百二十七条规定处理。

对生效法律文书确定的到期债权,该他人予以否认的,人民法院不予支持。

第五百零二条 人民法院在执行中需要办理房产证、土地证、林权证、专利证书、商标证书、车船执照等有关财产权证照转移手续的,可以依照民事诉讼法第二百五十一条规定办理。

第五百零三条 被执行人不履行生效法律文书确定的行为义务,该义务可由他人完成的,人民法院可以选定代履行人;法律、行政法规对履行该行为义务有资格限制的,应当从有资格的人中选定。必要时,可以通过招标的方式确定代履行人。

申请执行人可以在符合条件的人中推荐代履行人,也可以申请自己代为履行,是否准许,由人民法院决定。

第五百零四条 代履行费用的数额由人民法院根据案件具体情况确定,并由被执行人在指定期限内预先支付。被执行人未预付的,人民法院可以对该费用强制执行。

代履行结束后,被执行人可以查阅、复制费用清单以及主要凭证。

第五百零五条 被执行人不履行法律文书指定的行为,且该项行为只能由被执行人完成的,人民法院可以依照民事诉讼法第一百一十一条第一款第六项规定处理。

被执行人在人民法院确定的履行期间内仍不履行的,人民法院可以依照民事诉讼法第一百一十一条第一款第六项规定再次处理。

第五百零六条 被执行人迟延履行的,迟延履行期间的利息或者迟延履行金自判决、裁定和其他法律文书指定的履行期间届满之日起计算。

第五百零七条 被执行人未按判决、裁定和其他法律文书指定的期间履行非金钱给付义务的,无论是否已给申请执行人造成损失,都应当支付迟延履行金。已经造成损失的,双倍补偿申请执行人已经受到的损失;没有造成损失的,迟延履行金可以由人民法院根据具体案件情况决定。

第五百零八条　被执行人为公民或者其他组织，在执行程序开始后，被执行人的其他已经取得执行依据的债权人发现被执行人的财产不能清偿所有债权的，可以向人民法院申请参与分配。

对人民法院查封、扣押、冻结的财产有优先权、担保物权的债权人，可以直接申请参与分配，主张优先受偿权。

第五百零九条　申请参与分配，申请人应当提交申请书。申请书应当写明参与分配和被执行人不能清偿所有债权的事实、理由，并附有执行依据。

参与分配申请应当在执行程序开始后，被执行人的财产执行终结前提出。

第五百一十条　参与分配执行中，执行所得价款扣除执行费用，并清偿应当优先受偿的债权后，对于普通债权，原则上按照其占全部申请参与分配债权数额的比例受偿。清偿后的剩余债务，被执行人应当继续清偿。债权人发现被执行人有其他财产的，可以随时请求人民法院执行。

第五百一十一条　多个债权人对执行财产申请参与分配的，执行法院应当制作财产分配方案，并送达各债权人和被执行人。债权人或者被执行人对分配方案有异议的，应当自收到分配方案之日起十五日内向执行法院提出书面异议。

第五百一十二条　债权人或者被执行人对分配方案提出书面异议的，执行法院应当通知未提出异议的债权人、被执行人。未提出异议的债权人、被执行人自收到通知之日起十五日内未提出反对意见的，执行法院依异议人的意见对分配方案审查修正后进行分配；提出反对意见的，应当通知异议人。异议人可以自收到通知之日起十五日内，以提出反对意见的债权人、被执行人为被告，向执行法院提起诉讼；异议人逾期未提起诉讼的，执行法院按照原分配方案进行分配。

诉讼期间进行分配的，执行法院应当提存与争议债权数额相应的款项。

第五百一十三条　在执行中，作为被执行人的企业法人符合企业破产法第二条第一款规定情形的，执行法院经申请执行人之一或者被执行人同意，应当裁定中止对该被执行人的执行，将执行案件相关材料移送被执行人住所地人民法院。

第五百一十四条　被执行人住所地人民法院应当自收到执行案件相关材料之日起三十日内，将是否受理破产案件的裁定告知执行法院。不予受理的，应当将相关案件材料退回执行法院。

第五百一十五条　被执行人住所地人民法院裁定受理破产案件的，执行法院应当解除对被执行人财产的保全措施。被执行人住所地人民法院裁定宣告被执行人破产的，执行法院应当裁定终结对该被执行人的执行。

被执行人住所地人民法院不受理破产案件的，执行法院应当恢复执行。

第五百一十六条　当事人不同意移送破产或者被执行人住所地人民法院不受

理破产案件的,执行法院就执行变价所得财产,在扣除执行费用及清偿优先受偿的债权后,对于普通债权,按照财产保全和执行中查封、扣押、冻结财产的先后顺序清偿。

第五百一十七条 债权人根据民事诉讼法第二百五十四条规定请求人民法院继续执行的,不受民事诉讼法第二百三十九条规定申请执行时效期间的限制。

第五百一十八条 被执行人不履行法律文书确定的义务的,人民法院除对被执行人予以处罚外,还可以根据情节将其纳入失信被执行人名单,将被执行人不履行或者不完全履行义务的信息向其所在单位、征信机构以及其他相关机构通报。

第五百一十九条 经过财产调查未发现可供执行的财产,在申请执行人签字确认或者执行法院组成合议庭审查核实并经院长批准后,可以裁定终结本次执行程序。

依照前款规定终结执行后,申请执行人发现被执行人有可供执行财产的,可以再次申请执行。再次申请不受申请执行时效期间的限制。

第五百二十条 因撤销申请而终结执行后,当事人在民事诉讼法第二百三十九条规定的申请执行时效期间内再次申请执行的,人民法院应当受理。

第五百二十一条 在执行终结六个月内,被执行人或者其他人对已执行的标的有妨害行为的,人民法院可以依申请排除妨害,并可以依照民事诉讼法第一百一十一条规定进行处罚。因妨害行为给执行债权人或者其他人造成损失的,受害人可以另行起诉。

二十二、涉外民事诉讼程序的特别规定

第五百二十二条 有下列情形之一,人民法院可以认定为涉外民事案件:

(一)当事人一方或者双方是外国人、无国籍人、外国企业或者组织的;

(二)当事人一方或者双方的经常居所地在中华人民共和国领域外的;

(三)标的物在中华人民共和国领域外的;

(四)产生、变更或者消灭民事关系的法律事实发生在中华人民共和国领域外的;

(五)可以认定为涉外民事案件的其他情形。

第五百二十三条 外国人参加诉讼,应当向人民法院提交护照等用以证明自己身份的证件。

外国企业或者组织参加诉讼,向人民法院提交的身份证明文件,应当经所在国公证机关公证,并经中华人民共和国驻该国使领馆认证,或者履行中华人民共和国与该所在国订立的有关条约中规定的证明手续。

代表外国企业或者组织参加诉讼的人,应当向人民法院提交其有权作为代表

人参加诉讼的证明，该证明应当经所在国公证机关公证，并经中华人民共和国驻该国使领馆认证，或者履行中华人民共和国与该所在国订立的有关条约中规定的证明手续。

本条所称的“所在国”，是指外国企业或者组织的设立登记地国，也可以是办理了营业登记手续的第三国。

第五百二十四条　依照民事诉讼法第二百六十四条以及本解释第五百二十三条规定，需要办理公证、认证手续，而外国当事人所在国与中华人民共和国没有建立外交关系的，可以经该国公证机关公证，经与中华人民共和国有外交关系的第三国驻该国使领馆认证，再转由中华人民共和国驻该第三国使领馆认证。

第五百二十五条　外国人、外国企业或者组织的代表人在人民法院法官的见证下签署授权委托书，委托代理人进行民事诉讼的，人民法院应予认可。

第五百二十六条　外国人、外国企业或者组织的代表人在中华人民共和国境内签署授权委托书，委托代理人进行民事诉讼，经中华人民共和国公证机构公证的，人民法院应予认可。

第五百二十七条　当事人向人民法院提交的书面材料是外文的，应当同时向人民法院提交中文翻译件。

当事人对中文翻译件有异议的，应当共同委托翻译机构提供翻译文本；当事人对翻译机构的选择不能达成一致的，由人民法院确定。

第五百二十八条　涉外民事诉讼中的外籍当事人，可以委托本国人为诉讼代理人，也可以委托本国律师以非律师身份担任诉讼代理人；外国驻华使领馆官员，受本国公民的委托，可以以个人名义担任诉讼代理人，但在诉讼中不享有外交或者领事特权和豁免。

第五百二十九条　涉外民事诉讼中，外国驻华使领馆授权其本馆官员，在作为当事人的本国国民不在中华人民共和国领域内的情况下，可以以外交代表身份为其本国国民在中华人民共和国聘请中华人民共和国律师或者中华人民共和国公民代理民事诉讼。

第五百三十条　涉外民事诉讼中，经调解双方达成协议，应当制发调解书。当事人要求发给判决书的，可以依协议的内容制作判决书送达当事人。

第五百三十一条　涉外合同或者其他财产权益纠纷的当事人，可以书面协议选择被告住所地、合同履行地、合同签订地、原告住所地、标的物所在地、侵权行为地等与争议有实际联系地点的外国法院管辖。

根据民事诉讼法第三十三条和第二百六十六条规定，属于中华人民共和国法院专属管辖的案件，当事人不得协议选择外国法院管辖，但协议选择仲裁的除外。

第五百三十二条　涉外民事案件同时符合下列情形的，人民法院可以裁定驳

回原告的起诉,告知其向更方便的外国法院提起诉讼:

(一)被告提出案件应由更方便外国法院管辖的请求,或者提出管辖异议;

(二)当事人之间不存在选择中华人民共和国法院管辖的协议;

(三)案件不属于中华人民共和国法院专属管辖;

(四)案件不涉及中华人民共和国国家、公民、法人或者其他组织的利益;

(五)案件争议的主要事实不是发生在中华人民共和国境内,且案件不适用中华人民共和国法律,人民法院审理案件在认定事实和适用法律方面存在重大困难;

(六)外国法院对案件享有管辖权,且审理该案件更加方便。

第五百三十三条　中华人民共和国法院和外国法院都有管辖权的案件,一方当事人向外国法院起诉,而另一方当事人向中华人民共和国法院起诉的,人民法院可予受理。判决后,外国法院申请或者当事人请求人民法院承认和执行外国法院对本案作出的判决、裁定的,不予准许;但双方共同缔结或者参加的国际条约另有规定的除外。

外国法院判决、裁定已经被人民法院承认,当事人就同一争议向人民法院起诉的,人民法院不予受理。

第五百三十四条　对在中华人民共和国领域内没有住所的当事人,经用公告方式送达诉讼文书,公告期满不应诉,人民法院缺席判决后,仍应当将裁判文书依照民事诉讼法第二百六十七条第八项规定公告送达。自公告送达裁判文书满三个月之日起,经过三十日的上诉期当事人没有上诉的,一审判决即发生法律效力。

第五百三十五条　外国人或者外国企业、组织的代表人、主要负责人在中华人民共和国领域内的,人民法院可以向该自然人或者外国企业、组织的代表人、主要负责人送达。

外国企业、组织的主要负责人包括该企业、组织的董事、监事、高级管理人员等。

第五百三十六条　受送达人所在国允许邮寄送达的,人民法院可以邮寄送达。

邮寄送达时应当附有送达回证。受送达人未在送达回证上签收但在邮件回执上签收的,视为送达,签收日期为送达日期。

自邮寄之日起满三个月,如果未收到送达的证明文件,且根据各种情况不足以认定已经送达的,视为不能用邮寄方式送达。

第五百三十七条　人民法院一审时采取公告方式向当事人送达诉讼文书的,二审时可径行采取公告方式向其送达诉讼文书,但人民法院能够采取公告方式之外的其他方式送达的除外。

第五百三十八条　不服第一审人民法院判决、裁定的上诉期,对在中华人民共和国领域内有住所的当事人,适用民事诉讼法第一百六十四条规定的期限;对在中华人民共和国领域内没有住所的当事人，适用民事诉讼法第二百六十九条规定的期限。当事人的上诉期均已届满没有上诉的，第一审人民法院的判决、裁定即发生法律效力。

第五百三十九条　人民法院对涉外民事案件的当事人申请再审进行审查的期间，不受民事诉讼法第二百零四条规定的限制。

第五百四十条　申请人向人民法院申请执行中华人民共和国涉外仲裁机构的裁决，应当提出书面申请，并附裁决书正本。如申请人为外国当事人，其申请书应当用中文文本提出。

第五百四十一条　人民法院强制执行涉外仲裁机构的仲裁裁决时，被执行人以有民事诉讼法第二百七十四条第一款规定的情形为由提出抗辩的，人民法院应当对被执行人的抗辩进行审查，并根据审查结果裁定执行或者不予执行。

第五百四十二条　依照民事诉讼法第二百七十二条规定，中华人民共和国涉外仲裁机构将当事人的保全申请提交人民法院裁定的，人民法院可以进行审查，裁定是否进行保全。裁定保全的，应当责令申请人提供担保，申请人不提供担保的，裁定驳回申请。

当事人申请证据保全，人民法院经审查认为无需提供担保的，申请人可以不提供担保。

第五百四十三条　申请人向人民法院申请承认和执行外国法院作出的发生法律效力的判决、裁定，应当提交申请书，并附外国法院作出的发生法律效力的判决、裁定正本或者经证明无误的副本以及中文译本。外国法院判决、裁定为缺席判决、裁定的，申请人应当同时提交该外国法院已经合法传唤的证明文件，但判决、裁定已经对此予以明确说明的除外。

中华人民共和国缔结或者参加的国际条约对提交文件有规定的，按照规定办理。

第五百四十四条　当事人向中华人民共和国有管辖权的中级人民法院申请承认和执行外国法院作出的发生法律效力的判决、裁定的，如果该法院所在国与中华人民共和国没有缔结或者共同参加国际条约，也没有互惠关系的，裁定驳回申请，但当事人向人民法院申请承认外国法院作出的发生法律效力的离婚判决的除外。

承认和执行申请被裁定驳回的，当事人可以向人民法院起诉。

第五百四十五条　对临时仲裁庭在中华人民共和国领域外作出的仲裁裁决，一方当事人向人民法院申请承认和执行的，人民法院应当依照民事诉讼法第二百八十三条规定处理。

第五百四十六条　对外国法院作出的发生法律效力的判决、裁定或者外国仲裁裁决，需要中华人民共和国法院执行的，当事人应当先向人民法院申请承认。人民法院经审查,裁定承认后,再根据民事诉讼法第三编的规定予以执行。

当事人仅申请承认而未同时申请执行的,人民法院仅对应否承认进行审查并作出裁定。

第五百四十七条　当事人申请承认和执行外国法院作出的发生法律效力的判决、裁定或者外国仲裁裁决的期间,适用民事诉讼法第二百三十九条的规定。

当事人仅申请承认而未同时申请执行的,申请执行的期间自人民法院对承认申请作出的裁定生效之日起重新计算。

第五百四十八条　承认和执行外国法院作出的发生法律效力的判决、裁定或者外国仲裁裁决的案件,人民法院应当组成合议庭进行审查。

人民法院应当将申请书送达被申请人。被申请人可以陈述意见。

人民法院经审查作出的裁定,一经送达即发生法律效力。

第五百四十九条　与中华人民共和国没有司法协助条约又无互惠关系的国家的法院,未通过外交途径,直接请求人民法院提供司法协助的,人民法院应予退回,并说明理由。

第五百五十条　当事人在中华人民共和国领域外使用中华人民共和国法院的判决书、裁定书,要求中华人民共和国法院证明其法律效力的,或者外国法院要求中华人民共和国法院证明判决书、裁定书的法律效力的,作出判决、裁定的中华人民共和国法院,可以本法院的名义出具证明。

第五百五十一条　人民法院审理涉及香港、澳门特别行政区和台湾地区的民事诉讼案件,可以参照适用涉外民事诉讼程序的特别规定。

二十三、附　　则

第五百五十二条　本解释公布施行后,最高人民法院于 1992 年 7 月 14 日发布的《关于适用〈中华人民共和国民事诉讼法〉若干问题的意见》同时废止;最高人民法院以前发布的司法解释与本解释不一致的,不再适用。

最高人民法院关于审理民事案件适用诉讼时效制度若干问题的规定(节选)

(2008 年 8 月 11 日最高人民法院审判委员会第 1450 次会议通过
2008 年 8 月 21 日公布　法释〔2008〕11 号　自 2008 年 9 月 1 日起施行)

第十三条　下列事项之一,人民法院应当认定与提起诉讼具有同等诉讼时效中断的效力:

（一）申请仲裁；

（二）申请支付令；

（三）申请破产、申报破产债权；

（四）为主张权利而申请宣告义务人失踪或死亡；

（五）申请诉前财产保全、诉前临时禁令等诉前措施；

（六）申请强制执行；

（七）申请追加当事人或者被通知参加诉讼；

（八）在诉讼中主张抵销；

（九）其他与提起诉讼具有同等诉讼时效中断效力的事项。

最高人民法院关于执行程序中计算迟延履行期间的债务利息适用法律若干问题的解释

（2014年6月9日最高人民法院审判委员会第1619次会议通过
2014年7月7日公布　法释〔2014〕8号　自2014年8月1日起施行）

为规范执行程序中迟延履行期间债务利息的计算，根据《中华人民共和国民事诉讼法》的规定，结合司法实践，制定本解释。

第一条　根据民事诉讼法第二百五十三条规定加倍计算之后的迟延履行期间的债务利息，包括迟延履行期间的一般债务利息和加倍部分债务利息。

迟延履行期间的一般债务利息，根据生效法律文书确定的方法计算；生效法律文书未确定给付该利息的，不予计算。

加倍部分债务利息的计算方法为：加倍部分债务利息＝债务人尚未清偿的生效法律文书确定的除一般债务利息之外的金钱债务×日万分之一点七五×迟延履行期间。

第二条　加倍部分债务利息自生效法律文书确定的履行期间届满之日起计算；生效法律文书确定分期履行的，自每次履行期间届满之日起计算；生效法律文书未确定履行期间的，自法律文书生效之日起计算。

第三条　加倍部分债务利息计算至被执行人履行完毕之日；被执行人分次履行的，相应部分的加倍部分债务利息计算至每次履行完毕之日。

人民法院划拨、提取被执行人的存款、收入、股息、红利等财产的，相应部分的加倍部分债务利息计算至划拨、提取之日；人民法院对被执行人财产拍卖、变卖或者以物抵债的，计算至成交裁定或者抵债裁定生效之日；人民法院对被执行人财产通过其他方式变价的，计算至财产变价完成之日。

非因被执行人的申请,对生效法律文书审查而中止或者暂缓执行的期间及再审中止执行的期间,不计算加倍部分债务利息。

第四条 被执行人的财产不足以清偿全部债务的,应当先清偿生效法律文书确定的金钱债务,再清偿加倍部分债务利息,但当事人对清偿顺序另有约定的除外。

第五条 生效法律文书确定给付外币的,执行时以该种外币按日万分之一点七五计算加倍部分债务利息,但申请执行人主张以人民币计算的,人民法院应予准许。

以人民币计算加倍部分债务利息的,应当先将生效法律文书确定的外币折算或者套算为人民币后再进行计算。

外币折算或者套算为人民币的,按照加倍部分债务利息起算之日的中国外汇交易中心或者中国人民银行授权机构公布的人民币对该外币的中间价折合成人民币计算;中国外汇交易中心或者中国人民银行授权机构未公布汇率中间价的外币,按照该日境内银行人民币对该外币的中间价折算成人民币,或者该外币在境内银行、国际外汇市场对美元汇率,与人民币对美元汇率中间价进行套算。

第六条 执行回转程序中,原申请执行人迟延履行金钱给付义务的,应当按照本解释的规定承担加倍部分债务利息。

第七条 本解释施行时尚未执行完毕部分的金钱债务,本解释施行前的迟延履行期间债务利息按照之前的规定计算;施行后的迟延履行期间债务利息按照本解释计算。

本解释施行前本院发布的司法解释与本解释不一致的,以本解释为准。

最高人民法院关于执行案件立案、结案若干问题的意见(节选)

(2014年12月17日公布 法发〔2014〕26号 自2015年1月1日起施行)

第十三条 下列案件,人民法院应当按照执行协调案件予以立案:

(一)不同法院因执行程序、执行与破产、强制清算、审判等程序之间对执行标的产生争议,经自行协调无法达成一致意见,向共同上级人民法院报请协调处理的;

(二)对跨高级人民法院辖区的法院与公安、检察等机关之间的执行争议案件,执行法院报请所属高级人民法院与有关公安、检察等机关所在地的高级人民法院商有关机关协调解决或者报请最高人民法院协调处理的；

（三）当事人对内地仲裁机构作出的涉港澳仲裁裁决分别向不同人民法院申请撤销及执行，受理执行申请的人民法院对受理撤销申请的人民法院作出的决定撤销或者不予撤销的裁定存在异议，亦不能直接作出与该裁定相矛盾的执行或者不予执行的裁定，报请共同上级人民法院解决的；

（四）当事人对内地仲裁机构作出的涉港澳仲裁裁决向人民法院申请执行且人民法院已经作出应予执行的裁定后，一方当事人向人民法院申请撤销该裁决，受理撤销申请的人民法院认为裁决应予撤销且该人民法院与受理执行申请的人民法院非同一人民法院时，报请共同上级人民法院解决的；

（五）跨省、自治区、直辖市的执行争议案件报请最高人民法院协调处理的；

（六）其他依法报请协调的。

第十七条　有下列情形之一的，可以以“终结执行”方式结案：

（一）申请人撤销申请或者是当事人双方达成执行和解协议，申请执行人撤回执行申请的；

（二）据以执行的法律文书被撤销的；

（三）作为被执行人的公民死亡，无遗产可供执行，又无义务承担人的；

（四）追索赡养费、扶养费、抚育费案件的权利人死亡的；

（五）作为被执行人的公民因生活困难无力偿还借款，无收入来源，又丧失劳动能力的；

（六）作为被执行人的企业法人或其他组织被撤销、注销、吊销营业执照或者歇业、终止后既无财产可供执行，又无义务承受人，也没有能够依法追加变更执行主体的；

（七）依照刑法第五十三条规定免除罚金的；

（八）被执行人被人民法院裁定宣告破产的；

（九）行政执行标的灭失的；

（十）案件被上级人民法院裁定提级执行的；

（十一）案件被上级人民法院裁定指定由其他法院执行的；

（十二）按照《最高人民法院关于委托执行若干问题的规定》，办理了委托执行手续，且收到受托法院立案通知书的；

（十三）人民法院认为应当终结执行的其他情形。

前款除第（十）项、第（十一）项、第（十二）项规定的情形外，终结执行的，应当制作裁定书，送达当事人。

二、商事部分

中华人民共和国合伙企业法(节选)

(2006年8月27日第十届全国人民代表大会常务委员会
第二十三次会议修订通过 2006年8月27日中华人民共和国
主席令第55号公布 自2007年6月1日起施行)

第四十八条 合伙人有下列情形之一的,当然退伙:

(一)作为合伙人的自然人死亡或者被依法宣告死亡;

(二)个人丧失偿债能力;

(三)作为合伙人的法人或者其他组织依法被吊销营业执照、责令关闭、撤销,或者被宣告破产;

(四)法律规定或者合伙协议约定合伙人必须具有相关资格而丧失该资格;

(五)合伙人在合伙企业中的全部财产份额被人民法院强制执行。

合伙人被依法认定为无民事行为能力人或者限制民事行为能力人的,经其他合伙人一致同意,可以依法转为有限合伙人,普通合伙企业依法转为有限合伙企业。其他合伙人未能一致同意的,该无民事行为能力或者限制民事行为能力的合伙人退伙。

退伙事由实际发生之日为退伙生效日。

第九十二条 合伙企业不能清偿到期债务的,债权人可以依法向人民法院提出破产清算申请,也可以要求普通合伙人清偿。

合伙企业依法被宣告破产的,普通合伙人对合伙企业债务仍应承担无限连带责任。

中华人民共和国商业银行法(节选)

(1995年5月10日第八届全国人民代表大会常务委员会第十三次会议通过
根据2003年12月27日第十届全国人民代表大会常务委员会第六次会议
《关于修改〈中华人民共和国商业银行法〉的决定》第一次修正
根据2015年8月29日第十二届全国人民代表大会常务委员会第十六次会议
《关于修改〈中华人民共和国商业银行法〉的决定》第二次修正)

第二十七条　有下列情形之一的,不得担任商业银行的董事、高级管理人员:

(一)因犯有贪污、贿赂、侵占财产、挪用财产罪或者破坏社会经济秩序罪,被判处刑罚,或者因犯罪被剥夺政治权利的;

(二)担任因经营不善破产清算的公司、企业的董事或者厂长、经理,并对该公司、企业的破产负有个人责任的;

(三)担任因违法被吊销营业执照的公司、企业的法定代表人,并负有个人责任的;

(四)个人所负数额较大的债务到期未清偿的。

第六十八条　有下列情形之一的,接管终止:

(一)接管决定规定的期限届满或者国务院银行业监督管理机构决定的接管延期届满;

(二)接管期限届满前,该商业银行已恢复正常经营能力;

(三)接管期限届满前,该商业银行被合并或者被依法宣告破产。

第七十一条　商业银行不能支付到期债务,经国务院银行业监督管理机构同意,由人民法院依法宣告其破产。商业银行被宣告破产的,由人民法院组织国务院银行业监督管理机构等有关部门和有关人员成立清算组,进行清算。

商业银行破产清算时,在支付清算费用、所欠职工工资和劳动保险费用后,应当优先支付个人储蓄存款的本金和利息。

第七十二条　商业银行因解散、被撤销和被宣告破产而终止。

中华人民共和国保险法(节选)

(1995年6月30日第八届全国人民代表大会常务委员会第十四次会议通过
根据2002年10月28日第九届全国人民代表大会常务委员会第三十次会议
《关于修改〈中华人民共和国保险法〉的决定》第一次修正
2009年2月28日第十一届全国人民代表大会常务委员会第七次会议修订
根据2014年8月31日第十二届全国人民代表大会常务委员会第十次会议
《关于修改〈中华人民共和国保险法〉等五部法律的决定》第二次修正
根据2015年4月24日第十二届全国人民代表大会常务委员会第十四次会议
《关于修改〈中华人民共和国计量法〉等五部法律的决定》第三次修正)

第九十条 保险公司有《中华人民共和国企业破产法》第二条规定情形的,经国务院保险监督管理机构同意,保险公司或者其债权人可以依法向人民法院申请重整、和解或者破产清算;国务院保险监督管理机构也可以依法向人民法院申请对该保险公司进行重整或者破产清算。

第九十一条 破产财产在优先清偿破产费用和共益债务后,按照下列顺序清偿:

(一)所欠职工工资和医疗、伤残补助、抚恤费用,所欠应当划入职工个人账户的基本养老保险、基本医疗保险费用,以及法律、行政法规规定应当支付给职工的补偿金;

(二)赔偿或者给付保险金;

(三)保险公司欠缴的除第(一)项规定以外的社会保险费用和所欠税款;

(四)普通破产债权。

破产财产不足以清偿同一顺序的清偿要求的,按照比例分配。

破产保险公司的董事、监事和高级管理人员的工资,按照该公司职工的平均工资计算。

第九十二条 经营有人寿保险业务的保险公司被依法撤销或者被依法宣告破产的,其持有的人寿保险合同及责任准备金,必须转让给其他经营有人寿保险业务的保险公司;不能同其他保险公司达成转让协议的,由国务院保险监督管理机构指定经营有人寿保险业务的保险公司接受转让。

转让或者由国务院保险监督管理机构指定接受转让前款规定的人寿保险合同及责任准备金的,应当维护被保险人、受益人的合法权益。

第一百条 保险公司应当缴纳保险保障基金。

保险保障基金应当集中管理,并在下列情形下统筹使用:

（一）在保险公司被撤销或者被宣告破产时，向投保人、被保险人或者受益人提供救济；

（二）在保险公司被撤销或者被宣告破产时，向依法接受其人寿保险合同的保险公司提供救济；

（三）国务院规定的其他情形。

保险保障基金筹集、管理和使用的具体办法，由国务院制定。

第一百四十九条　保险公司因违法经营被依法吊销经营保险业务许可证的，或者偿付能力低于国务院保险监督管理机构规定标准，不予撤销将严重危害保险市场秩序、损害公共利益的，由国务院保险监督管理机构予以撤销并公告，依法及时组织清算组进行清算。

中华人民共和国证券法（节选）

（1998年12月29日第九届全国人民代表大会常务委员会第六次会议通过
根据2004年8月28日第十届全国人民代表大会常务委员会第十一次会议
《关于修改〈中华人民共和国证券法〉的决定》第一次修正
2005年10月27日第十届全国人民代表大会常务委员会第十八次会议修订
根据2013年6月29日第十二届全国人民代表大会常务委员会第三次会议
《关于修改〈中华人民共和国文物保护法〉等十二部法律的决定》第二次修正
根据2014年8月31日第十二届全国人民代表大会常务委员会第十次会议
《关于修改〈中华人民共和国保险法〉等五部法律的决定》第三次修正）

第五十六条　上市公司有下列情形之一的，由证券交易所决定终止其股票上市交易：

……

（四）公司解散或者被宣告破产；

……

第六十一条　公司有前条第（一）项、第（四）项所列情形之一经查实后果严重的，或者有前条第（二）项、第（三）项、第（五）项所列情形之一，在限期内未能消除的，由证券交易所决定终止其公司债券上市交易。

公司解散或者被宣告破产的，由证券交易所终止其公司债券上市交易。

第六十七条　发生可能对上市公司股票交易价格产生较大影响的重大事件，投资者尚未得知时，上市公司应当立即将有关该重大事件的情况向国务院证券监督管理机构和证券交易所报送临时报告，并予公告，说明事件的起因、目前的状态和可能产生的法律后果。

下列情况为前款所称重大事件：

……

(九)公司减资、合并、分立、解散及申请破产的决定；

……

第一百二十九条 证券公司设立、收购或者撤销分支机构，变更业务范围，增加注册资本且股权结构发生重大调整，减少注册资本，变更持有百分之五以上股权的股东、实际控制人，变更公司章程中的重要条款，合并、分立、停业、解散、破产，必须经国务院证券监督管理机构批准。

证券公司在境外设立、收购或者参股证券经营机构，必须经国务院证券监督管理机构批准。

第一百三十九条 证券公司客户的交易结算资金应当存放在商业银行，以每个客户的名义单独立户管理。具体办法和实施步骤由国务院规定。

证券公司不得将客户的交易结算资金和证券归入其自有财产。禁止任何单位或者个人以任何形式挪用客户的交易结算资金和证券。证券公司破产或者清算时，客户的交易结算资金和证券不属于其破产财产或者清算财产。非因客户本身的债务或者法律规定的其他情形，不得查封、冻结、扣划或者强制执行客户的交易结算资金和证券。

第二百一十八条 证券公司违反本法第一百二十九条的规定，擅自设立、收购、撤销分支机构，或者合并、分立、停业、解散、破产，或者在境外设立、收购、参股证券经营机构的，责令改正，没收违法所得，并处以违法所得一倍以上五倍以下的罚款；没有违法所得或者违法所得不足十万元的，处以十万元以上六十万元以下的罚款。对直接负责的主管人员给予警告，并处以三万元以上十万元以下的罚款。

证券公司违反本法第一百二十九条的规定，擅自变更有关事项的，责令改正，并处以十万元以上三十万元以下的罚款。对直接负责的主管人员给予警告，并处以五万元以下的罚款。

中华人民共和国证券投资基金法(节选)

(2003年10月28日第十届全国人民代表大会常务委员会第五次会议通过
2012年12月28日第十一届全国人民代表大会常务委员会第三十次会议修订
根据2015年4月24日第十二届全国人民代表大会常务委员会第十四次会议
《关于修改〈中华人民共和国港口法〉等七部法律的决定》修正)

第五条 基金财产的债务由基金财产本身承担，基金份额持有人以其出资为限对基金财产的债务承担责任。但基金合同依照本法另有约定的,从其约定。

基金财产独立于基金管理人、基金托管人的固有财产。基金管理人、基金托管人不得将基金财产归入其固有财产。

基金管理人、基金托管人因基金财产的管理、运用或者其他情形而取得的财产和收益,归入基金财产。

基金管理人、基金托管人因依法解散、被依法撤销或者被依法宣告破产等原因进行清算的,基金财产不属于其清算财产。

第十五条 有下列情形之一的,不得担任公开募集基金的基金管理人的董事、监事、高级管理人员和其他从业人员:

……

(二)对所任职的公司、企业因经营不善破产清算或者因违法被吊销营业执照负有个人责任的董事、监事、厂长、高级管理人员,自该公司、企业破产清算终结或者被吊销营业执照之日起未逾五年的;

……

第二十八条 有下列情形之一的,公开募集基金的基金管理人职责终止:

……

(三)依法解散、被依法撤销或者被依法宣告破产;

……

第四十一条 有下列情形之一的,基金托管人职责终止:

……

(三)依法解散、被依法撤销或者被依法宣告破产;

……

第一百条 基金销售结算资金、基金份额独立于基金销售机构、基金销售支付机构或者基金份额登记机构的自有财产。基金销售机构、基金销售支付机构或者基金份额登记机构破产或者清算时,基金销售结算资金、基金份额不属于其破产财产或者清算财产。非因投资人本身的债务或者法律规定的其他情形,不得查封、冻结、扣划或者强制执行基金销售结算资金、基金份额。

基金销售机构、基金销售支付机构、基金份额登记机构应当确保基金销售结算资金、基金份额的安全、独立,禁止任何单位或者个人以任何形式挪用基金销售结算资金、基金份额。

中华人民共和国企业国有资产法(节选)

(2008年10月28日第十一届全国人民代表大会常务委员会第五次会议通过
2008年10月28日中华人民共和国主席令第5号公布　自2009年5月1日起施行)

第三十条　国家出资企业合并、分立、改制、上市,增加或者减少注册资本,发行债券,进行重大投资,为他人提供大额担保,转让重大财产,进行大额捐赠,分配利润,以及解散、申请破产等重大事项,应当遵守法律、行政法规以及企业章程的规定,不得损害出资人和债权人的权益。

第三十一条　国有独资企业、国有独资公司合并、分立,增加或者减少注册资本,发行债券,分配利润,以及解散、申请破产,由履行出资人职责的机构决定。

第三十四条　重要的国有独资企业、国有独资公司、国有资本控股公司的合并、分立、解散、申请破产以及法律、行政法规和本级人民政府规定应当由履行出资人职责的机构报经本级人民政府批准的重大事项,履行出资人职责的机构在作出决定或者向其委派参加国有资本控股公司股东会会议、股东大会会议的股东代表作出指示前,应当报请本级人民政府批准。

本法所称的重要的国有独资企业、国有独资公司和国有资本控股公司,按照国务院的规定确定。

第三十七条　国家出资企业的合并、分立、改制、解散、申请破产等重大事项,应当听取企业工会的意见,并通过职工代表大会或者其他形式听取职工的意见和建议。

中华人民共和国农民专业合作社法(节选)

(2006年10月31日第十届全国人民代表大会常务委员会第二十四次会议通过
2017年12月27日第十二届全国人民代表大会常务委员会第三十一次会议修订
2018年7月1日起施行)

第五十一条　农民专业合作社因本法第四十八条第一款的原因解散,或者人民法院受理破产申请时,不能办理成员退社手续。

第五十二条　清算组负责制定包括清偿农民专业合作社员工的工资及社会保险费用,清偿所欠税款和其他各项债务,以及分配剩余财产在内的清算方案,经成员大会通过或者申请人民法院确认后实施。

清算组发现农民专业合作社的财产不足以清偿债务的，应当依法向人民法院申请破产。

第五十三条　农民专业合作社接受国家财政直接补助形成的财产，在解散、破产清算时，不得作为可分配剩余资产分配给成员，具体按照国务院财政部门有关规定执行。

第五十五条　农民专业合作社破产适用企业破产法的有关规定。但是，破产财产在清偿破产费用和共益债务后，应当优先清偿破产前与农民成员已发生交易但尚未结清的款项。

中华人民共和国信托法(节选)

(2001年4月28日第九届全国人民代表大会常务委员会第二十一次会议通过
2001年4月28日中华人民共和国主席令第50号公布　自2001年10月1日起施行)

第十五条　信托财产与委托人未设立信托的其他财产相区别。设立信托后，委托人死亡或者依法解散、被依法撤销、被宣告破产时，委托人是唯一受益人的，信托终止，信托财产作为其遗产或者清算财产；委托人不是唯一受益人的，信托存续，信托财产不作为其遗产或者清算财产；但作为共同受益人的委托人死亡或者依法解散、被依法撤销、被宣告破产时，其信托受益权作为其遗产或者清算财产。

第十六条　信托财产与属于受托人所有的财产(以下简称固有财产)相区别，不得归入受托人的固有财产或者成为固有财产的一部分。

受托人死亡或者依法解散、被依法撤销、被宣告破产而终止，信托财产不属于其遗产或者清算财产。

第三十九条　受托人有下列情形之一的，其职责终止：

(一)死亡或者被依法宣告死亡；

(二)被依法宣告为无民事行为能力人或者限制民事行为能力人；

(三)被依法撤销或者被宣告破产；

(四)依法解散或者法定资格丧失；

(五)辞任或者被解任；

(六)法律、行政法规规定的其他情形。

受托人职责终止时，其继承人或者遗产管理人、监护人、清算人应当妥善保管信托财产，协助新受托人接管信托事务。

第五十二条　信托不因委托人或者受托人的死亡、丧失民事行为能力、依法解散、被依法撤销或者被宣告破产而终止,也不因受托人的辞任而终止。但本法或者信托文件另有规定的除外。

中华人民共和国票据法(节选)

(1995年5月10日第八届全国人民代表大会常务委员会第十三次会议通过
根据2004年8月28日第十届全国人民代表大会常务委员会第十一次会议
《关于修改〈中华人民共和国票据法〉的决定》修正)

第六十一条 汇票到期被拒绝付款的,持票人可以对背书人、出票人以及汇票的其他债务人行使追索权。

汇票到期日前,有下列情形之一的,持票人也可以行使追索权:

(一)汇票被拒绝承兑的;

(二)承兑人或者付款人死亡、逃匿的;

(三)承兑人或者付款人被依法宣告破产的或者因违法被责令终止业务活动的。

第六十四条 承兑人或者付款人被人民法院依法宣告破产的,人民法院的有关司法文书具有拒绝证明的效力。

承兑人或者付款人因违法被责令终止业务活动的,有关行政主管部门的处罚决定具有拒绝证明的效力。

中华人民共和国反洗钱法(节选)

(2006年10月31日第十届全国人民代表大会常务委员会第二十四次会议通过
2006年10月31日中华人民共和国主席令第56号公布 自2007年1月1日起施行)

第十九条 金融机构应当按照规定建立客户身份资料和交易记录保存制度。

在业务关系存续期间,客户身份资料发生变更的,应当及时更新客户身份资料。

客户身份资料在业务关系结束后、客户交易信息在交易结束后,应当至少保存五年。

金融机构破产和解散时,应当将客户身份资料和客户交易信息移交国务院有关部门指定的机构。

中华人民共和国企业法人登记管理条例(节选)

(1988年6月3日中华人民共和国国务院令第1号发布　根据2011年1月8日《国务院关于废止和修改部分行政法规的决定》第一次修订　根据2014年2月19日《国务院关于废止和修改部分行政法规的决定》第二次修订　根据2016年2月6日《国务院关于修改部分行政法规的决定》第三次修订　根据2019年3月2日《国务院关于修改部分行政法规的决定》修正)

第二十条　企业法人歇业、被撤销、宣告破产或者因其他原因终止营业,应当向登记主管机关办理注销登记。

中华人民共和国公司登记管理条例(节选)

(1994年6月24日中华人民共和国国务院令第156号公布　根据2005年12月18日《国务院关于修改〈中华人民共和国公司登记管理条例〉的决定》第一次修订　根据2014年2月19日《国务院关于废止和修改部分行政法规的决定》第二次修订　根据2016年2月6日《国务院关于修改部分行政法规的决定》第三次修订)

第四十三条　公司申请注销登记,应当提交下列文件:

(一)公司清算组负责人签署的注销登记申请书;

(二)人民法院的破产裁定、解散裁判文书,公司依照《公司法》作出的决议或者决定,行政机关责令关闭或者公司被撤销的文件;

(三)股东会、股东大会、一人有限责任公司的股东、外商投资的公司董事会或者人民法院、公司批准机关备案、确认的清算报告;

(四)《企业法人营业执照》;

(五)法律、行政法规规定应当提交的其他文件。

国有独资公司申请注销登记,还应当提交国有资产监督管理机构的决定,其中,国务院确定的重要的国有独资公司,还应当提交本级人民政府的批准文件。

有分公司的公司申请注销登记,还应当提交分公司的注销登记证明。

存款保险条例(节选)

(2014年10月29日国务院第67次常务会议通过
2015年2月17日公布 自2015年5月1日起施行)

第十八条 存款保险基金管理机构可以选择下列方式使用存款保险基金,保护存款人利益:

(一)在本条例规定的限额内直接偿付被保险存款;

(二)委托其他合格投保机构在本条例规定的限额内代为偿付被保险存款;

(三)为其他合格投保机构提供担保、损失分摊或者资金支持,以促成其收购或者承担被接管、被撤销或者申请破产的投保机构的全部或者部分业务、资产、负债。

存款保险基金管理机构在拟订存款保险基金使用方案选择前款规定方式时,应当遵循基金使用成本最小的原则。

第十九条 有下列情形之一的,存款人有权要求存款保险基金管理机构在本条例规定的限额内,使用存款保险基金偿付存款人的被保险存款:

(一)存款保险基金管理机构担任投保机构的接管组织;

(二)存款保险基金管理机构实施被撤销投保机构的清算;

(三)人民法院裁定受理对投保机构的破产申请;

(四)经国务院批准的其他情形。

存款保险基金管理机构应当依照本条例的规定,在前款规定情形发生之日起7个工作日内足额偿付存款。

第二十二条 本条例施行前,已被国务院银行业监督管理机构依法决定接管、撤销或者人民法院已受理破产申请的吸收存款的银行业金融机构,不适用本条例。

中华人民共和国外资银行管理条例(节选)

(2006年11月11日中华人民共和国国务院令第478号公布
根据2014年7月29日《国务院关于修改部分行政法规的决定》第一次修订
根据2014年11月27日《国务院关于修改〈中华人民共和国外资银行管理条例〉的决定》第二次修订)

第六十条 外资银行营业性机构因解散、关闭、依法被撤销或者宣告破产而终止的,其清算的具体事宜,依照中华人民共和国有关法律、法规的规定办理。

中华人民共和国外资保险公司管理条例(节选)

(2001年12月12日中华人民共和国国务院令第336号公布
根据2013年5月30日《国务院关于修改
〈中华人民共和国外资保险公司管理条例〉的决定》修订)

第二十二条　外国保险公司分公司的总公司有下列情形之一的,该分公司应当自各该情形发生之日起10日内,将有关情况向中国保监会提交书面报告:

……

(七)分立、合并、解散、依法被撤销或者被宣告破产;

……

第二十三条　外国保险公司分公司的总公司解散、依法被撤销或者被宣告破产的,中国保监会应当停止该分公司开展新业务。

第二十九条　外资保险公司不能支付到期债务,经中国保监会同意,由人民法院依法宣告破产。外资保险公司被宣告破产的,由人民法院组织中国保监会等有关部门和有关人员成立清算组,进行清算。

第三十条　外资保险公司解散、依法被撤销或者被宣告破产的,未清偿债务前,不得将其财产转移至中国境外。

证券公司监督管理条例(节选)

(2008年4月23日国务院第6次常务会议通过　2008年4月23日公布
根据2014年7月29日《国务院关于修改部分行政法规的决定》修订)

第十五条　证券公司合并、分立的,涉及客户权益的重大资产转让应当经具有证券相关业务资格的资产评估机构评估。

证券公司停业、解散或者破产的,应当经国务院证券监督管理机构批准,并按照有关规定安置客户、处理未了结的业务。

第十六条　国务院证券监督管理机构应当对下列申请进行审查,并在下列期限内,作出批准或者不予批准的书面决定:

(一)对在境内设立证券公司或者在境外设立、收购或者参股证券经营机构的申请,自受理之日起6个月;

(二)对增加注册资本且股权结构发生重大调整,减少注册资本,合并、分立或者要求审查股东、实际控制人资格的申请,自受理之日起3个月;

(三)对变更业务范围、公司章程中的重要条款或者要求审查高级管理人员任职资格的申请,自受理之日起45个工作日;

(四)对设立、收购、撤销境内分支机构,或者停业、解散、破产的申请,自受理之日起30个工作日;

(五)对要求审查董事、监事任职资格的申请,自受理之日起20个工作日。

国务院证券监督管理机构审批证券公司及其分支机构的设立申请,应当考虑证券市场发展和公平竞争的需要。

第十七条　公司登记机关应当依照法律、行政法规的规定,凭国务院证券监督管理机构的批准文件,办理证券公司及其境内分支机构的设立、变更、注销登记。

证券公司在取得公司登记机关颁发或者换发的证券公司或者境内分支机构的营业执照后,应当向国务院证券监督管理机构申请颁发或者换发经营证券业务许可证。经营证券业务许可证应当载明证券公司或者境内分支机构的证券业务范围。

未取得经营证券业务许可证,证券公司及其境内分支机构不得经营证券业务。

证券公司停止全部证券业务、解散、破产或者撤销境内分支机构的,应当在国务院证券监督管理机构指定的报刊上公告,并按照规定将经营证券业务许可证交国务院证券监督管理机构注销。

企业国有资产监督管理暂行条例(节选)

(2003年5月13日国务院第8次常务会议讨论通过
2003年5月27日公布　自2003年5月27日起施行
根据2011年1月8日《国务院关于废止和修改部分
行政法规的决定》和2019年3月2日《国务院关于
修改部分行政法规的决定》修订)

第二十一条　国有资产监督管理机构依照法定程序决定其所出资企业中的国有独资企业、国有独资公司的分立、合并、破产、解散、增减资本、发行公司债券等重大事项。其中,重要的国有独资企业、国有独资公司分立、合并、破产、解散的,应当由国有资产监督管理机构审核后,报本级人民政府批准。

国有资产监督管理机构依照法定程序审核、决定国防科技工业领域其所出资企业中的国有独资企业、国有独资公司的有关重大事项时,按照国家有关法律、规定执行。

第二十二条　国有资产监督管理机构依照公司法的规定，派出股东代表、董事，参加国有控股的公司、国有参股的公司的股东会、董事会。

国有控股的公司、国有参股的公司的股东会、董事会决定公司的分立、合并、破产、解散、增减资本、发行公司债券、任免企业负责人等重大事项时，国有资产监督管理机构派出的股东代表、董事，应当按照国有资产监督管理机构的指示发表意见、行使表决权。

国有资产监督管理机构派出的股东代表、董事，应当将其履行职责的有关情况及时向国有资产监督管理机构报告。

第二十五条　国有资产监督管理机构依照国家有关规定组织协调所出资企业中的国有独资企业、国有独资公司的兼并破产工作，并配合有关部门做好企业下岗职工安置等工作。

金融资产管理公司条例（节选）

（2000年11月1日国务院第32次常务会议通过
2000年11月10日公布　自2000年11月10日起施行）

第二十六条　金融资产管理公司管理、处置因收购国有银行不良贷款形成的资产，应当按照公开、竞争、择优的原则运作。

金融资产管理公司转让资产，主要采取招标、拍卖等方式。

金融资产管理公司的债权因债务人破产等原因得不到清偿的，按照国务院的规定处理。

金融资产管理公司资产处置管理办法由财政部制定。

征信业管理条例（节选）

（2012年12月26日国务院第228次常务会议通过
2013年1月21日公布　自2013年3月15日起施行）

第十二条　征信机构解散或者被依法宣告破产的，应当向国务院征信业监督管理部门报告，并按照下列方式处理信息数据库：

（一）与其他征信机构约定并经国务院征信业监督管理部门同意，转让给其他

征信机构;

(二)不能依照前项规定转让的,移交给国务院征信业监督管理部门指定的征信机构;

(三)不能依照前两项规定转让、移交的,在国务院征信业监督管理部门的监督下销毁。

经营个人征信业务的征信机构解散或者被依法宣告破产的,还应当在国务院征信业监督管理部门指定的媒体上公告,并将个人征信业务经营许可证交国务院征信业监督管理部门注销。

期货交易管理条例(节选)

(2007 年 3 月 6 日国务院令第 489 号公布
根据 2012 年 10 月 24 日《国务院关于修改〈期货交易管理条例〉的决定》第一次修订
根据 2013 年 7 月 18 日《国务院关于废止和修改部分行政法规的决定》第二次修订
根据 2016 年 2 月 6 日《国务院关于修改部分行政法规的决定》第三次修订
根据 2017 年 3 月 1 日《国务院关于修改和废止部分行政法规的决定》第四次修订)

第十九条 期货公司办理下列事项,应当经国务院期货监督管理机构批准:

(一)合并、分立、停业、解散或者破产;

(二)变更业务范围;

(三)变更注册资本且调整股权结构;

(四)新增持有 5%以上股权的股东或者控股股东发生变化;

(五)国务院期货监督管理机构规定的其他事项。

前款第三项、第五项所列事项,国务院期货监督管理机构应当自受理申请之日起 20 日内作出批准或者不批准的决定;前款所列其他事项,国务院期货监督管理机构应当自受理申请之日起 2 个月内作出批准或者不批准的决定。

金融机构撤销条例(节选)

(2001 年 11 月 14 日国务院第 47 次常务会议通过
2001 年 11 月 23 日公布 自 2001 年 12 月 15 日起施行)

第三十条 被撤销的金融机构的高级管理人员和其他有关人员,利用职务上的便利收受他人财物、违法发放贷款、非法出具金融票证、徇私舞弊造成该金融机构被撤销的，依照刑法关于受贿罪、违法发放贷款罪、非法出具金融票证罪、徇私舞弊造成破产、亏损罪或者其他罪的规定，依法追究刑事责任；尚不够刑事处罚的，给予撤职直至开除的纪律处分，并终身不得在任何金融机构担任高级管理职务或者与原职务相当的职务。

证券公司风险处置条例

（2008年4月23日国务院第6次常务会议通过
2008年4月23日公布
根据2016年2月6日《国务院关于修改部分行政法规的决定》修订）

第一章　总　　则

第一条　为了控制和化解证券公司风险，保护投资者合法权益和社会公共利益，保障证券业健康发展，根据《中华人民共和国证券法》（以下简称《证券法》）、《中华人民共和国企业破产法》（以下简称《企业破产法》），制定本条例。

第二条　国务院证券监督管理机构依法对处置证券公司风险工作进行组织、协调和监督。

第三条　国务院证券监督管理机构应当会同中国人民银行、国务院财政部门、国务院公安部门、国务院其他金融监督管理机构以及省级人民政府建立处置证券公司风险的协调配合与快速反应机制。

第四条　处置证券公司风险过程中，有关地方人民政府应当采取有效措施维护社会稳定。

第五条　处置证券公司风险过程中，应当保障证券经纪业务正常进行。

第二章　停业整顿、托管、接管、行政重组

第六条　国务院证券监督管理机构发现证券公司存在重大风险隐患，可以派出风险监控现场工作组对证券公司进行专项检查，对证券公司划拨资金、处置资产、调配人员、使用印章、订立以及履行合同等经营、管理活动进行监控，并及时向有关地方人民政府通报情况。

第七条　证券公司风险控制指标不符合有关规定，在规定期限内未能完成整改的，国务院证券监督管理机构可以责令证券公司停止部分或者全部业务进行整顿。停业整顿的期限不超过3个月。

证券经纪业务被责令停业整顿的,证券公司在规定的期限内可以将其证券经纪业务委托给国务院证券监督管理机构认可的证券公司管理,或者将客户转移到其他证券公司。证券公司逾期未按照要求委托证券经纪业务或者未转移客户的,国务院证券监督管理机构应当将客户转移到其他证券公司。

第八条 证券公司有下列情形之一的,国务院证券监督管理机构可以对其证券经纪等涉及客户的业务进行托管;情节严重的,可以对该证券公司进行接管:

(一)治理混乱,管理失控;

(二)挪用客户资产并且不能自行弥补;

(三)在证券交易结算中多次发生交收违约或者交收违约数额较大;

(四)风险控制指标不符合规定,发生重大财务危机;

(五)其他可能影响证券公司持续经营的情形。

第九条 国务院证券监督管理机构决定对证券公司证券经纪等涉及客户的业务进行托管的,应当按照规定程序选择证券公司等专业机构成立托管组,行使被托管证券公司的证券经纪等涉及客户的业务的经营管理权。

托管组自托管之日起履行下列职责:

(一)保障证券公司证券经纪业务正常合规运行,必要时依照规定垫付营运资金和客户的交易结算资金;

(二)采取有效措施维护托管期间客户资产的安全;

(三)核查证券公司存在的风险,及时向国务院证券监督管理机构报告业务运行中出现的紧急情况,并提出解决方案;

(四)国务院证券监督管理机构要求履行的其他职责。

托管期限一般不超过 12 个月。满 12 个月,确需继续托管的,国务院证券监督管理机构可以决定延长托管期限,但延长托管期限最长不得超过 12 个月。

第十条 被托管证券公司应当承担托管费用和托管期间的营运费用。国务院证券监督管理机构应当对托管费用和托管期间的营运费用进行审核。

托管组不承担被托管证券公司的亏损。

第十一条 国务院证券监督管理机构决定对证券公司进行接管的,应当按照规定程序组织专业人员成立接管组,行使被接管证券公司的经营管理权,接管组负责人行使被接管证券公司法定代表人职权,被接管证券公司的股东会或者股东大会、董事会、监事会以及经理、副经理停止履行职责。

接管组自接管之日起履行下列职责:

(一)接管证券公司的财产、印章和账簿、文书等资料;

(二)决定证券公司的管理事务;

(三)保障证券公司证券经纪业务正常合规运行,完善内控制度;

（四）清查证券公司财产，依法保全、追收资产；

（五）控制证券公司风险，提出风险化解方案；

（六）核查证券公司有关人员的违法行为；

（七）国务院证券监督管理机构要求履行的其他职责。

接管期限一般不超过12个月。满12个月，确需继续接管的，国务院证券监督管理机构可以决定延长接管期限，但延长接管期限最长不得超过12个月。

第十二条　证券公司出现重大风险，但具备下列条件的，可以由国务院证券监督管理机构对其进行行政重组：

（一）财务信息真实、完整；

（二）省级人民政府或者有关方面予以支持；

（三）整改措施具体，有可行的重组计划。

被停业整顿、托管、接管的证券公司，具备前款规定条件的，也可以由国务院证券监督管理机构对其进行行政重组。

第十三条　证券公司进行行政重组，可以采取注资、股权重组、债务重组、资产重组、合并或者其他方式。

行政重组期限一般不超过12个月。满12个月，行政重组未完成的，国务院证券监督管理机构可以决定延长行政重组期限，但延长行政重组期限最长不得超过6个月。

国务院证券监督管理机构对证券公司的行政重组进行协调和指导。

第十四条　国务院证券监督管理机构对证券公司做出责令停业整顿、托管、接管、行政重组的处置决定，应当予以公告，并将公告张贴于被处置证券公司的营业场所。

处置决定包括被处置证券公司的名称、处置措施、事由以及范围等有关事项。

处置决定的公告日期为处置日，处置决定自公告之时生效。

第十五条　证券公司被责令停业整顿、托管、接管、行政重组的，其债权债务关系不因处置决定而变化。

第十六条　证券公司经停业整顿、托管、接管或者行政重组在规定期限内达到正常经营条件的，经国务院证券监督管理机构批准，可以恢复正常经营。

第十七条　证券公司经停业整顿、托管、接管或者行政重组在规定期限内仍达不到正常经营条件，但能够清偿到期债务的，国务院证券监督管理机构依法撤销其证券业务许可。

第十八条　被撤销证券业务许可的证券公司应当停止经营证券业务，按照客户自愿的原则将客户安置到其他证券公司，安置过程中相关各方应当采取必要措施保证客户证券交易的正常进行。

被撤销证券业务许可的证券公司有未安置客户等情形的,国务院证券监督管理机构可以比照本条例第三章的规定,成立行政清理组,清理账户、安置客户、转让证券类资产。

第三章 撤 销

第十九条 证券公司同时有下列情形的,国务院证券监督管理机构可以直接撤销该证券公司:

(一)违法经营情节特别严重、存在巨大经营风险;

(二)不能清偿到期债务,并且资产不足以清偿全部债务或者明显缺乏清偿能力;

(三)需要动用证券投资者保护基金。

第二十条 证券公司经停业整顿、托管、接管或者行政重组在规定期限内仍达不到正常经营条件,并且有本条例第十九条第(二)项或者第(三)项规定情形的,国务院证券监督管理机构应当撤销该证券公司。

第二十一条 国务院证券监督管理机构撤销证券公司,应当做出撤销决定,并按照规定程序选择律师事务所、会计师事务所等专业机构成立行政清理组,对该证券公司进行行政清理。

撤销决定应当予以公告,撤销决定的公告日期为处置日,撤销决定自公告之时生效。

本条例施行前,国务院证券监督管理机构已经对证券公司进行行政清理的,行政清理的公告日期为处置日。

第二十二条 行政清理期间,行政清理组负责人行使被撤销证券公司法定代表人职权。

行政清理组履行下列职责:

(一)管理证券公司的财产、印章和账簿、文书等资料;

(二)清理账户,核实资产负债有关情况,对符合国家规定的债权进行登记;

(三)协助甄别确认、收购符合国家规定的债权;

(四)协助证券投资者保护基金管理机构弥补客户的交易结算资金;

(五)按照客户自愿的原则安置客户;

(六)转让证券类资产;

(七)国务院证券监督管理机构要求履行的其他职责。

前款所称证券类资产,是指证券公司为维持证券经纪业务正常进行所必需的计算机信息管理系统、交易系统、通信网络系统、交易席位等资产。

第二十三条 被撤销证券公司的股东会或者股东大会、董事会、监事会以及经理、副经理停止履行职责。

行政清理期间，被撤销证券公司的股东不得自行组织清算，不得参与行政清理工作。

第二十四条　行政清理期间，被撤销证券公司的证券经纪等涉及客户的业务，由国务院证券监督管理机构按照规定程序选择证券公司等专业机构进行托管。

第二十五条　证券公司设立或者实际控制的关联公司，其资产、人员、财务或者业务与被撤销证券公司混合的，经国务院证券监督管理机构审查批准，纳入行政清理范围。

第二十六条　证券公司的债权债务关系不因其被撤销而变化。

自证券公司被撤销之日起，证券公司的债务停止计算利息。

第二十七条　行政清理组清理被撤销证券公司账户的结果，应当经具有证券、期货相关业务资格的会计师事务所审计，并报国务院证券监督管理机构认定。

行政清理组根据经国务院证券监督管理机构认定的账户清理结果，向证券投资者保护基金管理机构申请弥补客户的交易结算资金的资金。

第二十八条　行政清理组应当自成立之日起10日内，将债权人需要登记的相关事项予以公告。

符合国家有关规定的债权人应当自公告之日起90日内，持相关证明材料向行政清理组申报债权，行政清理组按照规定登记。无正当理由逾期申报的，不予登记。

已登记债权经甄别确认符合国家收购规定的，行政清理组应当及时按照国家有关规定申请收购资金并协助收购；经甄别确认不符合国家收购规定的，行政清理组应当告知申报的债权人。

第二十九条　行政清理组应当在具备证券业务经营资格的机构中，采用招标、公开询价等公开方式转让证券类资产。证券类资产转让方案应当报国务院证券监督管理机构批准。

第三十条　行政清理组不得转让证券类资产以外的资产，但经国务院证券监督管理机构批准，易贬损并可能遭受损失的资产或者确为保护客户和债权人利益的其他情形除外。

第三十一条　行政清理组不得对债务进行个别清偿，但为保护客户和债权人利益的下列情形除外：

（一）因行政清理组请求对方当事人履行双方均未履行完毕的合同所产生的债务；

（二）为维持业务正常进行而应当支付的职工劳动报酬和社会保险费用等正常支出；

(三)行政清理组履行职责所产生的其他费用。

第三十二条 为保护债权人利益,经国务院证券监督管理机构批准,行政清理组可以向人民法院申请对处置前被采取查封、扣押、冻结等强制措施的证券类资产以及其他资产进行变现处置,变现后的资金应当予以冻结。

第三十三条 行政清理费用经国务院证券监督管理机构审核后,从被处置证券公司财产中随时清偿。

前款所称行政清理费用,是指行政清理组管理、转让证券公司财产所需的费用,行政清理组履行职务和聘用专业机构的费用等。

第三十四条 行政清理期限一般不超过12个月。满12个月,行政清理未完成的,国务院证券监督管理机构可以决定延长行政清理期限,但延长行政清理期限最长不得超过12个月。

第三十五条 行政清理期间,被处置证券公司免缴行政性收费和增值税、营业税等行政法规规定的税收。

第三十六条 证券公司被国务院证券监督管理机构依法责令关闭,需要进行行政清理的,比照本章的有关规定执行。

第四章 破产清算和重整

第三十七条 证券公司被依法撤销、关闭时,有《企业破产法》第二条规定情形的,行政清理工作完成后,国务院证券监督管理机构或者其委托的行政清理组依照《企业破产法》的有关规定,可以向人民法院申请对被撤销、关闭证券公司进行破产清算。

第三十八条 证券公司有《企业破产法》第二条规定情形的,国务院证券监督管理机构可以直接向人民法院申请对该证券公司进行重整。

证券公司或者其债权人依照《企业破产法》的有关规定,可以向人民法院提出对证券公司进行破产清算或者重整的申请,但应当依照《证券法》第一百二十九条的规定报经国务院证券监督管理机构批准。

第三十九条 对不需要动用证券投资者保护基金的证券公司,国务院证券监督管理机构应当在批准破产清算前撤销其证券业务许可。证券公司应当依照本条例第十八条的规定停止经营证券业务,安置客户。

对需要动用证券投资者保护基金的证券公司,国务院证券监督管理机构对该证券公司或者其债权人的破产清算申请不予批准,并依照本条例第三章的规定撤销该证券公司,进行行政清理。

第四十条 人民法院裁定受理证券公司重整或者破产清算申请的,国务院证券监督管理机构可以向人民法院推荐管理人人选。

第四十一条　证券公司进行破产清算的，行政清理时已登记的不符合国家收购规定的债权，管理人可以直接予以登记。

第四十二条　人民法院裁定证券公司重整的，证券公司或者管理人应当同时向债权人会议、国务院证券监督管理机构和人民法院提交重整计划草案。

第四十三条　自债权人会议各表决组通过重整计划草案之日起 10 日内，证券公司或者管理人应当向人民法院提出批准重整计划的申请。重整计划涉及《证券法》第一百二十九条规定相关事项的，证券公司或者管理人应当同时向国务院证券监督管理机构提出批准相关事项的申请，国务院证券监督管理机构应当自收到申请之日起 15 日内做出批准或者不予批准的决定。

第四十四条　债权人会议部分表决组未通过重整计划草案，但重整计划草案符合《企业破产法》第八十七条第二款规定条件的，证券公司或者管理人可以申请人民法院批准重整计划草案。重整计划草案涉及《证券法》第一百二十九条规定相关事项的，证券公司或者管理人应当同时向国务院证券监督管理机构提出批准相关事项的申请，国务院证券监督管理机构应当自收到申请之日起 15 日内做出批准或者不予批准的决定。

第四十五条　经批准的重整计划由证券公司执行，管理人负责监督。监督期届满，管理人应当向人民法院和国务院证券监督管理机构提交监督报告。

第四十六条　重整计划的相关事项未获国务院证券监督管理机构批准，或者重整计划未获人民法院批准的，人民法院裁定终止重整程序，并宣告证券公司破产。

第四十七条　重整程序终止，人民法院宣告证券公司破产的，国务院证券监督管理机构应当对证券公司做出撤销决定，人民法院依照《企业破产法》的规定组织破产清算。涉及税收事项，依照《企业破产法》和《中华人民共和国税收征收管理法》的规定执行。

人民法院认为应当对证券公司进行行政清理的，国务院证券监督管理机构比照本条例第三章的规定成立行政清理组，负责清理账户，协助甄别确认、收购符合国家规定的债权，协助证券投资者保护基金管理机构弥补客户的交易结算资金，转让证券类资产等。

第五章　监 督 协 调

第四十八条　国务院证券监督管理机构在处置证券公司风险工作中，履行下列职责：

（一）制订证券公司风险处置方案并组织实施；

（二）派驻风险处置现场工作组，对被处置证券公司、托管组、接管组、行政清

理组、管理人以及参与风险处置的其他机构和人员进行监督和指导;

(三)协调证券交易所、证券登记结算机构、证券投资者保护基金管理机构,保障被处置证券公司证券经纪业务正常进行;

(四)对证券公司的违法行为立案稽查并予以处罚;

(五)及时向公安机关等通报涉嫌刑事犯罪的情况,按照有关规定移送涉嫌犯罪的案件;

(六)向有关地方人民政府通报证券公司风险状况以及影响社会稳定的情况;

(七)法律、行政法规要求履行的其他职责。

第四十九条　处置证券公司风险过程中,发现涉嫌犯罪的案件,属公安机关管辖的,应当由国务院公安部门统一组织依法查处。有关地方人民政府应当予以支持和配合。

风险处置现场工作组、行政清理组和管理人需要从公安机关扣押资料中查询、复制与其工作有关资料的,公安机关应当支持和配合。证券公司进入破产程序的,公安机关应当依法将冻结的涉案资产移送给受理破产案件的人民法院,并留存必需的相关证据材料。

第五十条　国务院证券监督管理机构依照本条例第二章、第三章对证券公司进行处置的,可以向人民法院提出申请中止以该证券公司以及其分支机构为被告、第三人或者被执行人的民事诉讼程序或者执行程序。

证券公司设立或者实际控制的关联公司,其资产、人员、财务或者业务与被处置证券公司混合的,国务院证券监督管理机构可以向人民法院提出申请中止以该关联公司为被告、第三人或者被执行人的民事诉讼程序或者执行程序。

采取前两款规定措施期间,除本条例第三十一条规定的情形外,不得对被处置证券公司债务进行个别清偿。

第五十一条　被处置证券公司或者其关联客户可能转移、隐匿违法资金、证券,或者证券公司违反本条例规定可能对债务进行个别清偿的,国务院证券监督管理机构可以禁止相关资金账户、证券账户的资金和证券转出。

第五十二条　被处置证券公司以及其分支机构所在地人民政府,应当按照国家有关规定配合证券公司风险处置工作,制订维护社会稳定的预案,排查、预防和化解不稳定因素,维护被处置证券公司正常的营业秩序。

被处置证券公司以及其分支机构所在地人民政府,应当组织相关单位的人员成立个人债权甄别确认小组,按照国家规定对已登记的个人债权进行甄别确认。

第五十三条　证券投资者保护基金管理机构应当按照国家规定,收购债权、弥补客户的交易结算资金。

证券投资者保护基金管理机构可以对证券投资者保护基金的使用情况进行

检查。

第五十四条　被处置证券公司的股东、实际控制人、债权人以及与被处置证券公司有关的机构和人员,应当配合证券公司风险处置工作。

第五十五条　被处置证券公司的董事、监事、高级管理人员以及其他有关人员应当妥善保管其使用和管理的证券公司财产、印章和账簿、文书等资料以及其他物品,按照要求向托管组、接管组、行政清理组或者管理人移交,并配合风险处置现场工作组、托管组、接管组、行政清理组的调查工作。

第五十六条　托管组、接管组、行政清理组以及被责令停业整顿、托管和行政重组的证券公司,应当按照规定向国务院证券监督管理机构报告工作情况。

第五十七条　托管组、接管组、行政清理组以及其工作人员应当勤勉尽责,忠实履行职责。

被处置证券公司的股东以及债权人有证据证明托管组、接管组、行政清理组以及其工作人员未依法履行职责的,可以向国务院证券监督管理机构投诉。经调查核实,由国务院证券监督管理机构责令托管组、接管组、行政清理组以及其工作人员改正或者对其予以更换。

第五十八条　有下列情形之一的机构或者人员,禁止参与处置证券公司风险工作:

(一)曾受过刑事处罚或者涉嫌犯罪正在被立案侦查、起诉;

(二)涉嫌严重违法正在被行政管理部门立案稽查或者曾因严重违法行为受到行政处罚未逾3年;

(三)仍处于证券市场禁入期;

(四)内部控制薄弱、存在重大风险隐患;

(五)与被处置证券公司处置事项有利害关系;

(六)国务院证券监督管理机构认定不宜参与处置证券公司风险工作的其他情形。

第六章　法律责任

第五十九条　证券公司的董事、监事、高级管理人员等对该证券公司被处置负有主要责任的,暂停其任职资格1至3年;情节严重的,撤销其任职资格、证券从业资格,并可以按照规定对其采取证券市场禁入的措施。

第六十条　被处置证券公司的董事、监事、高级管理人员等有关人员有下列情形之一的,处以其年收入1倍以上2倍以下的罚款,并可以暂停其任职资格、证券从业资格;情节严重的,撤销其任职资格、证券从业资格,处以其年收入2倍以上5倍以下的罚款,并可以按照规定对其采取证券市场禁入的措施:

(一)拒绝配合现场工作组、托管组、接管组、行政清理组依法履行职责;

(二)拒绝向托管组、接管组、行政清理组移交财产、印章或者账簿、文书等资料;

(三)隐匿、销毁、伪造有关资料,或者故意提供虚假情况;

(四)隐匿财产,擅自转移、转让财产;

(五)妨碍证券公司正常经营管理秩序和业务运行,诱发不稳定因素;

(六)妨碍处置证券公司风险工作正常进行的其他情形。

证券公司控股股东或者实际控制人指使董事、监事、高级管理人员有前款规定的违法行为的,对控股股东、实际控制人依照前款规定从重处罚。

第七章　附　　则

第六十一条　证券公司因分立、合并或者出现公司章程规定的解散事由需要解散的,应当向国务院证券监督管理机构提出解散申请,并附解散理由和转让证券类资产、了结证券业务、安置客户等方案,经国务院证券监督管理机构批准后依法解散并清算,清算过程接受国务院证券监督管理机构的监督。

第六十二条　期货公司风险处置参照本条例的规定执行。

第六十三条　本条例自公布之日起施行。

上市公司重大资产重组管理办法

(2014年7月7日中国证券监督管理委员会第52次主席办公会议审议通过　2014年10月23日中国证券监督管理委员会令第109号发布
根据2016年9月8日中国证券监督管理委员会令第127号
《关于修改〈上市公司重大资产重组管理办法〉的决定》修订)

第一章　总　　则

第一条　为了规范上市公司重大资产重组行为,保护上市公司和投资者的合法权益,促进上市公司质量不断提高,维护证券市场秩序和社会公共利益,根据《公司法》、《证券法》等法律、行政法规的规定,制定本办法。

第二条　本办法适用于上市公司及其控股或者控制的公司在日常经营活动之外购买、出售资产或者通过其他方式进行资产交易达到规定的比例,导致上市公司的主营业务、资产、收入发生重大变化的资产交易行为(以下简称重大资产重组)。

上市公司发行股份购买资产应当符合本办法的规定。

上市公司按照经中国证券监督管理委员会(以下简称中国证监会)核准的发行证券文件披露的募集资金用途,使用募集资金购买资产、对外投资的行为,不适用本办法。

第三条　任何单位和个人不得利用重大资产重组损害上市公司及其股东的合法权益。

第四条　上市公司实施重大资产重组,有关各方必须及时、公平地披露或者提供信息,保证所披露或者提供信息的真实、准确、完整,不得有虚假记载、误导性陈述或者重大遗漏。

第五条　上市公司的董事、监事和高级管理人员在重大资产重组活动中,应当诚实守信、勤勉尽责,维护公司资产的安全,保护公司和全体股东的合法权益。

第六条　为重大资产重组提供服务的证券服务机构和人员,应当遵守法律、行政法规和中国证监会的有关规定,遵循本行业公认的业务标准和道德规范,严格履行职责,对其所制作、出具文件的真实性、准确性和完整性承担责任。

前款规定的证券服务机构和人员,不得教唆、协助或者伙同委托人编制或者披露存在虚假记载、误导性陈述或者重大遗漏的报告、公告文件,不得从事不正当竞争,不得利用上市公司重大资产重组谋取不正当利益。

第七条　任何单位和个人对所知悉的重大资产重组信息在依法披露前负有保密义务。

禁止任何单位和个人利用重大资产重组信息从事内幕交易、操纵证券市场等违法活动。

第八条　中国证监会依法对上市公司重大资产重组行为进行监督管理。

中国证监会审核上市公司重大资产重组或者发行股份购买资产的申请,可以根据上市公司的规范运作和诚信状况、财务顾问的执业能力和执业质量,结合国家产业政策和重组交易类型,作出差异化的、公开透明的监管制度安排,有条件地减少审核内容和环节。

第九条　鼓励依法设立的并购基金、股权投资基金、创业投资基金、产业投资基金等投资机构参与上市公司并购重组。

第十条　中国证监会在发行审核委员会中设立上市公司并购重组审核委员会(以下简称并购重组委),并购重组委以投票方式对提交其审议的重大资产重组或者发行股份购买资产申请进行表决,提出审核意见。

第二章　重大资产重组的原则和标准

第十一条　上市公司实施重大资产重组,应当就本次交易符合下列要求作出充分说明,并予以披露:

(一)符合国家产业政策和有关环境保护、土地管理、反垄断等法律和行政法规的规定;

(二)不会导致上市公司不符合股票上市条件;

(三)重大资产重组所涉及的资产定价公允,不存在损害上市公司和股东合法权益的情形;

(四)重大资产重组所涉及的资产权属清晰,资产过户或者转移不存在法律障碍,相关债权债务处理合法;

(五)有利于上市公司增强持续经营能力,不存在可能导致上市公司重组后主要资产为现金或者无具体经营业务的情形;

(六)有利于上市公司在业务、资产、财务、人员、机构等方面与实际控制人及其关联人保持独立,符合中国证监会关于上市公司独立性的相关规定;

(七)有利于上市公司形成或者保持健全有效的法人治理结构。

第十二条 上市公司及其控股或者控制的公司购买、出售资产,达到下列标准之一的,构成重大资产重组:

(一)购买、出售的资产总额占上市公司最近一个会计年度经审计的合并财务会计报告期末资产总额的比例达到50%以上;

(二)购买、出售的资产在最近一个会计年度所产生的营业收入占上市公司同期经审计的合并财务会计报告营业收入的比例达到50%以上;

(三)购买、出售的资产净额占上市公司最近一个会计年度经审计的合并财务会计报告期末净资产额的比例达到50%以上,且超过5000万元人民币。

购买、出售资产未达到前款规定标准,但中国证监会发现存在可能损害上市公司或者投资者合法权益的重大问题的,可以根据审慎监管原则,责令上市公司按照本办法的规定补充披露相关信息、暂停交易、聘请独立财务顾问或者其他证券服务机构补充核查并披露专业意见。

第十三条 上市公司自控制权发生变更之日起60个月内,向收购人及其关联人购买资产,导致上市公司发生以下根本变化情形之一的,构成重大资产重组,应当按照本办法的规定报经中国证监会核准:

(一)购买的资产总额占上市公司控制权发生变更的前一个会计年度经审计的合并财务会计报告期末资产总额的比例达到100%以上;

(二)购买的资产在最近一个会计年度所产生的营业收入占上市公司控制权发生变更的前一个会计年度经审计的合并财务会计报告营业收入的比例达到100%以上;

(三)购买的资产在最近一个会计年度所产生的净利润占上市公司控制权发生变更的前一个会计年度经审计的合并财务会计报告净利润的比例达到100%

以上；

（四）购买的资产净额占上市公司控制权发生变更的前一个会计年度经审计的合并财务会计报告期末净资产额的比例达到100%以上；

（五）为购买资产发行的股份占上市公司首次向收购人及其关联人购买资产的董事会决议前一个交易日的股份的比例达到100%以上；

（六）上市公司向收购人及其关联人购买资产虽未达到本款第（一）至第（五）项标准，但可能导致上市公司主营业务发生根本变化；

（七）中国证监会认定的可能导致上市公司发生根本变化的其他情形。

上市公司实施前款规定的重大资产重组，应当符合下列规定：

（一）符合本办法第十一条、第四十三条规定的要求；

（二）上市公司购买的资产对应的经营实体应当是股份有限公司或者有限责任公司，且符合《首次公开发行股票并上市管理办法》规定的其他发行条件；

（三）上市公司及其最近3年内的控股股东、实际控制人不存在因涉嫌犯罪正被司法机关立案侦查或涉嫌违法违规正被中国证监会立案调查的情形，但是，涉嫌犯罪或违法违规的行为已经终止满3年，交易方案能够消除该行为可能造成的不良后果，且不影响对相关行为人追究责任的除外；

（四）上市公司及其控股股东、实际控制人最近12个月内未受到证券交易所公开谴责，不存在其他重大失信行为；

（五）本次重大资产重组不存在中国证监会认定的可能损害投资者合法权益，或者违背公开、公平、公正原则的其他情形。

上市公司通过发行股份购买资产进行重大资产重组的，适用《证券法》和中国证监会的相关规定。

本条第一款所称控制权，按照《上市公司收购管理办法》第八十四条的规定进行认定。上市公司股权分散，董事、高级管理人员可以支配公司重大的财务和经营决策的，视为具有上市公司控制权。

创业板上市公司自控制权发生变更之日起，向收购人及其关联人购买资产，不得导致本条第一款规定的任一情形。

上市公司自控制权发生变更之日起，向收购人及其关联人购买的资产属于金融、创业投资等特定行业的，由中国证监会另行规定。

第十四条　计算本办法第十二条、第十三条规定的比例时，应当遵守下列规定：

（一）购买的资产为股权的，其资产总额以被投资企业的资产总额与该项投资所占股权比例的乘积和成交金额二者中的较高者为准，营业收入以被投资企业的营业收入与该项投资所占股权比例的乘积为准，资产净额以被投资企业的净资产额与该项投资所占股权比例的乘积和成交金额二者中的较高者为准;出售的资产为股权的,其资产总额、营业收入以及资产净额分别以被投资企业的资产总额、营业收入以及净资产额与该项投资所占股权比例的乘积为准。

购买股权导致上市公司取得被投资企业控股权的,其资产总额以被投资企业的资产总额和成交金额二者中的较高者为准,营业收入以被投资企业的营业收入为准,净利润以被投资企业扣除非经常性损益前后的净利润的较高者为准,资产净额以被投资企业的净资产额和成交金额二者中的较高者为准;出售股权导致上市公司丧失被投资企业控股权的,其资产总额、营业收入以及资产净额分别以被投资企业的资产总额、营业收入以及净资产额为准。

(二)购买的资产为非股权资产的,其资产总额以该资产的账面值和成交金额二者中的较高者为准,资产净额以相关资产与负债的账面值差额和成交金额二者中的较高者为准;出售的资产为非股权资产的,其资产总额、资产净额分别以该资产的账面值、相关资产与负债账面值的差额为准;该非股权资产不涉及负债的,不适用第十二条第一款第(三)项规定的资产净额标准。

(三)上市公司同时购买、出售资产的,应当分别计算购买、出售资产的相关比例,并以二者中比例较高者为准。

(四)上市公司在12个月内连续对同一或者相关资产进行购买、出售的,以其累计数分别计算相应数额。已按照本办法的规定编制并披露重大资产重组报告书的资产交易行为,无须纳入累计计算的范围。中国证监会对本办法第十三条第一款规定的重大资产重组的累计期限和范围另有规定的,从其规定。

交易标的资产属于同一交易方所有或者控制,或者属于相同或者相近的业务范围,或者中国证监会认定的其他情形下,可以认定为同一或者相关资产。

第十五条 本办法第二条所称通过其他方式进行资产交易,包括:

(一)与他人新设企业、对已设立的企业增资或者减资;

(二)受托经营、租赁其他企业资产或者将经营性资产委托他人经营、租赁;

(三)接受附义务的资产赠与或者对外捐赠资产;

(四)中国证监会根据审慎监管原则认定的其他情形。

上述资产交易实质上构成购买、出售资产,且按照本办法规定的标准计算的相关比例达到50%以上的,应当按照本办法的规定履行相关义务和程序。

第三章 重大资产重组的程序

第十六条 上市公司与交易对方就重大资产重组事宜进行初步磋商时,应当立即采取必要且充分的保密措施,制定严格有效的保密制度,限定相关敏感信息的知悉范围。上市公司及交易对方聘请证券服务机构的,应当立即与所聘请的证券服务机构签署保密协议。

上市公司关于重大资产重组的董事会决议公告前,相关信息已在媒体上传播或者公司股票交易出现异常波动的,上市公司应当立即将有关计划、方案或者相关事项的现状以及相关进展情况和风险因素等予以公告,并按照有关信息披露规则办理其他相关事宜。

第十七条 上市公司应当聘请独立财务顾问、律师事务所以及具有相关证券业务资格的会计师事务所等证券服务机构就重大资产重组出具意见。

独立财务顾问和律师事务所应当审慎核查重大资产重组是否构成关联交易,并依据核查确认的相关事实发表明确意见。重大资产重组涉及关联交易的,独立财务顾问应当就本次重组对上市公司非关联股东的影响发表明确意见。

资产交易定价以资产评估结果为依据的,上市公司应当聘请具有相关证券业务资格的资产评估机构出具资产评估报告。

证券服务机构在其出具的意见中采用其他证券服务机构或者人员的专业意见的,仍然应当进行尽职调查,审慎核查其采用的专业意见的内容,并对利用其他证券服务机构或者人员的专业意见所形成的结论负责。

第十八条 上市公司及交易对方与证券服务机构签订聘用合同后,非因正当事由不得更换证券服务机构。确有正当事由需要更换证券服务机构的,应当披露更换的具体原因以及证券服务机构的陈述意见。

第十九条 上市公司应当在重大资产重组报告书的管理层讨论与分析部分,就本次交易对上市公司的持续经营能力、未来发展前景、当年每股收益等财务指标和非财务指标的影响进行详细分析。

第二十条 重大资产重组中相关资产以资产评估结果作为定价依据的,资产评估机构应当按照资产评估相关准则和规范开展执业活动;上市公司董事会应当对评估机构的独立性、评估假设前提的合理性、评估方法与评估目的的相关性以及评估定价的公允性发表明确意见。

相关资产不以资产评估结果作为定价依据的,上市公司应当在重大资产重组报告书中详细分析说明相关资产的估值方法、参数及其他影响估值结果的指标和因素。上市公司董事会应当对估值机构的独立性、估值假设前提的合理性、估值方法与估值目的的相关性发表明确意见,并结合相关资产的市场可比交易价格、同行业上市公司的市盈率或者市净率等通行指标,在重大资产重组报告书中详细分析本次交易定价的公允性。

前二款情形中,评估机构、估值机构原则上应当采取两种以上的方法进行评估或者估值;上市公司独立董事应当出席董事会会议,对评估机构或者估值机构的独立性、评估或者估值假设前提的合理性和交易定价的公允性发表独立意见,并单独予以披露。

第二十一条　上市公司进行重大资产重组,应当由董事会依法作出决议,并提交股东大会批准。

上市公司董事会应当就重大资产重组是否构成关联交易作出明确判断,并作为董事会决议事项予以披露。

上市公司独立董事应当在充分了解相关信息的基础上,就重大资产重组发表独立意见。重大资产重组构成关联交易的,独立董事可以另行聘请独立财务顾问就本次交易对上市公司非关联股东的影响发表意见。上市公司应当积极配合独立董事调阅相关材料,并通过安排实地调查、组织证券服务机构汇报等方式,为独立董事履行职责提供必要的支持和便利。

第二十二条　上市公司应当在董事会作出重大资产重组决议后的次一工作日至少披露下列文件:

(一)董事会决议及独立董事的意见;

(二)上市公司重大资产重组预案。

本次重组的重大资产重组报告书、独立财务顾问报告、法律意见书以及重组涉及的审计报告、资产评估报告或者估值报告至迟应当与召开股东大会的通知同时公告。上市公司自愿披露盈利预测报告的,该报告应当经具有相关证券业务资格的会计师事务所审核,与重大资产重组报告书同时公告。

本条第一款第(二)项及第二款规定的信息披露文件的内容与格式另行规定。

上市公司应当在至少一种中国证监会指定的报刊公告董事会决议、独立董事的意见,并应当在证券交易所网站全文披露重大资产重组报告书及其摘要、相关证券服务机构的报告或者意见。

第二十三条　上市公司股东大会就重大资产重组作出的决议,至少应当包括下列事项:

(一)本次重大资产重组的方式、交易标的和交易对方;

(二)交易价格或者价格区间;

(三)定价方式或者定价依据;

(四)相关资产自定价基准日至交割日期间损益的归属;

(五)相关资产办理权属转移的合同义务和违约责任;

(六)决议的有效期;

(七)对董事会办理本次重大资产重组事宜的具体授权;

(八)其他需要明确的事项。

第二十四条　上市公司股东大会就重大资产重组事项作出决议,必须经出席会议的股东所持表决权的2/3以上通过。

上市公司重大资产重组事宜与本公司股东或者其关联人存在关联关系的，股东大会就重大资产重组事项进行表决时，关联股东应当回避表决。

交易对方已经与上市公司控股股东就受让上市公司股权或者向上市公司推荐董事达成协议或者默契，可能导致上市公司的实际控制权发生变化的，上市公司控股股东及其关联人应当回避表决。

上市公司就重大资产重组事宜召开股东大会，应当以现场会议形式召开，并应当提供网络投票和其他合法方式为股东参加股东大会提供便利。除上市公司的董事、监事、高级管理人员、单独或者合计持有上市公司5%以上股份的股东以外，其他股东的投票情况应当单独统计并予以披露。

第二十五条 上市公司应当在股东大会作出重大资产重组决议后的次一工作日公告该决议，以及律师事务所对本次会议的召集程序、召集人和出席人员的资格、表决程序以及表决结果等事项出具的法律意见书。

属于本办法第十三条规定的交易情形的，上市公司还应当按照中国证监会的规定委托独立财务顾问在作出决议后3个工作日内向中国证监会提出申请。

第二十六条 上市公司全体董事、监事、高级管理人员应当公开承诺，保证重大资产重组的信息披露和申请文件不存在虚假记载、误导性陈述或者重大遗漏。

重大资产重组的交易对方应当公开承诺，将及时向上市公司提供本次重组相关信息，并保证所提供的信息真实、准确、完整，如因提供的信息存在虚假记载、误导性陈述或者重大遗漏，给上市公司或者投资者造成损失的，将依法承担赔偿责任。

前二款规定的单位和个人还应当公开承诺，如本次交易因涉嫌所提供或者披露的信息存在虚假记载、误导性陈述或者重大遗漏，被司法机关立案侦查或者被中国证监会立案调查的，在案件调查结论明确之前，将暂停转让其在该上市公司拥有权益的股份。

第二十七条 中国证监会依照法定条件和程序，对上市公司属于本办法第十三条规定情形的交易申请作出予以核准或者不予核准的决定。

中国证监会在审核期间提出反馈意见要求上市公司作出书面解释、说明的，上市公司应当自收到反馈意见之日起30日内提供书面回复意见，独立财务顾问应当配合上市公司提供书面回复意见。逾期未提供的，上市公司应当在到期日的次日就本次交易的进展情况及未能及时提供回复意见的具体原因等予以公告。

第二十八条 股东大会作出重大资产重组的决议后，上市公司拟对交易对象、交易标的、交易价格等作出变更，构成对原交易方案重大调整的，应当在董事会表决通过后重新提交股东大会审议，并及时公告相关文件。

中国证监会审核期间，上市公司按照前款规定对原交易方案作出重大调整的，还应当按照本办法的规定向中国证监会重新提出申请,同时公告相关文件。

中国证监会审核期间,上市公司董事会决议撤回申请的,应当说明原因,予以公告;上市公司董事会决议终止本次交易的,还应当按照公司章程的规定提交股东大会审议。

第二十九条 上市公司重大资产重组属于本办法第十三条规定的交易情形的,应当提交并购重组委审核。

第三十条 上市公司在收到中国证监会关于召开并购重组委工作会议审核其申请的通知后,应当立即予以公告,并申请办理并购重组委工作会议期间直至其表决结果披露前的停牌事宜。

上市公司收到并购重组委关于其申请的表决结果的通知后,应当在次一工作日公告表决结果并申请复牌。公告应当说明,公司在收到中国证监会作出的予以核准或者不予核准的决定后将再行公告。

第三十一条 上市公司收到中国证监会就其申请作出的予以核准或者不予核准的决定后,应当在次一工作日予以公告。

中国证监会予以核准的,上市公司应当在公告核准决定的同时,按照相关信息披露准则的规定补充披露相关文件。

第三十二条 上市公司重大资产重组完成相关批准程序后,应当及时实施重组方案,并于实施完毕之日起3个工作日内编制实施情况报告书,向证券交易所提交书面报告,并予以公告。

上市公司聘请的独立财务顾问和律师事务所应当对重大资产重组的实施过程、资产过户事宜和相关后续事项的合规性及风险进行核查,发表明确的结论性意见。独立财务顾问和律师事务所出具的意见应当与实施情况报告书同时报告、公告。

第三十三条 自完成相关批准程序之日起60日内,本次重大资产重组未实施完毕的,上市公司应当于期满后次一工作日将实施进展情况报告,并予以公告;此后每30日应当公告一次,直至实施完毕。属于本办法第十三条、第四十四条规定的交易情形的,自收到中国证监会核准文件之日起超过12个月未实施完毕的,核准文件失效。

第三十四条 上市公司在实施重大资产重组的过程中,发生法律、法规要求披露的重大事项的,应当及时作出公告;该事项导致本次交易发生实质性变动的,须重新提交股东大会审议,属于本办法第十三条规定的交易情形的,还须重新报经中国证监会核准。

第三十五条 采取收益现值法、假设开发法等基于未来收益预期的方法对拟购买资产进行评估或者估值并作为定价参考依据的,上市公司应当在重大资产重组实施完毕后 3 年内的年度报告中单独披露相关资产的实际盈利数与利润预测数的差异情况，并由会计师事务所对此出具专项审核意见；交易对方应当与上市公司就相关资产实际盈利数不足利润预测数的情况签订明确可行的补偿协议。

预计本次重大资产重组将摊薄上市公司当年每股收益的，上市公司应当提出填补每股收益的具体措施，并将相关议案提交董事会和股东大会进行表决。负责落实该等具体措施的相关责任主体应当公开承诺，保证切实履行其义务和责任。

上市公司向控股股东、实际控制人或者其控制的关联人之外的特定对象购买资产且未导致控制权发生变更的，不适用本条前二款规定，上市公司与交易对方可以根据市场化原则，自主协商是否采取业绩补偿和每股收益填补措施及相关具体安排。

第三十六条　上市公司重大资产重组发生下列情形的，独立财务顾问应当及时出具核查意见，并予以公告：

（一）上市公司完成相关批准程序前，对交易对象、交易标的、交易价格等作出变更，构成对原重组方案重大调整，或者因发生重大事项导致原重组方案发生实质性变动的；

（二）上市公司完成相关批准程序后，在实施重组过程中发生重大事项，导致原重组方案发生实质性变动的。

第三十七条　独立财务顾问应当按照中国证监会的相关规定，对实施重大资产重组的上市公司履行持续督导职责。持续督导的期限自本次重大资产重组实施完毕之日起，应当不少于一个会计年度。实施本办法第十三条规定的重大资产重组，持续督导的期限自中国证监会核准本次重大资产重组之日起，应当不少于 3 个会计年度。

第三十八条　独立财务顾问应当结合上市公司重大资产重组当年和实施完毕后的第一个会计年度的年报，自年报披露之日起 15 日内，对重大资产重组实施的下列事项出具持续督导意见，并予以公告：

（一）交易资产的交付或者过户情况；

（二）交易各方当事人承诺的履行情况；

（三）已公告的盈利预测或者利润预测的实现情况；

（四）管理层讨论与分析部分提及的各项业务的发展现状；

（五）公司治理结构与运行情况；

（六）与已公布的重组方案存在差异的其他事项。

独立财务顾问还应当结合本办法第十三条规定的重大资产重组实施完毕后的第二、三个会计年度的年报，自年报披露之日起 15 日内，对前款第（二）至（六）项事项出具持续督导意见，并予以公告。

第四章　重大资产重组的信息管理

第三十九条　上市公司筹划、实施重大资产重组,相关信息披露义务人应当公平地向所有投资者披露可能对上市公司股票交易价格产生较大影响的相关信息(以下简称股价敏感信息),不得有选择性地向特定对象提前泄露。

第四十条　上市公司的股东、实际控制人以及参与重大资产重组筹划、论证、决策等环节的其他相关机构和人员,应当及时、准确地向上市公司通报有关信息,并配合上市公司及时、准确、完整地进行披露。上市公司获悉股价敏感信息的,应当及时向证券交易所申请停牌并披露。

第四十一条　上市公司及其董事、监事、高级管理人员,重大资产重组的交易对方及其关联方,交易对方及其关联方的董事、监事、高级管理人员或者主要负责人,交易各方聘请的证券服务机构及其从业人员,参与重大资产重组筹划、论证、决策、审批等环节的相关机构和人员,以及因直系亲属关系、提供服务和业务往来等知悉或者可能知悉股价敏感信息的其他相关机构和人员,在重大资产重组的股价敏感信息依法披露前负有保密义务,禁止利用该信息进行内幕交易。

第四十二条　上市公司筹划重大资产重组事项,应当详细记载筹划过程中每一具体环节的进展情况,包括商议相关方案、形成相关意向、签署相关协议或者意向书的具体时间、地点、参与机构和人员、商议和决议内容等,制作书面的交易进程备忘录并予以妥当保存。参与每一具体环节的所有人员应当即时在备忘录上签名确认。

上市公司预计筹划中的重大资产重组事项难以保密或者已经泄露的,应当及时向证券交易所申请停牌,直至真实、准确、完整地披露相关信息。停牌期间,上市公司应当至少每周发布一次事件进展情况公告。

上市公司股票交易价格因重大资产重组的市场传闻发生异常波动时,上市公司应当及时向证券交易所申请停牌,核实有无影响上市公司股票交易价格的重组事项并予以澄清,不得以相关事项存在不确定性为由不履行信息披露义务。

第五章　发行股份购买资产

第四十三条　上市公司发行股份购买资产,应当符合下列规定:

(一)充分说明并披露本次交易有利于提高上市公司资产质量、改善财务状况和增强持续盈利能力,有利于上市公司减少关联交易、避免同业竞争、增强独立性;

(二)上市公司最近一年及一期财务会计报告被注册会计师出具无保留意见审计报告;被出具保留意见、否定意见或者无法表示意见的审计报告的,须经注册会计师专项核查确认,该保留意见、否定意见或者无法表示意见所涉及事项的重大影响已经消除或者将通过本次交易予以消除；

（三）上市公司及其现任董事、高级管理人员不存在因涉嫌犯罪正被司法机关立案侦查或涉嫌违法违规正被中国证监会立案调查的情形，但是，涉嫌犯罪或违法违规的行为已经终止满3年，交易方案有助于消除该行为可能造成的不良后果，且不影响对相关行为人追究责任的除外；

（四）充分说明并披露上市公司发行股份所购买的资产为权属清晰的经营性资产，并能在约定期限内办理完毕权属转移手续；

（五）中国证监会规定的其他条件。

上市公司为促进行业的整合、转型升级，在其控制权不发生变更的情况下，可以向控股股东、实际控制人或者其控制的关联人之外的特定对象发行股份购买资产。所购买资产与现有主营业务没有显著协同效应的，应当充分说明并披露本次交易后的经营发展战略和业务管理模式，以及业务转型升级可能面临的风险和应对措施。

特定对象以现金或者资产认购上市公司非公开发行的股份后，上市公司用同一次非公开发行所募集的资金向该特定对象购买资产的，视同上市公司发行股份购买资产。

第四十四条　上市公司发行股份购买资产的，除属于本办法第十三条第一款规定的交易情形外，可以同时募集部分配套资金，其定价方式按照现行相关规定办理。

上市公司发行股份购买资产应当遵守本办法关于重大资产重组的规定，编制发行股份购买资产预案、发行股份购买资产报告书，并向中国证监会提出申请。

第四十五条　上市公司发行股份的价格不得低于市场参考价的90%。市场参考价为本次发行股份购买资产的董事会决议公告日前20个交易日、60个交易日或者120个交易日的公司股票交易均价之一。本次发行股份购买资产的董事会决议应当说明市场参考价的选择依据。

前款所称交易均价的计算公式为：董事会决议公告日前若干个交易日公司股票交易均价=决议公告日前若干个交易日公司股票交易总额/决议公告日前若干个交易日公司股票交易总量。

本次发行股份购买资产的董事会决议可以明确，在中国证监会核准前，上市公司的股票价格相比最初确定的发行价格发生重大变化的，董事会可以按照已经设定的调整方案对发行价格进行一次调整。

前款规定的发行价格调整方案应当明确、具体、可操作，详细说明是否相应调整拟购买资产的定价、发行股份数量及其理由，在首次董事会决议公告时充分披露，并按照规定提交股东大会审议。股东大会作出决议后，董事会按照已经设定的方案调整发行价格的,上市公司无需按照本办法第二十八条的规定向中国证监会重新提出申请。

第四十六条 特定对象以资产认购而取得的上市公司股份,自股份发行结束之日起12个月内不得转让;属于下列情形之一的,36个月内不得转让:

(一)特定对象为上市公司控股股东、实际控制人或者其控制的关联人;

(二)特定对象通过认购本次发行的股份取得上市公司的实际控制权;

(三)特定对象取得本次发行的股份时,对其用于认购股份的资产持续拥有权益的时间不足12个月。

属于本办法第十三条第一款规定的交易情形的,上市公司原控股股东、原实际控制人及其控制的关联人,以及在交易过程中从该等主体直接或间接受让该上市公司股份的特定对象应当公开承诺,在本次交易完成后36个月内不转让其在该上市公司中拥有权益的股份;除收购人及其关联人以外的特定对象应当公开承诺,其以资产认购而取得的上市公司股份自股份发行结束之日起24个月内不得转让。

第四十七条 上市公司申请发行股份购买资产,应当提交并购重组委审核。

第四十八条 上市公司发行股份购买资产导致特定对象持有或者控制的股份达到法定比例的,应当按照《上市公司收购管理办法》(证监会令第108号)的规定履行相关义务。

上市公司向控股股东、实际控制人或者其控制的关联人发行股份购买资产,或者发行股份购买资产将导致上市公司实际控制权发生变更的,认购股份的特定对象应当在发行股份购买资产报告书中公开承诺:本次交易完成后6个月内如上市公司股票连续20个交易日的收盘价低于发行价,或者交易完成后6个月期末收盘价低于发行价的,其持有公司股票的锁定期自动延长至少6个月。

前款规定的特定对象还应当在发行股份购买资产报告书中公开承诺:如本次交易因涉嫌所提供或披露的信息存在虚假记载、误导性陈述或者重大遗漏,被司法机关立案侦查或者被中国证监会立案调查的,在案件调查结论明确以前,不转让其在该上市公司拥有权益的股份。

第四十九条 中国证监会核准上市公司发行股份购买资产的申请后,上市公司应当及时实施。向特定对象购买的相关资产过户至上市公司后,上市公司聘请的独立财务顾问和律师事务所应当对资产过户事宜和相关后续事项的合规性及风险进行核查,并发表明确意见。上市公司应当在相关资产过户完成后3个工作日内就过户情况作出公告,公告中应当包括独立财务顾问和律师事务所的结论性意见。

上市公司完成前款规定的公告、报告后,可以到证券交易所、证券登记结算公司为认购股份的特定对象申请办理证券登记手续。

第五十条　换股吸收合并涉及上市公司的，上市公司的股份定价及发行按照本章规定执行。

上市公司发行优先股用于购买资产或者与其他公司合并，中国证监会另有规定的，从其规定。

上市公司可以向特定对象发行可转换为股票的公司债券、定向权证用于购买资产或者与其他公司合并。

第六章　重大资产重组后申请发行新股或者公司债券

第五十一条　经中国证监会审核后获得核准的重大资产重组实施完毕后，上市公司申请公开发行新股或者公司债券，同时符合下列条件的，本次重大资产重组前的业绩在审核时可以模拟计算：

（一）进入上市公司的资产是完整经营实体；

（二）本次重大资产重组实施完毕后，重组方的承诺事项已经如期履行，上市公司经营稳定、运行良好；

（三）本次重大资产重组实施完毕后，上市公司和相关资产实现的利润达到盈利预测水平。

上市公司在本次重大资产重组前不符合中国证监会规定的公开发行证券条件，或者本次重组导致上市公司实际控制人发生变化的，上市公司申请公开发行新股或者公司债券，距本次重组交易完成的时间应当不少于一个完整会计年度。

第五十二条　本办法所称完整经营实体，应当符合下列条件：

（一）经营业务和经营资产独立、完整，且在最近两年未发生重大变化；

（二）在进入上市公司前已在同一实际控制人之下持续经营两年以上；

（三）在进入上市公司之前实行独立核算，或者虽未独立核算，但与其经营业务相关的收入、费用在会计核算上能够清晰划分；

（四）上市公司与该经营实体的主要高级管理人员签订聘用合同或者采取其他方式，就该经营实体在交易完成后的持续经营和管理作出恰当安排。

第七章　监督管理和法律责任

第五十三条　未依照本办法的规定履行相关义务或者程序，擅自实施重大资产重组的，由中国证监会责令改正，并可以采取监管谈话、出具警示函等监管措施；情节严重的，可以责令暂停或者终止重组活动，处以警告、罚款，并可以对有关责任人员采取市场禁入的措施。

未经中国证监会核准擅自实施本办法第十三条第一款规定的重大资产重组，交易尚未完成的，中国证监会责令上市公司补充披露相关信息、暂停交易并按照本办法第十三条的规定报送申请文件;交易已经完成的,可以处以警告、罚款,并对有关责任人员采取市场禁入的措施;涉嫌犯罪的,依法移送司法机关追究刑事责任。

上市公司重大资产重组因定价显失公允、不正当利益输送等问题损害上市公司、投资者合法权益的,由中国证监会责令改正,并可以采取监管谈话、出具警示函等监管措施;情节严重的,可以责令暂停或者终止重组活动,处以警告、罚款,并可以对有关责任人员采取市场禁入的措施。

第五十四条 上市公司或者其他信息披露义务人未按照本办法规定报送重大资产重组有关报告,或者报送的报告有虚假记载、误导性陈述或者重大遗漏的,由中国证监会责令改正,依照《证券法》第一百九十三条予以处罚;情节严重的,可以责令暂停或者终止重组活动,并可以对有关责任人员采取市场禁入的措施;涉嫌犯罪的,依法移送司法机关追究刑事责任。

第五十五条 上市公司或者其他信息披露义务人未按照规定披露重大资产重组信息,或者所披露的信息存在虚假记载、误导性陈述或者重大遗漏的,由中国证监会责令改正,依照《证券法》第一百九十三条规定予以处罚;情节严重的,可以责令暂停或者终止重组活动,并可以对有关责任人员采取市场禁入的措施;涉嫌犯罪的,依法移送司法机关追究刑事责任。重大资产重组或者发行股份购买资产的交易对方未及时向上市公司或者其他信息披露义务人提供信息,或者提供的信息有虚假记载、误导性陈述或者重大遗漏的,按照前款规定执行。

第五十六条 重大资产重组涉嫌本办法第五十三条、第五十四条、第五十五条规定情形的,中国证监会可以责令上市公司作出公开说明、聘请独立财务顾问或者其他证券服务机构补充核查并披露专业意见,在公开说明、披露专业意见之前,上市公司应当暂停重组;上市公司涉嫌前述情形被司法机关立案侦查或者被中国证监会立案调查的,在案件调查结论明确之前应当暂停重组。

涉嫌本办法第五十四条、第五十五条规定情形,被司法机关立案侦查或者被中国证监会立案调查的,有关单位和个人应当严格遵守其所作的公开承诺,在案件调查结论明确之前,不得转让其在该上市公司拥有权益的股份。

第五十七条 上市公司董事、监事和高级管理人员未履行诚实守信、勤勉尽责义务,或者上市公司的股东、实际控制人及其有关负责人员未按照本办法的规定履行相关义务,导致重组方案损害上市公司利益的,由中国证监会责令改正,并可以采取监管谈话、出具警示函等监管措施;情节严重的,处以警告、罚款,并可以对有关人员采取认定为不适当人选、市场禁入的措施;涉嫌犯罪的,依法移送司法机关追究刑事责任。

第五十八条 为重大资产重组出具财务顾问报告、审计报告、法律意见、资产评估报告、估值报告及其他专业文件的证券服务机构及其从业人员未履行诚实守信、勤勉尽责义务，违反行业规范、业务规则，或者未依法履行报告和公告义务、持续督导义务的，由中国证监会责令改正，并可以采取监管谈话、出具警示函、责令公开说明、责令参加培训、责令定期报告、认定为不适当人选等监管措施；情节严重的，依照《证券法》第二百二十六条予以处罚。

前款规定的证券服务机构及其从业人员所制作、出具的文件存在虚假记载、误导性陈述或者重大遗漏的，由中国证监会责令改正，依照《证券法》第二百二十三条予以处罚；情节严重的，可以采取市场禁入的措施；涉嫌犯罪的，依法移送司法机关追究刑事责任。

存在前二款规定情形的，在按照中国证监会的要求完成整改之前，不得接受新的上市公司并购重组业务。

第五十九条　重大资产重组实施完毕后，凡因不属于上市公司管理层事前无法获知且事后无法控制的原因，上市公司所购买资产实现的利润未达到资产评估报告或者估值报告预测金额的80%，或者实际运营情况与重大资产重组报告书中管理层讨论与分析部分存在较大差距的，上市公司的董事长、总经理以及对此承担相应责任的会计师事务所、财务顾问、资产评估机构、估值机构及其从业人员应当在上市公司披露年度报告的同时，在同一报刊上作出解释，并向投资者公开道歉；实现利润未达到预测金额50%的，中国证监会可以对上市公司、相关机构及其责任人员采取监管谈话、出具警示函、责令定期报告等监管措施。

第六十条　任何知悉重大资产重组信息的人员在相关信息依法公开前，泄露该信息、买卖或者建议他人买卖相关上市公司证券、利用重大资产重组散布虚假信息、操纵证券市场或者进行欺诈活动的，中国证监会依照《证券法》第二百零二条、第二百零三条、第二百零七条予以处罚；涉嫌犯罪的，依法移送司法机关追究刑事责任。

第八章　附　　则

第六十一条　本办法自2014年11月23日起施行。2008年4月16日发布并于2011年8月1日修改的《上市公司重大资产重组管理办法》（证监会令第73号）、2008年11月11日发布的《关于破产重整上市公司重大资产重组股份发行定价的补充规定》（证监会公告〔2008〕44号）同时废止。

非上市公众公司重大资产重组管理办法

(2014年5月5日中国证券监督管理委员会第41次主席办公会议审议通过
2014年6月23日公布　自2014年7月23日起施行)

第一章　总　　则

第一条　为了规范非上市公众公司(以下简称公众公司)重大资产重组行为,保护公众公司和投资者的合法权益,促进公众公司质量不断提高,维护证券市场秩序和社会公共利益,根据《公司法》、《证券法》、《国务院关于全国中小企业股份转让系统有关问题的决定》、《国务院关于进一步优化企业兼并重组市场环境的意见》及其他相关法律、行政法规,制定本办法。

第二条　本办法适用于股票在全国中小企业股份转让系统(以下简称全国股份转让系统)公开转让的公众公司重大资产重组行为。

本办法所称的重大资产重组是指公众公司及其控股或者控制的公司在日常经营活动之外购买、出售资产或者通过其他方式进行资产交易,导致公众公司的业务、资产发生重大变化的资产交易行为。

公众公司及其控股或者控制的公司购买、出售资产,达到下列标准之一的,构成重大资产重组:

(一)购买、出售的资产总额占公众公司最近一个会计年度经审计的合并财务会计报表期末资产总额的比例达到50%以上;

(二)购买、出售的资产净额占公众公司最近一个会计年度经审计的合并财务会计报表期末净资产额的比例达到50%以上,且购买、出售的资产总额占公众公司最近一个会计年度经审计的合并财务会计报表期末资产总额的比例达到30%以上。

公众公司发行股份购买资产触及本条所列指标的,应当按照本办法的相关要求办理。

第三条　公众公司实施重大资产重组,应当符合下列要求:

(一)重大资产重组所涉及的资产定价公允,不存在损害公众公司和股东合法权益的情形;

(二)重大资产重组所涉及的资产权属清晰,资产过户或者转移不存在法律障碍,相关债权债务处理合法;所购买的资产,应当为权属清晰的经营性资产;

(三)实施重大资产重组后有利于提高公众公司资产质量和增强持续经营能

力，不存在可能导致公众公司重组后主要资产为现金或者无具体经营业务的情形；

（四）实施重大资产重组后有利于公众公司形成或者保持健全有效的法人治理结构。

第四条 公众公司实施重大资产重组，有关各方应当及时、公平地披露或者提供信息，保证所披露或者提供信息的真实、准确、完整，不得有虚假记载、误导性陈述或者重大遗漏。

第五条 公众公司的董事、监事和高级管理人员在重大资产重组中，应当诚实守信、勤勉尽责，维护公众公司资产的安全，保护公众公司和全体股东的合法权益。

第六条 公众公司实施重大资产重组，应当聘请独立财务顾问、律师事务所以及具有证券、期货相关业务资格的会计师事务所等证券服务机构出具相关意见。公众公司应当聘请为其提供督导服务的主办券商为独立财务顾问，但存在影响独立性、财务顾问业务受到限制等不宜担任独立财务顾问情形的除外。公众公司也可以同时聘请其他机构为其重大资产重组提供顾问服务。

为公众公司重大资产重组提供服务的证券服务机构及人员，应当遵守法律、行政法规和中国证券监督管理委员会（以下简称中国证监会）的有关规定，遵循本行业公认的业务标准和道德规范，严格履行职责，不得谋取不正当利益，并应当对其所制作、出具文件的真实性、准确性和完整性承担责任。

第七条 任何单位和个人对知悉的公众公司重大资产重组信息在依法披露前负有保密义务，不得利用公众公司重大资产重组信息从事内幕交易、操纵证券市场等违法活动。

第二章 重大资产重组的信息管理

第八条 公众公司与交易对方就重大资产重组进行初步磋商时，应当采取有效的保密措施，限定相关敏感信息的知悉范围，并与参与或知悉本次重大资产重组信息的相关主体签订保密协议。

第九条 公众公司及其控股股东、实际控制人等相关主体研究、筹划、决策重大资产重组事项，原则上应当在相关股票暂停转让后或者非转让时间进行，并尽量简化决策流程、提高决策效率、缩短决策时限，尽可能缩小内幕信息知情人范围。如需要向有关部门进行政策咨询、方案论证的，应当在相关股票暂停转让后进行。

第十条 公众公司筹划重大资产重组事项，应当详细记载筹划过程中每一具体环节的进展情况，包括商议相关方案、形成相关意向、签署相关协议或者意向书的具体时间、地点、参与机构和人员、商议和决议内容等，制作书面的交易进程备忘录并予以妥当保存。参与每一具体环节的所有人员应当即时在备忘录上签名确认。

公众公司应当按照全国股份转让系统的规定及时做好内幕信息知情人登记工作。

第十一条 在筹划公众公司重大资产重组的阶段,交易各方初步达成实质性意向或者虽未达成实质性意向,但相关信息已在媒体上传播或者预计该信息难以保密或者公司股票转让出现异常波动的,公众公司应当及时向全国股份转让系统申请股票暂停转让。

第十二条 筹划、实施公众公司重大资产重组,相关信息披露义务人应当公平地向所有投资者披露可能对公众公司股票转让价格产生较大影响的相关信息,不得有选择性地向特定对象提前泄露。

公众公司的股东、实际控制人以及参与重大资产重组筹划、论证、决策等环节的其他相关机构和人员,应当及时、准确地向公众公司通报有关信息,并配合公众公司及时、准确、完整地进行披露。

第三章 重大资产重组的程序

第十三条 公众公司进行重大资产重组,应当由董事会依法作出决议,并提交股东大会审议。

第十四条 公众公司召开董事会决议重大资产重组事项,应当在披露决议的同时披露本次重大资产重组报告书、独立财务顾问报告、法律意见书以及重组涉及的审计报告、资产评估报告(或资产估值报告)。董事会还应当就召开股东大会事项作出安排并披露。

如公众公司就本次重大资产重组首次召开董事会前,相关资产尚未完成审计等工作的,在披露首次董事会决议的同时应当披露重大资产重组预案及独立财务顾问对预案的核查意见。公众公司应在披露重大资产重组预案后6个月内完成审计等工作,并再次召开董事会,在披露董事会决议时一并披露重大资产重组报告书、独立财务顾问报告、法律意见书以及本次重大资产重组涉及的审计报告、资产评估报告(或资产估值报告)等。董事会还应当就召开股东大会事项作出安排并披露。

第十五条 股东大会就重大资产重组事项作出的决议,必须经出席会议的股东所持表决权的2/3以上通过。公众公司股东人数超过200人的,应当对出席会议的持股比例在10%以下的股东表决情况实施单独计票。公众公司应当在决议后及时披露表决情况。

前款所称持股比例在10%以下的股东,不包括公众公司董事、监事、高级管理人员及其关联人以及持股比例在10%以上股东的关联人。

公众公司重大资产重组事项与本公司股东或者其关联人存在关联关系的，股东大会就重大资产重组事项进行表决时，关联股东应当回避表决。

第十六条 公众公司可视自身情况在公司章程中约定是否提供网络投票方式以便于股东参加股东大会；退市公司应当采用安全、便捷的网络投票方式为股东参加股东大会提供便利。

第十七条 公众公司重大资产重组可以使用现金、股份、可转换债券、优先股等支付手段购买资产。

使用股份、可转换债券、优先股等支付手段购买资产的，其支付手段的价格由交易双方自行协商确定，定价可以参考董事会召开前一定期间内公众公司股票的市场价格、同行业可比公司的市盈率或市净率等。董事会应当对定价方法和依据进行充分披露。

第十八条 公众公司重大资产重组不涉及发行股份或者公众公司向特定对象发行股份购买资产后股东累计不超过200人的，经股东大会决议后，应当在2个工作日内将重大资产重组报告书、独立财务顾问报告、法律意见书以及重组涉及的审计报告、资产评估报告（或资产估值报告）等信息披露文件报送全国股份转让系统。

全国股份转让系统应当对上述信息披露文件的完备性进行审查。

第十九条 公众公司向特定对象发行股份购买资产后股东累计超过200人的重大资产重组，经股东大会决议后，应当按照中国证监会的有关规定编制申请文件并申请核准。

中国证监会受理申请文件后，依法进行审核，在20个工作日内作出核准、中止审核、终止审核、不予核准的决定。

第二十条 股东大会作出重大资产重组的决议后，公众公司拟对交易对象、交易标的、交易价格等作出变更，构成对原重组方案重大调整的，应当在董事会表决通过后重新提交股东大会审议，并按照本办法的规定向全国股份转让系统重新报送信息披露文件或者向中国证监会重新提出核准申请。

股东大会作出重大资产重组的决议后，公众公司董事会决议终止本次交易或者撤回有关申请的，应当说明原因并披露，并提交股东大会审议。

第二十一条 公众公司收到中国证监会就其发行股份购买资产的重大资产重组申请作出的核准、中止审核、终止审核、不予核准的决定后，应当在2个工作日内披露。

中国证监会不予核准的，自中国证监会作出不予核准的决定之日起3个月内，中国证监会不受理该公众公司发行股份购买资产的重大资产重组申请。

第二十二条 公众公司实施重大资产重组，相关当事人作出公开承诺事项的，应当同时提出未能履行承诺时的约束措施并披露。

全国股份转让系统应当加强对相关当事人履行公开承诺行为的监督和约束,对不履行承诺的行为及时采取自律监管措施。

第二十三条 公众公司重大资产重组完成相关批准程序后,应当及时实施重组方案,并在本次重大资产重组实施完毕之日起 2 个工作日内,编制并披露实施情况报告书及独立财务顾问、律师的专业意见。

退市公司重大资产重组涉及发行股份的,自收到中国证监会核准文件之日起 60 日内,本次重大资产重组未实施完毕的,退市公司应当于期满后 2 个工作日内披露实施进展情况;此后每 30 日应当披露一次,直至实施完毕。

第二十四条 独立财务顾问应当按照中国证监会的相关规定,对实施重大资产重组的公众公司履行持续督导职责。持续督导的期限自公众公司完成本次重大资产重组之日起,应当不少于一个完整会计年度。

第二十五条 独立财务顾问应当结合公众公司重大资产重组实施当年和实施完毕后的第一个完整会计年度的年报,自年报披露之日起 15 日内,对重大资产重组实施的下列事项出具持续督导意见,报送全国股份转让系统,并披露:

(一)交易资产的交付或者过户情况;

(二)交易各方当事人承诺的履行情况及未能履行承诺时相关约束措施的执行情况;

(三)公司治理结构与运行情况;

(四)本次重大资产重组对公司运营、经营业绩影响的状况;

(五)盈利预测的实现情况(如有);

(六)与已公布的重组方案存在差异的其他事项。

第二十六条 本次重大资产重组涉及发行股份的,特定对象以资产认购而取得的公众公司股份,自股份发行结束之日起 6 个月内不得转让;属于下列情形之一的,12 个月内不得转让:

(一)特定对象为公众公司控股股东、实际控制人或者其控制的关联人;

(二)特定对象通过认购本次发行的股份取得公众公司的实际控制权;

(三)特定对象取得本次发行的股份时,对其用于认购股份的资产持续拥有权益的时间不足 12 个月。

第四章 监督管理与法律责任

第二十七条 全国股份转让系统对公众公司重大资产重组实施自律管理。

全国股份转让系统应当对公众公司涉及重大资产重组的股票暂停与恢复转让、防范内幕交易等作出制度安排;加强对公众公司重大资产重组期间股票转让的实时监管，建立相应的市场核查机制，并在后续阶段对股票转让情况进行持续监管。

全国股份转让系统应当督促公众公司及其他信息披露义务人依法履行信息披露义务，发现公众公司重大资产重组信息披露文件中有违反法律、行政法规和中国证监会规定行为的，应当向中国证监会报告，并采取相应的自律监管措施；情形严重的，应当要求其暂停重大资产重组。

全国股份转让系统应当督促为公众公司提供服务的独立财务顾问诚实守信、勤勉尽责，发现独立财务顾问有违反法律、行政法规和中国证监会规定行为的，应当向中国证监会报告，并采取相应的自律监管措施。

第二十八条 中国证监会依法对公众公司重大资产重组实施监督管理。

中国证监会发现公众公司进行重大资产重组未按照本办法的规定履行信息披露及相关义务、存在可能损害公众公司或者投资者合法权益情形的，有权要求其补充披露相关信息、暂停或者终止其重大资产重组；有权对公众公司、证券服务机构采取《证券法》第一百八十条规定的措施。

第二十九条 重大资产重组实施完毕后，凡不属于公众公司管理层事前无法获知且事后无法控制的原因，购买资产实现的利润未达到盈利预测报告或者资产评估报告预测金额的80%，或者实际运营情况与重大资产重组报告书存在较大差距的，公众公司的董事长、总经理、财务负责人应当在公众公司披露年度报告的同时，作出解释，并向投资者公开道歉；实现利润未达到预测金额的50%的，中国证监会可以对公众公司及相关责任人员采取监管谈话、出具警示函、责令定期报告等监管措施。

第三十条 公众公司或其他信息披露义务人未按照本办法的规定披露或报送信息、报告，或者披露或报送的信息、报告有虚假记载、误导性陈述或者重大遗漏的，责令改正，依照《证券法》第一百九十三条予以处罚；情节严重的，责令停止重大资产重组，并可以对有关责任人员采取市场禁入的措施。

中国证监会还可以采取自确认之日起36个月内不受理公众公司定向发行申请的监管措施。

第三十一条 公众公司董事、监事和高级管理人员在重大资产重组中，未履行诚实守信、勤勉尽责义务，导致重组方案损害公众公司利益的，采取责令改正、监管谈话、出具警示函等监管措施；情节严重的，进行行政处罚，并可以采取市场禁入的措施；涉嫌犯罪的，依法移送司法机关追究刑事责任。

第三十二条 为重大资产重组出具财务顾问报告、审计报告、法律意见书、资产评估报告（或资产估值报告）及其他专业文件的证券服务机构及其从业人员未履行诚实守信、勤勉尽责义务，违反行业规范、业务规则的，采取责令改正、监管谈话、出具警示函等监管措施;情节严重的,依照《证券法》第二百二十六条予以处罚。

前款规定的证券服务机构及其从业人员所制作、出具的文件存在虚假记载、误导性陈述或者重大遗漏的,责令改正,依照《证券法》第二百二十三条予以处罚;情节严重的,可以采取市场禁入的措施;涉嫌犯罪的,依法移送司法机关追究刑事责任;除此之外,中国证监会视情节轻重,自确认之日起采取3个月至12个月内不接受该机构出具的相关专项文件、12个月至36个月内不接受相关签字人员出具的专项文件的监管措施。

第三十三条 违反本办法的规定构成证券违法行为的,比照《证券法》等法律法规的规定追究法律责任。

第三十四条 中国证监会将公众公司重大资产重组中的当事人的违法行为和整改情况记入诚信档案。

第五章 附 则

第三十五条 计算本办法第二条规定的比例时,应当遵守下列规定:

(一)购买的资产为股权的,且购买股权导致公众公司取得被投资企业控股权的,其资产总额以被投资企业的资产总额和成交金额二者中的较高者为准,资产净额以被投资企业的净资产额和成交金额二者中的较高者为准;出售股权导致公众公司丧失被投资企业控股权的,其资产总额、资产净额分别以被投资企业的资产总额以及净资产额为准。

除前款规定的情形外,购买的资产为股权的,其资产总额、资产净额均以成交金额为准;出售的资产为股权的,其资产总额、资产净额均以该股权的账面价值为准。

(二)购买的资产为非股权资产的,其资产总额以该资产的账面值和成交金额二者中的较高者为准,资产净额以相关资产与负债账面值的差额和成交金额二者中的较高者为准;出售的资产为非股权资产的,其资产总额、资产净额分别以该资产的账面值、相关资产与负债账面值的差额为准;该非股权资产不涉及负债的,不适用第二条第三款第(二)项规定的资产净额标准。

(三)公众公司同时购买、出售资产的,应当分别计算购买、出售资产的相关比例,并以二者中比例较高者为准。

(四)公众公司在12个月内连续对同一或者相关资产进行购买、出售的,以其累计数分别计算相应数额。已按照本办法的规定履行相应程序的资产交易行为,无须纳入累计计算的范围。

交易标的资产属于同一交易方所有或者控制,或者属于相同或者相近的业务范围,或者中国证监会认定的其他情形下,可以认定为同一或者相关资产。

第三十六条　特定对象以现金认购公众公司定向发行的股份后，公众公司用同一次定向发行所募集的资金向该特定对象购买资产达到重大资产重组标准的适用本办法。

第三十七条　公众公司重大资产重组涉及发行可转换债券、优先股等其他支付手段的，应当遵守《证券法》、《国务院关于开展优先股试点的指导意见》和中国证监会的相关规定。

第三十八条　为公众公司重大资产重组提供服务的独立财务顾问业务许可、业务规则及法律责任等，按照《上市公司并购重组财务顾问业务管理办法》的相关规定执行。

第三十九条　退市公司符合中国证监会和证券交易所规定的重新上市条件的，可依法向证券交易所提出申请。

第四十条　股票不在全国股份转让系统公开转让的公众公司重大资产重组履行的决策程序和信息披露内容比照本办法的相关规定执行。

第四十一条　本办法自 2014 年 7 月 23 日起施行。

最高人民法院关于金融资产管理公司收购、处置银行不良资产有关问题的补充通知(节选)

(2005 年 5 月 30 日发布　法发〔2005〕62 号　自 2005 年 5 月 30 日起施行)

三、金融资产管理公司转让、处置已经涉及诉讼、执行或者破产等程序的不良债权时，人民法院应当根据债权转让协议和转让人或者受让人的申请，裁定变更诉讼或者执行主体。

放射性废物安全管理条例(节选)

(2011 年 11 月 30 日国务院第 183 次常务会议通过
2011 年 12 月 20 日公布　自 2012 年 3 月 1 日起施行)

第二十七条　放射性固体废物处置设施设计服役期届满，或者处置的放射性固体废物已达到该设施的设计容量，或者所在地区的地质构造或者水文地质等条件发生重大变化导致处置设施不适宜继续处置放射性固体废物的，应当依法办理关闭手续，并在划定的区域设置永久性标记。

关闭放射性固体废物处置设施的,处置单位应当编制处置设施安全监护计划,报国务院环境保护主管部门批准。

放射性固体废物处置设施依法关闭后,处置单位应当按照经批准的安全监护计划,对关闭后的处置设施进行安全监护。放射性固体废物处置单位因破产、吊销许可证等原因终止的,处置设施关闭和安全监护所需费用由提供财务担保的单位承担。

三、刑事部分

中华人民共和国刑法(节选)

(1979年7月1日第五届全国人民代表大会第二次会议通过
1997年3月14日第八届全国人民代表大会第五次会议修订
根据1998年12月29日《全国人民代表大会常务委员会关于惩治骗购外汇、逃汇和非法买卖外汇犯罪的决定》、1999年12月25日《中华人民共和国刑法修正案》、2001年8月31日《中华人民共和国刑法修正案(二)》、2001年12月29日《中华人民共和国刑法修正案(三)》、2002年12月28日《中华人民共和国刑法修正案(四)》、2005年2月28日《中华人民共和国刑法修正案(五)》、2006年6月29日《中华人民共和国刑法修正案(六)》、2009年2月28日《中华人民共和国刑法修正案(七)》、2009年8月27日《全国人民代表大会常务委员会关于修改部分法律的决定》、2011年2月25日《中华人民共和国刑法修正案(八)》、2015年8月29日《中华人民共和国刑法修正案(九)》、2017年11月4日《中华人民共和国刑法修正案(十)》修正)

第一百六十二条之二　公司、企业通过隐匿财产、承担虚构的债务或者以其他方法转移、处分财产,实施虚假破产,严重损害债权人或者其他人利益的,对其直接负责的主管人员和其他直接责任人员,处五年以下有期徒刑或者拘役,并处或者单处二万元以上二十万元以下罚金。

第一百六十八条　国有公司、企业的工作人员,由于严重不负责任或者滥用职权,造成国有公司、企业破产或者严重损失,致使国家利益遭受重大损失的,处三年以下有期徒刑或者拘役;致使国家利益遭受特别重大损失的,处三年以上七年以下有期徒刑。

国有事业单位的工作人员有前款行为,致使国家利益遭受重大损失的,依照前款的规定处罚。

国有公司、企业、事业单位的工作人员,徇私舞弊,犯前两款罪的,依照第一款的规定从重处罚。

最高人民法院、最高人民检察院关于办理虚假诉讼刑事案件适用法律若干问题的解释

(2018年1月25日最高人民法院审判委员会第1732次会议、
2018年6月13日最高人民检察院第十三届检察委员会第二次会议通过
自2018年10月1日起施行 法释〔2018〕17号)

为依法惩治虚假诉讼犯罪活动,维护司法秩序,保护公民、法人和其他组织合法权益,根据《中华人民共和国刑法》《中华人民共和国刑事诉讼法》《中华人民共和国民事诉讼法》等法律规定,现就办理此类刑事案件适用法律的若干问题解释如下:

第一条 采取伪造证据、虚假陈述等手段,实施下列行为之一,捏造民事法律关系,虚构民事纠纷,向人民法院提起民事诉讼的,应当认定为刑法第三百零七条之一第一款规定的"以捏造的事实提起民事诉讼":

(一)与夫妻一方恶意串通,捏造夫妻共同债务的;

(二)与他人恶意串通,捏造债权债务关系和以物抵债协议的;

(三)与公司、企业的法定代表人、董事、监事、经理或者其他管理人员恶意串通,捏造公司、企业债务或者担保义务的;

(四)捏造知识产权侵权关系或者不正当竞争关系的;

(五)在破产案件审理过程中申报捏造的债权的;

(六)与被执行人恶意串通,捏造债权或者对查封、扣押、冻结财产的优先权、担保物权的;

(七)单方或者与他人恶意串通,捏造身份、合同、侵权、继承等民事法律关系的其他行为。

隐瞒债务已经全部清偿的事实,向人民法院提起民事诉讼,要求他人履行债务的,以"以捏造的事实提起民事诉讼"论。

向人民法院申请执行基于捏造的事实作出的仲裁裁决、公证债权文书,或者在民事执行过程中以捏造的事实对执行标的提出异议、申请参与执行财产分配的,属于刑法第三百零七条之一第一款规定的"以捏造的事实提起民事诉讼"。

第二条 以捏造的事实提起民事诉讼,有下列情形之一的,应当认定为刑法第三百零七条之一第一款规定的"妨害司法秩序或者严重侵害他人合法权益":

(一)致使人民法院基于捏造的事实采取财产保全或者行为保全措施的;

(二)致使人民法院开庭审理,干扰正常司法活动的;

（三）致使人民法院基于捏造的事实作出裁判文书、制作财产分配方案，或者立案执行基于捏造的事实作出的仲裁裁决、公证债权文书的；

（四）多次以捏造的事实提起民事诉讼的；

（五）曾因以捏造的事实提起民事诉讼被采取民事诉讼强制措施或者受过刑事追究的；

（六）其他妨害司法秩序或者严重侵害他人合法权益的情形。

第三条　以捏造的事实提起民事诉讼，有下列情形之一的，应当认定为刑法第三百零七条之一第一款规定的“情节严重”：

（一）有本解释第二条第一项情形，造成他人经济损失一百万元以上的；

（二）有本解释第二条第二项至第四项情形之一，严重干扰正常司法活动或者严重损害司法公信力的；

（三）致使义务人自动履行生效裁判文书确定的财产给付义务或者人民法院强制执行财产权益，数额达到一百万元以上的；

（四）致使他人债权无法实现，数额达到一百万元以上的；

（五）非法占有他人财产，数额达到十万元以上的；

（六）致使他人因为不执行人民法院基于捏造的事实作出的判决、裁定，被采取刑事拘留、逮捕措施或者受到刑事追究的；

（七）其他情节严重的情形。

第四条　实施刑法第三百零七条之一第一款行为，非法占有他人财产或者逃避合法债务，又构成诈骗罪，职务侵占罪，拒不执行判决、裁定罪，贪污罪等犯罪的，依照处罚较重的规定定罪从重处罚。

第五条　司法工作人员利用职权，与他人共同实施刑法第三百零七条之一前三款行为的，从重处罚；同时构成滥用职权罪，民事枉法裁判罪，执行判决、裁定滥用职权罪等犯罪的，依照处罚较重的规定定罪从重处罚。

第六条　诉讼代理人、证人、鉴定人等诉讼参与人与他人通谋，代理提起虚假民事诉讼、故意作虚假证言或者出具虚假鉴定意见，共同实施刑法第三百零七条之一前三款行为的，依照共同犯罪的规定定罪处罚；同时构成妨害作证罪，帮助毁灭、伪造证据罪等犯罪的，依照处罚较重的规定定罪从重处罚。

第七条　采取伪造证据等手段篡改案件事实，骗取人民法院裁判文书，构成犯罪的，依照刑法第二百八十条、第三百零七条等规定追究刑事责任。

第八条　单位实施刑法第三百零七条之一第一款行为的，依照本解释规定的定罪量刑标准，对其直接负责的主管人员和其他直接责任人员定罪处罚，并对单位判处罚金。

第九条　实施刑法第三百零七条之一第一款行为，未达到情节严重的标准，行为人系初犯,在民事诉讼过程中自愿具结悔过,接受人民法院处理决定,积极退赃、退赔的,可以认定为犯罪情节轻微,不起诉或者免予刑事处罚;确有必要判处刑罚的,可以从宽处罚。

司法工作人员利用职权,与他人共同实施刑法第三百零七条之一第一款行为的,对司法工作人员不适用本条第一款规定。

第十条 虚假诉讼刑事案件由虚假民事诉讼案件的受理法院所在地或者执行法院所在地人民法院管辖。有刑法第三百零七条之一第四款情形的,上级人民法院可以指定下级人民法院将案件移送其他人民法院审判。

第十一条 本解释所称裁判文书,是指人民法院依照民事诉讼法、企业破产法等民事法律作出的判决、裁定、调解书、支付令等文书。

第十二条 本解释自2018年10月1日起施行。

最高人民法院、最高人民检察院关于办理渎职刑事案件适用法律若干问题的解释(一)

(2012年7月9日最高人民法院审判委员会第1552次会议、
2012年9月12日最高人民检察院第十一届检察委员会第79次会议通过
2012年12月7日发布 法释〔2012〕18号 自2013年1月9日起施行)

为依法惩治渎职犯罪,根据刑法有关规定,现就办理渎职刑事案件适用法律的若干问题解释如下:

第一条 国家机关工作人员滥用职权或者玩忽职守,具有下列情形之一的,应当认定为刑法第三百九十七条规定的"致使公共财产、国家和人民利益遭受重大损失":

(一)造成死亡1人以上,或者重伤3人以上,或者轻伤9人以上,或者重伤2人、轻伤3人以上,或者重伤1人、轻伤6人以上的;

(二)造成经济损失30万元以上的;

(三)造成恶劣社会影响的;

(四)其他致使公共财产、国家和人民利益遭受重大损失的情形。

具有下列情形之一的,应当认定为刑法第三百九十七条规定的"情节特别严重":

(一)造成伤亡达到前款第(一)项规定人数3倍以上的;

(二)造成经济损失150万元以上的;

(三)造成前款规定的损失后果,不报、迟报、谎报或者授意、指使、强令他人不报、迟报、谎报事故情况，致使损失后果持续、扩大或者抢救工作延误的；

（四）造成特别恶劣社会影响的；

（五）其他特别严重的情节。

第二条　国家机关工作人员实施滥用职权或者玩忽职守犯罪行为，触犯刑法分则第九章第三百九十八条至第四百一十九条规定的，依照该规定定罪处罚。

国家机关工作人员滥用职权或者玩忽职守，因不具备徇私舞弊等情形，不符合刑法分则第九章第三百九十八条至第四百一十九条的规定，但依法构成第三百九十七条规定的犯罪的，以滥用职权罪或者玩忽职守罪定罪处罚。

第三条　国家机关工作人员实施渎职犯罪并收受贿赂，同时构成受贿罪的，除刑法另有规定外，以渎职犯罪和受贿罪数罪并罚。

第四条　国家机关工作人员实施渎职行为，放纵他人犯罪或者帮助他人逃避刑事处罚，构成犯罪的，依照渎职罪的规定定罪处罚。

国家机关工作人员与他人共谋，利用其职务行为帮助他人实施其他犯罪行为，同时构成渎职犯罪和共谋实施的其他犯罪共犯的，依照处罚较重的规定定罪处罚。

国家机关工作人员与他人共谋，既利用其职务行为帮助他人实施其他犯罪，又以非职务行为与他人共同实施该其他犯罪行为，同时构成渎职犯罪和其他犯罪的共犯的，依照数罪并罚的规定定罪处罚。

第五条　国家机关负责人员违法决定，或者指使、授意、强令其他国家机关工作人员违法履行职务或者不履行职务，构成刑法分则第九章规定的渎职犯罪的，应当依法追究刑事责任。

以“集体研究”形式实施的渎职犯罪，应当依照刑法分则第九章的规定追究国家机关负有责任的人员的刑事责任。对于具体执行人员，应当在综合认定其行为性质、是否提出反对意见、危害结果大小等情节的基础上决定是否追究刑事责任和应当判处的刑罚。

第六条　以危害结果为条件的渎职犯罪的追诉期限，从危害结果发生之日起计算；有数个危害结果的，从最后一个危害结果发生之日起计算。

第七条　依法或者受委托行使国家行政管理职权的公司、企业、事业单位的工作人员，在行使行政管理职权时滥用职权或者玩忽职守，构成犯罪的，应当依照《全国人民代表大会常务委员会关于〈中华人民共和国刑法〉第九章渎职罪主体适用问题的解释》的规定，适用渎职罪的规定追究刑事责任。

第八条　本解释规定的“经济损失”，是指渎职犯罪或者与渎职犯罪相关联的犯罪立案时已经实际造成的财产损失，包括为挽回渎职犯罪所造成损失而支付的各种开支、费用等。立案后至提起公诉前持续发生的经济损失，应一并计入渎职犯罪造成的经济损失。

债务人经法定程序被宣告破产,债务人潜逃、去向不明,或者因行为人的责任超过诉讼时效等,致使债权已经无法实现的,无法实现的债权部分应当认定为渎职犯罪的经济损失。

渎职犯罪或者与渎职犯罪相关联的犯罪立案后,犯罪分子及其亲友自行挽回的经济损失,司法机关或者犯罪分子所在单位及其上级主管部门挽回的经济损失,或者因客观原因减少的经济损失,不予扣减,但可以作为酌定从轻处罚的情节。

第九条 负有监督管理职责的国家机关工作人员滥用职权或者玩忽职守,致使不符合安全标准的食品、有毒有害食品、假药、劣药等流入社会,对人民群众生命、健康造成严重危害后果的,依照渎职罪的规定从严惩处。

第十条 最高人民法院、最高人民检察院此前发布的司法解释与本解释不一致的,以本解释为准。

最高人民检察院关于渎职侵权犯罪案件立案标准的规定(节选)

(2005年12月29日最高人民检察院第十届检察委员会第49次会议通过
2006年7月26日公布并实施 高检发释字〔2006〕2号)

一、渎职犯罪案件

(一)滥用职权案(第三百九十七条)

滥用职权罪是指国家机关工作人员超越职权,违法决定、处理其无权决定、处理的事项,或者违反规定处理公务,致使公共财产、国家和人民利益遭受重大损失的行为。

涉嫌下列情形之一的,应予立案:

1. 造成死亡1人以上,或者重伤2人以上,或者重伤1人、轻伤3人以上,或者轻伤5人以上的;

2. 导致10人以上严重中毒的;

3. 造成个人财产直接经济损失10万元以上,或者直接经济损失不满10万元,但间接经济损失50万元以上的;

4. 造成公共财产或者法人、其他组织财产直接经济损失20万元以上,或者直接经济损失不满20万元,但间接经济损失100万元以上的;

5. 虽未达到3、4两项数额标准,但3、4两项合计直接经济损失20万元以上,或者合计直接经济损失不满20万元,但合计间接经济损失100万元以上的;

6. 造成公司、企业等单位停业、停产6个月以上,或者破产的;

7. 弄虚作假,不报、缓报、谎报或者授意、指使、强令他人不报、缓报、谎报情况,导致重特大事故危害结果继续、扩大,或者致使抢救、调查、处理工作延误的;

8. 严重损害国家声誉,或者造成恶劣社会影响的;

9. 其他致使公共财产、国家和人民利益遭受重大损失的情形。

国家机关工作人员滥用职权,符合刑法第九章所规定的特殊渎职罪构成要件的,按照该特殊规定追究刑事责任;主体不符合刑法第九章所规定的特殊渎职罪的主体要件,但滥用职权涉嫌前款第1项至第9项规定情形之一的,按照刑法第397条的规定以滥用职权罪追究刑事责任。

(二)玩忽职守案(第三百九十七条)

玩忽职守罪是指国家机关工作人员严重不负责任,不履行或者不认真履行职责,致使公共财产、国家和人民利益遭受重大损失的行为。

涉嫌下列情形之一的,应予立案:

1. 造成死亡1人以上,或者重伤3人以上,或者重伤2人、轻伤4人以上,或者重伤1人、轻伤7人以上,或者轻伤10人以上的;

2. 导致20人以上严重中毒的;

3. 造成个人财产直接经济损失15万元以上,或者直接经济损失不满15万元,但间接经济损失75万元以上的;

4. 造成公共财产或者法人、其他组织财产直接经济损失30万元以上,或者直接经济损失不满30万元,但间接经济损失150万元以上的;

5. 虽未达到3、4两项数额标准,但3、4两项合计直接经济损失30万元以上,或者合计直接经济损失不满30万元,但合计间接经济损失150万元以上的;

6. 造成公司、企业等单位停业、停产1年以上,或者破产的;

7. 海关、外汇管理部门的工作人员严重不负责任,造成100万美元以上外汇被骗购或者逃汇1000万美元以上的;

8. 严重损害国家声誉,或者造成恶劣社会影响的;

9. 其他致使公共财产、国家和人民利益遭受重大损失的情形。

国家机关工作人员玩忽职守,符合刑法第九章所规定的特殊渎职罪构成要件的,按照该特殊规定追究刑事责任;主体不符合刑法第九章所规定的特殊渎职罪的主体要件,但玩忽职守涉嫌前款第1项至第9项规定情形之一的,按照刑法第397条的规定以玩忽职守罪追究刑事责任。

(七)执行判决、裁定失职案(第三百九十九条第三款)

执行判决、裁定失职罪是指司法工作人员在执行判决、裁定活动中,严重不负责任,不依法采取诉讼保全措施、不履行法定执行职责,或者违法采取保全措施、强制执行措施,致使当事人或者其他人的利益遭受重大损失的行为。

涉嫌下列情形之一的,应予立案:

1. 致使当事人或者其近亲属自杀、自残造成重伤、死亡,或者精神失常的;

2. 造成个人财产直接经济损失 15 万元以上,或者直接经济损失不满 15 万元,但间接经济损失 75 万元以上的;

3. 造成法人或者其他组织财产直接经济损失 30 万元以上,或者直接经济损失不满 30 万元,但间接经济损失 150 万元以上的;

4. 造成公司、企业等单位停业、停产 1 年以上,或者破产的;

5. 其他致使当事人或者其他人的利益遭受重大损失的情形。

(八)执行判决、裁定滥用职权案(第三百九十九条第三款)

执行判决、裁定滥用职权罪是指司法工作人员在执行判决、裁定活动中,滥用职权,不依法采取诉讼保全措施、不履行法定执行职责,或者违法采取保全措施、强制执行措施,致使当事人或者其他人的利益遭受重大损失的行为。

涉嫌下列情形之一的,应予立案:

1. 致使当事人或者其近亲属自杀、自残造成重伤、死亡,或者精神失常的;

2. 造成个人财产直接经济损失 10 万元以上,或者直接经济损失不满 10 万元,但间接经济损失 50 万元以上的;

3. 造成法人或者其他组织财产直接经济损失 20 万元以上,或者直接经济损失不满 20 万元,但间接经济损失 100 万元以上的;

4. 造成公司、企业等单位停业、停产 6 个月以上,或者破产的;

5. 其他致使当事人或者其他人的利益遭受重大损失的情形。

三、附则

(四)本规定中的"直接经济损失",是指与行为有直接因果关系而造成的财产损毁、减少的实际价值;"间接经济损失",是指由直接经济损失引起和牵连的其他损失,包括失去的在正常情况下可以获得的利益和为恢复正常的管理活动或者挽回所造成的损失所支付的各种开支、费用等。

有下列情形之一的,虽然有债权存在,但已无法实现债权的,可以认定为已经造成了经济损失:(1)债务人已经法定程序被宣告破产,且无法清偿债务;(2)债务人潜逃,去向不明;(3)因行为人责任,致使超过诉讼时效;(4)有证据证明债权无法实现的其他情况。

直接经济损失和间接经济损失,是指立案时确已造成的经济损失。移送审查起诉前,犯罪嫌疑人及其亲友自行挽回的经济损失,以及由司法机关或者犯罪嫌疑人所在单位及其上级主管部门挽回的经济损失,不予扣减,但可作为对犯罪嫌疑人从轻处理的情节考虑。

最高人民法院关于审理非法集资刑事案件具体应用法律若干问题的解释(节选)

(2010年11月22日最高人民法院审判委员会第1502次会议通过
2010年12月13日公布　法释〔2010〕18号　自2011年1月4日起施行)

第四条　以非法占有为目的,使用诈骗方法实施本解释第二条规定所列行为的,应当依照刑法第一百九十二条的规定,以集资诈骗罪定罪处罚。

使用诈骗方法非法集资,具有下列情形之一的,可以认定为“以非法占有为目的”:

(一)集资后不用于生产经营活动或者用于生产经营活动与筹集资金规模明显不成比例,致使集资款不能返还的;

(二)肆意挥霍集资款,致使集资款不能返还的;

(三)携带集资款逃匿的;

(四)将集资款用于违法犯罪活动的;

(五)抽逃、转移资金、隐匿财产,逃避返还资金的;

(六)隐匿、销毁账目,或者搞假破产、假倒闭,逃避返还资金的;

(七)拒不交代资金去向,逃避返还资金的;

(八)其他可以认定非法占有目的的情形。

集资诈骗罪中的非法占有目的,应当区分情形进行具体认定。行为人部分非法集资行为具有非法占有目的的,对该部分非法集资行为所涉集资款以集资诈骗罪定罪处罚;非法集资共同犯罪中部分行为人具有非法占有目的,其他行为人没有非法占有集资款的共同故意和行为的,对具有非法占有目的的行为人以集资诈骗罪定罪处罚。

最高人民法院关于审理拒不支付劳动报酬刑事案件适用法律若干问题的解释(节选)

(2013年1月14日最高人民法院审判委员会第1567次会议通过
2013年1月16日公布　法释〔2013〕3号　自2013年1月23日起施行)

第二条　以逃避支付劳动者的劳动报酬为目的,具有下列情形之一的,应当认

定为刑法第二百七十六条之一第一款规定的“以转移财产、逃匿等方法逃避支付劳动者的劳动报酬”:

(一)隐匿财产、恶意清偿、虚构债务、虚假破产、虚假倒闭或者以其他方法转移、处分财产的;

(二)逃跑、藏匿的;

(三)隐匿、销毁或者篡改账目、职工名册、工资支付记录、考勤记录等与劳动报酬相关的材料的;

(四)以其他方法逃避支付劳动报酬的。

最高人民法院关于适用《中华人民共和国刑事诉讼法》的解释(节选)

(2012年11月5日最高人民法院审判委员会第1559次会议通过
2012年12月20日公布 法释〔2012〕21号 自2013年1月1日起施行)

第二百八十六条 审判期间,被告单位被撤销、注销、吊销营业执照或者宣告破产的,对单位犯罪直接负责的主管人员和其他直接责任人员应当继续审理。

第四篇　破产程序法律文书样式

一、人民法院破产程序法律文书样式

(一)通用类文书

文书样式1

××××人民法院

决　定　书

(指定管理人用)

(××××)×破×号

××××年××月××日,本院裁定受理×××(或×××对×××)提出的破产清算(或重整、和解)申请。经……(写明指定程序),依照……(写明所依据的法律条款项)规定,指定×××担任×××(债务人名称)管理人,×××为负责人。

管理人应当勤勉尽责,忠实执行职务,履行《中华人民共和国企业破产法》规定的各项职责,向人民法院报告工作,并接受债权人会议和债权人委员会监督。管理人职责如下:

(一)接管债务人的财产、印章和账簿、文书等资料;

(二)调查债务人财产状况,制作财产状况报告;

(三)决定债务人的内部管理事务;

(四)决定债务人的日常开支和其他必要开支;

(五)在第一次债权人会议召开之前,决定继续或者停止债务人的营业;

(六)管理和处分债务人的财产;

(七)代表债务人参加诉讼、仲裁或者其他法律程序;

(八)提议召开债权人会议;

(九)本院认为管理人应当履行的其他职责。

××××年××月××日

(院印)

说明:

一、本样式系根据《最高人民法院关于审理企业破产案件指定管理人的规定》第二十七条制定,供人民法院裁定受理破产清算、重整或者和解申请后指定管理人时使用。

二、案号的写法:“(××××)”处填年份;无论是破产清算、重整还是和解统一用“破”字号。

三、指定清算组担任管理人的,还应写明:依照《最高人民法院关于审理企业破产案件指定管理人的规定》第十九条规定,指定×××为清算组成员。

四、本决定书应送达管理人、破产申请人、债务人及债务人的企业登记机关。

文书样式2

××××人民法院
通　知　书

（告知债务人及其有关人员义务用）

（××××）×破×号

×××（债务人名称或其有关人员姓名）：

本院于××××年××月××日裁定受理你单位（或×××对你单位）提出的破产清算（或重整、和解）申请，并于××××年××月××日指定×××为×××（债务人名称）管理人。根据《中华人民共和国企业破产法》第十一条第二款、第十五条、第十六条规定，现将有关事项通知如下：

一、自收到受理破产申请的裁定之日起15日内向本院提交财产状况说明、债务清册、债权清册、有关财务会计报告以及职工工资的支付和社会保险费用的缴纳情况。

二、自案件受理之日起停止清偿债务。

三、自本院受理破产申请的裁定送达之日起至破产程序终结之日，法定代表人、财务管理人员及其他经营管理人员承担下列义务：1. 妥善保管其占有和管理的财产、印章和账簿、文书等资料；2. 根据本院、管理人的要求进行工作，并如实回答询问；3. 列席债权人会议并如实回答债权人的询问；4. 未经本院许可，不得离开住所地；5. 不得新任其他企业的董事、监事、高级管理人员。

四、管理人接管时，法定代表人应与管理人办理移交手续，并答复有关财产及业务的询问。

五、第一次债权人会议定于××××年××月××日在本院第×审判庭召开，届时必须准时到会。

特此通知

××××年××月××日

（院印）

说明：

一、本样式系根据《中华人民共和国企业破产法》第十五条制定，供人民法院受理破产清算、重整或者和解申请后告知债务人有关人员相关义务时使用。

二、本通知书应当送达债务人的法定代表人。根据案件的实际情况，经人民法院决定（经合议庭研究并记入笔录即可），也可以送达债务人的财务管理人员或其他经营管理人员。

文书样式3

××××人民法院
决　定　书
（指定债权人会议主席用）

（××××）×破×号

××××年××月××日，本院裁定受理×××（或×××对×××）提出的破产清算（或重整、和解），依照《中华人民共和国企业破产法》第六十条第一款规定，决定如下：

指定×××担任×××（债务人）债权人会议主席。

××××年××月××日
（院印）

说明：

一、本样式系根据《中华人民共和国企业破产法》第六十条第一款制定，供人民法院裁定受理破产清算、重整或者和解申请后指定债权人会议主席时使用。

二、债权人会议主席应当是自然人债权人或单位债权人委派的代表。

三、本决定书应送达被指定的单位或个人。

文书样式4

××××人民法院
民事裁定书

（确认债权表记载的无争议债权用）

（××××）×破×号

申请人：×××公司管理人。

代表人：×××公司管理人负责人。

本院于××××年××月××日裁定受理×××公司（债务人）破产清算（或重整、和解）一案，并指定××为××公司（债务人）管理人。××××年××月××日，××管理人申请本院裁定确认《×××公司（债务人）债权表》记载的债权。

本院查明，（写明债权人申报债权、管理人审查债权以及第一次债权人会议核查债权和债务人、债权人对债权的异议情况）。

本院认为，经债权人会议核查，债务人、债权人对债权表记载的债权均无异议。×××公司（债务人）管理人申请本院对该债权表记载的债权进行确认，符合法律规定。依照《中华人民共和国企业破产法》第五十八条第二款规定，裁定如下：

确认×××等×名债权人的债权（详见×××公司债权表）。

本裁定自即日起生效。

审判长　×××

审判员　×××

审判员　×××

××××年××月××日

（院印）

本件与原本核对无异

书　记　员　×××

附：×××公司债权表

说明:

一、本样式系根据《中华人民共和国企业破产法》第五十八条第二款制定,供人民法院确认债权表记载的无争议债权时使用。

二、本裁定书应送达债务人、管理人及所附债权表上载明的债权人。

三、本样式同样适用于确认补充申报的债权。

文书样式5

××××人民法院
决　定　书
（临时确定债权额用）

（××××）×破×号

××××年××月××日，×××（债权人姓名或名称）向×××（债务人名称）管理人申报债权，……（写明债权申报的具体情况）。×××（债务人名称）管理人经审查认为，……（写明管理人的审查意见）［或经第×次债权人会议核查，×××（异议人姓名或名称）对×××（债权人姓名或名称）申报的债权提出异议，认为……（写明异议人的意见）］。

本院经审查认为，……为便于申报人×××行使表决权，本院依照《中华人民共和国企业破产法》第五十九条第二款规定，决定如下：

临时确定×××的债权数额为××元。

××××年××月××日

（院印）

说明：

一、本样式系根据《中华人民共和国企业破产法》第五十九条第二款制定，供人民法院为债权人行使表决权而临时确定债权额用。

二、本决定书应送达管理人和相对人，并告知全体债权人。

文书样式6

××××人民法院
民事裁定书

(撤销债权人会议决议用)

(××××)×破×号

申请人:……(写明债权人姓名或名称等基本情况),住所地……,统一社会信用代码……。

法定代表人(或代表人):……(写明姓名和职务)。

委托代理人:……(写明姓名等基本情况)。

××××年××月××日,×××向本院提出申请,以×××(债务人名称)第××次债权人会议作出的第×项决议违反……(写明法律依据),损害其合法权益为由,请求本院撤销该决议,并责令债权人会议依法重新作出决议。

本院查明,(写明召开债权人会议、作出决议的情况,债权人提出撤销债权人会议决议的事实和根据)。

本院认为,……(写明支持或不支持申请人的理由)。依照……(写明所依据的法律条款项)规定,裁定如下:

一、撤销债权人会议××××年××月××日决议的第×项;

二、责令债权人会议重新作出决议。

或者:

驳回×××(债权人姓名或名称)的申请。

本裁定自即日起生效。

审判长　×××

审判员　×××

审判员　×××

××××年××月××日

(院印)

本件与原本核对无异

书　记　员　×××

说明：

一、本样式系根据《中华人民共和国企业破产法》第六十四条第二款制定，供人民法院根据债权人的申请决定是否撤销债权人会议决议时使用。

二、当事人是自然人的，应当写明其姓名、性别、出生年月日、民族、职业或工作单位和职务、住址。当事人是法人的，写明其名称、住所地和统一社会信用代码。并另起一行写明法定代表人及其姓名和职务。当事人是依法成立的不具备法人资格的组织的，写明其名称、住所地及统一社会信用代码，并另起一行写明代表人及其姓名和职务。有委托代理人的，应写明其姓名、性别、职业或工作单位和职务及住址；若委托代理人系当事人的近亲属，还应在姓名后括注其与当事人的关系；若委托代理人系律师，只写明其姓名、工作单位和职务。

三、本决定书应送达申请人、管理人并通知其他债权人或债权人委员会成员。

文书样式7

××××人民法院
决　定　书
(认可债权人委员会成员用)

(××××)×破×号

×××(债务人名称)第×次债权人会议决定设立债权人委员会,并选任×××、×××、×××(写明自然人债权人的姓名或单位债权人的名称及其指派人员的姓名)以及职工代表(工会代表)×××(写明姓名)等为债权人委员会成员。本院认为,债权人委员会成员的人数和构成符合《中华人民共和国企业破产法》第六十七条规定,决定如下:

认可……(写明选任人员的姓名)为债权人委员会成员。

××××年××月××日

(院印)

说明:

一、本样式系根据《中华人民共和国企业破产法》第六十七条制定,供人民法院决定认可债权人委员会成员时使用。

二、本决定书应送达债权人委员会成员和管理人。

文书样式 8

××××人民法院
决　定　书

（针对监督事项作出决定用）

（××××）×破×号

申请人：×××（债务人名称）债权人委员会。

××××年××月××日，×××（债务人名称）债权人委员会向本院提出申请，称……（简要写明被申请人拒绝接受监督的有关情况），请求本院就此作出决定。

本院认为：……（写明意见及理由）。依照……（写明所依据的法律条款项）规定，决定如下：

……（针对监督事项对管理人、债务人的有关人员提出具体要求）。

××××年××月××日
（院印）

说明：

一、本样式系根据《中华人民共和国企业破产法》第六十八条制定，供人民法院根据债权人委员会的申请就监督事项作出决定时使用。

二、本决定书应送达申请人、管理人和其他有关人员。

文书样式 9

××××人民法院
批　　复

(许可管理人实施某些行为用)

(××××)×破×号

×××(债务人名称)管理人:

本院于××××年××月××日收到《……》(写明来文的名称),……(引用请示的内容及事实和理由)。经研究,答复如下:

……(写明答复意见)。

此复

××××年××月××日

(院印)

说明:

一、本样式系根据《中华人民共和国企业破产法》第二十六条、第二十八条制定,供人民法院收到管理人的有关请示后作出答复时使用。

二、许可的行为范围限于《中华人民共和国企业破产法》第二十六条、第二十八条第一款所列行为。具体包括:在第一次债权人会议召开之前,决定继续或停止债务人的营业;聘用必要的工作人员;在第一次债权人会议召开之前,有《中华人民共和国企业破产法》第六十九条第一款所列行为。

文书样式 10

××××人民法院
决　定　书

（批准或驳回债权人会议申请更换管理人用）

（××××）×破×号

××××年××月××日，×××（债务人名称）债权人会议向本院提出申请，称……（写明依据的事实及理由），请求本院更换管理人，并提交了债权人会议决议。

本院认为，……（写明审查意见及理由）。……（写明重新指定管理人的有关情况）。依照……（写明所依据的法律条款项）规定，决定如下：

一、解除×××（原管理人的姓名或名称）的×××（债务人名称）管理人职务；

二、指定×××（新管理人的姓名或名称）为×××（债务人名称）管理人，×××为负责人。

或者：

驳回×××（债务人全称）债权人会议的申请。

××××年××月××日

（院印）

说明：

一、本样式系根据《中华人民共和国企业破产法》第二十二条及《最高人民法院关于审理企业破产案件指定管理人的规定》第三十一条、第三十二条制定，供人民法院根据债权人会议的申请决定更换管理人或驳回债权人会议的申请时使用。

二、更换管理人的，应将本决定书送达原管理人、新管理人、破产申请人、债务人及债务人的企业登记机关；驳回申请的，应将本决定书送达债权人及管理人。

文书样式 11

××××人民法院
决 定 书

(依职权更换管理人用)

(××××)×破×号

××××年××月××日,本院作出(××××)×破×号决定书,指定×××(原管理人的姓名或名称)为×××(债务人名称)管理人。……(写明管理人坚持辞职或出现不能履行职务的情形)。

本院认为,……(写明审查意见及理由)。……(写明重新指定管理人的有关情况)。依照……(写明所依据的法律条款项)规定,决定如下:

一、解除×××(原管理人的姓名或名称)的×××(债务人名称)管理人职务;

二、指定×××(新管理人的姓名或名称)为×××(债务人名称)管理人,×××为负责人。

××××年××月××日

(院印)

说明:

一、本样式系根据《最高人民法院关于审理企业破产案件指定管理人的规定》第三十三条、第三十四条、第三十六条制定,供人民法院依职权决定更换管理人时使用。

二、本决定书应送达原管理人、新管理人、破产申请人、债务人及债务人的企业登记机关。

文书样式12

××××人民法院
公　　告
（更换管理人用）

（××××）×破×号

本院于××××年××月××日裁定受理×××（债务人名称）破产清算（或重整、和解）一案，并指定×××（原管理人的姓名或名称）为×××（债务人名称）管理人。因……（写明更换的理由），依照……（写明所依据的法律条款项）规定，本院于××××年××月××日决定解除×××（原管理人的姓名或名称）的×××（债务人名称）管理人职务，指定×××（新管理人的姓名或名称）为×××（债务人名称）管理人（通讯地址：＿＿＿＿＿＿；邮政编码：＿＿＿＿＿＿；联系电话：＿＿＿＿＿）。

特此公告

××××年××月××日

（院印）

说明：

本样式系根据《最高人民法院关于审理企业破产案件指定管理人的规定》第三十八条制定，供人民法院决定更换管理人后发布公告用。

文书样式 13

××××人民法院
决　定　书

(许可或驳回管理人辞职申请用)

(××××)×破×号

××××年××月××日,×××(担任管理人的社会中介机构名称或自然人姓名)向本院提交申请,称……(写明申请人的理由),请求本院准予其辞去×××(债务人名称)管理人职务。

本院认为,……(写明审查意见及理由)。依照……(写明所依据的法律条款项)规定,决定如下:

准许×××(担任管理人的社会中介机构名称或自然人姓名)辞去×××(债务人名称)管理人职务。

或者:

驳回×××(担任管理人的社会中介机构名称或自然人姓名)的申请。

××××年××月××日

(院印)

说明:

一、本样式系根据《中华人民共和国企业破产法》第二十九条、《最高人民法院关于审理企业破产案件指定管理人的规定》第三十四条制定,供人民法院批准或驳回管理人辞职申请时使用。

二、批准辞职的,本决定书应送达管理人、破产申请人、债务人及债务人的企业登记机关;驳回申请的,本决定书应送达管理人。

文书样式 14

××××人民法院
通 知 书

（调整管理人报酬方案用）

（××××）×破×号

×××（担任管理人的社会中介机构名称或自然人姓名）：

××××年××月××日，本院初步确定你（或者你所、公司）担任×××（债务人名称）破产清算（或重整、和解）一案管理人职务应获取的报酬方案，即根据×××（债务人名称）最终清偿的财产价值总额，……（依次分段写明确定的比例），采取……（分期预收或最后一次性收取报酬）的方式收取。现因……（写明调整的理由），依照《最高人民法院关于审理企业破产案件确定管理人报酬的规定》第八条规定，本院将上述报酬方案调整为：

根据×××（债务人名称）最终清偿的财产价值总额，……（依次分段写明确定的比例），采取……（分期预收或最后一次性收取报酬）的方式收取。

特此通知

××××年××月××日

（院印）

说明：

一、本样式系根据《最高人民法院关于审理企业破产案件确定管理人报酬的规定》第八条制定，供人民法院调整管理人报酬方案用。

二、本通知书应自管理人报酬方案调整之日起三日内送达管理人及债权人委员会成员或者债权人会议主席。

文书样式 15

××××人民法院
通 知 书

(确定管理人应收取的报酬数额用)

(××××)×破×号

×××(担任管理人的社会中介机构的名称或自然人的姓名):

根据你所(公司)的申请,本院依照《最高人民法院关于审理企业破产案件确定管理人报酬的规定》第十一条规定,确定你所(公司)应收取(或者本期应收取)的报酬为××元。

特此通知

××××年××月××日

(院印)

说明:

一、本样式系根据《最高人民法院关于审理企业破产案件确定管理人报酬的规定》第十一条制定,供人民法院确定管理人应收取的报酬数额用。

二、本通知书应送达管理人。

文书样式16

××××人民法院
决　定　书

（认可或驳回债权人会议关于管理人报酬异议用）

（××××）×破×号

××××年××月××日，本院收到×××（债务人名称）债权人会议的异议书，称……（写明依据的事实及理由），请求本院重新确定管理人报酬方案。

本院认为，……（写明审查意见及理由）。依照……（写明所依据的法律条款项）规定，决定如下：

×××（担任管理人的社会中介机构名称或自然人姓名）的报酬按照×××（债务人名称）最终清偿的财产价值总额，……（依次分段写明确定的比例），采取……（分期预收或最后一次性收取报酬）的方式收取。

或者：

驳回×××（债务人名称）债权人会议的异议。

××××年××月××日

（院印）

说明：

一、本样式系根据《最高人民法院关于审理企业破产案件确定管理人报酬的规定》第十八条制定，供人民法院对债权人会议有关管理人报酬的异议进行审查后作决定时使用。

二、本决定书应送达管理人、债权人委员会成员或者债权人会议主席。

文书样式 17

××××人民法院
拘留决定书

(××××)×破×号

被拘留人:……(写明姓名、性别、出生年月日、民族、籍贯、职业或者工作单位和职务、住址)。

本院在审理×××(债务人名称)破产清算(或重整、和解)一案中,查明……(写明被拘留人的违法行为以及予以拘留的理由)。依照《中华人民共和国企业破产法》第一百二十九条规定,决定如下:

对×××拘留×日。

如不服本决定,可在收到决定书之日起三日内,口头或者书面向××××人民法院(应为上一级人民法院)申请复议一次。复议期间,不停止决定的执行。

××××年××月××日

(院印)

说明:

一、本样式系根据《中华人民共和国企业破产法》第一百二十九条并参照《中华人民共和国民事诉讼法》第一百一十六条制定,供人民法院对债务人的有关人员作出拘留决定时使用。

二、本决定书应送达被拘留人和负责看管的公安机关。

文书样式 18

××××人民法院
罚款决定书

(××××)×破×号

被罚款人:……(写明姓名或名称等基本情况)。

本院在审理×××(债务人名称)破产清算(或重整、和解)一案中,查明……(写明被罚款人的违法行为以及予以罚款的理由)。依照……(写明所依据的法律条款项)规定,决定如下:

对×××罚款×××元,限于××××年××月××日前交纳。

如不服本决定,可在收到决定书之日起三日内,口头或者书面向××××人民法院(应为上一级人民法院)申请复议一次。复议期间,不停止决定的执行。

××××年××月××日
(院印)

说明:

一、本样式系根据《中华人民共和国企业破产法》第一百二十六条、第一百二十七条、第一百二十九条、第一百三十条并参照《中华人民共和国民事诉讼法》第一百一十六条制定,供人民法院对债务人的有关人员、直接责任人员、管理人作出罚款决定时使用。

二、被罚款人基本情况的写法与诉讼文书样式相同。

三、本决定书应送达被罚款人。

文书样式 19

××××人民法院
复议决定书

(维持或撤销下级法院拘留、罚款决定书用)

(××××)×破复×号

申请复议人:……(写明姓名或名称等基本情况)。

申请复议人不服××××人民法院××××年××月××日作出的(××××)×破×号罚款(或拘留)决定,向本院提出复议申请。

申请复议人提出……(简要写明申请的理由和复议请求)。

经审查,本院认为,……(写明作出复议决定的理由)。依照……(写明所依据的法律条款项)规定,决定如下:

驳回申请,维持原决定。

或者:

一、撤销××××人民法院(××××)×破×号罚款(或拘留)决定;

二、……(写明变更的决定内容。不需作出变更决定的,此项不写)。

××××年××月××日

(院印)

说明:

一、本样式系参照《中华人民共和国民事诉讼法》第一百一十六条制定,供人民法院收到被拘留人或者被罚款人不服拘留、罚款决定提出复议申请后,驳回申请或撤销原决定时使用。

二、当事人基本情况的写法与诉讼文书样式相同。

三、本决定书应送达申请复议人。

(二)破产清算程序用文书

文书样式 20

××××人民法院
通　知　书

(执行转破产时通知债务人用)

(××××)×破申×号

×××(债务人名称):

××××年××月××日,×××(移送破产的法院名称)以……为由将你单位执行案件相关材料移送本院进行破产清算。参照《中华人民共和国企业破产法》第十条第一款规定,你单位对申请如有异议,应在收到本通知之日起七日内向本院书面提出并附相关证据材料。

特此通知

××××年××月××日

(院印)

说明:

一、本样式系根据最高人民法院《关于适用〈中华人民共和国民事诉讼法〉的解释》第五百一十三条,并参照《中华人民共和国企业破产法》第十条第一款制定,供被执行人住所地法院收到其他法院移送破产材料后通知债务人时使用。

二、"你单位"可根据当事人的具体情况表述为:"你公司或厂、企业等"。

三、采取听证方式审查移送破产材料的,使用听证通知书。

文书样式 21

××××人民法院
民事裁定书
(受理债权人的破产清算申请用)

(××××)×破申×号

申请人:……(写明姓名或名称等基本情况),住所地……,统一社会信用代码……。

法定代表人(或代表人):……(写明姓名和职务)。

委托代理人:……(写明姓名和基本情况)。

被申请人:……(写明名称等基本情况),住所地……,统一社会信用代码……。

法定代表人(或代表人):……(写明姓名和职务)。

委托代理人:……(写明姓名和基本情况)。

××××年××月××日,×××(申请人姓名或名称)以……为由,向本院申请对×××(被申请人名称)进行破产清算。本院于××××年××月××日通知了×××(被申请人名称)。×××(被申请人名称)在法定期限内就该申请向本院提出异议称,……(或者:×××在法定期限内未提出异议)。

本院查明,……(写明申请人对被申请人享有的债权情况、被申请人的住所地、工商登记注册情况及资产负债情况等)。

本院认为,……(从申请人对被申请人是否享有债权、被申请人是否属于破产适格主体、是否具备破产原因等方面写明受理申请的理由。有异议的,写明异议不成立的理由)。依照《中华人民共和国企业破产法》第二条第一款、第七条第二款、第十条第一款(或第二款)规定,裁定如下:

受理×××(申请人姓名或名称)对×××(被申请人名称)提出的破产清算申请。

本裁定自即日起生效。

审判长　×××

审判员　×××

审判员　×××

××××年××月××日

(院印)

本件与原本核对无异

书　记　员　×××

说明：

一、本样式系根据《中华人民共和国企业破产法》第十条制定，供人民法院决定受理债权人的破产清算申请时使用。

二、当事人基本情况的写法与诉讼文书样式相同。

三、本裁定书应自作出之日起五日内送达申请人和被申请人。

文书样式22

××××人民法院
民事裁定书

(受理债务人的破产清算申请用)

(××××)×破申×号

申请人:……(写明名称等基本情况),住所地……,统一社会信用代码……。

法定代表人(或代表人):……(写明姓名和职务)。

委托代理人:……(写明姓名及基本情况)。

××××年××月××日,×××(申请人名称)以……为由,向本院申请破产清算。

本院查明,……(写明申请人的住所地、工商登记注册情况及资产负债情况、职工情况等)。

本院认为,……(从申请人是否属于破产适格主体、是否具备破产原因等方面写明受理申请的理由)。依照《中华人民共和国企业破产法》第二条、第七条第一款、第十条第二款规定,裁定如下:

受理×××(申请人名称)的破产清算申请。

本裁定自即日起生效。

审判长　×××

审判员　×××

审判员　×××

××××年××月××日

(院印)

本件与原本核对无异

书　记　员　×××

说明:

一、本样式系根据《中华人民共和国企业破产法》第十条第二款制定,供人民法院决定受理债务人的破产清算申请时使用。

二、申请人基本情况的写法与诉讼文书样式相同。

三、本裁定书应送达申请人。

文书样式23

××××人民法院
民事裁定书

（受理对依法负有清算责任的人的破产清算申请用）

（××××）×破申×号

申请人：……（写明姓名或名称等基本情况），住所地……，统一社会信用代码……。

法定代表人（或代表人）：……（写明姓名或职务）。

委托代理人：……（写明姓名及情况）。

被申请人：……（写明名称等基本情况），住所地……，统一社会信用代码……。

法定代表人（或代表人）：……（写明姓名或职务）。

委托代理人：……（写明姓名及基本情况）。

××××年××月××日，×××（申请人姓名或名称）以……为由，向本院申请对×××（被申请人名称）进行破产清算。

本院查明，……（写明被申请人的住所地、工商登记注册情况、解散情况及资产负债情况、职工情况以及申请人的基本情况、申请人与被申请人的关系等）。

本院认为，……（从申请人的申请资格、被申请人是否属于破产适格主体、是否具备破产原因等方面写明受理申请的理由）。依照《中华人民共和国企业破产法》第二条、第七条第三款、第十条第二款规定，裁定如下：

受理×××（申请人姓名或名称）对×××（被申请人名称）提出的破产清算申请。

本裁定自即日起生效。

审判长　×××

审判员　×××

审判员　×××

××××年××月××日

（院印）

本件与原本核对无异

书　记　员　×××

说明：

一、本样式系根据《中华人民共和国企业破产法》第七条第三款、第十条第二款制定，供人民法院裁定受理对已解散企业法人负有清算责任的人的破产清算申请时使用。

二、当事人基本情况的写法与诉讼文书样式相同。

三、本裁定书应送达申请人和被申请人。

文书样式 24

××××人民法院
民事裁定书
（不予受理债权人的破产清算申请用）

（××××）×破申×号

申请人：……（写明债权人姓名或名称等基本情况），住所地……，统一社会信用代码……。

法定代表人（或代表人）：……（写明姓名或职务）。

委托代理人：……（写明姓名及基本情况）。

被申请人：……（写明债务人名称等基本情况），住所地……，统一社会信用代码……。

法定代表人（或代表人）：……（写明姓名或职务）。

委托代理人：……（写明姓名及基本情况）。

××××年××月××日，×××（申请人姓名或名称）以……为由，向本院申请对×××（被申请人名称）进行破产清算。本院于××××年××月××日通知了×××（被申请人名称）。×××（被申请人名称）于××××年××月××日向本院提出异议称，……。

本院查明，……（写明申请人的主体资格、被申请人是否适格以及是否具备破产原因等方面的情况）。

本院认为，……（写明不受理的理由）。依照……（写明所依据的法律条款项）规定，裁定如下：

不予受理×××（申请人姓名或名称）的破产清算申请。

如不服本裁定，可在裁定书送达之日起十日内，向本院递交上诉状，并提交副本×份，上诉于××××人民法院。

审判长　×××

审判员　×××

审判员　×××

××××年××月××日

（院印）

本件与原本核对无异

书　记　员　×××

说明：

一、本样式系根据《中华人民共和国企业破产法》第十二条第一款制定，供人民法院裁定不予受理债权人的破产清算申请时使用。

二、当事人基本情况的写法与诉讼文书样式相同。

三、本裁定书应送达申请人和被申请人。

文书样式 25

××××人民法院
民事裁定书

（不予受理债务人的破产清算申请用）

（××××）×破申×号

申请人：……（写明债务人名称等基本情况），住所地……，统一社会信用代码……。

法定代表人（或代表人）：……（写明姓名或职务）。

委托代理人：……（写明姓名及基本情况）。

××××年××月××日，×××（债务人名称）以……为由，向本院申请进行破产清算。

本院查明，……（写明申请人是否适格以及是否具备破产原因等方面的情况）。

本院认为，……（写明不予受理的理由）。依照……（写明所依据的法律条款项）之规定，裁定如下：

不予受理×××（申请人名称）的破产清算申请。

如不服本裁定，可在裁定书送达之日起十日内，向本院递交上诉状，并提交副本×份，上诉于××××人民法院。

审判长　×××

审判员　×××

审判员　×××

××××年××月××日

（院印）

本件与原本核对无异

书　记　员　×××

说明：

一、本样式系根据《中华人民共和国企业破产法》第十二条第一款制定，供人民法院裁定不予受理债务人的破产清算申请时使用。

二、当事人基本情况的写法与诉讼文书样式相同。

三、本裁定书应送达申请人。

文书样式 26

××××人民法院
民事裁定书

(不予受理依法负有清算责任的人的
破产清算申请用)

(××××)×破申×号

申请人:……(写明姓名或名称等基本情况),住所地……,统一社会信用代码……。

法定代表人(或代表人):……(写明姓名或职务)。

委托代理人:……(写明姓名及基本情况)。

被申请人:……(写明名称等基本情况),住所地……,统一社会信用代码……。

法定代表人(或代表人):……(写明姓名或职务)。

委托代理人:……(写明姓名及基本情况)。

××××年××月××日,×××(申请人姓名或名称)以……为由,向本院申请对×××(被申请人名称)进行破产清算。

本院查明,……(写明申请人的主体资格、被申请人是否适格、清算开展情况以及被申请人是否具备破产原因等方面的事实)。

本院认为,……(写明不受理的理由)。依照……(写明所依据的法律条款项)规定,裁定如下:

不予受理×××(申请人名称)的破产清算申请。

如不服本裁定,可在裁定书送达之日起十日内,向本院递交上诉状,并提交副本×份,上诉于××××人民法院。

审判长　×××

审判员　×××

审判员　×××

××××年××月××日

(院印)

本件与原本核对无异

书　记　员　×××

说明：

一、本样式系根据《中华人民共和国企业破产法》第十二条第一款制定，供人民法院裁定不予受理负有清算责任的人提出破产清算申请时使用。

二、当事人基本情况的写法与诉讼文书样式相同。

三、本裁定书应送达申请人和被申请人。

文书样式 27

××××人民法院
民事裁定书

(维持或撤销不予受理破产清算申请的裁定用)

(××××)×破终×号

上诉人(原审申请人):……(写明姓名或名称等基本情况),住所地……,统一社会信用代码……。

法定代表人(或代表人):……(写明姓名或职务)。

委托代理人:……(写明姓名及基本情况)。

被上诉人(原审被申请人):……(写明名称等基本情况),住所地……,统一社会信用代码……。

法定代表人(或代表人):……(写明姓名或职务)。

委托代理人:……(写明姓名及基本情况)。

上诉人×××不服××××人民法院(××××)×破申×号民事裁定,向本院提起上诉。本院受理后依法组成合议庭审理了本案,现已审理终结。

……(写明一审认定的事实、裁定结果及理由)。

×××(上诉人姓名或名称)不服,向本院上诉称:……(写明上诉请求与理由)。

本院查明,……(写明二审查明的事实)。

本院认为,……(写明维持或者撤销原裁定的理由)。依照……(写明所依据的法律条款项)规定,裁定如下:

驳回上诉,维持原裁定。

或者:

一、撤销××××人民法院(××××)×破申×号民事裁定;

二、指令××××人民法院受理×××的破产清算申请。

本裁定为终审裁定。

审判长　×××

审判员　×××

审判员　×××

××××年××月××日

(院印)

本件与原本核对无异

书　记　员　×××

说明：

一、本样式系根据《中华人民共和国企业破产法》第十二条第一款和最高人民法院《关于适用〈中华人民共和国民事诉讼法〉的解释》第三百三十三条制定，供二审法院在收到不服一审不予受理破产申请的裁定而提起上诉后经审查决定驳回上诉或撤销原裁定时用。

二、如系债务人申请破产，则不列被上诉人。

三、当事人基本情况的写法与诉讼文书样式相同。

四、本裁定书应送达上诉人和被上诉人。

文书样式 28

××××人民法院
民事裁定书

(驳回债权人的破产清算申请用)

(××××)×破×号之×

申请人:……(写明姓名或名称等基本情况),住所地……,统一社会信用代码……。

法定代表人(或代表人):……(写明姓名或职务)。

委托代理人:……(写明姓名及基本情况)。

被申请人:……(写明名称等基本情况),住所地……,统一社会信用代码……。

法定代表人(或代表人):……(写明姓名或职务)。

委托代理人:……(写明姓名及基本情况)。

××××年××月××日,×××(申请人姓名或名称)以……为由,向本院申请对×××(被申请人名称)进行破产清算。本院于××××年××月××日裁定受理。

本院查明,……(写明被申请人不符合破产清算条件的事实和根据)。

本院认为,……(写明驳回申请的理由)。依照《中华人民共和国企业破产法》第十二条第二款规定,裁定如下:

驳回×××(申请人姓名或名称)的破产清算申请。

如不服本裁定,可在裁定书送达之日起十日内,向本院递交上诉状,并提交副本×份,上诉于××××人民法院。

审判长　×××

审判员　×××

审判员　×××

××××年××月××日

(院印)

本件与原本核对无异

书　记　员　×××

说明：

一、本样式系根据《中华人民共和国企业破产法》第十二条第二款制定，供人民法院裁定驳回债权人的破产清算申请时使用。

二、当事人基本情况的写法与诉讼文书样式相同。

三、本裁定书应送达申请人、被申请人和管理人。

文书样式 29

××××人民法院
民事裁定书

(驳回债务人的破产清算申请用)

(××××)×破×号之×

申请人:……(写明名称等基本情况),住所地……,统一社会信用代码……。

法定代表人(或代表人):……(写明姓名或职务)。

委托代理人:……(写明姓名及基本情况)。

××××年××月××日,×××(申请人名称)以……为由,向本院申请进行破产清算,本院于××××年××月××日裁定受理。

本院查明,……(写明申请人不符合破产清算条件的事实和根据)。

本院认为,……(写明驳回申请的理由)。依照《中华人民共和国企业破产法》第十二条第二款规定,裁定如下:

驳回×××(申请人名称)的申请。

如不服本裁定,可在裁定书送达之日起十日内,向本院递交上诉状,并提交副本×份,上诉于××××人民法院。

审判长 ×××

审判员 ×××

审判员 ×××

××××年××月××日

(院印)

本件与原本核对无异

书 记 员 ×××

说明:

一、本样式系根据《中华人民共和国企业破产法》第十二条第二款制定,供人民法院裁定驳回债务人的破产清算申请时使用。

二、当事人基本情况的写法与诉讼文书样式相同。

三、本裁定书应送达申请人和管理人。

文书样式 30

××××人民法院
民事裁定书

（驳回负有清算责任的人提出的破产清算申请用）

（××××）×破×号之×

申请人：……（写明姓名或名称等基本情况），住所地……，统一社会信用代码……。

法定代表人（或代表人）：……（写明姓名或职务）。

委托代理人：……（写明姓名及基本情况）。

被申请人：……（写明名称等基本情况），住所地……，统一社会信用代码……。

法定代表人（或代表人）：……（写明姓名或职务）。

委托代理人：……（写明姓名及基本情况）。

××××年××月××日，×××（申请人姓名或名称）以……为由，向本院申请对×××（被申请人名称）进行破产清算，本院于××××年××月××日裁定受理。

本院查明，……（写明申请人的主体资格、被申请人是否适格、清算开转情况以及被申请人是否具备破产原因等方面事实）。

本院认为，……（写明驳回申请的理由）。依照《中华人民共和国企业破产法》第十二条第二款规定，裁定如下：

驳回×××（申请人姓名或名称）的破产清算申请。

如不服本裁定，可在裁定书送达之日起十日内，向本院递交上诉状，并提交副本×份，上诉于××××人民法院。

审判长　×××

审判员　×××

审判员　×××

××××年××月××日

（院印）

本件与原本核对无异

书　记　员　×××

说明：

一、本样式系根据《中华人民共和国企业破产法》第十二条第二款制定，供人民法院裁定驳回负有清算责任的人提出破产清算申请时使用。

二、当事人基本情况的写法与诉讼文书样式相同。

三、本裁定书应送达申请人、被申请人和管理人。

文书样式31

××××人民法院
民事裁定书

（维持或撤销驳回破产清算申请的裁定用）

（××××）×破终×号

上诉人（原审申请人）：……（写明姓名或名称等基本情况），住所地……，统一社会信用代码……。

法定代表人（或代表人）：……（写明姓名或职务）。

委托代理人：……（写明姓名及基本情况）。

被上诉人（原审被申请人）：……（写明名称等基本情况），住所地……，统一社会信用代码……。

法定代表人（或代表人）：……（写明姓名或职务）。

委托代理人：……（写明姓名及基本情况）。

上诉人×××不服××××人民法院（××××）×破×号民事裁定，向本院提起上诉。本院受理后依法组成合议庭审理了本案，现已审理终结。

……（写明一审认定的事实、裁定结果及理由）。

×××（上诉人姓名或名称）不服，向本院上诉称……（写明上诉请求与理由）。

本院查明，……（写明二审查明的事实）

本院认为，……（写明维持或者撤销原裁定的理由）。依照……（写明所依据的法律条款项）规定，裁定如下：

驳回上诉，维持原裁定。

或者：

一、撤销××××人民法院（××××）×破×号民事裁定；

二、×××（被上诉人名称）破产程序继续进行。

本裁定为终审裁定。

审判长　×××

审判员　×××

审判员　×××

××××年××月××日

（院印）

本件与原本核对无异

书　记　员　×××

说明:

一、本样式系根据《中华人民共和国企业破产法》第十二条第二款和最高人民法院《关于适用〈中华人民共和国民事诉讼法〉的解释》第三百三十三条制定,供二审法院在收到不服一审不予受理破产申请的裁定而提起上诉后经审查决定驳回上诉或撤销原裁定时用。

二、当事人基本情况的写法与诉讼文书样式相同。

三、如系债务人申请破产,则不列被上诉人。

四、本裁定书应送达上诉人、被上诉人和管理人。

文书样式32

××××人民法院
通 知 书
（受理破产清算申请后通知已知债权人用）

（××××）×破×号

×××（债权人名称）：

本院于××××年××月××日裁定受理×××（债务人名称）破产清算一案，并于××××年××月××日指定×××为×××（债务人名称）管理人。你单位应在××××年××月××日前向×××（债务人名称）管理人（通讯地址：________；邮政编码：________；联系电话：________）申报债权，书面说明债权数额、有无财产担保及是否属于连带债权，并提供相关证据材料。如未能在上述期限内申报债权，可以在破产财产最后分配前补充申报，但此前已进行的分配，不再对你（或你单位）补充分配，为审查和确认补充申报债权所产生的费用，由你（或你单位）承担。未申报债权的，不得依照《中华人民共和国企业破产法》规定的程序行使权利。

本院定于××××年××月××日××时在________（地点）召开第一次债权人会议，你方申报债权后有权参加。参加债权人会议时应提交法定代表人身份证明书及身份证复印件（自然人债权人提交身份证复印件）；授权代理人参加的，另须提交授权委托书。

特此通知

××××年××月××日

（院印）

说明：

一、本样式系根据《中华人民共和国企业破产法》第十四条的规定制定，供人民法院受理破产清算申请后通知已知债权人时使用。

二、本通知应在裁定受理破产清算申请之日起二十五日内发出。

三、“你单位”可根据当事人的具体情况表述为：“你公司或厂、企业、学校等”。

文书样式 33

××××人民法院
公　　告
(受理破产清算申请用)

(××××)×破×号

本院于××××年××月××日裁定受理×××(债务人名称)破产清算一案,并于××××年××月××日指定×××为×××(债务人名称)管理人。×××(债务人名称)的债权人应于××××年××月××日前向×××(债务人名称)管理人(通讯地址:__________;邮政编码:__________;联系电话:________)申报债权。未在上述期限内申报债权的,可在破产财产最后分配前补充申报,但对此前已进行的分配无权要求补充分配,同时要承担为审查和确认补充申报债权所产生的费用。未申报债权的,不得依照《中华人民共和国企业破产法》规定的程序行使权利。×××(债务人名称)的债务人或者财产持有人应当向×××(债务人名称)管理人清偿债务或交付财产。

本院定于××××年××月××日××时在________(地点)召开第一次债权人会议。依法申报债权的债权人有权参加债权人会议,参加债权人会议时应提交法定代表人身份证明书及身份证复印件(自然人债权人提交身份证复印件);授权代理人参加的,另须提交授权委托书。

特此公告

××××年××月××日
(院印)

说明:

本样式系根据《中华人民共和国企业破产法》第十四条制定,供人民法院裁定受理破产清算申请后发布公告时使用。

文书样式 34

××××人民法院
民事裁定书
(宣告债务人破产用)

(××××)×破×号之×

申请人:……(写明债务人名称)管理人。

代表人:……(写明姓名和职务)。

××××年××月××日,×××(申请人姓名或名称)以……为由,向本院申请对×××(债务人名称)进行破产清算,本院于××××年××月××日裁定受理。

本院查明,……(写明债务人设立、有无法人资格、负债数额等财产状况以及不能清偿到期债务情况)。

本院认为,……(写明宣告破产的理由)。依照……(写明所依据的法律条款项)规定,裁定如下:

宣告×××(债务人名称)破产。

本裁定自即日起生效。

审判长　×××
审判员　×××
审判员　×××
××××年××月××日
(院印)

本件与原本核对无异

书　记　员　×××

说明:

一、本样式供人民法院依据《中华人民共和国企业破产法》第一百零七条之规定裁定宣告债务人破产时使用。

二、本裁定书应自作出之日起五日内送达债务人、管理人,十日内通知已知债权人。

文书样式 35

××××人民法院
民事裁定书

(不足清偿破产费用时宣告债务人
破产并终结破产程序用)

(××××)×破×号之×

申请人:×××(债务人名称)管理人。

代表人:……(写明姓名和职务)。

××××年××月××日,×××(债务人名称)管理人以……为由,申请本院终结×××(债务人名称)破产清算程序。

本院查明,……(写明债务人财产状况以及债务人财产不足支付破产费用情况)。

本院认为,……(写明宣告债务人破产并终结破产程序的理由)。依照《中华人民共和国企业破产法》第四十三条、第一百零七条规定,裁定如下:

一、宣告×××(债务人名称)破产;

二、终结×××(债务人名称)破产程序。

本裁定自即日起生效。

审判长 ×××

审判员 ×××

审判员 ×××

××××年××月××日

(院印)

本件与原本核对无异

书 记 员 ×××

说明:

一、本样式供人民法院依据《中华人民共和国企业破产法》第四十三条、第一百零七条之规定裁定宣告债务人破产并终结破产程序时使用。

二、本裁定书应自作出之日起五日内送达债务人、管理人,十日内通知已知债权人。

文书样式36

××××人民法院
公　　告
（宣告债务人破产用）

（××××）×破×号

××××年××月××日，本院根据×××（申请人姓名或名称）的申请裁定受理×××（债务人名称）破产清算一案。查明……（写明债务人的资产负债情况）。依照……（写明判决所依据的法律条款）规定，本院于××××年××月××日裁定宣告×××（债务人名称）破产。

特此公告

××××年××月××日
（院印）

说明：

本样式系根据《中华人民共和国企业破产法》第一百零七条制定，供人民法院裁定宣告债务人破产后发布公告使用。

文书样式 37

××××人民法院
公　　告

(不足清偿破产费用时宣告债务人
破产并终结破产程序用)

(××××)×破×号

××××年××月××日,本院根据×××(申请人姓名或名称)的申请裁定受理×××(债务人名称)破产清算一案。查明……(写明债务人财产不足以清偿破产费用的事实)。依照《中华人民共和国企业破产法》第二条、第四十三条规定,本院于××××年××月××日裁定宣告×××(债务人名称)破产并终结×××(债务人名称)破产清算程序。

特此公告

××××年××月××日
(院印)

说明:

本样式系根据《中华人民共和国企业破产法》第四十三条、第一百零七条制定,供人民法院裁定宣告债务人破产并终结破产程序后发布公告使用。

文书样式38

××××人民法院
民事裁定书

（认可或不认可债权人会议表决未通过的
债务人财产管理方案用）

（××××）×破×号之×

申请人：×××（债务人名称）管理人。

代表人：……（写明姓名和职务）。

××××年××月××日，×××（债务人名称）管理人以其拟订的《×××（债务人名称）财产管理方案》经债权人会议表决未获通过，但……（概括写明管理人申请认可的理由）为由，申请本院裁定认可。

本院查明，……（写明财产管理方案的主要内容和债权人会议表决情况等）。

本院认为，……（写明对方案的审查意见及理由）。依照……（写明所依据的法律条款项）规定，裁定如下：

认可《×××（债务人名称）财产管理方案》。

债权人如不服本裁定，可自本裁定宣布之日或收到通知之日起十五日内向本院申请复议，复议期间不停止裁定的执行。

或者：

一、不予认可《×××（债务人名称）财产管理方案》；

二、由×××（债务人名称）管理人重新制作。

审判长　×××

审判员　×××

审判员　×××

××××年××月××日

（院印）

本件与原本核对无异

书　记　员　×××

附：《×××（债务人名称）财产管理方案》

说明:

一、本样式系根据《中华人民共和国企业破产法》第六十五条第一款制定,供债权人会议未通过债务人财产管理方案时人民法院裁定用。

二、本裁定可以在债权人会议上宣布或另行通知债权人。

三、法院裁定不予认可时,债权人无申请复议权。

文书样式39

××××人民法院
民事裁定书

（认可或不认可债权人会议表决未通过的
破产财产变价方案用）

（××××）×破×号之×

申请人：×××（债务人名称）管理人。

代表人：……（写明姓名和职务）。

××××年××月××日，×××（债务人名称）管理人以其拟订的《×××（债务人名称）破产财产变价方案》经债权人会议表决未获通过，但……（概括写明管理人申请认可的理由）等为由，申请本院裁定认可。

本院查明，……（写明财产管理方案的主要内容和债权人会议表决情况等）。

本院认为，……（写明对方案的审查意见及理由）。依照……（写明所依据的法律条款项）规定，裁定如下：

认可《×××（债务人名称）破产财产变价方案》。

债权人如不服本裁定，可自本裁定宣布之日或收到通知之日起十五日内向本院申请复议，复议期间不停止裁定的执行。

或者：

一、不予认可《×××（债务人名称）破产财产的变价方案》；

二、由×××（债务人名称）管理人重新制作。

审判长　×××

审判员　×××

审判员　×××

××××年××月××日

（院印）

本件与原本核对无异

书　记　员　×××

附：《×××（债务人名称）破产财产变价方案》

说明:

一、本样式系根据《中华人民共和国企业破产法》第六十五条第一款制定,供债权人会议未通过破产财产变价方案时人民法院裁定用。

二、本裁定可以在债权人会议上宣布或另行通知债权人。

三、法院裁定不予认可时,债权人无申请复议权。

文书样式 40

××××人民法院
民事裁定书

（认可或不认可债权人会议表决未通过的
破产财产分配方案用）

（××××）×破×号之×

申请人：×××（债务人名称）管理人。

代表人：……（写明姓名和职务）。

××××年××月××日，×××（债务人名称）管理人以其拟订的《×××（债务人名称）破产财产分配方案》经债权人会议两次表决仍未通过，但……（概括写明管理人申请认可的理由）等为由，申请本院裁定认可。

本院查明，……（写明财产管理方案的主要内容和债权人会议表决情况等）。

本院认为，……（写明对方案的审查意见及理由）。依照……（写明所依据的法律条款项）规定，裁定如下：

认可《×××（债务人名称）破产财产分配方案》。

债权额占无财产担保的债权总额二分之一以上的债权人如不服本裁定，可自本裁定宣布之日或者受到通知之日起十五日内向本院申请复议，复议期间不停止裁定的执行。

或者：

一、不予认可《×××（债务人名称）破产财产分配方案》；

二、由×××（债务人名称）管理人重新制作。

审判长　×××

审判员　×××

审判员　×××

××××年××月××日

（院印）

本件与原本核对无异

书　记　员　×××

附：《×××（债务人名称）破产财产分配方案》

说明:

一、本样式系根据《中华人民共和国企业破产法》第六十五条第二款制定,供债权人会议未通过破产财产分配方案时人民法院裁定通过用。

二、本裁定可以在债权人会议上宣布或另行通知债权人。

三、法院裁定不予认可时,债权人无申请复议权。

文书样式41

××××人民法院
复议决定书

（驳回债权人对破产财产管理、变价
或分配方案的异议用）

（××××）×破×号之×

申请复议人：……（写明姓名或名称等基本情况），住所地……，统一社会信用代码……。

法定代表人（或代表人）：……（写明姓名或职务）。

委托代理人：……（写明姓名及基本情况）。

申请复议人×××不服本院××××年××月××日作出的（××××）×破×号之×民事裁定，向本院申请复议，请求……（写明申请人的请求及理由）。

本院认为，……（写明审查意见及理由）。依照……（写明所依据的法律条款项）规定，决定如下：

驳回×××复议申请。

审判长×××

审判员×××

审判员×××

××××年××月××日

（院印）

本件与原本核对无异

书　记　员　×××

说明：

一、本样式系根据《中华人民共和国企业破产法》第六十六条制定，供人民法院收到债权人不服法院裁定认可债务人财产管理方案、破产财产变价方案、破产财产分配方案申请复议后，决定驳回其复议申请时使用。若复议认为申请人的异议成立的，应另行制作裁定书。

二、当事人基本情况的写法与诉讼文书样式相同。

三、审查复议申请时，应另行组成合议庭。

文书样式42

××××人民法院
民事裁定书

(支持债权人对破产财产管理、变价或分配方案的异议用)

(××××)×破×号之×

申请复议人:……(写明姓名或名称等基本情况),住所地……,统一社会信用代码……。

法定代表人(或代表人):……(写明姓名或职务)。

委托代理人:……(写明姓名及基本情况)。

申请复议人×××不服本院××××年××月××日作出的(××××)×破×号之×民事裁定,向本院申请复议,请求……(写明申请人的请求及理由)。

本院查明,……(写明相关方案的主要内容、债权人会议的表决情况及复议的相关事实等)。

本院认为,……(写明审查意见及理由)。依照……(写明所依据的法律条款项)之规定,裁定如下:

一、撤销本院(××××)×破×号之×民事裁定;

二、由×××(债务人名称)管理人重新制作。

审判长　×××

审判员　×××

审判员　×××

××××年××月××日

(院印)

本件与原本核对无异

书　记　员　×××

说明:

一、本样式系根据《中华人民共和国企业破产法》第六十六条制定,供人民法院收到债权人不服法院裁定认可债务人财产管理方案、破产财产变价方案、破产财产分配方案申请复议后,复议认为申请人的异议成立时用。

二、当事人基本情况的写法与诉讼文书样式相同。

三、审查复议申请时,应另行组成合议庭。

文书样式 43

××××人民法院
民事裁定书

（认可或不认可债权人会议表决通过的
破产财产分配方案用）

（××××）×破×号之×

申请人：×××（债务人名称）管理人。

代表人：……（写明姓名或职务）。

××××年××月××日，×××（债务人名称）管理人以其制作的《×××（债务人名称）破产财产分配方案》已经第×次债权人会议通过为由，请求本院裁定认可。

本院查明，……（债权会议表决情况、方案主要内容等）。

本院认为，……（写明认可或不认可的理由）。依照……（写明所依据的法律条款项）规定，裁定如下：

认可第×次债权人会议通过的《×××（债务人名称）破产财产分配方案》。

本裁定自即日起生效。

或者：

一、不予认可第×次债权人会议通过的《×××（债务人名称）破产财产分配方案》；

二、由×××（债务人名称）管理人重新制作。

审判长　×××

审判员　×××

审判员　×××

××××年××月××日

（院印）

本件与原本核对无异

书　记　员　×××

附：《×××（债务人名称）破产财产分配方案》

说明:

本样式系根据《中华人民共和国企业破产法》第一百一十五条制定,供人民法院根据管理人的申请裁定认可或不认可破产财产分配方案时使用。

文书样式 44

××××人民法院
民事裁定书
（终结破产程序用）

（××××）×破×号之×

申请人：×××（债务人名称）管理人。

代表人：……（写明姓名或职务）。

××××年××月××日，×××（债务人名称）管理人向本院提出申请，称……（写明依据的事实和理由），请求本院终结×××（债务人名称）破产程序。

本院查明，……（写明法定终结的情形）。

本院认为，……（写明同意终结的理由）。依照……（写明所依据的法律条款项）规定，裁定如下：

终结×××（债务人名称）破产程序。

申请费××元，从破产财产中优先支付（不足以支付申请费的，另作说明）。

本裁定自即日起生效。

审判长　×××

审判员　×××

审判员　×××

××××年××月××日

（院印）

本件与原本核对无异

书　记　员　×××

说明：

一、本样式系根据《中华人民共和国企业破产法》第一百零八条、第一百二十条制定，供人民法院根据管理人的申请裁定终结破产程序时使用。

二、本裁定书应送达债务人、管理人并通知债权人。

文书样式 45

××××人民法院
公　　告
(终结破产程序用)

(××××)×破×号

因……(写明终结原因),依照……(写明所依据的法律条款项)规定,本院于××××年××月××日裁定终结×××(债务人名称)破产程序。

特此公告

××××年××月××日

(院印)

说明:

本样式系根据《中华人民共和国企业破产法》第一百零五条、第一百零八条、第一百二十条制定,供人民法院裁定终结破产程序后发布公告时使用。

文书样式 46

××××人民法院
民事裁定书
（追加分配破产财产用）

（××××）×破×号之×

申请人：……（写明债权人的姓名或名称等基本情况），住所地……，统一社会信用代码……。

法定代表人（或代表人）：……（写明姓名和职务）。

委托代理人：……（写明姓名及基本情况）。

××××年××月××日，×××（申请人姓名或名称）向本院提出申请称，……（写明有关事实及理由），请求本院按照《×××（债务人名称）破产财产分配方案》追加分配。

本院查明，……（写明破产程序终结的时间、新发现或追回财产的时间、数额、构成等情况以及原分配方案的主要内容等）。

本院认为，……（写明同意或不同意的理由）。依照《中华人民共和国企业破产法》第一百二十三条规定，裁定如下：

按第×次债权人会议通过的《×××（债务人名称）破产财产分配方案》追加分配。

或者：

一、驳回×××（申请人姓名或名称）的申请；

二、××财产上交国库。

本裁定自即日起生效。

审判长　×××

审判员　×××

审判员　×××

××××年××月××日

（院印）

本件与原本核对无异

书　记　员　×××

说明:

一、本样式系根据《中华人民共和国企业破产法》第一百二十三条制定,供人民法院根据债权人的申请决定追加或不追加分配破产财产时使用。

二、申请人基本情况的写法与诉讼文书样式相同。

三、本裁定书应送达申请人。

(三)重整程序用文书

文书样式 47

××××人民法院
民事裁定书

(受理债权人直接提出的重整申请用)

(××××)×破申×号

申请人:……(写明姓名或名称等基本情况),住所地……,统一社会信用代码……。

法定代表人(或代表人):……(写明姓名或职务)。

委托代理人:……(写明姓名及基本情况)。

被申请人:……(写明名称等基本情况),住所地……,统一社会信用代码……。

法定代表人(或代表人):……(写明姓名或职务)。

委托代理人:……(写明姓名及基本情况)。

××××年××月××日,×××(申请人姓名或名称)以……为由,向本院申请对×××(被申请人名称)进行重整。本院于××××年××月××日通知了×××(被申请人名称)。×××(被申请人名称)在法定期限内就该申请向本院提出异议称,……(或者:×××在法定期限内未提出异议)。

本院查明,……(写明申请人对被申请人享有的债权情况、被申请人的住所地、工商登记注册情况及资产负债情况等)。

本院认为,……(从申请人对被申请人是否享有债权、被申请人是否属于重整适格主体、是否具备重整原因等方面写明受理申请的理由。有异议的,写明异议不成立的理由)。依照《中华人民共和国企业破产法》第二条、第七条第二款、第七十条第一款、第七十一条规定,裁定如下:

受理×××(申请人姓名或名称)对×××(被申请人名称)提出的重整申请。

本裁定自即日起生效。

审判长　×××

审判员　×××

审判员　×××

××××年××月××日

(院印)

本件与原本核对无异

书　记　员　×××

说明:

一、本样式系根据《中华人民共和国企业破产法》第七十条、第七十一条制定,供人民法院根据债权人的申请裁定债务人重整时使用。

二、当事人基本情况的写法与诉讼文书样式相同。

三、本裁定书应送达申请人和被申请人。

文书样式 48

××××人民法院
通　知　书

（受理债权人提出的重整申请后通知债务人提交材料用）

（××××）×破×号

×××（债务人名称）：

本院于××××年××月××日裁定受理××公司申请你公司重整一案，现将有关事项通知如下：

一、你司应在收到受理破产申请的裁定之日起15日内向本院提交财产状况说明、债务清册、债权清册、有关财务会计报告以及职工工资的支付和社会保险费用的缴纳情况。

二、自案件受理之日起停止清偿债务。

三、自本院受理破产申请的裁定送达你司之日起至破产程序终结之日，你司的法定代表人、财务管理人员及其他经营管理人员承担下列义务：1. 妥善保管占有和管理的财产、印章和账簿、文书等资料；2. 根据本院、管理人的要求工作，并如实回答询问；3. 列席债权人会议并如实回答债权人询问；4. 未经本院许可，不得离开住所地；5. 不得新任其他企业的董事、监事和高级管理人员。

四、管理人接管你司时，法定代表人应与管理人办理移交手续，并回答有关财产及业务的询问。

五、第一次债权人会议定于××××年××月××日于本院第×审判庭召开，你司法定代表人及财务管理人必须准时到会。

××××年××月××日

（院印）

说明：

一、本样式系根据《中华人民共和国企业破产法》第十一条第二款制定，供人民法院受理债权人的重整申请后通知债务人提交材料时使用。

二、“你单位”可根据当事人的具体情况表述为：“你公司或厂、企业、学校等”。

三、本通知应与受理重整申请的裁定书一并送达债务人。

四、如需对有关责任人员罚款，应另行制作决定书。

文书样式 49

××××人民法院
民事裁定书

(受理债务人直接提出的重整申请用)

(××××)×破申×号

申请人:……(写明名称等基本情况),住所地……,统一社会信用代码……。

法定代表人(或代表人):……(写明姓名或职务)。

委托代理人:……(写明姓名及基本情况)。

××××年××月××日,×××(申请人名称)以……为由,向本院申请重整。

本院查明,……(写明申请人的住所地、工商登记注册情况及资产负债情况、职工情况等)。

本院认为,……(从被申请人是否属于重整适格主体、是否具备重整原因等方面写明受理申请的理由)。依照《中华人民共和国企业破产法》第二条、第七条第一款、第七十条第一款、第七十一条规定,裁定如下:

受理×××(申请人名称)的重整申请。

本裁定自即日起生效。

审判长　×××

审判员　×××

审判员　×××

××××年××月××日

(院印)

本件与原本核对无异

书　记　员　×××

说明:

一、本样式系根据《中华人民共和国企业破产法》第七十条、第七十一条制定,供人民法院根据债务人的申请裁定重整时使用。

二、当事人基本情况的写法与诉讼文书样式相同。

三、债务人直接向人民法院申请重整的,本裁定书应送达债务人。

文书样式 50

××××人民法院
民事裁定书

（受理破产申请后宣告债务人破产前裁定债务人重整用）

（××××）×破×号之×

申请人：……（写明姓名或名称等基本情况），住所地……，统一社会信用代码……。

法定代表人（或代表人）：……（写明姓名或职务）。

委托代理人：……（写明姓名及基本情况）。

被申请人：……（写明名称等基本情况），住所地……，统一社会信用代码……。

法定代表人（或代表人）：……（写明姓名或职务）。

委托代理人：……（写明姓名及基本情况）。

××××年××月××日，本院根据×××（债权人姓名或名称）的申请，裁定受理×××（债务人名称）破产清算一案。××××年××月××日，×××（申请人姓名或名称）以……为由，向本院申请对×××（债务人名称）进行重整。

本院查明，……（写明申请人主体资格和与重整有关的事实等）。

本院认为，……（从被申请人是否属于重整适格主体、是否具备重整原因等方面写明受理申请的理由）。依照《中华人民共和国企业破产法》第二条、第七十条第二款、第七十一条规定，裁定如下：

自××××年××月××日起对×××（债务人名称）进行重整。

本裁定自即日起生效。

审判长　×××

审判员　×××

审判员　×××

××××年××月××日

（院印）

本件与原本核对无异

书　记　员　×××

说明：

一、本样式系根据《中华人民共和国企业破产法》第七十条第二款、第七十一条制定，供人民法院在受理债权人提出的破产清算申请后、宣告债务人破产前，根据债务人或出资额占债务人注册资本十分之一以上的出资人的申请，裁定债务人重整时使用。

二、当事人基本情况的写法与诉讼文书样式相同。

三、本裁定书应送达申请人、被申请人及申请对债务人进行破产清算的债权人。

四、判决主文的重整日期应与判决书的落款时间一致。

文书样式 51

××××人民法院
公　　告

（受理债权人或债务人直接提出的重整申请用）

（××××）×破×号

本院于××××年××月××日裁定受理×××（债务人名称）重整一案，并于××××年××月××日指定×××担任×××（债务人名称）管理人。×××（债务人名称）的债权人应于××××年××月××日前，向×××（债务人名称）管理人（通讯地址：__________；邮政编码：__________；联系电话：__________）申报债权，书面说明债权数额、有无财产担保及是否属于连带债权，并提供相关证据材料。未在上述期限内申报债权的，可在重整计划执行完毕前补充申报，但要承担为审查和确认补充申报债权所产生的费用。未依法申报债权的，在重整计划执行期间不得行使权利，在重整计划执行完毕后可按照重整计划规定的同类债权的清偿条件行使权利。×××（债务人名称）的债务人或者财产持有人应当向×××（债务人名称）管理人清偿债务或交付财产。

第一次债权人会议定于××××年××月××日××时在________（地点）召开。依法申报债权的债权人有权参加债权人会议。参加债权人会议时应提交法定代表人证明书及身份证复印件（自然人债权人提交身份证复印件）；授权代理人参加的，另须提交授权委托书。

特此公告

××××年××月××日

（院印）

说明：

本样式系根据《中华人民共和国企业破产法》第七十一条制定，供人民法院根据债权人或债务人的申请直接裁定受理债务人重整案件后发布公告时使用。

文书样式 52

××××人民法院
公　　告

(受理破产清算申请后宣告债务人
破产前裁定债务人重整用)

(××××)×破×号

本院根据×××(债权人姓名或名称)的申请,于××××年××月××日裁定受理×××(债务人名称)破产清算一案,并于××××年××月××日指定×××担任×××(债务人名称)管理人。××××年××月××日,本院根据×××(申请人姓名或名称)的申请裁定×××(债务人名称)重整。

特此公告

××××年××月××日
(院印)

说明:

本样式系根据《中华人民共和国企业破产法》第七十一条制定,供人民法院在受理债权人提出的破产清算申请后、宣告债务人破产前,根据债务人或出资额占债务人注册资本十分之一以上的出资人的申请,裁定债务人重整后发布公告时使用。

文书样式 53

××××人民法院
民事裁定书

（不予受理债权人直接提出的重整申请用）

（××××）×破申×号

申请人：……（写明姓名或名称等基本情况）。

法定代表人（或代表人）：……（写明姓名或职务）。

委托代理人：……（写明姓名及基本情况）。

被申请人：……（写明名称等基本情况）。

法定代表人（或代表人）：……（写明姓名或职务）。

委托代理人：……（写明姓名及基本情况）。

××××年××月××日，×××（申请人姓名或名称）以……为由，向本院申请对×××（被申请人名称）进行重整。本院于××××年××月××日召开听证会，×××、×××等参加了听证。

本院查明，……（写明申请人债权形成情况、被申请人基本情况及异议的事实和理由）。

本院认为，……（写明不受理的理由）。依照……（写明所依据的法律条款项）规定，裁定如下：

不予受理×××（申请人姓名或名称）的重整申请。

如不服本裁定，可在裁定书送达之日起十日内，向本院递交上诉状，并提交副本×份，上诉于××××人民法院。

审判长　×××

审判员　×××

审判员　×××

××××年××月××日

（院印）

本件与原本核对无异

书　记　员　×××

说明:

一、本样式系根据《中华人民共和国企业破产法》第十二条第一款制定,供人民法院裁定不予受理债权人的重整申请时使用。

二、当事人基本情况的写法与诉讼文书样式相同。

三、本裁定书应送达申请人和被申请人。

文书样式 54

××××人民法院
民事裁定书

（不予受理债务人直接提出的重整申请用）

（××××）×破申×号

申请人：……（写明名称等基本情况），住所地……，统一社会信用代码……。

法定代表人（或代表人）：……（写明姓名或职务）。

委托代理人：……（写明姓名及基本情况）。

××××年××月××日，×××（申请人名称）以……为由，申请本院对其进行重整。

本院查明，……（写明债务人的基本情况、是否具有重整价值和挽救可能性等事实）。

本院认为，……（写明不予受理的理由）。依照……（写明所依据的法律条款项）规定，裁定如下：

不予受理×××（申请人名称）的重整申请。

如不服本裁定，可在裁定书送达之日起十日内，向本院递交上诉状，并提交副本×份，上诉于××××人民法院。

审判长　×××

审判员　×××

审判员　×××

××××年××月××日

（院印）

本件与原本核对无异

书　记　员　×××

说明：

一、本样式系根据《中华人民共和国企业破产法》第七十条第一款制定，供人民法院裁定不予受理债务人的重整申请时使用。

二、申请人基本情况的写法与诉讼文书样式相同。

三、本裁定书应送达申请人。

文书样式 55

××××人民法院
民事裁定书

(不予受理债务人或出资人在人民法院受理破产申请后宣告债务人破产前提出的重整申请用)

(××××)×破×号之×

申请人:……(写明姓名或名称等基本情况),住所地……,统一社会信用代码……。

法定代表人(或代表人):……(写明姓名或职务)。

委托代理人:……(写明姓名及基本情况)。

被申请人:……(写明名称等基本情况),住所地……,统一社会信用代码……。

法定代表人(或代表人):……(写明姓名或职务)。

委托代理人:……(写明姓名及基本情况)。

××××年××月××日,本院根据×××(债权人姓名或名称)的申请,裁定受理×××(债务人名称)破产清算一案。××××年××月××日,×××(申请人姓名或名称)以……为由,向本院申请对×××(债务人名称)进行重整。

本院查明,……(写明债务人和被申请人的主体资格等基本情况、以及债务人的重整价值和挽救可能性等方面的事实)。

本院认为,……(写明不予受理的理由)。依照……(写明所依据的法律条款项)规定,裁定如下:

不予受理×××(申请人姓名或名称)的申请。

如不服本裁定,可在裁定书送达之日起十日内,向本院递交上诉状,并提交副本×份,上诉于××××人民法院。

审判长　×××
审判员　×××
审判员　×××
××××年××月××日
(院印)

本件与原本核对无异

书　记　员　×××

说明：

一、本样式系根据《中华人民共和国企业破产法》第七十条第二款制定，供人民法院裁定不予受理债务人或出资人的重整申请时使用。

二、当事人基本情况的写法与诉讼文书样式相同。

三、本裁定书应送达申请人和被申请人。

文书样式 56

××××人民法院
民事裁定书

(维持或撤销不予受理重整申请的裁定用)

(××××)×破终×号

上诉人(原审申请人):……(写明姓名或名称等基本情况),住所地……,统一社会信用代码……。

法定代表人(或代表人):……(写明姓名或职务)。

委托代理人:……(写明姓名及基本情况)。

被上诉人(原审被申请人):……(写明名称等基本情况),住所地……,统一社会信用代码……。

法定代表人(或代表人):……(写明姓名或职务)。

委托代理人:……(写明姓名及基本情况)。

上诉人×××不服××××人民法院(××××)×破申×号民事裁定,向本院提起上诉。本院受理后依法组成合议庭审理了本案,现已审理终结。

……(写明一审认定的事实、裁定结果及理由)。

×××(上诉人姓名或名称)不服,向本院上诉称:……(写明上诉请求与理由)。

本院查明,……(写明二审认定的事实)

本院认为,……(写明维持或者撤销原裁定的理由)。依照……(写明所依据的法律条款项)规定,裁定如下:

驳回上诉,维持原裁定。

或者:

一、撤销××××人民法院(××××)×破申×号民事裁定;

二、指令××××人民法院受理×××对×××的重整申请。

本裁定为终审裁定。

审判长　×××

审判员　×××

审判员　×××

××××年××月××日

(院印)

本件与原本核对无异

书　记　员　×××

说明：

一、本样式系根据《最高人民法院关于适用〈中华人民共和国民事诉讼法〉的解释》第二百三十二条制定，供二审人民法院收到不服一审不予受理重整申请的裁定而提起上诉的案件后，裁定驳回上诉或撤销原裁定时使用。

二、如系债务人申请重整，则不列被上诉人。

三、当事人基本情况的写法与诉讼文书样式相同。

四、如果一审裁定是针对债务人或出资人在人民法院受理破产申请后宣告破产前提出的重整申请作出的，则案号应为（××××）×破终×号，相应首部应为上诉人×××不服××××人民法院（××××）×破×号民事裁定，向本院提起上诉。判项主文应为：（一）撤销××××人民法院（××××）破×号民事裁定；（二）由××××人民法院裁定受理×××的重整申请。

五、本裁定书应送达上诉人和被上诉人。

文书样式 57

××××人民法院
决　定　书

（许可债务人自行管理财产和营业事务用）

（××××）×破×号

申请人：……（债务人名称等基本情况），住所地……，统一社会信用代码……。

法定代表人（或代表人）：……（写明姓名或职务）。

委托代理人：……（写明姓名及基本情况）。

本院于××××年××月××日裁定受理××公司破产重整一案，并于××××年××月××日指定××为××公司管理人。××××年××月××日，×××向本院提出申请，称……（写明理由），请求本院许可其在重整期间自行管理财产和营业事务。

本院认为，……（写明意见及理由）。依照《中华人民共和国企业破产法》第七十三条规定，决定如下：

准许×××（债务人名称）在×××（债务人名称）管理人的监督下自行管理财产和营业事务。

或者：

驳回×××（债务人名称）的申请。

××××年××月××日

（院印）

说明：

一、本样式系根据《中华人民共和国企业破产法》第七十三条制定，供人民法院许可债务人在重整期间自行管理财产和营业事务时使用。

二、申请人基本情况的写法与诉讼文书样式相同。

三、本决定书应送达债务人和管理人。

四、债务人申请重整的同时提出自行管理财产和营业事务申请的，可以在受理裁定中一并表述。

文书样式 58

××××人民法院
通　知　书

（受理债权人或债务人直接提出的
重整申请后通知已知债权人用）

（××××）×破×号

×××（债权人姓名或名称）：

本院根据×××（申请人姓名或名称）的申请，于××××年××月××日裁定受理×××（债务人名称）重整一案，并于××××年××月××日指定×××担任×××（债务人名称）管理人。你（或你单位）应在××××年××月××日前向×××（债务人名称）管理人（通讯地址：________；邮政编码：________；联系电话：________）申报债权，书面说明债权数额、有无财产担保及是否属于连带债权，并提供相关证据材料。如未能在上述期限内申报债权，可在重整计划执行完毕前补充申报，但要承担为审查和确认补充申报债权所产生的费用。未依法申报债权的，在重整计划执行期间不得行使权利，在重整计划执行完毕后可以按照重整计划规定的同类债权的清偿条件行使权利。

本院定于××××年××月××日××时在________（地点）召开第一次债权人会议。你（或你单位）依法申报债权后，有权参加债权人会议。参加债权人会议时应提交法定代表人证明书及身份证复印件（自然人债权人提交身份证复印件）；授权代理人参加的，另须提交授权委托书。

特此通知

××××年××月××日

（院印）

说明：

一、本样式系根据《中华人民共和国企业破产法》第十四条第二款的规定制定，供人民法院裁定债务人重整后通知已知债权人时使用。

二、"你单位"可根据当事人的具体情况表述为："你公司或厂、企业等"。

三、本通知应在裁定债务人重整之日起二十五日内发出。

文书样式 59

××××人民法院
批　　复
(答复管理人是否同意董事、监事、
高级管理人员转让股权用)

(××××)×破×号

×××(债务人姓名)管理人:

你××××年××月××日《……(写明请示的标题)》收悉。经研究,答复如下:

……(写明答复意见)。

××××年××月××日

(院印)

说明:

一、本样式系根据《中华人民共和国企业破产法》第七十七条第二款制定,供人民法院收到管理人关于董事、监事、高级管理人员转让股权的请示用。

二、本文书应送达申请人,同时送达管理人。

文书样式 60

××××人民法院
通　知　书

（答复担保权人恢复行使担保权用）

（××××）×破×号

×××（申请人姓名）：

你××××年××月××日《……（写明申请人提交的报告名称）》收悉。经研究，通知如下：

……（写明意见）。

××××年××月××日

（院印）

说明：

一、本样式系根据《中华人民共和国企业破产法》第七十五条制定，供人民法院答复担保权人恢复行使担保权的申请用。

二、"你单位"可根据当事人的具体情况表述为："你行或公司等"。

三、本文书应送达申请人，同时送达管理人。

文书样式 61

××××人民法院
决 定 书
(设小额债权组用)

(××××)×破×号

××××年××月××日,本院裁定×××(债务人名称)重整。为在重整计划草案的表决中充分保护小额债权人利益,依照《中华人民共和国企业破产法》第八十二条第二款规定,决定如下:

在普通债权组中分设小额债权组(债权额×万元以下的债权属于小额债权)。

××××年××月××日
(院印)

说明:

本样式系根据《中华人民共和国企业破产法》第八十二条第二款制定,供人民法院决定设小额债权组用。

文书样式 62

××××人民法院
民事裁定书

（根据申请终止重整程序用）

（××××）×破×号之×

申请人：……（申请人姓名或名称等基本情况），住所地……，统一社会信用代码……。

法定代表人（或代表人）：……（写明姓名或职务）。

委托代理人：……（写明姓名及基本情况）。

××××年××月××日，×××（申请人姓名或名称）以……为由，申请本院终止×××（债务人名称）重整程序。

本院查明，……（写明查明的事实）。

本院认为，……（写明同意申请的理由）。依照《中华人民共和国企业破产法》第七十八条第×项规定，裁定如下：

一、终止×××（债务人名称）重整程序；

二、宣告×××（债务人名称）破产。

本裁定自即日起生效。

审判长　×××

审判员　×××

审判员　×××

××××年××月××日

（院印）

本件与原本核对无异

书　记　员　×××

说明：

一、本样式系根据《中华人民共和国企业破产法》第七十八条制定，供人民法院根据管理人或利害关系人的申请决定终止重整程序并宣告债务人破产时使用。

二、申请人基本情况的写法与诉讼文书样式相同。

三、本裁定书应送达债务人、管理人及利害关系人并通知债权人。

文书样式63

××××人民法院
民事裁定书

(法院直接裁定终止重整程序用)

(××××)×破×号之×

××××年××月××日,本院裁定×××(债务人名称)重整,并指定×××为管理人。

本院查明,……(写明重整过程中出现的应当终止程序的情形)。

本院认为,……(写明终止重整程序的理由),依照《中华人民共和国企业破产法》第七十九条第三款(或者第八十八条)规定,裁定如下:

一、终止×××(债务人名称)重整程序;

二、宣告×××(债务人名称)破产。

本裁定自即日起生效。

审判长　×××

审判员　×××

审判员　×××

××××年××月××日

(院印)

本件与原本核对无异

书　记　员　×××

说明:

一、本样式系根据《中华人民共和国企业破产法》第七十九条第三款、第八十八条制定,供人民法院依职权裁定终止重整程序并宣告债务人破产时使用。

二、本裁定书应送达债务人、管理人及重整申请人并通知债权人。

文书样式 64

××××人民法院
公　　告

（根据申请终止重整程序并宣告债务人破产用）

（××××）×破×号

因……（写明终止原因），根据×××（申请人姓名或名称）的申请，本院于××××年××月××日依照《中华人民共和国企业破产法》第七十八条第×项规定，裁定终止×××（债务人名称）重整程序并宣告×××（债务人名称）破产。

特此公告

××××年××月××日
（院印）

说明：

本样式系根据《中华人民共和国企业破产法》第七十八条制定，供人民法院根据管理人或者利害关系人的申请裁定终止重整程序并宣告债务人破产后发布公告使用。

文书样式 65

××××人民法院
公 告

(法院直接裁定终止重整程序并宣告债务人破产用)

(××××)×破×号

因……(写明终止原因),本院于××××年××月××日依照《中华人民共和国企业破产法》第七十九条第三款(或者第八十八条)规定,裁定终止×××(债务人名称)重整程序并宣告×××(债务人名称)破产。

特此公告

××××年××月××日

(院印)

说明:

本样式系根据《中华人民共和国企业破产法》第七十九条第三款、第八十八条制定,供人民法院依职权裁定终止重整程序并宣告债务人破产后发布公告使用。

文书样式 66

××××人民法院
民事裁定书

（延长重整计划草案提交期限用）

（××××）×破×号之×

申请人：……（写明名称等基本情况），住所地……，统一社会信用代码……。

法定代表人（或代表人）：……（写明姓名或职务）。

委托代理人：……（写明姓名及基本情况）。

××××年××月××日，×××（申请人名称）以……为由，申请本院延长重整计划草案提交期限三个月。

本院查明，……（写明裁定重整的时间、重整计划提交期限、申请延长的事实和理由）。

本院认为，……（写明同意或不同意申请的理由）。依照《中华人民共和国企业破产法》第七十九条第二款规定，裁定如下：

重整计划草案提交期限延长至××××年××月××日。

或者：

驳回×××（申请人名称）的申请。

本裁定自即日起生效。

审判长　×××

审判员　×××

审判员　×××

××××年××月××日

（院印）

本件与原本核对无异

书　记　员　×××

说明：

一、本样式系根据《中华人民共和国企业破产法》第七十九条第二款制定,供人民法院根据债务人或管理人的申请裁定延长重整计划草案提交期限时使用。

二、申请人是管理人的,其基本情况只需写明“×××(债务人名称)管理人”;申请人是债务人的,其基本情况的写法与诉讼文书样式相同。

三、本裁定书应送达债务人和管理人。

文书样式 67

××××人民法院
民事裁定书
（批准重整计划用）

（××××）×破×号之×

申请人：……（重整计划制作主体的名称等基本情况），住所地……，统一社会信用代码……。

法定代表人（或代表人）：……（写明姓名或职务）。

委托代理人：……（写明姓名及基本情况）。

××××年××月××日，×××（申请人名称）以重整计划已经债权人会议通过等为由，申请本院批准重整计划（附后）。

本院查明，……（写明重整计划制作和表决的简要经过、主要内容、表决结果等）。

本院认为，……（写明批准重整计划的具体理由）。依照《中华人民共和国企业破产法》第八十六条第二款规定，裁定如下：

一、批准×××（债务人名称）重整计划；

二、终止×××（债务人名称）重整程序。

本裁定自即日起生效。

审判长　×××
审判员　×××
审判员　×××
××××年××月××日
（院印）

本件与原本核对无异

书　记　员　×××

附：重整计划

说明：

一、本样式系根据《中华人民共和国企业破产法》第八十六条第二款制定，供人民法院根据债务人或管理人的申请批准重整计划时使用。

二、申请人是管理人的，其基本情况只需写明“×××(债务人名称)管理人及其代表人姓名和职务”；申请人是债务人的，其基本情况的写法与诉讼文书样式相同。

三、本裁定书应送达管理人、债务人、债权人及利害关系人。

文书样式 68

××××人民法院
民事裁定书

（强制批准重整计划草案用）

（××××）×破×号之×

申请人：……（写明名称等基本情况），住所地……，统一社会信用代码……。

法定代表人（或代表人）：……（写明姓名或职务）。

委托代理人：……（写明姓名及基本情况）。

××××年××月××日，×××（申请人名称）以……为由，申请本院批准重整计划草案。

本院查明，……（写明重整计划草案制作的简要经过、主要内容及表决情况等）。

本院认为，……（写明批准重整计划草案的具体理由）。依照《中华人民共和国企业破产法》第八十七条第二款、第三款规定，裁定如下：

一、批准×××（债务人名称）重整计划草案；

二、终止×××（债务人名称）重整程序。

本裁定自即日起生效。

审判长　×××

审判员　×××

审判员　×××

××××年××月××日

（院印）

本件与原本核对无异

书　记　员　×××

附：重整计划草案

说明:

一、本样式系根据《中华人民共和国企业破产法》第八十七条第三款制定,供人民法院根据债务人或管理人的申请强制批准重整计划草案时使用。

二、申请人是管理人的,其基本情况只需写明"×××(债务人名称)管理人及其代表人的姓名和职务";申请人是债务人的,其基本情况的写法与诉讼文书样式相同。

三、本裁定书应送达管理人、债务人、债权人及利害关系人。

文书样式 69

××××人民法院
民事裁定书
（不批准重整计划用）

（××××）×破×号之×

申请人：……（写明名称等基本情况），住所地……，统一社会信用代码……。

法定代表人（或代表人）：……（写明姓名或职务）。

委托代理人：……（写明姓名及基本情况）。

××××年××月××日，×××（申请人名称）以……为由，申请本院批准重整计划。

本院查明，……（写明重整计划制作经过、主要内容及表决情况等）。

本院认为，……（写明不批准重整计划的理由）。依照《中华人民共和国企业破产法》第八十八条规定，裁定如下：

一、驳回×××（申请人名称）的申请；

二、终止×××（债务人名称）重整程序；

三、宣告×××（债务人名称）破产。

本裁定自即日起生效。

审判长　×××

审判员　×××

审判员　×××

××××年××月××日

（院印）

本件与原本核对无异

书　记　员　×××

附：重整计划

说明:

一、本样式系根据《中华人民共和国企业破产法》第八十八条制定,供人民法院裁定不批准重整计划时使用。

二、申请人可以是债务人或管理人。申请人是管理人的,其基本情况只需写明“×××(债务人名称)管理人及其代表人的姓名和职务”;申请人是债务人的,其基本情况的写法与诉讼文书样式相同。

三、本裁定书应送达管理人、债务人、债权人及利害关系人。

文书样式 70

××××人民法院
民事裁定书

（不批准重整计划草案用）

（××××）×破×号之×

申请人：……（写明名称等基本情况），住所地……，统一社会信用代码……。

法定代表人（或代表人）：……（写明姓名或职务）。

委托代理人：……（写明姓名及基本情况）。

××××年××月××日，×××（申请人名称）以……为由，申请本院……（写明请求的内容）。

本院查明，……（写明重整计划草案制作的简要经过、主要内容及表决情况等）。

本院认为，……（写明不批准重整计划草案的理由）。依照《中华人民共和国企业破产法》第八十八条规定，裁定如下：

一、驳回×××（申请人名称）的申请；

二、终止×××（债务人名称）重整程序；

三、宣告×××（债务人名称）破产。

本裁定自即日起生效。

审判长　×××

审判员　×××

审判员　×××

××××年××月××日

（院印）

本件与原本核对无异

书　记　员　×××

附：重整计划草案

说明:

一、本样式系根据《中华人民共和国企业破产法》第八十八条制定,供人民法院裁定不批准重整计划草案时使用。

二、申请人可以是债务人或管理人。申请人是管理人的,其基本情况只需写明“×××(债务人名称)管理人及其债务人的姓名和职务”;申请人是债务人的,其基本情况的写法与诉讼文书样式相同。

三、本裁定书应送达管理人、债务人、债权人及利害关系人。

四、请求内容包括请求本院批准重整计划草案或者请求本院终止重整程序,宣告破产。

文书样式 71

××××人民法院
公　　告

（批准重整计划或重整计划草案并终止重整程序用）

（××××）×破×号

××××年××月××日，本院根据×××（申请人姓名或名称）的申请，依据《中华人民共和国企业破产法》第八十六条第二款（或者第八十七条第二款、第三款）规定，裁定批准重整计划（或重整计划草案）并终止×××（债务人名称）重整程序。

特此公告

××××年××月××日
（院印）

说明：

本样式系根据《中华人民共和国企业破产法》第八十六条第二款、第八十七条第二款、第三款制定，供人民法院裁定批准重整计划或重整计划草案并终止重整程序后发布公告时使用。

文书样式 72

××××人民法院
公　　告
(不批准重整计划或重整计划草案
并终止重整程序宣告债务人破产用)

(××××)×破×号

××××年××月××日,本院依照《中华人民共和国企业破产法》第八十八条规定,裁定驳回×××(申请人名称)提出的批准重整计划(或重整计划草案)申请,终止×××(债务人名称)重整程序,并宣告×××(债务人名称)破产。

特此公告

××××年××月××日
(院印)

说明:

本样式系根据《中华人民共和国企业破产法》第八十八条制定,供人民法院裁定不批准重整计划或重整计划草案并终止重整程序宣告债务人破产后发布公告时使用。

文书样式 73

××××人民法院
民事裁定书

（延长重整计划执行的监督期限用）

（××××）×破×号之×

申请人：×××（债务人名称）管理人。

代表人：……（写明姓名或职务）。

××××年××月××日，×××（债务人名称）管理人以……为由，申请本院批准延长×××（债务人名称）重整计划执行的监督期限至××××年××月××日。

本院查明，……（写明执行计划的批准、监督期限及执行情况）。

本院认为，……（写明同意或不同意的理由）。依照……（写明所依据的法律条款项）之规定，裁定如下：

延长×××（债务人名称）重整计划执行的监督期限至××××年××月××日。

或者：

驳回×××（债务人名称）管理人的申请。

本裁定自即日起生效。

审判长 ×××

审判员 ×××

审判员 ×××

××××年××月××日

（院印）

本件与原本核对无异

书 记 员 ×××

说明：

一、本样式系根据《中华人民共和国企业破产法》第九十一条第三款制定，供人民法院根据管理人的申请决定延长重整计划执行的监督期限时使用。

二、同意延长的，应将裁定书送达管理人、债务人及利害关系人；不同意延长的，应将裁定书送达管理人。

文书样式 74

××××人民法院
民事裁定书

(终止重整计划的执行用)

(××××)×破×号之×

申请人:……(写明姓名或名称等基本情况),住所地……,统一社会信用代码……。

法定代表人(或代表人):……(写明姓名或职务)。

委托代理人:……(写明姓名及基本情况)。

××××年××月××日,×××(申请人姓名或名称)以……为由,申请本院终止×××(债务人名称)重整计划的执行。

本院查明,……(写明重整计划的批准时间及债务人不能执行或不执行的情况)。

本院认为,……(写明同意的理由)。依照《中华人民共和国企业破产法》第九十三条第一款规定,裁定如下:

一、终止×××(债务人名称)重整计划的执行;

二、宣告×××(债务人名称)破产。

本裁定自即日起生效。

审判长　×××

审判员　×××

审判员　×××

××××年××月××日

(院印)

本件与原本核对无异

书　记　员　×××

说明:

一、本样式系根据《中华人民共和国企业破产法》第九十三条第一款制定,供人民法院根据管理人或利害关系人的申请裁定终止重整计划的执行时使用。

二、申请人是管理人的,其基本情况只需写明“×××(债务人名称)管理人及其代表人的姓名和职务”;申请人是利害关系人的,其基本情况的写法与诉讼文书样式相同。

三、本裁定书应送达债务人、管理人、债权人及利害关系人。

文书样式 75

××××人民法院
民事裁定书

（延长重整计划执行期限用）

（××××）×破×号之×

申请人：……（写明名称等基本情况），住所地……，统一社会信用代码……。

法定代表人（或代表人）：……（写明姓名或职务）。

委托代理人：……（写明姓名及基本情况）。

××××年××月××日，×××（债务人名称）以……为由，申请本院批准延长重整计划的执行期限至××××年××月××日。

本院查明，……（写明重整计划批准、执行期限、执行情况及需要延长的相关事实）。

本院认为，……（写明批准或不批准的理由）。参照《中华人民共和国企业破产法》第九十一条第三款规定，裁定如下：

延长×××（债务人名称）重整计划的执行期限至××××年××月××日。

或者：

驳回×××（债务人名称）的申请。

本裁定自即日起生效。

审判长　×××

审判员　×××

审判员　×××

××××年××月××日

（院印）

本件与原本核对无异

书　记　员　×××

说明：

一、本样式供人民法院根据债务人的申请延长重整计划的执行期限用。

二、如驳回债务人的延长期限申请，应另行制作终止重整计划执行及宣告债务人破产的民事裁定。

三、本裁定书应送达管理人、债务人、债权人及利害关系人。

文书样式76

××××人民法院
通　知　书

(协助执行重整计划用)

(××××)×破×号

×××:

本院已于××××年××月××日裁定批准×××(债务人名称)重整计划(或重整计划草案)。依照……(写明所依据的法律条款项)规定,请协助执行以下事项:

……(分项写明需要协助执行的事项)。

××××年××月××日

(院印)

说明:

本样式供重整计划执行中人民法院要求相关单位协助执行相关事项时用。

(四)和解程序用文书

文书样式 77

××××人民法院
民事裁定书

(受理债务人直接提出的和解申请用)

(××××)×破申×号

申请人:……(写明名称等基本情况),住所地……,统一社会信用代码……。

法定代表人(或代表人):……(写明姓名或职务)。

委托代理人:……(写明姓名及基本情况)。

××××年××月××日,申请人×××以……为由,向本院申请和解并提交了和解协议草案。

本院查明,……(写明债务人的基本情况、和解协议草案的主要内容及可行性等相关事实)。

本院认为,……(从申请人是否属于破产适格主体、是否具备破产原因等方面写明受理申请的理由)。依照《中华人民共和国企业破产法》第二条、第七条、第十条第二款、第九十五条规定,裁定如下:

受理×××(债务人名称)的和解申请。

本裁定自即日起生效。

审判长　×××

审判员　×××

审判员　×××

××××年××月××日

(院印)

本件与原本核对无异

书　记　员　×××

说明:

一、本样式系根据《中华人民共和国企业破产法》第七条第一款制定,供人民法院裁定直接受理债务人的和解申请时使用。

二、申请人基本情况的写法与诉讼文书样式相同。

三、本裁定书应送达债务人。

文书样式 78

××××人民法院
民事裁定书

(受理破产清算申请后裁定债务人和解用)

(××××)×破×号之×

申请人:……(写明名称等基本情况),住所地……,统一社会信用代码……。

法定代表人(或代表人):……(写明姓名或职务)。

委托代理人:……(写明姓名及基本情况)。

××××年××月××日,本院根据×××的申请,裁定受理×××(债务人名称)破产清算一案。××××年××月××日,×××(债务人名称)以……为由,向本院申请和解,并提交了和解协议草案。

本院查明,……(写明和解申请的提出、和解协议草案的主要内容及可行性等有关事实)。

本院认为,……(写明裁定和解的理由)。依照《中华人民共和国企业破产法》第九十五条、第九十六条第一款规定,裁定如下:

×××(债务人名称)和解。

本裁定自即日起生效。

审判长　×××

审判员　×××

审判员　×××

××××年××月××日

(院印)

本件与原本核对无异

书　记　员　×××

说明:

一、本样式系根据《中华人民共和国企业破产法》第九十六条第一款制定,供人民法院受理破产清算申请后裁定债务人和解时使用。

二、申请人基本情况的写法与诉讼文书样式相同。

三、本裁定书应送达债务人和破产申请人。

文书样式 79

××××人民法院
民事裁定书

（不予受理债务人直接提出的和解申请用）

（××××）×破申×号

申请人：……（写明名称等基本情况），住所地……，统一社会信用代码……。

法定代表人（或代表人）：……（写明姓名或职务）。

委托代理人：……（写明姓名及基本情况）。

××××年××月××日，申请人×××以……为由，向本院申请和解，并提交了和解协议草案。

本院查明，……（写明债务人的基本情况、和解协议草案的主要内容及可行性等相关事实）。

本院认为，……（写明不受理的理由）。依照《中华人民共和国企业破产法》第二条、第十条第二款、第十二条第一款（写明所依据的法律条款项）规定，裁定如下：

不予受理×××（申请人名称）的和解申请。

如不服本裁定，可在裁定书送达之日起十日内，向本院递交上诉状，并提交副本×份，上诉于××××人民法院。

审判长　×××

审判员　×××

审判员　×××

××××年××月××日

（院印）

本件与原本核对无异

书　记　员　×××

说明：

一、本样式系根据《中华人民共和国企业破产法》第十二条第一款制定，供人民法院裁定不予受理债务人直接提出的和解申请时使用。

二、申请人基本情况的写法与诉讼文书样式相同。

三、本裁定书应送达债务人。

文书样式 80

××××人民法院
民事裁定书

(受理破产申请后裁定不予受理债务人提出的和解申请用)

(××××)×破×号之×

申请人:……(写明名称等基本情况),住所地……,统一社会信用代码……。

法定代表人(或代表人):……(写明姓名或职务)。

委托代理人:……(写明姓名及基本情况)。

××××年××月××日,本院根据×××的申请,裁定受理×××(债务人名称)破产清算一案。××××年××月××日,×××(债务人名称)以……为由,向本院申请和解,并提交了和解协议草案。

本院查明,……(写明债务人的基本情况及与和解有关的事实)。

本院认为,……(写明不予受理的理由)。依照……(写明所依据的法律条款项)规定,裁定如下:

不予受理×××(债务人名称)的和解申请。

如不服本裁定,可在裁定书送达之日起十日内,向本院递交上诉状,并提交副本×份,上诉于××××人民法院。

审判长　×××

审判员　×××

审判员　×××

××××年××月××日

(院印)

本件与原本核对无异

书　记　员　×××

说明:

一、本样式系根据《中华人民共和国企业破产法》第十二条第一款制定,供人民法院受理破产申请后裁定不予受理债务人提出的和解申请时使用。

二、申请人基本情况的写法与诉讼文书样式相同。

三、本裁定书应送达债务人。

文书样式 81

××××人民法院
民事裁定书

（维持或撤销不予受理和解申请的裁定用）

（××××）×破终×号

上诉人（原审申请人）：……（写明名称等基本情况），住所地……，统一社会信用代码……。

法定代表人（或代表人）：……（写明姓名或职务）。

委托代理人：……（写明姓名及基本情况）。

上诉人×××不服××××人民法院（××××）×破申×号民事裁定，向本院提起上诉。本院受理后依法组成合议庭审理了本案，现已审理终结。

……（写明一审认定的事实、裁定结果及理由）。

×××（债务人名称）不服，向本院上诉称：……（写明上诉请求与理由）。

本院查明，……（写明二审认定的事实）。

本院认为，……（写明维持或者撤销原裁定的理由）。依照……（写明所依据的法律条款项）规定，裁定如下：

驳回上诉，维持原裁定。

或者：

一、撤销××××人民法院（××××）×破申×号民事裁定；

二、指令××××人民法院受理×××（债务人名称）的和解申请。

本裁定并为终审裁定。

审判长　×××

审判员　×××

审判员　×××

××××年××月××日

（院印）

本件与原本核对无异

书　记　员　×××

说明：

一、本样式系根据《最高人民法院关于适用〈中华人民共和国民事诉讼法〉的解释》第二百三十二条制定，供二审人民法院收到不服一审不予受理和解申请的裁定而提起上诉的案件之后，裁定驳回上诉或撤销原裁定时使用。

二、上诉人基本情况的写法与诉讼文书样式相同。

三、如果一审裁定是针对债务人在人民法院受理破产申请后宣告破产前提出的和解申请作出的，则案号应为(××××)×破×号，相应首部应为上诉人×××不服××××人民法院(××××)×破×号之×民事裁定，向本院提起上诉。判项主文应为：(一)撤销××××人民法院(××××)×破×号之×民事裁定；(二)由××××人民法院裁定×××和解。

四、本裁定书应送达上诉人。

文书样式 82

××××人民法院
公　　告

（裁定受理债务人直接提出的和解申请用）

（××××）×破×号

本院于××××年××月××日裁定受理×××（债务人名称）和解一案，并于××××年××月××日指定×××担任×××（债务人名称）管理人。×××（债务人名称）的债权人应自××××年××月××日前，向×××（债务人名称）管理人（通讯地址：__________；邮政编码：__________；联系电话：__________）申报债权，书面说明债权数额、有无财产担保及是否属于连带债权，并提供相关证据材料。未在上述期限内申报债权的，可在和解协议执行完毕前补充申报，但要承担为审查和确认补充申报债权所产生的费用。未依法申报债权的，在和解协议执行期间不得行使权利，在和解协议执行完毕后可按照和解协议规定的清偿条件行使权利。×××（债务人名称）的债务人或者财产持有人应当向×××（债务人名称）管理人清偿债务或交付财产。

第一次债权人会议定于××××年××月××日××时在________（地点）召开。依法申报债权的债权人有权参加债权人会议。参加债权人会议时应提交法定代表人证明书及身份证复印件（自然人债权人提交身份证复印件）；授权代理人参加的，另须提交授权委托书。

特此公告

××××年××月××日

（院印）

说明：

本样式系根据《中华人民共和国企业破产法》第十四条、第九十六条第一款、第一百条第三款制定，供人民法院裁定受理债务人直接提出的和解申请后发布公告使用。

文书样式 83

××××人民法院
公　　告
（受理破产申请后宣告债务人破产前
裁定债务人和解用）

（××××）×破×号

本院于××××年××月××日裁定受理×××（债务人名称）破产清算一案，并于××××年××月××日指定×××担任×××（债务人名称）管理人。××××年××月××日，本院根据×××（债务人名称）的申请裁定×××（债务人名称）和解。

特此公告

××××年××月××日
（院印）

说明：

本样式系根据《中华人民共和国企业破产法》第九十六条第一款制定，供人民法院在受理破产申请后、宣告债务人破产前，根据债务人的申请，裁定债务人和解后发布公告时使用。

文书样式 84

××××人民法院
通　知　书

（裁定受理债务人直接提出的和解
申请后通知已知债权人用）

（××××）×破×号

×××（债权人姓名或名称）：

本院于××××年××月××日裁定受理×××（债务人名称）和解一案，并于××××年××月××日指定×××担任×××（债务人名称）管理人。请你（或你单位）于××××年××月××日前，向×××（债务人名称）管理人（通讯地址：________；邮政编码：________；联系电话：________）申报债权，书面说明债权数额、有无财产担保及是否属于连带债权，并提供相关证据材料。如未能在上述期限内申报债权，可在和解协议执行完毕前补充申报，但要承担为审查和确认补充申报债权所产生的费用。未依法申报债权的，在和解协议执行期间不得行使权利，在和解协议执行完毕后可按照和解协议规定的清偿条件行使权利。

本院定于××××年××月××日××时在________（地点）召开第一次债权人会议。你（或你单位）依法申报债权有权参加债权人会议。参加债权人会议时应提交法定代表人证明书及身份证复印件（自然人债权人提交身份证复印件）；授权代理人参加的，另须提交授权委托书。

特此通知

××××年××月××日
（院印）

说明：

一、本样式系根据《中华人民共和国企业破产法》第十四条、第一百条第三款的规定制定，供人民法院裁定受理债务人直接提出的和解申请后通知已知债权人用。

二、“你单位”可根据当事人的具体情况表述为：“你公司或厂、企业等”。

三、本通知应在裁定受理和解申请之日起二十五日内发出。

文书样式 85

××××人民法院
民事裁定书

(认可或不予认可和解协议用)

(××××)×破×号之×

申请人:……(写明债务人名称等基本情况),住所地……,统一社会信用代码……。

法定代表人(或代表人):……(写明姓名或职务)。

委托代理人:……(写明姓名及基本情况)。

××××年××月××日,×××(债务人名称)以和解协议已经第×次债权人会议通过为由,申请本院裁定认可。

本院查明,……(写明债权人会议召开和和解协议草案表决等情况)。

本院认为,……(写明认可或不认可的理由)。依照……(写明所依据的法律条款项)规定,裁定如下:

一、认可×××(债务人名称)和解协议;

二、终止×××(债务人名称)和解程序。

或者:

一、驳回×××(债务人名称)的申请;

二、终止×××(债务人名称)和解程序;

三、宣告×××(债务人名称)破产。

本裁定自即日起生效。

审判长　×××

审判员　×××

审判员　×××

××××年××月××日

(院印)

本件与原本核对无异

书　记　员　×××

附:和解协议

说明：

一、本样式系根据《中华人民共和国企业破产法》第九十八条、第九十九条制定，供人民法院裁定认可或不认可和解协议时使用。

二、本裁定书应送达债务人、管理人、债权人及利害关系人。

文书样式 86

××××人民法院
民事裁定书

(和解协议草案未获通过时裁定终止和解程序用)

(××××)×破×号之×

申请人:×××(债务人名称)管理人。

代表人:……(写明姓名或职务)。

××××年××月××日,本院裁定受理×××(债务人名称)和解一案。……(写明和解协议草案经债权人会议表决未获通过的具体情况)。依照《中华人民共和国企业破产法》第九十九条规定,裁定如下:

一、终止×××(债务人名称)和解程序;

二、宣告×××(债务人名称)破产。

本裁定自即日起生效。

审判长　×××

审判员　×××

审判员　×××

××××年××月××日

(院印)

本件与原本核对无异

书　记　员　×××

说明:

一、本样式系根据《中华人民共和国企业破产法》第九十九条制定,供人民法院在和解协议草案未获通过时裁定终止和解程序时使用。

二、本裁定书应送达债务人、管理人并通知债权人。

文书样式 87

××××人民法院
民事裁定书

（确认和解协议无效用）

（××××）×破×号之×

申请人：……（写明姓名或名称等基本情况），住所地……，统一社会信用代码……。

法定代表人（或代表人）：……（写明姓名或职务）。

委托代理人：……（写明姓名及基本情况）。

××××年××月××日，申请人×××以……为由，申请本院确认第×次债权人会议通过的和解协议无效。

本院查明，……（写明债务人在和解协议成立过程中存在欺诈或者其他违法行为具体事实）。

本院认为，……（写明对和解协议效力的审查意见及理由）。依照……（写明所依据的法律条款项）规定，裁定如下：

一、撤销本院（××××）×破×号之×民事裁定；

二、×××（债务人名称）和解协议无效；

三、宣告×××（债务人名称）破产。

或者：

驳回×××（申请人姓名或名称）的申请。

本裁定自即日起生效。

审判长　×××

审判员　×××

审判员　×××

××××年××月××日

（院印）

本件与原本核对无异

书　记　员　×××

说明:

一、本样式系根据《中华人民共和国企业破产法》第一百零三条制定,供人民法院确认和解协议无效时用。

二、申请人应为利害关系人。其基本情况的写法与诉讼文书样式相同。

三、裁定确认和解协议无效的,应将本裁定书送达债务人、管理人并通知债权人。驳回申请的,应将本裁定书送达申请人。

文书样式 88

××××人民法院
民事裁定书

（终止和解协议的执行用）

（××××）×破×号之×

申请人：……（写明姓名或名称等基本情况），住所地……，统一社会信用代码……。

法定代表人（或代表人）：……（写明姓名或职务）。

委托代理人：……（写明姓名及基本情况）。

××××年××月××日，申请人×××以……为由，申请本院裁定终止×××（债务人名称）和解协议的执行。

本院查明，……（写明债务人不能执行或不执行和解协议的事实）。

本院认为，……（写明审查意见及理由）。依照《中华人民共和国企业破产法》第一百零四条第一款规定，裁定如下：

一、终止×××（债务人名称）和解协议的执行；

二、宣告×××（债务人名称）破产。

或者：

驳回×××（申请人姓名或名称）的申请。

本裁定自即日起生效。

审判长　×××

审判员　×××

审判员　×××

××××年××月××日

（院印）

本件与原本核对无异

书　记　员　×××

说明：

一、本样式系根据《中华人民共和国企业破产法》第一百零四条第一款制定，供人民法院根据和解债权人的申请裁定终止和解协议的执行并宣告债务人破产时使用。

二、申请人基本情况的写法与诉讼文书样式相同。

三、本决定书应送达债务人、管理人并通知债权人。

文书样式 89

××××人民法院
民事裁定书

(认可债务人与全体债权人自行达成的协议用)

(××××)×破×号之×

申请人:……(写明债务人名称等基本情况),住所地……,统一社会信用代码……。

法定代表人(或代表人):……(写明姓名或职务)。

委托代理人:……(写明姓名及基本情况)。

××××年××月××日,申请人×××以……为由,申请本院裁定认可×××协议。

本院查明,……(写明债务人与全体债权人就债权和债务的处理自行达成协议的具体情况)。

本院认为,……(写明认可或不认可的理由)。依照《中华人民共和国企业破产法》第一百零五条规定,裁定如下:

一、认可×××协议;

二、终结×××(债务人名称)破产程序。

或者:

驳回×××(债务人名称)的申请。

本裁定自即日起生效。

审判长　×××

审判员　×××

审判员　×××

××××年××月××日

(院印)

本件与原本核对无异

书　记　员　×××

附:×××协议

说明：

一、本样式系根据《中华人民共和国企业破产法》第一百零五条制定，供人民法院认可债务人与全体债权人自行达成的协议并终结破产程序使用。

二、申请人应为债务人，其基本情况的写法与诉讼文书样式相同。

三、若宣告破产后裁定认可协议的，应在裁定书的首部增加宣告破产的事实，并在裁定主文中一并撤销宣告破产的裁定，具体表述为：撤销本院（××××）×破×号之×民事裁定。

四、裁定认可的，应将裁定书送达债务人、管理人并通知债权人；裁定驳回的，应将裁定书送达申请人。

文书样式 90

××××人民法院
公 告

(认可和解协议并终止和解程序用)

(××××)×破×号

××××年××月××日,本院根据×××(债务人名称)的申请,依照《中华人民共和国企业破产法》第九十八条规定,裁定认可×××(债务人名称)和解协议,并终止×××(债务人名称)和解程序。

特此公告

××××年××月××日

(院印)

说明:

本样式系根据《中华人民共和国企业破产法》第九十八条制定,供人民法院裁定认可和解协议并终止和解程序后发布公告时使用。

文书样式 91

××××人民法院
公　　告

（终止和解程序并宣告债务人破产用）

（××××）×破×号

因……（写明终止原因），××××年××月××日，本院依照《中华人民共和国企业破产法》第九十九条规定，裁定终止×××（债务人名称）和解程序，并宣告×××（债务人名称）破产清算。

特此公告

××××年××月××日

（院印）

说明：

本样式系根据《中华人民共和国企业破产法》第九十九条制定，供人民法院裁定终止和解程序并宣告债务人破产后发布公告时使用。

(五)执转破程序用文书

文书样式 92

××××人民法院
执行案件移送破产审查确认书

(告知、征询申请执行人/被执行人移送破产审查意见用)

告知事项	申请执行人/被执行人: 根据《中华人民共和国企业破产法》第二条第一款、第七条第二款、《最高人民法院关于适用〈中华人民共和国企业破产法〉若干问题的规定(一)》、《最高人民法院关于适用〈中华人民共和国民事诉讼法〉的解释》第五百一十三条及《最高人民法院〈关于执行案件移送破产审查若干问题的指导意见〉》等相关规定,执行案件移送破产审查须同时符合下列条件: 一、被执行人为企业法人或依法可以参照适用破产程序的组织; 二、被执行人或者有关被执行人的任何一个执行案件的申请执行人向执行法院申请或经征询同意启动执行案件移送破产审查破程序; 三、被执行人不能清偿到期债务,并且资产不足以清偿全部债务或者明显缺乏清偿能力。 为便于在执行过程中,被执行人符合上述第一、第三项条件时,本院及时启动执行案件移送破产审查程序,现将相关事项予以告知并征询你方意见。
确认意见	本人已阅读上述执行移送破产审查须知事项,同意将符合条件的执行案件移送有管辖权的法院进行破产审查。 当事人签名、盖章或捺印: ××××年××月××日

备注:

1. 本确认书适用于执行立案时告知、征询申请执行人和立案后法院告知、征询被执行人移送破产审查意见用。

2. 申请执行人或被执行人签署本确认书的,在执行案件移送破产审查时,与《执行案件移送破产审查申请书》具有同等效力。

3. 委托代理人代为签署本确认书的,代理人应具有该事项的特别授权。

文书样式 93

执行案件移送破产审查申请书

（申请执行人/被执行人申请移送破产审查用）

××××人民法院：

本人（本公司）××系××（案号）执行案件的申请执行人/被执行人。本案在强制执行过程中，由于被执行人××/本公司不能清偿到期债务，且资产不足以清偿全部债务或明显缺乏清偿能力，根据《中华人民共和国企业破产法》第二条第一款、《最高人民法院关于适用〈中华人民共和国民事诉讼法〉的解释》第五百一十三条的规定，现申请贵院将执行案件移送破产审查。

申请人：××　　（签名或盖章）

××××年××月××日

文书样式 94

××××人民法院
决 定 书

(执行法院移送破产审查用)

(××××)×执×号

关于申请执行人××与被执行人××之间××纠纷一案，经强制执行，被执行人××不能清偿到期债务，且资产不足以清偿全部债务(或明显缺乏清偿能力)，经申请执行人××/被执行人××同意，依照《中华人民共和国企业破产法》第二条第一款，《最高人民法院关于适用〈中华人民共和国民事诉讼法〉的解释》第五百一十三条之规定，决定如下：

本执行案件移送××人民法院破产审查。

××××年××月××日

(院印)

文书样式95

××××人民法院
执行案件移送破产审查的情况说明

（××××）×执×号

××××人民法院：

申请执行人××与被执行人×× 之间××纠纷一案，因被执行人××不能清偿到期债务、资产不足以清偿全部债务，本院依法将该执行案件移送破产审查，现将有关情况报告如下：

一、当事人基本情况

申请执行人：……，住所地……，统一社会信用代码……。

法定代表人：……，职务……。

（或申请执行人：……，性别××，××××年××月××日出生，住……，身份证号码……。）

委托代理人：……（姓名及基本信息）。

被执行人：……，住所地……，统一社会信用代码……。

法定代表人：……，职务……。

委托代理人：……（姓名及基本信息）。

二、基本案情

申请执行人××与被执行人××之间××纠纷一案，××法院/仲裁院作出的××判决书/仲裁裁决（此处写明执行依据）已经发生法律效力。根据上述生效法律文书规定，被执行人应偿付申请执行人××人民币××元（此处写明执行内容）。由于被执行人未履行法律文书确定的义务，申请执行人向本院申请强制执行，本院依法受理，案号为（××××）×执×号。（执行文书送达情况，如是否公告送达等）。××××年××月××日，申请执行人××以被执行人××不能清偿到期债务、资产不足以清偿全部债务为由向本院申请将被执行人××移送破产审查（如已中止执行或终结本次执行程序，请说明）。

三、被执行人可供执行财产情况

本案在执行过程中，本院通过财产查控系统对被执行人名下的银行存款、股票、工商股权、房产、土地使用权、车辆、支付宝账户余额等财产进行了查证，查明被执行人财产情况如下：

1. 被执行人名下银行账户×××××× 存款共计人民币××元；
2. 被执行人名下位于××××的房产（房产证号××）；
3. 被执行人持有的××公司的××股权；
4. 被执行人持有的证券××××；
5. 被执行人名下的车辆××台，车牌号为××，停放于××；
6. 被执行人所有的机器设备一批，存放于××、××等。

以上财产总价约人民币××元。

(详细列明上述财产的查封、扣押、评估、拍卖情况,如有已处分财产、已分配财产情况请说明)

四、被执行人负债及经营情况

经查,截至××××年××月××日,我院受理以被执行人为被执行人的案件××宗,申请执行标的总额为人民币××元;受理以被执行人为被告的案件××宗,诉讼标的总额为人民币××元。被执行人经营状况(是否还在经营中)。

五、需要说明的问题

(存在员工欠薪及其他维稳隐患等相关问题的需在此说明)

鉴于被执行人××不能清偿到期债务,且其现有财产明显不足以清偿全部债务,符合《中华人民共和国企业破产法》第二条第一款规定情形。经申请执行人××/被执行人××书面申请,依据《最高人民法院关于适用〈中华人民共和国民事诉讼法〉的解释》第五百一十三条的相关规定,本院现将案件移送贵院进行破产审查。

附:1. 执行案卷材料(包括中止执行的裁定、终结本次执行程序的裁定,员工安置及其他情况说明材料等)

2. 被执行人××财产资料(包括财产清单、评估报告、审计报告、财产分配清单、已掌握的会计账簿、评估费、审计费等的书面材料)

3. 被执行人××负债情况材料

××××年××月××日

(承办法官:××　电话:　　　　)

文书样式 96

××××人民法院
民事裁定书
（债权人申请用）

（××××）×破申×号

申请人：……，住所地……，统一社会信用代码……。

法定代表人：……，职务……。

（或申请人：……，性别××，××××年××月××日出生，住……，身份证号码……。）

委托代理人：……（姓名及基本信息）。

被申请人××公司，住所地……，统一社会信用代码……。

法定代表人：……，职务……。

委托代理人：……（姓名及基本信息）。

经申请人××同意，××人民法院（以下简称“××法院”）于××××年××月××日作出（××××）×执×号决定书，以被申请人××不能清偿到期债务为由，决定将××公司移送本院进行破产清算。

本院查明，××××年××月××日，××法院/仲裁院作出的××判决书/仲裁裁决（此处写明执行依据）确认，××应当支付给××等共计××元（此处写明执行内容）。因××未履行生效法律文书确定的义务，申请人××向××法院申请强制执行，××法院立案受理，案号为（××××）×执×号。经××法院强制执行，查明被申请人××名下无可供执行之财产。××××年××月××日，该院作出（××××）×执×号执行裁定书，以××公司无财产可供执行为由，裁定终结本次执行程序。（申请人××的债权至今未得到清偿。××法院已受理以××公司为被执行人的执行案件××件，申请执行标的总额为××元，均未能清偿。）

××成立于××××年××月××日，注册资本为××元，系有限责任公司，法定代表人××，股东为××。

本院认为，申请人××系被申请人××的债权人，其债权已经生效法律文书确认。被申请人经强制执行不能清偿到期债务且明显缺乏清偿能力，具有破产原因。××法院经征得申请人同意将被申请人移送破产审查，符合法律规定，应予受理。依照《中华人民共和国企业破产法》第二条第一款、第七条第二款、《最高人民法院关于适用〈中华人民共和国企业破产法〉若干问题的规定（一）》第四条第（三）项以及《最高人民法院关于适用〈中华人民共和国民事诉讼法〉的解释》第五百一十三条之规定，裁定如下：

受理申请人××对被申请人××提出的破产清算申请。

本裁定自即日起生效。

审判长 ×××

审判员 ×××

审判员 ×××

××××年××月××日

(院印)

书 记 员 ×××

文书样式 97

××××人民法院
民事裁定书
（债务人申请用）

（××××）×破申×号

申请人：……，住所地……，统一社会信用代码……。

法定代表人：……，职务……。

经申请人××同意，××人民法院（以下简称"××法院"）于××××年××月××日作出（××××）×执×号决定书，以申请人××不能清偿到期债务为由，决定将××移送本院进行破产清算。

本院查明，××成立于××××年××月××日，注册资本为××元，系有限责任公司，法定代表人××，股东为××，经营范围为××。

××××年××月××日，××法院/仲裁院作出的××判决书/仲裁裁决（此处写明执行依据）确认，××应当支付给××等共计××元（此处写明执行内容）。因××未履行生效法律文书确定的义务，××向××法院申请强制执行，××法院立案受理，案号为（××××）×执×号。经××法院强制执行，查明××名下无可供执行之财产。××××年××月××日，该院作出（××××）×执×号执行裁定书，以××无财产可供执行为由，裁定终结本次执行程序。××法院已受理以××为被执行人的执行案件××件，申请执行标的总额为××元，均未能清偿。

本院认为，申请人××现有到期债务××元，经强制执行程序查证后，××资产明显不足以清偿到期债务。申请人不能清偿到期债务且明显缺乏清偿能力，具备破产原因。××法院经征得申请人同意将其移送破产审查，符合法律规定，应予受理。依照《中华人民共和国企业破产法》第二条第一款、第七条第一款、《最高人民法院关于适用〈中华人民共和国企业破产法〉若干问题的规定（一）》第四条第（三）项以及《最高人民法院关于适用〈中华人民共和国民事诉讼法〉的解释》第五百一十三条之规定，裁定如下：

受理申请人××提出的破产清算申请。

本裁定自即日起生效。

审判长　×××

审判员　×××

审判员　×××

××××年××月××日

（院印）

书　记　员　×××

文书样式 98

××××人民法院
公　告
（受理破产申请用）

(××××)×破×号

本院根据××的申请,于××××年××月××日裁定受理××破产清算一案,并指定××为××管理人。××的债权人应自××××年××月××日前向××管理人(通讯地址:××市××区××室;邮政编码:××;联系人:××;联系电话:××;传真:××)申报债权。未在上述期限内申报债权的,可以在破产财产最后分配前补充申报,但对此前已进行的分配无权要求补充分配,同时要承担为审查和确认补充申报债权所产生的费用。未申报债权的,不得依照《中华人民共和国企业破产法》规定的程序行使权利。第一次债权人会议将于××××年××月××日以书面形式召开。

××的债务人或者财产持有人应当向××管理人清偿债务或交付财产。××(有限责任公司)的股东、(股份有限公司的控股股东)、实际控制人、董事、理事等执行机构或者决策机构的成员以及其他法律、法规规定的清算义务人应配合××公司管理人进行清算,否则应依法承担相应法律责任。

本案适用简易程序审理。

特此公告。

××××年××月××日

(院印)

文书样式 99

××××人民法院
决　定　书

（指定管理人用）

（××××）×破×号

××××年××月××日，本院根据××的申请，裁定受理××破产清算一案。依照《中华人民共和国企业破产法》第二十二条之规定，本院随机指定××担任××管理人，××为负责人。

管理人应当勤勉尽责，忠实执行职务，履行《中华人民共和国企业破产法》规定的管理人职责，向人民法院报告工作，并接受债权人会议和债权人委员会的监督。管理人职责如下：

（一）接管债务人的财产、印章和账簿、文书等资料；

（二）调查债务人财产状况，制作财产状况报告；

（三）决定债务人的内部管理事务；

（四）决定债务人的日常开支和其他必要开支；

（五）在第一次债权人会议召开之前，决定继续或者停止债务人的营业；

（六）管理和处分债务人的财产；

（七）代表债务人参加诉讼、仲裁或者其他法律程序；

（八）提议召开债权人会议；

（九）本院认为管理人应当履行的其他职责。

××××年××月××日

（院印）

文书样式 100

××××人民法院
决　定　书

(决定适用简易程序用)

(××××)×破×号之一

本院根据××的申请于××××年××月××日裁定受理××破产清算一案。因本案债权债务简单,决定适用简易程序审理。

××××年××月××日

(院印)

文书样式 101

××××人民法院
通　知　书

（告知合议庭成员组成人员用）

（××××）×破×号

本院已裁定受理××申请××破产清算一案，并组成合议庭进行审理。现将本案合议庭的组成人员告知如下：审判长××、审判员××（主审）、审判员××，书记员兼法官助理××。

特此通知。

××××年××月××日

（院印）

文书样式102

××××人民法院
通　知　书

(通知中止诉讼及执行用)

(××××)×破×号之一

××法院、××庭(局):

本院于××××年××月××日裁定受理××申请××破产清算一案,并指定××担任管理人。根据《中华人民共和国企业破产法》第十九条、第二十条的规定,请你院(部门)中止已经开始尚未终结的有关××的民事诉讼,在管理人接管该公司财产后,该诉讼继续进行;同时中止对××的民事执行程序,移送已被扣押的资产及相关材料,并通知××债权人在××××年××月××日前向××管理人申报债权。

债权申报地址:××市××区××大厦××层

联系人:××

联系电话:××

传真:××

邮编:××

××××年××月××日

(院印)

承办法官:××　法官助理:××

联系电话:××　××

文书样式 103

××××人民法院
通　知　书

(告知债务人义务通知用)

(××××)×破×号之二

××公司：

本院于××××年××月××日根据××的申请，裁定受理你司破产清算一案，同时指定××为××管理人。依照《中华人民共和国企业破产法》第十五条之规定，从即日起至破产清算程序终结之日，你司应当承担下列义务：

一、自收到受理破产申请的裁定之日起 15 日内向本院提交财产状况说明、债务清册、债权清册、有关财务会计报告以及职工工资的支付和社会保险费用的缴纳情况；

二、自案件受理之日起停止清偿债务；

三、自本院受理破产申请的裁定送达你司之日起至破产程序终结之日，你司法定代表人、财务管理人员及其他经营管理人员承担下列义务：1. 妥善保管所占有和管理的财产、印章和账簿、文书等资料；2. 根据本院、管理人的要求进行工作，并如实回答询问；3. 列席债权人会议并如实回答债权人的询问；4. 未经本院许可，不得离开住所地；5. 不得新任其他企业的董事、监事、高级管理人员；

四、管理人接管时，法定代表人应向管理人办理移交手续，并答复有关财产及业务的询问。

特此通知。

××××年××月××日

(院印)

文书样式 104

××××人民法院
通　知　书

(通知已知债权人申报债权用)

(××××)×破×号之三

本院根据××的申请,于××××年××月××日裁定受理××破产清算一案,同时指定××为××管理人。你(你单位)应于××××年××月××日前向该管理人(通讯地址:××市××区××大厦××层;邮政编码:××;联系人:××;联系电话:××;传真:××)申报债权,书面说明债权数额、有无财产担保及是否属于连带债权,并提供相关证据材料。如未能在上述期限内申报债权,可在破产财产最后分配前补充申报,但此前已进行的分配,不再对你(或你单位)补充分配,为审查和确认补充申报债权所产生的费用,由你(或你单位)承担。未申报债权的,不得依照《中华人民共和国企业破产法》规定的程序行使权利。××的债务人或者财产持有人应当向××管理人清偿债务或交付财产。

特此通知。

××××年××月××日

(院印)

文书样式 105

××××人民法院
刻制公章函

（××××）×破×号

××市公安局××分局：

本院已于××××年××月××日裁定受理××破产清算一案，并指定×××为××管理人。现需刻制“××管理人”公章一枚，请予以刻制。

××××年××月××日
（院印）

二、管理人破产程序工作文书样式

最高人民法院关于印发《管理人破产程序工作文书样式(试行)》的通知

(2011年10月13日发布并实施)

各省、自治区、直辖市高级人民法院,解放军军事法院,新疆维吾尔自治区高级人民法院生产建设兵团分院:

为了进一步明确破产程序中管理人的工作职责,统一管理人工作的文书格式,促进管理人正确履行职务,提高管理人的工作效率和质量,最高人民法院制订了《管理人破产程序工作文书样式(试行)》,现予以印发,并就该文书样式的有关问题通知如下:

一、关于文书样式的体例

针对破产程序各阶段管理人的工作内容,按照简洁、实用、便利的原则,文书样式分为"通用类文书"、"破产清算程序用文书"、"重整程序用文书"、"和解程序用文书"四大类共计59个文书样式。各文书样式均包括文书主文和制作说明两部分。文书主文是文书的核心部分,包括文书名称、文号、名头、主文、落款、附件等部分。制作说明是文书样式的辅助部分,主要列明制作文书样式的法律依据以及文书制作中需要注意的问题,以有利于管理人正确制作、使用文书样式。

二、关于本文书样式的文号

管理人破产程序工作文书文号统一为(××××)××破管字第×号。"(××××)××破管字第×号"中的"(××××)",应列明人民法院指定管理人的年份;"(××××)××破管字第×号"中的"××",应列明破产企业的简称,简称一般为2~4个字;(××××)××破管字第×号"中的序号"×",应列明按文书制作时间先后编排的序号。

三、关于文书样式的适用

管理人在执行职务过程中需要制作大量的工作文书,涉及的文书样式十分复杂,且在实践中会不断遇到新情况新问题,此次下发的仅是其中常用的、具有代表性的样式,且有的文书样式尚待相关司法解释颁布后再作补充完善。因此,实践中如遇未列出的文书,可参考这些常用样式,根据案件具体情况变通适用。

请各高级人民法院注意收集辖区内管理人在适用本文书样式中发现的问题并提出改进建议,及时报告最高人民法院民事审判第二庭。

特此通知。

二〇一一年十月十三日

附:《管理人破产程序工作文书样式(试行)》

(一)通用类文书

文书样式1

通　知　书

(要求债务人的债务人清偿债务用)

(××××)××破管字第×号

×××(债务人的债务人名称/姓名):

×××(债务人名称)因________________(写明破产原因),×××(申请人名称/姓名)于××××年××月××日向××××人民法院提出对×××(债务人名称)进行重整/和解/破产清算的申请[债务人自行申请破产的,写×××(债务人名称)因________________(写明破产原因),于××××年××月××日向××××人民法院提出重整/和解/破产清算申请]。

××××人民法院于××××年××月××日作出(××××)×破(预)字第×—×号民事裁定书,裁定受理×××(债务人名称)重整/和解/破产清算,并于××××年××月××日作出(××××)×破字第×—×号决定书,指定×××担任管理人。

根据管理人掌握的材料,你公司/你因__________事项(列明债务事由),尚欠×××(债务人名称)人民币××元(大写:______元)。根据《中华人民共和国企业破产法》第十七条之规定,请你公司/你于接到本通知之日起×日内,向管理人清偿所欠债务。债务清偿款应汇入:××银行(列明开户单位和银行账号)。

若你公司/你对本通知书列明的债务持有异议,可在接到本通知书之日起×日内向管理人书面提出,并附相关证据,以便管理人核对查实。

若你公司/你在破产申请受理后仍向×××(债务人名称)清偿债务,使×××(债务人名称)的债权人受到损失的,不免除你公司/你继续清偿债务的义务。

特此通知。

(管理人印鉴)

××××年××月××日

附:1. 受理破产申请裁定书复印件一份;
　2. 指定管理人的决定书复印件一份;
　3. 管理人联系方式:______________________。

说明：

一、本文书依据的法律是《中华人民共和国企业破产法》第十七条之规定："人民法院受理破产申请后，债务人的债务人或者财产持有人应当向管理人清偿债务或者交付财产。债务人的债务人或者财产持有人故意违反前款规定向债务人清偿债务或者交付财产，使债权人受到损失的，不免除其清偿债务或交付财产的义务。"通知书由管理人向债务人的债务人发送。

二、通知书应当载明债务人的债务人恶意清偿的法律后果。

文书样式2

通 知 书

(要求债务人财产的持有人交付财产用)

(××××)××破管字第×号

×××(债务人财产的持有人名称/姓名):

×××(债务人名称)因________(写明破产原因),×××(申请人名称/姓名)于××××年××月××日向××××人民法院提出对×××(债务人名称)进行重整/和解/破产清算的申请[债务人自行申请破产的,写×××(债务人名称)因________(写明破产原因),于××××年××月××日向××××人民法院提出重整/和解/破产清算申请]。

××××人民法院于××××年××月××日作出(××××)×破(预)字第×××号民事裁定书,裁定受理×××(债务人名称)重整/和解/破产清算,并于××××年××月××日作出(××××)×破字第×××号决定书,指定×××担任管理人。

根据管理人掌握的材料,你公司/你因________(列明事由)占有×××(债务人名称)的下列财产(列明财产种类、数量等):

1. ________________;

2. ________________;

……

根据《中华人民共和国企业破产法》第十七条之规定,请你公司/你于接到本通知书之日起七日内,向管理人交付上述财产。财产应交至:______。

若你公司/你对本通知书项下要求交付财产的有无或者交付财产种类、数量等持有异议,可在收到本通知书之日起七日内向管理人书面提出,并附相关合法、有效的证据,以便管理人核对查实。

若你公司/你在破产申请受理后仍向×××(债务人名称)交付财产,使×××(债务人名称)的债权人受到损失的,不免除你公司/你继续交付财产的义务。

特此通知。

(管理人印鉴)

××××年××月××日

附:1. 受理破产申请裁定书复印件一份;

2. 指定管理人的决定书复印件一份;

3. 管理人联系方式:____________。

说明:

一、本文书依据的法律是《中华人民共和国企业破产法》第十七条之规定:“人民法院受理破产申请后，债务人的债务人或者财产持有人应当向管理人清偿债务或者交付财产。债务人的债务人或者财产持有人故意违反前款规定向债务人清偿债务或者交付财产，使债权人受到损失的，不免除其清偿债务或交付财产的义务。”通知书由管理人向持有债务人财产的相对人发送。

二、通知书应当载明财产持有人恶意向债务人交付财产的法律后果。

文书样式 3

通 知 书

(解除双方均未履行完毕的合同用)

(××××)××破管字第×号

×××(合同相对人名称/姓名):

×××(债务人名称)因________________(写明破产原因),×××(申请人名称/姓名)于××××年××月××日向××××人民法院提出对×××(债务人名称)进行重整/和解/破产清算的申请[债务人自行申请破产的,写×××(债务人名称)因________________(写明破产原因),于××××年××月××日向××××人民法院提出重整/和解/破产清算申请]。

××××人民法院于××××年××月××日作出(××××)×破(预)字第×—×号民事裁定书,裁定受理×××(债务人名称)重整/和解/破产清算,并于××××年××月××日作出(××××)×破字第×—×号决定书,指定×××担任管理人。

根据管理人掌握的材料,在法院裁定受理破产申请前,×××(债务人名称)于××××年××月××日与你公司/你签订了《________合同》。现双方均未履行完毕上述合同,__________(简述合同履行情况)。

根据《中华人民共和国企业破产法》第十八条之规定,管理人决定解除上述合同。你公司/你如因上述合同解除产生损失的,可以损害赔偿请求权向管理人申报债权。

特此通知。

(管理人印鉴)

××××年××月××日

附:1. 受理破产申请裁定书复印件一份;
2. 指定管理人的决定书复印件一份;
3. 合同复印件一份;
4. 管理人联系方式:____________________。

说明：

一、本文书依据的法律是《中华人民共和国企业破产法》第十八条之规定："人民法院受理破产申请后，管理人对破产申请受理前成立而债务人和对方当事人均未履行完毕的合同有权决定解除或者继续履行，并通知对方当事人。"以及第五十三条之规定："管理人或者债务人依照本法规定解除合同的，对方当事人以因合同解除所产生的损害赔偿请求权申报债权。"

二、本通知书由管理人向双方均未履行完毕合同的相对方发送。通知书应当载明合同相对人有权就合同解除所产生的损害赔偿请求权申报债权。

文书样式 4

通 知 书

(继续履行双方均未履行完毕的合同用)

(××××)××破管字第×号

×××(合同相对人名称/姓名):

×××(债务人名称)因________(写明破产原因),×××(申请人名称/姓名)于××××年××月××日向××××人民法院提出对×××(债务人名称)进行重整/和解/破产清算的申请[债务人自行申请破产的,写×××(债务人名称)因________(写明破产原因),于××××年××月××日向××××人民法院提出重整/和解/破产清算申请]。

××××人民法院于××××年××月××日作出(××××)×破(预)字第×—×号民事裁定书,裁定受理×××(债务人名称)重整/和解/破产清算,并于××××年××月××日作出(××××)×破字第×—×号决定书,指定×××担任管理人。

根据管理人掌握的材料,在法院裁定受理破产申请前,×××(债务人名称)于××××年××月××日与你公司/你签订了《________合同》。现双方均未履行完毕上述合同,________(简述合同履行情况)。

根据《中华人民共和国企业破产法》第十八条之规定,管理人决定继续履行上述合同,________(简述要求相对方继续履行的合同义务)。

特此通知。

(管理人印鉴)

××××年××月××日

附:1. 受理破产申请裁定书复印件一份;
2. 指定管理人的决定书复印件一份;
3. 合同复印件一份;
4. 管理人联系方式:________。

说明：

一、本文书依据的法律是《中华人民共和国企业破产法》第十八条之规定："人民法院受理破产申请后，管理人对破产申请受理前成立而债务人和对方当事人均未履行完毕的合同有权决定解除或者继续履行，并通知对方当事人。"

二、本通知书由管理人向双方均未履行完毕合同的相对方发送。通知书应当载明要求相对人继续履行的合同义务。

文书样式 5

通 知 书

(继续履行合同提供担保用)

(××××)××破管字第×号

×××(合同相对人名称/姓名):

×××(债务人名称)因________________(写明破产原因),×××(申请人名称/姓名)于××××年××月××日向××××人民法院提出对×××(债务人名称)进行重整/和解/破产清算的申请[债务人自行申请破产的,写×××(债务人名称)因________________(写明破产原因),于××××年××月××日向××××人民法院提出重整/和解/破产清算申请]。

××××人民法院于××××年××月××日作出(××××)×破(预)字第×—×号民事裁定书,裁定受理×××(债务人名称)重整/和解/破产清算,并于××××年××月××日作出(××××)×破字第×—×号决定书,指定×××担任管理人。

本管理人于××××年××月××日向你公司/你发送(××××)××破管字第×号《通知书》,决定继续履行×××(债务人名称)于××××年××月××日与你公司/你签订的《________________合同》。你公司/你于××××年××月××日要求本管理人提供担保。

根据《中华人民共和国企业破产法》第十八条第二款之规定,本管理人现提供下列担保:

提供保证人的:

列明保证人的姓名或名称,保证方式,保证担保的范围,保证期间等。

提供物的担保的:

列明担保人的姓名或名称,担保方式,担保物的情况,担保范围等。

你公司/你对管理人提供的担保无异议的,请于××××年××月××日与本管理人签订担保合同。

特此通知。

(管理人印鉴)

××××年××月××日

附:1. 保证人基本情况或者担保物权利凭证复印件等相关资料;

2. 管理人联系方式:____________________。

说明：

一、本文书依据的法律是《中华人民共和国企业破产法》第十八条第二款之规定："管理人决定继续履行合同的，对方当事人应当履行；但是，对方当事人有权要求管理人提供担保。管理人不提供担保的，视为解除合同。"

二、本通知书由管理人向合同相对方发送。

文书样式6

通　知　书

(回复相对人催告继续履行合同用)

(××××)××破管字第×号

×××(合同相对人名称/姓名):

你公司/你于××××年××月××日向本管理人发送的_________(合同相对人所发送关于继续履行合同的催告函件名称)已收到。经管理人核实,在法院裁定受理破产申请前,×××(债务人名称)确于××××年××月××日与你公司/你签订了《_________合同》,且目前双方均未履行完毕,……(简述合同履行情况)。

同意继续履行合同的:

本管理人认为,_________(简述同意继续履行的理由),根据《中华人民共和国企业破产法》第十八条之规定,管理人决定继续履行上述合同。

同意继续履行合同,但商请延期的:

本管理人认为,_________(简述同意继续履行合同,但需要延期的理由),根据《中华人民共和国企业破产法》第十八条之规定,管理人商请将上述合同延期至××××年××月××日履行。

不同意继续履行合同,决定解除的:

本管理人认为,_________(简述不同意继续履行的理由),根据《中华人民共和国企业破产法》第十八条之规定,管理人决定解除上述合同。你公司/你可就因上述合同解除所产生的损害赔偿请求权向管理人申报债权。

特此通知。

(管理人印鉴)

××××年××月××日

说明:

一、本文书依据的法律是《中华人民共和国企业破产法》第十八条之规定:"人民法院受理破产申请后,管理人对破产申请受理前成立而债务人和对方当事人均未履行完毕的合同有权决定解除或者继续履行,并通知对方当事人。管理人自破产申请受理之日起二个月内未通知对方当事人,或者自收到对方当事人催告之日起三十日内未答复的,视为解除合同。"

二、本通知书是管理人接到相对人发出的要求继续履行双方均未履行完毕的合同的催告函,在核实有关情况后,决定同意继续履行合同,或者同意继续履行合同但商请延期,或者不同意继续履行决定解除合同的回复。本通知书应当在收到催告函之日起三十日内向合同相对人发出。

文书样式 7

告　知　函

（解除财产保全措施用）

（××××）××破管字第×号

×××（作出财产保全措施的人民法院或者单位）：

×××（债务人名称）因________________（写明破产原因），×××（申请人名称/姓名）于××××年××月××日向××××人民法院提出对×××（债务人名称）进行重整/和解/破产清算的申请［债务人自行申请破产的，写×××（债务人名称）因________________（写明破产原因），于××××年××月××日向××××人民法院提出重整/和解/破产清算申请］。

××××人民法院于××××年××月××日作出（××××）×破（预）字第×—×号民事裁定书，裁定受理×××（债务人名称）重整/和解/破产清算，并于××××年××月××日作出（××××）×破字第×—×号决定书，指定×××担任管理人。

根据管理人掌握的材料，贵院/贵单位于××××年××月××日对×××（债务人名称）的下列财产采取了保全措施：

1. ______________________________；

2. ______________________________；

……

根据《中华人民共和国企业破产法》第十九条之规定，人民法院受理破产申请后，有关债务人财产的保全措施应当解除，但贵院/贵单位至今尚未解除对×××（债务人名称）财产所采取的保全措施，现特函请贵院/贵单位解除对×××（债务人名称）财产的保全措施。

特此告知。

（管理人印鉴）

××××年××月××日

附：1. 受理破产申请裁定书复印件一份；

2. 指定管理人的决定书复印件一份；

3. 财产保全措施相关资料复印件一套；

4. 破产案件受理法院联系方式：____________________；

5. 管理人联系方式：____________________。

说明:

一、本文书依据的法律是《中华人民共和国企业破产法》第十九条之规定:“人民法院受理破产申请后,有关债务人财产的保全措施应当解除,执行程序应当中止。”由管理人告知相关法院或者单位解除有关债务人财产的保全措施时使用。

二、根据《中华人民共和国企业破产法》第十九条之规定精神,破产申请受理后,对债务人财产采取保全措施的相关法院或者单位无需等待破产案件受理法院或者管理人的通知,即应主动解除财产保全措施。但由于实践中可能存在相关法院或者单位不知道破产申请已经受理,或者虽然知道但不主动解除财产保全措施的情况,故本文书样式确定由管理人直接向相关法院或者单位发送告知函,以此提示相关法院或者单位有关债务人的破产申请已经受理,相关财产保全措施应予解除。如果相关法院或者单位接到告知函后仍不解除财产保全措施的,管理人可以请求破产案件受理法院协调解决。

文书样式8

告 知 函

（中止执行程序用）

（××××）××破管字第×号

××××人民法院（执行案件受理人民法院）：

×××（债务人名称）因________________（写明破产原因），×××（申请人名称/姓名）于××××年××月××日向××××人民法院提出对×××（债务人名称）进行重整/和解/破产清算的申请[债务人自行申请破产的，写×××（债务人名称）因________________（写明破产原因），于××××年××月××日向××××人民法院提出重整/和解/破产清算申请]。

××××人民法院于××××年××月××日作出（××××）×破（预）字第×—×号民事裁定书，裁定受理×××（债务人名称）重整/和解/破产清算，并于××××年××月××日作出（××××）×破字第×—×号决定书，指定×××担任管理人。

根据管理人掌握的材料，贵院于××××年××月××日受理了×××（强制执行申请人名称/姓名）对×××（债务人名称）申请强制执行一案，案号为××××，执行内容为：__________。

根据《中华人民共和国企业破产法》第十九条之规定，人民法院受理破产申请后，有关债务人财产的执行程序应当中止，但贵院至今尚未中止对×××（债务人名称）的执行，__________（简述案件执行状态）。现特函请贵院裁定中止对×××（债务人名称）的执行程序。

特此告知。

（管理人印鉴）

××××年××月××日

附：1. 受理破产申请裁定书复印件一份；
2. 指定管理人的决定书复印件一份；
3. 强制执行案件相关资料复印件一套；
4. 破产案件受理法院联系方式：____________________；
5. 管理人联系方式：____________________。

说明:

一、本文书依据的法律是《中华人民共和国企业破产法》第十九条之规定:“人民法院受理破产申请后,有关债务人财产的保全措施应当解除,执行程序应当中止。”由管理人告知相关法院中止对债务人执行程序时使用。

二、根据《中华人民共和国企业破产法》第十九条之规定精神,破产申请受理后,对债务人财产采取执行措施的相关法院,无需等待破产案件受理法院或者管理人的通知,即应主动中止执行程序。但由于实践中可能存在相关法院不知道破产申请已经受理,或者虽然知道但不主动中止执行程序的情况,故本文书样式确定由管理人直接向相关法院发送告知函,以此提示相关法院,有关债务人的破产申请已经受理,相关执行程序应当中止。如果相关法院接到告知函后仍不中止执行程序的,管理人可以请求破产案件受理法院协调解决。

文书样式9

告　知　函

（告知相关法院/仲裁机构中止法律程序用）

（××××）××破管字第×号

×××（受理有关债务人诉讼或仲裁的人民法院或仲裁机构名称）：

×××（债务人名称）因________________（写明破产原因），×××（申请人名称/姓名）于××××年××月××日向××××人民法院提出对×××（债务人名称）进行重整/和解/破产清算的申请[债务人自行申请破产的，写×××（债务人名称）因________________（写明破产原因），于××××年××月××日向××××人民法院提出重整/和解/破产清算申请]。

××××人民法院于××××年××月××日作出（××××）×破（预）字第×—×号民事裁定书，裁定受理×××（债务人名称）重整/和解/破产清算，并于××××年××月××日作出（××××）×破字第×—×号决定书，指定×××担任管理人。

根据管理人掌握的材料，贵院/贵仲裁委员会于××××年××月××日受理了有关×××（债务人名称）的民事诉讼/仲裁案件，案号为××××，目前尚未审理终结。根据《中华人民共和国企业破产法》第二十条之规定，该民事诉讼/仲裁应当在破产申请受理后中止，但贵院/贵仲裁委员会尚未中止对上述民事诉讼/仲裁案件的审理。根据《中华人民共和国企业破产法》第二十条之规定，现函告贵院/贵仲裁委员会裁定中止上述对×××（债务人名称）的民事诉讼/仲裁程序。

特此告知。

（管理人印鉴）

××××年××月××日

附：1. 受理破产申请裁定书复印件一份；
2. 指定管理人的决定书复印件一份；
3. 管理人联系方式：____________________。

说明:

一、本文书依据的法律是《中华人民共和国企业破产法》第二十条之规定:“人民法院受理破产申请后,已经开始而尚未终结的有关债务人的民事诉讼或者仲裁应当中止;……”

二、根据《中华人民共和国企业破产法》第二十条之规定精神,破产申请受理后,有关债务人的民事诉讼或者仲裁尚未终止的,相关法院或者仲裁机构无需等待破产案件受理法院或者管理人的通知,即应主动中止民事诉讼或者仲裁程序。但由于实践中可能存在相关法院或者仲裁机构不知道破产申请已经受理,或者虽然知道但不主动中止法律程序的情况,故本文书样式确定由管理人直接向相关法院发送告知函,以此提示相关法院或者仲裁机构,有关债务人的破产申请已经受理,相关法律程序应当中止。如果相关法院或者仲裁机构接到告知函后仍不中止法律程序的,管理人可以请求破产案件受理法院协调解决。

文书样式 10

告　知　函

（告知相关法院/仲裁机构可以恢复法律程序用）

（××××）××破管字第×号

×××（受理有关债务人诉讼或仲裁的人民法院或仲裁机构名称）：

×××（债务人名称）因________（写明破产原因），×××（申请人名称/姓名）于××××年××月××日向××××人民法院提出对×××（债务人名称）进行重整/和解/破产清算的申请［债务人自行申请破产的，写×××（债务人名称）因________（写明破产原因），于××××年××月××日向××××人民法院提出重整/和解/破产清算申请］。

××××人民法院于××××年××月××日作出（××××）×破（预）字第×—×号民事裁定书，裁定受理×××（债务人名称）重整/和解/破产清算，并于××××年××月××日作出（××××）×破字第×—×号决定书，指定×××担任管理人。

根据管理人掌握的材料，贵院/贵仲裁委员会已中止了关于×××（债务人名称）的案号为××××的民事诉讼/仲裁案件的审理。现管理人已接管债务人的财产，根据《中华人民共和国企业破产法》第二十条之规定，请贵院/贵仲裁委员会恢复对上述民事诉讼/仲裁案件的审理。

特此告知。

（管理人印鉴）

××××年××月××日

附：1. 受理破产申请裁定书复印件一份；

2. 指定管理人的决定书复印件一份；

3. 管理人联系方式：________。

说明：

一、本文书依据的法律是《中华人民共和国企业破产法》第二十条之规定："人民法院受理破产申请后，已经开始而尚未终结的有关债务人的民事诉讼或者仲裁应当中止；在管理人接管债务人的财产后，该诉讼或者仲裁继续进行。"由管理人在接管债务人财产后，向相关法院或者仲裁机构发送。

二、管理人应当在接管债务人财产后及时发送本告知函，告知相关法院或者仲裁机构继续进行原来中止的法律程序。

文书样式11

关于提请人民法院许可聘用工作人员的报告

(××××)××破管字第×号

××××人民法院:

本管理人在破产管理工作中,根据《中华人民共和国企业破产法》第二十八条之规定,拟聘请以下人员作为×××(债务人名称)(重整/和解/破产清算)案件的工作人员:

1. 拟聘工作人员姓名__________;工作内容:__________;拟聘请期限为自××××年××月××日至××××年××月××日止;拟聘请费用为×××元;聘用理由:__________。

2. 拟聘工作人员姓名__________;工作内容:__________;拟聘请期限为自××××年××月××日至××××年××月××日止;拟聘请费用为×××元;聘用理由:__________。

……

特此报告。

(管理人印鉴)

××××年××月××日

附:1. 拟签订的《聘用合同》复印件;

2. 拟聘请工作人员简历复印件;

3. 拟聘请工作人员证件复印件;

4. 拟聘请工作人员联系方式:____________________。

说明:

一、本文书依据的法律是《中华人民共和国企业破产法》第二十八条第一款之规定:"管理人经人民法院许可,可以聘用必要的工作人员。"由管理人在拟聘用工作人员时向破产案件受理法院提出。

二、破产案件审理过程中,法院与管理人处于监督与被监督的关系。因此,聘用申请应当列明聘用理由、聘用岗位职责、聘用费用标准,供法院许可时参考。

三、拟聘用工作人员有多名的,逐一列明姓名、拟聘岗位、聘用期限及费用。

文书样式12

关于提请人民法院许可继续/停止债务人营业的报告

（××××）××破管字第×号

××××人民法院/×××（债务人名称）债权人会议：

本管理人在接管债务人财产后，经调查认为，债务人继续营业将有利于/不利于广大债权人、职工和相关各方的利益，决定继续/停止债务人的营业，详细理由见附件《关于继续/停止债务人营业的分析报告》。

报请法院的：

现根据《中华人民共和国企业破产法》第二十六条之规定，请贵院予以许可。

报请债权人会议的：

现根据《中华人民共和国企业破产法》第六十一第一款第五项之规定，提请债权人会议表决。

特此报告。

（管理人印鉴）

××××年××月××日

附：《关于继续/停止债务人营业的分析报告》

说明：

一、本文书依据的法律是《中华人民共和国企业破产法》第二十五条第一款第五项、第二十六条或者第六十一条第一款第五项之规定，由管理人决定是否继续债务人的营业，并报请人民法院许可，或者报请债权人会议表决。

二、第一次债权人会议召开之前，管理人决定继续或者停止债务人的营业的，应当根据《中华人民共和国企业破产法》第二十五条第一款第五项、第二十六条之规定，向受理破产案件的法院提出申请报告，由法院批准许可。第一次债权人会议召开后决定债务人的营业继续或者停止的，则应当根据《中华人民共和国企业破产法》第六十一条第一款第五项之规定，提交债权人会议表决。

三、鉴于继续或停止债务人营业的理由比较复杂，因此，本文书应附详细分析报告。

文书样式 13

关于拟实施处分债务人财产行为的报告

(××××)××破管字第×号

××××人民法院/×××(债务人名称)债权人会议:

本管理人在履行职责过程中,拟实施下列行为:

1. 拟实施行为的具体内容,包括涉及的金额、行为的相对方、实施的时间等;

2. 行为的实施方式和程序;

3. 实施该行为的原因;

4. 对债务人财产的影响;

5. 其他需要报告的事项。

第一次债权人会议召开之前:

因上述行为属于《中华人民共和国企业破产法》第六十九条第一款规定的行为之一,且第一次债权人会议尚未召开,现根据《中华人民共和国企业破产法》第二十六条之规定,请贵院予以许可。

第一次债权人会议召开之后,报告债权人委员会的:

因上述行为属于《中华人民共和国企业破产法》第六十九条第一款规定的行为之一,现根据该条规定,向债权人委员会报告。

第一次债权人会议召开之后,报告人民法院的:

因上述行为属于《中华人民共和国企业破产法》第六十九条第一款规定的行为之一,且债权人会议未设立债权人委员会,现根据《中华人民共和国企业破产法》第六十九条第二款之规定,向贵院报告。

(管理人印鉴)

××××年××月××日

说明:

一、本文书依据的法律是《中华人民共和国企业破产法》第二十六条及第六十九条之规定。

二、第一次债权人会议召开前,管理人在实施《中华人民共和国企业破产法》第六十九条所规定之行为时,应当向破产案件受理法院提交申请报告,需法院许可后方可实施相应行为。第一次债权人会议召开后,已成立债权人委员会的,向债权人委员会提交报告;未设立债权人委员会的,应向法院及时报告。

三、第一次债权人会议召开后,债权人委员会或者人民法院同意管理人所报告行为的,出具批准意见;不同意所报告行为的,可以向管理人提出意见。

文书样式 14

关于提请人民法院确定管理人报酬方案的报告

(××××)××破管字第×号

××××人民法院：

本管理人接受贵院指定后，对×××(债务人名称)可供清偿的财产价值和管理人工作量进行了预测，并初步确定了《管理人报酬方案》。方案主要内容如下：

一、债务人可供清偿的财产情况

根据管理人截至目前掌握的材料，×××(债务人名称)不包括担保物在内的最终可供清偿的财产价值约为人民币××元，担保物价值约为人民币××元。

二、管理人报酬比例

根据不包括担保权人优先受偿的担保物价值在内的债务人最终可供清偿的财产总额价值和管理人工作量所作的预测(详见附件《管理人工作量预测报告(或者竞争管理人报价书)》)，依照最高人民法院《关于审理企业破产案件确定管理人报酬的规定》第二条之规定，确定管理人在以下比例限制范围内分段确定管理人报酬：

1. 不超过__________元(含本数，下同)的，按______%确定；

2. 超过________元至________元的部分，按______%确定；

……

三、管理人报酬收取时间

最后一次性收取的：

本方案确定管理人最后一次性收取报酬，收取时间为破产财产最后分配之前。

分期收取的：

本方案确定管理人在破产程序期间分期收取报酬，收取时间分别为：

第一次：本方案经第一次债权人会议通过后×日内；

第二次：____________________；

第三次：____________________；

……

四、管理担保物的费用

破产程序期间，管理人对担保物的维护、变现、交付等管理工作付出了合理劳动，经与担保权人协商，确定管理人在担保物变现价值×%范围内收取适当报酬，报酬金额为人民币××元，收取时间为：__________。

五、其他需要说明的问题

……

现根据最高人民法院《关于审理企业破产案件确定管理人报酬的规定》第四条之规定，请贵院予以确定。

(管理人印鉴)

××××年××月××日

附:1.《管理人报酬方案》;

2.《管理人工作量预测报告(或者竞争管理人报价书)》。

说明:

一、本文书依据的法律是《中华人民共和国企业破产法》第二十八条及最高人民法院《关于审理企业破产案件确定管理人报酬的规定》第二条、第四条之规定,管理人根据对债务人可供清偿的财产价值和管理人工作量的预测,制作报酬方案报人民法院初步确定。

二、管理人工作量预测报告应当列明管理人投入的工作团队人数、工作时间预测、工作重点和难点等。破产重整或者和解案件,管理人还应当列明管理人对重整、和解工作的贡献。

三、采取公开竞争方式指定管理人的,管理人报酬依据中介机构竞争担任管理人时的报价确定。

四、担保物变现收取的报酬比例不得超过最高人民法院《关于审理企业破产案件确定管理人报酬的规定》第二条规定报酬比例限制范围的10%。

文书样式 15

关于提请债权人会议审查管理人报酬方案的报告

（××××）××破管字第×号

×××（债务人名称）债权人会议：

本管理人根据对×××（债务人名称）可供清偿的财产价值和管理人工作量所作的预测，于××××年××月××日制作《管理人报酬方案》报请××××人民法院确定。××××人民法院于××××年××月××日通知本管理人，初步确定了《管理人报酬方案》。现根据《中华人民共和国企业破产法》第六十一条第一款第二项、最高人民法院《关于审理企业破产案件确定管理人报酬的规定》第六条第二款之规定，向第一次债权人会议报告，请债权人会议审查。

（管理人印鉴）

××××年××月××日

附：××××人民法院确定的《管理人报酬方案》

说明：

本文书依据的法律是《中华人民共和国企业破产法》第六十一条第一款第二项及最高人民法院《关于审理企业破产案件确定管理人报酬的规定》第六条第二款之规定。管理人报酬方案在人民法院确定后由管理人报告第一次债权人会议，由债权人会议审查。债权人会议有异议的，有权向人民法院提出。

文书样式 16

关于提请人民法院调整管理人报酬方案的报告

(××××)××破管字第×号

××××人民法院：

贵院于××××年××月××日确定了×××(债务人名称)破产一案的《管理人报酬方案》。本管理人于××××年××月××日向第一次债权人会议报告了《管理人报酬方案》内容，债权人会议对方案提出了调整意见。

现管理人与债权人会议就报酬方案的调整已协商一致，债权人会议决议对《管理人报酬方案》作以下调整：

一、______________________；

二、______________________；

……

调整理由如下：

一、______________________；

二、______________________；

……

根据最高人民法院《关于审理企业破产案件确定管理人报酬的规定》第七条第一款之规定，请求贵院核准以上调整内容。

特此报告。

(管理人印鉴)

××××年××月××日

附：债权人会议关于调整管理人报酬方案的决议

说明：

一、本文书依据的法律是《最高人民法院关于审理企业破产案件确定管理人报酬的规定》第七条第一款之规定，由管理人与债权人会议就报酬方案调整协商一致后，提请人民法院核准。

二、本文书应当列明调整管理人报酬方案的理由，并附债权人会议关于调整管理人报酬方案的决议。

文书样式 17

关于提请债权人会议调整管理人报酬方案的报告

（××××）××破管字第×号

×××（债务人名称）债权人委员会/债权人会议主席：

本管理人于××××年××月××日收到××××人民法院关于调整管理人报酬方案的通知，对管理人报酬方案作以下调整：

一、____________________；

二、____________________；

……

根据《最高人民法院关于审理企业破产案件确定管理人报酬的规定》第八条第二款之规定，现向债权人委员会/债权人会议主席报告。

（管理人印鉴）

××××年××月××日

附：××××人民法院关于管理人报酬方案调整的通知

说明：

本文书的法律依据是《最高人民法院关于审理企业破产案件确定管理人报酬的规定》第八条第二款之规定，由管理人自收到人民法院关于调整管理人报酬方案的通知起三日内报告债权人委员会。未成立债权人委员会的，报告债权人会议主席。

文书样式18

关于提请人民法院准予管理人收取报酬的报告

(××××)××破管字第×号

××××人民法院:

×××(债务人名称)破产一案《管理人报酬方案》已由贵院确定,并报告第一次债权人会议审查通过。(报酬方案经过调整的,还应当注明:贵院并于××××年××月××日确定对该报酬方案进行调整。)

截至××××年××月××日,×××(债务人名称)可供清偿的财产情况为_________,管理人已完成_________(履行职责情况)。根据《管理人报酬方案》,可收取第×期(或者全部)报酬计人民币××元。

本管理人现根据《最高人民法院关于审理企业破产案件确定管理人报酬的规定》第十一条之规定,申请收取报酬人民币××元,请贵院予以核准。

特此报告。

(管理人印鉴)

××××年××月××日

附:《管理人报酬方案》(报酬方案经过调整的,再附《管理人报酬调整方案》)

说明:

一、本文书依据的法律是《最高人民法院关于审理企业破产案件确定管理人报酬的规定》第十一条之规定:“管理人收取报酬,应当向破产案件受理法院提出书面申请。申请书内容应当包括:(1)可供支付报酬的债务人财产情况;(2)申请收取报酬的时间和数额;(3)管理人履行职责的情况。”

二、管理人履行职责的情况,分期收取的,简要写明收取报酬时管理人完成的工作;最后一次性收取的,简要写明管理人职务执行完成的情况。

文书样式 19

通 知 书

（要求追回债务人财产用）

（××××）××破管字第×号

×××（占有债务人财产的相对人名称/姓名）：

×××（债务人名称）因________________（写明破产原因），×××（申请人名称/姓名）于××××年××月××日向××××人民法院提出对×××（债务人名称）进行重整/和解/破产清算的申请［债务人自行申请破产的，写×××（债务人名称）因________________（写明破产原因），于××××年××月××日向××××人民法院提出重整/和解/破产清算申请］。

××××人民法院于××××年××月××日作出（××××）×破（预）字第×—×号民事裁定书，裁定受理×××（债务人名称）重整/和解/破产清算，并于××××年××月××日作出（××××）×破字第×—×号决定书，指定×××担任管理人。

根据管理人调查，×××（债务人名称）存在下列行为（列明行为时间、内容等）：

1. ______________________________；

2. ______________________________；

……

根据《中华人民共和国企业破产法》第三十一条、第三十二条或者第三十三条的规定，本管理人认为上述行为应当予以撤销（或者被确认无效）。你公司/你基于上述行为取得的×××（债务人名称）财产（列明财产名称和数量）应当予以返还。现本管理人要求你公司/你于接到本通知书之日起×日内，向本管理人返还上述财产（列明返还财产的方式和地点；返还财产有困难的，可以要求相对人支付或者补足与财产等值的价款）。

如你公司/你对本通知内容有异议，可在接到本通知书之日起×日内向本管理人提出，并附相关证据，配合管理人核实。

特此通知。

（管理人印鉴）

××××年××月××日

附：1. 受理破产申请裁定书复印件一份；

2. 指定管理人的决定书复印件一份；

3. 相对人占有债务人财产的证据；

4. 管理人联系方式：____________________。

说明:

一、本文书依据的法律是《中华人民共和国企业破产法》第三十四条之规定:“因本法第三十一条、第三十二条或者第三十三条规定的行为而取得的债务人财产,管理人有权追回。”由管理人向占有债务人财产的相对人发送。

二、相对人无权占有债务人财产的情形,主要是指《中华人民共和国企业破产法》第三十一条、第三十二条或者第三十三条规定的“无偿受让财产”、“以明显不合理的价格进行交易受让财产”、“以债务人财产代物清偿的方式接受提前清偿或者个别清偿”、“为逃避债务而占有被隐匿、转移的财产”等行为,管理人应当依法撤销或者确认行为无效,并通知相对人返还基于上述行为取得的债务人财产。财产返还确有困难的,可以要求相对人支付或者补足与财产等值的价款。

三、相对人拒不返还取得的债务人财产,管理人可以向人民法院提起撤销之诉或者确认无效之诉。

文书样式 20

通　知　书

（要求相对人撤销担保用）

（××××）××破管字第×号

×××（相对人名称/姓名）：

×××（债务人名称）因________________（写明破产原因），×××（申请人名称/姓名）于××××年××月××日向××××人民法院提出对×××（债务人名称）进行重整/和解/破产清算的申请［债务人自行申请破产的，写×××（债务人名称）因________________（写明破产原因），于××××年××月××日向××××人民法院提出重整/和解/破产清算申请］。

××××人民法院于××××年××月××日作出（××××）×破（预）字第×—×号民事裁定书，裁定受理×××（债务人名称）重整/和解/破产清算，并于××××年××月××日作出（××××）×破字第×—×号决定书，指定×××担任管理人。

根据管理人调查，×××（债务人名称）对你公司/你原负有无财产担保债务____________________（列明债务性质和债务金额），但×××（债务人名称）于××××年××月××日以其自有财产（列明财产名称）为该债务提供了财产担保。根据《中华人民共和国企业破产法》第三十一条之规定，本管理人现要求你公司/你撤销对该债务提供的财产担保。

如你公司/你对本通知内容有异议，可在接到本通知书之日起×日内向本管理人提出，并附相关证据，配合管理人核实。

特此通知。

（管理人印鉴）

××××年××月××日

附：1. 受理破产申请裁定书复印件一份；

2. 指定管理人的决定书复印件一份；

3. 债务设定财产担保的证据材料；

4. 管理人联系方式：____________________。

说明：

一、本文书依据的法律是《中华人民共和国企业破产法》第三十一条第三项之规定，对没有财产担保的债务提供财产担保的，管理人有权请求人民法院予以撤销。由管理人向对债务设定财产担保的相对人发送。

二、对没有财产担保的债务提供财产担保的行为，管理人可先要求相对人撤销，如涂销物权担保登记、返还质押物等。相对人无正当理由拒不撤销的，管理人有权向人民法院提起撤销之诉。

文书样式 21

通　知　书

（要求债务人的出资人补缴出资用）

（××××）××破管字第×号

×××（债务人的出资人名称/姓名）：

×××（债务人名称）因________________（写明破产原因），×××（申请人名称/姓名）于××××年××月××日向××××人民法院提出对×××（债务人名称）进行重整/和解/破产清算的申请［债务人自行申请破产的，写×××（债务人名称）因________________（写明破产原因），于××××年××月××日向××××人民法院提出重整/和解/破产清算申请］。

××××人民法院于××××年××月××日作出（××××）×破（预）字第×—×号民事裁定书，裁定受理×××（债务人名称）重整/和解/破产清算，并于××××年××月××日作出（××××）×破字第×—×号决定书，指定×××担任管理人。

根据管理人调查，你公司/你作为×××（债务人名称）的出资人，认缴出资额为：________________（货币种类）××元（大写：____________________），认缴方式为：________________________________，你公司/你应当于××××年××月××日前按期足额缴纳上述出资。

截至本通知书发出之日，你公司/你上述出资义务尚未履行完毕，（以货币出资的）尚有____（货币种类）××元（大写：____）未缴纳/（以非货币财产出资的）____尚未办理财产权转移手续。

根据《中华人民共和国企业破产法》第三十五条之规定，你公司/你应当缴纳全部所认缴的出资，而不受出资期限的限制。现通知你公司/你于接到本通知书之日起×日内，向本管理人缴纳上述未缴出资（列明管理人的开户银行、账户和账号）/办理财产权转移手续。

如对本通知书中所列出资缴纳义务的有无、数额、形式等有异议，你公司/你可于接到本通知书之日起×日内向本管理人提出，并附相关证据，配合管理人核实。

特此通知。

（管理人印鉴）

××××年××月××日

附：1. 受理破产申请裁定书复印件一份；

2. 指定管理人的决定书复印件一份；

3. 出资人未足额交纳出资的证据材料；

4. 管理人联系方式：____________________。

说明：

本文书依据的法律是《中华人民共和国企业破产法》第三十五条之规定："人民法院受理破产申请后，债务人的出资人尚未完全履行出资义务的，管理人应当要求该出资人缴纳所认缴的出资，而不受出资期限的限制。"由管理人向出资义务未履行完毕的出资人发送。

文书样式22

通　知　书

(要求债务人的高管返还财产用)

(××××)××破管字第×号

×××(高管姓名):

×××(债务人名称)因________________(写明破产原因),×××(申请人名称/姓名)于××××年××月××日向××××人民法院提出对×××(债务人名称)进行重整/和解/破产清算的申请[债务人自行申请破产的,写×××(债务人名称)因________________(写明破产原因),于××××年××月××日向××××人民法院提出重整/和解/破产清算申请]。

××××人民法院于××××年××月××日作出(××××)×破(预)字第×—×号民事裁定书,裁定受理×××(债务人名称)重整/和解/破产清算,并于××××年××月××日作出(××××)×破字第×—×号决定书,指定×××担任管理人。

根据管理人调查,在你担任×××(债务人名称)×××(职位)期间,获取非正常收入人民币××元(或者侵占了企业的财产),具体为:

1. ____________________________(列明各笔非正常收入金额、时间及认定理由);

2. ____________________________(列明被侵占的企业财产及认定理由);

……

根据《中华人民共和国企业破产法》第三十六条之规定,现要求你于接到本通知书之日起×日内,向本管理人返还你收取的上述非正常收入(或者侵占的企业财产)(列明返还收入或者财产的方式和地点)。

如对上述通知内容有异议,可在接到本通知书之日起×日内向本管理人提出,并附相关证据,配合管理人核实。

特此通知。

(管理人印鉴)

××××年××月××日

附:1. 受理破产申请裁定书复印件一份;

2. 指定管理人的决定书复印件一份;

3. 高管非正常收入清单或者被侵占的财产清单;

4. 管理人联系方式:____________________。

说明:

本文书依据的法律是《中华人民共和国企业破产法》第三十六条之规定:“债务人的董事、监事和高级管理人员利用职权从企业获取的非正常收入和侵占的企业财产,管理人应当追回。”由管理人要求债务人的董事、监事和高级管理人员返还利用职权获取的非正常收入或者侵占的企业财产时使用。

文书样式23

通　知　书

（要求取回担保物用）

（××××）××破管字第×号

×××（质权人或留置权人名称/姓名）：

×××（债务人名称）因________________（写明破产原因），×××（申请人名称/姓名）于××××年××月××日向××××人民法院提出对×××（债务人名称）进行重整/和解/破产清算的申请［债务人自行申请破产的，写×××（债务人名称）因________________（写明破产原因），于××××年××月××日向××××人民法院提出重整/和解/破产清算申请］。

××××人民法院于××××年××月××日作出（××××）×破（预）字第×—×号民事裁定书，裁定受理×××（债务人名称）重整/和解/破产清算，并于××××年××月××日作出（××××）×破字第×—×号决定书，指定×××担任管理人。

根据管理人掌握的材料，×××（债务人名称）所有的×××（担保物名称）因____________________（简述设定质押或者被留置的原因），尚在你处质押（或留置）。

根据《中华人民共和国企业破产法》第三十七条第一款之规定，管理人拟通过以下方式，取回上述担保物：

1. 清偿债务，____（简述清偿内容）；

2. 提供替代担保，____（替代担保方式，简述替代担保物的名称、价值、现状等情况）。

清偿债务方式下适用：

你公司/你应当在收到本通知书之日起×日内，告知本管理人债务履行方式，并在本管理人清偿债务后×日内，解除对上述担保物的质押（或留置），返还本管理人（列明财产交付地点和方式，质押办理登记的，应当要求质权人协助办理质押登记涂销手续）。

提供替代担保方式下适用：

你公司/你应当在接到本通知书之日起×日内，与本管理人共同办理替代担保的设定手续，并在替代担保设定后立即解除对原担保物的质押（或留置），返还本管理人（列明财产交付地点和方式，质押办理登记的，应当要求质权人协助办理质押登记涂销手续）。

你公司/你如对本通知涉及的主债务、担保物等情况有异议，可于接到本通知书之日起×日内向本管理人提出，并附相关合法、有效的证据，配合管理人核实。

特此通知。

（管理人印鉴）

××××年××月××日

附:1. 受理破产申请裁定书复印件一份;

2. 指定管理人的决定书复印件一份;

3. 主债务合同复印件;

4. 担保物的权属证明复印件;

5. 管理人联系方式:____________________。

说明:

本文书依据的法律是《中华人民共和国企业破产法》第三十七条第一款之规定:"人民法院受理破产申请后,管理人可以通过清偿债务或者提供为债权人接受的担保,取回质物、留置物。"由管理人要求取回债权人占有的质物或者留置物时使用。

文书样式24

通　知　书

（决定是否同意权利人取回财产用）

（××××）××破管字第×号

×××（申请取回人名称/姓名）：

同意取回时适用：

你公司/你关于要求取回____________________（要求取回的标的物名称、数量）的申请收悉。经审核，你公司/你为上述财产的权利人。根据《中华人民共和国企业破产法》第三十八条之规定，同意你公司/你取回上述财产。你公司/你可于接到本通知书之日起×日内与本管理人接洽办理取回手续。

不同意取回时适用：

你公司/你关于要求取回________________________（要求取回的标的物名称、数量）的申请收悉。经查明，____________________________________（简述查明事实）。本管理人认为，你公司/你不是上述财产的权利人（简述理由）。因此，本管理人不同意你公司/你取回上述财产的要求。

特此通知。

（管理人印鉴）

××××年××月××日

附：1. 指定管理人的决定书复印件一份；

2. 财产权属证明（不同意取回时附）；

3. 管理人联系方式：____________________。

说明：

一、本文书依据的法律是《中华人民共和国企业破产法》第三十八条之规定："人民法院受理破产申请时，债务人占有的不属于债务人的财产，该财产的权利人可以通过管理人取回。但是本法另有规定的除外。"由管理人同意或者不同意相关权利人要求取回债务人占有的财产时使用。

二、管理人拒绝权利人取回财产的，应当列明管理人查明权利人无权取回的事实和理由。例如，财产属于债务人所有，或者财产不属于权利人等。管理人拒绝取回的，权利人可以通过确权诉讼解决对于取回标的物的权属争议。

文书样式 25

通　知　书

(要求出卖人交付在途标的物用)

(××××)××破管字第×号

×××(出卖人名称/姓名):

×××(债务人名称)因________________(写明破产原因),×××(申请人名称/姓名)于××××年××月××日向××××人民法院提出对×××(债务人名称)进行重整/和解/破产清算的申请[债务人自行申请破产的,写×××(债务人名称)因________________(写明破产原因),于××××年××月××日向××××人民法院提出重整/和解/破产清算申请]。

××××人民法院于××××年××月××日作出(××××)×破(预)字第×—×号民事裁定书,裁定受理×××(债务人名称)重整/和解/破产清算,并于××××年××月××日作出(××××)×破字第×—×号决定书,指定×××担任管理人。

根据管理人掌握的材料,在人民法院受理破产申请前,×××(债务人名称)于××××年××月××日与你公司/你签订了《________________》(买卖合同名称),约定由×××(债务人名称)向你公司/你购买__________(简述买卖标的物名称和数量)。现你公司/你已于××××年××月××日发运上述买卖标的物,货物尚在运途中,货款尚未结清。

根据《中华人民共和国企业破产法》第三十九条之规定,本管理人决定依照《________________________》(买卖合同名称)的约定,向你公司/你支付全部合同价款共计人民币××元,请你公司/你在收到货款后继续交付上述买卖合同标的物,于××××年××月××日前将货物发至________________(交货地点)。

你公司/你如对本通知中的合同、合同标的物、合同价款等情况有异议,可在接到本通知书之日起×日内向管理人书面提出,并附相关合法、有效的证据,配合管理人核实。

特此通知。

(管理人印鉴)

××××年××月××日

附:1. 受理破产申请裁定书复印件一份;

2. 指定管理人的决定书复印件一份;

3.《________________》(买卖合同名称)复印件一份及发送货物的相关凭证;

4. 管理人联系方式:____________________。

说明：

本文书依据的法律是《中华人民共和国企业破产法》第三十九条之规定："人民法院受理破产申请时，出卖人已将买卖标的物向作为买受人的债务人发运，债务人尚未收到且未付清全部价款的，出卖人可以取回在运途中的标的物。但是，管理人可以支付全部价款，请求出卖人交付标的物。"由管理人决定支付全部价款，请求出卖人交付在途买卖标的物时使用。

文书样式 28

关于债务人财产不足以清偿破产费用提请人民法院终结破产程序的报告

(××××)××破管字第×号

××××人民法院：

×××(债务人名称)因________________(写明破产原因),×××(申请人名称/姓名)于××××年××月××日向贵院提出对×××(债务人名称)进行重整/和解/破产清算的申请[债务人自行申请破产的,写×××(债务人名称)因________________(写明破产原因),于××××年××月××日向贵院提出重整/和解/破产清算申请]。

贵院于××××年××月××日作出(××××)×破(预)字第×—×号民事裁定书,裁定受理×××(债务人名称)重整/和解/破产清算。

截至××××年××月××日,本案发生的破产费用共计人民币××元,实际清偿××元,尚余××元未支付,另预期发生破产费用人民币××元。现债务人可供清偿的财产共计人民币××元,债务人财产已经不足以清偿破产费用。

现根据《中华人民共和国企业破产法》第四十三条第四款之规定,提请贵院裁定宣告×××(债务人名称)破产,并终结破产程序。

特此报告。

(管理人印鉴)

××××年××月××日

附：1. 破产费用及共益债务清偿情况报告一份；

2. 债务人财产状况报告一份。

说明：

本文书依据的法律是《中华人民共和国企业破产法》第四十三条第四款之规定："债务人财产不足以清偿破产费用的,管理人应当提请人民法院终结破产程序。……"由管理人向人民法院提交。

文书样式 29

关于×××(债务人名称)职工债权的公示

(××××)××破管字第×号

×××(债务人名称)因________________(写明破产原因),××××人民法院于××××年××月××日作出(××××)×破(预)字第×—×号民事裁定书,裁定受理××××(债务人名称)重整/和解/破产清算。××××人民法院于××××年××月××日作出(××××)×破字第×—×号决定书,指定×××担任管理人。

经管理人调查,确认×××(债务人名称)共有在册职工×名,截至××××年××月××日,尚欠职工的工资和医疗、伤残补助、抚恤费用,应当划入职工个人账户的基本养老保险、基本医疗保险费用,以及法律、行政法规规定应当支付给职工的补偿金(以上统称职工债权)的总额为人民币××元(详见职工债权清单)。现根据《中华人民共和国企业破产法》第四十八条的规定,予以公示。公示日期至××××年××月××日止。

职工从公示之日起×日内对本公示所附清单记载的债权数额有异议的,可以要求管理人更正。

特此公示。

(管理人印鉴)

××××年××月××日

附:1. ×××(债务人名称)职工债权清单;

2. 管理人联系方式:____________________。

说明:

一、本文书依据的法律是《中华人民共和国企业破产法》第四十八条之规定:“债务人所欠职工的工资和医疗、伤残补助、抚恤费用,所欠的应当划入职工个人账户的基本养老保险、基本医疗保险费用,以及法律、行政法规规定应当支付给职工的补偿金,不必申报,由管理人调查后列出清单并予以公示。职工对清单记载有异议的,可以要求管理人更正;管理人不予更正的,职工可以向人民法院提起诉讼。”由管理人调查确认职工债权后,列出清单予以公示。

二、《中华人民共和国企业破产法》对职工债权清单的公示期未作规定,管理人可以根据案情需要、职工人数具体掌握。但公示期届满之后,职工对清单记载有异议的,仍可以要求管理人更正。规定公示期的意义,在于提示职工及时行使自己的异议权,提高破产案件的审理效率。

三、职工债权清单应当以表格形式逐一列明每位职工债权人的姓名、年龄、工作岗位、工作年限、企业欠费金额、性质及时期等具体情况。

文书样式 30

通 知 书

(回复职工对债权清单的异议用)

(××××)××破管字第×号

×××(职工姓名):

你对(××××)×破管×字第×号公示所附的职工债权清单中有关×××(职工姓名)的××(欠款项目)所提异议材料收悉。

不予变更的情形下适用:

经管理人核实,认为__________(列明不予变更的理由),故决定维持公示记载的债权金额,不予更正。如你对不予更正决定仍有异议的,可向受理本破产案件的人民法院提起诉讼。

准予变更的情形下适用:

经管理人核实,认为____________________(列明同意变更或部分变更的理由),故决定变更公示记载的×××(职工姓名)债权,变更后金额为人民币××元。如你对变更决定仍有异议的,可向受理本破产案件的人民法院提起诉讼。

特此通知。

(管理人印鉴)

××××年××月××日

说明:

一、本文书依据的法律是《中华人民共和国企业破产法》第四十八条之规定,"职工对经公示的职工债权清单有异议的,可以要求管理人更正"。本文书系管理人对职工异议不予更正的书面答复,文书应直接送达提出异议的债务人职工。职工仍持异议的,可以向人民法院提起诉讼。由管理人向提出异议的职工发送。

二、职工提出的异议,可以针对本人的债权金额,也可以针对清单记载的其他职工的债权金额。

三、管理人对职工提出的异议,可以不予更正、部分更正或者准予更正。职工对管理人的决定仍然有异议的,可以向人民法院提起诉讼。

四、管理人对变更后的职工债权,应当予以重新公示。

文书样式 31

关于提请债权人会议核查债权的报告

（××××）××破管字第×号

×××（债务人名称）债权人会议：

××××人民法院于××××年××月××日作出（××××）×破字第×—×号决定书，指定×××担任×××（债务人名称）一案的管理人。

本案的债权申报期限经××××人民法院确定，自××××年××月××日起至××××年××月××日止。债权申报期限内，共有×户债权人申报×笔债权，申报的债权总额为人民币××元。其中，对债务人的特定财产享有担保权的债权共×户，总额为人民币××元；税收债权共×户，总额为人民币××元；普通债权共×户，总额为人民币××元。

管理人收到债权申报材料后，对申报的债权登记造册，并逐一进行了审查，审查后编制了债权表。

对编入债权表内的债权，管理人认为成立的共×户，总额为人民币××元。其中，对债务人的特定财产享有担保权的债权共×户，总额为人民币××元；税收债权共×户，总额为人民币××元；普通债权共×户，总额为人民币××元。

对编入债权表内的债权，管理人认为不成立的共×户，总额为人民币××元。其中，主张对债务人的特定财产享有担保权的债权共×户，总额为人民币××元；税收债权共×户，总额为人民币××元；普通债权共×户，总额为人民币××元。

另经管理人调查，职工债权共×笔，总额为人民币××元。

现根据《中华人民共和国企业破产法》第五十八条第一款之规定，将债权表提交第一次债权人会议核查。

特此报告。

（管理人印鉴）

××××年××月××日

附：1. 指定管理人的决定书复印件一份；

2. 债权申报登记册及债权表一份。

说明：

一、本文书依据的法律是《中华人民共和国企业破产法》第五十八条第一款之规定，“依照本法第五十七条规定编制的债权表，应当提交第一次债权人会议核查”。由管理人将编制的债权表提交第一次债权人会议核查。

二、申报的债权无论是否属于破产债权，均应当登记入册。管理人对申报的债权进行审查后编制债权表。

三、对管理人审查认为成立和不成立的债权，均应编入债权表，但应当予以分别记载。债权表应当列明债权的性质、金额、有无担保等具体情况。

文书样式 32

关于提请人民法院确认
无异议债权的报告

（××××）××破管字第×号

××××人民法院：

根据《中华人民共和国企业破产法》第五十八条第一款之规定，本管理人于××××年××月××日将编制的债权表提交第一次债权人会议核查。同时，本管理人于××××年××月××日将编制的债权表送交债务人核对。经核查、核对，债权人、债务人对债权表中记载的共×笔债权无异议（详见无异议债权清单）。根据《中华人民共和国企业破产法》第五十八条第二款之规定，申请贵院裁定确认债权表记载的无异议债权。

特此报告。

（管理人印鉴）

××××年××月××日

附：1. 债权申报登记册及债权表各一份；

2. 第一次债权人会议对债权表的核查结果；

3. 债务人核对意见；

4. 债权表中的无异议债权清单。

说明：

一、本文书依据的法律是《中华人民共和国企业破产法》第五十八条第二款之规定："债务人、债权人对债权表记载的债权无异议的，由人民法院裁定确认。"由管理人将债权表提请人民法院裁定确认。

二、管理人提请人民法院裁定确认的债权表，应当由第一次债权人会议核查表决通过。同时，应当事先送交债务人的原法定代表人或其他高级管理人员核对，听取债务人的意见。

三、债权人、债务人对债权表记载的债权均无异议的，管理人应当提请人民法院裁定确认无异议债权。

文书样式 33

管理人执行职务的工作报告

(××××)××破管字第×号

×××(债务人名称)债权人会议:

×××(债务人名称)因________________(写明破产原因),×××(申请人名称/姓名)于××××年××月××日向××××人民法院提出对×××(债务人名称)进行重整/和解/破产清算的申请[债务人自行申请破产的,写×××(债务人名称)因________________(写明破产原因),于××××年××月××日向××××人民法院提出重整/和解/破产清算申请]。

××××人民法院于××××年××月××日作出(××××)×破(预)字第×—×号民事裁定书,裁定受理×××(债务人名称)重整/和解/破产清算,并于××××年××月××日作出(××××)×破字第×—×号决定书,指定×××担任管理人。

本管理人接受指定后,依据《中华人民共和国企业破产法》之规定,勤勉忠实地履行了管理人职责,现将有关执行职务的情况报告如下:

一、债务人/破产人(企业)的基本情况

1. 企业的设立日期、性质、住所地、法定代表人姓名;

2. 企业注册资本、出资人及出资比例;

3. 企业生产经营范围;

4. 企业员工状况;

5. 企业资产财务状况;

6. 企业目前状态。

二、执行职务的具体情况

(一)执行职务的准备工作

1. 管理人团队的组成情况;

2. 管理人内部规章制度的建立情况;

3. 聘请工作人员情况。

(二)接管债务人财产的基本情况

1. 接管时间;

2. 财产接管状况;

3. 均未履行完毕的合同履行或者解除情况;

4. 需保留劳动关系的职工情况;

5. 需解除劳动合同的人员状况及安置方案、工资和补偿金数额。

（三）债权申报登记工作情况

1. 债权申报的期间；

2. 登记的各类债权户数和总额；

3. 认为成立的各类债权户数和总额；

4. 认为不成立的各类债权户数和总额；

5. 职工债权笔数和总额；

6. 异议债权的基本情况。

（四）债务人对外债权、投资的清收情况

1. 要求债务人的债务人或财产持有人清偿债务或者交付财产的情况；

2. 对外债权的清收情况及清收总额；

3. 对外投资、股权总额以及处置方式、权益收回的基本情况。

（五）有关债务人的民事诉讼和仲裁情况

1. 民事诉讼与仲裁的案件数量、争议标的金额、程序进展等；

2. 有关债务人财产的保全措施解除情况；

3. 有关债务人财产的执行程序中止情况。

（六）有关债务人财产的追收情况

1. 依据《企业破产法》第三十四条追回财产的情况；

2. 请求出资人补缴出资款的情况；

3. 追回高管非正常收入和侵占财产的情况；

4. 取回担保物的情况；

5. 取回在途买卖标的物的情况；

6. 权利人行使取回权、抵销权的情况。

（七）管理人处分债务人财产的基本情况

1. 债务人财产评估情况；

2. 债务人财产的处置（包括拍卖、变卖情况）。

（八）资产审计、评估工作情况

1. 聘请审计或评估机构专项审计或评估情况；

2. 对审计后资产、负债情况的确认。

三、接受债权人会议和债权人委员会监督的基本情况

……

特此报告。

（管理人印鉴）

××××年××月××日

附：相关报告材料

说明:

一、本文书依据的法律是《中华人民共和国企业破产法》第二十三条之规定:“管理人应当列席债权人会议,向债权人会议报告职务执行情况,并回答询问。”由管理人递交债权人会议。

二、本文书应当详细列明管理人接受指定后,在工作准备、财产接管、债权债务清理、债权申报登记、财产处分等方面的职务执行情况。相关职务执行情况有具体报告的,应当作为本文书的附件一并递交债权人会议。

三、管理人处分债务人财产的行为系指《中华人民共和国企业破产法》第六十九条规定的行为。

文书样式 34

关于×××(债务人名称)财产状况的报告

(××××)××破管字第×号

×××(债务人名称)债权人会议：

×××(债务人名称)因________________(写明破产原因),×××(申请人名称/姓名)于××××年××月××日向××××人民法院提出对×××(债务人名称)进行重整/和解/破产清算的申请[债务人自行申请破产的,写×××(债务人名称)因________________(写明破产原因),于××××年××月××日向××××人民法院提出重整/和解/破产清算申请]。

××××人民法院于××××年××月××日作出(××××)×破(预)字第×—×号民事裁定书,裁定受理×××(债务人名称)重整/和解/破产清算,并于××××年××月××日作出(××××)×破字第×—×号决定书,指定×××担任管理人。

本管理人接受指定后,按照《中华人民共和国企业破产法》之规定,对×××(债务人名称)的财产状况进行了调查,现报告如下：

一、×××(债务人名称)基本情况

1. 企业的设立日期、性质、住所地、法定代表人姓名；

2. 企业注册资本、出资人及出资比例；

3. 企业生产经营范围；

4. 企业目前状态。

二、×××(债务人名称)的资产、负债及相关情况

列明×××(债务人名称)截至××××年××月××日的财产总额,并附财产清单。(委托审计机构审计的,列明审计情况)

三、关联方关系及其往来余额

列明关联企业名称及与×××(债务人名称)的关系,并列明往来款科目、余额和性质。

四、其他事项

(一)双方当事人均未履行完毕的合同

列明合同名称、订立日期、合同金额、合同履行状态等情况。

(二)影响债务人财产变现能力的情况

列明财产的状况、保管费用、变现障碍等情况。

(三)其他债务人财产可能出现增减的情况

列明管理人行使撤销权、确认无效、追缴注册资本、行使抵销权等情况。

特此报告。

(管理人印鉴)

××××年××月××日

附:财产清单

说明:

一、本文书依据的法律是《中华人民共和国企业破产法》第二十五条之规定:"管理人履行下列职责:……(二)调查债务人财产状况,制作财产状况报告。"由管理人调查债务人财产状况后所制作,并递交债权人会议。

二、本文书应当附财产明细清单。

文书样式35

关于×××(债务人名称)财产管理方案的报告

(××××)××破管字第×号

×××(债务人名称)债权人会议:

×××(债务人名称)因________________(写明破产原因),×××(申请人名称/姓名)于××××年××月××日向××××人民法院提出对×××(债务人名称)进行重整/和解/破产清算的申请[债务人自行申请破产的,写×××(债务人名称)因________________(写明破产原因),于××××年××月××日向××××人民法院提出重整/和解/破产清算申请]。

××××人民法院于××××年××月××日作出(××××)×破字第×—×号决定书,指定×××担任管理人。

本管理人接受指定后,于××××年××月××日接管了债务人财产,现提交《债务人财产管理方案》供债权人会议审议。

一、债务人财产的接管

(一)接管的具体步骤

列明接管的时间、措施;制定的接收方案;包括交付财产通知、接管通知、《接管清单》等在内的各类接管文件。

(二)接管的债务人财产及资料汇总

1. 固定资产和实物资产;

2. 无形资产;

3. 有价证券;

4. 尚未履行完毕的合同;

5. 债务人的诉讼、仲裁案件的材料;

6. 财产权属证书;

7. 印章、证照;

8. 财务账册、银行存款凭证等财务资料;

9. 债务人银行账户资料;

10. 人事档案;

11. 文书档案;

12. 其他接管的财产。

(三)未接管债务人财产及资料总汇

列明财产清单及未接管原因。

二、债务人财产的管理

(一)对接管财产的管理措施

1. 列明各项有关债务人财产管理的规章制度,例如:《债务人财产保管和使用办法》、《债务人印章和资料的保管和使用办法》、《债务人财务收支管理办法和标准》等;

2. 列明债务人财产、账簿、文书、资料的保管措施;

3. 列明债务人财产的安全保卫措施。

(二)未接管财产的追回措施

列明未接管财产的追回方案。

特此报告。

(管理人印鉴)

××××年××月××日

附:1.《财产接管清单》、《财产状况报告》等材料;

2. 各类财产管理的规章制度。

说明:

一、本文书依据的法律是《中华人民共和国企业破产法》第六十一条第一款第八项之规定,由管理人向债权人会议提交。

二、本文书应当列明财产接管的具体情况,财产接管后的保管、处分等管理制度和措施,以及对未接管财产如何进一步接管,或者如何追回被他人占有的债务人财产的具体方案。

文书样式 36

通　知　书

（通知召开债权人会议用）

（××××）××破管字第×号

×××（债权人名称/姓名）：

×××（债务人名称）因________________（写明破产原因），×××（申请人名称/姓名）于××××年××月××日向××××人民法院提出对×××（债务人名称）进行重整/和解/破产清算的申请[债务人自行申请破产的，写×××（债务人名称）因________________（写明破产原因），于××××年××月××日向××××人民法院提出重整/和解/破产清算申请]。

××××人民法院于××××年××月××日作出（××××）×破字第×—×号决定书，指定×××担任管理人。

现经××××人民法院决定（或经债权人会议主席决定），定于××××年××月××日××时在××（会议召开地点）召开×××（债务人名称）破产一案第×次债权人会议，就__________事项（概述会议议题，详见附件）进行表决，请你公司/你准时参加。

参会人员须提交下列证件：

1. 债权人系自然人的，提交身份证原件和复印件；

2. 债权人是机构（单位）的，提交营业执照副本原件和复印件，以及法定代表人的身份证原件和复印件；

3. 委托他人出席的，提交授权委托书及委托代理人身份证原件和复印件。

特此通知。

（管理人印鉴）

××××年××月××日

附：1. 债权人会议议程；

2. 债权人会议议题清单。

说明:

一、本文书依据的法律是《中华人民共和国企业破产法》第六十三条之规定:“召开债权人会议,管理人应当提前十五日通知已知的债权人。”由管理人通知债权人参加债权人会议时用。

二、根据《中华人民共和国企业破产法》第六十二条之规定,第一次债权人会议由人民法院召集,以后的债权人会议由人民法院认为必要时决定召开,或者由债权人会议主席收到提议后决定召开。

三、会议通知内容应当注明参加债权人会议应当携带的身份证明材料,并介绍会议主要议题。

文书样式 37

关于提议召开债权人会议的报告

（××××）××破管字第×号

×××（债务人名称）债权人会议主席：

现因________（列明具体原因），本管理人根据《中华人民共和国企业破产法》第六十二条第二款之规定，提议于××××年××月××日召开第×次债权人会议，就以下事项进行表决：

（列明提请债权人会议表决的议题名称）；

……

特此报告。

（管理人印鉴）

××××年××月××日

说明：

一、本文书依据的法律是《中华人民共和国企业破产法》第六十二条第二款之规定："（第一次债权人会议）以后的债权人会议，在人民法院认为必要时，或者管理人、债权人委员会、占债权总额四分之一以上的债权人向债权人会议主席提议时召开。"由管理人向债权人会议主席提交。

二、报告应当列明提请债权人会议表决的议题。

文书样式 38

关于提请人民法院裁定××方案的报告

（提请人民法院裁定债权人会议表决未通过方案用）

（××××）××破管字第×号

××××人民法院：

经一次表决的：

根据《中华人民共和国企业破产法》第六十一条第一款之规定，本管理人于××××年××月××日将《债务人财产管理方案》/《破产财产变价方案》提交第×次债权人会议表决，因____（列明未获通过的理由），方案未获通过。现根据《中华人民共和国企业破产法》第六十五条第一款之规定，提请贵院裁定认可《债务人财产管理方案》/《破产财产变价方案》。

经二次表决的：

根据《中华人民共和国企业破产法》第六十一条第一款之规定，本管理人于××××年××月××日将《破产财产分配方案》提交第×次债权人会议表决，因________________（列明未获通过的理由），方案未获通过。根据《中华人民共和国企业破产法》第六十五条第二款之规定，本管理人又于××××年××月××日将《破产财产分配方案》提交第×次债权人会议二次表决，仍未获通过。现根据《中华人民共和国企业破产法》第六十五条第二款之规定，提请贵院裁定认可《债务人财产管理方案》/《破产财产变价方案》。

特此报告。

（管理人印鉴）

××××年××月××日

附：1. 提交表决的《债务人财产管理方案》、《破产财产变价方案》或《破产财产分配方案》；

2. 债权人会议表决记录及结果。

说明：

一、本文书依据的法律是《中华人民共和国企业破产法》第六十五条第一款和第二款之规定："本法第六十一条第一款第八项、第九项所列事项，经债权人会议表决未通过的，由人民法院裁定。""本法第六十一条第一款第十项所列事项，经债权人会议二次表决仍未通过的，由人民法院裁定。"由管理人将有关债权人会议表决未通过的方案提请人民法院裁定。

二、《中华人民共和国企业破产法》第六十一条第一款第八项所列事项为"通过债务人财产的方案"，第九项所列事项为"通过破产财产的变价方案"，第十项所列事项为"通过破产财产的分配方案"。

(二)破产清算程序用文书

文书样式 39

关于提请债权人会议审议破产财产变价方案的报告

(××××)××破管字第×号

×××(破产人名称)债权人会议:

×××(破产人名称)因________________(写明破产原因),××××人民法院于××××年××月××日作出(××××)×破字第×—×号民事裁定书,宣告×××(破产人名称)破产。

现根据《中华人民共和国企业破产法》第一百一十一条之规定,拟订《×××(破产人名称)破产财产变价方案》,提交债权人会议审议表决。

特此报告。

(管理人印鉴)

××××年××月××日

附:《×××(破产人名称)破产财产变价方案》

说明:

本文书依据的法律是《中华人民共和国企业破产法》第一百一十一条之规定,由管理人提交债权人会议审议。

文书样式 40

×××(破产人名称)破产财产变价方案

(××××)××破管字第×号

一、变价原则

阐述本方案确定的财产变价原则。

二、破产财产状况

分别列明经审计、评估的破产人货币(有价证券)资金、应收账款和预付账款、对外债权、对外投资、存货、固定资产、无形资产等各类破产财产的状况。

三、破产财产变价方案

分别列明各类破产财产的处置措施:

(一)对外债权、对外投资的处置

1. 经调查后发现确无追回可能或追收成本大于债权本身的,报请债权人委员会审议,予以核销处理。

2. 破产人的债务人已破产的,依法申报债权。

3. 其他对外债权、投资的处置方案。

(二)存货、固定资产、无形资产的处置

一般采取拍卖方式进行变价。需要采取拍卖方式之外的变价措施的,列明相应的变价措施。

(三)其他破产财产的处置

四、变价预备措施

对拟公开拍卖财产遭遇流拍时的预备处置措施。

五、设定担保权的特定财产的变价处置方案

说明:

一、本文书依据的法律是《中华人民共和国企业破产法》第一百一十一条之规定,由管理人拟订后提交债权人会议审议。

二、本文书须重点反映各类破产财产的价值、可变价状况,以及相应的变价原则和变价措施。

三、破产人为国有企业的,破产财产变价措施应当符合国有资产管理的相关规定。

四、货币和有价证券类之外的资产,变价措施一般应当采取拍卖方式。

五、依照《中华人民共和国企业破产法》第十章之规定,设定担保权的破产人特定财产不纳入破产财产范围,但为全面反映破产人财产的变价情况,可以在《破产财产变价方案》中附带列明特定财产的变价处置情况。

文书样式 41

关于提请债权人会议审议破产财产分配方案的报告

（××××）××破管字第×号

×××（破产人名称）债权人会议：

根据××××年××月××日第×次债权人会议表决通过的《×××（破产人名称）破产财产变价方案》，在法院的监督、指导下，本管理人已完成对破产财产的变价工作。现根据《中华人民共和国企业破产法》第一百一十五条之规定，拟订《×××（破产人名称）破产财产分配方案》，提交债权人会议审议表决。

特此报告。

（管理人印鉴）

××××年××月××日

附：《×××（破产人名称）破产财产分配方案》

说明：

本文书依据的法律是《中华人民共和国企业破产法》第一百一十五条之规定，由管理人提交债权人会议审议。

文书样式 42

×××(破产人名称)破产财产分配方案

(××××)××破管字第×号

一、参加破产财产分配的债权情况

简述参加破产财产分配的债权人人数、各类债权总额等基本情况。另行制作《参与分配债权人表》,详细列明参与分配的债权人名称或者姓名、住所、债权性质与债权额等情况。

二、可供分配的破产财产总额

分别列明货币财产和非货币财产的变价额。直接分配非货币财产的,列明非货币财产的估价额。

三、破产财产分配的顺序、比例和数额

(一)破产费用和共益债务的清偿情况

列明各项破产费用和共益债务的数额,包括已发生的费用和未发生但需预留的费用。人民法院最终确定的管理人报酬及收取情况须特别列明。

(二)破产债权的分配

列明剩余的可供分配破产债权的破产财产数额,依《中华人民共和国企业破产法》第一百一十三条规定的顺序清偿。分别列明每一顺序债权的应清偿额、分配额、清偿比例等。

四、破产财产分配实施办法

(一)分配方式

一般以货币方式进行分配,由管理人根据各债权人提供的银行账号,实施转账支付,或者由债权人领取。

(二)分配步骤

列明分配次数和时间,拟实施数次分配的,应当说明实施数次分配的理由。

(三)分配提存

列明破产财产分配额提存的情况,以及提存分配额的处置方案。

五、特定财产清偿方案

(一)对特定财产享有担保权的债权情况

(二)可供清偿的特定财产总额

列明特定财产的变价总额。

(三)特定财产清偿方案

特定财产的清偿方案。特定财产不足分配所有担保债权的,还应列明未受偿的担保债权数额。

附:《破产债权清偿分配明细表》

说明:

一、本文书依据的法律是《中华人民共和国企业破产法》第一百一十五条之规定,由管理人拟订后提交债权人会议审议。

二、本文书应当列明不同破产财产的变价情况,以及不同清偿顺位债权人的分配额。破产财产的分配原则上应当以货币分配方式进行,但对于无法变价或者不宜变价的非货币财产,经债权人会议决议同意,可以进行实物分配。

三、未发生但需预留的破产费用包括分配公告费用、破产程序终结后的档案保管费用等。

四、根据《最高人民法院关于审理企业破产案件确定管理人报酬的规定》第十条之规定,最终确定的管理人报酬及收取情况,应当列入破产财产分配方案。

五、依照《中华人民共和国企业破产法》第十章之规定,设定担保权的破产人特定财产不纳入破产财产范围,但为全面反映破产人财产的分配情况,可以在《破产财产分配方案》中附带列明特定财产的清偿处置情况。

文书样式 43

关于提请人民法院
裁定认可破产财产分配方案的报告

(××××)××破管字第×号

××××人民法院:

本管理人拟订的《×××(破产人名称)破产财产分配方案》已由××××年××月××日第×次债权人会议表决通过。现根据《中华人民共和国企业破产法》第一百一十五条第三款之规定,提请贵院裁定认可。

特此报告。

(管理人印鉴)

××××年××月××日

附:1.《×××(破产人名称)破产财产分配方案》;
　　2. 债权人会议表决结果。

说明:

本文书依据的法律是《中华人民共和国企业破产法》第一百一十五条第三款之规定:"债权人会议通过破产财产分配方案后,由管理人将该方案提请人民法院裁定认可。"由管理人提请人民法院裁定认可。

文书样式 44

公　　告

（破产财产中间分配用）

（××××）××破管字第×号

×××（破产人名称）债权人：

《×××（破产人名称）破产财产分配方案》已于××××年××月××日经第×次债权人会议表决通过，并于××××年××月××日经××××人民法院（××××）×破字第×—×号民事裁定书裁定认可，现根据《中华人民共和国企业破产法》第一百一十六条之规定，由本管理人执行。

×××（破产人名称）破产财产共实施×次分配，本次分配为第×次分配，确定于××××年××月××日实施（列明分配实施方法），本次分配总额为人民币××元，其中，……（列明不同清偿顺序债权的分配总额）。

另有分配额人民币××元，因________________（列明提存原因），暂予以提存。

特此公告。

（管理人印鉴）

××××年××月××日

说明：

一、本文书依据的法律是《中华人民共和国企业破产法》第一百一十六条之规定，由管理人在对实施多次分配方案的中间分配时发布。

二、公告应当列明实施分配的方法。实施分配款项集中发放的，应当列明分配地点、分配时间、款项领取手续等；实施分配款项转账发放的，应当列明转账时间、款项受领条件等。

三、公告应当列明不同清偿顺序债权的分配总额。例如欠付职工工资、医疗、伤残补助、抚恤费用及应当划入职工个人账户的基本养老保险、基本医疗保险费用与应当支付的补偿金的分配总额为人民币××元；欠缴的其他社会保险费用和税收的分配总额为人民币××元；普通债权的分配总额为人民币××元。

四、分配额暂予以提存的，公告应当载明提存情况。

五、公告应当发布于当地有影响的媒体。

文书样式 45

公　告

（破产财产最后分配用）

（××××）××破管字第×号

×××（破产人名称）债权人：

《×××（破产人名称）破产财产分配方案》已于××××年××月××日经第×次债权人会议表决通过，并于××××年××月××日经××××人民法院（××××）×破字第×—×号民事裁定书裁定认可，现根据《中华人民共和国企业破产法》第一百一十六条之规定，由本管理人执行。

根据《×××（破产人名称）破产财产分配方案》确定的分配步骤，×××（破产人名称）破产财产实施×次分配，本次分配为最后分配（或者：×××（破产人名称）破产财产实施一次分配，本次分配即为最后分配），确定于××××年××月××日实施（列明分配实施方法）。

最后分配的分配总额为人民币××元，其中，……（列明不同清偿顺序债权的分配总额）。

对附生效条件或者解除条件的债权提存分配额的处置：

在本次分配前，管理人对附生效条件/解除条件的共计人民币××元的债权分配额进行了提存。在本次分配公告日，分配额共计人民币××元的债权的生效条件仍未成就（或者解除条件已经成就），根据《中华人民共和国企业破产法》第一百一十七条第二款之规定，提存的分配额应当分配给其他债权人；分配额共计人民币××元的债权的生效条件已经成就（或者解除条件仍未成就），根据《中华人民共和国企业破产法》第一百一十七条第二款之规定，提存的分配额应当交付给相应债权人。

对未受领的分配额的提存：

对本次分配前债权人未受领的破产财产分配额，以及本次分配债权人未受领的破产财产分配额，管理人将予以提存。债权人自本次公告之日起满二个月仍不领取的，视为放弃受领分配的权利，提存的分配额将根据《中华人民共和国企业破产法》第一百一十九条之规定，分配给其他债权人。

对诉讼或者仲裁未决的债权分配额的提存：

分配额共计人民币××元的债权，因在本次分配公告日涉及债权确认的相关诉讼/仲裁尚未终结，根据《中华人民共和国企业破产法》第一百一十九条之规定，管理人将分配额提存。自破产程序终结之日起满二年仍不能受领分配的，将由××××人民法院分配给其他债权人。

特此公告。

（管理人印鉴）

××××年××月××日

说明：

一、本文书依据的法律是《中华人民共和国企业破产法》第一百一十六条、第一百一十七条之规定，由管理人在对破产财产实施最后分配时发布。

二、公告应当列明实施分配的方法，实施分配款项集中发放的，应当列明分配地点、分配时间、款项领取手续等；实施分配款项转账发放的，应当列明转账时间、款项受领条件等。

三、公告应当载明不同清偿顺序债权的分配总额。例如欠付职工工资、医疗、伤残补助、抚恤费用及应当划入职工个人账户的基本养老保险、基本医疗保险费用与应当支付的补偿金的分配总额为人民币××元；欠缴的其他社会保险费用和税款的分配总额为人民币××元；普通债权的分配总额为人民币××元。

四、公告还应当载明提存分配额的最后分配情况。

五、公告应当发布于当地有影响的媒体。

文书样式 46

关于破产财产分配执行情况的报告

(××××)××破管字第×号

××××人民法院：

根据你院(××××)×破字第×—×号民事裁定书裁定认可的《×××(破产人名称)破产财产分配方案》,本管理人已于××××年××月××日将破产财产全部分配完结,现将分配情况报告如下：

一、可供分配的破产财产总额

列明最终可供分配的破产财产总额。

二、已经分配的破产财产

分别列明对破产人特定财产享有优先受偿权的债权;破产费用和共益债务;《中华人民共和国企业破产法》第一百一十三条规定的债权等不同清偿对象的分配总额和支付情况。

具体的债权清偿金额详见附表《×××(破产人名称)破产财产分配表》。

三、提存的分配额及拟处置意见

列明未受领的破产财产分配额与因诉讼或者仲裁未决的债权分配额的提存情况。

具体的提存分配额详见附表《×××破产财产提存分配额情况表》。

四、特定财产清偿处置情况

特此报告。

(管理人印鉴)

××××年××月××日

附:1.《×××(破产人名称)破产财产分配表》;

2.《×××(破产人名称)破产财产提存分配额情况表》。

说明：

一、本文书依据的法律是《中华人民共和国企业破产法》第一百二十条之规定:“管理人在最后分配完结后,应当及时向人民法院提交破产财产分配报告。”由管理人制作后提交人民法院。

二、破产财产分配报告应当根据破产财产清偿对象的不同,分别列明分配总额及支付情况。设定担保权的特定财产分配情况应当单独列明;《中华人民共和国企业破产法》第一百一十三条规定的三类债权应当分别列明。债权分配总额为零的,亦应当予以注明。例如破产费用分配总额为××元,实际支付××元;普通债权分配总额为××元,实际支付××元。

三、分配报告还应当列明分配额提存的情况。

文书样式 47

关于提请人民法院裁定终结破产程序的报告

（无财产可供分配用）

（××××）××破管字第×号

××××人民法院：

贵院于××××年××月××日作出（××××）×破字第×—×号民事裁定书，裁定宣告×××（破产人名称）破产。现经管理人调查，×××（破产人名称）在偿付破产费用和共益债务后，无可供分配的破产财产，根据《中华人民共和国企业破产法》第一百二十条第一款之规定，管理人请求法院裁定终结×××（破产人名称）的破产程序。

特此报告。

（管理人印鉴）

××××年××月××日

附：1. 破产费用和共益债务清偿报告；

2. 破产人财产状况报告。

说明：

一、本文书依据的法律是《中华人民共和国企业破产法》第一百二十条第一款之规定："破产人无财产可供分配的，管理人应当请求人民法院裁定终结破产程序。"由管理人发现破产人无财产可供分配时，向人民法院提交。

二、管理人在请求人民法院裁定终结破产程序时，应当附破产人的财产状况报告，证明破产人确无可供分配的财产。

三、破产人无财产可供分配，是指破产人以特定财产清偿担保债权，破产财产清偿破产费用和共益债务之后，无其他财产可供分配。破产财产不足清偿破产费用的，则应当依照《中华人民共和国企业破产法》第四十三条第四款之规定，提请法院终结破产程序。

文书样式 48

关于提请人民法院裁定终结破产程序的报告

（最后分配完结用）

（××××）××破管字第×号

××××人民法院：

贵院于××××年××月××日作出(××××)×破字第×—×号民事裁定书，裁定宣告×××(破产人名称)破产，并于××××年××月××日裁定认可《×××(破产人名称)破产财产分配方案》。

现破产财产分配方案已执行完毕，最后分配已完结。根据《中华人民共和国企业破产法》第一百二十条第二款之规定，管理人提请贵院裁定终结×××(破产人名称)的破产程序。

特此报告。

（管理人印鉴）

××××年××月××日

附：破产财产分配执行情况的报告

说明：

一、本文书依据的法律是《中华人民共和国企业破产法》第一百二十条第二款之规定：“管理人在最后分配完结后，提请人民法院裁定终结破产程序。”由管理人在最后分配完结后，向人民法院提出。

二、提请裁定终结破产程序时，应当附破产财产分配执行情况报告。

文书样式 49

关于管理人终止执行职务的报告

（××××）××破管字第×号

××××人民法院：

××××年××月××日，贵院作出（××××）×破字第×—×号民事裁定书，裁定终结×××（破产人名称）的破产程序，管理人职务已全部执行完毕，现将有关情况报告如下：

一、破产财产的分配情况

简述破产财产的分配情况。无财产可供分配的，附破产人财产状况报告；最后分配完结的，附破产财产分配报告。

二、破产程序终结后的职务执行情况

说明破产程序终结后，管理人办理破产人工商、税务等注销登记手续的情况。

三、无未决诉讼或者仲裁的情况

说明破产人无未决诉讼或者仲裁程序。

四、档案移交保管情况

综上，根据《中华人民共和国企业破产法》第一百二十二条之规定，管理人依法终止执行管理人职务。

特此报告。

（管理人印鉴）

××××年××月××日

说明：

一、本文书依据的法律是《中华人民共和国企业破产法》第一百二十二条之规定："管理人办理注销登记完毕后申请终止执行职务。"由管理人终止执行职务时向人民法院报告。

二、报告主要列明破产程序终结情况，以及程序终结后管理人执行职务的情况，并说明无存在诉讼或者仲裁未决的情况。

文书样式 50

通　知　书

(重整期间决定是否同意取回财产用)

(××××)××破管字第×号

×××(要求取回财产的申请人名称/姓名):

同意取回时适用:

你公司/你关于要求取回____________________(取回标的物的名称、数量)的申请收悉。经本管理人审核,债务人占有上述财产时约定,____________________(列明关于取回条件的约定)。因此,你公司/你的申请符合事先约定的条件,根据《中华人民共和国企业破产法》第七十六条的规定,同意你公司/你取回上述财产。

你公司/你可于接到本通知书之日起×日内,向本管理人接洽办理上述财产的取回手续。

不同意取回时适用:

你公司/你关于要求取回____________________(取回标的物的名称、数量)的申请收悉。经本管理人审核,债务人占有上述财产已约定,__________________(列明关于取回条件的约定)。现因__________(列明相应情形),故你公司/你的申请不符合事先约定的条件,根据《中华人民共和国企业破产法》第七十六条的规定,管理人不同意你公司/你取回上述财产。

如对管理人的上述决定有异议,你公司/你可于接到本通知书之日起×日内向本管理人提出,并附相关证据,配合管理人核实。

特此通知。

(管理人印鉴)

××××年××月××日

附:债务人占有财产时关于取回条件约定的证据材料

说明:

一、本文书依据的法律是《中华人民共和国企业破产法》第七十六条之规定:“债务人合法占有他人财产的,该财产的权利人在重整期间要求取回的,应当符合事先约定的条件。”由管理人向提出取回申请的财产权利人发送。

二、财产权利人请求取回财产的,应当符合事先约定的条件。因此,本文书应当列明双方事先关于取回财产的约定条件。

文书样式 51

关于提请人民法院终止重整程序的报告

（××××）××破管字第×号

××××人民法院：

贵院于××××年××月××日作出（××××）×破（预）字第×—×号民事裁定书，裁定债务人×××（债务人名称）重整。重整期间，管理人发现×××（债务人名称）存在下列情形，导致重整程序无法继续进行：

1. ______________________________；

2. ______________________________；

……

根据《中华人民共和国企业破产法》第七十八条之规定，管理人申请贵院依法裁定终止×××（债务人名称）的重整程序，并宣告×××（债务人名称）破产。

特此报告。

（管理人印鉴）

××××年××月××日

附：重整程序无法继续进行的证据材料

说明：

一、本文书依据的法律是《中华人民共和国企业破产法》第七十八条之规定，由管理人发现重整债务人发生第七十八条规定的三种情形之一的，请求法院裁定终止重整程序，并宣告债务人破产。

二、本文书应当列明导致重整程序无法继续进行的具体情形。例如，重整债务人经营状况和财产状况继续发生恶化的，应当列明恶化的具体程度，并附相关的证据材料。

文书样式 52

关于提请审议重整计划草案的报告

(××××)××破管字第×号

提交人民法院的:

××××人民法院:

贵院于××××年××月××日以(××××)×破(预)字第×—×号民事裁定书,裁定×××(债务人名称)重整,并于××××年××月××日作出(××××)×破字第×—×号决定书,指定××担任管理人。

本管理人接受指定后,负责管理×××(债务人名称)财产和营业事务。根据《中华人民共和国企业破产法》第八十条第二款之规定,管理人起草了《×××(债务人名称)重整计划草案》,现提交贵院,请贵院召开债权人会议,对重整计划草案进行表决。

提交债权人会议的:

×××(债务人名称)债权人会议:

××××人民法院于××××年××月××日以(××××)×破(预)字第×—×号民事裁定书,裁定×××(债务人名称)重整,并于××××年××月××日作出(××××)×破字第×—×号决定书,指定××担任管理人。

本管理人接受指定后,负责管理×××(债务人名称)财产和营业事务。根据《中华人民共和国企业破产法》第八十条第二款之规定,管理人起草了《×××(债务人名称)重整计划草案》,现提交债权人会议审议表决。

特此报告。

(管理人印鉴)

××××年××月××日

附:重整计划草案及说明各一份

×××(债务人名称)重整计划草案

一、债务人基本情况

二、重整计划草案起草的过程和可行性分析

简述重整计划草案起草的前期过程,重点分析重整计划草案实施的可行性。

三、重整计划草案的框架和主要内容

(一)债务人的经营方案

简述经营团队组成、经营计划、经营计划的可行性分析、经营目标等。

（二）债权分类和调整方案

简述经法院裁定确认的债权核查情况，并按债权类别介绍各类债权的金额和调整方案，说明债权调整的理由和实施途径。

（三）出资人权益调整方案

简述出资人情况及出资比例，介绍出资人权益调整方案，说明调整的理由和实施途径。

（四）债权受偿方案

简述各类债权的受偿途径和比例，并须特别说明如果不重整而直接进行破产清算的债权的可能受偿比例。

（五）重整计划的执行期限

说明确定重整计划执行期限的理由。

（六）重整计划执行的监督期限

说明重整计划执行监督措施及确定重整计划执行监督期限的理由。

（七）有利于债务人重整的其他方案

四、重整计划草案的重点与难点

突出说明重整计划实施中的重点与难点，介绍解决的方案和途径，以及重整计划实施过程中需要进一步工作的内容。

说明：

一、本文书依据的法律是《中华人民共和国企业破产法》第七十九条、第八十条第一款之规定，由管理人制作后同时向受理破产案件的人民法院和债权人会议提交。

二、根据《中华人民共和国企业破产法》第八十条第一款之规定，管理人负责管理财产和营业事务的，由管理人制作重整计划草案；债务人自行管理财产和营业事务的，由债务人制作重整计划草案。

三、根据《中华人民共和国企业破产法》第八十四条之规定，人民法院应当自收到重整计划草案之日起三十日内召开债权人会议，对重整计划草案进行表决。

四、本文书应当附重整计划草案及说明，就一些重要问题，例如债权调整、出资人利益调整、重整后的经营方案等作出说明。

文书样式 53

关于申请延期提交重整计划草案的报告

(××××)××破管字第×号

××××人民法院:

贵院于××××年××月××日以(××××)×破(预)字第×—×号民事裁定书,裁定×××(债务人名称)重整,并于××××年××月××日作出(××××)×破字第×—×号决定书,指定××担任管理人。

本管理人接受指定后,负责管理×××(债务人名称)财产和营业事务,并就重整计划草案的制作进行了充分研究。现管理人无法在贵院裁定重整之日起六个月内(××××年××月××日前)按期提交重整计划草案,理由如下:

1. ______________________________;

2. ______________________________;

……

现根据《中华人民共和国企业破产法》第七十九条第二款之规定,请求贵院裁定延期×个月,至××××年××月××日前提交重整计划草案。

特此报告。

(管理人印鉴)

××××年××月××日

说明:

一、本文书依据的法律是《中华人民共和国企业破产法》第七十九条第二款之规定:“前款规定的(重整计划草案提交)期限届满,经债务人或者管理人请求,有正当理由的,人民法院可以裁定延期三个月。”由管理人向人民法院提交。

二、管理人应当向法院说明申请延期提交重整计划草案的正当理由,申请延长的期限最长不得超过三个月。

文书样式 54

关于提请人民法院裁定批准重整计划的报告

（请求批准经债权人会议表决通过的重整计划用）

（××××）××破管字第×号

××××人民法院：

贵院受理的×××（债务人名称）重整一案，于××××年××月××日召开了第×次债权人会议。债权人会议依照债权分类对重整计划草案进行了分组表决（*重整计划草案涉及出资权益调整的*：并设出资人组进行了表决），各表决组均表决通过了重整计划草案。

根据《中华人民共和国企业破产法》第八十六条之规定，管理人现提请贵院裁定批准该重整计划。

特此报告。

（管理人印鉴）

××××年××月××日

附：1. 重整计划草案；

2. 债权人会议及出资人会议各表决组表决结果。

说明：

一、本文书依据的法律是《中华人民共和国企业破产法》第八十六条之规定："各表决组均通过重整计划草案时，重整计划即为通过。自重整计划通过之日起十日内，债务人或者管理人应当向人民法院提出批准重整计划的申请。"由管理人在各表决组通过重整计划草案后向人民法院提交。

二、重整计划草案涉及出资人权益调整事项的，重整计划草案还应当经过出资人表决组通过。

三、本文书应当附重整计划草案和表决结果。表决结果应当经债权人会议主席或者债权人代表签字确认。

文书样式 55

关于提请人民法院裁定批准重整计划草案的报告

(请求批准经债权人会议表决未通过的重整计划草案用)

(××××)××破管字第×号

××××人民法院:

贵院受理的×××(债务人名称)重整一案,于××××年××月××日召开了第×次债权人会议。债权人会议依照债权分类对重整计划草案进行了分组表决(*重整计划草案涉及出资权益调整的*:并设出资人组进行了表决)。经表决,×××表决组通过了重整计划草案,×××表决组未通过重整计划草案。经债务人(或管理人)与表决未通过的×××表决组协商,×××表决组拒绝再次表决(或于××××年××月××日再次表决后,仍未通过重整计划草案)。

管理人认为,重整计划草案符合法院批准的条件,理由如下:

1. ______________________________;

2. ______________________________;

……

综上,根据《中华人民共和国企业破产法》第八十七条第二款之规定,提请贵院裁定批准该重整计划草案。

特此报告。

(管理人印鉴)

××××年××月××日

附:1. 重整计划草案;

2. 各表决组第一次表决结果;

3. ×××表决组拒绝再次表决文件或再次表决结果;

4. 重整计划草案符合法院强制批准的相关证据材料。

说明:

一、本文书依据的法律是《中华人民共和国企业破产法》第八十七条第二款之规定,由管理人在重整计划草案经两次表决未通过,提请法院批准时提交。

二、报告应当详细阐述重整计划草案符合法院强制批准条件的理由。

三、报告应当附各表决组表决结果。

文书样式 56

关于重整计划执行情况的监督报告

（××××）××破管字第×号

××××人民法院：

贵院于××××年××月××日以（××××）×破（预）字第×—×号民事裁定书，裁定×××（债务人名称）重整，并于××××年××月××日作出（××××）×破字第×—×号民事裁定书，裁定批准×××（债务人名称）的重整计划（或者重整计划草案）。

依据《中华人民共和国企业破产法》第九十条之规定，管理人对债务人重整计划的执行情况进行了监督，________________（简述监督期内，管理人采取的监督措施及债务人接受监督的情况）。根据重整计划的规定，监督期已于××××年××月××日届满。现管理人将债务人执行重整计划的相关情况报告如下：

一、重整计划的基本情况

简述重整案件的受理日期、重整计划的批准情况、批准日期、执行期限、监督期限等。

二、重整计划执行情况

（一）重整计划的主要内容

（二）重整计划各部分内容的具体执行情况

列明经营方案、债权调整及受偿、出资人权益调整，以及其他重整方案的执行情况。未能执行或者未执行完毕的，应当说明理由及解决方案。

三、债务人的经营状况

简述债务人在重整期间的经营状况，包括：债务人的资产负债、销售（营业）额、成本、税后净利润、现金流量值等经营指标。反映债务人在重整前后的经营状况变化。

四、监督期满后债务人执行重整计划的建议

如果监督期限届满重整计划未执行完毕的，管理人可对监督期满后债务人继续执行重整计划提出建议。

特此报告。

（管理人印鉴）

××××年××月××日

附：1. 重整计划；

2. 债务人重整计划执行情况报告；

3. 债务人经营状况报告。

说明：

一、本文书依据的法律是《中华人民共和国企业破产法》第九十条第一款、第九十一条第一款之规定，由管理人在重整计划执行监督期满后，报告人民法院。

二、本文书应当列明债务人执行重整计划的情况，以及重整计划执行的效果。

三、监督期限届满，重整计划未执行完毕的，管理人可以对债务人继续执行重整计划提出建议。

文书样式 57

关于申请延长重整计划执行监督期限的报告

（××××）××破管字第×号

××××人民法院：

贵院于××××年××月××日以（××××）×破（预）字第×—×号民事裁定书，裁定×××（债务人名称）重整，并于××××年××月××日作出（××××）×破字第×—×号民事裁定书，裁定批准重整计划（或者重整计划草案），重整计划执行期限自××××年××月××日起至××××年××月××日止；重整计划执行监督期限自××××年××月××日起至××××年××月××日止。

重整计划执行监督期内，管理人依据《中华人民共和国企业破产法》第九十条之规定，对债务人执行重整计划的情况进行了监督。在重整计划执行过程中，管理人发现存在下列情形，认为需要延长重整计划执行监督期限：

1. ________________________________；

2. ________________________________；

……

为保障重整计划的顺利执行完毕，管理人根据《中华人民共和国企业破产法》第九十一条第三款之规定，申请法院裁定延长重整计划执行的监督期限×个月，即延长至××××年××月××日止。

特此报告。

（管理人印鉴）

××××年××月××日

说明：

本文书依据的法律是《中华人民共和国企业破产法》第九十一条第三款之规定，由管理人在重整计划执行监督期限届满前，认为需要延长监督期限时向法院提交。

文书样式 58

关于提请人民法院
裁定终止重整计划执行的报告

(××××)××破管字第×号

××××人民法院:

贵院于××××年××月××日以(××××)×破(预)字第×—×号民事裁定书,裁定×××(债务人名称)重整,并于××××年××月××日作出(××××)×破字第×—×号民事裁定书,裁定批准重整计划(或者重整计划草案),重整计划执行期限自××××年××月××日起至××××年××月××日止。

现经管理人调查,×××(债务人名称)出现下列不能执行(或不执行)重整计划的情况:

1. ______________________________;

2. ______________________________;

……

因×××(债务人名称)不能执行(或不执行)重整计划,管理人根据《中华人民共和国企业破产法》第九十三条第一款之规定,请求贵院裁定终止重整计划的执行,并宣告×××(债务人名称)破产。

特此报告。

(管理人印鉴)

××××年××月××日

附:重整计划不能执行或者债务人不执行重整计划的相关材料

说明:

一、本文书依据的法律是《中华人民共和国企业破产法》第九十三条第一款之规定,由管理人在债务人不执行或者不能执行重整计划时向法院提交。

二、本文书应当具体说明债务人不能执行或不执行重整计划的具体情况。

文书样式 59

管理人执行职务的工作报告

（和解程序用）

（××××）××破管字第×号

××××人民法院：

贵院于××××年××月××日作出（××××）×破（预）字第×—×号民事裁定书，裁定×××（债务人名称）和解，并于××××年××月××日作出（××××）×破字第×—×号决定书，指定×××担任管理人。

××××年××月××日，×××（债务人名称）第×次债权人会议表决通过了债务人提出的和解协议。贵院于××××年××月××日作出（××××）×破字第×—×号民事裁定书，裁定认可和解协议。

根据《中华人民共和国企业破产法》第九十八条之规定，本管理人已向债务人移交了财产和营业事务，现将管理人执行职务的情况报告如下：

一、债务人的基本情况

列明债务人的设立日期、性质、住所地、经营范围、注册资金、出资人及出资比例、财产状况等基本情况。

二、和解协议通过和人民法院裁定认可的基本情况

1. 和解协议的基本内容；

2. 债权人会议表决通过和解协议的基本情况；

3. 人民法院裁定认可和解协议的基本情况。

三、财产和营业事务移交的基本情况

四、其他需要报告的职务执行情况

特此报告。

（管理人印鉴）

××××年××月××日

附：1. 和解协议；

2. 债权人会议对和解协议的表决结果；

3. 其他相关报告材料。

说明:

一、本文书依据的法律是《中华人民共和国企业破产法》第九十八条之规定:"债权人会议通过和解协议的,由人民法院裁定认可,终止和解程序,并予以公告。管理人应当向债务人移交财产和营业事务,并向人民法院提交执行职务的报告。"由管理人向人民法院提交。

二、本文书应当列明管理人接受指定后,在工作准备、财产接管、债权债务清理、债权申报登记等方面的职务执行情况。重点报告和解协议通过情况及财产、营业事务移交情况。相关职务执行情况有具体报告的,应当作为本文书的附件一并提交。